U0920752

上海建设年鉴

中共上海市城乡建设和交通工作委员会
上海市住房和城乡建设管理委员会 编

文匯出版社

图书在版编目（CIP）数据

上海建设年鉴. 2017 / 中共上海市城乡建设和交通工作委员会，上海市住房和城乡建设管理委员会编. -- 上海：文汇出版社，2018.9

ISBN 978-7-5496-2709-7

Ⅰ. ①上… Ⅱ. ①中… ②上… Ⅲ. ①城市建设－上海市－2017－年鉴 Ⅳ. ①F299.275.1-54

中国版本图书馆CIP数据核字(2018)第200399号

上海建设年鉴（2017）

编　　著 / 中共上海市城乡建设和交通工作委员会
　　　　　上海市住房和城乡建设管理委员会
责任编辑 / 乐渭琦
特约编辑 / 孙　健
图片、美术编辑 / 胡　鹰
封面设计 / 邵　竞　胡　鹰

出 版 人 / 桂国强

出版发行 / 文匯出版社
　　　　　上海市威海路755号
　　　　　（邮政编码 200041）
经　　销 / 全国新华书店
照　　排 / 上海未寅文化传播有限公司
印刷装订 / 浙江经纬印业有限公司
版　　次 / 2018年9月第1版
印　　次 / 2018年9月第1次印刷
开　　本 / 889×1240　1/16
字　　数 / 880千字
印　　张 / 38.5（插页14）

书　　号 / ISBN 978-7-5496-2709-7
定　　价 / 258.00元

▲ 2016 年上海市卫星影像图（1：220000）

▲ 外滩综合改造亲水平台工程

▲ 2016 年 5 月 7 日上海迪士尼乐园试运营

1

1 上海迪士尼乐园焰火表演

2 2016 年 1 月 30 日上海迪士尼乐园奇幻童话城堡 50% 的脚手架已被拆除

3 2016 年 2 月 27 日上海迪士尼乐园奇幻童话城堡 70% 的脚手架已被拆除

4 2016 年 4 月 8 日上海迪士尼乐园开建 5 周年，奇幻童话城堡拆除了全部脚手架

▲ 俯瞰上海国际舞蹈中心

1

2

3

4

5

1. 上海国际舞蹈中心 4 号楼——学生公寓
2. 上海国际舞蹈中心 2 号楼——大剧场外景
3. 上海国际舞蹈中心 3 号楼——实验剧场
4. 上海国际舞蹈中心 1 号楼——排练厅（上海芭蕾舞团、上海歌舞团）
5. 上海国际舞蹈中心大剧场内景
6. 上海国际舞蹈中心 5 号楼（上海市舞蹈学校、上海戏剧学院舞蹈学校、上海戏剧学院舞蹈学院、上海芭蕾舞团、上海歌舞团）

6

▲ 鸟瞰刘海粟美术馆

1 刘海粟美术馆入口大厅
2 刘海粟美术馆内景
3 馆藏的刘海粟油画原作——日出东方
4 刘海粟美术馆外景
5 刘海粟雕塑
6 刘海粟美术馆三楼展厅

5

6

上海长江路越江隧道通车

上海长江路越江隧道工程 2008 年 12 月底开工，2016 年 9 月建成通车，总投资约 45 亿元，工程全长 4912 米，其中隧道主线长度为 2860 米，隧道的盾构外径达 15 米，与已建成通车的上海长江隧道直径相当，隧道按上下行双管布置，共设双向 6 车道，设计车速为每小时 60 公里，连接宝山和浦东两区，分流蕰藻浜以南区域的越江交通，并缓解外环隧道、吴淞大桥的交通压力。隧道积极运用地下工程节能减排方法，在江中圆隧道和暗埋段区域应用节能环保 LED 照明技术，在浦西匝道峒口采用光导管照明系统，运用自然光补光原理，达到节能、环保、生态照明的需求，隧道内的通风、供电等各种设备也将以节能环保的类型为主。

1

2

大润发
3

4

5

嘉闵高架北段全线通车

连接嘉定、闵行两区的嘉闵高架路（G2 公路 -S6 公路）段，于 2016 年 9 月 28 日建成并 实现主线通车，这意味着嘉闵高架路北段主线全面建成通车。

嘉闵高架快速路作为上海外环线（S20）与沈海高速（G15）之间的一条南北向快速路，是上海市虹桥综合交通枢纽所规划“一纵三横”快速路网中重要的“一纵”，具有分担虹桥综合交通枢纽快速集散流量，分担 S20 公路西段超饱和交通负荷及均衡路网流量的重要功能，此次嘉闵高架路（G2 公路 -S6 公路）段的开通，使得嘉定区与虹桥交通枢纽之间的联系更加通畅，也为未来嘉闵高架的全面建成奠定了坚实的基础。

SJ0102

橘黄色的“蚕宝宝”动起来啦

2016 年 12 月 10 日，上海松江现代有轨电车实训（试跑）段人民路段，在经过各项准备后，正式通电试车，标志着上海松江现代有轨电车项目建设将进入一个新阶段。

松江有轨电车示范线 T2 线人民路段于 2016 年 1 月正式打桩施工，进行半幅道路施工等；4 月 28 日正式开挖，进行电车正线路基施工。11 月该试跑段进行强弱电电缆敷设、箱变设备安装调试、触网立杆、接触网架设、冷热滑试验和车站设备安装等施工，并抓紧时间进行设备调试。11 月 20 日，首列有轨电车到场，并停放于人民路文翔路口北侧路段。12 月 3 日试跑段接触网正式通电后，同时开始车辆静态调试。12 月 10 日人民路段正式通电试车。

按照计划，2017 年松江有轨电车示范线 T1、T2 线将进入全面建设阶段，车站、接触网等施工将全面展开，年底将实现轨通，2018 年将择日试运营。

虹桥艺术中心
Hongqiao Art Centre

长宁区文化新地标建成——虹桥艺术中心项目

重建后的天山电影院定名为“虹桥艺术中心”，于 2016 年 4 月 28 日建成并通过验收。项目占地面积 7839 平方米，总建筑面积 14301 平方米，其中地上建筑面积 10835 平方米，地下建筑面积 3466 平方米，设有 50 个地下停车位。建筑的整体设计融入了中国的传统折纸艺术，风格简约大气。从外形到地面铺装及剧场的设计均透析着折纸的元素，在室内公共空间设计上还运用了京剧脸谱艺术的概念。为了清晰地表现出中心的功能，剧场及影厅在外立面上采用了石材、金属网和金属钛锌板三种不同效果的材料，勾勒出不同的功能区。

1 复旦大学附属眼耳鼻喉科医院异地改扩建工程——门诊大楼

2 复旦大学附属眼耳鼻喉科医院异地改扩建工程

3 复旦大学附属眼耳鼻喉科医院异地改扩建工程

1

2

3

1 上海交通大学附属第一人民医院改扩建工程——急诊大楼

2 上海交通大学附属第一人民医院改扩建工程

1 上海国际航运服务中心

2 上海凌空 SOHO

3 沪翔高速公路（S6）建成通车

《上海建设年鉴（2017）》编辑委员会

顾　　问：杨　雄　蒋卓庆　黄　融

主　　任：崔明华　顾金山

委　　员：（排名不分先后）

谢　峰　田赛男　陆月星　白廷辉　袁嘉蓉　裴　晓　邓建平

于福林　马　韧　杨　渝　姜　蓉　袁筱英　金　晨　刘千伟

朱铁民　徐志虎　王以中　朱剑豪　马　力　柳亚东　洪继梁

姚　凯　徐　建　陈华文　周　嵘　韩金华　王　桢　张玉鑫

王益群　汪向阳　吴　杰　于　宁　蔡潇飞　陈庆江　连正华

郭亚兵

主　　编：顾金山

副 主 编：（排名不分先后）

袁　钢　徐存福　林伟斌　乔延军

编　　辑：陈健萍　胡　鹰　严德华　朱　俊

主要撰稿：孔令贵　汤　琳　谷鸿鹄　滕晓波　徐艳丽　沈　琼　徐建福

史　旭　朱　迪　张　倩　姚　琪　周君俊　戈璧青　唐径舟

周海霞　徐敏娟　潘　翔　汤琮璀　徐　骥　龚胜华　孙　越

刘懿孟　刘　臣　戚艳平　冯震华　盛开艳　梁　波　彭　鑫

摄　　影：陈志民　张锁庆　忻耀进　刘秀国　蔡耀放　王鹤春　陈　冬

陈志强　潘　豪

编 写 说 明

一、《上海建设年鉴》是中共上海市城乡建设和交通工作委员会、上海市住房和城乡建设管理委员会组织编写，上海市、区县两级建设交通系统各局、直属单位及相关政府部门协作参与，以记录上一年度上海城乡建设、城市管理、交通运输及相关行业、企业发生的重大事件及重要情况为主要内容，对外公开发行的大型资料性、工具性年刊。

二、本书编写采用年鉴的体例和风格。全书由特载、主体和附录三部分组成。特载刊载上海当年度政府工作报告、统计公报及其他重要内容。主体部分基本按城乡建设、城市管理、交通运输及综合管理等相关内容，分门别类予以排列、记载。附录部分包含当年市住房城乡建设管理委大事记、相关法律法规政策选编目录、相关资料及数据统计。

三、本书主体部分由栏目、分目和条目三个结构层次组成。全书设 15 个栏目，每一栏目依内容需要，设若干分目。栏目之首设“综述”，分目之首设“概况”，本书主要记载形式为条目，以事件设，一事一条。同时辅以图片、表格及相关资料。

四、本书编写坚持对历史负责、对后人负责和客观记载、不作评价的原则，对年度发生的重大事件，尽可能予以如实、公正地记载，避免不确定因素和不确切数据。

五、本书以赠阅为主。由于诸多原因，全书编写周期较长，其中部分内容转引自有关资料、文献、书刊。原作者如未收到稿酬，可直接与《上海建设年鉴》编辑部联系。

六、本书编写过程中得到上海市、区县各级领导和上海建设交通系统各局、直属单位，以及广大热心人士的大力帮助，在此一并表示感谢。

目录 Catalogue

◎特载

◎城乡规划、国土资源

◎重大工程建设

◎绿化市容

◎环境保护

◎房屋管理

◎水务管理

◎铁路运输

目录

◎民用航空

◎邮政事业

◎海洋海事

◎建筑建材业管理

◎城市综合管理

◎科研工作

◎区城建设

◎政策法规

◎附录

政府工作报告

——2017年1月15日上海市第十四届人民代表大会第五次会议上

上海市市长　杨　雄

各位代表：

现在，我代表上海市人民政府，向大会做政府工作报告，请予审议，并请各位政协委员和其他列席人员提出意见。

一、2016年工作回顾

过去一年，我们在党中央、国务院和中共上海市委的坚强领导下，深入贯彻习近平总书记系列重要讲话精神和治国理政新理念新思想新战略，按照当好全国改革开放排头兵、创新发展先行者的要求，主动适应经济发展新常态，坚持稳中求进工作总基调，坚持新发展理念，着力加强供给侧结构性改革，着力推进创新驱动发展、经济转型升级，完成了市十四届人大四次会议确定的目标任务，实现了“十三五”发展的良好开局。

一年来，全市经济社会发展总体平稳、稳中有进、好于预期，创新驱动发展的积极效应进一步显现。一是经济平稳增长。全市生产总值比上年增长 6.8%，新增就业岗位 59.9 万个，城镇登记失业率为 4.1%，居民消费价格上涨 3.2%。二是经济结构、质量和效益持续向好。第三产业增加值占全市生产总值的比重提高到 70.5%，一批新产业、新业态呈现良好发展势头。一般公共预算收入比上年增长 16.1%。预计单位生产总值能耗下降 3% 以上，环保投入相当于全市生产总值的比例保持在 3% 左右，主要污染物排放量进一步下降，PM2.5 年平均浓度从上年的 53 微克 / 立方米下降到 45 微克 / 立方米。三是改革创新取得重大进展。中国（上海）自由贸易试验区建设总体实现三年预期目标，制度框架基本形成，累计 100 多项制度创新成果在全国复制推广，区内新增企业 4 万家，超过挂牌前 20 多年的总和。科技创新中心建设成效显现，预计全社会研发经费支出相当于全市生产总值的比例达到 3.8%，每万人口发明专利拥有量从上年的 29 件提高到 35 件，技术合同成交额增长 16.2%。四是人民生活进一步改善。预计城镇和农村常住居民人均可支配收入比上年分别增长 8.9% 和 10%，基本公共服务均等化水平稳步提高。

一年来，我们主要做了以下工作：

（一）坚持制度创新、系统集成，全面深化以自贸试验区建设为重点的改革开放，着力构建法治化、国际化、便利化的营商环境

持续推进自贸试验区制度创新。启动市场准入负面清单制度试点，深化外商投资管理、境外投资管理和商事制度改革，确立以负面清单管理为核心的投资管理制度。实施国际贸易“单一窗口”2.0 版，推动货物状态分类监管试点扩大到物流贸易型企业，深化“三互”大通关建设改革，确立符合高标准贸易便利化规则的贸易监管制度。推出金融综合监管试点等一批实施细则和创新案例，实施自由贸易账户功能拓展等一批改革举措，确立适应更加开放环境和有效防范风险的金融创新制度。制订实施自贸试验区和浦东新区事中事后监管深化方案，开通企业信用信息公示系统，确立以规范市场主体为重点的事中事后监管制度。

加快推进重点领域改革。制定实施国有企业混合所有制改制的操作指引，基本完成企业集团公司制改革，实现国有金融企业的国资统一监管，规范国资流动平台运作，75% 的国有资产集中到战略性新兴产业、先进制造业、现代服务业、基础设施和民生保障等领域。宝武集团在沪成立。探索政府和社会资本合作模式，设立中小微企业政策性融资担保基金。实施市场主体“五证合一、一照一码”、个体工商户“两证整合”登记制度改革。

进一步扩大对内对外开放。在“一带一路”沿线地区实施一批重点合作项目，进一步支持企业走出去。制定外贸稳定增长、加工贸易转型、服务贸易发展等政策措施，启动跨境电子商务综合试验区建设，服务贸易进出口额比上年增长 15%。完善总部经济发展政策，新增跨国公司地区总部 45 家。积极落实长江经济带、长三角城市群发展规划，帮助对口支援地区精准扶贫、精准脱贫。

（二）致力于构筑“四梁八柱”，聚焦体制机制改革，加快建设具有全球影响力的科技创新中心

增强科技创新能力。张江综合性国家科学中心建设方案、上海系统推进全面创新改革试验方案先后获国家批准实施，基本确立科技创新中心建设的重大布局。组建上海张江综合性国家科学中心理事会，编制张江科学城规划，启动建设上海光源二期、超强超短激光等重大科技基础设施，实施脑科学、材料基因组等重大科技项目。建设创新集聚区，推动大众创业、万众创新，各类众创空

间达到500多家，90%以上为社会力量创设。

创新科技体制机制。完善人才发展政策，制定财政科技投入统筹管理等配套政策，科技创新中心建设的政策体系基本形成。启动药品上市许可持有人制度试点，推进股权奖励递延纳税、投贷联动等先行先试。成立知识产权交易中心、国际知识产权学院，在浦东新区建立知识产权侵权查处快速反应机制。

推进智慧城市建设。提升信息基础设施服务能级，光纤宽带网络和第四代移动通信网络基本覆盖全市域。实施一批“互联网+”重点行动，建成一批便民惠民信息化平台，成立数据交易中心，城市信息化应用水平进一步提高。

（三）着重加强供给侧结构性改革，大力推动“四个中心”建设、经济稳定增长和产业结构调整，不断扩大有效供给

制定推进供给侧结构性改革的意见，落实“三去一降一补”重点任务。全面实施营业税改征增值税试点，调整社会保险费率，下调工商业用电价格，降低进出口环节收费，取消和停征部分行政事业性收费，切实帮助企业降本减负。

加快“四个中心”建设。上海保险交易所、上海票据交易所、中国信托登记公司正式开业，全球清算对手方协会、中保投资有限责任公司落户，开展互联网金融风险专项整治，金融市场直接融资额近10万亿元。发布上海航运保险指数，中远海运集团等航运机构落户，上海港集装箱吞吐量连续七年位居世界第一，空港旅客吞吐量超过1亿人次。率先启动海关和检验检疫通关一体化改革试点，全面完成内贸流通体制改革试点，推动一批大宗商品现货市场上线运行，商品销售总额超过10万亿元。促进消费升级，文化、旅游、健康、绿色等新消费快速增长。

加快产业结构调整。制定“四新”经济发展指导意见，支持软件首版次、新材料首批次应用，落实生产性服务业发展促进政策。设立集成电路产业基金，中芯国际、华力二期、和辉光电二期等一批重大产业项目开工建设。实施工业强基工程，支持企业加快技术改造和设备更新。淘汰高能耗、高污染、高危险和低效益的落后产能1176项。

加快重大工程建设。完善重大工程推进机制，新开工项目42个，比计划增加22个，完成投资1280亿元，比计划增加23.6%。加快建设9条、216公里轨道交通线，建成长江西路越江隧道、17条区区对接道路和5个区域排水系统，黄浦江上游金泽水源地投入使用。国际旅游度假区和迪士尼乐园开园运营，世博央企总部集聚区全面建成，黄浦江10公里岸线的公共空间贯通开放。

（四）更加注重保障基本民生，着力推进普惠性、基础性、兜底性民生建设，建立健全更加公平、更有效率的民生保障制度

强化基本生活保障。实现老年照护统一需求评估的全覆盖，全面开展高龄老人医疗护理计划试点，新增长者照护之家51家、老年人日间服务中心81家、公办养老床位7069张，“五位一体”社会养老服务体系初步形成。统一城乡居民基本医保制度，社会保障制度基本实现城乡统一，来沪从业人员参加社会保险政策与国家政策全面接轨。建立老年综合津贴制度。新增供应各类保障性住房5.2万套，改造中心城区二级旧里以下房屋59万平方米，实施旧住房综合改造527万平方米。加大房地产市场调控力度，制定实施“沪九条”等调控政策。全面开展创业型城区建设，帮扶1.2万人成功创业。

加快文化和社会事业改革发展。推进媒体、国有文艺院团和世纪出版集团改革，建成国际舞蹈中心、刘海粟美术馆新馆，基本实现社区文化活动中心的社会化、专业化管理。稳步推进教育综合改革，合并高考一本、

二本招生批次，启动高水平地方高校建设试点，新开办中小学和幼儿园85所。制订实施综合医改试点方案，初步建立公立医院医疗服务评价体系，社区卫生服务综合改革扩大到184个街镇。落实全面两孩政策。圆满完成第九届全球健康促进大会的承办任务。成功举办国际滑联上海超级杯、第二届市民运动会等重要赛事，上海体育健儿在第三十一届奥运会上取得优异成绩。深入推进国防动员、人民防空、双拥共建等工作，军民融合深度发展取得阶段性成果，驻沪部队为推动上海发展发挥了重要作用。

（五）紧紧围绕守底线、补短板，加强社会治理和环境治理，推进城乡统筹发展

切实保障城市安全。严格落实烟花爆竹安全管理条例，实现外环线以内“零燃放”。开展安全隐患排查整治，完成住宅小区老旧电梯安全评估、燃气管道占压整治，为100个老旧住宅小区增配或改造消防设施，完成226万平方米危险房屋和严重损坏房屋的处置，完成关键信息基础设施的网络安全检查。发布危险化学品安全管理办法，实施第三批危险化学品禁止、限制和控制目录。强化网络餐饮服务的食品安全监管，建成全市统一的食品安全信息追溯平台。积极推进街镇应急管理能力建设。

加强社会治理和城市综合管理。建立职能部门事务下放街镇、居村的准入制度，完成66个基本管理单元的资源配置，城市管理综合执法力量下沉街镇全部到位，网格化管理工作站覆盖所有居村。加快落实住宅小区综合治理三年行动计划，完成3567万平方米居民住宅二次供水设施、102万户老旧住宅小区供电设施的改造。实现初次信访事项办理的全过程网上公开。扎实推进全面深化公安改革综合试点，集中整治电信网络诈骗等社会治安突出问题，实施人口管理、出入境管理等57项便民利民措施。开展道路交通违法行为大整治，道路违法行为明显减少，交通事故明显减少，交通秩序明显改善。

加快推进城乡发展一体化。制定进一步加强城市规划建设管理工作的实施意见，基本完成新一轮城市总体规划编制，完成15个历史文化名镇名村规划。顺利完成崇明撤县设区。制定实施促进农民向城镇集中居住的若干意见。加大农村环境整治力度，完成涉及5万户的村庄改造、3.3万户农村生活污水处理设施改造。推进整建制创建国家现代农业示范区，新增家庭农场435户。基本完成村级集体经济组织产权制度改革，稳妥推进镇级产权制度改革试点，继续实施一批农村综合帮扶“造血”项目。

强化资源节约和环境保护。全力推进“五违四必”区域环境综合治理，完成前两批28个市级地块和258个区级地块的整治，区域环境显著改善。提前完成清洁空气行动计划的重点任务，完成60万千瓦及以上燃煤发电机组的超低排放改造、1456家企业的挥发性有机物治理，新增新能源汽车4.5万辆，修订空气重污染专项应急预案。实施水污染防治行动计划，开展中小河道综合整治，完成155公里河道整治、3048公里中小河道疏浚，完成5家污水处理厂提标改造。进一步推动长三角区域大气污染、水污染联防联控。新增100万户生活垃圾分类减量“绿色账户”。新建林地7.6万亩、绿地1221公顷，长兴、青西郊野公园开园。完成城市开发边界划示，低效建设用地减量7.3平方公里。

各位代表，过去一年，面对各种困难挑战，我们坚持目标导向、问题导向，统筹推进稳增长、调结构、促改革、惠民生、防风险，经济社会发展取得新进步，成绩来之不易。这是党中央、国务院和中共上海市委坚强领导的结果，是全市人民团结奋斗的结果。在这里，我代表上海市人民政府，向在各个岗位上辛勤工作的全市人民，向给予政府工作大力支持的人大代表和政协委员，向各民主

党派、工商联、各人民团体和社会各界人士，表示最崇高的敬意！向中央各部门、兄弟省区市和驻沪部队、武警官兵，向关心支持上海发展的香港、澳门特别行政区同胞，台湾同胞，海外侨胞和国际友人，表示最诚挚的感谢！

我们清醒地看到，经济社会发展还存在不少困难和问题。改革创新仍需向纵深推进，制度创新的系统集成要继续加强，科技创新的体制机制和政策措施要继续完善，企业创新活力和动力要进一步激发。经济下行压力仍然较大，转方式、调结构任务仍然艰巨，工业、出口等领域仍处在结构调整的阵痛期。城乡发展差距依然存在，农村生产生活方式有待进一步转变。改善民生还要加大力度，养老服务能力需要持续提升，教育卫生改革需要深化突破，历史遗留问题仍需妥善解决。社会治理、城市管理的精细化水平还要继续提高，食品、消防、生产等领域的安全隐患整治必须进一步加大力度。水、大气、土壤等环境质量亟待改善，环境综合治理仍需持续发力。我们必须勇于直面问题，切实解决问题，努力把各项工作做得更好更扎实。

二、2017 年主要任务

今年将召开党的十九大和市第十一次党代表大会，也是本届政府任期的最后一年，是实施“十三五”规划的重要一年和推进供给侧结构性改革的深化之年。上海发展既有许多有利条件，也面临不少困难挑战。我们要恪尽职守，毫不懈怠，保持锐意创新的勇气、敢为人先的锐气、蓬勃向上的朝气。我们要坚持稳中求进、进中提质，着力在优化结构、增强动力、化解矛盾、补齐短板上取得新进展，全面完成本届政府提出的各项目标任务。

做好今年政府工作，要全面贯彻落实党的十八大和十八届三中、四中、五中、六中全会以及中央经济工作会议精神，以邓小平理论、“三个代表”重要思想、科学发展观为指导，深入贯彻习近平总书记系列重要讲话精神和治国理政新理念新思想新战略，牢固树立政治意识、大局意识、核心意识、看齐意识，认真落实十届市委十四次全会部署，统筹推进“五位一体”总体布局和协调推进“四个全面”战略布局，坚持稳中求进工作总基调，牢固树立和贯彻落实新发展理念，主动适应经济发展新常态，坚持以提高发展质量和效益为中心，坚持以推进供给侧结构性改革为主线，持续推进创新驱动发展、经济转型升级，促进经济平稳健康发展和社会和谐稳定，继续当好全国改革开放排头兵、创新发展先行者，以优异成绩迎接党的十九大和市第十一次党代表大会胜利召开。

综合各方面因素，建议今年全市经济社会发展的主要预期目标是：经济发展质量和效益进一步提高，全市生产总值增长 6.5% 左右，一般公共预算收入增长 7%，全社会研发经费支出相当于全市生产总值的比例保持在 3.8% 以上。人民生活水平进一步提高，城镇登记失业率控制在 4.4% 以内，居民人均可支配收入增幅与经济增长保持同步，居民消费价格指数与国家价格调控目标保持衔接。生态环境持续改善，环保投入相当于全市生产总值的比例保持在 3% 左右，单位生产总值能耗、主要污染物排放量进一步降低。

今年要重点做好八个方面的工作。

（一）更好地发挥自贸试验区的示范引领作用。

按照继续解放思想、勇于突破、当好标杆的要求，着力加强全面深化改革和扩大开放各项措施的系统集成，力争取得更多可复制推广的制度创新成果。

对照最高标准，查找短板弱项，深化自贸试验区制度创新。完善以负面清单管理为核心的投资管理制度，进一步放宽投资准入，构建以确认商主体资格为重点的商事登记体制机制，改革企业名称登记管理方式。深化“一线放开、二线安全高效管住”的贸易监管模式，拓展国际贸易“单一窗口”功能，扩大货物状态分类监管试点，推进“区港一体化”。深入推进自贸试验区与国际金融中心建设联动，进一步拓展自由贸易账户功能，建设人民币全球服务体系，探索金融业负面清单管理模式，完善金融综合监管和功能监管机制。健全事中事后监管体系，扩大社会参与，完善监管机制，强化综合监管平台功能。在浦东新区加快构建与开放型经济相适应的政府管理新体制，探索市场准入负面清单标准化，推进商事登记管理全程电子化，逐步实现企业事务全网通办、个人事务全区通办，打造公共智能服务模式。

促进各类所有制经济共同发展。深化国资国企改革，加快推进企业集团整体上市或核心业务资产上市，推进产融结合，完善功能类、公共服务类国有企业的法人治理结构，健全考核、激励和评价机制，开展职业经理人薪酬制度改革试点。改善非公有制经济发展环境，鼓励非公有资本参与国有企业混合所有制改制，进一步落实扩大非公有制企业市场准入、平等发展的改革举措。

促进开放型经济发展。加强与“一带一路”沿线地区的经贸、金融等合作，支持装备走出去和国际产能合作，推进外贸“优进优出”，加强引进外资工作，鼓励在沪跨国公司拓展贸易、研发、结算等全球营运功能。积极参与长江经济带生态大保护和基础设施互联互通，促进长三角一体化发展，继续帮助对口支援地区脱贫攻坚。

（二）全面推进科技创新中心建设。深入实施创新驱动发展战略，进一步推进自主创新和科技成果产业化，切实把创新落实到创造新的增长点上。

着力提高科技创新能力。集中力量建设张江综合性国家科学中心，依托重大科技基础设施群筹划国家实验室，集聚创新单元、研究机构和研发平台，构建协同创新网络，研究部署若干大科学计划。继续构筑功能型创新平台，启动新建、提升改造和培育引导智能制造、生物医药、集成电路等一批共性技术研发与转化平台。聚力建设创新集聚区，培育壮大创新型企业，引领发展高科技产业，增强张江国家自主创新示范区的辐射带动能力。大力推动大众创业、万众创新，鼓励大企业、科研院所创办各类众创空间，进一步提升众创空间的国际化、专业化水平。

深入推进全面创新改革试验。健全市场导向的科技成果转移转化机制，扩大高校和科研院所的科研自主权，完善企业技术创新鼓励政策，促进科技服务业发展。加强开放创新，推进跨境研发活动便利化。加大金融服务创新的力度，引导和支持天使投资、风险投资加快发展。深化知识产权综合管理改革，构建多元化知识产权保护体系，建设引领型知识产权强市。加强科学普及，发展创新文化，营造鼓励创新、宽容失败的社会氛围。

建设新型智慧城市。加强新一代信息基础设施建设，增加家庭光纤用户接入带宽。构建城市空间基础信息平台，拓展云计算、物联网等新技术应用，开展大数据综合试验，建设第二代社会保障卡、市民健康服务等一批信息化应用平台。

坚持向用人主体放权、为人才松绑，加快构建具有全球竞争力的人才制度体系。完善人才集聚制度，汇聚更多的科技领军人才、高技能人才和企业家。完善人才管理制度，创新人才管理方式，扩大高校和科研院所的岗位聘任、考核评价、收入分配等管理权，支持行业企业自主开展职称评审。完善人才激励机制，健全科研人员绩效评价和奖励机制，探索有利于体现人才创新价值的科研经费管理制度。完善人才宜居环境，改善人才住房、就医和子女就学等条件，进一步激发各类人才的创新创业活力。

（三）深化供给侧结构性改革。

致力于提高供给质量，深入推进“三去一降一补”，协调推进稳增长、调结构，努力实现经济更高质量、更有效率、更加公平、更可持续发展。

进一步提升“四个中心”功能。积极配合国家金融管理部门，强化金融市场服务实体经济的功能，开展绿色债券等业务创新，促进互联网金融规范发展，加强金融风险监测、预警和防范，坚决守住不发生区域性、系统性金融风险的底线。建成洋山深水港区四期工程，加快发展航运金融、邮轮经济等高端航运服务业。促进大宗商品期货市场和现货市场的联动发展，推进亚太示范电子口岸建设，加快跨境电子商务综合试验区建设，深化内贸流通体制改革。实施新消费引领工程，培育一批会商旅文体联动项目和商业转型项目，高标准打造黄浦江游览品牌。

着力振兴实体经济。落实“中国制造2025”“互联网+”行动计划，加快发展“四新”经济，继续梳理解决一批瓶颈问题。实施产业创新工程，发展智能制造，推进智能网联汽车、工业互联网等一批产业引领性项目，推动传统产业深度运用新技术新模式。弘扬企业家精神和工匠精神，开展质量提升行动，推动企业提高产品和服务质量。进一步推动产业园区提质增效，加强“区区合作、品牌联动”，继续推进桃浦、南大、吴淞、高桥等区域转型发展。淘汰落后产能1000项。进一步帮助企业降本减负，着力降低制度性交易成本，继续清理规范行政事业性收费，扩大进出口环节收费的减免范围，促进实体经济发展。

加快重大工程和重点区域建设。加快建设5号线南延伸段、14号线、15号线、18

号线等轨道交通线，建成8号线三期、9号线东延伸段、17号线，新增运营线路55公里。开工建设军工路高架等工程，加快建设浦东国际机场三期、沪通铁路上海段、北横通道等重大交通设施。全面建成虹桥商务区核心区，启动建设国际旅游度假区的发展功能区，基本完成临港地区智能制造中心的核心功能布局，加快世博园区、前滩等区域开发建设，黄浦江从杨浦大桥至徐浦大桥45公里岸线的公共空间贯通开放。

（四）更加有力地保障和改善民生。

坚持以人民为中心的发展思想，进一步推进基本公共服务制度化、标准化、均等化，努力使人民群众有更多的获得感。

推动实现更高质量的就业。落实鼓励创业带动就业行动计划，新增50万个就业岗位。完善职业培训、职业见习、就业援助机制，促进高校毕业生、失业青年、离土农民等重点群体就业。提高机关、事业单位和国有企业吸纳残疾人就业的比例。积极申办第四十六届世界技能大赛。

加强社会保障和养老服务。完善社会保障体系，提高养老金、最低生活保障等待遇标准。扩大养老服务供给，推进社区为老服务综合平台建设，新增50家长者照护之家、80家老年人日间服务中心、7000张公办养老床位，促进居家、社区、机构养老服务的融合发展。强化养老服务保障，推进医养结合，启动长期护理保险制度试点，提升养老服务的能力和质量。

完善“四位一体”住房保障体系。新增供应5万套各类保障性住房。完成48万平方米中心城区二级旧里以下房屋改造、4.4万平方米郊区城镇旧区改造，实施300万平方米旧住房综合改造。坚持“房子是用来住的、不是用来炒的”定位，加强房地产市场调控，严格执行调控政策，促进房地产市场平稳健康发展。

坚持社会主义办学方向，深化教育综合改革。整体实施高考综合改革。启动城乡义务教育学校携手共进计划，学区化、集团化办学覆盖50%以上的义务教育学校，切实减轻中小学生课业负担。统筹推进一流大学和一流学科建设，建立与高校分类管理相适应的评价、投入机制。扩大高水平地方高校建设试点，进一步落实地方高校办学自主权。新建和改扩建20所幼儿园。积极发展职业教育、终身教育和特殊教育。鼓励社会力量兴办教育，建立民办学校分类登记管理制度。

推进综合医改试点。深化公立医院改革，推进医药分开，取消药品加成，落实医疗服务评价联动机制。全面实施社区卫生服务综合改革，基本建立分级诊疗政策体系，完善家庭医生制度，实施基层中医药服务能力提升行动。优化医疗资源配置，加强医疗机构儿科产科建设。编制实施“健康上海2030”规划纲要，进一步提高健康服务能力。

积极支持服务国防和军队现代化建设。深入开展国防教育，增强全民现代国防观念。继续推动军民融合深度发展，完善运行机制，推进融合创新示范区建设。加强双拥共建，做好优抚安置工作，巩固发展军政军民团结。

持续增进妇女儿童福祉。完善计划生育服务管理。继续做好民族、宗教、外事、港澳、对台和侨务工作。

（五）创新社会治理和城市管理。

按照核心是人、重心在城乡社区、关键是体制创新的要求，坚持眼睛向下，狠抓推进落实，切实做到基层有活力、管理出实效、群众得实惠。

守牢城市安全底线。从严从细落实安全责任，建立健全安全隐患排查、整治、报备的长效机制，严防重特大安全事故的发生。加强火灾防控体系建设，强化“三合一”场所的火灾隐患整治，为100个老旧住宅小区增配或改造消防设施。推进轨道交通公共安全防范体系建设。加强危险化学品安全管控，推广应用危险化学品的电子标签自动识别系统，完成油气管道隐患治理，建成瓶装液化气统一配送体系。完成82万平方米危险房屋和严重损坏房屋的处置。维护网络空间安全，建设网络空间安全动态感知体系，建成网络与信息安全应急基础平台。按照“四个最严”的要求，落实食品安全条例，把牢食品生产经营准入关，强化食品安全全过程监管，建设市民满意的食品安全城市。

加强社会治理。完善居住证制度，严控人口规模。强化基层基础，启动建设第二批基本管理单元，实施社区发展行动计划，加强居村委会能力建设，规范居村委会服务群众制度。深化社会组织管理改革。支持工会、共青团、妇联等群团组织参与社会治理。全面落实信访工作责任制，健全矛盾纠纷多元化解机制。全面深化公安改革，完善立体化、信息化社会治安防控体系，持续整治社会治安突出问题，强化反恐怖安全防范，确保社会安定有序。

强化城市综合管理和精细化管理。制定一批城市管理新标准，健全常态长效机制。全面完成住宅小区综合治理三年行动计划，完善物业服务市场化机制，改造2000万平方米居民住宅二次供水设施、60万户老旧小区供电设施。基本完成外环以外的地下管线普查。强化违法建筑等城市管理顽症整治，开展黄浦江上游浮吊整治，加大违法户外广告、违法经营和“居改非”的整治力度。加强综合交通管理，落实新修订的道路交通管理条例，深入推进道路交通违法行为大整治，健全整治长效机制，实施100个拥堵节点改造，建成10条区区对接道路，新增35公里公交专用道，延安路中运量公交投入使用。

（六）深入推进城乡发展一体化。

坚持城市建设重心和公共资源配置向郊区倾斜，加快转变农村生产生活方式，进一步缩小城乡发展差距。

深入推进农业供给侧结构性改革。开展粮食生产功能区建设，抓好“菜园子”“菜篮子”工程，提高50万亩常年菜田生产水平，强化西郊国际等农产品交易中心功能，增加绿色优质农产品供给。推进适度规模经营，继续鼓励家庭农场、农民专业合作社发展。加快农业科技创新和推广应用。推动一、二、三产业融合发展，启动乡村旅游示范村建设。完成2万亩小型农田水利配套设施建设。加大新型职业农民培育力度，促进农民持续增收。开展第三次农业普查。

加快建设美丽宜居乡村。加强农村生态环境治理，完成6万户农村生活污水处理工程，继续实施化肥和农药减量化行动，实行农田休耕养地，推进农业废弃物的资源化利用。加快农村基础设施建设，完成涉及5万户的村庄改造。

深化农村改革。继续推进镇级集体经济组织产权制度改革试点，全面推行村经分离。完成土地承包经营权的确权登记颁证，稳妥推进农村集体建设用地入市试点。深化农村综合帮扶，增加经济薄弱地区低收入农民的收入。

扎实推进新型城镇化。完善城乡规划体系，加快编制郊野单元规划和村庄规划。推进新城功能建设，强化产城融合。因地制宜推进镇域发展，启动一批特色小镇建设，积极开展历史文化名镇名村的保护和更新利用。在城镇化地区建设农民集中居住社区，促进农民进城进镇居住。

（七）繁荣发展社会主义先进文化。

坚定文化自信，坚持文化兴市，夯实文化软实力的根基，加快建设国际文化大都市。

提高城市文明程度和市民综合素质。坚持用社会主义核心价值观凝魂聚力，持续开展中国梦、城市精神主题宣传教育，实施中华优秀传统文化传承提升工程。深入开展市民修身行动和网络文明建设行动，倡导全民阅读。健全更加严格的历史风貌保护制度，加强成片、成街坊、成区域保护，延续城市文脉，留住城市记忆。

提高公共文化服务效能。建成历史博物馆，开工建设上海图书馆东馆、上海博物馆东馆等重大文化设施，启动国有文艺院团院址改造提升工程，增加文化设施的公益性服务内容。完善公共文化服务配送机制，探索社区文化活动中心社会化连锁管理。

提升文化产业竞争力。完善影视业、出版业发展扶持机制，推动网络视听、动漫游戏、创意设计等产业提升能级。完善文化市场体系，基本建成国际艺术品交易中心。支持国有文化企业创新转型，降低社会资本进入门槛，促进多元文化主体共同发展。

激发文艺创作活力。完善文艺创作传承创新、资助扶持和质量评价体系，深化国有文艺院团改革，推广院团驻场演出等新机制。建设基层文艺创作基地，扶持网络文艺创作，优化文艺创作环境。实施文化人才体制机制改革，加快打造文化人才高地。

推动体育领域改革发展。改建徐家汇体育公园，启动建设浦东专业足球场等公共体育设施。深化体育场馆管理体制、运营机制改革，制订实施足球改革发展方案。积极参加第十三届全国运动会。建立城市业余联赛体系，促进健身休闲产业发展，推动全民健身与全民健康的深度融合。

（八）加大生态建设和环境治理力度。

树立绿水青山就是金山银山的强烈意识，着力推进绿色发展，加快建设生态宜居城市。

加强资源节约集约利用。推进城市有机更新，低效建设用地减量7平方公里。深化碳排放交易试点。加强海洋资源开发保护。新建23个区域排水系统，消除中心城区排水系统空白点。

完成第六轮环保三年行动计划。推进中小河道综合整治，加大截污纳管力度，完成14座雨水泵站改造、21家污水处理厂提标改造，加强工业企业、畜禽养殖场的污染治理，实施水系沟通工程，落实河长制，基本消除全市中小河道黑臭。完成公用燃煤发电机组的超低排放改造，深化挥发性有机物、港口船舶污染治理。深入推进长三角区域大气污染、水污染联防联控。启动实施土壤污染防治行动计划。加强垃圾综合治理，新增200万户生活垃圾分类减量“绿色账户”，开工建设一批湿垃圾与建筑垃圾的资源化利用设施。持续推进区域环境综合治理，完成第三批22个市级地块整治。金山地区环境综合整治取得阶段性成效。加大环境执法力度，实行环保机构监测监察执法的垂直管理制度。

加强绿色生态空间建设。完成外环生态专项，浦江、嘉北、广富林郊野公园开园运营，新建林地6.5万亩，新建绿地1200公顷、城市绿道213公里、立体绿化40万平方米。坚持生态立岛，举全市之力，高标准、高质量推进崇明世界级生态岛建设。

三、全面加强政府自身建设

过去一年，我们贯彻落实法治政府建设实施纲要，深入推进政府改革创新，政府服务管理水平进一步提高。着力转变政府职能，率先开展证照分离改革试点，取消调整审批事项384项、评估评审142项，基本完成审批相关的中介服务机构与政府部门脱钩，完成首批行业协会、商会与政府部门脱钩，建成事中事后综合监管体系框架。着力创新服务管理方式，全面推行政府目标管理，推进审批事项接入网上政务大厅。着力加强依法行政，制定实施重大行政决策程序规定，试点行政执法类公务员分类管理，制定发布区、乡镇行政权力清单和责任清单，统一和规范区级市场监管处罚程序。着力改进政府作风，认真开展“两学一做”学习教育，深入解决基层和群众反映集中的突出问题，加强对重大政策执行等的监督检查和责任追究，完善公务卡等制度，进一步强化勤政廉政建设。

同时，政府改革建设仍要继续加大力度。政府职能转变还需进一步加快，重审批、轻监管的倾向有待继续改变。依法行政能力还需进一步增强，有法不依、执法不严的情况仍有发生。行政效率还需进一步提高，运用市场化、社会化、信息化手段有待深入，部门间协调、协作、协同机制有待完善。政府作风还需进一步改进，不担当、不作为、等靠要的问题在不同程度上仍然存在，少数政府工作人员服务意识淡薄，极少数人甚至以权谋私、贪污腐败。对这些问题，我们必须严肃认真对待，狠抓整改，务求实效，更好地服务于民、取信于民。

新的一年，我们要着眼于使市场在资源配置中起决定性作用和更好发挥政府作用，按照“两高、两少、两尊重”的要求，深入推进简政放权、放管结合、优化服务改革，进一步提高政府治理现代化水平。

（一）深入推进政府职能转变。把发挥政府作用的核心放在更好而不是更多上，切实履行公共服务、市场监管、社会管理、环境保护等职责，进一步减少对微观经济活动的干预。

推进行政审批制度改革。深化证照分离改革试点，纳入更多改革事项，推广改革事项实施范围。全面实行市场准入负面清单制度，改革企业技术改造项目审批管理，取消调整一批行政审批事项和评估评审事项。推进政企分开、事企分开，完成市级行政事业单位所办企业的清理规范。

强化事中事后监管。推进综合监管，部门监管事项基本纳入事中事后综合监管平台，加强基层市场监管标准化建设。推进行业监管，全面落实分行业监管方案。创新监管方式，把“双随机、一公开”制度推广到所有行政执法领域，强化失信联合惩戒机制。

深化财政体制改革。加强中期财政规划管理，建立规范化的跨年度预算平衡机制，加快构建行政事业单位资产管理新机制，扩大部门整体支出绩效评价的试点范围。推进市区两级政府事权和支出责任划分改革，进一步理顺市与区的财政分配关系。加快推进预算公开制度化，把部门和单位的预算内容全部公开到按功能分类的“项”级科目，基本支出公开到按经济分类的“款”级科目，把预决算公开延伸到乡镇一级的预算单位。

（二）大力加强依法行政。加快构建系统完备、科学规范、运行有效的依法行政制度体系，进一步提高政府法治化水平。

健全行政决策机制。制定重大行政决策征求公众意见的程序规则，加强公众参与平台建设，探索重大民生决策事项的民意调查制度，使决策更好地反映民情民意。全面推行政府法律顾问制度。

完善行政执法机制。深化农业等领域的综合执法体制改革，全面实施行政执法类公务员分类管理。健全行政执法调查取证、告知、罚没收入管理等制度，促进规范公正文明执法。

强化监督机制。推进审计全覆盖，试点领导干部自然资源资产的离任审计，强化对不作为、慢作为等的严肃问责。依法接受市人大及其常委会的监督，主动接受市政协的民主监督，重视司法、舆论、社会监督。深化行政权力标准化管理试点，构建发布、解读、回应“三位一体”的政务公开新格局。

（三）着力提高行政效能。更多运用市场化、社会化、信息化方式加强服务管理，推动政府高效运转。

加强政府与社会合作。扩大政府购买公共服务规模，基本形成规范统一、安全高效的购买服务运行机制。推广政府与社会资本合作模式，鼓励社会资本参与基础设施和公共服务项目的投资运营。落实社会信用条例，促进信用信息跨地域共享，更大范围地应用信用信息。

推广“互联网+政务服务”。构建电子政务云基本框架，把网上政务大厅、事中事后综合监管平台等重点应用迁移上云。制定发布政务服务事项目录，把社区事务受理服务中心的所有服务事项接入网上政务大厅，实现实体政务大厅与网上政务大厅的衔接通办。

优化政府运行机制。完善政府目标管理体系，制定实施政府工作目标的制定、执行、评估等制度，在区级政府全面推行目标管理。健全部门间协调配合机制，落实“十三五”规划纲要实施机制，强化“12345”市民服务热线的平台作用，全面开展政府部门效能评估，推动各项政策措施落地见效。

（四）进一步改进政府作风。坚持从严从实，驰而不息抓好作风建设，推动改革发展不断取得新进步。

持之以恒正风肃纪。深入贯彻中央八项规定精神和本市30条实施办法，坚决贯彻党内政治生活准则和党内监督条例，坚决落实廉洁自律准则和纪律处分条例，严守政治纪律、组织纪律、廉洁纪律、群众纪律、工作纪律和生活纪律。严格执行财经管理规定，坚决防止和纠正各种“四风”新问题。

坚定不移反腐倡廉。严格落实“一岗双责”，继续探索廉政建设与业务工作的融合机制。聚焦权力运行风险点，完善权力运行的制约监督机制。坚持严肃教育、严明纪律、严格管理、严惩腐败，始终保持反腐高压态势。

严格管理公务员队伍。全面推行公务员岗位履职责任制，强化公务员平时考核。推广分级分类培训，增强公务员的群众观点、法治思维、创新意识和履职能力。每一位政府工作人员特别是各级领导干部，都要不忘初心、继续前进，在勇于担当中干事创业，在苦干实干中为民服务，努力做人民满意的公务员。

各位代表，做好今年工作，意义重大，任务艰巨。让我们更加紧密地团结在以习近平同志为核心的党中央周围，在中共上海市委的领导下，齐心协力，攻坚克难，加快建设“四个中心”和社会主义现代化国际大都市，为实现“两个一百年”奋斗目标、实现中华民族伟大复兴的中国梦而奋斗！

2016 年上海市国民经济和社会发展统计公报

2016 年，在党中央、国务院和中共上海市委、上海市人民政府的坚强领导下，全市深入贯彻习近平总书记系列重要讲话精神和治国理政新理念新思想新战略，按照当好改革开放排头兵、创新发展先行者的根本要求，主动适应经济发展新常态，坚持稳中求进工作总基调，坚定不移推进供给侧结构性改革，坚持不懈推进创新驱动发展、经济转型升级，完成了市十四届人大四次会议确定的目标任务，实现了“十三五”时期经济社会发展的良好开局。

一、综合

全年实现上海市生产总值（GDP）27466.15 亿元，比上年增长 6.8%（见图 1）。其中，第一产业增加值 109.47 亿元，下降 6.6%；第二产业增加值 7994.34 亿元，增长 1.2%；第三产业增加值 19362.34 亿元，增长 9.5%。第三产业增加值占上海市生产总值的比重为 70.5%，比上年提高 2.7 个百分点。按常住人口计算的上海市人均生产总值为 11.36 万元。

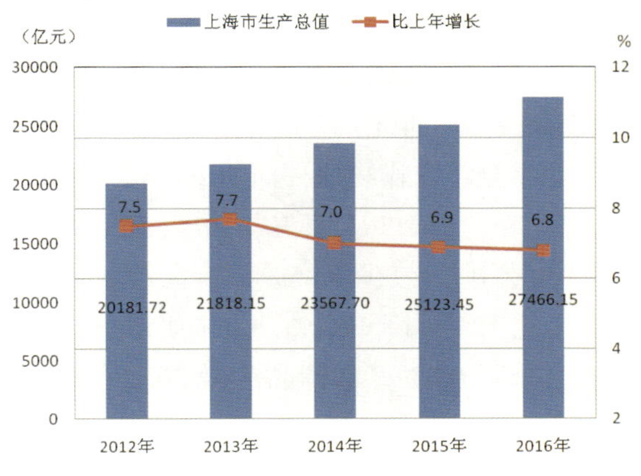

图 1　2012—2016 年上海市生产总值及其增长速度

在上海市生产总值中，公有制经济增加值 13193.27 亿元，比上年增长 6.8%；非公有制经济增加值 14272.88 亿元，增长 6.8%。非公有制经济增加值占上海市生产总值的比重为 52.0%，与上年持平。

全年战略性新兴产业增加值 4182.26 亿元，比上年增长 5.0%。其中，制造业增加值 1807.75 亿元，增长 2.7%；服务业增加值 2374.51 亿元，增长 6.9%（见表 1）。战略性新兴产业增加值占上海市生产总值的比重为 15.2%。

表 1　2016 年战略性新兴产业增加值及其增长速度

指标	绝对值（亿元）	比上年增长（%）
战略性新兴产业增加值	4182.26	5.0
制造业	1807.75	2.7
服务业	2374.51	6.9

全年经工商登记新设立各类市场主体 34.70 万户，比上年增长 16.9%。其中，内资企业（不含私营企业）5611 户，减少 6.6%；外商投资企业 8222 户，减少 6.8%；私营企业 28.15 万户，增长 17.6%；个体工商户 5.10 万户，增长 22.2%。

全年地方一般公共预算收入 6406.13 亿元，比上年增长 16.1%。地方一般公共预算支出 6918.94 亿元，增长 11.7%（见表 2）。全年税务部门组织的税收收入完成 11847.05 亿元（不含关税及海关代征税），同比增长 5.5%。

表 2　2016 年地方一般公共预算收支及其增长速度

指标	绝对值（亿元）	比上年增长（%）
地方一般公共预算收入	6406.13	16.1
#增值税	2460.44	10.4
个人所得税	593.08	21.6
企业所得税	1336.89	21.1
契税	345.83	27.6
地方一般公共预算支出	6918.94	11.7
#一般公共服务支出	302.09	15.3
公共安全支出	337.18	22.3
教育支出	840.97	5.7
社会保障和就业支出	988.81	82.0
医疗卫生与计划生育支出	383.10	21.8
节能环保支出	134.41	18.3
城乡社区支出	1588.04	–3.6

全年完成全社会固定资产投资总额6755.88 亿元，比上年增长 6.3%。其中，第三产业投资占全社会固定资产投资总额的比重为 85.4%；非国有经济投资占全社会固定资产投资总额的比重为 72.7%（见表 3）。

表 3　2016 年全社会固定资产投资及其增长速度

指标	绝对值（亿元）	比上年增长（%）
全社会固定资产投资总额	6755.88	6.3
按经济类型分		
国有经济	1844.66	–6.6
非国有经济	4911.22	12.2
#私营经济	1074.30	5.6
股份制经济	2611.71	22.9
外商及港澳台经济	1153.48	–1.0
按产业分		
第一产业	4.09	3.6
第二产业	982.69	2.5
第三产业	5769.11	7.0
按行业分		
#工业	979.56	2.3
交通运输、仓储和邮政业	944.86	18.9
金融业	18.49	–24.5
卫生和社会工作	52.76	15.8

以上年价格为 100，全年居民消费价格指数为 103.2，其中，食品烟酒类价格指数为 103.7，居住类价格指数为 105.1，医疗保健类价格指数为 109.0（见表 4）；固定资产投资价格指数为 99.6；工业生产者出厂价格指数为 98.8，工业生产者购进价格指数为 97.7。

以上年 12 月价格为 100，新建住宅销售价格指数为 126.5。其中，商品住宅价格指数为 131.7；以上年价格为 100，新建住宅销售价格指数为 127.0，其中，商品住宅价格指数为 132.8。

表 4　2016 年居民消费价格指数

指标	指数（以上年价格为100）
居民消费价格指数	103.2
食品烟酒	103.7
衣着	100.8
居住	105.1
生活用品及服务	101.2
交通和通信	97.0
教育文化和娱乐	102.7
医疗保健	109.0
其他用品和服务	103.3

二、农业

全年全市实现农业总产值 286.27 亿元，比上年下降 6.9%。其中，种植业 149.14 亿元，下降 4.2%；林业 13.27 亿元，增长 23.6%；牧业 60.71 亿元，下降 12.9%；渔业 52.57 亿元，下降 8.5%；农林牧渔服务业 10.59 亿元，下降 8.1%。上海域外市属农场实现农业总产值 32.16 亿元，增长 47.7%。

全年全市农作物播种面积 29.63 万公顷，比上年减少 13.3%。其中，粮食播种面积 14.01 万公顷，减少 13.5%。粮食产量 99.55 万吨，比上年下降 11.2%；生牛奶产量 26.04 万吨，下降 6.0%；水产品产量 26.05 万吨，下降 10.7%（见表 5）。

表 5　2016 年全市及域外主要农副产品产量

产品名称	单位	全市产量	比上年增长（%）	域外产量	比上年增长（%）
粮 食	万吨	99.55	−11.2	−	−
蔬 菜	万吨	321.17	−8.1	−	−
生猪出栏	万头	171.11	−16.3	79.51	25.7
生牛奶	万吨	26.04	−6.0	10.12	12.8
家禽出栏	万羽	1713.46	−11.9	23.70	31.9
水产品	万吨	26.05	−10.7	3.64	13.0

至年末，全市有 1670 家企业、7289 个产品获得“三品一标”农产品认证。其中，绿色食品证书使用企业 209 家，绿色食品 305 个；无公害农产品证书使用企业 1450 家，无公害农产品 6957 个。

至年末，全市累计建成设施粮田面积 86.53 千公顷，市级蔬菜标准园 150 家，标准化畜禽养殖场 304 家，标准化水产养殖场 270 家。至年末，全市有农业产业化龙头企业 383 家，农民专业合作社 3202 家，经农业主管部门认定的粮食家庭农场 3990 个。

三、工业和建筑业

全年实现工业增加值 7145.02 亿元，比上年增长 1.0%。全年完成工业总产值 33079.72 亿元，增长 0.7%。其中，规模以上工业总产值 31082.72 亿元，增长 0.8%。在规模以上工业总产值中，国有控股企业总产值 11498.09 亿元，增长 1.3%。

全年节能环保、新一代信息技术、生物医药、高端装备、新能源、新材料和新能源汽车等战略性新兴产业制造业完成工业总产值 8307.99 亿元，比上年增长 1.5%。

全年六个重点行业完成工业总产值 21001.28 亿元，比上年增长 1.9%，占全市规模以上工业总产值的比重为 67.6%（见表 6）。

表 6　2016 年六个重点行业工业总产值及其增长速度

指标	绝对值（亿元）	比上年增长（%）
六个重点行业工业总产值	21001.28	1.9
电子信息产品制造业	6045.08	−2.2
汽车制造业	5781.58	12.6
石油化工及精细化工制造业	3259.33	−0.3
精品钢材制造业	1060.17	−5.5
成套设备制造业	3896.48	−2.6
生物医药制造业	958.63	5.9

全年规模以上工业产品销售率为 99.9%。全年原油加工量 2470.77 万吨，比上年下降 2.0%；工业机器人产量 2.91 万套，增长 24.4%；手机产量 4801.43 万台，下降 28.8%；汽车产量 260.77 万辆，增长 7.3%（见表 7）。

表 7　2016 年主要工业产品产量及其增长速度

产品名称	单位	产量	比上年增长(%)
乳制品	万吨	46.50	−6.9
精制食用植物油	万吨	98.76	−11.4
原油加工量	万吨	2470.77	−2.0
钢 材	万吨	2080.14	−5.4
汽 车	万辆	260.77	7.3
工业机器人	万套	2.91	24.4
电力电缆	万千米	176.33	−6.5
移动通信手持机(手机)	万台	4801.43	−28.8
集成电路	亿块	238.07	9.5
发电机组(发电设备)	万千瓦	2561.00	21.2

全年规模以上工业企业实现利润总额 2898.52 亿元，比上年增长 8.1%，实现税金总额 1954.19 亿元，下降 1.9%。规模以上工业企业亏损面为 21.9%。

全年实现建筑业总产值 6046.19 亿元，比上年增长 7.0%；房屋建筑施工面积

36019.72万平方米，下降1.7%；竣工面积7481.15万平方米，增长3.1%。

四、批发和零售业

全年实现批发和零售业增加值4032.43亿元，比上年增长4.6%。

全年实现商品销售总额10.08万亿元，比上年增长7.9%，其中批发销售额9.10万亿元，增长7.9%。

全年实现社会消费品零售总额10946.57亿元，比上年增长8.0%（见表8），其中无店铺零售额1584.00亿元，增长13.8%。网上商店零售额1249.77亿元，增长15.8%，占社会消费品零售总额的比重为11.4%，比上年提高0.5个百分点。

表8　2016年社会消费品零售总额及其增长速度

指标	绝对值（亿元）	比上年增长（%）
社会消费品零售总额	10946.57	8.0
#批发零售贸易业	9874.15	8.4
住宿餐饮业	1072.42	4.7
#国有	266.68	−3.8
私营	2078.70	2.3
股份有限公司	851.77	9.4
港澳台商投资	1892.03	9.6
外商投资	2092.36	10.1
#无店铺零售额	1584.00	13.8
#网上商店零售额	1249.77	15.8

至年末，全市已开业城市商业综合体达189家，其中，商场建筑面积10万平方米以上的有68家。全年全市城市商业综合体实现营业额达1287.20亿元，比上年增长12.2%。

五、交通、邮电和旅游

全年实现交通运输、仓储和邮政业增加值1160.27亿元，比上年增长6.3%。

全年各种运输方式完成货物运输量88689.16万吨，比上年下降2.8%。旅客发送量19564.44万人次，增长5.3%（见表9）。

表9　2016年货物运输量与旅客发送量及其增长速度

指标	单位	绝对值	比上年增长(%)
货物运输量	万吨	88689.16	−2.8
铁路	万吨	460.51	−2.3
水运	万吨	48786.73	−2.0
公路	万吨	39055.00	−3.9
机场	万吨	386.92	4.3
旅客发送量	万人次	19564.44	5.3
铁路	万人次	10609.37	9.5
港口	万人次	171.98	52.2
公路	万人次	3402.00	−9.7
机场	万人次	5381.09	7.6

全年上海港口货物吞吐量达到70176.56万吨，比上年下降2.2%；集装箱吞吐量3713.31万国际标准箱，增长1.6%。集装箱水水中转比例为46.5%，国际中转比例为7.2%。上海浦东、虹桥两大国际机场全年共起降航班74.19万架次，增长5.1%；进出港旅客达到10646.25万人次，增长7.3%。其中，国内航线进出港旅客6996.85万人次，增长5.3%；国际及地区航线进出港旅客3649.40万人次，增长11.4%。

全年上海港接待邮轮靠泊509艘次。其中，以上海为母港的邮轮482艘次。邮轮旅客吞吐量289.38万人次，比上年增长76.2%。

至年末，全市轨道交通运营线路达到15条。全年优化调整公交线路214条，其中新辟42条。至年末，公交运营车辆达1.67万辆，其中国Ⅴ及以上标准及零排放车辆7019辆，占全部公交运营车辆的42.0%；运营出租车4.73万辆。全年市内公共交通客运量67.05亿人次，比上年增长1.0%。其中，轨道交通客运量34.01亿人次，增长10.9%；公共汽电车客运量23.91亿人次，下降6.2%。

至年末，全市拥有各类民用汽车322.94万辆，比上年增长14.4%，其中私人汽车

242.71 万辆，增长 16.3%。

全年完成邮政业务总量 564.25 亿元，比上年增长 46.3%；电信业务总量 1101.73 亿元，增长 41.2%。邮政业全年完成邮政函件业务 8.26 亿件、包裹业务 272.86 万件、快递业务 26.03 亿件；快递业务收入 709.51 亿元。年末固定电话用户 731.62 万户，其中住宅电话 421.80 万户。移动电话用户 3156.14 万户，比上年末减少 103.79 万户。移动电话用户普及率 130.7 部 / 百人。

全年实现旅游产业增加值 1689.70 亿元，比上年增长 6.9%。

至年末，全市已有星级宾馆 238 家，旅行社 1518 家，A 级旅游景区（点）97 个，红色旅游基地 34 个（见表 10）。

表 10　2016 年旅游设施情况

指标	单位	绝对值
星级宾馆	家	238
#五星级	家	70
四星级	家	69
旅行社	家	1518
#经营出境旅游业务的旅行社	家	181
A级旅游景区（点）	个	97
#5A级景区（点）	个	3
4A级景区（点）	个	50
红色旅游基地	个	34
#全国红色旅游基地	个	9
旅游咨询服务中心	个	48
旅游集散中心站点	个	4

全年接待国际旅游入境者 854.37 万人次，比上年增长 6.8%(见图 2)。其中，入境外国人 659.83 万人次，增长 7.4%；港、澳、台同胞 194.54 万人次，增长 4.9%。在国际旅游入境者中，过夜旅游者 690.43 万人次，增长 5.6%。全年接待国内旅游者 29620.60 万人次，增长 7.4%。其中，外省市自治区来沪旅游者 14679.73 万人次，增长 5.4%。全年入境旅游外汇收入 65.30 亿美元，增长 9.6%；国内旅游收入 3443.93 亿元，增长 14.6%。

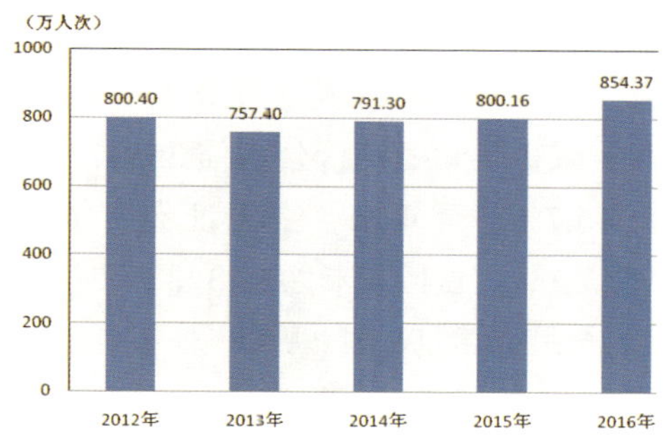

图 2　2012—2016 年国际旅游入境人数

六、金融和保险

全年实现金融业增加值 4762.50 亿元，比上年增长 12.8%。

至年末，全市各类金融单位达到 1473 家。其中，货币金融服务单位 622 家；资本市场服务单位 382 家；保险业单位 386 家。至年末，全市各类金融单位中，在沪经营性外资金融单位达到 242 家。

至年末，全市中外资金融机构本外币各项存款余额 110510.96 亿元，比年初增加 6750.32 亿元；贷款余额 59982.25 亿元，比年初增加 6595.04 亿元（见表 11）。

表 11　2016 年中外资金融机构本外币存贷款情况

指标	绝对值（亿元）	比年初增减额（亿元）
各项存款余额	110510.96	6750.32
#住户存款	25112.99	1728.23
非金融企业存款	45105.14	7062.38
广义政府存款	14611.70	1213.74
非银行业金融机构存款	21737.43	–3628.09
各项贷款余额	59982.25	6595.04
#住户贷款	16201.60	4483.63
非金融企业及机关团体贷款	39357.72	26.74
非银行业金融机构贷款	333.90	28.82
#人民币个人消费贷款	15038.05	4286.82
#住房贷款	11141.86	3376.05
汽车消费贷款	2596.32	726.57

全年金融市场交易总额达到 1364.66 万亿元，比上年减少 6.7%。上海证券交易所总成交金额 283.87 万亿元，增长 6.6%，其中债券成交额 224.72 万亿元，增长 82.9%；股

票成交金额49.79万亿元，减少62.4%。全年通过上海证券市场股票筹资8056.45亿元，比上年减少7.5%；发行公司债25547.20亿元，增长46.7%。至年末，上海证券市场上市证券9647只，比上年末增加3733只，其中股票1226只，增加101只。

上海期货交易所总成交金额84.98万亿元，增长33.7%。中国金融期货交易所总成交金额18.22万亿元，减少95.6%。银行间市场总成交金额960.15万亿元，增长36.3%。上海黄金交易所总成交金额17.44万亿元，增长61.7%。

全年保险公司原保险保费收入1529.26亿元，比上年增长35.9%。其中，财产险公司原保险保费收入410.78亿元，增长6.5%；寿险公司原保险保费收入1118.48亿元，增长51.3%。全年保险赔付支出528.77亿元，增长11.7%。其中，财产险赔款支出222.55亿元，增长16.3%；寿险给付245.86亿元，增长7.2%；健康险赔款给付49.96亿元，增长12.8%；意外险赔款支出10.41亿元，增长19.8%。

七、对外经济

全年上海关区货物进出口总额52334.85亿元，比上年增长3.3%。其中，进口20683.76亿元，增长5.1%；出口31651.09亿元，增长2.1%。

全年上海市货物进出口总额28664.37亿元，比上年增长2.7%。其中，进口16558.92亿元，增长5.2%；出口12105.45亿元，下降0.5%（见表12）。按市场分，对欧盟进口3729.41亿元，增长6.3%；出口1990.54亿元，下降10.9%。对美国进口1791.99亿元，增长2.4%；出口2965.08亿元，增长5.6%。对东盟进口2069.86亿元，增长6.2%；出口1446.00亿元，增长6.3%。对日本进口1941.73亿元，增长9.7%；出口1266.95亿元，下降3.5%（见表13）。

表12　2016年上海市货物进出口总额及其增长速度

指标	绝对值（亿元）	比年初增减额（亿元）
上海市货物进出口总额	28664.37	2.7
上海市货物进口总额	16558.92	5.2
#国有企业	3024.38	6.7
外商投资企业	10749.20	2.0
私营企业	2618.84	16.1
#一般贸易	8870.70	9.5
加工贸易	2033.48	–5.8
#机电产品	8139.15	0.4
#高新技术产品	5134.10	–1.1
上海市货物出口总额	12105.45	–0.5
#国有企业	1478.40	–6.3
外商投资企业	8159.31	0.3
私营企业	2355.17	0.9
#一般贸易	5255.66	1.1
加工贸易	4847.34	–6.4
#机电产品	8506.80	–0.1
#高新技术产品	5219.96	–1.4

表13　2016年上海对主要国家和地区货物进出口总额及其增长速度

国家和地区	出口额（亿元）	比上年增长(%)	进口额（亿元）	比上年增长（%）
美国	2965.08	5.6	1791.99	2.4
欧盟	1990.54	–10.9	3729.41	6.3
东盟	1446.00	6.3	2069.86	6.2
日本	1266.95	–3.5	1941.73	9.7
中国香港	1196.48	–0.2	267.37	100.7
韩国	484.09	–8.1	1079.57	–14.1
中国台湾	425.55	12.1	1050.67	8.8
俄罗斯	108.65	2.6	137.10	–21.5

全年新设外商直接投资项目5153项，比上年下降14.2%；合同金额509.78亿美元，下降13.5%；全年外商直接投资实际到位金额185.14亿美元，增长0.3%。全年第三产业实际到位金额163.35亿美元，增长2.5%，占全市实际利用外资的比重为88.2%。至年末，在上海投资的国家和地区达168个。在上海落户的跨国公司地区总部达到580家，投资性公司330家，外资研发中心411家。年内新增跨国公司地区总部45家，其中亚太

区总部15家；投资性公司18家；外资研发中心15家。

全年备案和核准对外直接投资项目1425项，比上年增长6.5%；对外直接投资中方投资额366.50亿美元，下降8.1%。签订对外承包工程合同金额118.45亿美元，增长6.7%；实际完成营业额66.56亿美元，下降10.7%；派出人员6497人次，增长10.8%。对外劳务合作派出人员15290人次，增长6.4%。至年末，上海对外承包工程和劳务合作涉及的国家和地区达178个。

全年举办各类展览会项目880个，总展出面积1605.08万平方米，比上年增长6.2%。其中，国际展览会项目287个，展出面积1177.47万平方米，增长4.8%；国内展览会项目593个，展出面积427.60万平方米，增长10.5%。

八、中国（上海）自由贸易试验区建设

持续推动中国（上海）自由贸易试验区制度创新。开展市场准入负面清单制度试点，深化外商投资、境外投资管理和商事制度改革。至年末，自贸试验区“集中登记地”增至61处，已注册企业21400户。推行“企业简易注销登记”，惠及经营者1289户；推出网上预约、预登记服务，试行手机app“掌上预约”。至年末，受理网上预约登记29448件，企业平均等候时间缩短2/3。至年末，区内共有企业79669户，其中内资企业62365户，涉及注册资本41403.62亿元；外资企业17304户，涉及注册资本2436.86亿美元。

深化“三互”（信息互换、监管互认、执法互助）大通关建设改革，建立符合高标准贸易便利化规则的贸易监管制度。探索在通关一体化改革试点中引入“三自一重”（自主报税、自助通关、自动审放、重点稽查）理念，年内受理“三自一重”报关单5155单、货值69.83亿元、征收税款12.04亿元，同比分别增长7.5倍、3.0倍和3.1倍。全年区内外贸进出口总额7836.80亿元，增长5.9%，其中出口额2315.85亿元，增长14.5%（见表14）。

推出金融综合监管试点等一批实施细则和创新案例，实施自由贸易账户功能拓展等一批改革举措，金融制度创新框架基本形成。上海保险交易所、上海票据交易所、中国信托登记有限责任公司正式开业，自贸试验区“国际版”大宗商品交易平台已有7家通过验收。至年底，上海自贸试验区开设FT账户超过6.34万个，账户收支总额5.74万亿元。人民币跨境交易规模持续扩大，全年保税区跨境人民币境外借款40.70亿元，跨境人民币结算总额已达11518亿元，跨境双向人民币资金池业务收支总额累计3520.13亿元。

制订实施事中事后监管深化方案，推进市区两级事中事后综合监管平台建设，开通企业信用信息公示系统，形成以政府职能转变为核心的事中事后监管制度构架。

表14　2016年中国（上海）自由贸易试验区主要经济指标及其增长速度

指标	单位	绝对值	比上年增长(%)
地方一般公共预算收入	亿元	559.38	23.7
外商直接投资实际到位金额	亿美元	61.79	28.2
全社会固定资产投资总额	亿元	607.93	9.4
工业总产值	亿元	4312.84	14.2
社会消费品零售额	亿元	1396.76	6.9
商品销售总额	亿元	33609.23	6.9
服务业营业收入	亿元	4167.59	7.0
外贸进出口总额	亿元	7836.80	5.9
#出口额	亿元	2315.85	14.5
期末监管类金融机构数	个	815	7.5
新兴金融机构数	个	4651	11.9

九、城市基础设施和房地产

全年完成城市基础设施建设投资1551.87亿元，比上年增长8.9%。其中，交

通运输邮电通信投资 990.18 亿元；市政建设投资 345.75 亿元；公用事业投资 70.90 亿元（见表 15）。

至年末，全市轨道交通运营线路长度达到 617.53 公里，公交专用道路达到 325 公里。建成长江西路越江隧道。国际旅游度假区和迪士尼乐园开园运营，世博央企总部集聚区全面建成。黄浦江滨江公共空间贯通 10 公里。建成中心城区 228 个排水系统，打通 17 条区区对接道路。

表 15　2016 年城市基础设施投资及其增长速度

指 标	绝对值（亿元）	比上年增长(%)
城市基础设施投资	1551.87	8.9
电力建设	145.04	12.1
交通运输	883.81	16.4
邮电通信	106.27	11.2
公用事业	70.90	6.3
市政建设	345.75	-7.6

全市自来水供水能力为 1152 万立方米 / 日，比上年增加 15 万立方米 / 日。全年供水总量为 32.04 亿立方米，增长 2.6%；售水总量为 25.24 亿立方米，比上年增长 2.7%。其中，工业用水量、生活用水量分别为 4.82 亿立方米、20.42 亿立方米，分别比上年下降 2.3% 和增长 4.0%。全年全市用电量 1486.02 亿千瓦时，增长 5.7%（见表 16）。至年末，全市家庭液化气用户 333.6 万户，家庭天然气用户 675.2 万户。

表 16　2016 年公用事业主要指标及其增长速度

指 标	单 位	绝对值	比上年增长(%)
自来水日供水能力	万立方米	1152	1.3
自来水供水总量	亿立方米	32.04	2.6
自来水售水总量	亿立方米	25.24	2.7
#工业用水	亿立方米	4.82	-2.3
用电量	亿千瓦时	1486.02	5.7
#城乡居民生活用电	亿千瓦时	217.72	17.4
液化气销售总量	万 吨	39.79	-6.1
天然气销售总量	亿立方米	73.8	6.6

全年完成房地产开发投资 3709.03 亿元，比上年增长 6.9%。其中，住宅投资 1965.43 亿元，增长 8.4%；办公楼投资 695.95 亿元，增长 6.3%；商业营业用房投资 519.41 亿元，增长 11.1%。商品房施工面积 15111.24 万平方米，增长 0.1%；竣工面积 2550.64 万平方米，下降 3.6%。商品房销售面积 2705.69 万平方米，增长 11.3%。其中，住宅销售面积 2019.80 万平方米，增长 0.5%。全年商品房销售额 6695.85 亿元，增长 31.5%。其中，住宅销售额 5233.29 亿元，增长 21.1%。全年存量房买卖登记面积 3398.31 万平方米，增长 28.3%。

全年新增供应各类保障性住房 5.2 万套。中心城区实际完成二级旧里以下房屋改造约 59 万平方米，受益居民约 3 万户。

十、城市信息化

全年实现信息产业增加值 2994.33 亿元，比上年增长 8.5%。其中，信息服务业增加值 1963.79 亿元，增长 11.9%。

至年末，全市光纤到户覆盖总量达 941 万户，比上年末增加 31 万户，实际使用用户数达到 515.74 万户，比上年末增加 54.62 万户。固定宽带用户平均可用下载速率达 14.03Mb/s，比上年末提高 2.72Mb/s。下一代广播电视网（NGB）覆盖 744 万户家庭，比上年末增加 24 万户。全市第三代移动通信技术（3G）和第四代移动通信技术（4G）用户总数达到 2390.09 万户，比上年末增加 178.82 万户。开展 i-Shanghai 服务优化升级，公共场所服务场点累计开通 1400 余处，比上年末增加近 600 处。互联网网民数 1791 万人，互联网普及率为 74.1%。城市公共区域 WLAN 接入热点累计达 13.72 万个。互联网宽带接入用户 804.12 万户，比上年末增加 119.30 万户。互联网省际出口带宽 8.59T，比上年末增加 2.99T，互联网国际出口带宽

1.08T，比上年末增加0.16T。IPTV用户数达230万户，增加53万户。数字电视用户数达562万户，增加20万户。

全年完成电子商务交易额20049.30亿元，比上年增长21.9%。其中，B2B交易额14445.60亿元，增长17.3%，占电子商务交易额的72.1%；网络购物交易额5603.70亿元，增长35.4%，占27.9%。

全年口岸税费电子支付系统入网企业累计约8.3万家，增长3.7%，报文传输量为2.47亿个，实现电子支付金额13662亿元，增长7.4%。至年末，已有148万家单位持有有效“一证通”185万张。

至年末，“市民信箱”累计注册用户582万人，比上年增长20.0%。

至年末，市信用平台累计对外提供查询2223.84万次。其中，法人信用信息被查询713.38万次；自然人信用信息被查询1510.46万次。97家单位确认向市信用平台提供5198项信息事项。其中，涉及法人信息事项4072项，涉及自然人信息事项1126项。平台可查询数据3.14亿条，法人数据1064.03万条，自然人数据3.04亿条。

至年末，市信用平台已建21个子平台（16个区以及市商务委、市住建委、市司法局、市社团局、市酒类专卖局5家市级委办局），在建子平台1个（市卫计委）。除市信用平台服务大厅外，已设立13家服务窗口（10个区、自贸试验区和司法局服务窗口、上海图书馆），在建服务窗口1个（宝山区）。

十一、教育和科学技术

至2015—2016学年末，全市共有普通高等学校64所，普通中等学校885所，普通小学753所，特殊教育学校29所。普通高等学校和普通小学毕业生数均有所增加，普通中等学校的毕业生数有所减少（见表17）。全市共有48家机构培养研究生，全年招收研究生4.91万人，在校研究生14.50万人，毕业研究生3.97万人。九年义务教育入学率保持在99.9%以上，高中阶段新生入学率达98.7%。

表17　2015—2016学年各级各类学校学生情况及其增长速度

类别	在校学生数(万人)	比上学年增长(%)	毕业学生数(万人)	比上学年增长(%)
普通高等学校	51.47	0.6	13.26	3.0
普通中等学校	66.63	-1.1	17.85	-2.2
普通中学	57.11	0.1	14.37	-1.2
高中	15.78	-0.2	5.19	1.3
初中	41.33	0.2	9.18	-2.6
中等专业学校	6.68	-7.7	2.39	-4.3
职业学校	2.03	-1.9	0.88	-8.4
技工学校	0.84	7.5	0.22	-14.5
普通小学	78.97	-1.1	14.69	6.6
特殊教育学校	0.43	-3.1	0.08	2.1

至2015—2016学年末，全市共有民办普通高校20所，在校学生10.59万人；民办普通中学121所，在校学生7.64万人；民办小学156所，在校学生12.54万人。全市共有成人中高等学历教育学校32所，成人职业技术培训机构674所，老年教育机构291所。全市共有校外教育机构20所。其中，少年宫（含青少年活动中心）16所，少年科技站3所，少年之家1所。

全年用于研究与试验发展（R&D）经费支出1030.00亿元，相当于上海市生产总值的比例为3.80%（见图3）。

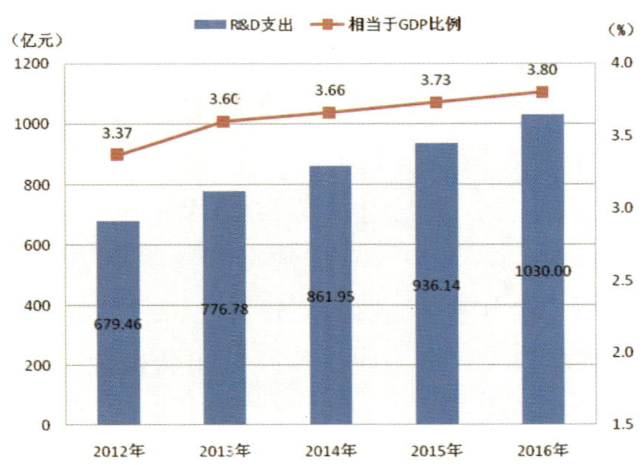

图3　2012—2016年R&D经费支出及其相当于上海市生产总值的比例

全年受理专利申请119937件，比上年增长19.9%。其中，受理发明专利申请54339件，增长15.7%。全年专利授权量为64230件，增长5.9%。其中，发明专利授权量为20086件，增长14.1%。全年PCT国际专利受理量为1560件，比上年增长47.2%。至年末，全市有效发明专利达85049件。全市科技小巨人企业和小巨人培育企业共1638家，高新技术企业6938家，技术先进型服务企业272家。年内全市新认定高新技术企业2306家。年内认定高新技术成果转化项目469项。其中，电子信息、生物医药、新材料等重点领域项目占87.4%。至年末，共认定高新技术成果转化项目10969项。全年经认定登记的各类技术交易合同2.12万件，比上年下降5.8%；合同金额822.86亿元，增长16.2%。

十二、文化、卫生和体育

年内成功举办第三十三届“上海之春”国际音乐节、第十八届中国上海国际艺术节、第五届上海国际芭蕾舞比赛、首届上海艾萨克·斯特恩国际小提琴比赛、上海国际电影电视节、刘海粟美术馆新馆开馆、第四届市民文化节等重大文化活动。全年市民参与文化活动人数近2000万人次。继续实施新一轮公共文化从业人员“三年万人培训”项目，年内参训3597人次。至年末，全市有市、区级文化馆，群众艺术馆24个，艺术表演团体273个，市、区级公共图书馆24个，档案馆50个，博物馆124个。全市共有公共广播节目22套，公共电视节目25套。有线电视用户771.68万户，有线数字电视用户721.55万户。全年生产电视剧52部，共2118集；动画电视10184分钟。全年共出版报纸10.08亿份、各类期刊1.11亿册、图书4.18亿册；摄制完成80部影片。

年内圆满完成第九届全球健康促进大会承办任务。至年末，全市共有医疗卫生机构5011所，卫生技术人员21.72万人（见表18）。全年全市医疗机构共完成诊疗人次2.66亿人次；户籍人口期望寿命达到83.18岁，上海地区婴儿死亡率3.76‰，孕产妇死亡率5.64/10万。为1.4万对计划怀孕夫妻提供免费孕前优生健康检查。

全市公立医院药品（除中药饮片）加成率降至5%，共调整660项医疗服务项目价格，调价总补偿率85%左右。在首批65家社区卫生服务综合改革试点基础上，启动第二批121家社区试点，试点社区已覆盖全市社区卫生服务中心总量的77%。至年末，已有215家社区卫生服务中心正式开展“1+1+1”签约服务，已签约居民130万余人，开具延伸处方14万余张。超额完成市政府实事“上海市社区居民大肠癌免费筛查及跟踪管理”项目任务，累计为50.7万余人免费筛查。全年市级公立医院有34家单位共派出414人参加临床主治医师到基层定期工作，区属公立医疗机构派出542人支援社区卫生服务中心、医疗急救机构。

表18　2016年卫生机构基本情况

指标	单位	绝对值
卫生机构数	所	5011
#医院	所	349
门诊部	所	683
社区卫生服务中心	所	307
疾病预防控制中心	所	19
卫生监督所	所	17
卫生技术人员数	万人	21.72
#执业（助理）医生	万人	6.55
#医院执业（助理）医生	万人	4.03
注册护士	万人	7.94

注：卫生机构数中含医疗卫生机构的分支机构。

年内成功举办国际滑联“上海超级杯”、世界水上摩托锦标赛、F1中国大奖赛、上海

ATP1000 网球大师赛、国际田联钻石联赛、汇丰高尔夫球世界锦标赛、世界斯诺克上海大师赛、NBA 国际系列赛等 67 次国际性体育赛事和 89 次全国性体育赛事。成功举办第二届市民运动会，包括 67 项总决赛、234 项市级赛事以及各级各类赛事 9778 项，参赛人数达 146.15 万人，参与人次达 788.99 万；举办市级 12 类主题活动、各类活动 7000 余次，参与人次达 378 万。上海体育健儿在第三十一届奥运会上获得 3 人次金牌、3 人次银牌和 4 人次铜牌，1 人次创 1 项世界纪录，1 人次破 1 项奥运会纪录，7 个小项创中国奥运参赛最好成绩，3 个小项创上海奥运参赛最好成绩。年内新建 65 条市民健身步道，新建改建 56 片市民球场。

十三、人口和就业

至年末，全市常住人口总数为 2419.70 万人。其中，户籍常住人口 1439.50 万人，外来常住人口 980.20 万人。全年常住人口出生 21.84 万人，出生率为 9.0‰；死亡 12.08 万人，死亡率为 5.0‰；常住人口自然增长率为 4.0‰。全年户籍常住人口出生 12.92 万人，出生率为 9.0‰；死亡 11.4 万人，死亡率为 7.9‰；户籍常住人口自然增长率为 1.1‰。

全市户籍人口平均期望寿命达到 83.18 岁。其中，男性 80.83 岁，女性 85.61 岁。

全年新增就业岗位 59.93 万个（见图 4）。全年新安置就业困难人员 10786 人，新消除零就业家庭 108 户。全年帮扶引领成功创业人数 11795 人，其中，青年大学生 7538 人；帮助 8802 名长期失业青年实现就业创业。全年共完成职业培训 64.94 万人。其中，农民工职业培训 27.77 万人。至年末，累计有 894 人入选国家“千人计划”，798 人入选上海“千人计划”。高技能人才占技能劳动者比例达到 31.1%。至年末，全市城镇登记失业人员 24.26 万人，城镇登记失业率为 4.1%。

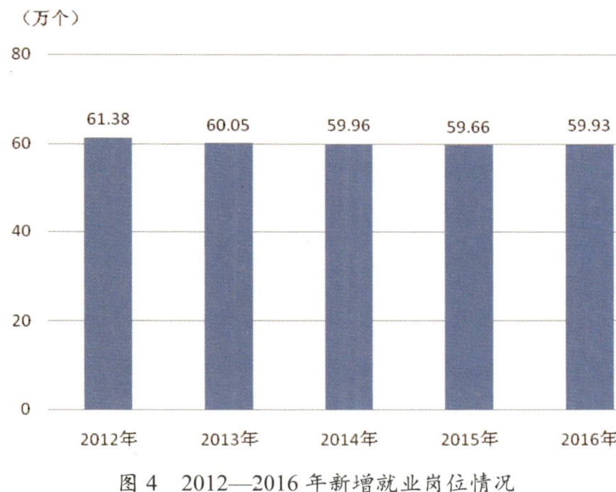

图 4　2012—2016 年新增就业岗位情况

十四、人民生活和社会保障

据抽样调查，全年全市居民人均可支配收入 54305 元，比上年增长 8.9%，扣除价格因素，实际增长 5.5%。其中，城镇常住居民人均可支配收入 57692 元，增长 8.9%，扣除价格因素，实际增长 5.5%；农村常住居民人均可支配收入 25520 元，增长 10.0%，扣除价格因素，实际增长 6.6%。全市居民人均消费支出 37458 元，比上年增长 7.7%。其中，城镇常住居民人均消费支出 39857 元，增长 7.9%；农村常住居民人均消费支出 17071 元，增长 5.7%。

至年末，城镇居民人均住房建筑面积 36.1 平方米（见图 5），居民住宅成套率达到 97%。

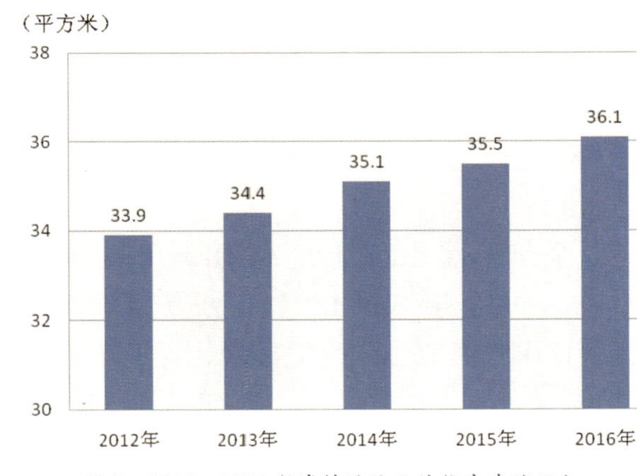

图 5　2012—2016 年城镇居民人均住房建筑面积

至年末，全市共有1446.85万人（包括离退休人员）参加城镇职工基本养老保险，有79.54万人参加城乡居民基本养老保险。在2015年实现城乡低保标准一体化基础上，2016年继续加大调标力度，最低生活保障标准从上年的每人每月790元提高到880元，增长11.4%。月最低工资标准从2020元提高到2190元，小时最低工资标准从18元提高到19元。

至年末，全市共有1404万人（包括离退休人员）参加职工基本医疗保险，338.03万人参加城乡居民基本医疗保险。

至年末，全市民政部门共有各类提供住宿的收养性社会服务机构738个，床位13.75万张。其中，养老机构702家，床位13.28万张。在全市养老机构中，由社会投资开办的有347家，床位5.94万张。全市建有社区老年人日间服务中心488家，社区老年人助餐服务点633个。

全年各级政府支出城镇居民最低生活保障金15.34亿元、农村居民最低生活保障金2.40亿元、农村五保供养资金0.19亿元、粮油帮困资金0.69亿元、医疗救助金3.47亿元。

年内新办福利企业13家，新安置293名残疾人就业。全市福利企业年销售收入189.22亿元，年利润总额8.49亿元。

十五、环境保护

全年全社会用于环境保护的资金投入823.57亿元，相当于上海市生产总值的比例为3.0%。

全年环境空气质量（AQI）优良率为75.4%，比上年上升4.7个百分点。二氧化硫年日均浓度15微克/立方米，比上年下降11.8%；可吸入颗粒物(PM10)年日均浓度59微克/立方米，下降14.5%；细颗粒物(PM2.5)年日均浓度45微克/立方米，下降15.1%；二氧化氮年日均浓度43微克/立方米，下降6.5%；一氧化碳年日均浓度0.79毫克/立方米，下降8.1%；臭氧日最大8小时滑动平均值达标率89.3%，下降0.6个百分点。全市平均区域降尘量4.5吨/平方公里/月，比上年下降8.2%。

年末，城市污水处理厂日处理能力达815.1万立方米，比上年末增长2.6%；城镇污水处理率达到93%，比上年提高0.2个百分点。全市生活垃圾末端处理能力达22650吨/日，其中焚烧11800吨/日。全年清运生活垃圾879.86万吨，生活垃圾无害化处理率达到100%。年内新增生活垃圾分类居住区覆盖家庭100万户，累计达500余万户；“绿色账户”激励机制覆盖200万户。居住区分类达标3850个，创建分类示范菜场22个。加强道路扬尘防治，20条重点路段得到有效治理，完成412套在线检测设备安装，实时反馈扬尘指数。

全年新建绿地1221公顷，其中公园绿地560公顷，新增林地2400公顷。至年末，人均公园绿地面积达到7.82平方米，建成区绿化覆盖率达到38.8%，全市森林覆盖率达到15.6%。完成203公里绿道建设，新增立体绿化41万平方米，完成高架桥柱绿化1.2万根。创建命名林荫道22条，全市累计达174条。城市公园增至217座，完成16个老公园改造，89座公园实施延长开放，接待公园游客2.2亿人次以上。长兴、青西2座郊野公园建成开放。至年末，自然保护区达到4个，其中国家级自然保护区2个。成功举办第二届市民绿化节，推出家庭园艺、绿色展示、体验互动、科普服务四大系列42项市级活动，组织活动逾1500场次，参与人数逾千万人。

十六、城市运行安全和生产安全

全年查处食品安全违法犯罪案件7240起，罚没金额16300.10万元。开展日常巡查、监督检查和专项执法检查共计45.90万户次，共监督抽检各类食品样品198630件，合格率为98.5%。各类食品检测总体合格率为97.3%，年食品抽检数达到10件/千人。全年共报告发生集体性食物中毒7起，中毒人数229人（无死亡），中毒发生率为0.95例/10万人。建立食品安全信息追溯平台，制定9大类20个重点监管品种信息追溯目录，数据已达7695万余条。

全年共发生道路交通、工矿商贸、火灾、铁路交通、农业机械生产安全事故5497起，造成死亡1027人，分别比上年下降7.7%和10.5%。其中，工矿商贸生产安全事故223起，造成死亡219人，分别下降24.4%和3.1%；道路交通事故794起，造成死亡759人，分别下降24.0%和12.6%；火灾事故4475起，造成死亡46人，分别下降2.8%和11.5%；铁路交通事故3起，比上年上升50.0%，死亡1人；农业机械事故2起，下降71.4%，死亡2人。全年亿元生产总值生产安全事故死亡人数为0.037人。

上海市统计局
国家统计局上海调查总队
2017年3月1日

说明：

1. 本公报数据为初步统计数。

2. 上海市生产总值、各产业增加值和总产值绝对数按当年价格计算，增长速度按可比价格计算。2016年上海市生产总值数据执行国家统计局2012年制定的《三次产业划分规定》。

3. 公有制经济增加值按国有经济、集体经济以及国有或集体控股的混合所有制经济口径计算。

4. 战略性新兴产业包含战略性新兴制造业和战略性新兴服务业两个部分，是本市根据国家制定的战略性新兴产品目录进行的行业划分。其中，战略性新兴产业制造业增加值和总产值均为规模以上口径。

5. 域外市属农场是指上海光明食品（集团）有限公司所属的外地农场，其产量和产值不包括在上海市总量中。

6. 城市商业综合体是指以区域为中心、以购物中心为主导，融合了商业零售、餐饮、休闲养生、娱乐、文化、教育等多项城市主要功能活动，面向各类消费人群，提供综合性服务的大型建筑综合体。城市商业综合体（购物中心）须同时满足以下条件：（1）由企业有计划地管理运营，有统一的名称，如

xx中心、xx广场、xx城等；（2）涵盖超市、百货店、专业店、专卖店等商品零售业态，以及餐饮、文化、娱乐、健身、游艺、培训等两项及以上主要服务业态；（3）营业面积一般不少于1万平方米、独立开展经营活动的商户一般不少于50个。

7. 电信业务总量按2010年不变价格计算。

8. 旅游产业和信息产业的增加值是依据若干行业的有关资料进行跨行业核算的，不能将其与上海市生产总值中其他行业的增加值进行简单加总，否则会造成重复计算。

9. 银行间市场成交额包括银行间本币市场和外汇市场成交额。上海黄金交易所成交额按双边计算，上海证券交易所、上海期货交易所、中国金融期货交易所、银行间市场成交额按单边计算。

10. 学年是指教育年度，即从一年的9月1日（学年初）至第二年的8月31日（学年末）。

11.2012年四季度，国家统计局实施了城乡一体化住户调查改革，统一了城乡居民收入名称、分类和统计标准，在上海选取6000宅（户）城乡居民家庭，直接开展调查。2015年起，发布城乡可比的新口径全市居民人均可支配收入以及城乡常住居民人均可支配收入。

12. 环境空气质量优良率（AQI）是国家发布的新环境空气质量评价标准。AQI监测体系包括二氧化硫、二氧化氮、可吸入颗粒物(PM10)、细颗粒物(PM2.5)、一氧化碳和臭氧6项污染物指标。

2016年上海市住房和城乡建设管理委员会工作总结

2016年是“十三五”开局之年，是全面贯彻落实中央城市工作会议精神的第一年，也是市住房城乡建设管理委新机构正式亮相的第一年。一年来，我们按照市委、市政府的工作要求，坚持以管理为重，以解决民生问题为导向，以服务大局为己任，精诚团结、勇毅前行，在住房、城乡建设和城市管理领域努力作为、积极进取，圆满完成了年度各项目标任务，展现了新气象，取得了新成绩，为实现“十三五”良好开局奠定了坚实基础。

一是着力补齐城市综合管理各项“短板”，社会治理和生态环境治理等工作取得了新成效。

违法建筑和区域环境综合治理成效显著。在上半年全面完成第一轮占地30.2平方公里的9个郊区11个市级重点地块治理任务的基础上，于11月提前超额完成第二轮“17+258+X”个市、区、街镇级重点地块整治任务（其中17个市级地块占地74.8平方公里），形成了市区联动、区区联动、水岸联动、比邻对接，全市一盘棋的工作局面，区域环境显著改善。特别是，在重点地块综合整治的基础上，注重点面结合，推动完成无证建筑信息系统建设，全年共拆除违法建筑5141.58万平方米，同比增长了2.69倍，违法建筑治理工作力度达到了历年之最，成效显著。

住宅小区综合治理工作取得阶段性进展。积极推进落实三年行动计划，出台了进一步落实住宅小区综合治理中各相关主体工作职责的若干意见，着力解决小区管理中的缺位、不到位问题，推动小区自治共治和民生实事工程落地。全市各居民区100%建立联席会议制度，符合条件的住宅小区业委会组建率达87.86%，居全国首位。1440个住宅小区实现居委会成员兼任业委会成员，2148个业委会建立了党的工作小组，超额完成计划任务。同时，全市累计有668个小区开展酬金制计费模式试点或储备试点，246个小区实行业主自行管理，业主自我管理的机制得到持续完善。全面开展物业行业规范服务年活动，建立了物业服务价格信息发布平台。全年共完成101.74万户老旧住宅小区表前供电设施改造和3676万平方米二次供水设施改造，超额完成年度计划。此外，老旧小区消防设施改造、电梯安全评估、积水点改造等民生实事工程都超额完成年度目标任务。

城市管理难题顽症得到有效遏制。全年共完成“群租”整治2.31万户，各区新增“群租”整治率均超过90%，无“群租”小区挂牌3100个，实现了预期目标。查处无序设摊案件5.1万余起，提前完成三年行动计划要求消除200个设摊集聚点任务。积极开展本市垃圾综合治理工作研究，出台废弃混凝土资源化利用和加强住宅小区装饰装修垃圾管理等政策文件，基本形成中心城区建筑垃圾中转分拣体系。建筑垃圾和工程渣土管理力度进一步加强，市城管执法局全年共查处偷乱倒渣土违法行为2700余起，严格处罚了涉及非法转运建筑垃圾至外省市的码头，并结合新职责，开展了出租车驾驶员违法营运行为整治，查处破坏承重墙案件450余件，户外广告整治力度也明显加大。

城市网格化管理进一步深化拓展。全面完成区级网格化系统平台升级改造和街镇平台建设，村居工作站实现了全覆盖，基本形成覆盖市、区、街镇、村居四级网络的管理工作机构。有序推进网格化综合管理平台公共服务进社区，各区结合实际，分类拓展了创新社会治理加强基层建设的管理内容，网格化管理工作内容得到不断深化。围绕街镇层面网格化队伍建设和力量整合，进一步加强了基层监督员的管理、培训和考核，基层发现问题的能力和处置效能显著提升。

城市综合管理标准体系建设有序推进。按照城市管理更精细化、规范化的要求，完成城市综合管理标准体系的前期研究工作，形成“8+1+1”的总体框架结构体系，并提出“十三五”期间城市综合管理实体标准的编制要求及建议编制的目录清单，初步形成具有全覆盖、重规范、差别化、可量化、可感知等特点的城市综合管理标准框架体系。同时，为巩固“五违”整治成效，严防“五违”反弹回潮，率先制定了各类园区、居住小区、公共绿地及中小河道管理等方面的实体标准。

二是着力增进民生福祉，住房保障供应和旧区改造等民生工作迈上了新台阶。

“四位一体”住房保障体系进一步完善。颁布实施上海市共有产权保障住房管理办法和供后管理实施细则等一批制度。有序推进第五批次共有产权保障住房申请供应工作，新增签约2.3万户，历年累计签约达8.9万户。同时，启动开展第六批次申请供应工作，完成收件受理约3.9万户。积极推进廉租住房租赁补贴标准调整方案实施，全市新增租金配租受益家庭0.4万户，历年累计廉租受益家庭达11.5万户；公共租赁住房累计供应（含单位租赁房）10.5万套，新增签约出租1.76万套，累计签约出租9.2万套，受益家庭20万户。征收安置住房完成搭桥供应9万余套。

保障性安居工程建设稳步推进。全市共新建筹措各类保障性住房和实施旧住房综合改造16.2万套，基本建成19.6万套，分别为本市年度目标套数的121.5%和193.2%，提前超额完成国家下达的年度目标任务。大型居住社区内外配套建设有力有序推进，其中内配套项目完成开工、竣工、接管、开办等建设任务349项；138个外围配套项目已开工建设114项，累计建成98项，完成投资38亿元，完成年度计划的100.8%。

旧区、“城中村”和危旧住房改造任务超额完成。全年共完成中心城区二级旧里以下房屋改造59万平方米、受益居民3万户；完成郊区城镇旧区改造8.9万平方米，受益居民1400余户，均提前并超额完成全年目标任务。同时，出台了政府购买旧区改造服务试点的意见，着力推进虹口、杨浦两区先行先试。“城中村”改造的相关政策进一步完善，基本完成22个“城中村”项目动迁安置房基地动迁任务，超计划完成动迁安置房开工2502套。完成纳入保障性安居工程的三类旧住房综合改造527万平方米，受益居民9.3万户，超额完成原定年度目标计划50%。农村低收入户危旧改造工作有序推进，已开工896户、竣工832户，超额完成国家下达的年度改造任务。

历史建筑保护管理工作有力推进。联合市规土局出台了进一步加强本市历史文化风貌抢救性保护管理工作的意见，指导各区有序开展第五批优秀历史建筑保护管理相关工作。探索试点优秀历史建筑修缮工程相关行政管理和行政审批事权下放，落实行政管理、行政审批、行政处罚属地化管理责任。在长宁、徐汇两区试点基础上，推进黄浦区优秀历史建筑普查和保护指南编制，2016年全市共实施18.3余万平方米居住类优秀历史建筑修缮，并同步推进风貌区内约56.2万平方米各类居住类历史建筑的修缮。

房地产市场调控和监管力度明显加大。针对2015年末、2016年初房地产市场出现量价齐升的情况，按照国家“因城施策”和差别化管理要求，在市委、市政府的决策部署下，适时出台并严格执行“沪九条”“沪六条”等调控政策，坚决遏制房价过快上涨势头。同时，加大对房地产中介机构和开发企业专项整治力度，查处曝光了一批违法违规企业。全面推进存量房交易资金监管试点，制定出台公积金个贷差别化政策，强化住房公积金个人贷款风险管理。首次开展《上海市房地产业发展报告（2016年）》的编写，注重加强房地产市场的监测分析和预判。

三是着力加强统筹协调，重大工程建设和城乡发展一体化迈出新步伐。

重大工程项目建设再创佳绩。在市、区相关部门的大力支持下，2016年全市重大工程项目建设进度、投资完成情况均好于往年。全年共推进42个项目开工建设，相比年初计划翻了一倍；基本建成项目达17个，比计划多了2个；完成投资1280.1亿元，比年初计划增加了23.6%，实现了开工、竣工、投资数“全面增长”。特别是出台了《关于进一步加强市重大工程建设工作的通知》，着力做好前期审批、征收腾地、项目建设等目标节点管控，全市重大工程协调推进效能得到明显提升。

地上与地下建设进一步统筹。发布黄浦江两岸地区发展“十三五”规划，编制形成黄浦江两岸地区公共空间建设设计导则，全面推进杨浦大桥到徐浦大桥45公里岸线贯通工作，徐汇滨江传媒港、浦东前滩国际社区和杨浦渔人码头等两岸功能性建设取得新进展，实现了“黄浦江滨江公共空间贯通10公里”工作目标。着力推进海绵城市建设，建成临港环湖80米景观带等样板工程。编制完成本市海绵城市建设专项规划，出台了相关技术导则和标准图集，并成功入选国家第二批海绵城市建设试点城市。地下综合管廊建设有序推进，全市开工建设综合管廊31.55公里，超额完成国家和市政府确定的工作目标。启动本市外环线以外建成区范围内地下管线普查，完成中心城区（外环线以内，浦东新区为内环内）总面积381.9平方公里范围内市政道路下的各类管线普查工作，共采集地下管线数据约2.6万公里。

郊区与市区协调发展的步伐明显加快。出台实施促进本市农民向城镇集中居住的政策和配套实施办法，建立健全农民集中居住市、区两级协调推进工作机制。按照摸清底数、规划引领、政策配套、试点可靠的工作思路，年内启动实施了首批6个郊区农民集中居住项目，涉及农户约3000户，农民集中居住工作平稳起步。有序推进名镇名村建设，出台本市历史文化名镇名村保护与更新利用的实施意见，建立市、区、镇三级协调推进机制。启动实施松江区泗泾镇下塘村和浦东新区康桥镇沔青村的保护改造，并协调推进编制完成15个名镇名村保护规划。

四是着力加强行业改革创新，行政审批制度改革和建筑业转型发展取得新突破。

行政管理体制改革不断深化。全面完成城管执法体制改革任务，特别是城管执法人员分类管理改革有序推进，“镇属镇管镇用”和“区属街管街用”的执法新体制已有效运转，城管执法的制度体系逐步健全，队伍建设和执法水平逐步提升，社会形象得到逐步改善。出台《关于推动本市区房屋管理职责下沉街镇工作的指导意见》，区房屋行政管理体制机制进一步理顺。按照“平稳过渡、前后衔接、有序操作”的方针，稳步推进本市道路和公共区域照明管理体制改革。着力加快推进法制政府建设，认真贯彻实施“依法行政实施纲要”，完成900项权力清单和8000项责任清单的编制和发布。此外，全面完成第一批7家行业协会脱钩试点工作任务。

建筑业改革持续推进。充分借鉴国际特大型城市先进做法和理念，制订完成本市建设工程招投标总体改革方案和管理办法等一批制度和实施细则，全面推进管理制度创新和管理流程再造。积极推进本市建筑业综合改革，结合浦东自贸试验区建设，推动浦东成为国家建筑业改革示范区，浦东新区招投标改革试点项目累计已达86个。平稳有序推进建筑师负责制和浦东、杨浦、普陀、松江4个区的工程总承包制试点。深入开展建筑业“证照分离”试点，着力加强事中事后监管，建筑业企业资质申请实行告知承诺达48家，建筑市场诚信体系建设稳步推进。

建设发展方式创新的力度进一步加大。装配式建筑和住宅产业现代化发展迅速，出台本市新建全装修住宅建设管理的政策措施，推动全装修住宅发展。全市累计落实装配式建筑总量达1490万平方米，连续三年翻番，装配式建筑发展成果得到住建部高度肯定，并向全国复制推广上海经验。全市累计390个项目获得绿色建筑星级标识，建筑面积3353万平方米，绿色建筑工作持续推进。大力推广BIM技术应用，发布全国第一本《上海市建筑信息模型发展应用报告》，BIM试点项目累计确定62个，项目应用数达261个，同比上升63%。同时，强化标准引领作用，针对装配式建筑和BIM技术应用，在全国范围内率先出台各项标准，有力促进建筑业的创新发展。

五是着力强化安全监管，保障城市运行平稳和应急管理的水平有了新提升。

安全管理补短板工作取得了新进展。制订完成本市第一个建设工程质量安全专项规划，为今后一段时间的质量安全管理指明了方向。在此基础上，出台了深基坑管理和施工工法两个管理办法，施工过程中危险性较大的环节管理规定正逐渐形成体系。全面开展建设工程质量安全巡查，各区高度重视，都制订完善了本区域巡查工作方案，实现巡查工作信息共享，一些久治不绝的违法行为得到有效遏制。推行建设工程质量潜在缺陷保险和质量终身责任承诺制，通过对项目经理实行记分管理和强化施工质量标准，工程质量管理和工程实体质量水平得到整体提高。

安全隐患排查整治工作取得明显成效。注重加强房屋使用安全管理，形成了全市房屋调查初步方案，有序推进房屋使用安全管理条例的制定。全面开展本市老旧住房安全隐患复查，完成3.6万平方米危险房屋和222.6万平方米严重损坏房屋隐患处置整改，超额完成年度目标任务。燃气管道占压整治取得较好效果，提前全面完成255处燃气管道占压整治，实现全市燃气管道“零占压”和中心城区液化气全配送。修订发布《上海市地下空间安全使用管理办法》，并会同相关区开展联合检查，确保地下空间安全。

应急保障管理体系进一步健全。着力完善燃气、防汛防台、房屋建设管理和地下空间等领域应急预案体系，基本建成“大而全，小而专”，覆盖全系统的应急抢险队伍和应急物资储备。积极组织开展应急演练、培训和宣传，全力以赴应对年初寒潮等突发事件并完成防汛安全隐患排查处置。特别是圆满完成G20峰会等重大活动和节假日的各项保障任务。

此外，还及时回应“12345”等热线平台反映的市民意见，努力解决市民诉求。以城市管理综合信息共享交换平台为核心载体，推进住房城乡建设管理领域数据资源整合共享。全面完成本市城乡建设和管理、住房发展等市级“十三五”专项规划的编制，并对“世界城市日”《上海手册》进行了修编。编辑出版了《上海市建筑业行业发展报告（2016年）》，出台了本市住房城乡建设管理领域科技创新的若干意见。

PART ONE

I

城乡规划 国土资源

TOWN & COUNTRY PLANNING
TERRITORIAL RESOURCES

（一）综述

2016年是“十三五”规划的开局之年，在市委、市政府的坚强领导下，规划国土资源工作深入贯彻党的十八届三中、四中、五中、六中全会和中央城市工作会议精神，坚持“五大发展理念”和“五个统筹”，主动适应经济发展新常态和资源环境紧约束新形势；坚持“创新驱动”为主动力，以质量和效益为中心，突出重点、精准施策，着力“改革开放抓开局，提质增效抓落实”，全力推进新一轮总规编制、城市有机更新、历史风貌保护、土地节约集约利用等重点工作，继续发挥规划引领作用和土地保障作用，以规划国土资源管理率先转型，促进城市发展方式和社会治理方式转变，为推动上海走“底线约束、内涵发展、弹性适应”的绿色、协调、可持续发展道路做出了积极探索。

（二）城乡规划

【概况】2016年，深入贯彻落实中央城市工作会议精神，突出重点、精准施策，全力推进城乡规划各项重点工作。一是新一轮城市总体规划通过市人大常委会审议，即将上报国务院审批；二是印发并试行《新市镇总体规划暨土地利用总体规划编制技术要求及成果规范（试行）》和《新市镇总体规划暨土地利用总体规划编制审批操作管理规程（试行）》，促进城乡一体化发展；三是推动城市更新四大行动计划，开展“12+X”试点，加快推进城市有机更新，探索相关工作路径和实施机制；四是印发《成片历史风貌保护三年行动计划（2016—2018）》等文件，扩展历史风貌保护范围，深化管控要求，拓展历史风貌保护工作内涵。

【新一轮城市总体规划通过市人大常委会审议】7月，完成《上海市城市总体规划（2016—2040）（草案）》（以下简称《草案》）。8月22日至9月21日，开展了《草案》公示工作。公示期间，就《草案》向市人大、市政协做了专题汇报，此外还专门听取了江浙两省规划主管部门、周边相关城市政府、各区和委办局、规委会专家、公众咨询团以及相关社会团体等方面的意见。根据各方意见，对《草案》进行了修改并形成《上海市城市总体规划（2016—2040）（送审稿）》（以下简称《送审稿》）。10月9日，《送审稿》提交市规划委员会全体会议审议。10月10日和10月14日，《送审稿》先后提交市政府常务会议和市委常委会审议。10月20日，中共上海市第十届市委第十三次全会审议同意将《送审稿》提交市人大常委会审议后上报国务院审批。11月10日，市十四届人大常委会第三十三次会议对《送审稿》进行了专题审议，同意将《规划》按照规定程序由市政府上报国务院审批。作为中央城市工作会议召开后第一个展望至2040年并向国务院报批的超大城市总体规划，《上海市城市总体规划（2016—2040）》在全国具有先行示范意义。规划提出上海至2040年建设成为“卓越的全球城市，令人向往的创新之城、人文之城、生态之城”的发展愿景，为上海未来25年的长远发展描绘了美好蓝图。

【基本完成土地利用总体规划成果】完成《上海市土地利用总体规划（2016—2040）（送审稿）》。规划与《上海市城市总体规划（2016—2040）》同步开展，坚持“两规融合、多规合一”，形成了一套覆盖市域的空间规划方案。规划围绕上海“资源环境紧约束”的特点，以建设卓越的全球城市为目标，充分发挥土地利用规划在“多规合一”

中“定底数、定底盘、定底线”作用。12月26、27日，国土资源部规划司组织召开审查会，对《上海市土地利用总体规划（2016—2040）（送审稿）》进行了审查。审查意见认为，规划从原来侧重耕地保护，转向了全方位土地资源配置；由侧重指标的管控转向指标管控、空间布局管控并重；由单一的土地利用总体规划，转向“多规融合”，在全国能发挥探索试点和带动引领作用。

【优化“多规合一”空间规划体系】为确保新一轮城市总体规划的实施，积极落实国家“建立空间规划体系，推进规划体制改革”的要求，我局同步开展了空间规划体系研究工作。目前研究结论已纳入《中共上海市委、上海市人民政府关于深入贯彻落实中央城市工作会议精神，进一步加强本市城市规划建设管理工作的实施意见》中，在6月17日召开的上海贯彻中央城市工作会议精神推进大会中正式下发。同时，关于空间规划体系的表述已正式写入《上海市城市总体规划（2016—2040）（送审稿）》中，上报国务院审批。在此总体框架下，我局正在积极推进各层次规划的编制工作。

【推进镇村规划，促进城乡一体化】一是新市镇规划编制。印发并试行《新市镇总体规划暨土地利用总体规划编制技术要求及成果规范（试行）》和《新市镇总体规划暨土地利用总体规划编制审批操作管理规程（试行）》。松江区佘山镇等3个新市镇总体规划暨土地利用总体规划获批。浦东新区新场镇等7个新市镇总体规划暨土地利用总体规划和浦东新区川沙镇等5个历史文化名镇保护规划进入报批程序。二是镇村规划编制。浦东新区沔青村等5个历史文化名村（传统村落）保护规划成果上报住房城乡建设部进行技术审查。以郊野单元规划为创新郊区土地规划管理和实施载体，在原有基础上研究出台相关政策实施文件，同步推进全市15个新版郊野单元规划编制。完成全市20个左右保护村（含传统村落）村庄规划成果上报。完成9个郊区2016年农民集中居住项目专项规划审批以及7个郊区的“十三五”期间农民集中居住项目专项规划编制。启动《上海市休闲农业和乡村旅游设施布局规划（2016—2040年）》编制工作，并形成市级规划初步成果。

【加快推进城市有机更新】重点推动“创新园区、共享社区、魅力风貌、休闲网络”城市更新四大行动计划，遴选12个重点示范项目和“X”个一般项目，开展三个主要方面的试点工作。一是按计划开展示范项目的区域评估，制订实施计划。针对性解决示范项目的实施难题，研究实施机制，对城市更新工作路径和实施机制进行了有效探索。其中塘桥社区微更新、曹杨新村社区复兴项目、衡复“1+1+4”活力复兴项目，已进入建设实施阶段，其他试点正在有序推进。二是对应四大行动计划组织开展了四场论坛，提高了社会对城市更新工作的认同，形成持续性社会热议。三是开展城市更新细则后评估、城市更新体系和社区规划师制度三项研究，并形成研究初步成果。同时，结合城市更新工作举办首届上海城市设计挑战赛。选取徐家汇体育公园、徐汇衡复风貌区、张江西北片区和苏州河一河两岸地区4个更新项目面向社会广泛征集项目设计方案或创意，以“开放、共享、创新”为宗旨，创新探索城市设计方式与城市治理模式。

【拓展历史风貌保护工作】一是印发《成片历史风貌保护三年行动计划（2016—2018）》，重点围绕新增风貌保护街坊范围内规划编制、试点项目、法规完善三个方面开展工作，力争用3年时间，在规划层面完成历史文化名城名镇名村保护规划编制审批，完成郊区风貌区扩区，实现风貌区扩区范围城市设计全覆盖，编制完成第五批优秀历史建筑保护技术规定，建立保护对象常态化增补机制。实施层面形成一批具有示范效应的风貌保护亮点项目。管理层面建立成片风貌保护联席会议制度，完成《保护条例》修订工作，出台系列成片风貌保护配套政策。同时提请上海市财政局落实每年财政收入相应资金作为风貌保护专项资金。二是印发《关于进一步加强本市成片历史风貌抢救性保护管理工作的意见》，针对列入旧区改造、城中村改造的相关地区进行排摸。抢救性保护一批历史街区，进一步拓展保护的范围，最大限度避免有历史价值的建筑被拆除。三是印发《上海市历史风貌成片保护分级分类管理办法》，深化分类管控要求，促进历史风貌保护和城市更新的有机融合。

2016年上海市核发“一书两证”情况表

项目	单位	数值
核发建设项目选址意见书	件	1439
用地面积	万平方米	7631.29
核发建设用地规划许可证	件	1346
用地面积	万平方米	4966.82
核发建设（建筑）工程规划许可证	件	1664
建筑面积	万平方米	4941.29

【重要专项规划】 主要包括住宅、交通、产业等各项专项规划。

住宅专项规划。开展住宅专项规划研究工作，形成初步成果。在全球对标城市住房用地规模、发展空间和全市住宅用地规模预测及供地策略研究的基础上，以2020年人口调控目标为基础，梳理各区现状住宅用地总量，比对已批控规住宅用地面积，并对各区住宅建筑总量进行了分解。

交通专项规划。根据国家和本市铁路建设发展要求，开展全市铁路枢纽总图优化研究工作，完成铁路上海东站选址方案，积极推进沪通铁路、沪苏湖铁路的规划选线方案落地工作；结合新一轮城市总体规划编制要求，深化完善《上海市轨道交通线网规划（2016—2040）》方案，并上报住建部开展技术审查；推进G1501越江段、S3高速公路、军工路快速化、崧泽高架西延伸等市级重要干线公路的专项规划编制工作；完成全市通用机场选址规划研究。

产业专项规划。2015年起，组织各区结合区总体规划编制工作同步推进产业园区布局规划，推动建立“产业基地、产业社区+都市型工业地块”的产业园区空间体系。目前结合全市新一轮城市总体规划编制工作，明确了全市产业园区总体布局和产业基地的空间布局方案。在此基础上组织各区结合区总体规划暨土地利用总体规划编制工作深入推进区产业园区布局规划。

其他专项规划。开展全市骨干河道、支级河道落地规划，骨干河道、郊区市管河道已开展规划公示，各郊区支级河道已形成规划方案；开展外高桥危化品堆场专项规划编制，已完成初步选址方案，下一步将按照安评、环评结论推进规划编制工作；推进地下空间规划编制工作，已形成中期成果；开展本市建筑垃圾消纳设施、湿垃圾处理设施专项规划编制，已形成规划方案，完成相关区县和部门意见征询工作，后续将会同市绿容局将规划成果提交至市政府，并将其纳入新一轮城市总体规划的环卫专项规划；完成全市应急避难场所近期建设规划的编制报批工作。

【重大项目专项规划】完成泰和污水处理厂、苏州河段深层排水调蓄管道系统工程试验段专项规划、G1501道路工程、天然气主干管网五号沟、崧泽高架西延伸、金虹航油管道等重大工程专项规划。

2月，《泰和污水处理厂专项规划》获批。根据国务院《水污染防治行动计划》，敏感区域（重点湖泊、重点水库、近岸海域汇水区域）城镇污水处理设施在2017年底前应达到一级A以上排放标准。为此，须建设泰和污水处理厂。泰和污水处理厂一期规模为40万立方米/日，二期工程规模为15万立方米/日，合计处理规模55万立方米/日。泰和污水处理厂工程用地规模合计27.6公顷，选址范围分为南北两部分，北块用地东至梅林路以西220千伏高压走廊，南至联谊路，西至泰联路，北至共富路，用地面积约14.9公顷；南块用地东至梅林路以西220千伏高压走廊，南至蕰藻浜，西至泰联路，北至联谊路，用地面积约12.7公顷。

6月，《苏州河段深层排水调蓄管道系统工程试验段专项规划》获批。根据《国务院关于加强城市基础设施建设的意见》（国发〔2013〕36号）和《国务院办公厅关于做好城市排水防涝设施建设工作的通知》（国办发〔2013〕23号）精神，上海市的排水系统标准将由一年一遇提高到3~5年一遇。市水务局在全市雨水排涝规划设想基础上，拟在中心城实施深层调蓄管道。苏州河段深层排水一级调蓄管道试验段管径为10米，自长宁区苗圃综合设施接出，沿苏州河底向东先后经临虹路、祁连山南路真光路至普陀区云岭西综合设施，全长约1.6公里。

7月，《G1501（牡丹江路—富长路）道路工程专项规划》获批。牡丹江路—富长路段是G1501（郊环）新增越江通道的接线段，其实施将实现G1501环线的完整化，进一步提升优化主城区东北部快速系统的集散能力。郊环与沿江通道共建段于牡丹江路以东隧道处起坡，以高架形式上跨现状牡丹江路、同济路、轨道交通3号线、宝钢铁路专用线，于蕰川路立交处与规划S16相接，向西上跨规划富长路后落地，于江杨北路以东及蕰川路以西各设置一对匝道出入口。

10月，《上海市天然气主干管网五号沟LNG站至临港首站天然气管道工程专项规划》获批。为进一步完善本市天然气主干管网布局，增强供气安全可靠性，规划建设五号沟LNG站至临港首站6.0MPa天然气管道，管线全长约54公旦。

12月，《崧泽高架西延伸专项规划》获批。崧泽高架西延伸将促进青浦区“一城两翼”空间结构的东西联动，并提高虹桥枢纽对西部地区的发展带动作用。通过在S26与G50两条高速公路之间增加一条东西向快速路，有利于缓解市域东西向交通，提升嘉青松虹地区的快速化交通，进一步加强郊区新城的对外交通出行。高架走向与崧泽大道走向一致，东起现状崧泽高架路跳水台，西端止于漕盈路，道路长度约17.76千米。高架与G15和G1501高速公路规划设置互通式立交，沿线在外青松公路以东、崧华路以西、赵重公路以东、嘉松中路两侧、徐乐路以东及华徐公路以西共设置7对匝道。

12月，《金虹航油管道专项规划》获批。虹桥机场作为上海两大机场之一，随着高桥油库和云峰油库的搬迁，机场油源将由多油源变为单油源，航油供应安全保障面临较大制约，亟须增加保障航油供应源。规划DN450航油管自金山石化接出至虹桥机场油库，管线全长约67.6公里。

【重点地区规划】深化重点地区规划，优化城市功能布局。三林滨江南片区。三林滨江南片地区包括中片区、西片区、东片区三个功能片区。重点开展东片区备用地及西片区的城市设计及相关专题研究，推进控详规划附加图则的编制工作。开展中片区城市设计方案国际方案征集。

徐汇滨江地区。重点开展徐汇滨江黄浦江南延伸段WS3单元控详规划修编和审批工作，目前该单元的控规修编已经市政府批复。同时积极推进黄浦江南延伸段WS7单元道路红线实施深化工作，以保障龙腾大道及沿线公共开放空间的可实施性。

临港地区。按照临港地区详细规划工作

计划，开展推进相关规划组织编制及研究工作。为贯彻落实临港成为“上海建设具有全球影响力的科技创新中心的主体承载区”的目标要求，开展临港科技城控制性详细规划编制工作。

上海国际旅游度假区（迪士尼）。配合迪士尼一期乐园的开园计划，开展度假区北片区、西片区规划研究工作，完成北片区控规编制工作（沪府〔2016〕64号），开展西片区概念方案研究。

吴淞地区转型规划。开展吴淞工业区转型发展规划编制工作。根据新一轮总体规划要求，结合已完成的吴淞转型地区概念规划，推进地区结构规划的编制工作，并对地区空间结构、绿地景观体系、市政交通等支撑系统及地区开发时序等内容进行重点研究，形成结构规划初步方案。

张江科学城建设规划。围绕“上海具有全球影响力科技创新中心的核心承载区”和“上海张江综合性国家科学中心”目标战略，组织开展张江科学城建设规划编制工作，并已上报市政府。贯彻落实新一轮总体规划明确的“网络化、多中心、组团式、集约型”的发展导向，强化张江科学城对外衔接和内部整合，构筑“两核一心、多圈多点、森林绕城”的空间格局。为推进张江地区从高科技向科学、园区向城区的蜕变，规划重点从培育顶尖的科创能力、创造宜居的生活环境、营造持续的城市活力三方面入手，提出全力推进国家大科学设施落地、促进科创要素的集聚发展、加快创新产业高端化和集群化发展等9条具体策略。

虹桥商务区规划评估。开展虹桥商务区规划建设评估，并对职住平衡、地区交通、各区近期建设计划等进行补充研究。按照“以人为本、产城融合、生态优先”的发展理念，对接新一轮总体规划要求，在地区原有枢纽、会展、商务三大核心功能基础上，确立了产城融合和低碳生态两大发展目标，评估规划与实施情况，寻找发展短板。按照“预控+节奏”的基本原则，在参考各区县过去五年出让节奏的基础上，考虑近期建设的资金压力和动迁等具体问题，对2016年至2018年出让计划进行统筹。并结合年度实施评估情况，对未来年度具体计划进行动态调整。

桃浦科技智慧城。5月，市政府正式批复桃浦科技智慧城控规修编。控规修编通过“分层管控、扩大弹性、增加引导”的工作方法，对控规成果体系和管理程序进行优化。

【地名管理】上海市地名管理办公室全年共批准各类地名475个。2016年是上海第二次全国地名普查工作的关键一年。全市按照国家地名普查办公室的要求，完成80%的普查工作量。围绕地名普查开展了以下三方面工作。一是制订《上海市第二次全国地名普查实施方案》和《上海市第二次全国地名普查工作实施细则》等系列文件。二是加强地名文化保护及宣传，促进地名普查成果转换。完成多个区的地图、老地名研究，地名志编纂等。举办“上海地图中的地名沿革”主题展览，开展网络征集“寻找最美地名故事”等宣传活动。三是结合普查，着手清理整治不规范地名，制订《上海市关于加强地名文化保护清理整治不规范地名工作实施方案》，并试点完成浦东新区迪士尼地区不规范道路名整治工作。

2016年上海市地名管理基本情况表

项目	数值（个）
审批各类地名	475
居住区和建筑物	314
道路	144
公共绿地与湖泊	1
批准地名专项规划	16

（三）土地管理

【概况】2016年，在资源环境紧约束条件下，进一步深化土地供给侧改革，提高本市土地节约集约利用水平，深化土地全生命周期管理。

【土地全生命周期管理】根据土地全生命周期管理政策试点情况，3月，修订完善并重新发布《关于本市盘活存量工业用地的实施办法》（沪府办〔2016〕22号）和《关于加强本市工业用地出让管理的若干规定》（沪府办〔2016〕23号），更好地贯彻落实上海人口资源环境紧约束下的城市有机更新理念，全面对接支持科创中心建设有关规划土地政策，衔接融合国家鼓励大众创业、万众创新的过渡期政策，严格落实本市优化土地和住房供应结构促进房地产市场健康稳定发展相关要求，着力细化土地全生命周期管理政策的操作规程。6月，制定发布《上海市经营性用地和工业用地全生命周期土壤环境保护管理办法》（沪环保防〔2016〕226号），进一步明确经营性用地和工业用地在全生命周期管理中土壤环境检测评价的责任主体、工作要求和操作流程。7月，制定发布《关于开展土地出让前规划实施评估工作的通知》（沪规土资详〔2016〕580号），明确土地出让前规划实施评估工作要求和流程。修订发布《关于中国（上海）自由贸易试验区保税区域综合用地规划和土地管理的若干意见》（中（沪）自保管〔2016〕161号），进一步明确综合用地的内涵，突出规划的弹性管控要求，有机衔接存量工业用地盘活等政策，以土地全生命周期管理方式的创新，适应自贸区“四新”经济的发展需求。

【土地节约集约利用】一是研究编制了《上海市节约集约建设用地标准（2016）》。按照促进市政设施、社会事业服务等公共服务设施布局优化、综合设置、社区共享的导向和打造充满活力的社区生活圈的要求，围绕需求较为迫切、矛盾较为突出的社区公共服务设施、道路、高校等开展专题研究，形成相应的专题研究成果，修订编制《上海市节约集约建设用地标准（2016）》，将上报市政府正式发布。二是做好国土资源节约集约模范县市创建工作。根据国土部关于开展第三届节约集约模范县（市）第二批次评选的工作要求，经业务培训并结合区县实际工作情况，确定黄浦区作为第二批次申报区县。6月，国土部发布了《关于表彰第三届国土资源节约集约模范县（市）的公告》，授予我市黄浦区和2015年第一批申报的徐汇区、长宁区“国土资源节约集约模范县（市）”荣誉称号。三是完成本市节约集约建设用地年度更新评价工作，形成《上海市2016年度区域建设用地节约集约利用状况更新评价报告》、更新评价表格数据及相关成果资料，经审核后已上报国土部。同时，组织开展本市国家公告开发区土地集约利用年度更新评价工作，形成《2016年度上海市国家公告开发区土地集约利用评价成果审核与汇总分析报告》并上报国土部。其中，我局正在组织开展市级开发区公示工作，国家级开发区评价成果由国土部统一向社会组织公示。

【优化土地和住房供应结构】积极贯彻落实市委、市政府关于优化土地供应结构、促进房地产市场健康稳定发展的要求，研究制定《关于进一步优化本市土地和住房供应结构的实施意见》，构建本市优化土地和住房供应结构的长效机制，通过增加中小套型住房供应比例、优化中小套型住房建筑面积标准、建立完善购租并举的住房体系等措施优化住房用地供应；优化商办用地供应，提高商业办公用地供应的有效性和精准度，鼓励开发企业持有商办物业持续运营，促进区域功能集聚、业态能级和运营管理水平提升。

【农村土地制度改革试点】按照中央推进农村土地制度改革相关文件精神和国土资源部工作部署，审慎稳妥推进松江区农村集体经营性建设用地入市试点工作。2月，完成首幅农村集体经营性建设用地出让。根据国土资源部统筹协调推进“征地”和“入市”两项试点任务的工作要求，修改完善《上海市松江区农村土地制度改革试点实施方案》，11月初经市试点工作领导小组会议审议后报部备案，同步开展相关配套政策研究制定完善工作。12月30日，第二幅农村集体经营性建设用地H41-04试点地块在上海市土地交易市场成功挂牌公告。

【盘活存量工业用地】按照市政府重点工作安排，召开全市存量工业用地盘活专题工作会议，组织编制存量工业用地转型工作计划，加强工作指导和沟通协调，扎实推进存量工业用地盘活工作。截至年底，本市纳入存量工业用地转型计划的项目共96个，面积约628公顷。其中，有25个项目、约354公顷土地已完成转型方案等前期工作，其中11个项目、约81公顷已签订土地出让合同，完成用地手续。

【低效建设用地减量化】在对近三年减量化工作总结评估的基础上，进一步完善创新减量化推进的政策措施。一是统筹推进“198”工业用地减量化和宅基地减量化；二是建立市与区减量化指标调剂机制；三是进一步完善减量化地块的后续利用管理；四是进一步优化减量化验收标准、程序；五是做好国有建设用地减量化的权属管理和确权登记工作；六是加快推进减量化复垦验收工作，助推区域环境综合治理等充分结合；七是鼓励市、区国有企业参与减量化；八是进一步强化减量化考核与表彰等。按照进度目标要求，截至年底，全市“198”区域减量化应累计完成立项20.5平方公里，实际累计完成立项36.5平方公里；应累计完成验收13.5平方公里，实际累计完成验收14.3平方公里，超额完成年度预期目标。

【生态环境综合治理】一是针对问题突出地区开展重点规划研究。组织各区详细梳理三轮生态环境综合治理共计50个市级重点推进区块的既有规划情况。针对法定规划未覆盖或需要调整规划的区块，在生态优先的原则下，编制相关规划研究后续利用设想和空间布局，协调涉及的规划土地问题。其中，合庆新市镇总体规划暨土地利用总体规划已经按照编制计划完成审批，华新镇2个单元的控制性详细规划修编在我局进行技术审查，其余各项规划正在按照既定的时间节点推进。二是积极推进重点区域整改。按照本市2016年生态环境综合治理“17+X”区块的整治方案，积极推进普陀红旗村区块、松江九亭镇区块、奉贤海湾等重点区域环境综合治理工作。全市市级重点生态环境治理区域共消除违法用地7329.4亩，违法建筑667万平方米。三是推进生态环境综合治理区域“198”地块减量化及后续生态修复等工作，研究制定《关于本市重点环境综合整治区域“198”减量地块造林相关政策的实施意见》（沪绿容〔2016〕139号），明确重点环境综合治理区域“198”减量化地块，按照“宜田则田、宜林则林”原则进行生态修复、利用，并针对生态修复管理需求，创新性提出“特殊耕地”管理方案，简化相关整理复垦验收要求。

【闲置、低效土地和违法用地处置】一是进一步加强闲置土地处置长效机制建设。定期通报区县闲置土地处置情况，明确相关工作要求；继续实施闲置土地处置与新增土地供应的挂钩机制，对存在闲置工业用地的乡镇（产业园区）暂停新增工业用地出让；强化监测预警工作，各区县扎实开展动态巡查，及时发现，快速处置。全年累计处置闲置土

地141幅、498公顷，截至年底，本市现存闲置土地19幅、约66公顷。本年度全市列入国务院第三次大督查范围的闲置土地有57幅、约194公顷，截至年底，完成处置51幅、约173公顷，处置完成率90%，完成大督查整改任务。二是启动低效工业用地调查。研究制定全地类的分类处置办法，为提高本市节约集约用地水平，进一步开展低效建设用地减量化、土地二次开发等工作摸清土地底账。三是加快违法用地处置。扎实完成《上海市违法用地综合整治三年行动方案》年度任务，全年全市消除违法用地1667宗，面积16622.6亩，拆除违法用地上违法建筑总面积358.54万平方米。高质量完成2015年度部卫片执法检查工作任务。对于涉及的违法用地397宗，土地面积1090.5亩，通过整改消除237宗，面积740.37亩，宗数消除率59.70%，面积消除率67.89%，卫片处置率100%。

【土地利用年度计划及执行情况】 贯彻落实“五量”调控总体要求，坚持统分结合、有保有压，坚持严控总量、优化结构，坚持突出民生、保障发展，合理安排用地计划，落实差别化、精细化管理。优先安排保障性住房、公益设施和社会服务类等民生项目，保障交通、能源、水利等基础设施项目落地，支持节能减排、环境保护和战略性新兴产业等建设。

【国有建设用地供应】 编制下达本市年度国有建设用地供应计划，按照国家，市委、市政府促进房地产市场平稳健康发展的要求，保障各类用地供应，加大商品住房供应力度。全年全市共供应各类国有建设用地3683.3公顷，同比增加7.5%。

2016年上海土地利用年度计划及执行情况表

项目		数值（公顷）
下达新增建设用地计划（增量部分）		1726.46
其中	市统筹新增建设用地计划	965.50
	分配下达各区新增建设用地计划	760.96
下达新增建设用地计划（流量部分）		920.87
其中	与减量化挂钩的新增建设用地计划	819.01
	增减挂钩项目区新增建设用地计划	101.86
新增建设用地		2101.34
其中	增量部分	1597.65
	流量部分	503.69
按用途分类统计如下：		
市政公用设施等项目用地		1389.22
工矿仓储项目用地		252.82
经营性用地		459.30

2016年上海市国有建设用地供应情况表

用地性质	供地方式	面积（公顷）
住房用地	出让或划拨	528.4
保障性住房用地	出让或划拨	225.9
经济适用房用地	出让或划拨	13.3
动迁安置房用地	出让或划拨	197.1
公租房用地	出让或划拨	15.5
商业、办公用地	出让	145.7
工业用地	出让	313.9
公用设施用地	划拨	483.6
公共建筑用地	划拨	236.2
交通运输用地	划拨	1756.6
水利设施用地	划拨	120.8
特殊用地	划拨	98.1
总计	—	3683.3

【耕地和基本农田保护情况】完成年度高标准基本农田建设任务6.85万亩和“十二五”高标准基本农田成效评估工作。开展年度耕地保护责任目标考核和标志标牌巡视工作。严格落实耕地占补平衡制度，按照“占一补一、先补后占”的要求，全面落实新增建设项目的耕地占补平衡，大力推进土地整治项目实施，全市各类土地整治项目补充耕地2320公顷。同时，进一步规范设施农用地管理。制定并颁布市级规范性文件《关于进一步完善设施农用地管理 支持设施农业健康发展的通知》（沪规土资综规〔2016〕227号）。在全市范围内开展历史设施农用地项目大调查；研制《设施农用地管理信息系统》，要求所有新设施农用地备案项目必须同步实行网上备案管理。

【郊野公园】首批试点的7个郊野公园规划总面积约130平方公里，其中正在实施的一期面积约50平方公里，开园面积30.6平方公里。各郊野公园建设用地减量化和土地整治工作稳步推进。青西和长兴郊野公园陆续开放运营。

【不动产统一登记】10月8日，本市全面实施不动产统一登记制度，各区县不动产登记事务中心受上海市不动产登记局委托，具体办理辖区范围内不动产登记事务，停止发放房地产权证书和登记证明，颁发《不动产权证书》和《不动产登记证明》，提前完成16个区县颁发新证、停发旧证的工作目标。按照国家关于不动产登记“四个统一”（登记机构、登记簿册、登记依据和信息平台）要求，积极推进机构及人员整合。全面启动运行涵盖房、地、农、林、海的不动产登记信息管理系统，顺利实现不动产登记申请、受理、审核、发证等工作。完善出台了《上海市不动产登记技术规定》《上海市不动产登记业务规则》《不动产权证书和登记证明管理规定（试行）》《各类印章使用及管理规定（试行）》《不动产登记资料管理办法（试行）》《不动产登记信息安全管理规定（试行）》《行政复议和行政应诉工作规程（试行）》等规范性文件，为本市不动产统一登记提供了制度保障。同时，开展了不动产登记全员培训、权证印制、不动产登记窗口设置调整、舆论宣传和政策解答等工作。目前，本市不动产统一登记各项工作平稳、有序、顺利实施，实现了由房地产登记到不动产统一登记的顺利平稳过渡。截至2016年底，共完成登记业务550578件，颁发不动产权证书290324本，不动产登记证明230673本。

图1　本市举行不动产权证书发证仪式（2016年7月5日）

图2　国土资源部副部长王广华、上海市副市长蒋卓庆分别为奉贤市民颁发第一本不动产权证书和不动产登记证明（2016年7月5日）

图 3　本市举行不动产统一登记委托签约仪式（2016 年 9 月 20 日）

图 4　蒋卓庆副市长检查督导本市全面实施不动产统一登记准备工作
（2016 年 10 月 7 日）

（四）地矿管理

【第三轮地质勘查与矿产资源总体规划】根据《国土资源部关于开展第三轮矿产资源规划编制工作的通知》（国土资发〔2014〕35号）及有关编制要求，编制了包括地质勘查、矿产资源及地质环境保护等方面规划融为一体的《上海市地质勘查与矿产资源总体规划（2016—2020）》。该规划是本市地质勘查、矿产资源开发利用、地质环境保护和地质灾害防治的指导性文件，是依法审批和监督管理地质勘查、矿产资源开发利用和地质环境保护活动的重要依据。该规划编制力求与第三轮全国矿产资源总体规划相衔接，力求与本市新一轮城市总体规划和土地利用总体规划等相衔接。在全面完成市相关委办局意见征询、专家论证、规划环评和国土资源部预审等规定流程后，经报市政府审核，形成的规划报批稿于年底上报国土资源部审批。

【地面沉降防治】通过强化制度建设和机制创新、加强地面沉降监测网络建设以及深化地下水资源与工程性地面沉降管理等举措，全市地面沉降防治取得了显著成效，地下水开采量显著减少，各承压含水层地下水位继续保持稳中有升的态势，地面继续维持微量沉降状态，连续六年将年度平均沉降量控制在6毫米之内，实现了年初制定的控制目标。全年主要开展了七方面工作：一是统筹制订防治规划和年度工作计划。制订“十三五”地面沉降防治规划要点，纳入《上海市土地资源利用和保护规划（2016—2020）》，并以该规划为引领，制订年度工作计划。二是继续完善地面沉降防治联动机制。在市域内形成以国土资源管理部门综合监管，水务、建设、交通等部门协同管理的工作机制；在长三角地区不断完善区域联动机制（图1、图2）。三是进一步建立和完善配套制度和

图1　2016年长三角联席会议

图 2　长三角地面沉降信息系统正式上线

技术标准。颁布实施《上海市建设工程基坑降水管理规定》，修订发布上海市工程建设规范《地质灾害危险性评估技术规程》。四是继续完善与维护地面沉降监测网和防治设施。基本完成《上海市地面沉降监测网络完善工程（2013—2016）》建设项目。五是持续开展地面沉降及地下水动态监测。完成中心城区面积水准测量、分层标测量；重大基础设施与区域高程基准联测；重大基础设施沿线地面沉降测量；地下水位及水质监测；一线海塘地面沉降监测。六是全面实施地面沉降防治综合管理。开展地面沉降分区管理；强化地下水采灌管理；强化深基坑工程降排水管理。七是继续深化地面沉降防治研究。开展重大市政工程沿线地面沉降预警、深基坑工程降水地面沉降关键技术以及地下水人工回灌影响的研究。

【地质灾害防治】一是地质灾害危险性评估。继续按照《上海市地质灾害危险性评估管理规定》，对地质灾害危险性评估工作实施分类管理，并与土地出让管理和建设项目审批相衔接，相关工作要求在规划选址、土地出让等环节予以告知，在建设工程规划许可预审环节予以落实。开展分区地质灾害危险性评估报告的动态更新工作，共完成 12 个分区单元的地质灾害危险性评估报告的更新，至此，全市 52 个分区单元的地质灾害危险性评估报告已完成第一轮更新；重要建设项目地质灾害危险性评估登记 39 项。二是汛期重点对松江天马山、横山、辰山等采石坑边坡进行常规巡查，对松江山体边坡的隐患点地区埋设监测点，开展动态监测，并设置标识牌，及时避险（表 1、图 3、图 4）。针对上海地区浅部富含砂层的特殊地质环境条件，选取了上海火车站及其附近区域 1.8 平方公里范围内实施隐患点调查、监测工作（表 2、图 5）。通过巡查及对重点地区的有效监控，有效避免突发性地质灾害的发生，保障游客的人身安全。三是地质灾害应急。完善地质灾害应急管理制度，开展《上海市处置地质灾害应急预案》评估修订。根据应急演练及地质灾害应急工作实践，对应急预案的执行程序、职责界面、应急联动等内容进行了评估，在此基础上，修改完善《上海市处置地质灾害应急预案》。针对台风、暴雨等恶劣天气对

表1 松江山体边坡的稳定性巡查、监测完成工作量

项目名称	单位	数量
二等三角点控制测量	点	18
二等电磁波测距	条	18
二等水准测量	千米	2
二等水准量平差	千米	2
全站仪边坡变形监测	点次	192
裂缝监测	条次	30
地质灾害患巡查与调查	平方公里	202
三维激光描调查	台班	4
红外热像法调查	平方米	12000

松江山体边坡的影响，在松江横山某部队营房后采石岩壁开展地质灾害应急监测和应急处置专项演练（图6）。模拟地面塌陷造成周边管线下沉的地质灾害，市应急救援队在宝山区电台路实施了地质灾害应急综合演练（图7）。

图3 辰山植物园监测点

图4 辰山植物园警示牌

表2 火车站地区地面塌陷隐患区调查与监测完成工作量

项目名称	单位	数量
地质雷达探测	公里	60.918
3D-radar雷达探测	公里	15.736
高频地震	公里	20.355
面波勘探、横波勘探	点	300
CCTV检测	米	3150
钻探验证	米	276.6
静探验证	米	273
二等水准控制测量	公里	87
沉降变形观测	点次	837
地表裂缝监测	条次	42

图5 现场探测照片

图6 专项演练照片

图 7　综合演练照片

【基础性地质调查与评价】一是深化海岸带地质调查监测与评价。完成《长江河口及近岸海域综合地质调查（2016 年度）》工作任务，完成外业工作量包括单波束测深 2188 千米，多波束测深 986 千米，表层沉积物取样 67 站位。完成 2012—2015 年上海海岸带地质调查与监测预警示范成果总结。完成“上海市后备土地资源潜力评价与开发可行性研究”及“百年来长江河口海岸带地质环境演化及驱动因素影响专题研究”相关专题研究。二是有序推进上海地区区域地壳稳定性调查与评价。完成《上海地区区域地质背景研究报告》，并在金山区张堰镇开展了地壳稳定性调查方法试验。

【浅层地热能开发利用】积极稳妥推进浅层地热能开发利用工作。一是开展上海市重点地区浅层地热能资源详查（2016）工作（图 8）。共完成野外钻孔 27 个，总进尺 3210 米，实施 27 孔原始地温测试，22 个孔的热响应试验，室内常规土样测试 560 组，热物参数测试 557 组（表 3），编制临港地区浅层地热能资源详查报告（2016 年度）。二是完成浅层地热能监测网建设及日常监测与维护工作。完成新建浦东新区洋泾（OT17）和合庆（OT18）2 个地温长期监测孔；完成松江新桥（DT16）和浦东新区临港（DT17）2 处应用工程跟踪监测场的建设工作。钻探总进尺 1320 米，原始地温测试 620 米，3 组热响应试验，室内土工试验 87 组（表 4），编制浅层地热能监测网建设竣工报告（2016 年）。完成已建监测网日常监测与维护年度工作，完成上海市浅层地热能日常监测与网点维护 2016 年度总结报告的编制工作。三是完成浅层地热能科学实验场现场测试与试验模拟研究（2016）。完成奉贤科学实验场 3 个水平支路以及青浦科学实验场 24 个地下换热器、6 个水平支路的埋管施工，共完成单 U32 型地埋换热孔 24 个，有效深度 100 米，总进尺 2448 米；分别完成奉贤、青浦科学实验场 9

个水平支路4个工况的群孔热响应测试和数据分析（表5）；完成一个典型项目性能测试；编制浅层地热能科学实验场现场测试与试验模拟研究报告（2016年度）。四是继续推进杨浦区平凉街道12街坊01E1-02地块浅层地热能应用试点工作。

图8　重点地区浅层地热能资源详查外业工作

表3 重点地区浅层地热能资源详查（2016年）工作量

项目名称	单位	数量
钻孔	个	27
总进尺	米	3210
常规室内试验	个	560
热物参数室内测试工作	个	557
热响应测试孔	个	22

表4 浅层地热能监测网建设（2016年度）完成工作量

实物工作量		数量
地温长期监测孔（2个）	总进尺（米）	300
	室内土工试验（组）	53
应用工程跟踪监测场（2处）	地温监测孔（个）	7
	总进尺（米）	1020
	热响应测试（孔）	3
	室内土工试验（组）	34

表5 浅层地热能科学实验场现场测试与试验模拟研究（2016）完成工作量

工作内容		单位	实际完成工作量
钻探	换热孔钻探	孔/米	24/2448
水平管连接	换热器水平支路连接	个	9
群孔换热测试	群孔换热测试设备	套	1
	群孔换热测试	台班	210
性能测试	室内外温度	点	10
	机组性能测试	点	7
	系统性能测试	点	9

【地质环境保护】 在地下水环境保护方面，一是推进《上海市水污染防治行动计划项目清单》2016年项目任务，完成25口浅层地下水监测井和30口国家级地下水监测井建设任务。二是落实《上海市水污染防治目标责任书》相关工作任务，继续完善地下水环境质量监测网络，对地下水质监测点（包括纳入国家考核的13个地下水质量考核点位）开展监测。在土壤环境保护方面，一是协同市环保局出台《上海市经营性用地和工业用地全生命周期管理土壤环境保护管理办法》及其配套的技术指南，明确土地使用权流转过程中的土壤环境保护要求。二是继续开展土地质量调查与监测工作，全年主要开展崇明区的土地质量调查和全市一级监测点的监测工作，共采集分析崇明区表层土壤样品1440件，全市一级监测点表层土壤样品330件。在矿山地质环境保护方面，主要开展围绕因政策性关闭的砖瓦黏土企业进行环境恢复治理，以及废弃采石坑的地质环境日常监测。根据产业结构调整计划，至年底已停止全市所有砖瓦黏土的采矿许可。2014—2016年，先后关闭40家砖瓦黏土企业，其中23家相继完成矿山环境恢复治理任务，面积达1590亩；17家根据矿山环境恢复治理方案开展治理，面积约1300亩。对前几年已竣工的位于松江区佘山镇公共活动区域的采石坑治理项目，督促做好避险设施的维护更新、日常监测与巡查。

（戈壁青）

PART TWO Ⅱ

重大工程建设

MAJOR PROJECT CONSTRUCTION

（一）综述

2016年是“十三五”规划开局之年，上海市重大工程建设根据市委、市政府统一部署，集聚产业结构优化升级、社会民生、城市基础设施、城乡发展一体化四大领域，年初计划安排正式项目101项，计划投资1036亿元，新开工20项、基本建成15项，安排预备项目31项。在建设中，市重大工程坚持与“十三五”规划总体思路、国家战略、中央要求和市委、市政府工作部署保持一致，全年调整安排122个建设项目，实际完成投资1280.1亿元，占本市全社会固定资产投资的18.9%。华力微电子12英寸先进生产线建设、上海天文馆（上海科技馆分管）、武宁路快速化改造等42个项目实现开工；上汽集团技术中心自主品牌研发中心扩建项目二期工程、上海国际舞蹈中心及刘海粟美术馆迁建工程、长江西路越江隧道新建工程等17个项目建成投入使用。

2016年初，上海市重大工程安排正式项目101项、预备项目31项，年计划投资1036亿元。年中，经报请市政府同意，市重大工程调整为正式项目122项，年度计划投资1261.2亿元。一是产业类项目23个，占项目总数的22.8%，年计划投资242.05亿元，占年计划总投资的23.4%。主要有上海光源二期（线站工程）、集成电路研发中心12英寸先导线、上海微小卫星工程中心通信卫星研发基地等科创中心项目；中航商用航空发动机公司产业基地、上海通用设计技术中心金桥基地、中国移动IDC研发与产业基地等先进制造业项目；上海国际航运中心、迪士尼项目一期工程及市政配套（唐黄路、川六公路、刘奉公路等）、中国金融期货交易所技术研发基地等现代服务业项目。二是社会民生类项目16个，占项目总数的15.8%，年计划投资46.31亿元，占年计划总投资的4.5%。主要有市属高校内涵建设、上海大学宝山校区扩建三期工程、复旦大学内涵能力提升等教育项目；瑞金医院肿瘤（质子）中心及配套工程、华山医院临床医学中心、新虹桥国际医学中心等医疗卫生项目；上海世博会博物馆、崇明体育训练基地一期、上海音乐学院歌剧院等文化体育项目。三是城市基础设施类项目55个，占项目总数的54.5%，年计划投资648.67亿元，占年计划总投资的62.6%。主要有黄浦江上游水源地金泽水库工程、白龙港污水处理厂提标改造工程、上海市太湖流域水环境综合治理工程等生态文明项目；五号沟LNG事故备用站扩建工程二期、淮南—南京—泰州—苏州—上海西特高压交流工程（上海境内）、上海临港海上风电二期等能源保障项目；浦东机场第五跑道工程、沪通铁路（南通—安亭）上海段、洋山深水港区四期工程等对外交通项目；5号线南延伸工程、8号线三期暨集运系统工程、9号线三期东延伸等轨道交通项目；北横通道一期二期、嘉闵高架北北延伸（G2公路—S6公路）、沿江通道越江隧道（浦西牡丹江路—浦东外环线）新建工程等市域交通项目。四是城乡发展一体化项目7个，占项目总数的6.9%，年计划投资99.02亿元，占年计划总投资的9.6%。主要有保障性住房建设、第二和第三轮大型居住社区外围市政配套项目、崇明东滩基础设施开发项目、郊区垃圾无害化处理、昆阳路—浦卫公路、金海公路、墨玉路—山周公路—千新公路等项目。此外，预备项目转正及新增项目21个，主要有科创中心张江科学基础设施项目、黄浦江两岸地区公共空间建设、区区对接道路打通断头路（60条）等。

表1 2016年调整后市重大工程建设项目结构和投资规模

项目类别	项目数（个）	占总数比重（%）	计划投资数（亿元）	占总投资比重(%)
产业类	23	22.8	242.05	23.4
社会民生类	16	15.8	46.31	4.5
城市基础设施类	55	54.5	648.67	62.6
城乡建设一体化	7	6.9	99.02	9.6
调整项目	21		224.97	
合计	122		1261.02	

表2 2016年重大工程正式实施项目一览表

序号	项目名称
1	上海光源二期（线站工程）
2	集成电路研发中心12英寸先导线项目
3	上海微小卫星工程中心通信卫星研发基地
4	科创中心张江科学基础设施（上海超强超短激光实验装置、上海软X射线自由电子激光用户装置、活细胞结构与功能成像等线站工程）
5	中航商用航空发动机公司产业基地建设项目
6	上海通用设计技术中心金桥基地暨金桥扩能项目
7	上汽集团技术中心自主品牌研发中心扩建项目二期工程
8	上海新昇半导体科技有限公司集成电路制造用300毫米硅片技术研发与产业化项目
9	8英寸MEMS研发中试线建设项目
10	联影医疗高技术产业示范基地建设二期工程
11	中国商用飞机公司民用飞机试飞中心
12	中国商用飞机公司总装制造中心浦东基地建设项目
13	上海烟草集团科技创新园项目
14	和辉光电第六代AMOLED生产线建设
15	华力微电子12英寸先进生产线建设
16	中国移动IDC研发与产业化基地
17	中芯国际12英寸芯片SN1和SN2项目
18	上海国际金融中心（上海金融交易广场）
19	上海国际航运服务中心
20	世博A片区绿谷项目及市政配套工程
21	虹桥商务区核心区基础设施配套项目
22	梦中心B地块文化项目
23	上海吴淞口国际邮轮码头后续工程
24	迪士尼项目一期工程及市政配套（唐黄路、川六公路、六奉公路等）
25	上海市检测中心二期
26	中国金融期货交易所技术研发基地
27	上海证券交易所金桥技术中心基地项目
28	市属高校内涵建设（上海理工大学、华东政法大学、、上海第二工业大学、上海中医药大学、上海对外贸易学院、上海海事大学6所）
29	上海大学宝山校区扩建三期工程
30	复旦大学内涵能力提升项目
31	上海电力学院临港新校区一期

序号	项目名称
32	上海戏剧学院浦江新校区
33	上海电力学院临港新校区二期
34	上海工程技术大学松江二期
35	上海市第一人民医院改扩建工程
36	瑞金医院肿瘤（质子）中心及配套工程
37	华山医院临床医学中心
38	眼耳鼻喉科医院异地扩建工程
39	新虹桥国际医学中心
40	肿瘤医院医学中心
41	上海老年医学中心
42	新华医院儿科综合楼及地下车库改扩建工程
43	上海国际舞蹈中心及刘海粟美术馆迁建工程
44	上海世博会博物馆
45	崇明体育训练基地一期
46	上海音乐学院歌剧院
47	上海市档案馆新馆一期工程
48	上海天文馆（上海科技馆分馆）
49	黄浦江上游水源地金泽水库工程
50	黄浦江上游水源地连通管工程
51	黄浦江上游闵奉原水支线工程（含松浦泵站）
52	白龙港污水处理厂提标改造工程
53	石洞口污水处理厂提标改造工程
54	上海市太湖流域水环境综合治理工程
55	老港再生能源利用中心二期
56	竹园污水处理厂提标改造工程
57	黄浦江两岸地区公共空间建设（浦东、徐汇、杨浦、黄浦4个区新华滨江绿地及公共绿地南段、徐汇滨江综合环境一期南段及A配套、杨浦滨江环境二期、黄浦十六铺二期等9项）
58	五号沟LNG事故备用站扩建工程二期
59	上海LNG储罐扩建工程
60	申能奉贤热电项目
61	淮南—南京—泰州—苏州—上海西特高压交流工程（上海境内）
62	500千伏输变电工程（虹杨、苏州—上海交流特高压工程上海段500千伏线路配套改造工程等3项）
63	220千伏输变电工程（团结、大渡河、闵东、提篮桥、大叶、华阳桥等50项）
64	上海临港海上风电二期
65	浦东机场第五跑道工程
66	虹桥机场扩建工程东航基地（西区）二期配套工程
67	虹桥机场T1航站楼改造及配套工程
68	浦东机场三期扩建工程
69	沪通铁路（南通—安亭）上海段
70	G320公路（上海浙江省界—北松公路）
71	G228公路（上海浙江省界—南芦公路）
72	洋山深水港区四期工程
73	杭申线航道整治工程
74	平申线航道整治工程
75	大芦线航道整治二期工程

序号	项目名称
76	大治河西枢纽新建二线船闸工程
77	赵家沟东段航道整治工程
78	轨道交通5号线南延伸工程（东川路站—南桥新城站）
79	轨道交通8号线三期暨集运系统工程（沈杜公路站—汇臻路站）
80	轨道交通9号线三期东延伸工程（杨高中路站—曹路站）
81	轨道交通10号线二期工程（新江湾城站—基隆路站）
82	轨道交通13号线二期工程（南京西路站—华夏中路站）
83	轨道交通13号线三期工程（华夏中路站—张江路站）
84	轨道交通14号线工程（封浜路站—桂桥路站）
85	轨道交通15号线工程（顾村公园站—紫竹高新区站）
86	轨道交通17号线工程（虹桥火车站站—东方绿舟站）
87	轨道交通18号线一期工程（长江南路站—航头站）
88	轨道交通补短板项目
89	北横通道新建一期、二期工程
90	沪宜公路（S6—叶城路）道路改建工程
91	嘉闵高架北北延伸（G2公路—S6公路）
92	北翟路（外环线—中环线）快速化改造工程
93	东西通道（浦东段）拓建工程
94	虹桥商务区会展中心外围配套道路（S26公路东延伸入城段、诸光路地道及相关区属道路）
95	虹梅南路—金海路通道（虹梅南路段）新建工程
96	周家嘴路越江隧道新建工程
97	长江西路越江隧道新建工程
98	沿江通道越江隧道（浦西牡丹江路—浦东外环线）新建工程
99	龙耀路越江工程
100	沿江通道浦西段（牡丹江路—江杨北路）新建工程
101	S7公路（S20公路—月罗公路）
102	普善路—万荣路—三泉路辟通改建工程
103	嘉闵高架路南南延伸（S32—莘松路）
104	武宁路快速化改造
105	江浦路越江隧道新建工程
106	S3公路
107	市属重点道路改造项目（中山南路、浦星公路、G318跨线桥、江杨北路、中兴路下匝道）
108	区区对接道路、打通断头路（60条）
109	大泖港上游河道防洪一期工程
110	重点河道和泵闸工程（南横引河东段、南横引河西段、新河港北延伸段、淀东、华新、虹口港、周浦塘、友谊河、芦潮港、新石洞、张马、龙尖嘴、掘石港、老石洞、西弥浦15项）
111	中心城区排水系统改造工程（大定海、新宛平、陇西、松潘、丹东、庙彭、云岭西、民星南、华泾西等28项）
112	公共消防站建设（南站、延安、中兴、前滩、吕巷、张堰、罗南、石洞口、朱桥、望新、城中、泗泾、叶榭、中环、庄行、五洲、化三17项）
113	保障房建设
114	第二轮大型居住社区外围市政配套项目
115	第三轮大型居住社区外围市政配套项目
116	郊区生活垃圾无害化处理设施（闵行、松江、奉贤、崇明、嘉定5个区）
117	郊区污水处理厂提标改造工程（嘉定、奉贤、浦东、青浦、松江、金山、崇明等23座）

续表

序号	项目名称
118	崇明东滩基础设施开发项目
119	昆阳路—浦卫公路（含昆阳路越江）
120	金海公路
121	墨玉路—山周公路—千新公路
122	嘉松公路

计划投资全面完成。2016 年，市重大工程在年度投资计划调整为 1261.01 亿元的基础上，实际共完成投资 1280.1 亿元，创近年完成投资量新高。

表3 2016年重大工程建设项目完成投资情况

项目类别	项目数（个）	完成投资额（亿元）
产业类	29	246.7
社会民生类	21	56.4
城市基础设施类	68	807.8
城乡发展一体化类	11	169.2
合　计	122	1280.1

计划开工项目全面启动。2016 年重大工程计划新开工 20 个项目，实际新开工 42 个项目。主要有上海光源二期（线站工程）、上海市太湖流域水环境综合治理工程、江浦路越江隧道新建工程、G320 公路（上海浙江省界—北松公路）等。

表4 2016年重大工程开工项目一览表

序号	项目名称	开工时间（年、月）
1	上海光源二期（线站工程）	2016.11
2	集成电路研发中心12英寸先导线项目	2016.1
3	上海微小卫星工程中心通信卫星研发基地	2016.11
4	科创中心张江科学基础设施（上海超强超短激光实验装置、上海软X射线自由电子激光用户装置、活细胞结构与功能成像等线站工程）	2016.11
5	8英寸MEMS研发中试线建设项目	2016.12
6	联影医疗高技术产业示范基地建设二期工程	2016.9
7	中国商用飞机公司总装制造中心浦东基地建设项目	2016.10
8	和辉光电第六代AMOLED生产线建设	2016.12
9	华力微电子12英寸先进生产线建设	2016.12
10	中国移动IDC研发与产业化基地	2016.3
11	中芯国际12英寸芯片SN1项目	2016.10
12	上海市检测中心二期	2016.12
13	中国金融期货交易所技术研发基地	2016.3
14	上海证券交易所金桥技术中心基地项目	2016.3
15	上海戏剧学院浦江新校区	2016.12
16	上海电力学院临港新校区二期	2016.12
17	上海工程技术大学松江二期	2016.12
18	上海老年医学中心	2016.12
19	新华医院儿科综合楼及地下车库改扩建工程	2016.8

序号	项目名称	开工时间（年、月）
20	上音歌剧院	2016.1
21	上海市档案馆新馆一期工程	2016.12
22	上海天文馆（上海科技馆分馆）	2016.10
23	石洞口污水处理厂提标改造工程	2016.4
24	上海市太湖流域水环境综合治理工程	2016.1
25	老港再生能源利用中心二期	2016.12
26	竹园污水处理厂提标改造工程	2016.12
27	黄浦江两岸地区公共空间建设（浦东、徐汇、杨浦、黄浦4个区新华滨江绿地及公共绿地南段、徐汇滨江综合环境一期南段及A配套、杨浦滨江环境二期、黄浦十六铺二期等9项）	2016.10
28	上海LNG储罐扩建工程	2016.11
29	申能奉贤热电项目	2016.12
30	G320公路（上海浙江省界—北松公路）	2016.12
31	G228公路（上海浙江省界—南芦公路）	2016.12
32	轨道交通补短板项目	2016.10
33	武宁路快速化改造	2016.12
34	江浦路越江隧道新建工程	2016.12
35	S3公路	2016.7
36	区区对接道路、打通断头路（60条）	2016.10
37	第三轮大型居住社区外围市政配套项目	2016.1
38	郊区污水处理厂提标改造工程（嘉定、奉贤、浦东、青浦、松江、金山、崇明等23座）	2016.1
39	昆阳路越江工程	2016.6
40	金海公路	2016.5
41	墨玉路—山周公路—千新公路	2016.12
42	嘉松公路	2016.12

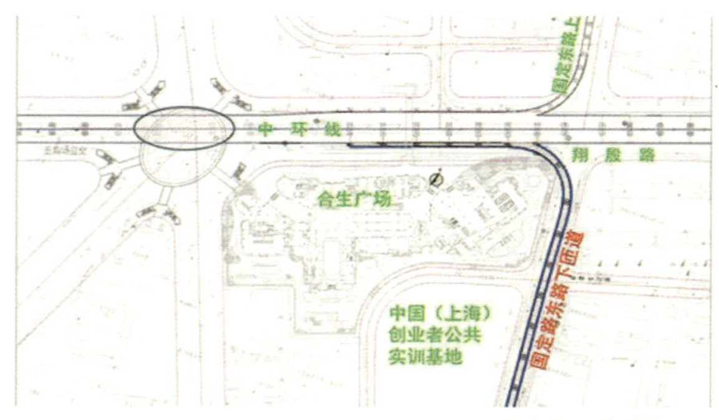

中环国定东路下匝道

计划建成或基本建成项目全面实现。2016年，市重大工程计划建成或基本建成15个项目，实际建成或基本建成17个项目。主要有上海国际舞蹈中心及刘海粟美术馆迁建、嘉闵高架北北延伸（G2公路—S6公路）、上海市第一人民医院改扩建、上海世博会博物馆、上海国际航运服务中心等。

表5 2016年重大工程基本建成项目一览表

序号	项目名称	开工时间（年，月）
1	上海国际舞蹈中心及刘海粟美术馆迁建工程	2016.8
2	嘉闵高架北北延伸（G2公路—S6公路）	2016.9
3	长江西路越江隧道新建工程	2016.9
4	大泖港上游河道防洪一期工程	2016.9
5	杭申线航道整治工程	2016.9
6	淮南—南京—泰州—苏州—上海西特高压交流工程（上海境内）	2016.9
7	市属高校内涵建设（上海理工大学、华东政法大学、上海第二工业大学、上海中医药大学、上海对外贸易学院、上海海事大学6所）	2016.11
8	上汽集团技术中心自主品牌研发中心扩建项目二期工程	2016.12
9	上海新昇半导体科技有限公司集成电路制造用300毫米硅片技术研发与产业化项目	2016.12
10	上海国际航运服务中心	2016.12
11	虹桥商务区核心区基础设施配套项目	2016.12
12	上海市第一人民医院改扩建工程	2016.12
13	眼耳鼻喉科医院异地扩建工程	2016.12
14	上海世博会博物馆	2016.12
15	黄浦江上游闵奉原水支线工程（含松浦泵站）	2016.12
16	上海临港海上风电二期	2016.12
17	沪宜公路（S6—叶城路）道路改建工程	2016.12

节点计划全面受控。市重大工程建设紧紧围绕全年工作目标，强化制度建设，完善协调推进，加强安全质量，确保计划节点全面受控。一是积极推进道路交通项目建设。新一轮轨道交通项目（14号线、15号线、18号线）新建车站全部实现开工，全年累计推进盾构50公里，5号线南延伸、8号线三期、9号线东段三期、17号线4条线路（段）实现结构贯通。长江南路越江隧道、嘉闵高架北北延伸、沪宜公路、S3主线高架等建成通车，G320公路、G228公路、江浦路越江隧道、金海公路、浦卫公路等工程开工，北横通道、沿江通道等大型盾构开始掘进。区区对接道路（断头路）完成打通17条、新开工22条任务。二是大力推进生态环境和电力能源项目建设。黄浦江上游水源地闵奉支线、大卯港上游河道防洪工程等项目基本建成，黄浦江上游水源地金泽水库实现通水；中心城区28个排水系统进场施工，5个项目建成发挥作用；淀东水利枢纽泵闸等11项工程完成水下结构；杭申线航道整治工程完成，大芦线二期、大治河西枢纽、太湖流域水环境综合治理工程等项目有序推进。郊区生活垃圾无害化设施建成投用。黄浦江两岸实现“5公里贯通开放、5公里基本建成”。500千伏、220千伏输变电工程按计划实施，临港风电项目提前基本建成，老港再生能源利用中心二期、上海LNG储罐扩建工程、申能奉贤热电项目实现开工。三是全面推进产业发展项目建设。一批科创中心项目实现开工。上海光源二期、微小卫星工程中心、张江科创中心基础设施等科技创新项目，华力微电子12

英寸生产线、和辉光电第六代 AMOLED 生产线、中芯国际 12 英寸芯片生产线等提升先进制造业创新能力项目开工建设。战略性新兴产业加快建设。商飞试飞中心、中航发动机临港基地、通用汽车设计技术中心实现关键节点。现代服务业项目取得阶段性进展。迪士尼一期投入运营，虹桥商务区核心区基础设施、国际航运中心等项目基本建成，上海国际金融中心结构封顶，梦中心 B 地块项目加快结构工程施工。四是稳步推进社会事业项目和保障房建设。世博会博物馆、上海国际舞蹈中心、第一人民医院改扩建等项目建成；复旦大学内涵能力提升项目、上海大学宝山校区扩建三期等学校项目，瑞金医院肿瘤质子中心、新虹桥国际医学中心等卫生项目，以及崇明体育训练基地、上海音乐学院歌剧院等文体项目加快建设。保障房建设和第二、第三轮大居外围市政配套项目加快推进，一批公共消防站点等“补短板”项目完成全年任务。

（二）交通基础设施建设

【概况】2016 年，交通基础设施建设以“调结构、稳增长、促改革、惠民生”为要求，聚焦“三个重点”，扎实推进“三类工程”，全年 45 个城市交通重大基础设施体系建设项目全面推进，完成投资 670.59 亿元。主要有浦东机场第五跑道、沪通铁路（南通—安亭）上海段、平申线和赵家沟东段航道整治等对外交通设施项目；轨道交通 5 号线南延伸、9 号线三期东延伸和 17 号线等轨道交通项目；G320 公路（上海浙江省界—北松公路）、G228 公路（上海浙江省界—南芦公路）、武宁路快速化、江浦路越江、嘉闵高架北北延伸、长江西路越江和北横通道等市域交通设施项目。

一是对外交通（港口航道、机场铁路）。建成杭申线航道整治和上海国际航运服务中心，杭申线工程于 9 月底达标贯通；在建项目包括洋山深水港区四期、吴淞口国际邮轮码头续建、大芦线航道整治二期等港口航道项目，浦东机场三期扩建、沪通铁路（南通—安亭）上海段等机场铁路项目。

二是轨道交通均为在建项目，在建里程 216 公里。今年新开工 50 座车站（23 座车站进行围场施工）；完成封顶车站 24 座；盾构掘进 50 公里。9 号线三期东延伸主体结构贯通，5 号线南延伸区间结构贯通、8 号线三期和 17 号线年内主体结构贯通，10 号线二期和 13 号线二期、三期已进入全面土建施工阶段，14、15、18 号线正在推进前期且部分车站已开工建设。

三是市域交通（公路、市政道路）。G320 公路（上海浙江省界—北松公路）和 G228 公路（上海浙江省界—南芦公路）实现开工；有序推进沿江通道、龙耀路越江、虹梅南路高架等市域公路市政道路；基本建成沪宜公路道路改建、嘉闵高架北北延伸、长江西路越江隧道和中环路内圈国定东路下匝道 4 项。其中，长江西路越江隧道、嘉闵高架北北延伸和中环路内圈国定东路下匝道分别于 9 月 10 日、28 日和 30 日建成通车。

四是区区对接（断头路）道路（“2010—2012 年”和“2015—2017 年”两轮）。打通华江路、康宁路、申江路—瓦洪公路等 17 条道路，开工陈行公路、吉镇路、望园南路等 22 条道路。2016 年共打通 47.2 公里区区对接道路，为沿线居民驾车出行节约时间，周边道路拥挤程度适度下降，促进城乡一体化统筹发展，完成交通建设行业“补短板”年度目标。

五是延安路中运量公交系统工程基本完工。6 月 25 日延安路中运量公交系统工程开工，工程穿越浦西核心区的城市主干路延安路，从虹桥到外滩穿过上海“心脏地带”，在 17.5 公里长的区段内实施工程改建，并调整沿线交通标志标线，且实施工期仅 197 天，对建设者而言是一项巨大的挑战。截至 12 月底，全线道路拓宽共计 18 个路段，已完成全部路段开挖、混凝土浇筑及沥青摊铺工作；停车场、24 座车站、触网工程和桥梁工程等完工并验收移交。

【G320 公路（上海浙江省界—北松公路）启动建设】 12 月，G320 公路（上海、浙江省界—北松公路）启动建设。该工程西起上海市 / 浙江省界、北至北松公路，由车亭公路和亭枫公路两部分组成，途经金山和松江两区，全长约 42.2 公里。该工程的建设将完善 G320 国道与沿线已启动项目合理衔接，打通瓶颈路段，沟通市域功能板块，支撑道路沿线叶榭、亭林大型居住社区居民出行，促进金山区北部新型城镇化建设和发展。

【G228 公路（上海浙江省界—南芦公路）开工建设】 12 月，G228 公路（上海、浙江省界—南芦公路）开工建设。G228 公路是上海沿江沿海大通道中的关键一环，建成后北接崇明及江苏南通地区，南抵浙江嘉兴，全长 61.87 公里，是长三角地区长江入海口具有政治、经济、交通等意义的国家公路，是沿江沿海发展链上的桥头堡、上海对接长三角沿江走廊的重要门户，更为上海主动融入长江经济带、“一带一路”建设提供基础设施的保障。同时，G228 公路的建设还为金山区新城提供了一条城区以外的危险品运输通道，解决了金山区目前货运及危险品通道穿越新城中心的安全隐患。

【轨道交通补短板项目启动】 10 月，轨道交通补短板项目启动。主要包括 5 号线既有线改造工程、7 号线陈太路定修段改扩建工程、莘庄综合交通枢纽工程、6 号线港城路车辆段改扩建工程、铁路上海站北广场综合交通枢纽轨道交通地下换乘大厅（东站厅）、轨道交通网络运营指挥调度大楼、11 号线北段工程陈翔路站工程、2 号线东延伸（广兰路站—浦东国际机场站）改造工程、8 号线浦江镇停车场改扩建工程等子项目。

【武宁路快速化改造开始实施】 12 月，武宁路快速化改造开始实施。作为上海市快速路网“一横三环，十字九射”中的“一射”，武宁路不仅是长三角地区连接上海中心城区的一条主要通道，也是横贯普陀区的一条主要干道。武宁路快速化改建工程由真北路中环立交至武宁路东新路交叉口，全长 3500 米（地道段全长 2860 米）。主要考虑在现状武宁路道路下方建设双向四车道的快速路，一方面解决中环与内环之间过境交通的需求，另一方面通过沿线设置部分上下匝道口，解决部分到达交通的需求。

【江浦路越江隧道新建工程开工建设】 12 月，江浦路越江隧道新建工程开工建设。该工程北起杨浦区江浦路、龙江路路口，向南下穿福宁路、杨树浦路、黄浦江、滨江路、昌邑路、浦东大道、栖山路后出地面，至浦东新区民生路、商城路路口止，工程线路全长 2280 米。道路等级为城市次干路，设计车速 40 千米 / 小时，双向 4 车道。

【S3 公路（先期实施段）开工】 7 月，S3 公路（先期实施段）开工。S3 公路先期实施段全长 3.12 公里，始自罗山路跳水台，止于周邓公路南侧，工程红线宽度 60 米，是上海迪士尼国际旅游度假区的重要配套工程，为度假区的极端客流高峰期提供必要疏散通道。主线高架设计双向 6 车道，设计车速 80 公里 / 小时，高架道路设两对上、下匝道，分别位于秀浦路北侧和周邓公路北侧；地面道路自罗山路立交至秀沿路设计为双向 4 车道，秀沿路至周邓公路设计为双向 6 车道（4

块 2 慢），设计车速 50 公里 / 小时。

【杭申线航道整治工程建成通航】9 月，杭申线航道整治工程建成通航。该工程涉及松江区和青浦区，自省界至黄浦江分水龙王庙，由大蒸港、园泄泾 2 个航段组成，全长 17.24 公里。建设内容主要包括航道工程、安全标志等助航设施和沪杭铁路和沪杭高速公路跨航道桥梁改造工程。工程建成后，将加快沪浙间的物资交流，进一步强化上海国际航运中心的经济辐射，对区域经济发展具有重要的作用。

【区区对接道路、打通断头路启动实施】10 月，区区对接道路、打通断头路启动实施。该项目共涉及 14 个区 75 条道路，总长 139.9 公里，总投资约 206.7 亿元。区区对接道路、打通断头路项目的建设是加强区域交通、进一步完善路网、提高路网整体功能的重要举措，也是促进城乡一体化的重要内容。项目全部建成后将有效提高路网沟通能力，减少交通绕行，方便地区出行。

【沪宜公路 (S6—叶城路) 道路改建工程通车】12 月，沪宜公路 (S6—叶城路) 道路改建工程建成通车。该工程位于嘉定区内，南起 S6 以北嘉闵高架路工程终点，北至叶城路，道路全长约 5.93 公里。道路设计标准按城市主干路，设计车速 60 千米 / 小时，设计规模按双向 6 快 2 慢布置。

【嘉闵高架北北延伸 (G2 公路—S6 公路) 建成】9 月，嘉闵高架北北延伸 (G2 公路—S6 公路) 建成。该工程高架快速路南起 G2 立交北端，向北经过曹安路、南翔编组站、金昌路，沿沪宜公路北上跨蕰藻浜河与 S6（沪翔）立交相接，全长约 6.76 公里，其中南翔编组站段 0.5 公里已另项实施，本工程实际长约 6.24 公里。

【长江西路越江隧道新建工程通车】9 月，长江西路越江隧道新建工程通车。该工程涉及宝山区和浦东新区，主线西起浦西长江西路郝桥港东侧，东至浦东港城路—双江路，工程全长 4.9 公里。其中，在军工路（长江西路—逸仙路）设置进出口匝道，长约 0.6 公里。道路等级为城市主干路。工程建成后，将以地方性越江交通为主，客货兼顾，有效缓解外环隧道、吴淞大桥的交通压力，改善区域交通环境，为区域经济发展创造良好条件。

【本市首条专用道行驶、信号优先的中等运量公交线路—延安路中运量工程基本完工】延安路中运量公交系统工程全长 34 公里左右（双向），在吴宝路站至水城路站、娄山关路站至成都北路站架设触网，对现有的西藏路天桥、华山路天桥、江苏路天桥、凯旋路天桥进行局部改造并增加梯道，使乘客能方便抵达路中车站，新建外环天桥 1 座，其他路口利用人行横道进入路中车站。工程建设内容主要涉及沿线车站新建、道路局部渠化拓宽、公交信号优先及智能系统、触网架设、天桥新建改造以及申昆路临时停车场。工程于 2016 年 6 月 25 日开工，拟于 2017 年初通车运营。

作为本市首条专用道行驶、信号优先的中等运量公交线路，延安路中运量公交（71 路）东起延安东路外滩，西至沪青平公路申昆路，全长约 17.5 公里，通车后将成为贯通上海中心城区极为重要的东西向交通走廊。中运量公交系统（Medium-Capacity Transit System）是介于大运量的地铁、小运量的地面公交之间，单向客运能力一般在 5000~30000 人次 / 小时，包括快速公交（BRT）、有轨电车、无轨电车等，一般由大量常规公交线路组成的客运走廊经线路整合和提升运行车速后，形成城市的公共交通客流骨架，不仅方便沿线居民出行，还起到

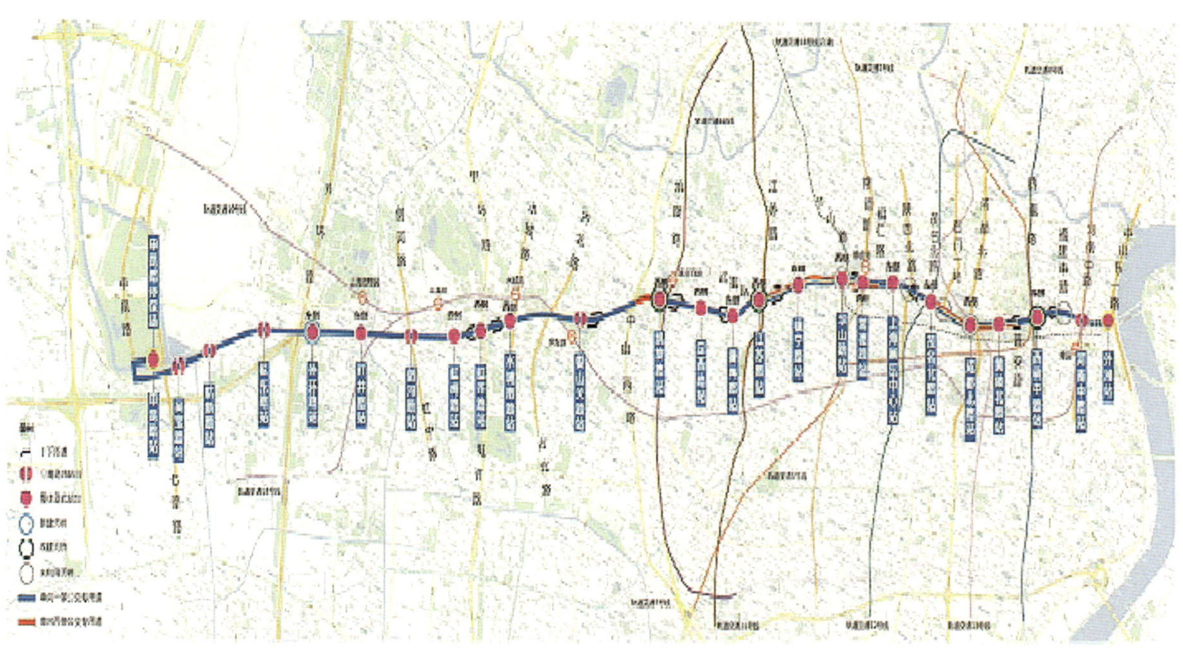

延安路中运量工程站点示意图

类似地铁线路的运行效果。

延安路中运量公交通过创新多种新举措，实现整个运行线路提速五成，单程时间缩短至 1 小时以内：1. 采用路中式公交站点和左开门的方式，规避右侧设专用道容易受右转车辆影响的问题。2. 设置路中式全路段 24 小时公交专用道，取消原来道路两侧的公交专用道，公交专用道上设置独立的感应红绿灯，通过感应线圈埋设和智能系统控制独立的红绿灯，实现信号优先。3. 两种乘客进站方式，在有天桥的站点通过天桥和专为车站设置的梯道进站，在没有天桥的站点通过上街沿和车站之间专门人行横道线进站。

延安路中运量公交系统的开辟，就是一次探索上海发展落实“公交优先”国家战略新路径、实施以市民需求为导向进行地面公交供给侧改革的有效尝试，最终为市民乘客提供高品质的公共交通服务，也得到了市委、市政府的高度重视和支持。

【上海中心城区首个全装配式桥梁—中环国定东路下匝道 9 月 30 日建成通车】中环路内圈国定东路下匝道新建工程自中环路内圈主线增设匝道定向右转至国定东路，至黄兴路国定东路交叉口，全长约 1.1 千米。其中新建出口匝道约 550 米，改建地面道路约 1.1 千米。

工程是上海中心城区第一个全装配式桥梁，预制装配率达到 81.7%，被列为上海市交通建设工程首批装配式示范项目，也是杨浦区基础设施建设“双十”重大项目。国定东路下匝道工程体量虽小，但地处繁华商圈，施工场地局促狭小，建设者们基于在构件设计、预制生产、吊装施工等诸多方面的创新，创纪录地仅用 26 天完成了立柱盖梁、混凝土小箱梁和钢箱梁的现场安装工作，实现结构贯通，且施工全部在夜间进行，减少了对社会交通的影响。

工程的建成通车分流国定路出口部分车辆，改善现有中环线内圈主线运行状况，适度缓解中环路主线及区域地面道路拥堵情况，有力助推五角场城市副中心和国定东路创新创业街区的建设发展，对促进杨浦区五角场城市副中心功能辐射和提升能级有着重要作用。

（彭鑫）

相关链接：

北横通道

北横通道是申城又一条东西交通大动脉，堪称“地下延安路高架”，是上海市中心城区“三横三纵”主干路网的重要组成部分，沿线穿越长宁、普陀、静安、虹口、杨浦5个区，全长约19.1公里。其中，西段在北翟路立交衔接段采用高架形式，采用盾构形式穿越苏州河、长宁路、新会路等路段；中段采用高架形式实现与南北高架的硬连接；东段在虹口港以西采用明挖地道形式，虹口港以东采用地面道路扩容＋节点下立交布置形式。主线道路等级为城市主干路，设计速度60公里／小时，双向4~6车道，地面道路双向6车道；地面扩容段地面道路双向8车道，全线地面道路保留非机动车和行人通行功能。地下道路以通行中小型客车为主，通行净空高度3.2米。全线设置5对匝道、4处节点下立交、3处风塔、1处管理用房。匝道位置将依据地区交通系统规划和建设条件进一步优化，风塔和管理用房可结合方案深化在街坊范围内调整。

北横通道规划的公交专用道将成为上海最高等级的公交专用道，总长10.1公里，西起恒丰路，东至内江路，占全条通道19.4公里近一半路程。届时，公交专用道将用彩色路面铺装，并用隔离带与社会车辆隔离，以确保道路权专用。通道内平均公交站距约800米，而沿线站点设置也将充分考虑和1、2、4、8、10号线等轨道交通线换乘。由于是路中式公交专用道，将使公交车在路中央开行，加之有隔离设施，没有社会车辆干扰。而站点也设在道路中央，乘客可以通过路口的横道线进行通行实现两边的转换。专用道建设后，将进一步方便杨浦地区到市区新客站地区的出行，也可能减少一部分小汽车出行。

目前北横通道沿线地面道路，全线大致经长宁路—光复西路—苏州河—余姚路—新会路—天目西路—天目中路—海宁路—周家嘴路，在早高峰时段平均行程车速为每小时19公里，其中内环至江苏路段车速低于每小时15公里。晚高峰时段，平均行程车速为每小时16~17公里。其中，凯旋路至江宁路段、河南路至吴淞路段、大连路段等车速低于每小时15公里。初步估计，北横通道通车后，早晚高峰时段，开车从中环（北虹路）到未来的周家嘴路越江隧道，走完全程比现在走沿线地面道路可节约半小时。

（三）城市基础设施类项目建设

【概况】2016年，城市基础设施类项目建设，坚持专项投入、标本兼治、技术创新，助推上海城市能级提升，全年55个重大城市基础设施类（含交通基础设施）项目全面推进，完成投资807.8亿元。

生态文明建设项目中，白龙港污水处理厂提标改造、石洞口污水处理厂提标改造、老港再生能源利用中心二期等一批项目实现开工，黄浦江上游水源地金泽水库实现通水，太湖流域水环境综合治理工程有序推进，黄浦江两岸公共空间实现“5公里贯通开放、5公里基本建成”。

能源保障项目中，淮南—南京—泰州—苏州—上海西特高压交流工程（上海境内）建成投运，500千伏、220千伏输变电工程按计划实施，临港海上风电二期项目提前基本建成，上海LNG储罐扩建工程、申能奉贤热电项目按计划实现开工。

【石洞口污水处理厂提标改造工程开工】4月，石洞口污水处理厂提标改造工程开工。本次改造后规模为石洞口污水处理厂处理能力将达到40万立方米/日，出水水质达到一级A。污水处理工艺为：预处理采用现有粗、细格栅+平流式水力旋流沉砂池；生物处理采用新建综合池+现有一体化生物反应池；尾水深度处理采用新建高效沉淀池+反硝化深床滤池。工程主要内容包括新建综合池、溢流水调蓄池、高效沉淀池、反硝化深床滤池等设施。

【上海市太湖流域水环境综合治理工程启动实施】1月，上海市太湖流域水环境综合治理工程启动实施。2016年太湖流域水环境综合治理共计6个子项目，分别是：青浦区输配水管网改造工程、朱家角污水厂干管及泵站新建工程（新城四站污水总管及污水泵站）、淀山湖防洪大堤及湖滨生态修复工程（淀浦河—分界河）、淀山湖防洪大堤（汪洋荡—莲湖港）综合整治工程、新塘港东段河道整治工程、东长港等河道综合整治工程等。

【老港再生能源利用中心二期开工建设】12月，老港再生能源利用中心二期开工建设。该工程拟建设8条750吨/日的焚烧线，日处理生活垃圾6000吨，年焚烧量为200万吨。二期工程建成后，老港再生能源利用中心一期和二期工程合并的总日焚烧规模达到9000吨/日，年处理能力300万吨。老港再生能源利用中心的建设，将大大提高生活垃圾的资源化利用率，推动资源循环，完善基地静脉产业园功能，是推进和发展循环经济的需要。

【竹园污水处理厂提标改造工程启动】12月，竹园污水处理厂提标改造工程启动。改造后竹园污水处理厂处理能力将达到220万立方米/日，总体方案为“一厂二厂减量达标、新建设施接纳减量污水”，即一厂由170万立方米/日减量至110万立方米/日、二厂由50万立方米/日减量至30万立方米/日，新增80万立方米/日污水处理设施接纳减量污水，新增用地约23.3公顷。

【黄浦江两岸地区公共空间建设启动实施】10月，黄浦江两岸地区公共空间建设启动实施。工程涉及浦东、杨浦、虹口、黄浦、徐汇五个区的沿滨江公共空间区域。包括新华滨江绿地及公共绿地南段、徐汇滨江综合环境一期南段及A配套、杨浦滨江环境二期、黄浦十六铺二期等9项，涉及绿地景观、防汛墙、高桩平台和漫步道、跑步道、自行车道建设，及相关配套设施完善和优化工作。

涉及黄浦江杨浦大桥至徐浦大桥段两岸公共空间建设，通过贯通区域内公共空间，形成空间连续、环境优美、品质高端、凝聚人气的公共活动新地标。

【上海 LNG 储罐扩建工程开始建设】11 月，上海 LNG 储罐扩建工程开始建设。工程主要新增 2 座 20 万立方米 LNG 储罐；新增 1 台 BOG 压缩机、4 台高压输出泵、4 台 IFV 和 1 台 SCV 等主要工艺设备以及配套的海水系统、燃料气系统；更换 2 台 110 千伏主变压器、新增 1 个仪表空气管 、新建 1 间现场仪表间；新增 LNG 槽车装车区、新建 4 个装车位等。该工程的建设对于调整上海市能源结构，提高天然气应急保供能力，加快清洁能源推广利用，促进节能减排，提高居民生活质量等具有重要意义。

【申能奉贤热电项目开始实施】12 月，申能奉贤热电项目开始实施。该项目拟建设 2 台 F 级（400MW 等级）燃气—蒸汽联合循环供热机组。工程建成后可向星火开发区、上海化学工业区奉贤分区内热用户提供蒸汽，替代星火热电有限公司、楚华热电有限公司的集中供热燃煤机组和锅炉，并为区域内的其他小型燃煤锅炉的拔除提供替代热源，为区域内的上海化学工业区北区、金山精细化工区的建设发展和招商引资提供完善的基础设施配套条件。

【黄浦江上游闵奉原水支线工程（含松浦泵站）通水】12 月，黄浦江上游闵奉原水支线工程（含松浦泵站）通水。闵奉原水支线工程位于黄浦江沿岸，途径松江区、闵行区、奉贤区，主要包括：（1）新建闵奉分水点至松浦泵站过江管，松浦泵站至闵行水司现有黄浦江取水泵站附近新建调节池的原水管道，闵奉分水点至奉贤现有黄浦江取水泵站附近新建调节池的原水管道；（2）在闵行、奉贤现有黄浦江取水泵站附近新建调节池及调流、稳压等设施；（3）新建由闵行、奉贤调节池至现有取水泵站吸水井的连接管道、阀门等设施。

【淮南—南京—泰州—苏州—上海西特高压交流工程（上海境内）投运】9 月，淮南—南京—泰州—苏州—上海西特高压交流工程（上海境内）投运。工程起于安徽淮南变电站，经南京、泰州和苏州变电站，止于上海沪西变电站，跨越淮河和长江，线路全长 759.4 公里。上海境内线路起自江苏省昆山市苏州 1000 千伏变电站，途经嘉定、青浦、松江 3 个区，止于沪西 1000 千伏变电站。线路总长度为 60 公里，共 149 基。工程建成后，将与皖电东送工程一起，形成贯穿皖南、苏、浙、沪负荷中心的华东特高压环网，对提高电网安全稳定运行水平，解决 500 千伏短路电流大面积超标问题，提高华东电网接纳区外电力能力具有重要意义。

【上海临港海上风电二期工程提前建成】12 月，上海临港海上风电二期工程提前建成。该项目位于南汇嘴东侧禁航区内，距离岸线约 10 公里的海域，通过 35 千伏海底电缆接入陆上集控中心，项目规划建设 10.08 万千瓦，安装 28 台 3.6 兆瓦海上风电机组，年发电量 2.6 亿千瓦时。该项目的建设对环境保护非常有利，每年可为电网节约标煤约 8.4 万吨，可相应地减少燃煤所产生的二氧化硫、氮氧化合物、碳氢化合物、烟尘、二氧化碳和灰渣，此外还可节约用水 8.4 万吨，减少对水环境的污染。

【大泖港上游河道防洪一期工程建成通水】9 月，大泖港上游河道防洪一期工程建成通水。该工程分布在金山区和松江区，主要内容为加高加固及新建护岸 58.1 公里，新建防汛通道 48.8 公里。工程建成后，将完善大泖港上游河道防洪体系，提高金山南部、松江泖港等地区防洪除涝能力。

（四）社会民生类项目建设

【概况】2016 年，社会民生类项目建设，坚持政府主导、民生优先、协调发展，全年推进建设 21 个项目，完成投资 56.4 亿元。主要有市属高校建设、上海大学宝山校区扩建三期等教育项目；上海市第一人民医院改扩建工程、瑞金医院肿瘤（质子）中心及配套工程等医疗卫生项目；上海国际舞蹈中心及刘海粟美术馆迁建工程、上海世博会博物馆等文化体育项目。

教育项目建设。市属高校内涵建设基本建成，上海大学宝山校区扩建三期、复旦大学内涵能力提升等项目有序建设，上海戏剧学院浦江新校区、上海电力学院临港新校区二期、上海工程技术大学松江二期等项目实现开工。

医疗卫生项目建设。上海市第一人民医院改扩建工程、眼耳鼻喉科医院异地扩建工程等项目按计划建成，瑞金医院肿瘤（质子）中心及配套工程、华山医院临床医学中心等项目抓紧建设，老年医学中心、新华医院儿科综合楼及地下车库改扩建工程等项目启动建设。

文化体育项目建设。上海国际舞蹈中心及刘海粟美术馆迁建工程、世博会博物馆等项目基本建成；崇明体育训练基地一期主体结构完成，进入室外总体施工阶段；上海音乐学院歌剧院、上海市档案馆新馆一期工程、上海天文馆（上海科技馆分馆）等开工建设。

【上海戏剧学院浦江新校区开工】12 月，上海戏剧学院浦江新校区开工。该项目位于闵行区浦锦街道，基地范围北至上师大附中闵行校区南至昌林路、西至大寨河、东至浦星公路。项目总建筑面积 139689 平方米（地上建筑面积 125689 平方米，地下建筑面积 14000 平方米），主要建设内容包括基础教学楼、行政楼、创意学院、实训中心、图文信息中心、电影电视学院、体育活动中心、学生教工宿舍等。项目建成后，将缓解上海戏剧学院教学办学空间局促的局面，提高教学质量，完善办学基础条件。

【上海电力学院临港新校区二期开工建设】12 月，上海电力学院临港新校区二期开工建设。该工程位于上海市浦东新区临港地区，总建筑面积 116025 平方米。其中，地上建筑面积为 109825 平方米，地下建筑面积为 6200 平方米，主要新建数理学院、经管学院、外语学院、环化学院、电信学院、计算机学院、学生公寓、教工宿舍、学生活动中心等。工程建成后将进一步完善学校办学功能，推动学校的可持续发展，满足国家对电力能源人才的迫切需求。

【上海工程技术大学松江二期启动】12 月，上海工程技术大学松江二期启动。该项目位于松江区龙腾路 333 号（上海工程技术大学校区内），项目总建筑面积 105300 平方米，其中地上建筑面积 91500 平方米，地下建筑面积 13800 平方米。主要新建七栋单体。项目建成后一方面将有效提升学校的可研教育能力，巩固产学研战略联盟成果；另一方面将全面提升上海高校的教育质量、办学水平和服务经济社会发展的能力，项目建设意义深远。

【上海老年医学中心开始实施】12 月，上海老年医学中心开始实施。该项目位于上海市闵行区春申路梅富路，总建筑面积为 96711 平方米，其中地上建筑面积 57571 平方米，地下建筑面积 39140 平方米；包括拆除 5 号楼地下机动车坡道和连廊，对1—2号楼外立面进行改造，增加新建6号楼康复楼、门卫和连廊等。该项目的建成将进一步整合老年医学优质资源，发挥老年医学治疗、康复、护理、教学、科研、公共服务、行业指导“七位一体”的功能，打造功能特点鲜明、体现上海城市精神、具有国际先进水平的老年健康服务综合体。

【新华医院儿科综合楼及地下车库改扩建工程开工】8月，新华医院儿科综合楼及地下车库改扩建工程开工。该项目位于控江路1665号新华医院内，总建筑面积64820平方米。项目包含在建项目儿科综合楼57670平方米，建设内容为地下3层，主体建筑地上18层、裙房8层的一幢建筑综合体和待建项目地下车库7150平方米，建设内容为中心花园地下3层车库。项目建成后，将有利于医院儿科与成人医疗区域的规划与融合，进一步平衡全市儿童医疗资源，满足日益增长的儿童医疗需求以及缓解医院停车难问题，更好地为病人提供就医环境，对医院发展具有里程碑式的意义。

【上海音乐学院歌剧院启动建设】1月，上海音乐学院歌剧院启动建设。该项目位于徐汇区汾阳路20号（上海音乐学院汾阳路校区内），项目总建筑面积31926平方米，其中地上建筑面积14989平方米，主要新建一幢建筑综合体，包括1个1187座歌剧院、4个排演教室（歌剧、管弦、合唱、民乐）、1个交流报告厅和相关辅助用房。项目建成后将极大地完善上海音乐学院的办学硬件设施，提高本市公共文化设施层次及服务水平，提升城市的文化软实力和国际影响力。

【上海市档案馆新馆一期工程开工】12月，上海市档案馆新馆一期工程开工。该项目位于浦东新区花木地区，规划建筑面积为106045平方米，主要由档案库房、业务办公用房、对外服务用房和武警用房等组成。工程建成后将有力地推动档案事业的提升，满足上海市档案事业发展的需要。

【上海天文馆（上海科技馆分馆）启动建设】10月，上海天文馆（上海科技馆分馆）启动建设。该项目位于浦东新区临港新城，北侧是环湖北三路，西侧是临港大道，总用地面积5.86公顷，包括主体建筑和太阳塔、青少年观察基地、厨房（餐厅）、大众天文台和垃圾房等附属设施组成。项目建成后将进一步激发人们对天文学的浓厚兴趣，与周边其他文化旅游设施形成联动，发挥辐射和带动效应。

【市属高校内涵建设项目完成】11月，市属高校内涵建设项目完成。该项目主要包括上海理工大学先进科技创新基地、上海海事大学集装箱供应链技术研究中心、上海对外贸易学院古北校区综合楼项目、上海中医药大学中医药科技创新楼等子项目。

【上海市第一人民医院改扩建工程投入使用】12月，上海市第一人民医院改扩建工程投入使用。该工程位于虹口区武进路86号，建设用地面积8320平方米，总建筑面积49230平方米，主要包括加固改建保留的虹口中学教学楼为医疗后勤办公楼，新建一幢集急诊、医技、病房等功能于一体的综合医疗楼，在两楼之间建设一层连接体，并在武进路上空建设2个过街连廊与南院区连通。项目建成后急诊中心设计日均就诊量1000人次，新增病床位300张、手术室25间。该项目的建成将缓解医院当前门急诊用房的紧张局面，同时进一步提高干部医疗和保健工作水平，缓解上海东北地区干保资源相对缺乏的局面。

【眼耳鼻喉科医院异地扩建工程建成】12月，眼耳鼻喉科医院异地扩建工程建成。该项目地址为闵行区江月路2600号，总用地面积100亩，本工程一次规划，分两阶段建设，总建筑面积99220平方米，规划床位数500床。本项目为第一阶段，建设地块南侧，总建筑面积74569平方米，其中地上建筑面积44389平方米，地下建筑面积30180平方米，床位数350床。建设内容包括医疗综合楼、宿舍楼、后勤综合楼、高压氧舱及附属设施等。项目建成后，能够明显改善眼耳鼻喉科医院就医环境，为建设“国内领先、国际知名”、有一定规模及辐射能力的眼耳鼻喉科学术医疗中心和人才培养基地打下基础。

【上海国际舞蹈中心及刘海粟美术馆迁建工程完成】8月，上海国际舞蹈中心及刘海粟美术馆迁建工程完成。该项目位于虹桥路1674号，地处虹桥路历史文化风貌保护区核心保护区，总用地面积38567平方米，总建筑面积为84930平方米。由上海芭蕾舞团及歌舞团，上海舞蹈学校及戏剧学院，1000座的表演剧院与200座合成排练中心三个功能体块组成。项目建成后将汲取本区域丰厚的舞蹈艺术发展资源，集舞蹈“演出展示、教育培训、创作研究”三项功能于一体，形成国内领先、国际一流的舞蹈艺术基地，国家级文化产业功能性服务平台。

【上海世博会博物馆建成】12月，上海世博会博物馆建成。该项目选址于黄浦区蒙自路818号（世博文化博览区15街坊15-02地块），占地面积4万平方米，总建筑面积46550平方米（地上31950平方米，地下14600平方米），建筑高度34.8米（地上六层，地下一层）。主要建设内容包括陈列展览区、藏品库房区、文献研究中心、公共服务区、综合服务区、行政服务区、4D影厅、多功能报告厅、信息系统机房、地下车库及人防设施等。

相关链接：

上海大学宝山校区扩建三期工程

该工程位于宝山区南陈路333号（宝山校区东区），建设用地面积106420平方米，规划新建建筑面积133500平方米，其中地上新建建筑面积120000平方米，地下新建建筑面积13500平方米。建设内容主要包括机自学院、材料学院、通信学院、土木学院、通用实验用房、微结构研究中心、外语学院、中欧学院、文学院、法学院、社会学院、社会科学学院、图书馆、行政楼、后勤配套用房以及三期用地范围内的市政总体工程。工程于2015年4月正式开工，计划2017年5月建成投入使用。工程建成后，将进一步改善上海大学整体科研实验的设施和办公条件，有利于学校优化校区功能布局、调整学科结构，加快实施延长校区改造建设。

（五）科技产业类项目建设

【概况】2016年，科技产业类项目建设坚持高端化、集约化、服务化，为创新驱动、转型发展提供支撑，安排建设项目27个，完成投资246.7亿元。主要有上海光源二期（线站工程）、上海微小卫星工程中心通信卫星研发基地等科创中心项目；中航商用航空发动机公司产业基地、上海通用设计技术中心金桥基地等先进制造业项目；上海国际金融中心（上海金融交易广场）、上海国际航运服务中心等现代服务业项目。

科创中心项目建设。光源二期（线站工程）、集成电路研发中心12英寸先导线、微小卫星工程中心通信卫星研发基地、张江科学基础设施等项目按计划实现开工。

先进制造业项目建设。上海通用设计技术中心金桥基地主体结构基本建成，中航商用航空发动机公司产业基地、中国商用飞机公司民用飞机试飞中心等项目有序建设，华力微电子12英寸先进生产线、和辉光电第六代AMOLED生产线、中芯国际12英寸芯片等项目开工建设。

促进现代服务业发展。迪士尼项目一期开园投运，上海国际航运服务中心、虹桥商务区核心区基础设施配套等项目建成，上海国际金融中心（上海金融交易广场）、吴淞口国际邮轮码头后续工程等项目顺利推进，中国金融期货交易所技术研发基地、上海证券交易所金桥技术中心基地等项目启动建设。

【上海光源二期（线站工程）启动建设】11月，上海光源二期（线站工程）启动实施。该工程位于浦东新区张江高科技园区张衡路239号，总建筑面积18995平方米，主要包括新建16条性能先进的光束线站、实验辅助系统、加速器性能拓展等。该项目的建设将极大地提升和拓展上海光源平台的实验能力，提升上海光源的国际地位，大幅提高我国同步辐射应用技术水平，提高以上海为龙头的长三角经济区域新兴战略产业的科技创新能力。

【集成电路研发中心12英寸先导线项目开始实施】1月，集成电路研发中心12英寸先导线项目开始实施。该项目位于浦东新区高斯路497号，主要包括建设净化厂房、大生产线工艺规范设备、验证优化系统、单元库和IP库。该项目的建设将突破20纳米以下集成电路工艺技术门槛，大大缩短我国集成电路工艺制造技术与国际先进水平的差距，在国内形成覆盖0.5微米到22微米以下的完整集成电路工艺线，建立从设备、工艺、EDA、设计、封装到应用的完整集成电路产业链，从根本上改变我国高端芯片受制于人的局面，同时培养一支具有国际竞争力的研发队伍，为后续的工艺开发奠定坚实的基础。

【上海微小卫星工程中心通信卫星研发基地开工建设】11月，上海微小卫星工程中心通信卫星研发基地开工建设。该项目位于临港综合区04PD-0107单元C05-02地块，占地面积约113亩，规划建筑面积约96000平方米，主要由AIT厂房及其配套用房组成。该项目作为微小卫星创新平台的研制基地，计划投入电磁兼容测试和仿真系统、自动化测试和测控并行测试系统、热真空模拟和力学试验等一批重大设备和设施，解决卫星多学科耦合仿真技术、自动化装配、智能测试、航天器环境模拟等卫星研制先进技术与应用问题，实现卫星的批量化研制和生产。该项目将探索研究、预先研究与型号研制相结合，打造创新产业集群，具有显著的社会经济效益。

【科创中心张江科学基础设施实现开工】11月，科创中心张江科学基础设施实现开工。

主要包括上海超强超短激光实验装置、上海软X射线自由电子激光用户装置、活细胞结构与功能成像等线站工程等子项目。该项目的建设将打造全面开放的综合性大型科研用户公共平台，成为上海张江综合性国家科学中心世界级大科学装置群的重要核心成员。

【8英寸MEMS研发中试线建设项目启动】12月，8英寸MEMS研发中试线建设项目启动。该项目位于上海市嘉定区新徕路200号，规划使用面积为14000平方米，主要由微机电系统（MEMS)生产厂房、动力配套厂房和办公用房等组成。工程建成后将在整个MEMS产业链中起到承上启下的作用，成功串联起基础材料、工艺设备、晶圆代工、封装检测，以及系统集成和应用。将为MEMS技术创新提供基础平台，为全球MEMS专业人才团队及创业项目提供用武之地和发挥空间，为上海传感器、物联网产业的可持续发展提供重要基石。

【联影医疗高技术产业示范基地建设二期工程开工建设】9月，联影医疗高技术产业示范基地建设二期工程开工建设。该项目位于嘉定工业区1501-1地块，占地面积20098.6平方米，规划建筑面积25317.35平方米，主要包含计算机断层扫描仪（CT）医疗影像设备和直线加速器放射治疗设备（RT）部件装配，集成调试生产车间、精密仪器生产车间等。本项目的实施，将为联影进一步开拓先进放疗技术，提升放疗核心部件、系统研发水平，打破跨国垄断，夺回市场话语权，从而带动国内高端放疗设备全产业链集群发展提供有效保障。

【中国商用飞机公司总装制造中心浦东基地建设项目开工】10月，中国商用飞机公司总装制造中心浦东基地建设项目启动。主要包括技能人才实训基地、ARJ21新支线飞机批产部装厂房、浦东基地废料回收中转站、浦东基地化工品库等子项目。

【和辉光电第六代AMOLED生产线建设项目启动】12月，和辉光电第六代AMOLED生产线建设启动。该项目位于金山区，规划建筑面积为838653平方米，包括生产及辅助生产设施、动力设施、环保设施、安全设施、消防设施和管理设施等。该项目立足于下一代平板显示技术，满足市场对高端中小尺寸显示面板快速增长的需求，建成后将生产以(LTPS)AMOLED技术为主的中小尺寸显示器件，玻璃基板尺寸为1500mm×1850mm，设计产能为阵列玻璃基板投入量25千片/月（含柔性5000片/月），包括LTPS阵列、OLED有机蒸镀及模组等工序，实现年产AMOLED显示模组4153.5万片。该项目将进一步提升我国平板显示产业水平，优化产业布局，加速国内电子信息产业结构优化升级，促进我国信息产业的发展转型。

【华力微电子12英寸先进生产线建设实现开工】12月，华力微电子12英寸先进生产线建设实现开工。该项目主要由生产厂房、动力配套厂房、办公楼、倒班宿舍及其配套生活设施等组成。该项目将建设一条具有批量生产能力的芯片生产线，月产4万片12英寸晶圆，量产工艺达到28~20纳米，并具备16纳米工艺（FinFET）。计划项目启动后3年开始量产，5年后达到设计产能。该生产线主要从事逻辑芯片生产，重点服务国内集成电路设计企业先进芯片的制造需求，并部分满足涉及国家信息安全的重点芯片制造需求，有效促进我国集成电路产业的发展。

【中国移动IDC研发与产业化基地开始建设】3月，中国移动IDC研发与产业化基地开始建设。该项目位于浦东新区临港综合区04PD-0107单元A02-04地块，规划建筑面积为251820平方米，主要包含数据中心厂房、油机房、传输机房、变电站和维护支撑用房等。基地内建设的10万平方米的数据机房，至少可提供3万个通信（或数据）机架，将为临港地区企业及当地政府大数据业务的发展提供硬件保障。该项目计划依托国际登陆局，就近提供国际出口的接入，消除六大功能区之间的沟通障碍，为离岸数据中心做好准备，形成极具特色的临港智慧服务，帮助临港地区吸引更多的外资企业入驻，实现“港为城用，城以港兴”的建设发展目标。

【中芯国际12英寸芯片SN1项目开工建设】12月，中芯国际12英寸芯片SN1项目开工建设。该项目位于上海市浦东新区张江高科技园区，建筑面积为40万平方米，主要由SN1一号生产厂房，PMD生产调度及研发楼以及CUB8动力厂房、PS8变电站等组成。本项目实施完成后，中芯国际上海厂区可形成9.2万片/月12英寸产能，11万片/月8英寸产能，以及42套/月高端光掩模产能，技术涵盖0.35微米~10/7纳米，成为国内技术最先进具规模效益的芯片和光掩模制造基地，将推动上海研发和制造基地先进工艺技术的持续发展，加大经济规模，实现跨越式发展，缩短与国际先进技术的差距，助力上海市全球影响力的科技创新中心建设，同时提升国内集成电路自给能力，承担起国家战略发展目标。

【上海市检测中心二期开始建设】12月，上海市检测中心二期开始建设。该工程位于浦东新区张衡路1500号，建设用地约12000平方米，总建筑面积约58725平方米（地上43825平方米，地下14900平方米），其中新建建筑面积57938平方米，改建建筑面积787平方米。包括国家计量器具产品质量监督检验中心（上海）基础性能试验基地及部分计量检测实验室、上海市食品药品检验所检测研究能力建设和上海市检测中心二期改扩建公共配套用房。该项目将进一步整合市食药检所检验和市计测院测量的检测功能，推进本市检测中心集中集聚，加速产业融合，提高检测装备水平，实现计量产业规模与内涵的复合式增长，增强本市食品药品监管能力。

【中国金融期货交易所技术研发基地实现开工】3月，中国金融期货交易所技术研发基地实现开工。该项目位于浦东新区唐银工业小区B2-5地块，用地面积约53810平方米，项目建设内容为数据机房区域80000平方米（含自用机房19000平方米，托管机房19000平方米，兄弟交易所灾备机房2000平方米，机房配套区40000平方米），业务操作区域3500平方米，后勤辅助区域12500平方米。该项目是加快构建中金所“两地三中心”基础设施建设的重要举措，将显著提高我国金融期货信息系统安全高效运行的能力，还将为行业提供大量托管机柜，有效缓解金融市场托管机柜短缺的现状。该项目将保障我国金融期货市场安全平稳运行，夯实金融期货发展基础，积极推动上海国际金融中心和科创中心建设。

【上海证券交易所金桥技术中心基地项目启动建设】3月，上海证券交易所金桥技术中心基地项目启动建设。该项目位于金桥出口加工区（南区）海关封关区WH2-3地块，用地面积约9.6万平方米，规划建筑面积约22万平方米，主要由机房楼、动力楼、办公配套楼等组成。项目以建设安全、可持续、具有行业聚集效应和国际影响力的上交所主运行数据中心和行业托管数据中心为目标，为上交所、核心机构及数十家会员单位（证券公司）提供安全可靠的数据服务，成为证券期货行业的核心枢纽，带动上下游产业发展，形成金融信息产业生态圈，对上海国际金融中心建设具有重要意义。

【上汽集团技术中心自主品牌研发中心扩建项目二期工程建成投产】12月，上汽集团技术中心自主品牌研发中心扩建项目二期工程建成投产。该项目位于嘉定区安研路201号，总面积约18.4万平方米，主要由造型车间、3#研发楼及食堂、安全试验车间、耐久试验车间、综合试验车间、热能风洞试验车间等组成。项目建成后，上汽集团技术中心将建立完备的前期研究、产品前期工程和产品工程能力，实现完全自主开发全新发动机与变速箱，具备整车应用开发技术、自主开发全新整车和全功能试验认证能力，提升汽车产业整车及零部件体系的协同研发能力。同时建立完善的产品数据库、知识管理系统及产品虚拟工程开发系统，制定完善的、具有国际竞争力的设计标准、试验认证规范及整车平台标准。

【上海新昇半导体科技有限公司集成电路制造用300mm硅片技术研发与产业化项目提前建成】12月，上海新昇半导体科技有限公司集成电路制造用300mm硅片技术研发与产业化项目提前建成。该项目位于浦东新区临港产业区，用地面积10万平方米，总建筑面积约12.8万平方米。项目建成后将成为国内唯一的300毫米硅单晶生产与试验基地，具备单晶生产、单晶辊磨、切割、研磨抛光、外延、检验、测试和国际合作功能，将打破国际上300毫米硅片生产的垄断，形成国际竞争力，促进我国半导体产业发展。

【上海国际航运服务中心按计划建成】12月，上海国际航运服务中心按计划建成。该项目位于虹口区北外滩地区，地上建筑面积共约28.19万平方米，地下（三层）建筑面积约25万平方米，其中地下一层拟建2万~2.5万平方米游艇港池。项目建成后，将结合北外滩已有的航运经济基础，改善航运办公商务条件，打造与伦敦航运中心比肩的航运产业集聚区，为国际航运中心建设打下基础。

【虹桥商务区核心区基础设施配套项目完成】12月，虹桥商务区核心区基础设施配套项目完成。该工程包括核心区北片区跨街天桥、南北片区公共绿地、环境建设提升工程等，主要由市政配套道路、人行天桥、人行地道、绿化项目及相关附属工程等组成。虹桥商务区是上海“十二五”期间重点发展区域，该项目的建设将促进城市空间布局调整，助推上海国际贸易中心的建设，更好地服务于国家长三角一体化发展战略。

相关链接：

迪士尼项目一期工程及市政配套

主要包括迪士尼主题乐园和配套工程。以“经典迪士尼”和“精彩中国风”相融合的大型主题乐园共有6个片区、32项景点、17个主题演出和互动区域，并建有2个主题化星级酒店和大型零售餐饮娱乐区（包括零售餐饮娱乐设施和幻想花园剧院）。大市政配套具体包括围场河、中心湖、公交枢纽、西入口大道“四个一”工程，园外9项市政道路工程（唐黄路、航城路、南六公路改建、周邓公路、六奉公路、秀浦路、公交枢纽、入园大道、申江路高架专用道和S2公路改建），外围3条河段（东围场河—南六公路段、外环运河—西围场河段），以及轨道交通、电力、合流污水等工程。主题乐园运行配套工程能源中心、管理中心、公安用房、消防站、雨污水泵站、环卫站、市政管理用房、变电站、综合水处理厂、船坞等。二、三期乐园备用地3.1平方公里为过渡性开发区域，重点项目包括东环道路、东PTC、东雨水泵站、南PTH、购物村、绿地停车场、郊野公园、场地整理等。市政配套项目包括五条道路和四条道路两侧绿带。其中，唐黄路（华夏东路—S1），北起华夏东路，南至迎宾大道S1，全长约4.05公里；唐黄路（华夏东路—S1）道路两侧绿带，绿化面积约65000平方米；川六公路（唐黄路—大川公路），西起唐黄路，东至川沙路，全长约2.97公里；川六公路（唐黄路—大川公路）道路两侧绿带，绿化面积约54120平方米；迎宾大道—唐黄路匝道，西起迎宾大道—唐黄路，东至迎宾大道—华东路立交，全长1.253公里；迎宾大道S1规划红线宽度100米，两侧绿带各50米；周祝公路（申江南路—西乐路）改建工程，西起申江南路，东至西乐路，全长约8.3公里；六奉公路，北起周邓公路，南至沪南公路，全长9.9公里，规划为城市次干路，两侧绿带各十米；周祝公路（申江南路—西乐路）道路两侧绿带，以及一个核心区供电服务中心项目。本项目是上海实现“四个率先”和打造世界著名旅游城市的重要载体之一，符合国家对上海要率先转变经济发展方式的要求，有利于优化我国区域旅游产业布局，将引领中国主题乐园行业向更高的建设、管理、服务水平发展。

（六）城乡发展一体化类项目建设

【概况】2016年，城乡发展一体化类项目建设坚持功能辐射、网络集成，为加快推动城乡一体化提供条件，全年安排项目10个，完成投资169.1亿元。保障房建设新开工182.6万平方米，建成250.1万平方米。第二、第三轮大居外围市政配套项目开工93项，建成67项。松江、奉贤、崇明、闵行4个郊区生活垃圾无害化处理设施建成投用，昆阳路—浦卫公路（含昆阳路越江）、金海公路、嘉松公路等实现开工。

【第三轮大居外围市政配套项目启动建设】1月，第三轮大居外围市政配套项目启动建设。第三轮大型居住社区外围市政配套项目主要分布在宝山、嘉定、松江、金山4个区，涉及顾村拓展、嘉定黄渡、松江南部站、金山亭林4个大型居住社区建设基地。项目建成后，为居住社区生活提供保障，促进城市创新驱动、转型发展提供友好的人居环境，

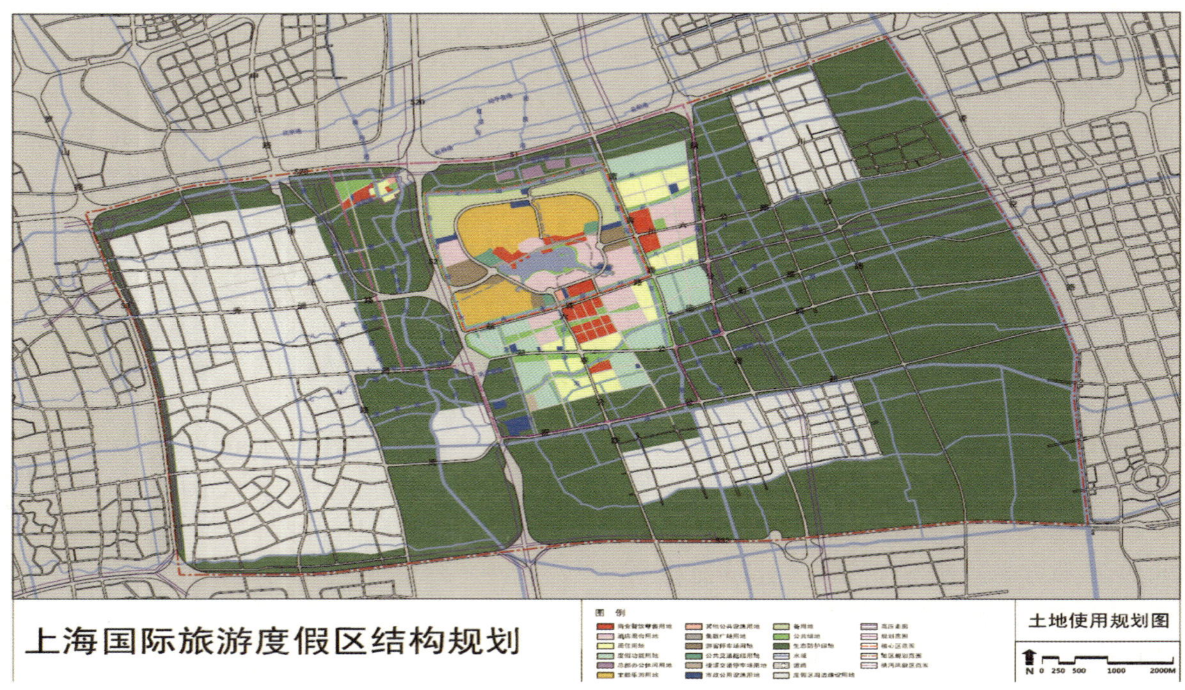

上海国际旅游度假区结构规划

从而进一步实现上海经济平稳运行和社会民生的和谐、可持续发展。

【郊区污水处理厂提标改造工程全面启动】1月，郊区污水处理厂提标改造工程全面启动。主要包括白鹤污水处理厂升级改造工程、青浦第二污水处理厂扩建及提标改造项目、青浦污水厂提标改造工程等20余个子项目组成。

【昆阳路—浦卫公路开工建设】6月，昆阳路—浦卫公路开工建设。该项目分为浦卫公路（闵浦三桥—南亭公路）改建工程和浦卫公路（平庄公路—胡滨公路）改建工程两部分。浦卫公路（闵浦三桥—南亭公路）改建工程北起闵浦三桥、南至南亭公路，全长约8.58公里，道路等级为二级公路，道路红线45~50米。浦卫公路（平庄公路—胡滨公路）改建工程北起平庄公路，南至胡滨公路，全长约5.38公里，道路等级为二级公路，道路红线40米。项目建成后将改善本市公路干线网络布局，改善南部地区与中心城的交通联系。

【金海公路开始实施】5月，金海公路开始实施。该项目分为金海公路（平庄西路—规划G228）改建工程和金海公路（大叶公路—平庄公路）改建工程两部分。金海公路（平庄西路—规划G228）改建工程北起平庄西路，南至规划G228国道，全长约4.4公里，道路等级为二级公路、道路红线50米。金海公路（大叶公路—平庄西路）改建工程北起大叶公路、南至平庄西路，全长约9.75公里，道路等级为二级公路，道路红线50米。该项目建成后将改善本市公路干线网络布局，改善南部地区与中心城的交通联系。

【墨玉路—山周公路—千新公路实现开工】12月，墨玉路—山周公路—千新公路实现开工。该工程山周公路段工程范围南起G318，北至嘉定青浦区界，跨过G2，总长13.4公里，设计车速60公里/小时，车道规模双向六车道，红线宽度40米，为二级公路（城镇段）。

【嘉松公路开工建设】12月，嘉松公路开工建设。道路南起G318，北至嘉定区界。全长约11.27公里，红线宽度为50米，道路等级为一级公路（集散型），设计车速为60千米/小时，G2跨线桥下辅道设计车速为40千米/小时，双向6快2慢，全线设置跨线桥1座，跨越沿线河道桥17座，人行天桥1座。项目建成后将完善市域非高速干线公路网，推进市域规划货运通道体系；加强与嘉、松、金的联系，进一步带动沿线华新工业园、赵巷商务区发展。

相关链接：

郊区垃圾无害化处理设施

天马生活垃圾末端处置综合利用中心位于松江区天马镇，总面积13公顷，处理规模为2000吨/日，拟设置四条500吨/日的机械炉排焚烧炉以及配套的中温中压锅炉，设两台18MW的凝汽式汽轮机，配套两台20MW的发电机组，年运行8000小时。工程建成后，可以缓解现有生活垃圾无害化处理能力严重不足、出路难的矛盾，提升生活垃圾减量化、资源化、无害化处理水平，促进区域经济社会环境协调发展。

奉贤生活垃圾末端处置中心位于奉贤区柘林镇楚华地块，占地面积约80亩，处理规模为2000吨/日，年处理能力为33.3万吨。设计两条500吨/日焚烧处理线，配备一套容量为18MW的热力发电系统，年运行8000小时。工程建成后可以缓解现有生活垃圾无害化处理能力严重不足、出路难的矛盾，提升生活垃圾减量化、资源化、无害化处理水平，促进区域经济社会环境协调发展。

崇明固体废弃物处置综合利用中心位于崇明北部滩涂，堡镇港北闸附近，占地52.1亩，处理规模为500吨/日。设计两条250吨/日焚烧处理线，配置一套9MW汽轮发电机组，年运行8000小时。工程建成后可以缓解现有生活垃圾无害化处理能力严重不足、出路难的矛盾，提升生活垃圾减量化、资源化、无害化处理水平，促进区域经济社会环境协调发展。

嘉定再生能源利用中心工程项目位于嘉定区外冈镇古塘村位置，宝钱公路南侧约600米处，规划郊环切向线以东，郭泽塘以南区域，占地约107.5亩。本项目日处理垃圾量1500吨,年处理垃圾总量为50万吨。拟设置三条日处理生活垃圾500吨的炉排焚烧线及烟气处理系统，配备2套18MW汽轮发电机组，一座日处理500吨/天的渗滤液处理站。项目建成投运后，可解决嘉定区生活垃圾无害化、减量化和资源化处置的问题。

闵行餐厨废弃物资源化利用和无害化处理项目位于闵行区华漕镇，纪鹤公路以北，赵家路以西，马家角港以南，周泾港以东。基地建设用地面积约32212平方米，新建总建筑面积9785.9平方米。

PART
THREE

III

绿化市容

AFFORESTATION AND CITY APPEARANCE

（一）综述

2016年，绿化市容行业对照“国内领先，国际一流”行业发展目标，对标建设卓越的全球城市总体要求，攻坚克难，开拓进取，深入推进生态环境建设，圆满完成了全年各项任务。

生态环境质量持续提升。全年新建绿地1221公顷（其中公园绿地560公顷），新增林地7.6万亩（其中上年结转4万亩），森林覆盖率达15.56%。完成203公里绿道建设，建成宝山城市绿道示范段、闵行一号绿道、奉贤“上海之渔”绿道等一批示范项目。新增立体绿化41万平方米，完成高架桥柱绿化1.2万根。基本完成崇明东滩生态修复项目主体工程。创建命名林荫道22条，全市累计达174条。加强公园管理，城市公园增至217座，完成16个老公园改造，89座公园实施延长开放，接待公园游客2.2亿人次以上。长兴、青西两座郊野公园首期开放。

垃圾治理取得积极进展。出台《上海市垃圾综合治理实施方案》，优化生活垃圾分类管理体系，重构建筑垃圾全程管理体系，完善综合治理体制机制。全市投入运行的生活垃圾处理能力达到22650吨/日，其中焚烧发电11800吨/日。全市新增分类覆盖100万户，累计达到500余万户。

市容环境总体整洁有序。全面锁定3200余个问题单元，制定细化“治五乱”目标任务，开展第三方测评，提升治理实效。深化落实市容环境卫生责任区管理制度，完成“1618”工作任务，创建责任区示范道路100余条，自主参与责任区管理的社会组织达651家，组织培训参与达19万人次，年内责任人建档率达80%。创建达标街镇6个、示范街镇9个。开展85个达标街镇、示范街镇复查。

行业发展基础愈加扎实。以生态文明建设为龙头，坚持强基础、重管理，充分发挥规划引领、法治保障、科技信息等支撑保障作用，不断夯实行业发展基础。全年受理处置各类投诉5万余件，“12345”市民服务热线绩效考核87.65分，比上年提升10.47分。全年受理信访诉求296件次，同比下降53%，办结率100%。全年受理处置各类投诉5万余件，“12345”市民服务热线绩效考核87.65分，比上年提升10.47分。在全市推出可供认建认养绿地123万平方米、树木7万多棵、古树名木77棵以及大量果树等，实现直接义务植树面积121万平方米，参与人数约10万人。

（二）生态环境

【概况】全年新建绿地1221公顷（其中公园绿地560公顷），新增林地7.6万亩（其中上年结转4万亩），森林覆盖率达15.56%。

【生态环境建设成效明显】出台新一轮林业政策及管理办法，聚焦金山化工区、市级环境综合整治区域以及农林水三年行动计划，推进生态廊道和农田林网等公益林建设，新建奉贤区南海公路生态廊道、金山化工区G15（莘卫公路—省界）生态廊道、叶榭农田林网等一批亮点工程。推动迪士尼绿地、黄浦江滨江绿地、大居绿地、外环生态专项等重点工程，建成虹梅路高压绿廊、马桥体育公园一期、金水湖绿地、赵巷公园、前滩休闲公园、周康航大居结构绿地等一批大型公园绿地。完成203公里绿道建设，建成宝山城市绿道示范段、闵行一号绿道、奉贤“上海之渔”绿道等一批示范项目。新增立体绿化41万平方米，完成高架桥柱绿化1.2万根。基本完成崇明东滩生态修复项目主体工程。

围绕崇明生态岛建设，积极推进崇明东滩鸟类国家公园建设，编制完成建设方案，形成“海上花岛”方案，协调督促崇明建立野生动物禁猎区取得突破。

【生态资源保护成果显著】完善森林资源一体化监测机制，加大林地管控力度，规范公益林征占用行政审批，实行100%事后监管。开展严厉打击非法占用林地和破坏野生动物资源等违法犯罪专项行动，严肃查处松江辰塔公路和上海电力学院等无证迁移林木案件。签订2015—2017年林业有害生物双线责任制，加大林业“三防”工作力度，强化重点区域、重点时期和重点对象有害生物的监测预报。生态补偿政策取得明显突破，经济果林和湿地生态补偿纳入生态补偿范围。加大沪产优质果品宣传，发挥“三进”“乡土有约”等活动效应。推进乡镇林业站建设，完成5家国家级和市级标准化乡镇林业站创建。完成林业有害生物普查，首次举办全市森林防火实战应急演练。着力推动“部市合作”协议事项，加快上海大熊猫基地和华东野生濒危资源植物保育中心建设。宝山炮台湾湿地公园通过国家级湿地公园验收。完成嘉定浏岛等5个野生动物重要栖息地和松江新浜（獐）重引入等3个极小种群引入等项目市级验收。

【生态服务功能得到提升】加快公共绿地、附属绿地和行道树的景观优化提升，着力打造中心城区绿化特色街区，启动大学路创智天地、嘉里中心特色街区建设。创建命名林荫道22条，全市累计达174条。加强公园管理，城市公园增至217座，完成16个老公园改造，89座公园实施延长开放，接待公园游客2.2亿人次以上。长兴、青西两座郊野公园首期开放。第二届市民绿化节顺利开展，陆续推出家庭园艺、绿色展示、体验互动、科普服务四大系列42项市级活动，组织活动逾1500场次，参与人次逾千万。继续打造“上海花城”，成功举办各类花展等70场次公园主题活动，进一步丰富市民文化生活。

【春季造林推进有力】2016年春季，全市各区积极开展行动，充分挖掘造林空间，利用沿海、沿江、沿河、沿路、沿铁路、沿高压走廊、沿镇区外围及废耕地，进行新建林带建设。春季全市共完成造林38183.8亩，分布51个乡镇。

3月18日下午，上海市绿化市容局组织各区县林业主管部门负责人在奉贤召开了2016年上海市春季造林现场会。

与会人员现场观摩了奉贤区庄行镇新叶村农田林网建设项目和上海化学工业区环境综合整治南海公路防护林建设项目，对两个项目的建设标准、建设进度给予了高度评价。本次会议重点解读了新一轮林业政策和复垦用地造林有关政策，研究部署了2016年新造林有关工作。本次会议既是新一轮政策解读会议，也是3年造林计划落实会议，更是春季造林工作的动员会议。各区县要从生态文明建设、长江生态带建设的高度重视新造林工作；要聚焦重点区县、项目落实造林任务，市级林业部门要做好服务、指导工作，抓紧做好管理办法和技术导则完善，帮助、配合各区县完成年度造林任务。

【召开本市春季农业生产暨森林防火工作会议】3月30日，为贯彻落实全国春季农业生产暨森林草原防火工作会议精神，市农委、市绿化市容局联合召开本市春季农业生产暨森林防火工作会议。会议传达了全国春季农业生产暨森林草原防火工作会议精神，研究部署了本市春季农业生产、森林防火及植树造林有关工作。

【开展春季造林苗木质量管理检查】按照《国家林业局办公室关于开展2016年全国林木种

苗质量抽查工作的通知》(办场字〔2015〕190号)文件要求，林业总站及时开展2016年春季造林苗木质量检查。主要抽查了奉贤、金山、嘉定、松江和崇明5个区的造林苗木质量。共抽查了55个苗批，苗批合格率达85.5%，生产、经营许可证具备率为80%，标签使用率为89.1%，苗木质量验收率为69.1%；被抽检的55个苗批中，采购于外省市的苗批数46个，占83.6%。由于本市公益林造林苗木绝大部分采购于外省市，苗木来源于何种性质的基地（苗圃）很难弄清楚。

【组织召开森林资源建设管理工作会议】3月24—25日，上海市林业局召开2016年森林资源建设管理工作会议。各区县林业站（署）、光明集团、上实公司、城投公司、地产集团、上海成事林业规划设计公司等单位分管负责人及相关技术人员参加会议。

会议对2016年森林资源建设管理工作进行全面部署。市林业局林业处部署2016年林业建设工作，解读新一轮林业政策的相关内容，对2013—2015年林业政策项目收尾工作提出相关要求和建议，并对2016年即将实施的生态公益林建设项目和生态廊道建设项目的总体要求、管理流程等内容进行讲解，同时部署2016年资源监测工作，详细介绍2016年森林资源综合监测工作方案，明确2016年主要任务、工作内容及各项工作要求。市林业总站介绍2016年度林业建设、资源管理和生态定位监测工作安排和计划，同时部署2016年林分抚育工作，提出森林抚育示范点建设工作方案及本年度抚育示范点建设目标、内容、要求及各阶段抚育工作安排。希望大家加强合作和协调，贯彻落实新一轮三年林业政策，认真做好2016年春季造林工作。

【完善林业政策】出台新一轮林业政策及管理办法，印发《上海市生态廊道项目建设管理办法》《上海市生态公益林项目建设管理办法》和《上海市林业项目招投标管理办法》等8个管理办法。开展本市经济果林实施生态补偿政策的研究，将本市桃、梨、柑橘、枇杷等经济果林根据其生态价值纳入林地生态补偿范畴，研究制定林地生态补偿工作考核办法。研究“198”减量化地块造林政策，印发《关于本市重点环境综合整治区域“198”减量地块造林相关政策的实施意见》。组织编制《上海市“十三五”森林防火规划》和《上海市“十三五”林地管护设施建设规划》等林业子项规划，明确本市“十三五”期间森林防火、林地管护重点项目。

【完善森林资源一体化监测机制】及时掌握森林资源年度动态变化，应用年度监测成果，在崇明区、嘉定区分别开展公益林区划界定和公益林小班管理因子完善等试点工作。继续发挥上海成事林业规划设计有限公司的平台优势，联合市、区和相关单位的专业技术人员，承担浦东新区、闵行区和中心城区的年度资源监测。

【加大林地管控力度】全面建立林地占补平衡机制，规范公益林征占用行政审批，实行100%事后监管，确保乡镇范围内经济林总量不减少，把森林资源减量控制在最低限度。开展严厉打击非法占用林地和破坏野生动物资源等违法犯罪专项行动，严肃查处松江辰塔公路和上海电力学院等无证迁移林木案件。

【加强林业安全管理】切实做好本市重大林业有害生物防治工作，上海市人民政府与各区人民政府、上海市林业局与各区县林业主管部门签订《2015—2017年重大林业有害生物防治目标责任书》，将防治责任层层落实。加大林业“三防”工作力度，做到早发现、早预警、早处置，将林业有害生物危害、森林火灾等隐患消除在萌芽状态。上海市人民政府办公厅印发了《关于进一步加强林业有害生物防治工作意见的通知》（沪府办〔2016〕1号）。组织实施2016年上海市森林防火实战演练，检验专业消防队伍和群众性森林消防队伍应对森林火灾的能力。

【加强林地抚育】总结12个生态公益林抚育成效监测样地经验，实施疏伐、林相结构调整等措施，改变林地过密和林相单一的状况，提高林分质量，确保森林健康生长。建立9个森林抚育示范点，加强森林抚育经营技术指导，为完成“十三五”森林抚育经营目标任务提供样板。

【“安全优质信得过”果园创建】完成3家“安全优质信得过”果园创建工作。做好沪产优质果品宣传推介工作。充分发挥“三进”（进市区商务楼、进机关食堂、进公园）、“乡土有约”等活动的效应，继续做好沪产优质水果宣传营销。

【推进乡镇林业站建设】继续推行乡镇林业站挂牌，建立与乡镇农业综合服务中心一套班子两块牌子的运行模式。制定市级标准化乡镇林业站建设管理标准，完成5家国家级和市级标准化乡镇林业站创建工作。

【加强海绵城市绿地建设】发布《上海市海绵城市绿地建设技术导则（试行）》（沪绿容〔2016〕165号）。开展第二轮海绵城市绿地技术调研，举办海绵城市绿地建设技术培训。形成《上海海绵城市绿地建设现状调查与评估报告》，绘制《上海市海绵城市建设标准图集》，完成《绿地设计规范》《绿地工程项目验收》中绿地海绵设施部分内容的修订。推进普陀区光复西路、嘉定区和金山区等海绵城市建设示范区建设。

【打造中心城区绿化特色街区】出台《本市绿化特色街区建设的实施意见》，围绕“大、中、小”“老、中、新”等不同类型实施设计，以公共绿地、附属绿地和行道树的优化提升为内容，综合运用垂直绿化、容器花卉、园艺小品、围墙透绿等形式，着力打造中心城区绿化特色街区。启动大学路创智天地、嘉里中心特色街区建设。

【林荫道创建】创建命名林荫道21条，全市累计达174条。新建储备林荫道28条。

【推进老公园改造】完成南浦广场、金桥、华漕、闵行、泗泾、珠溪园、亭林、衡山、襄阳、水霞、三泉、凉城、昆山、黄兴、江浦、古银杏16座“十二五”老公园改造结转项目，“十二五”累计完成48座老公园改造项目。制订“十三五”公园改造计划，确定40座公园改造项目。启动“十三五”公园改造工作，完成大华行知公园改造项目，推进诸翟、南箐园、四季生态园、华夏等公园改造项目。

【新增52座城市公园】城市公园由165座调整为217座，增加52座。完成《全市公园情况排摸》课题。

【推动公园延长开放】结合公园改造，通过增加照明设施，新增安保力量、确保游园安全，利用社会力量、引导市民文明游园，加强检测、确保硬件设施正常使用，合理评估、做好公园必要的资金投入等措施，推动全市89座公园实施延长开放。其中，中山公园、襄阳公园等公园跨前一步推行了全年全天常态化开放。

【举办公园主题活动】全市16个区共有49座公园开展以梅花节、樱花展、郁金香花展、牡丹花友会、月季展、杜鹃展、荷花睡莲展、菊花展、爱鸟周等为专题的近70场次的园艺文化活动，丰富了市民的文化生活，同时也

2016年上海市林荫道名单

区县	序号	道路	路段	树种
黄浦区	1	嵩山路	太仓路—金陵中路	悬铃木
静安区	2	常熟路	长乐路—华山路	悬铃木
	3	延长路	共和新路—平型关路	悬铃木
徐汇区	4	龙腾大道	瑞宁路—龙耀路	悬铃木
长宁区	5	茅台路	遵义路—古北路	香樟、悬铃木
普陀区	6	汉阴路	石泉路—华池路	悬铃木
	7	丹巴路	武宁路—梅川路	臭椿
虹口区	8	玉田路	东体育会路—密云路	香樟、悬铃木
	9	密云路（西侧）	玉田路—中山北二路	香樟
杨浦区	10	密云路（东侧）	玉田路—中山北二路	香樟
		沧州路	松花江路—延吉中路	悬铃木
浦东新区	11	花木路	杨高南路—罗山路	香樟、乌桕
	12	环龙路（东环龙路）	浦建路—龙阳路	悬铃木
宝山区	13	淞宝路	双城路—宝杨路	悬铃木
闵行区	14	浦秀北路	江梅路—江桦路	榉树、香樟
嘉定区	15	北大街	清河路—环城路	香樟
青浦区	16	南淀浦河路	外青松公路—华青南路	香樟、榉树、栾树
奉贤区	17	环城南路	江海路—环城东路	栾树、香樟
松江区	18	佘苑路	桃源路—佘新路	香樟
	19	通波路	思贤路—文翔路	香樟、朴树
金山区	20	卫一路	沪杭路—北随塘河路	悬铃木
崇明区	21	海桥公路	宏海公路—海桥镇	水杉
徐汇区	22	桂平路(延伸段)	江安路—漕宝路	悬铃木

提升了公园的园艺水平。组织开展公园花坛布置艺术展示、花境布置艺术展示等园艺展示活动，全市公园近80个花坛花境参与公园园艺展示活动。

【举办园艺大讲堂】 全年开办园艺讲座284场，近2万人次接受了园艺知识、技术、鉴赏等方面的普及与传授，包括插花、植物病虫害防治、植物养护、动物科普、中国传统书画鉴赏、花卉栽培、花园管理、生态保护、植物赏析等多个内容。

【开展古树巡督查】 完成古树及后续资源督察1442余株次，发现生长异常的21余株次。对生长异常或者生境发生变化的树木，及时采取了保护措施。

【抢救复壮19棵古树名木】 通过透气铺装、树身防腐、修剪、建围栏、支撑、驳岸等抢救复壮措施，改善古树周边环境等措施，抢救复壮19棵古树名木，发挥古树名木应有的生态价值和人文历史景观作用。

【对外花展屡获大奖】 上海参加2016年唐山世界园艺博览会，获国际园艺生产者协会大奖和唐山世园会组委会大奖。参加第十届中国（武汉）园博会，获园博会最高奖项——室外展园综合大奖，以及室外展园创新、展园设计、优质工程、植物配置、建筑小品等多个单项奖。市绿化市容局获住建部颁发的特别组织奖和博览会展园建设最佳奖。

【上海植物园荣获唐山世园会花境大赛金奖】 以“都市与自然·凤凰涅槃”为主题的2016唐山世界园艺博览会于4月29日隆重开幕。上海植物园受邀参加了本次花境比赛，作品《自然的呼唤》荣获了世园会“花境景观综合竞赛组金奖”。

上海植物园参赛地块位于“岩石花境”展区，以宿根花卉、一二年生草花和花灌木的自然配置为主，并紧扣岩石花境主题，通过砾石溪流和波浪形白色矮墙的错落布置，使花境富有空间层次感。旱溪周围的花境植物配置从繁密到稀疏，品种从丰富到单一；洁白的波浪形矮墙寓意涓涓清流，贯穿于自然花境之中，与干涸的河床形成鲜明对比。

【上海园获2016唐山世界园艺博览会最高奖】 历时171天的2016唐山世界园艺博览会结束精彩难忘的会期，华彩闭幕。闭幕式上，组委会颁发了8个唐山世园会组委会特等奖，4个唐山世园会组委会大奖，1个国际园艺生产者协会大奖，上海园获国际园艺生产者协会大奖和唐山世园会组委会大奖。

上海园位于2016唐山世界园艺博览会现代园内，占地面积约900平方米。上海园以上海市市花白玉兰的花瓣和叶片为设计主线，以“园·源·圆”为设计主题，将展园布置为主入口花园、台地精致花园、自然生活花园、互动水景花园和都市森林花园5个主题花园，营造了一个充满活力、生活无限美好的“精致、精湛、精彩”的花园，着力体现人与自然、人与园艺的亲密互动，全面展现“美丽上海”的建设理念和成果，深度诠释城市与自然的交融。

【申城首条标准化绿道示范段已完成建设】该绿道为宝山区市级绿道南线外环林带段，途经顾村公园等景点，是全市建成的首条绿道示范段。未来五年，本市计划建设1000公里绿道，2016年计划完成203公里的建设任务。绿道主要依托绿带、林带、水道河网、景观道路、林荫道等自然和人工廊道建立，是一种具有生态保护、健康休闲和资源利用等功能的绿色线性空间。建成后的绿道将为市民提供自然、优美的休闲健身环境，倡导低碳环保的生活方式。同时，首条标准化绿道示范段的建成将为其余各区的绿道建设提供良好示范，为进一步加快推进城市绿道建设奠定基础。

【沪面积最大郊野公园开园】 上海一期规划建设中规模最大的郊野公园——长兴岛郊野公园于10月底对外试运营，目前暂时免票入园，吸引了众多市民游客前来观赏游览。

长兴岛郊野公园位于长兴岛中部，北临上海生态水源地青草沙水库，东边是G40沪陕高速，南侧、西侧分别是长兴岛的两条重要道路——潘园公路和凤凰公路，总面积29.69平方公里。该公园已建成的一期工程总面积约5.56平方公里，距离上海市中心约45分钟车程，区位优越，交通便利。长兴岛郊野公园一期工程就相当于1.5个东平国家森林公园那么大。

【申城18条落叶景观道路出炉】 2016年，本市在原有12条落叶景观道路的基础上，又新增6个路段，涉及徐汇、长宁、虹口、普陀、松江、青浦、金山等区。

所在辖区	路段名称	起 点	终 点
1.徐汇区	余庆路	衡山路	康平路
2.徐汇区	衡山路	宛平路	天平路
3.徐汇区	岳阳路	建国西路	东平路
4.徐汇区	复兴西路	高邮路	永福路
5.徐汇区	永福路	复兴西路	湖南路
6.徐汇区	湖南路	永福路	武康路
7.徐汇区	武康路	湖南路	五原路
8.长宁区	龙溪路	虹桥路	剑河路
9.长宁区	新华路	淮海路	杨宅路
10.虹口区	四平路	大连西路	海伦路
11.普陀区	花溪路	枫桥路	桐柏路
12.普陀区	桐柏路	枣阳路	梅岭南路
13.松江区	北内路	中山路	乐都路
14.松江区	园中路	南青路	思贤路
15.松江区	文诚路	园中路	人民路
16.松江区	谷阳路	松汇路	中山路路
17.青浦区	华乐路	青湖路	盈港东路
18.金山区	金一东路	沪杭公路	新城路

【召开2016年绿化委员会全体（扩大）会议】3月10日下午，2016年绿化委员会全体（扩大）会议在闵行区政府召开，总结前阶段国土绿化工作成效，部署2016年国土绿化重点工作。市绿化委员会41个绿委委员、35个成员单位、各区县政府绿化工作分管领导、各区绿化和林业部门负责人出席会议。副市长、上海市绿化委员会主任蒋卓庆出席会议并讲话。

会上，市绿化委员会副主任、办公室主任陆月星代表市绿委做工作报告。闵行区政府、崇明县政府、市交通委三家单位，分别结合工作实际，就如何推进国土绿化事业发展在会上做了交流发言。会前，市领导、市有关部门、区县绿化工作负责同志等参观了莘庄梅园、绿道和屋顶绿化，实地感受上海生态环境建设成果。

最后，蒋卓庆副市长就如何做好下阶段本市国土绿化工作，提出四点要求：一是牢牢把握加快国土绿化的重大机遇。二是准确把握国土绿化面临的主要挑战。三是妥善处理工作推进中的协同关系。四是努力塑造国土绿化的崭新面貌。

【成功举办第二届“市民绿化节”】围绕“园艺进家庭，绿化美生活”主题，推出家庭园艺、绿色展示、体验互动、科普服务四大系列42项市级活动，组织活动逾1500场次，参与人次逾千万。举办各类花展等70场次公园主题活动，推出绿色星梦想第二季“花香人家”电视园艺节目、公园园艺大讲堂、绿化大篷车进社区、“绿色上海和你一起”公益跑、大师与你面对面—当代风景园林导赏、市民插花大赛等家庭园艺活动。

“绿化大篷车”公益社区行活动秉承“园艺进家庭，绿化美生活”的理念，充分利用社区、大型居住区等宣传阵地，把绿化宣传、绿化服务送到市民家门口，为市民提供更便捷、更专业、更生动的群众绿化参与性活动。本次活动历时5个月，活动覆盖全市16个区41个社区，开展讲座284场，总里程数累计达到1509.2公里，辐射到了145000人次居民，将绿色之光顺着上海的肌理散布到各个角落，也借由活动将上海的城市精神传播到每个人的心里。

【全民义务植树】在全市推出可供认建认养绿地123万平方米、树木7万多棵、古树名木77棵以及大量果树等，实现直接义务植树面积121万平方米，参与人数约10万人，尽责率82.1%。进一步拓展网络植树，逐步探索线上线下相结合的全民义务植树形式。

【加强湿地管理】基本完成崇明东滩生态修复项目主体工程。协调督促崇明建立野生动物禁猎区取得突破。宝山炮台湾湿地公园通过国家级湿地公园验收，成为上海第二个也是上海大陆地区第一个国家级湿地公园。积极推进《上海市湿地保护规划》《上海市野生动物栖息地规划》编制。

【崇明东滩鸟类科普教育基地荣登“中国最美湿地场馆”榜首】中国自然博物馆协会湿地博物馆专业委员会公布了2016年“中国最美湿地场馆”评选活动结果，上海市崇明东滩鸟类科普教育基地入选“中国十大最美湿地场馆”，并荣登榜首。

本次评选活动由中国自然科学博物馆协会湿地博物馆专委会、中国绿色时报社、百科知识杂志社联合主办，旨在让社会大众充分认识到湿地的美丽和多样性，激发公众的湿地保护情怀，更多地关注和支持湿地保护工作。

【完成崇明东滩鸟类国家公园总体规划申报方案（2016—2020）】规划以优化鸟类栖息生境，有效保护以鸟类为核心的野生动植物资源，完整保护东滩河口湿地生态结构的系统性、生态功能的特殊性和生态过程的连续性，积极开展科普教育，促进区域生态文明建设，搭建一流科研平台，提高科研监测能力为目标，坚持保护优先、依法管理、社区受益、系统优化、精品战略、统一规划、分步实施原则，采取综合区划法，根据东滩地区自然地理特征，自然生态系统和重点保护生物物种、人文景观、社会经济、交通等在地域上的分布，结合自然地形地貌，在维护核心资源生境和地貌单元的完整性基础上进行区划，确定严格保护区、生态保育区、游憩展示区3个功能区。此外，制订保护规划、科研规划、教育规划、游憩规划、管理与经营体系规划5个子规划，分别对国家公园内的鸟类及其赖以生存的栖息生境的保护、生态科学研究、公众自然保护意识教育、游客活动、公园保护管理等方面进行指导。

【完成上海崇明（国际）“海上花岛”规划建议】坚持生态优先、产业联动、自主品牌、科技创新四大核心原则，规划布局采用“一心、一环、三带、多组团”模式：一心，即国际花卉展览与期货交易中心；一环，即环岛生态景观线；三带，即崇南江畔风貌休闲观光带，崇中乡野风貌花卉产业带，崇北田园森林风貌生态体验带；多组团，即重点打造向化崇明水仙、港沿百合等五大产业组团，东平森林花海、东滩—上实湿地花园等四大休闲组团以及多个花卉景观小镇。

规划建议崇明花岛建设结合现有花卉产业和生态岛建设基础，以“花”为主题与抓手，落实世界园艺博览会申报、特色观光带及景观廊道建设、主要景点的花卉景观提升、国际化花卉特色产业项目等一批世界级特色项目，打造花岛品牌，提升岛域整体景观，建设世界一流的生态文明示范区。

【成立“华东野生濒危资源植物保育中心”】“华东野生濒危资源植物保育中心”于3月正式揭牌。召开中心成立后第一次工作会议，华东六省一市林业主管部门分管领导及野生动植物保护管理部门主要领导参加会议，讨论华东地区濒危野生植物的保护工作。会后组织修订《华东野生濒危植物资源保育中心工作方案》；召开IABG中国植物保育国际研讨会；编制华东极小种群中国保护行动计划；完成福建、江西、浙江三省进行近地保育基地情况摸底调查。

【国家林业局与上海市人民政府签订新一轮“部市合作协议”】3月11日，国家林业局与上海市人民政府签署合作协议，决定在上海野生动物园和辰山植物园分别设立大熊猫保护研究基地和华东野生濒危植物资源保育中心，加强在自贸区建设和生态保护等领域的合作。

【中国大熊猫保护研究中心上海基地建立】5月12日，国家林业局正式批复同意建立上海大熊猫基地。上海野生动物园编制完成上海大熊猫基地建设方案。市林业局协调国家林业局保护司、中国大熊猫保护研究中心等单位引进部分成年大熊猫，下半年以来，上海基地先后诞下两胎三只大熊猫幼体，目前上海基地大熊猫存栏数量已达10只。继续推进基地建设，积极协调解决土地、大熊猫饲料种植场地选定、上海基地周边交通配套资金、科研专项保障等问题。

【云南赠送上海2头孟加拉虎】7月29日，云南省政府赠送上海2头孟加拉虎的交接仪式在上海动物园孟加拉虎广场举行。云南省林业厅万勇副厅长、上海市绿化和市容管理局顾晓君副局长、沪滇两地野生动物保护处、云南野生动物园有限公司、上海动物园等部门领导、新闻媒体以及部分上海市民代表出席了本次赠送交接仪式。

自1996年沪滇开展对口帮扶合作以来，

两地双向互动、共同发展。2016 年 5 月，为进一步加强云南与上海之间野生动物观赏展示等文化交流活动，云南省人民政府将 2 只孟加拉虎赠送上海市，并交由上海动物园饲养。这两只孟加拉虎一只叫“云云”，一只叫“南南”，合起来就是“云南”。它们承载了云南人民对上海人民的深情厚谊，来到上海，来到上海动物园。

【IABG 中国植物保育国际会议在沪开幕】11 月 8 日上午，“IABG 中国植物保育国际会议”在上海辰山植物园（中国科学院上海辰山植物科学研究中心）报告厅拉开帷幕。会议期间，中外学者将围绕“中国植物保育发展战略”这一主题举行 18 场学术报告，并与在座从事植物保育研究，科普教育与宣传，植物养护与管理的专家学者和研究生们展开讨论。

本次研讨会重点讨论中国植物保育现状分析与评估，如何建立植物园与保护区有机融合的植物保育网络，中国特色保育策略和国家植物保护战略的制定与实施 3 个议题。此外，国家林业局保护司将与华东六省一市的林业厅（局）的专家共同商讨“植物保育良方”。希望以本次会议为契机，以华东野生濒危资源植物保育中心为平台，通过国内外专家学者的经验分享与成果展示，分析和评估中国现有植物保育政策的有效性及执行性，寻求适合植物保育的工作模式，从而促进植物科研机构与地区间的通力协作，推动中国植物保育工作的科学高效开展。

【支持鹤庆东草海国家湿地公园建设】为探索上海市和云南省在生态保护建设方面合作的新途径与方式，促进长江流域上下游湿地保护交流，提高云南鹤庆东草海国家湿地公园建设水平，在上海市绿化和市容管理局、云南省林业厅、大理州林业局和鹤庆县人民政府的支持下，近日，上海市崇明东滩鸟类自然保护区管理处与鹤庆县林业局签署了支持鹤庆东草海国家湿地公园建设的合作协议。

双方将通过合作，以科学恢复退化东草海湿地为总体目标，东滩保护区将在机构和人员能力建设、科普教育和生态旅游、科研监测、国家湿地公园规划设计等方面给予支持，通过建立定期的合作交流机制，力争把鹤庆东曹海国家湿地公园建设成为沪滇湿地生态保护与资源合理利用的示范。

此次滇沪之间在湿地保护工作上的先行先试，要抓住新一轮滇沪合作和长江经济带生态建设的机遇，把双方的合作进一步提升、深入和拓展，在共享、共赢的基础上，打造滇沪生态合作的样板。

【野生动物栖息地建设】完成嘉定区浏岛野生动物重要栖息地、松江区泖港鸟类野生动物重要栖息地、浦东新区金海湿地公园野生动物重要栖息地、上海市西沙湿地公园野生动物重要栖息地、闵行区浦江蛙类野生动物重要栖息地 5 个野生动物重要栖息地和松江区新浜林地獐重引入、崇明县明珠湖公园獐重引入、东滩湿地扬子鳄种群恢复与栖息地改造 3 个极小种群恢复与野放项目市级验收工作。印发了《2016—2018 年上海市野生动物重要栖息地建设管理项目实施管理办法》

【开展第二次全国野生动植物资源调查】上海市第二次全国重点保护野生植物资源调查从 2013 年正式开始，2016 年已完成各项调查数据内业整理和总报告的撰写，通过国家林业局的质量核查，获得较高评价。在全市 14 个调查单元内，完成野生资源的重点调查（普陀樟和舟山新木姜子，共 2 种）、人工培植资源调查等调查任务，共记录到目标物种普陀樟 261 株，舟山新木姜子 1 株；樟、大叶榉、野大豆、明党参、水蕨 5 种国家重点保护野生植物在上海尚有野生资源分布，但数量稀少。同时，根据本市需要，上海地区滨海湿地野生植物调查和上海地区外来逸生植物调查，并对全市的公园、林绿地的人工栽植植物和濒危植物的贸易现状展开调查。上海野生动物资源调查于2011年下半年开始筹备，2013年正式展开，2015年上半年完成所有野外调查工作，2016年编写完成调查总报告初稿。

【开展市鸟评选前期准备】2016年“两会”期间，部分政协常委和委员、代表提出将震旦鸦雀作为上海市鸟的建议。市绿化市容局为此专门成立市鸟评选工作小组，由局相关处室及市野生动植物保护管理站、市绿化市容管理信息中心、市野生动植物保护协会等单位分工协作。制订《市鸟评选前期工作方案》，召开专家讨论会，推选50种鸟作为市鸟候选；并开设“野趣上海”微信公众号，推送“每周一鸟”，引导市民爱鸟识鸟，关爱野生动物。

【全球黑脸琵鹭普查结果公布】上海地区参与调查的2016年全球黑脸琵鹭普查的结果已经公布。2016年，一共有3356只黑脸琵鹭被观测到，较之上一年的3272只多了84只，增加率是2.6%。本次调查中，数量最多的仍是台湾地区，共记录到2060只，较上一年增加1.3%。增幅最大的是中国大陆地区，从去年的330只增加到434只，增加率为63.1%。上海在本次同步调查中共观测到4只，均位于崇明东滩，较之于去年调查到的数量少，去年在南汇东滩发现了8只，崇明北湖2只、崇明北八滧1只。

黑脸琵鹭是国家二级保护鸟类，受胁等级被IUCN列为濒危级别。目前，《全球水鸟种群估计第五版》所示黑脸琵鹭的全球1%数量标准仍是20只，上海地区几乎每年的迁徙季节都能够达到这一标准，说明上海地区湿地对黑脸琵鹭迁徙过境时较为重要。

（三）生活垃圾

【概况】生活垃圾分类减量工作，紧紧抓住“两个一百万”市政府实事项目，一手抓源头分类，一手抓湿垃圾末端处置能力建设；继续强化“绿色账户”激励机制，完善积分兑换模式；继续探索有效监管模式；加快构建五类建筑垃圾消纳处置体系，全面落实建筑垃圾不外运后的应急保障。

【垃圾综合治理方案形成】以着力完善生活垃圾全程分类体系，重构建筑垃圾收运处置体系，健全垃圾综合治理体制机制为目标，力争到“十三五”末基本建成城乡统筹、全程分类、技术先进、处置合理、循环利用的垃圾综合管理体系。

完善生活垃圾全程分类体系方面，努力增强干垃圾无害化处置能力，努力实现原生生活垃圾零填埋；突破湿垃圾资源化利用能力建设瓶颈，不断提升资源化利用水平；加强可回收物及有害垃圾回收体系建设，促进资源循环利用；建立激励与约束并重的推进制度，提升源头分类减量实效。

重构建筑垃圾收运处置体系方面，不断加强建筑垃圾源头管理，推进建筑工地垃圾“零排放”；实施建筑垃圾预处理，完善转运网络，保障建筑垃圾物流畅通；推进消纳场所及资源化设施建设，确保建筑垃圾有序处置。

健全垃圾综合治理体制机制方面，继续完善领导体制，强化责任落实；加强法规保障，完善政策体系；强化监管监测，提升保障能力；注重宣传引导，激发社会活力。

【生活垃圾分类减量目标顺利完成】全市新增分类覆盖100万户，累计达到500余万户。积极开展居住区、菜场分类达标和示范评价工作，达标居住区3850个，示范居住区1182个，示范菜场22个，居民源头分类水平得到提升，日均分类湿垃圾达2371吨。全年生活垃圾分类共覆盖机关564家、企事业单位3325家、菜场825个、学校2233所、公园189座。农村生活垃圾治理通过住建部等10部委联合验收。

【绿色账户积极效应逐步显现】绿色账户覆盖超200万户，正向激励机制效应逐步显现，全市形成了一批具有实践经验和运营能力的第三方社会组织，以市级民非组织“上海惠众绿色公益发展促进中心”为主体，中国银行、百联集团、蚂蚁金服等大型国企、知名民企共同参与支持，积分服务、兑换渠道、资源募集等方面不断强化，绿色账户管理水平全面提升。

【生活垃圾分类宣传广泛深入】全年垃圾分类“绿色上海”推送近百篇，绿色账户微信公众号每周4篇，全市公众性公益广告投放时长约1个月，户外巨幅公益广告16处15天，《解放日报》《新民晚报》发布6版专刊宣传，全市性大型活动举办5场，各达标示范居住区均实现了社区的入户宣传、物业告知和宣传环境营造。上海惠众绿色公益发展促进中心牵头组织垃圾分类演讲大赛、微电影征集、环保体验营、垃圾综合治理沙龙等活动，通过专家学者、传统媒体、现代媒体等多渠道宣传垃圾分类知识。此外，联合团市委、各区县政府、全市各委办局、解放日报报业集团、文汇新民报业集团、东方网、PPTV、光明集团、东方购物、蚂蚁金服等等部门及企事业单位，举办其他线上线下活动，持续形成宣传高潮。

【建立餐厨废弃油脂全程监管体系】制定《上海市餐厨废弃油脂物流管理办法》，加强源头申报管控，对收运企业的收运凭证、处置企业物流车辆和物流凭证加强审核管理，严格管控物流动向。强化对处置企业驻场监管人员现场检查、委托第三方专业机构定期检测以及信息化监控等手段。推广生物柴油制品应用，推动财政补贴政策落实。逐步完善信息化管理平台，实现信息共享。做好废油脂处置应急工作，落实收运人员持证上岗，开展收运企业人员培训，规范收运队伍。

【建筑垃圾应急处置体系建立】 加快构建五类建筑垃圾（工程垃圾、工程渣土、工程泥浆、拆房垃圾、装修垃圾）消纳处置体系，全面落实建筑垃圾属地化消纳处置的应急保障，开展建筑垃圾对口督查，落实“实施源头申报、规范中转分拣、强化物流管控、落实属地消纳、推行卸点付费”和“加强执法检查”6项要求，有效缓解建筑垃圾属地消纳平衡诉求，确保垃圾处置平稳可控。积极推进奉贤柘林塘，浦东机场1号、3号围区，长兴岛海洋装备基地等装修垃圾、拆房垃圾和工程渣土应急处置场所的建设和投用。推进横沙圈围项目消纳工程泥浆方案，保障市重大工程泥浆消纳。截至12月，累计消纳处置中心城区装修垃圾和拆房垃圾约34万吨，工程渣土约104万吨。共同推进南汇东滩1号围区启动建设。积极做好苏州太湖、南通海门等因建筑垃圾非法处置造成媒体曝光、社会反响恶劣的事件的调查取证及现场核实工作，配合属地管理部门做好建筑垃圾的妥善处置，建立长效治理机制，降低社会影响面。

【规范建筑渣土运输过程】 渣土运输车辆交通事故频发态势得到有效控制。大力开展联合执法检查，保持“严管严惩”高压态势，累计实施诫勉谈话1260家次，整改整顿88家次，市场退出8家。通过微信有奖举报处理违规运输行为4838起。研究制定建筑垃圾消纳处置综合扶持政策，启动装修垃圾收运成本和收费研究。

【推广新型渣土车辆】 落实《建筑垃圾车技术和运输管理要求》要求，大力推广新型渣土车，加快老旧车型改造淘汰，逐步提高新车型占比，全年投入使用新型渣土车2000余辆。

【新版上海市渣土违规举报平台上线】 2016年，上海市废弃物管理处开始运用新版“上海市渣土违规举报平台”受理上海市渣土行业违规举报。新版平台的举报受理进度可在“我的举报”栏中实时查询，同时，违规处理结果将公布在上海建筑渣土综合监管平台上，市民可登录查询。

新版微信自上线以来，受理违规共108起，渣土车辆超载85起，新车型未密闭23起，管理部门已对违规车辆处以了停运整改1个月的处罚，并对违规车辆运输企业进行诫勉谈话。

（四）市容环境

【概况】 完善市容管理长效机制，启动“补短板、治五乱”专项行动，持续推进无序设摊治理，巩固扩大整治成效。深化推进责任区管理，聚焦重大赛事活动举办、重要时段和重点区域，落实市容保障工作。

【市容市貌保障显成效】 围绕G20峰会、金砖国家新开发银行理事会年会、上海马拉松等一系列会议和重大活动，加强对全市主要道路、景观区域以及进出上海的主要道口等重要区域周边市容环境整治与保障。此外，创建达标街镇6个、示范街镇9个。开展85个达标街镇、示范街镇复查。

【加强“五乱”治理】 全面锁定3200余个问题单元，制定细化“治五乱”（乱张贴、乱涂写、乱设广告、乱设摊、乱抛物）目标任务，开展第三方测评，提升治理实效。积极发挥市政市容联办、无序设摊综合治理推进平台等综合协调部门作用，联合相关部门开展各项工作。

【深化市容环境卫生责任区管理制度】 完成“1618”工作任务，创建责任区示范道路226条，自主参与责任区管理的社会组织达651家，组织培训参与达19万人次，年内责任人建档率达80%。

【提前完成无序设摊三年行动计划】 加强堵疏结合、分类管理、源头治理、综合治理，全市200处聚集点中的196处达到“消除标准”，4处达到“基本消除标准”。消除管控点113处，管理达标率94%；消除疏导点71处，疏导点管理达标率92%，提前完成三年治理任务。

【开展社会市民看门责活动】 市绿化市容局组织开展了“社会市民看门责”活动，市绿化市容局、市城管执法局相关领导与市人大代表、市政协委员、市民代表及媒体记者等一同前往徐汇、长宁、静安、虹口、普陀等区，就市容环境卫生责任区管理工作的推进情况进行了实地检查和走访。

通过实地走访，人大代表、政协委员和市民代表对本市市容环境卫生责任区管理工作所取得的成绩给予了充分肯定和高度评价。

【开展违法户外广告专项整治】 2017年6月，《上海市人民政府办公厅转发市绿化市容局等七部门关于开展本市违法户外广告设施专项整治工作实施意见的通知》（沪府办〔2016〕60号）明确提出重点整治延安、南北、内环高架道路两侧100米范围、沪渝高速（外环至徐泾收费口）沿线违法户外广告设施和郊环线外100米以内违法高立柱广告设施。全年拆除各类违法户外广告设施2100余块，其中重点区域800余块。

【开展户外广告审改工作试点】根据本市“证照分离”改革试点总体方案，围绕“增强监管合力，提升监管效能”总体要求，制定《关于加强浦东新区户外广告设施设置监管工作意见》《关于加强本市户外广告设施设置事中事后监管工作的通知》，从诚信档案管理、分类监管、风险监管等方面加强事中事后监管。

【开展户外广告阵地规划修编】 完成《上海市户外广告设施设置阵地规划（修编）》编制，并与2016年12月在政府网站公示，进一步征求公众意见。同步开展户外广告实施方案编制工作研究，制订编制工作方案，开展户外广告实施方案修编前期工作。

【加强户外广告、户外招牌基础管理】 完成地方标准《户外广告设施设置技术规范》《户外招牌设置技术规范》修编，开展户外广告、户外招牌设置技术规范培训。完成城镇化地区店招店牌基础情况调查和统计。开展示范道路建设评定标准专题研究并形成具体评定标准。

【举办户外招牌论坛及设计创意实景展】 联合上海市标识协会举办了2016上海户外招牌论坛暨设计创意实景展，来自本市区、街道和部分兄弟省市相关管理部门领导、技术人员以及市内外户外招牌设计、施工企业的经营者和技术人员400多人参与，取得了较好的反响。

【加强景观照明管理】 完成本市景观照明规

划编制工作，形成《上海景观照明总体规划》（报批稿）。开展“上海市景观照明管理办法”的立法调研工作和景观照明电费补贴机制研究。继续组织开展景观照明基础调查工作，为今后实行分类管理打下基础。开展《上海城市公园照明设施设置指导意见》研究，并已通过专家评审。

【积极提升黄浦江两岸景观照明品质】 组织本市景观照明领域相关高校、企业设计团队对浦江两岸景观照明现状开展了全面踏勘调查，提出了以“海派、经典、卓越”为主题的黄浦江两岸景观照明概念方案构架，并启动黄浦江两岸景观照明设计方案国际征集工作。

【全力做好各类重大活动夜景灯光保障】 全年开放景观灯光32天次，圆满完成全球健康大会、G20峰会等10多次重大活动景观灯光保障。

【加强户外广告、户外招牌安全管理】 各级景观管理部门发放防台防汛安全告知书18.7多万份，督促设置单位和业主加强自查、整改。抽查户外广告、店招店牌等设施3.4万处，排除安全隐患1484处。同时，会同有关部门对安全检测机构开展资质认证，研究制定安全检测实施细则，进一步规范户外广告设施安全检测。开展户外广告、店招店牌设施保险机制课题研究。

【全面推进“一路一策”管理，道路保洁质量稳步提高】 不断完善道路保洁作业标准化建设管理，落实差别化管理；结合无序设摊专项治理等工作的推进，从加强保洁力度、加大上门宣传、调整作业时间等方面解决中小道路管理难题；推动全市道路保洁水平进一步提升。结合责任区制度的落实，推进制定沿街商铺生活垃圾定时定点上门收集，推动全市道路保洁水平进一步提升。三年推进计划方案，明确工作要求、工作目标、收集方式和收集频次等。通过上门宣传、发放告知书等方式，提升社会知晓率，增强责任单位的主体意识，营造多方参与、社会互动的良好氛围。通过“一路一策”“一路一档”等管理举措的实施，上海道路保洁模式日益精细化，全市中小道路问题解决率达到80%，道路整洁优良率达到93%。

【加强道路扬尘防治治理工作，扬尘治理初见成效】 建立市道路扬尘污染防治工作联席会议，牵头制订上海市道路扬尘污染防治工作实施方案和考核评分细则。各区均成立道路扬尘污染防治工作组织机构，制订针对性整治方案，完善道路扬尘巡查督导机制。组织市城管总队、市废弃物管理处等多个相关部门对建筑垃圾出土工地、转运码头及消纳卸点的扬尘污染防治工作开展进行联合检查。会同市环保局完成420套道路扬尘在线监测设备的安装。目前，对龙吴路、军工路等20条扬尘重点道路的治理初见成效。

【公厕管理与服务文明行业创建成果得到巩固】 2016年复审及新申报文明公厕达到2208座，2166座公厕达到创建标准。2016年下半年公厕行业社会公众满意度得分85.04分，实现“七连增”的佳绩。

【公厕建设管理更体现人性化精细化】 完善行业标准，完成《城市公共厕所规划和设计标准》的修订。提升建设水平，全市共范围内增配第三卫生间215座，在公厕的新建、改建过程中，积极适度优化男女厕位比，试点建成上海首座固定式公厕，缓解女性如厕排队现象。拓展社会公厕服务领域，搭建窗口行业公厕管理服务联席平台，共同开展《社会公厕管理服务标准研究》。

【开展“世界厕所日”主题宣传活动】以公厕文明行业创建为抓手、完善公厕服务建设为重点，围绕“洁净创新引领——乐享公厕服务共享城市文明”主题，整合环卫公厕与社会公厕体系资源，通过系列征集评优活动，集中展示和推动公厕建设服务革新，取得一定社会效应。

【强化水域保洁作业监管】完善水域保洁行业标准，制定《上海市市管水域保洁成本规制管理办法（试行）》和《上海市干流水生植物打捞运输处置成本规制管理办法（试行）》。开展水域环境补短板，建立域环境污染点“一点一策”，结合托底保洁，促进水域环境污染点消除整改。截至12月底，黄浦江、苏州河市管水域，累计打捞漂浮垃圾18500吨。

【开展水生植物专项整治】根据水生植物生长来袭动态，开展预警监控，对黄浦江、苏州河干流及上游沿线进行巡查，组织市属、上游各区的作业单位做好拦捞设施设备维护，结合日常保洁工作开展水生植物拦捞作业。截至12月底，全市累计打捞绿萍近2.3万吨，打捞水葫芦8.4万吨。

（五）行业综合

【制订发布各类行业规划】《上海市绿化市容“十三五”发展规划》获批发布。完成《上海市生态空间规划》编制。加快造林三年计划落实，发布《2016—2018年各区林地建设落地规划编制工作方案》，初步完成34条骨干道路（河道）生态廊道建设规划编制。《林地（湿地）休憩旅游设施布局专项规划（2016—2025）》《上海市森林防火“十三五”规划》《上海市林地管护设施专项规划》《环卫专项规划》《建筑垃圾消纳设施布局规划》《老港设施专项规划》《户外广告设施阵地规划》《景观照明规划》等专项规划编制工作顺利推进。

【加强行业发展法治保障】起草《上海市实施〈中华人民共和国野生动物保护法〉办法（修订草案）》《上海市机动车清洗保洁管理暂行规定（修改草案）》，并经市政府、市人大常委会审议通过。完成《上海市建筑垃圾处理管理规定（草案）》起草工作并上报市政府法制办。制定发布12件行业管理规范性文件。完成《上海市容环卫条例景观照明管理规定》评估、《上海市生活垃圾管理条例》和《上海市景观照明管理办法》前期调研、户外广告公共阵地拍卖等系列研究。

【深化科技信息工作】积极对接上海科创中心建设，在科研攻关、平台构建、人才培养等方面开展探索实践。推进制度建设，出台《行业科技创新实施意见》，修订《科研项目管理办法》，制定《科研成果转移转化实施办法》。完成城市新优植物资源开发与利用联盟运行试点方案。开展科研项目、标准化制定等35项，获批国家级项目5项。行业科研成果显著，获市优秀学术一等奖1人次，获得市科技进步三等奖、全国农牧渔业丰收三等奖各1项，获得授权发明专利9项、注册国内品牌2件。

【安全维稳与市民诉求应对有序】全面落实领导责任，签订安全生产责任书，落实防汛防台首长责任制。成功抵御“尼伯特”“莫兰蒂”等外围大风及暴雨袭击，近2万名一线环卫职工、98支应急队伍参与保障。积极开展安全检查，完善应急预案，及时整改问题短板。针对炮台湾湿地公园事件，及时下发公园安全检查紧急通知，有效加强公园游乐设施安全管理。全年受理信访诉求296件

次，同比下降53%，办结率100%。市民诉求处置能力不断提高，全年受理处置各类投诉5万余件，“12345”市民服务热线绩效考核87.65分，比上年提升10.47分。

【行政审批改革深入推进】制订《行政审批制度改革工作方案》，明确全局审改工作7方面、20项任务及责任分工。浦东新区“证照分离”改革试点工作取得突破，制定《关于加强本市户外广告设施设置监管工作意见》《关于加强本市户外广告设施设置事中事后监管工作的通知》，加强户外广告事中事后监管的具体举措。指导浦东新区开展“从事城市生活垃圾经营性清扫、收集、运输服务审批告知承诺”试点工作。完成11项市级行政权力清单动态管理，完成区绿化市容部门权力清单审核确认，做好权力事项调整及取消。积极对接自贸区，完成林产品监管制度深化研究，明确进一步简政放权、放管结合、优化服务的改革措施。

【优化行政审批服务】一是加强服务意识，实行全天受理。自2016年5月1日起，受理时间由原来的上午半天调整为全天受理，调整后，下午接待、受理量约占全天的三分之一，全天服务效果显著。二是做实工作流程，履行告知义务。进一步落实行政许可“一次性告知”制度，对绿化、林业、环卫等各类行政许可事项的申请材料进行了全面梳理，确保各类别许可事项告知单的规范、准确、完整。三是优化工作环节，提高工作效率。结合对申请人回访的反馈情况，将申请人提出的野生动植物保护许可由原来的邮政挂号信方式调整为EMS快递，缩短了寄送国家林业局的时间。

【推进网上审批】建立公平便民的审批机制，深入推进行政审批标准化，积极推行网上预受理、预审查，缩短受理时间，切实方便群众。加强市绿化市容局行政审批系统与本市网上政务大厅的对接工作，做好行政许可事项在全市网上政务大厅的信息维护，以及全部行政审批事项的基本情况、办事指南及相关信息在市政府网上政务大厅上的填报等。

【政府效能建设不断加强】 开展局行政权力运行程序规范化研究。完成区级行政权力、责任事项的梳理和审核。梳理形成局政府公共服务事项目录。深化区绿化市容管理队伍下沉，会同市编办出台相关指导意见。完善机关考核办法，优化绩效考核信息系统功能和布局，进一步规范干部工作纪实制度、请假制度，注重工作“留痕”。推进事业、企业、社会组织等8家技术服务机构脱钩改制。积极推进协会脱钩试点工作，完成3家协会脱钩试点。

【保障职工合法权益】 推进落实绿化养护和环卫行业集体协商，明确绿化养护行业最低工资标准、一线职工岗位津贴、技能等级津贴和绿化养护企业职工健康体检等，发布《关于深化环境卫生绿化养护行业市场化改革提高一线职工工资水平的实施办法》《2016年上海环卫行业工资福利待遇工作指导意见》。全市共10个区建立了环卫行业集体协商制度。

【强化改革保障】 对2013—2015年养护作业市场化改革工作进行评估总结。三年来，市局制订工作方案，建立改革领导小组，采取扎实推进措施，改革围绕“五化”取得了积极成效。一是政企分开进展明显。17个区绿化行业和14个区环卫行业完成企业与行业管理部门隶属关系脱钩。二是市场规则体系基本确立。适应市场化要求的招投标、格式合同、标准规范等顶层制度设计基本完成。三是开放程度逐步加大。绿化行业已经全面实现招投标制度，环卫行业契约式管理得到实质进步，直属公园公开招标率均超过60%。四是公益特点得到坚持。养护作业经费逐步增长，环卫行业分段计算问题等历史遗留问题在11个区得到解决，建立了环卫一线职工工资正常增长机制，重大活动应急保障顺利实施。五是养护管理水平不断提升。文明行业创建取得较好成绩，顺利通过国家园林城市复查，2013年上半年市容环境公众满意度测评为79.56分，2015年下半年为79.97分。总体上，改革取得了阶段性成效，基本实现改革预期目标。

【行业诚信体系建设】 以园林绿化企业信用评价为切入点，完成行政许可和行政处罚的“双公示”信用信息公示，编制并及时调整、新增“双公示”事项目录，确定信息归集推送方式，做好市绿化市容局资质类行政许可信息数据向市信用平台、市法人库准确、及时分类统计上报工作。结合“权力清单”，完成本局2016版公共信用信息数据清单、应用清单编制。落实守信联合激励和失信联合惩戒，梳理并报送调研报告、措施清单和行为清单。完善环卫行业市场规则体系，发布《上海市环境卫生作业养护服务合同示范文本（2016版）》。研究制定环卫行业《行政许可监督考核办法》等。

（周海霞）

PART FOUR Ⅳ

环境保护

ENVIRONMENTAL PROTECTION

（一）综述

2016 年上海市环保投入资金约 823.57 亿元，相当于同年上海市生产总值（GDP）的 3.0%。其中，城市环境基础设施建设投资为 319.00 亿元，污染源防治投资为 278.94 亿元，生态保护和建设投资为 1.85 亿元，农村环境保护投资为 95.68 亿元，环境管理能力建设投资为 6.69 亿元，环保设施运转费为 115.81 亿元，循环经济及其他方面投资为 5.61 亿元；分别占投资的 38.7%、33.9%、0.2%、11.6%、0.8%、14.1% 和 0.7%。

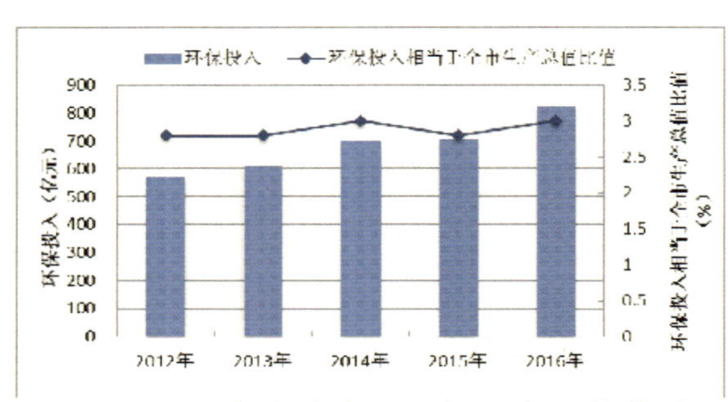

2012—2016 年上海市环保投入变化趋势图

（二）环境质量状况

【概况】2016 年，上海大力推进生态文明建设和环境保护战略，以改善环境质量为核心，按照“破解难题、补好短板、坚守底线”的工作要求，深入实施第六轮环保三年行动计划以及大气、水等专项治理计划和区域生态环境综合治理，持续完善环境保护法制机制建设，加快解决与民生密切相关的环境问题，全面完成国家和上海市明确的各项环保目标任务，主要污染物排放总量持续下降，“十三五”环保工作取得良好开局。

2016 年环境质量得到进一步改善。环境空气中 PM2.5 年均浓度为 45 微克 / 立方米，较 2015 年下降了 15.1%，较基准年 2013 年下降了 27.4%，PM2.5、PM10、SO_2、NO_2 年均浓度均为历年最低；主要河流断面水环境目标达标率同比上升 26.6 个百分点，劣Ⅴ类断面比例同比下降 22.4 个百分点；区域环境噪声达到标准要求；辐射环境质量保持正常。

【水环境质量】2016 年上海市 259 个主要河流断面中，Ⅱ ~ Ⅲ类水质断面占 16.2%，Ⅳ ~ Ⅴ类断面占 49.8%，劣Ⅴ类断面占 34.0%，主要污染指标为氨氮和总磷。长江流域河流水质明显优于太湖流域。

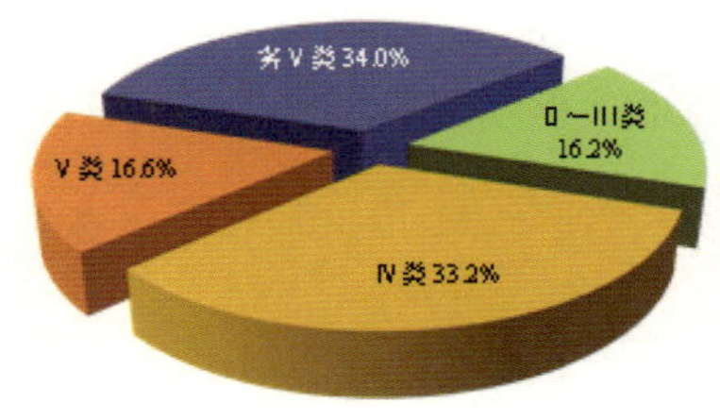

2016 年上海市主要河流断面水质类别比例

2016 年上海市主要河流水质较 2015 年有所改善，Ⅱ ~ Ⅲ类、Ⅳ ~ Ⅴ类断面比例分别上升 1.5 个百分点和 20.9 个百分点，劣Ⅴ类断面比例下降 22.4 个百分点。2016 年高锰酸盐指数平均浓度为 4.80 毫克 / 升，同比下降 10.5%；氨氮平均浓度为 1.90 毫克 / 升，同比下降 23.0%；总磷平均浓度为 0.272 毫克 / 升，同比下降 20.8%。

淀山湖处于轻度富营养状态，与 2015 年基本持平。

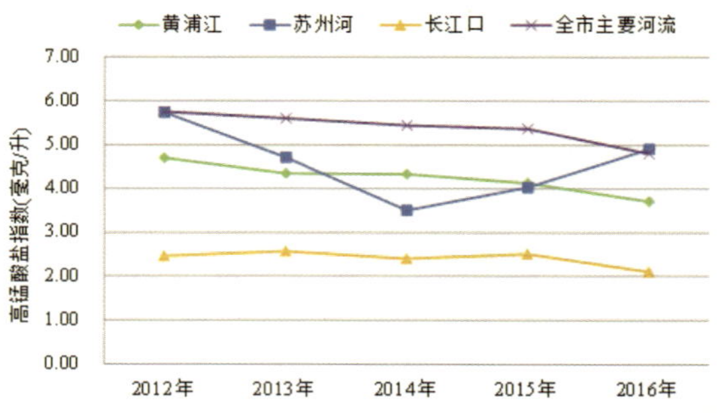

上海市主要河流高锰酸盐指数变化趋势图

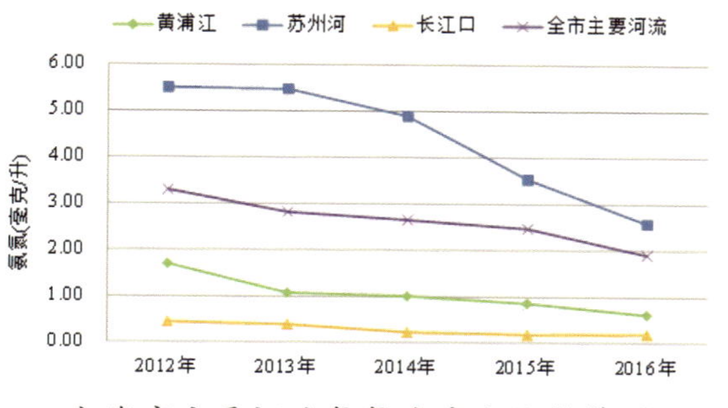

上海市主要河流氨氮浓度变化趋势图

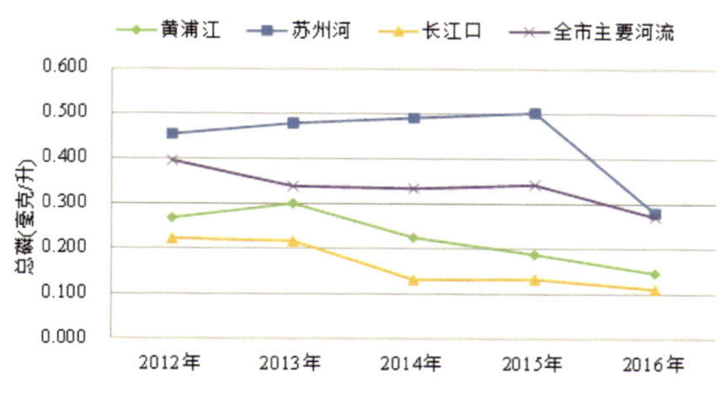

上海市主要河流总磷浓度变化趋势图

【空气环境质量】2016 年，上海市环境空气质量指数（AQI）优良天数为 276 天，较 2015 年增加 18 天；AQI 优良率为 75.4%，较 2015 年上升 4.7 个百分点。其中，优 78 天，良 198 天，轻度污染 69 天，中度污染 19 天，重度污染 2 天；重度污染天数比 2015 年减少 6 天。

全年 90 个污染日中，首要污染物为细颗粒物（PM2.5）的有 43 天，占 47.8%；首要污染物为臭氧的有 35 天，占 38.9%；首要污染物为二氧化氮的有 10 天，占 11.1%；首要污染物为可吸入颗粒物的有 1 天，占 1.1%；首要污染物同为 PM2.5 和臭氧的有 1 天，占 1.1%。

细颗粒物（PM2.5）：2016 年，上海市 PM2.5 年均浓度为 45 微克 / 立方米，超出国家环境空气质量二级标准 10 微克 / 立方米，较 2015 年下降 15.1%，较基准年 2013 年下降 27.4%。月均浓度整体低于 2015 年，但冬季季节性污染问题仍较突出，1 月平均浓度最高，为 70 微克 / 立方米。各区 PM2.5 浓度空间分布总体呈西高东低的态势。

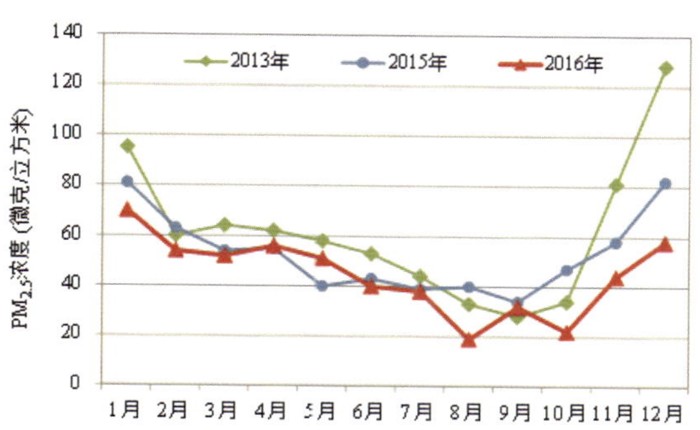

2015—2016 年及基准年 2013 年各月 PM2.5 月均浓度比较图

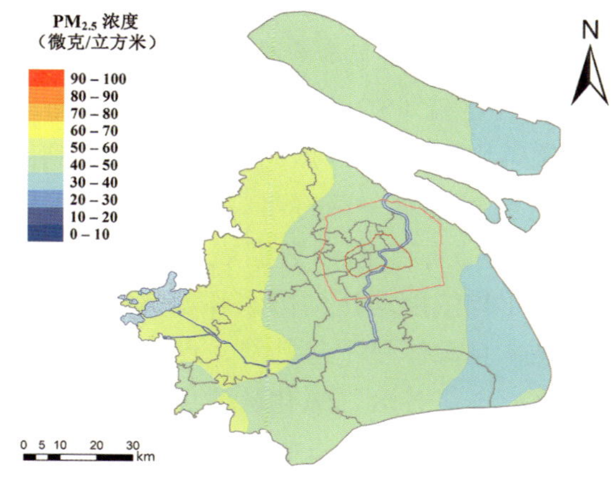

2016 年上海市各区 PM2.5 浓度空间分布示意图

可吸入颗粒物（PM10）：2016 年，上海市 PM10 年均浓度为 59 微克 / 立方米，达到国家环境空气质量二级标准，较 2015 年下降 14.5%。近 5 年的监测数据表明，上海市 PM10 年均浓度总体呈波动下降趋势，已连续两年达到国家环境空气质量二级标准。各区 PM10 浓度空间分布总体呈西高东低的态势。

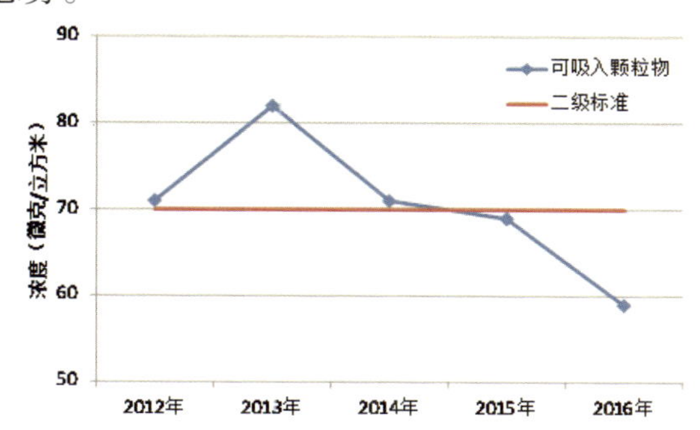

2012—2016 年上海市可吸入颗粒物年均浓度变化趋势图

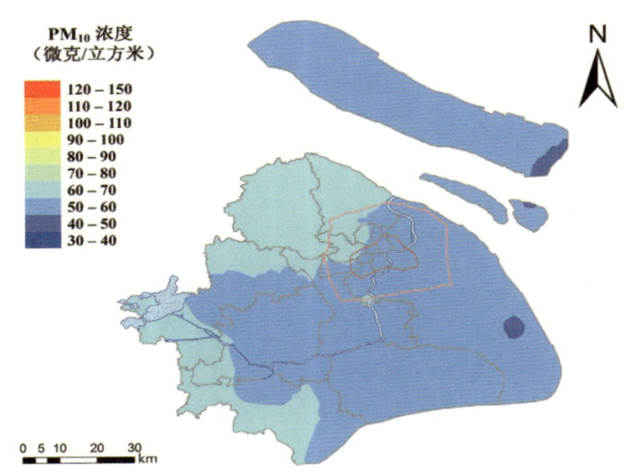

2016 年上海市各区可吸入颗粒物浓度空间分布示意图

二氧化硫（SO_2）：2016 年，上海市二氧化硫年均浓度为 15 微克 / 立方米，达到国家环境空气质量一级标准，较 2015 年下降 11.8%。近 5 年的监测数据表明，上海市二氧化硫年均浓度均达到国家环境空气质量二级标准，且总体呈下降趋势，已连续三年达到一级标准。各区二氧化硫浓度总体较低，尤以东部、南部地区和崇明最低。

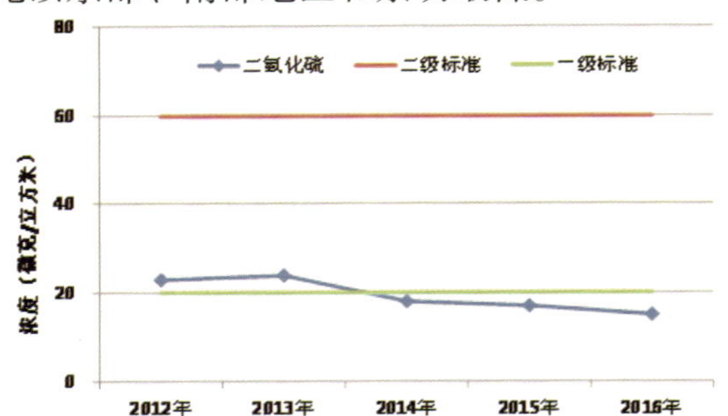

2012—2016 年上海市二氧化硫年均浓度变化趋势图

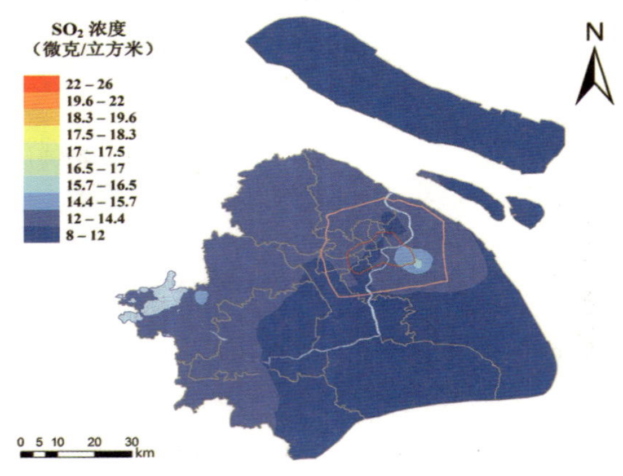

2016 年上海市各区二氧化硫浓度空间分布示意图

二氧化氮（NO_2）：2016 年，上海市二氧化氮年均浓度为 43 微克 / 立方米，超出国家环境空气质量二级标准 3 微克 / 立方米，较 2015 年下降 6.5%。近 5 年的监测数据表明，上海市二氧化氮年均浓度均未达到国家环境空气质量二级标准，但总体呈缓慢下降趋势。各区二氧化氮浓度空间分布总体呈市中心向周边区域递减的趋势，浦西地区二氧化氮浓度总体高于浦东地区。

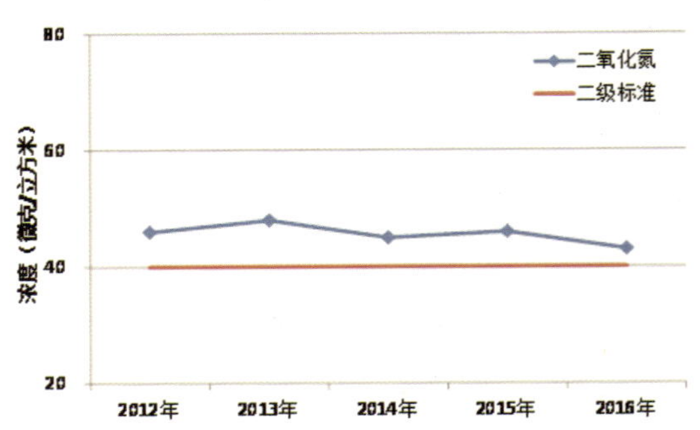

2012—2016 年上海市二氧化氮年均浓度变化趋势图

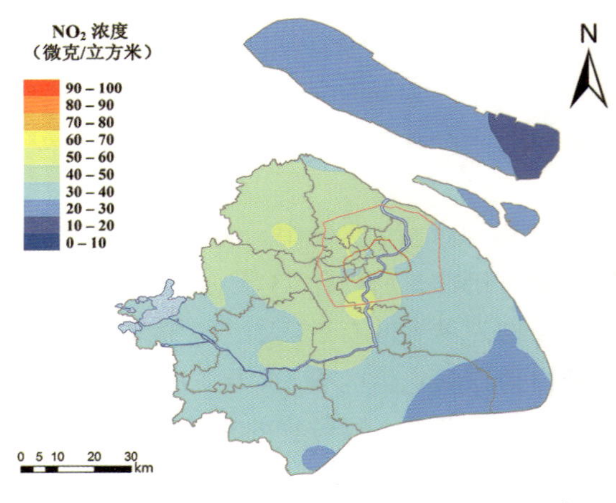

2016 年上海市各区二氧化氮浓度空间分布示意图

臭氧：2016 年，上海市臭氧日最大 8 小时平均第 90 百分位数浓度为 164 微克 / 立方米，超出国家环境空气质量二级标准 4 微克 / 立方米，较 2015 年上升 1.9%。各国控点臭氧日最大 8 小时平均值的达标率为 81.8% ~ 94.8%，与 2015 年相比基本持平。

一氧化碳：2016 年，上海市一氧化碳日均浓度范围在 0.4 ～ 2.0 毫克 / 立方米之间，全部达到国家环境空气质量二级标准。上海市年均浓度为 0.79 毫克 / 立方米，较 2015 年下降 8.1%。

近 5 年的监测数据表明，上海市一氧化碳日均浓度达标率均为 100%，年均浓度均维持在 1.0 毫克 / 立方米以下。

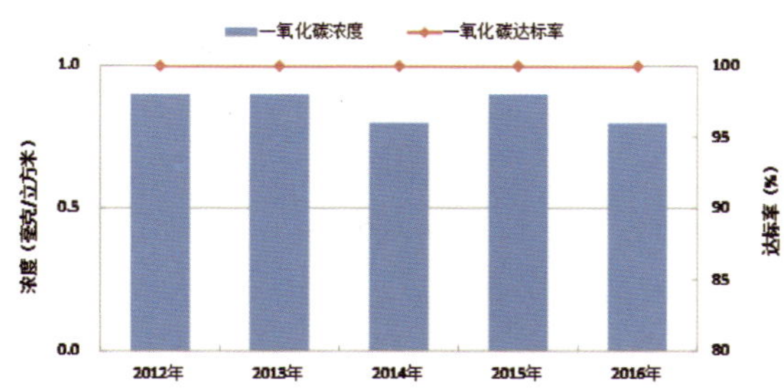

2012—2016 年上海市一氧化碳浓度变化趋势图

酸雨：2016 年，上海市降水 pH 平均值为 5.22，酸雨频率为 50.4%，较 2015 年下降 10.4 个百分点。近 5 年的监测数据表明，上海市酸雨污染总体呈下降趋势。

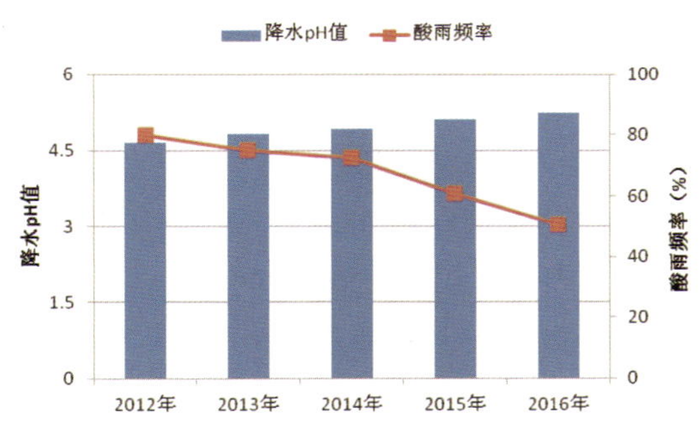

2012—2016 年上海市酸雨频率和降水 pH 值变化趋势图

降尘：2016 年，上海市平均区域降尘量为 4.5 吨 / 平方公里 · 月，道路降尘量为 9.5 吨 / 平方公里 · 月。与 2015 年相比，区域降尘量下降 0.4 吨 / 平方公里 · 月，道路降尘量上升 0.3 吨 / 平方公里 · 月。近 5 年的监测数据表明，上海市降尘污染总体呈下降趋势。

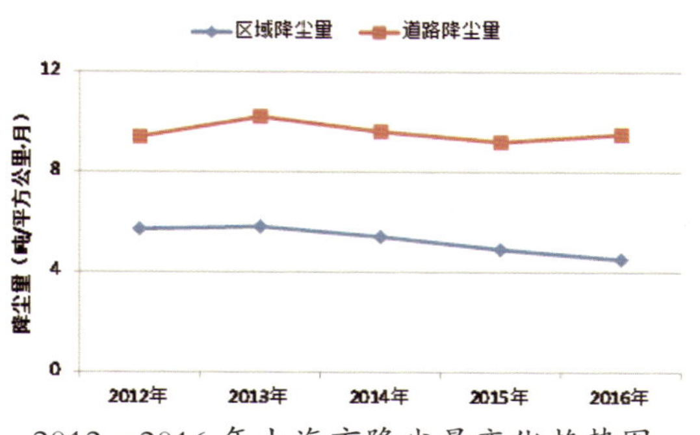

2012—2016 年上海市降尘量变化趋势图

【声环境质量】2016 年，上海市区域环境噪声为一般水平；道路交通噪声昼间时段和夜间时段均保持稳定。

区域环境噪声：2016 年，上海市区域环境噪声昼间时段的平均等效声级为 56.0dB(A)，较 2015 年下降 0.2dB(A)；夜间时段的平均等效声级为 48.5dB(A)，较 2015 年上升 0.6dB(A)。昼间时段有 88.8% 的测点达到好、较好和一般水平，夜间时段有 98.4% 的测点达到较好和一般水平。

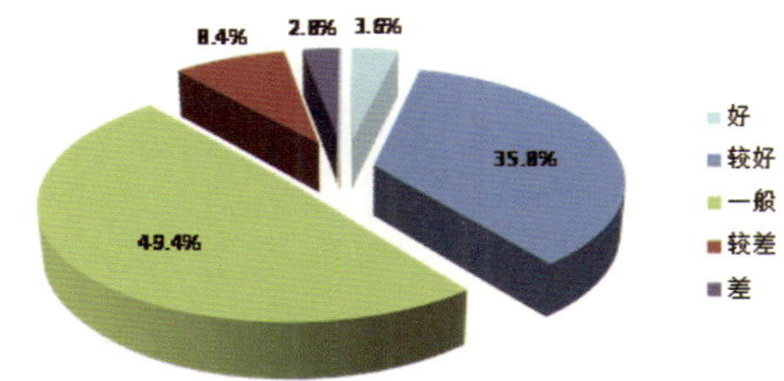

2016 年上海市昼间时段区域环境噪声等级分布

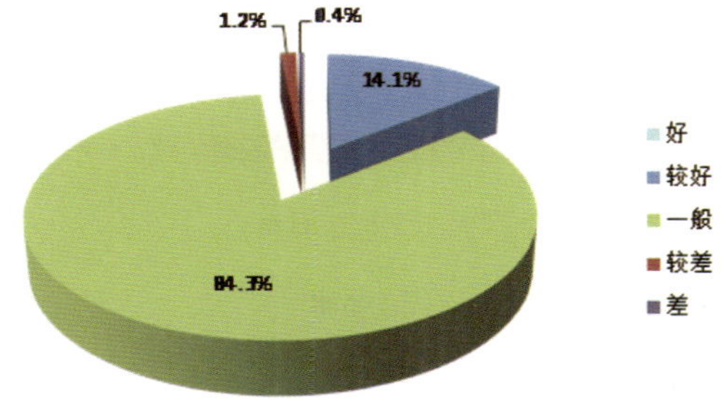

2016 年上海市夜间时段区域环境噪声等级分布

近 5 年的监测数据表明，上海市区域环境噪声昼间时段平均在 55 ～ 56dB(A) 之间，夜间时段平均在 48dB(A) 左右，总体保持稳定。

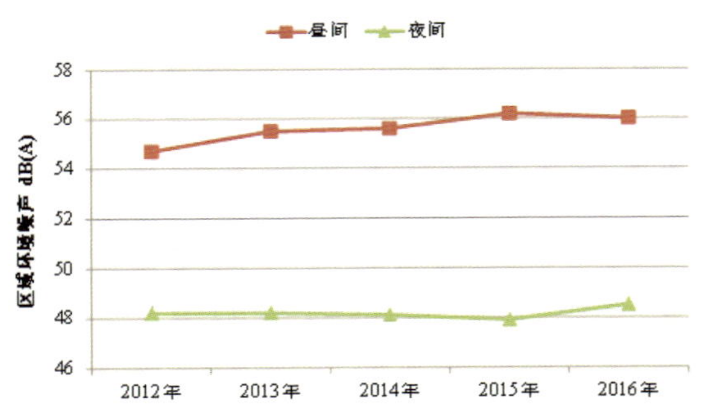

2012—2016 年上海市区域环境噪声变化趋势图

道路交通噪声：2016 年，上海市道路交通噪声昼间时段的平均等效声级为 69.5dB(A)，较 2015 年下降 0.3dB(A)；夜间时段的平均等效声级为 65.0dB(A)，较 2014 年下降 0.5dB(A)。昼间时段评价为好、较好和一般水平的路段占监测总路长的 85.0%，夜间时段评价为好、较好和一般水平的路段占监测总路长的 25.9%。

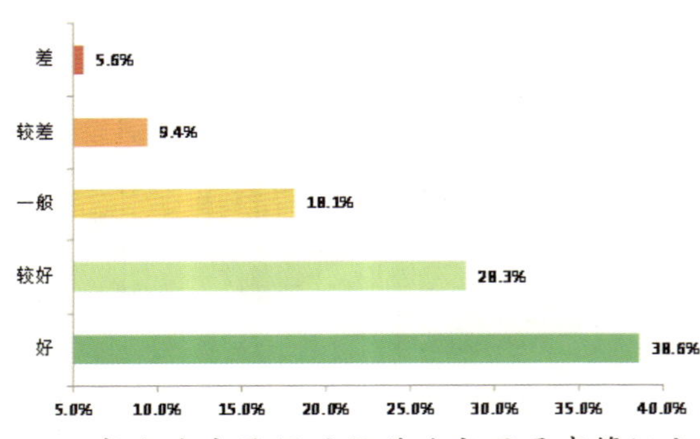

2016 年上海市昼间时段道路交通噪声等级分布

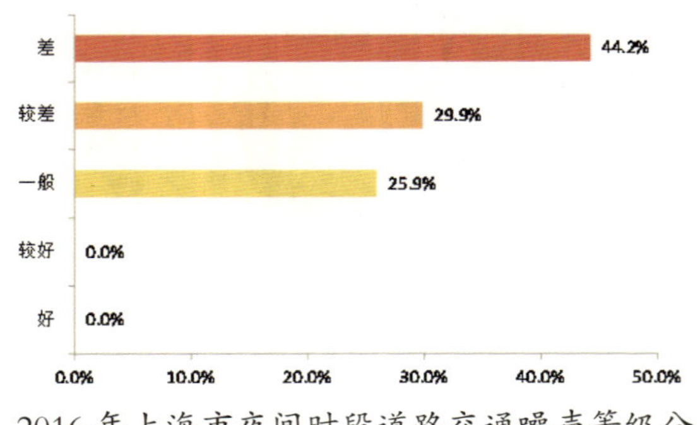

2016 年上海市夜间时段道路交通噪声等级分布

近 5 年的监测数据表明，上海市道路交通噪声昼间时段总体稳定在 69.0 ~ 70.0dB(A) 之间，夜间时段稳定在 65dB(A) 左右。

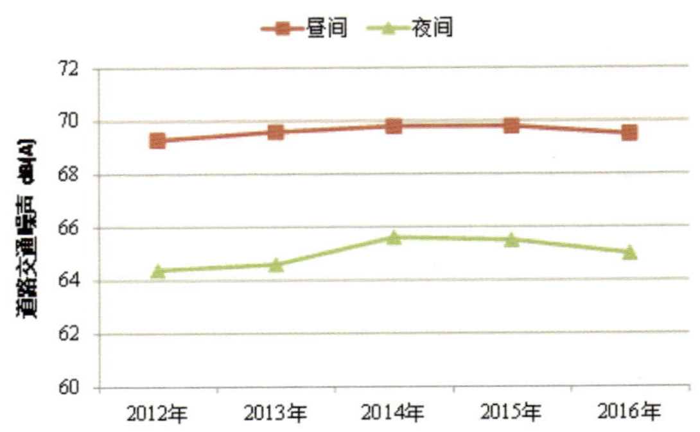

2012—2016 年上海市道路交通噪声变化趋势图

【辐射环境质量】2016 年，上海市辐射环境质量总体情况良好。

电离辐射：环境天然放射性水平方面，通过对辐射空气吸收剂量率、辐射累积剂量的监测及气溶胶、雨水沉降物、水汽、地表水、地下水、海水、土壤、生物等样品的分析可知，上海市大气、水体、土壤等介质中的放射性核素浓度处于正常水平，上海市各监测点的 γ 辐射空气吸收剂量率与历年的监测结果相当。

核技术应用方面，通过对上海市典型Ⅰ ~ Ⅴ类放射源及Ⅰ ~ Ⅲ类射线装置使用场所周围环境辐射水平的监测，结果表明，核技术应用场所周围环境中的年累积辐射剂量满足《电离辐射防护与辐射源安全基本标准》（GB18871－2002）中规定的对公众和职业人员受照剂量的限制要求。

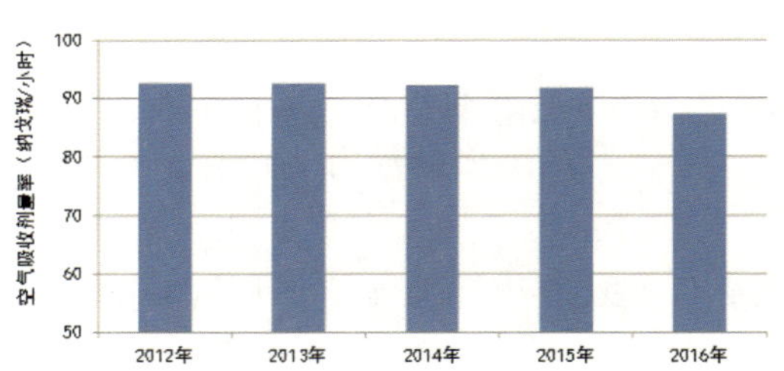

2012—2016 年上海市 γ 辐射空气吸收剂量率变化趋势图

电磁辐射：电磁辐射环境方面，上海动物园、共青森林公园、龙华烈士陵园、世纪公园、上海滨海森林公园、人民公园、奉贤古华园、嘉定孔庙、商业区(人民广场)、工业区(青浦工业区)、住宅区(中远两湾城)及交通干线(轨道交通三号线)共12个背景点的电磁辐射水平监测结果表明，工频电场强度为0.150～0.707伏特/米，工频磁感应强度为0.0121～0.1175微特斯拉，综合电场强度为0.22～1.51伏特/米，与历年相比，上海市电磁辐射环境背景水平无明显变化。

电磁辐射污染源方面，对东方明珠等广播发射塔、500千伏南桥变电站等4个变电站、500千伏桥行输电线等4条高压送电线、卫星地球站、浦东机场雷达站、移动通信基站、磁悬浮列车及电气化铁路周围环境电磁辐射水平进行了监测，结果表明其周围环境中的工频电场强度、工频磁感应强度和综合电场强度均符合《电磁环境控制限值》(GB8702-2014)中相应频段规定的公众曝露控制限值。

（三）污染防治

【大气污染防治】2016年，上海市全面落实能源、产业、交通、建设、农业、生活六大领域大气污染防治措施67项，提前一年基本完成《上海市清洁空气行动计划（2013—2017年）》明确的重点任务。

能源领域：完成公用燃煤电厂9台60万千瓦及以上机组的超低排放改造（累计完成改造15台）；上海市全面供应符合国四标准硫含量限值要求(50ppm以下)的普通柴油；全面取缔剩余经营性小茶炉和小炉灶；启动剩余集中供热锅炉清洁能源替代改造。

产业领域：完成产业结构调整项目1176项；完成1504家工业企业挥发性有机物治理；启动电厂煤堆场封闭改造。

交通领域：2016年1月1日起实施2005年以前国二老旧汽油车外环线（含）以内区域限行措施，2016年4月1日起实施轻型柴油客车新车国五标准，推进实施国三柴油集卡DPF改造，淘汰高污染车5.7万辆，推广新能源车4.5万辆。2016年4月1日起，实施停靠上海港船舶换用低硫燃油等排放控制措施；完成非道路移动机械申报登记，实施在用非道路移动机械烟度排放标准。

建设领域：2016年起上海市符合条件的新建建筑项目全部实施装配式建筑，全年落实装配式建筑面积1500余万平方米；完成606平方公里扬尘污染控制区创建；以道路扬尘管控为切入点全面推进扬尘综合防治，累计安装扬尘在线监测系统2100余套，并落实与现场管理的有效衔接。

农业领域：继续强化秸秆综合利用，加快不规范畜禽养殖场（户）退出，开展畜禽养殖减排工程示范建设。

生活领域：启动汽修行业专项整治，完成汽修行业综合整治约1000家；继续推进餐饮业油烟治理。

此外，年内完成空气重污染专项应急预案修订，加大强制性应急减排力度并有序落实。

【水环境治理与保护】2016年，上海将国家《水污染防治行动计划》和《上海市水污染防治行动计划实施方案》列入市政府的重点工作以及年度目标管理，上海“水十条”全面启动实施。建立了环保、水务部门双牵头的市区两级联合推进机制，分项目、分年度、分区域细化落实目标任务，“水十条”在市、区、镇（街道）三级得到层层落实。

饮用水源地保护：2016年12月，黄浦江上游金泽水源湖建成并开闸引水，闵奉支线同步实施通水切换，标志着上海市全面实现“两江并举、多源互补”的供水集约化格局。水源保护区整治工作推进顺利，全面完成青草沙及陈行水库二级水源保护区内排污口调整。饮用水源保护区生态补偿力度不断加大，2016年市级财政拨付补偿资金8.8亿元，促进水源保护区的生态环境保护工作。

水环境治理：2016年重点推进污水处理厂升级改造、污水管网完善、污泥处理处置、黑臭水体整治、农业畜禽污染整治等工作。建成了金山区兴塔、廊下、松江区新浜、青浦区朱家角、练塘、上海石化6个污水厂提标改造项目及浦东新区临港、崇明区陈家镇、松江区、嘉定区、奉贤区的污泥处理工程等17个项目。完成了20条段建成区黑臭水体整治，新增污水收集管网80.4公里。出台并启动实施了《上海市养殖业布局规划（2015—2040）》，完成不规范畜禽养殖场关闭退养，共关停2720家。完成了取缔不符合国家产业政策的小型造纸、制革、印染等“十小”生产项目等工作。在政府网站上定期公布饮用水源地、供水厂和龙头水水质。在分析投诉、排摸状况、监测水质的基础上，制订出台《关于加快上海市城乡中小河道综合整治的工作方案》，全面启动城乡中小河道综合整治工作。

【土壤污染防治】2016年底，市政府印发《上海市土壤污染防治行动计划实施方案》。该实施方案围绕一个总体目标，紧扣五大重点任务，落实四大保障措施，共提出10条、33款措施内容和具体任务，对上海土壤污染防治工作做出了全面战略部署，这是当前和今后一段时期上海土壤污染防治工作的行动纲领。该实施方案坚持预防为主、保护优先、风险管控的原则，实施分类别、分用途、分阶段治理，严控新增污染、逐步减少存量，形成政府主导、企业担责、公众参与、社会监督的土壤污染防治体系，促进土壤资源安全、持续利用。

市环保局、市规划国土资源局联合印发了《上海市经营性用地和工业用地全生命周期管理土壤环境保护管理办法》，市环保局出台了《上海市经营性用地全生命周期管理场地环境保护技术指南（试行）》《上海市工业用地全生命周期管理场地环境保护技术指南（试行）》两项技术指南。上海市在全国创设性地开展了经营性用地和工业用地全生命周期环境管理工作。

【固体废物管理】2016年，上海市共有30家危险废物经营许可证单位，包括填埋处置、焚烧处置（含医废）、物化处理、综合利用和废桶清洗5个大类，总核准年利用处置规模为75.78万吨，清洗废桶137.3万只。填埋处置企业3家，总核准年填埋规模为12.62万吨；焚烧处置企业（含医废）10家，总核准年焚烧规模为23.06万吨。

2016年，上海市危险废物（不含医疗废物）市内处理处置43.42万吨，清洗废桶90.30万只；危险废物跨省市转移处理处置16.7万吨，废桶跨省市转移处理处置20.1万只。全年医疗废物焚烧处置46144吨，医疗废物无害化集中处置率100%。

2016年，上海市共有5家企业获得了废弃电器电子产品处理资格许可，总核准年处理“四机一脑”能力为409.87万台。全年上海市拆解企业合计接收废弃电器电子产品201.65万台，已拆解198.24万台（折合5.1万吨），其中拆解电视机125.06万台，电冰箱4.68万台，洗衣机13.37万台，房间空调器5.56万台，计算机和显示器49.57万台。

【辐射安全管理】2016年，上海市共办理延续、重新申请、新增辐射安全许可证审批423家次。市区两级环保部门对核技术利用单位开展监督性执法检查2184家次。

开展了上海全市性的放射源专项清查行动，全面清点放射源账物相符情况。对上海市所有涉源单位发放了《关于对销售、使用放射源单位开展专项清查的通知》，全面清点上海市在用的、闲置的与许可之外的放射源，对每个放射源清点、拍照与建档，以确保放射源处于安全、可控范围，在各涉源单位自查的基础上基本完成该项清查的监督检查工作，确保了G20峰会期间上海市的辐射安全。配合环保部华东核与辐射安全监督站对上海市有条件豁免源设备开展专项检查，对上海市十二家获得环保部有条件豁免管理批复的含源设备生产、销售以及进口单位落实豁免管理批复及其辐射安全管理等情况进行了专项检查，落实了企业对豁免放射源的管理责任。

加强对关停并转涉源企业的监控和收贮力度，跟踪及妥善处置了关停并转单位的16枚放射源，防止因企业倒闭等原因而引发丢源事故。

通过金山预警监测站点的升级，完善了核事故预警在线监测系统，提高了预警能力。充分利用环保部全国辐射环境监测网应急调度平台，深化省级核与辐射应急运作机制。

各区环保部门按计划开展了辐射事故应急演练，提高区级环保部门的应急能力。

（四）重点工程建设

【概况】第六轮环保三年行动计划加快推进，列入计划的232个项目启动率93%，年内已完成84个。

【大气专项】继续推进燃煤发电机组超低排放改造，推动工业企业挥发性有机物治理。加快推进高污染车辆淘汰和新能源车推广。发布《上海港实施船舶排放控制区工作方案》，上海港区域靠岸船舶推广使用低硫燃油。

【水专项】黄浦江水源地金泽水库建成投用，可为西南五区670万人供水。推进污水厂提标改造和污泥处理工程建设，完成河道整治155公里。

【固废专项】生活垃圾分类收集累计覆盖421万户，绿色账户累计覆盖130万户，建成投运天马、奉贤及崇明等生活垃圾处置设施，开工建设老港再生能源利用中心（二期）。

【工业专项】加快工业企业结构调整，“198”区域土地减量7.3平方公里。

【农业专项】全面完成不规范养殖畜禽场（户）整治，推广商品有机肥23万吨、高效低毒农药300万亩次、绿色防控技术19.5万亩次，秸秆综合利用率达93%。开展村庄改造112个行政村，受益农户7万余户。

【生态专项】6个郊野公园开工建设，金山廊下已开园，青西、长兴岛试开园。完成新建绿地1200公顷、立体绿化40万平方米、外环林带50公顷、郊区造林7.6万亩。人均公园绿地面积达到7.82平方米，森林覆盖率达到15.56%。

（五）重点区域综合整治

【生态环境综合治理】2016年上海市继续以违法用地、违法建筑、违法经营、违法排污、违法居住“五违”现象突出的连片区域为整治重点，开展生态环境综合整治，使区域内环境污染问题得到有效遏制，生态环境得到明显改善。市环保局会同区环保局和相关部门加大整治区域的环保执法力度，重点加强对无组织排放废气、粉尘、超标排放大气污染物、非法处置危险废物等各类环境违法行为的监管执法，全面完成生态环境综合整治工作年度目标。其中2015年9区11块市级重点区块共消除违法用地5485亩，拆除违法建筑305万平方米，整治污染源963处，关闭无证及淘汰企业1359家。2016年17个市级重点区块共消除违法用地7329亩，拆除违法建筑667万平方米，整治污染源1096处，关闭无证及淘汰企业4674家。

【金山地区环境综合整治】2016年金山地区完成环境综合整治项目390项，提前完成2017年度整治项目44项，金山卫污水厂提标扩建、污泥处置、化工区危险废物处置等一批基础设施项目建成投运，完成万安水泥、中荣铝业等126项重点结构调整，上海石化油品升级改造以及巴斯夫涂料等90项升级、深化治理项目。区域生态环境有所改善，恶臭异味问题趋于缓解，信访投诉量明显下降。

（六）法制建设

【概况】2016年上海市环保系统查处案件达3318件，处罚金额2.507亿元，分别同比增长27.9%和44.6%。其中做出按日计罚11件，处罚金额共计1723万元；实施查封扣押150件，限制生产、停产整治18件，移交公安行政拘留13件，涉嫌环境犯罪移交公安部门33件。

【新《环保条例》生效】2016年7月29日，《上海市环境保护条例》（以下简称《环保条例》）经上海市第十四届人大常委会第三十一次会议表决通过，自2016年10月1日起施行。修订后的《环保条例》共8章91条，与原《环保条例》相比增加了“绿色发展”和“信息公开和公众参与”两章，条文从60条增加到91条。主要特点：一是推进绿色发展，突出源头防治，从改变生产和生活方式推进生态环境保护；二是体现社会共治，推动社会各方力量参与环境保护，包括政府、企业、社会组织和公众；三是严格执法，实行最严格的环境保护制度，实现源头严防、过程严管、后果严惩。

【《上海市实施网格化环境监管体系方案》印发】2016年市环保局与市住房城乡建设管理委联合印发了《上海市实施网格化环境监管体系方案》，明确上海市按行政区域划分为“一至四级网格＋特殊网格”的环境监管网络模式，全面推动建立环保网格化管理体系。

【与市检察院三分院签署备忘录】2016年市环保局与上海市人民检察院第三分院签订了环境保护行政执法与检察监督工作的备忘录。建立联席会议、联络员制度，确定专人负责日常联络和协调。建立执法信息共享平台，实现了信息的共享和互通。备忘录的签订，进一步增强了检察工作与环境保护行政管理的衔接、配合、监督与支持。

【编制发布了一系列环保政策】2016年，编制发布了《上海市固定污染源重点污染物许可排放量申请及核定规则（试行）》，提出了以达标前提下的实际排放量为基础，从严核定许可排放量的要求。出台了《上海市固定污染源编码实施办法（试行）》，开展了核发和管理平台的升级改造，建设了污染源统一编码系统，实现了部分系统污染源数据交换共享。编制发布了《上海市工业企业挥发性有机物排放量核算暂行办法》，进一步规范了实际排放量的核算办法。对大气污染物重点排放企业、金山产业核心区企业和“水十条”确定的重点企业开展了核发管理工作。有序推进区管以上重点企业排污许可证核发工作，上海市共完成了266家企业排污许可证核发工作。加强持证单位证后管理。发布了《上海市2016年及“十三五”大气重点污染物排放单位总量控制方案》和《关于开展2016年大气污染物重点排放企业减排措施动态跟踪评估工作的通知》，完成了320家大气污染物重点排放企业年度7%减排量的跟踪评估工作。试点开展了上海化工区排污许可证执行情况的专项检查工作。

【上海市启动挥发性有机物排污收费试点】试点工作采取“收费标准先低后高，收费时间分段实施，重点行业逐步全覆盖”的基本思路，明确政策信号和预期，充分发挥排污收费杠杆调节作用，促进污染治理和结构调整。截至2016年底，共对260余家企业累计开征排污费约1.4亿元，并统筹运用执法、标准、行政监管等多种手段，有力推动了企业污染治理进度，挥发性有机物排放同比减少约3万吨。

（滕晓波）

PART FIVE

VI

水务管理

WATER MANAGEMENT

（一）综述

2016年，各级水务部门聚焦服务改善民生，积极主动回应社会关切；围绕筑牢城市安全底线，水务安全保障平稳有序；以全面推行河长制为抓手，启动水环境综合整治攻坚战；着眼提升政府部门行政效能，进一步推进政府职能转变，各项工作成效明显，实现“十三五”良好开局。

二次供水设施改造提速。与住宅小区综合治理三年行动计划相衔接，列入市政府实事项目的2000万平方米居民住宅二次供水设施改造提前完成，全年超计划完成3576万平方米改造任务，供水企业新增接管4000万平方米，“管水到表”深入推进。

有力应对历史罕见寒潮。水务、住建等多部门联动、全力应对历史罕见寒潮并及时总结防御工作，研究出台二次供水设施改造工程技术标准、防冻保温细则、项目建设管理办法。同时，及时处置黄浦江水源污染突发事件，夏季高峰供水经受了最高日供水量近1000万立方米的考验，迪士尼乐园开园等重大活动期间的供水安全保障有序。

落实最严格水资源管理制度取得新成效。贯彻水利部《“十三五”水资源消耗总量和强度双控行动方案》，大力推进节水型社会建设，严格计划用水和定额管理，地下水采灌比提升到1:7.6。修订出台《上海市实行最严格水资源管理制度考核办法》，最严格水资源管理制度考核连续三年获得优秀称号，受到国务院通报表扬。

水源地建设实现重大突破。历经近10年论证、1年前期、2年建设，黄浦江上游水源地金泽水库工程基本建成通水。基本建成泰和水厂、徐泾水厂扩建工程，改建小口径供水管网500公里。

防汛防台取得新胜利。举行了历年来参演规模最大的军地联动防汛应急演练，建立“一区一清单”隐患排查整改机制，完善防汛督察制度。经受多次台风外围影响和“9.15”特大暴雨、17场局部大暴雨和暴雨的考验，保障城市正常运行和市民生产生活的安全有序。

覆盖市区街镇的河长体系初步建立。市政府印发《关于本市全面推行河长制的实施方案》，成立市级河长制办公室，按照分级管理、属地负责的原则，建立市政府主要领导担任全市总河长，市政府分管领导担任全市副总河长，区、街镇主要领导分别担任辖区内区、街镇总河长的三级河长体系。第一批涉及长江口（上海段）、黄浦江干流、苏州河等市、区管主要河湖，以及列入城乡中小河道综合整治任务的471条段河道河长名单对社会公布。

中小河道综合整治措施落实有力。召开全市动员部署会议，建立市水环境综合整治联席会议制度并成立办公室，各区建立由区主要领导为第一责任人的工作小组。基本完成471条段631公里中小河道综合整治的“一河一策”编制工作，开工222条段276公里，占总公里数的43.8%。按照“发现一条、整治一条”的要求，深入开展村沟宅河和名录外水体排摸。稳步推进市政雨水泵站治理工程，启动断头河整治三年行动计划编制工作。

污水和污泥处理设施建设扎实推进。中心城区石洞口污水厂提标改造进展顺利，竹园污水厂提标改造升级补量工程开工建设，白龙港污水厂提标改造除臭工程建成投用，主体工程工可获批，郊区26座城镇污水厂提标改造工程完成4座，其余全面开工，郊区污泥处理项目取得积极进展，全市城镇污水处理率预计达到93%。

建成区黑臭水体治理取得阶段性成效。贯彻落实《水污染防治行动计划》，围绕“2017年底全市建成区基本消除黑臭水体”的目标，组织编制56条段黑臭水体“一河一策”整治方案，完成20条治理任务，基本实现国家年度考核目标，并及时开展公众调查评议和水质监测，整治工作受到社会好评。

完成城乡一体化工作目标任务。扎实推进农林水三年行动计划，完成155公里河道综合整治和3048公里镇村级河道轮疏，以及4万亩都市现代农业示范片建设和3万户农村生活污水处理。

（二）防汛防台

【概况】2016年汛期，本市经受住太湖超标准洪水、多次台风外围影响和“9·15”特大暴雨、5场局部大暴雨、10余场暴雨，以及国庆期间“10·2”大暴雨等严峻汛情的考验。共发布防汛防台橙色预警1次、黄色预警19次、蓝色预警6次，汛情总体平稳。

【汛情特点】一是太湖水位长时间居高不下。太湖流域自6月19日入梅至7月20日出梅，32天梅雨量412毫米，为多年平均梅雨量的1.7倍。受连续强降雨影响，太湖水位异常偏高，一度涨至4.87米，超过保证水位0.22米，为1999年以来最高水位，也是历史实测第2高水位。太湖水位自6月3日年内首次超警，6月19日起持续46天超过警戒线，直至8月4日退至警戒水位以下，为1999年以来超警历时最长的一年。受其影响，6、7月，黄浦江上游水位普遍较常年偏高30~50厘米。二是本市降雨集中、时空分布不均。汛期和国庆期间，本市共遭遇1场特大暴雨、6场局部大暴雨、10余场暴雨袭击。据统计，汛期本市累计雨量757.1毫米（徐家汇站代表站），较常年同期684.4毫米偏多10.6%。6、9月降雨比往年明显偏多，7、8月降雨比往年明显偏少，且降雨突发性、局地性强，呈现出时空分布不均的特点。几次暴雨中，城市运行总体保持了安全平稳有序，但也出现了不同程度的道路、下立交和小区积水。特别是9月15日下午至16日上午，受台风“莫兰蒂”外围环流和北方弱冷空气共同影响，上海普降大暴雨，局部地区出现特大暴雨，为今年最强降雨。此次降雨过程中，全市测得雨量数据的642个测站中，有12个测站超过300毫米，28个站达200～300毫米，387个站达100～200毫米，209个站达50～100毫米。其中测得最大雨量的浦东新区万亩良田站达394毫米，该站16日上午5时至8时，3小时降雨达到208.0毫米。最大小时降雨出现在崇明陈家镇新城站，达到93.5毫米，超过六十年一遇的标准。此次强降雨共造成全市20余处道路下立交、30余条段道路、10多个居民小区积水，400余户民居、商铺进水，11.3万亩农田受灾，1.44万人受灾，直接经济损失2390余万元。三是黄浦江水位多次超警。“莫兰蒂”台风影响期间，正值中秋天文大潮，上海地区潮（水）位普遍较高。根据上海市水文总站水情自动测报系统28个潮（水）位代表站的监测资料分析，共有17个站点超警戒水位，但均未超过保证水位。其中，杭州湾2个代表站均超警戒潮位，平均超线0.28米；黄浦江干流和长江口地区潮位均未超警戒潮位；黄浦江上游地区7个代表站中有4个站超警戒潮位，平均超0.19米；水利控制片15个代表站中有11个站超警戒水位，平均超0.17米。据统计，汛期黄浦江吴淞站、苏州河口站、米市渡站分别超警3次、5次、24次，最高潮位分别为4.99米、4.88米、4.27米，均为近十年同期最高潮位。

（三）城市供水

【概况】2016年底，上海市共有自来水厂

37座，与上年持平。全市自来水厂供水能力为1152万立方米/日，比上年增长1.3%。年供水总量为32.04亿立方米，比上年增长2.6%。售水总量为25.24亿立方米，比上年增长2.7%。其中工业用水4.82亿立方米，比上年下降2.3%；城镇公共用水9.39亿立方米，比上年增长2.9%；居民生活用水10.40亿立方米，比上年增长5.2%，生态环境用水0.63亿立方米，与上年持平。2016年全市最高日供水量达993万立方米。

【节水型社会建设】建成18家节约用水示范小区、5家节约用水示范学校（校区）、3家节约用水示范企业（单位）、1家节水型工业园区、1家节水型农业园区、163家节水型小区、51家节水型学校（校区）、20家节水型企业（单位）和2家节水型机关。万元生产总值用水量为28立方米，比上年下降10%；万元工业增加值用水量为51立方米，比上年下降4%；全市地下水开采量291万立方米，比上年下降32%，回灌量2203万立方米，比上年下降5%，地下水采灌比达到1:7.6。

（四）城市排水

【概况】2016年，上海市城镇污水总量23.62亿立方米（其中工业污水量5.43亿立方米，生活污水量18.19亿立方米），折合日均城镇污水量645.48万立方米。

【城镇污水处理厂污水处理量】到2016年底，上海市共有城镇污水处理厂53座，总处理规模为817.6万立方米/日。全年平均实际污水处理量608.60万立方米/日，全市城镇污水处理率94.3%，比上年增加1.5个百分点。

【CODCr、NH4-N、TP减排】2016年，全市城镇污水处理厂共处理污水26.80亿方，年化学需氧量（CODCr）、铵氮（NH4-N）和总磷（TP）削减总量分别为65.27万吨、4.99万吨和0.94万吨，较2015年分别增长3.5%、4.1%和3.6%。

（五）水利建设

【推进小型农田水利设施建设】2016年，围绕本市美丽乡村、村庄改造建设，推进农田水利设施配套和圩区达标治理等小型农田水利基础设施建设。更新改造灌溉、排涝泵站163座，排涝泵闸38座，新增节水灌溉面积13.53万亩，进一步提高了农田灌溉保证率和农业节水水平，提高了排涝降渍能力，确保了市民的“米袋子”和“菜篮子”供应，保障了农业增产、农民增收。

【开展中央财政农田水利项目建设】2016年度中央财政农田水利项目涉及建设项目和管理项目两大类，其中建设项目仅涉及奉贤区，共更新改造灌溉泵站6座、低压管道15公里，建设节水灌溉面积4110亩等，加强了当地农业高效节水灌溉设施，节约了农业生产用水。

【推进农林水联动重点项目】2016年，按照“农林水联动、田宅路统筹、区域化推进”的指导思想，结合2015—2017年农林水三年行动计划实施方案，聚焦16个重点农业乡镇，推进4万亩都市现代农业示范片项目建设，为本市协同推进农业、水利、林网设施建设，创建整建制国家农业示范区奠定了基础。

【实施拆坝建桥沟通水系工程】2016年，

拆坝建桥沟通水系工程涉及闵行、嘉定、松江、金山、青浦5个区，拆除坝基79座，新建桥梁69座、涵闸43座，沟通河道21.3公里等。工程的建设进一步沟通水系、调活水体，改善了老百姓的出行条件。

【持续推进农村生活污水处理工作】2016年，市水务部门继续推进农村生活污水处理工作，工程涉及闵行、嘉定、宝山、奉贤、松江、金山、青浦、崇明8个区，全年共计实施了4.4万户农村生活污水处理设施建设的计划任务。

【加强水利设施长效管理】2016年，按照《关于开展农田排涝设施规范管理工作的实施细则》的要求，继续推进农田排涝设施规范化管理工作。开展农田灌溉设施长效管理试点工作，逐步实现管理养护“常态化、专业化、规范化”。

（六）水政管理

【水务规划】完成水务、海洋“十三五”规划编制，2040水务专业规划主要成果纳入新一轮城市总规。全市226骨干河道蓝线和支级河道蓝线规划编制完成，并纳入规土部门统一平台。严格河湖水面率控制，出台加强河湖水面率监督管理实施意见，进一步落实监管职责。

【上海市政府批复同意《苏州河段深层排水调蓄管道系统工程规划》】3月25日，市政府同意《苏州河段深层排水调蓄管道系统工程规划》，该工程服务于苏州河沿线25个排水系统，涉及长宁、普陀、静安、黄浦等区，服务面积约57.9平方公里，规划沿苏州河敷设深层排水调蓄管道、在各排水系统内局部路段新建二三级雨水收集管道，同步新建雨水提升与处理设施，将工程范围内排水标准由1年一遇提高至5年一遇，基本消除初期雨水污染。

【水政】公布部门权力清单、责任清单，自觉接受社会监督。深化行政审批制度改革，依法取消3项行政审批事项，水务、海洋行政审批事项100%按期接入市网上政务大厅，事中事后监管得到加强。深化政务公开工作，加强政府数据资源开放，政府信息公开继续保持零有责投诉、零有责行政诉讼。加强与环保、城管、海事、海警、公安、水上消防等部门协同，全年开展执法检查2500余次。

【《上海市水务局（上海市海洋局）行政审批委托评审管理暂行办法》施行】《上海市水务局（上海市海洋局）行政审批委托评审管理暂行办法》于2016年1月1日起施行。该办法主要明确了市水务局、市海洋局办理行政审批事项需要评审的，应当委托专业服务机构进行，规定了服务机构的数量、入选条件、业务开展方式、对评审报告的编制规范，以及服务机构不良行为应承担的法律责任。

【《上海市水务海洋行政审批听证办法》施行】《上海市水务海洋行政审批听证办法》于2016年2月1日起施行。该办法根据《中华人民共和国行政许可法》等有关规定，对本市水务海洋行政审批听证工作具体操作性内容予以细化规定，明确了听证情形、听证组织部门、听证程序等内容。

【《上海市海洋工程建设项目环境保护设施验收管理办法》施行】《上海市海洋工程建设项目环境保护设施验收管理办法》于2016年2月1日起施行。该办法对本市管辖海域范围内海洋工程环保设施验收工作流程具体操作性内容予以细化规定，明确了验收申请时限、申请材料、监测报告要求、审批时限以及验收合格条件等内容。

【《上海市水务建设工程安全质量监督措施文书管理办法》施行】《上海市水务建设工程安全质量监督措施文书管理办法》于2016年3月1日起施行。该办法主要明确了水务建设工程安全质量监督工作管理部门、使用范围、监督措施文书的种类及监督措施文书具体适用情形。进一步细化明确了整改期限、现场复工核实程序、未按要求整改的具体处理等内容。

【《上海市排水水质监测管理规定》施行】《上海市排水水质监测管理规定》于2016年6月1日起施行。该规定主要明确市区两级执法部门的管理职责分工、政府采购检测机构的条件、采样方式和采样点确定、采样程序、采样样品运输、保存及检验要求、检测结果异议处理，以及对检测机构的监督检查等内容。

【《上海市污水处理成本规制管理办法（试行）》施行】为规范本市污水处理成本构成，市水务局、市发展和改革委员会、市财政局联合制定了《上海市污水处理成本规制管理办法（试行）》（以下简称《管理办法》），自2016年7月1日起施行。《管理办法》的制定遵循了三个原则：一是依法合规原则，各项条款严格按照国家和本市的有关法律、法规，坚持有理有据，程序规范；二是兼顾实际原则，在体现先进性和严格性的基础上，兼顾本市目前污水处理企业的实际情况和今后行业的可持续发展；三是强化监管原则，明确规定污水处理成本费用的内容、范围和标准，特别是对社会较为关注的职工薪酬、折旧、修理费等做了定量限制，并要求对污水处理成本控制的各项经济指标以及污水处理量、污泥处理量、主要污染物出水水质等管理指标的执行情况进行监督检查和年度评价，督促污水处理企业进一步提高运营管理水平。《管理办法》出台有利于增强本市污水处理定价成本的科学性和合理性，为政府购买服务提供依据，有利于明晰政企责任边界，也有利于污水处理企业加强内部管理，提高服务水平和质量，降低生产成本，促进行业健康发展。

【水质监测】开展全市骨干河湖、水利控制片、水功能区、列入“十三五”规划的水环境治理与保护专项河湖、水生态等监测工作；根据上海关于加快本市城乡中小河道综合整治工作部署，组织上海市建成区河道水体整治前摸底公众调查工作，指导各区对建成区黑臭水体的水质监测；在第一阶段471条河道摸底监测基础上协调各区县完成本市消除黑臭河道工作梳理第一次摸底监测；加强实验室管理，强化质量保证，5月通过国家资质认定复查评审。

黄浦江干流断面水质主要指标平均值状况。黄浦江沿程布设6个水质监测断面，自上游至下游依次为：松浦大桥、吴泾、长桥、南市水厂、杨浦水厂和吴淞口。2016年，黄浦江6个水质监测断面水质综合类别均为Ⅲ类。与2015年相比，黄浦江整体水质略有好转；全江段水质综合评价类别持平；氨氮和化学需氧量年平均浓度分别好转22.0%和13.7%，高锰酸盐指、五日生化需氧量、总磷和溶解氧年平均浓度基本持平（详见图1）。

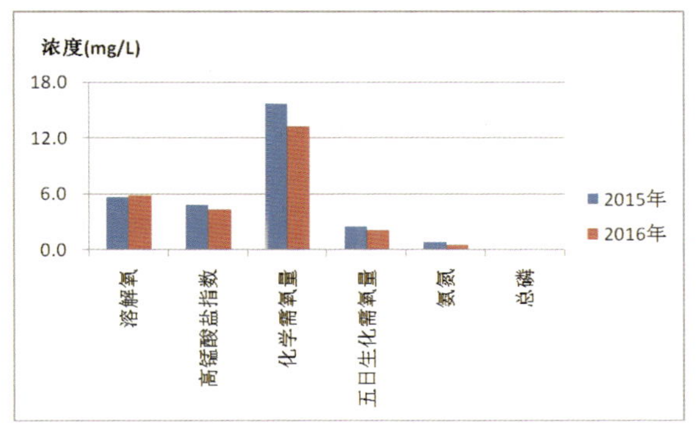

图1：黄浦江主要监测项目平均浓度比较

苏州河干流断面水质主要指标平均值状况。苏州河沿程布设7个水质监测断面，自上游至下游依次为：赵屯、白鹤、黄渡、华漕、北新泾、武宁路桥和浙江路桥。2016年，苏州河沿线7个水质监测断面水质综合评价类别为Ⅴ类至劣Ⅴ类。影响水质的主要项目为氨氮、溶解氧和五日生化需氧量。与去年同期相比，苏州河水质好转；赵屯、白鹤和黄渡3个断面水质均好转一个类别，其余断面水质综合评价类别持平；全河段总磷、氨氮和高锰酸盐指数年平均浓度分别好转32.4%、30.7%和12.0%，五日生化需氧量、化学需氧量和溶解氧基本持平。

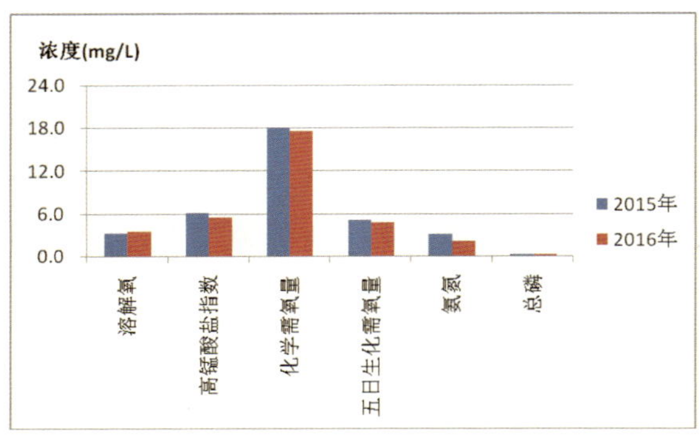

图2：苏州河主要监测项目平均浓度比较

【水务科技】全年启动水务科研项目11项，中间检查5项，结题5项，完成科技成果登记32项。组织完成《上海市排水系统数学模型应用导则》《水务海洋数据中心智能监控关键技术研究与示范应用》《蕴南水利片防汛警戒水位核定研究》等5项水务课题的验收。组织开发了局科研项目管理系统及科技创新网系统，推进科研项目的规范化管理和应用。制定了局工程技术研究中心建设管理暂行规定，挂牌成立“上海市水务局防汛减灾工程技术研究中心”和“上海市水务局水环境工程技术研究中心”。推进标准化和BIM管理工作，组织编制并正式发布《上海市水务标准体系表》，从“3个维度、5个层级、6个专业门类、6个功能序列”角度将现行水务标准分门别类，同时规划了“十三五”期间水务标准制修订计划和标准研究项目储备；颁布了《上海市排水管道封堵临时排水方案编制导则》《上海市居民住宅二次供水设施改造技术标准防冻保温细则》《上海市农田灌溉设施维修养护技术规程》《上海市水务标准体系表》《上海市分流制地区雨污混接调查技术导则》《上海市黄浦江和苏州河堤防设施维修养护定额》6项市水务局标准化指导性技术文件，并统一编号；组织编制《上海市建筑信息模型技术水务应用三年行动计划（2017—2019年）》并正式发布施行。同时，指导上海城投水务集团公司等12家单位联合成立了上海水务BIM技术应用联盟。

（谷鸿鹄）

PART SIX

Ⅵ

房屋管理

HOUSING MANAGEMENT

（一）综述

2016年，上海房地产市场运行总体呈现“先扬后抑”、成交量波动较大、成交价格涨幅明显等特征。年内，政府先后三次出台政策进行调控，随着“调控”不断收紧，年末市场的成交量和价格指数都出现了明显回落。市场走势出现积极变化，社会预期有所变化，市场总体趋于稳定。

2016年，上海完成房地产开发投资3709亿元，同比增长6.9%。其中住房投资共完成1965亿元，同比增长8.4%；办公楼投资696亿元，增长6.3%；商业营业用房投资519亿元，增长11.1%。房地产开发投资占全社会固定资产投资比例为54.9%，较去年同期增长0.3个百分点。

上海商品房新开工面积2841万平方米，同比增加9.1%，其中商品住房新开工面积1436万平方米，同比减少8%；商品房竣工面积2551万平方米，同比减少3.6%，其中商品住房竣工面积1533万平方米，同比减少3.5%。

新建房屋（包括住房和非居住房屋）销售面积2706万平方米，同比增加11.3%。其中，住房（包括市场化新建商品住房和保障性住房）销售面积2020万平方米，同比增加0.5%。二手存量房买卖登记面积3398万平方米，同比增加28.3%，其中二手存量住房买卖登记面积3024万平方米，同比增加28.6%。2016年上海新建商品住房和二手存量住房价格指数同比分别上涨45.5%和40.9%。

2016年，上海新建住宅平均销售价格25910元/平方米。其中，内环线以内87426元/平方米，内外环线之间44984元/平方米，外环线以外18127元/平方米。剔除共有产权住房和动迁安置住房等保障性住房后的市场化新建商品住宅平均销售价格分别为：内环线以内87547元/平方米，内外环线之间62265元/平方米，外环线以外26778元/平方米。

（二）房地产市场监管

【概况】2016年，房地产市场运行总体呈现“先扬后抑”、成交量波动较大、成交价格涨幅明显等特征。随着市场调控政策不断收紧，政策效应逐步显现。年末，住房市场的成交量和价格指数都出现了明显回落。市场走势出现积极变化，社会预期有所变化，市场总体趋于稳定。

【房地产市场运行】房地产开发投资。据上海市统计局统计，2016年1—12月，上海市完成房地产开发投资3709亿元，同比增长6.9%。其中住房投资共完成1965亿元，同比增长8.4%；办公楼投资696亿元，增长6.3%；商业营业用房投资519亿元，增长11.1%。房地产开发投资占全社会固定资产投资比例为54.9%，较2015年同期增长0.3个百分点。房地产业继续对上海市经济社会发展发挥重要支撑作用。

2016年1—12月，上海市商品房新开工面积2841万平方米，同比增加9.1%，其中商品住房新开工面积1436万平方米，同比减少8%；商品房竣工面积2551万平方米，同比减少3.6%，其中商品住房竣工面积1533万平方米，同比减少3.5%。

商品房成交。据市统计局统计，2016年1—12月，新建房屋（包括住房和非居住房屋）销售面积2706万平方米，同比增加11.3%。其中，住房（包括市场化新建商品住房和保障性住房）销售面积2020万平方米，同比增加0.5%。二手存量房买卖登记面积3398万平方米，同比增加28.3%，其中二手存量住房买卖登记面积3024万平方米，同比增加28.6%。

商品住房价格。国家统计局数据显示，2016年新建商品住房和二手存量住房价格指数同比分别上涨45.5%和40.9%。

【房地产市场调控】从严执行限购限贷政策。2016年上海市先后三次出台调控政策，3月25日，市政府办公厅印发《关于进一步完善上海市住房市场体系和保障体系促进房地产市场平稳健康发展的若干意见》（沪府办发〔2016〕11号，以下简称“沪九条”），提高非上海市户籍居民家庭购房门槛，将缴纳个税或社保年限从“3年满2年”提高到“连续满5年”；11月28日，市住建委会同中国人民银行上海分行、上海银监局联合印发《关于促进上海市房地产市场平稳健康有序发展进一步完善差别化住房信贷政策的通知》（沪建房管联〔2016〕1062号），将“二套房贷”认定标准从“只认房”恢复为“认房又认贷”；大幅提高“二套房贷”成数，购买首套住房首付比例提高到不低于35%，购买二套住房首付比例提高到不低于50%~70%。

加强新建商品住房销售管理。10月8日，市住建委会同市规划国土局印发《关于进一步加强上海市房地产市场监管促进房地产市场平稳健康发展的意见》（沪建房管联〔2016〕839号，即“沪六条”），进一步强化新建商品住房销售方案备案审核工作，实行“市、区会审，以区为主”的审核制度。同时，采取预约取号、摇号排序、现场选房的方式规范销售现场。

【房地产市场监管】加大市场监管，规范交易行为。一是严格执行限购限贷的各项交易审核规定，发文明确住房限购审核由登记环节前移至交易环节。二是市住建部门会同市人社部门研究社保缴纳核查，通过两部门信息比对方式核查当事人的缴金情况。三是加强对企业购买住房的监管。对单位批量购买住房的有所增加的情况，按照“沪九条”的有关规定，在交易中加强审核和监管。四是积极推进存量房交易资金监管工作，进一步扩大试点范围，至9月底全市16个区房地产交易中心均已开设资金监管服务窗口。

严厉查处房地产市场违法违规行为。4月中旬，对链家等6家公司虚构房源、虚标房屋价格、以隐瞒手段诱骗消费者交易等违法违规行为依法进行查处。上海银监局随即对6家机构做出暂停1个月房贷业务合作的处理。8月底9月初，针对市场谣言，会同公安、网信办部门及时澄清，严肃查处，依法关闭了5个微信公众号，恶意编造散布谣言的7名涉案人员已移交司法机关进一步处理。根据住建部10月14日电视电话会议要求及市委市政府部署，持续开展房地产企业专项整治活动，严厉查处捂盘惜售、炒作房价等违法违规行为。对涉嫌擅自提价销售的8家房地产开发企业，暂停涉案项目网签资格，由物价部门依法查处。对存在虚签合同、虚假宣传等违法违规行为的7家房地产中介企业做出行政处罚。

【“群租”治理】2016年，上海市继续推进“群租”综合治理取得积极成效。一是保持“群租”集中整治的高压态势。经排摸，全市新增“群租”约2.38万户，实际整治2.31万户，各区整治率均超过90%。二是积极推进“无群租小区”创建工作。截至2016年底，全市近1.2万个住宅小区，累计约3100个小区挂牌“无群租小区”，各区挂牌率均超过10%。三是鼓励扶持代理经租业务规模不断扩大，对于改善上海市租赁住房供应结构，挤压违规“二房东”市场空间，规范上海市住房租赁秩序，发挥了积极作用。

（徐艳丽）

（三）物业管理

【概况】进一步明确全市各相关主体工作职责。起草并由市委、市政府办公厅印发了《关于进一步落实本市住宅小区综合治理中各相关主体工作职责的若干意见》，明确要求加强市级层面的组织领导和统筹协调，落实各区党委和政府的管理责任，落实街镇党政部门属地主体责任，落实居民区党组织、居委会的指导和监督责任，落实业主自我管理主体责任和义务，完善社会各方有序参与的社区共治机制。细化各区住宅小区综合治理年度任务。将各区县工作任务分解为普遍任务、试点任务、扩大试点任务三大类，涵盖了建立住宅小区综合管理会议制度、城管综合执法进小区、网格化进小区、维修资金补建续筹等 23 项工作内容。并由市政府与各区县政府签订了责任书，落实各区治理任务。加强相关配套政策和制度建设。出台了《关于加强本市住宅专项维修资金续筹工作的通知》《关于推进居民区联席会议制度规范化建设的指导意见》《〈前期物业服务合同〉〈物业服务合同〉（2016 版住宅物业示范文本）》等文件，有效补齐了政策短板。初步理顺区级房屋行政管理体制机制。与市编办联合印发了《关于推动本市区房屋管理职责下沉街镇工作的指导意见》，明确了房管办事处下沉工作的指导思想、基本原则、总体目标、主要内容及保障措施。编制案例汇编。整理汇编区县、街镇、居委、业委、物业服务企业等各层面探索完善住宅小区综合治理方面的成功案例，印发全市各区县、街镇，发挥治理示范引领作用。

（何炜东）

【完善物业服务企业和项目经理信用信息管理】为贯彻落实国务院行政审批制度改革，加强物业服务行业事中事后监管，规范本市物业服务市场秩序，督促各区房屋行政管理部门执行《上海市物业服务企业和项目经理信用信息管理办法》，重点在杨浦、徐汇、松江区等区实施工作推进试点。对《上海市物业服务企业和项目经理信用信息评价试行标准》（下称《评价试行标准》）的规范性文件的有效期上报市政度法制办进行了延期，并对《评价试行标准》进行了研究梳理，为 2017 年《上海市住宅物业管理规定》的修订工作进行政策储备。

（庞成梁）

【完善物业服务市场机制】一是全面开展物业行业规范服务年活动，要求物业服务企业公开公示物业服务合同、收费项目、收费标准、办事制度和办事纪律，定期公布维修资金账目和公共收益账目，主动接受业主和社会监督。二是建立物业服务价格信息发布机制，指导督促市物业管理行业协会，于 2016 年 6 月通过信息平台发布了 520 个不同类型小区的物业服务标准和服务价格信息，为业主委员会与物业服务企业协商确定价格提供参考。

（史旭）

【规范业主大会、业主委员会建设管理】加快完善业主自我管理规制，会同市工商局出台了《〈前期物业服务合同〉〈物业服务合同〉（2016 版住宅物业示范文本）》，指导业主建立物业费调价机制，将拒交物业费的行为可按规定流程被上海市公共信用信息服务平台采集。

编写了《住宅小区综合治理培训相关文件汇编》，开展了对业委会成员及相关管理人员的培训，2016 年按计划完成居委会 7332 人、业委会人员 13069 人的培训任务。

2016 年，本市符合条件的住宅小区中组建业委会 8469 个，组建率达 87.86%，业委会规范运作率达86.33%；已有2148个符合条件的业委会建立了党的工作小组；在1440个符合条件的住宅小区实现了居委会、业委会交叉任职；实行业主自行管理的小区已达246个，引导业主探索自行管理物业的模式。

（陈筠）

【962121物业服务热线】2016年，962121物业服务热线共计受理各类来电187.7万件，较上年增长50%。按类型分，报修121.6万件，投诉10.5万件，咨询55.6万件。按来源分，962121热线直接受理173.7万件，12345热线转办件12.2万件，12319热线转办1.8万件。拨出回访电话77万余个，维修回访满意率超过99%，投诉回访满意率89%以上。

年初，本市遭遇35年来最严重的寒潮冰冻天气。10天时间里，962121热线共接电16.6万个，日均接电量超过正常情况的6倍。热线通过抽调人员充实受理一线力量、延长工作时间等措施，全力以赴接听、处置市民来电，保证了电话的畅通，得到了领导和市民的充分肯定。

"夏令热线"期间，962121热线通过加强制度保障、技能培训、服务质量暗查等措施，确保各项工作有序开展，平稳度过台汛高发期。其间，热线受理各类诉求18.7万件，同比上升30.3%，获得建设交通系统"夏令热线"服务质量评比第二名。

（物业中心）

【解决维修资金历史遗留问题】截至2016年底，本市共归集商品住宅小区专项维修资金551.4亿元，其中业主大会未成立由房管部门代管的专项维修资金241.7亿元，划转至6026个商品住宅小区业主大会自行管理的专项维修资金253.5亿元。目前本市累计已使用专项维修资金56.2亿元，使用率为10.2%。

制定出台了《关于加强本市住宅专项维修资金续筹工作的通知》，指导业主采取法定筹集、日常续筹、公共收益补充等多种形式建立"蓄水"机制，并将拒不续筹的行为纳入上海市公共信用信息服务平台。同时，完成了1996年以前782个住宅小区、1996年至2000年间204个住宅小区的专项维修资金补建工作。

（陈筠）

【有序推进实施惠及民生的实事项目】截至2016年底，推广静安"美丽家园"建设经验，全市各区均已制订老旧住宅小区环境综合整治工作方案，全年三类旧住房综合改造520万平方米；老旧住宅小区电能计量表前供电设施改造已完成102万户；已完成老旧住宅电梯安全评估2074台、修理改造更新240余台；完成小区积水点改造207个；完成100个老旧住宅小区的消防设施改造以及510个既有住宅小区电动自行车充电设施试点建设任务；二次供水改造已竣工3676万平方米，上述工作均超额完成年度任务。

（陈杰家、伍伏清、史旭）

【开展《上海市住宅物业管理规定》立法修订调研工作】协助市人大常委会开展对《上海市住宅物业管理规定》（以下简称《规定》）实施情况的执法检查和《规定》修订的立法调研，掌握《规定》执行中存在的突出矛盾和需要修改完善的重点问题。完成了北京、天津、重庆、江苏、浙江等8个省（直辖市）以及南京、广州、深圳等12个具有代表性的国内大城市的物业管理立法的收集整理和分析研究工作，形成《各省市物业管理规定比较表》，供《规定》修订时借鉴参考。2016年12月，拟订《规定》修订建议草案，对《规定》的30余个条文提出了初步修改建议，并对其中的主要问题进行了说明。

（黄麒玮）

（四）旧改征收

【概况】2016年，市政府下达的旧区改造计划是：中心城区改造二级旧里以下房屋55万平方米、受益居民2.6万户；郊区城镇旧区改造4.4万平方米、受益居民900户。全年中心城区实际完成旧改59万平方米、受益居民3万户(其中成片二级旧里以下房屋54万平方米、受益居民2.8万户)，分别为全年计划的107%、117%；郊区城镇(主要松江、浦东两区)完成旧改8.9万平方米（受益居民1425户），为年度计划的204%和158%。

2016年国有土地上房屋征收管理平稳有序。全年共做出房屋征收决定86个；完成房屋征收补偿（含拆迁）居民29095证、1137108平方米，单位1424家、618076平方米；截至年底，全市有在征地块205个。全年共做出房屋补偿决定(含裁决)1405个，强制执行240户。完成存量拆迁基地52个，截至年底，剩余202个。

根据市政府下达的“城中村”改造目标任务，2016年，上海市城中村项目安置房地块已完成动迁或基本完成动迁22个，城中村动迁安置房开工2502套。

【积极筹措旧区改造资金】2016年初，市旧改办多次召集市财政、发改部门以及区政府、国家开发银行等开会研究，经市政府同意，通过财政资金列支、安排政府发债等途径，妥善落实2016年旧区改造所需资金，部分项目继续使用国开行贷款资金，解决了推进旧区改造急需的资金问题。

【推进政府购买旧区改造服务】为贯彻落实国务院《关于进一步做好城镇棚户区和城乡危房改造及配套基础设施建设有关工作的意见》（国发〔2015〕37号）、财政部《关于做好城市棚户区改造相关工作的通知》（财综〔2015〕57号）有关要求，上海市积极推进政府购买旧区改造服务。6月24日，市政府办公厅下发《关于在本市开展政府购买旧区改造服务试点的意见》。同时，在虹口、杨浦等区旧改项目先行启动试点。

【推进货币化安置工作】认真落实国务院和住建部有关要求，根据《关于加快推进本市旧区改造货币化安置的指导意见》(沪旧改〔2015〕4号)，要求各区继续加大工作力度，进一步提高本市货币化安置比例。市、区旧改部门努力克服房价上涨、动迁居民货币化安置意愿下降等实际困难，采取有效措施，大力推进货币化安置。2016年以来，上海市旧区改造货币化安置比例为20.7%。

【加大旧改在拆基地收尾力度】将在拆基地收尾作为旧改工作的重中之重，市、区各有关部门积极协同配合，形成合力，根据收尾工作需要，配足力量，全力筹措现房，积极发挥第三方公信平台积极作用，在拆基地收尾工作取得明显成效。2016年，上海市共完成旧改在拆基地收尾20块。

【加大城中村工作的支持和指导力度】积极探索，创新办法，突破瓶颈，研究制定《关于进一步推进本市“城中村”地块改造的若干意见》（沪府办〔2016〕43号），并由市政府办公厅印发。文件强调了“城中村”改造的公益性，明确了房屋征收范围的确定程序；同时，要求加强“城中村”地块改造组织工作、优化完善实施方案、加强资金监管、保障被征收人员合法权益、加强工程质量和安全管理。

【继续推进房屋征收队伍建设】推进房屋征收从业人员培训工作，完善培训题库建设和师资培训，全年完成全市5000余名征收工作人员复训换证及900余名征收工作人员初次培训，通过全面推行在线机考管理模式，不断提高征收工作人员队伍培训质量。

【完善房屋征收信息系统】一是加快房屋征收基础数据库建设，完成征收系统和旧改系统数据对接，通过电子协议平台实时数据进行征收、旧改相关统计分析。二是对全市征收上岗人员进行梳理，并在此基础上完成工作人员与征收基地的关联，逐步解决人员挂靠问题。三是实现与税务部门数据实时交换。

【开展房屋征收专项检查工作】为进一步加强和规范本市国有土地上房屋征收补偿工作，组织2016年度房屋征收（拆迁）和在外过渡动迁居民安置工作专项检查，并邀请市人大代表、市政协委员、律师代表参加，通过“听取汇报、交流座谈、查阅台账、走访基地”等方式，发现房屋征收中的问题，各区根据反馈问题制定和落实整改措施，加强制度建设，规范运作机制，促进房屋征收补偿安置工作不断完善。

【开展上海市十佳“征收工匠”评选活动】上海市房地产行业协会拆迁工作委员会开展了上海市十佳“征收工匠”评选活动，弘扬房屋征收一线工作人员中的先进典型，营造良好的舆论氛围，提升征收行业整体诚信自律水平。评选经过初选、复选、决选三个阶段，采取专家评委认定评分和市民公众投票相结合的方式，从百余份申请者中最终评选出十佳“征收工匠”并向全社会公开。

（姚琪）

（五）历史建筑保护

【概况】1989年以来，上海市分五批公布了1058处优秀历史建筑（含全国重点文物保护单位和上海市文物保护单位130处），从原先主要集中在黄浦、徐汇、长宁、静安、虹口等中心城区到全市16个区全覆盖。在市有关部门和相关区的相互配合、共同努力下，按照“全面规划、整体保护、积极利用、依法严管”的原则，保护工作取得了较大的成效。保护历史建筑、延续城市文脉受到广大市民的热情关注和参与，依法保护的理念深入人心。

【健全优秀历史建筑各项管理制度】一是依法严把优秀历史建筑修缮设计方案行政审批关口，全年完成优秀历史建筑行政28件。二是积极推进优秀历史建筑修缮工程相关行政管理和行政审批事权下放试点，落实行政管理、行政审批、行政处罚属地化管理责任。三是加强优秀历史建筑修缮工程事中事后监管和标准规范制定，进一步促进管理能级提升及监管要求落地。

【加强优秀历史建筑基础管理工作】一是在长宁、徐汇试点基础上，市、区配合开展黄浦区优秀历史建筑普查和保护指南编制工作，进一步摸清保护建筑基本情况，夯实保护管理基础。二是加快推进第五批优秀历史建筑保护技术规定编制及铭牌内容考证编写工作，确保每一处优秀历史建筑的保护管理有章可循，此项工作在2016年取得阶段性成果。三是结合行政管理下沉，充分发挥街镇优势，进一步明确区和街镇工作分工，落实并强化优秀历史建筑日常巡查监管。

【推进居住类历史建筑修缮及风貌区成片修缮】充分利用市区二级财力补贴资金，一是按照保护要求和技术标准实施修缮的同时，提升房屋安全和使用功能，切实改善居民的居住条件和居住质量，2016年推进全市18.3余万平方米居住类优秀历史建筑修缮，达到阶段性保护效果；二是既按照延续历史传承文脉的要求，又结合保障民生、解除安全隐患和改善居住条件的实际需求，同步推进风貌区内约56.2万平方米各类居住类历史建筑的修缮。

【强化优秀历史建筑保护修缮相关操作规范制度和程序】 在指导《优秀历史建筑施工技术规程》的基础上，组织力量开展《优秀历史建筑查勘设计技术导则》的课题研究，并对《上海市房屋检测技术规程》修订提出具体意见，强化技术规程的应用性和可操作性。

【强化指导区政府及相关管理部门和开展与兄弟省市相互交流】 积极支持区局开展属地化保护管理，对遇到的困难和问题给予及时指导帮助，会同上海市历史建筑保护事务中心加强对实施项目的检查，并对从事优秀历史建筑保护修缮实施涉及的房屋质量检测、修缮设计、工程施工质量监理等从业单位实施效果业绩考核，并向社会公示。积极开展与广东、重庆等省市建筑保护管理的交流，取长补短，相互借鉴，共同提高。

【牵头市历保委办工作】 一是积极开展保护宣传，结合2016年文化遗产日开展主题为“保护城市遗产，留住城市基因”的展览、参观、研讨会等系列宣传活动。二是充分利用办公室统筹协调平台，协调研究全市性、综合性保护管理问题，充分发挥“三驾马车”“各司其职，分工协作”优势。三是积极推动区级组织协调机构的建立，推动虹口区成立区历保委的同时，在静安、长宁、青浦三区落实了历保委设立计划。

（汤琮璀）

（六）住房修缮改造

【概况】 2016年上海市在切实解决旧住房安全隐患问题，确保房屋安全前提下，提升改造标准，不断丰富实施内容，实施推进各类旧住房修缮改造工程。通过旧住房修缮改造消除了房屋的安全隐患，确保了城市安全，提升了房屋使用功能，改善了广大居民群众的居住条件、居住环境和居住质量；让居民群众更充分享受到改革开放和社会发展成果；促进了城市有机更新，改善城市面貌，延续城市文脉；为小区综合治理和物业管理水平的提升打好了基础，通过居民群众参与修缮改造工程，提高了居民业主参与小区管理、共建共治共享的主体意识。上海市2016年的旧住房修缮改造取得明显成效，旧住房修缮改造已经成为稳增长、惠民生、拉内需的重要实事工程和常态工作。

【筹划制订“十三五”旧住房修缮改造规划】 明确“十三五”期间上海市旧住房修缮改造纳入城市更新改造的长效、常态工作机制中，重点是加大纳入住房保障体系的三类旧住房综合改造项目的推进力度。按照每年1000万平方米的任务目标推进，“十三五”实施5000万平方米的各类旧住房修缮改造工作，受益居民超过100万户。具体工作任务：1.全面完成排查复查发现的1700余万平方米存在各类安全隐患的老旧住房处置工作。2.完成三类旧住房综合改造1500余万平方米，每年实施约6万户、共30万户。3.实施各类旧小区综合整治约3500万平方米，每年受益居民约15万户，共75万户。4.实施不成套为主的旧住房拆除重建改造50万平方米，结合旧住房修缮改造实施居住类优秀历史建筑修缮50万平方米。

【开展老旧住房安全隐患处置】 在2014年老旧住房安全隐患排查、2015年复查的基础上，2016年上海市市、区两级相关部门又按照国家住建部要求对老旧住房开展了安全隐患复查，通过复查发现遗漏以及近期新发生的存在各类安全隐患的老旧住房326幢、41.97万平方米（其中严重损坏房屋325幢、41.81万平方米，一般损坏房屋1幢、0.16万平方米）。同时市、区老旧住房安全隐患处置部门完成了本年度目标任务：2015年复查新增的危险房屋共计153幢、3.63万平方米和2014年排查发现后尚未处置的严重损坏房屋共计2746幢、222.63万平方米。

【多渠道多途径改善市民群众居住条件和质量】 2016年上海市总共实施各类旧住房修缮改造2000余万平方米，受益居民约26万户，大幅度超额完成“十三五”期间每年1000万的原定目标任务。其中重点是推进成套改造（拆除重建）、厨卫改造、屋面及相关设施改造三类旧住房综合改造项目，按照300万平方米，受益居民6万户的任务，市、区政府签订了责任目标，并纳入2016年度上海市保障性安居工程签约目标、市政府实事工程项目和市委、市政府重点考核工作。市、区两级相关部门围绕年度目标任务和时间节点，根据旧住房实际情况，排摸确定项目，落实各级公共财政补贴资金，结合小区综合治理持续加大推进力度，全年最终实施三类旧住房综合改造527万平方米，受益居民9.3万户，超额完成原定年度目标计划50%以上。

【开展各类深化旧住房修缮改造内涵的试点】 一是推进小区通信管线入地试点。市住建委会同市通管局、市经信委在徐汇、静安、长宁、虹口、嘉定等区开展了结合旧住房修缮改造实施小区通信管线入地和环境提升的试点工程，并总结试点工程经验和做法，逐步在全市面上推广。二是根据区域实际情况和特色，上海市各区探索修缮改造形式、创新管理工作机制，将包括积水点排除、电力阳光工程、二次供水改造、小区架空线落地、消防设施改造、道路整修、违章拆除整治、大树修剪、绿化补种和优化、下水管道翻排、晾衣架更换、居民小区防盗门安装、完善小区活动室、小区自行车棚、小区停车位等工作有机结合起来，统筹协调，有条件的结合一并实施。

【结合城市更新，深化旧住房综合改造相关研究和探索】 开展旧住房拆除重建改造专项试点。经管理部门认定，对建筑结构差、年久失修、无修缮价值的旧住房采取拆除重建并就地安置原住户。根据《上海市旧住房拆除重建项目实施办法（试行）》等一系列配套文件，按部就班地实施试点工程项目推进。

【简化审批流程，推进既有多层住宅加装电梯】 按照《本市既有多层住宅增设电梯的指导意见》及相关配套文件开展既有多层住宅加装电梯的推进。同时，上海市各相关部门又进一步研究简化优化相关实施流程，减少居民群众办理环节和政府审批时限，出台《关于本市既有多层住宅增设电梯建设管理相关建设审批的通知》，又推进了此项惠民工作，一些新的加装电梯项目顺利实施。同时，新组建的市修建协会已受托对居民、业主提出的相关技术、政策等开展指导、服务、协调工作。

【实施标准化管理，严格项目监管】 上海市旧住房修缮改造工程实施“程序管理标准化、技术规范标准化、承发包管理标准化、施工现场管理标准化、群众工作标准化”五个标准化管理。2016年切实贯彻“安全为先、质量为重”方针，严格项目监管和网上监控，保持安全质量检查高压态势，不断加强“施工企业自查、监理单位复查、区县住宅修缮管理部门巡查、市住宅修缮管理部门抽查、各区县相关部门对口查”的五查制度。开展示范工地创建、开发“上海市住宅修缮工程安全质量实时巡查系统”等多项质量安全相关的创新工作。全年上海市旧住房修缮改造工程未发生重大安全质量事故。

【贯彻群众路线，开展党建联建】上海市旧住房修缮改造工程实施的全过程贯彻群众路线，通过“三会制度”（工程实施前征询会、工程实施中协调会、工程实施后评议会）、“十公开制度”（居民意见征询结果公开，修缮科目和内容公开，施工队伍公开，监理和设计单位公开，主要材料公开，施工周期公开，文明施工相关措施公开，现场接待和投诉电话及地址公开，竣工验收移交结果公开，工程决算结果公开）、市民监督员制度等各项群众工作机制，工程项目全过程接受居民群众监督和社会监督，建立起“专业监督、群众监督、社会监督”三位一体的旧住房修缮改造监督机制。同时按照“条块结合、社会参与、联动共建”的工作原则，切实推动党的工作向住宅修缮领域覆盖和拓展，党建促联建，联建推实事，以促进改造工程的推进实施，推动实事工程取得更大成效

（潘翔）

（七）住房保障

【概况】2016年国家下达本市的保障性安居工程目标任务为：新开工保障性住房、棚户区改造6万套（户），基本建成6.53万套（户）。本市结合实际确定的年度目标任务为：新建筹措各类保障性住房和实施旧住房综合改造13.33万套，基本建成10.19万套。至2016年底，本市全面完成国家下达和本市确定的各项目标任务。全年合计开工（含筹措）各类保障性住房和实施旧住房综合改造182441套（户）、约1288.63万平方米，为本市全年目标套数（13.33万套）的137%。其中，公共租赁住房3765套、约29.32万平方米；共有产权保障住房10478套、约73.25万平方米；征收安置住房74178套、约652.66平方米；旧住房综合改造93000套（户）、约527万平方米；农场危旧房改造1020套、约6.4万平方米。全年共基本建成各类保障性住房和旧住房综合改造217711套（户）、约1555.48万平方米，为本市全年目标套数（10.19万套）的214%。其中，公共租赁住房12394套、约66.48万平方米；共有产权保障住房24420套，约169.34万平方米；征收安置住房87228套、约788.16万平方米；旧住房综合改造93000套（户）、约527万平方米；农场危旧房改造669套、约4.5万平方米。

（姚文江）

【按照“应保尽保”原则实施审核配租】继续聚焦解决城镇低收入家庭的住房困难问题，积极开展申请审核工作，对符合条件的申请家庭在租金配租上进行“应保尽保”，同时根据房源筹措情况推进实物配租工作开展。全年共新增受益家庭3945户，截至2016年底，累计受益家庭达11.5万户。

【提高租金配租家庭租赁补贴标准】根据本市近年来中低端房屋市场租赁价格变动情况，从更好保障民生出发，对租金配租家庭的租赁补贴标准等进行了调整。一是提高了每平方米居住面积补贴标准。对黄浦、徐汇、长宁、静安、普陀、虹口、杨浦、浦东8个区，将按基本租金补贴实施补贴的家庭的每月每平方米居住面积租金补贴标准提高至125元，按70%补贴的家庭提高至90元，按40%补贴的家庭提高至50元；对闵行、宝山、嘉定、松江、青浦5个区，将按基本租金补贴实施补贴的家庭的每月每平方米居住面积租金补贴标准提高至90元，按70%补贴的家庭提高至70元，按40%补贴的家庭提高至40元；对金山、奉贤、崇明3个区（县），将按基本租金补贴实施补贴的家庭的每月每

平方米居住面积租金补贴标准提高至65元，按70%补贴的家庭提高至50元，按40%补贴的家庭提高至30元。二是增加了托底保障面积。将廉租家庭的托底保障面积从12平方米居住面积提高至15平方米居住面积。三是对1人、2人户家庭补贴金额另行上浮了20%。新的补贴标准经市政府办公厅转发从2017年1月1日起实施。

（姚文江）

【制度建设工作卓有成效】《上海市共有产权保障住房管理办法》作为本市住房保障方面的第一个市政府规章，已经2016年2月29日市政府第109次常务会议审议通过，自2016年5月1日起施行。《管理办法》的制定出台，进一步稳定了本市共有产权保障住房发展的制度基础，有利于保证该制度的长效运行。

根据国家在上海开展共有产权住房的试点要求，市住房城乡建设管理委会同市发展改革委、市规划国土资源局、市财政局、市地税局等部门，积极推进试点批次共有产权保障住房申请家庭取得不动产权证满五年后上市转让和购买政府产权等相关工作开展。为更好地开展共有产权住房试点工作，市住房城乡建设管理委会同市区有关部门研究制定《上海市共有产权保障住房供后管理实施细则》，并报请市政府办公厅批准发布（沪府办〔2016〕78号），《实施细则》重点就购房人购房后5年内回购、5年后政府优先购买、定价机制、上市转让和购买政府收益分配份额的申请审核、办理程序、价格标准、税费承担等内容，以及违规违约行为的发现、认定和分类处理机制及政策措施等做出规定。

【分配供应工作稳步推进】在2014年批次（第五批次）工作收尾方面，截至2016年12月底，本市2014年批次（第五批次）累计签约2.34万户，占已选房户数的88.41%。历年批次累计签约8.9万余户。在2016年批次（第六批次）工作开展方面，根据市政府统一部署，本市于2016年第四季度开展面上第六批次共有产权保障住房申请供应工作。该批次准入标准维持不变。各区县认真总结以往批次工作经验，积极推进申请供应前各项准备工作。2016年批次（第六批次）共有产权保障住房咨询、受理工作于10月中旬启动。全市通过三个批次开展共有产权保障住房申请供应工作：其中青浦、长宁、崇明、虹口、杨浦、松江6个区县为第一批次，于10月中旬启动申请供应工作；徐汇、静安、宝山、闵行、奉贤和金山6个区为第二批次，于10月下旬启动申请供应工作；黄浦、普陀、浦东和嘉定4个区为第三批次，于11月上中旬启动申请供应工作。截至2016年底，全市16个区均已开展完成咨询、受理工作。全市累计接受咨询约20.04万人次，发放申请表约4.62万户，出具材料收件单约3.91万户。出具材料收件单户数较第五批增长28.22%。

（王永刚）

【启动公共租赁住房市政府规章起草工作】按照国家对廉租住房、公共租赁住房并轨运行要求，聚焦全面提升公租房管理法律层级与法律效力，会同市政府法制办启动了市政府规章《上海市公共租赁住房管理办法》制定工作。《办法》一方面结合上海城市特点和实际，优化完善公租房准入、审核、配租等制度安排，使公租房供应对象进一步向各类青年人才聚焦，供应方式进一步向单位整体租赁聚焦；另一方面综合运用履约担保、租金调节、行政处罚、信用平台、司法介入等多种手段，实现更有效率的供后管理，着力解决“退出难”问题。2016年完成规章初稿起草和第一轮内部征询意见工作。

【完成市和各区县“十二五”公租房工作考

核】组建考核组赴各市级公租房运营机构和各区县住房保障房屋管理局实施考核，对各区县“十二五”公租房工作完成情况进行量化评分和排名；对于考核中发现的问题，市住房保障领导小组办公室向各区县政府分别书面反馈整改建议，对整改情况开展“回头看”工作。结合考核结果，会同市财政局做好2016年度公租房专项资金分配工作，向市级公租房运营机构上海地产住房保障有限公司下达中央补助资金2.4亿元、市级补助资金4亿元，向部分资金存在缺口的区下达市级补助资金3.6亿元。

【加大力度做好公共租赁住房分配供应工作】截至2016年底，全市公共租赁住房（含单位租赁房）累计供应房源10.5万套（其中市筹公租房1.7万套、区筹公租房1.2万套），已签约出租9.2万套（其中市筹公租房1.5万套、区筹公租房1.0万套），入住8.6万套、约19.6万户；2015年净增加供应房源1.8万套，净增加签约出租1.8万套。在市筹公租房耀华滨江公寓、南站噪声回购房屋供应过程中，聚焦科创中心和自贸区建设人才类对象住房困难，主要面向央企等重点企事业单位整体出租，并定向放宽居住证、社保等部分准入条件，使新引进人才及时纳入保障范围，取得较好效果。

（林英杰）

【公有住房出售】2016年，会同相关部门继续推进本市公有住房出售工作。据统计，全年共出售公有住房1.52万套，建筑面积80.41万平方米，回收购房款约3.23亿元，扣除维修基金后净归集额2.25亿元。全市自公有住房出售政策实施以来，已累计出售公有住房193.05万套，建筑面积约10418.4万平方米。

【公房租金调整】配合市物价部门就公有非居住用房租金调整开展基础数据采集、房地集团调研、调租方案起草等研究工作，为下一步公有非居住用房租金调整政策正式出台及落实做好准备。

【住房分配制度改革】进一步推进本市住房分配制度改革。按照《关于进一步深化本市城镇住房制度改革的若干意见》（沪府发〔1999〕38号）的要求，推进企事业单位的住房分配制度改革；配合市政府机管局等部门深化、完善本市公务员住房解困的有关思路。支持配合外省市住房分配制度改革。配合外省市住房分配制度改革和经济适用住房、动拆迁货币安置等工作的开展，做好外地职工及其配偶在沪住房情况申报确认工作，2016年共确认558户，自2003年此项工作开展以来，累计确认5829户。

【各类历史遗留问题处理】继续解决未确权的公有住房的出售问题。2016年，根据《关于进一步推进本市公有住房出售若干规定的通知》（沪府发〔1999〕44号）的精神，继续对投资单位未申领房地产权证的住房进行梳理，将符合出售条件的住房出售给承租的职工家庭。当年各区房改部门出售的这类住房共714套，建筑面积4.01万平方米；已累计代售51347套，建筑面积约303万平方米。解决各区有限产权接轨工作的疑难问题。市、区房改部门经过调研和协调，研究解决各类疑难问题，推动有限产权住房接轨工作顺利推进，全年有限产权住房接轨2018套，累计接轨74450套。

（仇育彬）

（八）住房公积金管理

【概况】缴存：2016年，实缴单位31.39万家，新开户单位5.20万家，净增单位4.39万家；实缴职工764.74万人，新开户职工93.33万人，净增职工50.37万人；当年缴存额1018.58亿元，同比增长15.62%。截至2016年底，缴存总额7115.14亿元，缴存余额3181.79亿元，同比分别增长16.71%、12.73%。

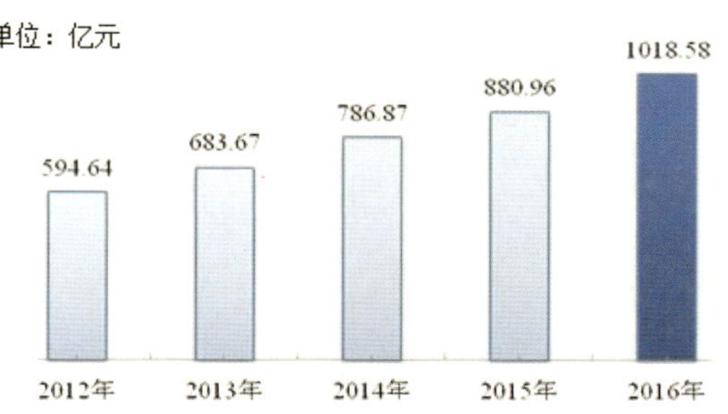

图1：2012—2016年缴存额情况

提取：2016年，当年提取额659.37亿元，同比增长29.17%；占当年缴存额的比率为64.73%，比上年同期增加6.78个百分点。截至2016年底，提取总额3933.35亿元，同比增长20.14%。

图2：2012—2016年提取额情况

贷款：截至2016年底，累计发放项目贷款95.47亿元，项目贷款余额5.98亿元。个人住房贷款：购买首套住房家庭最高贷款额度为100万元（个人最高额度为50万元），缴交补充公积金的为120万元（个人为60万元）；购买第二套改善型住房家庭最高贷款额度为80万元（个人最高额度为40万元），缴交补充公积金的为100万元（个人为50万元）。2016年，发放个人住房贷款18.30万笔，金额1184.59亿元，同比降低8.29%、0.69%。2016年，回收个人住房贷款384.88亿元。当年因资产证券化转出个人住房贷款额312.02亿元。截至2016年底，累计发放个人住房贷款233.81万笔，金额6472.82亿元，贷款余额3257.77亿元，同比分别增长8.50%、22.40%、17.61%。个人住房贷款率为102.39%，比上年同期增加4.25个百分点。受委托办理住房公积金个人住房贷款业务的银行19家，比上年增加1家。

图3：2012—2016年住房公积金个人住房贷款发放额情况

住房公积金支持保障性住房建设项目贷款：2016年，发放支持保障性住房建设项目贷款2.86亿元，无应收贷款本金，实收贷款本金4.19亿元。

购买国债：2016年未购买国债，至年底国债余额为零。

融资：2016年，当年临时调用个人贷款风险准备金217亿元，当年归还57亿元。截至2016年底，融资总额217亿元，融资余额160亿元。

资产证券化：2016年，发行两期个人住房贷款资产支持证券，涉及11.19万笔贷款。截至初始起算日（2016年1月1日零时），全部未偿贷款本金余额为320.97亿元。有效满足本市中低收入职工和非户籍在沪工作的大学生和专业人士购买自住住房需求。截至2016年底，累计发行三期个人住房贷款资产支持证券的贷款笔数为11.89万笔，未偿贷款本金余额为305.71亿元。

住房公积金贴息贷款：2016年，发放住

房公积金贴息贷款36937笔，金额250.71亿元。当年贴息额0.55亿元。

资金存储：截至2016年底，住房公积金存款额61.60亿元。其中，1年以上定期2.24亿元，其他（协议、协定、通知存款等）59.36亿元。

其他：截至2016年底，资金运用率102.58%，比上年同期增加4.18个百分点。

【主要财务数据】 业务收入：2016年，业务收入108.41亿元，同比降低5.66%。其中，存款利息收入10.21亿元，委托贷款利息收入96.45亿元，其他收入1.75亿元。业务收入减少的主要原因：一是为满足个贷资金使用需求，结余资金定期存款提前兑付使得存款利息收入减少；二是因为试点公租房项目贷款大都已结清使得项目贷款利息收入大幅减少。

业务支出：2016年，业务支出68.38亿元，同比增长108.16%。其中，住房公积金利息支出51.96亿元，归集手续费用支出2.13亿元，委托贷款手续费支出4.00亿元，其他支出10.29亿元（主要包括个贷资产证券化业务支出8.96亿元，住房公积金贴息贷款支出0.55亿元）。业务支出增加的主要原因是根据国家三部委文件精神，职工住房公积金账户存款利率，由活期和三个月存款基准利率统一调整为按一年期定期存款基准利率执行，使得住房公积金利息支出增加。

增值收益：2016年，增值收益40.03亿元，同比降低51.22%。其中，增值收益率1.33%，比上年同期减少1.77个百分点。增值收益减少的主要原因：一是因央行多次下调住房公积金贷款利率使得个贷利息收入减少；二是由于央行调高住房公积金职工账户存款利率，使得存贷利差大幅收窄；三是扩大市场化配置资金，开展资产证券化和住房公积金贴息贷款业务产生的融资成本。

增值收益分配：2016年，提取贷款风险准备金31.25亿元，提取管理费用1.35亿元，提取城市廉租房（公共租赁住房）建设补充资金7.43亿元。2016年，上交财政管理费用1.35亿元。上缴财政的城市廉租房（公共租赁住房）建设补充资金0万元。截至2016年底，贷款风险准备金余额260.87亿元。累计提取城市廉租房（公共租赁住房）建设补充资金160.05亿元。

管理费用支出：2016年，管理费用支出1.14亿元，同比增长22.54%。其中，人员经费0.55亿元，公用经费0.17亿元，专项经费0.42亿元。

【资产风险状况】个人住房贷款：截至2016年底，逾期个人住房贷款0.44亿元。个人住房贷款逾期率0.134‰。当年未使用个人贷款风险准备金核销逾期贷款，个人贷款风险准备金余额为260.63亿元（包括因2016年贷款需求增长较快借用的160亿元个人贷款风险准备金）。个人贷款风险准备金余额与个人贷款余额的比率为8%，个人贷款逾期额与个人贷款风险准备金余额的比率为0.17%。

住房公积金支持保障性住房建设项目贷款：截至2016年底，无项目贷款逾期情况。当年未使用项目贷款风险准备金核销逾期贷款，项目贷款风险准备金余额为0.24亿元，项目贷款风险准备金余额与项目贷款余额的比率为4%，项目贷款逾期额与项目贷款风险准备金余额的比率为0。

历史遗留风险资产：截至2016年底，无历史遗留风险资产。

【社会经济效益】 缴存业务：2016年，实缴单位数、实缴职工人数和缴存额增长率分别为16.30%、7.05%和15.62%。

缴存单位中，国家机关和事业单位占2.93%，国有企业占2.48%，城镇集体企业占1.38%，外商投资企业占7.77%，城镇私营企业及其他城镇企业占83.75%，民办非企业单位和社会团体占 0.61%，其他占 1.08%。

缴存职工中，国家机关和事业单位占 9.40%，国有企业占 14.06%，城镇集体企业占 2.24%，外商投资企业占 18.07%，城镇私营企业及其他城镇企业占 53.42%，民办非企业单位和社会团体占 0.81%，其他占 2.00%。缴存职工中，低收入群体占 57.44%，中等收入群体占 33.65%，高收入群体占 8.91%。

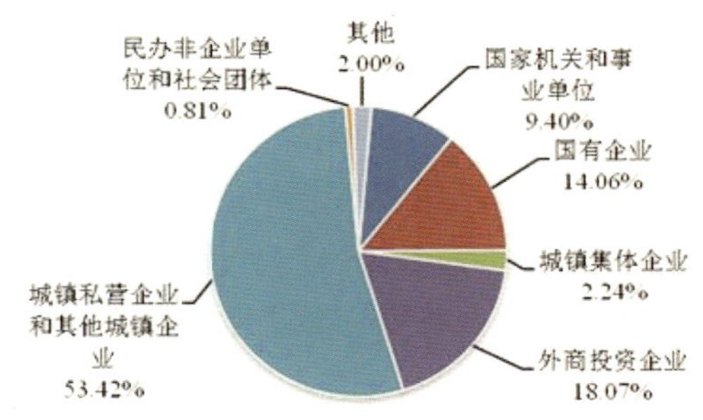

图 4：2016 年实缴职工按所在单位性质分类

提取业务：2016 年，提取住房公积金 2010.53 万笔，金额 659.37 亿元。提取的金额中，住房消费提取占 83.91%（偿还购房贷款本息占 72.49%，购买、建造、翻建、大修自住住房占 8.35%，租赁住房占 3.06%，其他占 0.01%）；非住房消费提取占 16.09%（离休和退休占 14.43%，完全丧失劳动能力并与单位终止劳动关系占 0.01%，户口迁出上海或出境定居占 0.11%，其他占 1.55%）。

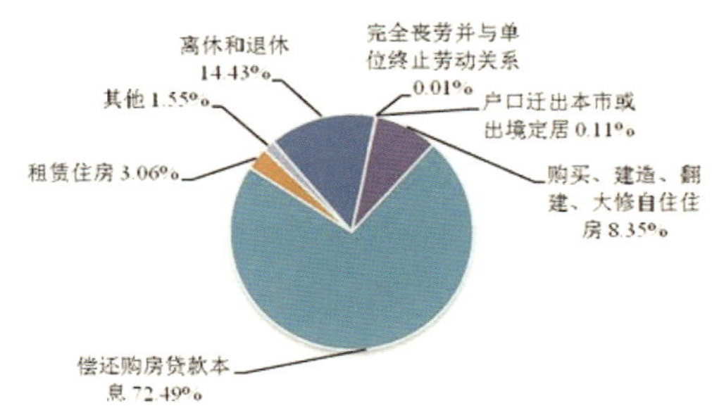

图 5：2016 年住房公积金提取额按提取原因分类

贷款业务：个人住房贷款。2016 年，支持职工购建房 1545.59 万平方米，年末个人住房贷款市场占有率为 22.98%，比上年同期减少 3.79 个百分点（2016 年住建部对个人住房贷款市场占有率计算口径进行调整，同比数已按新口径重新计算）。通过申请住房公积金个人住房贷款，在贷款合同约定的存续期内可节约职工购房利息支出 218.84 亿元。职工贷款所购住房套数中，90（含）平方米以下占 64.16%，90~144（含）平方米占 30.54%，144 平方米以上占 5.30%；新房占 27.17%，二手房占 72.83%。职工贷款笔数中，单职工申请贷款占 48.51%，双职工申请贷款占 51.11%，三人及以上共同申请贷款占 0.38%。贷款职工中，低收入群体占 35.36%，中等收入群体占 62.10%，高收入群体占 2.54%。住房公积金贴息贷款。2016 年 4 月起开展住房公积金贴息贷款业务，支持职工购建房 326.8 万平方米。资产证券化。2016 年，在银行间市场公开发行两期个人住房贷款资产支持证券，所募集资金解决了约 4.4 万户职工家庭的住房公积金贷款发放问题。住房公积金支持保障性住房建设项目贷款。截至 2016 年底，上海市累计有住房公积金试点项目 15 个，贷款额度 119.82 亿元，建筑面积共 229.90 万平方米，可解决 28061 户中低收入职工家庭的住房问题。其中，经济适用房项目 3 个、额度 27.7 亿元，棚户区改造安置用房项目 9 个、额度 60.68 亿元，公共租赁住房项目 3 个、额度 31.44 亿元。13 个试点项目贷款资金已发放并还清贷款本息。

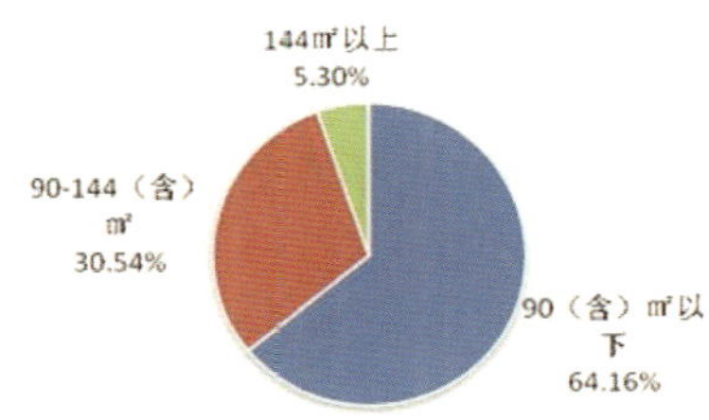

图 6：2016 年个人住房贷款所购住房套数按面积分类

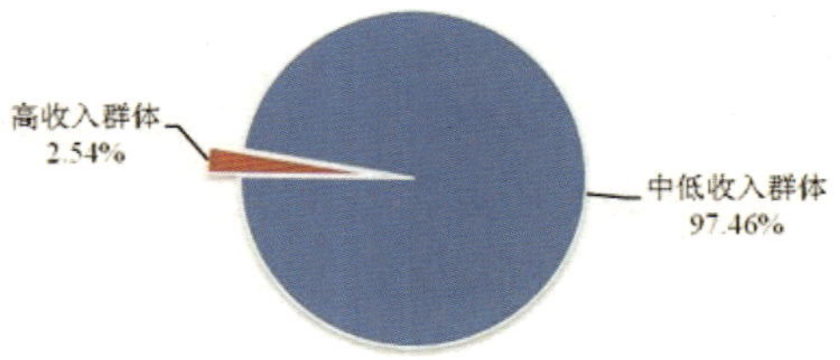

图 7：2016 年个人住房贷款职工按收入水平分类

住房贡献率：2016 年，个人住房贷款发放额、住房公积金贴息贷款发放额、项目贷款发放额、住房消费提取额的总和与当年缴存额的比率为 195.51%，比上年同期增加 14.41 个百分点。

【调整差别化贷款政策】 自 2016 年 11 月 28 日起，在区分首套和二套购房的前提下，调高对第二套改善型购房的首付比例至普通商品房 50% 和非普通商品房 70%、二套普通商品房贷款利率上浮 10%、二套普通商品房个人贷款最高限额下调 10 万元，并停止向已有两次住房公积金贷款记录的职工家庭再行发放贷款；借款人以住房公积金缴存账户余额确定贷款额度的倍数从 40 倍下降到 30 倍；严格执行住建部还款能力的计算比例调减为每月还本额占工资基数不超过 40%，以及对第二套改善型住房认定标准的口径。

【调整降低缴存比例和缓缴政策】 响应国家“切实帮助企业降本减负，降低公积金缴费率”的要求，印发了《上海市降低住房公积金缴存比例或缓缴住房公积金管理办法》。自 2016 年 7 月 14 日起，将降低缴存比例的范围调整为除生产经营困难企业外，进一步扩大到新设立的小型微型企业。根据企业生产经营困难不同程度，设定了不同的降低缴存比例和缓缴的条件。

【调整住房公积金存款利率】 根据中国人民银行、住房城乡建设部、财政部印发的《关于完善职工住房公积金账户存款利率形成机制的通知》，自 2016 年 2 月 21 日起，将职工住房公积金账户存款利率，由活期和三个月存款基准利率统一调整为按一年期定期存款基准利率执行。调整后的住房公积金存款利率表如下。

单位：年利率%

项目	调整前利率	调整后利率
当年缴存	0.35	1.50
上年结转	1.10	

【调整 2016 年度住房公积金缴存基数和月缴存额上下限】 自 2016 年 7 月 1 日起，上海市职工住房公积金的缴存基数由 2014 年月平均工资调整为 2015 年月平均工资。2016 年度住房公积金月缴存额上限为 2494 元，城镇个体工商户及其雇用人员、自由职业者的住房公积金月缴存额上限为 4276 元，补充住房公积金月缴存额上限为 1782 元。2016 年度住房公积金按职工本人和单位各 7% 的缴存比例所对应的月缴存额下限为 282 元。城镇个体工商户及其雇用人员、自由职业者的住房公积金月缴存额下限参照此标准。2016 年度职工本人和单位住房公积金缴存比例仍为 7%；补充住房公积金缴存比例为 1% 至 5%。

【加强执法力度，维护职工合法权益】 上海市公积金管理中心为维护职工合法权益，2016 年针对违规侵权单位共立案 964 笔，当年结案 791 笔，通过立案查处直接为职工追回单位所欠住房公积金 688.85 万元。其中，共向 11 家不开户单位发出《行政处罚决定书》，向 154 家单位发出《责令限期缴存通知书》，向 13 家单位发出《责令限期办理缴存登记、账户设立通知书》，申请人民法院强制执行 45 件。

【引入专项审计手段助推扩覆缴存】 上海市公积金管理中心连续第四年会同上海市住房

公积金管理委员会、市总工会、市住建委联合发文开展执法大检查工作。2016 年执法检查中，通过信息共享手段对约 8.8 万家单位发出执法检查通知，直接实现增加缴存职工约 10 万人，并首次在执法检查中引入了专项审计手段，委托 25 家会计师事务所对 2000 家单位开展住房公积金缴存情况专项审计，直接实现增加缴存职工 4000 余人，增加缴存金额约 700 万元。

【多措并举，加强内外风险防范建设】一是修订廉政风险防控手册，排查廉政风险点，有针对性地建立健全内部控制体系，加强对权力运行的监督制约。二是进一步加强与民政、税务和市房屋状况信息中心等部门的信息共享，通过信息共享提高对业务办理材料真实性的审核能力和外部风险识别能力。三是通过推行职工签署承诺书、事后抽查和实地核查等手段，完善购房提取等领域风险控制措施，加强与公安部门联动，打击住房公积金骗提套取行为，维护公共资金安全。

【推进“互联网 +”建设，提升网上综合服务功能】一是积极推进“互联网 + 上海住房公积金综合服务平台建设”，拓展网上业务办理品种，完成无房租赁提取手机短信续提业务的上线；二是进一步优化职工账户查询的网点和网上渠道，推进微信信息功能和网上实名认证功能；三是改进住房公积金年度结存单发放方式，缴存职工和单位可通过上海住房公积金网查询、下载和验证个人住房公积金电子结存单。2016 年共制作电子结存单 1127.82 万份。

【增加查询服务渠道】一是为管理部增设自助查询设备，免去职工柜面办理业务所需的排队等候时间，提高柜面业务办理效率；二是进一步增加银行自助机提供自助查询住房公积金服务的合作银行数量，目前上海市已有五大国有银行和三家本地银行的自助机可提供住房公积金信息查询服务。

【优化服务网点设置】一是完成普陀和青浦

两个区管理部的新址搬迁；在浦东新区临港新城增设住房公积金业务办理窗口，方便该地区的缴存单位和职工就近办理业务；二是对部分纯公积金贷款的服务网点进行调整，加大硬件投入力度，其中闵行、长宁、青浦等营业部已完成网点改造或搬迁工作。

【增加委托贷款业务金融机构】新增中国邮政储蓄银行股份有限公司上海分行作为贷款受托银行。

【加快推进自主核心系统的建设】2016年，上海市公积金管理中心完成自主核心系统建设的可行性报告，获得市政府、市发展改革委和财政局的批准，下一步将继续细化和完善开发业务需求书，使自主模式下住房公积金管理和服务流程更加清晰，为确保2017年主体工程建设奠定基础。

【试点启用住房公积金异地转移接续平台】2016年9月，国务院办公厅下发了《推动1亿非户籍人口在城市落户方案》，明确规定"建立全国住房公积金转移接续平台，支持缴存人异地使用"。根据住建部工作部署，上海中心作为建立全国住房公积金转移接续平台的试点单位，于2016年四季度启动异地转移接续平台建设试点工作，为跨省就业的职工办理住房公积金异地转移接续业务。经过业务上线前期的准备和测试工作，已顺利完成异地转移接续业务的数据交换、审核处理和资金汇划等工作。

【首次推出公积金贴息贷款业务】上海市公积金管理中心首次与8家商业银行合作开展办理住房公积金贴息贷款业务，有效满足本市中低收入职工和非户籍在沪工作的大学生和专业人士购买自住住房需求。

【人员编制和机构调整情况】为进一步完善上海市住房公积金管理体制机制，建立自主核算信息系统，加强运营核算和贷款审批职能，经批准，中心事业编制由220名调整为260名。根据上海市部分区县行政区划的变更，内设机构做出部分调整，撤销闸北区管理部和静安区管理部，成立新的静安区管理部。

住建部公布的2016年住房公积金信息披露的指标解释口径：

1. 实缴单位数：指当年实际汇缴、补缴住房公积金的单位数。

2. 实缴职工人数：指当年实际汇缴、补缴住房公积金的职工人数。

3. 当年缴存额：指当年实际缴存的住房公积金金额（包括实际汇缴、补缴金额和结转利息）。

4. 缴存余额：指截至年度末缴存总额（包括应付给职工的住房公积金结转利息）扣除累计提取额后的金额。

5. 当年新开户单位数：指当年新开立住房公积金账户（不含尚未缴存）的单位数。

6. 当年新开户人数：指当年新开立住房公积金账户（不含尚未缴存）的职工人数。

7. 当年净增单位数：指当年实际缴存单位数与上年实际缴存单位数的差额。

8. 当年净增职工人数：指当年实际缴存职工人数与上年实际缴存职工人数的差额。

9. 个人住房贷款率：指年度末个人住房贷款余额占年度末住房公积金缴存余额的比率。

10. 个人住房贷款市场占有率：指年度末住房公积金个人住房贷款余额占当地商业性和住房公积金个人住房贷款余额总和的比率。

11. 个人住房贷款支持职工购建房面积：指利用住房公积金个人住房贷款（含组合贷款）支持职工购买（建造）住房的建筑面积。

12. 贴息贷款支持职工购建房面积：指

利用住房公积金贴息贷款支持职工购买（建造）住房的建筑面积。

13. 融资：指为保证住房公积金资金运行所筹集的非住房公积金的各种资金，包括使用风险准备金、当地财政资金、其他住房资金、银行授信融资、个人住房贷款不出表的资产证券化融资、跨城市调剂资金等。

14. 资金运用率：指住房公积金个人住房贷款余额、项目贷款余额和购买国债余额的总和与缴存余额的比率。

15. 住房贡献率：指当年个人住房贷款发放额、住房公积金贴息贷款发放额、项目贷款发放额、住房消费提取额的总和与当年缴存额的比率。

16. 住房公积金存款额：指年度末住房公积金存放在银行的资金额，包括融资资金，不包括增值收益专户存款。

17. 增值收益率：指增值收益与月均缴存余额的比率。月均缴存余额指当年内各月末住房公积金累计缴存余额之和除以12。

18. 个人住房贷款逾期额：指截至年度末借款合同约定到期3个月（含）以上、6个月（不含）以内应还未还贷款本金额与合同约定到期6个月（含）以上未归还贷款的本金余额之和。

19. 缴存职工按收入水平分类：

低收入：指收入低于2015年上海市职工平均工资。

中等收入：指收入介于2015年上海市职工平均工资1倍（含）~3倍之间。

高收入：指收入高于2015年上海市职工平均工资3倍（含）。

职工收入按缴存职工的住房公积金缴存基数计。

20. 住房公积金贴息贷款：指商业银行向缴存职工发放的个人住房贷款，商业贷款和住房公积金贷款利息之差由住房公积金管理中心承担，所发放的个人住房贷款未计入住房公积金缴存使用情况表。

21. 当年贴息额：指为以前年度发放和本年度发放的贴息贷款，在本年度内支付的贴息金额。

（龚胜华）

PART SEVEN Ⅷ

铁路运输

RAILWAY TRANSPORTATION

- 综述
- 铁路建设
- 旅客运输
- 货物运输
- 多元经营
- 上海铁路局2016年大事记

（一）综述

【上海铁路局2016年局情资料】上海铁路局地址：上海市静安区天目东路80号。邮编：200071。值班电话：041-22150（路电）021-51222150（市电）

上海铁路局地处东南沿海长江中下游地区，铁道线路主要分布在安徽、江苏、浙江省和上海市，区域经济发达，文化底蕴丰厚，是全国客货运输最繁忙的铁路局之一。

管辖范围：与济南铁路局在京沪高铁徐州东站、京沪线利国站、胶新线新沂西站分界；与郑州铁路局在徐兰高铁（郑徐段）砀山南站、陇海线虞城县站、京九线王楼站分界；与武汉铁路局在沪蓉线敦义堂站、京九线淮滨站、宁西线叶集站、漯阜线阜阳北站分界；与南昌铁路局在合福高铁黄山北站、沪昆高铁江山站、沪昆线新塘边站、铜九线香隅站、合九线孔垄站、皖赣线倒湖站、杭深线苍南站分界。

营业里程及主要线路：（2016年末）全局营业里程9996.6公里，同比增加128.8公里，其中国铁4099.7公里；高铁里程3357.4公里，同比增加107.3公里；合资铁路公司营业里程5896.9公里。区域内三省一市铁路营业里程9900.4公里，同比增加115.6公里，其中上海市境内铁路营业里程465.1公里，同比增加8.8公里；江苏省境内铁路营业里程2770.9公里，同比增加41.6公里；浙江省境内铁路营业里程2540.0公里，同比增加2.9公里；安徽省境内铁路营业里程4124.4公里，同比增加62.4公里。三省一市高铁里程3343.5公里，同比增加92.1公里，其中上海市境内高铁里程146.9公里，同比无增加；江苏省境内高铁里程855.1公里，同比增加29.9公里；浙江省境内高铁里程987.4公里，同比无增加；安徽省境内高铁里程1354.1公里，同比增加62.2公里。全局复线营业里程6971.1公里，复线率69.7%，其中国铁2835.5公里，合资铁路公司4135.6公里。全局电气化铁路营业里程6747.3公里，电化率67.5%，其中国铁2451.5公里，合资铁路公司4295.8公里。全局线路延展里程23341.1公里，其中国铁11724.7公里，合资铁路公司11616.4公里。道岔19707组，其中国铁14847组，合资铁路4860组。有砟线路桥梁7218座、隧道233座、涵渠25431座（其中有砟高铁桥梁1247座、隧道147座、涵渠3328座）；无砟线路桥梁1001座1816公里、隧道136座77公里、涵洞1573座23公里；道口543处、平过道853处、人行过道201处。全局跨省市的线路有京沪、沪昆、陇海、符夹、宁芜、新长、皖赣、宣杭线等既有线；京沪、沪宁、沪杭、沪昆、杭深、沪蓉、京福高速线路和城际铁路，省内线有青阜、淮南、金千、萧甬、宁启线等。

主要技术设备：全局（含金温公司）有车站627个，其中特等站7个（徐州北、南京东、常州、无锡、南翔、北郊、上海站），一等站29个，二等站60个。高铁站130个。配属机车1577台，其中内燃机车969台，电力机车608台，分别占总配属台数的61.4%和38.6%。合资铁路公司配属机车78台，均为内燃机车。配属机车总功率720.72万千瓦，同比增加12.17万千瓦，增长1.7%。全局配属动车组459组（其中长编组141组），共4800辆，同比增加536辆，增长12.6%。全局配属普速客车3676辆，同比减少114辆。其中国铁配属3086辆，同比减少140辆；合资铁路公司配属590辆，同比增加26辆。全局配属大型养路机械209台，同比增加12台，其中捣固车77台，配砟整形车27台，清筛机20台，打磨车10台，路基处理车2台，钢轨探伤车6台，高精度测量车2台，动力稳定车25台，物料运输车30台，钢轨铣磨车1台，大修列车1台，焊轨车7台，轨道吸污车 1 台。配属重型轨道车 223 台。配属供电作业车 208 辆，其中多功能作业车 12 辆，高铁接触网检测车 2 辆。

合资铁路公司：全局管内控股合资铁路公司 21 家，由上海局与安徽、江苏、浙江、上海省市人民政府出资人代表、中国铁路发展基金股份有限公司和有关企业合资组建，分别为萧甬、新长、浦东、合武、沿海浙江、沪宁、沪杭、金山、京福安徽、宁杭、杭甬、杭州枢纽、芜湖大桥、丰沛、沪昆浙江、金丽温、宁安、皖赣安徽、苏北、九景衢浙江、杭黄公司；参股合资公司 4 家，分别为金温、庐铜、金台、合安公司。（另有京沪高铁公司所属的京沪高铁枣庄西（不含）—上海虹桥段、郑西客专公司所属的郑徐客专砀山南—徐州东段位于上海局管内。）

组织机构：局机关设职能机构 31 个；附属机构 30 个；学协会 5 个。局派出机构 7 个，分别为徐州、合肥、南京、杭州铁路办事处，常州机车车辆、南京车辆、铜陵车辆监造项目部。运输站段 73 个，分别为直属站 17 个，车务段 8 个，货运中心 9 个，客运段 4 个，机务（机车检修）段 6 个，车辆（动车）段 6 个，工务（桥工、大机、大修、高铁维修）段 13 个，电务（通信）段 6 个，供电段 4 个。运输辅助单位 5 个。直属非运输企业 17 个。其他直属单位 15 个（职业培训基地 5、疗养院 3、疾控所和卫生监督所 5、科研所 1、党校 1）。建设指挥部 6 个。控股合资铁路管理机构 12 个，其中上海局管 10 个，另有中国铁路总公司管理 2 个。其他机构 2 个（上海铁路股份有限公司筹备组、职工住房建设指挥部）。

2016 年末，全局职工总数 154368 人，比 2015 年末减少 1212 人。固定资产原值 5840.90 亿元，其中国铁 2487.12 亿元，合资铁路公司 3313.74 亿元，非运输企业 40.03 亿元。全局已运营控股合资铁路公司总资产 4590.88 亿元，实收资本 2471.06 亿元，其中铁路方出资 1460.31 亿元。

【年度运营任务完成】2016 年，上海铁路局贯彻中国铁路总公司党组决策部署，树立“示范引领”的高标定位，以“建设全路先进的现代运输企业”为目标，创新发展，实干强局，有序推进各项工作。落实全面从严治党主体责任，扎实开展“两学一做”学习教育，加强党建思想政治工作和党风廉政建设。发挥党政工团各级组织作用，加强形势任务宣传教育，开展“转观念、闯市场、增效益”主题教育活动，引导职工增强自身获得感和工作主动性。推进企业文化建设，11 月 5 日，全路经营文化建设现场会在合肥召开。以召开局第六次党代会为动力，提炼形成“创新实干、精益卓越”的上铁企业精神，凝聚发展合力，圆满完成年度任务目标，实现“十三五”良好开局。年内获 2014—2015 年度全国“安康杯”竞赛优胜单位及 2016 年“全国质量管理小组活动优秀企业”荣誉称号。至年末，全局安全总体稳定，连续实现第二个安全年。完成建设投资 847.94 亿元（不含代建的郑徐客专 0.8 亿元），是全路完成投资额最多的铁路局。职工工资增长 6.3%，工资水平位居全路前列。完成运输收入 812.95 亿元，同比增加 67.16 亿元、增长 9.0%。其中客运收入 637.12 亿元，占 78.4%，同比增加 93.43 亿元、增长 17.2%；货运收入 150.68 亿元，占 18.5%，同比减少 21.86 亿元、下降 12.7%。客收率 107.5 元 / 人，比上年增加 2.16 元 / 人。货收率 68.68 元 / 吨，比上年减少 8.35 元 / 吨。完成盈亏总额 -25.65 亿元，比预算减亏 59.8 亿元，经营业绩位居全路前列。

【运输效率提升】2016 年，上海铁路局在全局规模体量不断扩充的情况下，注重精细管理和集约经营，实现发展提质增效。提高收入质量，年内堵漏保收和查堵违流增加收入 15.7 亿元。提高运输效率，机车备用率压缩 13.5%，动车组上线率高出全路平均 3 个百分点，货车旅速同比提高0.7公里/小时。提高节支水平，通过移动设备自主修节支2.86亿元，通过开设“京东上铁商城”、应用二维码技术实施全寿命管理、加强公开采购等措施节约物资成本2.2亿元，通过争取直购电、政府补贴、减免税收和社保缴费等政策节支创效7.9亿元。至年末，按运输总收入计算的运输业从业人员劳动生产率541110元/人，同比增长11.0%；按运输总换算周转量计算的运输业从业人员劳动生产率219.8万吨公里/人，同比增长6.7%。

运输经营主要指标完成情况表

项目	计量单位	年度预期值	实绩	完成年预期值%	比上年同期±%
换算周转量	百万换算吨公里		329849		4.8
旅客周转量	百万人公里		207223		10.2
货物周转量	百万吨公里	120000	122626	102.2	-3.1
旅客发送量	万人	53950	56572	104.9	15.2
货物发送量	万吨	18960	18389	97.0	-3.0
煤炭发送	万吨		8692		
日均装车数	辆/日	9500	9027	95.0	3.2
日均卸空车	辆/日		9878		1.6
货车静载重	吨	54.5	55.7	102.1	-6.2
货车周转时间	天	2.67	2.67	100.0	0.0
货车中转时间	小时	5.2	4.8	108.3	2.1
货车停留时间	小时	19.8	19.3	102.6	-3.1
货机日产量	万吨公里	119.6	116.1	97.1	-3.7
货机日车公里	公里	448	444	99.1	-0.4
货机列车平均牵引总重	吨	3010	2874	95.5	-4.4
客发正点率	%		100		0.0
客车运行正点率	%		100		0.0
货发正点率	%		98.3		0.0
货车运行正点率	%		97.5		-0.1
内燃机车万吨公里耗油	千克		25.5		-2.0
电力机车万吨公里单耗	千瓦时		191.8		-4.7
运输企业劳动生产率	换算万吨公里人		219.8		6.7
行车责任重大、大事故	件		0		0.0
运输收入	亿元		812.95		9.0
盈亏总额	万元		-256455		

【全国铁路首个“高铁站车商业移动支付”上线】8月10日，上海铁路局与合作方中国建设银行上海分行、阿里巴巴集团等在海虹桥站联合举行“上海铁路局高铁站车商业移动支付上线”启动仪式，标志着全国铁路首个统一收银平台的移动支付正式上线。

【郑徐高铁开通运营】9月10日，郑州至徐州高铁开通运营。郑徐高铁正线全长361.9公里，设计时速350公里，全线设9个车站，其中砀山南、永城北、萧县北、徐州东4个车站及线路所2座（徐州东、铜山）隶属上海铁路局管辖。上海铁路局管内营业里程108.6公里，道岔45组，桥梁29座，无隧道。正线坡度一般为12‰，最大不超过20‰，区段曲线半径一般不小于7000米，最大号码道岔为42号。

【宁启铁路首次开行动车组列车】5月15日，宁启铁路复线电气化改造工程(200公里/小时)开通，首次开行动车组列车，最高运行速度200公里/小时，标志着沿线扬州、泰州、海安、南通等江苏省中部城市迈入“动车时代”。

【运输安全总体稳定】2016年，上海铁路局坚持现实安全和安全基础“两手抓”，标本兼治抓好安全工作。始终把高铁和旅客安全作为重中之重，保证高铁运营绝对安全，杜绝了责任旅客死亡事故和责任客车冲突、脱轨、火灾、爆炸事故。加强劳动和作业安全控制，杜绝了责任从业人员死亡和重伤事故。加强季节性安全控制，经受了超强厄尔尼诺现象对防洪安全的严峻考验。加强安全环境治理和反恐防范，完善护路联防联控体系，确保了杭州G20峰会重要时段和春运、暑运等高峰运输阶段安全稳定。常态化开展安全宣传教育，并建立48个安全警示室。加强制度建设，制定修订《站段安全管理评估办法》《安全生产奖惩办法》等安全基本制度22个，清理公布有效技术规章390个，动态完善各层级安全管理职责、标准和流程。加大安全奖惩力度，全年共奖励13.9亿元、考核1155万元，对防止事故的138名职工表扬奖励22.6万元、其中重奖1万元的7人。标准化建设覆盖全局83个单位的328个专业科室、891个一线车间、6614个现场班组，制定干部履职指南11385个，编制完善职工作业指导书19118个，其中可作为“唯一依据”的达89.9%。加强安全设施设备投入，全局线路几何质量指数普遍降低，移动和固定设备故障率总体受控，高铁防灾、车辆5T、供电6C，以及各类设备检测分析、场所视频监控、安全管理信息系统等科技保安全手段发挥了较好作用。至年末，全局更换新钢轨461公里、道岔879组，实施“平改立”拆封道口260处。完成各类施工1.7万项。杜绝了一般B类及以上行车事故，未发生责任人身伤害事故，实现安全生产963天、第二个安全年。

【中国标准动车组首次时速420公里交会和重联运行试验成功】7月1—15日，中国标准动车组（自行设计研制、全面拥有自主知识产权）在郑州至徐州高速铁路成功进行综合试验，单组交会运行和双组重联运行最高时速均达到420公里，成为世界上首次实现时速420公里交会和重联运行的高铁动车组列车，标志着中国高铁工程建造、装备制造、列车运行控制等总体技术达到世界先进水平。

【企业管理优化】2016年，上海铁路局加强制度建设，制定修订制度管理、印章管理、运输收入管理等办法，对路局机关135个、基层单位106个重要管理事项建立廉政风险防控机制，全面规范企业管理。完善激励机制，拉开收入差距，全局通过工效挂钩考核分配，工资增幅最高和最低单位相差5.4个百分点；局属单位负责人工资三分之二纳入考核，同类单位正职年收入差距最多5.1万元；各单位职工收入纳入考核的比例平均67%，同岗位职工根据技能高低、贡献大小，月收入差距拉开1000元左右。优化管理架构，撤销路风监察室，将全局路风监察职能调整为客货运输服务质量管理职能；加强动车组检修运用管理，将江苏、安徽地区动车运用所从上海动车段划出，成立南京动车段；调整集体企业主办单位和局相关部门管理职责，实行“谁主办、谁负责”，管理关系进一步理顺；推进非运输企业重组整合，注销法人16家；局属单位增设法律事务管理岗位，在建设项目管理机构增设征拆协调部；局发文明确高铁综合维修工区机构设置，进一步适应高铁快速发展、规范经营管理和加快铁路建设的需要。

【科技创新与职工素质提升】2016年，上海铁路局坚持以应用为主推进科技创新和成果转化。获批中国铁路总公司科研课题4项，其中重大科研课题1项，争取科研经费260万元。投入科研经费2799.5万元，立项攻关重点课题163项。批复站段自主科研立项39项，投入经费230.9万元。开展“岗位立功、创新梦圆”合理化建议和技术改进活动，采纳及表彰优秀成果100项。其中“高速铁路无砟轨道质量等级管理研究”“客车不落轮镟车床应用技术研究”获年度中国铁道学会科技奖二等奖，“高速铁路无砟轨道板精密定位测量关键技术研究”“城市群高速铁路运能配置及运输组织综合仿真优化技术研究”等获年度中国铁道学会科技奖三等奖；“CRH1E型动车组运行安全与服役性能跟踪研究”“手推式接触网静态参数智能检测仪的研制与应用”获年度上海市科技进步三等奖；“铁路大跨度三桁整体桥面钢梁斜拉桥架设关键技术”获年度安徽省科技进步三等奖。年内引进高校毕业生5388人，调整交流局管领导人员196人，局层面公开招聘管理和技能人才553人。抓好各类管理和专业技术人员培训以及各类职工教育培训，提升队伍素质。职工培训做到真培真学真考，模块化教学、案例式培训、手机app学习软件等得到广泛应用，站段、车间抽考实现定期全覆盖，职工日常培训考试的结果与岗位星级管理、标准化等级评定等挂钩，激发职工主动学习、提高素质的内动力。至年末，全局组织各类干部职工培训班10467期、70.9万人次，铁路局层面抽考4202人。其中管理和专业技术人员培训班293期、2075人次，（铁路特有专业）操作技能人员培训128111人、622217人次、1145814人天。104项优秀成果获铁路局科技进步奖，8项获年度省部级科技奖。考核晋升专业技术人员和技师、高级技师1235人，择优转录优秀劳务工136人为劳动合同制职工，评选产生获局级及以上先进荣誉称号546人。

【职代会实事项目完成】2016年，上海铁路局多方统筹资源力量为职工办实事，年初十一届一次职代会确定的10件实事全部完成。年职工工资总额增长6.3%；职工平均工资116086元，增长7.6%，增幅和增量均居全路前列。职工住房公积金缴存比例从9%提高到12%。新开工安居房5045套、竣工2692套，纳入地方旧城区改造2009户，发放住房货币化补贴4.35亿元。投入4000万元，用于转供水电移交。投入2.14亿元，推进“三线”建设及管理。投入3800万元，用于改善乘务员和异地职工生产生活条件。投入5000万元，为14.7万名职工健康体检，将女职工卫生费和卫生保健品费提高一倍，组织职工健康休养18105人、劳模先进荣誉性休养516人。投入4600万元，完善职业培训基地专业实训设施和教学生活设施，补强部分站段教育培训设施。丰富职工精神文化生活，举办全局第九届职工运动会，建立“书香上铁”阅读载体，开展“文化大讲堂”等群众性文体活动。投入7906万元，用于助学、助医、助困；发放企业补充医疗保险2.78亿元。5月30—31日，全路进一步改善职工生产生活条件工作会议在合肥召开。上海局、京福客专安徽公司等做经验介绍，与会人员现场观摩合福高铁巢湖东站、巢湖东综合维修工区职工生产生活情况。

（二）铁路建设

【概况】2016年，上海铁路局针对全年建设项目多、投资任务重的实际情况，注重统筹协调，形成合力，勇于创新，科学有序推进铁路建设。计统处、建设处、总师室等部门牵头抓好前期项目、在建工程和联调联试，各枢纽指挥部、建设期合资公司落实项目管理责任，各专业部门组织系统内运营单位深度介入，保证年度建设任务完成。郑徐高铁、合芜电化、阜淮和淮南电化3个项目建成投产，徐连高铁等3个项目开工建设，商合杭铁路等28个续建项目有序推进。加强建设和更改项目全过程管理，完成6个已开通项目的清概销号。配合开展38个项目的国家验收。杜绝了建设生产安全较大及以上事故，工程质量合格率100%。健全铁路建设路地协调和铁路局涉及地方事项“一揽子”协调机制，发挥铁路局整体资源优势，南京长江大桥公路桥顺利移交南京市管养，道口“平改立”、土地确权领证、“三供一业”分离移交等需要地方支持的重点工作取得积极进展。至年末，全局完成基建投资847.94亿元，同比增加230.32亿元、增长37.3%。在全路各铁路局（集团公司）中，基建投资完成额排名第一，基建大中型项目数排名第二。

主要实物量完成新线铺轨306.6公里、复线232.1公里、站线118.5公里，土石方4059.9万立方米、特大中桥64.5万延长米、隧道12.7万延长米，电气化铁路接触网1831.5条公里，变电所7座。完成征地38738亩，房屋拆迁354.2万平方米。

铁路基本建设投资完成情况表

建设项目和单项工程	初步设计概算	自开始建设累计完成	本年计划	本年完成	占年计划%
甲、上海铁路局基建投资合计	58180357	31871205	8479412	8479412	100.0
一、大中型项目	58180357	31871205	8479412	8479412	100.0
1.宁启铁路林场至扬州东段复线电气化	396957	435661	12505	12505	100.0
2.宁启铁路扬州东至海安段复线电气化	426446	434900	16900	16900	100.0
3.宁启铁路海安至南通段复线电气化	461216	467359	11647	11647	100.0
4.宁启铁路西安至合肥段增建第二线(上海局)	354455	318100	10000	10000	100.0
5.金华至温州铁路扩能改造	1873410	1785000	25000	25000	100.0
6.宁启铁路南通至启东段	642523	303000	190000	190000	100.0
7.符夹铁路符离集至新河段扩能	347400	176500	100000	100000	100.0
8.陇海线连云至连云港东增建二线	39627	30000	29000	29000	100.0
9.符夹铁路新河至夹河寨段扩能	41400	1000	1000	1000	100.0
10.阜淮、淮南至合肥、水蚌铁路电气化改造	305506	275000	25000	25000	100.0
11.合肥至芜湖铁路电气化改造	353882	330000	150000	150000	100.0
12.青阜线电气化改造	90200	71000	30000	30000	100.0
13.芜湖至广德铁路电气化改造	200292	61000	60000	60000	100.0
14.泗安至杭州铁路电气化	195349	3000	3000	3000	100.0
15.宁波铁路枢纽北环线	448226	440000	15000	15000	100.0
16.京沪铁路无锡站改造	50591	7200	6700	6700	100.0
17.京沪铁路丹阳站改造	22157	11900	7000	7000	100.0
18.京沪铁路镇江站改造	30275	17200	10000	10000	100.0
19.京沪铁路常州站改造	30219	4200	3700	3700	100.0
20.尧化门货场	133020	75000	60000	60000	100.0
21.阜阳北站扩能	243500	55000	50000	50000	100.0
22.义乌西铁路货场扩建	87723	60000	50000	50000	100.0
23.合肥铁路枢纽南环线	1091990	1080000	30000	30000	100.0
24.南京至安庆铁路	3288825	3130000	100000	100000	100.0
25.合肥至福州铁路（上海局）	4292936	4159218	30000	30000	100.0

续表

建设项目和单项工程	初步设计概算	自开始建设累计完成	本年计划	本年完成	占年计划%
26.连云港至盐城铁路	2433990	2087300	620000	620000	100.0
27.皖赣铁路芜湖至宁国段扩能改造	904226	520000	120000	120000	100.0
28.九景衢铁路（上海局）	646695	560000	200000	200000	100.0
29.上海至南通铁路	3523900	1920000	700000	700000	100.0
30.青岛至连云港铁路（上海局）	54706	30000	15000	15000	100.0
31.杭州至黄山铁路	3262975	2080000	750000	750000	100.0
32.庐江至铜陵铁路	526200	465000	95000	95000	100.0
33.商合杭铁路（上海局）	8228157	2360000	1880000	1880000	100.0
34.连云港至镇江铁路	4446200	1510000	930000	930000	100.0
35.衢州至宁德铁路（上海局）	1448705	406000	260000	260000	100.0
36.徐州至淮安至盐城铁路	3814000	990000	930000	930000	100.0
37.金华至台州铁路	1606495	250000	240000	240000	100.0
38.宁波穿山港铁路	413310	76000	70000	70000	100.0
39.郑州至周口至阜阳铁路（上海局）	959241	80000	80000	80000	100.0
40.合肥至安庆铁路	3075500	203000	200000	200000	100.0
41.杭州至长沙铁路客运专线（上海局）	4570932	4597667	357960	357960	100.0
42.连云港至徐州铁路	2817000	5000	5000	5000	100.0
乙、代建项目	284250	284200	8000	8000	100.0
43.郑徐客专（上海局）	284250	281200	8000	8000	100.0
丙、全部合计	58464607	32155405	8487412	8487412	100.0

【在建大中型项目推进】2016年，上海铁路局有序推进大中型在建项目。其中连盐、沪通铁路南通至安亭段、杭黄、商合杭铁路等19个新建铁路项目完成投资758.30亿元，符夹铁路扩能、连云至连云港东增建二线，以及宁启铁路南通至启东段等9个复线及扩能改造项目完成投资39.61亿元，合芜、青阜线电气化改造等5个项目完成投资26.80亿元，阜阳北站扩能以及京沪铁路无锡、常州、丹阳、镇江站改造等9个项目完成投资23.24亿元。

【项目建成投产】2016年，上海铁路局42个大中型建设项目中，宁波枢纽北环线、阜淮和淮南铁路电气化改造等3个项目建成通车，新增生产能力：新线52.8公里、复线40.6公里、电气化铁路404.1公里。

【项目新开工】2016年，上海铁路局42个大中型建设项目中，陇海线连云至连云港东增建二线、泗安至杭州铁路电气化，以及合肥至安庆、郑州至周口至阜阳铁路等11个项目的永久性工程破土开槽或者打桩，完成投资149.24亿元。

【更新改造投资】2016年，上海铁路局完成更新改造投资31.05亿元、同比增长11.4%。其中国铁运输设备更新改造20.86亿元（总公司管项目3.95亿元，局管项目16.91亿元）；合资铁路更新改造完成投资10.19亿元，同比增加2.52亿元。国铁更新改造中，安全设施完成投资4.54亿元，重点包括道口平改立和线路全封闭、客车TVDS建设工程，上海虹桥、杭州动车所安防监控系统改造等；客货运输设施完成投资4.84亿元，重点包括南京站新增旅客服务设施、南京站普速场无站台柱雨棚加固改造、北郊站货场改造等；机务、供电、车辆、工务、电务设施完成投资7.08亿元，重点包括上海机务段南翔整备场强化整备能力工程、陇海线徐连段牵引供电综自系统更新改造工程、杭州北车辆段乔司检修车间货车厂修涂装能力改造工程、上海车辆段客车段修能力建设工程、上海动车段高级修场配套能力改造工程、夹北线大山一二号桥改造工程、上海大机运用检修段黄渡检修基地配置轨道车检修工装设备、沪昆线金千线数字调度通信设备更改工程、沪昆线陇海线车站CTC系统设备改造等；文教生活设施完成投资1.52亿元，重点包括上海虹桥行车公寓综合楼工程、南京东车辆段食堂扩建等。

【建设项目质量安全管理】2016年，上海铁路局建设系统贯彻“安全第一、质量至上”方针，抓好建设质量安全工作。开展监督检查303项次、检查1950个工点，现场签发责令整改通知单386份；组织46批次、949组实体和原材料质量检测，发现不合格79组，所有问题都督办整改。审查营业线施工方案670个；41次二级封锁、17400次三级封锁施工均安全正点。推进质量安全风险管理，对148处较高风险工点，采取视频实时监控；对23处高风险隧道落实领导包保制度和带班作业制度；对新开工项目200处拌和站、197处试验室采用信息化监控软件。开展专项整治，先后组织铁路隧道紧急出口及辅助坑道安全薄弱环节专项整治、防坍塌专项整治、接触网不锈钢零部件隐患排查整治等7大集中行动，消除一批质量安全隐患。采取信用评价、标准化绩效考评等手段，认定较大不良行为1件，一般不良行为176件，黄牌警告12次，清退10人。至年末，未发生工程质量事故，工程合格率100%。未发生生产安全事故，未发生铁路交通一般B类及以上事故。

【全路精品客站建设现场会全体会议在合肥召开】3月25日，全路精品客站建设现场会全体会议在合肥召开。中国铁路总公司运输局副局长兼工务部主任康高亮、工程管理中心主任李志义参加会议并讲话。上海铁路局副局长李迎九做主题发言，介绍上海局的经验做法和体会。全路近200名客站设计、施工、建设和养护、维修人员参加会议。24日，与会人员现场观摩南昌局厦门站、南平北站和上海局黄山北站、合肥南站。

（三）旅客运输

【概况】2016年，上海铁路局坚持以市场为导向，结合宁安客专、金温线开行直通动车组列车，宁启线开行动车组列车，郑徐高铁开通运营等新变化，阶段性调整运能210次。至年末，日开行图定旅客列车889.5对，其中直通564对（高速动车组列车252对、动车组列车80对），管内325.5对（高速动车组列车216.5对、城际列车36对、动车组列车40对）。自局担当旅客列车520对，其中直通190.5对（高速动车组列车104.5对、直通动车组列车41对），管内318.5对（高速动车组列车211.5对、城际列车36对、动车组列车38对）。上海局车底在其他局套跑11对（直通动车6对、管内高速1对、管内动车1对）。

【年旅客发送量首破5亿人】2016年，上海铁路局着眼客运大局向强局迈进的目标，不断改进客运产品和服务，促进企业发展。年内，根据客流变化特点和旅客出行需求精准开车，对旅客列车运行图优化调整20次。多渠道、多方式方便旅客购票，全局互联网购票比例67.9%、自动售票机5.8%、代售点5.7%，窗口购票比例下降到20.6%。开展客运服务质量年、厕所整治达标年等活动，推行客运车站网格化管理，打造温馨服务新模式，提升客运服务水平，第三方测评全局客

运服务总体满意度81.68、同比提高1.35%。(7月1日至8月31日）暑运62天，发送旅客10617.5万人，同比增长12.6%，首次突破1亿人。其中7月完成旅客发送5193万人，首次实现单月客发突破5000万人。（9月28日至10月7日）国庆黄金周运输10天，发送旅客2197.3万人，同比增长14.3%。其中10月1日发送旅客286.7万人，创局单日旅客发送历史新高。11月14日，上海铁路局迎来2016年第5亿名旅客，成为中国铁路第一个年发送旅客突破5亿人次的铁路局。11月15日，中国铁路总公司发出第0899号调度命令，给予祝贺并表彰。至年末，全局完成旅客发送56572万人，同比增加7469万人、增长15.2%，日均超过155万人。

【三省一市辖区内年旅客发送量全部超亿人】2016年末，上海铁路局管内三省一市辖区内旅客发送量全部超亿人。其中浙江省内车站发送17746万人，同比增加3026万人、增长20.6%；安徽省内车站发送10349万人，同比增加1815万人、增长21.3%；江苏省内车站发送17818万人，同比增加1698万人、增长10.5%；上海市内车站发送10609万人，同比增加917万人、增长9.5%。

旅客发送量占全路比重的20.4%，其中发送局管内旅客43602万人，增长18.0%；发送直通旅客12970万人，增长6.7%。

【年动车组发送量突破4亿人】2016年，上海铁路局发挥高铁速度优势，优化动车组开行，动车组客发量占71.6%、同比提高7.3个百分点，客运产品核心竞争力进一步增强，铁路在“三省一市”客运市场占有率持续提升。至年末，动车组旅客发送量突破4亿人，为40466万人，同比增加8869万人、增长28.1%。其中高速动车组发送旅客突破3亿人，发送30155万人，同比增长30.8%。

【客服中心建设】2016年，上海铁路局客服中心围绕铁路服务的“互联网+”行动计划，以“路内第一、业内领先”为目标，立足服务、信息和营销三大核心职能，为旅客提供暖心、耐心、真心的“三心”管家服务，打造“机制创新、管理科学、服务标准、功能拓展”的现代化综合性一流客服平台。先后获“全路客货运输用户满意单位”“火车头奖杯”等荣誉称号，客服中心首席班组获上海市“青年文明号”荣誉称号。至年末，局客服中心电话呼入数14101674个，日均38635个，其中人工接听服务5906108个，日均1.6137个，占41.9%，电话人工平均接通率为99.2%。受理网络邮件12873件，处理12873件；受理旅客遗失物品查找142614件，查找成功57664件，查找成功率40%；受理重点旅客服务申请4898次，提供服务4923人；客运服务质量回访外呼电话24268个，旅客接受回访12041个，接受回访率为49%；回访过程中收集旅客意见和建议72条，其中列车45条，占62%，车站27条，占38%。

铁路运输站段（含合资公司）旅客发送量完成情况表

站段（合资公司）名称	旅客发送（万人）	站段（合资公司）名称	旅客发送（万人）
徐州（直属）站	2047.1	杭州（直属）站	5965.7
徐州北（直属）站※	0.0	乔司（直属）站※	0.0
蚌埠（直属）站	1356.3	徐州车务段	581.9
合肥（直属）站	3743.6	淮北车务段	507.2
淮南西（直属）站	438.0	合肥车务段	998.1
阜阳北（直属）站	1123.4	芜湖车务段	2009.4
南京（直属）站	5670.5	嘉兴车务段	2207.3
南京东（直属）站※	0.0	金华车务段	3243.5
镇江（直属）站	1054.8	宁波车务段	6180.7
常州（直属）站	1434.3	新长车务段	1165.4
芜湖东（直属）站	62.6	金温公司	268.8
无锡（直属）站	1964.5	衢常公司※	0.0
苏州（直属）站	4059.0	芦潮港※	0.0
南翔（直属）站	569.5	浦东公司※	0.0
上海（直属）站	9920.2	合计	56571.6

注：※不办理客运业务

【“1月10日”旅客列车运行图调整】上海铁路局自1月10日起，针对宁安客专、金温线、杭州东至杭州南三四线、宁西复线开通，调整旅客列车运行图。

1. 增开直通旅客列车23对，其中上海虹桥—邵阳G2365/G2366次1对，经沪昆高铁、娄邵线运行，由上海客运段、上海动车段担当；上海南—韶关东K181/K182次1对，经沪昆、沪昆绕行、京九、赣韶线运行，使用25G型DC600V集便车底，由上海客运段、上海车辆段担当。

2. 停运直通旅客列车3对，其中上海南—深圳西K197/200/197K198/9/8次1对。

3. 增开上海局管内旅客列车42对，其中上海—安庆G7082/3G7084/1、G7086/7G7088/5、G7096/7G7098/5次各1对，经沪宁高铁、宁安客专运行，由南京客运段、上海动车段担当；上海虹桥—南京G7152次0.5对，经沪宁高铁运行，由南京客运段、上海动车段担当；上海虹桥—合肥南G7166/7次0.5对，经沪宁高铁、沪蓉线运行，由合肥客运段、上海动车段担当；上海虹桥—安庆G7172/3G7174/1次1对，经沪宁高铁、宁安客专运行，由南京客运段、上海动车段担当；上海虹桥—安庆G7176/7G7178/5次1对，经沪宁高铁、宁安客专运行，由合肥客运段、上海动车段担当；温州南—南京南G7180/G7179次1对，经金温线、沪昆、沪宁高铁运行，由南京客运段、上海动车段担当；六安—上海虹桥G7194/1次0.5对，经沪蓉线、京沪高铁运行，由合肥客运段、上海动车段担当；温州南—上海虹桥G7330次0.5对，经金温线、沪昆高铁运行，由上海客运段、上海动车段担当；上海虹桥—温州南G7331/G7338、G7333/G7340次各1对，经沪昆高铁、金温线运行，由上海客运段、上海动车段担当；上海虹桥—苍南G7335/G7332次1对，经沪昆高铁、金温线、杭深线运行，由南京客运段、上海动车段担当；上海虹桥—苍南、温州南G7337/G7334次1对，由南京客运段、上海动车段担当，G7337次经沪昆高铁、金温线、杭深线运行，G7334次经金温线、沪昆高铁运行；上海虹桥—温州南、苍南G7339/G7336次1对，由南京客运段、上海动车段担当，G7339 次经沪昆高铁、金温线运行，G7336 次经杭深线、金温线、沪昆高铁运行；上海虹桥—衢州 G7381/G7382 次 1 对，经沪昆高铁运行，由上海客运段、上海动车段担当；上海虹桥—衢州 G7383 次 0.5 对，经沪昆高铁运行，由杭州客运段、上海动车段担当；上海虹桥—宁波 G7547/G7548 次 1 对，经沪昆、杭甬高铁运行，由上海客运段、上海动车段担当；上海虹桥—杭州东 G7551 次 0.5 对，经沪昆高铁运行，由南京客运段、上海动车段担当；杭州东—上海虹桥 G7554 次 0.5 对，经沪昆高铁运行，由杭州客运段、上海动车段担当。

4. 停运上海局管内旅客列车 20.5 对，其中上海—南京 G7038/G7051 次 1 对；上海虹桥—六安 G7162/3 次 0.5 对；上海—常州 G7206/G7205 次 1 对；上海虹桥—杭州 G7331/G7306、G7303/G7308、G7311/G7310、G7317/G7316、G7323/G7322、G7327/G7302 次各 1 对；上海虹桥—杭州东 G7591/G7592、G7593/G7594 次各 1 对；上海—东至 T7606/7T7608/5 次 1 对。

【“3·4”高铁动卧开行规律调整】 自 3 月 4 日起，上海铁路局调整高铁动卧列车开行规律：1. 自 3 月 4 日始发站起逢周五、周六、周日增开上海虹桥—广州南 D941/4 次；自 3 月 5 日始发站起逢周六、周日、周一增开广州南—南宁东 D2372 次、南宁东—广州南 D2371 次、广州南—上海虹桥 D943/2 次，列车使用 CRH1E 型动车组。2. 自 3 月 4 日起至另有通知时止上海虹桥开 D905 次、D907 次，自 3 月 5 日起至另有通知时止深圳北开 D906 次、D908 次、D2344 次、D2348 次，厦门北开 D2347 次，泉州开 D2343 次临时停运。3. 自 3 月 4 日始发站起每日开行上海—北京南 D314 次，自 3 月 5 日始发站起每日开行北京南—上海 D313 次，列车使用 CRH1E 型（有高包，定员 618）动车组担当。

【“5·15”旅客列车运行图编制】 自 5 月 15 日起，为推进铁路供给侧改革，并结合宁启线达速开行动车组列车，铁路总公司组织重新编制全路基本列车运行图。基本图安排（上海局）旅客列车 839.5 对（直通旅客列车 524 对、上海局管内旅客列车 315.5 对），其中动车组列车 572.5 对、普速旅客列车 267 对。直通旅客列车中，动车组列车 290 对、普速旅客列车 234 对；上海局管内旅客列车中，动车组列车 282.5 对、普速旅客列车 33 对。

1. 增开直通旅客列车 27 对（不含夜间动车组列车），其中温州—青岛北 K1050/1K1052/49 次快速旅客列车 1 对，经金温货线、沪昆、宣杭、皖赣、淮南、阜淮、青阜、符夹、陇海、京沪、枣临、胶新、胶济线运行，金华、徐州调向，由金温公司担当；上海—漯河 K1048/5/8K1047/6/7 次快速旅客列车 1 对，经京沪、符夹、青阜、漯阜线运行，阜阳调向，由合肥客运、车辆段担当；南京—保定 K850/1/0K849/52/49 次快速旅客列车 1 对，经京沪、邯济、京广线运行，聊城调向，由南京客运段、合肥车辆段担当。

2. 增开夜间直通动车组列车 7 对，其中北京南—上海虹桥 G7/G6 次高速动车组列车 1 对，经京沪高速运行，由北京局担当；上海虹桥—北京南 G8/G5 次高速动车组列车 1 对，经京沪高速运行，由上海客运段、上海动车段担当；济南西—上海虹桥 G299/G300 次高速动车组列车 1 对，经京沪高速运行，由济南局担当（周末和高峰期开行）；上海虹桥—武夷山东 D3321/D3322 次动车组列车 1 对，经沪昆、合福高速运行，由南昌局担当；上海虹桥—上饶 D3323 次动车组列车 0.5 对，经沪昆高速运行；婺源—上海虹桥 D3325/4 次动车组列车 0.5 对，经合福、沪昆高速运行，均由南昌局担当。

3. 停运直通旅客列车 5 对，其中上海南—武昌 K11/4K13/2 次 1 对。

4. 增开上海局管内旅客列车 26 对，

其中上海—安庆G7072/3G7078/5、G7084/5G7086/3、G7092/3G7094/1次高速动车组列车各1对，经沪宁高速、仙宁线、宁安客专运行，由南京客运段、上海动车段担当；上海虹桥—安庆G7136/7G7134/1、G7140/1G7142/39次高速动车组列车各1对，经沪宁高速、仙宁线、宁安客专运行，由南京客运段、上海动车段担当。

5. 利用外局车底在上海局管内增开管内夜间动车组列车5对，其中上海虹桥—徐州东G7160/G7159次高速动车组列车1对，经京沪高速运行，由沈阳局担当；上海虹桥—蚌埠南G7168/G7167次高速动车组列车1对，经京沪高速运行，由沈阳局担当；上海虹桥—苍南G7343/G7344次高速动车组列车1对，经沪昆高速、金温、杭深线运行，由沈阳局担当。

6. 利用检备车底增开上海局管内夜间动车组列车3对，其中上海虹桥—合肥G7214/5G7216/3次高速动车组列车1对，经京沪高速、沪蓉线运行，由上海客运段、上海动车段担当；上海虹桥—合肥南G7218/9G7220/17次高速动车组列车1对，经京沪高速、沪蓉线运行，由合肥客运段、上海动车段担当。

7. 新增上海局管内高峰线16对，其中上海虹桥—铜陵G9232/3G9234/1、G9236/7G9238/5次高速动车组列车各1对，经沪宁高速、仙宁线、宁安客专运行，由上海客运段、上海动车段担当；上海虹桥—徐州东G9302/G9301次高速动车组列车1对，经京沪高速运行，由上海客运段、上海动车段担当；上海虹桥—合肥南G9352/3G9354/1次高速动车组列车1对，G9352/3次经京沪高速、沪蓉线运行、G9354/1次经沪蓉线、沪宁高速运行，由上海客运段、上海动车段担当；上海虹桥—合肥南G9356/7G9358/5次高速动车组列车1对，经京沪高速、沪蓉线运行，由合肥客运段、上海动车段担当；上海—合肥南G9362/3G9364/1次高速动车组列车1对，经京沪高速、沪蓉线运行，由上海客运段、上海动车段担当；上海虹桥—宁波G9431/G9432次高速动车组列车1对，经沪昆高速、杭深线运行，由上海客运段、上海动车段担当；上海虹桥—衢州G9401/G9402次高速动车组列车1对，经沪昆高速运行，由上海客运段、上海动车段担当；上海虹桥—温州南G9381/G9382次高速动车组列车1对，经沪昆高速、金温线运行，由上海客运段、上海动车段担当；上海虹桥—温州南G9383/G9384次高速动车组列车1对，经沪昆高速、金温线运行，由上海客运段、上海动车段担当；上海—六安D9502/3D9504/1次动车组列车1对，经京沪高速、沪蓉线运行，由北京局担当。

8. 停运局上海局管内旅客列车14对，其中上海—南京G7042/G7053、G7056/G7071、G7029/G7032次各1对；上海虹桥—南京G7126/G7135、G7138/G7141次各1对。

【“9·10”徐兰高铁郑徐段开通及“10·10”“11·10”调整图】9月10日，徐兰高铁郑州至徐州段开通，自即日起实行调整列车运行图。

（一）徐兰高速线郑州至徐州段开通初期安排开行高速动车组列车55对，其中增开46对、改经由9对。

增开旅客列车46对，其中郑州（郑州东）—上海虹桥G370/67G1810/1次高速动车组列车1对，经徐兰、京沪高速线运行，由郑州局担当；郑州东—上海虹桥G1824/1G368/9、G1804/1G1826/7、G1808/5G1822/3、G1812/09G1818/9、G1816/3G1814/5次高速动车组列车各1对，经徐兰、京沪高速线运行，由郑州局担当；上海虹桥—郑州东G1802/3G1820/17次高速动车组列车1对，经京沪、徐兰高速线运行，由杭州客运段、上海动车段担当；上海虹桥—郑州东 G1806/7G1828/5 次高速动车组列车 1 对，经京沪、徐兰高速线运行，由上海客运段、上海动车段担当；上海虹桥—西安北 G360/1G1938/5、G1912/3G1930/27、G1916/7G1934/1 次高速动车组列车各 1 对，经京沪、徐兰高速线运行，由上海客运段、上海动车段担当；西安北—上海虹桥 G362/59G1932/3、G1918/5G1940/1、G1922/19G1928/9、G1926/3G1920/1、G1942/39G1924/5 次高速动车组列车各 1 对，经徐兰、京沪高速线运行，由西安局担当；上海虹桥—西安北 G1936/7G1914/1 次高速动车组列车 1 对，经京沪、徐兰高速线运行，由郑州局担当；太原南—上海虹桥 G1954/1G1952/3 次高速动车组列车 1 对，经石太客专、京广、徐兰、京沪高速线运行，石家庄、郑州东调向，由太原局担当；上海虹桥—太原南 G1956/7G1958/5 次高速动车组列车 1 对，经京沪、徐兰、京广高速线、石太客专线运行，郑州东、石家庄调向，由南京客运段、南京动车段担当；石家庄—上海虹桥 G2811/4/1G2812/3/2 次高速动车组列车 1 对，经京广、徐兰、京沪高速线运行，郑州东调向，由北京局担当。

（二）其他直通旅客列车调整方案：

1. 增开直通旅客列车 7 对，其中上海虹桥—武汉 G1736/7G1738/5 次高速动车组列车 1 对，经京沪高速线、宁蓉线运行，由西安局担当。

2. 停运直通旅客列车 10 对，其中济南西—上海虹桥 G299/G300 次 1 对；上海虹桥—郑州 D282/3D284/1、D286/7D288/5、D292/3D294/1 次各 1 对。

3. 停运直通高峰线列车 3 对，其中济南（济南西）—上海虹桥 G4261/G4262 次 1 对。

4. 动车组解编：①上海虹桥—台州 G7503/G7542 次、上海虹桥—温州南 G7545/G7330 次、上海虹桥—长沙南 G1349/G1364 次，车底交路调整为：G7503—G7542—G7545—G7330—G1349—G1364，使用 4 组 CRH380B 型动车组，客运乘务由上海客运段担当。②上海虹桥—台州 G7503/G7542 次、上海虹桥—温州南 G7545/G7330 次使用 CRH380B 型重联编组，G7330 次到上海虹桥后进行车底解编作业，上海虹桥—长沙南 G1349/G1364 次使用 CRH380B 单组运行。

（三）上海局管内旅客列车调整方案：

1. 增开上海局管内旅客列车 10 对，其中上海—芜湖 G7282/3G7284/1 次高速动车组列车 1 对，经沪宁高速线、宁安客专线运行，由合肥客运段、南京动车段担当；上海虹桥—苍南 G7321/G7322 次高速动车组列车 1 对，经沪昆高速线、金温、杭深线运行，由上海客运段、动车段担当；上海虹桥—温州南 G7323/G7324 次高速动车组列车 1 对，经沪昆高速线、金温线运行，由西安局担当。

2. 停运局管内旅客列车 12.5 对，其中上海虹桥—徐州东 G7160/G7159 次 1 对；上海虹桥—合肥 G7214/5G7216/3 次 1 对；上海虹桥—合肥南 G7218/9G7220/17 次 1 对；上海—徐州东 G7292/G7293 次 1 对；上海虹桥—苍南 D5581/D5582 次 1 对。

3. 重新公布上海局管内高峰线列车方案。

上海局管为高峰线列车由 19 对增加至 30.5 对，其中上海虹桥—铜陵 G9232/3G9234/1 次高速动车组列车 1 对，经沪宁高速线、宁安客专线运行，由上海客运段、上海动车段担当；上海虹桥—铜陵 G9236/7G9238/5 次高速动车组列车 1 对，经沪宁高速线、宁安客专线运行，由上海客运段、上海动车段担当；上海—南京 G9240/G9239 次高速动车组列车 1 对，经沪宁高速线运行，由上海客运段、上海动车段担当；南京南—上海虹桥 G9241 次高速动车组列车 0.5 对，经沪宁高速线运行，由南京客运段、南京动车段担当；上海虹桥—芜湖 G9242/3 次高速动车组列车 0.5 对，经沪宁高速线、宁安客专线运行，由南京客运段、南京动车段担当；上海—安庆G9246/7G9248/5次高速动车组列车1对，经沪宁高速线、宁安客专线运行，由上海客运段、上海动车段担当；上海虹桥—安庆G9250/1G9252/49次高速动车组列车1对，经沪宁高速线、宁安客专线运行，由上海客运段、上海动车段担当；上海虹桥—合肥南G9254/5G9256/3次高速动车组列车1对，经沪宁高速线、宁蓉线运行，由上海客运段、上海动车段担当；上海虹桥—温州南G9301/G9302次高速动车组列车1对，经沪昆高速线、金温线运行，由上海客运段、上海动车段担当；上海虹桥—温州南G9303/G9304次高速动车组列车1对，经沪昆高速线、金温线运行，由上海客运段、上海动车段担当；上海虹桥—衢州G9311/G9312次高速动车组列车1对，经沪昆高速线运行，套用G7302次车底，由上海客运段、上海动车段担当；上海虹桥—合肥南G9402/3G9404/1次高速动车组列车1对，经京沪高速线、宁蓉线运行，由上海客运段、上海动车段担当；合肥南—上海虹桥G9408/5G9406/7次高速动车组列车1对，经宁蓉线、京沪高速线运行，由合肥客运段、南京动车段担当；上海虹桥—蚌埠南G9410/G9409次高速动车组列车1对，经京沪高速线运行，套用G411次车底，由上海客运段、上海动车段担当；上海虹桥—南京南G9412/G9411次高速动车组列车1对，经京沪高速线运行，套用G129次车底，由上海客运段、上海动车段担当；上海—六安D9502/3D9504/1次动车组列车1对，经京沪高铁、宁蓉线运行，由北京局担当。

（四）自10月10日起，郑徐高铁部分列车调整列车运行区段。

1. 自10月10日始发站起，郑州东—上海虹桥G1824/1次改为焦作始发，运行区段调整为焦作—上海虹桥，车次改为G1821/4/1次。

2. 自10月10日始发站起，上海虹桥—郑州东G1810/1次改为焦作终到，运行区段调整为上海虹桥—焦作，车次改为G1810/1/0次。

（五）自11月10日起，郑徐高铁部分列车延伸运行区段。

1. 自11月10日起，郑州东—上海虹桥G1808/5次经由京广高速线延长为许昌东—上海虹桥。

2. 自11月10日起，上海虹桥—郑州东G1822/3次经由徐兰高速线延长为上海虹桥—洛阳龙门。自11月11日起，郑州东—上海虹桥G1812/09次经由徐兰高速、陇海线延长为洛阳龙门—上海虹桥。

（四）货物运输

【概况】2016年，上海铁路局贯彻深化铁路供给侧改革部署，加强与其他交通运输方式融合发展，拓展多式联运，货物发送量呈现止跌回升势头。发挥铁路传统优势，开展货运市场调查摸底，掌握了区域内1.8万家企业基础信息和6429家重点客户详细资料。切实履行社会责任，保持大宗货物运输的平稳有序，特别是全力保障了事关国计民生的重点物资运输。至年末，全局克服煤炭等大宗货物运量下降影响，完成货物发送量18389万吨，同比减少568万吨、下降3.0%。货物发送量止跌回升，一季度、二季度同比分别下降13.3%、10.3%，降幅缩小，三季度同比增长1.2%，四季度同比增长11.2%。在25个有货发任务的单位中，12个单位同比实现增长。在28项品类中，发送量同比增加的有14项，其中发送小汽车41.5万台，同比增长33.6%。黑货发送14697万吨，同比减少792万吨、下降5.1%。白货发送3692万吨，同比增加224万吨、增长6.5%。

【货运转型推进】2016年，上海铁路局树立融合发展新理念，加快推进运输结构调整和产品优化。加强综合保障，推行货运中心模拟法人运作，加快物流信息化建设，完成新建改建物流基地24个，为长远物流发展打好基础。开展货运营销，健全56个营销主网格、200个子网格，八大板块营销团队（煤焦油矿、钢材水泥、集装箱、商品车、粮食化肥、批量、危化品、家电），专兼职营销人员951人，客户代表544人。完善货运网上营业厅功能，实现内部管理精细化、外部服务人性化、货运网上交易服务全方位和全过程一站式信息服务，有效推动货运受理服务功能的整合，提高客户服务质量。构建高效衔接的接取送达网络，增强两端服务能力。按照“业务流程化、经营规模化、服务标准化、平台品牌化、信息透明化”的规范要求，建立接取送达调度指挥和经营管理体系，确保接取送达无缝衔接。根据业务类型制订186个货运站接取送达方案，建立无轨站302个。批量、整车、集装箱货物接取送达业务整合社会合作企业354家，零散货物接取送达整合合作企业52家，构建完善的接取送达服务网络。丰富货运产品，组织开行上海至广州、深圳、北京3个方向特快货物列车，开行杭州至乌鲁木齐、成都、昆明、长春、哈尔滨5个方向快速货物列车，开行48个方向点对点快速货物列车，开行义乌、钱清到北仑固定车底集装箱循环班列。至年末，完成接取送达收入6.2亿元，同比增加52.3%。完成零散货物快运92万吨，批量货物快运1150万吨，增幅55%。发送集装箱923.8万吨，同比增加30.8万吨、增长3.4%。开行中欧中亚班列225列，开通海铁联运线路25条。经委托第三方测评，上海铁路局货运系统的总体满意度为86.29%，较2015年的86.20%略有上升。

【三省一市辖区内货物发送量两增两减】2016年，上海铁路局所处三省一市辖区货物发送量两增两减。其中江苏省内车站发送5335万吨，同比增加269万吨、增长5.3%；浙江省内车站发送3308万吨，同比增加4万吨、增长0.1%；安徽省内车站发送9244万吨，同比减少839万吨、下降8.3%；上海市内车站发送461万吨，同比减少11万吨、下降2.3%。在货物发送量中，黑货发送14697万吨，同比减少792万吨、下降5.1%，其中煤发送8692万吨，同比减少1025万吨；白货发送3692万吨，同比增加224万吨、增长6.5%。

上海铁路局2016年运输站段（含合资公司）货物发送量完成情况表

站段（合资公司）名称	货物发送（万吨）	站段（合资公司）名称	货物发送（万吨）
徐州（直属）站	1.9	芜湖车务段	310.5
徐州北（直属）站	99.7	嘉兴车务段	148.9
蚌埠（直属）站	129.2	金华车务段	577.1
合肥（直属）站※	0.0	宁波车务段	1880.1
淮南西（直属）站	4327.6	新长车务段	188.0
阜阳北（直属）站	207.4	金温公司	526.4
南京（直属）站	26.3	衢常公司※	0.0
南京东（直属）站	451.3	芦潮港	30.2
镇江（直属）站	161.8	浦东公司	12.8
常州（直属）站	108.9	合计	18388.7
芜湖东（直属）站	281.6	徐州货运中心	4215.2
无锡（直属）站	67.1	蚌埠货运中心	3859.0
苏州（直属）站	82.3	合肥货运中心	333.2
南翔（直属）站	418.0	淮南货运中心	4535.0
上海（直属）站※	0.0	南京货运中心	936.3
杭州（直属）站	40.4	芜湖货运中心	592.1
乔司（直属）站	134.7	上海货运中心	610.4
徐州车务段	4113.7	杭州货运中心	2204.1
淮北车务段	3729.7	金华货运中心	577.1
合肥车务段	333.2	合计	18388.7

注：1.运输站段（合资公司）货物发送量为“联挂考核”指标，对应计入（并等同于）各货运中心年度任务。2.※不办理货运业务

【“上铁捷运”货运产品上线运营】9月9日，上海铁路局“上铁捷运”——全路首家零散快运网上快捷货运平台上线运营。“上铁捷运”货运平台针对华东地区货物运输需求，以长三角货物快运列车、点到点快速货物列车、旅客列车行李车为运力支撑，打造铁路零散快运品牌。客户可通过“上铁捷运”网络受理平台、“上铁捷运”app、95306电话等多种方式一站式办理全部业务，可采用支付宝移动支付方式支付费用，下单后30分钟内工作人员即上门服务。

【物流合作模式拓展】2016年，上海铁路局发挥5A级物流企业资质优势，利用区域内家电、医药、食品、饮料等生产制造业发达的有利条件，推进“总对总”服务模式，为重点企业提供专业化、集成式物流解决方案，实行全程跟踪、全程服务，将铁路物流服务更好地融合到企业供应链管理当中，推动铁路企业由单一“承运人”向物流“运营商”转型发展。至年末，与200家企业签订物流外包协议，与17家区域内总部企业达成总对总战略合作。

【货运电子商务】2016年，上海铁路局完成95306网站客户注册43758家、全路排名第一，店面展示10283家、全路排名第一，挂单21254单、全路排名第四。应单8141单、全路排名第六，成交金额203.85亿元、全路排名第十二。选择铁路物流的运量有1504.5万吨，全路排名第十二。

【货物装卸】2016年，上海铁路局推进装卸作业标准化，组织修订门吊司机等11个装

卸主要工种作业指导书，实现了装卸作业指导书的规范化和全覆盖。组织开发装卸作业固定式防护信号管理系统，并在管内21个货运站进行推广。推进装卸作业全过程安全监控系统、集装箱专用门吊运用状态安全监控系统建设。至年末，全局站内装卸作业总量1.247亿吨，其中路工作业量3062.4万吨，委外作业量9411.9万吨。装卸机械化作业比重86.5%，委外作业比重75.5%。

（五）多元经营

【概况】2016年，上海铁路局非运输系统主动适应出资关系调整后变化，按照“专业化经营、实业化发展、集约化创效、规范化管理”总体思路，聚集经营重点难点，围绕“客运关联、工程建筑、工业信息、资产开发、物流商贸”5个业务板块，推动经营开发取得新成效。其中工业信息板块业务在产研合作中提档升级，合作开发生产具有自主知识产权项目，Ⅲ型轨道板、高铁精测等一批新项目相继投产见效。物流商贸业在转型中探索，以全程优质服务为依托，构建全局性资源统一招商新模式，提升资源利用度和开发收益，拓展了一批家电、食品、日用品企业总包业务。工程建筑业务、客运关联业务、运输站段其他业务等都有新的发展。至年末，“客运关联、工程建筑、工业信息、资产开发、物流商贸”5个板块业务分别实现毛利增长10.2%、11.4%、5.7%、34.5%、0.6%。全局17家直属非运输企业全部实现盈利，非运输系统完成营业收入231.6亿元，报表利润6.96亿元，考核利润21.34亿元。自2013年起连续四年实现增长，考核利润年均增幅27.4%。

【客运关联板块业务经营品质提升】2016年，上海铁路局非运输系统有序开发“客运关联”业务板块，并注重提升经营品质。借力“互联网+”，全路首个高铁站车商业（微信和支付宝）移动支付平台建成并投入运营。树立“高铁+”经营理念，创立“华东印记”“旅途易购”等一批在全路具有首创性的自主品牌，布点投放“旅途易购”自动售货机188台。推进站车商业广告经营升级改造，完成南京南、合肥南、杭州东站等7个批次5000平方米的商业补强项目。推进既有站广告资源升级改造，完成6个批次的广告媒体招商。动车盒饭日均销售4.01万份、收入124万元，占全路的1/3。至年末，全局高铁车站商业开发面积7.90万平方米，同比增长6%；商铺数量811个，同比增长1%；广告面积13.01万平方米，同比增长4%；动车餐饮销售收入8.15亿元，同比增长15%。开行旅游专列107列，列数和趟均毛利均名列全路第一。

【资产开发板块业务取得重点突破】2016年，上海铁路局非运输系统以创新为引领，探索土地房产资源专业化经营新模式，分层、同步推进新建铁路土地综合开发，资产开发在创新中取得重点突破。年内，沪通铁路张家港站区土地综合开发试点项目，路地就共同出资合作成立项目公司和出资比例、开发方式、收益分配等达成共识。南京安德门项目，完成场地整体清租清空，开发区域控制性详细规划已通过政府部门技术审查，并形成规划设计方案。淮北原候车室改造为体育经营场所项目、义乌西城路写字楼及仓储等一批重点项目建成投入运营。至年末，与沿线82个市县政府签订74份综合开发框架协议，合肥十五里河房地产项目和高架桥下保护性利用开发项目启动。房屋租赁、铁路用地临时借用经营增效明显，同比实现增长13%。资产开发板块业务实现毛利增长34.5%。

【Ⅲ型轨道板(CRTS Ⅲ型先张法预应力轨道板)试生产成功】7月31日,上海铁路局第一块Ⅲ型轨道板(CRTS Ⅲ型先张法预应力轨道板)在上铁芜湖轨道板有限公司试生产成功。上铁芜湖轨道板有限公司由上海铁路经济开发公司控股,银龙股份、北京铁科、光明铁道共同出资成立,每年可生产Ⅲ型轨道板9万块。

【瓦窑200万吨矿砂物流基地开通启用】7月11日,长三角地区最大的矿砂物流基地——瓦窑200万吨矿砂物流基地开通启用。该物流基地位于江苏省新沂市瓦窑火车站南侧,占地2.96万平方米,具备200万吨/年接卸、装运能力,是上海铁路局与徐州华宏特钢公司的战略合作项目。

【"总对总"企业战略合作协议签订】4月28日,上海铁路局"总对总"战略合作现场会在杭州召开,18家生产制造企业、5家社会物流企业和2个园区单位负责人应邀参加会议。中国铁路总公司运输局有关负责人、上海铁路局局长郭竹学出席会议并讲话。副局长刘建堂代表局与"农夫山泉""圣象集团"等10家企业签订战略合作协议。

【集体企业管理】2016年,上海铁路局进一步理顺集体企业管理关系,制定实施《关于切实加强集体企业管理的通知》(上铁办〔2016〕390号)和《关于调整地区集团公司机构定员的通知》(上铁劳卫〔2016〕633号)等文件,明确并落实集体企业法人职责、主办单位管理职责和局机关部门指导监管职责;将133家集体企业(含1家非法人企业)管理关系由地区集经总公司调整到相关主办单位;撤销5个地区集经总公司内设机构,与所在地区集团公司集经管理部实行"一个机构、两块牌子";调整各地区集经管理部(集经总公司)管理职能,并重新核定其定员。推进集体企业重组整合,重点对集体职工人数较少、经营业务萎缩较快、长期亏损的集体企业进行工商税务注销,对经营业务差异较大或区域跨度较大的集体企业,设立分公司或非法人分支机构进行行政整合。年内注销法人集体企业13家,总数降至159家;行政单位减少13家,总数降至124家。至年末,集体职工总数8374人。总资产19.30亿元,净资产6.53亿元。完成经营收入19.81亿元,实现利润1416.29万元。

(六)上海铁路局2016年大事记

▲1月4日,金华至台州铁路开工建设。该线全长175公里,设计时速160公里,连接沪昆与沿海通道。

▲1月14日,江苏省委书记罗志军到徐宿淮盐铁路施工现场检查工作,慰问建设者,并就加快项目建设等提出要求。

▲2月4—5日,中国铁路总公司党组书记、总经理盛光祖到上海虹桥站、上海站检查指导春运工作,看望慰问当班干部职工、公安干警、武警官兵和青年志愿者,听取上海局及车站春运工作汇报,并提出要求。上海局局长郭竹学、副局长赵峻参加。

▲2月25日,上海铁路局召开全局电视电话会议,中国铁路总公司人事部(党组组织部)副主任王培忠宣读铁路总公司党组任免通知,任纪善任上海铁路局党委委员、常委、书记。

▲3月3日,上海铁路局完成2016年春运(1月24日—3月3日)任务,全局发送旅客6048万人,同比增长14.9%,其中2月

27日发送旅客185.8万人，客发总量和单日客发量均创春运历史新高。

▲ 3月7日，第十四届全国职工职业道德建设先进评选揭晓，南京站获“全国职工职业道德建设先进单位”荣誉称号，杭州站客运值班员章兰获“全国职工职业道德建设先进个人”荣誉称号。

▲ 3月18日，上海铁路局完成十二届全国人大四次会议、全国政协十二届四次会议代表、委员运输任务。其间，安全运输上海市、安徽省、江苏省、浙江省、山东省及原南京军区出席全国“两会”代表、委员和工作人员66批、498人次。

▲ 3月28日，下发《关于成立南京动车段的通知》（上铁劳卫〔2016〕171号）文件，决定将江苏、安徽地区动车运用所从上海动车段划出，成立南京动车段，按运输站段管理。

▲ 4月1日，交通运输部部长杨传堂到合肥南站检查调研，现场查看实名制验证、安检查危、站区网格化管理等情况，并就进一步抓好节日期间安全工作、确保清明小长假运输平稳有序等提出要求。

▲ 4月11日，上海铁路局党委召开全局“两学一做”学习教育动员部署会。局党委书记任纪善做动员部署并讲授专题党课，局长郭竹学主持会议并讲话。

▲ 4月28日，上海铁路局“总对总”战略合作现场会在杭州召开，18家生产制造企业、5家社会物流企业和2个园区单位负责人应邀参加会议。中国铁路总公司运输局有关负责人、上海铁路局局长郭竹学出席会议并讲话。副局长刘建堂代表局与“农夫山泉”“圣象集团”等10家企业签订战略合作协议。

▲ 5月15日，全国铁路实行新的列车运行图。新图中上海铁路局开行客车839.5对，增开

19 对直通高铁动车组列车和 43 对管内高铁动车组列车，高铁动车组列车总数达 572.5 对，占全部客车的 68.2%。

▲ 5 月 15 日，宁启铁路复线电气化改造工程(200 公里 / 小时) 开通，首次开行动车组列车，最高运行速度 200 公里 / 小时，标志着沿线扬州、泰州、海安、南通等江苏省中部城市迈入“动车时代”。

▲ 5 月 26—27 日，上海铁路局第六次党代会在上海召开，264 名代表参加会议。上海市委常委、组织部长徐泽洲，中国铁路总公司党组成员、副总经理卢春房到会分别讲话。上海市建设交通工作党委书记崔明华、静安区委书记安路生等到会祝贺。上海局党委书记任纪善，局党委副书记、纪委书记蒋辉分别代表局第五届党委、局纪委做工作报告。局长、局党委副书记郭竹学主持会议。会议审议同意局党委、纪委工作报告等，选举产生了局第六届党委会委员和局纪委委员。局第六次党代会党委工作报告确定上海铁路局的企业精神为“创新实干、精益卓越”。

▲ 6 月 27 日，上海铁路局旅客发送提前 3 天实现“双过半”，累计发送旅客 26934.4 万人，同比增长 15.8%。其中 4 月 30 日发送旅客 263.4 万人，创全局单日客发历史新纪录。

▲ 7 月 1—2 日，上海铁路局南京站“158”雷锋服务站党支部被中共中央授予“全国先进基层党组织”荣誉称号，并在 1 日召开的庆祝中国共产党成立 95 周年大会上受到表彰，党支部书记黄吉莉赴北京参加庆祝大会。中国铁路总公司党组书记、总经理盛光祖 2 日下午在总公司接见了黄吉莉等参加庆祝大会的铁路先进基层党组织和党员代表。

▲ 7 月 1—15 日，中国自行设计研制、全面拥有自主知识产权的中国标准动车组，在郑徐高铁成功进行综合试验，单组交会运行和双组重联运行最高时速均达到 420 公里，成为世界上首次实现时速 420 公里交会和重联运行的高铁动车组列车。

▲ 7 月 31 日，上海铁路局月度完成旅客发送 5193 万人，首次实现单月客发突破 5000 万人。

▲ 8 月 3 日，上海铁路局与南京市政府签署移交协议，将南京长江大桥公路桥移交南京市政府管养。上海铁路局局长郭竹学、党委书记任纪善，南京市市长缪瑞林等出席签署仪式。上海铁路局副局长张杰、南京市副市长储永宏代表双方签署协议。

▲ 8 月 10 日，上海铁路局与合作方中国建设银行上海分行、阿里巴巴集团等在海虹桥站联合举行“上海铁路局高铁站车商业移动支付上线”启动仪式，标志着全国铁路首个统一收银平台的移动支付正式上线。

▲ 8 月 29 日，中共中央政治局委员、上海市委书记韩正到上海虹桥站检查调研安保工作，现场查看车站实名制验证、二次安检等情况，并就全面落实站区安全防范措施，确保 G20 杭州峰会期间铁路运输安全稳定等提出要求。

▲ 8 月 31 日，上海铁路局暑运客发首次突破 1 亿人（次）。暑运（7 月 1 日至 8 月 31 日）62 天，全局累计发送旅客 10617.5 万人，同比增长 12.6%，首次突破 1 亿人。完成堵漏保收 2.32 亿元，创历史新高。

▲ 9 月 1—3 日，中国铁路总公司党组书记、总经理盛光祖到杭州地区现场察看杭州东站和杭州站有关工作情况，要求认清形势、分清责任、明确要求、落实到位，确保二十国

集团（G20）领导人峰会期间铁路安全稳定。

▲ 9月1—7日，上海铁路局认真落实G20杭州峰会铁路安保工作部署要求，局党政主要领导分别在杭州、上海坐镇指挥，分管领导分片、分专业包保，有关部门、各单位、各铁路办事处成立包保工作组开展检查指导，各项安保任务完成。

▲ 9月9日，上海铁路局“上铁捷运”快捷货运平台上线运营。

▲ 9月10日，郑徐高铁开通运营。

▲ 9月23日，上海铁路局被授予2016年“全国质量管理小组活动优秀企业”称号。

▲ 10月1日，上海铁路局发送旅客286.7万人，创局单日旅客发送历史新高。10月8日，完成国庆黄金周（9月28日至10月7日）发送旅客2197.3万人，再创新纪录，同比增长14.3%。

▲ 10月20日，上海铁路局被中华全国总工会、国家安全生产监督管理总局授予2014——2015年度全国“安康杯”竞赛优胜单位称号。

▲ 10月20日，拉脱维亚交通部长奥古利斯、驻华大使赛尔嘉、铁路股份公司总裁柏金思一行，在上海铁路局副局长刘建堂陪同下参观义乌西货场，观看义乌—拉脱维亚首都里加的集装箱试验列车发车，并就铁路建设、物流合作等与上海局领导交换意见。

▲ 10月29日，上海铁路局实现无责任一般A类及以上铁路交通事故900天。

▲ 11月14日，上海铁路局迎来2016年第5亿名旅客，成为中国铁路第一个年发送旅客突破5亿人次的铁路局。11月15日，中国铁路总公司发出第0899号调度命令，给予祝贺并表彰。

▲ 12月1日，国务委员王勇到合肥南站检查调研安全生产工作。

▲ 12月23日，杭（州）绍（兴）台（州）铁路开工建设。杭绍台铁路全长269公里，设计时速350公里，工期为4年。

▲ 12月26日，上海铁路局企管协会发文公布2016年全局客货运输服务满意度第三方测评结果：客运满意度81.68%、货运满意度86.29%，同比分别上升1.35%、0.09%。高铁动车及客车总体满意度持续提升，货运总体满意度在连续两年下降后首次出现回升。

（孔令贵）

PART
EIGHT
IX

民用航空
CIVIL AVIATION

（一）综述

2016年，上海民航2个机场（虹桥国际机场、浦东国际机场）共完成旅客吞吐量10646.3万人次（含过站人数），同比增长7.3%，其中虹桥国际机场完成旅客吞吐量4046.1万人次，浦东国际机场完成旅客吞吐量6600.2万人次；全年两场完成货邮吞吐量386.9万吨，同比增长4.3%，其中虹桥国际机场完成货邮吞吐量42.9万吨，浦东国际机场完成货邮吞吐量344万吨；2016年两场共起降飞机74.2万架次，同比增长5.1%，其中在虹桥国际机场起降26.2万架次，在浦东国际机场起降48万架次。分航线看，2016年两场共完成国内航线旅客吞吐量（不含地区航线，下同）6996.9万人次，占全年旅客吞吐量的65.7%，同比增长5.4%，其中虹桥国际机场为3723.1万人次，浦东国际机场为3273.7万人次；完成国际航线旅客吞吐量2838.4万人次，占全年旅客吞吐量的26.7%，同比增长13.8%，其中虹桥国际机场为137.5万人次，浦东国际机场为2700.9万人次；完成地区航线旅客吞吐量811万人次，占全年旅客吞吐量的7.6%，同比增长3.8%，其中虹桥国际机场为185.4万人次，浦东国际机场为625.6万人次。分航线看，2016年两场共完成国内航线货邮吞吐量81.8万吨，占全年货邮吞吐量的21.1%，同比增长2.4%，其中虹桥国际机场为40.1万吨，浦东国际机场为41.7万吨；完成国际航线货邮吞吐量259.4万吨，占全年货邮吞吐量的67%，同比增长5.2%，其中虹桥国际机场为0.9万吨，浦东国际机场为258.5万吨；完成地区航线货邮吞吐量45.7万吨，占全年货邮吞吐量的11.8%，同比增长2.9%，其中虹桥国际机场为1.9万吨，浦东国际机场为43.8万吨。截至2016年底，与上海通航有49个国家和地区的132通航点（含香港、澳门、台湾）和国内的150个通航点。有29家国内航空公司和78家国际及地区航空公司开通了上海的定期航班。

（二）行业管理

【概况】 年内，民航华东局与辖区单位签订安全责任书，通过行政处罚、行政约见、限制运行以及与上级主管部门、地方政府联动监管等手段，督促各运行单位落实好安全生产主体责任。组织举办法治民航、安全民航宣讲活动。探索安全监管方式转变，调研和指导安全能力建设。开展民航行业监管执法方式调整试点，完成编制《民航行业监管事项清单》，包括90项业务类型，412项检查项目，2817项检查内容；制定行政检查计划编制办法和实施办法，推进企业自查报告制度、守法信用记录制度和规范检查文书等试点。

积极探索统一运行新形势下的合格证管理与属地监管有机结合的行业监管新模式，组建合格证管理办公室，协调东航分子公司所在地管理局及监管局，重新梳理界定局方对东航机务系统跨地区运行和各地执管飞机的监管职责；及时调整华东区内针对东航维修系统的监管模式，编制东航维修安全监管方案；优化调整东航维修系统适航年检模式，由“集中式审查”转向“分散式审查”，加大日常监察的深度和频度。春秋航电子签派业务顺利获批，成为民航首批试点电子飞行包签派放行新功能的航空公司。

推动技术创新，做好适航审定工作。持续推进C919项目符合性计划实施阶段工作，重点开展设备鉴定试验和限制载荷静力试验的评审及原型机的制造符合性检查；认真做好ARJ21-700飞机TC（型号合格证）证后设计更改、持续适航和航空器评审等工作，协同西南局、中国商飞和成都航建立四方合作机制，初步构筑涵盖设计保证体系、设计更改、持续适航和运行支持的适航监管体系。

推动建立长三角民航协同发展机制。认真做好民航局和上海市签署关于深化上海民航改革与发展战略合作协议的前期准备工作；支持上海市大型通用机场的规划和选址研究；加快航空服务业集聚发展，推动上海航空货运指数及交易平台建设；完善上海航空枢纽建设推进机制，恢复“推进上海航空枢纽建设联合领导小组”和“上海航空枢纽建设联席会议制度”，协调解决上海民航发展重大问题。

加强航班正常保障，落实真情服务要求。建立华东地区协调机场航班时刻监管工作机制，在辖区7个协调机场所在地成立由监管局牵头、机场和空管分局（站）参加的时刻监管工作组；出台时刻协调机场航班正常管理措施，加强大面积航班延误处置，年内辖区各机场共启动大面积航班延误应急预案74次，未发生导致重大社会影响的群体性事件；开展“服务质量提升”专项行动，系统梳理服务工作，排查整改服务问题，提高服务质量。

简化行政审批方式，促进通航事业发展。引入通航管理信息系统，启用网上申请、审批经营许可、备案通航飞行活动等新模式；推动华东通航服务中心建设，集聚通航产业，建立延伸服务平台，目前已形成初步实施方案；搭建通航交流平台，支持上海通航协会举办展会，并组织通航产业链上下游100余家单位参加，以行业协会的形式进行资源整合、共享发展。

完成春运、“两会”、国庆长假、G20峰会、世界互联网大会等重大航空运输安全保障工作。完成运送烈性传染病员民航飞机加改装审定任务，其中关键技术填补了国家与军队航空运输和卫勤保障体系的空白，标志着我国烈性传染病员空中紧急运救能力跻身世界先进行列。

加快推进运输机场新技术更新应用。上海浦东机场GLS（卫星着陆系统）进入安装调试阶段；上海浦东机场34L跑道Ⅲ A类和虹桥机场HUD（平视显示器）特殊Ⅱ类运行协调推进。

【民航华东局主动谋划助力国家大飞机战略】 2月17日，民航华东局蒋怀宇局长和沈小明副局长率机关相关业务处室和上海审定中心赴中国商飞公司调研。会上，民航华东局介绍了有关国产民用飞机在设计、制造和售后技术支援等方面的经验和教训。双方就飞机工程设计与用户体验、型号设计与航空器评审、上海审定中心能力建设和试飞员队伍培养、加强人力资源、技术合作等共同关心的问题进行了深入交流和探讨。蒋怀宇局长提出，C919项目要充分借鉴ARJ21的路径和经验，加强供应商管控，尽早考虑客户需求。2016年审定项目任务繁重，民航华东局将与中国商飞公司进一步加强人力资源合作，全力支持公司型号研制工作，努力实现C919安全首飞、ARJ21安全运营的目标，把大飞机项目打造成国家的精品工程。

【上海民航全力做好春运保障工作】 2016年春运期间，华东地区共起降航班25.25万架次，同比增长4.21%；运送旅客3135万人次，同比增长4.71%。其中上海地区起降8.07万架次，同比增长5.4%；运送旅客1115万人次，同比增长3.3%，圆满完成春运航空运输保障任务。上海民航各单位按照“以客为主、安全第一、服务至上、保障有力”的总体要求，以饱满的热情、周到的服务、细致的工作确保了春运期间华东地区航空运输安全、有序。

【C919大型客机全机静力试验正式启动】 4月11日，C919大型客机全机静力试验机（01

架机）交付暨试验启动会在中国飞机强度研究所上海分部召开，标志着 C919 大型客机静力试验正式启动。中国商飞公司、中航工业集团、上海审定中心相关领导出席启动会。此次 C919 飞机全机静力试验将测试包括机身增压静力试验、吊挂静力试验等内容。

静力试验是飞机研发过程中重要的地面试验，通过固定装置和载荷加载管线，模拟飞机飞行中的空气动力、发动机推力等载荷和其他环境条件，研究飞机结构、部件等在不同程度拉或压的静载荷作用下的强度、刚度以及应力、变形分布情况，验证飞机是否满足飞行所要求的结构强度，是保证飞机飞行安全的重要手段。

【民航华东局召开飞行计划集中处理研讨会】 为改变目前飞行数据管理多头、分散的局面，为飞行流量管理、空管自动化系统和运行数据统计分析提供统一可靠的基础数据，民航局空管局计划在 2016 年完成上海情报区内飞行计划全部集中在上海处理，并将华东飞行计划集中处理系统升级扩展成为全国飞行计划集中处理系统，建设全国飞行计划集中处理上海中心。

4 月 22 日，民航华东局组织召开飞行计划集中处理研讨会。会上，华东空管局介绍了飞行计划集中处理工作开展情况及推进计划和方案，并进行了研讨。民航华东局张振宇副局长强调了飞行计划集中处理的重要性和必要性，要求各单位思想上高度重视飞行计划集中处理工作，积极配合华东空管局高效完成此项工作，为航班流量管理奠定良好的基础。

【FAA 亚太双边伙伴对话在上海举行】 4 月 11 日至 15 日，2016 年 FAA（美国联邦航

空管理局）亚太双边伙伴对话在上海举行，此次会议由民航局审定司承办。民航局李健副局长，华东管理局蒋怀宇局长、沈小明副局长参加了会议，并就近期的双边适航问题和FAA及亚太各国代表展开了讨论。

【民航华东局完成G20杭州峰会航空运输保障任务】 9月4—5日，G20峰会在浙江省杭州市成功举行。前期华东局成立了由蒋怀宇局长任组长的华东局G20安保工作领导小组，制订下发了安保工作方案，多次召开会议全面部署开展各项保障工作。自7月20日起，华东局分批派员进驻民航机场安保指挥部，进入决战阶段后，华东局蒋怀宇局长、姜春水书记亲自带领华东局公安、运输等相关部门组成前方工作组驻扎现场。8月30日至9月6日，杭州机场共保障进出港航班4301架次，旅客吞吐量575938人次，出港航班正常率71.23%，机场放行率86.25%。其中重点保障V1专机63架次，V2航班181架次，V3航班374架次，圆满完成峰会保障工作。

【民航局适航司来沪指导C919和ARJ飞机审定工作】 8月25日，民航局适航司杨桢梅副司长一行莅临上海审定中心，指导C919型飞机型号合格审定审查组和ARJ21-700飞机证后管理组的型号审查和管理工作。民航华东局沈小明副局长、上海审定中心顾新主任等参会讨论，上海审定中心相关专业人员参加了会议。会议听取了C919飞机审查工作总体情况、重点关注项目和重大审定问题等工作汇报，听取了ARJ21飞机交付后四方会议、原型机管理、CTSOA/VDA梳理、公务机申请评审和证后更改审批、重点关注设计更改项目状态的工作情况，对相关事宜进行了详细的询问，对存在问题的解决提出了指导意见。杨桢梅副司长要求上海审定中心认真扎实地继续做好C919飞机的型号审查工作，保障ARJ21飞机的顺畅运行和运行安全。同时，杨桢梅副司长还传达了对于适航认证方面的相关要求和通报。

【民航华东局召开航空安全工作研讨会】 10月13—14日，民航华东局在上海召开了航空安全工作研讨会。会议围绕“SMS效能评估工作的规范与改进”“巩固监管执法方式调整试点工作成果、加强诚信安全管理、合法合理运用多种监管手段”等热点难点问题进行了研讨。

【欧洲航空安全局对上海审定中心体系审计工作圆满完成】 10月26日，欧洲航空安全局（EASA）对上海审定中心的体系审计工作圆满完成。本次EASA对上海审定中心开展的审计工作是基于对等原则开展的对对方安全监督系统和适航法规体系的评估工作，是中欧双边适航拓展的一项重要工作；是加强适航审定体系建设的一项重要内容，也是中欧双方建立互信的重要途径。在审计过程中，EASA工作组听取了上海审定中心对ARJ21-700飞机型号合格审定项目、ARJ21-700飞机证后管理和ARJ21-700飞机持续适航等工作的介绍，对相关审查资料进行了抽查，对关注的CCAR-25部修订、DER管理等情况进行了提问，双方就相关问题进行了积极讨论。

通过本次审计，EASA对上海审定中心的进一步加深了解，为推进中欧适航双边拓展打下了基础，同时也对推进和完善上海审定中心的体系建设发挥了促进作用。

（三）航空运输和通用航空

【概况】 基地设在上海的运输航空公司有6家：中国东方航空股份有限公司、上海航空有限公司、春秋航空股份有限公司、上海吉祥航空股份有限公司、扬子江快运航空有限公司、中国货运航空有限公司；小型航空器商业运输运营人有3家：东方公务航空服务有限公司、上海金鹿公务航空有限公司、星联商务航空有限公司。

【东航杭州基地项目签约仪式】1月7日，东航杭州基地项目签约仪式在杭举行。这标志着总投资超6亿元、规划用地66亩的东航杭州基地项目正式落户瓜沥。

【移动数据服务商公布东航app在各航司app中排名第一位】1月7日，移动数据服务商QuestMobile发布了《2015年中国移动互联网研究报告》，公布东方航空app在国内各家航空公司app中排名第一位。

【东航集团与普天集团签署合作框架协议】1月14日，东航集团与普天集团在北京签署战略合作框架协议，双方将在航空客运、新能源、节能减排、智能通信、新技术研发等方面展开合作。实现业务互通，优势互补，资源共享，凸显协同效应，培育新的利润增长点。

【东航突破30亿美元品牌价值】3月21日，全球最大传播服务集团WPP发布第六届"BRANDZ最具价值中国品牌100强"榜单，"中国东方航空"品牌价值达30.15亿美元，连续5年进入前50强。

【东航与携程签订战略合作框架协议】4月21日，东航与携程在上海正式签订战略合作框架协议，聚焦了业务、股权和资本市场三大领域。双方将集中发挥资源、渠道、研发、营销等优势集合效应，在低成本出行、IT服务、电子商务等领域开展全方位合作，这是"互联网+"创新发展模式，推动产业融合创新升级，是OOTA(online offline travel agent)新模式的诞生。

【东航广东分公司成立】10月16日，东航广东分公司正式挂牌成立。广东省、广州市相关部门领导，民航各单位共200余位嘉宾到贺。东航将不断加大在广东航空市场的资源投入力度，共同为广东打造"空中丝绸之路"，为广东推进"四港"（海港、空港、陆港、信息港）建设做出更大贡献。

【东航与商飞签署框架协议】11月1日，在第十一届中国国际航空航天博览会（珠海航展）上，东航与中国商用飞机有限责任公司签署合作框架协议，东航成为C919大型客机的全球首家用户。C919型客机是我国自2008年启动"大飞机"研制以来，首款按照最新国际适航标准研制、具有完全自主知识产权的干线民用飞机，是我国建设创新型国家、提升高端装备制造能力的标志性工程。

【东航举行台湾呼叫中心揭牌仪式】11月23日，东航在台北举行东航台湾呼叫中心揭牌启用仪式，这是继11月17日东航北美呼叫中心在美国洛杉矶落地后，东航正式启用的大陆地区以外的第二个呼叫中心，此次台湾呼叫中心启用后，台湾地区公众可通过拨打"412-8118"专线号码，获得在线一站式的便捷服务。

（王释晗）

【扬子江航空顺利获得EASATCO资质】2016年5月，扬子江航空顺利获得欧洲航空安全局第三国承运人（EASATCO）资质，属国内首批获得EASA第三国承运人资质的航空公司。

【扬子江完成股份制改造工作】12月28日，顺利完成股份制改造工作，公司名称由扬子江快运航空有限公司正式变更为扬子江航空股份有限公司。

（何梅江）

【春秋航空实现系统创新提高效率】春秋航空在全民航首创并使用互联网地服对讲系统，是全民航第一家全面使用电子签派放行单位、移动飞行，移动乘务机组一站式移动工作平台的航空公司，并自主研发了地面运行保障系统，飞行员“健康银行”系统、费控系统、全面预算系统上线等系统。如今，春秋自主研发的离港产品已部署至中国台湾、日本、韩国、新加坡等地多个机场，保障国际、国内新开航线64条，大大提高了值机效率，支撑更多业务开展。

（孙越 史纪萍）

【中货航参加IATA货运年会】2016年1月27日，中货航参加了IATA在上海召开的货运年会，中货航以电子运单总运行票数排名第一的身份，获得了“2015年度电子运单最佳航空公司奖”，并因此对上海港口电子运单总量的巨大贡献获得了“杰出贡献奖”。

【中货航圆满完成援非包机任务】2016年1月22日，中货航执行保障北京—阿姆斯特丹—蒙罗维亚罗（利比亚）军方包机援非任务。

【中货航获“诚信创建企业”五星奖牌】2016年3月，中货航荣获由上海市企业诚信创建活动组委会及上海市交通运输行业协会联合颁发的“诚信创建企业”五星奖牌。

【中货航通过和完成2015年度欧盟碳排放相关工作任务】经过1个多月的准备和应对，中货航于4月初顺利通过和完成2015年度欧盟碳排放工作中涉及的上报、鉴证和清缴等一系列任务。

【中货航圆满完成南美救灾包机任务】4月27日，根据商务部对外人道主义援助部要求，民航局指派中货航执行2班中国至厄瓜多尔的援外包机任务，两架B747（CK5001、CK5003）分别从天津运送94吨和84吨救灾物资至厄瓜多尔基多，圆满完成任务。

【中货航参加IATA第8次中国区会议】4月22日，中货航电子运单小组代表中货航出席了IATA第8次工作组会议，并向IATA做了电子运单推进工作报告。

【中货航开辟新航线】5月5日，中货航浦东—宁波—阿姆—宁波—浦东航线开航；12月12日，浦东—西安—阿姆—西安—浦东航线开航；12月30日，浦东—兰州—达卡—郑州—浦东航线开航。

【中货航启动上海—香港航线电子运单】5月17日，经过一段时间的准备与宣传推进，中货航成功启动上海—香港航线电子运单。

【中国共产党中国货运航空有限公司第一次代表大会召开】经物流公司党委批准，7月28日中国共产党中国货运航空有限公司第一次代表大会顺利召开，会议应到代表82名，实到代表78名，以无记名投票的方式，选举产生了中国共产党中国货运航空有限公司第一届委员会和中国共产党中国货运航空有限公司第一届纪律检查委员会。

【中货航完成上海—洛杉矶—利马—洛杉矶—上海包机任务】11月21日，在习近平总书记出席秘鲁APEC会议之际，中货航顺利完成上海—洛杉矶—利马—洛杉矶—上海包机任务。

基地设在上海的航空运输公司年度基本情况

航空公司	东方航空、上海航空、中货航	春秋航空	吉祥航空	扬子江快运
旅客运输量(万人次)	10174.16	1423	1159.63	61.46
比上年增长(%)	8.5	9.55	16.5	10875
在上海地区(万人次)	4342.35	944	906.18	38.74
占上海民航两个机场旅客运输量(%)	—	—	—	—
货邮运输量(万吨)	139.5	4.44	6.76	18.16
比上年增长(%)	-0.3	-3.04	21.75	-3
在上海地区(万吨)	85.47	1.99	5.76	7.78
占上海民航两个机场货邮运输量(%)	—	—	—	—
航线	991	172	90	35
拥有飞机(架)	581	66	56	22
年平均客座率(%)	81.2	91.69	85.05	83

PART NINE X

邮政事业

POSTAL MANAGEMENT

（一）综述

2016年是“十三五”规划开局之年，也是牢固树立和全面贯彻落实国家邮政局提出的“五大发展”理念的启动之年。上海市邮政管理局坚持贯彻国家邮政局“五大发展”理念和“五个邮政”建设要求，按照国家邮政统一部署，紧盯上海邮政业年度目标任务，围绕全局，突出重点，把握关键，着力“管为本、重体系、补短板”，全面完成“十三五”规划开局之年各项工作，为上海邮政业发展起好步开好局。

2016年，上海市邮政企业和快递服务企业业务收入（不包括邮政储蓄银行直接营业收入）累计完成766亿元，同比增长50.9%；业务总量累计完成564.2亿元，同比增长46.3%。上海市快递服务企业业务量累计完成26.0亿件，同比增长52.4%；业务收入累计完成709.5亿元，同比增长55.9%。全年邮政快递业务量收及增长速度在全国都名列前茅，占全国邮政业业务量收的比例为7.61%、14.24%，分别在全国名列第4位、第2位，实现了跨越式发展。民营快递企业市场份额进一步提升。全年国有快递企业业务量完成1.7亿件，实现业务收入29亿元；民营快递企业业务量完成24亿件，实现业务收入637.7亿元；外资快递企业业务量完成0.3亿件，实现业务收入42.8亿元。国有、民营、外资快递企业业务量市场份额分别为6.6%、92.1%和1.3%，业务收入市场份额分别为4.1%、89.9%和6.0%。上海市年人均快件使用量为107件，人均快递支出约1300元，年缴本市超30亿元的税费和30多万人的直接间接就业。

（二）规划和政策

【概况】2016年为上海邮政业“体系构建年”，紧紧围绕国家邮政局“五个邮政”建设目标和“五大发展”理念，组织编制完成《上海市邮政业发展“十三五”规划》和《长三角快递服务发展“十三五”规划》。积极参与完善上海市综合交通运输体系规划、物流业发展规划、城市总体规划等一系列规划文本。将交通枢纽融合邮政快递功能、建设末端共同派送体系、研发应用合标快递物流配送车型、支持建设浦东祝桥国际现代快递物流园区等内容纳入《上海市综合交通“十三五”规划》。将上海邮政业“一体两翼”发展格局相关内容纳入《上海市现代物流业发展“十三五”规划》。《上海市邮政专项规划》首次列为《上海市城市总体规划（2040）》28个市级层面专项规划之一。

2016年，上海市邮政管理局组织编写《关于促进上海市快递业健康发展的实施意见（报审稿）》。积极协调将邮政业相关内容纳入了《上海市国民经济和社会发展第十三个五年规划纲要》《上海市推进“互联网+”行动实施意见》《上海国际航运中心建设2016年重点工作安排的通知》等多项市级政策文件，政策红利的集中释放，将进一步推动上海市邮政业供给侧结构性改革。协调海关、国检等部门出台支持寄递企业便利通关政策措施，推动跨境寄递引导工程。依托和对接浦东祝桥现代快递物流园区建设，发挥地域优势推动快递企业做大跨境业务及服务大飞机等高端制造业。收集参考行业标准及各地相关地方标准，推进智能包裹箱标准项目建设。会同上海市综合交通研究所、东方网公司推进末端综合服务站建设，建成100家智慧屋，将快递末端网点综建纳入本市500个电商快递配送综合服务站试点工程，制定并修改完善《上海市快递末端综合服务站标准》，改善上海快递业发展政策环境。完成《上海市民营快递企业总部成长性评估项目》，确定了“6+23+57”三级评估指标体系和评估方案，并对11家民营快递企业总部进行评估。加强邮政业与综合交通运输的有效衔接，着力推进快递航空枢纽和“绿色通道”建设、航班车次接驳处理与邮政快递网络的深度融合，实现互利共赢。配合国家局开展《快件航空运输信息交换规范》等9个行业标准项目制定。为进一步促进上海快递业持续健康发展，积极开展《上海与国际大都市快递业对标研究》课题研究工作。

【邮政行业相关工作纳入上海市贸易流通体制改革发展综合试点方案】2016年3月，上海市制订《上海国内贸易流通体制改革发展综合试点方案》，邮政行业多项工作内容列入方案。方案明确要创新流通基础设施发展模式，要“发展城市共同配送，完善以‘重点物流园区分拨中心、公共及专业配送中心、城市末端配送网点’为架构的城市配送物流三级服务网络，推广‘网订店（点）取’等服务模式及新能源城市配送车辆应用，整合存量配送资源，建设城市末端配送节点网络”。在工作任务清单中，将上海局列入鼓励发展跨境电商、发展现代物流业和研究制定电子商务、农产品流通、物流快递等领域的经营技术规范和管理服务标准等工作内容的配合单位。同时，上海局作为电子商务发展联席会议成员单位，承担着“重点推进基于大数据的精准信息服务、基于第三方支付及互联网金融的支付服务、基于城市智慧物流配送服务等技术的示范应用”相关工作内容。

【邮政行业相关内容纳入国际航运中心建设2016年重点工作】2016年4月，上海市政府办公厅印发《上海国际航运中心建设2016年重点工作安排的通知》，明确将邮政业相关内容纳入2016年重点工作安排。其中，在“发展现代航运服务体系”重点领域中，上海局作为牵头单位负责“建设浦东航空城；推进祝桥国际现代快递物流园区建设，申报国家级快递物流园区”。在“推动航运发展制度创新”重点领域中，上海局作为配合单位协助“推进航空快件分运单模式中转集拼业务创新。加快推进浦东机场快件中心配套查验设施建设，争取完成海关、检验检疫联合查验平台的方案布局。推进浦东机场海关快件公共库项目，对接上海市跨境电子商务公共服务平台”。

【上海市2016年智慧城市建设重点工作计划纳入邮政行业内容】2016年5月，上海市智慧城市建设领导小组办公室印发《上海市2016年智慧城市建设重点工作计划》，明确纳入邮政业相关内容。该领导小组办公室在“智慧商务”部分将上海市邮政管理局作为推进部门，负责推进“提升快递业信息化水平和快件末端投递智能化水平，加快邮政、快递门店和综合服务站建设，全面推进收派端网络化发展”相关重点工作。

【上海局相关工作首次纳入2016年上海市政府重点工作】2016年5月，上海市政府督查室印发《2016年市政府重点工作责任单位和节点目标安排表》，首次将市邮政业内容纳入其中。其中，“加快电子商务示范城市建设，争取启动跨境电子商务综合试验区试点”项目，明确发布《中国（上海）跨境电商综试区实施方案》、创建2016年度本市电子商务示范企业和园区、加快“互联网+”商务创新实践区建设、开展电商快递配送末端综合服务示范工作、制订“物联网+流通”行动计划等工作，明确由上海市邮政管理局等单位负责协作推进。

【上海市政府公布跨境电商综试区实施方案】2016年6月8日，上海市政府公布《中国（上海）跨境电子商务综合试验区实施方案》，实施方案提出的主要任务共计5个方面23项，包括建设跨境电商公共服务平台、推进跨境电商园区建设、集聚跨境电商企业主体、完善跨境电商监管制度以及探索国际通用规则。方案指出，要“推进邮政管理与海关和检验检疫部门之间管理信息互通，完善邮包业务统计工作。支持邮政企业进一步完善国际邮政服务，提高配送效率”，并明确上海市邮政管理局为责任单位。

【快递综合末端体系建设工作获政策利好】 2016年6月，上海市委、市政府召开贯彻中央城市工作会议精神推进大会，会议印发的《关于深入贯彻落实中央城市工作精神，进一步加强本市城市规划建设管理工作的实施意见》明确提出：鼓励有条件的社区将快件收派服务纳入社区服务中心服务范围。该政策为推进快递综合末端体系建设，切实解决社区派送“难点”、寄送渠道的“堵点”和行业提质的“痛点”再添政策保障和工作推力。

【上海出台供给侧改革实施意见，邮政业获政策利好】 2016年8月，上海市出台《上海市推进供给侧结构性改革的意见》，意见明确九大类别、三十项具体任务全面推进上海市供给侧改革，其中两项涉及邮政业相关内容。在“降低企业税费负担”中，明确提出落实小微企业所得税优惠、物流业大宗商品仓储设施用地城镇土地使用税减半征收等税收优惠政策；在“深化贸易便利化制度创新”中，提出要拓展国际贸易“单一窗口”功能，扩大货物状态分类监管试点，深化通关一体化改革，推进口岸监管部门之间信息互换、监管互认、执法互助，扩大贸易便利化措施的集成效应。

【综合交通“十三五”规划多项内容衔接邮政行业发展】 2016年10月，上海市发布《上海市综合交通“十三五”规划》，其中多项内容与上海市邮政业规划有效衔接。在规划“重点任务”中为上海邮政行业带来四项利好：一是明确将“着力推进浦东机场国际快件转运中心建设，支持浦东祝桥国际现代快递物流园区的建设，鼓励新兴航空物流集成商入驻；大力发展冷链物流、跨境电子商务等新业务，创新航空快件集拼中转监管模式，提高航空货运枢纽的竞争力”。二是提出要“推进综合货运枢纽和物流园区建设。支持物流园区发展，引导传统货运场站向物流园区，尤其是向具有公共服务性质的货运枢纽型物流园区转型升级”。三是上海将在“十三五”期间持续扩大包括物流配送车在内的新能源车使用比例。四是将“推动公用型城市配送节点及邮政快递作业枢纽建设。结合分拨中心、转运场地等邮政快递基础设施规划建设，布局智能快递终端；在社区、商务区等区域规划设置一批公共的货物集散点”。

【《上海市现代物流业发展“十三五”规划》发布】 2016年11月，上海市人民政府办公厅转发市发展改革委制订的《上海市现代物流业发展“十三五”规划》，规划首次将邮政快递业作为重点内容纳入其中，明确将快递业作为专业物流基地之一，纳入“5+4”空间布局即五大重点物流园区和四类专业物流基地中。

【上海市政府召开《上海市促进快递业发展的实施意见（建议印发稿）》专题会议】 2016年12月23日，上海市政府组织召开专题会议，研究部署贯彻“国务院61号文件”，推进《上海市促进快递业发展的实施意见（建议印发稿）》（以下简称《实施意见》）的出台工作。市政府陈寅副市长、黄融副秘书长出席会议。市邮政管理局、市交通委、市发展改革委、市经济信息化委、市商务委、市科委、市工商局等部门负责人参加会议。

【《上海市邮政业发展“十三五”规划》发布】2016年12月30日，上海市邮政管理局与市发展改革委联合印发了《上海市邮政业发展“十三五”规划》，规划指明了“十三五”时期上海市邮政业发展的方向和路径，是今后五年全市邮政业改革发展的重要指导性文件，对推动行业健康发展和促进邮政业与地方经济深度融合具有重要指导意义。规划提出了六个重点任务、十大工程和五项保障措施。

【上海局与上海东方网股份有限公司签署战略合作协议】2016年2月3日，上海市邮政管理局与上海东方网股份有限公司签署战略合作协议。协议以推进社区快递收派端管理建设、加大本市邮政业宣传、做好邮政管理领域舆情收集和应对工作、推动邮政管理业务大数据分析的探索应用四个方面为战略合作重点，依托东方网作为上海最具影响力新闻门户网站的优势，全力推进本市“六化”快递收派服务体系建设，进一步推进解决本市快递收派端问题。

【上海局推进智慧邮政信息化建设】2016年3月11日，上海市邮政管理局与上海中安电子信息科技有限公司、上海物联网有限公司、上海永驿管理咨询有限公司三家研究机构举行签约和授牌仪式，共同签署《合作框架协议》，深入推进上海市邮政业信息化建设相关工作，提高上海市邮政快递行业信息化监管能力，提升行业信息化服务水平。上海局授予三家研究机构“上海市邮政业创新发展研究基地”铭牌。

（三）邮政建设

【概况】年内，上海市邮政公司积极组织推进基础设施建设，支撑业务发展，浦东邮件处理中心二期土建工程正式开工。“双十一”前，上海邮区中心局双层分拣机投产使用，内部生产处理能力持续提升，为应对收寄高峰提供保障。加大自助机具、生产车辆投入，提升网点服务能力。截至年底，全市共设置邮政综合网点543个，其中邮政支局237个、邮政所306个。快递企业借助资本市场力量快速扩张，购置土地、境外货运、采购设备等，以及加大在信息化、大数据等领域的研发。同时，各快递企业加大末端网点建设和配置，优化行业末端服务能力。2016年拥有各类营业网点7085处，快递服务汽车15050辆。

【浦东邮件处理中心北楼工艺改造工程投产】“双十一”前，浦东邮件处理中心北楼工艺改造工程投产使用。该项目作为集团公司直管项目共计投资8219万元，由1套环形双层包件分拣机、1套胶带传输系统、41台伸缩胶带机等工艺设备及配套的现场管理系统、变配电系统组成。建成后包裹单日最高分拣总量达382209件，峰值效率达14948件/小时，平均识别率为97.50%，有效提升“双十一”和年底生产旺季期间的邮件处理能力。

【浦东邮件处理中心二期工程正式开工】经过两年多的前期准备，5月18日，浦东邮件处理中心二期工程生产主楼打下第一根桩，工程进入实施阶段，大规模施工建设正式开始。6月30日，完成桩基工程。此次施工采用穿插法，将围护桩工程建设提前，8月8日，围护桩工程完成。11月24日，地上主体结构一层完成。12月5日，地上主体结构二层完成，较原施工计划提前约70天。

【上海市明确建500个电商快递配送综合服务点】2016年3月，上海市召开电子商务联席会议，明确将“推动电子商务与物流快递协同发展”作为服务民生的重点工作，计划2016年本市建成15个智慧商圈、500个电商快递配送综合服务点、50个农村电商服务站。

（四）普遍服务

【概况】邮政普遍服务监管基础数据信息化，基础能力进一步夯实。完善邮政基础设施管理信息系统数据资料，根据上海市邮政管理局所网点设置、撤销和备案信息变更情况，及时更新邮政设施基础信息，并按季度更新上海市邮政管理局网站涉及邮政营业场所的便民服务信息。加强对邮政专用标志车辆的监管力度，要求邮政企业报送专用标志车辆更新情况，完善车辆监管台账。更新完善邮政普遍服务保障政策台账，并报送国家邮政局，形成台账维护长效机制。

持续推进大型居住社区邮政设施配套建设工作。向市大型居住社区建设推进办公室反馈《关于进一步加强本市大型居住社区市政公建配套设施开办运营管理的若干意见（征求意见稿）》的修改意见和建议；向市住房和城乡建设管理委员会反馈《大型居住社区配套建设实施意见（征求意见稿）》的修改意见和建议，建议在配套建设工作会议制度中将邮政行业主管部门纳入到全市配套建设联席会议，以加快推进邮政配套设施规划落地；参加市政府2016年本市旧区改造和住房保障工作专题会议，做好旧区改造和邮政配套设施建设工作的衔接。

完成邮政普遍服务和机要通信建设项目行业审查工作。对中国邮政集团公司上海市分公司提交的《上海市邮政普遍服务基础设施建设项目可行性研究报告》《上海市邮政机要通信基础设施建设项目可行性研究报告》分别进行认真审核，并向市发改委印发了项目审核意见函，同意2016年上海市邮政普遍服务基础设施建设项目的建设内容为更新投递车辆100辆，项目总投资费用约为740万元；同意在“十三五”期间为上海邮政机要通信车辆配置安防设备；为负责外勤工作的邮政机要通信车辆配置车载视频监控系统81套；为干线邮路带运国家秘密载体的邮政运输车辆配置车载火警报警系统19套。项目总投资费用约为150万元。

加强审批和监管，提升邮政普遍服务质量。2016年3月23日，上海市邮政管理局召开了上海市2016年邮政普遍服务监督管理工作会议，传达了国家邮政局赵晓光副局长在2016年全国邮政普遍服务监督管理工作会议上的讲话精神，重点部署了上海局2016年邮政普遍服务和特殊服务监管工作任务。

依法做好普遍服务两项行政审批和备案工作。截至12月底，累计收到邮政企业撤销邮政普遍服务营业场所的申请8个，受理8个，批复准予撤销5个，不予撤销3个；累计收到邮政企业提交的备案材料98份，其中备案恢复办理邮政普遍服务业务11份，备案暂时停止或限制办理邮政普遍服务业务11份，备案设置邮政场所6份，备案营业场所信息变更70份。扎实推进邮政经营通信业务审批工作。5月底，国家邮政局副局长赵晓光一行来沪专题调研上海邮政服务创新发展和经营邮政通信业务审批工作情况，现场视察了华东理工大学邮政服务处和上海国际邮件处理中心，并组织召开了邮政服务创新发展暨经营邮政通信业务审批工作座谈会。

结合日常执法检查，组织开展农村地区邮政普遍服务质量检查。重点开展农村地区邮政普遍服务运标和营业场所覆盖情况检查，开展建制村通邮情况检查等。截至12月底实地检查251处邮政普遍服务营业场所，占总局所的46.6%。下发责令改正通知书4份，检查通报1份。组织开展居民楼信报箱设置情况检查工作。上半年共检查住宅项目5个，检查住宅总户数3415户，信报箱安装率达到100%。开展邮政机要通信保密安全检查。截至9月共组织检查22个机要站，出检56人次。完成上海市邮政普遍服务规范制定工作。2016年11月上海市质量技术监督局印发了《上海市质量技术监督局关于发布〈邮政普遍服务规范〉等3项地方标准的通知》，正式发布了《邮政普遍服务规范》标准号为DB31/T1016-2016。积极参与普遍服务创新发展跨省联合调研工作。做好国际邮件互换局和交换站调研工作。对互换局和交换站开展了实地调研，并积极组织企业报送相关材料，就上海互换局和交换站的基本情况、存在问题、未来规划进行了梳理。积极做好上海地区纪特邮票销售的监督管理工作，截至12月底共监督检查196个销售网点，250人次，走访用1250人，主要对《丙申年》《刘海粟作品选》《上海迪士尼》《月圆中秋》《G 20峰会》等纪特邮票开展了监督检查。

创新工作方式，加强社会监督。上海市共有邮政特邀社会监督员26名，2016年共开展社会监督活动708人次，反馈监督报告938份，走访用户1420人，监督邮政服务网点330个，占邮政服务网点总数的60.7%，提出建议和意见5条，反馈各类存在问题1个。参加了上海市人民广播电台“政风行风热线”上线直播活动。配合做好信访工作，2016年上半年共收到并处理人民来信来电91件，其中直接来电17次，局长信箱33件，公众留言6件，国家局转来15件，市长信箱10件；其中建议8件、咨询7件、投诉72件，表扬1件，请求帮助3件。配合国家局做好《人民日报》、平信、包裹时限测试工作。积极做好上海邮政行业的“扫黄打非”工作。开展“扫黄打非”清源、清流、护苗、固边、秋风等各项行动。召开上海市邮政业“扫黄打非”专项工作部署会；开展日常检查，截至2016年底共计下发各类文件30余份，出检2196人次，检查187个邮政网点、1737个快递网点、120个东方书报亭，传达查堵口径17611人，一线人员签订责任书14257份。

截至年底，全市共设置邮政综合网点543个，其中邮政支局237个、邮政所306个；邮政金融服务网点486个。投递网点共计241个，投递服务面积约6340.5平方公里，服务人口约2415.15万人，年投递邮件量约为15.68亿件。全年通信服务质量始终保持受控有序，用户综合满意度得分为88.7分，收到用户各类表扬信479件。

【上海市邮政管理局召开全市邮政普遍服务监督管理工作会议】 2016年3月23日，上海市邮政管理局召开全市2016年邮政普遍服务监督管理工作会议，传达国家邮政局赵晓光副局长在2016年全国邮政普遍服务监督管理工作会议上的讲话精神，总结上海市邮政管理局2015年邮政普遍服务和特殊服务监督与保障工作，重点部署上海市邮政管理局2016年邮政普遍服务和特殊服务监管工作任务。上海市邮政管理局党组成员、纪检组长、副局长夏颐出席会议并讲话。

【赵晓光蒋卓庆共同为“上海迪士尼”特种邮票设计方案揭幕】 2016年5月31日，“上海迪士尼”特种邮票设计方案揭晓仪式在上海迪士尼度假区举行。国家邮政局副局长赵晓光、上海市副市长蒋卓庆、中国邮政集团公司副总经理李丕征等出席仪式并共同为方案揭幕。经国家邮政局批准，中国邮政集团公司将于2016年6月16日上海迪士尼乐园开园之际发行“上海迪士尼”特种邮票。

【上海市邮政管理局参加上海人民广播电台“政风行风热线”上线直播活动】 2016年10月9日，适逢第47届世界邮政日，上海市邮政管理局周德刚副局长参加上海人民广播电台“政风行风热线”上线直播活动，相关业务处室负责人及市邮政公司相关部门人员陪同参加。

【上海市邮政管理局、上海市“扫黄打非”办联合开展寄递渠道“扫黄打非”专项行动督导检查】2016年10月中旬，上海市邮政管理局与上海市“扫黄打非”办组成联合督导检查组，对上海市邮政业“扫黄打非”工作情况进行现场督导检查。督导组检查了部分邮政、快递企业营业网点、处理中心等营业场所，通过听取汇报、查阅档案资料、调阅监控等方式，重点检查邮政、快递企业落实“扫黄打非”工作等情况。督导组肯定了邮政寄递渠道“扫黄打非”工作，要求邮政、快递企业进一步增强政治敏锐性和责任感，切实落实“扫黄打非”的主体责任，坚决防止非法出版物通过寄递渠道传播，保障寄递渠道安全畅通。

【上海市邮政管理局召开上海市“双十一”等快递业务旺季服务保障工作动员大会】2016年10月31日，上海市邮政管理局组织召开上海市“双十一”等快递业务旺季服务保障工作动员大会，动员部署本市“双十一”等快递业务旺季服务保障工作。上海市邮政管理局党组成员、纪检组长、副局长周德刚出席会议并讲话。上海市邮政管理局市场监管处解读了旺季服务保障工作方案等文件精神，与会企业代表座谈交流做好旺季服务保障准备工作的情况和体会。

【上海市邮政管理局夏颐局长陪同中国快递协会领导“双十一”深入快递企业督导业务旺季服务保障工作】2016年11月11日深夜，上海市邮政管理局党组书记、局长夏颐陪同中国快递协会副会长兼秘书长李惠德等一行先后来到韵达、申通、中通、圆通等快递企业督导和检查“双十一”快递业务旺季服务保障工作。上海市邮政管理局副局长周德刚、上海市快递协会、上海市邮政管理局市场监管处等负责同志陪同。

【上海市邮政管理局召开普遍服务监督检查工作研讨会】2016年12月28日，上海市邮政管理局召开普遍服务监督检查工作研讨会。上海市邮政管理局党组成员、纪检组长、副局长周德刚出席会议，普遍服务处全体人员、各邮政监管派出机构相关工作人员参加。会议梳理2016年邮政普遍服务工作、执法检查中碰到的问题；会议专题研讨如何开展2017年邮政普遍服务监督管理工作，特别就规范业务工作档案、提高监督检查效率、规范监督检查工作进行研讨，为做好2017年上海邮政普遍服务工作夯实基础。

【深化与Wish全面战略合作】5月26日，中国邮政集团公司与北美最大的移动购物平台Wish在上海签署全面战略合作协议，双方将在物流、金融、保险、仓储、培训、线下推广、代运营等方面开展深入合作。2015年2月，中国邮政携手Wish联合推出全新跨境电商物流产品——“Wish邮－中邮小包”，并于上海落地。产品推出后，其运营质量、服务水平和处理时限等均受到境内卖家和境外买家的肯定和好评，日均交寄量快速攀升。为满足卖家需求，2015年12月起增加北京、义乌、南京、福州、深圳、广州6个对接城市。深化合作后，双方对现有的跨境寄递服务模式将进行优化，通过数据对接实现在线派单、属地揽收，提升服务时效；携手拓展金融服务，满足跨境电商商户在线支付寄递服务费、小额信贷等金融服务需求；搭建智能化仓储服务平台，提供整体的仓储物流解决方案；合力推进商铺代运营项目，助力中国出口跨境电商产业快速发展。

【推出迪士尼专属图书】5月26日，上海邮政与童趣出版有限公司共同举办迪士尼专属图书发布会，发布《迪士尼绝密档案》《迪士尼永恒经典系列》两款迪士尼专属图书，中国邮政集团公司副总经理张荣林、邮政业务局副总经理陈智泉出席发布会并为新书揭幕。专属图书的发布，构成邮品珍藏图书的全新概念，带来产品的全面升级。发布会后，两款图书在全国邮政网点同步上市销售，限量发行各10万套。

【开办同城生鲜冷链配送业务】7月，上海邮政推出“速邮同城冷链”业务，打造邮政特色的现代化生态绿色冷链物流品牌。经过1个多月的试点，8月15日，“速邮同城冷链”业务在全市范围(包括崇明、长兴、横沙三岛)正式启动运营。服务对象主要包括同城冷藏、冷冻仓储配送市场以及具有线下寄递、仓储冷藏、冷冻食品寄递需求的电商平台和企业，为其提供B2C和B2B配送、仓库租赁、物流托管及增值服务。9月20日起，为满足首家冷链项目合作方——东方希杰商务有限公司业务发展的需要，推出东方CJ冷链邮件“T+0”项目，实现“一日两配”的服务承诺。

【代理保险业务实收保费规模破百亿】年初，邮储银行总行对各省代理保险趸缴保费总规模实施限额管控；3月，中国保监会出台中短存续期保险产品管控新政，受政策影响，传统保险产品销售受到制约。上海邮政及时调整策略，一方面，积极沟通优化资源，动态调整产品销售结构。打破以往业务管理的常规，根据产品的市场竞争力及代理费率合理布局合作保险公司数量，最大限度发挥网点资源的价值。另一方面，大力推动转型，以简易型固定收益期缴产品为基础，推动期缴保险产能提升。在推进业务发展的同时，加强销售合规督导与售后服务，确保网点正常经营秩序。11月20日，上海邮政2016年实收保费规模突破100亿元，刷新代理保险业务开办以来历史纪录。

【完成敬老卡收寄投送任务】2016年，上海市政府实施“老年综合津贴制度”，取消社保卡副卡，综合津贴通过“上海市敬老卡”发放。3月，市政府在确定由市社保卡保障服务中心制作敬老卡的同时，也确定将全市285万张敬老卡，6100多个村（居）委的收寄和配送任务交给上海邮政。4月29日，首批敬老卡开始投送。投递部门先期向各村（居）委发放通知书，对投递预约、签收要求、错卡退回、信息核对等情况进行说明，并与村（居）委保持双向联系，确保投送工作顺利完成。同时，各邮政金融网点也推出多项服务措施，完善敬老卡激活工作流程，使敬老卡现场激活更为便捷有序。

【《上海迪士尼》特种邮票发行】5月31日，中国邮政集团公司、上海申迪（集团）有限公司和上海迪士尼度假区联合举行“上海迪士尼”邮票设计方案揭晓仪式。《上海迪士尼》特种邮票1套2枚，并有一张小全张。两枚邮票图案内容分别为米奇和米妮、奇幻童话城堡，全套面值2.70元。6月16日，上海迪士尼乐园开园当日，邮票正式发行，全市86个邮政网点同步发售。邮票设计者马立航亲临首发仪式现场，为邮迷签售。

（汤琳）

（五）快递服务

【概况】2016年，全市快递服务企业业务量累计完成26.0亿件，同比增长52.4%；业务收入累计完成709.5亿元，同比增长55.9%。全市年人均快件使用量为107件，人均快递支出约1300元，年缴本市超30亿元的税费和30多万人的直接间接就业。2016年拥有各类营业网点7085处，快递服务汽车15050辆。全年快递服务品牌集中度指数CR8为85.3，较上年上升1.6。

【智慧城市互联网＋末端投送创新服务联盟成立大会召开】2016年1月，上海市智慧城市互联网＋末端投送创新服务联盟正式成立。“联盟”创始成员共26家，涉及多个快递关联行业，包括电商企业、智能快件箱运营企业、快递企业、新能源车生产企业、互联网企业、落地配企业、传统信报箱企业、电动车生产企业和部分中小型创新型企业。

【制定《邮政、快递企业申诉处理质量考核办法（试行）》】2016年1月，上海市邮政管理局制定出台了《上海邮政、快递企业申诉处理质量考核办法（试行）》，以加强上海邮政业消费者申诉工作质量，提升申诉处理质量和行业满意度，促进行业健康持续发展，更好地服务广大消费者。该办法从考核原则、主体、周期、范围、内容、指标、评分、表彰、管理、其他10个方面对申诉处理工作进行全方位考评。

【上海市邮政管理局督导派出机构快递市场行政执法检查工作】2016年1月22—25日，上海市邮政管理局连续开展快递市场行政执法检查工作，对黄浦局、宝山局行政执法工作进行现场督导。督导组详细了解派出机构在2015年度快递市场行政执法工作的具体情况，认真听取当前执法工作中遇到的问题和困难，重点检查了执法档案办理和归档情况。

【上海市邮政管理局督导上海市“四通一达”运营情况】2016年2月3—4日，上海市邮政管理局派出督导组分赴上海市“四通一达”快递企业中规模较大一线网点，了解企业运行情况，督促企业落实春节期间运营和安全措施。督导组听取了相关企业有关运营、投递、服务等情况和节前安全措施落实情况汇报，提出三点要求：一要保障员工的薪酬发放，让员工能安心回家过年；二要做好春节期间的值班值守和信息公布工作，保障广大消费者的权益；三要确保春节期间企业各项安全措施落实到位，切实保障人、财、物的安全，过一个安全祥和的新春佳节。

【上海市邮政管理局会同市寄递安全管理工作领导小组办公室督导快递企业末端收派工作】2016年3月9日，上海市寄递安全管理工作领导小组办公室与上海市邮政管理局安全中心相关同志组成督导组，前往市区部分快递网点生产作业场地督导末端收派工作。督导组向网点负责人及一线快递员深入了解网点生产经营情况以及全国“两会”期间安全保障措施的落实情况，重点检查企业进京快件收寄验视、实名登记、过机安检的制度落实情况，督导组强调，企业网点应牢记安全意识，切实做好全国“两会”期间快递服务和安全保障工作，为“两会”顺利召开创造良好的寄递环境。

【上海市邮政管理局召开“3·15”国际消费者权益座谈会】2016年3月14日，上海市邮政管理局召开“诚信快递、你我同行”“3·15”主题活动座谈会。上海市邮政管理局各处室、管理局相关负责人、局安全中心、上海市快递行业协会及国有、民营等10家快递企业负责人参加会议。上海市邮政管理局强调，各企业要继续提升客服业务水平，不断提高处理投诉和申诉工作的效率，切实维护消费者的合法权益，树立企业良好的外在形象和社会信誉。另外，3月15日，上海市邮政管理局会同上海市人民银行、公安、市场监督管理局、个体协会、卢工集邮市场等部门在卢工开展以“新消费，我做主”为主题的“3·15”消费者公益宣传活动。

【上海市邮政管理局组织召开快递封装用品工作部署会】2016年3月16日，上海市邮政管理局组织10余家快递封套、快递面单、快递包装袋、快递包装箱生产企业召开快递封装用品工作部署会。会上，上海市邮政管理局通报了2015年国家邮政局对相关生产企业产品质量的抽检情况，部署了2016年监制证的换证工作，与参会企业深入探讨了如何探索环保包装材料的使用以及包装材料回收再利用等。参会企业纷纷表示，将严格对照国家标准生产出高质量的产品，积极探索绿色包装在行业内的应用。

【上海市邮政管理局、市快递行业协会召开“落实安全三项制度暨配置X光机工作研讨会”】上海市邮政管理局会同市快递行业协会于2016年3月23日召开“落实安全三项制度暨配置X光机工作研讨会”，圆通、申通、中通、百世快递、韵达、国通、龙邦、德邦、优速、天天、全峰11家快递企业安全工作分管负责人出席会议。会议邀请无锡日联科技股份有限公司做《“云控制、大安全”新反恐形势下，智能安全系统对快递行业的促进与帮助》的主题报告，系统讲解高技术含量X光机及其组成的智能安全系统，对快递行业的促进与帮助作用。到会快递企业安全负责人与日联公司和工程技术人员围绕新技术新设备等具体问题进行了交流和讨论。

【上海市快递行业协会奉贤、金山办事处成立】2016年3月24日正式成立上海市快递行业协会奉贤、金山办事处，这是上海市快递行业协会成立9年来依法建立的第一个分支机构。协会会长沙剑湧、秘书长高镇海和上海市邮政管理局市场处、奉贤局负责人，以及办事处第一批会员单位出席成立大会，对奉贤、金山办事处的成立表示衷心的祝贺，并勉励办事处紧跟形势、努力工作，在促进地区快递企业发展方面发挥积极作用。会议传达学习《上海市快递行业协会对下属分支机构的管理规定》《上海市快递行业协会奉贤、金山办事处工作条例》等文件，并选举办事处第一届领导和工作班子。

【上海市邮政管理局召开快递揽投专用电动自行车推介会】2016年4月15日，上海市邮政管理局、市快递行业协会、市自行车行业协会联合召开了“快递揽投专用电动自行车推介会”，贯彻落实《国务院关于促进快递业发展的若干意见》文件精神，进一步规范快递企业末端揽投车辆的有序运营。邮政公司、邮政EMS、申通、圆通、韵达、中通、百世、顺丰、国通、优速、快捷、龙邦、1号店等快递企业参会。上海市邮政管理局将积极指导市快递行业协会做好快递揽投专用电动车的推介应用工作，督促各快递企业转型升级，逐步选用符合《快递揽投专用电动自行车》团体标准且进入上海市电动车产品目录的车型，以替代不符合相关法律法规规定的车型，促进上海市各快递企业末端揽投车辆合法合规有序运营。

【上海市邮政管理局召开上海市快递专用车项目推进会】2016年4月28日，上海市邮政管理局组织召开上海市快递专用车项目推进会，总结前期快递专用车项目推进情况，部署下阶段工作重点。会议旨在推动上海市快递专用车项目深入实施，有序推进快递服务与综合交通运输体系对接。市交通委、市公安交警总队相关负责同志出席会议并讲话。上海市各邮政监管派出机构、邮政企业、规模以上快递企业，以及上汽集团等部门和单位的近百名同志参加会议。与会企业代表做交流发言。

【推动上海市邮政、快递企业开展合作】2016年5月，上海邮政EMS与“零公里”平台共同签署战略合作协议，合作开展解决快递配送“最后100米”难题。同时，上海市邮政管理局主动谋划、积极牵线搭桥，引导上海邮政EMS与浦东农协会达成合作意向，启动“极速鲜”瓜果类销售、寄递业务项目，从西瓜配送入手开展服务创新活动，搭建由农户、合作社、电商客户构成的原产地生鲜类农副产品配送链，共同探索“互联网＋三农”服务新模式，方便市民群众足不出户享受最新鲜的水果、蔬菜和特色生鲜。

【上海市邮政管理局积极推动快递末端综合服务站标准建设与本市物流体系标准化建设衔接共融】 2016年9月上旬，上海市邮政管理局会同市商务委员会、市快递行业协会，走访市物流标准化委员会并座谈，积极推动快递末端综合服务站标准建设与本市物流标准体系相衔接。上海市物流标准化委员会表示，将按照上海城市物流标准化体系建设的总体进度，对快递末端综合服务站等行业标准研制和试点企业标准体系建设工作给予全方位支持，为上海市快递业健康发展注入活力。

【“上海快递论坛”聚焦快递行业与资本市场】2016年10月27日，“上海快递论坛——聚焦快递行业与资本市场”在沪举行。本届论坛由上海市邮政管理局指导，上海市快递行业协会主办，申通快递有限公司承办。市邮政管理局党组成员、纪检组长、副局长周德刚做论坛致辞。上海市邮政管理局各处室、管理局负责人、行业知名专家学者及本市近60家快递企业负责同志共80余人出席论坛。

【上海市青浦区被授予“全国快递行业转型发展示范区”称号】 2016年12月15日，国家邮政管理局下发文件，同意授予上海市青浦区“全国快递行业转型发展示范区”称号。

【圆通成功借壳上市成为快递行业首家上市公司】 10月20日，A股上市公司大杨创世(600233)证券名称变更为“圆通速递”，证券代码600233.SH保持不变，公司高管团队变更，圆通董事局主席、总裁喻会蛟出任总裁。这意味着圆通借壳A股上市正式完成。

【中通快递正式登陆纽交所】 10月27日晚，中通快递成功登陆纽约证券交易所，成为首家在美国上市的中国快递服务提供商，股票代码为ZTO。开盘价为18.40美元，较19.50美元的定价低约5.6%。这是继圆通速递成功登陆A股后的第二家中国民营快递上市公司。

【申通借壳A股上市计划正式完成】 12月30日，申通快递借壳艾迪西今日登陆A股，在深交所举行上市仪式。12月30日起由“艾迪西”变更为“申通快递”，公司证券代码“002468”不变。申通借壳A股上市计划正式完成。根据艾迪西公告，其注册资本也由3.32亿元增加至15.31亿元。

【韵达快递通过借壳新海股份登陆A股】 11月8日，新海股份发公告称，公司重大资产置换及发行股份购买资产暨关联交易事项，在证监会审核获得有条件通过。这意味着韵达快递通过借壳新海股份正式登陆A股市场。

（汤琳）

【开办隐私快递业务】 隐私快递是一种利用隐私通信技术实现在隐藏收/发件人信息的前提下，快递员通过拨打虚拟电话与用户直接通话的方法进行联系的新型快递服务。年内，速递物流上海分公司采用隐私快递技术拓展金融类业务，并与中信银行信用卡中心达成合作意向，全年共计发运隐私快递16万件。

（戴相然）

【完成“双十一”旺季生产工作】 11月11—20日，上海出口邮件量为473.51万件，同比上升76%；进口邮件量为327.26万件，同比上升30.6%，为应对邮件量的双向激增，速递物流上海分公司提前准备、周密部署、统筹安排，集中各项资源，制订科学有效的应急保障预案，确保旺季期间生产安全、畅通、有序，运行质量受控。根据业务量测算做好生产预案，内容涵盖场地、设备、车辆、人员。增加运能储备，结合2016—2017年冬春季航空改点工作，增加191个航班，日均增加运能110吨；对一级干线临时邮路进行补充，涉及邮路40条；通过短期租赁方式增加用于旺季生产的电动自行车，并增加车辆电瓶的临时租用数量。提升进出口处理峰值能力，进出口分场作业，处理能力目标分别达到40万件。全面落实激励政策及支撑配套，调动原有一、二、三线员工的积极性；逐一做好全市“收货宝”代投网点和丰巢投递柜等第三方投递力量的对接工作，及时组织投递补充力量；设立邮件暂存点，有效缓解营业部场地压力。

【成立可视化指调中心】4月，速递物流上海分公司组建成立指挥调度中心，通过GPS车载设备及生产场地监控接入探头，加强对各操作环节、流程的实时监控及动态管控，做好生产运行指挥调度、生产运行质量监控、生产运行实时预警、突发事件及时处置、重大生产任务保障、客户服务支撑等网运生产工作，实现从事后管理向事中管理、事前预警转变，加强网运质量实时监控，提升动态管控能力。

（赵芳）

【举办上海出口跨境电商发展高峰论坛】12月8日，速递物流上海分公司携手上海市流通经济研究所共同举办上海出口跨境电商发展高峰论坛。上海市政府发展研究中心、市发展改革委、市商委、上海海关、相关监管部门等政府部门领导莅临指导，学术教授、金融机构代表及100名电商企业、物流企业和电商研究机构代表受邀出席，共同研讨布局上海跨境电商发展转型升级之路，并举行跨境电商产业园启动仪式。本次论坛以“立足上海，布局全球，同拓跨境电商大市场”为主题，邀请政府工作人员及各行业专家学

者分享跨境电商行业动态和政策，分享行业巨头经验，共同探讨如何促进本土传统企业转型和产业升级，助力跨境电商规范经营，从而通过立足上海本土，布局全球出口电商平台，达到进一步扩大行业市场份额，提升上海全球资源配置能力的目的。

（戴相然）

（六）精神文明和科技文化

【概况】2016年，上海市邮政管理局以"十三五"为新的起点，以文明创建为有力抓手，实行"一体计划、市推业担、管局居中、抓总总抓"，形成党的领导、齐抓共管、各方协同、群众参与的统筹机制；力抓"全业动员、宣传导入、活动承载"，打造群众性文明创建活动的浩大声势；通过创建，打造以"契约—诚信、制度—法治、奉献—责任"为主轴的行业治理新常态；分级分类设定评先项目，逐步建立行业先进库，选树具有行业特点、时代精神的先进典型，促进上海快递业成为新一轮对外开放的先行者、全面深化改革的试验田、发展现代服务业的新动力。陆续开展评选市快递行业精神文明建设"十佳"好人好事活动、优秀志愿者活动，"五最佳"(最佳受理、最佳窗口、最佳揽投、最佳分拣、最佳售后)服务竞赛活动，寻找最美快递员活动，争创文明单位、青年文明号活动，找准好苗子。汇编精神文明建设闪光集，在年度工作大会表彰文明创建先进典型。顺丰员工邬引军从"感动上海人物"到"全国五好家庭"。首届全国最美快递员雷娟娟被推荐为"上海市青年岗位能手"。圆通速递上海长宁公司业务员周建飞、首届"全国最美快递员"汇通上海金桥网点员工李元明入选"全国物流行业劳动模范"，2016年5月20日在人民大会堂受到隆重表彰。中通上海公司员工刘高棚坚持资助退伍老兵、公益服务，当选上海市"优秀志愿者"。时任顺丰速运集团（上海）速运有限公司总经理徐丽平被评为"上海市物流行业先进个人"。

【上海局集中表彰行业先进模范】2016年1月18日，上海市邮政管理局组织召开"上海市邮政业2016年工作会议"，集中表彰2015年度本市邮政行业各领域先进模范。其中，会议分别表彰了获得"全国交通运输行业文明单位"称号的中通快递上海分公司、获得"全国交通运输行业文明示范窗口"称号的申通快递上海罗泾公司，并授予圆通、中通、申通"2015年度上海市快递业发展贡献突出企业"称号，授予顺丰、EMS、中通"2015年度上海市快递业申诉处理质量优胜企业"称号，东方网智慧屋、物联e站、零公里、递易智能科技、金山快递超市获颁"上海市快递业末端创新孵化点"。会议同时表彰2015年度上海市快递行业精神文明建设评选活动及服务竞赛中涌现的先进集体和个人。

【上海市邮政管理局召开2016年邮政业新闻宣传工作会议】2016年3月22日，上海市邮政管理局召开上海邮政业2016年新闻宣传工作会议暨行业新媒体建设主题培训活动，总结2015年工作，表彰先进、交流经验，部署2016年"体系构建年"新闻宣传工作要点。上海市邮政管理局党组成员、纪检组长、副局长夏颐出席会议并对全年工作提要求。上海市邮政管理局各处室、管理局负责人和通讯员，邮政上海分公司、EMS上海分公司，申通、圆通、韵达、中通、百世、国通、顺丰等快递企业新闻宣传负责人和通讯员共80余人参加会议。

【《上海市邮政行业人才队伍建设十三五发展规划》完成终审】2016年4月8日，上海市邮政管理局组织召开《上海市邮政行业人才队伍建设十三五发展规划》终期评审会，由市港航发展研究中心、市快递行业协会等单位和行业管理部门组成的专家组参加评审。经评审，专家组一致同意该项目通过评审。上海市邮政管理局将以《规划》为指引，围绕国家局有关行业人才队伍建设的部署和要求，落实“体系构建年”相关重点工作安排，有序推进行业人才队伍建设各项工作。

【上海快递员荣获“全国物流行业劳动模范”称号】 2016年5月20日，人力资源和社会保障部、中国物流与采购联合会在人民大会堂举行全国物流行业先进集体、劳动模范和先进工作者表彰大会。上海市邮政管理局推荐的“首届全国最美快递员”百世汇通李元明和率先救助车祸司乘人员的圆通速运公司快递员周建飞获得“全国物流行业劳动模范”荣誉称号。

【圆通速递胡瑞琦获评上海市城乡建设交通青年人才发展计划杰出青年奖】 2016年10月，第三届“城市之星——上海市城乡建设交通青年人才发展计划”杰出青年评选及表彰大会在上海核工程研究设计院隆重举行，上海市邮政管理局团委推荐候选人圆通速递胡瑞琦荣获“城市之星——上海市城乡建设交通青年人才发展计划”杰出青年奖。

【上海局命名18家上海市快递行业文明单位】 2016年10月，上海市邮政管理局印发文件授予中国邮政速递物流股份有限公司上海市分公司浦东区域公司陆家嘴营业部等18家单位为2014—2015年度“上海市快递行业文明单位”，在全行业中树立典型、表彰先进，进一步引导、激励广大从业人员奋发进取，推动精神文明创建活动深入开展。

【上海市邮政管理局召开上海快递行业精神文明创建工作会议】 2016年10月17日，上海市邮政管理局召开上海市快递行业精神文明创建工作会议，总结表彰前一阶段市快递行业精神文明创建活动情况，全面部署和进一步推动上海市快递行业精神文明创建活动。上海市邮政管理局党组书记、局长夏颐出席会议并以《把握系统性、长期性、群众性规律持之以恒地推进行业精神文明创建工作》为题做重要讲话。会议表彰18家“2014—2015年度上海市快递行业文明单位”；市快递行业协会、上海邮政EMS和中通快递公司负责人作为行业代表交流发言。会议由上海市邮政管理局党组成员、纪检组长、副局长周德刚主持，市建设交通文明办、上海市邮政管理局各处室、管理局、市快递协会相关负责人，12家首批参加行业文明创建的快递企业负责人等参加会议。

【上海市邮政管理局组织开展行业旺季服务新闻宣传保障主题培训】 2016年10月28日，上海市邮政管理局组织召开上海邮政业2016年下半年新闻宣传工作会议暨行业旺季服务新闻宣传保障主题培训活动，传达贯彻全国邮政管理系统新闻宣传工作会议精神，点评前三季度新闻宣传工作情况，交流旺季服务新闻宣传保障准备工作情况，并邀请《快递》杂志编辑部主任任国平开展旺季服务新闻宣传保障主题培训。上海市邮政管理局各处室、管理局、本市规模以上邮政快递企业新闻宣传负责人和通讯员参加培训。上海市邮政管理局各处局、本市规模以上邮政、快递企业新闻宣传负责人、通讯员围绕培训主题座谈交流学习体会和心得体会，并就旺季新闻宣传侧重点、媒体应对经验、新媒体平台探索等方面展开交流讨论。

【金融网点授权集中系统上线】 金融网点授权集中工程是邮政一项重大的金融信息化建设项目，是一套以客户服务为中心、以产品管理平台为框架，整合本、外币储汇业务功能为一体的全国逻辑集中业务系统。从2015年1月起，上海邮政分四批对全市金融网点实施系统切换上线工作。2016年3月29日，最后一批136个金融网点完成推广上线工作，上线后系统运行稳定。至此，全市379个代理金融网点历时15个月分4批全部完成系统切换工作。

【创新报刊收订模式】2017年报刊大收订期间，上海邮政推出“互联网思维+传统收订模式”新举措。10月9日，创新开发推出专用单微信订阅功能，增加专用单线上收订渠道。客户通过手机扫描专用单上的二维码即可进入订阅功能，一键轻松完成订阅，免去到网点排队的麻烦。此外，用户还可以通过收订人员手机端订阅、“中国邮政”微信号全量报刊订阅、“上海邮政掌上营业厅”优惠订阅等渠道，不出家门完成报刊订阅。同时，上海邮政还与“饿了么”订餐平台跨界合作，推出“订了么”服务平台，通过早餐袋订制、线下配送、在线硬广等方面的合作，丰富报刊收订宣传渠道。

【举办“集邮周”活动】为让更多的市民用户全方位了解“邮文化”，中华全国集邮联合会和中国邮政集团公司决定于每年8月举办“集邮周”活动。8月5—10日，首届“集邮周”活动举行，上海邮政以“中国梦，集邮情”为主题，分别推出畅游奥运（集邮与奥运）、老邮所乐（集邮与老年）、少邮所学（集邮与少年）、乐邮丁酉（集邮与生肖）、爱邮所期（集邮与爱情）和全民邮玩（集邮会员日）六大主题活动。通过线上线下宣传和现场活动，让市民充分体验集邮文化、参与集邮活动、享受集邮服务。

（汤琳）

PART
TEN

XI

海洋海事

OCEAN MARITIME

（一）综述

2016年，发挥合署办公体制优势，海洋综合管理水平不断提高，着力促进海洋经济发展。加快推进开发性金融支持海洋经济发展试点工作，完成工作平台搭建，启动首期融资项目。发挥海洋经济联席会议平台作用，启动“21世纪海上丝绸之路专项研究”和本市第一次全国海洋经济调查等相关工作。举办上海临港海洋节和2016上海海洋论坛。

2016年，辖区发生一般及以上等级水上交通事故14起，沉船10艘，死亡失踪19人，直接经济损失4256.8万元；完成搜救行动155次，成功救助遇险人员961人次，搜救成功率达94.4%，水上交通安全形势总体稳定。

（二）海洋管理

【概况】2016年，注重发挥合署办公体制优势，海洋综合管理水平不断提高。着力促进海洋经济发展。加快推进开发性金融支持海洋经济发展试点工作，完成工作平台搭建，启动首期融资项目。发挥海洋经济联席会议平台作用，启动“21世纪海上丝绸之路专项研究”和本市第一次全国海洋经济调查等相关工作。举办上海临港海洋节和2016上海海洋论坛。

【海洋环境监测与质量概况】2016年，本市海洋环境质量监测指标包括水文气象、海水、沉积物、生物等百余项。监测海域覆盖上海市海域 及邻近区域，面积逾1.72万平方公里，共布设水质站位355个，沉积物、生物站位各206个，共采集样品11800余个，获得监测数据128000余个。监测结果表明，2016年本市海域海水水质状况较2015年有所改善，劣于第四类标准的要素主要为无机氮和活性磷酸盐；沉积物环境质量状况总体良好；浮游植物、浮游动物、底栖动物、潮间带生物等生物多样性状况一般；长江口生态监控区处于亚健康状态。

【海洋环境放射性监测】2016年，对青草沙水库邻近水域、佘山岛邻近海域开展海洋环境放射性监测。结果显示，监测海域海水中放射性水平未见明显异常，总β、131I、137Cs、90Sr放射性水平均在我国近海海洋天然本底范围内，其中，131I、137Cs均未检出，90Sr远低于海水水质标准的标准值。

【海域使用管理】2016年，上海市海洋局共完成审批海域使用项目2个，共登记发证6宗用海，确权面积122.4295公顷。全年我市共完成征收市批项目的海域使用金9940.99万元；受国家海洋局委托，征收国批项目的海域使用金248.81万元。

【海洋倾废管理】2016年，上海市海洋局共签批海洋倾废许可证正本188份，批准疏浚物倾倒总量567.28万立方米，涉及使用了长江口1#、2#、3#疏浚物海洋倾倒区以及金山疏浚物临时海洋倾倒区。

【世界海洋日暨全国海洋宣传日宣传活动】6月8日，上海市纪念2016年“世界海洋日暨全国海洋宣传日”和“上海海洋论坛”在临港地区举办，市海洋局局长白廷辉致辞并宣布开幕。国家海洋局战略规划与经济司副司长沈君，浦东新区区委常委、临港地区管委会党组书记、副主任陈杰出席活动并致辞，市海洋局巡视员沈依云主持开幕式。开幕式上，市海洋局与国家开发银行上海分行签署了《开发性金融支持上海海洋经济发展的战略合作框架协议》，市海洋局与上海海洋大学进行了河口海洋测绘工程技术研究中心授牌仪式，沈君、白廷辉为钓鱼岛图片展揭幕。活动开幕式后举办了以“发展海洋事业，打造海洋之城”为主题的“2016上海海洋论坛”。论坛邀请了国家海洋局战略规划与经济司副司长沈君，中科院院士、海洋地质学家汪品先，上海交通大学船舶海洋与建筑工程学院副院长连琏三位专家，围绕国家海洋“十三五”规划、海洋科技创新开展研讨和交流，为上海海洋经济发展和临港海洋之城建设提供思路和方向。市海洋局、市海洋经济发展联席会议成员单位，浦东新区相关部门等单位领导，以及涉海企业、科研院校和新闻媒体等共计300余人参加了活动。

（三）海事管理

【概况】2016年，上海海事局坚持以“三化”建设为统领，广大干部职工凝心聚力，同舟共济，扎实履行水上交通安全监管职责，稳步推进改革攻坚任务。

全年，辖区发生一般及以上等级水上交通事故14起，沉船10艘，死亡失踪19人，直接经济损失4256.8万元；完成搜救行动155次，成功救助遇险人员961人次，搜救成功率达94.4%，水上交通安全形势总体稳定。

通航安全管理持续优化。加强交通组织维护，完善VTS覆盖区“零事故”行动及电子巡航管理制度，VTS提供信息服务340911次、助航服务2558次，实施交通组织4061次，应急处置254次。强化现场巡航执法，针对辖区突出隐患扎实开展内河船舶从事海上运输、黄浦江通航秩序等专项治理，严格落实防台防汛、防范冬雾强风等季节性安全管理措施，圆满完成全球健康促进大会等重大活动水上安保任务，巡逻艇巡航59040小时、471495海里，固定翼飞机空中巡航179架次。

船舶现场监管成效明显。推动监管重心下移，扎实开展“平安船舶”专项行动，圆满完成G20峰会远端控制任务，查处各类海事违法案件3593起，处罚1772.61万元，海事公安侦破了8起刑事案件。不断加强水上客运安全监管，完善“一个机制五个制度”管理，辖区水上旅客安全运输5866.9万人次，其中国际邮轮安全进出港1214艘次，旅客216.01万人次。建立FSC检查选船机制，试点运行FSC智能选船系统并在直属海事系统初步推广。实施PSC检查688艘次，FSC检查3165艘次，验船质量检查798艘。

危防管理不断规范。推进落实上海港率先实施船舶排放控制区政策，开展相关检查3765艘次，查处38起未使用低硫燃油违法案件。完善防治船舶污染联动机制，会同上海市有关部门规范船舶污染物接收处置程序，妥善处置东风西沙水源地漂浮垃圾污染等突发事件，实施船舶防污染检查1896艘次、防污染作业检查7369艘次。调整规范危险货物监管机制，保障烟花爆竹集装箱运输安全，实施危险货物开箱查验305次，查处谎报瞒报案件87起，辖区船载危险货物安全运输5594.4万吨、98.87万标箱，其中烟花爆竹33521标箱。理赔事务中心开展宣讲推介工作，完成首批2起油污基金赔付案件理赔工作，业界影响力明显提升。

安全监管长效机制持续完善。优化水上安全形势分析制度，扎实开展“安全生产月”活动，完成部海事局全国水上交通事故规律和对策研究任务，推进水上交通安全知识进校园、进渔村活动，海事调查实验室完成8起事故的分析模拟。扎实推进船舶安全与防污染诚信管理，优化航运公司审核发证机制，实施公司审核134次，船舶审核164艘次，公司监督检查143次。按部海事局要求完成《2015年中国船员发展报告》《中国船员发

展规划（2016—2020）》编制出版任务，研究发布中国海员供需指数。定期为船员送教上门，推进海事劳工公约履约培训，组织各类船员考试25164人次，办理各类船员证书35720本。

应急搜救能力稳步提升。成功处置“上庆3”轮集装箱落江等多起水上突发事件。与东海救助局合作建立空中巡航救助联动机制，自6月起成功开展19次联合巡航。完成《上海海上搜救和船舶污染事故专项应急预案》修订工作。完善长江口船舶溢油应急设备库运行管理。开展船舶火灾应急处置演练、杭州湾海上人命搜救演练，取得良好实战效果。积极扶持上海海上搜救志愿者队伍发展，注册人数达到683人。

航海保障能力全面提升。积极推动北斗导航、NAVDAT等新技术应用，完善中国海事电子航行示意图“海e行”app功能。为“永盛”轮首赴南极提供航海保障，出版发行《北极航行指南（西北航道）》，积极推进“一带一路”重要水域航行指南编绘出版。维护管理东海海区航标6159座，沿海AIS岸台83座，内河AIS基站110座。完成测量16116.4换算平方公里，发行纸海图108352张、电子海图171891幅/次。处理DSC信息100万余次、遇险通信4起、紧急通信10起。

自贸区监管服务不断创新。紧紧围绕制度创新这一核心，转变职能这一关键，事中事后监管这一重点，先后研究制定了29项创新监管服务举措，包括简政放权类5项、贸易便利化类6项、事中事后监管类10项，以及航运功能拓展类8项，5项举措在上海港复制推广，基本确立了“简政创新、监管智能、服务高效、安全可控”的海事监管服务新模式。其中，国际贸易“单一窗口”，集约登轮检查制度，“大数据+诚信”事中事后监管体系等一系列海事改革创新举措，促进了自贸试验区国际贸易的安全增效，为助推上海航运功能拓展与航运经济复苏做出了积极努力。

简政放权取得突出成效。落实“放管服”改革要求，开展规范性文件和行政备案事项清理，废止规范性文件15件，取消8项行政备案，停止施行28项行政备案，依法停止实施海船进出港签证、防污染作业审批2项行政许可，年均可减少行政许可约18万件次。公布局和分支局两级权力清单。稳步深化执法事权调整工作，强化分支局现场管理。实现全部行政处罚结果和部分行政许可结果网上公示。

服务上海港口发展迈出重要步伐。推进洋山港E航海示范区建设，实施大型船舶双向通航交会160次，双套靠离泊1980艘次，有效提升码头泊位利用率和运输船舶周转效率。配合上海市有关部门开展长江口深水航道通航能力提升研究，完成配套法规完善课题研究。支持黄浦江两岸贯通工程建设及浦江游览改革发展，完善应急方案和安全监管设施规划，保障工程作业安全。积极服务横沙东滩圈围八期、南汇东滩促淤圈围等市政重大工程建设，有效保障相关运输施工作业安全。

服务相对人举措更加高效便捷。推进网上政务大厅升级改造，优化政务微信服务功能，实施船舶在航换证、简化海员证申办程序等措施，为企业和船舶提供切实便利。全面执行船员、引航员和验船师考试收费减免政策，有效降低企业成本。率先推广“港建费货物信息申报及电子支付系统”，实现海事规费票据全程电子化管理，征收港建费131174.47万元、其他规费1102.38万元，代征船舶车船税3680.09万元，上海海事局获评2015—2016年直属海事系统规费征稽先进单位。

国际合作交流取得积极成果。落实中国—东盟海事教育培训发展战略，成功承办亚洲地区VTS操作员培训、国际航标一级管理人员培训、国际海道测量培训、中国—东盟船舶溢油应急人员交流等国际合作项目。技能训练中心VTS培训取得IALA指定机构相关认证，并通过部海事局终审，成为IALA认可的VTS国际培训机构。成功承办外国在华验船机构年会、四国海上搜救合作操作级别会议，与美国、荷兰、德国等主管机关开展危险货物监管等海事业务交流。积极参与东京备忘录组织工作，按部海事局要求承办首次中国—丹麦PSC研讨会，拓展PSC事务国际合作。

【海上安全信息数字广播系统（NAVDAT）在上海试运行】1月1日起，由东海航海保障中心设计研发的海上安全信息数字广播系统（NAVDAT）在上海试运行，测试数据传输速率达到18千比特/秒，标志着我国沿海船岸通信技术取得重大突破。

【东亚海道测量委员会海洋空间数据基础设施和数据库管理培训、交流和研讨会在上海召开】1月18—25日，由东海航海保障中心承办的东亚海道测量委员会海洋空间数据基础设施和数据库管理培训、交流和研讨会在上海召开，来自越南、泰国、柬埔寨、韩国、日本等东亚共9个国家的21名海道测量高级技术官员参加。

【我国首次选派优秀人才担任东京备忘录教员】2月19日至3月4日，上海海事局派遣港口国监督检查官至利雅得备忘录完成授课任务，这是我国首次选派优秀人才担任东京备忘录教员对其他备忘录组织进行培训。

【上海海事局与华为技术有限公司共建海事共享数据库】2月26日，上海海事局与华为技术有限公司签署海事系统共享数据库工程项目合同。此项目将建成6个基础主数据库、4个业务主数据库和1个船舶位置信息主数据库，整合形成统一的全国海事主数据库和完整的船舶航次动态信息链；将采用数据源头治理和全生命周期管理的理念，对海事主数据进行统一管控，实现主数据的统一维护和质量管理，保障海事主数据的一致性、准确性和完整性，并在船舶管理领域以船舶基本信息为核心，推进业务编号，建立不同业务领域之间的数据关联体系；还将建设海事数据和服务资源目录管理系统，为不同主体，提供基于服务 API 接口、Web 页面、移动 app 等多种方式的针对性信息服务。

【上海港实施船舶排放控制区】 根据交通运输部《珠三角、长三角、环渤海（京津冀）水域船舶排放控制区实施方案》（交海发[2015] 177 号）和《交通运输部关于支持长三角区域核心港口率先实施船舶排放控制区的复函》（交海函 [2015] 843 号）的有关要求，上海市人民政府办公厅印发了《上海港实施船舶排放控制区工作方案》（沪府办 [2016] 7 号），自 4 月 1 日起，上海港率先实施高于现行排放控制要求的船舶排放控制措施。

【全球首部中文版《北极航行指南（西北航道）2015》正式出版发行】 4 月 5 日，由交通运输部海事局组织，东海航海保障中心联合上海海事大学编撰的全球首部中文版《北极航行指南（西北航道）2015》正式出版发行，该指南涵盖了北极地区地理环境以及西北航道的水文、气象、碍航物、水道航法、助航设施、救助服务、港口服务等安全保障资料，兼顾船员、船舶、船机、操控等方面内容和相关国际公约以及沿岸国管理要求等，内容丰富翔实，具有较高的参考价值。该指南与 2014 年发行的《北极航行指南（东北航道）2014》组成姊妹篇，共同为计划航行北极航道的国际航行船舶提供航海保障信息服务。

【《无人艇智能控制系统关键技术创新与应用》项目获评上海市科技进步一等奖】 4 月 18 日，由上海大学、东海航海保障中心、青岛北海船舶重工有限责任公司三家单位共同研制完成的《无人艇智能控制系统关键技术创新与应用》项目获评上海市科技进步一等奖。水面无人艇（USV）是一个具有半自主/自主完成任务的开放式水面移动平台，各种传感、侦察、测量等载荷可以加载到平台上，该成果已经在南海巡航、南极航海保障等多次重大任务中得到了应用，并取得了较好的成绩，它的出现填补了我国海洋测绘远程操控无人驾驶测量的空白，满足了在浅滩、暗礁等危险水域及特殊海况下的测量工作等需要。

【上海举行第六个“世界海员日”庆祝活动】 6 月 25 日，2016 年“世界海员日”上海地区庆祝活动启动仪式在“海巡 01”轮举行。国际海事组织（IMO）将第六个“世界海员日”的主题定为“远航，为了世界”。仪式上，由上海海事局、上海海事大学联合研究制定的中国海员供需指数正式发布。仪式还宣布了最美海员和优秀船员的表彰名单，并向所有在港海员赠送一份“海员日礼包”，其中包含《交通运输部部长致全国海员的一封信》《2015 年中国船员发展报告》、中国海事局第三批便利船员服务清单、船员宝典系列丛书等，其中《2015 年中国船员发展报告》首次以交通运输部白皮书的形式向社会发布，供社会各界参考。

【上海空中巡航救助联动机制正式启动并实现首飞】 6 月 30 日，上海海事局、东海救助局、东海第一救助飞行队空中巡航救助联动机制正式启动，并实现首飞。此机制探索利用专业救助直升机开展空中巡航救助的工作新模式，促进海空巡航海上救助“一体化”。

【人员落水搜救演习在杭州湾北岸海域举行】 8 月 13 日，人员落水海上搜救演习在杭州湾北岸金山三岛附近海域举行。演习由上海海上搜救中心组织，上海海事局、金山渔政、上海石化、东安油污应急公司、社会志愿者（渔船）等多家单位共同参与，共调用船艇 9 艘，参演人员 80 余人。此次应急演练现场救助力量主要来自附近渔船、交通艇、拖轮等社会志愿救助力量，展现了社会志愿者参与海上搜救的广泛性和及时性，政府部门通过招募和引导社会力量积极参与海上救助是对专业搜救力量的有益补充。演习重点检验了各方在应急指挥、协同配合、组织救援等方面的能力水平，达到了锻炼队伍、积累经验的目的，同时也为G20杭州峰会水上安保做好充足准备。

【上海自贸试验区国际船舶登记制度取得突破】在争取上海自贸试验区国际船舶登记制度创新试点、力争在中资方便旗船舶回归方面取得突破的推动下，8月31日，财政部、海关总署、国家税务总局发布《关于中资“方便旗”船回国登记进口税收政策问题的通知》（财关税〔2016〕42号）。9月14日，交通运输部发布《关于实施有关中资“方便旗”船回国登记进口税收政策的公告》（交通运输部公告2016年第45号），明确申请条件、办理程序、船舶检验等事项。12月13日，交通运输部颁布《中华人民共和国船舶登记办法》（交通运输部令2016年第85号，2017年2月10日起实施），明确自由贸易试验区国际船舶登记相关事宜，并就提高国际船舶登记效率提出一揽子解决方案。

【国际航标管理培训班在上海举行】9月3日至29日，由中国海事局和国际航标协会环球学院联合举办的国际航标管理培训班在上海举行，来自亚洲8国的15名高层次航标管理人员参加。学员先后在上海、厦门、温州等地海事主管机关、科研院所及大型港口码头、航标实训基地进行学习、参观。中国海事局、IALA环球学院、大连海事大学、上海海事大学、集美大学、武汉理工大学等学研机构的专家教授围绕国际组织、航海知识与助导航、航标设计与管理、航标技术和能源5大模块为学员进行了集中授课。

【上海举行2016船舶火灾应急处置无脚本演习】9月10日，上海海上搜救中心各成员单位联合举行了“2016年船舶火灾应急处置战术演习”，这是上海水域首次以船舶火灾为主题科目的无脚本实战演习。本次演习共出动9艘船舶，2架直升机，160余人。演习采用指挥中心桌面推演与现场无脚本实战相结合的方式进行，《上海海上搜救和船舶污染事故专项应急预案》进行响应实施，演练科目包括接警、指挥协调、船舶火灾、人员落水、立体搜救和人员救助等。

【第21届中日韩俄海上搜救合作操作级别会议在上海召开】10月11日至13日，第21届中日韩俄海上搜救合作操作级别会议在上海召开，来自中国、日本、韩国、俄罗斯四国以及国内相关海上搜救机构的20余名代表参加。

【东海航海保障中心为“永盛”轮首航南极保驾护航】11月3日，东海航海保障中心为“永盛”轮首航南极提供实时航海保障服务，这是中国首次为商船航行南极提供极地航海保障服务。

【国内航行海船进出港签证取消，改为船舶进出港报告制度】11月22日起，取消国内航行海船进出港签证，实施船舶进出港报告制度。

【亚洲地区VTS操作员能力建设培训项目在上海举行】12月5日至21日，由中国海事局主办、上海海事局承办的亚洲地区VTS操作员能力建设培训项目在上海举行，来自东盟国家及斯里兰卡共计17位学员参加。

【东海海区航海保障工作协调机制备忘录在上海签署】12月8日，上海海事局、东海航海保障中心与连云港、江苏、浙江、福建海事局签署东海海区航海保障工作协调工作机制备忘录。六家单位将在部海事局统一领导下，按照协调工作原则，在航海保障规划编制与实施、航海保障行政管理、航标设置管理和通航安全评估、航标动态通报、航行通（警）告发布、业务交流、应急反应管理、航标测绘作业、航保设施建设支持和保护、海上安全通信工作等方面，进一步加强交流合作，实现信息共享和资源互补，不断优化地区海上通航环境，更好地履行海事监管、航海保障服务职能，服务经济社会发展。

【“宁波守塔人”叶中央一家五代守塔百年入围“感动中国”2016年度人物评选】12月上旬，中央电视台公布“感动中国2016年度人物评选”活动20位候选人，“宁波守塔人”叶中央一家五代守塔百年入围。

（陈希）

PART NOVEMBER XI

建筑建材业管理

CONSTRUCTION BUILDING MATERIALS INDUSTRY MANAGEMENT

- ⊙ 综述
- ⊙ 招标投标管理
- ⊙ 行政审批业务
- ⊙ 设计文件审查
- ⊙ 建筑信息模型技术应用推广
- ⊙ 工程质量安全监管
- ⊙ 建筑节能

（一）综述

2016年，紧紧围绕市政府重点工作，认真按照建设交通工作党委、市住房城乡建设管理委的中心部署，聚焦招投标制度改革、企业人员资质资格管理、建筑信息模型（BIM）技术应用推广、建筑市场执法、数字化审图等重点工作，全力以赴抓推进、抓保障、抓落实，取得了积极显著成效。主要从以下四个方面入手：

一是积极稳妥推进建筑业改革。在工程招投标制度改革方面，推进实施《本市建设工程招投标监管整改工作方案》和《上海市房屋建筑和市政工程施工招标评标办法》，颁布实施《上海市建设工程评标专家库和评标专家管理办法》等一批制度性文件，有效规范了招投标市场各方主体行为。基本完成《上海市建设工程招标投标管理办法》的起草工作；在建筑师负责制试点方面，牵头组织浦东新区正式启动了建筑师负责制试点，对采用建筑师负责制的试点项目，明确了建筑师在设计、施工、运营阶段的各项任务；优化了项目管理流程，在规划审批、设计审查、施工许可等环节采取前期告知承诺、后期监管备案的管理模式；确定了前滩58-02地块等6个项目纳入第一批试点项目。在试点基础上，相继出台《浦东新区建筑师负责制试点工作管理实施细则》及《浦东新区建筑师负责制试点工作指引（2016版）》。在工程总承包试点方面，2016年5月，住建部批准同意在上海等7省市开展工程总承包试点工作。根据试点要求，研究制订了本市工程总承包试点工作方案，确定浦东、杨浦、普陀、松江4个区作为试点区域，并确定了一批工程总承包试点企业和试点项目。牵头起草了《上海市工程总承包试点项目管理办法》，积极鼓励政府投资项目、装配式项目、应用建筑信息模型的项目优先采用工程总承包方式建设。

二是加大BIM技术应用推广力度。2015年9月至2016年6月30日在本市开展BIM试点项目评选工作期间，本市共有62个项目经评审成为试点项目，其中政府投资工程49个，社会投资工程13个。制定发布《关于本市保障性住房项目实施建筑信息模型技术应用的通知》，探索制定保障性住房应用BIM技术的每平方米成本价，对推进保障性住房应用BIM技术奠定了基础。召开本市部分大型国有企业建筑信息模型技术应用培训会，近350位来自本市建设、设计、施工及咨询服务等大型国有企业的分管领导及部门负责人参加培训。

三是加快推进建筑业行政审批制度改革。区分项目特点，重点开展了二次供水、居住建筑加装电梯、水利水务专业工程、黑臭河道、城市维护项目管理等民生工程的建设流程再造，并完成了配套的计算机系统的开发，大大简化了相关工程管理流程，缩短了办理时间。建立并完善了以企业《诚信手册》为主的信用档案和信用信息的记录机制。在浦东新区先行试点的基础上，在全市范围内开展施工、监理企业和部分注册人员的信用评价和应用工作，企业和人员的信用评价纳入公开招投标信用记分。建筑业企业和人员守信意识逐步增强。牵头区建委和相关单位对本市连续两年以上未进行合同信息报送的“僵尸企业”开展动态核查工作，共涉及830家企业、1338项资质。

四是加强建筑市场执法。全年开展了两次全市建筑市场执法专项检查，创新使用信息化手段，实现了现场检查与后台数据的同步比对，同时也引入了社会监督与媒体监督并举的新模式。完成了住建部和本市工程质量治理两年行动的各项任务。共查处各类市场违法行为677起，其中查处属于违法发包、转包、违法分包、挂靠的行为212起，总计罚款金额达到12081万元，查处力度在全国位居前列。与市人社局、市公安局形成合力，着力治理本市建筑业农民工欠薪问题，通过元旦、春节突击专项检查，有效遏制了建筑农民工欠薪的高发势态。研究制定在建设工程领域建立人工费支付台账和工资支付台账制度，落实国务院办公厅对全面治理农民工工资问题的意见。进一步推广建筑工地实名制管理工作，目前该项工作已覆盖全市近3000个工地，总登记人数超过80万人，目前登记的在场人数达到43万人。

（二）招标投标管理

【概况】 2016年，全市共完成勘察发包833项，总投资5882.95亿元，两项同比分别减少21%和16.5%；设计发包1180项，总投资6228.18亿元，两项同比减少12%和增加8%；监理发包1871项，总投资3070.51亿元，两项同比分别增加11%和1%；施工发包6067项，同比减少1%，发包价（建安费）3070.51亿元，同比减少3%。

【制定出台《上海市建设工程招标投标管理办法》】突出了分类监管、提速增效及事中事后监管。同时，起草完成暂估价招标监管方案、批量招标、预选招标管理方案等配套文件。

【政策落地实施效果明显增强】 积极跟踪分析施工招标评标办法实施情况，针对部分招标代理机构私自测算合理最低价等问题制定了相关措施。针对建筑业营改增、监理信用评价、BIM技术应用等一批新政策，不断修改更新招标文件示范文本和合同条款。

【开展各类专项执法检查】 开展2016年度建设工程施工暂估价执法检查和年度招标代理行为专项检查。开通微信平台，解答区招投标监管部门、委托管理单位工作中碰到的困难，提高监管人员处理问题的能力。

【联手区县打击非正常投标行为】 审核比对非正常投标核销条件，共核销非正常投标项目138个。制定核销非正常投标行为的规则，及时向社会进行公示。同时，为方便管理相对人，2016年6月起，将核销非正常投标权限下放到所有区和委托管理单位。

【加快信访投诉处理，加大行政处罚力度】 全年共接受投诉举报32起，其中半数以上为暂估价项目，目前已完成28起投诉处理。全年共立案21起，查处违法违规项目4起，查处金额近6万元，其中14起经查实的串通投标案件，根据委法制部门意见，移交临港管委会处理。现场踏勘检查21次。

【优化开评标现场的管理】 加强开评标监管，编制《上海市建设工程开评标监管工作规程》。要求监管人员细化监管要求，今年完成了1700多个项目的开评标日志，对招标代理机构进行日常诚信记录，对评标会出现的情况及时填写评标会反馈表给专家管理科。

【深化评标专家管理和服务】制定并实施《上海市建设工程评标委员会评标工作规范》（施工项目）2016版，进一步规范专家评委的评标行为；制定《上海市建设工程评标专家技术委员会工作制度和职责》，组建专家技术委员会参与评标评估、新专家面试等专项工作，为招投标监管提供有力技术支撑；启用评标专家信息服务系统和评标专家信息管理系统，通过信息化手段提高管理服务能效；优化专家队伍结构，提高招聘工作的针对性。

（三）行政审批业务

【概况】2016年，共受理各类事项81666项。项目流程类3836项。其中工程报建887项；直接发包58项；合同信息报送1925项；竣工验收备案496项；施工许可470项。受理、办理各类企业资质29962项。其中安全生产许可证3420项；资质事项批准7841项；企业信息变更3697项；外省市企业信息报送15004项。各类人员资格受理47868人/次。其中注册建筑师1570项；造价师1522项；监理师4946项；勘察设计工程师3611项；一级建造师14456项；二级建造师16106项；各类当场办结事项5657项。

【全面推进重点工作，整体形象明显改观】三个标准建设全面启动。根据市审改办关于行政服务中心建设运行、视觉标识和服务标准要求，通过对区行政服务中心的参观调研，优化形成适合中心的规范，重点对受理大厅实施改造，对液晶显示屏、标识标志进行更新，对商务中心、排队等候等服务功能进行完善，对空调系统、叫号系统进行升级，对工作人员服装进行统一订制，同时，对二楼开评标场所添置了投标文件存取柜、等候椅和手推车。中心服务环境进一步优化，服务设施进一步完善，服务形象进一步提高。

【贯彻落实新政要求，行政审批稳步推进】企业资质审批方面。一是按照新标准和新文件要求，开展施工企业资质和设计施工一体化资质换证，涉及施工企业7026家，设计施工一体化企业734家。二是对报部受理的施工、勘察、设计、监理四个类别资质申请、升级和增项；对部批施工企业资质信息变更实施电子化申报，部评审专家通过数字证书远程访问企业申报材料数据库查看电子材料。三是调整了境外设计企业单项进沪预审程序和水务局、通管局相关企业资质会审方式。四是实现了企业安全生产许可证网上申请和受理。注册人员资格审批方面，一是根据中国建设监理协会统一部署，开展监理工程师注册审批电子化试点工作，并及时上报有关情况。二是根据中国建设工程造价管理协会有关通知要求，开展注册建筑师继续教育培训工作，明确了继续教育的培训形式和课时认定标准。三是根据全国注册建筑师管委会有关通知要求，与委建筑市场监管处商定，委托市勘察设计协会开展建筑师继续教育培训。四是配合做好2016年度二级建造师执业资格考试停考等执业资格考试管理调整工作。建设工程项目审批方面，一是优化报建系统，增加“报建备注栏、报建告知单生成PDF文件、查询历史变更记录”功能，网上报建申请新增“居民住宅二次供水设施改造项目”和“乡村项目”选项。二是对优秀历史保护性建筑和文物装修、修缮工程，明确了立项、规划等管理部门须出具的证明文件要求。三是对纳入重大工程的建设项目，实行专人专窗，对建设单位提交材料进行预审。四是划清军用房屋建筑和非军用房屋建筑、保密工程和非保密工程的界限，并确定相应的项目流程。

【完成大量开发任务，服务功能不断完善】配合完成信息平台验收。受市住房城乡建设管理委的委托，中心积极推进本市建设市场管理信息平台建设。经过近三年努力，系统功能基本满足用户开展业务工作需要，基本实现“项目全覆盖、管理全过程、部门全参与、服务全方位”的目标。今年10月，由市经信委组织召开上海市建设市场管理信息平台项目验收会，专家组认为该项目建设达到合同规定目标要求，一致同意通过验收。完善交易服务系统功能。一是根据国家《公共资源交易平台管理暂行办法》，组织考察调研，形成考察调研外省市公共资源交易平台专报，并完成与市公共资源交易平台数据对接。二是完成“上海市建设工程监理电子招标投标数据文件标准”“上海市建设工程工程量清单数据标准（2016版）”、电子招投标交易虚拟化桌面方案的编制，监理项目已启用电子开评标系统（一期）。三是对华东地区民航管理局、上海海事局、上海打捞局等进场交易做好服务工作，制定操作流程，解决交易服务收费问题。做好系统维护程序开发。一是完成装配式建筑信息采集、项目信息网上公示、项目数据明细表、项目类数据统计、工伤保险限定等功能。二是全面完成施工资质及设计资质电子申报程序，优化调整部分资质申报和审批程序。三是完成部分注册人员内网系统调整，增加汇总上报、按时间查询等功能。四是完成行政处罚与委网站交换系统和相关行政处罚系统的改造。五是完成“上海建筑业”微信号菜单设计和新版微信界面的开发。及时提供技术支持服务。一是处理资质新旧程序错误信息、各类人员姓名、身份证、社保关联信息修改。二是受理“法人一证通”数字证书开通。三是对上海建筑建材业网站公示公告、领证通知、分中心之窗、上海建设工程安全协会网站信息维护。四是完成新机房验收和机房设备清理，做好机房和基础设施日常运营和维护。

【加强事中事后监管，行政执法能力提高】深入开展动态核查。一是对2015年进行的勘察、招标代理资质不达标企业进行了后续处理，发出整改通过书，除一家企业歇业注销外，其他企业全部整改到位。二是对本市830家涉嫌“僵尸”建筑业企业开展动态核查，有361家企业534项资质完成整改，91家企业150项资质正在整改，95家企业132项资质申请资质注销，还有324家企业520项资质专案处理。三是对60家工程造价咨询企业与招标代理机构进行了现场检查，对专职人员不达标的造价咨询企业与招标代理机构发出整改通知书。稳步开展信用体系建设。一是配合市住建委开展监理企业信用评价，选取16家监理企业，分两批进行试评价，根据相关文件确定评价机构、细化评价标准和公布方式，固化评价流程、规范，明确部门职责分工。配合召开全市监理企业信用评价工作会议进行部署，跟踪开展状况，收集反馈建议。二是做好施工企业信用评价的日常维护，按时完成异议处理和接待日常咨询，同市经信委公共信用平台数据按时交换；完善施工信用评价程序，增加文件查询页面、信用评价数据查询和外网信用评价透明程度。三是参与落实人员信用管理的研究，汇总《个人信用档案概要情况》。全面启动行政处罚工作。一是健全行政执法制度，结合内部管理控制要求，制定了行政处罚流程及工作制度。二是加大行政执法力度，今年共立案调查违法违规案件10起，其中实施处罚5起，企业提供虚假材料申请资质2起，聘用单位提携虚假材料申请注册1起，警告、中止案件2起。三是行政处罚案件均严格按法律法规规定执行，行政处罚信息化系统执行率100%。

【探索新机制新方法，综合协调管理增强】继续开展对区综合评价。年初，评选表彰12家综合评价工作优秀单位，15家优胜单位。同时表彰了6位2015年度优秀值班长，35位2015年度优秀受理员。年末，开展了2016年区受理服务单位统合评价工作，简化评价程序，优化评价内容，围绕现场查验、作风建设和日常工作，突出业务标准。评价工作与党政班子成员现场调研相结合，交流工作经验，听取意见建议。探索市区业务交流机制。根据受理服务人员岗位交流学习的要求，今年3月起，组织区受理服务单位一线骨干分批到大厅窗口开展交流锻炼学习，时间一般为三个月，现已有宝山、闵行、奉贤、普陀、虹口、崇明、徐汇等区的10位同志针对项目管理、资质受理等相关业务参加了交流学习，同时对其交流学习表现进行评价反馈。突出对区、管委会业务指导。主要通过工作例会、专题研讨和业务培训等方式开展业务指导，统一受理标准。项目条线重点对工程报建、施工许可、开工信息报送、竣工验收信息报送及统计报表进行业务培训。资质条线重点对原件核对口径、各类最低等级资质人员考核指标和企业业务合同报送要求进行统一明确，同时，委托各区建管部门审批最低等级为二级专业承包资质，协助浦东新区开展施工三级资质审批告知承诺改革试点。收费条线重点就“营改增”涉及科目、分录进行解释，强调增值税票据，采取微信群、上门指导方式规范管委会交易费收支。

（四）设计文件审查

【概况】 2016年，本市进一步加大勘察设计监管力度，完善市区两级管理体系，以提升勘察设计质量为根本，以深化设计文件审查改革为重点，不断加强勘察、设计、审图质量监管，推动行业技术创新，较好地完成了年度工作目标。

【勘察设计质量监管力度不断加强】 以技术抽查为主要抓手，充分发挥施工图审查的把关、促进和评价作用，从技术和管理两个方面采取措施，努力提高勘察设计质量。进一步强化技术抽查。组织专家以装配式建筑、保障性住宅工程、结构安全、建筑幕墙、绿建节能等为重点开展专项检查，不断促进勘察、设计质量提高。2016年共组织开展全市勘察设计审图质量检查12次，检查项目230个，检查面积约400万平方米，项目类型包括工业厂房、商办、住宅、学校等房屋建筑。涉及19家审查机构、129家设计单位、37家勘察单位。共对19个项目出具了质量问题整改通知单，并对其中4家设计单位予以全市通报批评；对2家设计单位、2家审图单位、1家勘察单位予以通报表扬。加强勘察设计行业监管机制建设。及时对2016年建设工程勘察设计质量检查情况以及迎接住建部勘察设计质量专项检查情况进行全市通报，每季度定期将全市施工图审查中发现的违反强制性条文及法律法规严重的单位予以曝光。对存在严重问题的责任单位和个人进行行政处罚，今年以来，完成行政处罚案件1件，对1家设计单位，1位注册人员进行了立案。针对目前勘察设计企业内部校审不到位甚至缺失的问题，开展了设计校审制度规定的研究工作，要求企业进一步规范内部质量保证体系，切实落实校审制度，增强勘察设计企业及人员的质量意识，强化企业对勘察、设计质量的自我检查、自我管控、自我保证能力。针对技术检查中可能出现的专家碍于情面不如实反映查出问题的现象，重新梳理并提升专家配置，初步建立了全市统一的勘察设计、审图质量技术抽查专家库，筛选专家200余名，其中50%以上为大型骨干勘察设计企业总工程师。

【审图行业监管机制进一步完善】 继续加强审图行为和服务质量的日常监管。一是组织开展了全市施工图审查机构审查意见及分类情况的抽查。共检查107个项目，检查专业包括建筑、结构、给排水、电气、暖通、勘察，涉及19家房建审查机构。抽查情况表明，大部分审查人员能够认真执行审查要点、按要求进行审查，施工图审查要点执行情况较好。但审查意见错开、分类错误等情况依然存在，审查意见错开率为13.5%。二是定期组织施工图审图人员和审图行为的飞行检查及审图档案的抽查。共检查施工图审查机构18家，审图档案90本。检查结果表明，各审查机构人员数量较去年有所增加，目前在库人员数543人，其中教高工58人，高工447人，审图人员技术水平有所提升。大部分施工图审查机构档案归档率较高，较去年有明显好转，档案质量也有明显上升，但受市场化影响，审查机构普遍存在提前预审及不敢上报强条的情况。全年共完成房建施工图审查备案项目1790个，单位工程一次审查通过率为71%，较上年有所上升；万平方米违反强条数0.73条，较上年有所下降；平均满意度为93.92分，较上年有所下降。制定技术规范及指导性文件。完成了《建设工程勘察设计质量通病控制手册》的编写，并通过市建委科技委专家评审。组织对标准冲突问题进行梳理，完成了《规范标准冲突问题汇总》的编写工作。针对装配式建筑设计深度不足，设计文件不规范的问题，会同建工设计院等单位启动了《装配式建筑设计文件编制深度标准》编制。组织施工图审查分会及相关单位完成了《上海市市政工程施工图设计文件技术审查要点》编制，并通过专家评审。

【总体设计文件征询并联服务得到改进】坚持建设单位自行征询与并联服务并行。深入落实本市建设工程行政审批改革要求，努力推进设计文件审查相关改革措施平稳落地，确保管理和服务工作不断不乱。市级征询服务平台共完成总体设计文件征询120个（其中，并联服务项目83个，自行征询项目共37个；自行征询项目占比28%）。区、特定地区管委会共完成总体设计文件征询516个（其中自行征询项目共80个，自行征询项目占比15.5%）。总体设计文件征询效率有所提高。针对一些管理部门意见回复超时等问题，加强了沟通协调，目前消防部门审批时间由消防总局规定的20个工作日缩短为9个工作日，效果比较明显。按季度对相关管理部门征询用时情况进行统计，通过市住建委发文，起到了较好的促进作用，除交通部门超时现象仍较严重外，其他相关管理部门征询效率均有很大提高。2016年全市总体设计文件征询平均用时21.4个工作日，最短用时15个工作日。

【技术和管理创新取得进展】积极配合推进数字化交付工作。按照市住建委、规土局《关于本市建设工程设计、施工及竣工图纸推行数字化和白图交付的通知》文件要求，配合委建筑市场监管处，协调落实勘察设计单位和审查机构的数字认证工作，解决数字化审图的电子签章问题，完成了《上海市工程设计、施工及竣工图数字化和白图交付实施要点》中施工图设计文件数字化审查操作说明的编写，并组织600余人参加了相关宣贯培训。数字化审图工作稳步推进。结合数字化审图试点工作情况，稳步推进数字化审图在房建类项目中全覆盖。今年数字化审图已完成项目1081个，发现整改问题9347条，参与单位1268家，参与人次6690。从目前数字化审图工作来看：过程留痕效果明显，初步反映出了目前勘察设计质量情况，设计图纸数据积累初具成效。目前累计采集设计图纸（含过程图纸）175.84万张，从审查单位而言实际减少了纸质图纸的存储量。

（五）建筑信息模型技术应用推广

【概况】2016年，本市BIM技术应用政策和市场环境基本建立，BIM技术应用不断扩大和深入，BIM技术已成为本市建筑业新技术应用的热点，制定的标准和文件被外省市同行采用和借鉴，本市BIM技术应用和管理水平处于全国领先水平。据统计，2016年全市共有260个建设项目采用BIM技术。

【完成BIM试点项目评选】2015年9月1

日至2016年6月30日，在本市建设工程开展BIM技术应用试点工作期间，共有62个项目经评审成为试点项目，其中政府投资工程49个，社会投资工程13个，全年新增BIM技术应用项目达到260个，全面完成上报市政府的目标任务，项目类型覆盖交通基础设施、医疗卫生、商业办公楼、市政工程、水利水务、商业、商住、文化和变电站等，并且涌现出一批以上海中心、国家会展中心、迪士尼、北横通道为代表的在全市有重大影响力的BIM技术应用项目。

【建立区级BIM技术应用推广机制】自《指导意见》发布以来，各区政府、管委会及重点区域管理部门高度重视BIM技术应用推广这项工作，将BIM技术应用作为城区智慧管理、创新驱动转型发展的一项重要抓手予以推进。在《指导意见》的大框架下，杨浦、浦东、崇明、静安、闵行、普陀、青浦、徐汇等先后成立了区级BIM技术应用推广联席会议或工作领导小组，杨浦、浦东、崇明等区制订了BIM技术应用推广行动方案，普陀桃浦科技智慧城、浦东前滩、奉贤南桥新城、徐汇滨江、虹桥商务核心区、国际旅游度假区等被列为BIM推进重点区域，开展了区域性基于BIM技术的智慧管理试点。各区结合自身特点，充分发挥主观能动性和综合协调作用，助推全市BIM工作推进力度和广度进一步加大。

【推进基于BIM技术的联审平台建设】为了简化建设工程审批程序和报审资料，提高管理协同和审批效率，实现“一口受理、并行办理、限时办结、统一答复”的目标，2016年10月，成立了市BIM联审平台推进小组，办公室设在市住建委。拟通过两年时间，建立全市统一的从立项、规划、土地、设计、施工一直到竣工验收阶段，相关审批审查部门协同参与，基于BIM模型的一站式并联审批平台。至2016年底，已完成项目建议书。部分行业主管部门还将BIM技术与日常工作相结合，搭建了基于BIM的信息化管理平台。如市民防办以民防工程BIM信息化管理平台建设为总体目标，完成了基于BIM模型的民防工程运管平台总体架构建设；市水务局筹划构建BIM技术水务应用管理协同平台。

【制定BIM技术标准规范及配套政策】编制完成了《建筑信息模型应用标准》《上海市人防工程设计信息模型交付标准》《市政给排水信息模型应用标准》等6部BIM地方性标准，并于年内正式实施。2016年上海市重点工程实事立功竞赛中，BIM技术应用首度纳入了立功竞赛评定范围，共有1个优秀团队、2名建设功臣、6名优秀建设者获奖。此外，出台了《关于本市保障性住房项目实施建筑信息模型技术应用的通知》及实施要点，探索制定保障性住房应用BIM技术的每平方米成本价，对推进保障性住房应用BIM技术奠定了基础。

【开展BIM技术相关课题研究】开展了2015年本市BIM试点项目后评估、企业级BIM技术应用能力评估、注册执业资格人员继续教育BIM技术应用课程等课题研究，为下一步提升本市BIM应用和管理能力夯实基础。市科委开展了房屋建筑工程信息模型（BIM）应用关键技术研究，探索建立适应本市市情的BIM组织协同技术。

【组织宣传培训】2016年5月，市住建委、市国资委联合召开了本市部分大型国有企业建筑信息模型技术应用培训会，近350位来自本市建设、设计、施工及咨询服务等大型国有企业的分管领导及部门负责人参加了培训。同时，发动协会、企业自行组织开展专业技术人员BIM技术应用培训，提高业内人士对BIM技术的认知度，进一步培育本市BIM技术应用市场。2016年7月，出台了全国首部地方建筑信息模型年度发展报告，对本市工程项目BIM技术应用比率、模式、应用点、应用能力等方面进行了分析和总结，提出了未来BIM技术应用推广的机遇和挑战，各大电视、网络、广播、平面媒体对该报告都做了宣传报道。建立BIM中心官方微信号，及时推送BIM政策、新闻动态等内容。

（沈琼）

（六）工程质量安全监管

【概况】2016年是国民经济和社会发展“十三五”规划的开局之年。本市建设工程的质量安全工作坚持科学发展、安全发展理念，牢固树立“发展决不能以牺牲人的生命为代价”的红线意识和底线思维，以提高城市运行安全和生产安全保障能力为目标，以“十三五”规划重点任务为导向，以强化依法治安、科技兴安为保障，通过健全完善“党政同责、一岗双责、齐抓共管”治理体系，着力管理体制机制的建设，着力管理基础的夯实，稳步推进管理方式的创新，深入开展质量安全隐患的排查治理，通过充分发挥支部的战斗堡垒作用，把党的组织优势转化为推进工作的强大力量，确保了工程质量稳中有升，安全生产形势总体平稳。2016年本市建设工程累计发生生产安全死亡事故29起，死亡36人，与去年同期（22起24人）相比，事故起数上升了31.8%，死亡人数上升了50%，安全生产形势总体受控，未突破市安委会办公室设置的工矿商贸安全生产事故考核警示值。未发生质量事故。

【深入践行党政同责，落实安全生产责任制】一是领导高度重视。2016年元旦、春节期间，为确保节日期间的生产安全，市建设交通工作党委崔明华书记、市住房城乡建设管理委顾金山主任等党政领导分别带队对本市在建工程开展节前安全生产大检查，有效督促了参建单位加强管理，确保了节日期间的平安、和谐。及时组织召开了年度安全生产大会，总结2015年安全生产工作，部署2016年重点工作。在2016年一季度事故发生起数同比上升情况下，顾金山主任再次专门召开行业安全生产大会，及时通报安全生产形势，同时就如何遏制事故多发势头进行了部署。二是优化管理机制。顺应本市住房和城乡建设机构改革的趋势，深入研究住房和城乡建设领域质量安全监管工作，市住房城乡建设管理委进一步优化了委安委会的设置，将房屋修缮监管部门和执行机构纳入安委会平台，确保平台能够适应本市住房城乡建设领域的安全管理需要。三是改进考核方式。强化落实属地管理责任，进一步优化区级监督机构工作考核，市建设安全委员会修改了考核工作要求，增加市级管理部门工作要求执行情况的检查，更加注重过程管理的考核。

【加强顶层设计，强化制度建设】经过多次专家的讨论修改，市住房城乡建设管理委在2016年印发了本市第一个建设工程质量安全专项规划。一是规划坚持问题导向，为今后一段时间的质量安全管理提出了总体的要求。二是加强施工工法管理。市住房城乡建设管理委制定了《上海市建设工程工法管理办法》，加强对施工工法推广、应用的管理，推动建筑业技术创新。三是加强施工质量标准化。市住房城乡建设管理委出台了《上海市建设工程施工质量标准化管理办法》，将施工质量责任分解到作业人员，规范技术交底，强化材料监管，实施样板引路，实行施工重要影像资料留存等，建立健全建设工程质量责任追溯体系，推动工程质量管理科学化、标准化、规范化和精细化，促进工程质量管理水平和工程实体质量水平整体提高。四是加强深基坑管理。质量安全监管处组织开展《上海市建设工程基坑降水管理规定》宣贯、培训，加强基坑降水管理，开展深基坑工程专项检查，确保基坑施工安全。

【加大执法力度，强化主体责任】一是加强建设工程质量安全巡查。质量安全监管处会同市安质监总站建立健全了巡查工作组织机构，巡查工作在市区两级层面全面开展。同时，市区之间建立了月度报表和季度报告制度，实现了巡查工作信息共享，强化了巡查数据统计分析。对外建立了巡查情况通报制度，将巡查发现问题较多的工程、企业及个人向社会公示，有效遏制一些久治不绝的违法行为。二是推行质量终身责任制承诺制度。根据住建部的有关要求，市住房城乡建设管理委印发了本市建设工程质量终身责任制承诺书，推进落实建设、勘察、设计、施工、监理五方主体项目负责人质量终身责任，督促各参建单位的项目负责人切实落实有关工作职责。三是对项目经理实行记分管理。根据2015年出台的《上海市建设工程施工项目经理质量安全违法违规行为记分管理办法》的有关规定，市住房城乡建设管理委建立了全市统一的“上海市建设工程施工项目经理质量安全违法违规行为记分管理系统”，并于2016年8月投入运行。

【确保G20保障任务圆满完成】一是印发G20峰会保障方案。方案深入贯彻了中央的工作要求，将市委、市政府的工作部署进一步细化，详细规定了施工现场在峰会期间关于环境保护、反恐维稳和安全生产等方面的保障内容和要求。二是领导带队检查。8月底为了确保保障工作要求落到实处，金晨秘书长带队对金山、奉贤等严管区对建筑工地和混凝土搅拌站落实情况进行专项检查。三是加强值班。峰会期间市区两级管理部门放弃周末休息，相关人员根据安排轮流值班，确保遇到突发事件能够及时处置，圆满落实了峰会的各项保障任务。

【加强信息化工作，创新管理方式】一是启动工程巡查信息系统开发建设。系统能够实现巡查计划安排、巡查项目选择、巡查人员安排、巡查信息采集及措施单开具、措施单及建议书销项、区级报表上报、查询统计汇总分析等功能，投入运行后将提高全市巡查工作的信息化水平。二是开展工程质量安全风险评估系统前期研究。结合工程质量保险工作的思路，质量安全监管处在有关保险机构的支持下进行了工程质量安全风险评估系统的前期研究，通过指标评估体系为项目人员配备和质量安全风险控制提供辅助参考。三是加强检验检测工作。开展施工现场安全防护用品的检测，筑牢安全防护的最后一道防线，进一步降低生产安全死亡事故。自2016年实施以来，备案登记安全防护用品的检测合同有380份，检测量554组，经检合格样品459组，合格率82.85%。初步形成影响力，进一步挤压了劣质防护用品生存空间。

【深化专项治理，加强文明施工】一是开展质量月活动。围绕“创新、协调、绿色、开放、共享”五大发展理念，树立“百年大计、质量第一、技术引领”的理念，市住房城乡建设管理委印发了《关于开展2016年“建设工程质量月”活动的通知》，组织开展了以“质量为本、追求卓越”为主题的建设工程质量月活动，开展勘察设计文件和实体工程质量专项执法检查，进一步提升了本市建设工程质量总体水平。二是开展安全月活动。根据市安委会办公室的统一部署，市住房城乡建设管理委开展了主题为“强化安全发展观念，提升全民安全素质”的2016年安全生产月活动，通过举办安全知识竞赛、塔吊司机技能竞赛、安全标准化活动以及施工现场观摩会等活动宣传了安全理念，提高了现场的安全意识。三是加强文明施工管理。质量安全监管处牵头起草了加强文明施工管理的实施意见，成立由党委部门牵头的文明施工领导小组，按照分级分类的管理要求，充分发挥各专业管理部门的作用，将社会舆论监督和专业考评有机结合。全面推进噪声扬尘在线监测设备的安装，建立全市统一的监测平台，实时发布监测数据，督促项目部加强管理，相关平台在G20峰会保障期间发挥了积极的作用。

（徐建福）

（七）标准定额造价管理

【概况】2016年是全面实施“十三五”规划开局之年，是全面建成小康社会决胜阶段的开局之年，也是推进结构性改革的攻坚之年。在上海市“十三五”规划和《中共上海市委、上海市人民政府关于深入贯彻中央城市工作会议精神进一步加强本市城市规划建设管理工作的实施意见》的指导下，认真贯彻市建设交通党委，市住房和城乡建设管理委员会的部署安排，深化建筑业改革，加快产业升级，工程建设标准化和定额造价管理工作紧扣城市建设和管理，服务国家和本市相关重点工作，稳步推进标准定额管理工作，不断完善政策法规，更新出台重点领域标准，促进建筑市场健康有序发展。

【着力健全建设标准及造价管理制度】为适应工程建设领域标准改革要求与建设工程市场需求，修订出台了《上海市工程建设地方标准化工作管理办法》（以下简称《办法》）。《办法》的出台明确了工程建设标准化管理思路、工作流程和工程建设标准化专业技术委员会的技术支撑作用，并对宣贯培训、标准解释和实施监督等方面做出了具体规定，切实指导上海市工程建设标准化工作。

为深入贯彻落实住房城乡建设部《建设工程定额管理办法》，加强本市建设工程定额管理工作，结合本市实际情况，遵循统一规划、分工负责、科学编制和动态管理的原则，制定发布了《上海市建设工程定额管理办法实施细则》（以下简称《细则》）。《细则》的发布明确了定额的作用与地位，规定了定额编制的程序和定额的编制人员及单位的选择要求，提高定额编制质量，为实行定额动态管理奠定基础。

为进一步做好上海市建设工程定额编制规划工作，提升定额管理水平，促进建设工程计价行为规范、有序，上海市住房和城乡建设管理委员会组织编制了《上海市建设工程定额体系表》对本市建设工程定额种类和专业进行了全面梳理，制订了未来五年定额编制规划，对定额编制与管理进行顶层设计和统筹规划。

【逐步完善工程建设地方标准及定额体系】发布了上海市工程建设标准和图集制修订66部，截至2016年底，上海市现行工程建设标准规范328项，标准设计（图集）29项，与国家标准、行业标准形成有效补充，涵盖了房屋建筑、市政、水务、园林绿化、交通港口等城市建设的各专业领域，贯穿了规划、勘察、设计、施工验收、运营维护管理等建设工程全寿命周期，为确保工程质量安全提供重要保障，推动上海建筑业转型升级，促进企业技术进步，提高城市建设和管理水平。

围绕装配式建筑、BIM技术应用、土地资源节约利用和海绵城市建设等重点领域加强标准的编制工作。其中针对装配式建筑标准中存在的空白点，启动了《装配式建筑检测技术标准》等3本标准的编制；针对BIM技术领域，启动了《建筑信息模型联审平台数据交互标准》编制工作；针对土地资源领域，启动了《土地整治项目规划设计规范》等2本配套标准；针对海绵城市建设，完成了《海绵城市建设技术导则》和《海绵城市建设技术标准图集》等标准的编制工作。同时，上海市住房和城乡建设管理委员会组织上海市交通委、上海市水务局、上海市绿化市容局等行业行政主管部门开展交通桥梁道路设施工程、水务海洋工程、园林绿化工程等领域的标准制修订工作。

根据《上海市住房和城乡建设管理委员会关于开展2016年度上海市工程建设规范复审工作的通知》（沪建标定〔2016〕353号）的文件精神，对新编或修订实施后已满3年及复审后列入继续有效满3年的现行上海市工程建设规范（已列入修订计划的除外）进行复审。经审核，49项现行上海市工程建设规范中，继续有效26项，应予修订18项，应予废止5项，并将复审结果文件（沪建标定〔2016〕1006号）向社会公布。同时，根据上海市工程建设的实际需要，制定出具有地域特点，突出资源禀赋和民俗习惯；促进特色经济发展、生态资源保护、文化和自然遗产传承；合理界定各领域、各层级标准的制定范围，形成有机整体，制订出了2017年度工程建设规范标准制修订计划，其中新编标准31项、修订25项和2017年度上海市建筑标准设计编制计划，其中新编建筑标准设计6项。

按照原上海市城乡建设和交通委员《关于同意修编〈上海市建设工程预算定额〉的批复》（沪建交〔2012〕1057号）的文件精神，全面完成了本市"2000建设工程预算定额"的修编工作。此次修编的定额包含了建筑和装饰、安装、市政、园林、民防、轨道交通、燃气、水务（水利和给排水）、房屋修缮和施工费用计算规则九大专业。其中2016年12月20日，上海市住房和城乡建设管理委员会批准发布了《上海市建筑和装饰工程预算定额（SH01-31-2016）》《上海市市政工程预算定额第一册道路、桥梁、隧道工程（SHA1-31（01）-2016）》《上海市安装工程预算定额（SH02-31-2016）》《上海市轨道交通工程预算定额（SHA3-31-2016）》《上海市园林工程预算定额（SHA2-31-2016）》《上海市房屋建筑工程养护维修预算定额第一册房屋修缮工程（SH00-41（01）-2016）》《上海市民防工程预算定额（SHA7-31-2016）》及《上海市建设工程施工费用计算规则(SHT0-33-2016)》，2017年3月6日发布了《上海市水利工程预算定额（SHR1-31-2016）》《上海市城镇给排水工程预算定额第一册城镇给水管道工程（SHA8-31(01)-2016）》《上海市城镇给排水工程预算定额第二册城镇排水管道工程（SHA8-31(02)-2016）》《上海市城镇给排水工程预算定额第三册城镇给排水构筑物及设备安装工程（SHA8-31(03)-2016）》及《上海市燃气管道工程预算定额(SHA6-31-2016)》，新定额将于2017年6月1日起全面实施。

根据国家标准《绿色建筑评价标准》和上海市《绿色建筑评价标准》的要求，围绕节地、节能、节水、节材四大方面以及环保所需特有技术的内容展开，编制了《上海市绿色建筑工程预算定额》（以下简称《定额》）。《定额》在项目设置上打破了传统定额按专业设立章节划分的编制惯例，而与绿色建筑评价标准相衔接，并重点围绕体现绿色建筑关键技术增量部分编制子目。《定额》已于2016年10月31日通过专家评审。

在建筑业"营改增"计价模式的转变下，完成了《上海市市政养护》和《公路养护定额》的2016年度现行价单位估价表编制工作，并启动开展了《上海市园林绿化工作养护预算定额》的编制工作。

【着力推进建筑业改革促进产业升级】 按照《住房城乡建设部办公厅关于印发工程建设强制性地方标准整合精简工作方案的通知》

（建办标函 [2016] 357 号）的要求，通过废止一批、转化一批、整合一批、修订一批，逐步解决强制性条文不合理、超范围设定，以及与强制性国家标准、行业标准重复、不同条文之间规定不一致等问题，精简整合上海市工程建设强制性地方标准。上海市住房和城乡建设管理委员会针对上海市 57 部现行强制性标准会同上海市交通委、上海市规划和国土资源管理局、上海市水务局、上海市绿化市容局、上海市消防局、上海市民防办等相关行业行政主管部门及各工程建设标准化专业技术委员会评审。经评审公告，保留强制性标准 35 项，转化为推荐性标准 22 项，废止强制性条文 1043 条，修订强制性条文 40 条，保留强制性条文 106 条。

根据国家统一部署，5 月 1 日起全国建筑业实行“营改增”计价模式。根据住房城乡建设部要求，在增值税计价模式下工程造价采用“价税分离”的原则，上海市住房和城乡建设管理委员会在 4 月 5 日发布了《关于做好本市建筑业营改增建设工程计价依据调整工作的通知》（沪建标定〔2016〕257 号）。在 4 月底前完成了建筑业营改增后最高投标限价相关费率取费标准、上海市建设工程施工费用计算规则、上海市建设工程概算定额费用计算规则及市政养护定额费用计算规则的调整，同时开展安全防护文明施工费的测算工作和督促软件公司及时修改计价软件，做好招投标交易平台软件的调整工作。在上海建设工程造价平台上发布了建设工程人工、材料、施工机械台班等造价构成要素除税价格，共 8077 条信息价，并发布了上海市建设工程各类材料中含增值税率的折算率（试行），按分类发布折算率 536 条，引导市场平稳过渡。

根据交通运输部办公厅印发的《关于印发〈公路工程营业税改征增值税计价依据调整方案〉的通知》（交办公路〔2016〕66 号），为推进本市公路工程营改增工作的顺利实施，结合本市公路工程的实际情况，市住房和城乡建设管理委与市交通委联合发布了《上海市公路工程营业税改征增值税计价依据调整的补充规定》（沪建标定联〔2016〕431 号），确保公路工程营改增平稳过渡。

【着力构建城市综合管理标准体系】 为进一步适应上海建设国际化大都市的城市综合管理，提升上海超大城市管理的精细化、规范化、长效化水平，从 2016 年开始，上海市住房和城乡建设管理委员会通过对城市综合管理所涉及的各类设施管理及运营养护作业技术标准进行了专题梳理研究，明确了全覆盖、重规范、差别化、可量化、可感知的五个城市综合管理标准的主要特点，最终完成了“8+1+1”共 10 大类的总体框架结构，截至 12 月底已编制完成部分实体标准。

【着力规范标准执行及造价行为】 为进一步提高标准的执行和影响力，上海市住房和城乡建设管理委员会会同相关行业协会组织开展重点标准的宣贯培训。同时，积极推动各行业协会、标准化专业技术委员会开展本行业、本系统的标准化宣传培训活动，并将标准培训纳入注册执业人员继续教育和专业人员的岗位教育中。

上海市住建委联合市市场管理总站、市审查中心、市安质监总站，组织开展了对设计和施工环节强制性条文执行情况的跟踪调研，及时通报检查结果，建立起强制性条文实施信息共享机制，促使强制性标准得到有效实施。建立了面向公众，方便实用的工程建设标准信息发布和反馈平台，收集整理标准在执行过程中遇到的问题，定期梳理汇总、研究答复相关意见和建议，拓宽沟通渠道。同时，与市审查中心建立日常沟通机制，协调处理现行工程建设相关标准之间的矛盾，提出相应解决办法。

为加强造价咨询行业管理，减少企业负

担，今年市住建委标准定额处牵头会同市住建委建筑市场监管处共同组织了由市市场管理总站（造价科、招标科）、行政服务中心、咨询行业协会组成的联合检查小组，制订了详细的检查方案及检查标准，对59家具有造价咨询、招标代理资质的企业进行了联合抽查，着重对造价咨询企业资质资格、行为规范、统计数据的真实性和工程造价咨询成果文件等内容进行检查，抽查的工程项目涉及房屋建筑、安装、装饰装修、房屋修缮、市政、园林、民防、水务等专业，咨询业务类型涉及概算编制与审查、工程量清单编制、竣工结算价审核以及全过程造价控制等，最后上海市住房和城乡建设管理委员会发布了《关于本市2016年度工程造价咨询企业与招标代理机构执业行为专项检查的通报》（沪建标定〔2016〕1149号），将检查结果向全市公布，从而进一步督促和规范本市建设工程造价咨询企业咨询市场行为。

【稳步提升造价管理工作】 一是基本完成了《上海市建设工程人工材料设备机械数据标准》，配合2000定额的修编，统一了定额中工料机8位编码及各专业定额中的名称与计量单位。二是启动了《上海市建设工程计价应用软件数据交换标准》，规范建设工程造价数据形式、统一各计价软件数据交换格式、实现建设工程造价电子数据的共享与利用，实现造价标准化、规范化、科学化管理。三是为减少“营改增”计价模式的转变所带来的影响，确保本市营改增政策顺利落地、平稳实施，市住房和城乡建设管理委员会会同市市场管理总站及造价咨询行业协会先后开展了8场宣贯培训会，约1600人次参加。四是深入贯彻《上海市建筑市场管理条例》中关于竣工结算文件备案和《上海市建设工程竣工结算文件备案管理办法》要求，实现“最高投标限价、中标价、竣工结算价”三价公开。形成市、区全覆盖的1+16管理部门，管理部门已全面配备三级（初审人、审核人及审定人）审核人员进行网上备案审核，全面开展竣工结算文件备案工作。截至2016年12月31日，在上海市住房和城乡建设管理委员会官网上共有3714个建设工程项目进行了最高投标限价、中标价的二价公开，竣工结算文件备案工作网上已通过备案的项目数为115个，符合三价公开的项目11个。

【持续提高信息价发布水平】 继续收集、整理和编制“建设工程要素价格信息”，定期在上海建设工程造价信息网上向社会动态发布上海建设工程造价信息（人工、材料和施工机械等价格信息），主要建材月度分析等满足建筑领域各方的需求。编制完成建设工程各类工程造价指标与指数，为投资估算、概算审核提供参考依据。

为贯彻绿色发展理念，落实绿色建筑和装配式建筑造价指标编制，测算分析保障房、办公楼、教学楼、医院等9个不同类型的绿色建筑和装配式建筑造价指标，于12月12日发布了预制率为35%和40%的装配式保障房工程造价指标分析。

为应对本市建筑工程渣土属地化消纳，规范渣土市场，完善建筑垃圾处置费，市住建委标准定额处会同市市场管理总站实地调研本市工程土方清运处置费用实际市场情况，收集、整理与测算土方外运处置的信息价，在上海建设工程造价信息网上向社会发布，供建设各方主体参考。

【持续推进信息化建设】 一是进一步完善了标准信息化管理平台，实现了从标准申报、项目审核、编制进度、标准发布等全过程信息化管理。二是构建了上海市工程建设标准体系查询系统，实现标准编号、标准类型、标准状态等多维度检索。同时，建立动态更新机制，发挥标委会的技术优势，每月对体系表中的相关信息进行动态调整。三是搭建了信息化沟通平台，创建由标委会、标准编制单位及相关行业协会等100多人组成的“上海工程建设标准化”微信群，实时发布标准行业动向、传达国家和本市相关政策、交流行业领先技术，进一步提升标准宣传应用的便捷性，扩大标准的社会影响力。四是全面实现上海市建设工程计价依据解释与争议调解网上预约服务，系统运行情况良好，对切实维护建筑市场各方主体的合法权益起到了积极作用，2016年全年计价依据解释和争议调解登记窗口共受理并处理了63件计价依据解释和争议调解，累计接待270人次。其中主要涉及建筑、装饰、安装、费用等专业，目前该登记窗口有注册人员486名。五是“上海造价”微信公众继续提高政府服务能力，截至2016年12月底，平台共发布信息16期，图文46条，图文阅读人数62973，转发数5581，约有12000用户进行了关注，比2015年增加了1914人。

（朱迪）

（八）建筑节能

【上海开展绿色建筑立法调研】 2016年，市住房城乡建设管理委组织开展绿色建筑立法研究工作，基本形成《上海市绿色建筑条例草案（初稿）》。在条例草案中，明晰了上海绿色建筑发展的内涵与外延，除传统的建筑节能与绿色建筑之外，还覆盖装配式建筑、全装修住宅、既有建筑节能绿色改造、可再生能源利用、绿色建材与资源循环利用、室内环境污染控制、绿色生态城区等范畴，实现全产业涵盖。同时，着眼提升建筑生命周期绿色化水平，在建设与运营环节健全绿色建筑管理制度。

【上海全面执行绿色建筑建设标准】 根据《上海市绿色建筑“十三五”专项规划》，上海新建民用建筑全部执行绿色建筑标准，其中大型公共建筑、国家机关办公建筑按照绿色建筑二星级及以上标准建设，低碳发展实践区、重点功能区域内新建公共建筑按照绿色建筑二星级及以上标准建设的比例不低于70%。为确保绿色建筑建设要求落地，提高行业单位积极性，上海实施了绿色建筑专项审图制度，并开展了绿色建筑评价标识工作。截至2016年底，上海累计绿色建筑面积7534万平方米，其中有390个项目获得绿色建筑星级标识，二星级以上占80%。

【上海推进国家机关办公建筑和大型公共建筑能耗监测平台建设】 2016年，通过市、区两级平台的深度融合及协同发展，新建和既有公共建筑能耗在线监测范围持续扩大，有序推进了能耗监测平台的功能深化与服务延伸。截至2016年底，上海能耗监测平台共覆盖大型公共建筑1501幢，总建筑面积6572万平方米，其中国家机关办公建筑182栋，占监测总量的12.1%，覆盖建筑面积约368.5万平方米；大型公共建筑1319栋，占监测总量的87.9%，覆盖建筑面积约6203.7万平方米。2016年，完成能耗统计1953栋，涉及建筑面积2885万平方米；完成能源审计879栋，涉及建筑面积988万平方米；完成能效公示141栋，涉及建筑面积411万平方米；落实既有建筑节能改造任务超过300万平方米。

【黄浦区申报国家级商业建筑需求侧管理示范项目】 黄浦区在对公共建筑进行能耗监测基础上，在全市率先试点开展水、燃气在线监测，同时完成了覆盖300余家区级公共机构的能耗管理体系建设，开发了能耗统计分析、节能目标考核、预警推送等功能。2016年，黄浦区成功申报国家级商业建筑需求侧管理示范项目，并获得国家发展改革委批复同意。

该项目以区建筑能耗监测平台为基础，进行需求侧响应调度管理试点，实现了多次在线调峰。

【上海推广可再生能源应用】着力发挥示范项目引领作用，对利用太阳能、浅层地热能等可再生能源与建筑一体化的居住建筑或公共建筑项目予以资金扶持。2016 年，崇明县顺利创建全国可再生能源示范县，共完成可再生能源建筑应用示范项目 19 个，总应用面积 53.36 万平方米，超过面积指标 40%。

【上海推进绿色生态城区建设】为推动上海绿色建筑由单体向规模化发展，2016 年上海市住房和城乡建设管理委组织编制了《关于推进本市绿色生态城区建设的指导意见》和《上海市绿色生态城区评价导则》，明确了绿色生态城区建设的政策和技术路径。同时，排摸并指导试点区域建设，普陀桃浦、浦东前滩、宝山顾村等区域已启动绿色生态专业规划编制。

【上海加大高品质绿色建筑和装配式建筑扶持力度】2016 年 6 月 29 日，市住房城乡建设管理委联合市发展改革委、市财政局印发《上海市建筑节能和绿色建筑示范项目专项扶持办法》（沪建建材联〔2016〕432 号），进一步培育和发挥示范项目引领作用，着力提升本市绿色建筑和装配式建筑发展能级。绿色建筑方面，针对高星级运营标识项目予以补贴，鼓励绿色建筑运营标识发展，增强社会公众对绿色建筑的获得感。装配式建筑方面，补贴范围由住宅项目拓展到公共建筑；在全国率先开展先行先试，适度提高示范项目预制率、装配率标准，提出创新技术应用要求，对标国际一流，以示范项目加快行业转型升级步伐。建筑节能方面，对既有建筑节能改造能效提出要求；鼓励建筑外窗和外遮阳节能改造；推动可再生能源与建筑一体化、立体绿化、建筑节能管理服务等绿色建筑和节能产业发展。2016 年，上海共使用节能专项扶持资金约 1.64 亿元，其中补贴示范项目共有 1.45 亿元。

【上海召开 2016 年绿色建筑国际论坛】2016 年 6 月 7 日，上海召开 2016 年绿色建筑国际论坛。市政府副秘书长黄融、市建设交通工作党委书记崔明华出席论坛并致辞。此次论坛主题为“绿色建筑区域化发展”，市住房城乡建设管理委副主任裴晓和来自德国、天津等地的专家，围绕绿色生态城区的发展方向、国内外绿色区域化发展经验等方面做了交流分享。黄融副秘书长对此次论坛的召开予以肯定，并要求相关管理部门要因地制宜，强化政策引导、健全标准体系、加强能力建设，加快推进绿色生态城区建设。崔明华书记指出，“十二五”期间上海大力推进绿色建筑和建筑节能，在数量和质量上都取得突破。“十三五”阶段，上海人口总量、土地资源、生态环境约束趋紧，建设绿色生态城区将有利于提升上海绿色生态品质，促进资源集约节约利用，推动城市智慧高效运营，重塑区域发展格局。下一步，上海将秉持“创新、协调、绿色、开放、共享”的发展理念，积极贯彻落实中央城市工作会议精神，推动绿色建筑由单体逐步向规模化发展，通过绿色生态城区建设，形成一批可推广、可复制的试点、示范城区，以点带面努力打造生态宜居的美丽上海。

【上海建立绿色建材评价标识工作管理机构】为贯彻落实国家推进生态文明建设的战略要求，进一步发展本市绿色建材产业，推动绿色建筑发展和建筑工业转型升级，根据住房和城乡建设部、工业和信息化部印发的《绿色建材评价标识管理办法实施细则》和《绿色建材评价技术导则（试行）》的通知（建科〔2015〕162 号）要求，市住房城乡建设管理委研究并制定绿色建材相关工作制度，成立上海市绿色建材评价标识工作管理机构并组建相关专家委员会，发布《关于成立上海市绿色建材评价标识工作管理机构和组建相关专家委员会的通知》（沪建建材联〔2016〕1169 号）。该通知明确了上海推进绿色建材评价标识专项工作的组织机构，由上海市绿色建材评价标识推进工作指导小组，以及其下设的工作小组共同组成，同时也明确各自的工作职责。

【上海全面落实装配式建筑建设要求】 2016 年起，全市符合条件的新建建筑项目全部实施装配式建筑，单体预制率不低于 40% 或装配率不低于 60%。截至 2016 年底，已落实装配式建筑达 1500 万平方米，落实量连续三年翻番，通过施工图审查 430 万平方米，在建项目约 1000 万平方米。上海预制构件产能持续增加，已有本地企业 27 家，外地企业 14 家，产能突破 1200 万平方米。

【市政协李逸平副主席专题调研建筑产业转型升级发展情况】 2016 年 6 月 15 日，市政协李逸平副主席、人资环建委孙建平主任等政协委员一行专题调研上海市装配式建筑发展情况，裴晓副主任陪同调研活动。调研组在参观了万科翡翠滨江项目现场后组织召开座谈会，裴晓副主任就目前上海市装配式建筑推进机制、政策、技术路径、产业培育及取得成效做了详细介绍。市政协委员代表积极提问建言献策，最后李逸平副主席讲话并指出：一是装配式建筑不仅提高建筑的质量与效率，更重要的是其对环境保护、节能减排、转型升级都起到积极作用，推进装配式建筑是加快生态文明建设的必由之路。二是近两年市住建委通过加强顶层设计、市场导向、政策引逼等综合措施，大力推进装配式建筑发展，在全国取得领先地位，成效显著。希望下一步不断总结经验，更好地推进装配式建筑发展。三是今后市政协将高度关注和支持本市装配式建筑推进工作，各部门要积极配合、齐心协力，以装配式建筑发展加速建筑行业转型升级。

【上海出台装配式建筑单体预制率和装配率计算细则】 2016 年 7 月 28 日，上海市住房和城乡建设管理委员会发布《关于装配式建筑单体预制率和装配率计算细则(试行)的通知》(沪建建材〔2016〕601 号)。《通知》简化了预制率的计算方法，引入装配率的计算方式，将上海装配式建筑推进范围由混凝土结构体系延伸到钢结构、钢—混等其他结构体系，并对墙体与窗框、结构与保温一体化、集成式墙体、集成式楼板、组合成型钢筋、定型模板等节能环保技术予以推广。

【上海加快推进全装修住宅和内装工业化发展】 为深化装配式建筑发展，提升新建住宅品质，促进建筑垃圾减量化，2016 年 8 月 18 日，上海市住房和城乡建设管理委员会发布《关于进一步加强本市新建全装修住宅建设管理的通知》(沪建建材〔2016〕688 号)。《通知》明确了上海下一步全装修住宅建设发展的新目标和政策路径。一是 2017 年 1 月 1 日起，外环线以内城区新建商品住宅实施全装修比例达到 100%，其他地区达到 50%。奉贤、金山、崇明维持目前实施全装修比例为 30%，至 2020 年达到 50%。公租房、廉租房实施全装修比例应达到 100%。二是建立从土地出让、建设管理、竣工验收到交付使用许可的闭环监管机制，将全装修住宅建设要求纳入土地出让征询平台和建管信息系统予以把关；严格执行住宅工程分户验收制度，加强《新建住宅质量保证书》《新建住宅使用说明书》管理，强化建设单位质量主体责任落实。三是在全装修项目中推广 SI 住宅体系和整体厨卫、集成吊顶等部品部件应用，促进内装工业化发展。

【上海发布装配式建筑“十三五”发展规划】 为加大装配式建筑宣传力度，提升社会认知度和影响力，2016 年 10 月上海市住房和城乡建设管理委在第十五届中国国际住宅产业暨建筑工业化产品与设备博览会上发布了《上海市装配式建筑 2016—2020 年发展规划》，提出“十三五”阶段，全市符合条件的新建建筑原则上采用装配式建筑，单体预制率达到 40% 以上或装配率达到 60% 以上。外环线以内采用装配式建筑的新建商品住宅、公租房和廉租房项目 100% 采用全装修，实现同步装修和装修部品构配件预制化。建成国家住宅产业现代化综合示范城市，培育形成 2 ~ 3 个国家级建筑工业化示范基地，形成一批达到国际先进水平的关键核心技术和成套技术，培育一批龙头企业，打造具有全国影响力的建筑工业化产业联盟。实现上海地区装配式建筑工厂化流水线年产能不小于 500 万平方米。

【上海建筑工业化实践案例集出版】 为积累装配式建筑工程实践经验，发挥示范项目引领作用，促进装配式建造水平提升，2016 年 9 月上海市住房城乡建设管理委员会组织华东建筑集团股份有限公司编制出版了《上海市建筑工业化实践案例汇编》。该书精选了 15 个上海装配式混凝土建筑典型案例，涵盖了各类预制构件在不同的建筑类型和结构体系中的运用方法。同时，回顾了上海装配式建筑的发展历程，介绍和阐述了建筑工业化项目实施过程中的关注点，并提出了工作建议。

【住建部在沪召开全国装配式建筑工作会议】 为贯彻落实中央城市工作会议精神，交流学习上海等地经验，全面推进装配式建筑发展，2016 年 11 月 19 日，住建部在沪召开全国装配式建筑工作现场会。会议由住建部总工程师陈宜明主持，住建部党组书记、部

长陈政高出席会议并讲话，上海市副市长陈寅致辞，上海市住建委主任顾金山做交流发言。与会代表赴上海城建实业预制构件厂、宝业爱多邦住宅项目等现场实地参观。各省市住建部门负责同志、相关企业代表和专家参加。陈政高指出，上海聚焦体制机制建设，出台了一系列政策措施，提出在全市范围内符合条件的新建建筑原则上全部采用装配式建筑，使其在上海蓬蓬勃勃、全面发展，远远地走在了全国前列。2014 年以来上海装配式建筑落实量连续三年实现翻番，预制构件产能稳步提升。各地要深刻认识上海等地发展装配式建筑经验的实质。一是必须有世界的眼光，要深刻认识到发展装配式建筑对提高城市现代化建设水平、促进经济社会发展的重大意义。二是必须有决心和气魄，这是发展装配式建筑的关键。三是必须统筹谋划系统推进，这是装配式建筑发展的重要保障。四是市领导亲力亲为，这是上海经验之根本。陈政高要求，下一步要重点抓好七项工作，努力实现装配式建筑发展的新突破。一是全面落实装配式建筑发展目标和重点任务。用 10 年左右的时间，使装配式建筑占新建建筑面积的比例达到 30%。二是全面形成装配式建筑技术标准。要加快形成一整套装配式建筑的标准体系，加快制定装配式混凝土结构、钢结构、现代木结构三大结构体系的技术规程。三是加大基础产业建设力度。各地要结合本地实际和周边区域发展情况，加快培育能够集设计、生产、施工于一体的龙头企业和产业链重点企业。四是要建设新型的职工队伍。装配式建筑从设计、生产到施工组装，对过去的建造方式是根本性的改变，要从设计开始，从工厂生产抓起，从现场组装抓起，打造新型的队伍。五是进一步加大政策支持力度。各地要落实好装配式建筑部品部件生产企业相关优惠政策。鼓励各地在财政、金融、税收、规划、土地等方面出台支持政策和措施，引导和支持社会资本投入装配式建筑。六是推动建筑业管理体制机制创新。要适应装配式建筑的发展，在勘察设计、部品部件生产、工程造价、招标投标、施工组织、质量监管等方面推进管理制度改革。大力推行工程总承包，实现工程设计、部品部件生产、施工及采购的统一管理和深度融合。七是住建部门在发展装配式建筑中要有所作为。发展装配式建筑责任重大，各级住建部门要牢固树立政治意识、大局意识、核心意识、看齐意识，雷厉风行，坚韧不拔，把改写建筑历史、影响建筑历史的装配式建筑抓起来、抓到底，向党中央、国务院和全国人民交出一份满意的答卷。“十三五”时期，上海将按照中央要求，以先行者和排头兵的视野，对标国际一流，继续深入推进装配式建筑发展。一是在推行装配式混凝土结构体系的基础上，积极发展钢结构、钢—混凝土结构、木结构等其他结构体系的装配式建筑，并在桥梁主体结构等市政工程方面推广装配化技术应用。二是积极推进内装工业化和全装修住宅发展，推广整体厨卫等集成技术，着力减少建筑垃圾排放。三是坚持以人为本，努力满足住户对空间可变的需要，在动迁安置房、经济适用房等毛坯交付的保障性住房中率先推行“大开间”的设计理念。

【上海进一步强化建材使用管理】2016 年，上海市住房城乡建设管理委员会开展重要结构和使用功能建材备案工作，共办结 2800 家企业、4239 种建材产品备案。同时，加快建材监管信息平台建设，确保建材质量可追溯，已完成建材备案、重要建材使用登记、监督抽查、质量检测信息子系统建设。

【建筑废弃混凝土资源化利用机制初步形成】2016 年 6 月 16 日，上海市住房和城乡建设管理委员会发布《关于加快推进建筑废弃混凝土资源化利用的通知》（沪建建材〔2016〕454 号），进一步强化处置利用主体约束。截至2016年底，上海已完成建筑废弃混凝土资源化利用信息系统开发，建立了利用企业信息库，实行处置合同网上备案，在线统计分析废弃混凝土处置利用数据。同时，公布了上海第一批利用企业名单，共4家企业6个处置点，年设计处置能力共计303万吨。

【上海召开建筑废弃混凝土处置利用现场推进会】 为推广废弃混凝土规模化处置利用先进经验，促进上海建筑垃圾综合治理，2016年10月10日上海市住房和城乡建设管理委员会在上海国际航空服务中心项目现场召开废弃混凝土处置利用推进会。市住建委主任顾金山、副主任裴晓，上海西岸开发（集团）有限公司、中建八局代表出席会议。会议指出，建筑废弃混凝土资源化利用是推动城市绿色发展的必然趋势，是推进建筑垃圾综合治理的突破口，是实现建材业可持续发展的重要举措。下一步，要秉持“协调、创新、绿色、开放、共享”的城市发展理念，综合施策、形成长效，进一步推动废弃混凝土处置利用取得新成绩。

（张倩）

PART
NOVEMBER

XII

城市综合管理

INTEGRATED URBAN MANAGEMENT

（一）综述

2016年，上海城市综合管理坚持以管理为重，以解决民生问题为导向，以服务大局为己任，努力作为、积极进取，为实现“十三五”良好开局奠定了坚实基础。主要体现在，着力补齐城市综合管理各项“短板”，社会治理和生态环境治理工作取得新成效；着力增进民生福祉，住房保障供应和旧区改造等民生工作迈上了新台阶；着力加强统筹协调，重大工程建设和城乡发展一体化迈出新步伐；着力加强行业改革创新，行政审批制度改革和建筑业转型发展取得新突破；着力强化安全监管，保障城市运行平稳和应急管理水平有新提升。交通行业始终坚持安全发展理念，不断推动综合交通安全管理创新，努力确保行业平稳有序运行。

（二）城管执法

【概况】 持续深化城管执法体制改革，构建“资源整合、职责清晰、权责一致、权威高效”城管执法体制机制，有效提升队伍依法履职和为民服务的能力，明显改善城市环境面貌和管理秩序。通过管理重心下移、执法力量下沉，城管执法力量已实际交由街镇使用管理，成为街镇城市管理一线工作的主力军，是街镇可依赖的主体执法力量，在区域生态环境综合治理、住宅小区综合治理等工作中，发挥了骨干作用。

【上海市城市管理行政执法局单列】 市城管执法局由原来在市绿化市容局挂牌，调整为单独设置，由市住房城乡建设管理委管理，负责加强全市城管执法领域的工作统筹协调。市城管执法局为市政府工作部门，规格为副局级，行政编制50名，下辖市城管执法局执法总队。

【理顺街镇城管执法体制】 推进执法重心下移到街道乡镇，建立健全市、区、街镇三级城管执法工作体制。在街道层面，街道城管执法中队由区城管执法局派驻，以区城管执法局名义执法，中队的人财物实际交由街道管理，实行“区属街管街用”。在乡镇层面，将之前由区城管执法局垂直管理的乡镇城管执法中队改为乡镇政府所属，以乡镇政府名义执法，实行“镇属镇管镇用”。

【拓展城管综合执法范围】 2016年1月制定《上海市城市管理行政执法条例实施办法》，在原有相对集中行政执法事项基础上，新划转了物业、环保、水务等40项执法事项。2016年全市城管执法行政处罚事项达到424项，涵盖了住房城乡建设、市容、绿化、规划、环保、交通、物业、水务、工商、食药监等十多个领域，特别是实现了拆违领域、住宅小区治理领域的行政处罚权相对集中，有力推动了相应整治工作进展。浦东新区推动城市管理领域综合执法先行试点，还承担了林业、文化市场、房屋租赁、土地管理等方面职能，共涉及“18+X”领域，1232项执法事项。

【推进执法人员分类管理改革】 2016年起，在浦东、嘉定、徐汇3个区先行试点，推进城管执法系统行政执法类公务员分类管理改革，2016年7月全市各区全面扩大试点。会同市公务员局研究制定执法队员绩效考核、晋升办法等指导意见，有序推进职务套改和首次职务晋升，探索建立适合城管执法行业特点的专业化、职业化管理体系。至2016年底，全市已有10个区落实了执法队员晋升制度，6个区落实了岗位交流制度。

【建立健全执法协作机制】 提请市政府重新启动并有效运转市城市管理综合执法联席会议制度，搭建了综合协调平台。2016年10月12日，市政府召开市城市管理综合执法工作联席会议第一次会议，市城管执法局、市住房城乡建设管理委、市公安局、各区政府等成员单位领导和联络员参加会议。联席会议召集人、副市长蒋卓庆出席会议并讲话，联席会议副召集人、市政府副秘书长黄融主持会议。蒋卓庆副市长就充分发挥联席会议机制优势、补齐城市管理短板、提升城市现代化管理水平提出了相关意见。

依托城市网格化综合管理平台，加强与管理部门的信息共享、案件移送和执法协作机制。市城管综合执法联席会议会同公安、规土、环保、交通、水务等部门，制定印发加强管理与执法协作的文件，明确信息共享、案件移送、执法联动等方面的制度性安排。市城管执法局与市公安局联合印发《关于进一步加强公安部门与城管执法部门执法协作的通知》，强化执法协作和公安保障机制。全面落实区公安分局分管治安的副局长兼任区城管执法局副局长制度，基本保证参加重大会议，建立重大活动沟通协调机制。城管执法队员面对暴力抗法时，公安力量基本能及时到现场，快速有效处置。聚焦市民群众关注的城市管理难点热点问题，各部门分类推进联合执法整治，有效遏制城市管理领域违法违规现象。

【聚焦生态环境综合治理，开展违法建筑专项执法行动】坚持“五违必治、四必先行”，聚焦“17+240”块重点区域，集中力量拆除违法建筑，积极配合推进违法排污、违法居住、违法用地、违法经营等治理工作。以综合治理为抓手有力推进全市面上拆违工作，依托普查数据库建立健全销项管理制度，逐项消除存量违法建筑；健全源头发现和快速处置体系，坚决拆除正在搭建的违法建筑；开展水务、交通等领域违法建筑专项治理行动，着力拆除“四类沿线”（道路、高架、铁路轨交、江河）违法建筑，2016年上海市共依法拆除违法建筑5208.41万平方米，其中拆除重点区域违法建筑1992.43万平方米，与去年同期相比增长274.16%，超额完成了年度目标任务。

【开展专项执法行动】 组织开展建筑渣土、无序设摊、住宅小区、空气污染、出租车驾驶员违法营运“5+1”专项执法行动，全年共查处偷乱倒渣土违法行为2700余起，严格处罚了涉及非法转运建筑垃圾至外省市的码头；查处无序设摊案件5.1万余起，消除了71个设摊集聚点；立案查处破坏承重墙案件459件，通过教育劝阻恢复3400余件；查处出租车驾驶员违法营运行为60余起；拆除违法户外广告1125块。

【加大面上执法管控力度】 聚焦G20峰会、全球健康促进大会等重大活动，聚焦外滩、人民广场、陆家嘴、静安寺、徐家汇等重点区域，聚焦国庆、中秋等重要节假日，积极创新执法方式和管理机制，加强街面巡查管控，有效提升了执法效能和社会效果。针对打击侵权假冒、扫黄打非、流浪乞讨人员救助管理等社会难点热点问题，积极配合相关部门开展执法行动，有效维护社会公众利益。2016年共出动执法人员212万余人次，开展行政检查180万余次，教育劝阻相对人165万余人次，实施行政处罚10万余起。

【加强队伍培训】 制定教育培训管理规定、三年培训规划、教育培训大纲等文件，启动了师资遴选和教材编写工作，初步建立城管执法培训体系。会同市干部培训中心开发城管执法在线培训平台，研究制定学时学分管理办法，不断创新培训方式。与市公务员局、市政府法制办联合办班，开展新招录城管执法队员培训、复训。会同交通、水务、环保等部门，开展城管执法条例和实施办法专项培训，重点加强对新增执法事项的集中培训和宣传贯彻。分类分层推进全体执法队员轮训，2016年市城管执法局共举办11期培训班，培训2400余人次。

【强化执法监督】 制定《上海市城管执法督察工作规范（试行）》，建立了市局、区局、街镇三级督察队伍；重点督察街面执法实效和执法队员行为规范，并围绕专项整治工作和系统重要制度落实等开展专项督察；市局建立督察结果通报机制，督察结果纳入区局重点工作绩效考核范围。制定《上海市城管执法系统纪律处分规定（试行）》《上海市城市管理行政执法监督办法》，修订《上海市城市管理行政执法过错责任追究实施办法》。开展“三学、四整顿活动，共修订各类制度近200项，开展学习教育活动1115次，纠正整改执法办案、信访投诉等方面履职不规范、不到位问题423起，确保了队伍作风持续改进。

【推进基层执法队伍规范化建设】 完成108个基层中队的复检工作，完成2个标准化大队、13个规范化中队创建验收工作；制定下发《上海市城管执法系统示范中队建设标准》，完成了18个示范中队创建工作。注重有效激励，构建符合城管执法职业特点的管理体系，制定了《城管执法内务管理规定》《上海市城管执法系统队列规定（试行）》，明确了入职宣誓、队容风纪、日常制度、内务设置和装备管理等方面规范。强化典型引领，组织开展第五届“执法标兵”、第六届“优秀中队长”评选活动，凝聚行业正能量。

【健全制度规范】 制定《城管执法行政处罚案件信息主动公开实施细则》，实现全市城管执法案件处罚信息全部上网公开；继续推进城管执法行政处罚裁量基准制定工作，按照“成熟一批，出台一批”的原则，出台了第三批裁量基准事项，包括39项执法事项，涵盖了绿化管理、环境保护和建设管理三大执法类别；制定市、区管辖权界定标准，合理确定各级执法部门职责分工；出台案卷管理规定、调查取证规则、暂扣物品保管和处理办法、新增城管执法事项和执法依据目录等30余项规范性文件，设计行政处罚文书、送达地址确认书等文书样式，严格执行执法公示、重大执法决定法制审核等制度，推进城管执法法治建设。建立全系统公职律师队伍，健全了法律顾问制度，为依法行政提供有力保障。

【加快推进“智慧城管”建设】 制订下发信息化建设实施计划（2016—2017）、网上勤务系统建设技术导则、案件数据传输标准规范等文件，明确了全系统信息化建设的工作目标和主要任务，统一了全市信息化系统建设标准；建成市局综合指挥监管平台，提升了全系统统一指挥和监督管理能力；充分利用信息化技术，全面实现网上办案，逐步实施网上勤务、网上督察、网上考核，提升执法效能。

【提高为民服务水平】 深化城管执法“进社区”活动，健全“一人一居”“定时联系”等机制，在全市建立1100余家社区工作室。开展社会公众满意度测评，充分掌握市民群众对城管执法的总体看法，并纳入对区城管执法工作考核。适应体制变化，调整优化市民热线信访处置流程，提高投诉回复处置效率。在中高考期间，开展绿色护考专项行动，查处学校、居住区周边乱设摊、夜间施工噪声扰民等违法行为7300余起，为广大考生营造了安静良好的学习考试环境。

【扎实开展党建联建】 制定全系统党建联建

工作指导意见，加强对各区城管执法局党建联建的指导、规范和监督。扩大创建工作范围，围绕城管执法体制改革、专项执法行动等工作，深化和拓展“建设先锋”基层党建品牌创建。抓好学习辅导、抓好主题实践、抓好成果转换，深入开展“两学一做”学习教育活动。组织开展“大讨论大培训大走访”活动，根据市城管执法局《关于印发〈上海市城市管理行政执法局机关开展“大讨论大培训大走访”主题活动方案〉的通知》要求，2016年，45位机关干部联系走访了46个街镇执法中队，收集意见建议91条。制订整改落实方案，确保事事有回音、件件有落实。

（刘懿孟）

（三）城建热线

【概况】2016年1月1日至12月31日，12319热线共受理建设交通行业相关市民诉求67.9万件，其中咨询35.4万件、占52%，投诉23.2万件、占34%，报修4.0万件、占6%，举报3.7万件、占5%，建议1.3万件、占2%，表扬0.3万件、占1%。全年受理、处置特点是：一是涉及网约车服务的诉求量逐步增多，全年共受理相关诉求4000余件，包括费用纠纷、违约纠纷、司机服务态度差、因信息泄露而遭电话骚扰、加价服务功能造成打车难等；二是路灯问题诉求较多，全年涉及路灯问题的市民诉求近13000件，包括路灯不亮、路灯损坏、路灯井盖等；三是回访满意率高，全年对33000余件市民诉求组织了专项回访，市民满意32000余件，满意率超过95%；四是催、督办成效显著，共催办、督办8500余件，通过与相关热线沟通、现场协调、专题研究以及与市民直接沟通解释等方法已办结8400余件，办结率超过99%，重复投诉比上年减少。

【应对寒潮来电高峰】1月，上海遭遇35年来历史同期最冷天气，1月23日至31日，市民对断水、水管水表爆裂及漏水等相关问题的诉求量快速上升，共受理相关诉求达8695件。12319热线启动应急预案，加强系统巡检与故障排查，确保热线系统在来电高峰期间正常运转。接电人员主动放弃休息时间，加班加点，确保市民诉求得到及时受理。

【拆违办主任接热线】5月16日至27日，中共上海市城乡建设和交通工作委员会、上海市住房和城乡建设管理委员会（上海市违法建筑治理工作协调推进小组）、《新民晚报》、上海市城市管理行政执法局共同主办，上海城建热线服务中心承办的“拆违办主任接热线”专项活动顺利开展。活动期间，市住房城乡建设管理委主任、市拆违办主任顾金山，市城管执法局局长徐志虎等市、区两级拆违办负责人先后走进12319热线，共接听市民举报违法建筑电话162个。市拆违办做好活动期间市民举报案件的梳理和跟踪督办，《新民晚报》对拆违热线活动予以大幅报道。

【“补短板——生态治理进行时”研讨会】5月27日“拆违办主任接热线”活动结束当天，市住房城乡建设管理委副主任邓建平主持召开了“补短板——生态治理进行时”主题研讨会，会上12319热线主任袁钢总结了本次活动的接电情况，徐志虎局长通报了近期全市拆违工作情况，邓建平副主任对下一步的拆违工作提出了要求。复旦大学、华东政法大学的专家、学者、法律工作者，电台著名记者以及部分区、街镇领导和基层执法人员参加，会议围绕“怎么拆、怎么管、怎么控、治什么”进行了讨论。

【“夏令热线”受理情况】7月4日至8月8日，蒋卓庆副市长，市建设交通工作党委、市住房城乡建设管理委、市交通委、市绿化市容局、市城管执法局、市水务局以及国网上海市电力公司等部门及单位主要领导先后参加接电活动。“夏令热线”期间，12319热线共受理各类信息8.9万个，经第三方测评，市民满意度达85.90%，为历年之最。新闻媒体加大宣传力度，《新民晚报》连续36天做专题报道，上海16位区县长先后做客上海广播电台直播间参加访谈，上海电视台对“夏令热线”做了深入报道。“夏令热线”期间市民诉求具有以下特点：一是从总体受理情况来看，市民来电量稳中略升，据统计，7月4日至8月8日，市民来电9.9万个，较去年同期上升12%，“夏令热线”期间日均来电量比平时高出15%左右，最高一天来电量达4502个。二是从市民诉求内容来看，“补短板”和“治顽症”依然备受关注。“夏令热线”受理诉求最为集中的前五类问题分别是违法建筑、流动设摊、公交服务态度、出租车拒载、公交车乱（不）停站。这五大问题约占投诉、举报类诉求的40%，市民反映的常态性顽症始终突出。三是从市民诉求结构来看，公众参与城市管理的积极性不断提升。“夏令热线”期间，共收到市民建议、表扬合计2100余件，占受理建设交通行业相关信息的2%。

【“夏令热线”处置情况】对“夏令热线”市民诉求加强处置跟踪。一是完成“夏令热线”市领导接电案件协调督办工作。“夏令热线”期间蒋卓庆副市长走进12319热线接听了两位市民的电话，受理了一个来自“邻声”app上的投诉。反映内容主要涉及小区积水、小区水小水质差和暴露垃圾等问题。接电后12319热线启动了督察督办流程，会同有关部门赴现场协调落实处理，在较短时间内解决了市民反映的问题，赢得市民好评。二是做好各级领导接电的催、督办工作。“夏令热线”期间，市领导及各委办局领导走进12319热线接听市民来电，其间累计受理各类市民诉求66件。12319热线对这些诉求件的处置做好跟踪、督办，冒高温赴现场协调解决市民诉求疑难问题7次；完成市、委办局各层面领导及嘉宾接听的66个市民诉求的回访工作；重点加强71件社会影响大、涉及面广、重复疑难问题的跟踪督办。对暂时缺乏问题解决所需资金的诉求，申请使用了“城市管理应急保障专项资金”，及时为市民排忧解难。活动结束后，配合市建设交通工作党委有关部门，开展“夏令热线”数据研究，整理提供有关数据6万余条。

【市民服务热线受理情况】2016年，12319热线加强12345市民服务热线工单受理，共受理9.4万件，其中市住房城乡建设管理委受理1.5万件，市交通委受理7.9万件，市城管执法局受理171件。回访复核单572件，办结572件。全年从市住房城乡建设管理委诉求受理的总体情况看，有以下特点：一是受理量增幅明显，共受理12345市民服务热线工单1.5万件，同比上升74.3%，主要包括新增受理路灯问题3386件、新增转办物业服务热线工单1020件；二是季节性问题较为突出，主要包括1月下旬受理因寒潮导致的燃气器具报修86件、1月受理拖欠民工工资247件、6月至7月梅雨季节受理房屋渗漏问题316件；三是工单办理质量提升，体现在先行联系率同比上升10.7%，按期办结率同比上升8个百分点。

【市民服务热线处置情况】2016年12345市民服务热线派12319热线的回访复核单实施系统派单。12319热线对此类回访复核单落实专人负责，定期与12345市民服务热线进行核对，保证派单数和回复数一致，继续优化工单处置审核流程，做到及时派单、及时审核、及时回复，加大处置反馈的催办力度，坚持三级催办模式，确保每个案件按期办结。并对派发的572件回访复核单处置反馈结果进行了审核，对审核不通过的诉求件进行限时督办，按时办结率100%。

【解决杨浦区长白三村排水问题】根据市住房城乡建设管理委要求，12319热线对因故不能及时解决的紧急类问题，通过落实“城市管理应急保障专项资金”予以处置支持。2016年7月4日，“夏令热线”开线，市民徐先生打进第一个电话反映杨浦区长白三村每逢暴雨都会引发小区积水，底楼住户房屋进水，影响居民生活。接报后，12319热线会同物业服务热线、区房屋应急中心、延吉物业管理有限公司，赴现场查看。经了解，杨浦区长白三村位于延吉东路近敦化路，小区建造于1957年，为直管公房，住户3020户，随着周边小区、道路陆续建成和翻建，导致整个小区地势变低（低于敦化路路面水平标高30厘米）。每逢暴雨天气，市政管网雨水倒灌，小区积水严重，底楼住户均有不同程度的家中进水现象，居民反映强烈。针对市民诉求，区房屋应急中心、延吉物业会同相关技术人员现场勘查，研究制订解决方案，拟采用“小包围、强排水”的方案，新建排水管道、重新修缮蓄水池，购置抽水泵等设施，解决积水问题，但工程的实施缺乏资金。12319热线立即启动了“城市管理应急保障专项资金”申报程序。经市住房城乡建设管理委领导批准，投入该“专项资金”49.28万元，由上海市延吉物业管理有限公司组织施工，该工程在区房管局、居委会和业委会等多方努力和支持下，历经2个多月完成。

【开展市级网格督查】一是稳步开展市级网格督查。全年对7个中心城区和9个郊区开展市级网格督查共计67次。其中，中心城区33次，郊区34次。累计出动督查员1201人次，督查道路总长逾1.2万公里，覆盖地域面积逾1800平方公里，共发现问题逾7000件。二是提升市级督查监督实效。为促进各区网格化中心提高及时全面发现问题的工作质量，市级督查加大考核力度，提高督查频次，强化监督实效。首先是拓展了督查内容，新增3类事件纳入市级督查巡查范围，督查内容调整为88类部件21类事件；其次是调整了考核权重，将区先发现率作为衡量各区“应发现、尽发现、早发现”工作情况的重要指标，考核权重调整到8%，至此，涉及市级督查相关指标权重总计达25%，进一步凸显市级督查工作重要性；再次是调整细化了区级先发现的审核认定规则，并通过数字化简报案例分析的形式逐一明确架空线、行道树、市政立杆等问题的区不立案申请标准，规范了信息反馈操作，提高工作效率；最后是突出重点，强化人员培训：针对各区网格化管理中心管理人员、平台信息员着重宣传解读新的考核导向、考评方式、操作规则等，针对市级督查员、各区网格督查员注重强化问题上报、核查结案的质量培训，为促进各区不断提升主动发现工作能力和水平，提供及时、有效的业务指导。三是提高市级督查系统性能。为满足市级网格督查不断提高的业务需求，对市级督查系统进行了优化和完善：首先是提高系统运行响应速度；其次是加强系统信息安全技术应用和管理；再次是新增监督员巡查轨迹展示功能模块；最后是根据督查实时状态新增完善统计报表。四措并举，在技术层面使系统能够更加高效地服务于市级督查工作，提供安全、快速、准确的信息数据。

【推进业务调整】2016年住房城乡建设和交通行业相关业务调整较多，如1月1日起，原交通和路政两个行业的市民诉求合并受理；4月1日起，原由电力公司受理的与路灯有关的市民诉求调整至综管中心、路灯中心等部门受理；5月1日起，城管执法类诉求从原绿化市容热线中剥离等。受业务调整的影响，12319热线受理市民诉求格局也在发生变化。一是交通行业市民诉求增多。全年受理交通行业市民诉求50.1万件，占12319热线诉求总量的74%，受理量较2015年上升2%。这也是12319热线开线以来交通行业诉求量最高的一年，其中公交行业12.7万件，占37.2%；出租行业10万件，占29.2%；路政行业4.7万件，占13.7%。诉求量前三位的依次是：公交服务态度1.8万件、出租车拒载1.5万件、公交车乱（不）停站1.5万件。二是涉及路灯、城管执法类的市民诉求有调整。2016年由于路灯和城管执法类业务流程进行了大调整，相关市民诉求受理情况也发生改变，全年受理路灯相关诉求1.3万件，城管执法类市民诉求5.1万件。

（四）城市信息化管理

【概况】 进一步推进城市网格化综合管理信息系统建设，拓展交通综合信息应用，深化地下空间信息基础平台建设，以及深化共享交换平台建设和应用。12319热线服务、交通信息服务水平不断提升。

【交通综合信息平台】 拓展交通综合信息应用。一是上海市交通综合信息平台数据应用向区县交通管理部门延伸。平台已向约50家政府部门和社会机构提供在线数据，为交通管理和交通整治研判提供数据支撑。二是开展交通大数据平台建设关键技术研究和应用探索。完成数据资源中心、网络以及硬件系统建设，汇聚全国40个城市的出租车GPS数据、公交车以及“两客一危”车辆的GPS、滴滴打车等数据；完成全国交通指数模型对比分析、长三角城际交通信息服务系统、基于手机数据的上海客流来源与去向分析系统。此外，拓展上海市交通综合信息应用服务，完成了本市快速路42个入口匝道可变信息标志建设，实现道路交通信息光带图形发布；完成综合交通信息平台和交通服务应用平台升级，实现交通信息深度挖掘和应用拓展，升级交通出行网、“智行者”app；完成交通信息路边可变信息标志跨部门路边联动发布。

【深化地下空间信息基础平台建设】 在平台项目建设方面，完成了本市中心城区2.6万公里地下管线的普查探测与数据整合，完成了地下交通类基础设施及部分其他地下构筑物的资料收集和三维建模，更新了地质地层数据，完成了平台软硬件环境建设、平台综合服务管理系统和3个应用示范建设。在本市外环外地下管线普查方面，完成普查工作方案并报市政府批准，确定了普查范围、工作量，落实了相关经费，正在配合各区开展普查工作，并开展平台拓展项目的立项研究。

【深化共享交换平台建设和应用】 在平台项目建设方面，完成了平台空间信息共享交换的私有云环境、集中与分布相结合的共享数据库、应用软件功能和示范应用建设，汇聚了城市管理领域128个数据目录与元数据、101个实体数据，实现了空间地理信息在线共享交换。在共享交换平台拓展应用方面，在原有基础上拓展了平台用户和数据服务，新增发布数据目录及数据服务13个图层（类）；开发了基础底图数据浏览工具服务、地址匹配工具服务等；完成了市住建委触摸屏数据浏览系统、市体育局体育场馆空间地理信息浏览系统在共享交换平台上的部署应用。

（五）专项治理

【概况】 一是参与制定《中共上海市委上

海市人民政府关于深入贯彻中央城市工作会议精神进一步加强本市城市规划建设管理工作的实施意见》《上海市城乡建设和管理“十三五”规划》，完善城市综合管理体系。二是出台《关于加强本市违法违规装修和使用治理工作的实施意见》。三是开展“利用社会治理创新手段促进城市综合管理”课题研究。四是参与编写《创新与转型——2012—2017 上海发展报告》。五是为上海市黑臭河道治理、水环境治理、清洁空气行动、空气重污染应急工作、土壤污染防治、生态文明体制改革等生态文明建设相关工作提供技术支撑。

【推进区域生态环境综合治理】 一是完成第一轮 11 个及第二轮 17 个市级重点地块治理任务，共占地 105 平方公里，共拆除违法建筑 972.15 万平方米。二是谋划启动第三轮 22 个市级重点地块治理任务。三是完成市人大关于开展的上海市生态环境综合治理情况的专题询问，形成《关于本市生态环境综合治理情况的报告》。四是配合出台有关政策，积极配合市发展改革委，出台《关于本市生态环境综合治理有关完善政策的意见》，并指导各区实施。

【深化城市网格化综合管理】 一是网格化范围进一步扩大，延伸到住宅小区和农村地区，基本实现了市域范围公共区域的全覆盖。二是管理领域进一步拓展，从城市综合管理领域向市场监管、街面治安、气象、金融领域拓展。三是能级进一步提升，市、区、街镇三级管理体制基本建成，并向居、村委延伸；系统平台功能进一步深化拓展，技术支撑能力进一步加强。四是管理实效显著，“应发现尽发现、应处置尽处置”的工作要求进一步得到了落实，生态环境综合治理整治效果得到了巩固，人民群众对政府管理成效的感受度得到了提升。现已形成集管理体制、管理标准、管理平台于一体的城市网格化综合管理体系，并成为各级政府支撑城市管理的重要指挥平台之一，实现了常态长效化管理。

【加大违法建筑治理力度】 一是加强违法建筑治理工作培训。二是推动无证建筑信息系统建设工作，实现无证建筑数据销项管理的可查询、可跟踪、可督办。三是违法建筑治理工作成效显著，2016 年，全市拆除违法建筑 5146 万平方米。

【加强建筑垃圾和工程渣土管理】 一是统筹协调推进《关于进一步加强建筑垃圾和工程渣土管理工作的实施方案》的落实。印发了《关于加强住宅小区装饰装修垃圾管理工作的通知》《关于加快推进建筑废弃混凝土资源化利用的通知》。二是参与起草《上海市建筑垃圾处理管理规定（草案）》。三是推进协调落实市级应急消纳场所。四是推动落实市政府关于中心城区设立建筑垃圾中转分拣场所的任务。加强各中心城区装修垃圾的集中中转分拣，促进末端分类处置利用。

【推进城管综合执法体制改革】 一是完善体制机制。规范执法、为民执法，在深入推进相对集中处罚权工作方面下功夫。有效解决了多头执法、交叉管理问题，提高了执法效率。二是健全法制体系。2016 年 1 月，出台《上海市城市管理行政执法条例实施办法》，为上海市开展城市管理行政执法工作提供了操作性较强的法规规章支撑。三是积极下沉管理力量。全市 109 个乡镇城管执法中队已下沉乡镇，104 个街道城管执法中队已下沉街道。在管理力量下沉方面，完成绿化市容管理队伍下沉工作，基本完成房管力量下沉工作。让管理与执法在基层有机结合起来，明显提升了基层的工作效能。四是积极推进城管执法队伍正规化、专业化、职业化建设。

【系统开展城市管理标准体系建设】一是初步建立了上海市城市综合管理标准框架体系。明确提出了以城市空间区域为主要评价对象的标准体系框架，并安排了“8+1+1”大类，约60部实体标准的编制计划。二是完成制定各类园区、居住小区、公共绿地及中小河道管理四方面的相关实体标准。三是紧扣“五违”整治成效，严防“五违”回潮，率先针对“五违”制定管理标准，促进长效管理机制的建立。五是统筹推进区管理标准的制定。

【热线工作】一是开展制度宣讲和业务培训，进一步明确责任要求，确保工作开展顺畅实效。二是制定下发《上海市住房和城乡建设管理委员会承办市“12345”市民服务热线转办工单的管理办法（试行）》和《上海市住房和城乡建设管理委员会承办“12345”市民服务热线转办件工作考核办法(试行)》。三是协调指导“12319”热线做好夏令热线组织保障工作。

【推进无障碍环境建设】一是开展《上海市无障碍环境建设条例》的立法调研。二是组织开展无障碍知识与内容培训。三是参与推进1000户农村困难残疾人家庭无障碍改造，完成市政府实事项目。

【推进市政市容管理】一是完成重大赛事活动举办、重要节庆和重点区域环境保障工作。二是聚焦难题顽症，全力推进无序设摊治理工作，现已提前完成三年行动计划总共200处积聚点治理任务。三是对接“五违”，启动市政市容“补短板”专项治理工作。参与制订《关于进一步补齐本市市政市容管理短板、全面提升市容市貌环境整体水平三年行动计划》。四是推动市容环境卫生责任区制度落实。

【参与环境治理工作】一是贯彻落实《上海市2015—2017年环境保护和建设三年行动计划》（第六轮）。目前，工程类项目进展顺利，均能围绕年度节点目标完成。管理类项目中2个已提前完成，其余5个项目均顺利推进实施。二是贯彻《上海市清洁空气行动计划（2013—2017年）》，参与大气治理工作，协调推进工地扬尘治理工作，切实做好G20空气保障相关工作。

（戚艳平）

（六）燃气管理

【概况】至2016年底，上海市居民燃气用户总数1008.64万户，比上年（986.79万户）增长2.21 %。其中天然气用户达到675.84万户，比上年（651.32万户）增长3.76%；液化气用户为332.8万户，比上年（335.47万户）略有下降。全年供应天然气77.03亿立方米，比上年（73.48亿立方米）增长4.83%；液化气39.8万吨，比上年（42.4万吨）减少6.1%。上海市天然气管线长度29554公里，其中事故备用站LNG储罐存储容积为12万立方米（相当于天然气7200万立方米）。

截至2016年底，上海市共有液化石油气储配站20座，瓶装液化石油气供应站330座，车用液化气、天然气加气站68座，瓶组气化站16座。

2016年，上海市共发生各类燃气事故32起，死亡人数3人，伤41人。燃气事故死亡人数控制在每十万户分之零点七五以下，总体仍处于历史较好水平。

【完成《上海市燃气管理条例》的修正】为落实国务院安委会督查组对上海市提出调整燃气管理体制的建议，2016年上半年，上海市燃气管理处（以下简称市燃气管理处）与市政府法制办城建环保处、市住建委法规处、设施运行处多次讨论修改，形成《上海市燃气管理条例》（修正）草案。

2016年6月23日，《上海市燃气管理条例》修正案经市人大常委会表决通过，9月1日起施行，本次《上海市燃气管理条例》修正案共12条，主要涉及四方面内容：

一是调整了上海市中心城区的燃气管理体制，明确上海市燃气管理体制实行市、区两级管理。二是将部分行政许可事项审批权限下放至区，并将相关的管理责任调整至区燃气管理部门。燃气供气站点许可、燃气器具安装维修许可和燃气设施改动许可三项许可中涉及区的内容予以下放，相应增加区燃气管理部门作为上述许可事项的审批主体。三是重点强化了对瓶装燃气的安全管理。提出了推进瓶装燃气的统一配送；加强对气瓶安全的全过程管理；完善了对瓶装燃气用户的安全检查服务等内容。四是调整了相关行政处罚条款内容。

【建立燃气行业两级管理体制】做好中心城区燃气两级管理调整的落实工作，全面推进市区两级管理体系正式实施。

2016年9月，市人民政府办公厅转发了上海市住房和城乡建设管理委员会《关于进一步完善市、区燃气两级管理的若干意见》。市燃气管理处根据《若干意见》确定了上海市市、区燃气两级管理职责分工的内容报上海市住房和城乡建设管理委员会发文形成职责分工表。《关于进一步完善市、区燃气两级管理的若干意见》和职责分工表明确了市级燃气管理部门（上海市住房和城乡建设管理委员会、市燃气管理处）和区级燃气管理部门的职责，要求各级燃气管理部门要加强组织领导，建立健全燃气监管队伍，充分发挥乡镇（街道）的管理作用。

【全面完成255处燃气管道违章占压专项整治工作】在2015年燃气管道占压专项整治工作的基础上，持续推进违章占压专项整治，到2016年3月底上海市255处燃气管道违章占压整治工作已全部完成，各相关区县和燃气企业的验收收尾工作也于4月底完成。市燃气管道占压整治联席会议办公室对嘉定、宝山、松江、闵行的10个占压点进行了抽查，总体验收结果达到预期目标。为了进一步做好燃气管道占压整治的后续管理工作，巩固专项整治的成果，实现燃气管道占压“零增长”，城市综合管理推进领导小组办公室、市住建委、市安监局和市城管局联合发布《燃气管道占压整治长效管理指导意见》(沪建设施联〔2016〕992号)，进一步明确了管道燃气企业的管道占压防治主体责任，同时也将各区政府、相关职能部门和街道(镇、园区)纳入管道占压联防联治的体系之中。

【推进液化气配送工作】根据市政府文件精神，市燃气管理处研究制定并发布了《瓶装液化石油气规范统一配送服务管理规定（试行）》，多次召集上海市液化气经营企业进行专题研讨。计划通过试运行，逐步完善规定，形成行业行为准则，重点内容适时纳入政府规章。

推进中心城区配送。市燃气管理处每月召开中心城区液化气规范统一配送工作专题会议。逐月落实推进进度，明确各部门职责和任务时间节点。同时，多次赴各中心城区深入调研液化气配送的推进工作情况，和属地政府进行沟通和协调。

根据市住建委关于配送工作“四统一”，即（配送）模式统一、（行为）标准统一、（补贴）价格统一、（用户）收费统一要求，市燃气管理处召开了区企集中对接会。集中沟通组织架构、工作方法、补贴申请流程等事项，提高了区企对接的效率。

市燃气管理处对黄浦试点的进展情况和反映出问题进行持续的跟踪和整改，并和黄浦区建管委充分沟通，做足预案、如期关停黄浦用户门售。杨浦区和虹口区随后跟上，并且不断改进工作方法，提高工作效率，分别于10月和11月全面启动配送工作。至2016年底，上海市中心城区所有行政区均已完成与上液公司的工作对接，并向市住建委报备了区级推进实施方案。

（七）综合交通管理

【概况】2016年，全市常住人口2419.70万，其中常住外省市人口980.20万人。全市注册机动车359.9万辆。中心城出行总量每日3220万人次，公共交通出行方式占33.0%，小客车（含摩托）占20.2%，出租车（含网约车）占6.6%，非机动方式占16.0%，步行占24.2%。城市日均客运量1832万乘次，其中公共汽（电）车占35.6%，轨道交通占50.9%，出租车占12.9%。对外旅客年到发量3.7亿人次，同比增长5.5%，其中铁路19311万人次、航空10646万人次、公路6804万人次。

【上海市综合交通“十三五”规划】9月28日，市政府发布《上海市综合交通“十三五”规划》。规划提出，按照全面建成小康社会的总体要求，到2020年，支撑“基本建成国际经济、金融、贸易、航运中心，基本建成社会主义现代化国际大都市，形成具有全球影响力的科技创新中心基本框架”的奋斗目标，完善和提升“枢纽型、功能性、网络化”的国际大都市一体化交通体系，进一步突出“智慧、低碳、共享”的发展理念。实现枢纽航线通达全球，设施功能齐全完备，网络运行高效易达；提供全面智慧的交通服务，营造低碳的交通环境，提供公平共享的交通资源，满足多元化的交通需求。

【智能交通建设】2016年，全市可供正常使用的可变信息标志设施（包括大型图形、图形文字和文字信息标志）1167块，其中主要高速公路324块，城市快速路255块，地面道路588块。全市交通摄像监控设施3452台，主要高速公路设1102台，城市快速路889台，地面道路1169台。全市设车辆检测设备46307个，主要高速公路10000个，城市快速路4466个，地面道路31841个。全市装有GPS设备的公交线路共计1457条；安装有GPS设备的出租车共计46340辆；安装有GPS设备的载货汽车53637辆，其中危险货物运输车3553辆。

【交通建设与管理重大举措】交通设施建设与运营方面，深入开展综合交通管理补短板工作，集中整治10类道路交通违法行为，长江路隧道建成通车、嘉闵高架路（G2公路—S6公路）段建成通车以及中环国定东路下匝道建成通车。重大交通政策法规方面，发布《上海市关于建立老年综合津贴制度的通知》《对本市部分高架道路（城市快速路）的交通管理措施调整通知》《上海市公共汽（电）车客运线路优化导则》《上海市非营业性客车额度拍卖管理规定》《上海市城市总体规划（2016—2040）》《上海市街道设计导则》《关于深化改革推进出租汽车行业健康发展的指导意见》《网络预约出租汽车经营服务管理暂行办法》《关于进一步完善城市停车场规划建设和用地政策的通知》《出租汽车驾驶员从业资格管理规定》《巡游出租汽车经营服务管理规定》《关于加快居民区电动汽车充电基础设施建设的通知》《城市公共汽电车客运服务规范》等文件。

（刘臣）

PART
NOVEMBER

XIII

科 研 工 作

SCIENTIFIC RESEARCH WORK

- ⊙ 综述
- ⊙ 课题调研
- ⊙ 科技研究
- ⊙ 科技项目管理和服务
- ⊙ 获奖项目

（一）综述

2016年是“十三五”的第一年，上海已进入建设“四个中心”的冲刺阶段，加快向具有全球影响力的科技创新中心进军。在市建设交通工作党委和市住房城乡建设管理委领导下，完成了城乡建设管理各项课题和技术研究工作。科技委发挥住房和城乡建设管理领域智库、平台、保障作用，为本市住房和城乡建设管理的科技创新和转型发展提供更有力的支撑。

研究制定本市城市规划建设管理的实施意见，完成本市房地产市场调控等政策的研究工作，研究制定深化完善本市“四位一体”住房保障体系的实施意见，开展本市垃圾综合治理研究工作，参与城市综合管理标准体系研究，用好平台、增进交流，完善政策研究工作例会机制。2016年科技委共开展各类咨询课题研究5项，内容涉及城市地下空间、城市运行安全、公有住房制度改革等。

研究推动行业发展改革。一是全面总结养护作业市场化改革工作。二是积极开展行业发展报告的编制工作。三是参与推进基层房管办事处下沉街镇等改革工作。

有序推进两委调研课题工作。平稳推进机构改革后课题管理的衔接工作，全年共管理调研课题37项。《关于完善市建设管理系统科技创新管理体制机制研究》等课题获得调研课题优秀成果奖一等奖，科技委在该课题研究成果的基础上，继续承担了市住房城乡建设管理委重点课题《住房和城乡建设管理领域科技创新深化研究》，课题进一步聚焦行业科技创新“前后一公里”问题，为行业转型发展做好技术支撑，其研究成果不仅形成《关于推进本市住房和城乡建设管理领域科技创新的若干意见》（沪建科信〔2016〕1081号）（行业科技创新“十条”），并创新性地设立了以院士、大师等专家领衔的“上海市住房和城乡建设管理委员会科学技术委员会专家工作室”，旨在依托市行业专家及其所在单位的研发团队、技术、设备等资源，充分发挥院士、大师、行业领军人才专业特长，通过集聚专家智慧，开展前瞻性、创新性的科学研究，形成专家工作室研究成果，为政府决策提供参考，同时带动行业高端人才培养。

2016年科研项目：2016年组织行业内的科研项目立项论证44项，管理科研项目94项，完成21个项目结题验收。

2016年获奖情况：30个项目获得2016年度上海市科技进步奖。其中，技术发明二等奖2项，科技进步一等奖2项，科技进步二等奖12项，科技进步三等奖14项。

（周君俊）

（二）课题调研

【概况】认真组织开展政策研究工作。一是研究制定本市城市规划建设管理的实施意见。二是完成本市房地产市场调控等政策的研究工作。三是研究制定深化完善本市“四位一体”住房保障体系的实施意见。四是开展本市垃圾综合治理研究工作。五是积极参与城市综合管理标准体系研究。六是用好平台、增进交流，完善政策研究工作例会机制。

研究推动行业发展改革。一是全面总结养护作业市场化改革工作。二是积极开展行业发展报告的编制工作。三是参与推进基层房管办事处下沉街镇等改革工作。

有序推进两委调研课题工作。平稳推进机构改革后课题管理的衔接工作，全年共管理调研课题37项。按照课题管理办法，完成课题立项发文、落实课题分管领导、牵头部门、承担单位等工作，并按程序组织开题、中期评估和结题评审。完成历年调研课题成果数据库建设，结合课题管理实践和年度财政要求，以规范课题过程管理、资金使用管理、成果管理和落实牵头处室责任为重点，修订完成委课题管理办法。

【研究制定本市城市规划建设管理的实施意见】按照市委、市政府的要求，会同有关委、局及委内相关处室共同完成《贯彻落实中央城市工作会议精神，进一步加强本市城市规划建设管理工作的实施意见》（以下简称《实施意见》）的研究工作，并以市委、市政府名义发文。同时，编制印发了《实施意见》的责任分工方案，推进相关配套政策落实。编写完成《本市城市规划建设管理工作联席会议方案》并推进相关机制的建立。

【完成本市房地产市场调控等政策的研究工作】为确保上海房地产市场平稳健康发展，按照市委、市政府的要求，配合相关部门完成《关于进一步完善本市住房体系和保障体系促进房地产市场平稳健康发展的若干意见》的研究制定工作。配合参与房屋调查方案制订的前期研究工作。

【研究制定深化完善本市“四位一体”住房保障体系的实施意见】根据市委主要领导指示，会同相关部门，在听取相关区政府意见的基础上，提出了深化完善本市“四位一体”住房保障体系的实施意见，形成了报市委、市政府的请示。

【开展本市垃圾综合治理研究工作】与市绿化市容局、市发展改革委共同牵头，开展加强垃圾综合治理调研，完成垃圾综合治理调研方案的起草，并启动实施相关调研。

【2016年度调研课题优秀成果名单公布】经调研成果后评估专家委员会评议，2016年度调研课题优秀成果予以公布：

一等奖（1项）

上海城市综合管理标准体系研究

二等奖（2项）

利用社会治理创新手段促进城市综合管理研究——基本管理单元城市管理力量配置研究

住房和城乡建设管理领域科技创新深化研究

三等奖（3项）

城市更新中既有小区功能性调整的运作机制研究

本市租赁型住房开发运营扶持政策研究

黄浦江两岸地区公共空间建设设计导则研究

优秀奖（18项）

BIM技术应用能力评估研究

促进上海管输天然气基础设施公平开放措施研究

城市低影响开发建设策略研究

上海市公共区域照明管理机制研究

利用BIM技术推动数字化审图工作研究

岩土工程勘察数字化监管系统研究

上海市装配式市政基础设施项目技术经济指标体系研究

市建设交通系统基层宣传思想工作创新研究

2016年上海市建设交通行业社情民意分析研判与对策研究

关于本市保障性住房地下车库的产权归属及运营管理的研究

推进上海住宅小区和公共建筑（住区配套）海绵城市建设研究

鼓励住房租赁市场出租人发展的政策研究

上海市绿色城区评价技术体系

绿色建筑运行标识的推进机制研究

2016年上海装配式建筑发展报告

上海市国家机关办公建筑和大型公共建筑能耗检测系统监管平台管理暂行办法

公共租赁住房绿色、环保、标准化运营管理策略研究

进一步加强市立功竞赛赛区及评优工作考核研究

【上海城市综合管理标准体系研究】 2016年初，为适应上海特大型城市的管理需求，建设市委、市政府提出的“更有序、更安全、更清洁”的国际一流城市，实现城市管理的精细化、规范化、长效化目标，市住房城乡建设管理委根据市领导的指示精神，启动了上海市城市综合管理标准体系研究工作。这项工作的开展完全符合习近平总书记提出的“上海要实施绣花式的管理”的精神。目前，已完成了课题研究及成果转化的第一批实体标准的编制工作。

本报告提出，城市综合管理标准体系是城市管理法规体系的有力补充，它是在城市管理法规依据的基础上形成的一套可操作、可量化、可考核、可监督的城市管理规范；同时，作为一套公开发布的管理规范，市民易感知、易理解，也是发挥公民参与城市管理作用的重要载体。城市综合管理标准体系的建设和实施，对提高城市管理成效具有重要意义。城市综合管理标准体系的建立，应突出需求导向和短板导向，着力解决城市管理中的难点和热点问题；突出多部门综合施策，明确责任分工、工作规范和流程，以及考核评价要求；突出社会参与，推动社会和市民参与城市管理渠道、方式、机制制度化。语言风格要求直观明了、通俗易懂、市民感知度高。研究和编制思路具体体现在“全覆盖、高水平、重流程、差别化、可量化、可感知”六个方面。

本报告的亮点和创新点在于：一是提出城市综合管理标准的内涵和形式。管理标准相对于法规更侧重“原则性”管治，管理标准更加细化、具体化、量化和体现技术含量，针对性更强；相对于法规制定实行的周期较长、难度较大，管理标准制定实施更加灵活、及时、便捷，具有重要的实用价值。其表述形式包括：第一部分：编制目的（管理目标）、适用范围、总体要求等；第二部分：主要管理内容，包括管理主体（监管、实施和监督主体）、管理要求（目标）、管理流程（发现、派单协调、处理作业、考核评价等）；第三部分：附则，包括管理依据、实施时间、解释主体等。二是提出城市综合管理标准体系构建的路径。一要以管理空间为主进行分类；二要处理好综合管理标准和专业标准的关系；三要处理好综合管理标准统一和差别的关系；四是处理好现状和发展的关系。三是提出上海城市综合管理标准体系构架建议和近期编制清单。首先，分类分级。以城市管理空间为主，提出“8+1+1”共10大类的总体框架结构。8即工地管理、房屋管理、地下空间管理、市政交通设施管理、交通运行管理、城乡河道管理、城市景观空间管理、村镇管理等。1+1即数字化管理和其他（主要是难以归类的阶段性难题顽症治理）。同时，参考城乡体系和公共活动中心体系规划等，探索分级管理，其中城乡体系分为“主城区—新城—新市镇—乡村”四级；公共活动中心体系分为“中央活动区—城市副中心—地区中心—社区中心”四级。其次，在“8+1+1”总体框架结构基础上，提出“十三五”期间若干项实体标准编制清单（包括已编、修编和新编）并付诸实施。现梳理形成50余项标准的目录清单。

【利用社会治理创新手段促进城市综合管理研究——基本管理单元城市管理力量配置研究】 为深入贯彻落实中央及上海城市工作会议精神，按照2014年市委、市政府“创新社会治理、加强基层建设”一号课题的要求，顺应当前上海经济社会发展的新形势，加强城市精细化管理，确保城市安全高效运行，课题组以此为题目立项研究。课题组采用理

论分析、实地调研、专家咨询、个别访谈等方法，在总结上海城市综合管理实践经验基础上，积极借鉴国内外城市管理的成功做法，针对当前上海城市综合管理的现状特点及存在的短板问题，研究提出利用社会治理创新手段促进上海城市综合管理水平提升的基本思路和对策建议，特别是观察分析“基本管理单元”这种新型管理模式，对进一步提升上海城市综合管理能力水平的实践意义及下一步探索需要关注的难点重点问题。

研究认为：利用社会治理创新手段，促进城市综合管理能力和水平，是贯彻落实中央“四个全面战略”“五大发展理念”的具体要求，也是上海走出一条符合特大城市发展规律的社会治理新路子的战略需要，具有重大而深远的意义。采取“基本管理单元”管理模式是上海城市管理实践的新探索，为利用社会治理创新手段促进城市综合管理提供良好的基础条件，尤其能在社会化、自治化、跨部门协同等方面，发挥更大力度改革创新作用和管理成效。

改革开放30多年，上海城市综合管理与社会治理创新手段方式上的实践探索与宝贵经验是我们提高城市综合管理水平的重要基础。但当前上海城市综合管理存在的短板问题，包括城市综合管理方式单一、城市管理体系过分强调行政力量、城市管理力量不足等。宝山、奉贤等第一批推行“基本单元管理”的做法，对提高城市综合管理水平具有一定积极效应，但面临不少亟待解决的难题。

上海利用社会治理创新手段、改进城市综合管理的基本思路是“重心是夯实城乡社区基层治理基础、根本是转变政府职能，关键是社会多元主体参与”。城乡社区基层是城市综合管理和社会治理的出发点和落脚点，必须尽可能把资源、服务、管理放在基层，使基层有职有权有物，更好地为群众提供精准有效的服务和管理。政府职能转变，就是要正确定位政府职能，解决政府缺位、错位、越位问题，在城市综合管理中发挥更多导向性作用，而不能大包大揽；改善城市管理体制，就是要调动社会多元主体参与协同管理，形成社会协同、公众参与的管理体制；创新社会治理手段，就是要集思广益推进信息化建设、法治建设及诚信体系建设，将建设先进城市的理念溶于社会管理之中。

上海应从推进治理主体多元、运用多重治理手段、完善网格化治理体系和建立社会预警体系等方面采取对策措施，来进一步提升上海城市综合管理能力水平。在推进“基本管理单元”管理模式实施城市管理资源配置过程中，特别要注意制度设计的精准性、统筹性和配套性，要摒弃传统思维方式，大胆改革创新，更多运用市场化机制、信息化手段去探索。同时，在利用社会治理创新手段促进城市综合管理能力的过程中，还必须要在法治保障、财政保障和人才保障等方面形成行之有效的配套举措。

本报告的亮点和创新点在于：一是明确提出了“基本管理单元”是利用社会治理创新手段进行城市综合管理的新型载体，是探索城市综合管理在社会化、自治化、跨部门化等方面的有效实践。并就“基本管理单元”城市管理力量配置的内涵、功能作用、问题及对策进行剖析。二是梳理归纳了国内外创新社会治理手段促进城市综合管理的成功经验，如美国等西方国家在城市治理中有注重底线治理、运用经济手段、鼓励社会组织、鼓励公众参与、注重预防监管和完善保障系统等经验做法；如南京、青岛、厦门等国内城市，通过深化街道和社区体制改革、加强网格化社会治理体系建设、鼓励社会组织参与、积极推进小区“微治理”、积极推进市场化手段等等。三是直面上海城市综合管理中面临的短板问题，比如管理方式单一，依懒末端管理、突击整治、缺乏基层参与等；比如管理体系中行政力量主导，体制上纵向分工、跨部门协调不畅、信息共享不够等；还比如基层管理力量不足，社会参与度不足。并提出了这些问题存在的症结乃是体制机制方面的障碍。四是鲜明地提出上海利用社会治理创新手段促进城市综合管理的思路和举措，“重心是夯实城乡社区基层治理基础、根本是转变政府职能，关键是社会多元主体参与”，清晰地指明了利用社会治理创新手段促进城市综合管理的路径、方式和措施。五是以实证分析与对策研究为主，充分结合大量国内外案例，从国际大都市城市管理发展的趋势特点上把握规律性。

【住房和城乡建设管理领域科技创新深化研究】 该课题重点聚焦打通上海住建领域科技创新“前后一公里”的体制机制和政策问题，对行业科技创新生态链开展了全方位的调查研究，形成了“1+1+4”的研究成果，提出了打通上海住建领域科技创新“前后一公里”的思路与具体政策措施的建议，为推动上海城市建设和管理水平的提升提供支撑。

课题贯彻落实习近平总书记在全国科技创新大会、两院院士大会、中国科协第九次全国代表大会上的讲话精神，贯彻落实中国共产党上海市第十届委员会第八次全体会议精神，顺应上海推进住建领域科技创新的必要性、紧迫性和重要使命，借鉴国内外住建领域科技创新经验，提出了促进上海住建领域科技创新深化的思路和原则，总结了打通上海住建领域科技创新“前后一公里”的主要任务，推进住房和城乡建设管理领域科技创新的对策举措。

课题小结了科技创新支撑引领上海住建发展在工程建设、城市管理和行业转型等方面取得的显著成效，上海住建领域创新资源与创新能力在创新主体、资金投入、人才队伍和成果产出等方面的突出优势，以及围绕建筑环保节能和材料学科研究中心、水资源保护与利用学科研究中心、综合交通与智能交通学科研究中心和城市地下空间开发利用学科研究中心等建设交通行业学科研究中心，初步建成了集聚创新资源、凝聚创新合力的行业科研平台。

课题梳理分析了上海住建领域科技创新存在的主要问题。在“前一公里”方面：1. 科研项目立项机制不完善；2. 科技创新资金来源局限较大；3. 科研项目管理机制亟待加强；4. 行业科技创新平台引领、支撑创新的作用发挥不足。在“后一公里”方面：1. 科技创新与产业应用的深度结合不够，缺乏协同机制；2. 科研成果转化过程存在瓶颈，缺乏促进机制；3. 住建领域创新扶持政策有待进一步落实和完善；

课题在分析借鉴了国外促进住建领域科技创新的主要做法和兄弟省市促进住建领域科技创新的主要经验的基础上，研究提出了促进上海住建领域科技创新深化的总体思路，以及把握好政府引导和市场主导、供给推动和需求拉动、统筹投入与分类管理、宏观政策和领域特色四对关系等基本原则。

课题总结了打通上海住建领域科技创新“前后一公里”的主要任务。在打通“最前一公里”方面：1. 加强组织实施住建领域公益性、基础性重大科研专项；2. 优化科研项目储备、遴选机制，构建住建领域科研项目库和重大工程关键技术储备库；3. 编制住建领域战略性技术路线图，支撑市场导向的科技研发课题发现和立项；4. 完善科研项目管理机制，协同推进的“三上三下”模式；5. 完善项目分类管理，优化科技资金投入机制；6. 充分发挥科研院所、企业的创新自主性；7. 充分发挥上海住建领域社会化力量的创新活力。在打通“最后一公里”方面：1. 结合行业特点，深化落实既有成果转化政策；2. 强化工程应用技术研究，打造创新示范应用“绿色通道”；3. 加快住建领域科研成果转化为行业标准；4. 建立科技成果转化的需求引导和风险补偿机制；5. 健全科研成果转化考核机制；6. 做实做强行业科技创新功能型平台；7. 加强对科研人员的激励和保障。

课题最后强调，要加快出台住建领域科技创新相关指导意见，包括：1. 推进《上海市住房和城乡建设管理委员会关于推进本市住房和城乡建设管理领域科技创新的若干意见》（下文简称《若干意见》）研究和制定；2. 加强《若干意见》的论证和完善；3. 促进《若干意见》的深化落实；同时，进一步完善相关管理办法，包括：1. 完善科研项目管理办法；2. 建立预研究管理办法；3. 完善学科中心管理办法；4. 制定专家工作室管理办法。

【城市更新中既有住宅小区功能性调整的运作机制研究】 随着城市经济社会发展水平的不断提高与老龄化形势的严峻，上海市既有住宅小区面临着功能调整的需要：一方面，既有小区由于建设年份较早、建设标准较低，无法满足居民不断提高的社会经济生活需求；另一方面，居住在既有小区的居民群体平均年龄较大，区域老龄化程度要比其他新建小区更高，对社区服务，特别是养老方面的服务需求尤其突出，而这些需求往往无法在现有条件下得到满足。

根据目前的规范性标准，本市既有小区公共服务设施配置存在的问题主要有四个方面：一是老小区的集中绿地较为缺乏，居民的公共活动空间不足；二是停车位缺口明显，老小区鲜有潜力可挖；三是养老服务的基础性配套设施不足；四是居民的公共服务需求始终在提升，而配套设施调整空间有限。

在此背景下，课题组以具体案例为基础，通过分析现有项目的推进情况与问题，结合新形势背景下的发展需要，在城市更新的理念框架下，以落实 2014 年市委一号课题成果为落脚点，针对存量小区的居住“功能”优化与调整、提升居住满意度目标，提出未来具有操作性的具体推进实施机制建议。

课题组主要调研了本市的重点案例，包括闵行区黎安二村、原静安区、原闸北区、普陀区、杨浦区延吉社区等，提炼了两大类、五大模式：一类是在小区内部进行的功能性调整，具体有四种；另一类是跨小区的功能调整，收集了一种模式的案例。

课题组对小区内部更新提出了制度性建议：对直管公房通过纳入原大修项目制度实现更新，对产权房建立“居民自筹”“政府支持”两类更新项目。

对直管公房，政府作为产权人直接进行小区的功能性改造并提供全部的资金。区一级需要在原修缮工作的基础上为各个小区增加功能性调整的内容，包括基础信息的收集、更新改造的内容、更新改造的投入、更新改造后的成效、相应的管理制度等。

对产权房，居民作为产权人是小区更新改造的主体，具体可以分为两类项目：

一是政府支持项目，这类项目一般体现在“保基本”的要求上，使区内老旧小区的各类配套功能可以逐步满足基本性标准，由小区自行申请、政府牵头出资、鼓励居民出资。

二是居民自筹项目，这类项目可以在更大程度上体现灵活性，在设计标准上也可以有更大的空间，主要体现在小区的“升级性标准”上，只要小区业主满足一定的条件、相关的设计方案合法合规，经政府相关部门备案后就可以由小区自行推进实施，费用完全由业主承担，政府可以提供技术和规范上的指导和支持。

住宅小区功能性调整应该成为一个常态化的工作，政府支持的项目和居民自筹的项目两者之间需要协调好彼此的关系，使老旧小区更新改造制度能真正满足本市居住小区的实际需求。在更新内容上，政府支持项目聚焦在保基本、保安全的功能上，小区的宜居性、升级性需求主要依靠自筹项目实现；在更新周期上，政府支持项目主要着眼较为长期的需求，自筹项目可以面向中短期容易改变的需求；在更新程序上，政府支持项目需要遵守较为严格的政府采购程序，自筹项目则具有更大的灵活空间。

课题组对跨小区更新提出如下制度建议：

一是街道层面梳理可用的空间和资源，着重弥补老旧小区居民公共活动功能的缺失，在具体项目运营上，强化对第三方专业机构以及居民自治力量的运用；二是探索在老旧小区集中的区域，为艺术家或者有辐射影响力的创业团队提供空间，将新生力量注入老旧社区中，改善老旧社区的人员结构，通过这些新兴群体的社会服务来提升社区活力。

最后，课题提出了八条配套政策支持：一是以机制创新为导向，鼓励各个社区因地制宜进行；二是提供存量小区功能调整的规划空间，实现“自下而上”的规划调整；三是强化对社区居民和管理团队的“理念注入”，注重对成功项目的宣传；四是制定住宅小区升级改造标准，明确横向审批部门职能；五是逐步引入专业团队进入项目规划决策，充实施工推进阶段的专业力量；六是明确改造后的管理制度，确保改造后的功能得以长期保持；七是探索建立公房承租人委员会，填补公房小区自治主体的缺失；八是逐步建立社区规划师制度，为社区更新提供长期的专业支持。

【本市租赁型住房开发运营扶持政策研究】课题组对本市具有一定代表性的房地产开发企业、机构出租人进行调研。采取阅读文献、座谈调研等方式，对本市住宅租赁市场进行定性研究。同时，建立租赁型住房的需求和供给分布函数，发现规律及存在问题。通过定性与定量相结合，归纳本市租赁型住房开发运营的影响要素和影响机制。

研究发现，房地产开发企业的营业收入中，租金占比非常低，绝大部分为商业地产租金收入。房地产开发企业自持并从事租赁运营存在三方面的问题与障碍：一是高负债经营模式，使其形成短线思维和预期惯性，对长期的租赁运营无法形成有效激励；二是“成本—收益”约束，通过对本市首个规划要求自持15%的项目的成本和收益进行测算，结果表明，开发商从事自持租赁运营将面临较大亏损；三是税收制度约束，较高的增值税税率和房产税税率，不利于开发商自持房地产从事租赁运营。

机构出租人从事租赁运营尚在起步阶段，目前的主要问题在于：一是机构出租人的租赁运营需要较长时间的积累才能实现规模化和专业化，短期内这些目标很难实现；二是“成本—收益”约束，在一定假设条件下，通过10~15年投资周期的测算，结果表明投资周期越长，盈利情况越好，在经营代理经租业务的前期，财务压力非常大；三是机构出租人也面临较高的增值税税率和房产税税率；四是相关政策不明确，经营资质、“N+1”、租赁合同登记备案、商业用房改为租赁型住房等政策需要具体的操作方案，以便落实。

课题组通过上述对租赁型住房开发运营各方主体的建模，以及影响机制分析，通过住房效用的分析建立了租赁型住房的需求和供给分布函数，进一步分析发现，开发企业、机构出租人经营租赁型住房存在规模效应。但是在租赁市场发展的前期，会因为大量个体出租人追求高收益而产生供应结构的较大不均衡，因此，通过开发企业一定规模自持租赁住房的投入，能够有效地推动整个市场的发展，实现供应结构与需求相匹配；机构出租人可以利用规模效应提高出租率，并通过装修、分割等方式调整供应结构。

研究提出，制定租赁型住房开发运营扶持政策时，应坚持市场化的方向，完善政府的基本保障职能的基本原则，以形成专业化、规模化的住房租赁市场供给机制，构建诚信、透明、有序的住房租赁市场环境，建立针对性强、衔接度高的住房租赁市场配套制度体系为基本方向。具体措施上，一是政策支持从“开发端”转移至“租赁端”，合理引导资源配置：调整现有的土地“招拍挂”制度，将开发商自持比例作为拿地时的重要指标；鼓励以租金收入为质押，从金融机构获得中长期信贷；设立专门的担保公司，为长期资本的引入提供保障；适时推进房地产投资信托基金（REITS）试点，使租赁地产运营获得长期资本支持。二是降低租赁型住房开发运营成本，减轻其运营税收负担：允许土地费用按一定比例返还，切实降低开发商租赁业务运营成本；将开发商自持租赁运营和机构出租人的代理经租业务纳入现代服务业范围，实施6%的增值税税率，对房产税和所得税实施一定的减免优惠，切实降低机构出租人的税负。允许机构出租人代表出租人获取个人出租房屋增值税专用发票，以便机构出租人实现增值税进项抵扣。三是调整现有会计制度，鼓励开发商与机构出租人进行专业化合作：应对开发商自持租赁运营中的“自持”进行明确，鼓励开发商和机构出租人通过一定方式实现合作，体现专业化和规模化的运营趋势。应允许租赁型住房开发运营在会计处理上具备一定的灵活性。四是明确相关政策，强化政策之间的配套衔接：应明确机构出租人的资质和业务范围，加强相关政策的解释和宣传，规范“N+1”模式和“商业用房等按规定改建为租赁住房”的实施和操作。

【黄浦江两岸地区公共空间建设设计导则研究】 新一轮上海城市总体规划中明确指出，到2040年，上海要建设成为卓越的全球城市。作为城市的核心区域，黄浦江两岸地区日益成为上海未来发展的重点和亮点，提升区域空间品质、打造世界一流滨水区域成为两岸开发现阶段的重点要求。面对城市转型发展的趋势，尤其是市民对建设更多更好公共空间的需求，黄浦江两岸地区公共空间建设必须确立统一的目标、原则和价值体系，建立适用于黄浦江两岸地区公共空间建设的相应技术指标，并针对近期实施中重点问题，指导黄浦江两岸地区公共空间建设相关的设计与实施工作。

黄浦江两岸地区公共空间建设设计的主要难点与挑战在于：一是整体建设缺乏统一性、连续性。沿线各区建设开发时序、开发模式不一，在十几年开发建设过程中，两岸地区的整体风貌缺乏统筹安排，水陆之间缺乏协调组织，个别区段特色影响全线的整体性，生态系统、环境设施等专项研究缺失，滨江空间与腹地发展缺乏有效引导。二是既有标准规范缺乏可操作性。既有的地方标准过多引用了其他行业规范标准的内容，各区设计方案仍按照相应的行业规范标准审批，使得地方标准没能发挥其对两岸地区的特殊作用。另外，标准内容缺少差异化的引导模式，不同区段本身的岸线资源条件差别很大，对设计方案的指导性不足。一事一议的管理征询机制复杂，使得建设单位更倾向于政府托管式的开发建设模式，主动性没有得到有效调动。三是公共空间建设前瞻性不足。市民在公共活动需求日益多样化，青年和中老年成为在滨江公共空间中活动频率较高、人数最多的主体人群，这些活动主体对公共空间功能和设施的需要有明显变化，但是现有公共空间建设没有有效针对这些活动需求变化进行调整，市民活动需求没有得到有效满足。四是缺乏对公共空间的系统解读。较长时间内以空间要素的形式界定公共空间，甚至将公共绿地等同于公共空间，这种理解方式往往导致公共空间中公共活动功能不足、服务水平不高等多种问题，不能很好地体现公共空间的综合价值。

本报告提出，黄浦江两岸地区公共空间建设设计的总体目标是坚持“百年大计、世纪精品”的宗旨，努力将黄浦江两岸地区建设成为示范引领整个城市发展，实现生活、生产、生态空间高度统一的世界一流滨水区域。为满足总体目标的要求，确立基础目标为贯通、可达、安全、生态，确立品质目标为宜人、活力、文化、智慧。两岸地区公共空间应在满足基础性目标的前提下，逐步满足品质性目标的要求。适用范围是杨浦大桥至徐浦大桥之间的黄浦江滨江空间，即滨江第一条市政道路与浚浦线之间的范围。黄浦江滨江空间（以下简称滨江空间）具体包括近岸水域、滨江绿带和滨江第一条市政道路。滨江第一条市政道路之后的空间为腹地。内容主要面向已获批的控规为依据开展的黄浦江两岸地区公共空间建设相关的设计与实施工作。总体分类是依据上位规划的要求，结合地形、生物、水体、历史遗迹等资源特色，兼顾腹地功能，综合空间特征、资源特色和活动特点，将公共空间分为自然生态型、文化活力型和历史风貌型。核心内容是针对黄浦江两岸地区公共空间建设相关的设计与实施工作，从总体设计、生态景观、活动场所、交通设施、安全保障、配套设施等专题进行设计引导，明确落实目标的具体技术要求。

本研究成果的特点在于：

一是统筹了两岸地区公共空间总体布局。导则将滨江空间分为自然生态型、文化活力型和历史风貌型三种主要类型，有利于保持两岸公共空间的统一性和整体性，加强了空间风貌统筹。另外，导则对岸线功能、生态绿化、综合交通、安全防汛和配套设施等主要专项内容提出总体布局要求，打造功能复合的生活性岸线，保障滨江绿带整体性，严控黄浦江防洪和航运安全，提高交通服务水平，完善配套服务设施，形成统一协调的两岸公共环境。

二是提高了导则本身的可操作性。首先，导则根据公共空间的不同类型，差异化地提出技术控制指标要求，处理不同场地特征、不同资源特色带来的差异影响，例如优化调整不同类型公共空间中绿化种植面积指标等；其次，针对各区提交的具体方案，采用统一的专家论证形式，简化以往建设单位单向、多次征询各管理部门意见的复杂程序，提高建设效率；最后，可根据导则实际使用情况，每隔 1~2 年组织开展导则本身的评估工作，及时增补和完善导则内容，动态更新机制可以弥补既有标准修编时间间隔长的缺点，及时跟进建设进度。

三是满足了近期建设和远期发展的综合需求。为了满足 2017 年底黄浦江两岸地区杨浦大桥至徐浦大桥公共空间的 45 公里全面贯通的要求，导则在研究各区设计方案的基础上提出了“三线贯通”的具体技术要求，对三条慢行通道的基本技术要求、标识系统以及路面铺装等内容提出针对性的建设指标；同时，在充分市民调研基础上，提出了从完成基础性目标要求到完成品质性目标要求的具体内容，要求公共空间应逐步走向宜人、活力、文化、智慧，进一步提升两岸地区公共空间的人性化场所品质和人性化服务水平。

四是建立了公共空间的系统设计框架。提出了黄浦江两岸地区公共空间系统的主要内涵，优化并完善了生态景观、活动场所、交通设施、安全保障、配套设施等专题的技术指标，为公共空间系统化设计明确了导向。公共空间系统框架将有助于统一各方关于公共空间的认知和价值体系，有助于设计师核查设计方案的完善程度，有助于管理部门提高管理效率。

（盛开艳）

（三）科技研究

【概况】 2016 年，是上海科技创新中心建设夯实框架基础、攻坚突破的一年，也是全面完成“十三五”城乡建设和管理各项任务的开局之年。市住房城乡建设管理委围绕具有全球影响力的科技创新中心建设，深入实施创新驱动、转型发展战略，立足行业实际，开展了一系列科技工作。

【发布《推进住房和城乡建设管理领域科技创新若干意见》】 2016年12月，《关于推进本市住房和城乡建设管理领域科技创新的若干意见》正式发布实施。通过《若干意见》的深化落实，基本形成与上海科技创新中心框架相适应的住建领域科技创新体系，建成较为完善的行业技术研发体系、标准支撑体系、成果转化体系、示范应用体系和平台服务体系，培养一批行业创新领军人才和高水平团队，推进国家级创新服务公共平台建设，力争在推进住建领域新技术、新材料、新工艺、新设备创新应用方面凸显世界前沿水平。

【制订“十三五”科技发展规划】 以邓小平理论、“三个代表”重要思想、科学发展观为指导，落实创新驱动发展战略，按照加快向具有全球影响力的科技创新中心进军的总体要求，以牢牢把握技术进步方向、行业发展趋势、管理理念创新为基本要求，聚焦行业标志性领域创新突破，聚焦管理体制机制创新变革，聚焦技术成果有效落地，集聚资源、转变职能、优化环境，提升行业科技创新能力，更好地释放创新潜力，为实现城乡建设和管理行业的转型发展提供有力支撑。

1. 基本原则

（1）围绕需求，明确重点。

紧密围绕城市建设和管理重大需求，在继续引导工程建设中科技成果应用的同时，重点突出城市综合管理、城市运行安全、生态环境建设、低影响城市建设、城市更新等重点领域，以科技创新推动城乡建设和管理发展。

（2）找准定位，分类施策。

坚持政府引导，企业主体的原则，加快转变政府职能，处理好政府、社会、市场之间的关系。市场导向类项目突出企业主体，行业管理部门主要通过制定政策，营造环境，引导企业积极创新。公益性项目聚焦重大需求，更好发挥行业主管部门的组织协调作用，加强项目的总体设计，加快基础平台、基础数据、基础标准等基本建设，以利于创新成果服务社会、公益事业发展。

（3）创造环境，搭建平台。

完善政策法规，创造激励创新的环境。建立健全精简高效、有力促进成果转化的科技管理体制。依托和融入全市科技创新平台，建设完善建设和管理科技创新各类平台，加强平台的基础性、引导性、协同性功能，充分发挥服务社会、服务企业和凝聚人才的作用。

（4）抓住关键，聚焦突破。

抓住科技创新体制机制这个关键，聚焦科研成果转化应用主要环节，做好科技创新“前一公里”的顶层设计、制度安排，打通“后一公里”的瓶颈堵头，形成产学研用一体化科技创新体系。

2. 发展目标

（1）以促进行业标志性领域转型发展为重点，聚焦建筑工业化、信息化、低碳化，以高装配率工业化建筑技术体系的研究、项目全过程建筑信息模型（BIM）应用等为切入点，推动信息化与建筑业的进一步融合，促进城乡建设和管理行业的转型升级。

（2）以构建城市安全预警体系为重点，聚焦城市防涝、水环境、燃气、工程抗震、防火等，以地下综合管廊建设、市政设施运行、高层和超高层建筑安全等的监测预警和应急处置管理为切入点，不断完善基础设施的监测预警功能，提升应急联动处置能力。

（3）以城市更新和营造绿色宜居环境为重点，聚焦城乡一体化建设和环境综合整治，以多层次地下空间开发、旧区改造和“城中村”建设、海绵城市建设、绿（林）地建设、固体废弃物综合处置和清洁能源开发利用等为切入点，构建联动、均衡、和谐的城乡生态环境。

（4）以提升城市综合管理水平和能力为重点，聚焦智慧城市建设和数字化城市综合管理体系建设，以拓展和完善市级综合监管信息平台，以及基于移动互联、大数据技术的跨领域、跨部门、跨层级管理信息平台建设为切入点，逐步实现本市城市综合管理平台全覆盖及信息共享，提高管理效能和公共服务能力。

【上海市适老住区及住宅设计指南】课题组通过研究分析上海市居家养老在住区服务配套和建筑适老设计方面存在的问题，在借鉴国内外居家养老规划配置和适应性设计方面成功经验的同时，提出上海市适老住区的规划、公共服务配套、住区环境以及住宅适老化等方面的设计指南，为上海市居家养老住区规划、住宅设计标准的制定以及政府有关部门决策提供参考和依据。

【上海地区绿色办公建筑建设和运行情况调研】围绕建筑遮阳、自然通风、天然采光、地源热泵、建筑新风、排风热回收、太阳能技术、非传统水源利用等专项技术，并结合近年来上海地区建设完成并投入运营的典型绿色办公建筑项目，课题对绿色建筑技术与产品系统适宜性、建设和运营增量成本以及物业管理模式等方面进行了详细分析，从技术发展、政策制定等层面提出了提升绿色建筑品质的意见和建议，对推广绿色建筑的政策及相应标准体系的完善提供了有益的借鉴，研究成果对未来进一步发展与应用绿色建筑具有指导意义。

【上海市轨道交通多网融合的规划研究】课题对上海轨道交通发展的现状进行了评估，重点就目前上海轨道交通系统中存在的问题进行了分析，借鉴多个国际城市轨道交通功能层次划分、多网融合的实证经验，提出了上海轨道交通分层次功能定位、实现多网融合的规划策略和相关政策建议。研究成果对上海新一轮总体规划的轨道交通专项规划编制、新一轮轨道交通近期建设规划编制等提供了新的思路。

【上海市城市维护“十三五”规划】为适应上海城市发展新形势，促进上海“四个中心”和全球城市建设，进一步保障城市安全运行，提高城市维护水平和运行效率，完善城市维护项目管理体制机制，增强城市维护工作的计划性、系统性和可持续性，特制订《上海城市基础设施维护“十三五”规划》。规划通过分析“十二五”期间上海城市基础设施维护的基本情况，归纳出“十三五”期间将面临的形势。同时，规划明确了“十三五”上海城市基础设施维护指导思想和发展目标，并提出完善城市基础设施维护体制机制的宏观任务及交通基础设施、市政基础设施、生态环境等方面的具体任务。

【关于地下工程建设与创新发展的建议】建设行业是我国的传统行业，经过十几年的高速发展后，各项技术、工艺已较成熟，但同时应看到，建设行业仍然是一个高耗能产业，钢筋、混凝土、黄砂、木材等资源大量消耗，同时施工过程产生建筑垃圾及噪声污染，大量不可回收构件亦成为日后的地下空间开发（隧道等）的障碍物，其处理难度大、成本高。在相对成熟的传统行业中如何进行推动创新也是政府及相关从业人员重视的问题。以下结合三十余年的岩土工程从业经验，浅谈在地下空间与地下工程建设领域创新发展的有关建议。

1. 重视地下空间规划，统一地下空间开发地下空间建设和开发关键是规划先导，而目前规划在地下空间中的强制性条款并不多。建议成立由规划部门统一牵头协调的地下空间管理机构，在使用功能上，不仅局限于现在的地下停车场、商场等，还应扩展到地下办公室、地下医院、地下储存库（包括战略战备物资等）以及战时避难所等方面；在技术上，对地下空间的设计理念、施工技术、设备环境、消防等问题进行分类研究，并最终有机结合到整体规划中；在地下空间规划设计操作层面，应前置考虑后续开发可能对先期开发结构安全的影响，避免出现类似虹桥地下管廊由于周边地块开发而造成的不必要损害和为保护而增加的大量费用，最终打造出一座具有上海特色的“地下长城”。

2. 加强技术研发，扩大创新技术应用范围

（1）在政府相关部门的牵头组织下，开展地下空间领域具有科技含量的绿色节能产品及技术的调研工作，尤其是地下工程中的高效能可回收及装配式技术，建立创新技术产品名录。

（2）对创新技术的应用情况进行评估，并根据技术的成熟度和应用前景进行分类，指导形成创新联盟，鼓励不同阶段企业创新发展工作，例如研发阶段、试点应用阶段以及扩大推广阶段等。

（3）对于处于不同阶段的创新技术予以不同的政策支持。对于研发阶段的技术，可牵头资助相关行业单位组成联合体进行技术研发，研发成果利益共享；对于技术相对成熟，处于试点应用阶段的，可在评审、招投标、审批等方面予以支持，允许以试验段后评估方式，通过试验段的实测数据对规范要求进行复核并调整设计参数后进行试应用，减少应用、审批流程和难度；对于扩大推广阶段的创新技术，政府层面可为相关企业提供宣传平台，并加强对新技术的评审认定，从而加速新技术的应用。

3. 创新管理模式，开辟创新技术绿色通道

探索建立地下空间创新技术管理协调机构，对地下空间的创新技术进行调研、评估、试点及推广等一条龙服务和管理。重点关注各创新技术的研发资金来源、试点应用和宣传推广，为各创新企业提供信息来源和资源共享平台。例如，在研发投入方面，可整合上海市的各创新资助项目和社会资源信息（张江创新示范区及社会风险投资等），为研发资金来源提供多个渠道。再如，在宣传推广方面，可打造创新技术服务平台，将各项创新技术在平台上进行展示，并对社会公众开放，便于行业内技术交流和新技术宣传。

4. 完善规范修编，打破技术创新束缚

根据技术发展和工程实践，调整规范编制思路，不断完善规范的修编。管理部门可通过专家意见征集等方法，对现有规范中不合理条款进行收集，并与行业协会联动，及时进行规范修编或定期出台建议性条款，在保证工程安全的基础上，使“规范”成为规范行为的条文，而不是限制行为的条文，避免限制技术进步。

5. 强调政策引导，普及创新意识

不断强化政府引导职能，通过试点工程、重大办的行业评比、加强对外学习交流等强化在传统行业、传统技术中的创新意识，促进行业、组织及企业参与到地下空间建设创新发展的相关工作中。

6. 加强激励与保护，避免恶性竞争

制定和完善针对地下工程中创新节能技术的激励政策，同时强调对新技术及知识产权的保护，加强对未经授权的技术应用的惩罚，避免出现新技术由于市场恶性竞争影响应用效果，从而难以推广使用的局面。

创新，不能只靠政府号召，关键还在于创新机制的激励和行业的推动，同时，需要企业和个人突破传统技术束缚和乐于创新，需要政府、行业、企业三者紧密配合才能加

快建设行业的技术升级换代，使之在创新驱动、转型发展的经济新常态下可持续发展。

（四）科技项目管理和服务

【概况】 2016年管理科研项目94项，验收各类科研项目21项。其中验收重要项目6项，重大立项6项。

2016年立项的比较重大科研项目一览表

序号	项目名称	牵头单位
1	深坑酒店建造关键施工技术研究与应用	中国建筑第八工程局有限公司
2	基于建筑信息模型（BIM）的医院项目建筑产品应用技术（SPEC）研究	中国建筑标准设计研究院有限公司
3	新型绿色桩基系列技术研发与应用	华东建筑设计研究院有限公司
4	大口径预应力钢筒混凝土管顶管成套技术研发与应用	上海市基础工程集团有限公司
5	超大口径钢管顶管关键技术研究与应用	上海市基础工程集团有限公司
6	高速公路路面动态养护决策支持关键技术研究	上海市政规划设计研究院

【深坑酒店建造关键施工技术研究与应用】 该项目依托在建的佘山世茂深坑酒店工程，针对工程建造过程中存在的施工操作难度大、精度要求高、安全措施实施难以及工艺复杂等难点，通过采石深坑陡峭强风化崖壁加固技术、深坑内建筑综合施工技术、深坑内垂直运输施工技术、深坑内排水系统施工技术、永久性水下建筑施工技术、深坑内景观绿化施工技术等开展研究，预期形成的相关技术成果具有良好创新性，不仅可为工程的顺利实施提供技术支撑，也可为城市更新过程中对废弃场地的后续开发利用提供绿色建造的典范。

【基于建筑信息模型（BIM）的医院项目建筑产品应用技术（SPEC）研究】 该项目针对建筑产品SPEC开展研究，对基于BIM在工程项目建设和运维管理过程中清晰、准确定义产品规格及相关信息，控制工程投资，把控工程质量和提供运维管理具有重要作用，对提高工程项目精细化管理能力、管理效率以及运维管理水平具有较重要意义。该项目围绕BIM技术实施的热点，结合当前医院建设项目的工程设计、施工验收到运维过程中存在的产品应用技术问题和管理实施的难点，通过对国内外项目工程的调研和初步实践，开展建筑产品技术规格SPEC应用研究，并落实工程项目进行应用试点，该研究成果在同类工程项目的应用具有指导意义和推广价值。

【新型绿色桩基系列技术研发与应用】 该项目聚焦基坑工程和基础工程中的桩技术，针对传统钻孔灌注桩技术存在的能耗高、污染大、资源浪费严重等问题，拟以上海地区一批实际工程作为背景依托，通过一系列的技术开发、现场试验、工程实测、理论研究和数值分析，对节能降耗的桩基新技术开展系统的研发和应用，包括全套管长螺旋钻孔灌注桩技术、“桩墙合一”技术、静钻根植桩技术，该项目对于新技术的推广应用、节省工程投资、减少材料浪费、促进节能降耗和可持续发展具有重要意义。

【大口径预应力钢筒混凝土管顶管成套技术研发与应用】 该项目依托黄浦江上游水源地闵奉原水支线重大工程，针对国内大口径(DN3600)预应力钢筒混凝土管顶管技术的空白，开展预应力钢筒混凝土顶管数值模拟及结构设计、管节制作、顶管受力变形特性实测及验证、顶管施工技术及设备等成套技术研发。该项目研发成果将为重大工程实施提供技术支撑，为后续类似的顶管工程提供工程应用借鉴。

【超大口径钢管顶管关键技术研究与应用】该项目依托黄浦江上游水源地连通管重大工程，针对超大口径(DN4000)钢管顶管工程中设计和施工中存在的难题，开展超大口径钢顶管的受力特性测试、计算模式及顶管施工等关键技术研究。该项目研发成果将为重大工程实施提供技术支撑，同时为后续类似的顶管工程提供工程应用借鉴。

【高速公路路面动态养护决策支持关键技术研究】 该项目针对高速公路养护决策中所面临的共性和特性问题，研究建立以道路快速检测及快速评估大数据为支撑、以预防性养护理念和方法为核心的高速公路动态养护决策体系，形成高速公路动态养护决策支持技术。项目将重点研究高速公路路面快速检测手段与方法，突破道路表层及内部损伤快速检测，与现有检测技术结合形成完整的高速公路技术状况信息快速采集体系；基于快速检测指标，发展高速公路路面快速评估方法，研究道路表面功能与内部结构功能快速评定，对既有的技术状况评价体系进行补充，建立高速公路路面技术状况的演变历程及趋势发展模型；研究高速公路预防性养护维修核心知识库，以快速检测评估的大数据为支撑，建立适合上海高速公路管养的路面动态养护决策方法体系。在典型工程加以集成示范，形成自主知识产权的高速公路动态养护决策关键技术。

【超深埋长大越江隧道设计施工关键技术研究】6月3日，由上海黄浦江越江设施投资建设发展有限公司牵头承担的“超深埋长大越江隧道设计施工关键技术研究”科研项目通过住建部验收。项目依托上海虹梅南路隧道工程，针对软土地区超深埋隧道，采取细化隧道埋深、改进计算模型和优化配筋构造等措施，使隧道衬砌配筋率明显降低；首次建立超深埋（-59米）、高水压、砂性地层条件下超大直径泥水平衡盾构施工控制关键技术和管理体系，提出超深埋盾构法刀具磨损量化分析方法，形成超大直径泥水平衡盾构带压换刀方法、安全措施，研究建立管片接缝防水实验方法和装置。研究揭示超大直径泥水平衡盾构施工地层扰动机理，提出以“管道容许曲率”为控制标准的盾构穿越高危易爆管线的保护参数控制方法，研究成果总体水平达到国际先进。

【高等院校校园建筑能源管理体系研究】7月22日，由同济大学承担的“高等院校校园建筑能源管理体系研究”科研项目通过住建部验收。项目通过文献和全国典型高校建筑能源管理调研，分析我国高校校园建筑能源管理现状，确定高校校园建筑能源管理体系的适用范围，全面识别校园建筑能源使用的影响因素。利用PDCA理论，从技术端和管

2016验收的比较重大科研项目一览表

序号	项目名称	牵头单位
1	超深埋长大越江隧道设计施工关键技术研究	上海黄浦江越江设施投资建设发展有限公司
2	高等院校校园建筑能源管理体系研究	同济大学
3	基于物联网的预应力数控智能张拉设备及成套技术	上海同吉建筑工程设计有限公司
4	超(特)大城市养老服务模式创新和专项规划编制实施研究	上海市城市规划设计研究院
5	低能耗环保型泡沫环氧沥青混合料的研制	上海市政工程设计研究总院（集团）有限公司
6	中国传统榫卯木结构维修加固方法研究	上海市建筑科学研究院（集团）有限公司

理端两个方面，建立高校校园建筑能源管理体系和运行模式。并以上海某综合性高校为例，进行应用实践。项目发表SCI论文1篇，国内期刊论文3篇，培养硕士研究生2名。

【基于物联网的预应力数控智能张拉设备及成套技术】4月20日，由上海同吉建筑工程设计有限公司承担的“基于物联网的预应力数控智能张拉设备及成套技术”科研项目通过住建部验收。项目组研究开发基于物联网的预应力数控智能张拉设备及成套技术，实现系统的数字化、精准化、实时化等功能。张拉施工阶段，由系统专家库支持、完善处理路径解析、实现按比例进行同步智能张拉模式。自动判析系统运行，同步实时测定锚固回缩、任意线形摩擦系数、锚口及变角损失。建立预应力结构健康监测系统，实现了施工阶段和正常使用阶段的预应力监测、预警判断、报警等功能。项目成果成功应用于国家和省市级重点重大工程十余项，并拓展应用于拱桥吊索调整等领域，起到保证质量、降低风险、缩短工期的作用。其中部分成果已被国家和地方标准引用，项目成果总体达到国际先进水平。

【超（特）大城市养老服务模式创新和专项规划编制实施研究】该项目突破原有围绕机构养老的规划模式，提出基于需求和趋势的养老服务模式和专项规划编制方案，对未来养老服务模式发展趋势、设施体系、存量利用与增量规划、社区居家养老、养老设施配置标准等进行总体研究和科学判断，提出的规划思路及实施措施具有前瞻性、创新性。项目研究提出超（特）大城市养老设施规划编制体系和实施机制，包括专项规划与城市总体规划等不同层级规划的衔接，尤其是基于社区层面的规划体系，形成养老设施规划实施评估方法和监测机制，为养老规划编制和规划实施提供有较强操作性的方案。

【低能耗环保型泡沫环氧沥青混合料的研制】该项目研究将发泡技术运用于环氧沥青，解决现行环氧沥青施工和水难以相容的问题；通过降低出料温度、压实温度，解决环氧沥青施工可操作时间过短的问题；通过降低沥青用量，控制环氧沥青铺装的实施成本，减小环氧沥青的模量，扩大泡沫沥青混合料的使用范围。项目组在研究成果的基础上编制了泡沫环氧沥青施工指南，发表论文5篇，申报国家发明专利2项。

【中国传统榫卯木结构维修加固方法研究】该项目在前期研究的基础上，针对传统榫卯木结构中的关键受力构件（木梁、木柱和节点）和整体框架，研发了多种工程实用的维修加固方法，包括进行螺丝连接钢板加固木梁抗弯试验研究，提出了可逆加固设计方法；完成了粘贴CFRP布、内嵌CFRP筋、粘贴钢板和螺丝连接钢板等方法加固木梁的1200天长期性能试验，建立了加固木梁五参数蠕变模型和数值分析方法；进行竹斜撑、角钢和CFRP布加固透榫节点的试验研究，分析加固透榫节点的抗震机理和破坏模式，比较分析了各加固方法的加固效果；开展了增设竹斜撑、钢支撑和角钢加固榫卯节点木框架的试验研究，对比研究了各加固方法的效果和适用性。该项目研发的木梁可逆加固、透榫节点及框架加固等方法具有创新性，已获得授权国家发明专利2项、授权实用新型专利3项、申请国家发明专利4项，共发表核心期刊学术论文4篇、SCI收录论文1篇，已在7项工程中得到成功应用。

（五）获奖项目

【概况】30个项目获得2016年度上海市科技进步奖，其中，技术发明二等奖2项，科技进步一等奖 2 项，科技进步二等奖 12 项，科技进步三等奖 14 项。

序号	奖项等级	项目名称	完成单位
1	技术发明二等奖	大面积软土地基快速高真空击密关键技术及工程应用	上海港湾基础建设（集团）有限公司 中国人民解放军海军工程设计研究院
2		水下挤密砂桩施工工艺	中交第三航务工程局有限公司，中交上海三航科学研究院有限公司，中交第三航务工程局有限公司船舶分公司
3	科技进步一等奖	地下工程穿越快速铁路的创新技术及其应用	同济大学 中铁二十四局集团有限公司 宏润建设集团股份有限公司 上海东华地方铁路开发有限公司
4		高层住宅装配整体式混凝土结构工程关键技术及应用	上海建工集团股份有限公司，上海隧道工程股份有限公司，同济大学，上海市建筑建材业市场管理总站，上海市建筑科学研究院（集团）有限公司，上海市房地产科学研究院，上海万科房地产有限公司，上海市建工设计研究院有限公司，上海市城市建设设计研究总院
5	科技进步二等奖	LED隧道照明系统技术	复旦大学，上海市隧道工程轨道交通设计研究院，上海城投公路投资（集团）有限公司
6		水质污染自动监测与智能预测预警技术及应用	上海海事大学，河海大学常州校区，无锡大禹科技有限公司
7		复杂高层建筑性能花抗震设计理论与关键技术	同济大学，华东建筑设计研究院有限公司
8		低碳型城市污水脱氮除磷关键技术与应用	同济大学，上海市政工程设计研究总院（集团）有限公司，上海交通大学
9		城镇供水浸没式超滤膜净水技术及示范应用	上海市政工程设计研究总院（集团）有限公司，上海市政工程设计科学研究所有限公司
10		大宗固废大掺量利用关键技术及其在绿色建筑围护结构中的产业化应用	上海市建筑科学研究院（集团）有限公司，上海市建筑建材业市场管理总站，上海中房建筑设计有限公司，上海城建物资有限公司，上海海砌建材有限公司，上海鑫晶山建材开发有限公司
11		迪士尼工程绿色建设关键技术研究与集成示范	上海申迪（集团）有限公司，上海市城市建设设计研究总院，上海市环境科学研究院，中国建筑西南勘察设计研究院有限公司，上海申迪园林投资建设有限公司
12		全浮筑双层中空外壳隔声结构高水准音乐厅关键技术研究与应用	上海建工四建集团有限公司，同济大学建筑设计研究院（集团）有限公司，上海交响乐团，上海市安装工程集团有限公司
13		大型海外工业项目模块化建造关键技术与工程应用	中国二十冶集团有限公司，中国瑞林工程技术有限公司，西安建筑科技大学
14		超大断面矩形顶管法隧道建造成套关键技术及应用	上海隧道工程有限公司
15		高能级强夯地基加固成套关键技术与施工装备的研发及应用	上海申元岩土工程有限公司，中化岩土工程股份有限公司，同济大学

续表

序号	奖项等级	项目名称	完成单位
16	科技进步二等奖	国内首台大断面矩形盾构机研制及隧道设计施工技术	上海申元岩土工程有限公司，中化岩土工程股份有限公司，同济大学
17	科技进步三等奖	建筑空间环境节能技术	同济大学
18		上海综合交通模型体系研究	上海市城乡建设和交通发展研究院
19		超大面积大跨度钢结构屋盖全柔性整体提升关键技术研究与应用	中国建筑第八工程局有限公司，上海飞机制造有限公司，上海建科工程咨询有限公司
20		盾构智能化再制造集成技术	上海申通地铁集团有限公司，上海地铁盾构设备工程有限公司，同济大学，上海隧道工程有限公司，上海市基础工程集团有限公司
21		轨道交通双U箱型复合变截面节段拼装梁的设计、施工关键技术的综合应用	上海申通地铁集团有限公司，中国铁建大桥工程局集团有限公司，上海市政工程设计研究总院（集团）有限公司，中铁建大桥工程局集团第二工程有限公司，中铁二十三局集团轨道交通工程有限公司
22		深大基坑工程逆梁顺板叠合成型绿色建造技术	上海建工一建集团有限公司，上海建工集团股份有限公司，同济大学
23		基于数值模拟和大数据挖掘的公共建筑综合能效优化关键技术研究与应用	上海东方延华节能技术服务股份有限公司，同济大学，上海延华智能科技（集团）股份有限公司
24		超大直径泥水平衡盾构施工工法创新及应用	上海隧道工程有限公司
25		地下空间的网络化互通群体深基坑工程关键技术研究与工程示范	上海建工四建集团有限公司，上海建工二建集团有限公司，上海建工七建集团有限公司，上海建工一建集团有限公司，上海建工五建集团有限公司
26		卵石及土岩复合的富水地层中深基坑施工关键技术	上海市基础工程集团有限公司
27		巨型环状特殊结构建造成套技术	上海市机械施工集团有限公司，华东建筑设计研究院有限公司，华东建筑设计研究总院，同济大学
28		低碳多功能超深障碍桩高效清除成套设备及工艺	上海市城市建设设计研究总院，浙江鼎业基础工程有限公司，上海交通大学
29		面向运营实效的绿色建筑集成设计优选方法研究与应用	华东建筑设计研究院有限公司，上海市建筑科学院研究院，上海市建筑建材业市场管理总站
30		利用固体废弃物生产无机保温材料的关键技术及其规模化应用	上海大学，上海宇培特种建材有限公司，上海市建筑科学研究院（集团）有限公司

【高层住宅装配整体式混凝土结构工程关键技术及应用】 该项目属于土木建筑领域。项目组针对装配整体式混凝土结构应用于高层住宅的关键技术难题，从结构新体系研发、结构受力性能与设计技术、装配施工与构建制作技术等方面着手，深入、系统地开展了理论与技术创新研究，取得如下成果：1. 研发了9类适用于高层住宅的新型装配整体式混凝土结构体系（包括5类剪力墙结构和4类框架结构），创建了上海市装配整体式混凝土住宅工程设计、制作、施工及验收标准体系。2. 系统完成了装配整体式混凝土结构

静力性能和抗震性能试验与理论研究，发展了装配整体式混凝土结构基础理论，形成了高层住宅装配整体式混凝土结构设计技术。3. 研发了装配整体式混凝土结构标准化安装技术；研发了预制构件高效安装机具及其工艺技术；开发了预制构建三向精细化安装控制技术以及新型高效安全防护技术。4. 建立了标准化预制构件系统；优化开发了预制构件智能化生产控制系统；开发了高精度组合是模具系统；研制了可实现预制构件快速脱模的高效减水剂；研制了智能化预制构建生产流水线；研发了预制构件无损运输与存储技术。该项目发表论文 69 篇，授权国家技术专利 27 项，主（参）编了 4 部国家 / 行业标准，建成了上海市智能化程度最高的机组流水生产线（年产能 10 万立方米）。项目研发的新型结构体系已直接应用于 19 项高层住宅，总建筑面积 58.4 万平方米。此外，项目成果还间接应用于北京、江苏、沈阳等地的一大批工程中，辐射效应显著。

【地下工程穿越快速铁路的创新技术及其应用】 该项目属于交通运输工程领域。随着交通基础设施建设的快速发展，大量道路、轨道交通等工程需地下穿越既有快速铁路干线。由于快速铁路对轨面平顺性要求极高，需要下穿铁路施工变形量值极小，传统技术难以实现；在地质条件极软弱、高铁网络最密集、铁路运输最繁忙的长三角地区开展下穿铁路施工，更是国际工程界的一大难题。为此，该课题组历经 10 余年，通过多项国家和省部级研究计划，全面参与长三角地区的下穿铁路科研和时间，取得了以下创新成果：1. 率先构建了车—轨—路（桥）—下穿工程“四要素”耦合系统动力学设计理论和方法，实现了下穿铁路设计从单一结构分析到系统安全分析，从拟静力到系统动力设计方法的跨越。2. 发明了基床管棚法、隧道—路基刚度匹配分区加固法、刚柔复合结构逐阶变形阻隔法等下穿铁路变形控制设计方法，研发出了长管棚智能化导向和定位、盾构土仓压力波动设计等智能化、精细化施工技术与装备，将下穿施工时轨面变形控制在毫米级，并在国际上首次成功穿越 300 千米 / 小时运营高铁。3. 研发了轮轨作用环境干扰下轨道变形高精度测量与实时监控预警技术，使轨区监测精度达到 0.5 毫米，实现了预警即时响应。该成果整体达到国际先进水平，多项关键技术处于国际领先，共获得发明专利 16 项、实用新型专利 19 项、软件著作权 3 项、国家级工法 2 项、省部级工法 3 项，培养硕博士 20 余名；近 3 年累计新增产值 56.8 亿元、利润 5.7 亿元、税收 2.2 亿元；实现了高效省时、绿色施工，进一步提升了我国高铁的品牌效应。

（崔严慧）

PART FOURTEEN XIV

区城建设

DISTRICT CONSTRUCTION

（一）黄浦区

黄浦区建设和管理委员会

2016年，区建设管理委在区委、区政府的正确领导下，以“两学一做”学习教育为契机，全面贯彻党的十八届四中、五中全会，十届市委十次全会，一届区委十一次全会以及2016年黄浦区务虚会精神，切实按照区政府目标管理制度推进目标管理和全年工作，攻坚克难推旧改、坚持不懈惠民生、集思广益谋规划、从严从实抓党建，全力以赴、狠抓落实，各项工作取得了良好成效。

一、旧区改造取得积极成效

围绕“签约5500户、收尾5个项目”的总体任务目标，区旧改系统重点聚焦毛地处置、历史风貌保护以及民生保障项目，全力推进旧改各项工作。尤其是下半年以来，面对全市二手房市场火爆、房源供应调整压缩的严峻挑战，黄浦区在控制房源使用、政策性推动货币安置等方面率先做了尝试，取得了突破性进展。

全年累计完成旧改签约5518户，老西门新苑1-6地块、淮海中路130街坊、115街坊西块二期、琴海苑、董家渡2号、3号地块、文化广场、历史博物馆8个项目顺利生效，123和132街坊（北块）、尚贤坊、160街坊、董家渡18号地块、文化广场、历史博物馆6个项目实现收尾。此外，福佑北块、547地块、南浦地块、72街坊、亚龙地块、高福里等项目的前期推进工作也有序开展，为明年的启动实施打下了坚实的基础。

二、重大项目协调推进平稳有序

在区重大办、滨江办的牵头组织和统筹协调下，重点围绕轨道交通前期、“一带四组团”重点功能区建设以及滨江公共岸线贯通，细化节点目标、分解落实责任，重大项目协调推进效率得到进一步提升。

市重大工程方面，轨道交通14号线“三站一井”前期工作按计划推进，豫园站完成交地，施工单位已进场作业；大世界站周边金陵东路国洲城涉及的风貌保护相关工作全部完成，亚龙广场交地，区市政配套工程公司和隧道工程公司已进场施工；黄陂南路站开展管线搬迁及站本体开挖；茂名路风井正进行管线施工，同步做好对周边居民及商户的维稳工作。轨道交通13号线淮海中路站建设涉及的淮海中路670弄和卜龄公寓房屋修缮工程竣工，居民过渡回搬于2016年8月底前完成。大世界保护修缮项目顺利完成，于12月28日按期实现试营业。

商业商务项目方面，董家渡13/15地块（南块）、建国东路390号、龙华东路99街坊等项目开工建设；南外滩596、洛克外滩源项目竣工，验收工作有序推进；65街坊（北块）结构封顶，内装修完成80%；179地块部分单体完成主体结构验收；65街坊（南块）、南外滩594、复兴地块等项目按计划推进，全年竣工产出20万平方米。

滨江公共空间建设方面，完成了滨江综合开发指挥协调机构调整，新组建了黄浦区滨江综合开发领导小组，统一领导推进区滨江综合开发工作，实现了黄浦区滨江岸线约8.3公里统一开发、推进和协调。具体项目中，中山南路地下通道年底通道主体结构工程完成45%；外马路—苗江路连通、世博浦西岸线优化、卢浦大桥节点陆域部分已进场施工，卢浦大桥节点水域部分正进行绿化搬迁工作；南外滩滨水区2.2公里范围内的960米、370米、870米三段岸线综合改造工程已初步形成实施方案，并启动前期清退工作；十六铺中心二期工程正在施工，明年6月确保竣工；环卫码头、市政污泥码头、城投作业码头搬迁已落实相应措施，明年3月关闭。

三、民生保障和改善工作有序落实

1. 全面完成区政府实事项目

继续做好历年民生工程，优化二次供水

设施改造报建、监管、支付和实施的流程与细节，会同区房管局、财政局、相关街道和集团公司完成改造33万平方米、受益户数6500户，并同步移交接管；联合区房管局和市区供电公司完成3.4万户“光明工程”更新改造；15处共8000平方米的街坊弄堂排水系统修缮工程全部完成。在全市率先实现液化气钢瓶全配送，牵头区政府相关职能部门、街道办事处和区属企业集团共同推进实施，协调解决了临时中转点设置、配送费补贴、配送用车临时停靠、用气安全属地化管理等一系列瓶颈问题，并通过对用户数量和分布、用气需求量等情况的综合分析，确定了全配送分步实施方案，5月起在豫园、外滩街道试运行，8月实现全配送。

2.“两会”办理全面完成。区建管委共收到并办结“两会”办理件26件，其中区人大代表建议6件（主办4件，会办2件），区政协委员提案20件（主办13件，会办7件），荣获区政协授予的2014—2016年度先进承办单位表彰。

3.高效办理来信来访、信息公开和市民热线答复工作。全年受理来信来访件1891件，做到了初次信访件受理告知率、按时办结率、市网上信访公开回复率、重要交办信访事项解决率均达100%。召开7次信访专题会、1次信访工作专题培训会，重点根据国家信访系统录入要求，对受理、答复、处理和办结报告等环节进行了培训，实现所有上级转交办的信访件均通过国家信访系统办理。主动公开公文41件，全文电子化率达100%，受理政府信息公开申请71件。密切关注12319、12345市民服务热线和门户网站网民留言等服务渠道，共处置12345市民服务热线2601件，网上咨询316件，做到了件件有落实、单单有反馈。

4.深入推进依法行政。完成推进“四张清单”落地、事中事后监管工作方案编制、依法治理优秀案例报送、综合监管系统企业信息归集等工作，制定完善行政服务事项清单、服务指南及业务手册。根据区审改办的统一安排，2016年7月25日起，全委行政审批窗口受理工作全面进驻黄浦区行政服务中心，并组织了相关培训确保工作衔接。全年行政处罚办结18件，处罚金额共计103.95万元。出庭应诉行政诉讼案件2件，并根据区法制办的要求落实领导干部出庭旁听。

四、各项行业管理工作实现新突破

2016年，区建管委切实按照打造“标杆”、实现“前列”的要求，在做好建筑、市政、交通等行业日常管理的同时，重点加强了体制机制创新，取得了一定成效。

1.综合交通管理水平显著提高

（1）强化行业监督管理。完成配建公共停车场（库）设计方案2项，设计文件3项，竣工验收5项。新开业23家、歇业18家、变更15家。目前全区在册备案196户、203库，总泊位27963个，总面积127.37万平方米。道路停车场共123路段、泊位2431个，全年上缴财政的道路停车收费共计5049万元。

（2）编制专项规划，优化局部交通组织。编制完成全区单行道规划、三甲医院周边交通疏导整治规划以及重点学校周边交通疏导整治规划，会同公安交警部门以泛东街地区为重点新增9条单行道（包括泛东街内5条、长沙路、黄河路、乌镇路和盐码头街），以医院、学校、商务区周边为重点区域新增355个道路停车位。

（3）加大信息化建设力度。全力推进POS机及咪表等设施设备全覆盖，在中心城区率先实现道路停车100%电子收费。积极推进黄浦区停车诱导系统一期改造工程，在全区新增39块停车诱导屏，同步搭建服务器和开发手机app。在全区范围内符合要求的停车场（库）中推进电子收费系统改造及充电桩装置工作，完成改造并检测合格企业175家，待检测3家。

（4）联勤执法，专项整治交通违法占

道“僵尸车”。从涉及“僵尸车”的15条道路停车场中选出4条矛盾突出、民怨较大的作为突破口，会同区交警支队、城管执法局以及街道等部门开展专项联合执法，3月23日现场拖走违法车辆4辆、劝离4辆，并通过电视台曝光，对其他违法车辆起到了极大的震慑作用。

（5）实施道路“小改小革”改扩建项目。通过浙江中路非机动车道改建、瞿溪路机动车道拓建、仁济医院港湾式停车站改建等项目，解决部分急难路段通行矛盾。

（6）多措并举拓展停车资源。协调在露香园路旧改基地内设置临时停车场，增加豫园旅游大巴停车位；针对老旧小区停车位严重不足的问题，依托街道网格化管理平台，研究支小路、小市政等道路管理权限属地化，目前已有元芳弄等小区试点，反馈情况良好；引入专业停车管理企业，推进潮汐式停车，已在太阳都市花园、瑞金医院、仁济医院、永业公寓、铁二小区、蒙智园等项目试点，缓解了部分医院、居民区、创业园区停车难问题。

2. 市政设施管理养护得到强化

（1）加强城市道路挖掘、占路审批和水务监管。全年共受理路政许可657件，其中掘路审批377件，占路审批280件，另受理夜间施工备案513件。继续加大掘路计划管理力度，减少重复开挖。对违规排污行为发出水务责令整改书10份，作出行政处罚1件。同时，主动上门帮助工地控制泥浆排放，规范排水行为。

（2）道路建设项目顺利推进。今年市府实事项目四川中路、保屯路、顺昌路积水点改善工程于年底顺利完成下水道和道路大修，四川中路架空线入地工程顺利推进，计划明年一季度全面完成，尚文路市政道路拓宽工程正在实施房屋征收。15处共8000平方米的街坊弄堂实施积水点改造工程全部完成。

（3）服务保障城区正常运行。全年共完成道路养护272644平方米，清洗保养路名牌43238块次，新装、调换隔离设施14362米，油漆、保洁隔离设施7061公里，人行天桥、地道保养4564座次。疏通下水管道836.183公里，清捞检查井77852只次，清捞进水口94752只次，清除管道污泥11243立方米。积极应对1月下旬雨雪寒潮极端天气，配合供水企业做好水管爆裂抢修工作；切实保障马拉松赛安全，组织专人加强对涉赛道路设施巡视检查；完成人民大道、广东路两座人行地道、复兴路（河南路）、徐家汇（鲁班路）路两座车行地道的电气设备、集水井、泵阀、管道等设备维修保养以及复兴路地道遥控监控视频的安装，制定完善了人行地道和下立交泵房专项管理办法。

（4）全力配合城市顽症综合治理。配合街道、市容、房管、城管、公安等部门做好区内“1+10+X”重点区域整治工作。在市级重点“泛东街”区域内，对路况较差的17条市政道路和人行道进行翻新，拓宽部分路段，调整交通组织。对14条道路的架空线全面排摸、整理和捆扎。协调供水企业实施上水管道更新和下水道改扩建，提高居民用水水质和排水能力。协调供电企业更换2800户居民电表箱和进户线，排除用电隐患。协调做好中华新村和聚奎新村的煤气入户方案设计和施工配合。在区级及街道级重点区域内，完成广西北路、贵州路、宁波路、天津路、昭通路等道路整治工作，使南京路步行街周边道路面貌得到了较大改善；配合半淞园街道和老西门街道菜场整治实施厅西路、凝和路、乔家路道路整治和上水管道更新铺设及路面铺设；配合外滩街道实施大世界周边2200平方米人行道石材铺设和环境整治以及宁海东路道路整治。

（5）着力提高市政行业市场化、标准化水平。进一步开放市政建设、养护市场，鼓励本区企业走出去、外区企业走进来，今年雅乐市政公司承接了东海大桥桥面铺设工程，黄浦市政公司承接了延安路中运量公交信息线管道铺设工程，此外，黄浦区保屯路排水系统修缮工程由徐汇区市政工程养护公司中标承接。加强养护作业标准化建设，严格执行相关作业标准。引入第三方专业机构对排水管道采用闭路电视监控系统（CCTV）、声呐等技术手段进行监测，完善养护质量监管和绩效考核体系。针对所有养护企业做到月初有计划、月末有考核，考核结果综合考量区建管委专项检查结果、网格中心反馈、第三方专业机构监测以及社区民意等因素，根据考核得分按百分比向各养护企业拨付养护经费。

（6）探索海绵城市和架空线入地建设。牵头协调规划、绿化市容、环保、房管等部门，在各类建设项目中严格落实海绵城市建设目标、指标和技术要求，今年将董家渡13、15地块商住办项目新建项目列为试点，努力打造上海市中心具有示范意义的海绵城市改建项目。在人行道、步行街、广场和停车场等场所中建设优先采用透水铺装，提高道路通行舒适性和安全性，今年已在苗江路、龙华路等世博园区周边道路改造项目中增加1.6万平方米透水人行道的铺设。结合市府实事项目四川中路积水点改善和道路大修工程以及中山南路地下通道建设、滨江公共空间建设，试点实施架空线入地。

3. 防汛防台各项工作全面落实

根据2月26日市防汛指挥部扩大会议及区委、区政府要求，今年的防汛工作立足于防大汛、抗大灾、抢大险，做到“早安排、早启动、早落实”。

一方面落实各项汛前准备工作。按期完成预案修订，3月10日召开了全区范围内的防汛工作会议部署落实全区范围内的汛前隐患排查工作，在汛前排摸出一批隐患并落实整改。完成了对154家地下空间管理单位的防汛安全调查摸底，组织了一次防汛演习和地下车库防汛专项演习，进行了防汛工作责任书签约，并针对防汛干部变动较大的情况，邀请市防汛办专家做了专题工作培训。完成防汛干部职工手机接收防汛预警短信的登记上报以及防汛信息库的更新上报工作，组织新到岗位防汛干部进行防汛信息系统操作培训。

另一方面组织落实防御台风和暴雨的工作。汛期顺利防御了1号台风“尼伯特”、14号台风“莫兰蒂”以及14次暴雨、1次高潮位。会同区教育局、各街道完善人员撤离方案，确保台风影响时人员的撤离安置能够有序完成。汛期24小时值班启动后，区防汛办采取现场核实、查看资料、电话抽查等方式，对全区防汛值守特别是部门负责人带班情况进行了5次督查，确保各部门值班制度落实、相关负责人到岗到位、值班记录规范和信息上报及时。

4. 建筑市场规范管理深入推进

（1）强化安全监管高压态势。召开全区建筑工地安全生产大会，启动以“强化安全发展观念、提升全民安全素质”为主题的安全月活动，推广组建兼职安全员队伍。举办安全保障教育先行系列宣讲4场，对新进农民工安全教育与安全月专题教育4场，举办职业道德与文明施工专题教育2场。严肃查处无证施工、违法分包非法转包挂靠等违法违规问题，全年开展各类专项检查9次，出动检查人员800多人次，查出问题1500多条，并全部落实整改。

（2）建筑工程质量稳中有升。认真落实住建部建设工程质量两年治理行动，督促区内所有土建项目五方责任主体均签署终身责任制承诺书，竣工工程严格实施永久性标牌要求，将工程质量责任真正落实到人。按全面推进建设工程施工质量标准化管理，董家渡10号地块、黄浦区109街坊改造工程，黄浦区594、596（北）街坊商办，卢湾区127街坊项目四个建设项目已开展质量标准化试点。

（3）运用新技术提高监管水平。首先，大力推进建筑信息模型（BIM技术）推广试点工作，完成制订《黄浦区建设系统建筑信息模型技术应用推广方案》，并落实“复兴地块办公用房项目和小东门616、735街坊地块项目”两个建设工程的BIM技术应用试点项目。其次，推动黄浦区建筑产业化发展，完成制定《黄浦区进一步推进装配式建筑发展若干意见》的通知，积极与区发展改革委、规划土地局、房地局等部门按照管理规定严格落实本区装配式建筑。最后，继续推进建筑工地安装远程监控工作，与区安监局联合下发《黄浦区建筑工地远程监控管理工作方案》，通过科技手段远程监控建筑工地实时动态，目前共有6个大型土建工地已完成监控摄像设备的安装，其余工地正在进一步推进实施。

（4）健全文明施工长效管理机制。联合区总工会举办“黄浦区第三届建筑工人技能竞赛”活动、黄浦区建设工程安全质量文明施工管理培训班以及2016年度黄浦区建筑工地文明施工推进会暨社区文明监督员授牌仪式。通过加强与社区居委的联建共建，认真实施重大施工节点转换告知、定期听取居民代表意见、每月15日向居委会征询文明施工意见等制度，形成工地围墙内外加强文明施工管理的联动、互动。坚持每月20日的全区工地片区互查制度，促进工地互相学习、取长补短。今年以来，黄浦区建筑工地在全市文明指标测评中，始终保持全市领先地位。

（5）提高建筑业管理服务。加强招标项目的管理，推进电子招投标工作开展，做好项目招标前置条件的把关，注重项目招标文件的备案，严格开、评标场内行为，做好备案资料的复核工作。继续为重点项目做好服务和管理工作，建设规范、高效的绿色受理通道和监督管理体系，把好建设工程原材料关，实现重大工程“合理工期、确保安全、提升质量、创优示范”的要求。例如，针对大世界项目，董家渡13、15地块等重大项目由专人负责专人跟踪，有效加快了重大项目进度。利用微信将建筑建材检测信息快速发给施工单位及监理，确保其第一时间知道检测结果，保证施工进度。同时，行政审批受理窗口搬至区行政服务中心统一窗口后，进一步梳理和简化建设项目办理流程，真正做到全部事项“一次告知，两次办结”并见到实效。

（6）大力提升建筑节能水平。以建筑产业化示范项目为工作重点，以点带面，示范先行，实现建筑施工节能、新建建筑节能、既有建筑节能改造等全面迈上一个新台阶。重点推进新建绿色建筑高标准的管理，积极推广太阳能、地热、雨水、光伏发电等可再生能源在建筑中的应用，着力打造绿色、低碳的中心城区。完成申报二星以上6个绿色建筑设计认证，涉及建筑面积44.9万平方米，完成两幢新建大型办公楼宇分项计量安装工作。

黄浦区绿化和市容管理局

2016年，区绿化市容局认真贯彻执行党的十八大和十八届五中、六中全会精神，积极践行创新、协调、绿色、开放、共享五大发展理念，全局上下紧紧围绕区委、区政府年度工作目标，统一思想、细化方案、分解部署、落实责任；紧紧围绕打造“四个标杆”、实现“四个前列”的目标要求，补齐短板、治理顽症；为加快黄浦区建设世界最具影响力国际化大都市中心城区不断努力。重点聚焦“十三五”开局、聚焦短板难点、聚焦重大项目、聚焦基层基础，圆满完成了2016年度各项目标任务。现将主要工作情况报告如下：

一、年度重点工作推进情况

1. 年内完成年度绿化建设指标。2016年全区将完成推进绿化建设任务总面积为6万平方米，其中公共绿化2万平方米、专用绿化2万平方米、立体绿化2万平方米。目前，公共绿化项目已完成建设面积为3542平方米，其余16597平方米正按计划进入绿化进场施工阶段，预计12月底前完工。年内公共绿化项目可完成总面积将达20139平方米。专用绿化项目已建成20228平方米；立体绿化项目已建成20085平方米。专用绿化和立体绿化两项已提前并超额完成年度指标，年内建设6万平方米的绿化指标均有望超额完成。

2. 推进“夜公园”开放项目已完成。为了做好今年“延长全区11座公园开放时间”的区政府实事项目，区绿化市容局进行了深入细致的工作调研，多次与市公园管理中心等部门进行协调对接，并主动走访其他区县学习经验。自7月1日起，全区11座公园在完善配套设施、强化管理制度的基础上，按计划实施了“夜公园”开放，经过连续四个多月的运行，公园管理平稳有序，社会反响良好。

3. 淮海路灯光景观改造方案基本形成。为了全面提升淮海路及周边地区灯光景观的规范性、舒适性、文化性、艺术性、时尚性，区绿化市容局结合淮海路区域经济发展方向，研究市容环境面貌综合提升需求，联合相关高校、协会及国内外知名设计师等，对淮海路灯光景观进行了前瞻性、可行性规划设计。目前设计改造方案已基本形成，并广泛听取了沿线商家、单位和居民的意见建议。相关改造方案已向区领导做了专题汇报，并将在此基础上进行进一步修改完善。同时，为了更直观地感受景观灯光改造的综合效果，区绿化市容局还对淮海中路622弄弄口开展了景观美化改造试点，获得了普遍认同和好评。

4. 持续推进垃圾分类减量。进一步巩固和提高渗滤液、装修垃圾、酒瓶、花泥等垃圾的专项处置力度，强化小区湿垃圾、菜场垃圾的分类运输处置，完善居民小区湿垃圾分类分拣分运措施，推进小区“垃圾分类”志愿者队伍建设，提高居民群众参与率，提升垃圾分类减量实效。在巩固现有13万户居民家庭垃圾分类质量的基础上，继续推进3万户家庭实施垃圾分类，垃圾分类覆盖户数已达16万户，基本实现了全区可分类小区分类“全覆盖”的目标，“绿色账户”累计开通数量已突破13万户。

5. “重塑老城厢”取得实效。按照“补短板、治顽症、惠民生”工作理念，区绿化市容局在区委、区政府的统一领导下，大刀阔斧地推进“1+10+X”区域环境综合整治，特别是在豫园、小东门老城厢市级重点整治区域，在可绿资源紧缺、店招店牌无序、环卫设施老旧缺失、区域环境脏乱、违法搭建严重、马路菜场随处可见的“泛东街”地区，开展市容环境综合大治理行动，对老城厢区域的绿化、店招店牌、环卫设施、灯光景观、架空线缆、墙面等进行综合设计调整，使老城厢市容环境面貌焕然一新，切实让市民群众感受到了巨大变化。

6. 进一步强化建筑装修垃圾源头管控。深入贯彻市、区两级政府关于进一步加强建筑装修垃圾管理的工作要求，研究并制订黄浦区建筑装修垃圾全程管控工作方案，坚持依法治理、源头治理、综合治理相结合，提升源头分类质量，促进资源回收利用与增强末端处置能力并重。按照“全量申报、分类投放”的工作要求，筹建中转处置场所，完善收运体系，建立并落实各环节工作职责，重构黄浦区建筑垃圾收运处置体系，同时按照任务量进行经费测算，全力保障全区建筑装修垃圾运输处置规范有序。

二、绿化建设挖掘增量潜力

1. 积极做好重大工程建设绿化配套。一是全力做好老城厢集中整治绿化配套。通过前期排摸和实地踏勘，以“东街变绿街”为主要目标，对豫园、小东门市级重点整治区域内的行道树、街头绿地等绿化进行综合整治，通过增设街头容器花箱、箱栽垂直绿化等工艺，同时将都市菜园的概念植入城市居民家庭，巧妙利用居民窗阳台等区域拓展绿化空间，有效提升了“泛东街”区域整体景观面貌。据统计：新增连“片”绿茵1931平方米、“口袋”公园3处约50平方米，种植行道树51株，放置组合式花箱8组、垂直绿化花箱等136组、窗台园艺50户，实现了街（皆）有绿的目标。二是做好南园滨江绿地人行天桥贯通工程的绿化恢复工作。日晖港人行天桥建设工程于今年初正式启动，因施工方地形标高失误，给绿化建设带来巨大困难，经过区绿化市容局与区建交委、市浦江办等单位的积极协调和共同努力，最终修正了桥梁原始设计，确保桥梁在10月1日前顺利贯通，并保证了绿地景观面貌不发生大的变化，形成了开阔、大气的景观效果。三是配合轨道交通建设做好绿化搬迁工作。经过多次的协调和现场踏勘，确定了借用延中公园面积最小、影响最小和对市民游园影响最小的借用方案，广场公园L7已经进入实际绿化搬迁阶段。广场公园音乐广场、古城公园均按计划推进。四是配合北横通道建设做好绿地借用搬迁工作。5月底对于北横通道建设需要借用黄浦区九子公园部分绿地的审批工作已办妥，区绿化市容局全力配合施工单位做好市政府的实事工程的推进工作，10月已全面启动绿化搬迁借地工程，确保市政府重点工程不受影响。五是配合做好展示馆改建工程。根据展示馆工程的进度，配合做好项目可研和工可工作，与规土局协商后同步开展场馆的修缮工程和装饰布展工程。六是配合做好上海马拉松景观布置工作。为做好上海马拉松起点、赛道沿线的景观布置以及10公里终点复兴公园的安保工作，绿化所工放置新颖花箱535组，更换外滩花墙、复兴公园花坛等花卉，制订应急预案，积极做好后勤保障，配合做好现场安保工作。

2. 精心筹划“植树节”系列活动。认真做好3月12日植树节系列活动，区委四套班子领导与广大市民群众共同参与“和谐林”全民义务植树活动。人民公园、复兴公园、蓬莱公园、古城公园和地铁4号线瞿溪路站广场设5个宣传会场开展“园艺进家庭、绿化美生活”主题宣传，进行了“园艺进家庭”问卷调查，共计发放花卉1000余盆，解答市民咨询120余条，受理树木认建认养30余棵。举办绿化大讲堂，市民绿化节“绿化大篷车园艺社区行”活动。在全区范围营造了社会各界关注、全民自觉参与植绿、爱绿、护绿的良好氛围。

3. 积极开展古树名木、绿地树木认建认养活动。广泛开展宣传，将认建认养的地点、面积、树木数量等信息提前在有关媒体上进行公示，便于市民、单位认养。截至10月底，共办理绿地树木单位认养57家，个人认养329人次，其中：古树名木个人认养2人，古树名木认养3棵。古树名木认养者还代表黄浦区参加了上海市古树名木认建认养纪念活动。通过古树名木、绿地树木的社会、群众认建认养活动，既培养了企业和社会责任及公民爱绿护绿的意识，也拓宽了绿化资金渠道的多元化，深化了市民的爱绿护绿意识。

4. 举办各类花展，给游客提供良好的游园环境。在南园滨江绿地举办郁金香、菊科植物展示活动。在人民公园举办海棠、荷花展示活动。邀请《黄浦报》记者对相关花展活动进行航拍，从空中俯视拍摄花展恢宏效果，并利用互联网平台进行宣传推广，反响十分热烈。同时，积极举办各类园艺大讲堂公益活动，截至目前已累计举办60场次。复兴公园的紫藤长廊、玫瑰园以及玉兰园绿地等都受到了广泛的关注。在五一、十一长假期间，各公园除了常规花坛布置，复兴公园、人民公园、广场公园、古城公园部分花坛花境还做了精心布置，充分展示了黄浦区公园的各具特色和精湛的园艺水平，受到游园群众及考评专家的广泛好评。在已公布的五一花坛花境评比中，人民公园花境获得第一名，复兴公园花坛获得第二名。

5. 参展2016年上海国际花展获金奖。区绿化市容局参加在上海植物园举行的2016上海国际花展，以“惬意的时光”为题的作品参展此次花展，获得金奖。作品以“万花谷里逐芳尘，自爱蹁跹粉泽新”为主题，营造静谧、悠闲、淳朴、自由自在的庭园生活，作品选用了藿香蓟、蔓生矮牵牛、园艺八仙花、彩叶草丽格海棠、醉蝶花等植物材料，体现自然、环保的理念，同时对植物材料的再生利用还做了创新探索，更加贴近市民群众生活。

6. 做好重点区域景观提升工作。完成“腾跃浦江”等18座立体花坛的维护工作，完成外滩沿线、淮海中路、人民广场区域等13000平方米花坛、花境的草花栽植；完成延安东路西藏中路、外滩沿线、南北高架、西藏中路隔离护栏等处812个花箱的花卉更换。草花用量近115万盆。加强对西藏路、淮海路花街试点路段的养护管理。积极配合上海旅游节、上海马拉松赛等绿化景观提升工作。

7. 集中整治人民公园相亲角黑中介泛滥问题。在区政府的统一指挥下，对人民公园相亲角牵头进行集中整治巩固工作，自1月开始，累计十周连续对人民公园相亲角进行联合整治，在广场派出所、区民政局、妇联、城管大队、街道等配合下，对黑中介进行了集中取缔，进行常态化管理，在周末集中公园保安力量对征婚人群和设摊摊主进行劝阻工作，并积极进行宣传，努力使上述人群在指定区域内进行活动，并通过公园志愿者做工作，最低限度保证不扩散、不蔓延，争取缩小范围，黑中介基本绝迹，现场秩序和风气大为好转。

8. 积极做好各类绿化日常养护。要求各养护作业单位强化计划性、预见性养护作业，做到月度计划、季度计划养护内容有重点、关键技术有监控。邀请行业协会、公园协会专家参与考评，引入第三方评价机制。按照行道树冬季修剪、春季剥芽、夏季防汛等技术标准，开展行道树规范化养护。同时，通过对延福绿地1500平方米林下地被植物调整、选用6个品种的耐荫地被，使延福绿地以崭新的景观面貌达到公园的基本标准，顺利转型为公园，并全天候开放。

三、环卫保障突显常态长效

1. 全力做好“1+10+X”区域综合整治。严格按照区“1+10+X”综合整治工作的要求，着力做好四项工作。一是调整摸底，制订整治工作方案。局领导多次率领相关人员到现场查看调研，积极走访相关单位、部门，对市级重点整治区域内的垃圾箱房、废物箱以及其他环卫设施的增设改造进行现场排摸，对环卫新增保洁项目、标准进行完善。先后制订了泛四牌楼路综合治理区域环卫整治方案、环卫设施规划和环卫作业管理标准。二是主动对接，完善作业流程。针对泛四牌楼路综合治理区域的实际情况，对该地区的环卫作业进行了重新设计。环卫作业实行二班半（5:00—23:00），道路保洁增加50%力量配置，及时清除各类暴露垃圾，做到道路整洁见本色；针对拆除违建产生的扬尘，要求道路冲洗实行循环作业，做到沟底见本色；垃圾清运实行多元化，日常清运配合整治进度调整作业时间与作业方式，垃圾箱房、废物箱做到即满即清；开展沿街商铺生活垃圾上门收集工作，对区域内312家商铺进行定时定点上门收集，有效减少垃圾出门落地。三是因地制宜，配套环卫设施。按照“能修则修，新增移动”的原则，完成了相关环卫设施的调整订制，共撤除街面“流浪”垃圾桶107个，更新垃圾桶370只，规划改造垃圾箱房8处，新增废物箱17个、移动垃圾箱房12处。四是加强三级检查。要求作业公司落实专人现场实行定时定点检查，确保问题及时发现、及时整改、及时反馈。明确质监中心加强日常检查和专项考核，并将检查结果每月通报。环卫管理科每周检查指导，不定期组织抽查，抽查结果纳入作业公司年度考核，确保综合整治工作顺利实施并取得明显实效。

2. 圆满完成各项重大保障任务。牢牢抓住节前整治、节中保障、节后巩固“三个环节”，不断完善保障预案，合理部署保障力量，先后完成了元旦、春节、“两会”五一、G20峰会、国庆、旅游节、上海国际马拉松赛等保障任务，充分展示了黄浦整洁靓丽的市容面貌。上半年，重大节庆（活动）保障累计10次，共36天，全局共增加保障人员累计30685人次、车辆累计1256车次，公厕延长开放时间累计171座次，清除暴露垃圾累计1939吨，应急处置各类事件累计57件。重大节庆（活动）期间市容环境水平始终保持优良状态。

3. 扎实推进生活垃圾分类减量。进一步规范生活垃圾运输处置全程监管，扎实推进生活垃圾分类减量工作。进一步分解年度减量指标，做到减量压力层层传递，减量责任层层落实，加大渗滤液排放和装修垃圾、酒瓶、花泥等分类处置力度，截至目前，日均分类处置量为214.33吨。其中，渗滤液排放35吨/日，装修垃圾处置172.54吨/日，酒瓶5.89吨/日，花泥0.9吨/日。加强与市局联系和沟通，结合“1+10+X”综合整治工作，开通整治垃圾专项处置渠道，明确整治专用车辆，截至10月31日，专项处置整治垃圾19375吨。

4. 积极开展道路扬尘污染控制。今年，市政府将道路扬尘防治工作纳入对区政府的考核项目，区绿化市容局高度重视扬尘污染控制工作，成立局道路扬尘污染防治工作领导小组，由局主要领导任组长，领导小组全面负责道路扬尘污染防治工作的组织、实施、监管和考核工作。并根据《上海市扬尘污染防治管理办法》等法规文件，制订了《黄浦区道路扬尘污染防治实施方案》，明确责任，细化措施，加大全区道路保洁冲洗力度。全区一级、二级道路实现机械化清扫、冲洗全覆盖，并确保每天3遍以上；其他道路实现人工冲洗全覆盖，确保每天一遍。国家级监测点区域确保机械化清扫、冲洗每天5遍；市级监测点区域确保机械化清扫、冲洗每天4遍；市渣土污染重点整治道路定时、按需清扫和冲洗作业，出土工地周边道路每天增加1次人工冲洗，全力做好道路扬尘污染控制工作。

5. 加快推进环卫设施设备更新升级。已完成年度车辆购置招标工作，更新、新增各类环卫作业车辆102辆；18座公厕改建（含移动公厕）、10处道班房改建任务，已完成招投标并开始施工。豫园老西门街道管理所办公房整修项目已完成。同时，积极利用互联网及GPS定位等技术，推进作业车辆车载指挥调度与全覆盖监控系统建设，力争早日上线运行，为进一步提升环卫作业保障信息化水平不断努力。

四、灯光景观管理提升亮点

1. 规范灯光景观审批。落实审批流程、安全告知和批后监管等工作措施，督促申请方及时做好维护和安检工作，提升商家安全意识和社会责任感。截至目前，共受理审批户外广告197件，户外招牌361件，临时广告宣传品925件。

2. 高效做好日常监管。继续保持灯光景观管理高压态势，确保日常巡查频率、广度和深度，发现问题及时督促整改；继续保持与城管执法部门间的双向互通，违规户外设施及时移交进入执法流程；继续保持更新户外设施信息，完善基础台账，落实精细化管理举措。积极推进户外广告专项整治。截至目前，已拆除市局督办清单内的鲁班路“爱舒床垫”违规设施2处、鲁班路“汇璟天地”违规设施1处，其余设施也均已进入整改流程。全面参与“1+10+X”重点区域环境综合整治工作。如老城厢地区集中整治、泛云中地区集中整治、淮海路违规招幌及走字屏类设施集中整治等，已拆除了复兴东路光启路口“美年健康”大型违规设施1处，拆除其他违规户外广告设施139处，拆除违规设置的招幌设施768块。

3. 多措并举保障安全。为应对日益严峻的户外设施安全问题，尤其是世博600天期间政府代为设置的户外招牌设施陈旧老化等情况，区绿化市容局多措并举落实安全保障工作，积极开展书面安全告知书发放及户外招牌设施工程性隐患排查，共发放安全告知12000余份，排查户外招牌设施2600余块；对全区近400处景观灯光设施落实日常安全检查和重大节点突击抽查，发现、排除各类问题102处；同时落实了三支共30余人的应急保障抢险队伍，定期开展设施、设备、备用材料等的检查和人员队伍的安全培训、应急演练，确保关键时刻能够及时响应、保障到位。

五、社会管理不断完善

1. 深化推进“1+6”下沉工作。全面梳理和制定权力清单、责任清单、服务清单，同步明确街道绿化市容管理所工作标准、操作流程和工作规范，细化街道绿化市容管理所具体工作项目，深入推进重心下移、力量下沉、权力下放。进一步理顺条块关系，强化服务保障，努力构建科学高效的绿化市容管理新机制。对“12345”“12319”及网格中心等各项数据的接单、处置、反馈等，做好平台对接、数据共享工作，完善条块结合的质量绩效评价及跟踪监督考核机制。同时，厘清区职能部门与街道之间职责定位、分工界限和相互关系，积极协调街道绿化市容管理力量下沉街道过程中出现的问题和矛盾，组织街道绿化市容所工作人员开展全方位工作培训，积极推进新型条块关系构建。

2. 试点推进“两网协同”。积极开展再生资源回收与生活垃圾清运体系“两网协同”工作，并通过试点，培育主体企业，推动实现资源增量与垃圾减量。目前已完成试点工作方案制订，对有条件实施统一管理的分拣回收员，100%纳入规范化管理，实现“绿色账户”与“阿拉环保卡”的“两卡合一”，逐步形成符合城市建设发展规划，布局合理、网络健全、设施适用、服务功能齐全、管理科学的“两网协同”分类回收体系。

3. 做好餐厨废弃油脂监管工作。牢牢把握创建“食品安全平安城区”为抓手，进一步完善餐厨废弃油脂管理工作方案，已向全区1640家大中型餐厨废弃油脂产生单位发放申报告知单，已申报1623家，申报率达98.96%。截至10月底，共计收运餐厨废弃油脂2353.255吨，其中地沟油1634.554吨，老油718.701吨。对区域内两家从事餐厨废弃油脂收运的企业加强监管，掌握各家单位餐厨废弃油脂收运质量和数量，做到来源可溯、去向可控，严控食品安全风险。

4. 强化环境卫生责任区管理工作。深入推进市容环境卫生责任区管理示范道路建设工作，推进11条道路创建示范道路，建立门责管理自律组织50个。健全责任区信息档案，在普遍告知基础上，以商家为重点，强化“一店一档”工作。年内责任区信息档案建档率将达到100%。以落实《上海市市容环境卫生责任区管理办法》为依据，开展“乱抛物、乱停车、乱占道、乱张贴、乱设摊”“五乱”现象的联合整治，不断提高市容环境卫生责任区管理水平，不断提升市容环境社会公众满意度。

5. 规范渣土运营管理。针对违规运输渣土和装修垃圾事件高发态势，区绿化市容局相关部门定期走访中标企业，监督检查相关等情况，同时加强与城管、交警等部门的沟通联系，重点打击渣土运营车辆超载、扬尘等现象。截至10月底，黄浦区共有出土工地10个。网上受理渣土申报55次、装修垃圾申报131次、工程泥浆申报1次，其中，工程渣土出土总量1054000吨、装修垃圾网上申报总量85100吨、泥浆21446吨。受理零星装修垃圾申报约1846次，零星装修垃圾申报总量合计约170195吨，核发处置证2988张。

6. 投诉受理注重解决实效。上半年，区绿化市容局共受理各类投诉、咨询、求助1289件，其中“12345”转来719件，“12319”转来186件，市绿化市容热线转来312件，其他渠道转来72件。所有诉件区绿化市容局均按照投诉受理“3个2”及“1515”的工作要求进行受理、处置。“3个2”即20分钟内移送办理、2小时内到达现场了解情况、24小时告知反馈处理意见。“1515”即1个工作日内联系投诉人、5个工作日内办结、15个工作日作为最后办理期限。截至目前，投诉处理整体满意率达80%以上。

（二）静安区

静安区建设和管理委员会

一、补足综合交通短板

静安城区南北狭长，又有铁路和苏州河横贯阻隔，交通问题是最突出的瓶颈也是短板所在。2016年全市和静安都在着力补足交通这个短板。2016年下半年，为解决道路建设主体多样、力量分散的问题，区政府成立了道路建设指挥部，进一步加强了统筹协调力度。

一是全力配合推进市属重大交通项目。北横通道一期已实现开工，二期蕃瓜弄征收100%完成，沿线各单位的征收和借地工作也按照节点要求抓紧推进。南北通道一期全线开工，大宁音乐广场段已完工，走马塘、大宁公园等重大节点正在抓紧施工。二期（中兴路—中山北路）全长约0.76千米，已完成成本测算和项目建议书初稿编制，区规土局正在推进控详规划调整，预计明年1月完成。中兴路下匝道年内完成前期手续办理，预计明年初开工。昌平路桥正在进行工可评审，相关征收准备工作已经启动。安远路桥已完成项建书编制。轨道交通14号线静安区段三站点（武宁路站、武定路站、静安寺站）翻交工作顺利启动。延安路中运量公交系统区内的镇宁路、华山路、常德路、茂名路、展览中心五个站体已完工，预计明年初投入使用。

二是加快区内道路和桥梁等基础设施建设。2016年区属道路（桥梁）已经开工7条（座），即场中路东段、江场西路、平利路桥、广灵四路桥、天潼路—曲阜路、恒通路、江场三路；已经完工2条（座），即江场西路、平利路桥。具体情况如下：推进东西通道，促进两岸融合，包括3个项目，全长约3.4公里，今年底全线开工，对完善中心城区路网，保障苏河两岸东西向通畅具有重要意义。东段的天潼路—曲阜路辟通改建工程（河南北路—西藏北路）前期手续已办妥，进入施工阶段。中段的曲阜西路（共和新路—西藏北路）完成前期全部手续办理。西段的恒通路（华盛路—恒丰路）完成前期手续办理，12月底完成施工许可证。辟通区区对接道路，完善路网结构，江场西路、平利路桥（均为连通宝山区）2个项目已经完工并开放通行。场中路东段（共和新路—阳泉路，接虹口区）拓宽工程已经开工。广灵四路桥新建工程10月提前开工。打通断头道路，服务园区开发，江场三路（灵石路—广中西路）已进场施工。康宁路（汶水路—走马塘）、交城路（原平路—彭越浦）项目建议书、选址意见书均已获批，正在办理用地预审、环评、风评等工可评审相关手续。此外，曹家渡长宁路地下通道项目建议书已批，目前正报工程可行性研究。

三是推进道路大中修和小改小革。2016年计划实施25条道路的整修工程，目前均已顺利完工。它们分别是南阳路、泰兴路、延平路、新闸路4项道路中修工程，以及阳曲路、北京西路、宝昌路（含积水改善工程）、塘沽路、粤秀路、石门二路、灵石路、高平路、中山北路、汉中路、安泽路、沪太路、新闸路（含积水改善工程）、长临路、洛川东路、芷江西路、芷江中路、共和新路、临汾路、万航渡路、永兴小马路21项道路大修工程。市交通委梳理出静安区10个交通拥堵点需要小改小革，其中7个由静安区实施，分别是中山北路共和新路口改造、新闸路（西康路—常德路）道路改造、普善路中山北路口改造、灵石路万荣路口改造、共和新路汶水路路口改造、共和新路广中路口改造，以及6处公交港湾站台改造，目前也均已顺利完工。此外，沪太路桥抢修工程也已顺利完工。

二、狠抓旧改动迁和重大项目推进

（一）旧改征收

旧区改造是改善居民居住条件、促进城区经济社会发展的重要途径。2016年旧改动迁工作，继续延续了原来两区旧改敢于担当、勇挑重担的优良作风，工作平稳推进。

一是紧扣目标任务不放松。根据2016年区国民经济和社会发展预期目标，静安区计划完成旧改居民户数8000户（市政府要求6500户）。截至目前，完成旧改受益居民户数共8800户，超额完成年度目标任务，大统基地、青–12（二期）、轨道交通14号线武定路站、86地块、北横通道蕃瓜弄段5个基地完成居民征收工作，另有2个基地基本收尾。

二是全力推进征收基地启动。2016年已经拉开基地有华兴新城、轨道交通14号线武定路站、富民路92号、北横通道蕃瓜弄段、宝丰苑、安远路899弄地块。目前，正在推进中兴城8、9、10号，昌平路桥等地块的启动征收工作。华兴新城基地涉及6个街坊，涉及居民4374证4755户，今年3月18日实现第二轮征询启动当天签约率约93.18%，目前签约率已超95%。轨道交通14号线武定路站属于市政公益项目征收，共有居民17证，今年1月19日，居民实现100%签约。富民路92号也在第二轮征询当天实现96.47%的签约率，目前仅剩余2证。宝丰苑地块涉及居民约2452户，10月15日启动二轮征询预签约，11月5日启动二轮征询签约，当天签约率95.61%，目前签约率已超96.5%。蕃瓜弄属于北横通道市政项目，涉及居民约650户，实现27天居民签约率100%，11月21日启动搬迁，12月17日居民全部搬迁，成为全市第一个大中型地块零裁决、零强迁的征收地块，创造了全市征收项目的新纪录。安远路899弄，涉及居民约165户，12月25日第二轮征询已正式通过，签约率达98.16%。昌平路桥项目属于市政公益项目征收，主要涉及76街坊、74街坊约554户居民、31家单位，正在办理规划用地许可等相关前期手续。

三是加快结转基地收尾。2015年以前启动基地中，尚有银邦、晋元等8个基地未完成收尾，其中晋元、银邦已基本收尾，现各剩1证居民，正在走司法程序的过程中。2015年启动的共有安康苑、72街坊、73街坊3个基地启动，已基本实现裁决全覆盖。

（二）重大项目

区重大办着力整合原两区重大项目推进机构，理顺体制机制，建立协调平台，发挥条块联动，明确目标任务，坚持围绕“一轴三带”发展战略，推进重点项目突破。

一是着力完善平台推进机制。区委、区政府高度重视重大项目推进，安路生书记、陆晓栋区长先后多次调研并听取重大项目推进建设情况的汇报，姚凯副区长召集项目相关单位及部门负责人召开重大工程建设项目推进例会11次。区重大办共召开各类项目专题协调会98次，形成各种会议纪要（录）51份，发出催办单6份，并且坚持每周召开内部工作例会，分析研究重大项目推进过程中出现的具体问题，协调解决了许多难度较大的周边居民矛盾、审批滞后以及征收腾地等事宜。如协调化解北京西路1013号浸入式剧场项目用电电缆穿越周边小区绿化导致的居民矛盾，确保了项目按期竣工验收，项目近期将投入使用；协调456街坊配套幼儿园项目管线穿越南侧居民区导致居民矛盾，项目顺利完成管线施工并按期竣工；协调楔形绿地商办项目施工许可证申报工作；协助彭浦镇科技街坊3C-1项目梳理竣工验收相关事宜，加快推进项目竣工验收备案。同时进一步完善制度，制定了政府投资项目、社会投资项目及重大项目否定事项等业务管理流程，明确工作要求，推进工作规范有序开展，为完成年度任务打下了坚实的基础。

二是加强协调推进项目开竣工。年底前已完成开竣工各200万平方米的目标任务。已取得施工许可证并开工的建设项目共43项，面积总计207.5万平方米，占年度开工目标计划的103.73%；已竣工项目共35项，面积总计202.3万平方米，占年度竣工目标计划的101.18%。政府投资类项目中，新建恒丰消防站、北站医院改建、彭三四期成套改造、彭浦新村派出所等9个项目已实现开工；上海棋院、大宁国际第二小学、和养宝华养护院二期等8个项目实现竣工；社会投资类项目中，北京西路1013号浸入式剧场装饰工程、民德地块、北三块商住办（金融街项目）C2地块等32个项目实现开工；地铁12号线南京西路站地块开发项目（丰盛里）、大中里项目一期等25个项目实现竣工。

三、强化市政管理、静态交通管理和城市安全管理

（一）市政管理

一是加强河道整治和管理。静安区共有河道11条（段），其中市管河道5条、总长17.58公里，区管河道6条、总长5.61公里。市政府要求2017年底消除黑臭河道，静安区有2条区管河道（徐家宅河、夏长浦）和5条市管河道列入整治范围，目前整治工作正大力推进：1）开展黑臭水体水质监测，定期上报数据，徐家宅河的第二次公众测评，测评结果满意率超过90%。2）启动河道黑臭水体整治，徐家宅河和夏长浦治理项目已获得市水务局批复，其中徐家宅河先行采取了水生植物种植、陆域景观调整、湿地建设、优化水处理设备运行方案等措施，目前河道黑臭现象消除，水质已趋于稳定，常态可达到地表Ⅴ类水标准，夏长浦将在宝山界内的11处排放口完成截污纳管工作后开展整治。其余彭越浦等市管河道也正抓紧取得市水务局的立项批复后开工。3）开展陆域整治，河道污染根子在岸上。今年已经拆除河道陆域范围内的违法建筑49000平方米，落实彭越浦东岸（柳营路—洛川路）防汛墙新建工程、蚂蚁浜河道整治工程等。4）加强养护力度，坚持养护工作市场化，累计养护防汛通道146576米，打捞各类水面垃圾556.453吨。5）提升河道景观，通过种植水生植物、改造提升沿岸绿化，实现景观提升。

二是落实市政设施配套。协调相关部门和市电力、水务公司，加快平型关电站、京江电站等项目建设，协调甘肃电站、马戏城电站等项目选址，推进南北通道、东西通道、石门二路架空线入地。落实庙彭排水系统康宁路雨水总管的建设资金，协调推进福建北排水系统建设。开展大宁—灵石泵站旱流截污改造工程，启动江场泵站移交市城市排水公司进行改造并专业管理，将彭浦镇管辖的4座小型排涝泵站改造纳入所在河道的整治方案并与河道整治工程同步开展改造工程。此外，苏州河深隧静安区范围内昌平和福建北2个综合设施站点选址基本确定。

（二）综合交通管理

一是增加停车设施。1）严格把关并加快审批建设项目配建停车场（库）审批及竣工验收，今年新开公共停车场（库）21个，泊位数5261个。2）引导社区自治、缓解

小区停车难，会同临汾路街道通过“政府引导 + 专业支撑 + 居民自治”模式，将临汾路299弄小区停车位由原先的不足190个扩容至248个，目前该模式已在临汾街道全面推广，为解决旧小区停车难探索出一条路。3）因地制宜，缓解中心区重点拥堵点的停车难，年内将完成上海宾馆500余个泊位的立体停车库建设，缓解华山医院周边停车压力。4）促进区域停车设施建设及错时共享。区建管委结合具体项目选点落实停车设施建设：如地铁14号线武定西路站、石门二路康定东路三角地、多媒体谷、北站医院等建设立体停车设施，其中多媒体谷立体车库已投入运行。5）新建公共充电桩248个，超额完成市里下达的230个的指标。

二是加强停车管理。结合美丽城区建设，推进大宁地区停车诱导系统建设。推进全区公共停车场（库）收费系统改造和路边停车信息化工作。制订非机动车停放管理工作方案，统一南北管理模式，实施属地化管理，完善考核机制。

三是启动网约车受理。对接市交通委网约车下放，12月26日，新政发布，静安区网约车服务专窗正式受理工作启动，首日和次日接待办理申请量分别达到68和91人次，形势较为平稳，将加强监管，认真做好各项应对措施。

（三）城市安全管理

一是继续强化建筑市场监管和现场管理。对内落实监管责任，实行安全、质量、市场条线按区域分块管理，项目落实到人。对外管理落实参建企业主体责任，尤其是强化建设单位和监理单位的责任落实，并保持监管高压态势。今年已经累计检查工地2401个次，土建、装修工地的检查频次平均每月一次，签发整改单371份、局部停工单76份、全面停工单9份，处罚案件62件、处罚金额326万元（去年同期案件数26件，金额49.3万元），严肃处理“金茂府基坑坍塌事故”“8·30象屿小区触电亡人事故”和“9·19胶州路58号高坠亡人事故”。9月中旬开展为期一个月的综合执法检查，在检查中坚决做到“四个一律”。修订出台并大力宣贯实施《静安区文明施工标准化实施细则》，文明施工水平有所提升。在招投标阶段，从总工程款中将务工人员工资单列，有效避免纠纷和社会矛盾。

二是继续深化审批制度改革。以服务窗口进驻区行政服务中心为契机，建立报建时“导诊”，过程中“出诊”，后期“急诊”的制度，不断提高服务质量、提升审批效率。施工许可平均办结时间为5个工作日，竣工验收备案平均办结时间为7个工作日，均压缩50%以上。推进装配式建筑落实，推动大中里等新建项目实施分项计量装置安装工作，落实既有建筑节能及再生能源一体化工作。

三是有效落实防汛防台工作。着力整合防汛资源，理顺关系，全力推进与市排水、水利、河闸、堤防等部门的协防机制，实现排水管网、排水系统、河道、泵闸联防联守的防汛新机制，并实现信息、抢险物资、队伍的资源共享，极大地提高了静安区现有的防汛能力。积极实施易积水点改造，对育婴堂路等4条道路，龙潭小区、临汾路1515弄等6个弄内小区实施下水道改造。修订防汛应急预案，开展防汛检查，落实整改措施，有效应对台风“尼伯特”和“莫兰蒂”，未出现居民家中积水和人员伤亡事故。

四是对接燃气管理下放工作。自去年开始，市建管委逐渐将燃气管理权限下放各区，要求在中心城区全面实现液化石油气供应的规范统一配送。静安区现有供气站2座，分别为武宁南路供应站和平型关路供应站，活跃用户1.3万户，日均销售量370瓶。区建管委与市燃气处以及相关燃气企业多次沟通，对接燃气行政审批、日常管理以及执法监管等工作，着手建立健全区内燃气管理机制，强化委内燃气管理职责，完善液化石油气配送方案。同时协调燃气公司、相关街道，开展燃气管道违章占压专项整治行动，于3月底完成了2016年市燃气处下达的全部3处整治任务，消除安全隐患。12月，会同各街道（镇）以及上液公司共同会商液化气全配送工作计划，拟分阶段开展对静安区域的液化气钢瓶配送工作。12月底对用户信息进行梳理、核对，建立用户电子信息卡，原先送瓶用户启动先行配送并逐步推开。

静安区绿化和市容管理局

根据区党代会提出的“建设‘国际静安、圆梦福地’，努力成为上海中心城区发展的新标杆、新亮点”奋斗目标，按照市、区总体工作安排，2016年，区绿化市容局以建设“美丽城区”和提升市民满意度为工作主线，努力实现重点工作有新突破、长效机制有新巩固、环境质量有新提高、景观建设有新品质、队伍素质有新提升，使静安城区面貌在“创新、协调、绿色、开放、共享”中再上新台阶，实现新跨越。

一、落实“十三五”规划，做好创建复评和测评迎检

（一）完成“十三五”专项规划编制

根据区第一次党代会精神和静安区“十三五”规划编制工作要求，研究、衔接静安南北两片原市容绿化规划，广泛调研、深入研究、反复论证，听取社会各界的建议和思路，完成静安区绿化市容局“十三五”规划及立体绿化、绿道、古树名木及后续资源保护规划，结合年度工作目标，推进各项工作任务。

（二）做好全国文明城区创建复评

按照《静安区创建复评第五届全国文明城区实施方案》，认真开展动员部署，自7月起积极行动，落实措施，牵头组织开展“迎全国文明城区测评，市容环境综合整治”行动，聚焦城市管理难点和薄弱环节，通过条块联动，形成合力，实现“创建为民、创建靠民、创建惠民”的目标，确保创建复评成功。

（三）迎接城市文明进步指数测评

自2016年度上海市文明进步指数测评工作部署会召开后，全局上下迅速行动，按照文明指数测评体系，严格对照测评标准，明确工作职责，细化责任分解，逐条落实指标，重点开展“集贸市场（菜场）管理”“居住小区环境”“交通违法”“乱设摊、占道经营”“乱晾晒”五类专项整治行动，以整洁、优美、有序的市容环境迎接测评。

二、多措并举增绿添绿，开创城区绿化新局面

（一）完成绿化建设任务

2016年静安区共建成各类绿地12.45公顷，为全年计划数的113%，其中公共绿地5.39万平方米、附属绿地7.06万平方米；建成立体绿化3.24万平方米，为全年计划数的108%；建成绿道3公里，为全年计划数的100%。绿化覆盖率达22.98%。各项绿化指标任务的完成有力改善了静安城区生态环境。

（二）举办静安国际雕塑展

2016年举办中国·上海静安国际雕塑展，共接待参观游客103万人，接待参观团队30余批。参观雕塑展的国家住建部、中国园林科技信息委等国家级机构，广东省、天津市、重庆市等外省市城市代表团，对此次展览给予高度评价。雕塑展的成功举办提升了静安知名度，也展现了静安高品质城市形象。

（三）推进大型绿地建设

优化苏河湾中心绿地建设方案，完成41街坊东侧沿浙江北路绿地、晋元纪念广场等10处11434平方米绿地。启动彭越浦楔形绿地立项手续，推进绿地一期4万平方米建设工作。推进万荣绿地及地下市政工程前期工作，完成项建书审批，推进方案评审及工可程序。完成临汾路高压线走廊下拆违复绿1.1万平方米。积极配合地铁14号线、北横通道、

南北通道和延安路中运量交通等重大市政工程，完成沿线绿地搬迁，推进绿化恢复工作。

（四）提升绿化服务水平

完成蝴蝶湾绿地、岭南公园等智慧公园建设。完成静安公园、彭浦公园等全区50%公园延长开放工作。对西藏北路、北京西路等52条道路实施沿街绿地改造，提升道路景观形象。完成嘉里中心绿化特色片区建设工作。常熟路、延长路成功创建市级林荫道。开展绿化“六进”活动50次、进社区活动95次、绿色专题园艺课12次等各项社会群众绿化活动。

三、综合治理市容环境，全面提升城区面貌

（一）责任区管理重示范创建

开展25条责任区管理示范道路建设，积极指导，推广以店家、业主为管理主体的门前市容环境卫生管理自律机制。对全区16100户责任单位进行上门宣传，完成责任书告知和上墙工作，“一点一档”信息建档率达95%以上。组织市局专家对门责工作进行分类指导和培训。示范道路市容环境整洁、规范、有序，为扎实推进门前责任区管理起到了良好的示范效应。

（二）特定区域治理固工作成效

确定35个学校、医院、轨交站点、菜场和老旧小区等“特定区域”治理点位，结合“美丽家园”建设，对洛川中路952弄、洛川中路901弄等环境问题突出小区进行专项整治，清除占道堆物和老旧披棚，清理无主车辆50余辆，清运暴露垃圾约5吨。经过一年管理，上述点位及周边环境整洁有序，硬件设施大幅提升。

（三）“治五乱”补工作短板

根据市联办转发的《市政府办公厅关于进一步补齐本市市政市容管理短板、全面提升市容市貌环境整体水平三年行动计划》要求，梳理“乱抛物、乱占道、乱张贴、乱设摊、乱设广告”等市容短板问题，协调各街镇推进治理工作，2016年对确定的21条中小道路、32个亭棚、4个区际结合部、2个道路天桥等194个问题开展集中治理，成效明显。

（四）“13+8”整治抓薄弱环节

针对2016上半年度市容环境社会公众满意度测评报告中市民群众反映强烈的21条路段，梳理汇总问题清单，制订《“13+8”重点路段市容环境专项整治行动方案》，开展为期五个月的“13+8”重点路段专项整治行动，使“问题路段”的市容环境面貌大为改观，并通过集中整治和长效管理相结合的方式固化工作成效，为静安在2016年下半年市民满意度测评中取得成绩消除薄弱点。

四、积极探索管理创新，打造静安景观亮点

（一）完成景观道路建设

完成西藏北路景观道路建设。在制订初步方案基础上，7月落实街道深化设计工作，8月全面启动建设，更新调整行道树，开展绿化改造整治，拆除原有连带绿化挡墙、新砌挡墙；调整沿线楼宇景观灯光。西藏北路景观道路建设为静安城区形象增亮添彩。

（二）推进景观灯光建设

推进“一轴三带”景观灯光实施性规划设计方案编制工作，推进恒丰路地区、石门二路地区景观灯光工程。完成静安寺、南京西路节日彩灯布置。完成智慧广场、达安花园和静安体育中心灯光验收。完成宝华寺整体景观灯光工程建设。做好全区600余幢财政投入建设的景观灯光设施维护，亮灯率近90%。

（三）加强户外广告管理

积极推进违法户外广告设施专项整治，对市、区两级确定的351处/869块规划外违法广告（其中高架沿线违法广告33处/64块，其他区域违法户外广告318处/805块）加大整治和拆除力度。全年共拆除高架沿线违法广告30处/59块，完成率92%；拆除其他区域违法广告135处/233块，完成率29%。同时加强日常巡查和管理，做到无新增违规广告。

（四）规范店招店牌管理

推进全区23000余块招牌“一店一招”档案建立，明确店招店牌设置要求、日常监管、维护主体等责任和流程。联合街镇、相关部门制定全区店招店牌标准化管理办法，建立第三方巡查监管和专业安全监测机制。推进重点路段和区域店招店牌规范设置，宣传督促商家对店招店牌进行申请报批，有效确保全区店招店牌的覆盖率、准确率、及时率和处置率。

五、落实建设保障工作，确保城区有序运行

（一）推进垃圾分类绿色账户

2016年生活垃圾分类覆盖新增9.7万户，居民区累计超过33.6万户（年初指标29万户），其中420个居住区申报垃圾分类示范小区，生活垃圾分类区域累计覆盖机关44家、企事业单位98家、菜场43个（其中6个菜场申报创建示范菜场）、学校116所、公园10座。绿色账户已累计办卡19.64万户（年初指标18万）。全区日均分出湿垃圾141吨，其中居民区及菜场日均分出湿垃圾70吨左右，餐饮单位日均分出餐厨垃圾71吨。

（二）规范建筑渣土运输管理

2016年网上受理建筑渣土排放申报341户次、核发处置证4333张、排放量235.99万吨，巡查检查工地921户次，检查渣土运输车辆1427辆次，发出整改通知单15份。下半年本市建筑垃圾和工程渣土进入应急处置状态后，积极协调解决8个市重大工程和2个区重大工程的渣土出路问题，开展建筑垃圾处置流向及申报执行情况专项检查，落实建筑垃圾临时堆场及分拣场地。

（三）强化道路扬尘污染控制

成立道路扬尘工作领导小组，组织召开扬尘污染控制工作专题会议并制订扬尘污染控制工作方案，全面落实推进各项控制措施。增加全区26个环保扬尘监测点位周边路段（半径500米范围内）的冲洗保洁力度。健全道路扬尘预警四级响应机制，积极落实扬尘道路重点保洁和应急响应工作。提升道路保洁机械化作业水平，增加道路冲洗、机扫频次，对区内扬尘重点治理道路开展专项整治，减少道路扬尘对环境的影响。

（四）全面完成规划建设任务

通过调研摸底，专家部门论证，完成全区道班房规划方案。完成16处压缩站、3座公厕、3座道班房改造；完成海防路41号停车库充电桩、内部消防管道铺设；垃圾中转站泊位改造；完成2000只废物箱和6000只内胆、132辆环卫车辆更新等41项采购工作。做好固定资产管理以及环卫车辆的报废、更新上牌工作。积极推进网格化信息系统市容绿化分平台建设。

六、坚持树立标杆意识，推进“美丽城区”建设

2016年，全面启动“美丽城区”建设，区绿化市容局成立方案评审、协调推进、考核验收、资金保障、宣传动员和安全监督六个工作组，全力推进此项工作，提升市容环境面貌，改善城区环境品质。

（一）以“拆”夯实基础

全年累计整治无序设摊15399处、占道堆物19530处、跨门营业19406处、非机动车乱停放42006处、乱涂写刻画98108处、暴露垃圾51707处、废弃电杆表箱50个、亭棚49个、工地239处、户外设施3980处、违规条幅859处、店招店牌2763处、占绿损绿2357处、绿化补种4474平方米，共拆除违法建筑17401.9平方米。通过“拆”解决城区环境“脏乱差”现象，营造整洁、有序的街面环境。

（二）以“建”改善面貌

“美丽城区”建设由“62+5+X”综合项目和专题项目组成，其中综合项目由各街镇实施，专题项目由各职能部门实施。2016年

总立项数399个，其中街镇项目273个，部门项目126个。对150条道路（段）进行全方位美化、亮化，建成各类绿地12.45公顷、市政大中修工程竣工17项、整新菜集市场29家，完成中扬湖河道综合建设等工作。上述项目建设，使道路和居住区周边环境得到“净化、亮化、绿化、美化”。

（三）以“管”巩固成效

充分发挥区市政市容联席会议综合协调、政策制定、资金统筹等作用，制定与“美丽城区”建设工作相匹配、相关联的各项制度，先后完成并下发“工程项目管理办法”“道路更新设计导则”“设计项目费率”“施工单位短名单目录”等41余份文件，在制度上确保建设和管理工作规范有序。每周召开工作例会，研究部署落实工作，不断加大对城区外部环境的管理力度，形成责任明确、管理到位的良好态势。

七、强化落实安全责任，贯彻市委“1+6”文件

（一）落实安全责任，强化履职尽责

落实“党政同责、一岗双责、失职追责”安全责任体系，明确工作职责和任务，签订安全责任书。局领导带头做好每月安全检查，加强重大活动和重要时间节点的安全巡查，建立安全稳定机制，排查整改安全隐患。建立防台防汛领导小组，以“谁主管，谁负责”为原则，迅速动员、积极准备，抓好防台防汛工作。

（二）创新社会治理，推进力量下沉

理顺基层绿化市容管理体制，将绿化市容管理所整建制下沉街道。区绿化市容局成立专项工作领导小组，梳理下沉后区绿化市容局、街镇和绿化市容所在绿化市容管理中的工作职责，与各街镇逐一完成人员、财物、业务等的移交工作，并做好对各街镇绿化市容日常管理工作的指导、协调及实效测评等工作。

（三）加快市场改革，完成企业划转

完成原静安区环建公司划转城发集团工作，区绿化市容局和城发集团就各环卫作业公司在业务标准化建设和管理、相关财务、房产、固定资产等方面逐一进行研究、融合，使工作职责清晰、明确。建立工作例会、对接通报等机制，不断完善和优化静安环卫作业管理和运营模式，确保静安城区环卫作业质量。

（三）徐汇区

徐汇区建设和交通委员会

2016年是“十三五”规划的开局之年，区建交委在区委、区政府和建交党工委的坚强领导下，深入贯彻落实党的十八大和十八届六中全会精神，始终围绕“创新、协调、绿色、开放、共享”的发展理念，加大推进重大项目、创新探索旧区改造，优化完善城区配套，不断提升城区运行管理，基本完成了年初制定的各项任务目标。

一、把握节点，突出重点，全面推进重大项目建设

今年市、区重大项目共38项，其中27个区重大项目，11个市重大项目中9个为正式项目，2个为预备项目（年初市重大工程正式项目确定为7个，四季度增加武宣路和华发路新建工程2个正式项目）。

1.明确目标，重点推进市重大工程。轨交15号线8个站点前期腾地工作基本完成（个别站点实现轨交施工作业面腾地）；金海线完成所涉及的腾地工作，房屋拆除工作已完成；老沪闵路拓宽工程施工稳步推进，年底实现通车；华泾西泵站已进场施工；梦中心B地块地下部分施工正常；复旦大学枫林校区2号科研楼桩基和地下部分已开工，目前有序推进；音乐学院歌剧院地下施工正常；武宣路和华发路年内取得施工许可证，

力争开工；市预备项目中，龙水南路越江隧道涉及徐汇区规划六路红线调整已完成；宛平剧院及越、沪剧院设施提升等处于前期准备阶段。

2. 坚定信心，有序推动区重大项目。27个项目中，21个已开工建设，徐家汇地区徐家汇中心项目一期计划年底竣工，二期、四期项目已开工。滨江地区西岸传媒港所有地块已开工，梦中心加快施工建设；四大中心、龙华综合改造项目加快施工建设；云锦路已竣工通车；“北连”日晖港桥已开放试运行，“南拓”龙腾大道已获批建设用地规划许可证，公共开放空间南段已完成罗秀东路—机场河段初步文件设计；“一河两岸”景观工程进展顺利，西岸美术馆已开工建设。衡复地区，永平里年内完工，建业里年底试运行。南站商务区徐汇中城三期方案进一步深化，桂江路绿廊一期施工已结束，二期方案已确定。吴中路绿地竣工并对外开放。民生事业项目进展顺利，南部医疗中心、牙防所等项目加快施工；龙吴路大修工程（三期）完工。

3. 加大联动，强化重点环节协调。加快推进田林路下穿中环线工程，华发路、武宣路等区区对接道路、断头路建设；推进徐家汇天桥一期年内开工建设，二期加快前期研究；继续推进滨江开展综合管廊、海绵城市试点工作。加强矛盾协调，华发路中学、徐家汇中心2号地块等项目开工矛盾协调，确保项目推进和周边稳定。

4. 积极作为，建立健全工作机制。坚持每周工作例会制度和信息快报制度，做到信息定时互通，项目有效反馈，问题迅速反应，矛盾及时化解。区财政性投资的重大项目中加大探索机制，进一步发挥代建单位在全过程管理中的作用。

二、创新驱动，探索经验，着力开展旧区改造城市更新工作

全年共新启动改造地块6块，完成收尾地块8块，完成签约300户，完成市、区确定的本区旧区改造年度目标。改造思路上改革创新，坚持四个转变，即从过去注重“土地收储”为主，转变为注重“风貌保护”“城市更新”为主；从过去更注重“经济利益”，转变为更注重“环境利益”“人文利益”；从过去以“拆”为主，转变为“拆”“改”“留”并举；从过去对风貌区的旧改（包括保护）从“单栋、一般性保护”转变为“成片成街坊保护”。同时加强实践探索，积极推行《徐汇区旧区改造房屋置换征询试行办法》，充分尊重居民意愿，提高居民参与度。

1. 积极探索，推进零星地块旧改工作。今年计划启动6个地块。其中，小闸镇河西地块，已完成市两委三局的旧改范围认定，目前已启动居民签约。姚家塘涉及轨交15号线罗秀路站点建设，目前国有土地部分已完成居民签约工作；集体土地部分居民签约率已达96%。小陆家宅（建华三队），涉及轨交15号线景洪路站点建设，目前居民签约率为96%。张家园，已要求区规土局加快土地收储及集体土地征地手续办理，年底前继续推进居民签约工作。永嘉路309弄地块，该地块采取捆绑式置换方式，已完成居民签约工作。襄阳南路长寿里，计划春节前启动居民签约工作。

2. 扎实推进，加快平地收尾工作。今年重点对小于10户的11个基地推动收尾工作。截至目前，共做出行政裁决/责令交地数29证；司法裁定申请数12证；强制执行10证。目前，毛曹、罗潘、乔高、金海线、阳光小区、乌鲁木齐南路120弄、华泾东湾小宅基、铁路南站基础性开发共8个地块已完成平地。

3. 依托平台，加强房源及管理工作。以信息化提高配套商品房管理，深化信息化平台使用。确保区配套商品房建设进程，推进漕河泾消防临时过渡及全州路北侧公建项目，确保华悦家园三期的分期验收，完成341户居民入户。同步签订水利、广夏配套商品房回购协议，启动徐汇区最后两块配套

商品房建设；启动盛华景苑地下车位的销售。做好配套商品房办公室的日常工作，组织召开2次配套商品房领导小组会议。

三、多措并举，大力提升，不断完善城区配套功能

1. 抓好节点，稳步推进市政道路工程建设。老沪闵路拓宽工程年内完成淀浦河主桥贯通通车的目标。加快推进田林路下穿中环线工程建设，年内完成工作井和接收井第二道圈梁施工。推进华发路、武宣路区区对接道路（断头路）施工手续报批等前期工作，年内取得施工许可证并力争开工。开展华济路、景洪路、景东路区区对接道路的前期方案研究。继续加快薄弱路网地区道路建设，加快推进吴中规划一路、二路，宜山路2标等道路的前期研究和建设工作。

2. 攻坚克难，积极推动黑臭河道整治工作。按照2017年底，完成8条黑臭河道整治工作，基本消除本区河道黑臭现象的工作目标，今年先行完成春申港、三友河黑臭河道治理，通过沿河泵站改造、排放口封堵、底泥疏浚、生态治理等措施，改善河道水质，消除黑臭。其中，春申港生态治理工程已于今年8月整治完毕，整治后水质得到明显改善，主要指标达到Ⅳ类水标准，水体已消除黑臭。三友河年底完成整治工作，确保完成今年考核目标。同时，对明年剩余6条黑臭河道的整治工作，已经全面启动前期准备工作。加快推进徐汇区二次供水改造工作方案的落实，年内完成170万平方米二次供水改造任务。

3. 完善配套，加快推进“四站”配套设施建设。新宛平泵站、龙华机场泵站已竣工，白龙港污水厂南支线（徐汇部分）工程外围管线工程基本完工，目前在推进跨黄浦江顶管工程；华泾西泵站已进场施工。丰谷电站已完成土建，双峰电站年内完成土建，上澳、云锦、新梅陇、东兰配合办理建设手续。云锦、百色基本完成前期工作，配合完成宛平电站吊装和管线排管工作，协调推进长春电站改造配套工程；协助推进南站消防站建设工作，预计明年初竣工；做好燃气管理整治工作，协调推进液化气全配送工作，推进燃气管网隐患整治。

四、精细管理，常态长效，确保城区运行安全有序

1. 强化措施，务必确保城区安全运行。全面落实市、区关于城区安全运行管理的要求，严守安全底线，继续以高压态势加大对建筑工地、桥荫桥孔、在拆基地的安全管理和巡查工作。已在全区范围推广和落实建筑人员实名制工作，已实名制13615人。认真开展工地安全巡查工作。建立长效机制，加强对桥荫桥孔下空间安全隐患的排查。进一步推进燃气隐患管网改造和天然气转换项目，完成了宛平南路、安福路、茶陵北路、龙华中等路多项燃气改造工程。协助开展市“军地联动”防汛综合应急演练，完善各级各类防汛预案。汛期共发布防汛预警20余次，成功应对“尼伯特”“莫兰蒂”“马勒卡”等台风，确保了徐汇区人员及财产安全。

2. 加大力度，持续提升市政日常养护管理水平。积极倡导并大力推行道路预防性养护技术的应用。结合工作要求，通过对徐汇区道路技术状况的分析，采用贴缝、灌缝修补、薄层罩面等先进工艺实施修补，努力保持道路完好率。加强道路日常巡视养护，全年累计巡视963人次。结合日常养护作业处置零星人行道维修1724次、零星铣刨加罩面积14250平方米，加强对河道沿岸各类设施的巡视，发现问题快速处置。

3. 注重体系，着力开展综合交通研究工作。结合徐家汇地区综合交通的运行情况及存在的问题，与交通专业研究院合作，制订徐家汇商圈综合交通改善研究方案；对区域公交站点和线网进行梳理，提出针对性的改善措施。推进停车信息化改造工作，已完成区内62家公共停车场库的信息化改造工作。

实现交通大学、盛园大地、文定生活馆等单位的错时停车预约功能，缓解了周边的停车难问题。结合风貌区道路整治工程，增加慢行设施，并以公共自行车（摩拜单车，设立推荐停放点）作为轨交、公交的补充，提升衡复地区非机动车出行水平。已规划一条老洋房骑游线路。

4. 提升能效，全面推进公共交通设施建设。针对9号线漕河泾开发区站1号口早晚高峰客流拥堵问题，研究制订地铁九号线漕河泾开发区站慢行系统改善方案，预计年底启动建设。利用拆违整治地块建设公共停车场，初步完成小闸镇地块、桂江路地块和华轻市场地块的前期调研和踏勘工作，组织专业单位编制设计方案。为减轻停车难问题对公安分局公务的影响，组织建设天钥桥路内环上匝道引桥下方临时停车场供分局过渡使用，现已完成建设，并移交公安分局使用管理。继续推进公交“最后一公里”，开通凌云社区“最后一公里”，改善居民出行。做好建设项目停车场（库）审批、验收工作，截至目前累计完成设计方案和设计文件审批17件，竣工验收8件。

5. 加强监督，规范建筑业行业管理。全面推进财政性投资项目代建制的落实工作，为相关部门提供咨询和指导，完善代建管理。完善限额以下工程管理机制，加强与街镇的沟通，发现问题及时反馈，及时解决。进一步深化行政审批制度改革，做好报监与施工许可整合。继续深入开展建筑工程质量两年治理和建筑市场违法分包转包行为专项行动，严厉打击建筑市场违法行为。继续加强区域内建设工地文明施工的管理，加强工地扬尘控制管理。继续推进装配式建筑、绿色建筑、BIM技术应用等工作，已完成两块土地带装配式建筑要求出让，建筑面积5.69万平方米，另外完成5个地块的出让前意见征询。

在全面完成年度工作的同时，今年工作推进中也有值得总结的方面，一是理旧账力度不够，对水环境、零星旧改、断头路等长期存在的短板工作，重视程度不够，造成城市管理压力持续存在。二是要进一步提升确定项目的水平，对项目启动的成熟度、工程进度、预算执行安排要有更加科学的分析和安排。三是要积极转变观念，尽快适应城市建设管理新理念、新常态。

徐汇区绿化和市容管理局

2016年，区绿化市容局在区委、区政府的领导和市局的指导下，按照“十三五”规划开局年的目标要求，部署落实成片拆违、绿化建设、市容管理、环卫保洁等各项工作任务，确保城区整洁、有序、美观的市容环境。2016年，区绿化市容局主要完成了以下几方面工作：

一、协调推进，超额完成重点地块成片拆违工作目标

1. 集中整治1+24+3个重点地块、推进违法建筑拆除工作。2016年初，徐汇区确定了“1+24”个违法建筑集中成片的生态环境综合治理地块，作为今年徐汇区违法建筑治理减存量的重点项目。下半年又自动加压新增3个拆违地块。截至目前，已拆除成片违法建筑120万平方米，调控人口2万余人，200%以上完成市级拆违指标。

市级地块：上半年出色完成市级重点生态环境综合治理地块—华泾镇北杨和东湾地块占地1893亩，共计拆除违法建筑39处，面积44.5万平方米，整治消防安全隐患16处，查处关闭违法经营企业242家、清退企业703家、个体经营户184户、群租户2726户、人数6840人。

下半年新增的3个地块中，上海东亚体育中心地块作为市级要求整治的重点工作，按照市委、市政府要求，与市体育局、久事集团及东亚集团等联手，第一轮综合整治工作已拆除城管认定的违法建筑共计15处（东

亚集团违法建筑 11 处，奥林匹克违法建筑 4 处），总面积 2250 余平方米。第二轮综合整治由区规土局认定 23 处疑似违法建筑，总面积约 7500 平方米，截至目前已全部拆除。

2. 历史风貌保护区专项治理及居民区综合治理。自今年 4 月至 6 月，相关街道聚焦风貌保护区内重点道路和区域，整合街道、城管、市场监管工作力量开展专项治理工作，治理内容包括拆除违法搭建、取缔无证经营、对破墙开店的房屋进行房屋外貌恢复、对“居改非”房屋进行功能恢复等。天平、湖南街道选取了建国西路、乌鲁木齐南路、复兴中路、岳阳路、永嘉路等 11 条道路以及区域内的一些历史建筑，作为今年首批治理对象。共拆除风貌区内复兴中路 1363 弄、高邮路 5 弄、宝庆路 9 弄、安福路 255 号等处违法建筑 100 余处，封停各类存在违法情形的沿街店铺 100 余家。同时，在区拆违办的倡导下，徐汇区开展了“无违小区”和“无违道路”的创建活动。2016 年 2 月起，全区各街镇选取了第一批居民小区和周边道路，并启动了综合治理。徐家汇街道完成了淮海西路、南丹路、南丹东路（部分）等道路以及天平路树德坊等小区的综合治理工作；漕河泾街道完成了对漕东路沿街违法建筑的拆除，并已着手开展对东泉小区的综合治理；龙华街道也完成了对龙南三四村以及龙华新村等居民小区的前期准备工作。其余街镇也于 2016 年 7 月起全面开展居民区及周边道路综合治理工作，年内基本完成 105 个居民小区的综合治理。

二、完善工作机制，加强市容环境长效管理

1. 着力推进道路市容环境综合整治工作。坚持以“五违”整治为抓手，着力推进市政市容补短板治“五乱”行动，结合区域自身情况特点，有效应对城市管理难题顽症，逐步形成长效常态机制，牵头协调 13 个街镇完成“五乱”现象排摸，并制定本区“补短板、治五乱”任务表。结合实际制订市容环境综合整治方案，重点对擅自居改非店面、无证照经营、沿街面违法建筑开展集中执法整治，有效改善道路低端业态，有力有序有效治顽疾补短板，取得明显成效。在推进市政市容补短板治“五乱”行动中，尤其是加大历史风貌保护区域整治力度，通过总结“发现、处置、跟踪”的处置经验，逐步构建常态化的巡查机制、解决问题机制、常态监管机制，通过第三方测评机制，每季度对市容管理、沿街商铺门责自律情况开展实效测评，不断把“补短板”工作的具体要求逐一逐项落到实处。今年上半年测评结果，全区沿街单位门责自律管理实效考评为 95.6 分，总体水平处于优秀等级。

2. 进一步加强户外广告设施设置管理。贯彻市府《关于开展本市违法户外广告设施专项整治工作实施意见的通知》，牵头组织各街镇市容管理部门开展全区范围面上户外招牌安全普查和排查安全隐患。今年，共计两次向各商家发放加强《维护告知书》和《防汛告知书》累计 30000 余份。为确保店招牌设施安全，委托具有资质的钢结构检测单位有针对性地对店招牌进行钢结构安全检测，今年已计划完成检测 2318 家门责单位，并对存在安全隐患的 767 块招牌进行加固维护措施。对于 163 块存在严重安全隐患的店招牌，由街镇和城管协同区绿化市容局督促商家整改或强拆，确保公共安全。同时，继续完善店招牌网上审批系统，全面实现户外广告和店招牌网上审批、信息公开，建立了店招牌监管系统。并依托“门责管理系统”，建立店招牌设施网上基础档案和信息库。全区共录入户外招牌数 19137 块，相关照片 16268 张。据市有关违规户外广告设施设置整治两年行动计划要求，市局明确今年徐汇区需定点拆除的违法户外广告 22 处（计 37 块），区绿化市容局都已约谈和告知广告设置单位进行自行拆除，并已全部移交城管部门处置，截至目前拆除 15 处 28 块。

3. 积极落实景观灯光日常巡查和维护。加强日常巡查，做好景观灯光的日常维护和修复工作。通过每一季度、每周三次、一次三班的夜间巡查和日间的整改工作，目前已完成对区域内景观灯光 200 多处的管线老化和 150 处楼宇、绿地等灯具的整改修复工作。完成上海南站南北广场 320 个草坪灯综合设施的检查和维修工作，并针对 208 处电表进行了偷、漏电现象的排摸。针对三段河道景观灯光和 30 块绿地景观灯光进行“地毯式”的安全排摸。针对企业自设的景观灯光进行排摸登记并拍照取样。针对区域内 350 幢楼宇景观灯光和 8 个景观灯光监控点，分区域进行了设施、设备的擦拭和保养，以及电线整理等工作。共处理解决了 420 起景观灯光隐患或投诉问题等。重大节假日期间，每天出动工作人员 30 人次，确保 18 条主要道路沿线建筑物和 26 块绿地景观灯光的安全开放，确保 2016 年中秋、十一等节日期间景观灯光的正常开放，使徐汇的节日灯光更加璀璨亮丽。同时，狠抓景观灯光工程的合同管理和项目管理，把工程规范性和安全性放在首要位置，完善景观灯光改建维修工程合同，强调各签约维修队伍把基础性的工作落实到位，并且按照规范的流程来执行。

4. 多措并举不断完善和规范渣土监管。为落实市区推进道路扬尘治理工作的要求，今年 3 月初推进本区渣土运输车辆改造和更新工作。区内渣土运输企业对现有从事营运的渣土车辆盖板由“硬加盖”全部改装成“软加盖”。在改造同时，同步对车辆密闭性能、安全防护设施、车容车貌等实施整修。车辆改造更新工作共涉及本区 8 家运输企业的 200 余部车辆，从检查结果来看，各运输企业基本按要求完成了车辆的更新改造工作。在建设单位办理渣土申报及运输企业申领渣土处置证时，督促本区渣土运输企业分别与出土工地和码头卸点签订《上海市道路扬尘污染防治绿色协议》。明确出土工地、运输企业、码头卸点在道路扬尘治理中的主要责任，切实加强作业场所防尘设施设备安装到位，冲洗保洁制度落实到位。运输途中，防滴漏散落、不超载、全密闭等规范运输行为达标。目前，本区开工出土工地及渣土中转码头均与渣土运输企业签订了绿色协议，强化了工地—道路—码头“三点一线”责任主体的自律意识。自 2016 年 4 月起，联合建设管理部门及城管交警执法部门，采取工地、码头、卸点出口蹲守、道口照相记录、联合整治、上门检查、GPS 进行实时监控等方式，加强对本区渣土运输的巡查和监管，凡不按照规定路线行驶、车辆未密闭、车辆未冲洗、滴漏散落、带泥上路等违规行为加大惩处力度。按照市废管处工作要求，每月检查车数不低于 100 辆次，对于检查不合格的车辆，及时向车辆所属单位发送《整改告知书》，要求其于 10 个工作日内对该车辆进行停运整改。7 月，本市建筑垃圾和工程渣土停止外省市消纳后，一是向本区出土工地逐一宣传相关规定，要求施工单位在落实本市合法消纳卸点后，办理相关合法手续后方能启运；二是按照局要求，全力配合，做好环卫清运装修垃圾应急消纳至老港的各项手续办理工作，打通环卫装修垃圾的运输通道；三是走访兄弟区县，学习相关装修垃圾分拣的经验，为下一步本区开展装修垃圾分拣处置打好基础。其间，在局领导的指挥下，配合环卫科，落实关港环卫垃圾应急处置堆放点。渣土申报窗口在办理建设单位建筑垃圾和工程渣土处置申报时，加强对渣土运输车辆行驶路线的审核，将出土工地相关申报信息及渣土运输车辆拟安排行驶路线，通过内部流转单的方式，向区交警支队勤务科征询意见。渣土运输处置证副本发放实行 5 个工作日调换一次。

5. 加大环卫设施巡查力度，确保环卫设施完好率。全面加强环卫工程项目的精细化管理，完善相关制度，规范工程招投标流程，加强工程质量监督。基本完成了2016年度徐汇区环卫设施建设工程，其中包括14座公厕大修、4座道班房大修、28座垃圾库房维修，同时，按照局要求完成了2015年度环卫设施建设工程决算和后续资金支付以及2017年度环卫设施建设的财政预算。为了规范环卫设施配套审批手续，完善了环卫审批的流程、制度及审批规定。为加强信息化管理系统的应用，全面梳理了上年度环卫公厕盘点资料，与局公厕管理信息系统数据相结合，确定本年度信息系统数据库更新目录。收集新建和改建公厕的建筑及影像数据，做好系统数据库的更新工作。今年通过设施巡查、电话及网络系统接到设施故障报修约640次，共出动巡查400余人次。做到应急维修24小时内完成，常规设施故障2个工作日内完成。

6. 注重精细化管理，开展各项绿化整治工作。加强绿地、行道树日常养护管理工作，继续推进绿化养护作业市场化，通过养护作业公开招标工作，引进优质绿化企业参与徐汇区的公园绿地、行道树、花卉景观、立体绿化以及各类专用绿地的养护，提升区域绿化景观面貌。继续在南站试点绿化养护监理制。帮助区内的绿化企业，着手推进公园绿地、行道树养护人才培训，指导企业通过建立企业管理制度、日常巡查制度和年终考评末尾淘汰制度等，提高养护人员的素质，从而提高公园绿地、行道树等的养护质量和景观面貌。继续推进病虫害防治和土壤改良两项养护工作。五一、十一花卉景观布置，预计累计布置花坛花境约10000万平方米、花卉组合容器3000余组（次）；布置主题绿化景点总用花量达到约150万盆。并做好防台防汛工作，提前对容易引起倒伏的树木采取控高、疏枝、加固、绑扎、调整措施，共计对行道树防台疏枝2700余株，扶正倾斜的行道树16株。并做好古树名木保护及野生动物保护工作。

7. 固化创全成效，提高道路保洁水平，重点解决垃圾出路问题。继续巩固“两班制”保洁成效，聘请专业第三方进行道路保洁质量检查。配套公司自查、区局抽查形成督察机制。扩大市场化改革试点。在2015年天平街道16条段路段人工保洁招投标试点的基础上，新增6条试点路段。重点做好龙吴路、上师大国控点周边降尘工作，重点做好G20期间空气质量管控工作。协调解决市政供水点不足问题。调研湿式吸尘车，做到每日六次全面冲洗，缓解扬尘污染，取得显著效果。围绕处置安全，重点解决垃圾出路问题，以公开招投标形式确定湿垃圾分流处置单位，稳定处置渠道。在应急工作的基础上，做好餐厨垃圾处置招投标及预算调整工作，并相应安排好物流运输工作。与市局、环境实业、滨江码头等方面协商，疏通老港卸点应急，并充分利用滨江码头等现有资源，解决徐汇区建筑装潢、大件及暴露垃圾应急出口问题。抓紧落实关港环卫用地作为建筑垃圾分拣场所，办理奉贤柘林塘卸点的相关手续，抓好短驳、分拣、运输、处置全流程监管。

8. 继续提升公园管理、完善公园整体环境。重点巩固、提升公园景观和服务品质，改造、调整徐家汇公园、漕溪公园、桂林公园等绿地，对七个公园建筑、道路、地坪、构架等零星设施进行改造和维修。参加上海植物园上海花展景点布展。通过市局公园中心、公园协会对徐家汇公园、东安公园花坛、花镜评比检查。完成襄阳公园、衡山公园两座老公园改造工作。

9. 加强宣传，高度重视生活垃圾收费工作。抓好生活垃圾费的预测、核定工作。对现行收费工作程序进行调整和完善，并指导各公司做好相关工作，进一步科学规范地核定日常产生量，制定科学的计收办法，提高收费的科学性和合理性。利用区局平台和各街道管理所的辐射功能向对口的企事业单位大力宣传垃圾收费的必要性，提高各单位的认识。加强同个别单位和部门的沟通，以期共同营造积极、和谐、健康、良性、长期的投资环境和氛围。认真总结了以往为各公司协调解决收费难点的经验和做法，通过与公司收费员相互配合与协作，采取上门宣传政策、了解难点症结，协调作业单位与被征收单位的利益。争取上级部门和领导的支持，从制度层面统筹协调多部门联动，推动相关政策措施的制定与落实。

三、加大建设整治力度，优化城区市容面貌

1. 着力推进责任区短板专项整治行动。针对中小道路的跨门营业情况，排摸跨门经营的规律，加强对“三小行业”督查，严厉查处跨门经营、乱抛垃圾、乱设广告、乱张贴和乱堆物等违法违规行为。牵头协调不间断地开展以无序设摊为主要内容的市容环境专项整治行动。全区无集聚性设摊，无序设摊处于可控状态。上半年，全区取缔沿街无证经营340余家、拆除商铺违法搭建和居改非封门230余家、业态调整490余家，田林、龙华和枫林等地区共拆除（移除）摊亭棚19个（东方书报亭7个、蘑菇亭11个、便利亭1个）。

2. 结合“五违”整治，编制改造方案。区绿化市容局牵头组织市、区内相关委办局负责人对“十三五”规划进行评审，广泛听取各相关单位意见，并做适当补充及修改。使其更切合于实际，更顺从发展规律，更符合发展趋势。同时区绿化市容局牵头并会同区规土等相关委办局，聘请专业设计团队，落实开展市容综合建设和整治方案设计，通过公开招标，委托上海同济城市规划设计研究院编制斜土路、复兴中路等街景综合整治方案设计，现已完成并送审。适时评审，听取可操作性的意见和建议，修改和完善，设计方案定稿后主要提供给街道按照方案制定相应落实措施，旨在推进复兴中路历史风貌保护区综合治理和修缮进程；推进斜土路体现打造和提升一条贯穿徐汇区东西交通主干道市容环境整洁、管理有序的美观街景。

3. 加大建设力度，积极推进新建绿化工作。2016年徐汇区计划新建绿地8公顷，其中公共绿地5.5公顷。

到12月底将完成绿地建设13.93公顷，超额完成年初计划。其中吴中路、徐汇滨江云锦路、虹梅路高压绿廊临时绿地二期等公共绿地6.07公顷（除虹梅路高压绿廊临时绿地二期目前在施工中，12月底基本完成，其余都已竣工）；居住区、单位配套绿地7.86公顷。

在完成绿地建设任务的同时，启动虹梅路高压绿廊临时绿地三期（江安路—桂江支路段）和虹梅路高压绿廊临时绿地四期（桂江支路—钦州南路段）项目的建设程序。目前三期项目已经完成项目工可评审，争取春节前完成施工招投标进场施工，四期项目已进入项目工可报审阶段，计划明年初启动建设程序，第三季度进场施工，年底基本完成绿地建设。

2016年徐汇区城市绿道建设计划为5公里，目前包括桂江路高压绿廊樱花步道、滨江公共开放空间综合慢行道、中城绿谷林荫大道（综合慢行道）、徐汇区生态专项绿道等已经建成6.15公里。

2016年徐汇区立体绿化建设计划为3公顷。目前已完成田林三中组合、天平社区老年学校、宛南实验幼儿园、喜盈门国际建材中心、徐汇区审判中心、上海维新建筑发展有限公司等花园式或组合式屋顶绿化以及云锦路、桂江路中环垂直绿化3.0177公顷。

区委党校、徐汇中学、汾阳中学等跨年度建设的屋顶绿化在施工阶段中。

4. 开展市容环境实效评估及专项检查工作。按照市质监中心2016年市容环境实效检查办法，区质监中心每月围绕道路、公厕、垃圾收集点、门责四个专题，对各街镇市容环境及作业公司作业规范开展抽查，并于次月发布月度评估报告。在每月实效检查评估的基础上，发挥专项检查的功能，每月确定一个专项检查主题，进一步发现和督促整改市容环境的薄弱问题。今年以来，先后开展了中小道路、公共厕所、门责、清洗场站、环卫作业规范、节假日市容保障等多项专题检查。

四、落实各项措施，改善区域内宜居环境

1. 按照既定部署，踏实推进垃圾分类减量。以绿色账户工作为抓手，推进垃圾分类。今年新增长桥、漕河泾、徐家汇街镇进一步覆盖，其中长桥、漕河泾街道实现全覆盖。全年新增覆盖10万户居民，累计覆盖16万户。同时，落实积分兑换车项目，每月定期提供上门兑换服务，提高居民参与绿色账户的活跃率。积极落实垃圾分类示范、达标居住区创建工作。通报2015年得分情况，并按相关要求，逐一落实分类告知书、公示牌、垃圾桶、标识及短驳机具等，加强对居委、物业公司及居委的告知教育。聘请专业第三方进行数据分析，对663个垃圾分类小区依据区域、房龄、物业费等信息开展分类调查，采用现场抽样、视频拍摄、问卷调查与统计分析等手段对可回收物的分类成效进行调研，精细核算徐汇区生活垃圾中可回收物的回收利用比例，从而确定“两网协同”的工作重心、重点对象和低价值可回收物专项补贴方案。

2. 绿化服务进社区，使群众参与到各项绿化项目和活动。植树节前夕，发动各街道（镇）绿委开展系列绿化宣传活动，参加人次达300余人；周密组织区四套班子领导在中城绿谷的植树活动；做好市民认建认养接待工作；组织社区绿化志愿者参加市民绿化节系列活动。

3. 加强行风建设，规范作业人员收费行为，不断提高收费人员的业务水平和能力。所有收费人员均须经过市相关培训机构培训后获得上岗证方能上岗，并定期开展业务交流学习，提高整体业务能力。收费人员业务洽谈时必须有两人同时在场，尽可能避免暗箱操作、收费额度计算不同等问题发生，压缩权力寻租空间。积极发挥好“数据中心”的作用，加强收费数据的统计、汇总和分析，建立收费信息的电子化统计，逐步完善数据的科学分析，为相关领导的决策提供快速、直观的数据支撑。在制度建设方面，根据新情况、新变化、新要求，严格按照制定的《收费人员工作纪律》来完成收费任务，严格按照“五统一”来规范收费员的行为规范：统一培训、统一监督和考核、统一标识、统一证件、统一合同。

（四）长宁区

长宁区建设和交通委员会

一、经济载体建设

（一）开工项目2个（总建筑面积57000平方米）：新华路街道49街坊11/3丘商业项目四季度开工、新苑岩花园四季度开工。

（二）竣工项目5个（总建筑面积508218平方米）：建滔广场（临空13-1、2）二季度竣工、索菲亚商务大厦四季度竣工、曹家渡地块三季度竣工、缤谷二期一季度竣工、何家角办公楼一季度竣工。

二、市政建设

（一）市级重点工程

北横通道：完成北横通道北虹路立交节点前期腾地，江苏路匝道根据工程需要完成部分腾地。

轨交15号线：完成轨交15号线古北路站腾地，全面开工建设，姚虹路站、天山路站根据工程需要部分腾地，工程开工建设。

迎宾三路地道东延伸：配合市建设单位

开展迎宾三路地道东延伸前期工作，完成项建书批复。

苏州河深隧：苏州河深隧苗圃综合设施根据工程需要部分腾地，工程进场，配合完成万航站选址规划。

（二）区级重点工程

完成凤冈路（愚园路—宣化路）、凯虹路（延安西路—中山西路）道路改建工程建设。

推进机场东片区基础设施建设，实施绥宁路、联虹路、空港八路、东航路、围场路5条道路前期工作，完成设计方案、规划用地手续和初步设计批复。其中，空港八路、东航路、围场路开工建设。

完成古北路（天山路—仙霞路）道路改进工程立项。

三、地下人行道建设

紫云路（上海城一期—尚嘉中心）人行地道：已于2013年6月取得施工许可证，由于考虑虹桥地区商家营业和交通的需要，该项目待仙霞路地道和紫云路北段地道基本完成并恢复地面交通后再开工建设。年底开工。

中山公园一号门地下通道取得施工许可证并开工。

四、SCATS信号灯改造项目

完成长宁区外环以内16个路口信号灯SCATS改造，已投入使用。

五、安全生产

2016年，建交委组织开展春节、“两会”、G20峰会期间等重要节点建筑工地生产和消防安全大检查，全年开展农民工工资清欠专项检查、节后复工安全专项检查、防台防汛准备工作专项检查、深基坑质量安全专项检查、住宅工程质量专项检查、建筑施工起重机械专项检查、市重大工程质量安全专项检查、安全月专项检查、夏季防暑降温和防台防汛等工作综合专项检查、质量月活动暨下半年综合质量大检查、建筑施工防坍塌防高坠专项检查、脚手架模板支撑安全专项检查以及冬季防火安全等各项专项检查。截至11月20日，共检查工地572个次，出动检查人员1714人次。开具安全隐患整改单102份，局部暂缓施工单46份，安全隐患停工指令单5份，对三类人员扣分45人次92分；开具质量整改单133份，质量暂缓单14份；实施行政处罚18起，处罚金额797295元（另外3起案件正在处罚流程环节尚未结案，未计算在内）；查处“六无工程”32起；安全生产重伤事故1起，重伤1人。开展区质量安全抽巡查工作，坚持每月2次，每次检查4个工地的频次开展。针对工地发生火灾事故现象，要求区域工地全面开展消防及生产安全大检查，在此基础上加大消防安全巡查力度，排除隐患。针对工地发生死亡事故，10月17日起至年底开展全覆盖综合大整治。为落实区域内市重大工程区域管理要求，2016年9月起联合安监、环保等部门开展市重大工程联合检查，督促其做好安全、扬尘治理等工作。全年会同区房管局布置相关楼宇业主和物业服务企业做好今年防汛防台、高温期间区域建筑玻璃幕墙安全防范工作，启动既有玻璃幕墙建筑排摸和抽查工作，落实工作经费，共抽查既有玻璃幕墙建筑133幢，开具整改建议书11份。建筑节能工作按节能指标推进全年工作，截至11月20日，在既有公共建筑节能改造方面，虹桥迎宾馆、上海国际贸易中心、盛高国际大厦、文广大厦、华敏翰尊国际正在进行节能改造，总建筑面积约39万平方米。在能源审计方面，文广大厦、长宁区图书馆、长宁区公共卫生中心、长宁区政府、兴国宾馆进行了能源审计，总建筑面积18.84万平方米。推进分项计量和能效测评工作，开展新建大型公共建筑安装分项计量和能效测评自查工作，接受市建管委的检查，对竣工楼宇进行把关，建滔广场、江南宴花园综合楼、融真虹桥商务广场完成分项计量安装工作。

六、防汛防台

2016年长宁区汛情、灾情概况：今年汛期，根据市防汛指挥部发布的防汛防台预警，共启动了四级（蓝色）应急响应行动6次，三级（黄色）应急响应行动23次，二级（橙色）应急响应行动1次。今年汛期与往年相比，长宁区受到的暴雨影响较小，受到的台风影响较轻。经统计，整个汛期中长宁区实测累计降雨总量达到756毫米，比常年偏少。今年第1号台风“尼伯特”和14号台风“莫兰蒂”等对长宁区的影响也较为有限。

2016年长宁区防汛防台工作开展情况：制订完善虹桥枢纽地区（主要是虹桥机场）防汛排涝调度预案；制定完善防汛防台预案编制工作和区域排水防涝规划编制工作；落实由市防汛办统一调拨使用应急抢险泵车的管理工作；做好防汛基础工作，加强汛期河道水位控制，加强部门和区域联动，加强防汛薄弱环节排查，有效提高防御能力；完成2016年长宁区防汛主要问题（隐患）清单整改工作。

长宁区绿化和市容管理局

2016年以来，区绿化市容局按照十届市委十次全会、九届区委十三次全会精神，围绕“三个城区”奋斗目标，抢抓“十三五”开局机遇，主动担当、积极作为，坚持精品化、聚焦常态化、推进市场化、加强规范化，全面提升绿化园林、市容环卫、景观灯光、党风廉政等方面的建设管理水平，促进城区环境品质进一步提升，各项工作迈上了一个新台阶。

一、积极创建“绿色城区”，着力打造景观长廊

一是有序建设西部公园。苏河50米绿带11-3段正在进行基坑大底板施工，11-2段完成初步设计相关部门意见征询工作；中新泾二期正常推进桩基工程；临空1号公园完成初步设计批复，启动施工和监理招标工作；400米地下空间及地上配套建筑正常推进施工。二是全面推进立体绿化和公共绿地建设。完成新建虹桥路2545弄附近（IV-R-01地块）A区1.5万平方米公共绿地；新增3万平方米立体绿化，提前完成年度任务。三是着力提升林荫道建设。在已建成7条林荫道的基础上，对茅台路（遵义路—古北路段）、娄山关路（仙霞路—天山路段）进行改造；通过学习静安区经验，着力打造提升新华路、华山路、江苏路的绿化景观。四是开展绿化500米服务半径扫盲工作。会同区建交委、规土局等部门，对已规未建绿地进行全面排摸，确定大致点位及四周边界，建立基础资料。长宁区已规未建地块共115块、79.8万平方米，其中机场东片区20块、21.6万平方米。对具备建设条件的地块，已列入“十三五”规划。

此外，还积极推进公共绿地养护市场化改革，全区86万平方米公共绿地全部实现市场化养护；全力推进市重大工程北横通道绿化迁移腾地，完成迁移行道树302株、绿地11736平方米，包括中山公园古树名木在内的迁移成活率达100%；推进中山公园“围墙打开”，完成基础设施提升改造、实现全时开放。

二、积极创建示范道路，大力提升市容品质

根据市局工作要求，区绿化市容局主动对接10个街镇，提出年内创建不少于30条示范道路（段）的目标。一是进一步做实垃圾上门收集工作。由街镇市政市容联席会议搭建平台，组织市容管理员、城管队员、门责指导员等相关人员，共同上门宣传，要求商家自觉履行按时按规定投放垃圾的要求，主动配合做好垃圾上门收集工作。二是进一步引导自律小组良性运作。继续围绕大门责与网格化相结合工作机制，通过开展“六个一”整治活动，扩大门责知晓率，提高门责履约率。与多部门联勤联动，开展“人人动手、自律共治”市容顽症整治行动，取得明显实

效。三是进一步做好电子“一店一档”。对全区所有商家实行“一店一档”电子档案管理，涵盖环境卫生、店招店牌管理、收费情况等要素信息，并附有商家图片和管理痕迹，全区各部门联网可查。四是进一步规范门责告知书送达和上墙。在原有门责告知书送达的基础上，将门责告知书制作成铭牌，直接安装上墙，统一画线、兼顾美观。五是进一步推行店招店牌承诺告知制度。在原有每年安全检查告知基础上，对示范路段及重点区域率先试点落实店招店牌承诺告知制度，同时告知行业管理部门跟进督办，真正落实示范路段标准。

三、加强废弃物综合管理，推进生活垃圾分类减量

一是全力推进生活垃圾分类减量。全区覆盖垃圾分类的居住区644个，居民28万余户。创建市级生活垃圾分类示范居住区190个，达标居住区203个。今年启动新增“绿色账户”覆盖工作，涉及125个居住区，覆盖8万户。年内开展“绿色账户”社区宣传、消纳活动600余场，服务约200个试点居住区。同时，扩大消纳资源筹集范围，提升积分兑换比例，由去年每100分兑换1元物资提高到100分兑换3元，并启动部分集贸市场、新锦华旗下四家联华超市的积分定点消纳工作。全区“绿色账户”累计积分3193万余分，已通过各类消纳活动消纳1634万余分。同时，作为全市首批试点区县之一，区绿化市容局联合区商务委，于年初排摸制定了34个居住区推进“两网合一”的工作目标并落实相关街镇有序推进，以新泾五村点位为标准，做到硬件标准统一、管理要求统一、人员设置固定等，全面推进水霞小区、天山新苑箱房改造和人员整编培训工作。

二是切实加强废弃物综合管理。废弃油脂管理方面，召集区内五家餐厨废弃油脂收运单位，实施区内分片划块收运范围管理，并制定《长宁区餐厨废弃油脂作业管理指导意见》规范作业行为。对接区食安办和市场监管局，建立双向告知制度，每月互通“废弃油脂刷卡率”，将废弃油脂收运刷卡纳入日常监管，完成“刷卡收运”全覆盖。餐厨垃圾管理方面，实行收运处一体化作业监管，共推进完成辖区内160余家餐厨产生单位，着力将龙之梦、高岛屋纳入一体化作业范围，实现了日均70余吨餐厨垃圾的有效分离。渣土管理方面，根据市局有关精神，制订《建筑垃圾和工程渣土管理工作实施方案》，建立健全区内渣土整治工作联席会议工作制度。联合多部门建立“长宁区渣土应急处置工作群”。做好日常建筑垃圾、工程渣土、泥浆排放处置申报，进一步加大出土工地巡查力度。垃圾末端处置方面，研究制定《长宁区暴露垃圾(装修垃圾)处置专项治理工作实施意见》。选择资质优良的社会单位以市场化竞争形式，参与到商品房小区、社会单位的装修垃圾收运工作，补充运能。

三是大力提升道路公厕保洁质量。完善一路一策。结合实际拟订道路保洁作业“一路一策”的方案，规范作业流程，确保完成排摸道路数量80%的治理工作，加大道路机械清扫和冲洗频次，加强“人机”结合综合保洁，有效提升区域内道路环境面貌。创建文明行业。道路保洁、垃圾清运文明班组目前已创建34个，今年新创2个；示范文明班组已创建4个(道路保洁与垃圾清运各2个)，今年新申报3个。在巩固目前市级文明公厕64座的基础上，今年新创建5座，市级文明公厕比例达93%。开展全员培训。重点开展环卫公司保洁清运作业人员、公司内部管理人员全员培训，学习市局、环卫行业协会相关作业规范文件等，请劳动模范、行业专家现场指导、规范讲解，全面提高道路保洁、公厕保洁管理、垃圾清运服务质量和公司内部管理水平。强化质量督查。制定《长宁区环卫作业质量考核办法》，做到每天有普查、每周有专项检查、每月有抽查督查，每月拿

出一定考核经费，对环卫作业质量进行监管和考核，检查结果纳入绩效考核。

四、集中整治市容“顽症”，切实补齐“短板”

根据区委、区政府部署，区绿化市容局精心制订专项工作方案，突出重点，整合力量，明确分工，确定50个项目任务清单，对市容顽症形成条块结合、联勤联动联治的高压态势。

一是大力整治违规户外广告设施。区绿化市容局联合区城管执法局，对接各街镇，采取分片界定责任区、发放安全检查告知书、依法拆除违规广告等方式，对延安高架两侧、中山公园地区、虹桥商圈等重点区域大型户外广告设施进行安全隐患排查，对其他路段的店招店牌、户外广告严格落实日常维护、值班巡查、应急抢修制度，列入市局督办清单延安高架、内环高架沿线的27处41块违法户外广告设施全部整治完毕，整治数量、整治速度及整治完成率均位于全市前列。此外，区绿化市容局共发放安全检查告知书7964份，依法拆除虹桥路1850号一处300多平方米大型违规户外广告和216块违规店招店牌、户外广告。目前，长宁区违规户外广告设施整治工作已形成了区委定期督办，区城管执法局牵头强拆，区绿化市容局、公安分局等部门协同配合的工作机制以及财政专项经费保障机制，从而确保了行政强制拆除工作的有序开展，逐步形成延安高架沿线等重点区域违规户外广告“不能设、不敢设、不想设”的新常态和管控威慑。

二是“一点一策”整治市容“短板”。围绕重点区域存在的市容环境问题，对“短板”实施一点一策，狠抓落实。强化“大门责与网格化”管理机制，注重条块结合、点面结合、疏堵结合，充分发挥街镇市政市容联席会议作用，会同相关职能部门，对核心地区及重要道路的暴露垃圾、无序设摊、跨门营业、道路扬尘等现象，开展市容环境综合治理。进一步加强巡查管控，动员力量加强对全区乱设摊集聚点的整治和管理，确保无新增无序设摊集聚点。对包括安化路88弄、新渔东路（水城路—芙蓉江路）、昭化路512~520号、江苏北路（万航渡路—长宁支路）、安西路（安化路—武夷路）650~660号在内的全区五个无序设摊集聚点率先完成销项。

三是着力填补环卫公共基础设施空缺。针对程桥街道动物园交通枢纽环卫设施匮乏的短板项目，区绿化市容局积极对接区有关部门，推出三项举措：其一是在青溪路剑河路郁家宅新建一处临时道班房和垃圾中转点作为临时过渡设施，面积为120平方米，可供90人用餐休息，每天垃圾中转量为10吨，已通过验收并交付使用；其二是在动物园交通枢纽地下设置永久性道班房一座（含公厕），面积为100平方米；其三是配合区建交委，计划于2017年四季度在虹桥机场蓄车场建造一座永久性的垃圾压缩站和一座道班房，面积为200平方米，以最大限度缓解程桥地区环卫设施薄弱的情况。此外，进一步做好环卫专项规划编制工作，对具备改扩建条件的环卫设施进行有计划改扩建，在全区范围内改建公厕6座、垃圾箱58座、倒粪站小便池2座、垃圾分类箱房10座、第三卫生间2座；维修垃圾中转站1座；封闭存量垃圾管道4座。

五、着眼强化党建引领，提升干部队伍建设

一是抓好班子建设，服务中心大局。深入开展“两学一做”学习教育，为每位党员购买《中国共产党章程》《中国共产党廉洁自律准则》《中国共产党纪律处分条例》等书籍，实现每月一次集中学习，每季度一次主题交流，把学习教育真正落到实处。推进党风廉政建设，落实好“两个责任”，严格贯彻落实中央八项规定，深化“四风”整治，以“尊崇党章、严守纪律”为主题，重点围绕“十个一”开展反腐倡廉警示教育活动；联合区人民检察院，对2010年至2015年全市绿化市容行业的职务犯罪案件进行深入剖析、调研，形成《绿化市容行业廉政风险环节12例》宣传手册及《绿化市容系统2010年至2015年职务犯罪案件专题调查报告》，以案释法、以点带面、以身边事警示教育身边人。对局属企事业单位开展落实中央八项规定、党风廉政建设专项检查；通过日常监督和专项检查，督促党员干部遵守党的政治纪律和政治规矩；积极开展党建（党风廉政建设）工作责任制落实情况检查。完善改进作风常态机制，党政领导分别对接10个街镇走访、座谈，坚持“谁主管谁负责”，主动为联系点解决难点热点问题，并听取政风行风监督员的意见建议，不断提升服务群众的意识和能力。

二是抓好内部管理，强化制度约束。加强权力监管，狠抓区委巡察反馈问题整改。根据区委专项巡察“回头看”重点，系统梳理局属30余处房屋出租管理情况，局党委召开三次专题会议，开展自查自纠，逐一研究分析，确保整改实效。进一步修订《局党风廉政建设责任书》和《“三重一大”集体决策制度实施意见》，加强廉政风险预警处置，对选人用人、政府采购、奖金发放、公务消费、房屋租金管理等事项内容修改完善，强化监督。制定《局工程项目廉政风险防控表》，一个项目一套防控表，针对权力运行的“关键点”、监督管理的“薄弱点”、问题易发的“风险点”，制定风险防控措施。深化行政审批标准化建设，将现有38项审批事项窗口收件统一纳入区行政服务中心大厅，基本完成行政审批模式由“一门式”向“一口式”转变。妥善处置群众诉求，进一步规范信访投诉各项流程，强化对受理、登记、转送、答复、办结、录入各环节要求，重点加强信访问题的实际解决，提高群众满意度，努力为民解忧、化解矛盾；全年共接收各类信访件86件、市局转发投诉件1702件（其中“12345”市民热线诉求件1098件），处置率100%。加强安全管理教育，开展安全知识培训，开展“安全宣传月”活动，较好完成了“尼伯特”“海马”台风期间的防汛防台工作。

三是抓好队伍管理，营造良好氛围。严格贯彻干部选拔任用规定，加强人才培养，遵守选人用人的规范流程，推动具有较高专业技术水平和动手实践能力的青年职工队伍培养，形成调整一批骨干力量、发展一批新生力量、培养一批后备干部的良好局面。结合绿化市容管理职能下沉街镇，坚持以块为主、属地管理，与街镇进行职责对接、工作连接、财产交接，做好人员配置、职责定位、思想稳定工作，确保人心不散、队伍不乱、工作不断。深化精神文明创建，结合自身职能，协同区文明办做好文明进步指数测评工作。关心职工身心健康，举办行业职业技能比赛；与公交车站和社会企业对接，创设了36个“爱心驿站”，为环卫工人提供饮用热水、微波炉、冰箱等无偿服务；关爱进城务工环卫工人，开展春节和夏季高温慰问，做好职工帮扶帮困工作，营造团结向上的集体氛围。做好舆论宣传工作，通过微信微博、政务信息正确引导舆论，多项重点、亮点工作被中国上海门户网站、《解放日报》《长宁时报》等媒体报道，树立了良好的行业形象，被市局分别评为微信微博、政务信息工作“先进单位”。

（五）虹口区

虹口区建设和管理委员会

一、推动重大工程、市政水务工程与停缓建项目的建设

（一）推进重大工程建设

2016年大力推进的67项重大工程项目

（含两个预备项目）的建设，年内完成开工建筑面积100万平方米，竣工面积103万平方米，完成了年初制定的两个100万的任务目标。实现开工项目13项，分别为北横通道一期（河南北路—九龙路）、提篮桥消防站、周家嘴路901地块、国际明佳城（二期）、医工院项目装修工程、临平北路绿地、彩虹湾综合医院新建项目等；实现竣工或基本建成项目8项，分别为上海国航中心（1号、2号、5号楼）、深蓝悦都、上海星荟中心、瑞虹9号地块、瑞虹2号地块等。

67项重大工程中，国航中心按计划稳步推进建设；虹口港泵闸已在2016年汛期投入使用，大大缓解了虹口区防汛压力；新汉阳排水系统二期工程顺利推进，先行实施段顶管施工已完成，丹徒路工作井管线搬迁及围护施工中；第一人民医院已进入施工收尾阶段；北横通道（河南北路—九龙路段）已取得施工许可证，并于2016年12月完成征收腾地；提篮消防站于2016年9月实现开工。区区对接道路中，安汾路2016年底已建成通车；三门路辟通、天潼路拓宽、株洲路拓宽、衡水路辟通工程取得施工许可证，完成2016年初市交通委对虹口区的关于区区对接道路的考核目标；滨江公共空间建设工作有序推进，2016年底滨江贯通（虹口段）规划方案已基本完成，跨高阳路人行连廊设计方案深化。

（二）推进市政和水务工程建设

完成大连西路（梅园郇门前）改建工程、四平路曲阳路路口改建和天宝路四平路路口渠化、四平路新港路口右转车道改建工程、西宝兴路649弄小包围建设、明佳地块北侧通道辟通工程、沙泾港（柘皋路—通州路）防汛墙改建工程322.5米、俞泾浦（虹口看守所）防汛墙改建工程165.2米。水电路、中山北一路、中山北二路等道路大修工程及奎照路（华一小区段）道路挡墙整治工程开工建设。完成万安路积水点改善工程、齿科厂段防汛墙改造工程前期手续办理；虹口港（汉阳路桥—大名路桥）防汛墙工程取得施工许可。

汶水东路道路大修工程，长山路道路拓宽工程，虹关路、安汾路住宅配套拓宽改建工程年底完工。市政府实事工程中溧阳路（哈尔滨路—沙泾路）、沙泾路（溧阳路—柘皋路）完工；甘河路（中山北一路—东体育会路）积水点改善工程下水道完工。

（三）推进停缓建项目建设

继续配合推进金轩大邸、黄山坊、虹口商城等停缓建项目建设。

二、抓好行业管理工作

（一）市政水务管理、防汛防台工作

一是加强市政水务养护作业。道路养护总面积28717.8平方米。河道保洁累计出动打捞船只3987艘次，累计打捞量2176吨，共疏通道路下水道总管66.8万米，疏通连管38.48万米，清捞窨井43228座，清捞雨水口62483个，清捞污泥量4919吨。二是顺利完成防汛防台任务。2016年汛期市防汛指挥部先后发布防汛防台蓝色预警信号6次，黄色预警信号19次，橙色预警信号1次，区防汛指挥部均及时启动相应预案，确保了全区平稳正常运转。三是推进养护作业市场化，完成河道养护一体化招标，稳步推进道路及下水道养护市场化改革，完成8个养护标段招标。

（二）建筑业管理

一是开展建筑工地质量安全抽巡查。共开具质量监督整改单61份，局部暂缓施工指令单1份，开具安全监督整改单74份，暂缓施工单36份，停工单3份。二是组织开展大型机械设备等重大危险源为重点的安全专项检查；会同区消防支队开展“G20期间社会面火灾防控”区建筑工地消防安全生产大检查；会同安监局、各街道开展全区建筑工地安全生产“拉网式”大排查；组织开展在建工地防汛演习和安全知识培训等系列“安全月”活动。三是会同区环保局、区绿化市容局等部门对区内建设工地定期开展渣土运输、扬尘防治联合检查；推进工地围墙整治和文明施工专项整治工作；推进落实全区扬尘在线监控系统安装，开展在建工地扬尘防控专项治理。四是完成2016年度分项计量及能效测评专项检查工作；组织开展绿色建筑、能效测评、BIM技术等业务学习和培训；研究起草《虹口区建筑节能和绿色建筑示范项目专项扶持办法（试行）》。五是开展打击违法分包转包专项整治工作。六是会同区房管局、区规土局、区发展改革委开展虹口区2015年装配式建筑落实情况自查及2016年装配式建筑实施计划方案。

（三）静态交通管理

一是完成113家公共停车场（库）电子收费系统改造升级工作，实现了区管公共停车场(库)信息化全覆盖；二是完成万德大厦、瑞虹3号地块、瑞虹9号地块、凉城地区中心商办楼、大世界城、商丘路387号地块等项目的配建机动车泊位验收，累计新增配建车位2023个；三是推进居民区周边新设置的道路停车点实施23小时管理，累计新增限时道路停车泊位140多个；四是完成公共停车场（库）充电桩建设年度实事项目150根；五是积极探索“慢行交通”理念，倡导“轨道交通+自行车”的低碳环保的出行模式，会同交警、街道、轨道交通运营公司共同推进公共租赁自行车的普及，今年全区累计投放共享单车12600余辆；六是推进绿色出行文明宣传，联合区委宣传部、团区委主办“世界无车日”绿色骑行活动；七是通过LED户外显示屏积极宣传新颁布的《国防交通法》。

（四）公共事业管理

一是认真督促家庭燃气用户做好燃气安检不合格的整改，完成督促整改用户4556户，整改率达74.56%；继续推进不安全燃气器具置换工作，已全部完成500只更换计划。二是协助推进老式小区燃气明支管改造完成10公里年度改造计划。三是对街道燃气安全员和居委、物业相关工作人员进行燃气安全教育和培训，共组织986人次参加。四是结合“5·12”防震减灾日，组织了燃气安全教育图片巡回展；针对夏季危化品易发多发特点，8月中旬开展安全警示教育和安全检查；根据市燃气处统一部署，从12月起开展为期3个月的液化气“打非治违”工作，并结合燃气行业第八届安全用户百日活动，做好用气安全宣传和监管。五是根据市政府有关推进市、区两级燃气管理体制调整的整体部署，逐步承担虹口区行政区域燃气主管部门的职责，对接落实虹口区燃气管理各项工作。六是围绕市政府“液化石油气供应的规范统一配送”要求，扎实抓好落实推进工作，于12月底实现全区覆盖，完成市政府对虹口区的考核目标。

三、推进“补好短板”工作

（一）河道污染问题整治情况

配合区环保局制订了《虹口区水污染防治行动计划实施方案》；牵头制订了《虹口区河道综合整治工作方案》，明确了虹口区河道综合整治工作小组及河长名单；完成黑臭河道名录复核及“一河一策”方案编制；启动虹口港水系疏浚工程，计划对虹口港水系进行疏浚、增设曝气复氧、水生绿化等生态整治措施，已完成江湾市河疏浚工作；持续开展引清调水工作；启动雨污混接排摸调查工作；开展了黑臭河道水质定期监测。

（二）违法建筑拆除（公字违建）

今年建管委须拆除非公益性违建共10处，共计2001平方米。目前，已拆除了海伦路441号到447号违建180平方米、舟山路475号违建75平方米、邢家桥路河道旁违建200平方米、三门路780号违建550平方米，中山北一路1号第四层645平方米违建，12月28日前拆清。另外几处，门均已封堵，经相关部门认定，暂不拆除。

四、推进依法行政工作

（一）做好信访接待、12345市民热线、

网格化等工作

做好来信来访、市民热线、网格化管理等日常工作，截至12月底共收到信访件163件，其中来信28件，接待来访111批163人次，网上信访电子邮件10件，接听来电14个；处理市民热线734件，及时回复率100%；处理网格化9521件。

完成与区行政许可、行政处罚“双公示”信用信息子平台对接工作，输入项目557项，补录“双公示”信用信息20条；完成依申请信息公开12件，行政复议1件，申报政府依法行政示范项目一个（待评审）；积极参与应诉海宁路沿线商铺动拆迁遗留问题诉讼案3件。

（二）推进矛盾化解工作

协助街道做好保民村25~32号房屋轨交矛盾化解工作，目前正在会同相关部门进行方案征询和设计；督促申通公司尽快开展四号线大连路—临平路段进行扣件改造等减震措施。协调66号地块、55号地块、复兴高级中学扩建、指南针项目施工矛盾。

五、完成“两会”件办理工作

2016年区“两会”期间，建管委共收到人大代表书面意见11件，其中主办8件，会办3件，主办件中解决采纳1件，正在解决3件，计划解决2件，留作参考2件。收到政协提案26件，其中主办13件，会办13件，主办件中解决或采纳8件，列入计划拟解决2件，留作参考3件。

在办理过程中，建管委严格遵照办理规定，积极主动走访联系人大代表和政协委员，其中主办件的走访率100%，态度满意率100%。截至4月30日，建管委在今年“两会”期间所收到的书面意见和政协提案均答复完毕，并按要求将办理结果提交至办理平台。

虹口区绿化和市容管理局

2016年以来，在区委、区政府的正确领导下，区绿化市容局认真贯彻落实党的十八届五中、六中全会精神，以生态文明建设新要求为动力，紧密结合党的“两学一做”学习教育，贯彻创新、协调、绿色的发展新理念，继续提升绿化市容环境水平，推进环境优美、生态宜居的城区环境建设。

一、生态环境建设稳步推进

全年完成新建广秀路绿地、凉城路行道树连接带绿地、新市北路绿地等4113平方米。创建密云路（中山北二路—玉田路）、玉田路（密云路—东体育会路）林荫道2条（段）。临平北路绿地、新建路东长治路绿地、71街坊绿地以及虹湾绿地正在有序推进建设。全年实施绿地调整优化27653平方米（中环线凉城路—逸仙路桥荫绿地改造工程）；完成广粤路靶子山加固项目建设。改建绿化景点2处（花好月圆和美爱）；建成中山北二路2公里绿道。积极开展“四违一乱”拆违建绿约5566平方米。完成昆山公园和凉城公园的改造并对外开放；曲阳、爱思、昆山、霍山公园实施延长开放。

二、群众绿化服务品质持续优化

持续开展立体绿化建设，全年总计完成各类立体绿化31691.15平方米，其中完成红叶养老院、粤海宾馆、丰镇路第一小学、虹口图书馆等屋顶绿化共计20016.15平方米；完成曲阳公园、曲阳三小、花园坊能效中心等墙面及其他特色立体绿化共计11675平方米；组织绿化服务进社区活动8次；做好认建认养的接待服务工作，与四家企业签订认建认养意向书。积极开展露天电影进公园活动，丰富广大市民文化生活。

三、全面提升环卫保洁作业能力

加强环卫作业管理，延长道路保洁作业时间。从2016年4月开始，在环卫系统开展“加强环卫劳动纪律、提高垃圾厢房保洁质量”补短板专项活动。根据市局要求，开展“车容车貌”的专项工作，提升全区渣土运输车辆和环卫作业车辆的规范作业。加强环卫设施的改建工作，全年完成10座公共厕所改造、50座垃圾间和14座倒粪站维修工作。10月起，对全区道路、公交车站、地铁站、非机动车停放点位杂草进行集中整治，还市民清洁、优美的市容环境。

四、生活垃圾分类减量深化拓展

加强生活垃圾分类减量宣传工作。实现建立虹口区158个绿色账户居住区（涉及64379户）的年度目标，全区累计推进约300个绿色账户居住区（涉及12万户）。截至12月底，2015年已有的全区6万户绿色账户家庭湿垃圾产生量达到日均230桶，超计划实现日均200桶的目标。2016年的6万户绿色账户家庭湿垃圾产生量达到日均150桶，超计划实现日均100桶的目标。全年在8个街道组织开展各类培训44场，组织开展积分兑换活动46场，兑换消纳积分达900多万分。

五、做好区域道路扬尘防控工作

制订虹口区道路扬尘防控方案，明确各部门工作职责。提升道路机械化作业水平，扬尘点位周边道路每日机扫2次、冲洗3次，重点道路实现机扫和冲洗率100%。落实区道路扬尘突发性道路污染处置流程（托底保障），截至12月底，处置道路突发污染124次，出动人员千余人次。建立清道人员的发现与街道作业块的及时响应，以及作业块的小车冲洗与虹腾大型冲洗车辆的冲洗联动机制。通过区大气环境治理平台，加强和区环保、交警、城管执法部门的沟通协调，从源头上减少道路污染的发生。

六、积极做好建筑垃圾应急处置工作

按照区召开的专题会议精神，牵头拟定《关于加强虹口区建筑垃圾处置管理实施办法》，进一步规范建筑垃圾处置管理。自8月13日以来，共外运奉贤区柘林塘指定卸点装修垃圾1779车、43557吨，受到上级有关部门的好评。9月27日起，根据《上海市建筑垃圾处理专项执法检查实施方案》要求，成立了区渣土专项执法检查组，截至12月底，共检查了转运码头37次，建筑工地106次，运输车辆85辆，做教育处理51件，暂扣车辆15辆，立案16件，结案15件，罚款共计4.4万元。同时，暴露垃圾顽症治理取得成效，截至12月底，总计检查道路18617条，当场整改566起，清除暴露垃圾591吨。从2016年7月19日开始，为进一步加强和规范虹口居住区装修垃圾治理工作，提升小区生活环境质量，由渣管所牵头，会同房管局对辖区内的小区的装修垃圾处置工作进行检查督促，全年开具整改单11件，均已整改完毕，小区装修垃圾处置工作得到进一步加强。

七、城市市容景观面貌进一步提升

周家嘴路海宁路景观灯光（一期）和北外滩景观灯光三期项目按期完成。大连路景观灯光改造工程、广中路沿线景观灯光工程已于10月开工，年底基本完成建设工作。海派文化装修装饰项目完工。景观道路改造工程广灵四路新市路段项目、车站南路段项目和历史风貌保护区路段项目正在扎实推进。违规广告整治工作取得新进展，整治时效位列中心城区第二。

深入贯彻落实《上海市市容环境卫生管理条例》和《上海市市容环境卫生责任区管理办法》，研究制定《虹口区市容环境卫生责任区责任人记分办法（试行）》，将责任区管理落实到责任人，将违规处罚记录记入诚信档案。该工作在川北街道试点基础上，9月起已在全区推广，跨门营业等顽症已明显改善。

八、市民投诉和网格化案件满意率不断提高

针对市民热线投诉案件和网格化受理案件处置中存在的问题和不足，全局调整力量配置，进一步完善了相关工作制度、基础设施，围绕“满意率”“及时率”“实际解决率”等指标，认真落实首问责任制、二次派单制、上门答复制、协调沟通制，工作效率得到较大提升。一是积极对接“12345”市民服务热线，建立难点问题集体会诊机制，优化督办流程，截至11月底，共受理各类市民投诉712件，“12345”实际解决率和满意率分别提高到95.51%和85%，创历史新高。二是借助网格化完善主动发现机制，结合专项检查开展情况，加强监管和督办。网格化平台全年共受理40631件，虽然数量比去年同期上升近64.52%，但及时率和完成率都提高到了95%以上。三是完善平台建设，做好承办单位的网络连接工作，提升平台处理能力，提高案件与工单的处置效能。

九、积极做好人大、政协“两会”意见、提案办理工作

全年共主办“两会”办理件14件，走访率和办复率为100%。其中，人大代表意见6件全部“解决采纳”；政协提案件属“解决或采纳”的6件；“列入计划拟解决”1件，“留作参考”1件。在办理工作中，各科室单位加强调研和协调，努力提高解决率，局领导亲自带队，多次走访沟通，对代表和委员的问询进行细致专业的解答，受到了代表和委员的好评。

（六）普陀区

普陀区建设和管理委员会

2016年是深入贯彻落实党的十八大和十八届三中、四中、五中全会精神，落实“四个全面”各项重要任务的关键年，区建管委在区委、区政府的正确领导下，着眼“一轴两翼”功能布局，加快推进基础设施建设步伐，努力提升城区建设和管理水平，确保“十三五”规划开局之年起好头。

一、服务大局抓建设，城区市政基础设施逐步完善

（一）积极协调推进市重大工程建设。完成轨交13号线在普陀区最后一个站点江宁路站1号口和4号口的出入口建设，近期有望投入使用；完成轨交14号线真光路站96产居民房屋征收，其推进速度、实施效率得到了市、区相关领导的充分肯定。顺利完成真光路站维护性施工，抓紧协调真如站腾地工作，完成4个站点主体腾地工作，各站点已开工建设；完成轨交15号线8个站主体腾地工作，并相继开工建设。完成武宁消防站项目施工维稳工作，确保在市里要求的时间节点内正式开工建设。协调推进武宁路快速化改建项目施工借地、交通组织、管线搬迁以及征、借地等前期工作，12月30日已正式开工建设。配合协调北横通道（普陀段）工程建设，完成新会路白玉坊和安远路614弄268号居民房屋征收，完成筛网厂腾地任务，积极推进汉庭酒店征收工作。配合开展苏州河深隧试验段、云岭西排水系统前期工作，完成项目建设用地的腾地工作。

（二）加快完善区域市政基础设施建设。区区对接道路项目：加快推进新会路、延平路道路新建工程，连亮路东西辟通工程、吉镇路南北辟通3条区区对接道路建设，12月均已获得施工许可证，在规定的时间内完成市里考核指标。抓紧推进金昌路—交通路新建、改扩建工程等4条区区对接道路的前期工作，目前工可文本均已上报。新改建项目：静宁路（礼泉路—真华路）已完成招投标工作，规划宁川路已取得施工许可证；金沙江路人行天桥已建成，2016年6月正式投入使用。大中修、积水点改善等项目：完成怒江北路等5条道路大修项目，完成杨柳青路、云岭西路2条道路积水点改善工程。制订全区分流系统雨污混接调查整改总体方案，启动铜川等4个分流系统雨污混接调查工作，配合完成了新杨截污纳管、南杨园等15个小区雨污分流外接管改造，以及香樟路雨水管预防性修复工程等3个排水项目。交通拥堵点改善项目：完成曹杨路—三源路、凯旋北

路—盘湾里等8个交通拥堵点改善任务。综合管廊建设项目：牵头协调市、区相关部门加快桃浦、真如地区综合管廊证照办理进度，在多方协力下完成项目前期各项工作，12月9日已正式开工建设。加强燃气安全管理：全面启动普陀区液化气钢瓶统一配送工作，在市燃气处规定的时间内完成普陀区燃气管道非法占压整治任务，全力保障城区运行安全。建立完善市政管养机制：建立第三方桥荫桥孔巡查机制，进一步完善桥荫桥孔信息管理系统；在曹杨地区开展道路精细化养护管理机制的试点准备工作；完善金沙江路天桥长效管理机制；探索建立架空线坠落应急保障托底机制；完善沉管应急保障机制，对区内各市政管线、公用管线以及GIS系统数据进行跟测、维护、更新、纠错等。

二、聚焦民生补短板，水环境治理、交通管理初见成效

（一）全面推动水环境治理工作。在全区范围内实施河长制，编制推进落实河长制计划任务书，确定全区河湖水体责任清单，构建了清晰的工作机制，并进一步明确了河长制责任分工。编制完成普陀区“一河一策”实施方案、普陀区水利专项规划。前瞻性地开展“区域河道生态治理长效机制的研究与探索”重点课题研究。对区内55条河道进行沿河排放口排查，针对性采取保留、封堵和截污纳管工程。2016年全面启动涉及31条河道的4个生态治理项目，其中朝阳河、西虬江综合治理项目已开工建设，其余项目正在抓紧推进前期工作。市水利专项工程中大场浦疏浚工程已完成，桃浦河防汛墙改建工程和真如港（红旗村段）综合整治工程已开工建设。启动2017年3个水利项目和断头浜整治的前期工作。进一步完善河道养护管理，加强排涝泵站管理力度，强化引清调水，对河道水质及感官展开监测和公众测评。依托区环保部门，进行水质监测和分析。开展第二十四届“世界水日”的宣传活动。

（二）着力协调优化交通管理。聚焦“最后一公里”，努力改善居民出行环境。狠抓静态交通管理，完成155家停车场（库）电子收费信息系统改造，道路停车电子化使用率达到100%，在长风生态园内研究停车诱导系统试点方案，推广居住区与商务楼宇、大型商场之间的错时停车。配合交通大整治行动，协同相关单位，通过利用真北路立交桥、大渡河路跨线桥等处高架桥荫和闲置空地辟为规范停车场库，增设路内停车，全年挖潜增能共计增加泊位2221个。制订本区电动汽车充电设施和分时租赁的实施方案，安装了24个点、340个充电桩，其中分时租赁点5个，分时租赁泊位43个，指标完成率为174%（年度指标195个）。强化公共交通管理，进一步优化公交线网及设施，开展“公交主干道示范配套接驳和微循环线路”试点工作，研究曹杨地区“定制巴士”公交方案，协调新开辟短驳公交2条，优化调整常规线路6条，新增候车亭46个，逐步填补公交末梢盲点。推广有桩与无桩公共自行车相结合模式，在区内地铁站、大型居民区、商业办公楼等区域周边设立9个有桩公共自行车点位，并引入摩拜、ofo、小鸣等无桩社会运营自行车，实现与相邻区县的互联互通、通借通还。开设网约车从业人员登记服务窗口，为规范网约车管理、方便百姓网约车参与办理手续提供服务。开展普陀区绿色交通综合体系的前期规划研究。开展《国防交通法》宣传，加强交通战备应急应战的处置和保障能力。保障铁路道口安全，圆满完成2016年春运工作。

三、管建协同抓发展，城市综合管理水平有所提升

（一）做好规划建设管理工作。围绕桃浦地区转型发展，积极协调推进桃浦地区海绵城市、绿色建筑、综合管廊等专项规划的编制工作，指导桃浦科技智慧城编制BIM应用专项规划；做好托马斯学校、605地块商办项目、桃浦中央绿地等项目前期审批手续

的协调和相关服务工作。认真抓好建筑工程初步设计审查和设计文件审查相关工作，牵头制定了《关于优化市区重点工程建设项目审批手续及办理时限操作口径》，进一步优化建设项目审批程序，提高审批效力和效能。完成市区两级建筑节能减排任务，抓好分项计量装置安装推进及区级能耗监测平台日常维护管理。牵头制定区新建建筑分项计量装置安装验收备案办事指南、告知书、验收单等。大力推广建筑信息模型技术和应用，全年已落实应用BIM技术项目7个。着力推进绿色建筑和装配式建筑工作，协调落实绿色二星级建筑地块1处、三星级建筑地块2处，装配式建筑地块4处。做好普陀区既有建筑玻璃幕墙的安全防范，做到全寿命周期无缝管理。巩固全国无障碍环境示范区创建成果，推进无障碍设施信息化管理升级，按规范严格验收新建无障碍设施。

（二）加强建筑业监管工作。把牢安全质量监督工作的主线，加强在建项目监管力度。全年受监在建土建项目43个，面积356.13万平方米；受监装饰项目19个；市政项目9个。土建项目竣工销项27个，面积152.52万平方米；装饰项目竣工销项62个；市政工程竣工销项14个。强化质量安全标准化管理，加强材料监督抽检，共抽查47个项目，抽检结果较好；开展专项检查整治7次，共开具各类安全隐患整改单共计235份（其中整改通知书171份，暂缓施工指令书61份，停工指令书3份）；对安全不良行为动态考核诚信记分37人次，记分43分；行政处罚立案共19起，结案数19起，处罚金额达142.05万元。加强招投标监管，认真贯彻落实招投标法律、法规及有关规定，结合普陀区建筑市场特点，因地制宜，积极探索政府投资项目招投标规范化管理新办法，进一步落实招标主体责任，加强市场和现场联动，不断规范建筑市场秩序。严格把好行政审批关，做到不越权审批、不擅自减少审批环节。抓好施工企业资质管理、企业动态管理。

（三）协调推动“五违”整治。结合“五违”整治工作，牵头实施全区沿河排放口的排查改造工作，目前截污纳管工程已完工，正在开展现场复勘和排放口彻底封堵工作。同时还配合区拆违办开展沿河两岸违法建筑拆除工作，对已拆区域构建围网、加强巡查，确保不发生二次违建事件。区建管委牵头会同区相关部门启动曹阳花卉市场整治工作，截至12月底，该项工作已基本完成，该市场的整治也为真华南路道路工程建设扫平了一大障碍。

（四）较好完成防台防汛工作。2016年成立了区防汛指挥中心。一年来，组织多部门开展防汛实战演练，开展防汛安全大检查，完成22项防汛专项预案修编，组建29支抢险队伍近3000名抢险人员，落实物资储备仓库6座，新配备大功率移动泵车2台。通过实施苏州河（建德地区）226米防汛墙主体工程达标改造、千阳南路泵站接管改造、7个易积水小区外接管道改建等工程，有效提高了区域防汛综合能力。进一步提高普陀区防汛视频监控探头覆盖率，完善区级和各街道（镇）防汛视频联通、对讲机配备等互动机制，防汛信息化水平逐年提升。今年汛期总体平稳，未发生安全事故，未发生各类人员伤亡事故。

（五）强化安全生产管理。积极落实安全生产“党政同责、一岗双责、齐抓共管”要求，以建设工程安全生产为重点，全力推进安全生产责任制的落实。强化重点领域安全监管，对在建工地、大型机械、防汛仓库、泵站等进行专项安全检查，及时整改各类安全隐患。积极落实“11·9消防周”和“安全生产月”等各项活动，结合安全生产季节性的特点，先后开展今冬明春消防安全以及岁末年初安全生产专项大检查，有效防范遏制各类事故的发生。

四、改进作风抓纪律，党风廉洁建设深

入有效开展

根据区委、区人大安排部署，认真做好党代表和人大代表换届选举的监督工作，严肃选举纪律。及时落实中央、市、区关于党风廉洁建设和反腐败工作要求，开展《中国共产党纪律处分条例》《中国共产党廉政准则》专题学习，通过组织集中学习、观看警示教育片、短信微信提醒等方式，开展党性党风党纪和廉洁从政教育。落实党风廉政主体责任，制定本系统落实党风廉洁建设责任的实施办法，明晰党政班子党风廉洁建设责任分工，主要领导与班子分管领导、分管领导与分管单位党政主要领导签订党风廉洁建设责任书。严格落实中央八项规定精神，持续加强作风建设，严格“三公”经费的使用，未发生违规现象。公开公平公正进行干部选拔任用，严格规范程序。细化完善“三重一大”事项集体决策的流程管理，涉及“三重一大”事项，均按规范要求进行集体研究、民主决策。加强政风行风建设，聚焦“四风”和腐败问题，制订下发了专项工作实施方案，开展文明窗口建设，加强内部管理，完善服务方式，优化服务职能，转变工作作风，促进为民服务水平提升、依法行政能力增强、服务质量效率提高。积极配合区委对区建管委党风廉洁建设责任制、基层党建责任制、意识形态责任制等方面工作开展的检查，并根据反馈情况及时落实整改工作。

五、积极协调抓重点，信访稳定工作扎实有序推进

随着区域“五违”整治和多项市区重大工程的全面推进，信访工作呈现出主体多元化、诉求复杂化、处理难度大的特点。牢固树立法治思维理念，重点抓好初信初访、积案治理、议案提案以及重要节假日及重大政治活动期间的稳控值守等工作。全年共受理信访 209 件（其中，市区查办件 30 件），办理市、区各类转办、交办件 868 件（其中，初访交办件 69 件），网上受理信件 77 件，受理投诉、求决来电 445 件，接待上访群众 995 批 /1710 人次。全年受理“12345”工单 750 件，办结率 100%。另外，处理回复市、区人大代表书面意见、区政协委员提案、党代表意见等 74 件，配合完成了 7 项积案专项治理，主办结果、办理人员态度满意度较高。

普陀区绿化和市容管理局

2016 年，区绿化市容局在区委、区政府的领导下，紧紧围绕建设“科创驱动转型实践区、宜居宜创宜业生态区”目标，以国际化大都市中心城区和黄浦江两岸环境为标准，不断加强绿化市容行业建设和管理，深入开展“两学一做”学习教育，全面启动“十三五”建设，真抓实干、努力奋斗，全力提升区域绿化市容环境水平。

一、多措并举，持续提高绿化建管水平

1. 有序推进绿化建设。新建绿地 25.39 万平方米。种植行道树 1053 株。完成立体绿化建设 30772 平方米，其中垂直绿化 10007 平方米，屋顶绿化 20765 万平方米。完成公共绿地调整改造 11.14 万平方米。新建杨家桥滨河绿地。积极配合做好桃浦智慧城中央绿地前期手续办理，深入研究中央绿地北拓方案。持续推进南大地区综合整治绿地项目，推进金沙江路泸定路西北角公共绿地和真北路规划光复西路西南角公共绿地等项目建设。

2. 切实加强公共绿地、行道树管理。深入推进林荫道创建，成功创建汉阴路（石泉路—华池路）、丹巴路（武宁路—梅川路）2 条道路（路段）为市级林荫道，区域内累计共有市级林荫道 19 条。在新村路（真南路—真华路）、泸定路（金沙江路—云岭东路）开展绿化特色道路创建工作，完成以紫薇和月季为主题的绿化优化调整，面积达 26820 平方米。完成区域绿道创建方案编制工作，同时在外环林带开展绿道建设，总计建设绿道 5 公里。结合五一、十一节庆期间

重点区域花卉景点布置，累计完成大渡河路北石路西南角、真北路中环百联等花坛花境布置16467平方米，在全市花坛花境评比中取得优异成绩。做好轨交14号线、15号线和武宁路快速化改建工程等市重大工程行道树和绿地动迁工作，总计动迁行道树891株，绿地48961平方米。配合曹家村旧区改造、电网建设等工程，做好绿地动迁工作总计2.1万平方米。

3. 不断提升公园管理水平。针对一公园一特色，成功举办梅川公园梅花展，长风公园牡丹展、月季展和宜川公园菊花展，得到市民好评。根据市民需求，配合建设健身步道、儿童游乐设施添加等措施，进一步提高便民服务水平。今年进一步扩大夜公园开放范围，延长桃浦公园开放时间，累计开放夜公园13座，最大化满足市民游园需求。加强条块联合，不断提高公园为民服务便利度，与真如镇街道携手积极探索公园围墙打开课题，为公园进一步开放打下扎实基础。

二、突出重点，有效提升市容环境管理水平

1. 有效推进责任区管理。深化推进市容环境卫生责任区管理工作。全区新增、调整责任人信息数据549条，全区责任人信息数据已调整为13336条。“5133”四个项目有序推进，全区已开展各类人员宣传培训11589人次；枣阳路等6条示范道路通过了市里组织的实效检查；建成西乡路、中江路、香泉路等40个自律自治组织。除桃浦镇以外，全区道路均已实现沿街商铺垃圾定时定点收集。按计划有序推进创建工作，长寿、宜川街道已通过达标街道复查；石泉街道已完成第二次复查。积极指导长征、曹杨、万里3个街镇的示范街镇复查。

2. 有力开展市容环境治理。推进无序设摊综合治理，经过三年的努力，14处无序设摊聚集点全部取缔并落实长效管理，全区没有新增设摊聚集点，通过上海市绿化市容局的考评。积极开展“补短板治五乱”行动，与区建管委制订《关于进一步补齐本区市政市容管理短板、全面提升市容市貌环境整体水平三年行动计划》，由区府办发文，确定工作任务清单，为下一步治理明确方向。今年，全力保障年初开展的红旗村“城中村”环境综合整治和上月末开展的铜川路水产市场关闭的环境综合整治。在红旗村的环境综合整治两个月中，共出动作业人员6566人次，作业车辆1530车次，清理各类垃圾2476.4吨。铜川路水产市场关闭后的保障中，累计出动环卫人员2290人次，各类保洁作业车辆195车次，清运垃圾1231.3吨。对上半年上海市市容环境卫生社会公众满意度测评情况进行深入研究，针对第三方发现的1317个问题进行了逐项分析，并形成“一街镇一报告”，不断提升公众满意度水平。

3. 有序推进景观建设。全年共拆除、维修各类影响空间市容整洁和存在安全隐患的店招店牌825块，新建店招店牌464块，完成交通路等景观围墙美化7326平方米。加强主要道路两侧灯光设施巡查，落实重大节日前景观灯光集中维修和日常的维护保养工作，确保亮灯率和安全性。同时，根据全市从严开展违法户外广告设施专项整治的工作要求，对照市户外广告整治联办下发的整治任务清单，全年共拆除违法户外广告8处8块。

三、提高效能，不断提高环卫作业质量

1. 道路保洁质量不断提升。精心谋划再生资源回收与生活垃圾清运体系“两网协同”试点工作，通过前期排摸，制订相应工作计划，为组织实施打下坚实基础。深化环卫作业市场化改革，一方面通过完善《考核方案》，加强服务指导，进一步理顺关系；另一方面以文明创建为抓手，不断提升作业管理水平。制订《道路扬尘污染控制方案》，通过创新渣土管理、提高道路保洁质量和规范绿化建设管理等工作措施，推进道路扬尘污染防治工作。

2. 环卫设施改造扎实开展。根据上海市绿化市容局“全市建筑垃圾不外运”的要求，在祁连山路430号设立普陀区建筑垃圾临时中转分拣站，对日均915吨建筑垃圾进行精细化分拣后进行分类运送处置。继续加大对老旧垃圾压缩机房、小区垃圾房、环卫和绿化道班房、社会公厕的升级改造任务，今年新建公共厕所1座、垃圾压缩站2座。对28座压缩房、376间小区垃圾间、5座环卫道班房、2座绿化道班房和18座倒粪站进行维修更新。根据上海市便民服务实事项目要求，开展公厕第三卫生间的建设，全区新建10座第三卫生间。结合“同心家园”建设，对全区8个街镇22个点位的设施进行改造。此外，全年完成176辆黄标车和5台绿化深根施肥机的设备更新。

3. 渣土运输处置监管卓有成效。今年，区绿化市容局加强宣传教育、提升监管力度、提高技术含量，进一步规范渣土运输管理，对五类垃圾全部纳入申报系统，实现全程管理。加强对运输车辆驾驶员的日常管理，联合区交巡警支队和区城管大队对普陀区建筑渣土运输单位开展规范运输的安全教育培训会，共计98名车辆驾驶员、管理员参加。加强日常巡查监管，降低垃圾偷乱倒量，全年清除偷乱倒总量280吨，实现控制在建筑渣土排放量的万分之一以内。通过购买第三方服务，对出土工地实时视频监控，全区18个工地累计完成监控安装21个，其中今年新装15个。

四、统筹推进，完成绿化市容管理队伍的下沉工作

1. 组织开展好队伍下沉工作的动员和部署。贯彻市委、市政府《关于进一步创新社会治理加强基层建设的意见》精神，推进绿化市容管理队伍下沉街道（镇），成立下沉工作小组，将原市容所和绿化分所合二为一，成立绿化和市容管理所后再下沉。为确保平稳有序，做到人心不散、队伍不乱、工作不断，区绿化市容局起草了下沉工作方案，先后4次召开不同层面的下沉工作动员部署会。逐一走访各街镇市容所、绿化分所，了解人员思想状态，个别人员单独谈心交流，通过多种形式教育引导，提高认识、统一思想、明确要求。

2. 落实好队伍下沉相关事项的对接。就“人、财、物”等资源下沉，加强与各相关部门的沟通协调，统筹推进。尤其认真做好绿化市容力量下沉街道（镇）的人事关系转移工作，涉及下沉街道（镇）人员共59人。为了确保平稳下沉，按照区人社局对下沉人员绩效工资核定水平的建议方案，下沉街镇的人员保留待遇、锁定到人。认真做好下沉人员工资水平测算，做好银行卡办理、公休情况、人员名册、社保公积金、人事档案、公用经费、办公用品划转等等具体事务，与街道镇紧密配合，做到无缝对接。

3. 落实队伍下沉后的工作衔接。为保证下沉后绿化市容工作不断，全面梳理了管理责任，制定绩效考核管理办法，明确街镇绿化市容所的工作职责和行政行为清单，理清街镇绿化市容所与区绿容局、街镇的工作界面关系。在区委、区政府的指导下，精心做透思想工作，做实各个操作环节，下沉改革工作总体平稳有序。

五、夯实基础，拓展服务民生能力

1. 生活垃圾分类减量不断深化。年初以生活垃圾减量联办的名义印发年度生活垃圾分类实施方案，细化成员单位责任，明确目标，并召开区生活垃圾分类减量工作会议。全年通过定期召开分类减量例会，加快设施改造步伐，规范收运中转处置服务，加强垃圾分类减量监管考核，切实完成当年度分类场所实施推进目标，全年完成新增生活垃圾分类8.19万户。通过采购第三方服务，社会化运作的模式，有序开展绿色账户物料申请、微信公众号建设、绿色账户开卡及积分兑换

礼品、绿账社区宣传培训指导等工作，全年推进绿色账户8.63万户，两项工作均超额完成目标任务。

2. 各类诉求快速处置。今年区绿化市容局收到的区人大代表建议、政协提案、党代表意见及区人大代表第一次、第二次集中联系社区、联系人民群众活动意见共22件，其中人大代表建议2件，区政协提案6件，党代表意见7件，区人大代表第一次、第二次集中联系社区，联系人民群众活动意见5件，现场处理代表意见2件，满意率或理解率达100%。受理各类来信来访61件，已处理完毕60件，办结率98.4%。受理各类投诉共1966件，满意率92.86%。组织媒体曝光受理回复14件，受理回复率100%，满意率100%。圆满完成今年"夏令热线"市民诉求处理和"政风行风"市局局长接听保障任务，及时解决市民急难愁问题，树立行业良好形象。

3. 宣传模式逐步拓展。今年，在全系统内开展"党员做示范、班组（窗口）创星级、人人争季星"系列主题立功竞赛活动，主要内容为开展"党员示范岗"创建活动、"星级班组（窗口）"考核评选活动、"身边人、身边事、身边的感动—每季一星"评选活动，并在这一系列活动中选树典型，利用"网报台"等媒体平台，全面开展宣传报道。扎实开展宣传报道工作，全年，向中国上海、市绿化市容局、上海普陀门户网站持续投稿，被中国上海录用信息118篇，市局门户网站录用信息139篇。同时做好区报网的短平快信息、专题文章、专栏文章的报道工作，被《新普陀报》共录用46篇，区门户网站录用稿件35篇。不断拓展新媒体功能运用，对"上海普陀绿化市容"微信公众号进行改版提升，呈现行业丰富生动的发展轨迹，成为与市民群众之间有效沟通的桥梁和纽带，全年共发布微信162篇，微博120篇。

回顾一年来的工作，在肯定成绩的同时，也清醒地认识到绿化市容环境、城市管理水平的质量与群众的期待、国际化大都市中心城区的标准相比还有差距，在新的一年中，区绿化市容局将以建设"科创驱动转型实践区、宜居宜创宜业生态区"为目标，团结一心，抢抓机遇，克难前行，开拓进取，进一步提高市容环境的美誉度和满意度，不断开创绿化市容事业新局面！

（七）杨浦区

杨浦区建设和管理委员会

一、市政基础设施建设

2016年，围绕"路、桥、轨、隧、水、电"

等领域，加快推进城市基础设施规划建设，“基础设施抓双十”项目均按时间节点建成或开工。包括 2 条轨道交通、2 条越江隧道、4 大排水系统、3 座变电站、北横通道 4 个下立交等的前期腾地和协调推进工作（其中 11 项为市重大工程），以及 8 条区属道路的新建 / 拓宽任务。

涉及市重大工程腾地任务的今年主要有 5 项，分别为轨道交通 18 号线和北横通道。丹东、松潘、民星南泵站交地工作已完成。18 号线杨浦段 8 个站点须征收居民 414 产，已签约 412 产；非居 157 产，已签约 144 产，8 个站点全部或部分交地（江浦公园站、抚顺路站、国权路站、财经大学站已全面交地）。北横通道杨浦段 4 个下立交全部或部分交地。隆昌路下立交、江浦路下立交基本完成交地工作，现已开工；黄兴路下立交已部分交地；大连路下立交涉及上海警备区民兵修理所房屋征收，正跟踪推进。

其他重点工程建设有序推进：一是区区对接项目国权北路跨小吉浦桥根据市水务局意见将箱涵方案调整至桥梁方案，已启动项建书调整，并与宝山就工作界面、项目拆迁腾地、工程衔接等达成一致；二是军工路（翔殷路—周家嘴路）道路大修工程已完成上水、电缆、信息排管，准备施工道路；三是协调加快新江湾城部队地块道路接管和开通，完成殷高东路以北 10 个路段合计约 4.6 公里已建道路的开通；四是其他中小道路凉州路新建已于 9 月 28 日全面建成，怀德路交通改善工程年内完成等。

在抓紧项目建设的同时，加强重大市政工程技术储备和规划研究，开展杨树浦路综合改建工程、隆昌路越江隧道、嫩江路越江隧道等前期研究；中环线（二军大段）抬升研究已形成中期成果；关山路、顺平路、德惠路、政通路、兰州路等一批支路前期研究也在有序推进。

2016年“双十”重点项目进展汇总表

序号	十大竣工项目	进展	序号	十大开工项目	进展
1	大定海排水系统	6月全面发挥作用，年内已全面建成	1	轨道交通18号线（杨浦段）	1月开工，8个站点均已基本交地
2	中环线新增国定东路下匝道工程	9月底竣工，灯光景观工程同步建成	2	军工路快速路新建工程	12月试桩工程开工
3	安波路（国定东路—双阳北路）辟通工程	9月底竣工，灯光景观工程同步建成	3	淞沪路—三门路立交（新江湾城通道及空中连廊）	4月全面开工
4	500千伏虹杨变电站主体工程	主体工程已建成	4	北横通道（杨浦段）	6月开工，4个下立交均已交地或部分交地
5	国定路（政通路—政立路）交通改善工程	12月建成投用	5	江浦路越江隧道	12月杨浦工作井开工
6	控江路（大连路—江浦路）交通改善工程	12月建成	6	周家嘴路越江隧道	全面开工在建，浦西段完成40%
7	临青路（周家嘴路—龙口路）新建工程	北段12月建成南段11月建成	7	变电站（政云、杨树浦）	政云12月开工；杨树浦10月开工
8	景星路（惠民路—榆林路）辟通工程	12月建成	8	嫩江路（闸殷路—世界路）辟通工程	9月进场启动绿化及管线搬迁
9	龙江路（齐齐哈尔路—兰州路）改建工程	9月竣工投用	9	轨道交通10号线二期（杨浦段）	站本体结构封顶，启动盾构推进
10	惠民路（大连路—荆州路）改建工程	3月竣工投用	10	松潘、丹东、民星南排水系统	松潘、丹东6月进场施工民星南11月进场施工

二、交通管理及示范区建设

一是完成区委重点调研课题《加快改善五角场地区交通问题的调查研究》，明确交通组织优化、交通设施改造等一批实施项目清单，年内完成改造任务。智能中心升级系统功能设计已完成。

二是配合区公安分局开展全区综合交通整治，安装护栏5000米；配合市交通委推进2016年“缓拥堵”专项工程；制定《杨浦区道路护栏实施导则》，逐步完善和规范市政道路隔离设施。

三是持续推广绿色交通。2016年新增充电桩28处，269个，超额完成交通委下达的任务（210个）；新增电动汽车分时租赁点26个，123个泊位，累计建成38个点，193个泊位；智能公共自行车摩拜单车投放至19000辆，ofo投放3000辆。

四是做好静态交通管理，建管并举均衡停车需求。长阳创谷一期立体停车设备已安装完成，11月底投用。眉州路龙口路已着手建设，预计11月底建成投用；12号线宁国路站立体停车库施工合同正在签订过程中，预计11月中旬开工；关山路国定路一期立体停车库待关山路拓宽方案确定后即可实施。继续开展手机预约错峰停车试点，全区98家停车场库中已经提供夜间错峰停车服务的有21家，并有3家商务楼公共停车库试行错峰停车手机app预约服务；公共停车场库电子收费系统信息化改造全年计划完成76家，现已完成78家。微枢纽涵盖地铁、公交、出租以及公共租赁自行车四种交通方式以及智慧路灯等智能服务设施，极大地方便市民换乘及查询周边公交信息。江湾—五角场交通示范区公交微枢纽共分两期建设，一期7个微枢纽站已建设完毕，二期14个微枢纽站年内基本完成。

五是网约车属地化管理工作。自11月1日起，上海市将实行《上海市网络预约出租汽车经营服务管理若干规定（草案）》规定，根据市交通委要求，区交通委负责驾驶员材料受理和初审、上传工作，已落实了相关工作方案、受理地点和人员等。

三、水务工作

1. 守住防汛安全底线。一是加大排水系统建设的协调推进力度。大定海排水系统经受了10月2日每小时83.9毫米降雨量的考验；积极推进丹东、松潘、民星南排水系统前期协调和进场施工。二是加强汛期检查、维护和运行工作，切实落实防汛预案，确保内河、一线堤防、泵站泵闸设施、排水设施、下立交等设施的防汛安全。三是落实各方防汛值班责任制，积极应对预警灾害响应。四是落实“黄浦江防汛应急物资仓库”建设及物资储备；完成4处岸段堤防专项维修主体工程、渔人码头一期、二期二级防汛墙建设等防汛墙加固工程、杨树浦港泵闸管理用房迁建。五是完成上理工小区、内江一村等14个积水改善工程，其余地区采取增加临时排水泵等措施。

2. 推进河道综合整治。针对杨浦区所有河道进行了污染成因分析，因地制宜逐条河道制订水质改善方案，按照“一河一策”要求编制了《杨浦区河道水环境综合治理总体实施方案》。嫩江河、隋塘河整治疏浚已完成；联合宝山区加快小吉浦河的治理工作，同步开展底泥疏浚；杨树浦港、虬江、东走马塘水系综合整治工可市局已批复，正开展一体化招标工作；启动实施雨污水混接调查、改造。

3. 开展内河水系综合利用规划研究。2016年区委重点调研课题之一为《关于杨浦内河水系综合利用的调查研究》，形成水系综合利用规划方案、水环境综合治理方案、水景观样板段实施方案以及《杨浦区2016—2018年内河水系综合治理三年行动计划》。

4. 研究海绵城市建设。根据《上海市海绵城市专项规划（初稿）》《关于推进杨浦区海绵城市建设的实施意见》，推进《杨浦区海绵城市建设规划》和《杨浦区海绵城市建设行动计划》的编制和实施，确定杨浦南段滨江、新江湾城、杨树浦港—二钢地块为2020年的建设区域，共青森林公园和黄兴公园为2030年的建设区域，并明确了建设范围和内容。

四、建筑业管理

1.做好行政审批工作，规范建筑市场秩序。深入推进建设工程行政审批管理改革，加强事中事后监管、网上政务办理建设等，做到重大项目报建当场办结，施工许可当场受理，为区内重大工程推进创造更加优质高效的行政服务环境。今年为31个重大工程提供了服务，办结区属重点项目16项，协助办理市属项目2项；制定了《招投标开标、评标监管日志》，完善监管手册，规范监管流程；对接全市最新行政审批改革及资质动态核查工作要求，共受理项目报建202个，涉及总投资额186.15亿元，发放施工许可证共164张，办理竣工验收备案134个，办理专业交易45个，建材交易34个，开具建材备案验证单19张，审批建筑业企业资质11项，办理施工承发包项目178个，设计招标17个，勘察招标16个，监理招标20个，一体化招标2个，公开招标率和应招标率均达到100%。

2.加强建设工程安全质量监管。一是抓监管，开展了围墙、深基坑、大型机械等专项检查并引入第三方监管力量，协助开展深基坑、大型机械等专项检查；二是抓制度，出台了《关于进一步加强杨浦区限额以下小型建设工程安全生产监管的实施意见》《建筑工地场内专用机动车辆安全管理承诺书》等管理制度，通过属地化管理、承诺书制度等方式，进一步强化施工现场安全管理；三是抓执法，加大行政处罚力度，严格查处各类违法违规行为，今年签发各类整改通知书255份，项目经理记分55人次、监理人员记分8人次，对54家违法违规单位立案查处，行政处罚金额共计284.97万元，行政处罚结案率100%，为历年最高。解决农民工欠薪3726万元。

3.加强文明施工监管。实行全区建设工地通报制度，推进扬尘防治与文明施工一体化管理，在19个大型工地安装了具有监控施工现场粉尘、噪声、温度、风向等功能的噪声扬尘污染在线远程监控系统，运用信息化技术手段，全面提升本区建筑工地污染防治水平。深入开展围墙文化长效管理，全区21个在建工地参与围墙美化活动。

4.BIM示范区工作。在全市首创建筑行业BIM技术的“3+X”应用管理框架——搭建了区BIM推进工作联席会议平台、区BIM技术应用数据平台、区BIM技术应用专家服务平台，制订《杨浦区率先推进BIM技术应用示范区建设工作方案》，启动一批BIM技术应用示范项目，其中中环线新增国定东路下匝道工程首次在上海中心城区的桥梁施工中全面采用装配式技术并在设计施工中应用BIM技术，成功实施预制拼装，下匝道已建成通车。杨浦区首批4个BIM技术应用试点项目方案顺利通过专家评审，BIM应用数据管理平台上线运行

5.积极推进建筑节能创新。新建民用建筑全部执行绿色建筑标准，低碳发展实践区、重点功能区内新建公共建筑按照二星级及以上标准建设的比例不低于70%。

6.积极推进落实装配式建筑指标。对于2016年的土地出让地块，凡符合装配式要求的项目，在土地招拍挂、规划方案征询和设计文件审查三个阶段均提出落实装配式建筑的要求，做到100%源头控制。

7.强化既有玻璃幕墙建筑安全监管工作。通过购买第三方技术服务的方式，加强日常巡查，切实做好既有玻璃幕墙安全防范工作，进一步落实责任和措施，做到早谋划、早部署、早启动，确保既有建筑玻璃幕墙使用安全。

五、设施养护管理

2016年以来，除了积极实施年度道路大中修和桥修工程，对杨树浦路和军工路做了重点养护，还实施了区内环线周边，主、次干道相关路段井盖整治，启动第二轮窨井防坠设施安装，已完成485套。配合大定海排水系统建设，对排水总管与收集管，用户管的连接进行了全面排查，维修连管总计84条。为配合交通大整治，安装道路护栏5000米，根据市铁路安全的需要，完成铁路防撞栏约1100米。

六、燃气管理

根据市政府关于完善市、区燃气两级管理的管理体制改革等要求，在未落实机构和编制的情况下，牵头建立区燃气管理工作联席会议制度，明确落实燃气安全监管责任，推进燃气安全监管规范化、法制化。规范市场秩序，并在燃气日常监管中探索职能部门联合检查管理和社区属地日常管理的模式，8月，区建管委会同区安监局、区市场监管局、区公安分局、区消防支队等部门对本区5个车辆加气站、4个液化气供应站进行安全大检查。10月，区建管委组织新江湾城街道、殷行街道、控江路街道、长白新村街道等部门，配合市北燃气公司对辖区内1460户存在的用户用气管道气密性不合格、热水器未安装烟道、燃气水安装场所不合理等进行宣传教育专项整治。

根据市里统一要求部署，杨浦区自10月10日起实施瓶装燃气全配送工作，是全市第二家。目前制卡用户数9282户，商用卡79户，咨询及改名用户2811户。

进一步加强燃气占压梳理排查整治工作，发现整治14处燃气管道占压；配合市北燃气公司完成了三个街道的4064户、15550米超龄管道更换，加装阀门1498个；更换腐烂支管210根、1260米。年度任务基本完成。

七、2016年区政府实事项目

建设100个公共充电桩建设，新增一座公共停车库，在新江湾城新辟一条社区巴士，嫩江河、随塘河河道疏浚工程均已完成。

杨浦区绿化和市容管理局

2016年，在区委、区政府的正确领导下，在市绿化市容局的指导下，区绿化市容局党委认真贯彻落实党的十八届五中全会、六中全会，中央城市工作会议和市委、区委全会，区第十次党代会精神，团结带领绿化市容系统广大干部群众，围绕杨浦打造科创中心重要承载区、“五违四必”补短板和创建全国文明城区等中心工作，对标更高品质国际大都市中心城区，强化规划引领作用，着力推进市容环境建设和管理，深化绿化市容行业改革和发展，不断提升市容环境卫生状况公众满意度和绿化市容系统党建科学化水平。杨浦区上半年的市容环境卫生状况公众满意度位列全市16个区的第五位，管理等级处于“良好”水平。截至10月底，生活垃圾日均处置量为888吨，确保年底控制在市下达的指标内，城区人均公共绿地面积至年底预计达到4.36平方米。基层党建和党风廉政建设两个“责任制”进一步落实。全面完成了年度确定的目标任务。

一、聚焦民生，提升能力，确保区政府实事项目圆满完成

一是街头绿地建设任务超额完成。截至10月底，新建改建街头绿地18块，完成年度计划的180%。二是环卫公共设施建设力度持续加大。新建改造环卫公共设施31座，完成年度计划的100%。三是立体绿化建设扎实推进，编制完成《杨浦区屋顶绿化专项规划》，其中五角场交通枢纽外立面改造总面积达2600平方米，是全市中心城区迄今最大的建筑单体墙面贴植绿化。今年以来，建成立体绿化3.08公顷，完成年度计划的103%。四是生活垃圾分类减量深入推进。截至10月底，生活垃圾日均处置量为888吨，预计年底能控制在市下达的指标内。

二、服务发展，优化品质，为创新创业营造良好人居环境

（一）城区生态绿化建设持续推进。一是公共绿地建设持续深入，已建成绿地6.45公顷，完成年度计划的107.5%；城区人均公共绿地面积至年底预计达到4.36平方米。在黄兴路、四平路、大连路、长阳路等重点区域、主要道路新设花箱2000余组，进一步美化城区环境。二是绿道和绿化特色街区建设有序推进，编制完成绿道建设三年规划，抓紧建设淞沪路5公里绿道；重点推进大学路创智天地绿化特色街区建设。三是林荫道和绿化特色道路建设深入推进，成功创建沧州路（松花江路—延吉中路）、密云路（中山北二路—玉田路）为市级林荫道；加快推进四平路（大连路—五角场）绿化特色道路建设，进一步提升城区生态环境品质。四是认真做好公园改造，完成江浦公园、黄兴公园两座老公园及延春、松鹤、波阳三座社区公园改造，推动公园增绿提质。

（二）城区环境品质逐步提升。一是着力推进责任区管理制度。按照“点上做深、面上做实”的原则，深入推进市容环境卫生责任区管理，牵头制订工作方案，完成“2629”年度工作目标，即创建21条（段）责任区管理示范道路、培育60个自律自治组织、培训责任人2万人次和“一店一档”建档率完成90%四项工作任务。启动并积极推进包括大学路、控江路、五角场商圈等先行先试区域在内的21条（段）责任区管理示范道路创建。完成四平、控江街道等27条（段）道路的生活垃圾定点投放、定时上门收集。杨浦区市容环境责任区管理工作在市绿化市容局进行了经验交流。二是重点开展长阳谷周边景观改造项目、国定东路创新创业街区市容环境品质提升、区政府周边市容环境品质提升等项目，依法拆除各类违规设置，美化围墙立面，增设绿化景点，打造景观亮点，营造大众创业、万众创新的氛围和环境，进一步提升核心区域环境品质。三是加强景观灯光建设和户外广告整治。按照“优化存量、控制总量、适度发展”的要求，与区域功能定位紧密结合，整合社会资源，运用景观灯光将商业、人文等元素融入夜景，建设了五角场交通枢纽大型立体绿墙灯光、创智天地、紫荆广场等楼宇景观灯光；加强户外广告管理，制订《杨浦区关于从严开展违法户外广告、招牌等户外设施专项整治工作方案》，率先完成市局挂牌督办的户外广告整治任务。四是加强绿化养护日常管理，研究制定《杨浦区公共绿地、行道树养护考核办法》《杨浦区公园分类分级考核办法》，持续提升绿化作业养护水平。

三、突出重点，补齐短板，积极推进重点薄弱地区治理

（一）市容环境专项整治力度不断加大。一是持续推进重点薄弱地区整治。聚焦“14+16”个重点薄弱区域，积极对接相关街镇和部门，通过清除占道乱堆物、整修围墙外立面、增设部分隔离护栏等措施，重点对上理工军工路400弄南侧周边、佳木斯路包头南路沿线、党校周边闸殷路沿线等十余个区域开展市容环境顽症问题综合整治工作，进一步改善提升城区市容环境面貌。二是规范管控无序设摊。坚持“堵疏结合、分类管理”原则，指导协调各街镇坚决防止设摊集聚点的产生，按照“压缩规模、减少数量、综合治理”的要求，将杨浦区临时设摊控制点压缩为4个，调整扬州路控制点入场入室。进一步加强对白城路、内江路等入场入室疏导点的基础设施改造，落实“五定”管理措施，防止马路设摊回潮。三是全面启动市容“五乱”治理。牵头各街镇对市政市容管理“五乱”问题开展调查摸底，制订实施《杨浦区关于进一步补齐市政市容管理短板、全面提升城区市容环境水平（2016—2018年）实施方案》，明确治理任务和职责分工，指导各街镇全面梳理辖区内存在的“五乱”问

题，启动三年“五乱”治理工作。截至10月底，全区已整治取缔“三亭一牌”（书报亭、彩票亭、售货亭、指示牌）38处，规范“三亭一牌”36处，整治跨门营业2937处，规范店面设施557处，规范非机动车停车画线1610米，整治非机动车乱停放196处，拆除违法违规广告12处，清除“乱张贴”6479处，完成了年度30%定量化任务的目标。

（二）垃圾处置体系逐步深化。今年以来，全部完成新增6万户居民家庭实施垃圾分类，新增8万户居民家庭开展绿色账户试点的年度目标。全年共开展各类“绿色账户”专题培训550余次，参与人次约8000人次，开展积分兑换活动150余次，参与人数约2万余人。全年完成325个小区的达标创建，其中180个小区完成示范小区创建。完成6个菜场达标创建。制作绿色账户动画宣传片，在区主要商业区域的大型LED屏进行滚动播放，取得良好宣传效应；以开展再生资源回收与生活垃圾清运体系“两网协同”试点为契机，不断完善“大分流、小分类”物流保障体系建设的同时，积极推进生活垃圾资源化减量项目建设，以提升末端资源化、无害化、减量化处置能力，项目预计明年上半年建成，建成后日均处置能力可达600吨，处置减量率预计可达到70%，有效缓解杨浦区生活垃圾减量处置压力，将生活垃圾日均处置量控制在市控指标内。重构建筑垃圾处置管理体系，系统开展了实施源头申报、规范中转分拣、强化物流管控等措施，全面完成居住区积存装修垃圾的应急清运。

（三）道路扬尘治理初见成效。牵头制订《关于进一步加强杨浦区道路扬尘治理的实施方案》和《军工路、杨树浦路道路扬尘整治方案》，积极协调区环保局、区建管委、区城管执法局等部门，加强联动共管，进一步规范渣土运输管理，督促渣土运输企业逐步实现运输车辆更新。不断提升道路保洁作业能级，加强扬尘污染路段排摸，形成“一路一档”，开展对军工路、海安路、杨树浦路等扬尘污染突出道路的重点保洁，将保洁冲洗频次从每天2次增加到6次以上，每周还开展2~3次专项整治，让市民切实感受到道路扬尘污染明显改善。

四、创新管理，条块联动，提升城区市容环境综合管理水平

（一）着力推进行业改革。一是做好街镇绿化市容管理所管理资源下沉工作。深入贯彻落实区委关于创新社会治理加强基层建设的工作部署，确保业务工作指导不断，工作总体平稳有序。二是养护作业市场化改革取得阶段性成效，实现了区域内107.6余公顷公共绿地和3.11万余株行道树养护以公开招投标的形式全面推行市场化，14座区属公园中，江浦公园养护实行公开招投标，进一步探索绿化养护与物业化管理一体化招标的新模式。道路保洁、公厕保洁、生活垃圾收集运输等环卫作业服务以行业指导价为依据，采用合同管理的方式购买服务。三是行政审批制度改革进一步深入。编制完成47项行政权力的业务手册、办事指南和责任清单，加强事中事后监管，进一步完善行政审批业务监督检查；深入开展政府服务清理优化和办事手续清理规范工作，进一步提高行政效能。

（二）做好市容环境保障。全力以赴做好春节、五一、十一、G20等重要节点、活动的市容环境保障工作，展示杨浦良好形象。加强信访矛盾化解工作。截至10月底，共受理处置各类来信来访60件，办结率100%。不断深化安全生产和防汛防台工作，今年以来共开展安全生产检查13次。进一步加强“12345”市民服务热线受理和处置。1—10月共受理处置绿化、市容、环卫问题9000余件，受理率和处置率均为100%。今年区绿化市容局承办“两会”提案意见共19件，答复率、办结率均为100%。

五、凝心聚力，狠抓作风，深入夯实党

建基础

（一）认真组织开展“两学一做”学习教育。一是抓基础工作，确保学习教育的整体性。制定下发《“两学一做”学习教育工作提示》，进一步规范组织生活；按照“三报三查”机制要求，全面开展系统党员信息核查工作，确保党员数据库的正确性和完整性；进一步深化党务公开，在局门户网站设立“两学一做”学习教育专栏，对系统各党组织学习教育情况进行动态宣传。二是抓分层推进，确保学习教育的实效性。充分发挥党委中心组学习会的示范力，依托“绿化市容学习课堂”平台，围绕党章党纪学习，加大系统机关事业党员干部和企业中层以上干部教育力度。深化局党政领导班子结对联系服务基层工作制度，对支部开展“两学一做”学习教育进行实时了解、现场指导。三是抓分类指导，确保学习教育的针对性。结合行业实际，抓牢“两点一线”，有针对性地开展分类指导。抓“两点”，即重点关心系统年轻党员干部和系统离退休党员。通过与系统优秀的年轻党员干部进行交流座谈、组织开展垃圾分类“绿色账户”宣传等活动，充分发挥年轻党员干部活力。通过参加机关离退休党支部组织生活会，传达中央、市委和区委“两学一做”学习教育有关精神，组织开通杨浦绿化市容离退休党支部微信号，线上推送学习资料，实时了解老党员学习需求。抓“一线”，即重点关心环卫一线的党员职工，通过运用微党课、学习视频，指导一线党员干部妥善处理工学矛盾，确保系统党员一个不少参加学习教育。

（二）夯实基层党建基础。一是明确基层党建责任。建立完善党建“4+3+3+3”运行机制，着重从责任落实、制度健全、机制保障、项目落地四条路径入手，切实落实党风廉政建设主体责任和监督责任。今年以来，先后对杨浦环境发展有限公司、区城市废弃物管理所开展党风廉政建设巡查督导，坚持有责必问，有问必严。二是组建区域绿化行业党建联盟。按照区委关于推进区域化党建新格局的要求，区绿化和市容管理局机关党支部双向出击，分别与社区、企业开展“双结对”共建，实现资源整合与共享，更好地服务基层、服务企业，以党建带动绿化行业健康发展。三是进一步完善系统党政干部个人有关事项报告制度。做到“一个拓展，两个明确”，即拓展报告对象至局系统科级非领导职务及后备干部；明确报告方式，厘清年度报告与即时报告具体事项，明确监督处理事项，细化监督内容及处理结果。

（三）干部队伍建设不断优化。一是更加注重思想建设。在贯彻区委提出的领导干部要“讲诚信、有格局、做表率”要求的基础上，提出了“重责任、有本领、讲奉献”的系统党员干部队伍建设 9 个字目标，要求系统全体党员立足岗位、发挥作用。二是更加注重干部培养。注重树立正确的用人导向，通过推荐、选任、交流，鼓舞激励广大干部保持奋发有为的精神状态。今年共完成系统 15 名干部提任、18 名干部岗位交流工作。三是更加注重培育行业先进典型。重点聚焦爱岗敬业、勇于创新、甘于奉献的行业标兵、劳动模范，环卫工人宋飞飞先后荣获第四届“杨浦好儿女”和“区优秀共产党员标兵”荣誉称号；结合绿化环卫行业实际，组织开展系统内“两优一先”评选表彰和创新实践立功竞赛活动，在系统内营造见贤思齐提升素质、立足岗位创新实践和“比、学、赶、帮、超”的良好氛围。

（四）新媒体宣传动员作用逐步发挥。开通“杨浦绿化市容”微信公众号，用“微信公众号 + 朋友圈 + 粉丝群 + 线下活动”的互联网模式增强与市民的互动。运行以来，累计推送微信 200 余条，粉丝超过 2600 名，总阅读量达近 13 万人次。自市局 5 月开始考核“双微”工作以来，区绿化市容局每月均位列全市各区县绿化市容行业第一。通过及

时发布行业动态，解读行业政策，普及绿化知识，提供便民生活指南等，做网友的“线上专家”。今年共举办垃圾分类、市容环境管理问答等线上线下活动，直接参与者达3000余人。

（八）浦东新区

浦东新区建设和交通委员会

过去一年，在区委、区政府的坚强领导下，建交委系统坚持稳中求进工作总基调，以发展新理念、开放创新高品质为工作主线，抓建设促发展、抓改革优服务、抓管理提效能、抓队伍树形象，较好完成全年主要目标任务，实现了“十三五”开门红。

一年来，主要做好了以下几方面工作：

（一）着力加强综合规划研究。综合交通体系建设“十三五”规划经区政府常务会审议通过，综合交通体系发展规划（2015—2040）形成阶段性成果，张江科学城综合交通规划全面完成。完成31个项目工可批复，完成44个项目立项批复。完成63个项目初步设计审批；完成5个城市设计及景观方案；推广BIM技术，应用于杨高路、济阳路、龙东大道工程；做好海绵城市和地下综合管廊前期工作。

（二）着力推进重大工程建设。109项市、区重大工程，开工建设18项、竣工建成12项；完成年度投资196.8亿元。其中：轨交站点全部交地20个、部分交地22个，周家嘴路越江隧道浦东段、大芦线二期航道区域全部腾地；东西通道主体结构完成60%；度假区配套道路开工3条；大居配套道路建成4条、基本完成1条。在建设推进中，聚焦前期腾地和手续办理，完善“图表、进度、责任”目标管理体系，研发应用重大工程推进app，协调出台前期审批手续操作优化办法，推动工程建设不断提速。

（三）着力实施建筑业改革。立足职能转变、着眼制度创新，努力探索可复制可推广经验做法。国家级建筑业综合改革示范区批准设立。牵头制定《2016年改革实施要点及任务分解表》，推进落实20项具体任务。

市场作用进一步发挥。建筑师负责制试点应用于莱佛士医院等6个项目；认可人士制度率先在花木社区04~15地块等5个基坑工程中实施；住宅工程质量潜在缺陷保险在5个区级征收安置房项目得到落实；非国有资金控股项目强制招标发包要求取消，国有资金控股项目由招标人自主决定是否进入新区招投标交易平台；房屋建筑工程数字化审图全面实施。产业现代化进一步加快。项目组织实施方式试点工程总承包制，59个项目采用一体化招标方式确定总承包单位；落实可再生能源建筑92.33万平方米、绿色建筑719万平方米、装配式建筑193.94万平方米，完成公共建筑节能改造21.08万平方米；制订出台建筑信息模型技术应用推广行动方案。2个市政建设项目推荐参评“中国建筑工程鲁班奖”。

（四）着力落实公交优先发展战略。以提高公交分担率为核心目标，以提高便利性和准点率为重要突破口，增强地面公交的吸引力和满意度。牵头开展综合交通补短板，制订工作方案和三年行动计划。突出做好度假区开园公交保障，新辟度假区内接驳线、常规公交线路各3条，保障区域公交出行平稳。加快公交基础设施建设，曹路停车场、泥城公交枢纽竣工，书院公交枢纽开工，周浦等8处公交停车场新能源充电桩建成400个；完成候车亭建设150座，新建更新新式站杆610根。制定公交基础设施维护审批流程，29个场站完成维护改造。新增纯电动公交车311辆。出台公交线路开辟调整终止管理办法，调整线路62条，填补繁荣路等道路公交空白。

（五）着力推进水陆运输发展。顺利完成春运。长途客运发送乘客1.75万班次、24万人次。完善静态交通。停车场库完成车位竣工验收3.1万个、备案场库新增泊位3.2万个；潮汐式停车进一步推进，新增释放停车位9322个。加快公共自行车推广。加强航道疏浚。曹家沟、浦东运河中部段、川杨河西段完成疏浚，团芦港开工建设。推进节能减排，老旧车辆淘汰注销595辆，码头堆场扬尘在线检测设备安装41户，码头岸电完成改造50座；LNG货物运输车新增10辆、电动货物运输车新增153辆；公共充电桩建成786个。国防交通保障有力。

（六）着力提高住房保障水平。加大建设力度。制定保障房行政审批告知承诺改革实施意见，提速项目环评、方案设计、工程招标、规划验收手续办理，开工市大居住宅41.71万平方米，开工（含筹措）区级征收安置房143万平方米、竣工102万平方米，实现曹路区级基地30万平方米房源可供可用，配建公租房完成建设协议签订7.67万平方米、房源移交3.21万平方米。加强收储调拨。探索异地安置解决在外过渡居民回搬，完成回搬3098户（逾期930户）；推进代理经租，收储闲置存量住房4000套；完成征收安置房房源系统开发，实现房源调拨手续“线上线下”同步进行。优化供应管理。第5批共有产权房家庭选房基本完成（5011户签约4806户），第6批申请受理全面启动；制订共有产权房供后使用管理实施方案，开展违规行为专项整治；新增廉租配租家庭742户（实物配租52户）。完善设施配套。制定加强保障房商业配套设施建设管理操作办法，明确回购、管理和处置标准要求；出台配套费征收使用管理实施意见，完成征收6.82亿元、使用9.12亿元，推进市大居配套项目115项、完成其他配套项目132个，基本实现配套设施与住宅项目同步交付使用。启动农民集中居住。编制专项规划、制订实施计划、出台操作办法，开展老港园中村、航头和大团高压线夹档项目试点。

（七）着力开展住宅小区综合治理和房地产市场调控。全面落实住宅小区综合治理相关主体责任，改善住宅小区环境；严格执行房地产调控新政，促进房地产市场平稳健康发展。住宅小区综合治理三年行动计划深化推进。抓好22项市级、28项区级任务落实。重点完成党政“双牵头”工作格局全覆盖构建；申报创建市级住宅小区党建联建示范点56个；实现居委会和业委会成员交叉任职502个，成立业委会1490个（占符合成立条件1712个业委会的87%）、推动相对规范运作1261个；完成旧住房综合修缮240万平方米，与“二次供水”改造等紧密结合；完成陆家嘴、潍坊、金杨街道30台老旧电梯安全风险处置；实现无“群租”小区挂牌602个；推动135个小区纳入酬金制物业服务计费模式试点或储备范围；108个小区实行业主自我管理；建立保安服务单位准入名单并启动试点；物业费收缴率提高到75%。房价过快上涨态势有效遏制。加强新建商品住房销售方案审核，指导开发企业合理定价，对上市房源定价不合理的坚决予以调整；核发商品房预售许可证117件、销售方案备案证明127件，稳定市场有效供应；开展新上市项目专项整治，查处违法违规行为；做好房地产交易动态监测分析；完成各类商品房交易登记464万平方米，完成房屋权属实测1243万平方米。

（八）着力加强征收（动迁）和旧区改造。紧扣重大工程、保障房等重大项目建设需求，下大力气提升征收动迁效率，完成征收动迁9883户（含旧改4508户）、基地清盘89个；10个“城中村”地块动迁启动、8个安置房区块动迁完成或基本完成。推进全公开操作。全公开操作拓展至集土房屋征收和协议置换，三林楔形绿地、张江田园江欣、昌邑荣成等旧改项目率先试点并取得成效；制订征收（协议置换）公开操作办法，将点上做法固化。规范政策标准。聚焦“24个月清盘”，出台《进一步加快推进浦东新区房屋征收工作的意见》，制订临时安置补助费标准调整方案，开展集土房屋征收市场化补偿课题研究，完成各镇集土居住房屋征收补偿操作口径摸底。加强征收事务所管理。制定管理考核办法，明确考核内容、考核标准；出台房屋征收管理费实施办法，细化规范分配比例、使用标准、拨付规则、提取要求。

（九）着力打造现代人民防空。深入学习领会和贯彻落实第七次全国人防会议精神，切实履行战时防空、平时服务、应急支援职能使命。“国家级人防改革试验区”获批设立。制订人防行政审批改革试点方案实施计划，率先完成优化人防工程结建政策改革，占全部改革事项的1/3。人防军事斗争平时准备试点全部完成。重设人防指挥部“一中心、三部门”，完成“两库两室”标准化建设，重修《浦东新区人民防空袭预案》，开展全民国防教育日防空警报试鸣和民众防空防灾疏散演练，完成人防专业队伍整组，批准新建民防工程59.23万平方米、竣工66.3万平方米、使用52.4万平方米。

一年来，把坚守安全生产底线、加快政府职能转变、提升行政运行效能贯穿中心工作始终，坚持一流党建促一流发展，努力做到改革开放争先、创新发展领先、推进工作率先、服务民生当先。

（一）重安全生产监管。修订《安全生产工作责任书》，印发《安全生产工作登记本》，推动安全生产可量化、可追溯、可评价；强化企业安全生产标准化建设，实现道路危货货运场站、机动车维修企业全覆盖创建；开展安全生产月、防台防汛、网络安全等系列专项整治，排除绿洲康城基坑项目重大事故隐患，妥善处理公交投发网络受袭事件，做好极寒冰冻天气小区大规模爆管应急处置。

（二）重政府职能转变。按照自贸试验区建设理念，协同推进“放管服”改革。9个行政审批事项完成“证照分离”；53个行政审批事项按照5种方式完成改革，告知承诺事项增加到25个；发布行政权力清单和责任清单（2.0版）；建立随机抽查“两库一目录”，试点“双随机一公开”监管；成立行政审批处（挂在建管处），设立单一受理窗口，实现建设领域审批事项相对集中受理；压缩行政审批时间，办理承诺时间降至10.03个工作日。

（三）重行政效能提升。落实法治政府、责任政府、服务政府建设要求，不断改进管理服务方式。强化计划资金保障。及时编制基建投资、配套费投资等各项计划，加强资金筹措拨付，严把专项资金财务审核关；实现重点项目支出事前审核事业单位全覆盖，部门预算年度执行率98%；建立旧住房综合修缮并联结算程序，完成项目结算52个（结算完成率50%）。推进“互联网+政务服务”。网上督查室、事中事后综合监管系统、网上政务大厅全覆盖应用；新区政务云平台与市对口业务系统实现数据对接；建设工程智慧管理等6个信息化项目基本建成，智慧交通云平台（一期）立项建设。有效回应市民诉求。处置“12345”市民热线和网格化派单事项15824件，办理高于委办局平均水平；承办“两会”建议提案111件；处理来信来访2677件，化解初信初访专项矛盾3件、领导包案专项矛盾10件（化解率均为100%）；做好G20峰会等重要节点风险排查维稳，佳伟景苑等一批突出矛盾得到化解。

（四）重全面从严治党。按照“主题化、主线化、主体化”思路，推进党的建设各项工作。思想政治建设切实加强。深入开展“两学一做”学习教育，认真组织学习党内政治生活准则、廉洁自律准则、党内监督条例、纪律处分条例，开展“建设先锋·服务标兵”系列活动，推动“四个意识”牢固树立。干部队伍建设从严从实。完成4名副处以上干部选拔任用、13名副处以上干部和1名事业单位七级职员试用期考核；规范领导干部个人事项申报，完成“三龄两历一身份”人事档案核查；完成基层单位领导离任审计3项；做好做实老干部工作。作风建设抓常抓长。完成事业单位落实“两个责任”情况调研，明确指导性意见；开展“八项规定”专项审计，实行销号整改，对8名干部进行提醒谈话、对1名干部进行诫勉谈话；开展“走千听万”活动；丰富党员志愿服务；加强窗口建设，注重听取服务对象、协作部门、基层单位意见。基层党建责任制建设深化落实。基层党建目标任务细化为6个专项18个小项。加强基层党组织建设，抓细抓实分类定级晋位升级，做好按期换届工作，推动事业单位党组织融入区域化党建，完成5个社团党的组织全覆盖；聚焦基层支部书记队伍建设，举办专题培训班，督促基层党组织书记落实第一责任人职责；提高党员素质，全面排查理顺党员组织关系，注重发挥党员模范带头作用。党风廉洁建设深入推进。强化执纪监督问责，坚持有纪必执、有违必纠、有案必查，处置举控件19件，上报案件线索10条，对3名干部进行组织处理、对1名干部立案调查、对2名干部予以党纪政纪处分，确保党规党纪的刚性约束。

回顾过去一年，成绩来之不易。这些成绩的取得，得益于区委、区政府的统揽全局、科学决策，得益于区人大、区政协的大力支持、悉心指导，得益于兄弟部门、行业公司、行业协会和社会各界的密切协同、大力协作，离不开离退休老同志的关心关爱、献计献策，更凝结着全系统干部职工的辛勤汗水。一年来，大家埋头苦干、顽强拼搏，付出了艰辛的努力。在此，代表建交委党组、行政，向长期关心支持建设交通发展的各级领导、兄弟部门、行业公司、行业协会、社会各界和离退休老同志表示衷心的感谢！向全系统广大干部职工致以崇高的敬意！

浦东新区环境保护和市容卫生管理局

1. 公路管理

（1）概况

2016年底，浦东公路设施总里程

2372.94公里，其中农村公路1432.90公里，直管各类等级公路940.03公里。按行政等级分：国道51.55公里，省道192.79公里，县道695.69公里，乡道935.54公里，村道497.36公里；按技术等级分：高速公路61.60公里，一级公路233.94公里，二级公路785.17公里，三级公路540.31公里，四级公路751.92公里。

管养桥梁总数2114座，其中，国道桥梁54座，省道桥梁188座，县道桥梁646座，乡道桥梁782座，村道桥梁444座；城市高架桥梁61.46公里，绿地1842.22万平方米，雨水管道2176.05公里，污水管道879.08公里，雨水泵站30座。

（2）完成年度技术状况指标

新区公路养护质量完成年度指标。省道优良路率为99.56%，技术状况指数（MQI）95.00，县道优良路率93.51%，技术状况指数（MQI）91.67。公路桥梁技术状况指标方面，一、二类桥梁占桥梁总数的95.84%，三类桥梁占桥梁总数4.16%，区管公路桥梁技术指标测评得分全市排名第3。

（3）资金预算执行达标

公路部门预算批复数12.45亿，全年执行数12.43亿，执行率为99.83%。

（4）开展管养工作

省道、县道MQI均完成市路政局下达指标，直管公路创建GBM工程11条，总里程达26.83公里。

（5）提高农村公路管理水平和服务能力

农村公路投诉处置率100%，开展路政巡查1.1万余人次，巡查里程达13.8万公里。

（6）完成大中修工程及预养护

大中修专项工程41个，计划总投资1.32亿元，完工项目17个，开工在建17个，结转项目7个；完成抢修工程10个。对华夏路、杨高路等道路采取SUPERME等10余种预养护措施，实施道路预养护面积40万平方米。

2. 城市道路管理

（1）概况

城市道路总里程1204.91公里，面积2644.26万平方米，直管设施779.91公里，面积1833.84万平方米；非直管设施425公里，面积810.42万平方米。城市桥梁785座，其中直管桥梁361座、非直管桥梁424座。

（2）完成年度技术状况指标

城市道路路面行驶质量指数（RQI）为3.55，处于优良水平；路面损坏状况（PCI）为92.55，处于优级水平；路面结构承载能力（DEF）为99.77%，处于临界及以上水平；交通量状况（AADT）总体为中等偏轻。区管城市桥梁技术状况优良，A、B类桥梁占比97.4%，C、D类桥梁占比2.6%，无E类桥梁。

（3）完成大中修工程及预养护

完成城市道路大中修工程57个，结转项目54个，总投资1.66亿元。完成22万平方米城市道路预养护计划。

3. 道路综合养护市场化

新区“四位一体”城市道路综合养护定额，计划分三年执行至市定额的100%。重点区域公路提高作业标准。整合市政公路综合养护标段为26个。

完善《浦东城市道路综合养护考核管理办法》《浦东公路综合养护考核办法》，出台《浦东养护作业机械管理办法》《浦东综合养护从业人员管理办法》《浦东城市道路综合养护二类经费使用管理办法》，加强道路综合养护作业事中事后监管。

4. 开展综合整治

整治杨高北路赵家沟桥、杨高南路川杨河桥等桥下空间5000余平方米并安装禁入栅。集中整治道路路框差并建立长效管理机制，整治井盖3000个。结合道路大中修工程整治52条道路2976个窨井。整治拆除非法指示牌793块，其中公路702块，城市道路91块，超额完成市路政局下达的整治任务。

配合上海市道路交通违法行为大整治行动，安装限行标志标牌353块，漆划重点路段黄线27条514.28公里，撤除交叉口黄格线363个点位，完成道路交叉口网状黄格线5个，调整新增单行道标志标线5条，完成迪士尼乐园周边交通设施配套道路整治工作等。实施交通设施优化，提升道路通行率，完成路口渠化改造8个，遮挡标志绿化搬迁7处，增设护栏5处和改造公交港湾式车站7个。

5. 制定管理办法

编制《浦东新区临时移交路段管理办法》，加强临时移交路段的养护管理力度。编制《浦东新区桥梁分类管理办法（试行）》，对（特）大型桥梁实现区级托底。

6. 进行课题研究

开展《浦东新区桥下空间综合利用规划课题》研究，为桥下空间公共资源的开发利用提供思路。编制《浦东新区慢行休闲（绿道）系统专项规划》，确定新区2017—2020年慢行步道建设点位。

7. 城乡一体化试点

完成川沙、合庆、泥城农村道路城乡一体化试点工作。普查24个镇1个工业园区的农村道路设施量，完成五类主要道路的设施量、资金来源、管养现状摸底及养护经费测算等工作，梳理农村道路管养体制，形成城乡一体化比选方案。

8. 路政许可受理

办理大型管线掘路计划93项，开展文明施工巡查1031人次，办理路政审批业务792项，处理损坏公路路产赔补偿案件1018起，收取公路路产损坏赔补偿费5144万余元。各农村公路路政受理窗口受理路政许可事项219件，收取公路路产损坏赔补偿费4723万余元。

9. 慢行步道规划和建设

编制"浦东新区慢行休闲（绿道）系统专项规划"，明确"十三五"期间建成200公里慢行步道的目标，规划慢行步道的空间布局、建设标准、线路特色和实施步骤等内容。

2016年建设完成43公里慢行步道。

其中，陆家嘴地区建成17.27公里慢行步道：分别是张家浜（浦明路—罗山路）滨河步道、泾南公园外围环形步道、上海滩花园洋房周边环形步道、碧云社区步道和香梅花园步道；三林地区建成9.1公里慢行步道：分别是川杨河沿线步道、西泰林路—东泰林路环行步道、环林西路—环林东路—三林路环行步道；金桥地区建成6.86公里慢行步道：分别是金桥公园环线步道、碧云国际社区环线步道和长岛路步道；川沙、张江地区建成4.95公里慢行步道：分别是曙光绿地步道、张衡公园步道、科苑路（高科中路—春晓路）步道、勤川路步道；浦开集团建设完成5公里环世纪公园慢行步道。

10. 全国公路迎检

2016年6月16日，在江苏徐州召开的全国公路养护工作会议，通报了"十二五"全国公路养护管理检查（下简称"国检"）总体情况和结果，上海市综合评分位列第三名，上海市交通委员会被评为"十二五"干线公路养护管理优秀单位。

新区作为2015年迎国检期间上海市唯一国检必检区县，落实资金和计划，实施迎国检大中修项目13个，整治国省干线公路8条。省道优良路率98.27%，技术状况指数（MQI）93.80，达到国检标准。巩固和保持17条"上海市文明样板路"的管养水平，南芦公路部级"畅安舒美"示范路创建达标。联合城管执法部门开展整治，重点推进国检沿线公路桥梁桥孔违章堆物整治及桥孔围护，加大违法侵占公路设施、违章非公标志专项整治力度，路域环境始终保持良好路容路貌。国检内业资料突出浦东公路规范管理和信息化管理工作特色。

（九）宝山区

宝山区建设和交通委员会

2016年是“十三五”的开局之年，区建交委按照区委、区政府年初确定的目标任务，补齐交通出行短板，聚集重大工程推进，落实行业监管责任，守牢安全生产底线，全面推进各项工作有序有力开展。

（一）坚决落实“1号”工程工作目标，补好道路交通短板

根据区委重点工程工作实施方案，区建交委聚焦重点地区和交通拥堵地区，梳理确定道路交通的短板问题，以完善道路路网建设和提高公共线网密度为目标，加强道路建设和公交管理。

1. 道路建设：快速路网中，长江西路越江隧道于9月10日试通车，宝山区腾地任务已全部完成，正协调市级部门推动落实环保措施及周边居民维稳工作；G1501越江段已完成腾地；G1501A段已配合公投完成规划设计方案批复，并启动绿化搬迁；S7公路腾地正按计划节点推进。区区对接及断头路中，怡华苑路于6月底竣工。月罗公路已完成腾地和交地路段施工，嘉盛公路完成腾地，已进场施工，康宁路118户居民腾地全部完成，3条道路均可完成年底贯通的目标任务。国权北路和陆翔路—祁连山路已启动前期手续办理。大居外配套中，宝安公路、潘广路和杨南路已完成总体工程90%以上；陆翔路北段跨线桥方案正积极与市路政局、申通集团沟通方案。第三轮大居外配套道路中的祁连山路北段和陆翔路南段已完成工可评审。主次干路中，南大地区及周边6条道路项目，除南大路、南陈—南秀路因铁路影响及电力架空线入地方案未确定，其余均按节点推进，其中祁连山路一期完成施工许可证；锦秋路完成施工许可证；祁连山路二期完成部分施工招投标；集宁路已实施附属绿化工程，年内完工；富长路完成施工许可证，工程完成50%。17条微循环道路中，3条已完工，10条在建，4条正办理前期手续。

2. 公共交通管理：新辟、调整公交线路17条，超额完成目标；完成罗店、罗泾、大场、宝山工业园区、城市工业园区、月浦盛桥地区公共自行车网点建设，今年共投入6320辆，全区公共自行车总量已达1.5万辆；启用康宁路枢纽，完成2个轨交站点停车场P+R改造并投入使用；加强非法客运整治，截至目前，共查获四轮非法客运车辆578台。

（二）加快推进重大工程项目建设，确保按时间节点完成目标

年初排定宝山区市、区两级重大工程共40项（12项为预备项目），其中市级正式项目15项；区级正式项目13项。11月市发展改革委将江杨北路、区区对接及断头路和第三轮大居外配套3个项目列入市级正式项目。

1.18项市级重大工程正式项目（年初确定15项，11月市里新增3项）：列入区政府与市级部门签订的目标责任书考核8项正式项目中，除6项已列入道路交通补短板项目按“治堵”任务节点外，轨交15号线、18号线一期2项（共6个站点）可完成年内开工的目标。

其余10项市级重大工程正式项目中，区建交委负责推进的江杨北路已完成用地规划许可办理、第三轮大居外配套道路已完成工可评审。

2.13项区级重大工程正式项目：除滨江大道新建工程、淞沪抗战纪念公园二期和吴淞口邮轮码头船舶交通中心3项因部队腾地、方案更改等原因进展困难外，6项已纳入“补短板”的道路项目以及祁华路交通枢纽、3项绿化生态项目均按节点正常推进。

（三）切实加强城市综合管理，落实安全监督管理责任

1. 守住安全生产底线，加强行业安全管

理。

一是签订“安全工作目标管理责任书”和“党风廉政建设责任书”。进一步明确责任，在全委形成“党政同责、一岗双责、齐抓共管”的安全责任体系。开展安全生产大整治大排查，健全预警应急机制，加大执法力度，深入排查化解各类安全生产风险。

二是加强建设工程质量安全监管。深入开展全国建设工程质量两年治理行动，严厉打击建筑施工转包、违法分包等违法行为，落实施工现场“五方主体责任”。进一步牢固安全生产底线，对全区363个在建工地进行监管，共开具安全整改单281份、暂缓单27份、停工单39份。以购买第三方服务的形式开展以大型机械、模板和脚手架为主的专项检查。为预防起重机械、脚手架系统、模板支撑体系坍塌等多发、易发事故以及季节性事故专项整治工作，消除施工现场存在的安全隐患。在安全月中共检查工地69个，对施工现场包括大型机械、模架工程、脚手架工程（及安全行为等）共查出安全隐患（不足之处）1183条。

三是保障道路交通运输安全。开展道路建设养护、掘路工程监管和保障桥孔设施安全完整。开展春运保障、铁路道口管理和非法客运整治工作。开展“超限执法大行动”共出动人次137，检查车辆207辆；对所辖2803户运输企业开展检查，出动执法人员912人次，行政执法检查各类451户次，其中危险货运97户次，开具整改通知书5份并均已整改完毕，及时消除安全隐患。强化内河码头整治、航道安全监管工作。完成5处燃气管道占压整治方案，督促燃气企业入户安检215747户，落实燃气用户消除安全隐患11535户。

2. 提高行政服务水平，完善热线办理工作。

一是抓好行政许可服务窗口各项制度完善。今年区建交委行政许可服务窗口坚持以“便民、规范、廉洁、高效”为宗旨，坚持依法行政，努力提升服务质量和审批效率，截至11月，今年共受理各类审批事项2593件，办结2586件，网上预审229件，办理满意率100%，多次被区行政服务中心评为“示范窗口”。

二是完成人大、政协意见提案办理工作。今年办理工作中区建交委主动牵头，跨前一步，积极协调，通过现场察看、召开专题会议等形式重点落实，取得比较好的效果。69件主办件、28件会办件，全部完成答复、按期办结。今年复查2012年—2016年主办件315件。

三是按时办结“12345”热线工作。区建交委党政领导高度重视热线办理工作情况，已在全委建立了良好的工作机制，并形成了良性的运行状态，截至11月底共受理区“12345”市民服务热线1028件，办结1015件，“先行联系率”及“按时办结率”始终保持100%；按时办结市“12345”市民服务热线374件。

3. 完善行业管理机制，推动城市健康发展。

一是加快专项规划及项目储备研究。完成2016年道路和交通8个项目储备研究，完成宝山区综合交通及燃气专项规划中期成果和中运量公共交通方案。

二是加强建筑行业管理。制订装配式建筑推进工作计划，推进宝山绿色建筑、装配式建筑和BIM技术应用发展工作和新建建筑节能工作。加强在建工程项目质量、安全、文明施工和建筑市场监管工作。

三是加强道路桥梁管理。吴淞大桥引桥抢修工程已竣工验收；上港十四区外配套道路中东林路和漠河路已于上半年开工，目前正在管线施工；正在编制桥孔长效管理机制。

四是加强燃气管理。开展燃气入户安检工作；强化督促液化气企业进一步完善用户基础信息，建立完备的用户档案，全面实现

"一档一户";张庙、高境地区15427户燃气内管改造工程9月20日全部提前完成。

五是加强内河港航管理。完成31个内河码头扬尘实时监测设备和练祁河航道视频监控设备安装，取缔沈杨村等10家无证码头和老安村17户56艘涉渔"三无"船舶。

宝山区绿化和市容管理局

2016年，在宝山区委、区政府的正确领导下，宝山区绿化市容局全面贯彻区委六届九次全会精神，按照"适应新形势、打造新亮点、寻求新突破"的工作思路，着力优化区域生态环境，着力维护市容管理秩序、着力推动行业科学发展，圆满完成了全年各项目标任务。

（一）绿化建设扎实推进，生态功能进一步提升

1. 启动"五个一百"建设。新建公园绿地5座，改造9座，均在建设过程中，总数为83座；新建街心花园4个，改造16个，总数达到82个；改造培育区级林荫大道16条，总数达到33条；建成市、区两级绿道60公里；挖掘申报古树名木9株，总数达到84株。

2. 完成各类绿地建设任务。全年新建各类绿地151.63公顷，其中公园绿地53.13公顷，防护绿地30公顷，居住区附属绿地35.18公顷，单位附属绿地27.48公顷，道路附属绿化5.84公顷，人均公园绿地面积达到11.5平方米（按常住人口205万计算）。

3. 加强绿化管理和景观布置。立体绿化完成3万平方米。扩大花卉街景布置区域，布置花箱16038米、花坛1669平方米、立体花坛3669平方米、花秆花球250个，更替花卉近260万盆。炮台湾公园成功创建为"国家湿地公园"，夏令期间开放夜公园6座，完善了公园绿地行道树巡查考核机制。

（二）垃圾分类有序推进，固废处置进一步完善

1. 开展居民生活垃圾分类。改造垃圾箱房78间，发放垃圾箱房标牌1500块，投放分类垃圾桶3100个，组建志愿者和分拣员352名，印发宣传海报400份和分类标识3000张。分类小区累计完成43.8万户，绿色账户开卡数10.9万户，开卡率98%。

2. 协调生活垃圾物流平衡。加强生活垃圾计划管理和分类处置，至11月底，日均1662吨生活垃圾、150吨整治垃圾外运处置，日均55吨餐厨垃圾、34吨菜场垃圾进入独立处置渠道。11月起，日均150吨工业垃圾和纯装修垃圾纳入生活垃圾外运处置渠道。

3. 应对建筑垃圾处置瓶颈。7月本市暂停建筑垃圾运输至外省市后，暂时关闭了区内4座渣土中转码头，协调各街镇落实了装修垃圾临时堆放场地，正在开展永久性装修垃圾分拣中转场所规划选址，两个项目已有选址意向。努力拓展水上转运渠道，至11月初个别渣土码头恢复市内运营。

（三）城市管理协调推进，市容市貌进一步改观

1. 推进市容环境综合治理。"补短板"环境治理完成13处。提前完成"无序设摊"治理三年行动计划、共计45个任务点。启动"五乱"治理三年行动计划，排摸治理任务点175处，完成治理约150处。推广责任区制度"自律共治"管理模式，完成"樱花节"、国庆、春节期间的市容保障和景观布置。

2. 推进户外广告综合治理。启动户外广告整治行动，完成了全区违法广告设施基本信息排摸，郊环线内行政许可到期的8个高立柱广告设施和市局督办的2处3块违章户外广告完成拆除。组织日常集中清理29次，清理违规宣传旗1728组、广告牌3块、各类指示牌228块、横幅80条。

3. 推进景观灯光建设。牡丹江路和逸仙路同济路两个景观灯光建设项目完成可行性研究报告、立项、报建、方案评审、深化设计等前期工作，即将进入施工招标和建设阶

段。对政府建设的127幢楼宇灯光和11万平方米绿地灯光以及行道树彩灯进行了重点维护。

（四）依法行政规范推进，管理基础进一步夯实

1. 完成行政管理体制调整。局绿化管理科正式成立，与区绿化建管中心、区生态指挥部进行了职责分工和流程对接。完成三个绿化市容管理所下沉街道。完成行政权力和行政责任第二轮清理，共梳理行政权力125项、行政责任559条；完成企业综合监管事项清单梳理，共109项。

2. 加强行政许可批管衔接。制定《行政审批事中事后监管实施意见》，进一步明确审批与管理的主体、职责和配合流程。全年受理行政许可事项688件，其中绿化367件、环卫153件、渣土145件、广告47件、行政收费项目66件（2009.7万元），被区行政服务中心评为文明示范窗口。

3. 推进环卫设施配套建设。参与各类控详规划的编制与评审，对建设项目出具土地出让意见。罗店大居环卫停车场完成前期手续，准备施工招标；顾村四高小区环卫停车场正在进行征地包干，完成方案报批；南大整治区环卫停车场完成项建书报批。环卫综合管理信息系统通过验收。

（五）队伍建设深入推进，整体氛围进一步和谐

1. 加强党的建设。开展“两学一做”学习教育活动，组织实施了纪念建党95周年“七个一”、樱花节党员志愿服务等系列活动。落实党风廉政“一岗双责”，责任风险清单延伸至全体科级干部，开展了系统内执行“八项规定”等五类专项检查，出台国有企业公车管理办法，严禁公车私用。

2. 加强队伍建设。举办了全局系统“一把手”培训班。形成三年人才工作计划、后备干部队伍建设意见和青年干部挂职锻炼办法。宗国美同志荣获上海市“五一劳动奖章”，张忠同志荣获上海市优秀党员，朱萍同志荣获上海市“十佳城市美容师”称号，建立了“陈霖劳模创新工作室”。

3. 加强信访处理。完成26件人大代表建议和政协委员提案办理，其中主办件11件，解决率和满意率均为82%。全年受理各类投诉、建议和咨询件共2380件，同比上升60%，满意率为94.4%。协调处理环卫“事转企”改革部分历史遗留问题，状态基本可控。

纵观全年工作，本局在以下三个方面尚有差距：一是个别重点工作受主客观原因制约，推进落后于计划安排。二是连续发生两起安全事故，反映出管理机制和制度落实等问题。三是机关和事业单位受编制和政策约束，梯队建设有所滞后，亟待补充新生力量。

（十）闵行区

闵行区建设和管理委员会

2016年，区建管委紧紧围绕市城乡建设和管理“十三五”规划及区委、区政府重点工作，坚持“质量安全、市场秩序、融入街镇、承接协调、夯实基础”工作主线，突出行业监管的“创新、规范、高效”，推进各项工作稳步开展。

一、基本情况

本区区级监管在建工程230个，建筑面积1216万平方米，其中保障性住宅16个，建筑面积189万平方米，总量较去年同期有所减少。街镇限额以下小型建设工程项目报建1299个，建筑面积192万平方米。

办理项目报建528个，施工许可316个，竣工备案278个，受理安全生产许可申请27个，建筑企业资质16个。完成总体设计文件审查63件，初步设计文件审批88件，设计文件抗震审查119件，玻璃幕墙结构安全性论证12件。

完成区优质结构133个、“闵行杯”优质工程81个、区文明工地31个。申报国家优质工程奖1个、市优质结构工程28个、市“白玉兰奖”优质工程28个、申安杯4个、市优质结构安装奖12个、市文明工地9个。

针对在建项目参建各方及从业人员的违法行为共立案处罚91起，处罚金额697.3万元。较去年同期案件增加7%，且案件种类有所增加。对17起提前开工项目进行全区通报，执法力度有所增强。

2016年，闵行区建筑领域共发生16起安全生产事故，死亡16人。其中，区级监管建设工地发生9起安全生产事故，死亡9人，纳入市级施工安全生产考核指标4起，纳入指标的事故均为高处坠落，属于高频事故原因，建设工程安全生产形势严峻。

二、主要工作

（一）保障城市运行安全

1. 加强建筑工程安全质量管理

（1）多举措提升安全监管水平

一是对本区危险性较大的分部分项工程进行重点督查，开展大型机械设备、防台防汛、脚手架、预防高处坠落等6次安全专项整治活动，开具安全隐患整改通知书111份，局部暂缓施工指令书30份。二是利用微信公众号、现场培训等形式，大力宣贯建筑业安全生产工作。举办“在建工程突发事件应急救援”和“预制装配式建筑发展与安全监管风险”的安全管理知识培训、“大型机械起重设备专项讲评会”等活动，免费发放宣传资料600余份，参加培训约440人。三是结合“安全生产月”，开展综合创优观摩活动，全市建设系统千余人参加，进一步提升从业人员安全生产意识。四是与区总工会、区建筑行业工会联合开展闵行区建设行业安全管理人员岗位技能竞赛，近60家建设企业的126名安全管理工作者参加竞赛，促进企业技术交流，提升闵行区建设行业安全管理水平。

（2）强化在建工程质量监管

一是继续推进建设工程质量治理两年行动计划，落实五方责任主体质量终身责任，区域内316个工地已签署“五方责任书”。二是全面推进质量管理标准化工作，成立质标工作推进小组，制订工作计划和具体方案，加强对现场质标工作实施情况的监管和检查力度。区域内扩大试点的14个项目中已完成6个。三是组织开展深基坑、住宅工程、安装工程等专项检查4次，开具整改单149份，局部停工单12份，停工单7份，整治力度较去年同期有所加强。四是组织“质量月”综合观摩活动，组织观摩质量标准化示范工程、质量样板工程。五是继续实行分户验收第三方质量复核工作，完成24个项目，住宅套内质量分户验收抽查423户，主控项目相符率92.80%，一般项目相符率94.00%。

2. 深入开展地下空间安全检查整治

完善区地下空间管理联席会议制度，修编通信录并制定《对各街镇及工业区地下空间年度工作综合考核办法》。充分发挥基层监管力量，与街镇联动，形成合力，推进地下空间普查工作落实成效显著，完成全区地下空间的自查工作。全面梳理比对地下空间信息、完善闵行区地下空间信息数据库，调整地下空间数据669个，对26个仓库类地下空间进行实地核查，为下阶段开展地下空间安全整治夯实基础。联合安监、水务、民防、消防、质检等部门开展地下空间安全使用综合检查，对检查中发现的问题及时整改，确保地下空间使用安全。

3. 加强既有建筑玻璃幕墙安全监管

按照“政府主导、街镇督促、主体落实、企业自律”原则，组织各责任单位进行幕墙日常管理维护业务培训、现场检查检测、监督隐患排查整改落实、统计汇总幕墙信息建立数据平台。完成幕墙专项培训3次，现场检查覆盖14个街镇328栋既有玻璃幕墙建筑，对67家存在安全隐患的既有玻璃幕墙建筑责任企业开具整改通知单，形成既有玻璃幕墙建筑专项检查情况报告 14 份。

（二）改善生态宜居城市环境质量

1. 大力发展绿色建筑

实施可再生能源一体化应用 17.53 万平方米，既有公共建筑节能改造 10.13 万平方米。完成建筑节能设计方案审核 73 个项目，建筑面积 409 万平方米，其中三星级 1 个，二星级 20 个，其余均为一星级。建筑节能分部工程竣工验收项目 193 个，建筑面积 774 万平方米。完成《生态文明建设新形势下闵行区实施绿色建筑星级标准的研究》课题研究工作，明确莘庄商务区、七宝生态商务区、华漕南虹桥开发区、紫竹科学园区、“大浦江”等板块的高星级绿色建筑星级建设要求。在颛桥镇 878 街坊 1/2 丘商业项目开展“节能领跑，绿色发展”建筑节能宣传周活动，建设工程参建各方 600 余人参加。创建区绿色施工工地 31 个。

完成土地招拍挂、协议出让前实施意见征询 55 次，要求全部实施装配式建筑。实际落实出让土地 32 块，实施装配式建筑面积 162.67 万平方米，占供地总量的 100%。

2. 加强工地现场管理

加强 G20 峰会期间扬尘管控工作，加强建设工地文明施工检查和整治力度。结合文明城区卫生城区创建，开展在建工地公益围墙宣传活动。深化工地信息化系统建设，对在建工地的文明施工、渣土、扬尘控制进行实时监测，已有 85 家符合安装要求的工地安装噪声扬尘在线监测系统。做好绿色护考工作，严格控制考场周围工地的噪声污染。施工现场作业人员实名制管理取得成效，已有 194 个工地，总登记 46801 人，在场作业 23576 人纳入系统管理。推广建设工地从业人员刷卡进工地制度，完成 10 个工地安装门禁系统。

（三）提升城市综合管理水平

1. 稳步推进城市综合管理工作

成立闵行区城市综合管理事务中心，确立组织架构、单位职责，承接地下空间、地下管线、综合管廊、路灯照明、架空线等综合管理工作。全面梳理辖区内架空线的种类和涉及的监管部门，主动沟通协调，已明确 6 家权属单位和 2 家监管部门，以及架空线坠落及架杆损坏应急处置的责任监管单位，为后续工作顺利开展做好准备。

2. 推进海绵城市试点工作

明确浦江郊野公园一期 2.88 平方公里为闵行区海绵城市试点区域，并作为 2016 中央财政支持海绵城市建设试点上海市申报组成部分已入选。

（四）完善城市建设管理体制机制

1. 深化限额以下小型建设工程管理

充分发挥管理对建设引领作用，推进管理关口前移和重心下沉，深化限额以下小型建设工程管理，健全管理机制，拟定本区《限额以下小型工程归档规范》，制定对街镇限额以下小型建设工程监管的绩效考核实施细则和评分标准。加强限额以下小型建设工程巡查工作，抽查了全区 14 个街镇的小型工程，对检查出的问题，督促落实整改，消除隐患，确保限额以下小型建设工程管理规范有序。

2. 改革创新执法监管模式

整合质量、安全、建材执法等监管力量，采取综合监督管理模式，成立浦江综合监督组，优化监督模式，整合监督资源。建立辖区内的信息管理网络，从项目召开首次监督会议开始就纳入信息化管理，通过微信项目群、网络平台结合的方式向辖区受监项目第一时间发布通知、管理文件等，实现了监督与服务并重，最大化提高了政府工作效能。

（五）提高服务民生水平

1. 进一步提高行政审批效率

在深化建设工程行政审批改革的基础上，进一步优化审批流程，包括：总体设计文件征询环节采取企业自主征询和政府并联征询服务模式；施工图审图流程取消审图合同备案，改为合同信息登记；深基坑专项评审流程，在总体设计（初步设计）阶段取消深基坑设计、施工安全性报告评审；抗震审查流程采取简单结构项目技术自主审查，复杂项目委托中介专家技术审查；建立政府投资项目初步设计审批“绿色通道”，实行“预审制度”和“并联审批制度”双轨制等。

加强审批服务，提升政府效能。编制行政服务事项的办事指南；设计文件审查实行短信服务，通过短信第一时间通知建设单位审批结果；建立总体设计征询用时统计通报制度缩短征询时限。提供复杂结构建筑抗震超限预判服务，避免建设单位施工图重大修改或临时准备抗震超限专项评审。

2. 推进区内重点产业项目服务工作

结合“放管服”工作重点，把服务推向纵深。积极贯彻区领导有关加快推进重大项目审批落地的要求、区府办《闵行区政府投资项目前期审批改革实施意见》的精神，认真落实项目推进会精神。与项目主体主动对接，做好跨前服务、开设绿色通道，实行预审制度、并联审批制度和施工许可证的“底线管理”制度，确保政府投资项目尽快合法开工。做好推进建筑企业纳入工伤保险工作，做到“提前告知”“受理中告知”和“审核中告知”，落实区政府重点工作。

3. 认真做好人大代表书面意见、政协提案办理工作和各类信访、大联动工作

进一步规范“两会”办理工作，健全工作流程，制定一案一册的模板等。加强与人大代表、政协委员的信息沟通，以务实高效的作风做好“两会”办理的跟踪工作和后续的“回头看”。

以开展“信访规范建设深化年”活动为载体，坚持“案清事明”理念，梳理制定《闵行区建管委关于规范信访业务基础工作的通知》，建立运用“闵行信访信息系统平台”及时处理信访投诉件。以群众满意度为抓手，受理各类信访 109 件，受理大联动平台案件 475 件，按期办结率 100%，实现了“抓实效、灭红灯”的工作目标。

4. 做好农民工维权工作

强化日常巡查、专项检查力度，开工前开展建设领域工程款和农民工工资支付情况专项检查，重点检查施工现场实名制台账、工资发放清单、工程款支付凭证、经营行为等。处理农民工维权信访案件 597 件，涉及人数 3342 人，涉及金额 4251 万元，有效维护农民工合法权益。

5. 农村低收入户危旧房改造工作

联合区民政局、区残联对 2013 年至 2015 年危旧房改造进行自查，自查结果符合实情。完成 2015 年危旧房改造工作资金拨付。完成“十三五”农村危房改造计划、改造对象认定和信息公示的工作。组织对 2016 年改造对象低收入身份进行梳理核实并进行公示，已完成浦江镇 3 户危旧房的改造工作。

6. 有序推进重点协调项目

完成华美路 100 弄综合整治（20 栋房屋的重建）工作，包括室外总体工程雨污水、黑色路面、围墙、监控围栏、市政管线及配套、门房间修缮工程等工作并顺利移交小业主。康城四期信访事项，将采用“EPS”作为修复方案，确定将瀑布湾道 56 号楼作为试点样板楼，并已施工完毕。

（六）深入推进新形势下党的建设和干部教育管理

1. 扎实开展“两学一做”学习教育

教育准备早筹划。“两学一做”学习教育作为 2016 年党建工作的龙头任务，党委高度重视，年初就进行了筹划。结合党员组织关系集中排查，对全委党员进行了一次全面排摸，理顺了党组织关系。委党委召开专题会议集体研究“两学一做”学习教育实施方案，并召开学习教育座谈会进行动员部署。

规定动作不走样。党政班子以上率下带头学，原原本本学习《党委会的工作方法》、习近平七一重要讲话、习近平在纪念红军长

征胜利80周年大会上的讲话和十八届六中全会精神等，专题学习党章党规、系列讲话，党委班子成员按分工分别到所在党支部为党员上党课，党员领导干部参加所在支部的学习教育和“四讲四有”讨论发言，为党员干部做表率。各党（总）支部书记认真履行第一责任人的责任，各党支部严格按计划认真组织学习教育，确保“三会一课”制度落实。认真准备严密组织专题组织生活会和民主生活会，并开展民主评议党员工作。

配合动作有特色。组织观看“一张蓝图干到底”—闵行区“十三五”规划大型主题展览，参观“复兴之路”上海展和“日出东方—上海市纪念中国共产党成立95周年”主题展览。机关党支部精心组织全体党员前往马桥镇旗忠村的安缦养和酒店项目参观学习。建管所党总支组织全体党员到浦江镇召稼楼顾振烈士纪念馆参观。受理中心党支部组织党员参观了“光荣与梦想”闵行区纪念中国共产党建党95周年习近平用典书法展主题活动。通过多元的参观学习，确保学习质量。学习中将“在一线”微故事征文汇编印发干部职工，学习身边典型，弘扬正能量。编撰下发学习简报7期，充分反映学习教育成果。

学做结合有亮点。结合创建全国文明城区，认真抓好在建工地围墙（挡）社会主义核心价值观宣传。委工会组织开展了建筑行业“安全员专项技能竞赛活动”，通过建筑行业工会联合会搭建竞赛评比表彰平台，促进行业安全生产，提高行业监管水平。“两学一做”，支部是主体，各党支部充分发挥自身特长，机关党支部突出落实领导干部双重组织生活制度，领导和机关做表率；建管所党（总）支结合所属支部行业监管重点，发挥“一支部一特色”的作用，综合运用监管力量加强建筑行业监管；受理中心党支部结合自身特点开展了“全能受理员”评比竞赛和“党员亮身份、争创服务先锋”活动。通过夯实“学”这个基础，抓牢“做”这个关键，推动“两学一做”扎实开展。

2. 规范压实基层组织建设

党建责任层层压实。认真落实并细化基层党建责任制的责任清单、履职清单、制度清单和负面清单，依据四份清单制定完善本级党委及基层党组织党建责任制管理清单。组织开展委属系统2016年度党组织书记抓基层党建工作述职评议考核工作，制定党委与基层党组织党建责任制目标任务并组织签约。

党建活动扎实开展。为纪念中国共产党成立95周年和红军长征胜利80周年，落实全面从严治党要求，结合“两学一做”学习教育，在七·一前夕开展了党建工作“五个一”系列活动。即召开一次学习交流会；组织一次党务工作者培训；上好一次党课；组织一次参观学习；开展一次“大走访”活动。

党务培训认真组织。围绕强化带头人队伍的建设，加强对基层党支部书记的实务培训，6月23日至24日，委组织全系统党务工作者赴崇明县委党校进行为期两天的培训。通过学习培训“充电”，回顾党的光辉历程，坚定理想信念，打牢“两学一做”组织者的思想根基，帮助党务骨干掌握工作方法，厘清工作思路，明确工作要求。

党建联建扎实推进。积极参与莘庄镇区域化党建联建，组织党员、团员青年开展“文明城区环境清洁活动”、“文明交通站岗”活动。积极开展与园区建设单位党建联建，委与紫竹高新技术开发区、建管所与上海城建市政工程（集团）建筑公司等单位开展了党建联建。通过“资源共享、优势互补”，形成党建工作与建管行业监管的契合点。做好“双结对，双关爱”工作，机关党支部与西环新村党支部结对共建，机关党员与西环新村困难家庭结对帮扶。组织团员青年开展以“快乐融合、快乐奔跑”为主题的五四青年户外拓展活动，不断增强群团组织的影响力和感召力。

3. 切实加强干部教育管理

坚持以党委中心组理论学习、“两学一做”学习教育和“干部在线学习”为经常性教育，突出抓好党的十八届五中、六中全会精神学习，开展主题为“全面建成小康社会的行动纲领—十八届五中全会精神导读”的专题讲座。抓好纪念中国共产党成立95周年和红军长征胜利80周年主题活动，邀请专家对全委干部职工做了“从‘坐困愁城’到‘凤凰涅槃’——上海改革开放中的那些人那些事”主题宣讲。组织新入职员工和年轻干部进行文明礼仪培训。加强干部选拔调配，重点加强基层党政班子配备和科室长人员选拔，同时兼顾默默无闻、任劳任怨工作的老同志。圆满完成干部档案专项审核工作。人事工作注重细而实，认真做好干部体检、干部疗休养和离退休老干部等工作。制订《委机关事业单位工作人员年度考核工作实施方案》和《委干部职工个人有关事项报告的实施办法（试行）》，切实加强干部的考核激励和监督管理。

4. 合力推进文明城区创建

精细化推进创全工作。根据创全工作要求做好在建工地围墙社会公益宣传工作。组织召开建筑行业创全工作推进会，对创全工作进行全面部署。通过区文明办联合发文，加大推进力度。印发公益广告和优秀版面模板宣传册1300余册，分批发放给区内施工单位，供施工单位参考借鉴，提升了围墙公益宣传品质。

项目化推进文明建设。参与“洁净闵行—干净整洁的城区”建设，围绕建筑工地等市容环境综合治理，提升市政市容环境面貌。参与“诚信闵行—诚信责守的城区”建设，做实“我用心，你放心—满意服务在窗口”活动。协调推动《文明工地创建》《美化春申建筑工地围墙（挡）行动》《文明在工地，公益靓春申》等重点项目落实。

常态化推进志愿服务。配合区域化党建组织党员、团员青年常态化开展“文明城区环境清洁活动”“文明交通站岗”活动。利用业余时间进行环境清洁、高峰时段的交通秩序引导，用行动影响身边人。结合安全生产宣传月活动，牵头组织区安监局、区司法局等单位开展文明工地建设志愿服务，开展文明施工、质量安全、法律维权等志愿服务，帮助外来建设者提高文明素养、营造安全环境，引导外来建设者自觉参与文明城区创建。

5. 坚持全面从严治党，推进党风廉政建设和反腐败工作

压实“两个责任”。班子成员认真履行区委压实党风廉洁建设责任制清单要求，结合分管领域，通过责任制签约、听取基层汇报、现场检查、重点约谈等方式，及时掌握分管部门党风廉政建设各项工作推进情况，形成了层层传导压力、层层推进落实的工作机制。

强化风险防控。进一步扩大廉洁风险防控工作覆盖面，全委各部门、全体职工认真梳理、排摸廉政风险点，从建立健全岗位管理的基本制度、权力运行制度、长效监督制度等方面入手，进一步理顺廉政风险预防机制。

落实专项巡查整改。根据区委巡察组2016年专项巡查整改意见，区建管委认真分析总结，统筹推进专项巡察整改工作，对照责任清单加强日常督促和情况汇总，及时了解掌握整改工作进度，逐项评估整改完成情况，确保各项整改措施严格按时间节点分步有序予以落实。在7月的巡察“回头看”工作中，区委巡察组对区建管委的整改落实情况表示了认可与肯定。

深化纪律监督。开展全委贯彻落实中央“八项规定”精神情况专项自查，切实做到无盲区、全覆盖。规范信访案件审查流程，深入研判问题线索，提高线索处置效率。2016年共观看廉政警示教育片共计140人次，编撰廉政警示教育材料12份，发送节日期间廉洁自律提醒短信800余条，不断引导干部职工筑牢拒腐防变的思想道德防线。

闵行区绿化和市容管理局

2016年，区绿化市容局紧紧围绕区“十三五”发展目标，按照区委、区政府“建管并举，以管为主”的城市管理思路，以拆违和环境综合治理及全国文明城区创建等工作为重点，认真落实生态文明建设各项任务，深化城市管理体制改革各项措施，全面推进依法行政。全年，在区委、区政府重点工程推进上出实招，着眼问题导向，聚焦环卫短板，在解决城市管理难题顽症上动真格，积极转变工作作风、改进工作方式、创新工作机制，有序推进绿化林业和市容环卫建设管理各项工作，取得明显实效。

（一）市、区实事项目稳步推进

1. 整合资源，巩固龙吴路环境综合整治成效。龙吴路环境综合整治工作是2016年市政府挂牌督办项目，得到了市、区两级政府的重点关注。借助区市政市容联席办平台，牵头抓方案制订，明确治理标准，紧盯落实整改，按照“条块联动，以块为主”的工作原则，协调相关委办局履行行业指导职能，街镇落实属地责任，通过源头治理、绿化、市政设施修缮、环卫保洁力度加强、路面联合执法、“五违”“五乱”整治，目前龙吴路闵行段路面降尘效果明显，暴露垃圾偷倒乱倒现象大幅下降，日均处置量降低70%左右，已基本实现龙吴路沿线污染企业明显减少，路面环卫保洁质量明显提高，道路沿线绿化植被养护明显改善，对路面违规“三类车”执法明显强化的阶段性工作目标。

2. 攻坚克难，推进环卫设施项目建设。区餐厨废弃物资源化利用项目目前处于建设收尾阶段。根据闵行区餐厨废弃物资源化利用和无害化处理试点项目建设的实际情况，计划于2017年3月进入运营，并于下半年申

请项目终期验收和资金清算。闵吴码头集装化改造工程陆域部分已完成，于2016年12月开展了集装与散装切换，2017年1月15日起生活垃圾全部经集装运输，有效改善了对环境的影响，水域部分同步开始施工，计划2017年全面完工。

3. 加强协调，全力推进生态建设项目。外环梅陇段绿带建设已落实配套建筑规划设计方案、审图和工程规划许可证等前期手续办理。已基本完成锦梅路、行西村仓库、金都路北侧约15公顷绿化建设。现已累计完成非居签约搬迁619家，占总量的82.5%（其中2016年完成签约269家53万平方米）。涉及居民签约搬迁489户，占总量的53%。闵行文化公园项目现已完成一期20公顷、二期28公顷、三期7.5公顷的建设任务，文化公园三期中部法拉利地下项目已进入收尾阶段，年底已同步完成覆土。

4. 有序推进，10.8公里慢行绿道建设竣工开放。“10.8公里的沪闵路慢行绿道工程”作为闵行区2016年区政府实事项目，是对去年3.8公里绿道的延续，建设成集休闲健身、自然景观于一体的慢行绿道生态景观工程，满足周边居民的活动需求，全面提升居民的生活质量，完善城市功能，为居民提供了一个生态环境舒适的休闲场所，此项目已对市民开放。

（二）各项重点工作保质保量

1. 借势借力，绿林地拆违任务提前完成。按照区委、区政府“决战2016”的工作要求，制订了《关于加强依法拆除绿地林地保护范围内违法建筑工作的实施方案》，积极开展拆除绿地林地违法建筑专项行动，2016年，全区共拆除绿地林地内违法建筑109处、106449平方米，完成率155%。积极指导和督促各街镇（工业区）做好绿地林地拆违后的补绿及后期长效管理工作，完成拆违地块补林补绿约3万平方米。

2. 群策群力，全面落实文明城区创建工作。一是开展“创全十大问题”专项整治行动。为确保区域内市政市容短板问题应排尽排、查无遗漏，闵行区共排查出人行道养护、道路沿线保洁及废物箱管理、店招店牌维护及落实门责、绿化养护、机非车辆停乱放等10类市政市容顽症近2300处。区市政市容联席办将所列问题集合成册，发布了《2016年度闵行区“创全”十大问题巡查报告》，并将重点推进后续问题的整改到位及建立长效措施。二是打造道路综合环境整治示范道路。结合闵行“创全”契机，全力打造莘松路、春申路等“创全”市容环境治理样板道路，对沪闵路绿化进行摸底检查，开展专项整治，共补种苗木350平方米、修复挡土墙75米、粉刷隔离带木栏杆450米、清理垃圾15车。积极推进七莘路、沪闵路、吴中路、水清路、古美路等道路绿化景观综合改造，同步提升道路两侧绿化市容、广告灯光、市政环卫等景观水平。三是做实道路沿线综合治理。按照区道路沿线治理方案的要求，已开展了4次问题排摸，并制订详细整改计划，狠抓落实，逐一解决存在的问题，做到边治理边巩固并逐步落实长效管理措施。共整治违法用地423.27亩，完成率61.51%，违法建筑939666平方米，完成率68.98%，违法经营4132户，完成率70.86%，非法排污91家，完成率97.85%，违法居住55户，完成率96.49%；完成三亭整治116处，整治率64.09%，指示牌（广告牌）308处，完成率77.58%；其他市容环境整治完成量134处，完成率56.54%。

3. 积极对标，开展“提升生态建设和城市管理水平”课题调研。根据区委、区政府《关于开展“推进闵行生态宜居主城区建设”2017年区委常委会重要议题调研的通知》（闵委办〔2016〕18号）的总体要求，区绿化市容局对标上海中心城区等建设管理先进指标，以“绿色闵行，净美家园”为主题，围绕“指标体系说明、‘十三五’计划、2017年工作措施、政策需求”4 大方面开展领域部门生态宜居主城区建设课题调研，明确了闵行区绿化林业、市容环卫领域“十三五”期间与生态宜居主城区建设密切相关的 9 项重要指标数据，并形成了专题报告。

（三）绿化林业建管项目全面落地

1. 统筹安排，绿化建设项目顺利完成。2016 年，完成公园绿地建设计划任务 161 公顷，完成 6 万平方米公共绿地休闲健身功能改造，立体绿化建设任务 3.5 万平方米全面竣工，浦秀北路（江梅路—江榉路）被评为 2016 年市级林荫道，完成华漕公园、闵行公园以及馨园绿地调整改造项目。

2. 深挖潜力，圆满完成年度造林计划及养护管理工作。依据市下达计划指标，2016 年度闵行区造林总任务量为 400 亩，为进一步推进闵行区生态文明建设工作，确保 " 十三五 " 末全区森林覆盖率达到 18% 的目标，2016 年实际完成造林任务 1062 亩，其中一般生态公益林 928 亩，生态廊道 134 亩。2016 年公益林基础设施建设、林地抚育改造（250 亩）等均完成建设和验收工作。积极推进 37509 亩生态公益林保险投保签订工作，及时协调签订投保协议。根据闵行区现有林地资源状况，对全区生态公益林地的小班进行梳理，明确每个巡查小组应巡查的林地位置及范围，不留盲区，并依托网格化巡查平台，加强对闵行区公益林的养护管理工作。

3. 突破瓶颈，积极制定新一轮林业政策。根据闵行区林业实际情况，通过与各相关部门及街镇积极协调，听取各方意见，制定了《闵行区 2016—2018 年林业建设管理项目实施意见》，增加了对生态红线内划示苗圃的管理和回购政策以及生态廊道、农田林网等新增建设项目的指导意见，并拟提高闵行区公益林建设标准等，力争通过新三年林业政策的出台，进一步挖掘闵行区林业发展空间，提升生态公益林综合功能，促进本区林业健康发展。

（四）市容环卫建管能力有效提升

1. 规范管理，提升道路和公共场所清扫保洁服务质量。研究制定《闵行区道路和公共场所清扫保洁服务质量检查考核办法》，明确目标任务，落实责任分工。组织开展闵行区示范道路和公共广场创建工作。以试行市容环境卫生质监第三方辅助管理为契机，逐步完善区对街镇、第三方对街镇的市容环境卫生质量、环卫作业保洁和服务质量的评价机制，截至目前，闵行区对市容环境卫生质量监测共计抽查样本数 9955 个，发现问题数 1175 个，问题整改合格率达 100%。

2. 示范引领，深入开展文明行业创建工作。组织闵行区 14 家环卫作业公司和 19 家板块公司进行了道路保洁和垃圾清运文明行业创建培训，区文明班组申报创建率已经达到 100%，示范文明班组申报创建率 11%，超额完成了市局文明班组申报创建率 90% 和示范文明班组申报创建率 10% 的既定指标。开展“明星公厕”评选和上海市市容环卫窗口行业先进评选活动，上海吴泾环卫综合服务有限公司的道路保洁班组被评为市“优秀服务品牌”，上海七宝环卫综合服务有限公司的李成秀被评为市“最美公厕保洁员”。

3. 完善机制，细化落实垃圾分类指标。垃圾分类减量工作以“绿色账户激励机制”为抓手，推广闵行绿色账户微信公众号、区级“最美绿色账户家庭”活动评选，目前，绿色账户机制覆盖 12 万余户，发出绿色账户卡 113352 张，持卡用户超过 80%。通过“小手拉大手”推进分类知识进课堂、“跟着垃圾去旅游”公众科普实践活动、“垃圾分类有奖知识竞赛”等活动，持续开展分类工作社会动员，不断提升源头分类质量；建立完善市、区、街镇三级巡查督查网络，不断固化已有分类实效。

4. 加强监管，规范各类垃圾的管理。截至 2016 年底，闵行区生活垃圾末端处置量为 834120 吨，日均量为 2279 吨 / 日。共完成2494家餐厨废弃油脂产生单位的申报备案工作。今年闵行区餐厨废弃油脂收运量为5348.29吨（其中含水废油4971.93吨，老油376.36吨），餐厨废弃油脂处置量为3303吨。通过政府采购公开招标的形式，落实了2016年闵行区无主垃圾转运码头的运营管理方案，并根据相关文件要求，对无主码头运营情况开展监管，进一步规范了全区无主垃圾的收运处置工作。

5. 积极履职，进一步完善拆违（拆房）垃圾管理体系。根据《闵行区拆违（房）垃圾清运处置暂行办法》，构建区、街镇协同、条块结合、职能完整、责任清晰的管理体系，建立拆违（房）实施单位（企业）源头管理责任制，引导运输处置企业自律自治管理和落实安全生产制度。通过开展加强拆违源头管控、规范运输过程、严格消纳管理、加强整治执法等相关工作，有力保障各项管理措施的落实，规范运输市场经营行为。前三季度闵行区处置消纳拆违（拆房）垃圾约348万吨。

6. 重规治乱，户外广告管理井然有序。依据相关法律、法规及市局文件规定，全面落实户外广告综合管理要求。从“重治”“重规”和“重管”三个方面推进户外广告治理工作。依托区市政市容联席会议平台，成立7个委办局及14个街镇的“7+14”户外违法广告整治联席会议制度，锁定全区违法户外广告任务清单101处，条块联动，推进整治，确保年底前完成整治任务量。启动全区户外广告规划编制工作，以科学严谨的态度在全区范围开展阵地点位踏勘排摸，使规划编制工作在合法、合规、合理的前提下有序推进，进而确保最终落地方案切实可用。日常管理中，在强化审批核查的同时，进一步加强日常巡查力度，引入第三方力量对高速路沿线、重要商圈等违法户外广告多发区域增加巡查频率，有效遏制新增违法户外广告设施。

（十一）金山区

金山区建设和管理委员会

“十三五”以来，金山区进入城乡建设和城镇化进程快速发展、城市管理能级水平不断提高的关键时期。区建设管理委面对复杂外部环境的挑战和自身机构改革的转型考验，坚持以人为本，落实“创新、协调、绿色、开放、共享”五大发展理念，贯彻落实区委、区政府关于坚持创新突破，推动改革向纵深发展的要求，按照“建管并举、注重管理”的工作目标，坚持“管理引领建设”，更加注重城乡建设管理协调职责，统筹谋划、主动作为、狠抓落实，深化城市管理体制机制的改革创新，不断提高城市建设和管理水平，稳步推进金山区重大工程实事项目，努力确保金山区城市运行有序、城市安全平稳可控，不断提升区域化党建联建水平，扎实推进党风廉政建设，积极稳妥地做好信访维稳工作，为金山区经济社会平稳健康较快发展提供保障。

一、注重改革创新驱动，城乡建设管理体系不断完善

（一）健全工作体系机制。研究制定城市建设管理联动机制，成立了金山区重大工程建设管理事务中心，进一步完善市区、区镇上下联动和职能部门之间横向联动机制，为扎实推进金山区城市建设和管理工作提供机制保障。

（二）深化项目管理制度改革。建筑工程行政审批制度改革不断深入，按照“两集中、三到位”的要求，大力推行“并联式”审批，积极开展标准化服务窗口建设，统一“一站式”服务标准。今年以来，出台了《金山区政府投资项目工程建设管理实施意见（试行）》《金山区试点建设工程招标投标管理实施方案》《金山区政府投资工程项目招标代理机构考核办法（试行）》《金山区

建设工程现场监理机构管理考核办法》，进一步规范金山区政府投资项目建设管理，加强事中事后监管，有效控制围标串标等违法行为给项目开展带来的隐患。

（三）完善城市运行监管体系。建立健全构建全区、街镇和村居建筑行业、燃气行业及地下空间三级监管网络，制订了《金山区建筑、燃气、地下空间全覆盖管理实施方案》，做好建设管理权责下沉街镇（工业区）的推动工作。搭建“条块结合，综合治理、联动执法”大联动执法工作平台，依据部门监管责任、政府属地责任的职责分工，建立健全联动整治工作机制，有效解决重点难点问题。

二、统筹城乡一体化发展，加快金山新型城镇化建设

（一）大力推进重大工程实事项目建设。继续加大重大工程实事项目推进力度，充分发挥重大工程实事项目对完善金山城市功能、改善金山城市面貌、促进金山经济社会发展的带动作用。截至12月15日，59个重大工程实事项目中，16个项目已经完成年度任务，36个项目进入建设阶段，7个项目处于前期阶段。根据目前项目进展情况分析，37个应开工项目中的34个可以在年内开工，3个项目（朱泾北环路、山阳镇城中村改造、中侨学院扩建）已调整年度目标。25个应竣工项目都可以在年内竣工。

（二）加快推进农民集中居住。成立了以区领导挂帅，相关部门为成员单位的区推进农民集中居住工作领导小组，区建管委牵头协调推进金山区农民集中居住工作。制订了“十三五”农民集中居住工作计划，即2016—2017年重点完成环境综合整治造林区域范围内的农民集中居住工作；2018—2020年每年完成1000户农民集中居住工作。目前，环境综合整治涉及三个镇的集中居住搬迁补偿安置方案已基本成熟，方案基本明确了补偿标准、安置基地和安置方案，相关工作都已实质性启动。

（三）加强历史文化名镇保护和开发。更加注重高起点规划枫泾、张堰两镇历史风貌的整体性、普遍性保护和开发，充分挖掘枫泾镇、张堰镇等中国历史文化名镇的资源，提升金山特色历史文化名镇建设水平和品质。加快研究枫泾特色小镇，积极引导社会资金协同推进金山区历史文化名镇名村开发，深入挖掘历史文化内涵。

（四）持续推进美丽乡村建设发展。坚持以城带乡、城乡一体，持续推动农村基础设施建设，全面缩小城乡发展差距。持续开展农村低收入户危旧房改造，计划完成农村低收入户危旧房改造75户，实际竣工84户，超额完成市级下达任务，农村生产生活条件明显改善。

（五）加强城市立体化管理建设水平。顺应城市立体化发展要求，加强地上地下一体化建设管理。建立健全区地下空间联席会议制度，加强区镇两级统筹监管力度，形成规范有序的地下空间管理开发格局。启动地下管线调查、测绘工作，建立城市地下管线三维信息化管理系统。

三、持续改善城市生态环境，不断推动城市建设水平

（一）切实推进区域环境综合整治。金山地区环境综合整治行动重点区域环境综合整治力度不断加大。提前三个月完成2015年市挂牌11个区块之一的朱泾镇新泾村区域、完成2016年全市17个区块之一的金山卫镇卫通村、农建村区域生态环境综合整治。启动2017年市级区块的山阳镇“490区块”生态环境综合治理工作。与各单位、各部门协同推进金山区环境综合整治各项措施，为金山未来的发展奠定坚实基础。

（二）全面加强建筑工地污染防治。切实加强建筑工地渣土管理和扬尘控制。积极协同区绿化市容局，制订全区渣土平衡计划，科学规划布局渣土消纳点，以区重大工程实

事项目为抓手，建立渣土平衡管理长效机制。大力推进噪声扬尘在线监测系统安装工作，已完成全区19个建筑工地和12个混凝土搅拌站在线监控系统安装并投入运行，做到对施工现场全方位监控，保持金山区扬尘污染指数处于全市平均水平以下。

（三）大力推广建筑行业新型技术应用。以建筑信息模型（BIM）技术为重点，配合上海市推进建筑信息模型技术（BIM）应用三年行动计划，试点推进BIM设计技术在金山区建设项目中的应用。全面推进建筑工业化，大力推广装配式建筑。加强对土地出让信息分析，抓好政府投资项目立项审批环节，不断提高金山区装配式建筑预制率、装配率。积极推广绿色节能建筑。推进大型公共建筑和办公建筑实现节能技术改造，加快建立绿色建筑工程标准体系。

（四）加快海绵城市建设任务落实。强化规划管控，将海绵城市建设落实到各层次城乡规划中，已选定金山新城老红旗港区域为金山区海绵城市建设试点区域。结合金山新城总体规划（2015—2040）编制工作，进一步明确了金山新城北部、新城滨海地区的试点区域，落实海绵城市建设要求，提高城镇排水防涝能力，雨水积存与蓄滞能力。

四、加强城市安全管理，确保城市运行安全平稳可控

（一）完善城市运行安全体制机制建设。强化风险意识和底线思维，聚焦城市运行重点领域和薄弱环节，建立全覆盖安全责任体系，构建区、镇、村三级监管责任体系，严格落实企业和关键岗位从业人员安全生产主体责任。强化建筑行业、燃气行业、地下空间等重点行业、重点环节安全生产监管，推进安全生产第三方技术服务。推进城市安全保障平台建设，建立地下管线的监控平台，完善和推进企业安全生产“黑名单”制度，整合资源推动企业安全生产信用体系建设。

（二）全面加强城市运行安全监管力度。着重加强建筑行业、燃气行业、地下空间的日常监管，加强建筑行业安全管理，全面推行建筑工地现场实名制，加强现场作业人员用工管理，打造更加科学合理的监管体系，全力确保金山区在建工程现场生产安全和质量安全。全面保证燃气行业持续安全，重点抓好非居民用气安全检查，持续开展燃气行业“打非治违”工作，积极推进城镇燃气管道占压安全隐患治顽除患工作，认真落实燃气应急处置和保供应工作，确保无重大事故发生。加强地下空间使用安全管理，落实地下空间权属、使用和管理单位主体责任，摸清全区地下空间使用情况，统筹协调做好地下空间的安全管理工作。

（三）梳理、修订并完善相关应急预案。建立健全预案演练机制。根据城市运行安全和安全生产工作面临的新情况、新要求，区建管委对有关应急预案进行了梳理、修订和完善，完成了《金山区建筑事故应急预案》，进一步提高各类突发事件的应急处置能力。进一步完善了应急响应机制，调整充实了应急抢险预案，较好完成了区有关部门布置的维护稳定、安全生产、突发事件等应急任务。

（四）稳妥推进社会和谐稳定工作。确定重点研究课题，深入探索如何通过完善监管体系破解建筑业农民工欠薪问题。成立“双欠”工作领导小组，实行建设工程农民工保证金制度、劳务人员实名制登记、竣工验收前工资支付情况把关、农民工维权专项检查等措施，将农民工欠薪问题的预防和处置贯穿于建设工程的监管全过程中，有效避免因欠薪问题导致群访、闹访及群体性讨薪事件的发生。

截至12月15日，共受理信访152件、502人次，接待来访86批次、376人次。反映建筑工地农民工欠薪矛盾的信访件87件，涉及农民工1144人，涉及金额3677万元，已化解82件，化解欠薪额3590万元，欠薪资金化解率97.6%。

五、学做结合，扎实推进“两学一做”学习教育

（一）注重前期准备，夯实工作基础。委党委切实履行主体责任，把开展“两学一做”学习教育作为今年党建工作的首要任务，各单位以党支部为主体分别召开“两学一做”学习教育工作动员会，层层传达要求，并结合区建管委工作实际，制订工作方案，排定学习计划表，采取理论学习同业务知识学习相结合的方式，推动学习、工作有机统一。

（二）注重学习教育，创新学习模式。通过规范和创新基层党组织“三会一课”制度，以倡导工作学习化、学习工作化，构建“三循环”学习模式（循环开展学习教育、循环反馈学习情况、循环共享学习资源），深化“三贴近”实践活动（贴近党员思想、贴近建管工作、贴近服务社会），实现“三促进”提质增效（促进党员素质的提高、促进党建工作的开展、促进中心任务的完成），有效激发基层组织活力，切实增强党员干部履责担当意识。

（三）坚持问题导向，力求以学促做。针对“两学一做”学习教育开展之前进行的党员队伍思想动态方面的问卷调查发现的问题，即知即改、立行立改，着力增强党员“四个意识”，提高基层党组织管理服务水平。同时努力做到边学边践行，以“补短板先锋行动”为抓手，紧紧围绕“五个结合”，发动党员广泛参与“红旗行动”“彩虹计划”“活水工程”三大活动，以此检验党员先锋行动的现实成效。

六、突出重点，全面提升基层党建工作水平

（一）注重培养使用，干部队伍和人才队伍建设持续加强。一是大力选拔优秀年轻干部和业务骨干。今年委机关提任科级干部5人，完成试用期考核3人；事业单位提任副处级干部1人，正副科级干部5人，科员级4人。二是注重日常业务培训和专题学习教育。积极选送业务骨干参加市、区、委等各级部门培训60多人次。三是继续安排基层干部到委机关挂职，着力推进基层干部轮岗交流，为加快建设综合性、复合型人才，拓展干部职工视野奠定基础。

（二）突出党要管党，扎实推进基层党建工作。一是按期开展基层党支部换届选举工作。二是制订建党95周年系列活动方案。三是落实党员“双报到、双报告”制度，广泛参与社区“公益众筹”志愿服务活动。四是认真开展区第五次党代会代表选举工作。五是落实党员组织关系集中排查。六是完成党费收缴专项工作。七是新一轮双百结对签约。

（三）深化党建联建，强化资源整合助推发展。在深化“心联鑫”区域化党建工作过程中，强化行业系统和属地党组织党建资源整合，委党委引导区建管所党支部进一步创新思路，延伸建筑工地党建联建手臂，实施“工地—社区党建联建”。一是组织联建。遴选出“10+1”个项目体量大、有代表性的工地作为党建联建的重点对象，通过定期召开联席会议等方式，加强建设、施工、监理和社区党组织之间的沟通联系。二是资源共享。加强工地需求调研，整合属地党委群团组织、社区三中心等资源，开展“法律进工地”“文化进工地”“医疗进工地”等系列送服务活动。三是功能互补。工地党支部与所在居民区党支部有效的沟通、融洽的互动，增进了联建支部之间的感情，有效化解城市建设中的涉民矛盾，强化文明工地、平安工地建设，助推全国文明城区创建。

七、全面落实党风廉政建设和反腐败工作深入推进

（一）全面落实党委主体责任。一是坚持和完善党委统一领导、党政齐抓共管、纪委组织协调、部门各负其责的党风廉政建设机制。定期召开党委会研究部署党风廉政建设工作，每季度专题听取委纪委工作汇报。

二是委班子成员立足岗位职责，细化分解“一岗双责”年度计划责任，各自梳理、制定对策措施，签订《领导干部廉洁从政承诺书》；委党委与基层党支部、签订《党风廉政建设责任书》，建立基层单位党政班子成员“一岗双责”责任清单，明确各级任务，细化责任分解，年终考核有据可依。三是通过制定《内部控制规范手册》《市内差旅费管理办法》《重要事项请示报告制度》《委管干部因私出国(境)管理监督工作的若干规定》等制度，切实加强建管委系统干部队伍管理，坚持把纪律和规矩落实到位。

（二）切实落实纪委监督责任。一是深刻领会并综合运用好“四种形态”，扭住“咬耳扯袖、红脸出汗”这个常态不放松，制定《关于用好监督执纪“第一种形态”的实施办法（试行）》。二是坚决落实中央八项规定精神，防止“四风”反弹。抓住重点，开展定期和不定期“八项规定”执行情况专项检查和重点工作推进落实情况督查，从严监督，传导压力，有效促进作风转变。三是深化建设防控机制，结合基层单位内设科室调整和科室长轮岗制，做到岗位廉政风险排查全覆盖，制定防范有效的廉政风险防控机制。四是选拔干部严格监督教育，对动议人选做出负责任的意见征询反馈；对拟任人选进行廉政知识测试；对提任干部开展廉政谈话，要求新提任干部加强思想道德修养，增强拒腐防变的意识，更好地担当起党和人民赋予的权力职责。五是分层、分级、分类开展党风廉政教育，邀请专家进行《准则》《条例》宣讲，组织观看《永远在路上》《硕鼠何以肥大》等警示教育片，发挥“共浴清风”廉政文化微信群功能，深化党员干部、执法人员思想认识，做好重点项目的舆论引导和舆情处置工作，提高进一步提高党风廉政建设和反腐败工作震慑力。

八、弘扬新风正气，文创、宣教、群团工作推进有力

（一）做好文明创建各项工作。一是保障创城工作有序开展。严格按照“九个专项”行动及“六个特色”创建活动要求，结合区建管委工作职能，制订《金山区建设管理委创建全国文明城区行动方案》，以环境综合整治专项行动、市容环境美化专项行动、基础设施提升专项行动、公共服务提升专项行动为抓手，突出建设工地噪声扬尘控制、工地围墙公益广告达标等工作。二是通过制定《金山区建设和管理委员会文明单位创建实施意见》，明确责任，强化措施，确保创建任务落实，不断提高文明单位创建水平，保障2015—2016年度市级文明单位创建通过验收。

（二）加强宣传教育工作建设。一是积极推动党委中心组学习，通过集中研讨、专家辅导、联组学习、课题调研、分头自学等方式，开展党章党规、政治理论知识的专题学习，确保干部队伍意识形态领域的正确方向，增强党员“四个意识”。二是通过党委中心组（扩大）专题学习会、“科长上讲坛讲学议学”等方式，进行建管业务与发展方面的学习研究，确保真懂真用，提升综合业务水平。2016年度开展党委中心组学习交流7次、中心组（扩大）专题学习5次，观看警示教育片5次、参观红色教育基地5次。

（三）做好群团工作开展。一是深化“活力工会”建设，积极开展服务进工地、进社区工作，今年区建筑管理所稽查科获“2013—2015年度金山区工人先锋号”称号，区燃气管理所曹莎莎同志获“首届金山区十佳职工岗位服务标兵”提名奖。二是不断丰富团活动的内涵，引领青年投身参与社会公益活动，开展了7次电影进工地，4次法律咨询进工地服务活动。三是开展“她服务——三级妇联执委基层行”活动，结合建党95周年纪念和“两学一做”学习教育，区建管委所属建管所的妇女小分队代表，走基层、送服务，上门指导相关企业。

金山区绿化和市容管理局

2016年，区绿化市容局以党的十八届五中、六中全会精神为指导，坚决贯彻落实区委、区政府决策部署，围绕“创新、协调、绿色、开放、共享”的发展理念，深化改革，大胆创新，积极转型，大力加强生态环境建设，积极营造整洁有序的市容环境，努力优化行业公共服务品质，不断提升绿化市容行业社会化、市场化、法治化和科学化水平，为“三个金山”建设做出积极贡献。

（一）统筹协调，区级重点工作顺利推进

一是完成2016年区域环境综合整治相关项目。根据区环境综合整治项目（任务）清单，顺利完成防护林带建设：南安路防护林带；林荫道建设：龙皓路（东平北路—亭卫南路）、龙轩路（东平北路—亭卫南路）、龙堰路（卫零北路—松卫南路）、龙翔路（东平北路—海盛路）、龙航路（东平北路—亭卫南路）、龙山路（卫零北路—海盛路）；道路绿化建设：金山二工区春华路、夏盛路；污水厂污泥处置项目建设。同时，2017年道路绿化、河道绿化、公共绿地等建设项目也已启动，均按计划有序推进。

二是推进全国文明城区创建工作。成立局创建工作领导小组，召开“市容环境组”工作例会，布置创建工作相关指标任务，明确时间节点，细化职责分工，落实督查考核。按照《金山区创建全国文明城区市容环境组工作方案》，依托区市政市容联席办，牵头市容环境组各职能部门开展专项巡查督查，落实整改措施，加快推进市容环境美化专项行动，提升市容环境整体面貌。同时，积极做好宣传动员工作，以局门户网站、微信公众号、板报、横幅等宣传形式，向群众广泛宣传创建文明城区的意义、目的等，形成了齐抓共管，人人争创文明城区的良好氛围。

（二）建管并举，生态环境建设稳中有进

一是推进绿化工程建设。对临桂路南侧林带进行调整改造，在生态林带面貌的基础上，建设1.8公里绿道。完成杭州湾大道绿道8.5公里（金山大道以南）、金水湖绿道3公里、前京大道（含老龙泉港）绿道8.5公里、龙山路绿道1.4公里建设。完成亭林公园改造工程、新山龙广场绿地改造项目建设。推进杭州湾大道（金山大道—G15高速北出口）两侧绿化调整工程和沪松卫线大修补绿工程（一期）金山大道（城河路—学府路）南侧开放绿地建设。全年，完成各类绿化建设48.63万平方米（其中公共绿地23.76万平方米），完成绿道建设16.3公里，完成立体绿化10009平方米。

二是营造绿化景观亮点。在石化城区重要节点区域布置立体花卉景点9处，其中新增立体景点2处、优化调整1处。全年城区草花布置面积约9000平方米，容器花卉365组，年草花更换量95万盆。推进行道树更换、补植工作，共计更换香樟、无患子、香樟等行道树207株，更换行道树盖板195套。开展绿地补绿工作，共计补植乔灌木160株、地被15000平方米、草皮9500平方米、色块2600平方米，进一步提升了城市绿化景观面貌。

三是升级科技兴绿项目。树枝废弃物循环利用项目全面实施扩容改造，新增了1台大型细粉碎机器，年细粉量1200立方米。液压式施肥项目方面逐步推广，施用竹酢生物土壤营养液等共计4000余升。科普型植物二维码铭牌试点建设项目有序推进，以前京大道绿地为试点，进行绿地植物调查、数据采集、数据录入等工作，初步建立云端数据平台，并制作安装二维码植物铭牌。

四是强化绿化管养工作。严格执行绿地三级巡查制度，细化绿地养护质量考核，加强指导服务工作。金山区众仁老年护理医院成功创建成全国绿化模范单位。通过签订责任书的方式层层落实有害生物防控目标责任，共计签约单位19家。各街镇公共绿地有害生物无公害制剂防治率基本达100%。开展市古树名木标准化试点工作，落实古树名木社会管理和公共服务标准化试点任务。2016年完成两个古树市级技措、5个区级技措建设项目。

（三）夯实基础，生活垃圾管理不断完善

一是拓展生活垃圾分类减量工作。不断巩固提升生活垃圾分类减量成果，积极落实监督指导工作，全年累计覆盖居民20.1万户。同时，按照整区域推进的原则，引进第三方服务公司，选择条件成熟的集中住宅区推广绿色账户激励机制。全年，绿色账户累计覆盖居民11万余户，开设绿色账户卡9万余户，超额完成市局下达的任务指标。

二是开展再生资源回收与生活垃圾清运体系“两网协同”试点工作。根据市委督查工作领导小组通知精神，按照市商务委、市绿化市容局工作部署，积极推进本区再生资源回收与生活垃圾清运体系“两网协同”试点，建立联席会议制度，制订《金山区推进再生资源回收与生活垃圾清运体系“两网协同”试点工作方案》。通过试点，积极推进两卡合一，即“绿色账户卡”与“阿拉环保卡”两卡卡面合一；培育骨干企业，推进不同市场主体间工作协调及统筹协调；实现区域重点突破，将石化街道作为重点试点区域，整合现有资源，形成资源回收及垃圾清运网络模式。

三是构建湿垃圾末端处置体系。按照《关于建设金山区生活垃圾分类减量湿垃圾末端处置设施的方案》要求，有序推进湿垃圾末端处置设施建设，2016年1月朱泾镇湿垃圾末端处置设施正式运营。同时，在各街镇（金山工业区）政府机关单位食堂12处开展餐厨垃圾就地生化处理试点工作，每日处理餐厨垃圾和湿垃圾约2610公斤，占全区湿垃圾处置总量的7%。

四是推进农村生活垃圾治理工作。按照《金山区农村生活垃圾全面治理工作推进方案》，加强重点区域治理，消除管理盲区，完善环卫基础设施，共清理陈年生活垃圾551吨，取缔违规生活垃圾堆放点192个，更新户内收集桶8315只，新建（维修）村级垃圾房126座。5月，全区124个行政村顺利通过国家住建部等10部门的验收。

（四）突破难点，市容环境面貌持续提升

一是完善市容环卫长效管理机制。加强建筑垃圾管理，共受理报监审批87家，申报量182万吨，发放处置证387张，申报规范率100%，开展运输处置车辆安全检查20次。1月，区建筑装潢垃圾处置场建成并投入使用。强化餐厨垃圾及餐厨废弃油脂管理，共回收废弃油脂（含水量）2742.6吨，处置量1398吨。规范户外广告和店招店牌管理，审批户外广告设施1座，店招店牌备案16家，开具整改通知书27份。制订《金山区开展违法户外广告设施专项整治工作方案》，拆除市督办单所列的违法户外广告设施21处，一般违法户外广告设施163处。加强景观灯光管理，对使用超过5年和存在安全隐患的灯光设施进行改造维护，实现亮灯率98%以上。

二是推进专项整治行动。开展道路扬尘污染防治专项整治行动。结合G20峰会环境保障工作，加强对渣土运输车辆的监管，严格执行道路保洁作业规范，强化辖区内道路扬尘污染防治，增加机械化清扫、冲洗频次。做好重点区域（特别是5个扬尘污染监测点区域）的扬尘监测工作，及时掌握重点区域扬尘污染情况动态信息。开展无序设摊综合治理行动，有序推进张堰镇1个设摊聚集点、金山工业区2个管控点、石化街道2个疏导点的取缔工作，有效提升吕巷镇、枫泾镇等16个设摊管控点的管理水平。

三是深化市容环境责任区管理。制订《金山区2016年度市容环境卫生责任区管理工作推进方案》，开展多种形式宣传培训，不断提升责任单位（责任人）自律意识；指导各街、镇（金山工业区）做好责任区管理系统基础资料的收集填报工作；以点带面，完成15个自律组织、11条示范道路创建工作。

四是加快环卫设施更新改造。完成中心城区2座公厕、4个小区垃圾房维修改造，更新废物箱83个、垃圾桶45422个。结合合浦路、荔浦路改造，对9个废物箱进行位置调整。同时，在新城区相关道路增补废物箱13个。完成金山卫镇、张堰镇、金山工业区等环卫专用车辆采购工作，共计更新车辆17辆。

（五）注重实践，改革创新工作再上台阶

一是深化行业养护作业领域市场化改革工作。根据《本市进一步深化绿化市容养护作业市场化改革的实施方案》文件精神，进一步强化养护作业合同管理，完善第三方考评机制，成立应急保障队伍，对新增养护项目全部采用政府采购公开招投标，稳步推进养护作业市场化改革工作。

二是加快推进行政审批改革。不断规范审批程序、优化审批流程，共办结行政审批事项353件，其中园林绿化类108件、市容环卫类245件，均在相关承诺时限或法定时限内办结，未发生不满投诉和行政复议情况。审批窗口“以诚信带工作，以奖惩促效果”的案例被评为2016年“上海十大守信联合激励案例”。同时，积极推进行政权力清单清理工作，对照相关法律法规，共清理行政权力清单119项、责任清单119项。

（六）精益求精，行业服务品质得到优化

一是做好意见提案办理工作。根据《金山区人民政府关于办理区人大代表建议、批评和意见与政协提案的实施意见》的具体要求，强化沟通走访，注重办理实效，落实跟踪督查，12件人大代表建议、批评和意见及政协委员提案已全部办复。同时，跟踪梳理本届以来区人大代表建议和区政协提案办理情况，对4件办理结果发生变化的建议和提案进行了再次答复。

二是提升投诉受理平台运转效率。充分整合资源、规范受理流程，共受理诉求443件，其中绿化条线98件，群众满意率98%，市容条线345件，群众满意率97%，电话回访市民1000余人次。

三是扩大行业宣传服务影响力。开展植树节系列活动，全区共新建义务植树点10个，700余人参加植树，种植乔灌木6000余株，完成绿地面积26532平方米。开展了以“园艺进家庭，绿化美生活”为主题的“市民绿化节”巡回宣传活动，共发放宣传资料1000多份，绿化纪念品1200个，送出盆花1700多盆。推进绿化“六进”工作，共开展绿化咨询、现场技术指导、乔木修剪等各项绿化服务近300次，向社区、公园、乡镇等赠送盆花6000余盆。依托公厕文明行业创建、道路保洁和垃圾清运文明行业创建等活动，进一步提升行业专业服务能力。

2016年，绿化市容工作取得了长足进步，但也存在一些问题和不足，主要体现在以下两个方面：一是绿化条线的行业管理体制有待于进一步完善，需要进一步理顺条块关系，健全运行机制，为下一步管理职能下沉街镇做好准备；二是主动靠前服务意识不强，行业为民服务能力有待于进一步提高。

（十二）松江区

松江区建设和管理委员会

2016年区建管委在区委、区政府的领导下，紧紧围绕“一个目标，三大举措”，坚持规划引领，改革创新，唯实唯干，克难奋进，较好地完成了各项任务。

一、唯实唯干，全面完成市、区重大项

目考核任务

全年资金执行率达到100%，工程形象进度完成100%。应该来说，执行到位，重点工作推进有力，全面完成了市、区交办的各项重点任务。

1. 完成了15项市重大项目建设前期工作。2016年区重大办承担的市重大项目推进任务15+1项（1项为储备），已建成4项，在建7项，前期准备4项，均按市计划工作要求正常推进，15个市级项目至年底完成率达到100%。松江区成为唯一一个按照市里节点完成任务的区县，受到了高度好评。

2. 按节点完成市考核的15条区区对接（断头路）、大居配套和区管省道工作。确保了区区对接（断头路）（1+7）沪松公路一期12月26日通行，辰塔路（延伸段）等7条开工；完成大居外配套道路玉阳大道等4条前期动迁工作。推进区管省道叶新公路拓宽改建等3条前期工作，市考核目标为2017年开工。昆阳路和嘉松南路延伸目前方案初定，在编红线专项规划。

3. 完成了区政府交给的主要工作。区建管委承担的主要工作，涉及区区对接（断头路）、匝道建设、浦南天然气管网建设、公共建筑能耗平台、招投标等等，目前均按照节点目标全面完成。

二、站高谋实，稳妥推进各项新型城镇化试点工作

“海绵城市”“综合管廊”和“地下管线”等是响应国家政策实现供给侧结构性改革的重要工作，也是推动新型城镇化试点建设的重要任务。地上铺“海绵”，地下建“管廊管线”，海绵城市与地下管廊、管线实行同步建设。

1. 确保地下综合管廊实质性开工。松江作为国务院确定的综合管廊建设上海的三个试点之一，根据市里要求，今年计划7.42公里建设的综合管廊必须于年底前实质性开工。办理前期手续非常紧张，作为牵头单位，各部门紧密协作，采取了绿色通道的审批流程，确保了在12月19日正式开工建设。

2. 推进海绵城市建设工作。松江南部新城作为全市海绵城市的试点区域之一，正在制定《松江新城海绵城市实施办法》等相关配套政策，希望通过试点建设，形成一批可推广、可复制的示范项目和管理办法。当前，这项工作已走在全市前列，得到市建管委等相关部门的高度认可。

3. 做好地下管线、公共照明等城市设施综合管理工作，根据全市管理改革意见，路灯的建设管理将重心下移，明年6月路灯设施管理养护，将由市路灯中心全面移交区建管委。

三、自加压力，把改革创新不断引向深入

坚持把改革创新作为推动发展的强大动力，自我加压，稳步推进各项工作。

1. 推进G60松江段抬升等重大战略工程。“十三五”期间将重点完成G60文翔路立交、G60松江段抬升等立交周边配套道路建设。其中G60辰塔路立交同抬升同步建设，G60莘砖公路匝道2017年开工；积极争取市的支持，沪松公路快速路力争年底前上报项建书；沪昆铁路南移在沪苏湖选线定位的同时研究沪昆铁路南移选线规划，做好同上级部门的协调；同作战，形成合力，努力推进铁路南移工程。

2. 开辟“绿色通道”，为松江区重大工程和重要民生工程保驾护航。年内出台了《关于松江区重大工程和重要民生工程行政审批“绿色通道”实施办法》（沪松府〔2016〕117号），实现审批全面提速，整个办证过程压缩了三分之一时间。将全区129项重大工程和民生工程纳入松江区行政审批“绿色通道”项目，加快重点工程实施步伐。努力推进了领鲜、日播、科大智能、龙域等16个科创企业项目。

3. 创新优化小型项目平台。松江区小型

项目承发包管理平台自2015年1月1日正式开通以来，运行稳定，规范30万~200万元公共资金建设项目承发包管理的成效凸显。全年共审核通过的入库企业已达到241家。2016年已成交项目共计449个，同比去年增长64%，总投资额5.66亿元，同比去年增长67%。

四、服务转型，全力提高城市管理水平

松江作为沪杭发展轴上的重要节点，将打造成长三角具有综合性辐射带动能力的节点城市。围绕重点领域，坚守工程质量安全底线，坚决预防和遏制重特大事故发生，确保人民群众安居乐业。

1. 确保燃气安全运行。燃气供应、燃气运营和燃气安全是燃气管理的三大主要任务，而燃气安全是重中之重。区建管委对燃气安全工作高度重视，不断加大安全监管力度，不断延伸安全管理触角。聚焦重点项目，严格按照时间节点抓落实，推进浦南天然气建设项目和灰口铸铁管改造项目。灰口铸铁管改造23个路段30.67公里全部完成；浦南天然气管网建设分两个标段实施，已完成塔闵路到辰塔路大桥北岸的管道建设工程；加强应急抢险，2016年燃气应急指挥中心总共出警212次，其中燃气事故144起，非燃气事故68起，造成部分财产损失，7人轻伤。在处理的144起事故中，液化气事故91起，占事故总数的63.2%，天然气事故53起，占事故总数的36.8%。开展天然气管道占压整治，一方面联合各方力量，下大力做好已发现问题部分的整治；另一方面对整治过的部位逐点核查，确保整治工作做到位。今年市燃气管道占压整治联席会议办公室对区内9起天然气占压整治工作进行验收，全部合格。

2. 提升工程质量安全监管水平。针对建筑市场的发展和变化，特别是新技术、新材料、新工艺、新规范的应用和发展，作为行政监管部门，积极主动，服务市场，加强监管。全年全区新开工项目278项，建筑面积560.28万平方米，工作量1930158.6423万元。完成项目报建390项。发放施工许可证278项。竣工验收备案办结170项。建筑业企业资质新批准17家、增项12家。全区在建工地278只，工程监督覆盖率100%。对各类违法违规行为实施处罚计146例，处罚单位132家，处罚个人14例，处罚金额1485.9590万元。1—12月发生建设工程安全死亡事故3起，死亡3人。

3. 狠抓全区建筑行业安全监管。吸取宜春“11・24”特大事故教训，带队督查，成立了由委主要领导、分管领导为组长的三个专项督查组，对本区在建工程开展了安全生产专项督查，重点检查了“公建、民生、重点产业、轨道交通”等项目。截至目前共检查工地12个，出动人员108人次；重点排查，对高支模工程、落地式接料平台等工地开展全数检查，共检查此类工程14个，开具整改单2份，暂缓单1份。全数检查，对全区265个工地开展地毯式的全方位立体巡查，重点检查近期被采取过行政措施的、被列入过黑名单的工程，发现隐患，严格查处。共检查工程88个，出动人员1080人次，开具整改单12份，暂缓单8份，停工单3份，立案2起，三类人员诚信计分6人次，法人约谈2人次。

五、绿色发展，助推全区环境综合治理

转变发展方式、坚持绿色发展，是实现人与自然和谐发展、经济增长与环境保护共赢、推进生态文明建设的重要途径。

1. 推进装配式建筑。11月19日，在松江区召开全国装配式建筑工作现场会，住建部部长陈政高、上海市副市长陈寅等300多位领导出席会议。与会人员实地考察了松江区装配式建筑的发展情况，并在全国范围内进行推广。装配式建筑是建造方式的重大变革，同时也是2016年区政府重点推进的工作任务之一。对所有满足条件要求的新建项目，全部按装配式建筑要求实施，建筑单体预制率应不低于40%或单体装配率不低于60%。今年以来，落实装配式建筑面积为92.2万平方米，占应落实面积的100%。

2. 加强施工现场渣土管理。依托远程视频监控信息系统，及时了解施工现场的渣土管理情况。目前本区建设工程远程监控设备安装量为61个工地183只。开展循环性和滚动型的专项检查和联合执法，形成全方位立体式的监管体系。2015—2016年，共签发涉及渣土管理的整改单87份，暂缓单42份，企业负责人约谈26次，拟处罚立案5起。和环保、城管等联合执法检查共6次。

3. 控制扬尘污染。根据市统一要求，增加噪声扬尘在线监测设备安装的区域和范围，力争全方位实时监控。目前本区建设工程噪声扬尘在线监测设备安装量为63台。逐步建立差别化巡查体系，强化施工现场文明施工源头防控和系统控制，发现违规，迅速处置，最大限度降低扬尘对周边居民的影响。2015—2016年，共签发涉及扬尘控制的整改单82份，暂缓单27份，企业负责人约谈17次，拟处罚立案4起。

松江区绿化和市容管理局

2016年，松江区绿化和市容管理局在区委、区政府的正确领导下，坚持“固强补弱，创新发展”的工作理念，以全区实施“十三五”规划和区域环境综合治理为契机，通过科学谋划、补齐短板、整体推进，全面完成了各项工作任务，被评为2016年度上海市绿化市容条线优秀单位。全区市容环境质量综合考评成绩连续11年保持全市郊区第一。生活垃圾分类减量工作实效全市第一，全区生活垃圾处置量控制在1085吨/日以下，累计310个小区建立“绿色账户”，覆盖42万户家庭日常垃圾分类。农村生活垃圾治理工作成为上海示范、全国领先并代表上海通过了国家级验收。全区示范道路创建率和通过率全市名列前茅，道路保洁和垃圾清运工作社会公众满意度测评保持郊区第一，公厕管理全市第一，古树名木保护工作保持郊区第一，水域污染快速整治、水域质量管理工作均获上海市“清水杯”劳动竞赛优胜集体，重大活动保障出色并受到区领导表扬。政务信息宣传工作连续四年位列全市绿化市容行业第一并被评为“优胜单位”。方塔园内塑造案例入选“100个上海城市空间塑造案例”，醉白池公园获年度松江区先进基层党组织。主要工作及成效体现在以下“四个坚持、四个有效”上：

1. 坚持以“十三五”规划为引领，重点工程项目有效推进。年内7个区级重点续建项目中的低价值可回收仓储物流中心，生活垃圾填埋场2、4号坑单元封场，滨湖路绿化工程等3个项目已竣工，水上环卫作业基地、新浜垃圾转运站、董其昌书画艺术博物馆和填埋场污水处理用房改建4个项目均进入施工阶段。完成了广富林郊野公园绿化建设任务，超额完成市局下达的40公顷区县年度绿化（绿地和绿道）建设指标，完成立体绿化建设10066平方米、桥柱绿化84根，天牛综合防治技术获区级立项并在全区主要道路推广，引入新优植物19种378株。持续加强了天马焚烧和末端处置场运营监管工作，完善了《松江区生活垃圾焚烧处理厂运营监管办法》，天马焚烧项目已于4月26日启动，目前“四炉两机”满负荷试运行。

2. 坚持以区域环境综合治理为抓手，市容环境面貌有效改善。有序推进责任区管理，建立了责任区“一点一档”，制作责任《告知书》15000份，自律组织增加到43家并且发挥作用明显，小昆山、新浜等镇积极开展水域责任区试点工作；在洞泾、新桥、叶榭、新浜等镇积极推进“示范道路”建设，方松街道率先完成“示范街镇”创建。继续推进无序设摊综合治理，依法取缔了5个无序设摊聚集点；违法户外广告设施专项整治成效明显，全年拆除违法高立柱广告55块，完成规范规划阵地点位285处、完成率为62%，共拆除各类违法户外广告237块、完成自拆任务量的311%，共巡查发现违规户外设施391处（其中户外广告215处，旗帜式广告22处1020对，户外招牌154块）、拆除完成率为100%，同时完成了户外广告阵地规划和重点区域景观照明方案初稿。依法征用了G60高速沿线16座高炮广告为松江科创走廊做宣传；开展建筑渣土管理“六个一”新模式先行先试，高压打击渣土违规违法行为；开展道路扬尘污染防治专项行动，确定18条重点治理试点道路，其中广富林街道广富林路（人民路—龙源路）作为市级示范路段，取得明显实效；先后出台了《松江区进一步加强建筑渣土管理工作方案》和《松江区加强建筑垃圾管理实施意见》等文件，主动平衡消纳区内建筑垃圾，缓解中转分解压力，为全市建筑垃圾处置的平稳过渡立下功劳。在此基础上，配合区域环境综合治理，形成下发了《行业建设和管理标准指导意见》，对25个区级环境综合整治地块开展不定期抽查，针对“短板”问题提出整改意见和措施；应急完成小昆山东方高尔夫球场清拆中1200亩有关绿化数据清点统计任务，协助九亭地区开展道路绿化整治10.7公里、总面积10.1890万平方米。指导九亭地区完成4个市级重点地块83公顷的绿化方案设计，对中心城区外围、广富林路两侧、中央隔离带、兰桥小区等相应绿化进行了整治和改造提升。同时，出色完成了元旦登高、龙舟赛、“5·24”余山专项工作、啤酒节、国家新型城镇化试点工作会议、第九届全球健康促进大会“中国国家日”、市领导巡访活动、“五违四必”整治现场会等各类大项活动的绿化市容环境保障任务。

3. 坚持以推进国家城镇化建设综合试点为契机，行业城乡一体建设有效体现。围绕城镇化综合试点中明确的四项行业工作目标任务，巩固全国生活垃圾分类减量示范城区创建成果，深入推进城乡生活垃圾治理体系建设，全区生活垃圾处置量控制在1085吨/日以下；基本完成居住区、机关企事业单位的垃圾分类工作全覆盖，190个小区获上海市垃圾分类示范小区，累计推进了310个小区、覆盖21.5103万户家庭的“绿色账户”日常干湿垃圾分类激励工作；继续试行废品回收及“两网协同”垃圾清运体系，探索形成“政府引导、社会监督、社会组织、自主经营”的市场化运作管理模式等创新举措，完善废品回收队伍、小区废品交投点、回收中转站设施等建设，有8个街镇启动了“废品回收体系建设”；不断深化农村生活垃圾治理工作，着力开展陈年垃圾点整治11618吨，完成“一村多点”积肥池建设22座、完成率56.4%，新建公厕20座、改建公厕55座，并完成了“第三卫生间”配置建设33座，文汇路公厕被评为“上海市民最满意公厕”，另有3所公厕获得“最美公厕”系列奖。同时，坚持把“绿色化”充分融入新型城镇化建设，加快协调推进了松南、广富林郊野公园及10个乡野公园和5个城市公园的绿色生态建设。

4. 坚持以“两学一做”为要求，领导工作作风有效改进。围绕“忠诚、干净、担当”要求，深化“三严三实”教育成果，有计划有步骤地开展“两学一做”学习教育活动，大力加强领导班子和党员干部队伍思想、作风建设。以领导班子换届调整考核为契机，集体过好“进退留转”关，自觉做到“进”者奋发有为、“退”者心情愉快、“留”者意志不衰、“转”者迎接挑战。压实党风廉政建设“两个责任”，从严落实“八项规定”要求，督促落实《松江区绿化和市容管理局工程项目管理工作手册》，科学监管政府性投资建设项目；接受区委八项规定和执行财经纪律情况的专项检查，对反馈出的22个问题逐一进行了研究和整改。年内，公务卡使用和转账率达到99%以上，从严控制“三公”经费支出，无违规行为。落实联系基层制度，局领导班子成员多次深入街镇面对面沟通协调和研究解决相关问题，务求指导工作的实效。坚持以人为本，积极关切民生问题的解决，稳妥应对处置美圣火灾事故，提前有效办理区人大、区政协议提案工作和市、区党代表联系社区收集意见23件，并认真做好保密和档案管理工作；做好防台防汛工作，共处置安全隐患户外广告及店招店牌321处、道旗2432对，修剪树木28000余株，清空废物箱20847只；截至12月底，共接受来电、来访咨询1114次；受理“12345”“12319”和其他各类绿化市容热线诉求件共2642件；处置率99.6%，回复率100%，反馈及时率为97.3%，满意率为98.1%。

（十三）嘉定区

嘉定区建设和管理委员会

2016年是实施“十三五”规划的开局之年，也是全面深化改革的关键之年。区建管委（交通委）在区委、区政府的坚强领导下，在市住建委和市交通委的业务指导下，注重规划研究编制，稳步推进重大工程和基础设施建设，强化建筑业和交通港航运输行业监管，不断提升城市管理水平，为嘉定打造现代化新型城市夯实基础。

一、注重专业规划先行，推进重大工程建设

1. 专业规划编制。完成《嘉定区综合交通“十三五”规划》《嘉定区城市建设和管理“十三五”规划》，其中《嘉定区综合交通“十三五”规划》已在嘉定区政府网站上向社会公开。会同区规土局编制完成《嘉定区中低运量骨干公交网络规划（2015—2040年）》，并上报市交通委、市规土局。为落实中央及上海城市工作会议精神，围绕嘉定建设现代化新型城市的总要求，牵头编制完成《嘉定区进一步加强城市规划建设管理实施意见》，该实施意见作为纲领性文件，将指导嘉定近、远期城市规划建设和管理。完成《缓解新城、老城节点交通拥堵规划》方案征集，并将征集方案提出的措施建议直接在区政协第一重点调研课题《协调发展、补好短板，进一步破解困扰人民群众生活的交通拥堵和无证无照经营两大瓶颈问题》中落实；组织开展《嘉定城市停车系统综合评估及老城停车系统实施方案深化研究》《嘉定南门交通疏解方案》《嘉定区综合交通优化策略研究（含嘉定区路网规划）》《嘉定城市建设和综合管理规划研究》和《嘉定重大项目交通影响评价》研究；配合区人大研究会完成《关于改善嘉定新城主城区交通拥堵问题的意见建议》。

2. 重大工程建设。2016年初，共安排基础设施、产业发展、社会事业、住房保障、“区区通”和“断头路”五大类重大工程建设项目45个。截至12月底，共实现新开工项目12个，建成或基本建成项目16个，完成投资约95亿元。12个新开工项目分别为：轨道交通11号线陈翔路站、S7公路一期嘉定段、新一代激光实验线站综合技术研发保障平台、嘉定印象城、江桥医院、安亭医院迁建、安亭新镇九年一贯制学校、中科院上海实验学校、瑞金医院（质子）中心配套医院、福海路延伸段、澄浏南路和盘安路。16个建成或基本建成项目分别为：嘉闵高架路北段二期、沪宜公路改建、淮南—苏州—上海西特高压交流工程、500千伏输变电工程、物联网技术应用中心、宝龙商业广场、瑞金医院（质子）中心、成佳学校教育考试中心及阳光天地、福临佳苑公租房、绿洲蔷薇苑动迁配套商品房、唐家苑动迁安置基地、外冈农民宅基地置换一期中地块、华江路改建、嘉盛东路二期、福海路延伸段和澄浏南路。此外，年内还协调推进百源汇、望隆、东方财富3个商办项目建设，并分别于6月、7月、9月实现开工建设目标。

二、加快骨干道路建设，推进公交改革发展

1. 骨干道路建设。嘉定区被列入市政府督办的区区对接道路为与闵行区对接的华江路、与宝山区对接的塔新东路及嘉盛东路。目前，塔新东路、华江路已建成通车，嘉盛东路二期基本建成。此外，福海路延伸段建成通车，于田路涉铁节点结构贯通，澄浏南路和盘安路正在抓紧施工。计划2017年开工项目也已陆续启动前期工作。大居外配套道路项目建设。除塔新东路已建成通车外，陈翔路下穿S5地道完成轨道交通11号线至德园路段地道结构施工，开始S5翻交施工；和宁路（汇旺东路—树屏路）已完成企业签约及动迁，正在抓紧剩余1家农户动迁腾地；陇南路（嘉松北路—盐铁塘、春浓路—翔江公路）已完成项目建议书批复。

2. 下立交防汛改造。圆满完成三年行动计划（2014—2016），61座未达标下立交全部完成提升改造，防汛标准普遍提高到5~10年一遇标准。同时，完善下立交管理机制，做到“一个下立交一张卡片”，实现“六定”；开展全区下立交防汛安全检查和应急演练，与各街镇签订下立交防汛防台工作责任书；会同水务部门对全区下立交增设积水监测系统，实现下立交积水的及时预警预报。此外，积极争取市主管部门支持，对区域内市管下立交进行提升改造，制订了《嘉定区域内道路下立交防汛防台应急预案》。

3. 公共交通改革。以“嘉定区公交便利出行专项规划”为指导，努力为嘉定市民创造便捷有序的公共交通出行环境。一是加强公交、轨交两网融合，推进实施公交线路新辟、调整方案。全年新辟公交线路4条、调整8条，另有8条线路增设站点、10条线路增加运能、3条线路延长末班车时间，市民出行条件进一步改善。全年嘉定公交客运量9322.5万人次，同比减少0.02%。二是协调推进公交基础设施建设。加快推进公交车辆更新工作。全年新购93辆公交车，其中新能源公交车58辆。同时，完成100座公交候车亭的建设任务，积极推进马陆停保场、上海汽车城站公交枢纽、南翔雅翔路公交首末站建设前期工作。三是落实推进公交信息化三年行动计划。实现营运车辆一体化智能终端全覆盖，实现公交线路集群调度，完成示范线路电子站牌改造及提供信息预告，实现公交线路手机app全覆盖，开通嘉定公交信息网站，为市民出行提供及时、准确、可靠的参考信息。四是不断深化公交行业改革。根据区政府关于深化公交改革以及完善区域公交票价体系的工作要求，在认真开展调查研究、组织民意调查、进行风险评估、意见征询等的基础上，最终确定了票价调整实施方案。年底前率先完成了嘉定城区17条线路和嘉定51路至54路统一票价的工作，制定发布了《嘉定区区域内公交线路命名管理办法》。在嘉定9路上推行特色公交服务模式，并开通嘉定订制巴士1线，以满足乘客多层次、多样化的出行需求。

三、强化建筑市场监管，推进建筑产业发展

1. 建设工程招投标监管。一是加强本区建设工程招投标活动监督和招标文件的审核备案管理，推行使用标准招标文件，严厉打击招标投标过程中存在的串通投标、以他人名义投标、弄虚作假等违法违规行为，促进建筑市场招投标健康有序发展；二是根据区府办制定下发的《加强嘉定区政府投资项目全过程投资控制的实施细则（试行）》(嘉府办发〔2015〕90号）和《嘉定区政府投资项目工程变更签证实施细则（试行）》（嘉府办〔2015〕91号）文件要求，加强投资控制和招标后的事中事后监管，推进本区政府投资项目的管理工作；三是加强监管措施和服务意识，合理、高效调配开、评标场所，优化审批流程，充分挖掘有限场所和人员配置的潜力，积极配合年度工程、市政工程项目的招投标工作；四是规范代理从业行为，不断提升嘉定区工程代理咨询企业的业务水平和人员的执业能力；五是严格把关，强化现场踏勘，维护工程建设程序。全年现场踏勘招投标项目57个，其中违规开工项目8个，对18家违规单位行政处罚235.7万元；踏勘施工许可项目249个，其中违规开工项目4个，对9家违规单位行政处罚1402.92万元。

2. 建设工程安全质量监管。实施建设工程质量安全每周巡查机制，制定《嘉定区建设工程安全生产差别化监督管理办法》，开展了节前节后、防台防汛等安全大检查及“安全生产月”等活动，并对重大工程、保障性安居工程和“高、大、深”工程开展质量专项检查，使区域内建设工程安全质量处于可控状态。开展建筑渣土整治，从施工许可证办理环节加强建筑渣土源头管理，未取得渣土处置证的一律不予办理许可，同时积极参与专项联合整治，已有62个工地安装扬尘污染在线监控系统。在风荷丽景四期项目开展了以“强化安全发展观念提升全民安全素质”为主题的安全生产月暨综合创优观摩活动，提高全区安全生产文明施工形象。

3. 建筑市场监管。按照新版《建筑业企业资质管理规定》，做好新资质宣贯与培训，实现新老资质就位平稳过渡，完善电子化资质审批，加强资质监管，落实动态核查。2016年共受理完成92家建筑企业的资质新办、增项的电子化审批工作，其中80家通过，12家不通过。建筑市场规范方面，主要开展了日常动态抽巡查、市场经营行为专项检查、全国工程质量治理两年行动专项检查与督查、劳务用工专项检查等执法检查活动；牵头成立了区级清欠工作的组织机制及分级分责管理机制，全力做好清欠工作，坚定维护社会稳定。2016年共接待、受理民工上访

140起，接待上访批次168次；接待上访民工406人；涉及被拖欠民工2493人；涉及拖欠金额6904.2万元。

4. 建筑节能及建筑产业化。加强土地出让源头把控，今年出让经营性用地装配式建筑面积落实比例达100%，落实装配式建筑面积42.97万平方米。全面推进新建建筑绿色化，落实绿色建筑面积33万余平方米。完成了区级能耗监测平台升级改造，完成了58幢新建公共建筑的分项计量的安装及联网，开展了12栋区属楼宇能耗监测系统的新一轮的维保，10幢区属楼宇的能耗公示，5栋区属楼宇的能源审计。推进BIM技术在保障性住房及政府投资公共建筑中的应用。

5. 新型墙体材料认定企业和预拌砂浆生产企业动态督察。全年对嘉定区7家预拌（干粉）砂浆生产企业和16家新型墙体材料产品认定企业分别进行了28厂次和38厂次的动态督察。督促企业不断完善原材料和成品质量控制，优化生产工艺技术条件，加强内部管理，确保产品质量，推动嘉定区散装水泥与墙材革新稳步发展。

6. 行政审批流程优化。进一步落实审批制度改革各项要求，围绕提高行政审批水平，加快审批速度，认真做好设计文件审查及施工图审查备案。对二次送审的项目，结合项目具体情况，避免重复征询，加快项目推进。切实将施工图审查备案调整为网上告知性备案，清理审查情况备案内容，平均每个项目仅耗时1.8个工作日，大大缩短施工图备案时间。针对简化后办事流程，派专人对项目经办人员给予工作指导，在领取密钥、抽取审图公司、施工图审查等环节给予帮助协调。

四、强化交通运输管理，推进静态交通发展

1. 道路运输管理。一是根据市交通委2016年行业安全生产工作的要求，制订年度交通运输行业安全生产工作方案；同时，与所属行业管理机构签订《行业安全监管责任书》和《安全监管承诺书》，与区内重点企业签订《嘉定区交通运输行业运行安全生产和维护稳定责任书》，层层落实、层层推进行业安全责任。二是在依法审核办结行政许可及备案事项的基础上，加强行业监管工作，重点做好春运、“两会”、清明、雨雪冰冻天气等重要节点，公交、省际客运、危险品运输等重点行业的隐患排查和现场管理，切实维护全区交通运输行业安全稳定有序。

2. 非法客运整治。紧紧围绕本区23个监管重点区域（包括7个市级重点），对四轮机动车非法客运、克隆出租车非法客运始终保持高压整治态势。积极贯彻落实区政府“三大一属地”（大联勤、大公交、大投入和属地化管理）工作要求，联合属地街镇、区公安等部门，集中优势兵力，组织开展高频、持续、地毯式强有力的整治行动。目前，整治力度始终保持每周大行动不少于4次，小行动不少于9次的频率。同时，将视频取证与非法客运整治有机结合，通过与区公安各派出所、各街镇保持协作，指导参与执法人员掌握视频取证要点，不断促进嘉定区非法客运整治工作深入持久开展。

3. 静态交通管理。一是积极推进全区公共停车场（库）收费系统改造工作，至12月底共85家备案公共停车场（库）改造完毕。二是制订了2016—2017年嘉定区充电桩安装工作推进计划，今年已完成359个公共充电桩安装，提前并超额完成市下达的建设任务（280个）；配建停车场严格按5%的比例安装。三是建成老城区“两纵两横”17家停车场（库）、2处道路停车场停车诱导系统，2017年1月1日正式开始运行。

4. 港口航道管理。一是加强对危险品码头及船舶的检查，突出对危险品罐区安全隐患的排查治理工作，重点对储罐的检测报警设施、安全防护设施、消防设施及码头储罐的压力管线进行排查，同时加强危险货物装卸前、过程中、结束后的安全检查。二是以保护环境为宗旨，治理各类环境污染问题，在完成辖区混凝土搅拌站防尘工作的基础上，重点推进水泥、煤炭及建材装卸码头的扬尘防治工作。同时规范渣土泥浆船舶运输管理，严厉打击超载运输、偷排泥浆、违规装卸倾倒建筑垃圾等违法行为，保持高压态势，形成管理长效机制。三是响应蕰藻浜、罗蕴河航道拓宽计划，着手编制嘉定区港区规划，形成集约化、生态化、标准化、信息化港区。四是做好“三无”船舶清理取缔工作。根据市政府第94次常务会议精神和区政府部署，制订了《嘉定区清理取缔“三无”船舶工作方案》，对嘉定区水域内的“三无”船舶情况进行了系统排摸，现正依法开展整治。

五、加强市政设施管理，保障城市运行安全

1. 道路养护。嘉定区公路设施量总里程832.752公里，桥梁934座；城市道路总里程188.862公里，桥梁235座。目前，嘉定区道路养护已实现完全市场化，区管公路养护作业有6家企业中标，区管城市道路养护作业有3家企业中标。委托专业检测单位对全区城市道路和公路桥梁开展定期检测，确保桥梁处于安全受控状态，道路管养水平不断提升。

2. 桥孔管理。为进一步巩固本区道路桥梁桥下空间整治成果，完善长效管理机制，编制了《嘉定区城市道路桥梁桥下空间长效管理工作方案》，对管理网络、“一孔一档”、用途规划及日常管理等一系列管理工作进行了落实，并建立工作任务表，明确工作内容、完成时间，以确保桥孔长效管理工作落到实处。

3. 燃气安全。始终围绕安全这根主线，大力抓好安检和宣传工作。一是在面广量大但人员紧缺的情况下，在全市率先完成了燃气管道占压整治，得到了市管理部门的肯定。二是成立区燃气管理领导小组，严厉打击非法经营液化气。与公安等部门通力协作，多次开展联合行动，暂扣涉嫌非法经营钢瓶108只；在春节前用气高峰和夏季高温前，组织开展餐饮行业液化气安全大检查。三是加大液化气供应站点、汽车加气站安全监管，依法规范经营行为，对供应站点进行每周两次轮回安全检查，使供应站的安全、经营等情况，始终处于监管之下。

六、加强制度建设，提高服务意识

1. 不断完善制度，坚持用制度管人、用制度管事。制定《区建管委合同管理制度》，对于20万元以上项目实行预审并按规定进行招投标，20万元以下项目由纪工委、行政办、计划科组成的合同会审小组进行询价比价和资质预审并报领导确定合作对象。所有合同均须经法律顾问或投资监理审核后方能签订。该制度的执行进一步加强了合同管理，规范了内部审批流程，强化了廉政风险点防控。同时，还结合八项规定和规范经费使用的要求，制定《关于区建管委机关工作人员开展公务活动差旅费有关问题的通知》和《区建管委关于深化公务卡制度改革和加强现金支出管理的实施意见》等内控制度。

2. 增强服务意识，努力为市民群众提供供给侧式精准服务。积极组织实施交通拥堵点改造。通过改建中央隔离带、调整标志标线及道路附属设施和交通信号灯的方式，对浏翔路思议路路口进行渠化；通过原人行道改造为非机动车道，增设人行道的方式，将丰翔公路（S5—瑞林路段）的三条机动车道渠化成五条，为东句西上沪嘉高速的车辆增辟了右转弯专用车道，减少右转车辆等待时间，消除安全隐患。通过拥堵路口的精准改造，原本拥挤杂乱的路口变得畅通有序。

3. 主动跨前一步，全力解决群众信访合理诉求。全年共收到“两会”期间书面意见、提案58件，其中主办件47件、会办件11件。意见提案的内容主要涉及路网规划、道路建设、公共交通、静态交通等方面。通过“分解任务，落实责任”“上门走访，听取意见”“汇总梳理，沟通协调”等措施，顺利实现代表、委员对区建管委办理态度和办理结果的100%满意率。信访工作严格落实“分级分责、一岗双责”的要求，跨前一步协调处理，努力解决群众的合理合法诉求。全年，区建管委共收到群众来信来访318件，其中，来信47件、来邮156件、来电来访100件、市住建委转信15件；12319、12345热线共受理1703件。

嘉定区绿化和市容管理局

2016年，在区委、区政府的正确领导下，在各部门、各街镇的大力支持下，在全局上下的共同努力下，嘉定区绿化和市容管理局认真贯彻落实党的十八大和十八届历次全会精神，紧紧抓住“十三五”规划开局有利契机，攻坚克难，开拓进取，深入推进生态环境建设，较好地完成了全年各项工作任务。

一、持续扩增绿色生态空间

依托城市道路、高速铁路、农田设施建设，建立区域生态廊道骨架，将城市、森林、河流、良田串成线织成网，全面构建区域自然生态体系。

生态建设项目加快推进。全年新建绿地61公顷，新增林地127公顷，全区森林覆盖率达到13.5%。完成屋顶绿化和其他立体绿化1.5万平方米，建成区绿化率达到38.51%，人均公共绿地面积达到17.4平方米。新建北水湾体育公园、唐家浜公园等7座公园，全区累计建成公园81座。快速通道二期550亩绿色廊道、全区10公里绿道基本建成，嘉闵高架绿色廊道、京沪高铁绿色廊道、吴淞江北岸景观整治项目和外环林带建设工程稳步推进。

稳步提高绿林地管养水平。加快公共绿地、附属绿地和行道树的景观优化提升，修订公园绿地养护考核实施细则和奖惩办法，明察暗访开展专项考核。完成绿化养护成本跟踪监管调研，进一步完善绿化养护和生态公益林补偿考核机制。

强化森林资源保护。充分利用林业“三防”体系，开展森林防火检查、林地有害生物普查、迁徙候鸟保护等专项行动。实施经济果林“双增双减”，重点抚育质量较差的林地，全面推广林木新品种；加强森林资源动态监管，准确掌握森林资源消长动态。

二、持续提升市容环境整体面貌

严格落实“管为本、重体系、补短板”的城市管理要求，多管齐下补短板，有序推进市容环境卫生管理工作。

启动市容管理薄弱环节治理。对G2、G15、S5等5条高快速路，沪宜公路、曹安路等15条主干道路进行地毯式排摸，形成了“一路一档”治理内容和治理对策。结合农村及城乡接合部靶点治理任务，抓落实、抓长效，沿线市容环境卫生面貌得到逐步改善。2016年，共完成脏乱治理点位317个，清除各类暴露垃圾3万余吨，消除市容“五乱”2.5万处，粉刷立面围墙12.1万平方米，拆除违章建筑6.2万平方米，治理违规户外设施483处。

推进无序设摊综合治理。把对设摊点位的管理工作，纳入工作考核中，通过深化“巡查—发现—整治—巩固”机制，杜绝集中管控范围外的设摊“尾巴”，基本形成从沿街无序设摊，到沿街有序管控，再到疏导入场入室的良好局面。2016年，取缔4个无序设摊聚集点位，其余22个疏导点、控制点管控有序、环境整洁。

开展户外广告设施专项治理。落实市局新一轮户外广告专项整治工作要求，主动牵头、积极协调，联合城管部门开展违规户外广告设施专项治理，拆除各类违规户外广告设施154块共计1万平方米。落实属地化责任，开展区域内高立柱广告专项治理工作，共拆除郊环线以内违法高立柱广告设施100座。

协同开展道路扬尘治理。与区环保局共

同牵头制订工作方案，并建立联席会议制度，将道路扬尘治理工作纳入年度绩效考评中。严格按照防治要求，对16条重点道路制定“一路一档”“一路一策”制度，确保机扫率和冲洗率达到100%。组织开展渣土运输专项检查，对工地落实防尘污染防控措施、渣土运输车车容面貌开展执法，共查处各类违规运渣车辆43辆（次）。

三、持续完善垃圾处置体系

围绕“垃圾减量、资源增量”目标，按照“政府主导、社会参与、科学分类、系统衔接、全程管理”的原则，积极推行垃圾分类减量工作。

持续扩大垃圾分类覆盖区域。新增136个居住区8.6万户居民实施垃圾分类，全区累计推进438个居住区24.1万户居民，36家机关、企事业单位，132所学校，6座公园，68个菜场实施了生活垃圾分类工作，99个居住区创建成为垃圾分类示范居住区，7个菜场创建为示范菜场。

扎实推进绿色账户正向激励工作。截至年底共有5万余户居民家庭新申领了绿色账户积分卡，累计覆盖167个居民区10.1万户家庭，开卡率达到89.8%。

从严开展建筑垃圾综合治理。落实申报制度，全面掌握区内各类建筑垃圾收运处置情况。协调、督促各街镇积极落实区域建筑垃圾分类分拣以及应急处置消纳场所，解决建筑垃圾应急处置出路问题。注重加强巡查、指导，重点加强街镇装修垃圾中转分拣场站和应急消纳处置场所的日常检查，确保分类处置规范、安全。

大力推进环卫末端处置设施建设。稳步推进再生能源利用中心建设，组织开展《嘉定区湿垃圾处理设施布局与选址专项规划》编制工作。指导全区30个湿垃圾处理站点有序运转，平均日处理湿垃圾能力达到150吨。密切监控码头转运情况，积极做好各方联络协调，确保垃圾处置总体平稳、有序。

四、持续提升行业管理效能

进一步规范行政权力和诉求处置。强化户外广告设置、林地征占用、绿化竣工验收等事项的审批与管理。全年共完成4.4万余件事项审批，监管对象达到2.1万个。进一步规范投诉处理工作，提高诉求处置质量。全年共受理各类诉求1425件，投诉处理率100%，总体满意率为86.1%。

进一步加强行业管理。组织开展行业技能比武，开展林荫道、绿化合格单位创建，加强古树名木的保护，进一步完善管理体系。积极推进绿化养护市场化改革，逐步建立绿化养护行业职工工资集体协商制度。加强环卫管理（一线）人员培训，完善环卫设施设备，优化保洁作业模式，进一步提升服务质量和行业窗口形象。

（十四）青浦区

青浦区建设和管理委员会

2016年是全面实施“十三五”规划的开局之年，也是确保实现本届区委、区政府奋斗目标的收官之年。过去一年，在区委、区政府的正确领导下，区建设管理委全面贯彻落实党的十八大和十八届三中、四中、五中全会精神，立足全区工作大局，紧紧围绕“一城两翼”发展格局，着力推进市政道路、建筑建材、燃气管理、道路运输、交通港航五大行业，扎实做好民生工程，较好地完成了年度各项目标任务。

一、围绕规划引领，科学指导城市发展

（一）完善编制专业规划

完成《青浦区公共交通“十三五”规划》。结合各专项道路规划研究成果，完善《青浦区公路与城市道路“十三五”规划》，调整道路建设项目数据库，研究青浦区道路规划建设时序。编制《青浦区建设和交通发展“十三五”规划》，与同步在编的《青浦区公路与城市道路“十三五”规划》充分衔接。《青浦区综合交通专项规划》、海绵城市专项规划研究、综合管廊专项规划研究基本完成，同步启动轨道交通与青西地区路网专项规划研究。深化《青浦城区公共停车场（库）专项规划》。配合推进崧泽高架西延伸、G318（嘉松公路—朱枫路）专线、G15抬升及辅道、高泾路（九杜路）、青浦大道等列入市级专项规划编制计划的道路专项规划编制研究，并报送2017年市级专项规划编制计划。推进青西三镇路网建设及环路路网研究、白鹤镇道路、东航路等列入区规委会计划的道路专项规划工作，并报送2017年区规委会规划编制计划。

（二）推进重要项目研究

练塘镇中心渡撤渡建桥等7个储备项目取得项建书批复。G15抬升及辅道、青浦大道延伸等6个项目专项规划编制中。新城一站停车保养场、青浦区体育馆地下停车场等8个项目处于方案研究阶段。继续完善项目储备，将华青路、香大路等7个项目新增纳入项目数据库，并逐步开展方案研究。

二、围绕安全生产，明确企业主体责任

（一）落实企业安全生产主体责任

举行落实企业安全生产主体责任推进会暨建管系统“安全生产月”主题活动，行业主管部门分别与企业签订安全责任书。针对建筑工程领域和燃气行业，联合相关部门和街镇分别开展一次覆盖全区的专项整治检查。围绕落实行业监管责任和企业主体责任，提出“四步工作法”，即通过落实签约、培训、检查、奖惩四项工作步骤，把安全生产监督工作落实到各企业主体上，编织起严密的安全生产监督网络。

（二）强化建筑工地生产安全

相继开展了春节后复工安全大检查、建设工程安全生产专项整治、建设工程监理专项检查、勘察设计质量检查、住房工程质量暨建筑节能质量专项检查、绿色施工专项检查、既有建筑玻璃幕墙专项检查、建设工程冬季消防安全专项检查、建筑施工用钢管扣件专项检查、年底安全生产大检查等。组织开展“建设工程质量月”等专题活动，进一步规范青浦区建设各方安全质量行为。加强文明施工综合管理，深化“打非治违”等专项整治工作。

（三）规范燃气管线安全运行

加强燃气行业安全排查，全力推进燃气隐患管道改造和23处城镇燃气管道占压整治。同文明办等部门联合开展燃气使用安全知识宣传普及，通过电视台、微博、宣传手册等形式，使燃气使用安全知识进村入户。拟定《关于加强本区液化气安全管理的意见》，明确经营企业的主体责任、行业部门的监管责任和街镇的属地政府责任。

（四）确保交通港航运营安全

完成重大节假日、中高考、国家会展中心大型展会期间、G20峰会等重大会议期间的交通港航安全运营保障工作。

三、围绕基础建设，切实改善城乡面貌

（一）道路建设项目

一是抓年内竣工项目，陆续完成徐乐路三期、盈港路六期、城中北路北延伸、青赵公路西大盈港桥、秀横路油墩港桥、山周公路南段。二是抓在建项目，按年初既定目标抓落实，盈港路二期桥梁完成，道路施工招标，盈港路四期、盈港路五期道路桥梁施工。三是抓区区对接道路（断头路）建设进程，外青松公路油墩港桥按计划年内完成4个拱脚加固、浇筑；青昆路、复兴路年内取得施工许可证；华志路、汇龙路年内取得工可批复。四是有序办好项目前期手续，确保年内开工，如嘉松公路北段、山周公路北段、盈淀路、金商公路、漕盈路北段年内取得施工许可证。五是加快推进崧泽高架西延伸工可方案研究，做好开工前期准备工作。六是全力配合市组织实施的S26入城段、G318跨嘉松公路桥、G50 九杜路匝道等市管项目开展前期工作。七是研究下发《青浦区区管公路建设管理的若干意见》和《区管公路建设腾地补贴请款流程细则》。

（二）日常道路管养

1. 区管公路养护管理：2016 年度安排 13437 万元，累计完成总投资 10060.5409 万元。2016 年区管公路实施的大中修工程共 16 个，5 个结转项目已经全部完成。2016 年新开工 11 个，至 12 月底练西路等 7 个项目已完工，商周公路等 4 个项目已完成招投标。

2. 市政道路养护管理：2016 年区管市政道路养护经费计划总投资 4220 万元，累计完成总投资 3755 万元。2016 年区管市政道路实施的大中修工程共 2 个，1 个结转项目已完成，1 个新开项目漕盈路路面整治工程正在施工，计划 2017 年 3 月底竣工。

3. 农村公路养护管理：2016 年农村公路养护维修计划总投资 20276.05 万元，2016 年计划安排资金 14315 万元，累计完成总投资 13250 万元。2016 年农村公路大中修工程共 18 项，9 个结转项目已完成 8 项，1 个完成主体工程；9 个新开项目至 12 月底 5 个完成主体工程，2 个完成 60%，2 个完成 15%。完成农村公路管理体制改革和农村公路管理部的设置，明确农村公路管理养护分工及考核办法。

（三）城乡建设工作

1. 加快“城中村”改造。徐泾罗家小区，徐泾老集镇，盈浦街道俞家埭 1、2、3 组；城西 1、2、5 组；南横地块；俞家埭 5 组，重固新联村、毛家角村 4 个地块列入第一批市级试点建设项目。罗家小区地块已形成净地，该地块的动迁安置房 559 套已于 2015 年 12 月 31 日开工，保障房工程在建。334.7 亩土地已出让，未出让的 106.3 亩土地已完成土地公告准备工作；徐泾镇老集镇已基本完成控规调整全部工作，待市下发批文；盈浦街道地块签约工作仍在进行中，已完成签约户 248 户；重固镇新联村、毛家角村项目，农户签约户达 140 户，企业签约 25 家。

2. 推进农村危旧房改造。2016 年农村低收入户危旧房改造共 40 户，其中翻建 14 户，修缮 26 户。年内，项目已全部完工。

3. 实施农村桥梁和道路改造收尾。推进农村桥梁和薄弱村道路改造，2015 年改造农村桥梁 168 座（不包括 7 座航桥）涉及 10 个街镇，总投资 11371.91 万元，至 2016 年 11 月底全部完成竣工验收；7 座航桥中，1 座完成加固，4 座开工，2 座正办理前期手续。薄弱村道路计划改造 141.693 公里，总投资 10029.47 万元，已全部完成。

4. 协助历史文化名镇保护推进工作。研究制定《青浦区历史文化资源保护与发展的实施意见》并报区政府。协助练塘镇、金泽镇做好历史文化名镇保护专项规划编制的服务和指导工作。

5. 配合开展公共环境综合整治工作。

（四）设施管理移交

1. 地下空间管理：年内，全面接收地下空间管理工作。召开青浦区地下空间管理工作会议，明确各街镇管理职责和工作要求。布置落实各街镇对辖区内地下空间进行防汛防台安全检查。组织开展地下空间联合检查 4 次，涉及 8 个街镇的 21 个地下空间，发现隐患 50 个，整改消除 46 个。

2. 桥下空间管理：《青浦区高速和市管公路桥梁桥下空间使用专项规划》《青浦区管公路和城区道路桥梁桥下空间使用专项规划》已批复，4 月与各街镇签订移交协议，将 256 处原市管桥梁桥下空间管理权移交至各街镇，320 处区管道路桥梁继续由区公路所负责管理。桥下空间违章整治基本完成。

3. 下立交管理：下立交整治工程完成。下立交管理采取两级管理，区管道路下立交共 9 处由区公路所负责管养，其余道路下立交自 2016 年 1 月 1 日起由各街镇全面接收管理。

4. 地下管线排摸：根据市政府要求，成立地下管线管理机构（区城市建设综合管理所），全面负责地下管线建设管理相关工作，争取2017年底完成集建区地下管线排查工作，按时完成市政府工作任务。

5. 公共区域及道路照明设施管理：根据市政府要求，全市公共区域和道路照明设施将逐步下发至各区县。区建管委已根据要求成立公共区域和道路照明管理机构（区城市建设综合管理所），并按照市建管委要求开展全区道路照明设施摸底工作，计划2017年3月底前完成。

四、围绕质量安全，促进建筑行业健康发展

（一）推广绿色建筑和建筑节能。绿色建筑、装配式建筑全面推进。根据2016年最新的市级装配式建筑文件要求，年内，青浦区新完成供地的地块共有31个地块，均在合同中明确100%实施装配式建筑。严格按照《上海市绿色建筑发展三年行动计划（2014—2016）》的实施要求100%推进绿色建筑，重点推进绿色建筑的淀山湖新城和西虹桥区域。建筑节能工作有效开展，既有公建节能改造已超额完成，建筑节能竣工验收备案顺利推进。

（二）加强工程安全质量监督。至12月底，全区在建工程233项，同比减少13项；建筑面积954.8万平方米，同比减少95.3万平方米；总工程投资326.9亿元，同比减少18.7亿元。其中保障性住宅6项，建筑面积40.4万平方米，工程总投资11.6亿元。年内，建筑工程领域安全质量监督、执法力度不断加大，房屋质量等各类纠纷、投诉得到妥善解决。

（三）做好建筑建材业项目受理。办理各类行政审批事项：项目报建网上受理647个项目，总投资797.36亿元，总建筑面积为488.54万平方米。网上受理项目数同比增加1项、增长0.15%，总投资同比增加393.97亿元、增长97.66%，总面积同比增加103.48万平方米、增长26.87%，总投资超过10亿元的项目有21个。施工许可项目244个，总面积434.92万平方米。专业类交易43个。竣工备案163个项目，建筑面积546.92万平方米。办理施工、勘察、设计、监理直接发包：施工交易量52个；勘察受理项目21个；设计受理项目23个；监理受理项目0个。加强施工资质管理：批准新申请资质22家企业，同比增加17家。至12月底，注册于本区的施工企业共406家，市管一级企业31家，二级及不分级企业195家，区属企业共180家。其中区属企业同比减少170家，减少48.57%。

（四）加强建筑市场监管。施工招标：施工公开招标项目393标段，项目数同比增加40.36%，中标价92.7699亿元，同比增加81.2%，建筑面积153.3391万平方米，同比增加124.39%。邀请招标项目40标段，项目数同比增加11.11%，中标价72.1021亿元，同比增加19.7%，建筑面积247.8885万平方米，同比增加17.32%。服务类招标：勘察公开招标40标段，邀请招标19标段；设计公开招标75标段，邀请招标22标段；监理公开招标87标段，邀请招标20标段；其中设计勘察一体化招标27标段。项目数合计同比增加32.16%。施工小型项目招标：441标段，中标价4.698亿元(其中抽签项目75标段)。项目数同比增加2.08%、中标价同比增加13.58%。流标项目：13标段。在开评标监管过程中，发现涉嫌串通投标并移交执法查处3起。制定出台《关于进一步规范青浦区公共资金建设工程施工招标投标活动的若干规定》《青浦区规范小型建设工程承发包活动的管理办法》。

（五）开展建筑工程项目审批。初步设计文件审批：受理共90个，审批办结共84个(2015年结转12个)。总建筑面积60.46万平方米，道路总长31.83公里，各类管线总长 20.37 公里，航道里程 7.99 公里，总投资 85.41 亿元。总体设计文件审查：设计文件审查中心受理项目共 48 个，意见汇总项目共 41 个，项目总建筑面积 259.2 万平方米，总投资 248.8 亿元；其中工业项目 20 个，总建筑面积 57.8 万平方米，总投资 30.8 亿元；房产项目 16 个，总建筑面积 152.6 万平方米，总投资 166 亿元；商业项目 5 个，总建筑面积 48.8 万平方米，总投资 47 亿元。网上施工图备案：139 个。抗震设防审查：共受理事项 114 项，完成审查 134 项。

五、围绕安全稳定，确保燃气市场规范运作

（一）做好燃气销售服务。全区天然气用户新增 23439 户，现有天然气用户 179992 户，同比增长 14.7%；液化气用户新增 1325 户，现有液化气用户 240694 户，同比增长 1.1%；天然气累计销售量 12279 万立方米，同比增长 6.0%；液化气累计销售量 14707 吨，同比减少 12.5%。

（二）推进燃气工程建设。启动各镇居民小区天然气入户（2016—2018）三年行动计划。练塘蒸淀社区供气管网工程、白鹤镇赵屯社区天然气管网工程、老城区燃气户内管及表具改造三期工程、香花桥街道、赵巷镇、朱家角镇 2016 年天然气入户工程年底竣工。华新镇 2016 年天然气入户工程、塔湾新村供气项目、练西液化站、沈砖液化站、白鹤液化站开展了前期工作。青浦嘉松公路天然气管道工程，青浦重固门站二期工程、南门灌装站开罐检验工程，青浦老城区燃气户内管及表具改造一期、二期工程、青浦城中南路天然气管道工程、金泽商榻天然气主干管工程等工程完工。

（三）紧抓燃气日常监管。对全区天然气居民用户进行入户安检，要求各液化气供应站开展不定期自查。沈巷液化气事故发生后，及时配合公安部门对沈巷液化气公司所属沈巷、白鹤等 4 个站点进行查封，并做好液化气临时托管供气工作。针对燃气事故多发情况，联合相关部门和第三方专家对全区液化气供应站点开展地毯式燃气专项整治检查。积极会同区公安部门加大对本区范围内非法经营液化气行为的打击力度，查获各类液化气类违法案件 67 起，公安部门行政拘留 50 人。

六、围绕民生热点，加强道路运输管理

（一）开展交通违法整治。在本区交通运输行业全面动员开展交通违法行为集中整治行动。对内，在全行业、全系统开展文明交通宣传教育及交通安全培训指导，签订《文明交通承诺书》；对外，依托公共交通工具、公交候车亭、公交枢纽场站等阵地广泛进行社会交通文明主题宣传。组织系统内部干部和职工签订《文明交通承诺书》868 份，组织各公交、出租企业司乘人员签订《文明交通承诺书》2500 余份。在公交出租行业内开展“三查”行动，整改 1030 件。

（二）推进公交事业发展。继续推进公交城区创建工作。年内，新辟 797 路、191 路、青浦 16 路、朱家角 7 路 4 条线路；调整 57 条线路走向及站点设置，因市政建设需要，临时调整 12 条公交线路走向及站点设置。在 2015 年城区线路高峰时段班次间隔缩短至 8 分钟的基础上，进一步将青浦 1 路等城区线路高峰时段班次间隔缩短至 6 分钟。开展公交线路定时服务工程及试点全面优化“村村通”公交线路，完成 11 条线路定时服务。《轨交 17 号线接驳公交线网调整方案》完成阶段性成果。青西郊野公园练西枢纽、香花桥街道枢纽、重固枢纽年内开工。完成新改建公交港湾式站点 12 个，新建公交立杆站牌 100 根、公交候车亭 282 座。印发《公共交通便民服务指南》（2016 年版）242000 册。推广使用新能源公交车，新增及更新能源车辆 107 台。2016 年 4 月 6 日青浦盈港公交充电站正式投用，能同时满足 120 辆电动公交车充电及正常运营。启动建设盈港客运站公交充电桩二期工程，可同时满足190台新能源车辆充电。超额完成市政府实事项目125根电动汽车公共充电桩的建设任务，实际完成196根。

（三）提升静态交通管理。继续做好建设工程停车场（库）配建审批工作。完成配建停车场设计审核143件，配建停车场竣工验收94件。深入挖掘城区停车资源，城区道路停车位增加1442个。其中，新增住宅小区周边道路错时停车点23个停车位约880个；新增学校周边道路临时停车点7个停车位约230个；新增部分商业办公楼周边道路停车点12个停车位约376个；撤除道路停车场3个、泊位44个。10个住宅小区实施内部停车位挖掘，增加停车位394个。拟订《青浦区机关事业单位实施错时停车工作方案》《专用停车场停车规则》等。试点错时停车工作，4家机关事业单位内部27个专用停车位向周边小区错时开放。全面启动停车场（库）电子收费系统改造工作，实现新开业公共停车场（库）动态信息100%接入平台，39户公共停车场（库）完成率100%。

（四）推广慢行交通项目。开展“一园三区”公共自行车租赁项目建设，年底投入使用120个公共自行车租赁站点，2000辆自行车，2600个锁车桩。

（五）强化行业日常监管。开展路政执法检查，公路路政全年行政许可审批15件，赔（补）偿45件。联合治超529件，处罚33件，其余行政处罚案件5件。清除区管公路各类违章堆物170平方米，181余吨。清理违章设摊152处。清除各类违章广告、指示牌、横幅159件，清理非法指示牌22块。城市路政审批掘路41件，临时占路14件，清理非法指示牌25块。对公交、出租、货运行业开展安全检查；对区内9家危险品运输企业进行全面检查，对外省入沪危险品运输企业及车辆开展安全检查；对区内9家拥有重型载货汽车的运输企业进行专项检查；对从事渣土、混凝土等大型工程车运输企业进行上门监管；对汽修行业、停车行业进行安全监管；打击非法客运；实施日常和专项稽查715次，共行政执法公交170件、出租94件、长途70件、普货44件、危运20件、机动车维修20件、驾培24件、停车场（库）13件、非法营运735件。

（六）实施“排堵保畅”计划。实施老城区“排堵保畅”三年行动计划，年内实施7个道路交叉口渠化、试点2条非机动车道彩色铺面及完善4个地面停车场。为配合道路交通违法行为大整治，在“排堵保畅”三年行动计划基础上，提出新一轮交通基础设施改造设想，包括交叉口渠化、道路改造、人行天桥建设、停车场建设、道路停车设施建设等8个方面，预计投资8.3亿元。

七、围绕港航监管，保障辖区水域安全

（一）加强日常监管。严格执行网格化巡航制度，加强巡航检查安全管理工作。加强取水口、渡口、泖河作业区、朱家角水上旅游等重点航段和水域的日常巡航监管。年内，网格化巡航累计12113.7小时，出动海巡艇7354艘次，执法人员21913人次，检查船舶16040艘次。开展抢险救助33次，救助遇险人员80人次，救助遇险船舶37艘次，加强“两会”、节日期间的安全监管，出动海事检查人员1080人次，执法车36车次，海巡艇504艇次。港航部门发放港口岸线临时许可证22家、港口经营许可证20家。累计受理区管通航水域施工作业许可申请11件，受理初审市管通航水域施工作业许可申请15件。年度核查水路运输企业各类船舶82艘。

（二）抓好重点工程。推进区管航道标准化建设工作。青浦区区管航道标准化建设的第一条航道朱泖河目前处于施工阶段。西大盈港航道标准化建设完成可行性研究报告，计划列入2017年实施项目。新通波塘航道标准化建设计划列入2018年实施项目。长湖申线航道整治工程，作为“一带一路”国家建设的重点水上内河整治工程之一，区建管委承担该工程的前期征地动迁组织工作。配合相关部门做好青浦区跨航道危桥改建工作。

（三）着力服务民生。继续推进撤渡建桥工作。练塘中心渡和金泽南新渡撤渡建桥工作列入2016年政府性投资储备项目。两项目立项主体均为区公路所，已同代建单位青发集团签订代建协议，练塘中心渡争取2017年初开工，金泽南新渡争取2017年6月开工。协同相关部门做好香花桥街道麟趾桥保护相关工作。

（四）开展各类专项整治宣传活动。积极做好“三无”居家船棚专项整治相关工作。在区府办牵头下，确定青浦区今年“三无居家船棚”整治数量616艘。按照“消化存量、消灭增量”的工作要求，全区各部门在区管水域开展专项宣传劝导，通过联勤联动、通力协作，于12月22日完成年初锁定的整治目标任务，整治率100%。开展“3·25”内河安全警示日、“航海日安全宣传教育”、《航道法》等宣传工作，组织各类安全生产专项培训和消防演习、港航防汛防台安全大检查、船舶配员专项检查等。多部门联合开展代号为“青浦1号”的执法行动。

八、围绕改革创新，提升行政管理效能

（一）推动行政审批改革。梳理建设、燃气行业权力清单与责任清单。经梳理，行政权力事项共有663项，行政责任事项共有7082项。制订区建设管理委相关行业事中事后监管工作方案。自查本单位取消和调整行政审批事项落实情况。下发行政审批业务手册、办事指南各4项。

（二）加快网上政务大厅建设。完成60个办理事项的服务指南上传工作，在建1个（初步设计）网上审批系统建设。积极协调推进网上政务大厅建设工作，充分做好行政审批“补短板”相关工作，加强重大项目的审批服务。优化征询方式和审批征询模式，强化并联审批要求。

（三）推进依法行政工作。完成行政复议4件，行政诉讼2件，均维持。完成行政执法证换证47件，新证13件。与区建筑建材业管理所、区燃气管理中心、区交通委执法大队3家单位签订《行政执法委托书》。全面清理本市及交通系统行政执法人员，完成执法人员信息录入及执法证管理。组织13名人员参加基本法培训。

九、围绕增强党建，树立机关良好形象

（一）学用结合，开展“两学一做”学习教育。制订委“两学一做”实施方案，召开学习教育部署会，安排部署区建管委“两学一做”学习教育工作。认真开展“两学一做”学习教育活动，下发《党员活动手册》《党员领导干部学习工作手册》，要求各基层党支部制订实施方案、学习计划，科学安排集中学习与自主学习，严格落实“三会一课”制度。开展党员思想状况分析，形成综合分析报告。下发《习近平总书记系列重要讲话读本（2016年版）》，每位党员自主学习。认真组织开展学习党章、“两优一先”评选、“三会一课”创新案例征集等活动。

（二）严格要求，加强领导班子和干部队伍建设。组织开展党的十八届五中全会精神宣讲会。按照《干部任用条例》，对委机关、海事处、公路所、运管所等单位的1个正科级岗位、9个副科级岗位进行推荐任职。召开领导干部年度考核工作会议。组织开展基层党组织书记抓党建工作述职评议会。做好党代表选举工作，最终在5名预备人中选出4名代表。委党委书记与基层单位党（总）支部书记分别签订《落实基层党组织党建工作责任书》，推动各基层单位明确党风廉政建设问题清单，要求各基层党组织编制党建责任清单。做好单位机关、事业人员招录、调动、退休等工作。顺利完成委属公用事业单位划转青浦公用事业公司，配合做好区管公用事业整合改革单位的人事管理工作。完成煤气所、征稽所机构职能调整及更名工作，调整增加区燃气中心职能及人员编制。

（三）加强监督，推进党风廉政建设。落实党委主体责任，制定并层层签订党风廉政责任状，明确各级干部的廉政职责。组织学习十八届中纪委六次全会和四届区纪委六次全会精神，辅导学习《习近平关于严明党的纪律和规矩论述摘编》《中国共产党廉洁自律准则》和《中国共产党纪律处分条例》，组织集中观看《严守党的纪律》《身边的警醒》系列片等廉政教育片。从严执纪问责，委纪委收到来信来访件 7 件，均办结。在系统内执法监管部门和窗口单位开展“四查四治”活动（查执法服务质量，治理乱作为慢作为不作为；查工作作风，治理庸懒散拖；查建章立制，治理有令不行、有禁不止；查廉洁自律，治理吃拿卡要、以权谋私），严防“四风”问题反弹。发送“廉情速递”信息 66 条，报送网络评论、心得体会等 793 篇。对内部各项制度做梳理整合，形成制度汇编，包括四大方面 42 项制度。

（四）夯实基础，提升党建工作水平。做好党员发展工作，转正预备党员 7 名，发展预备党员 5 名。创新区域化党建，与卫计委党委、盈浦街道党工委确定“结对共建，文明同创”共建方案，陆续开展“一次医患体验活动”“一次工地义诊活动”“送清凉到工地慰问”等“六个一”活动。深化组团式联系服务群众工作，分三大组分别对接联系金泽、白鹤、赵巷三个联系镇，收集到各类意见建议 57 条。开展“低碳出行在我心，我是党员我先行”党建项目研究。开展“入党那一天”征文活动，印制优秀征文选编。开展总课题为“关于提升党支部组织生活吸引力和有效性的研究”的党建课题研究。举行“建绿色交通，树文明新风”—青浦区公交出租行业 2015 年最美司乘人员表彰仪式。七一期间，举行纪念建党 95 周年节目会演。组织机关干部及各基层单位参与文明交通志愿者活动。

同时，还完成了财务、工青妇、老干部、组织、人事劳资、宣传、统战、信访、市民热线、网格化处理、信息化、档案、保密、人大代表建议和政协委员提案办理等各项工作，为中心工作发挥了有力保障作用。

在总结工作、肯定成绩的同时，也清醒地认识到还存在一些问题，需要在下一阶段的工作中认真研究并逐步加以解决。一是行业安全生产管理工作任重道远，在防止安全生产事故发生和安全监管方面需要进一步加强。二是部分道路建设工程、实事项目由于前期动迁、手续申报等原因进展缓慢，在建设进度方面需要进一步推进。三是养护市场化改革、农村公路管理养护体制改革等方面需要进一步深化。四是部分委属企事业单位划转青浦公用事业投资公司、机构调整之后，在人员队伍建设方面需要进一步强化。五是部分委属事业单位职能调整、编制增加之后，管理体制需要进一步理顺。六是市政公路、燃气、公交等民生保障和改善相对于人民群众日益增长的需求还有一定差距，在为民服务意识方面需要进一步提高。

青浦区绿化和市容管理局

2016 年是全面实施“十三五”规划的开局之年，也是绿化市容局推进行政职能转变的重要一年。根据区委、区政府和市局提出的年度工作总体要求，紧紧围绕建设生态宜居现代化新青浦的总体目标，按照整洁、有序、美观、安全的行业要求，以提升城乡发展一体化综合水平为主线，坚持问题导向、补好发展短板；以提升绿化市容管理和服务实效为重点，加强环卫设施建设，完善“属地化、差别化”管理，深化养护作业市场化改革，推进管理创新，努力提升社会公众对市容环境的直接感受和满意度，基本完成了全年各项目标任务。

一、绿地林地景观不断优化

一是绿地林地规划建设加快推进。以本区绿化林业"十三五"规划为引领，推进实施"五绿"行动计划，全年新增各类绿地80公顷、立体绿化1.6万平方米、绿道10公里，绿化覆盖率达40.74%，人均公园绿地面积达6.65平方米；新增林地1250亩，陆域森林覆盖率达15.8%。二是公园绿地管理不断加强。推进北青公路（华新、香花桥段）绿化环境整治和绿地改造；完成珠溪园改造，推进南箐园等老公园和港俞路等林荫道改造提升。细化养护企业责任人和责任领导公示制度，继续实施考核结果与养护经费拨付相挂钩的机制，公园绿地景观面貌进一步提升。三是群众绿化工作深入开展。组织开展由区四套班子领导参加的"植树节"全民义务植树活动，"绿化大篷车"社区行在崧泽广场与吾悦广场举行，完成朱家角"古镇新绿"项目。四是经济果林管理得到加强。实施经济果林"双增双减"项目，确保农户真正享受到实惠，金泽镇大莲湖果业专业合作社红柚基地获得上海市经济作物标准园称号。五是公益林生态体系和林业"三防"体系建设有序推进。推进10000亩林业基础设施建设，完成金泽镇"大莲湖湿地野生动物重要栖息地"、朱家角镇张马村"泖河湿地野生动物栖息地"建设，推进森林防火、林业有害生物监测、野生动物保护监测（林业"三防"）体系建设，启动"三防"分中心和11个监测站点的配套建设，落实林业"三防"属地责任，确保生态安全。

二、环境卫生面貌不断改善

一是生活垃圾分类工作有序推进。完成新推绿色账户51809户、分类居民户数70038户，创建分类示范菜场3个，达标和示范居住区验收复核139个，湿垃圾处理能力达80吨/日，生活垃圾日处理量为636.326吨（比市级下达指标减1.34%）；重点推进73个垃圾分类示范居住区、32个分类菜场干、湿垃圾分类收运处工作。二是环卫基础设施设备进一步完善。天马焚烧厂正常运行，生活垃圾从6月9日起进天马焚烧厂处置，日处理为550吨左右；西虹桥地区垃圾转运站启动前期工作，青西三镇垃圾转运站会同区规土局加快落实规划选址；推进集镇地区环卫基础设施达标建设，新建公厕7座、垃圾箱房8座，改建公厕144座、垃圾箱房32座；区、镇两级投入1100万元加大垃圾分类减量环卫装备和设施建设力度。三是环卫作业服务实效进一步提高。实施"差别化"环卫作业标准，落实道路扬尘污染防治措施，着力提升机械作业水平和巡回保洁频率；以"劳动最光荣"系列活动为载体，深入推进环卫文明行业创建，引导环卫职工增强责任感和荣誉感，提升工作实效；加强条块监管和第三方测评考核，完善问题发现、整改、反馈机制。四是建筑垃圾全过程管理进一步落实。制定出台本区加强建筑垃圾全程管理的实施意见，推进建筑垃圾"属地管理、自行消纳"；渣土管理按照规范、有序、可控的底线，深化企业诚信建设，强化"两点一线"管控，切实加强事中事后监管，渣土偷乱倒现象得到有效控制，实施2017—2018年建筑渣土运输单位招标工作。五是垃圾处置监管进一步加强。落实餐厨废弃油脂收运属地化管理，加强源头申报，强化对三家餐厨废弃油脂收运单位的监管；加强区生活垃圾综合处理厂的日常监管，确保环境安全。

三、市容环境实效不断提升

一是市容环境卫生责任区制度进一步落实。推进21条市容环境卫生综合管理示范道路创建，中心城区5条示范道路重点单位落实市容环境卫生责任区管理公示制度，引导市民参与，接受社会监督；组建责任区管理社会自律自治组织37个，完成培训各类人员10622人次，责任人信息建档率达到80%以上。通过进一步落实市容环境卫生责任区制度，推进市容环境综合管理达标、示范街镇创建。二是市政市容示范道路建设持续推进。基本完成11条示范道路建设任务，同时，实施第三方测评，将前三年完成建设的28条示范道路纳入标准化管理。三是市容环境顽症治理和长效管理不断加强。推进实施“补短板、治五乱”2016—2018年三年行动计划（共175个点位），完成92个点位的治理任务。巩固“特定区域”（91个点位）和无序设摊（31个点位）治理成效，实施第三方双月检查测评机制，全力推进面上无新增无序设摊点位。推进违法户外广告设施专项整治工作，加快《青浦区户外广告设施设置阵地补充实施方案》规划修编。

四、基层党建和党风廉政建设得到加强

一是认真开展“两学一做”学习教育。履行党委主体责任和书记第一责任人责任，加强政治理论学习，召开“两学一做”专题学习会6次，认真查找领导班子及个人问题，并落实整改措施。坚持“三会一课”、民主评议党员、领导干部双重组织生活等制度，规范党内组织生活。完成组织关系集中排查等7项基层党建工作重点任务。二是切实加强基层党的建设。重点抓好基层党建责任制的落实，坚持书记抓党建，督促班子成员落实“一岗双责”，形成党建责任制度化、清单化和常态化。出台党委及班子成员抓基层党建的责任和工作清单，与各基层党支部签订责任书，层层传导压力。健全党组织书记述职评议机制，加大评议结果的使用权重。三是深入推进党风廉政建设。局党委始终将党风廉政建设主体责任作为政治责任，与本单位的其他各项工作紧密结合，做到同部署、同落实、同检查、同考核，确保职责范围内的党风廉政建设和反腐败工作落实到位。结合班子成员分工调整，优化“4+3+3+X”责任清单，进一步落实“一岗双责”；与各基层单位签订《党风廉政建设责任状》，压实责任，并以项目化的方式落实党风廉政建设工作，坚决纠正行业不正之风，逐步形成全覆盖的廉政防控体系。四是进一步加强队伍建设。坚持把贯彻民主集中制原则落到实处，认真落实“三重一大”制度，完善集体议事决策机制，提升民主、科学、依法执政水平。加强干部队伍建设，开展庸懒散专项治理工作，切实改进工作作风，强化信访投诉处置，依法依规解决群众反映突出的热点、难点问题，市民群众满意度进一步提升。完善制度体系，修订、新订28项规章制度，并提高执行力，真正做到用制度管人、管事。

回顾全年的工作，虽然取得了一些成效，但还存在不少问题和不足，主要有以下四个方面：一是责任意识、服务意思、大局意识有待加强。破解瓶颈问题的意识还不强，主动服务的意识不浓，主动协调不够，相互配合的意识还有待加强。二是干部队伍建设和管理有待加强。对干部的教育培训缺少长远规划和针对性，干部考核办法的量化、奖惩制度还需进一步完善。三是创新意识有待加强。在破解绿化林业、市容环境顽症治理等工作和常态管理上缺乏迎难而上的进取精神和创新意识。四是基层党的建设有待加强。基层党建工作责任制和党风廉政建设责任制的落实还有待深化，党员的教育管理和激励约束机制仍须创新和完善。

（十五）奉贤区

奉贤区建设和管理委员会

2016年，奉贤区建设和管理委员会在区委、区政府的正确领导下，深入贯彻落实党的十八届五中、六中全会和区四次党代会精神，以“两学一做”学习教育为主线，坚持改革创新，转变工作作风，推进依法行政，加强服务民生，扎实推进奉贤区建设和交通行业各项工作，努力实现“奉贤美、奉贤强”的战略目标。

一、推进1517重大交通基础设施建设。

一是协调市属项目推进，其中，闵浦三桥已开工，G228（金山区界—海湾路东）奉贤西段约7.9公里工可已批复，S3全线动迁待启动，S4奉浦东桥方案已确定；二是加快区属项目建设，其中，区管省道共计3条8个项目，目前开工1个（金海公路南段），初设阶段3个（金海公路中段、浦卫公路南段、浦卫公路北段），工可已报待批复2个（大叶公路东段、西段），专项规划阶段2个（浦卫公路G1501跨线桥、大叶公路中段）；道路连通工程共计5个项目，目前已开工2个（运河北路、南港路），工可已批复3个（望园南路、民乐路、金庄公路）；区区对接道路六奉公路、新林公路专项规划已上报市规土局。

二、研究解决交通短板问题。一是优化静态交通。启动静态交通规划修编工作；挖掘老旧小区周围错时停车位200余个；严格按照上海市停车配建标准对新建项目严格把关；与机管局协调，将陆续开放政府机关大院310个车位供周围小区居民使用。二是开展排堵保畅方案研究，根据市、区两级政府开展综合交通治理的要求，牵头制订奉贤区排堵保畅三年行动方案。三是推进公共自行车项目建设。目前，奉贤区公共自行车项目共完成95个点位布点，安装2120个锁柱，投入1700辆自行车，市民办理自行车租赁卡19000余张。

三、行业管理工作不断加强。一是加强建设工程安全监管，共开展节前节后安全质量、监理、夏季高温、工地食堂、防汛防台、G20峰会、重大危险源7次专项检查，联合第三方机构开展大型机械专查，进一步消除监督短板和盲区，大力推进在线扬尘监控，目前已累计安装监控设备103台。二是有序推进公交信息化建设，完成公交车载终端全覆盖、公交信息化全覆盖、公交行业监管平台三个信息化项目申报建设，完成车载终端全覆盖项目，公交信息纳入全市手机app平台。三是推进液化气区域集中配送工作。制订全区性液化气统一配送实施方案，并报市建设主管部门审核。四是落实码头生态综合环境整治，2016年，通过金汇港、浦南运河50米范围内生态环境集中整治，由年初全区104家企业码头拔点关闭75家，截至目前辖区持证码头仅存30家，其中新增纳管老码头1家。

四、深入开展“八个一”主题活动。为增强“两学一做”学习教育的针对性和实效性，在全体在职党员中开展“八个一”岗位历练活动。其中公路市政所为“一人一条路”、交通运输管理所为“一人一条线”、建设工程安全质量监督站为“一人一工地”、航务（海事）所为“一人一码头”、交通执法大队为“一人一点位”、燃气管理所为“一人一场站”、事务受理中心为“一人一窗口”、重大工程建设管理事务中心为“一人一项目”，涉及党员149人。通过活动，党员们对本单位的业务有了进一步的了解和认识，同时及时发现隐患，解决隐患，使行业管理水平得到更细致的提升。

五、树立行政审批服务品牌。在深化行政审批制度改革过程中着力打造“我服务，您放心”品牌，通过各类手段提升审批效率，高效地为相对人服务。一是推广综合受理，打破“一窗口一事项”的受理格局，推广“综合受理”模式，窗口人员“一专多能”，加快窗口效率；二是再造审批优化流程，大力削减不必要的环节步骤，使办事时限大幅缩短；三是完善事中事后监管反馈，加强与各组织、媒体的沟通与联系，及时听取意见建议，认真进行调查核实，依法及时做出处理。

六、加快推进各类实事工程进度。一是加快推进农民集中居住工作，根据区政府统一要求，对奉贤区农民集中居住情况进行前期排摸，为未来几年工作推进奠定坚实的基础；二是启动区域液化气统一配送工作，积极筹建配送平台，着手开展基础性调查摸底

工作，对非居民用户率先实施统一配送服务；三是加快推进肖塘地区城中村改造工作，按照区“城中村”拔点改造领导小组和肖塘“城中村”改造指挥部部署要求，肖塘城中村改造各项前期手续正在稳步推进，目前已取得阶段性成果，动迁安置房基地已具备建设条件。

奉贤区绿化和市容管理局

2016 年，全局在市局，区委、区政府的领导下，坚持抓巩固、求提升，补短板、促突破，认真贯彻落实上级工作部署，重点加快构建区域绿化生态网络、建立健全垃圾分类减量处置网络、建立区域市容景观网络，主动作为，顺势而为，善于创新，勇于实践，实现奉贤生态环境、景观面貌的显著提升。

一、全力推进绿化建设，加快构建区域绿化生态网络

1. 推进第一轮绿化建设三年行动计划。截至目前，奉贤区已建成各类绿地 206 公顷，其中公共绿地 105 公顷，林荫道 21 公里，立体绿化 15200 平方米，绿化覆盖率达到 29.85%，人均公共绿地达到 13.03 平方米。2016 年政府投资项目中，2015 年续建项目除 4 座公园及航南路绿化工程，其余 20 个项目已完工，2016 年新开工项目 16 个已完成招投标，启动开工建设。星火公园和奉城公园一期已启动开工建设。

2. 编制完成林绿连通工程方案。根据区委、区政府“四连通”工作要求，在组织专业人员对奉贤区绿化现状进行详细调研的基础上，制订本区林绿连通实施方案。方案通过打造新城九宫格绿化结构，实施重大交通基础设施配套绿化，构建区、镇（社区）公园体系和实施生态廊道，生态公益林等林绿地连通工程，计划新建林绿地面积 885 公顷，其中林地面积 583 公顷，绿地面积 302 公顷；改造绿地面积 241 公顷。

3. 指导“五违村”生态修复工作。结合奉贤区“五违村”整治工作，分别对西渡街道五宅村、南桥镇六墩村、奉城镇东新寺村、四团镇长堰村 4 个建制村进行了综合整治后的绿化设计方案指导，确保设计方案的可操作性和经济性。

4. 大力发展立体绿化建设。广泛发动企事业单位、学校等开展立体绿化建设，完成

奉贤区图书馆、苏宁广场、宝龙广场项目屋顶绿化6180平方米，完成正阳领御、绿地新苑围墙围栏垂直绿化1040平方米，完成环卫设施沿口绿化240平方米，完成奉贤区教育系统明德外国语小学、青溪中学、格致中学等学校的围墙绿化8000平方米等，截至目前，奉贤区共完成立体绿化15220平方米，超额完成年初下达的指标任务。

5. 加强绿地养护精细化。加强所所联动，逐步推进镇级绿化养护市场化改革，加强日常巡查和考核，逐步提高镇级绿化管理水平。进一步完善直管绿地长效管理机制，提高规范化、精细化养护水平。做好抗旱保绿、防台防汛工作，通过实施绿地土壤改良，提高树木长势，规范行道树养护，积极创建上海市林荫道路，有效提升绿地和行道树景观面貌。加强预测，建立预测预报体系，提高病虫情报准确率，不断提高有害生物控制水平。

二、加强软硬件设施建设，建立健全垃圾分类减量处置网络

1. 以后端建设倒逼前端源头分类。将“点、站、场、中心”作为环卫基础设施建设重点。“点”上对全区147个行政村（空壳村除外）配备152套农村垃圾设备（粉碎机），实行村级全覆盖，将农村垃圾转变为肥料，实现循环利用。至10月底，实现农村垃圾转化日均220吨。“站”上设立11套湿垃圾末端处置设备站和87座干垃圾小型压缩站布点。目前除四团镇湿垃圾末端处置设备站还在建设中，其余10套设备站已建成运行，实现湿垃圾日均收集量125吨。压缩站完成建设70%，目前全部投入使用。“场”上在中部生活垃圾中转站设置日处理量120吨的处置场，处置南桥中心城区和周边辐射地区餐厨垃圾。计划2017—2020年利用原东部中转站，建设日处置量150吨的垃圾中转站。生活垃圾末端处置“中心”日处理量1000吨，负责处置全区生活垃圾，同时也是奉贤区生活垃圾分类减量和无害化处置的科普基地。

2. 以激励举措为抓手提高社会参与度。依托绿色账户信息化平台，实行居住区垃圾投放积分制，开展积分线上线下礼品兑换等活动。至10月底，共创建绿色账户10万户，共覆盖21.7万居民，覆盖率达53%；推选10名垃圾分类先进志愿者、10个优秀小区、20个示范小区和30个合格小区，先进志愿者年度可携家眷一名参与疗休养一次，对先进小区所在居委会进行2万～5万元不等的资金奖励，由居委会建立三级兑换平台。

3. 以联席会议为平台推动部门共治。依托奉贤区垃圾分类减量联席会议平台，共同推动全区垃圾分类减量工作的开展。区农委负责建立健全秸秆等农业垃圾收集体系。区水务局负责水生垃圾的打捞、收集、分类工作。区环保局牵头建立工业垃圾回收处置体系，对危废送到危废处置厂处理，一般工业垃圾由环卫队伍配合收运到生活垃圾末端处置中心处理。区房管局监管各物业公司承担起小区垃圾分类收运和协助二次分拣工作。根据环境治理方案，各镇规划一处废品回收点，除了回收利用价值较高的资源，要求强制回收低价值垃圾。

4. 加强渣土和餐厨垃圾管理。坚持落实渣土卸点付费机制，完善第三方作业服务管理。召开渣土工作例会制度，加强区渣土联席会议成员单位联动。加强建筑渣土工地现场勘查，严格审核把关申报材料，确保建筑渣土运输处置合法合规。规范厨余废水隔油池设计标准，促进废弃油脂资源化利用。加强对餐厨废弃油脂作业情况的过程监控。落实餐厨垃圾“一户一档”工作。革新餐厨垃圾技术设备，引进荷兰垃圾分类设备，将餐厨垃圾制成微生物肥料或微生物蛋白添加剂。

三、着力提升市容景观面貌，建立区域市容景观网络

1. 改善地面市容面貌。发挥区联办与区巩固国家卫生区领导小组办公室、区文明城

区市容环境指挥部办公室（实地检查组）“三办合一”的整体力量，巩固创建成果。启动了城乡接合部卫生容貌达标创建，“一镇一点”的先行先试12个城乡接合部创建。目前，已累计完成“五违”整治251747万平方米，河道治理3.6万多米，建绿补绿4.9万平方米，清除垃圾750多吨。积极推进轻轨5号线沿线市容环境综合整治，积极推进整治类项目实施，目前已累计完成“五违”整治69个点。落实“五乱”治理三年行动计划，年内已完成26条中小道路、12个结合部区域、14处亭棚、5个不达标特定区域的“五乱”问题整治任务。加大无序设摊治理力度，金汇镇泰日集贸市场疏导点建设、西渡街道鸿学路、南桥镇运河北路乱设摊聚集点综合治理成为全市的典型案例。加强再生资源回收点专项整治，年内已取缔125处无证废品收购点，坚决遏制违规违法再生资源回收点的蔓延势头。

2. 净化城市高空环境。重拳整治全区违法户外广告设施。建立区违法户外广告设施整治工作领导小组，明确通过拆除存量、遏制新增违法户外广告设施的整治目标。前期梳理出全区共有违规设置户外高立柱87座，纳入本次整治范围的为59座，其余由市级责任部门负责拆除。明确整治任务进度，2016年底完成整治任务的70%，2017年底完成所有整治任务。遵循“五个先拆”原则，即非规点位先拆、体制内先拆、偏远地区先拆、老旧破损先拆、安全隐患先拆，通过宣传动员、上门告知、主动帮拆、依法强拆、拆控并举等方法严格按照相关程序依法开展整治工作。积极会同区城管局、区规土局、区交通委、区市场监管局、公安奉贤分局等部门联系、协调，确保整治工作安全顺利进行。继续推进户外店招主体转换工作，开展隐患店招的应急抢修工作，全年共拆除存在安全隐患店招数为41户、面积为658平方米。

3. 打造新城亮丽夜景。完成《上海市南桥新城景观灯光专项规划》初稿编制；启动景观灯光大维修项目，完成阳光外国语学校、阳光园、恒盛豪庭等居民小区和汇贤名邸、锦华大厦等景点的使用年限维修任务；有效推进房地产商业开发配建景观灯光工程工作。年内，开展了“万景峰、绿地无双、东源郦湾、朗诗未来街区”等项目配建景观灯光工程的评审、指导、验收和纳入管理工作。

四、提升行业服务水平，增强市民获得感

1. 及时处置各类信访投诉案件。做好“夏令热线”和城建“12345”投诉热线处置工作。针对各镇机构整合情况，及时对接，加强对新上岗人员的业务指导，规范处置程序，确保办理质量。截至10月25日，共受理处置各类诉求1615件，其中绿化860件、市容661件。诉求件均在规定的时间内处置完毕，处置率为100%，综合满意率为86%。

2. 简化行政审批手续。以时效性、规范性、资料完整性为准则，强化了首问负责、一次性告知、按时办结、规范审查、审批发证等工作，进一步规范行政许可程序，强化行政许可档案资料的规范。截至11月10日共完成行政审批事项698件。推进行政权力清单和责任清单梳理，形成奉贤区绿化和市容管理局行政权力事项84项，行政责任事项108项。强化事中事后监管，加强和业务科室和单位的联系，批后监管上网录入，如遇施工现场不规范等问题，进行跟踪监督整改。

3. 加强便民服务。以公园为阵地，举行荷花展、盆景展等各类市民喜闻乐见的活动，增设育婴室、免费直饮水等便民设施，做好百姓棋室、百姓展室的日常管理，提升市民获得感。积极开展全民义务植树活动、园艺大讲堂、绿色微课堂、“绿化大篷车园艺社区行”等群绿活动。植树节期间植树面积39900平方米，种植树木4423株，参加人数1335人。加大对老旧公厕的改建力度，加快第三卫生间配建工作，年内完成新（改）建公厕23座。

4. 确保行业发展安全有序。开展安全大排查活动，加强对三站一码头、景观灯光、户外广告、店招店牌、公园游乐设施的安全隐患排查工作，堵塞管理漏洞，确保生产安全。积极按照市局防汛部门、区防汛办的工作要求，多次组织开展隐患调查、薄弱整改等工作，开展绿化树木修枝、加固等汛期防范工作。

五、加强党建引领，推动行业健康有序发展

1. 全面落实“两个责任”。落实领导干部“三型”教育工作，全面提升领导干部执政能力。坚持党委中心组学习制度，围绕“两学一做”学习重点和时事热点，学习有计划、有安排、重质量，全年共开展中心组学习14次。贯彻民主集中制原则，对“三重一大”事项始终坚持党政班子会集体讨论决定，年内重新修订了“三重一大”实施细则。层层落实“两个责任”，制定并下发《党风廉政建设和反腐败工作意见》，层层签订党风廉政责任书。结合换届、选举、巡察等工作，严明工作纪律，认真做好自查自纠，切实抓好落实整改。

2. 着力推进队伍建设。推动学习教育经常化，党员干部领学，搭建平台助学，先进典型引学。党政领导班子带头下基层上党课，带头谈体会、做交流。邀请专家教授专题辅导，开展“入党那一天”“奉贤美·奉贤强”主题征文和“两学一做”微心得征集，举办“绿色·发展”主题演讲比赛和“不忘初心、继续前进”青年党员微党课评比等活动，激发党员学有所思、学有所悟。选树一批先进典型，并以老中青三代优秀共产党员和行业先进“每季一星”为原型，拍摄《重温入党誓词》微电影和《美丽星光》微电影，引导党员干部见贤思齐、比学赶超。开展“亮身份、践承诺、做表率”主题实践活动，为全体干部职工制作工作吊牌，从规范党员挂牌上岗亮身份、明示党员示范岗台卡亮承诺入手，增强党员意识。坚持做好志愿服务品牌项目，全年开展“生态微课堂”志愿服务7次，“园艺大讲堂”12次，“绿色微课堂”微信版4期，受到广泛好评。

3. 提升行业作风效能。继续以党员微信“清风群”为平台，加强日常警示提醒和时事政治解读，促进党员干部时刻绷紧廉洁自律这根弦。坚持做好纪委书记对党员领导干部的廉政谈心工作，对干部提任、岗位调动和新招录人员开展针对性廉政谈话提醒，上好新录用人员党风廉政第一课。举办专题讲座，加强反腐倡廉课题研究，形成理论成果。进一步贯彻执行中央八项规定精神，按照公务用车改革要求，及时修订了《公务外出、公务用车管理若干规定》。在各基层单位和全体党员中开展廉政“五对照”自查自评，针对作风建设存在的短板和问题，落实整改，党委主要领导和纪委书记实地走访对整改落实情况进行监督检查，使干部正作风、党员受教育、群众得实惠。

4. 推进干部队伍建设和人才工作。开展机关公务员、企事业单位领导班子成员档案专项审核工作，完成档案审核21卷，补充档案材料300多份。注重年轻干部培养，推荐2名青年参加市局“青年智库”人才培训和锻炼，选拔14名年轻干部报名参加区委“百名年轻干部培养工程”，调整局科级后备干部。组织开展岗位大练兵、劳动竞赛等活动，提升行业作业水平。举办全区绿化市容社区工作者培训班，提升绿化市容社区工作者队伍规范化管理和实务能力。支持行业带头人，揭牌成立“许翔工作室”，成立4个工作小组，年内重点开展“两病两虫”专项治理工作，其中方翅网蝽防治研究取得一定进展，与上海世源屋顶绿化有限公司联合开展的树木支撑装置研究，获得国家专利。积极开展上海领军人才和奉贤区“滨海贤人”领军人才选拔工作，绿化所毛建强同志入选区滨海贤人

“名师工作室领衔人”。

5. 加强队伍凝聚力。制订新一轮文化建设三年行动计划实施方案，组织职工参加各类课程，丰富职工文体活动。组织参加“东奉杯”大合唱比赛，荣获三等奖。参加“慈亲孝贤”微电影大赛，获优秀作品奖。成功主办“贤风荷韵”奉贤区第一届荷花睡莲展摄影比赛和奉贤区第一届盆景展活动，推动和促进行业文明建设向更高层次发展。重视、关心和支持工会、共青团和妇女工作。召开局工会第二次代表大会和二届三次全委扩大会，选举产生新一届工会组织。推进凝聚力工程，组织在职和退休职工 121 人参加体检，分三批组织干部职工参加疗休养，走访慰问困难职工、生病职工等。积极为干部职工提供展示的平台，一大批干部职工受到表彰奖励，如许翔荣获“上海市五一劳动奖章”、秦颖荣获“上海市志愿服务优秀组织者”、3 户职工家庭获五好文明家庭等。

（十六）崇明区

崇明县建设和管理委员会

2016 年，县建设管理委认真贯彻落实党的十八届五中全会、市委十届系列全会及区委一次全会精神，以崇明撤县设区为契机，紧紧围绕“创新驱动，转型发展”的总体要求，继续坚持“以人为本、安全为先、管理为重”的方针，以安全质量重管理、行政效能重提升、重大工程重推进和市容环境重改观为抓手，不遗余力推进各项工作，基本完成了年度目标任务。全年主要开展了以下五个方面的工作：

一、全面加强了行业质量和安全生产管理。吸取各类重大安全事故的教训，全面排查安全隐患，切实抓好行业质量安全监管。一是加大对建筑市场的监管力度。聚焦重点地区，将陈家镇和长兴岛重点建设区域作为监管重点，以 27 个重大工程为主要关注点持续开展全覆盖式监管，上、下半年度各开展 1 次大型起重机械监管、1 次勘察设计深度检查，每月开展 1 次保障性住宅工程专项检查，重点关注装配式建设工程的监管和绿色施工的推进。强化问题导向，采取明察暗访、突击检查等方式，分级分类加强隐患督查，聚焦问题较多且屡教不改的劣质工程，研究制定《工程治劣专项制度》，共开具安全隐患整改单 140 份，局部暂缓施工指令书 24 份，对 12 名项目经理、8 名安全员、11 名总监、2 名安全监理进行了记分处理。开具质量隐患整改单 70 份，局部暂缓施工指令书 28 份。加强依法行政，全面落实安全质量各项监管制度，报监项目数 117 个，竣工项目数 81 个，共立案查处各类违法违规案件 8 起，结案 8 起。二是加大燃气安全检查和宣传力度。保持“打非治违”高压态势，对全县 77 只供应站、储配站、气化站进行全面检查监管，联合质监、公安等部门开展打击非法经营、违规销售行为 1 次，取缔“黑窝点”1 个，没收钢瓶 2 只。继续开展燃气安全进村居、进学校、进机关和养老机构为主要内容的“三进”活动，深入走访宣传边远农村和社区居委 60 个，为 38 个机关、学校和养老机构提供宣传教育和上门服务指导，累计发放各类燃气安全宣传资料 79000 余份，接受群众咨询累计 800 余人次，提供技术指导 350 余人。对餐饮场所进行燃气安全联合抽查，防汛期间对辖区内 5 家燃气企业的防汛防台物资、应急队伍的落实，重要设施、设备的防护开展检查 3 次，在 G20 峰会期间组织开展燃气行业反恐防暴专项检查 8 次。本年度燃气单位用户安检率为 100%，管道气居民用户安检率完成年度计划的 100%，管道压占为“零”；共处理各类燃气事故 21 起，无人员死亡。三是开展防汛防台工作。结合实际修编完成了《2016 年防汛防台专项应急预案》，重新修改完善了委防汛指挥体系，加强了防汛防台工作的组织领导，明确了责任。汛前，对园林绿化、市容环卫、在建工地等重要防汛责任单位进行督查，确保了应急抢险人员、物资、设备三到位。汛期，积极组织相关单位应对台风、暴雨等恶劣天气，做到提前预防、值班到位、及时处置、信息畅通，较好地完成了防汛抗台各项工作。四是做好地下空间安全管理。组织召开地下空间管理联席办会议，制定了《崇明县地下空间安全使用管理办法》，全面落实地下空间安全责任；深入开展地下空间安全隐患排查与整治，在各成员单位日常监管的基础上，联席办每季度组织成员单位对重点区域地下空间的使用安全和防汛安全开展联合检查；强化地下空间安全使用宣传，提高市民的自觉安全意识和自我防范能力。

二、大力推进了重大工程项目建设。按照年初的目标任务，创设条件、攻坚克难、突破瓶颈，各项目建设成效显著。一是指导和督促各乡镇推进生态廊道建设。2015 年 7400 亩生态廊道建设任务于 4 月已全面完成，2016 年度计划建设生态廊道 12800 亩，目前已进入设计、监理、施工招投标程序，年底前开工建设。二是推进立体绿化及公共绿地建设。完成市级下达崇明区立体绿化建设任务 10000 平方米，完成市级下达崇明区绿地建设任务 22 公顷。三是大力推进惠农工程。年底全面完成市级下达的 350 户农村低收入户危旧房改造任务。配合市里做好本县乡村风貌建设示范点的调研选点工作。四是全力推进建筑节能工作。完成可再生能源建筑应用示范项目 19 个，总建筑面积 118.55 万平方米，折合应用面积 53.36 万平方米；对 12 个建筑单体实施建筑节能改造，改造面积 2.52 万平方米；落实新建绿色建筑 9 个，建筑面积 58.3 万平方米，其中绿色二星及以上项目 3 个，建筑面积 36.5 万平方米；审批的可再生能源建筑一体化应用项目 4 个，建筑面积 24.77 万平方米，可再生能源应用面积 20 万平方米。五是开展陈家镇调压站工程建设和老城区天然气管网转换工作。陈家镇调压站的出站总管已于 10 月下旬全面建设完成，老城区核心区域的天然气转换工作于 11 月 9 日全部完成。六是推进崇明固体废弃物处置综合利用中心项目建设。3 月底完成相关配套设备安装具备试烧垃圾条件，6 月底完成整套系统测试进入试运营，于 7 月 12 日开始试烧垃圾，目前处在试运营阶段，运行平稳。第三方监管企业已进驻焚烧厂开展日常运营监管工作。七是全力推进“19 万户生活垃圾分类覆盖区域”工作。目前生活垃圾末端处置量为 360 吨 / 日，相比市局下达指标超额减量 6 吨 / 日，去年同比减量 2 吨 / 日。创建 98 个分类达标居住小区，2 个垃圾分类示范达标菜场。新建 43 个湿垃圾处理点，11 月投产，日均收集量将达到 5 吨左右，资源利用率达 35.8%。全面开展横沙乡生活垃圾分类减量试点工作，干湿分类投放桶、湿垃圾专项收运车辆等设施设备已配备齐全，湿垃圾生化处理点已建成使用，全乡产生的湿垃圾实现就近就地专项处置。巩固城桥、堡镇、新河镇、陈家镇垃圾分类成果，拓展长兴、竖新城镇化区域，生活垃圾分类覆盖区域累计推进 191390 户，绿色账户累计覆盖居民 7.3 万户，绿色账户参与率达到 80% 以上。八是有序推进海绵城市建设。组织召开了海绵城市建设工作推进会议，确定陈家镇实验生态社区北部 4 平方公里范围作为崇明区海绵城市建设试点区域，5 个新建公园绿地作为试点项目。会同陈家镇公司着手编制试点区域实施方案。

三、大幅改善了城乡环境面貌。以创建全国文明城市为契机，以优化城乡环境为抓手，不断提升行业管理水平。一是不断提升市容环境卫生综合管理水平。开展暴露垃圾专项治理行动。重新修订《崇明县暴露垃圾专项整治行动工作方案》，并对崇明区范围内“三横十五纵”、长兴岛、横沙岛及各大旅游景点、各大厂区周边暴露垃圾开展整治，全年共计整治暴露垃圾110余处，60余吨，出动环卫保洁人员120余人次，出动车辆100余台次。加强渣土管理。顺利完成长兴岛中船二期地块渣土搬迁工作，联合城管执法、交通、公安、水务、海事等部门开展联合执法，从7月29日起在G40高速公路长兴岛、陈海公路、向化等三个收费口每天安排执法人员24小时开展执法，蹲点管控，严厉打击偷乱倒违法行为，截至目前，共查外区进崇非法消纳装修垃圾20余辆。开展农村改厕回头看。对各乡镇改厕工作进行排摸抽查，对发现的个别小粪坑回潮现象，督促相关乡镇在及时整改完成。二是继续推动大树保护、乡镇公共绿地日常养护管理及公园管理工作。开展大树保护工作，通过制作专题片、开展征文比赛等加大大树保护宣传力度，做好私有产权大树的登记挂牌工作，指导乡镇做好大树抢救复壮工作，配合县人大做好大树保护调研工作。加强乡镇公共绿地养护管理，根据创建全国县级文明城市标准，对绿化行业管理提出了更高的要求。着力抓好公园阵地建设，进一步完善对公园公共服务功能的管理体系，加大对公园绿化养护工作的监管督查力度。三是进一步强化户外广告等景观设施规范化管理。对八一路、人民路等市容景观灯亮灯率、灯具掉落等安全隐患进行月检，对发现的问题及时进行了修复。开展旗帜式临时户外广告设施整治工作，共完成5条道路，230余对旗帜式临时户外广告设施整治工作，维护更新广告牌、店招店牌6000余块。四是依托市容环境指挥部，稳步推进文明城市创建工作。明确目标，细化任务。各成员单位根据各自行业特点，以创城指标为导向，明确了市容环境领域年度重点工作，并对重点项目推进情况进行月报；指挥部根据各成员单位项目推进情况做好沟通协调工作，确保市容环境领域各项整治工作按计划有序推进。“两创”联动，开展督查。指挥部会同县创卫办对庙镇和三星开展了专项督查，及时反馈了存在的问题。分别在中兴镇、陈家镇、新河镇召开座谈会，分析推进工作中存在的困难和问题。联合检查，直指问题。开展市容环境领域专项督查6次，发现各类市容环境问题650余件，邀请市民寻访团于6月和10月开展了两轮市容环境领域专项测评，发现各类市容环境问题1750件，目前相关问题均已由各乡镇责任部门整改完毕。稳步推进各专项工作。暴露垃圾整治、垃圾分类减量、集贸市场整治、居住小区综合治理、门前责任区落实、中小河道疏浚、城市基础设施建设等各专项工作稳步推进。

四、大幅提升了行政服务效能。按照已制定的工作规范和指导意见，完善依法行政、窗口受理、信访维稳等方面的服务标准和要求。一是不断强化招投标管理。完成崇明县小型项目招投标交易平台建设并开始运行。勘察公开招标11个标段，邀请招标项目3个标段；设计公开招标19个标段，邀请招标项目5个标段；施工公开招标205个标段，邀请招标项目8个标段；监理公开招标34个标段，邀请招标项目3个标段；勘察设计一体化公开招标项目6个，设计（勘察）施工一体化公开招标项目共5个；抽取各类项目评标专家256次，评标专家1297位；小型项目摇号6个；标后评估完成7个。二是不断规范行政审批管理。共受理项目报建248个，发放施工许可证93张、安全生产许可证123家，竣工备案项目50个，建材交易101个，专业交易15个，企业资质资格受理169家（次）；受理审批制项目初步设计审批申请95件，办结95件；受理核准备案制项目总体设计文件审查12件，办结12件；受理建筑工程抗震设计审查申请24件，办结24件。三是及时完成各类提案、意见、信访件的办理工作。完成了对15件人大代表书面意见和12件政协委员提案的办理工作，办理率和走访满意率均达到100%。同时，完成了71件来信来访和12345工单的办理答复工作。

PART FIVETEEN

XV

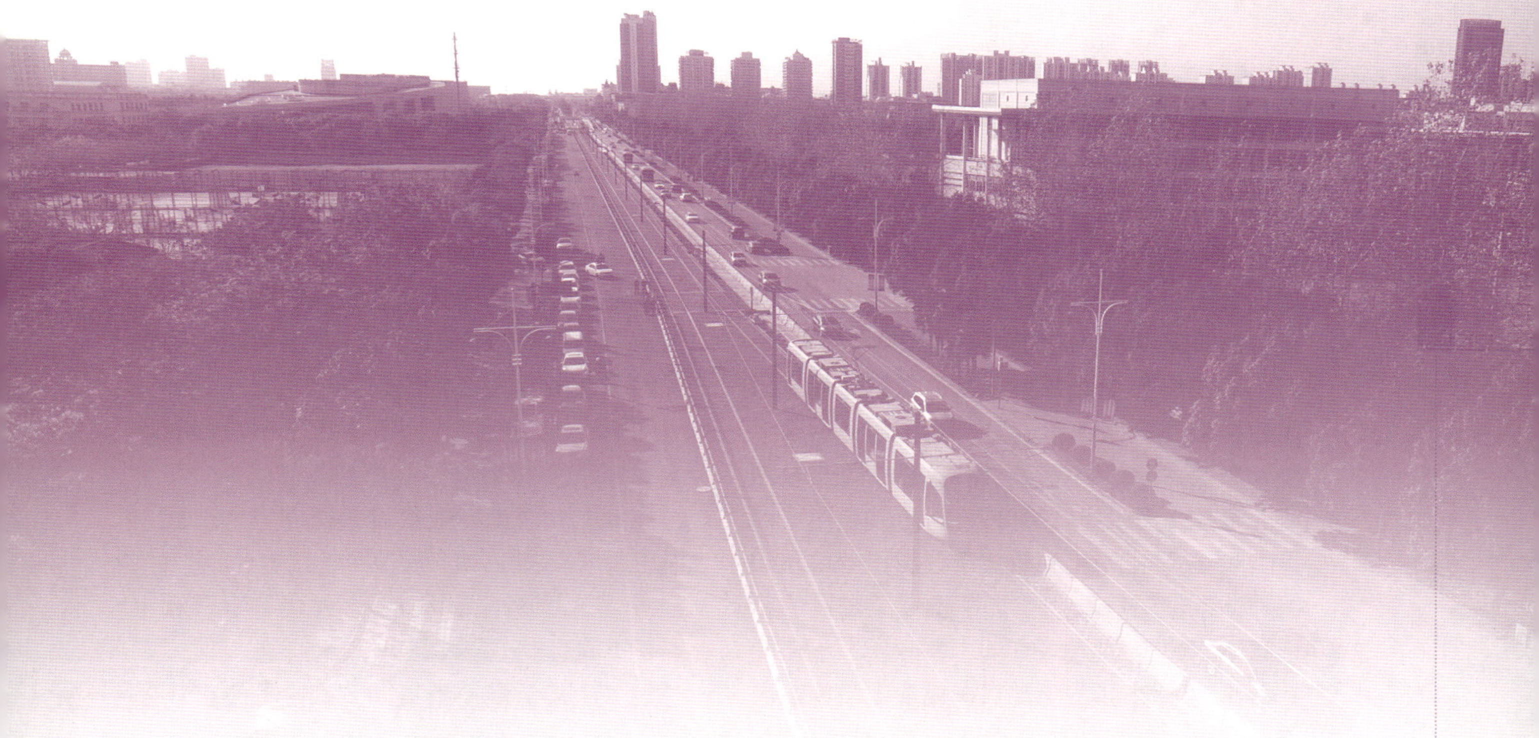

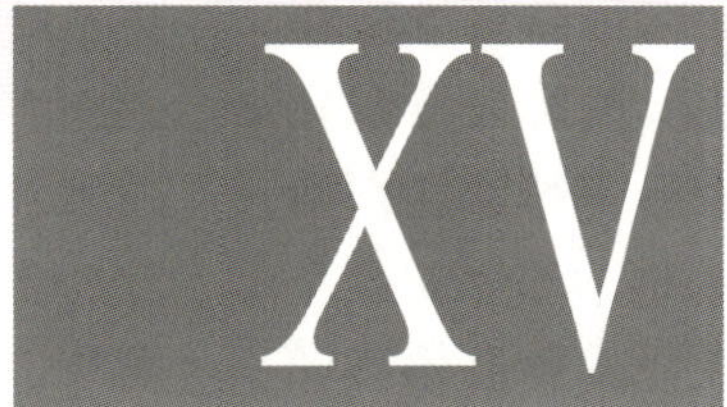

政策法规

POLICIES & REGULATIONS

目录

2016 年市政府要完成的与人民生活密切相关的实事

沪府办发〔2016〕1 号 （2016 年 1 月 23 日）

一、新增 7000 张公办养老床位；新建 80 家老年人日间服务中心；新增 50 家“长者照护之家”；新增 50 家养老机构设置医疗机构；为 300 家存量养老机构安装自动喷水灭火系统。

二、完成 150 公里河道综合整治、2000 公里河道轮疏；新增 100 万户“绿色账户”覆盖区域；新增 40 万平方米立体绿化。

三、新建 11 个医疗急救（120）分站；为 30 万名符合条件的居民提供大肠癌免费筛查服务。

四、完成 2000 万平方米居民住宅二次供水设施改造；完成 90 万户老旧住宅小区电能计量表前供电设施更新改造；完成 6 万户旧住房修缮改造工程。

五、为 100 个老旧居民小区实施消防设施增配或改造；组织全市居民小区开展 1 次逃生疏散演练；完成 900 台 2000 年以前投入使用的住宅小区老旧电梯安全评估；完成中心城区 9 个路段的道路积水改善工程。

六、新建 4000 个电动汽车公共充电桩。

七、帮助 8000 名长期失业青年实现就业创业；为 1000 户本市农村困难残疾人家庭进行无障碍改造。

八、支持新建改建 100 家标准化菜市场；支持大居和配套薄弱社区新建 30 家早餐示范门店。

九、新建改建 50 个市民球场；在公园、公共绿地及大居社区等处新建 50 条百姓健身步道。

十、完善 100 家社区志愿服务中心民生服务功能；完成 5 万名家政员登记注册工作；开设 400 个小学生“爱心暑托班”。

附件：2016 年市政府要完成的与人民生活密切相关的实事项目进度及负责部门、责任人

2016 年市政府要完成的与人民生活密切相关的实事项目进度及负责部门、责任人

一、新增 7000 张公办养老床位；新建 80 家老年人日间服务中心；新增 50 家“长者照护之家”；新增 50 家养老机构设置医疗机构；为 300 家存量养老机构安装自动喷水灭火系统。

新增 7000 张公办养老床位，进一步缓解现有养老机构供需矛盾问题。具体实施进度：第一季度完成公办养老床位建设各项筹备工作；第二季度完成 1000 张公办养老床位建设；第三季度累计完成 3000 张公办养老床位建设；第四季度累计完成 7000 张公办养老床位建设。该项目由市民政局、各区（县）政府负责，市规划国土资源局、市住房城乡建设管理委配合。其中，市民政局负责人为蒋蕊副局长，市规划国土资源局负责人为史家明副局长，市住房城乡建设管理委负责人为于福林副主任，各区（县）政府负责人为分管副区（县）长。

新建 80 家老年人日间服务中心，为符合条件的社区老年人提供生活照料、康复护理、精神慰藉等一系列日间照料服务。具体实施进度：第一季度完成老年人日间服务中心建设各项筹备工作；第二季度完成 5 家老年人日间服务中心建设；第三季度完成 15 家老年人日间服务中心建设；第四季度完成 60 家老年人日间服务中心建设。该项目由市民政局负责，各区（县）政府配合。其中，市民政局负责人为蒋蕊副局长，各区（县）政

府负责人为分管副区（县）长。

新增50家“长者照护之家”，为老年人就近提供集中的全托式社区托养服务。具体实施进度：第一季度完成“长者照护之家”各项筹备工作；第二季度完成10家“长者照护之家”建设；第三季度累计完成30家“长者照护之家”建设；第四季度累计完成50家“长者照护之家”建设。该项目由市民政局、各区（县）政府负责。其中，市民政局负责人为蒋蕊副局长，各区（县）政府负责人为分管副区（县）长。

新增50家养老机构设置医疗机构，缓解养老机构入住老人“就医难”问题。具体实施进度：第一季度完成养老机构设置医疗机构各项筹备工作；第二季度完成10家养老机构设置医疗机构；第三季度累计完成20家养老机构设置医疗机构；第四季度累计完成50家养老机构设置医疗机构。该项目由市民政局、市卫生计生委、各区（县）政府负责，市人力资源社会保障局配合。其中，市民政局负责人为蒋蕊副局长，市卫生计生委负责人为吴乾渝副主任，市人力资源社会保障局负责人为郑树忠副局长，各区（县）政府负责人为分管副区（县）长。

为300家存量养老机构安装自动喷水灭火系统，进一步提高养老机构消防安全管理水平。具体实施进度：第一季度完成养老机构安装自动喷水灭火系统各项筹备工作；第二季度完成全年任务指标的10%；第三季度累计完成全年任务指标的50%；第四季度全部完成。该项目由市民政局、各区（县）政府负责，市消防局、市水务局配合。其中，市民政局负责人为蒋蕊副局长，市消防局负责人为顾金龙副局长，市水务局负责人为陈远鸣副局长，各区（县）政府负责人为分管副区（县）长。

二、完成150公里河道综合整治、2000公里河道轮疏；新增100万户“绿色账户”覆盖区域；新增40万平方米立体绿化。

完成150公里河道综合整治、2000公里河道轮疏，重点采取截污治污、调活水体、营造水景等措施，实现“水清、岸绿、景美、生态”的河道水环境治理目标。具体实施进度：第一季度完成50公里河道综合整治，制订市级年度河道轮疏工作计划；第二季度累计完成80公里河道综合整治，督促郊区（县）完成轮疏前期工作；第三季度累计完成100公里河道综合整治、400公里河道轮疏；第四季度累计完成150公里河道综合整治、2000公里河道轮疏。该项目由市水务局、相关区（县）政府负责。其中，市水务局负责人为刘晓涛副局长，相关区（县）政府负责人为分管副区（县）长。

新增100万户“绿色账户”覆盖区域，向社区居民发放绿色账户卡，鼓励市民积极参与干、湿垃圾分类获得积分，通过市场化手段，募集各类公益服务资源，为市民绿色积分兑换提供保障。具体实施进度：第一季度制订实施计划，分解任务指标；第二季度完成全年任务指标的30%；第三季度累计完成全年任务指标的70%；第四季度全部完成，开展检查考核。该项目由市绿化市容局、市文明办、市商务委负责，各区（县）政府配合。其中，市绿化市容局负责人为唐家富总工程师，市文明办负责人为宋慧副主任，市商务委负责人为刘敏副主任，各区（县）政府负责人为分管副区（县）长。

新增40万平方米立体绿化，重点覆盖学校、医院等公共建筑，提高城市绿化覆盖率和绿视率。具体实施进度：第一季度制订实施计划，分解任务指标；第二季度完成全年任务指标的30%；第三季度累计完成全年任务指标的70%；第四季度全部完成，开展检查考核。该项目由市绿化市容局、市住房城乡建设管理委、市机管局、市教委、市卫生计生委负责，市规划国土资源局、市发展改革委、各区（县）政府配合。其中，市绿化市容局负责人为方岩副局长，市住房城乡建设管理委负责人为邓建平副主任，市机管局负责人为陆清冬副局长，市教委负责人为高德毅副主任，市卫生计生委负责人为肖泽萍副主任，市规划国土资源局负责人为徐毅松副局长，市发展改革委负责人为周强秘书长，各区（县）政府负责人为分管副区（县）长。

三、新建11个医疗急救（120）分站；为30万名符合条件的居民提供大肠癌免费筛查服务。

新建11个医疗急救（120）分站，提升院前急救服务能级和保障能力。具体实施进度：第一季度制订建设方案；第二季度完成项目立项和工程招标；第三季度推进项目建设，开展工作人员招聘和培训；第四季度全面完成项目建设，组织开展验收和试运行。该项目由市卫生计生委负责，市规划国土资源局、相关区政府配合。其中，市卫生计生委负责人为章雄副主任，市规划国土资源局负责人为史家明副局长，相关区政府负责人为分管副区长。

为30万名符合条件的居民提供大肠癌免费筛查服务，提高大肠癌及癌前期病变的早诊率和治疗率。具体实施进度：第一季度制订工作方案；第二季度完成检测试剂采购和配送，开展工作人员培训；第三季度为15万名符合条件的居民提供大肠癌免费筛查服务；第四季度为15万名符合条件的居民提供大肠癌免费筛查服务。该项目由市卫生计生委负责，市人力资源社会保障局、各区（县）政府配合。其中，市卫生计生委负责人为王磐石副主任，市人力资源社会保障局负责人为郑树忠副局长，各区（县）政府负责人为分管副区（县）长。

四、完成2000万平方米居民住宅二次供水设施改造；完成90万户老旧住宅小区电能计量表前供电设施更新改造；完成6万户旧住房修缮改造工程。

完成2000万平方米居民住宅二次供水设施改造，实现供水企业管水到表，使居民住宅水质与出厂水水质基本保持同一水平。具体实施进度：第一季度制订年度改造计划，启动项目前期手续办理；第二季度开工率达到20%；第三季度开工率达到80%，竣工率达到50%；第四季度竣工率达到100%。该项目由市水务局、相关区政府负责，市住房城乡建设管理委、市发展改革委、市卫生计生委、市财政局、城投集团配合。其中，市水务局负责人为陈远鸣副局长，市住房城乡建设管理委负责人为王以中巡视员，市发展改革委负责人为周强秘书长，市卫生计生委负责人为吴乾渝副主任，市财政局负责人为缪京副局长，城投集团负责人为樊仁毅副总裁，相关区政府负责人为分管副区长。

完成90万户老旧住宅小区电能计量表前供电设施更新改造，重点对表前的进户线、低压分支箱、总熔丝箱、电能计量箱、电表等设施进行更新改造。具体实施进度：第一季度完成10万户老旧住宅小区电能计量表前供电设施更新改造；第二季度完成30万户老旧住宅小区电能计量表前供电设施更新改造；第三季度完成20万户老旧住宅小区电能计量表前供电设施更新改造；第四季度完成30万户老旧住宅小区电能计量表前供电设施更新改造。该项目由市住房城乡建设管理委负责，市电力公司配合。其中，市住房城乡建设管理委负责人为邓建平副主任，市电力公司负责人为刘运龙副总经理。

完成6万户旧住房修缮改造工程，重点对屋面、外立面、承重构件、公共部位、设备设施、小区附属设施等房屋破损部位进行修缮改造。具体实施进度：第一季度完成0.6万户旧住房修缮改造工程；第二季度完成1.2万户旧住房修缮改造工程；第三季度完成1.2万户旧住房修缮改造工程；第四季度完成3万户旧住房修缮改造工程。该项目由市住房城乡建设管理委、各区（县）政府负责，市规划国土资源局配合。其中，市住房城乡建设管理委负责人为裴晓副主任，市规划国土资源局负责人为王训国副局长，各区（县）政府负责人为分管副区（县）长。

五、为100个老旧居民小区实施消防设施增配或改造；组织全市居民小区开展1次逃生疏散演练；完成900台2000年以前投入使用的住宅小区老旧电梯安全评估；完成中心城区9个路段的道路积水改善工程。

为100个老旧居民小区实施消防设施增配或改造，主要是增设消防标识，更新修复老旧消防设施设备。具体实施进度：第一季度制订工作方案和技术标准；第二季度完成设计、采购、施工招投标等工作；第三季度累计完成70%的任务；第四季度全部完成，组织开展验收。该项目由市消防局负责，市住房城乡建设管理委、市水务局、市电力公司、各区（县）政府配合。其中，市消防局负责人为顾金龙副局长，市住房城乡建设管理委负责人为邓建平副主任，市水务局负责人为陈远鸣副局长，市电力公司负责人为刘运龙副总经理，各区（县）政府负责人为分管副区（县）长。

组织全市居民小区开展1次逃生疏散演练。具体实施进度：第一季度制订工作方案；第二季度完成全市30%的居民小区逃生疏散演练任务；第三季度累计完成全市70%的居民小区逃生疏散演练任务；第四季度全部完成。该项目由市消防局负责，各区（县）政府配合。其中，市消防局负责人为顾金龙副局长，各区（县）政府负责人为分管副区（县）长。

完成900台2000年以前投入使用的住宅小区老旧电梯安全评估。具体实施进度：第一季度制订工作方案，完成评估机构的确定；第二季度完成300台住宅小区老旧电梯安全评估；第三季度完成400台住宅小区老旧电梯安全评估；第四季度完成200台住宅小区老旧电梯安全评估，组织验收考核。该项目由市质量技监局、相关区（县）政府负责，市住房城乡建设管理委配合。其中，市质量技监局负责人为朱明副局长，市住房城乡建设管理委责任人为邓建平副主任，相关区（县）政府负责人为分管副区（县）长。

完成中心城区9个路段的道路积水改善工程，包括四川中路、顺昌路、云岭西路、杨柳青路、甘河路、溧阳路、北京西路、新闸路、环镇北路的道路积水改善。具体实施进度：第一季度完成工程量的15%；第二季度累计完成工程量的30%；第三季度累计完成工程量的50%；第四季度全部完工。该项目由市水务局负责，市住房城乡建设管理委、市公安交警总队、市交通委配合。其中，市水务局负责人为朱石清副局长，市住房城乡建设管理委负责人为袁嘉蓉副主任，市公安交警总队负责人为左天福副总队长，市交通委负责人为刘军副主任。

六、新建4000个电动汽车公共充电桩。

在医院、学校、商业商务楼宇及住宅小区周边等处的停车场，新建4000个电动汽车公共充电桩。具体实施进度：第一季度部署工作任务；第二季度完成600个电动汽车公共充电桩建设；第三季度累计完成2000个电动汽车公共充电桩建设；第四季度累计完成4000个电动汽车公共充电桩建设。该项目由市交通委负责，市发展改革委、市商务委、市机管局、市经济信息化委、市住房城乡建设管理委、市规划国土资源局、上海电科所、市电力公司、上海普天公司、各区（县）政府配合。其中，市交通委负责人为高奕奕秘书长，市发展改革委负责人为张素心副主任，市商务委负责人为吴星宝副主任，市机管局负责人为赵永峰局长，市经济信息化委负责人为马静副主任，市住房城乡建设管理委负责人为邓建平副主任，市规划国土资源局负责人为史家明副局长，上海电科所负责人为吴小东副院长，市电力公司负责人为刘运龙副总经理，上海普天公司负责人为包卫国总经理，各区（县）政府负责人为分管副区（县）

长。

七、帮助8000名长期失业青年实现就业创业；为1000户本市农村困难残疾人家庭进行无障碍改造。

帮助8000名长期失业青年实现就业创业。具体实施进度：第一季度部署工作任务，帮助1500名长期失业青年实现就业创业；第二季度累计帮助4000名长期失业青年实现就业创业；第三季度累计帮助6500名长期失业青年实现就业创业；第四季度累计帮助8000名长期失业青年实现就业创业。该项目由市人力资源社会保障局负责，团市委、各区（县）政府配合。其中，市人力资源社会保障局负责人为张岚副局长，团市委负责人为王力为副书记，各区（县）政府负责人为分管副区（县）长。

为1000户本市农村困难残疾人家庭进行无障碍改造，进一步提升残疾人生活品质。具体实施进度：第一季度部署工作任务，明确工作要求；第二季度开展筛选工作，审核确定进行无障碍改造的家庭名单，完成招投标；第三季度启动施工建设；第四季度完成工程并验收考核。该项目由市残联负责，相关区（县）政府配合。其中，市残联负责人为郭咏军副理事长，相关区（县）政府负责人为分管副区（县）长。

八、支持新建改建100家标准化菜市场；支持大居和配套薄弱社区新建30家早餐示范门店。

支持新建改建100家标准化菜市场。具体实施进度：第一季度制订建设方案、资金管理办法；第二季度完成20家标准化菜市场新建改建；第三季度完成30家标准化菜市场新建改建；第四季度完成50家标准化菜市场新建改建。该项目由市商务委负责，市规划国土资源局、市住房城乡建设管理委、市绿化市容局、市农委配合。其中，市商务委负责人为吴星宝副主任，市规划国土资源局负责人为徐毅松副局长，市住房城乡建设管理委负责人为于福林副主任，市绿化市容局负责人为鲁建平副局长，市农委负责人为殷欧副主任。

支持大居和配套薄弱社区新建30家早餐示范门店，主要支持外立面装修、堂口布局、购置厨房再加工设备等。具体实施进度：第一季度制订建设方案；第二季度完成3家早餐示范门店建设；第三季度完成9家早餐示范门店建设；第四季度完成18家早餐示范门店建设。该项目由市商务委负责，市环保局、市食品药品监管局配合。其中，市商务委负责人为吴星宝副主任，市环保局负责人为孙建巡视员，市食品药品监管局负责人为许瑾副局长。

九、新建改建50个市民球场；在公园、公共绿地及大居社区等处新建50条百姓健身步道。

新建改建50个市民球场，进一步满足市民群众运动健身需求。具体实施进度：第一季度启动选址勘测工作；第二季度完成项目立项，启动开工建设；第三、四季度推进项目建设，年底竣工验收并向社会开放。该项目由市体育局负责，各区（县）政府配合。其中，市体育局负责人为赵光圣副局长，各区（县）政府负责人为分管副区（县）长。

在公园、公共绿地及大居社区等处新建50条百姓健身步道。具体实施进度：第一季度启动选址勘测工作；第二季度完成项目立项，启动开工建设；第三、四季度推进项目建设，年底竣工验收并向社会开放。该项目由市体育局负责，市绿化市容局、各区（县）政府配合。其中，市体育局负责人为赵光圣副局长，市绿化市容局负责人为方岩副局长，各区（县）政府负责人为分管副区（县）长。

十、完善100家社区志愿服务中心民生服务功能；完成5万名家政员登记注册工作；开设400个小学生“爱心暑托班”。

完善100家社区志愿服务中心民生服务功能，着力发挥社区志愿服务中心在价值引领、道德示范、公益服务、关爱帮助、互助合作等方面的作用。具体实施进度：第一季度制定指导性文件和评估标准；第二季度部署工作任务，启动项目建设；第三季度完成30家社区志愿服务中心评估验收；第四季度全部完成评估验收。该项目由市文明办、各区（县）政府负责，市文广影视局、市民政局配合。其中，市文明办负责人为姜鸣副主任，市文广影视局负责人为王小明副局长，市民政局负责人为李政副局长，各区（县）政府负责人为分管副区（县）长。

完成5万名家政员登记注册工作。具体实施进度：第一季度制订工作方案；第二季度完成2.5万名家政员登记注册；第三季度完成2.5万名家政员登记注册；第四季度完成总结评估。该项目由市妇联、市人力资源社会保障局负责，市人口办、各区（县）政府配合。其中，市妇联负责人为翁文磊副主席，市人力资源社会保障局负责人为张岚副局长，市人口办负责人为张展宇副主任，各区（县）政府负责人为分管副区（县）长。

开设400个小学生“爱心暑托班”，在全市16个区（县）设立教学点，为小学生提供公益性暑期看护服务。具体实施进度：第一季度部署工作任务；第二季度招募、培训辅导人员和志愿者，落实各办班点软、硬件资源，完成开班准备工作；第三季度开设暑托班，加强全过程管理；第四季度开展考核评估。该项目由团市委、市文明办、市教委、市妇联负责，各区（县）政府配合。团市委负责人为刘刚副书记，市文明办负责人为姜鸣副主任，市教委负责人为高德毅副主任，市妇联负责人为刘琪副主席，各区（县）政府负责人为分管副区（县）长。

关于进一步加强街镇基层应急管理工作的意见

沪府办发〔2016〕8号（2016年3月16日）

各区、县人民政府，市政府各委、办、局，各有关单位：

为深入贯彻落实中共中央、国务院《关于深入推进城市执法体制改革改进城市管理工作的指导意见》和国务院办公厅《关于加强基层应急管理工作的意见》，市委、市政府《关于进一步创新社会治理加强基层建设的意见》和今年市人代会上《政府工作报告》中提出的坚持重心下沉、政社互动、共建共享，创新社会治理和城市管理体制机制，强化街镇应急管理能力建设的要求，经市政府同意，现就进一步加强街镇基层应急管理工作提出如下意见：

一、工作目标

全面健全街镇基层应急管理组织体系，形成“政府统筹协调、社会广泛参与、防范严密到位、处置快捷高效”的基层应急管理工作机制，完成“横向到边、纵向到底”的街镇基层应急预案编制，着力加强应急保障能力，不断提升广大群众公共安全意识和自救互救能力，切实提高基层防范和应对各类突发事件能力，全力保障城市运行安全。

二、主要任务和措施

围绕“补短板、织底网、强核心、促协同”的要求，立足街镇应急管理工作实际，注重打牢基础，推动应急管理在基层落实。结合国家城市管理有关要求，依托街镇城市网格化综合管理资源优势，推进街镇基层应急管理工作“六有”（有班子、有机制、有预案、有队伍、有物资、有演练）建设，并向村（居）委延伸。

（一）健全应急组织体系。按照属地管理原则，在区县应急委的统一领导下，街道办事处和乡镇政府要负责组织落实本行政区域内的各项应急管理工作。要依托街镇党政组织机构，形成街镇应急管理领导班子，强化应急管理工作的组织领导，落实工作职责，并指定一名街镇领导统筹协调日常应急管理工作。

（二）建立应急工作机制。立足城市运行安全的特点，融合推进街镇应急管理工作机制建设。进一步明确街镇网格化中心承担街镇应急联动等事务性工作，整合和共享街镇、公安、环保、民防、民政及安全监管、卫生计生、城管执法、防汛防台、市场监管、综合治理等信息资源，实现街镇基层应急管理联动联勤机制的有机整合，形成防范有力、指挥统一、联动高效、应对有序的应急管理工作网络，努力提升源头防控、快速发现和应急处置能力。

（三）完善应急预案编制。在加强各类风险和隐患排查整治的基础上，进一步扩大街镇基层应急预案覆盖面，并根据实际需要，不断修订完善。重点做好火灾、燃气、台风、潮汛、寒潮、暴雨、地震和轨道交通、电梯安全、食品安全、公共卫生等领域应急预案编制和实施。相关应急预案要侧重明确突发事件的应急值守、信息报告、预警信息传播、先期处置和自救互救、人员临时安置及舆情应对等内容，体现快速处置特点。

（四）统筹应急队伍建设。按照“多种平台合一，多项任务切换”的原则，把街镇基层应急队伍做实做强。街镇要加强基层应急队伍的建设和管理，统筹街镇的治安、城管执法、安全监管、协管、民兵、医务、物业保安、志愿者等各类队伍资源，合理确定街镇基层应急队伍规模，配备必要装备，开展教育培训，严明组织纪律，强化协调联动，提高综合应对和自我保护能力。探索通过政府购买服务方式，逐步提高街镇基层应急队伍的社会化和专业化水平。

（五）加强应急物资保障。街镇要按照“街镇统筹、分类管理、分级负责、统一调度”的要求，建立健全应急物资储备管理制度，抓好应急物资品种、数量、质量和经费的落实，并加强动态管理，确保随时调用。针对区域功能、社区特点和易发多发事故类型，加强火灾防范、防汛防台、雨雪冰冻、安全生产、医疗卫生、疏散安置、灾难救助等行业领域的应急实物和信息储备。同时，积极引导和鼓励辖区内企事业单位、家庭进行必要的应急储备。

（六）开展常态应急演练。按照“规范、安全、节约、有序”的原则，街镇可根据实际情况，采取实战演练、桌面推演等方式，针对性组织开展防火灭火、防汛防台、反恐防暴、人员疏散等群众广泛参与、处置联动性强的单项与综合相结合的应急演练。演练要紧紧围绕应急预案的实施、培训和评估等环节，检验应急预案操作性，熟悉应急处置流程，锻炼街镇基层应急队伍。

（七）强化应急设施配置。街镇要将应急管理延伸到村（居）委，帮助村（居）委建设一批贴近市民群众需求的应急管理基础设施；利用现有资源，设立“应急宣传栏”，宣传应急常识，开设社区风险预警提示；配置“应急小广播”，为每个村（居）委配备预警信息收音机；配备“应急急救箱”，急救箱内应包括灭火器、医用绷带、逃生绳、防毒面具等自救互救设备，有条件的村（居）委可在重点场所的急救箱内配备心脏除颤仪等；建立“社区应急响应队”，结合社区特点，组建由具有专业知识的居民、志愿者和社区工作者组成的应急响应力量；建设“应急实训点”，利用现有村（居）活动场所，因地制宜组织开展心肺复苏、急救包扎、灭火和逃生器材使用等基础自救技能训练。鼓励各专业部门和应急志愿者组织定期进社区开展专业辅导和互动体验。

三、工作要求

进一步加强街镇基层应急管理既是关系

城市发展的一项基础性、全局性的重要工作，也是适应全面深化改革新形势、改进城市管理新举措、回应人民群众新期待的必然要求。各区、县政府要将加强街镇基层应急管理作为全面履行政府职能、提高政府预防和应对突发事件能力的一项长期重要任务，切实抓紧抓好，在2016年底前基本实现工作目标任务，并将街镇基层应急管理工作纳入考核内容。要不断总结典型经验，创新工作思路，积极探索有利于推动街镇基层应急管理工作的有效途径。加强制度建设，积极创造条件，提供必要的人力、物力和财力，按照现行事权、财权划分原则，相关保障经费由本级财政落实安排，确保街镇基层应急管理工作顺利开展。市有关部门和单位要按照各自职责，加强对街镇基层应急管理工作的支持和指导。同时，要充分发挥工会、共青团、妇联、红十字会及志愿者组织在街镇基层应急管理中的重要作用，形成全社会关心、支持、参与街镇基层应急管理工作的合力。

上海市共有产权保障住房管理办法

沪府令39号　（2016年3月16日）

第一章　总则

第一条（立法目的）

为了规范本市共有产权保障住房管理，改善城镇中低收入住房困难家庭居住条件，制定本办法。

第二条（适用范围）

本办法适用于本市行政区域内共有产权保障住房的建设、供应、使用、退出以及监督管理。

本办法所称的共有产权保障住房，是指符合国家住房保障有关规定，由政府提供政策优惠，按照有关标准建设，限定套型面积和销售价格，限制使用范围和处分权利，实行政府与购房人按份共有产权，面向本市符合规定条件的城镇中低收入住房困难家庭供应的保障性住房。

第三条（管理职责）

市人民政府设立市住房保障议事协调机构，负责共有产权保障住房的政策、规划和计划等重大事项的决策和协调。

市住房保障行政管理部门是本市共有产权保障住房工作的行政主管部门。

区（县）人民政府负责组织实施本行政区域内共有产权保障住房的建设、供应、使用、退出以及监督管理等工作。区（县）住房保障行政管理部门是本行政区域内共有产权保障住房工作的行政管理部门。

乡（镇）人民政府和街道办事处负责本行政区域内共有产权保障住房的申请受理、资格审核以及相关监督管理工作。

本市发展改革、规划国土、财政、民政、公安、税务、金融、国资、审计、统计、经济信息化以及监察等行政管理部门按照职责分工，负责共有产权保障住房管理的相关工作。

第四条（住房保障实施机构）

市住房保障行政管理部门、区（县）住房保障行政管理部门、乡（镇）人民政府和街道办事处分别明确相应机构（以下称“住房保障实施机构”），承担共有产权保障住房的事务性工作，所需经费由同级财政予以保障。

第二章　建设管理

第五条（规划和计划编制）

市住房保障行政管理部门应当会同市发展改革、规划国土、财政等行政管理部门和区（县）人民政府，根据共有产权保障住房需求、城乡规划实施和土地利用现状等因素，编制本市共有产权保障住房发展规划内容，并纳入市住房发展规划。市住房发展规划报经市人民政府批准后，向社会公布。

区（县）人民政府应当根据市住房发展规划，组织编制区（县）共有产权保障住房年度实施计划，经市住房保障行政管理部门会同市发展改革、规划国土、财政等行政管理部门综合平衡，并报市人民政府批准后组织实施。

第六条（土地供应）

共有产权保障住房建设用地纳入本市土地利用年度计划管理。市和区（县）规划国土行政管理部门应当在安排年度用地指标时，单独列出共有产权保障住房建设用地指标，并予以优先供应。

第七条（项目选址）

共有产权保障住房建设项目的选址应当根据城乡规划，统筹规划、合理布局，结合开发建设的条件和成本，在交通较便捷、生活设施较齐全的区域优先安排。

第八条（项目认定）

共有产权保障住房建设项目，由区（县）住房保障行政管理部门向市住房保障行政管理部门申报项目认定。申报材料应当明确用地范围、规划参数、建筑总面积、套型面积和比例、配套条件、建设项目招标价格和开发建设方式等事项。

市住房保障行政管理部门在收到申报材料后，应当会同市发展改革、规划国土、财政等行政管理部门对项目进行认定。

第九条（建设方式）

共有产权保障住房采用单独选址、集中建设和在商品住宅建设项目中配建的方式进行开发建设。

单独选址、集中建设的，由区（县）人民政府指定的建设管理机构通过项目法人招标投标方式，确定具有相应资质和良好社会信誉的房地产开发企业开发建设；或者由区（县）人民政府直接组织开发建设。本市发展改革、环境保护、规划国土、住房保障和建设等相关行政管理部门应当优先办理共有产权保障住房建设项目的相关手续。

在商品住宅建设项目中配建的，应当按照规定在国有土地使用权出让文件中，明确配建比例和建设要求，并与商品住宅同步建设和交付。建成后，配建的共有产权保障住房应当按照土地出让合同约定，无偿移交给区（县）住房保障实施机构。

第十条（建设项目管理）

共有产权保障住房的开发建设单位确定后，区（县）人民政府指定的建设管理机构应当与开发建设单位签订共有产权保障住房建设项目协议书。建设项目协议书应当作为国有土地使用权划拨决定书的附件。

第十一条（质量安全责任及信息公开）

共有产权保障住房建设过程中，开发建设单位及其主要负责人应当严格执行建设工程质量和安全管理规定，对住房质量承担法定责任；勘察、设计、施工、监理、检测等单位及其主要负责人依法承担相应的工程质量和安全责任。

共有产权保障住房建设项目的开发建设、设计、施工、监理、检测等单位和建设工程规划、建设等相关信息，应当按照规定在项目所在地及有关场所予以公开。

第十二条（主要建设要求）

共有产权保障住房的建筑设计应当符合节能、省地、环保要求，综合考虑住宅使用功能与空间组合、家庭人口及构成等要素，在较小的套型内满足家庭基本居住生活要求。

共有产权保障住房建设项目应当按照规定，建设相应的市政公用和公建配套设施。市政公用和公建配套设施应当与共有产权保障住房同步建设和交付，及时投入使用。建设项目所在地的区（县）人民政府应当协调市政公用和公建配套设施建设和运营。

第十三条（统筹建设管理）

建设用地紧缺的区（县）人民政府可以向市人民政府申请调配使用统筹建设的共有

产权保障住房。

经批准使用统筹建设共有产权保障住房的区（县）人民政府，应当按照本市相关规定，及时通过财政转移支付等方式，承担相关费用。

建设项目所在地区（县）人民政府应当做好相关的土地供应、住宅建设等工作。

第十四条（支持政策）

单独选址、集中建设的共有产权保障住房建设项目，享受以下支持政策：

（一）建设用地供应采取行政划拨方式；

（二）免收建设中的行政事业性收费与城市基础设施配套费等政府性基金；

（三）按照规定不宜建设民防工程的，免收民防工程建设费；

（四）取得的行政划拨土地使用权，按照国家规定可以用于贷款抵押；

（五）按照国家规定取得住房公积金贷款、金融机构政策性融资支持及贷款利率优惠；

（六）按照国家规定享受税收优惠政策；

（七）国家和本市规定的其他优惠支持政策。

第十五条（价格管理）

单独选址、集中建设的共有产权保障住房建设项目结算价格以保本微利为原则，在综合考虑建设、财务、管理成本、税费和利润的基础上确定，并在建设项目协议书中予以约定。

单独选址、集中建设的共有产权保障住房销售基准价格以建设项目结算价格为基础，并综合考虑本市保障对象的支付能力以及相近时期、相邻地段内共有产权保障住房项目价格平衡等因素确定。

配建的共有产权保障住房销售基准价格，综合考虑本市保障对象的支付能力以及相近时期、相邻地段内共有产权保障住房项目价格平衡等因素确定。

共有产权保障住房单套销售价格按照销售基准价格及其浮动幅度确定，应当明码标价，并向社会公布。

第十六条（产权份额）

共有产权保障住房的购房人和政府的产权份额应当在购房合同、供后房屋使用管理协议中明确。

购房人产权份额，参照共有产权保障住房所在项目的销售基准价格占相邻地段、相近品质商品住房价格的比例，予以合理折让后确定；政府产权份额，由区（县）住房保障实施机构持有。

第十七条（价格确定程序）

市级统筹建设的共有产权保障住房销售基准价格及其浮动幅度、产权份额，由市住房保障实施机构拟定，报市价格管理、住房保障行政管理部门审核批准。

区县筹措建设的共有产权保障住房销售基准价格及其浮动幅度、产权份额由区（县）住房保障实施机构拟定，经区（县）价格行政管理部门会同住房保障行政管理部门审定后，报区（县）人民政府审核批准，并向市价格管理、住房保障行政管理部门备案。

第十八条（剩余房源安排）

开发建设单位建设的共有产权保障住房，在房屋所有权初始登记后满 1 年仍未出售的，由区（县）人民政府指定的建设管理机构予以收购。

第三章 申请供应

第十九条（申请条件）

同时符合下列条件的本市城镇户籍家庭或者个人，可以申请购买共有产权保障住房：

（一）具有本市城镇常住户口达到规定年限，且户口在提出申请所在地达到规定年限；

（二）住房面积低于规定限额；

（三）可支配收入和财产低于规定限额；

（四）在提出申请前的规定年限内，未发生过因住房转让而造成住房困难的行为；

（五）市人民政府规定的其他条件。

前款所称的家庭由具有法定的赡养、抚养或者扶养关系且共同生活的成员组成；个人是指具有完全民事行为能力且年龄符合规定标准的单身人士。

第一款、第二款规定的具体条件，由市人民政府确定，并向社会公布。

第二十条（申请程序）

申请购买共有产权保障住房的，申请人应当向户籍所在地的乡（镇）人民政府或者街道办事处提出申请，如实填报申请文书，提交相关证明材料，并签署同意接受相关状况核查以及核查结果予以公示的书面文件。

任何单位和个人不得为申请人出具虚假证明材料。

家庭申请购买共有产权保障住房的，应当推举一名具有完全民事行为能力的成员作为申请人代表。

第二十一条（审核登录）

受理申请后，乡（镇）人民政府、街道办事处应当进行初审。其中，申请人的户籍、身份、婚姻等状况由公安、民政行政管理部门核查；住房状况由住房保障实施机构核查；收入和财产状况由居民经济状况核对机构核查。经初审符合条件的，应当在申请人的户籍所在地和实际居住地公示 7 日。公示期间无异议，或者虽有异议但经异议审核不成立的，应当报区（县）住房保障实施机构复审。

经复审符合条件的，应当向社会公示 5 日。公示期内无异议，或者虽有异议但经异议审核不成立的，应当以户为单位予以登录，出具登录证明。登录证明自出具之日起 3 年内有效。

申请人应当在登录证明有效期内按照规定参加选房。

第二十二条（供应标准）

共有产权保障住房的供应标准，由市人民政府根据家庭人数、构成等因素确定，并向社会公布。申请人不得超过规定供应标准选择住房。

政府指定机构将申请人的原有住房收购的，可以适当提高购买共有产权保障住房的供应标准。

第二十三条（轮候名册）

住房保障实施机构应当结合共有产权保障住房的房源供应情况，采用公开摇号、抽签等方式对已登录的申请人进行选房排序，并建立和及时更新轮候名册。申请人有权查询轮候名册。

法律、行政法规或者国务院规范性文件规定的共有产权保障住房优先保障对象，应当予以优先安排。

第二十四条（重大情况变更报告）

已登录的申请人，其家庭成员、户籍、住房等情况在选房前发生重大变更的，应当按照规定向区（县）住房保障实施机构报告。

区（县）住房保障实施机构在安排选房前，发现已登录的申请人不符合申请条件的，取消其登录资格。

第二十五条（供应程序）

住房保障实施机构应当及时发布共有产权保障住房供应房源的区位、规模、销售基准价格等信息。

住房保障实施机构应当根据当期供应房源规模和申请人轮候排序等情况，确定共有产权保障住房配售工作安排，通过公开方式组织申请人选房。

申请人确认参加选房并选定共有产权保障住房的，应当签订选房确认书，并与开发建设单位签订购房合同，与房屋所在地区（县）住房保障实施机构签订供后房屋使用管理协议。

第二十六条（登录证明和轮候序号失效）

申请人有下列情形之一的，其取得的登录证明和轮候序号失效，且 3 年内不得再次申请共有产权保障住房：

（一）因自身原因在登录证明有效期内未确认是否参加选房；

（二）确认参加选房后在当期房源供应

时未按规定选定住房；

（三）选定住房后未签订选房确认书、购房合同或者供后房屋使用管理协议；

（四）因自身原因导致签订的购房合同或者供后房屋使用管理协议被解除。

第二十七条（购房优惠政策）

购买共有产权保障住房的，购房人可以按照规定申请住房公积金、商业银行资金等购房贷款，并可以按照国家规定，享受税收优惠政策。

第二十八条（购房人确定）

家庭购买共有产权保障住房的，申请家庭可以书面协商确定购房人，作为其产权份额的共同共有人，其余申请人为同住人；申请人之间无法达成一致意见的，全体申请人为购房人。

第二十九条（地下车库产权确定）

单独选址、集中建设的共有产权保障住房地下车库产权为全体购房人共有。利用地下车库获取的收益，归全体购房人所有，主要用于补充专项维修资金，也可以按照业主大会的决定用于业主委员会工作经费或者物业管理方面的其他需要；相关维修、养护等责任由全体购房人承担。

第三十条（房地产登记）

购房人应当按照房地产登记有关规定，向房屋所在地区（县）房地产登记机构申请办理房地产登记。

共有产权保障住房经审核准予登记的，房地产登记机构应当在预告登记证明和房地产权证上记载房地产权利人、产权份额，注明同住人姓名，并注记“共有产权保障住房”。

第三十一条（与其他住房保障政策的衔接）

享受廉租住房、公共租赁住房后又购买共有产权保障住房的，应当自入住通知送达后的90日起，停止享受廉租住房补贴，腾退廉租住房、公共租赁住房。

已享受征收（拆迁）住房居住困难户保障补贴的，不得申请共有产权保障住房。

第四章 供后管理

第三十二条（使用规定）

共有产权保障住房的购房人和同住人应当按照房屋管理有关规定和供后房屋使用管理协议的约定使用房屋，并且在取得完全产权前不得有下列行为：

（一）擅自转让、赠与共有产权保障住房；

（二）擅自出租、出借共有产权保障住房；

（三）设定除共有产权保障住房购房贷款担保以外的抵押权；

（四）违反其他法律、法规、规章的情形。

第三十三条（回购）

取得房地产权证未满5年，有下列情形之一的，应当腾退共有产权保障住房，并由房屋所在地区（县）住房保障实施机构或者区（县）人民政府指定的机构予以回购：

（一）购房人或者同住人购买商品住房，不再符合住房困难标准的；

（二）购房人和同住人的户口全部迁离本市或者全部出国定居的；

（三）购房人和同住人均死亡的；

（四）市人民政府规定的其他情形。

回购价款为原销售价款加按照中国人民银行同期存款基准利率计算的利息。

取得房地产权证未满5年，因离婚析产、无法偿还购房贷款等原因确须退出共有产权保障住房的，全部购房人、同住人之间应当达成一致意见，并向房屋所在地区（县）住房保障实施机构提出申请。经审核同意后，按照第一款、第二款的规定予以回购。

第三十四条（上市转让和购买政府产权份额）

取得房地产权证满5年后，共有产权保障住房可以上市转让或者由购房人、同住人购买政府产权份额，但购房人、同住人拒不履行区（县）住房保障行政管理部门做出的有关房屋管理的行政决定或者有违约行为未改正的除外。上市转让或者购买政府产权份额后，住房性质转变为商品住房。

取得房地产权证满 5 年后，购房人、同住人购买商品住房且住房不再困难的，应当在办理商品住房转移登记前，先行上市转让共有产权保障住房或者购买政府产权份额，但符合确有必要购买商品住房情形的除外。具体例外情形，由市住房保障行政管理部门规定。

第三十五条（上市转让和购买政府产权份额程序及价格）

上市转让共有产权保障住房的，全部购房人、同住人应当达成一致意见，并向房屋所在地区（县）住房保障实施机构提出申请。区（县）住房保障实施机构或者区（县）人民政府指定的机构在同等条件下有优先购买权；放弃优先购买权的，方可向他人转让。共有产权保障住房被上市转让或者优先购买的，购房人按照其产权份额获得转让总价款的相应部分。

购买政府产权份额的，全部购房人、同住人应当就购买意愿、购房人等事项达成一致意见，并向房屋所在地区（县）住房保障实施机构提出申请。

政府行使优先购买权和购房人、同住人购买政府产权份额相关价格的确定办法，由市住房保障行政管理部门会同相关行政管理部门，按照符合市场价格的原则另行规定。

第三十六条（资金管理和房源使用）

共有产权保障住房性质转变为商品住房后，政府产权份额所得纳入财政住房保障资金专户。

通过回购或者优先购买方式取得的共有产权保障住房，由区（县）人民政府按照有关规定统筹使用。

第三十七条（资金保证）

区（县）住房保障行政管理部门应当会同财政部门设立专项经费，及时落实回购和优先购买所需资金。

第三十八条（禁止再次申请）

购房人和同住人取得共有产权保障住房后，不得再次申请共有产权保障住房。

第三十九条（继承）

购房人均死亡，其共有产权保障住房产权份额的继承人不符合共有产权保障住房申请条件的，住房保障机构可以按照依法分割共有物的方式，处置共有产权保障住房。

第四十条（维修资金）

购房人应当按照本市商品住宅专项维修资金的有关规定，全额缴纳住宅专项维修资金。

第四十一条（物业服务收费）

共有产权保障住房的物业服务费，由购房人承担。

配建共有产权保障住房的物业服务收费，执行所在住宅小区的物业服务收费标准。

第四十二条（政府购买服务及配合管理）

房屋所在地区（县）住房保障行政管理部门可以将共有产权保障住房使用管理的具体事务，委托物业服务企业或者其他社会组织实施，并支付相应费用。

分配供应地区（县）住房保障等行政管理部门应当配合做好供后管理有关工作。

第四十三条（对房地产经纪人的要求）

房地产经纪机构及其经纪人员不得违规代理共有产权保障住房出售、出租等业务。

第五章 监督管理

第四十四条（监督检查）

住房保障行政管理部门以及受委托的住房保障实施机构可以通过以下方式进行监督检查：

（一）询问与核查事项有关的单位和个人，要求其对相关情况做出说明、提供材料；

（二）检查物业使用情况；

（三）查阅、记录、复制保障对象有关的资料，了解保障对象人员身份、收入和财产等情况；

（四）法律、法规规定的其他方式。

有关单位和个人应当配合监督检查，按照要求如实提供相关材料。

第四十五条（信息化和档案管理）

市住房保障行政管理部门应当建立统一的共有产权保障住房管理信息系统，为共有产权保障住房的建设、申请审核、分配供应、供后管理等工作提供技术服务。

住房保障实施机构应当建立健全共有产权保障住房申请、供应、使用以及退出的相关档案。

第四十六条（信用信息管理）

申请人、购房人、同住人以及相关单位和个人有违反本办法规定的情形的，行政机关应当按照国家和本市规定，将相关行政处理决定信息纳入市公共信用信息服务平台。

第四十七条（社会监督）

共有产权保障住房建设、申请审核、供应和供后管理等工作接受社会监督。

鼓励单位和个人对违反本办法的行为进行举报、投诉；有关责任部门应当及时予以处理，并向社会公开处理结果。

第六章 法律责任

第四十八条（违反协议约定的法律责任）

购房人、同住人违反供后房屋使用管理协议的约定，有本办法第三十二条规定的擅自转让、赠与、出租、出借共有产权保障住房，或者设定除共有产权保障住房购房贷款担保以外的抵押权以及其他违反约定的行为的，房屋所在地区（县）住房保障实施机构可以按照协议约定，要求其改正，并追究其违约责任。

第四十九条（申请人弄虚作假的法律责任）

违反本办法第二十条第一款规定，申请人不如实填报申请文书，故意隐瞒或者虚报身份、住房、收入和财产等状况，或者伪造相关证明材料申请共有产权保障住房的，由分配供应地区（县）住房保障行政管理部门按照下列规定予以处理，并禁止其5年内再次申请本市各类保障性住房：

（一）已取得申请资格的，应当取消其资格，可处1万元以上5万元以下罚款。

（二）已购买共有产权保障住房的，责令其腾退住房，收取住房占用期间的市场租金，可处5万元以上10万元以下罚款；腾退住房后，由住房保障实施机构退回购房款。

第五十条（出具虚假证明主体的法律责任）

违反本办法第二十条第二款规定，单位、个人为他人申请共有产权保障住房出具虚假证明材料的，分配供应地区（县）住房保障行政管理部门应当责令改正，对单位处1万元以上5万元以下罚款，对个人处1000元以上1万元以下罚款。

第五十一条（违规使用房屋的法律责任）

违反本办法第三十二条第（一）项、第（二）项、第（三）项规定，购房人、同住人违规使用房屋的，房屋所在地区（县）住房保障行政管理部门应当责令限期改正；逾期未改正的，处1万元以上10万元以下罚款。

购房人、同住人有违法搭建建（构）筑物、损坏承重结构、擅自改变使用性质、擅自占用物业共用部分等其他违反房屋管理规定的行为的，按照国家和本市物业管理等相关规定处理。

购房人、同住人违反本办法第三十二条规定使用房屋且逾期未改正的，房屋所在地区（县）住房保障行政管理部门可以责令其腾退住房，并禁止5年内再次申请本市各类保障性住房。

第五十二条（房地产经纪人违规代理的法律责任）

违反本办法第四十三条规定，房地产经纪机构和经纪人员违规代理共有产权保障住房出售、出租业务的，由区（县）住房保障行政管理部门责令限期改正，对房地产经纪人员处1万元罚款；对房地产经纪机构，取消网上备案资格，处3万元罚款。

第五十三条（申请强制执行）

根据本办法规定，区（县）住房保障行政管理部门做出行政决定，当事人拒不履行的，可以依法申请人民法院强制执行。

第五十四条（行政责任）

违反本办法规定，有关行政管理部门、住房保障实施机构及其工作人员有下列行为之一，造成不良影响的，由所在单位或者上级主管部门依法对直接负责的主管人员和其他直接责任人员给予警告、记过或者记大过处分；情节严重的，给予降级或者撤职处分：

（一）未依法履行审核职责的；

（二）未依法建立或者更新轮候名册的；

（三）未依法开展选房工作的；

（四）未依法履行供后管理职责的。

第七章 附则

第五十五条（筹措房源的其他渠道）

住房保障实施机构可以收购符合要求的新建普通商品住房或者存量住房，作为共有产权保障住房的房源。共有产权保障住房房源的收购，执行国家规定的税收优惠政策。

第五十六条（施行日期）

本办法自2016年5月1日起施行。2009年6月24日发布的《上海市经济适用住房管理试行办法》（沪府发〔2009〕29号）同时废止。

关于进一步完善本市住房市场体系和保障体系促进房地产市场平稳健康发展的若干意见

沪府办发〔2016〕11号 （2016年3月24日）

为贯彻落实国家关于房地产市场“因城施策”的管理要求，继续坚持以居住为主、以市民为主、以普通商品住房为主的住房市场体系，深化完善“四位一体”的住房保障体系，加强本市房地产市场监管工作，现就进一步完善本市住房市场体系和保障体系，促进房地产市场平稳健康发展提出如下若干意见：

一、建立联席会议

市政府建立进一步加强本市房地产市场监管工作的联席会议（以下简称“联席会议”），由市住房城乡建设管理委牵头，市发展改革委、市财政局、市规划国土资源局、市地税局、市工商局、市统计局、市金融办、市政府法制办、市政府新闻办等部门和人民银行上海总部、上海银监局参加，负责指导、协调、推进全市的房地产市场监管工作，联席会议办公室设在市住房城乡建设管理委。加强对房地产市场的跟踪、分析和研判，及时提出相关监管完善措施。同时，本市建立统一、规范的房地产市场信息发布机制。

各区县政府要结合辖区实际，组织、协调各相关管理部门承担和落实本区域房地产市场的监管职责。

二、加大住房用地供应力度

加快住房用地出让前期工作，增加商品住房用地供应，提高商品住房用地的中小套型比例，中心城区不低于70%，郊区不低于60%（供需矛盾突出的郊区，供应比例提高到70%）。

三、从严执行住房限购政策

提高非本市户籍居民家庭购房缴纳个人所得税或社会保险的年限，将自购房之日起计算的前3年内在本市累计缴纳2年以上，调整为自购房之日前连续缴纳满5年及以上。

企业购买的商品住房再次上市交易，须满3年及以上，若其交易对象为个人，按照本市限购政策执行。

四、实行差别化住房信贷政策

对拥有1套住房的居民家庭，为改善居住条件再次申请商业性个人住房贷款购买普通自住房的，首付款比例不低于50%；对拥有1套住房的居民家庭，为改善居住条件再次申请商业性个人住房贷款购买非普通自住房的，首付款比例不低于70%。

商业银行应加强对购房人首付款的核查，购房人在申请贷款时，应承诺首付款为自有资金，如违反承诺，则作为失信行为信息纳入本市公共信用信息服务平台。

五、强化市场监管和开展执法检查

进一步加强商品房预销售管理，防止捂盘惜售。进一步加强交易管理，将住房限购审核从房产登记环节前置至交易备案环节。规范房产中介行为，强化房产中介机构和从业人员的网上签约管理。建立二手房交易资金第三方监管制度。加强房屋抵押管理、房屋租赁管理和房屋产权管理。

加强对房地产开发企业和房产中介机构的监管，重点查处捂盘惜售、炒作房价、虚假广告、诱骗消费者交易等违法违规行为。对涉案房地产开发企业，可依法暂停其网上销售，降低直至取消其开发资质，并将相关信息纳入本市公共信用信息服务平台。对涉案房产中介机构，可依法取消相关门店网上签约资格；情节严重的，取消区域网上签约资格，予以公开曝光，并将相关信息纳入本市公共信用信息服务平台。

严禁房地产开发企业、房产中介机构从事首付贷、过桥贷及自我融资、自我担保、设立资金池等场外配资金融业务。对各类非正规金融机构为房产交易提供各种形式金融业务行为，开展专项整治。

六、推进廉租住房和公共租赁住房并轨运行

统筹做好廉租住房和公共租赁住房房源筹措和运营管理工作，健全分配供应、租后管理、到期退出等各项机制。为扩大符合政策的住房困难群体受益面，支持公共租赁住房运营机构通过代理经租方式，筹集公共租赁住房房源；支持区县采取政府购买服务方式，组织市场机构代理经租社会闲置存量住房向符合公共租赁住房准入条件的对象供应。

七、多渠道筹措人才公寓住房

聚焦具有全球影响力的科技创新中心建设，支持科技企业引进人才，加快建设人才公寓。严格执行商品住房项目配建不少于5%保障性住房政策。其中，外环以内配建房源一律作为公共租赁住房使用，不得上市转让，只租不售；产业类工业用地配套建设租赁房等生活服务设施的，其建筑面积占项目总建筑面积的比例从7%提高到不超过15%；利用轨道交通场站“上盖”，配建人才公寓（公共租赁住房）；鼓励符合条件的企业单位自建人才公寓（单位租赁房），向职工出租。

八、搞好共有产权保障住房建设、供应和供后管理

确保对共有产权保障住房建设的土地供应量，2016年继续开展新一批次共有产权保障住房申请受理工作。按照国家和本市共有产权保障住房管理相关规定，进一步加强共有产权保障住房供后管理工作。为方便保障性住房小区居民生活，加快大型居住社区配套设施建设、移交接管和开办运营。

九、加快推进旧区改造和“城中村”改造

加快推进中心城区成片二级以下旧里房屋改造和“城中村”改造，积极开展郊区城镇旧区改造。加快推进旧住房综合改造，提升旧住房安全性能和使用功能。加快在拆基地收尾平地和出让的进度，继续推进旧区改造征收安置房建设，全力确保房源建设和配套设施建设所需土地的供应。

上海市鼓励电动汽车充换电设施发展扶持办法

沪府办发〔2016〕16号 （2016年4月29日）

为鼓励本市电动汽车充换电设施建设，促进本市电动汽车应用和产业发展，依据《国

务院办公厅关于加快新能源汽车推广应用的指导意见》《国务院办公厅关于加快电动汽车充电基础设施建设的指导意见》《国家发展改革委关于电动汽车用电价格政策有关问题的通知》等文件，结合实际，制定本办法。

第一条（适用范围）

（一）本办法适用于本市范围内建成投运的国产充换电设施，包括：

1. 自用充电设施：专为某个私人用户提供充电的交流充电桩设施。

2. 专用充换电设施：专为某个法人单位及其职工，或专为某个住宅小区全体业主提供充电服务的充换电设施。

3. 公用充换电设施：服务于社会电动车辆的充换电设施。

（二）本办法所扶持的自用、专用充电设施应按照“桩随车走、按需配置”原则有序建设；公用充电设施应按照“合建为主、单建为辅”原则适度超前建设；专用、公用换电设施应按照“需求支撑、重在示范”原则示范建设。申请市、区（县）财政资金补贴的充换电设施，还应符合以下要求：

1. 标准统一。充换电设施建设、运营服务、维护管理符合国家和本市相关技术标准、建设标准、设计规范和管理要求。

2. 开放共享。按国家和本市相关要求实现充换电数据共享。

3. 承担公共服务。

4. 电能可计量。

5. 支付方式具有通用性，具备银联卡、交通卡等第三方支付功能，可实现刷卡或扫码便捷支付。

（三）本办法所扶持的企业充换电设施数据采集与监测平台（以下简称“企业平台”），应符合以下要求：

1. 投资建设企业平台的充换电建设运营公司（以下简称“充换电企业”），经本市工商行政管理部门（或市场监督管理部门）登记注册，经营范围表述为，新能源汽车充换电设施建设运营。

2. 充换电企业注册资本不低于 2000 万元，并出具注册资本足额缴纳凭证。

3. 充换电企业具备完善的充换电设施建设运营管理制度，保证设施建设运营安全。

4. 充换电企业具备 8 名以上充换电设施专职技术人员。其中，在册持进网作业证上岗电工不少于 3 人，高压电工不少于 2 人。

5. 企业平台具备数据输出功能和数据输出接口，输出接口符合国家和本市有关规范要求。对充换电和运营数据进行采集和存储，数据保存期限不低于 2 年。

6. 接入充电桩规模不少于 1000 个。

（四）本办法所扶持的上海充换电设施公共数据采集与监测市级平台（以下简称“市级平台”），应履行以下职责：

1. 立场公正，自身不投资建设充换电设施，与充换电企业不存在同业竞争关系。

2. 具备公共政策服务能力，为政府部门制定实施财政、监管等政策提供服务和支撑。

3. 具备公共服务能力，向社会公众发布全市电动汽车充换电设施信息，为社会公众提供便捷的充换电设施信息查询服务。

4. 具备平台软硬件开发能力，负责制定平台对接数据技术标准，有效整合不同企业平台的充换电服务信息资源，促进不同企业平台之间的互联互通。

第二条（支持方式和标准）

（一）鼓励电力等企业发挥技术、管理、资金、服务网络等方面的优势，组建专业的充换电企业。对其建设的充换电设施给予财政资金补贴，补贴资金在国家充电设施建设奖励资金、市节能减排专项资金中统筹安排。

1. 对专用、公用充换电设备，给予 30% 的财政资金补贴，各类充换电设施千瓦补贴上限详见下表。

序号	直流充换电设施（含交直流一体机）	交流充换电设施
补贴上限标准	600元/千瓦	300元/千瓦

2. 对专用、公用充换电设施，给予运营度电补贴，补贴标准详见下表。

	公交、环卫等特定行业专用充换电设施	其他为社会车辆服务的公用充换电设施
补贴标准	0.1元/千瓦时	0.2元/千瓦时
补贴上限电量	2000千瓦时/千瓦·年	1000千瓦时/千瓦·年

3. 对光伏一体化储能充电、无线充电等新技术，对设备投资（不含光伏发电）给予30%的财政资金补贴，暂不设千瓦补贴上限。

4. 对充换电企业在沪建设的企业平台，按设备投资的30%给予财政资金补贴，单个企业平台补贴上限不超过500万元。

（二）按“政府引导+市场化运作”模式，组建市级平台，承建单位由市发展改革委、市交通委、市财政局通过方案竞标方式择优选择，由市交通委、市发展改革委、市财政局授牌成立。政府对市级平台早期建设和运营给予补贴，补贴资金在国家充电设施建设奖励资金和市节能减排专项资金中安排。

1. 支持市级平台加快建设，对2016—2020年间，市级平台设备投资及app应用平台等相关研发费用，给予50%财政资金补贴，补贴上限不超过2000万元。

2. 为支持市级平台初期运营，对市级平台运营涉及的公共网络租赁等公共服务费用，给予财政资金补贴（补贴比例见下表），每年补贴上限不超过300万元。

	2016年	2017–2018年
运营补贴比例	50%	30%

第三条（配套政策）

（一）充换电企业可向电动汽车用户收取电费和充换电服务费两项费用。

1. 电费

向电网企业直接报装的经营性集中式充电设施用电，2020年前，暂免收基本电费。其中，为新能源公交车提供服务的，执行本市电价目录中两部制分时“工商业及其他用电”价格；其他经营性集中式充电设施，执行本市电价目录中“铁合金、烧碱（含离子膜）用电”价格。

向电网企业报装的居民家庭住宅、居民住宅小区、执行居民电价的非居民用户中设置的充电设施用电，执行居民用电平均电价水平。

其他充电设施用电，按其所在场所执行分类目录电价。

2. 充电服务费

充电设施经营企业收取的充电服务费执行政府指导价，2016年7月1日前，充电服务费上限为每千瓦时1.6元；2016年7月1日后，充电服务费上限为每千瓦时1.3元。以后将结合市场发展情况，逐步放开充电服务费，通过市场竞争形成。

（二）电网企业为电动汽车提供优质、便捷的配套服务。

1. 对充换电设施给予电网接入支持，开辟绿色服务窗口，简化办事程序，利用公司营业窗口和“95598”供电服务热线等，做好宣传、服务工作，提高服务质量和效率。

2. 负责充电设施从产权分界点至公共电网的配套接网工程。充电设施不占用住宅小区自用的公共电力容量（包括用于向住宅小区路灯、电梯、水泵等公用设施以及物业服务企业供电的电力容量）。

3. 对单独报装、独立挂表的经营性集中式充电设施，免收业扩费。

（三）支持充换电设施互联互通。

1. 受市交通委、市发展改革委、市经济信息化委委托，市级平台负责制定平台对接数据技术标准，报市质量技监局批准后执行。对接数据原则上分为两类：一类为与充电导航、状态查询、电量监控有关的基本数据，另一类为与充电预约、费用结算有关的运营数据。

2. 为实现信息共享、方便电动汽车用户

便捷地查询到充换电设施信息，充换电企业应按要求将基本数据接入市级平台，确保市级平台 app 与企业平台 app 的对接应用。市级平台应加强技术力量支撑，对充换电设施接入率进行全过程管理。

3. 对充换电设施接入率与充换电设施补贴挂钩的情况进行考核。充换电设施在项目竣工时，应同步将基本数据接入市级平台，自基本数据接入日的次月，开始享受充换电设施运营奖励；已建充换电设施应在市级平台投运后 1 个月内，接入基本数据。具体考核办法，由市发展改革委、市财政局会同市交通委等有关部门另行制定。

4. 鼓励市级平台与充换电企业开展基于运营数据的商务合作，具体合作模式依双方协议确定。

（四）支持充换电设施建设运营模式创新。

1. 支持“互联网 + 充换电基础设施”建设运营模式创新，引入特许经营、众筹、线上与线下相结合等新兴业务模式。对不具备企业平台建设能力的中小型充换电企业，鼓励其与有企业平台的充换电企业或市级平台合作，协商接入运营数据，并在协议中约定设施安全等责任。数据接入企业应加强充换电设施接入管理，确保所接入设施符合国家和本市的相关技术标准、建设标准、设计规范。

2. 鼓励专用充电设施对外提供充电服务。在不影响本单位安全管理、停车管理等管理秩序，优先满足本单位职工、人员充电及停车需求的前提下，鼓励将专用充电设施对外提供充电服务。充电设施建设运营企业、停车位的所有权人等相关各方应当签订协议，明确充电设施的所有权及后续维修更新养护、侵害第三者权益责任，鼓励建立合理反映各方“权、责、利”的商业合作模式。

3. 对早期建成的、不符合现行标准而无法投入使用的充换电设施，鼓励充换电企业按国家和地方现行充换电设施产品及安全标准进行改造，充换电设施改造可享受充换电设施建设补贴政策，建成后运营可享受充换电设施运营补贴政策。

（五）对充换电设施给予规划土地、项目核准政策支持。

1. 个人在自有停车库、停车位、各居住区，单位在既有停车位安装充电桩的，无须办理建设用地规划许可证、建设工程规划许可证、施工许可证等规划、土地、施工许可手续。利用市政道路建设充电桩的，如涉及道路交通管理问题，参照市政配套设施建设的有关规定，向道路主管部门和公安交通管理部门办理相关手续。

2. 鼓励采用合建方式建设充换电设施。采用合建方式建设的充换电设施，无须单独办理建设用地规划许可证、建设工程规划许可证、施工许可证等规划、土地、施工许可手续。对用地规模不突破主体项目原用地规模的充换电设施，规划国土资源部门在规划参数确定、土地供应方式等方面予以支持。

3. 对技术水平高、示范效应强、产业带动大，经论证确需独立用地且符合已批准城乡规划的充换电设施示范项目，规划国土资源部门在土地供应上可予支持，纳入公用设施营业网点用地范围，单建项目应按集约化、少占地的原则设计。

4. 对充电桩和采用合建方式建设的充换电设施，按一般电气设备安装管理，可不办理项目备案或核准。申请政府补贴的，应到区域供电公司报备信息，由区域供电公司按月集中向所在区（县）发展改革委办理信息报备。需单独征地的充换电设施，应按有关规定向市发展改革委申报项目核准。国家充换电设施项目管理规定出台后，按国家政策执行。

（六）对自用、专用充换电设施和列入年度计划的公用充换电设施建设涉及的电力排管工程，经综合平衡后优先列入道路掘路计划。排管工程须在新建、改建、扩建的城市道路、公路竣工后5年内，或在大修的城市道路、公路竣工后3年内的道路上开挖施工的，市、区（县）城市道路、公路管理部门掘路修复费用按实收取（不按沪建交〔2011〕513号文收取加倍掘路修复费）。

（七）加强金融服务支撑。鼓励金融机构在商业可持续的原则下，根据充换电设施建设运营的特点，创新金融产品和保险品种，拓展充换电设施建设融资渠道。对拥有良好诚信记录的充换电企业，支持其申报中央专项建设基金。

第四条（年度计划的编制与实施）

（一）市政府成立由市发展改革委、市交通委、市经济信息化委、市住房城乡建设管理委、市科委、市财政局、市规划国土资源局等部门组成的市推进充换电设施建设工作小组，办公室（以下简称“市推进办”）设在市交通委。

充换电企业应在每年8月底前，向市推进办上报下一年度充换电设施年度建设计划，计划包括拟建设施台数、地址、设备投资、拟申请补贴金额等内容。

（二）市推进办会同相关区（县）交通主管部门对计划进行汇总平衡后，编制并下达全市年度建设计划。充换电设施建设运营单位应按计划推进实施，定期向市推进办报送计划执行情况，并抄送市发展改革委。

（三）对符合政府补贴扶持范围的项目，市交通委初审后于每年9月底前，报市发展改革委。市发展改革委会同有关部门综合平衡后，印发充换电项目年度投资计划。

第五条（设备投资及运营补贴资金申请程序）

（一）申请设备投资及运营补贴的充换电企业，应填写《充换电设施设备投资及运营补贴申请表》。申请企业平台和市级平台补贴的单位，应填写《充换电设施公共数据采集与监测市级平台、企业充换电设施数据采集与监测平台补贴申请表》。以上申请表可在市级平台网站上下载。

（二）充换电企业在项目（含企业平台）建成投产后，将《充换电设施设备投资及运营补贴申请表》和《充换电设施公共数据采集与监测市级平台、企业充换电设施数据采集与监测平台补贴申请表》一式三份交市级平台，并提交以下资料：

1. 设备合同，设备发票（复印件）。如是外文合同、发票，须附有中文译件。

2. 项目信息报备文件或项目核准文件（单独征地项目）。

3. 电费凭证。

4. 充电设施基本数据自愿按市级平台要求接入的承诺函。

5. 企业法人营业执照（复印件，加盖企业公章）。

市级平台每季度汇总设备投资（运营）补贴材料，并于次季度第一个月，将汇总的材料、市级平台出具的充换电设施设备投资及运营补贴初审意见，报送市发展改革委，抄送市交通委。

（三）市级平台申报补贴的，在将《充换电设施公共数据采集与监测市级平台、企业充换电设施数据采集与监测平台补贴申请表》一式三份交市发展改革委的同时，还应提交以下资料：

1. 设备合同，设备发票（复印件）。如是外文合同、发票，须附有中文译件。

2.app平台等相关研发费用凭证。

3. 市级平台运营涉及的公共网络租赁等公共服务费用凭证。

4. 上年度本市充换电设施建设、运行分析报告。

5. 企业法人营业执照（复印件，加盖企业公章）。

（四）市发展改革委会同市交通委等有关部门审核后，根据国家奖励资金和市节能减排专项资金的使用程序，由市发展改革委向市财政局申请拨付资金。市财政局按照财政管理的有关要求，将补贴资金拨付到享受补贴的单位。

第六条（部门职责）

（一）市发展改革委负责协调本市充换电设施建设支持政策，印发年度投资计划，加强政策执行指导与监管，负责充换电设施项目核准与涉及国家能源局管理权限事项的审核转报工作，负责本市充电设施用电价格及充电服务费管理。

（二）市交通委承担市推进办的工作，负责推进本市电动汽车充电设施建设，指导市级平台日常管理工作；制定本市充电设施设计和建设标准；编制本市充电设施建设专项规划，组织制订充电设施年度建设计划并协调实施；负责建设项目机动车停车场（库）配建充电设施方案审核、审批、规划验收工作，组织开展掘路修复费核收等工作。

（三）市住房城乡建设管理委负责大型掘路计划的审批及小型掘路计划的指导工作，在具备道路停车条件的地方，组织推进利用道路照明灯杆建设充电设施等工作；负责电动汽车充电设施涉及的住宅和办公楼宇物业服务企业的监督管理工作。

（四）市规划国土资源局负责充换电站设施的规划落地工作，对纳入年度建设计划的充换电站项目给予相关政策支持。

（五）市财政局负责财政补贴资金的拨付，并会同市有关部门对补贴资金的使用情况进行监督和专项审计。

（六）区（县）政府负责本行政区充换电设施建设的推进工作，对社会资本开放充换电设施建设市场，搞好属地协调，鼓励有条件的区（县）出台充换电设施建设支持政策。

（七）华东能源监管局、市经济信息化委、市科委、市环保局、市质量技监局、市消防局、市绿化市容局等部门按各自职责，做好相关工作，支持充换电设施规范有序建设。

第七条（附则）

（一）本办法自2016年5月5日起施行，有效期至2020年12月31日。2015年1月1日起，在本市范围内建成投运的国产充换电设施，适用本办法。

（二）本办法施行前颁布的有关文件与本办法规定如有不一致的，按照本办法执行。

上海国际旅游度假区管理办法

上海市人民政府令第40号（2016年6月17日）

第一条（目的和依据）

为了保障上海国际旅游度假区（以下简称国际旅游度假区）的开发、建设、有序运营和持续发展，根据法律法规和国家有关政策，结合本市实际，制定本办法。

第二条（适用范围）

本办法适用于经市人民政府批准的国际旅游度假区范围内的开发、建设、运营、管理等活动。

国际旅游度假区的区域范围及其核心区等功能区域划分，按照经批准的规划确定。

第三条（区域功能）

根据国家和本市有关发展战略和规划的要求，国际旅游度假区整合周边旅游资源联动发展，建成能级高、辐射强的国际化旅游度假区域和主题游乐、旅游会展、文化创意、商业零售、体育休闲等产业的集聚区域。

第四条（管理职责）

上海国际旅游度假区管理委员会（以下简称管委会）是浦东新区人民政府的派出机构，依据本办法规定履行下列职责：

（一）组织编制和实施国际旅游度假区发展规划，拟定国际旅游度假区产业发展政策；

（二）参与编制国际旅游度假区的单元规划、控制性详细规划，组织编制有关专项规划，推进国际旅游度假区开发建设和开发保护工作，指导相关单位实施区域内的土地前期开发，统筹协调重大项目及基础设施建设事项；

（三）接受有关行政管理部门的委托，负责国际旅游度假区内的相关行政审批工作；

（四）承担国际旅游度假区日常管理事务；

（五）负责国际旅游度假区旅游公共服务与管理、应急管理、信息管理等工作；

（六）统筹协调区域交通管理、客流管理、行政执法、驻区服务等工作；

（七）指导区域功能开发，促进发展环境和公共服务的完善，推动现代服务业发展；

（八）组织起草区域内的消防、建设工程、市容景观、旅游服务等方面的技术规范，推进国际旅游度假区标准化建设；

（九）协调海关、出入境检验检疫等部门为国际旅游度假区内的单位和人员提供便利服务。

市和浦东新区有关行政管理部门按照各自职责，共同做好国际旅游度假区的相关工作。

第五条（开发建设主体）

上海申迪（集团）有限公司根据经批准的规划，承担国际旅游度假区相关开发建设工作；接受政府委托，承担国际旅游度假区相关运营保障工作。

第六条（规划编制）

国际旅游度假区的单元规划、控制性详细规划，由市规划土地行政管理部门会同浦东新区人民政府、管委会组织编制及修订，并按照法定程序报批；规划编制过程中，应当按照国家和本市有关规定，组织开展环境影响评价、交通影响评价和地质灾害影响评价，相关评价文件由市有关行政主管部门组织审查。

国际旅游度假区内的专项规划，由管委会会同有关行政管理部门组织编制，并按照法定程序报批。

第七条（开发保护）

管委会应当会同规划土地等行政管理部门，根据经批准的相关规划，制定并实施国际旅游度假区开发保护方面的规定，协调周边区域开发保护工作。

国际旅游度假区内的土地开发和项目建设，应当符合经批准的相关规划。

第八条（户外广告管理）

管委会应当会同绿化市容、规划土地、市场监管等行政管理部门，根据本市户外广告设施设置阵地规划，编制国际旅游度假区户外广告设施设置阵地实施方案，按照规定程序报批后，作为户外广告设施设置的审批和管理依据。

第九条（行政审批）

管委会接受市或者浦东新区有关行政管理部门的委托，在国际旅游度假区内实施相关行政审批事项。

管委会接受委托实施的行政审批事项，由本办法附件予以明确，具体内容由管委会与有关行政管理部门在委托书中确定。

管委会应当将接受委托实施行政审批事项的情况报送委托的行政管理部门；委托的行政管理部门应当对管委会实施行政审批事项进行指导和监督。

管委会应当按照政务公开的要求，将接受委托实施的行政审批事项的依据、内容、条件、程序、期限以及需要提交的全部材料的目录、申请书示范文本等在办公场所及政务网站予以公示，并优化审批流程、提高办事效率，协调相关行政管理部门加强事中事后监管。

第十条（日常管理事务）

管委会承担国际旅游度假区内的下列日常管理事务：

（一）建设工程质量、安全和文明施工管理；

（二）开发保护管理；

（三）相关道路、河道、环卫等基础设施的综合养护，统筹实施城市基础设施运营维护质量管理；

（四）相关公共交通设施的运营管理；

（五）生活垃圾分类、收运及处理申报管理；

（六）环境、污染源的监测和管理；

（七）公安、消防、食品药品安全、特种设备安全、出入境检验检疫、知识产权保护、消费者权益保护、急救医疗、气象服务、建筑渣土处置和大型节庆、赛事、会展等活动的协调工作。

第十一条（旅游公共服务与管理）

管委会应当会同旅游等行政管理部门建立和完善国际旅游度假区旅游公共服务体系，为旅游者提供信息咨询、安全保障、交通便捷、便民惠民服务，做好旅游安全监督、旅游环境维护、文明旅游宣传等工作，统筹协调旅游投诉处理。

管委会应当建立国际旅游度假区公共信息服务平台，为旅游者提供导览、咨询等服务，发布交通、泊车、客流等信息。

第十二条（应急管理）

国际旅游度假区实行单元化应急管理模式。管委会作为国际旅游度假区基层应急管理单元牵头单位，承担下列职责：

（一）统筹协调区域内运营保障和应急管理工作；

（二）编制总体应急预案，定期组织应急演练；

（三）建立健全突发事件、防汛防台应对的协作机制；

（四）整合、储备区域内的应急资源；

（五）开展风险隐患排查、整治。

浦东新区相关部门和有关单位应当按照国际旅游度假区基层应急管理单元突发事件应急预案确定的职责，共同做好国际旅游度假区突发事件应对工作。

第十三条（信息管理）

管委会会同公安等行政管理部门建立国际旅游度假区运营管理综合信息平台（以下简称综合信息平台），整合区域内交通和客流情况、应急管理、安全管理等信息，为国际旅游度假区的运营管理提供信息支持，并做好与相关行政管理部门的信息共享工作。

交通、旅游等行政管理部门和国际旅游度假区内的公用事业单位、运营管理企业应当向综合信息平台提供涉及区域公共安全、应急管理等信息。

第十四条（交通管理）

市公安机关交通管理部门应当会同浦东新区人民政府、管委会组织编制和实施国际旅游度假区道路交通组织方案。

市交通行政管理部门应当会同浦东新区人民政府、管委会组织编制国际旅游度假区交通运营保障方案。

浦东新区人民政府、管委会应当统筹协调相关行政管理部门做好国际旅游度假区交通运营管理工作。

第十五条（客流管理）

管委会应当统筹协调国际旅游度假区内的运营管理企业、相关驻区机构制订和实施国际旅游度假区核心区客流控制方案，开展日常客流监测和安全监督管理。

管委会负责核定国际旅游度假区内景区的客流最大承载量，并指导景区公布经核定的客流最大承载量。

第十六条（协调执法）

管委会负责建立国际旅游度假区行政执法协调机制，协调相关行政管理部门和执法机构，做好区域内公安、消防、交通、城市管理、环境保护、市场监管、文化、旅游、知识产权保护等领域的行政执法工作。

第十七条（驻区服务）

公安、消防、市场监管、文化、知识产权、

税务等有关行政管理部门在国际旅游度假区内设立驻区机构或者派驻人员，履行相关行政管理职能，提供公共服务。

第十八条（支持政策）

浦东新区人民政府可以根据国际旅游度假区发展需要，研究制定专项支持政策，支持和保障国际旅游度假区开发、建设、运营和管理。

第十九条（合作发展）

市旅游行政管理部门会同浦东新区人民政府、管委会推动国际旅游度假区对外旅游合作与发展。

第二十条（经营者与旅游者）

国际旅游度假区内的经营者应当依法、诚信经营，承担社会责任，向旅游者提供优质服务。

旅游者应当遵守社会公德和文明旅游行为规范，维护公共秩序，爱护旅游设施，保护生态环境。

第二十一条（禁止行为）

国际旅游度假区内禁止下列行为：

（一）非法携带易燃、易爆、有毒、有害、放射性、腐蚀性等可能危及人身和财产安全的危险物品；

（二）贩卖有价票证，非法客运，非法从事导游、领队活动等扰乱市场秩序的行为；

（三）攀爬建筑，翻越或者破坏围（护）栏等损毁公共设施的行为；

（四）未经批准设摊经营，兜售物品，擅自张贴、悬挂宣传品或者标语，在树木和建筑物、构筑物或者其他设施上刻画、涂写等影响市容环境卫生的行为；

（五）流浪乞讨，随地躺卧、露宿，在公共水域游泳、垂钓、捕捞等有碍观瞻或者妨碍他人游览观光的行为；

（六）携带犬只进入国际旅游度假区核心区（执行安保任务的犬、导盲犬除外）；

（七）法律、法规、规章规定的其他禁止行为。

第二十二条（小型航空器和空飘物管理）

直升机、无人驾驶飞机、滑翔机、三角翼（含动力三角翼）、滑翔伞、动力伞、飞艇、热气球、无人驾驶自由气球、系留气球等小型航空器和空飘物在国际旅游度假区核心区起降、飞行的，应当按照国家有关规定，向飞行管制、气象等主管部门提出申请，经批准后，方可起降、飞行。

第二十三条（法律责任）

违反本办法第二十一条有关禁止行为规定的，由相关主管部门按照各自职责，责令改正，并依照有关法律、法规、规章的规定予以处理。

违反本办法第二十二条规定，小型航空器或者空飘物未经批准在国际旅游度假区核心区起降、飞行的，法律、法规、规章有处理规定的，按照相关规定处理；法律、法规、规章没有处理规定，但对国际旅游度假区核心区安全管理造成影响的，由公安机关责令改正，并对单位处1万元以上3万元以下罚款，对个人处500元以上2000元以下罚款。

第二十四条（施行日期）

本办法自公布之日起施行。2011年5月26日上海市人民政府令第65号公布的《上海国际旅游度假区管理办法》同时废止。

附件：上海国际旅游度假区管理委员会接受委托实施的行政审批事项

附件：上海国际旅游度假区管理委员会接受委托实施的行政审批事项

一、投资管理部门委托的企业投资项目核准和备案，外商投资项目核准和备案，固定资产投资项目节能评估和审查。

二、商务管理部门委托的外商投资企业设立、变更审批。

三、规划土地管理部门委托的建设项目选址意见书、核定规划条件、临时建设用地规划许可证、建设用地规划许可证、建设工程设计方案、临时建设工程规划许可证、建设工程规划许可证的审批，建设工程开工放样复验审批，建设项目用地预审，国有土地划拨审批，划拨决定书核发、补发，临时用地审批，建设用地批准书核发、补发，建设工程竣工规划验收审批，国有建设用地土地核验。

四、建设管理部门委托的建设工程项目报建许可、初步设计审批，勘察、设计、施工、监理招投标情况备案，建设工程施工许可、竣工验收备案。

五、道路主管部门委托的占用或者临时占用城市道路、桥梁、桥孔和桥梁安全作业审批，占用城市道路人行道设置设施的许可，挖掘城市道路、道路用地范围内埋设管线、管线穿越跨越、开设交叉道口的审批，依附城市桥梁、隧道架设各类管线的许可。

六、环境保护管理部门委托的建设项目环境影响评价文件审批，建设项目环保设施竣工验收审批，城区建设工地设施使用及夜间施工审批。

七、绿化市容管理部门委托的建设项目配套绿化方案意见征询、总体文件审查、竣工验收及其结果审查，临时使用绿地许可（含公共绿地），公共绿地建设工程竣工验收，迁移、砍伐树木（古树名木除外）的审批，迁移林木许可，户外广告设施设置审批，临时张贴、悬挂宣传品或者标语的审批，建设项目环境卫生设施配套审批和验收，拆除、迁移、改建、封闭环境卫生设施的审批，对公园临时停闭的许可。

八、水务管理部门委托的河道管理范围内建设项目、施工方案的审核，河道临时使用许可证核发，排水许可证核发，临时封堵排水管道审批（除合流一期、污水二期、南干线等污水输送总管外），建设项目节水设施设计方案审核。

九、市或者浦东新区有关行政管理部门依法委托的其他行政审批事项。

关于取消和调整一批行政审批等事项的决定

沪府发〔2016〕41号 （2016年7月1日）

各区、县人民政府，市政府各委、办、局：

按照《国务院关于第一批取消62项中央指定地方实施行政审批事项的决定》（国发〔2015〕57号）和《国务院关于第一批清理规范89项国务院部门行政审批中介服务事项的决定》（国发〔2015〕58号）等文件精神，市行政审批制度改革工作领导小组办公室对本市行政审批等事项进行了新一轮集中清理。经过严格审核和论证，市政府决定，取消和调整一批行政审批等事项，共计176项。其中，取消114项，调整62项。在取消和调整的行政审批等事项中，有27项属于涉密事项，按照规定另行通知。现将上述取消和调整的149项行政审批等事项目录予以公布，自公布之日起实施。

各区县、各有关部门要抓紧做好取消和调整行政审批等事项的落实和衔接工作，切实加强后续监管。要按照“高度透明、高效服务，少审批、少收费，尊重市场规律、尊重群众创造”的要求，进一步深化行政审批标准化管理，推进行政审批评估评审改革，加强政府效能建设，改进和优化政府服务，降低制度性交易成本，增强企业和群众获得感，释放创新创业活力，营造良好营商环境，增强经济发展动力。

附件：1. 市政府决定取消的行政审批等事项目录（共104项）

2. 市政府决定调整的行政审批等事项目录（共45项）

附件1

市政府决定取消的行政审批等事项目录

（共 104 项）

一、市经济信息化委（19 项）

（一）对上报工业和信息化部的车辆生产企业及产品公告变更初审

（二）对被征信个人异议的处理

（三）对被征信企业异议的处理

（四）对征信机构设立的备案

（五）对征信机构管理制度的备案

（六）对征信机构年度情况报告的备案

（七）对征信机构采集规定情形以外的信息而未征得被征信个人同意的处罚

（八）对征信机构采集禁止采集的个人信息的处罚

（九）对征信机构未及时、准确录入个人信用信息，或者虚构、篡改个人信用信息，或者擅自录入禁止录入信息的处罚

（十）对征信机构与用户就个人信用报告和个人信用评估的使用进行约定的处罚

（十一）对征信机构向被征信个人提供查询服务的处罚

（十二）对征信机构未按规定处理异议信息的处罚

（十三）对征信机构未按规定公开有关事项的处罚

（十四）对征信机构以骗取、窃取、贿赂、利诱、胁迫、利用计算机网络侵入或者其他不正当手段采集个人信用信息的处罚

（十五）对征信机构向规定以外的单位或者个人提供个人信用报告、个人信用评估或者披露个人信用信息的处罚

（十六）对征信机构违反规定披露或者使用有关信息的处罚

（十七）对征信机构未按规定进行备案或者进行年度报告的处罚

（十八）对三网融合试点方案的编制

（十九）对从事合同能源管理节能服务机构的备案

二、市教委（2 项）

（一）高等学校境外办学实施专科教育或者非学历高等教育审批

（二）校外学习中心（点）审批

三、市公安局（11 项）

（一）二、三级文物系统风险单位安全技术防范工程设计方案审批和工程验收

（二）对擅自设立印刷企业或者擅自从事印刷经营活动的处罚

（三）对经营印刷业单位超出许可范围承接印刷业务的处罚

（四）对特种行业和公共场所单位的保安人员、登记员、贵重物品保管员等特殊岗位的从业人员以及按摩和客房服务部门的负责人未接受有关法律、法规和治安业务的培训，未经公安部门考核合格上岗的处罚

（五）对购买特种印章制作设备的，未事先经公安部门批准的处罚

（六）对出租人未向公安机关办理登记手续或者未签订治安责任保证书出租房屋的处罚

（七）对出租人将房屋出租给无合法有效证件承租人的处罚

（八）对不按规定申报暂住户口登记、申领暂住证，经公安机关通知拒不改正的处罚

（九）骗取、冒领、转借、转让、买卖、伪造、变造暂住证的处罚

（十）对雇用无暂住证人员的处罚

（十一）对非法扣押暂住证和其他身份证件的处罚

四、市财政局（2 项）

（一）彩票销售机构销售实施方案审批

（二）彩票销售机构开展派奖审批

五、市人力资源社会保障局（2 项）

（一）基本医疗保险定点零售药店资格

审查

（二）基本医疗保险定点医疗机构资格审查

六、区县人力资源社会保障部门（1项）

基本医疗保险定点机构资格审查（初审）

七、市住房城乡建设管理委（5项）

（一）城市道路与地下管线各施工单位相互之间协议备案

（二）城市道路与地下管线施工工程质量分歧裁定

（三）上海市保障性安居工程优质工程、优秀个人评选

（四）优秀农民工评选

（五）混凝土搅拌站厂绿色环保达标考核评价

八、市农委（2项）

（一）外省肥料登记产品备案核准

（二）省级水产种质资源保护区设立审批

九、市环保局（1项）

建设项目试生产（试运行）的审批

十、区县环保部门（1项）

建设项目试生产（试运行）的审批

十一、市规划国土资源局（2项）

（一）矿业权价款评估备案核准

（二）一般保护古生物化石流通审批

十二、市卫生计生委（5项）

（一）医疗卫生机构承担预防性健康检查审批

（二）从事互联网医疗保健信息服务审核

（三）第二类医疗技术临床应用准入

（四）开展医疗美容新技术临床研究的批准

（五）医疗机构放射影像健康普查许可

十三、区县卫生计生部门（1项）

医疗卫生机构承担预防性健康检查审批

十四、市国税局（市地税局）（21项）

（一）企业享受综合利用资源所得税优惠的核准

（二）企业从事国家重点扶持的公共基础设施项目投资经营的所得享受所得税优惠的备案核准

（三）对律师事务所征收方式的核准

（四）企业取得的符合条件的技术转让所得享受所得税优惠的核准

（五）企业享受文化体制改革中转制的经营性文化事业单位所得税优惠的核准

（六）企业享受生产和装配伤残人员专门用品企业所得税优惠的核准

（七）企业境外所得适用简易征收和饶让抵免的核准

（八）符合条件的非营利组织享受免税收入优惠的备案核准

（九）企业符合条件的环境保护、节能节水项目的所得享受所得税优惠的备案核准

（十）软件、集成电路企业享受所得税优惠的备案核准

（十一）动漫企业享受所得税优惠的备案核准

（十二）节能服务公司实施合同能源管理项目享受所得税优惠的备案核准

（十三）中国清洁发展机制基金及清洁发展机制项目实施企业享受所得税优惠的备案核准

（十四）个人取得股票期权或认购股票等取得折扣或补贴收入个人所得税纳税有困难的审核

（十五）对一年期以上返还性人身保险业务免征营业税的初审

（十六）企业吸纳自主择业的军转干部税收减免审批

（十七）公益性捐赠税前扣除资格认定

（十八）（过渡类）世博会收入减免税备案

（十九）（过渡类）股权分置改革收入减免税备案

（二十）中国（上海）自由贸易试验区

内企业非货币性资产投资资产评估增值企业所得税政策备案

（二十一）研发项目登记

十五、区县国税（地税）部门（16 项）

（一）企业享受综合利用资源所得税优惠的核准

（二）企业从事国家重点扶持的公共基础设施项目投资经营的所得享受所得税优惠的备案核准

（三）对律师事务所征收方式的核准

（四）企业取得的符合条件的技术转让所得享受所得税优惠的核准

（五）企业享受文化体制改革中转制的经营性文化事业单位所得税优惠的核准

（六）企业享受生产和装配伤残人员专门用品企业所得税优惠的核准

（七）企业境外所得适用简易征收和饶让抵免的核准

（八）符合条件的非营利组织享受免税收入优惠的备案核准

（九）企业符合条件的环境保护、节能节水项目的所得享受所得税优惠的备案核准

（十）软件、集成电路企业享受所得税优惠的备案核准

（十一）动漫企业享受所得税优惠的备案核准

（十二）节能服务公司实施合同能源管理项目享受所得税优惠的备案核准

（十三）中国清洁发展机制基金及清洁发展机制项目实施企业享受所得税优惠的备案核准

（十四）个人取得股票期权或认购股票等取得折扣或补贴收入个人所得税纳税有困难的审核

（十五）对一年期以上返还性人身保险业务免征营业税的初审

（十六）企业吸纳自主择业的军转干部税收减免审批

十六、市质量技监局（2 项）

（一）珠宝玉石质量检验师执业资格注册

（二）防伪技术产品生产企业在异地设立使用推广机构的备案核准

十七、市旅游局（6 项）

（一）核发会展策划与实务职业能力证书

（二）核发旅行咨询师职业能力证书

（三）核发旅游行业饭店外语等级证书

（四）核发上海市旅游行业饭店综合知识证书

（五）核发上海市旅游行业管理人员岗位职务培训证书

（六）国外旅游团（者）来华入境签证费

十八、市知识产权局（2 项）

（一）专利代理机构设立办事机构和办事机构停业、撤销审批

（二）向国外申请专利专项资金资助中第三方检索机构认定

十九、市绿化市容局（市林业局）（2 项）

（一）对国家林业局松材线虫病疫木加工板材定点加工企业审批的初审

（二）对国家林业局普及型国外引种试种苗圃资格认定的初审

二十、市粮食局（1 项）

帮困粮油供应工作评比

市政府决定调整的行政审批等事项目录

（共 45 项）

一、市发展改革委（1 项）

企业、事业单位、社会团体等投资建设的固定资产投资项目核准（由本市报国家发

展改革委核准的项目，申请人可按照要求自行编制“企业、事业单位、社会团体等投资建设的固定资产投资项目申请报告”，也可委托有关机构编制，审批部门不得以任何形式要求申请人必须委托特定中介机构提供服务）

二、市经济信息化委（4项）

（一）对农药生产企业核准的初审（1.取消申请材料“项目环境影响评价报告”，不再要求申请人提供项目环境影响评价报告；2.申请人可按照要求自行编制“开办农药生产企业项目可行性研究报告”，也可委托有关机构编制，审批部门不得以任何形式要求申请人必须委托特定中介机构提供服务）

（二）对未制定国家标准和行业标准的农药产品生产的许可（初审）（1.取消申请材料“项目环境影响评价报告”，不再要求申请人提供项目环境影响评价报告；2.申请人可按照要求自行编制“新增原药生产装置所需的建设项目可行性研究报告”，也可委托有关机构编制，审批部门不得以任何形式要求申请人必须委托特定中介机构提供服务）

（三）对成品油批发经营的许可（初审）（取消申请材料“成品油经营资格申请人注册资本证明或验资报告”，不再要求申请人提供注册资本证明或验资报告）

（四）对国防科技工业固定资产投资项目的初审（申请人可按照要求自行编制“国防科技工业固定资产投资项目建议书”“国防科技工业固定资产投资项目可行性研究报告”“国防科技工业固定资产投资项目初步设计”“国防科技工业社会投资项目申请报告”，也可委托有关机构编制，审批部门不得以任何形式要求申请人必须委托特定中介机构提供服务）

三、市教委（1项）

民办普通高等学校的设立、分立、合并、变更和终止审批（取消申请材料“设立民办本科学校资产审计报告”，不再要求申请人提供设立民办本科学校资产审计报告）

四、市住房城乡建设管理委（6项）

（一）建筑业企业、勘察企业、设计企业、工程监理企业资质认定（取消申请材料“经审计的建筑业企业、勘察企业、设计企业、工程监理企业资质申请人财务报表”，不再要求申请人提供经审计的财务报表）

（二）工程建设项目招标代理机构资格认定（取消申请材料“经审计的工程建设项目招标代理机构资格申请人财务报告”，不再要求申请人提供经审计的财务报告）

（三）勘察设计注册工程师执业资格认定（申请人按照继续教育的标准和要求，可参加用人企业组织的继续教育培训，也可参加有关机构组织的继续教育培训，审批部门不得以任何形式要求申请人必须参加特定中介机构组织的继续教育培训）

（四）监理工程师执业资格认定（申请人按照继续教育的标准和要求可参加用人企业组织的继续教育培训，也可参加有关机构组织的继续教育培训，审批部门不得以任何形式要求申请人必须参加特定中介机构组织的继续教育培训）

（五）注册建造师执业资格认定（申请人按照继续教育的标准和要求可参加用人企业组织的继续教育培训，也可参加有关机构组织的继续教育培训，审批部门不得以任何形式要求申请人必须参加特定中介机构组织的继续教育培训）

（六）造价工程师执业资格认定（申请人按照继续教育的标准和要求可参加用人企业组织的继续教育培训，也可参加有关机构组织的继续教育培训，审批部门不得以任何形式要求申请人必须参加特定中介机构组织的继续教育培训）

五、区县建设管理部门（2项）

（一）对建筑企业资质申请、升级、增项、变更的许可（取消申请材料“经审计的建筑

企业资质申请人财务报表”，不再要求申请人提供经审计的财务报表）

（二）对建设工程监理单位资质的许可（取消申请材料“经审计的建设工程监理单位资质申请人财务报表”，不再要求申请人提供经审计的财务报表）

六、市农委（3 项）

（一）农作物种子、草种、食用菌菌种经营许可证核发（1. 取消申请材料“种子经营许可申请人注册资本证明”，不再要求申请人提供注册资本证明；2. 取消申请材料“种子经营许可申请人固定资产证明”，不再要求申请人提供固定资产证明；3. 取消申请材料“种子经营涉及计量的检验、包装设备检定材料”，不再要求申请人提供检验、包装设备检定材料，检验、包装设备的检定依法由质监部门开展）

（二）远洋渔业企业资格认定审批（初审）（取消申请材料“远洋渔业项目申请人银行资信证明”，不再要求申请人提供银行资信证明）

（三）肥料登记审批（1. 不再要求申请人进行肥料质量复核性检测；2. 不再要求申请人进行肥料残留试验，肥料残留试验有关内容在肥料田间试验中开展；3. 不再要求申请人进行肥料田间示范试验，肥料田间示范试验有关内容在肥料田间试验中开展；4. 申请人可按照要求自行开展肥料田间试验，也可委托有关机构开展，审批部门不得以任何形式要求申请人必须委托特定中介机构提供服务）

七、区县农业部门（1 项）

农作物种子、草种、食用菌菌种经营许可证核发（1. 取消申请材料“种子经营许可申请人注册资本证明”，不再要求申请人提供注册资本证明；2. 取消申请材料“种子经营许可申请人固定资产证明”，不再要求申请人提供固定资产证明；3. 取消申请材料“种子经营涉及计量的检验、包装设备检定材料”，不再要求申请人提供检验、包装设备检定材料，检验、包装设备的检定依法由质监部门开展）

八、市环保局（1 项）

建设项目环保竣工验收的审批（除保密类建设项目外，取消申请材料“建设项目竣工环境保护验收监测报告（表）”，不再要求申请人提供建设项目竣工环境保护验收监测报告（表），改由审批部门委托有关机构进行环境保护验收监测）

九、市规划国土资源局（5 项）

（一）建设项目用地预审（申请人可按照要求自行编制“建设项目压覆矿产资源评估报告”，也可委托有关机构编制，审批部门不得以任何形式要求申请人必须委托特定中介机构提供服务）

（二）建设项目压覆矿产资源情况证明，建设项目压覆矿产资源审批（申请人可按要求自行编制“建设项目压覆矿产资源评估报告”，也可委托有关机构编制，审批部门不得以任何形式要求申请人必须委托特定中介机构提供服务）

（三）采矿许可证审批（1. 申请人可按要求自行编制“土地复垦方案报告书”“矿产资源开发利用方案”“矿产资源储量核实报告”“矿山储量年报”“矿山地质环境保护与治理恢复方案”，也可委托有关机构编制，审批部门不得以任何形式要求申请人必须委托特定中介机构提供服务；2. 不再要求申请人委托具有资质的测量单位出具采矿权申请范围核查意见，改由地方国土资源部门委托有关机构进行核查）

（四）矿产资源勘查许可证审批（1. 不再要求申请人委托矿业权交易机构进行矿业权转让鉴证和公示，改由省级国土资源部门负责发布矿业权转让公示信息并出具公示无异议的意见；2. 申请人可按照要求自行编制“矿产资源勘查实施方案”，也可委托有关机构编制，审批部门不得以任何形式要求申

请人必须委托特定中介机构提供服务）

（五）测绘资质审批（含初审）（1. 取消申请材料“ISO9000 质量管理体系认证材料”，不再要求申请人提供 ISO9000 质量管理体系认证材料，审批部门完善标准，按照要求开展现场核查；2. 取消申请材料“测绘工程项目质量检验合格证明”，不再要求申请人提供测绘工程项目质量检验合格证明，审批部门完善标准，按要求开展质量监督工作；3. 取消申请材料“测绘计量器具检定证书”，不再要求申请人提供测绘计量器具检定证书，测绘计量器具检定依法由质监部门开展）

十、区县规划国土资源部门（2 项）

（一）建设项目用地预审（申请人可按照要求自行编制“建设项目压覆矿产资源评估报告”，也可委托有关机构编制，审批部门不得以任何形式要求申请人必须委托特定中介机构提供服务）

（二）采矿权许可的审批（初审）（1. 申请人可按照要求自行编制“土地复垦方案报告书”“矿产资源开发利用方案”“矿产资源储量核实报告”“矿山储量年报”“矿山地质环境保护与治理恢复方案”，也可委托有关机构编制，审批部门不得以任何形式要求申请人必须委托特定中介机构提供服务；2. 不再要求申请人委托具有资质的测量单位出具采矿权申请范围核查意见，改由地方国土资源部门委托有关机构进行核查）

十一、市水务局（市海洋局）（5 项）

（一）河道管理范围内建设项目的审核（申请人可按照要求自行编制“河道管理范围内建设项目防汛影响论证报告”，也可委托有关机构编制，审批部门不得以任何形式要求申请人必须委托特定中介机构提供服务）

（二）在河道管理范围及堤防安全保护区内从事有关活动的审批（申请人可按照要求自行编制“在河道管理范围及堤防安全保护区内从事有关活动的防汛影响论证报告”，也可委托有关机构编制，审批部门不得以任何形式要求申请人必须委托特定中介机构提供服务）

（三）在一线河道堤防破堤施工或者开缺、凿洞的审核和审批（申请人可按照要求自行编制“在一线河道堤防破堤施工或者开缺、凿洞方案论证报告”，也可委托有关机构编制，审批部门不得以任何形式要求申请人必须委托特定中介机构提供服务）

（四）在海塘堤防上破堤、开缺、凿洞施工的审批（申请人可按照要求自行编制“在海塘堤防上破堤、开缺、凿洞工程建设方案（设计方案和施工组织方案）”，也可委托有关机构编制，审批部门不得以任何形式要求申请人必须委托特定中介机构提供服务）

（五）防汛工程设施废除的审批（申请人可按照要求自行编制“防汛工程防御标准评估报告”，也可委托有关机构编制，审批部门不得以任何形式要求申请人必须委托特定中介机构提供服务）

十二、区县水务（海洋）部门（5 项）

（一）在河道管理范围及堤防安全保护区内从事有关活动的审批（申请人可按照要求自行编制“在河道管理范围及堤防安全保护区内从事有关活动的防汛影响论证报告”，也可委托有关机构编制，审批部门不得以任何形式要求申请人必须委托特定中介机构提供服务）

（二）河道管理范围内建设项目的审核（申请人可按要求自行编制“河道管理范围内建设项目防汛影响论证报告”，也可委托有关机构编制，审批部门不得以任何形式要求申请人必须委托特定中介机构提供服务）

（三）利用公用岸段海塘堤顶兼做运输道路的审批（申请人可按要求自行编制“海塘堤顶道路使用和维护方案”，也可委托有关机构编制，审批部门不得以任何形式要求申请人必须委托特定中介机构提供服务）

（四）在海塘堤防上破堤、开缺、凿洞施工的审批（初审）（申请人可按要求自行编制“在海塘堤防上破堤、开缺、凿洞工程建设方案（设计方案和施工组织方案）”，也可委托有关机构编制，审批部门不得以任何形式要求申请人必须委托特定中介机构提供服务）

（五）防汛工程设施废除的审批（申请人可按要求自行编制“防汛工程防御标准评估报告”，也可委托有关机构编制，审批部门不得以任何形式要求申请人必须委托特定中介机构提供服务）

十三、市文广影视局（市文物局）（2项）

（一）设立中外合资经营、中外合作经营演出经纪机构、演出场所经营单位的许可（初审）（取消“设立中外合资经营、中外合作经营的演出经纪机构资金证明”“设立中外合资经营、中外合作经营的演出经纪机构资信证明”“设立中外合资经营、中外合作经营的演出经纪机构资产评估报告”“设立中外合资经营、中外合作经营的演出场所经营单位资信证明”“设立中外合资经营、中外合作经营的演出场所经营单位资产评估报告”5项申请材料，不再要求申请人提供相关资金证明、资信证明、资产评估报告）

（二）广播电视设施迁建审批（申请人可按照要求自行编制“广播电视设施迁建审批所需的技术评估报告”，也可委托有关机构编制，审批部门不得以任何形式要求申请人必须委托特定中介机构提供服务）

十四、市安全监管局（1项）

建设项目职业危害“三同时”审查（建设项目职业病防护设施设计审查）（申请人可按照要求自行编制“建设项目（除煤矿外）职业病防护设施设计专篇”，也可委托有关机构编制，审批部门不得以任何形式要求申请人必须委托特定中介机构提供服务）

十五、区县安全监管部门（1项）

建设项目职业危害“三同时”审查（建设项目职业病防护设施设计审查）（申请人可按照要求自行编制“建设项目（除煤矿外）职业病防护设施设计专篇”，也可委托有关机构编制，审批部门不得以任何形式要求申请人必须委托特定中介机构提供服务）

十六、市气象局（3项）

（一）防雷工程专业检测、设计、施工资质认定（取消防雷工程专业设计、施工资质年检）

（二）施放气球单位资质认定（取消施放气球资质证年检）

（三）防雷装置设计审核（取消申请材料“防雷装置设计技术评价报告”，不再要求申请人提供防雷装置设计技术评价报告，改由审批部门委托有关机构开展防雷装置设计技术评价）

十七、区县气象部门（1项）

防雷装置设计审核（取消申请材料“防雷装置设计技术评价报告”，不再要求申请人提供防雷装置设计技术评价报告，改由审批部门委托有关机构开展防雷装置设计技术评价）

十八、市地震局（1项）

建设工程地震安全性评价结果的审定及抗震设防要求的确定（取消申请材料“建设工程场地地震安全性评价报告”，不再要求申请人提供地震安全性评价报告，改由审批部门委托有关机构进行地震安全性评价）

关于取消和调整一批行政审批等事项的决定

沪府发〔2016〕51号 （2016年7月21日）

各区、县人民政府，市政府各委、办、局：

按照《国务院关于取消一批职业资格许

可和认定事项的决定》（国发〔2016〕5号）等的精神，市行政审批制度改革工作领导小组对本市行政审批等事项进行了新一轮集中清理。经过严格审核和论证，市政府决定，取消和调整一批行政审批等事项，共计5项。其中，取消4项，调整1项。现将上述取消和调整的5项行政审批等事项目录予以公布，自公布之日起实施。

各区县、各有关部门要抓紧做好取消和调整行政审批等事项的落实和衔接工作，切实加强后续监管。要紧紧围绕“高度透明、高效服务，少审批、少收费，尊重市场规律、尊重群众创造”的要求，进一步推进简政放权、放管结合、优化服务改革，切实转变政府管理理念和管理方式，推动大众创业、万众创新，促进经济社会持续健康发展。

附件：

1. 市政府决定取消的行政审批等事项目录（共4项）

2. 市政府决定调整的行政审批等事项目录（共1项）

市政府决定取消的行政审批等事项目录
（共4项）

一、市住房城乡建设管理委（1项）

全国建设工程造价员资格

二、区县质量技监部门（1项）

中小企业计量检测保证能力评定

三、市气象局（2项）

（一）升放无人驾驶自由气球或者系留气球作业人员资格

（二）人工影响天气作业人员资格

市政府决定调整的行政审批等事项目录
（共1项）

市邮政管理局（1项）

快递业务经营许可（1.取消申请材料“经营快递业务申请人验资报告”，不再要求申请人提供验资报告；2. 取消申请材料“快递业务员国家职业资格证书”，不再要求申请人提供员工的快递业务员国家职业资格证书，审批部门通过考试或抽测从业人员等方式对企业服务能力进行评价）。

关于推进市属国有企业改制重组和清理调整中划拨土地使用权处置的意见

沪府发〔2016〕52号（2016年7月21日）

为贯彻落实《中共中央、国务院关于深化国有企业改革的指导意见》（中发〔2015〕22号）和《中共上海市委、上海市人民政府关于进一步深化上海国资改革促进企业发展的意见》（沪委发〔2013〕20号）等精神，加快国有企业资产整合、优化资源配置，现就推进市属国有企业改制重组和清理调整中划拨土地使用权处置提出以下意见：

一、市属国有企业持有的划拨土地使用权，原则上应依法逐步实行有偿使用制度。保留划拨用地方式处置的国有土地使用权应继续按照原用途使用，如改变房地产权证记载用途，应办理有偿使用。

二、对列入市政府改制重组事项以及市国资监管机构改制重组和清理调整计划的国有企业，在改制重组、关闭注销、破产清算等活动中，原企业的划拨土地在未改变土地使用权性质和用途的前提下，经市有关部门审核后，可将划拨土地使用权变更到出资监管单位或者出资监管单位所属的国有独资企业名下，保留划拨用地方式的期限不超过5年。保留期间，土地使用权用途不变，土地使用权人主体不变。未经市有关部门批准并办理有偿使用手续的，不得转让。

三、上述企业划拨土地使用权处置所涉

及的税费，按照国家相关规定办理。

四、本市供销社系统企业，可参照本意见实施。本意见自印发之日起施行。

关于本市全面治理拖欠农民工工资问题的实施意见

沪府办发〔2016〕35号　（2016年8月25日）

为深入贯彻《国务院办公厅关于全面治理拖欠农民工工资问题的意见》和市委、市政府《关于贯彻中共中央、国务院〈关于构建和谐劳动关系的意见〉的实施意见》等精神，经市政府同意，现就本市全面治理拖欠农民工工资问题提出如下实施意见：

一、明确指导思想和目标任务

（一）指导思想。紧紧围绕保护农民工劳动所得，不断增强“四个意识”，全面落实构建和谐劳动关系各项措施，坚持标本兼治、综合治理，落实属地责任，强化市场主体自律、政府依法监管、社会协同监督、司法联动惩处的工作体系，不断健全治理拖欠农民工工资问题长效机制，切实保障农民工合法权益，凝聚广大农民工为加快建设“四个中心”和社会主义现代化国际大都市贡献力量。

（二）目标任务。以建筑、市政、交通、水务等（包含土木工程、建筑工程、装修工程、园林绿化工程等，下同）工程建设领域和劳动密集型加工制造、餐饮服务等易发生拖欠农民工工资问题的行业为重点，形成源头预防、动态监管、失信惩戒相结合的制度保障体系。用一到两年时间，在工程建设领域全面落实农民工实名制管理及工资支付台账等制度；用三年时间，力争实现工程建设领域农民工工资按月支付。到2020年，基本形成制度完备、责任落实、监管有力的治理格局，努力实现本市农民工工资基本无拖欠，确保不发生因拖欠农民工工资引发重大群体性事件，促进社会和谐稳定、经济健康发展。

二、全面规范企业劳动用工和工资支付行为

（三）严格规范劳动用工管理。各类企业要切实规范劳动用工行为，依法与招用的农民工签订、履行劳动合同，建立职工名册并办理用工备案。要探索改革工程建设领域用工方式，鼓励施工企业不断扩大自有工人队伍，引导具备条件的劳务作业班组向专业企业发展。

（四）全面实行农民工实名制管理制度。在工程建设领域，施工总包企业要在工程项目部配备劳务（资）员，加强对分包企业劳动用工的管理。本市工程项目施工现场实行农民工实名制管理，施工总包企业要按照“先进场登记再施工作业、先退场登记再进入下一施工现场登记”的原则，使用施工现场作业人员实名制系统进行农民工进退场登记，并利用实名制登记信息，记录农民工每日考勤。建设单位要在招标文件或承发包合同中，明确施工总包企业负责现场实名制登记，分包企业要服从总包企业管理，按照规定完成招用的农民工实名制登记。对未按规定实施实名制登记或实名制登记不到位的，由住房城乡建设管理、交通、水务（海洋）、绿化（园林）等部门（以下简称“行业监管部门”）要求限期整改；未按期整改的，可采取责令停工整改等措施。

（五）全面建立工资支付台账制度。在工程建设领域，施工总包企业要在项目现场建立工资支付台账。工资支付台账包括农民工姓名、身份证号码、工作量、工资标准、当月工资应发数额、实发数额和本人签名（或银行代发工资清单）等内容，并将身份证复印件、劳动合同、他人代签的委托证明等作为附件。工资支付台账人员名单必须与实名制登记人员一致。用工单位（施工企业）要按月考核农民工工作量、支付工资和编制台账，并经农民工本人签收。施工企业将台账提交施工总包企业，由施工总包企业在每月10日前，录入实名制系统。施工总包企业要在项目现场将工资支付台账制度进行明示和告知农民工，并将全部施工企业工资支付台账放置在项目现场备查，保存至工程竣工验收后半年。对未按照规定建立或编制工资支付台账、未按月录入工资支付台账的，由行业监管部门要求限期整改；未按期整改的，可采取责令停工整改等措施。

（六）明确企业工资支付和清偿主体责任。要依法将工资支付给农民工本人，严禁将工资发放给不具备用工主体资格的组织和个人。发生拖欠农民工工资问题的，由招用农民工的企业承担直接清偿主体责任。在工程建设领域，建设单位负责确保工程款按时结算和支付，施工总包企业对所承包工程项目的农民工工资支付负总责，分包企业对所招用农民工的工资支付负直接责任。监理单位要负责监督施工企业落实实名制管理、工资支付台账、工资专户、人工费支付台账等制度。积极推进施工总包企业和分包企业实现按月支付工资，推行委托银行直接向农民工个人银行卡发放工资制度。施工总包和分包企业不得以工程款未到位等为由克扣或拖欠农民工工资。建设单位或施工总包企业未按照合同约定及时支付工程款或存在工程款支付结算纠纷，致使分包企业拖欠农民工工资的，由建设单位或施工总包企业以未结清的工程款为限先行垫付农民工工资。建设单位或施工总包企业将工程违法发包、转包或违法分包致使拖欠农民工工资的，由建设单位或施工总包企业承担清偿责任。

三、完善工资支付监控和保障制度

（七）健全企业工资支付监控机制。加强基层劳动保障网格化基础建设，依托街道（镇、乡）劳动关系协调员和工会劳动法律监督员等，对辖区内企业工资支付情况实行日常监控，落实工资支付信息采集、企业经营状况动态调查、欠薪矛盾排查化解等管理职能。提升劳动保障监察网络化管理水平，根据劳动用工诚信记录健全分类监管机制，对发生过欠薪的企业实行重点监控并要求其定期申报。根据工商、税务等部门和银行、水电供应、物业管理等单位反映的企业生产经营状况相关指标变化情况，探索建立欠薪行为预警防控系统，努力实现欠薪问题早发现、早介入、早化解。行业监管部门依托实名制管理、工资支付台账、工资专户、人工费支付台账等，全面防控工程建设领域农民工欠薪问题。

（八）健全工资支付保障制度。在非工程建设领域，不断完善欠薪保障金制度。对企业因破产、解散或经营者隐匿等情形无力支付欠薪的，依规及时启用欠薪保障金先行垫付部分工资或基本生活费，帮助解决被欠薪农民工的临时生活困难，有效缓解群体性欠薪矛盾。不断完善工程建设领域工资保证金制度。探索推行业主担保、银行保函等第三方担保制度，积极引入商业保险机制，保障农民工工资支付。

（九）建立农民工工资（劳务费）专用账户管理制度。在工程建设领域，实行人工费用与其他工程款分账管理制度。建设单位、施工企业在招标投标、承发包合同中要单列人工费和结算条款，专业工程人工费参考行业监管部门发布的费率计算。施工总包企业要开设农民工工资（劳务费）专用账户（以下简称“工资专户”），作为人工费收支专用账户，专项用于支付农民工工资，在申报工程施工许可时，将工资专户账号一并提交。工资专户向人力资源社会保障和交通、市政、水务（海洋）、绿化（园林）等部门（以下简称“项目主管部门”）部门备案，并委托开户银行负责日常监管，确保专款专用；开户银行发现账户资金不足、被挪用等情况，要及时向人力资源社会保障和项目主管部门报告，人力资源社会保障和项目主管部门要及时会同相关监管部门进行核查处理。对经查实人工费支付不到位或被挪用的，由行业监管部门要求限期整改；未按期整改的，可采取责令停工整改等措施。

（十）建立人工费支付台账制度。在工程建设领域，建设单位、施工总包企业和专业工程分包企业要按照合同或按月结算并支付人工费，建设单位要将人工费支付到施工总包企业开设的工资专户，施工总包企业收到后，要按照规定支付给分包企业。有劳务分包的专业工程分包企业在收到人工费后，要按照规定支付给劳务企业。相关企业在收到或支付人工费后10日内，要将收支情况录入本市建设工程合同信息报送系统，收支双方确认并签名。施工总包企业要建立人工费支付台账，汇集支付清单和支付凭证，形成支付台账备查，并保存至工程竣工验收后半年。对未按合同或按月支付人工费的项目，施工总包企业、分包企业或劳务企业等要及时向行业监管部门报告。对未按规定建立人工费支付台账、未按合同或按月支付人工费的，由行业监管部门要求限期整改；未按期整改的，可采取责令停工整改等措施。

（十一）规范建设领域工程款支付管理。在工程建设领域推行工程款支付担保制度，采用经济手段，约束建设单位履约行为，预防工程款拖欠。强化对建设单位报建工程资金落实情况的管理，特别是加强对政府投资工程项目的管理，对建设资金来源不落实的工程项目不予批准。政府投资项目一律不得以施工企业带资承包的方式进行建设，并严禁将带资承包有关内容写入工程承包合同及补充条款。全面推行施工过程结算，建设单位要按照合同约定的计量周期或工程进度结算并支付工程款。工程竣工验收后，对非政府投资项目，建设单位未完成竣工结算或未按照合同支付工程款且未明确剩余工程款支付计划的，探索建立建设项目抵押偿付制度，有效解决拖欠工程款问题。

四、依法处置拖欠农民工工资违法行为

（十二）强化查处拖欠农民工工资联动机制。加强工资支付劳动监察执法，扩大日常巡视检查等主动监察覆盖范围，加大欠薪举报投诉受理和案件查处力度，强化跨区域案件执法协作。完善多部门综合治理机制，采取联合检查、联合办案、联合督查等方式，提高欠薪案件查办效能。在工程建设领域全面落实农民工实名制管理、工资支付台账、人工费与其他工程款分账管理、人工费支付台账、工资保证金等制度的基础上，对因挂靠承包、违法发包、分包、转包、拖欠工程款等纠纷造成的欠薪案件，由行业监管部门牵头处理，人力资源社会保障、公安、工商等部门协助配合；对非因违法发包、分包、转包、拖欠工程款等纠纷造成的欠薪案件，由人力资源社会保障部门牵头处理，行业监管部门和公安、工商等部门协助配合。

（十三）完善欠薪案件执法与司法衔接机制。依法做好涉嫌拒不支付劳动报酬犯罪案件移送工作，定期召开工作例会，健全劳动保障监察机构、公安部门、检察机关、审判机关间信息共享、协商沟通、案情通报、案件移送等制度，继续完善公安部门提前介入、全程参与和人民检察院立案监督等制度，进一步落实人力资源社会保障、住房城乡建设等部门启动工程建设领域恶意欠薪用工单位和个人刑事责任追究程序，切实发挥刑法对打击拒不支付劳动报酬犯罪行为的威慑作用。完善劳动保障监察执法与司法执行的衔接机制，探索建立欠薪类行政处理决定及时财产保全制度，研究推动先予执行制度，确保劳动者工资债权落实到位。

（十四）严惩工程建设领域拖欠农民工工资等行为。有关管理部门要定期对工程建设领域农民工实名制、工资支付台账、工资专户、人工费支付台账等制度落实情况进行监督管理及联合检查。对未按照要求实行前述制度，特别是发生两次以上违规行为或未按期整改，或恶意拖欠工程款、人工费，或因挂靠承包、违法发包、分包、转包、拖欠工程款、工程款支付结算等纠纷导致发生拖欠农民工工资，或以拖欠农民工工资为名讨要工程款，或不积极配合有关部门处置等行为的，行业监管部门要根据情节对相关企业和个人进行处理处罚，采取记入企业诚信手册、列入不良企业名单、暂停资质升级和增项、限制在本市承接工程、责令停工整改、降低或吊销资质等措施，对其市场准入、资质审批、招标投标、施工许可、信用评价等依法依规进行限制。对因拖欠工程款引发欠薪问题的建设单位，在欠薪问题解决前，项目主管部门或审批部门停止审批其新的建设项目。

（十五）及时处理欠薪争议案件。切实发挥街道（镇、乡）化解劳动人事争议的主体责任，完善街道（镇、乡）调解组织为主，企业、行业调解组织为辅，律师事务所等社会力量参与的劳动争议调解组织体系。拓展调解仲裁部门主动服务的维度和力度，为欠薪农民工开通绿色通道，积极探索引导先行调解、先行裁决等办案机制，实行“快立、快审、快裁”。对已造成较大负面社会影响的集体欠薪争议或涉及金额较大的欠薪争议案件，各级领导要高度重视并督办处置。完善与综治部门、法院等多部门的集体争议案件联动处置机制，推动工会和企联、工商联等企业代表组织进一步提高化解劳动人事争议的能力，为农民工提供法律服务和法律援助。

（十六）健全欠薪突发事件应急处置机制。加强因拖欠农民工工资引起的突发性、群体性事件应急处置，完善应急预案，规范指挥权限、分级响应和处置措施，落实区、街道（镇、乡）分级分工负责、上下联动，人力资源社会保障、公安、综治、司法行政和工会、产业（系统）等相互协同的处置机制。对采取非法手段讨薪或以拖欠农民工工资为名讨要工程款，构成违反治安管理行为的，要依法予以治安处罚；涉嫌犯罪的，依法移送司法机关追究刑事责任。

（十七）建立健全欠薪失信行为联动惩戒机制。建立欠薪企业“不良名单”制度，健全欠薪等重大劳动保障违法行为社会公布机制。人力资源社会保障及行业监管部门要建立企业违规用工、拖欠农民工工资等违法信息的归集、交换和更新机制，将违法信息统一纳入市公共信用信息服务平台。加强对欠薪失信企业及其法定代表人等直接责任人员的协同监管和联合惩戒，在政府资金支持、政府采购、招投标、生产许可、履约担保、资质审核、融资贷款、市场准入、评优评先等方面依法依规予以限制，使失信行为人“一处违法、处处受限”，提高失信违法成本。

五、加强组织领导和统筹协调

（十八）落实属地监管责任。按照“属地管理、分级负责、谁主管谁负责”的原则，由区（县）政府具体负责辖区内保障农民工工资支付工作，统筹推进街道（镇、乡）欠薪处置工作的监管责任。各级政府要采取措施切实加强工资支付监察执法队伍建设，充实工作力量，配备必要装备，提升执法水平和维权能力。要完善欠薪治理目标责任考核制度，将区、街道（镇、乡）保障农民工工资支付纳入政府目标责任、社会治安综合治理（平安建设）考核指标。加强对治理欠薪问题的督查工作，发现监管责任不落实、工作措施不到位的，严格责任追究；对政府投资工程项目拖欠工程款并引发欠薪问题的，追究项目负责人责任。

（十九）完善部门协调机制。建立健全由市、区（县）政府分管领导牵头的解决企业工资拖欠问题联席会议制度。各有关部门和单位要进一步发挥各自职能优势，齐抓共管、形成合力，共同治理拖欠农民工工资问题，并对欠薪失信行为实施联合惩戒。人力资源社会保障部门要加强对企业执行工资支付规定的监督、指导和服务，强化组织协调和督查落实，加大劳动保障监察执法力度，及时移送涉嫌犯罪案件。住房城乡建设管理、交通、水务（海洋）、绿化（园林）等部门要切实履行行业监管责任，规范工程建设市场秩序，督促企业落实农民工实名制管理、工资支付台账等制度，健全完善工资保证金等制度，负责督办处理因挂靠承包、违法分包、转包、拖欠工程款、工程款支付结算等纠纷造成的欠薪案件。发展改革等部门要加强对政府投资项目的审批管理，严格审查资金来源和筹措方式，为全面治理拖欠农民工工资问题、提高工作效能提供政策和项目支持。财政部门要加强对政府投资项目建设全过程的资金监管，按照规定及时拨付财政资金。公安部门负责做好涉嫌拒不支付劳动报酬犯罪案件立案侦办、参与处置因拖欠农民工工资引发的群体性事件和惩处采取非法手段讨薪、讨要工程款行为等工作。国有资产监管部门负责指导监管国有企业加强用工管理，落实工资支付主体责任和施工总包企业职责，解决涉及监管企业的拖欠农民工工资问题。工会组织负责对企业执行劳动保障法律法规情况进行监督，积极开展工资集体协商，督促用人单位按时支付工资，对不听劝阻、有欠薪等违法行为的企业，及时报有关部门依法处理。司法行政部门负责组织协调推动相关法律宣传以及为农民工提供法律服务和法律援助等工作。工商部门负责依法查处无照经营行为、通过本市企业信用信息公示系统公示欠薪失信企业的注册登记、年报信息及有关职能部门对欠薪失信企业的处罚信息。经济信息化部门牵头做好本市社会信用体系建设、运行、应用等工作，推动对欠薪失信行为形成市场化约束机制。人民银行上海市分行负责进一步健全征信体系和支付结算制度，研究配合做好工程建设领域工资保证金制度、工资专户管理制度、工程款支付担保制度等工作。工商、税务等部门以及银行、水电供应、物业管理等单位要支持建立健全欠薪行为预警防控系统。

（二十）加强制度建设和普法宣传力度。加快完善本市企业工资支付、工程建设领域工程款支付及劳动用工管理、工资保证金等保障农民工工资支付的法律制度，为维护农民工劳动报酬权益提供制度保障。加强普法宣传，充分发挥新闻媒体宣传引导和舆论监督作用，综合运用送法上门宣讲、组织法律培训等方式，大力借助现代传媒手段，不断增强宣传效果，引导企业依法诚信用工和农民工依法理性维权，营造保障农民工工资支付的良好法治氛围。

关于延长《上海市人民政府关于发布〈上海市房地产登记资料查阅暂行规定〉的通知》有效期的通知

沪府发〔2016〕66号 （2016年8月29日）

各区、县人民政府，市政府各委、办、局：

经评估，《上海市人民政府关于发布〈上海市房地产登记资料查阅暂行规定〉的通知》（沪府发〔1998〕26号）须继续实施，其有效期延长至2018年9月30日。

特此通知。

上海市危险化学品安全管理办法

上海市人民政府令第44号（2016年9月5日）

第一章 总则

第一条（目的和依据）

为了加强危险化学品的安全管理，保障人民生命、财产安全，维护社会公共安全，根据《中华人民共和国安全生产法》《危险化学品安全管理条例》《上海市安全生产条例》等有关法律、法规，结合本市实际，制定本办法。

第二条（适用范围）

本市行政区域内危险化学品的生产、经营、储存、运输、使用和废弃危险化学品的处置，及其相关的安全监督管理活动，适用本办法。

危险化学品的种类，按照国家有关部门公布的目录执行。

民用爆炸品、烟花爆竹、放射性物品、核能物质以及用于国防科研生产的危险化学品的安全管理，不适用本办法。法律、法规、规章对监控化学品、属于危险化学品的药品、农药、燃气等的安全管理另有规定的，依照其规定。

第三条（单位责任）

生产、经营、储存、运输、使用危险化学品和处置废弃危险化学品的单位（以下统称危险化学品单位），应当按照有关法律、法规、规章和技术标准的要求从事危险化学品的相关活动。

危险化学品单位的负责人应当组织制定本单位的危险化学品安全管理制度和操作规程，保证各项安全管理措施的有效执行，并对本单位危险化学品的安全负责。

第四条（行政管理部门职责）

市和区安全生产监督管理部门（以下简称安全生产监管部门）负责本行政区域内危险化学品安全监督管理综合工作，指导、协调、监督同级人民政府有关部门和下级人民政府履行危险化学品安全监督管理职责，组织实施本办法。

安全生产监管、公安、交通、海事、质量技监、环保、工商、邮政、铁路、民航、检验检疫等依法对涉及危险化学品安全生产的事项负有审批、处罚等监督管理职责的部门（以下统称危险化学品安全监管部门）按照职责，做好相应的危险化学品安全监督管理工作。

对行业、系统负有管理职责的部门应当对本行业、系统所属单位的危险化学品安全管理加强督促、检查、指导。

其他有关行政管理部门按照各自职责做好危险化学品安全管理的相关工作。

第五条（属地监管）

区人民政府应当加强对本行政区域内危险化学品安全监督管理工作的领导，建立危险化学品安全监督管理工作协调机制，支持、督促有关部门依法履行危险化学品安全生产监督管理职责，协调解决危险化学品安全管理中存在的重大问题。

乡镇人民政府、街道办事处、产业园区管理机构应当按照职责，加强对辖区内危险化学品安全管理的监督检查，向有关部门报告违法行为及事故隐患，协助有关部门实施危险化学品安全监督管理。

第六条（信息系统）

危险化学品安全监管部门以及对行业、系统负有管理职责的部门应当加强本部门危险化学品监管信息系统建设，实现信息的互联互通。

第七条（信息发布）

安全生产监管部门应当会同有关部门通过相关媒体，及时登载国家和本市有关危险化学品安全管理的法律、法规、规章和技术标准，定期宣传危险化学品安全防护的有关知识，适时发布本市危险化学品安全管理的实施情况和危险化学品重大事故的相关信息，并公布社会监督和举报电话。

第八条（事故应急）

发生危险化学品事故，各有关部门和单位应当按照事故应急预案，及时组织、开展抢救受害人员、控制危害扩散、消除危害后果等救援工作。

市安全生产监管部门应当根据本市突发公共事件总体应急预案，组织编制本市危险化学品事故应急预案，并报市人民政府批准后实施。

危险化学品单位应当制订本单位的事故应急预案，并向安全生产监管部门和其他有关部门备案。生产、储存危险化学品的企业和使用危险化学品从事生产的企业应当每半年组织一次事故应急演练；其他危险化学品单位应当每年组织一次事故应急演练。鼓励危险化学品单位与具有危险化学品专业救援能力的单位签订应急管理和救援服务协议，提高应急处置能力。

安全生产监管部门和其他有关部门应当对危险化学品单位事故应急预案的制订和演练进行指导、监督。

市和区综合性应急救援队伍依法承担危险化学品事故的现场救援工作。危险化学品安全监管部门可以根据各自职责，采用政府购买服务等方式加强应急救援能力建设，作为危险化学品应急救援的补充力量。

第九条（举报和奖励）

任何单位和个人发现违反危险化学品安全管理规定的行为，均有权向安全生产监管部门或者其他有关部门举报。

对举报属实的，安全生产监管部门或者其他有关部门应当给予奖励。

第十条（协会组织）

鼓励相关行业协会、学会组织开展下列工作：

（一）向危险化学品单位提供安全培训、技术咨询和指导服务；

（二）推广应用安全生产的先进技术；

（三）开展相关领域危险化学品安全风险监测和评估；

（四）研究危险化学品专业技术难点问题。

第二章　危险化学品的生产、储存和使用

第十一条（生产和储存的规划）

本市对危险化学品的生产和储存实行统筹规划、合理布局和严格控制。

本市危险化学品生产、储存的布局规划，由市经济信息化部门会同市安全生产监管、规划国土等有关部门制订，报市人民政府批准后实施。

第十二条（生产、使用企业和建设项目）

危险化学品生产企业和使用危险化学品从事生产并且使用量达到规定数量的化工企业，应当依法取得相应的许可。

危险化学品建设项目应当依法经安全生产监管部门安全审查。国家和本市对港口危险化学品建设项目的安全审查另有规定的，依照其规定执行。

配套建设危险化学品生产装置和储存设施的建设项目，建设单位应当委托具备相应资质、能力的机构进行安全评价和安全设施设计，并依法组织竣工验收，形成书面报告备查。

第十三条（安全制度和人员配备）

生产、储存危险化学品的企业和使用危险化学品从事生产的企业应当建立安全管理制度和安全管理机构，在生产车间和储存库区配备专职安全生产管理人员，在作业班组配备兼职安全生产管理人员。

安全生产管理人员应当具备与本单位所从事的生产经营活动相应的安全生产知识和管理能力，并经主管的危险化学品安全监管部门考核合格。

第十四条（标牌和图示）

生产、储存危险化学品的企业和使用危险化学品从事生产的企业应当在作业场所设置标牌和图示，对作业场所的平面布局以及安全责任、操作规范、作业危险性、应急措施等事项进行告知。

第十五条（安全设施、设备和装置）

生产、储存危险化学品的企业和使用危险化学品的单位应当按照国家有关规定和技术标准，设置相应的防火、防爆、防雷、防毒、防静电、监测、报警、联锁等安全设施、设备和装置，定期进行维护、保养和检测，并做好相关记录。相关记录应当保存3年以上。

第十六条（生产装置、设施设备的安全评价和检测）

生产、储存危险化学品的企业和使用危险化学品从事生产的企业应当按照国家有关规定，定期对生产装置、储存设施委托具有相应资质的安全评价机构进行安全评价。对易燃易爆场所的防爆设施、设备，还应当每3年委托具有相应资质的检测机构进行一次检测。

生产、储存危险化学品的企业和使用危险化学品从事生产的企业应当根据安全评价结果及时采取整改措施，并将安全评价及整改情况报所在地的区安全生产监管部门备案。港区内储存危险化学品的企业应当将安全评价及整改情况报交通部门备案。

第十七条（包装物和容器的管理）

危险化学品的包装物、容器，应当经具有相应资质的专业机构检测、检验合格。

第十八条（储存管理）

危险化学品应当储存在专用仓库、专用场地或者专用储存室（以下统称专用仓库）内，并按照相关技术标准规定的储存方法、储存数量和安全距离，实行分类、分隔储存。禁止将危险化学品与禁忌物品混合储存。

危险化学品专用仓库应当符合相关技术标准对安全、消防的要求，设置明显标志，并由专人管理。危险化学品出入库应当进行核查登记，并定期检查。

剧毒化学品应当在专用仓库内单独存放，并实行双人双锁、双人收发、双人保管制度。

第十九条（出入库信息化）

生产、储存危险化学品的企业、取得危险化学品安全许可的使用企业以及其他存放剧毒化学品、易制爆危险化学品的单位应当采用电子标签等自动识别技术手段，实现危险化学品出入库信息动态管理。

危险化学品安全监管部门可以根据监管需要，实时获取危险化学品库存和出入库信息。

鼓励其他危险化学品单位运用信息化技术手段，提升危险化学品安全管理水平。

第二十条（特殊场所作业管理）

在受限空间或者可能产生有毒有害物质的场所内从事危险化学品作业的，应当遵守下列规定：

（一）制订安全作业方案和事故应急预案，并经企业负责人批准；

（二）采取有效的隔离、通风、静电接地等措施，并对作业环境安全进行分析、监测；

（三）确定专人进行现场作业的统一指挥，由具有专业资质的人员实施作业，并配备必要的通信、救援设备；

（四）作业人员正确使用符合国家标准的劳动防护用品。

鼓励危险化学品单位委托专业技术服务机构、行业协会对受限空间作业等危险作业进行现场安全管理。

第二十一条（使用单位的监管）

本市按照分级分类、属地监管的原则，建立危险化学品使用单位申报制度。

医院、学校、科研院所等使用危险化学品的单位（应当依法取得危险化学品安全许可的除外）应当建立危险化学品安全管理制度，并将使用危险化学品的品名、数量、用途、安全管理措施等信息，每季度一次分别报送卫生、教育、科技等主管部门。其他没有主管部门的危险化学品使用单位应当将相关信息报送产业园区管理机构或者所在地乡镇人民政府、街道办事处。

使用危险性不明确的化学品的，应当根据国家有关物质安全技术说明书的要求，将理化特性、防护措施、应急措施等信息录入本市危险化学品登记机构信息系统，并报送主管部门。

有关主管部门、产业园区管理机构和乡

镇人民政府、街道办事处应当对其系统、辖区内危险化学品的使用安全进行督促、检查和指导。

第二十二条（确定产品方案的安全要求）

生产危险化学品的企业和使用危险化学品从事生产的企业在确定或者改变产品配方、生产工艺时，应当组织专业技术人员或者委托具备相应资质、能力的单位进行安全论证，制订安全操作规程和应急预案。

第二十三条（管道安全）

危险化学品管道所属单位及其运行管理单位应当设置和完善管道安全标志和警示标志，落实对管道的定期检测、维护、检修、更新以及日常巡查，发现隐患及时处理，并做好相关记录。

因管道被占压、安全距离不足等原因造成安全隐患的，所在地的区人民政府应当组织乡镇人民政府、街道办事处和有关行政管理部门依法予以处理。

市规划国土、建设部门在进行城乡规划和建设管理时，应当加强对已有危险化学品管道的保护。

第二十四条（废弃处置管理）

废弃危险化学品及其包装物、容器的处置，按照固体废物污染环境防治法和国家有关规定执行。环境保护部门应当对处置情况进行监督。

危险化学品单位应当及时处置废弃危险化学品及其包装物、容器。无法自行处置的，应当委托具有相应资质的专业单位代为处置；所需费用，由产生废弃危险化学品的单位承担。

有关部门在行政管理活动中发现、收缴的废弃危险化学品及其包装物、容器，由发现、收缴的部门委托具有相应资质的专业单位进行处置。

公众上交的废弃危险化学品及其包装物、容器，由公安部门依法接收，并委托具有相应资质的专业单位进行处置。

第三章 危险化学品的经营

第二十五条（经营许可）

设立危险化学品经营企业，应当符合国家规定的条件，并向安全生产监管部门申请取得经营许可。

危险化学品经营企业有两处以上经营场所的，应当分别办理经营许可。

第二十六条（平台化交易）

本市推进危险化学品集中交易，鼓励危险化学品生产、经营企业通过危险化学品电子交易平台开展危险化学品交易。

危险化学品电子交易平台应当具有收集危险化学品交易、仓储、物流等信息的功能，并根据危险化学品安全监管部门的需要提供相关信息。

安全生产监管、交通、公安等部门应当对危险化学品电子交易平台的建设和运营给予支持，利用危险化学品电子交易平台信息提升危险化学品安全监管水平。

在危险化学品电子交易平台内从事经营的无储存设施的危险化学品经营企业，申请经营许可时，可以适用告知承诺等简化程序。

第二十七条（经营企业的储存管理）

危险化学品经营企业应当按照本办法第十八条的规定，将危险化学品储存在专用仓库内。

从事危险化学品零售的企业可以在其经营场所内存放民用小包装的危险化学品，但总量不得超过国家规定的限量。

第二十八条（运输工具的加油站、加气站）

运输工具的加油站、加气站应当设置紧急切断和防静电接地装置。运输工具的加油站、加气站不符合消防安全距离等规定，又无法拆除、迁移的，应当采用阻隔防爆、油气回收等技术。

第二十九条（剧毒化学品、易制爆、易制毒危险化学品的购买和销售）

单位购买剧毒化学品的，应当依法凭相

应的许可证件或者向公安部门申请取得购买凭证；购买易制爆危险化学品的，应当依法凭相应的许可证件或者本单位出具的合法用途说明；购买易制毒危险化学品的，应当依法凭相应的许可证件、购买凭证，或者在购买前向所在地公安部门备案。

危险化学品经营企业不得向不符合前款规定条件的单位销售剧毒化学品、易制爆、易制毒危险化学品，不得向个人销售剧毒化学品（农药、灭鼠药、灭虫药除外）和易制爆危险化学品。

危险化学品经营企业、购买单位应当在销售或者购买剧毒化学品、易制爆、易制毒危险化学品后，将品种、数量以及流向信息实时录入公安部门的监管信息系统。

第四章 危险化学品的运输

第三十条（运输单位条件）

危险化学品道路运输企业（包括使用自备车辆为本单位运输危险化学品的单位，下同）、水路运输企业，应当符合国家和本市规定的条件以及本办法第三十一条、第三十二条对相关条件的具体规定，并向交通部门申请取得相应的资质。

外省市危险化学品道路运输企业驻沪从事危险化学品运输的，应当持企业资质证书，以及符合本办法第三十一条、第三十二条规定的相关证明材料，向市交通部门备案；来沪从事危险化学品运输的，应当按照本市规定向交通部门办理车辆查验等手续。

第三十一条（运输工具）

危险化学品道路运输企业应当具备符合相关技术标准的专用车辆，配置安全防护、环境保护和消防等设施、设备，并按照规定悬挂或者喷涂警示标志。

危险化学品运输专用车辆应当配置车载卫星定位系统，并接入全国和本市重点营运车辆联网联控平台。

危险化学品水路运输企业应当具备符合国家规定的运力、安全技术和设备等要求的船舶。

在本市通航水域航行、停泊、作业的危险化学品运输船舶，应当配备船载卫星定位系统和船舶自动识别系统。

本条规定的卫星定位系统、船舶自动识别系统等设备，应当符合交通、海事部门规定的配备要求，并纳入专用车辆和船舶定期审验的范围。

第三十二条（专用停车场地）

危险化学品道路运输企业应当具有与运输规模相适应的专用停车场地。运输剧毒化学品和国家规定的Ⅰ类包装危险化学品的，还应当划定相应的专用停车区域，并设置明显的警示标志。本市中心城和新城范围内不得新设立危险化学品专用停车场地；已设立的，应当按照规划迁移。

第三十三条（运输专业人员）

从事危险化学品运输的驾驶员、船员、装卸管理人员、押运人员、申报人员、集装箱现场检查员（以下统称运输专业人员），应当取得相应的资格证书。

运输专业人员更换从业单位的，应当由更换后的单位向交通、海事部门办理变更手续。

第三十四条（运输监控）

危险化学品道路、水路运输企业应当通过卫星定位系统或者船舶自动识别系统，对危险化学品运输车辆、船舶进行运输全程监控，保证车辆、船舶按照规定的时间、路线运输。

交通、海事部门应当按照各自职责，对危险化学品运输企业全程监控危险化学品运输的情况进行监督检查。

第三十五条（托运人的责任）

危险化学品的托运人应当遵守下列规定：

（一）查验承运人的危险化学品运输资质证书或者备案证明，复印后与货运单证一并留存；

（二）向承运人提供危险化学品的安全技术说明书，并书面告知品名、数量、危害特性、应急处置措施等情况；

（三）不得在普通货物中夹带危险化学品，不得匿报危险化学品，不得将危险化学品谎报为普通货物托运。

第三十六条（承运人的责任）

危险化学品的承运人应当遵守下列规定：

（一）查验托运人的危险化学品生产、经营等许可证，复印后与货运单证一并留存，不得为无相应许可证的单位运输危险化学品；

（二）在装载前核对危险化学品的品名、数量，并检查包装情况，不得承运包装破损或者不符合包装要求的危险化学品；

（三）根据国家有关规定和相关技术标准进行装卸，不得超过规定的荷载、限量装载危险化学品，不得违反积载隔离要求装载危险化学品；

（四）在运输车辆、船舶的规定位置设置统一的安全警示标志，并按照规定显示专用信号；

（五）不得将承运的危险化学品转交其他无相应资质的单位或者个人运输；

（六）符合国家和本市危险化学品运输安全管理的其他规定。

第三十七条（运输代理经营者的责任）

运输代理经营者应当查验托运人的危险化学品生产、经营等许可证和承运人的危险化学品运输资质证书，复印后与货运单证一并留存，不得为无相应许可证或者资质证书的单位提供危险化学品运输代理服务，不得在托运的普通货物中夹带危险化学品，不得匿报危险化学品，不得将危险化学品谎报为普通货物托运。

第三十八条（发送和接收单位的责任）

危险化学品单位发送和接收危险化学品时，应当查验承运人运输车辆或者船舶的营运证件（含外省市车辆查验证明）以及运输专业人员的资格证书，复印后与货运单证一并留存。接收外省市道路运输来沪的危险化学品，还应当查验其经指定道口检查的记录，复印后与货运单证一并留存。

危险化学品单位发送和接收危险化学品时，发现下列情形之一的，应当立即采取相应的安全处置措施，并向危险化学品安全监管部门报告：

（一）运输车辆、船舶无营运证件，或者运输专业人员无相应资格证书的，向交通或者海事部门报告；

（二）车辆、船舶超载的，分别向公安、海事部门报告；

（三）在普通货物中夹带危险化学品，或者匿报危险化学品、将危险化学品谎报为普通货物运输的，向交通或者海事部门报告；

（四）外省市危险化学品运输车辆，未经指定道口进入本市的，向公安部门报告；

（五）通过邮件、快件寄送危险化学品的，向邮政管理部门报告。

危险化学品单位在进出口环节发送和接收危险化学品时，发现前款规定情形之一的，还应当向检验检疫部门报告。

第三十九条（告知和申报）

危险化学品单位向外省市购买或者销售危险化学品，并由外省市单位承担运输的，应当书面告知本市危险化学品运输管理的有关规定，并保存书面告知的相关记录。

危险化学品单位向外省市购买或者销售易燃易爆、强腐蚀性化学品的，应当在交付运输前24小时向公安部门或者海事部门申报承运人名称、危险化学品品名和数量、运输起讫地、运输路线和时间等情况。

第四十条（道路运输路线和时间）

市公安部门应当会同市安全生产监管、交通、环保等部门确定本市危险化学品运输车辆禁止通行的区域、道路和时间。

因运输目的地等特殊情形确需进入禁止

通行区域、道路的，应当事先向公安部门报告，由公安部门指定行车路线和时间，并发给临时通行证明。

第四十一条（特殊情况道路运输）

每年6月15日至10月15日，禁止在上午10时至下午4时进行易燃易爆等危险化学品的道路运输。

遇灾害性天气或者全市性体育赛事、演出、展览等重大活动，市公安部门可以会同市安全生产监管、交通等有关部门发布易燃易爆等危险化学品道路临时禁运公告。

本条规定的易燃易爆等危险化学品的种类，由市安全生产监管部门会同市公安、交通部门确定，向社会公告，并根据本市实际情况适时调整。

第四十二条（剧毒化学品的道路运输）

道路运输剧毒化学品的，托运人应当按照国家有关规定，向公安部门办理剧毒化学品道路运输通行证。承运人应当根据运输通行证载明的车辆、驾驶员、押运人员、装载品名、装载数量和指定的路线、时间、速度运输。

第四十三条（道口检查）

危险化学品运输车辆进出本市，应当经指定道口接受检查。

交通部门的道口检查人员应当查验车辆的营运证件、运输专业人员的资格证书，并在运输单证上加盖验证签章或者发给其他验证证明；公安部门的道口检查人员应当查验车辆装载情况，并告知本市禁止通行的区域、道路和时间。

对未按规定设置统一的安全警示标志或者超载危险化学品的车辆，由公安部门牵头依法处理；对无营运证件或者其他有效证明的车辆，以及超限、夹带、匿报、谎报危险化学品的，由交通部门牵头依法处理。

本条规定的指定道口，由市安全生产监管部门会同市交通、公安等有关部门确定。

第四十四条（船舶载运和航行管理）

船舶载运危险化学品，应当符合有关危险化学品积载、隔离等安全技术规范。

进出黄浦江水域载运易燃易爆和毒害化学品的散装液态化学品船舶，应当符合国家规定的Ⅱ型船舶要求或者采取等效的安全防护措施。承运人认为必要时，还应当采取辅助船舶待命防护等应急预防措施，或者向海事部门请求导航、护航。

海事部门可以对本市水域内的危险化学品运输船舶实行总量控制。

第四十五条（水路运输的禁止和限制）

黄浦江和内河水域及本市饮用水水源保护区水域禁止运输剧毒化学品以及国家和本市规定的其他危险化学品。本市规定的禁止通过上述水域运输的危险化学品目录，由市交通部门会同海事、环保部门确定并公布。

遇灾害性天气或者全市性体育赛事、演出、展览等重大活动，海事部门可以发布公告，禁止或者限制油轮和载运易燃易爆、毒害化学品的散装船舶在黄浦江水域航行。

海事部门可以对危险化学品船舶夜间在黄浦江杨浦大桥上游水域航行实施限制措施。

前款规定水域的范围，由海事部门会同市交通部门确定。

第四十六条（港口进出和作业）

船舶载运危险化学品进出港区、码头的，应当按照国家有关规定向海事部门办理申报手续。

从事危险化学品港口作业的，应当按照国家有关规定取得相应的资质，并向交通部门办理报告手续。

第四十七条（危险货物运输规定）

危险化学品道路、水路运输企业通过道路、水路运输危险化学品的，还应当遵守国家和本市关于危险货物运输的相关规定。

第四十八条（铁路、民航和邮政管理）

通过铁路、民航运输危险化学品的，按照国家有关规定执行。

任何单位和个人不得邮寄危险化学品。

第五章 危险化学品集中区域

第四十九条（集中区域）

除运输工具的加油站、加气站以及港口危险化学品建设项目外，本市新建、改建、扩建危险化学品建设项目应当按照本市危险化学品生产、储存的布局规划，在工业园区或者其他专业区域（以下统称危险化学品集中区域）内进行。

现有危险化学品生产企业、仓储经营企业的生产装置和储存设施不在危险化学品集中区域的，应当按照本市产业布局政策逐步迁入危险化学品集中区域。

因产业配套等特殊原因，确需在危险化学品集中区域外建设危险化学品建设项目的，所在地的区人民政府应当召开听证会，听取周边居民和企业意见，并组织专家进行论证，认为能够降低综合风险的，可以依法进行建设。

第五十条（日常管理）

危险化学品集中区域管理机构应当加强安全生产的日常监督管理，指导企业落实安全生产主体责任，支持区域内企业与专业技术服务机构加强安全生产合作，协调解决企业之间的安全生产问题。

第五十一条（整体性安全风险评价）

危险化学品集中区域管理机构应当委托安全评价机构，每5年进行一次整体性安全风险评价，核定安全容量，实施总量控制，降低区域风险。

第五十二条（委托执法）

安全生产监管部门可以依法委托危险化学品集中区域管理机构，实施危险化学品安全监管的相关行政许可和行政处罚。

第六章 监督管理

第五十三条（目录清单管理）

本市实行危险化学品目录清单管理制度。市安全生产监管部门应当会同市发展改革、经济信息化、公安、交通、环保、规划国土等部门编制本市危险化学品禁止、限制、控制措施目录，列明本市不同区域危险化学品生产、储存、使用和运输的种类以及相关管理措施，经市政府批准后向社会公布并适时调整。

规划国土、发展改革等部门在实施建设项目规划、投资审批时，应当执行危险化学品禁止、限制、控制措施目录的规定。

危险化学品单位应当遵守危险化学品禁止、限制、控制措施目录，开展危险化学品生产经营活动。

第五十四条（信息交互平台的建设与维护）

危险化学品安全监管部门以及对行业、系统负有管理职责的部门应当将日常监管中掌握的危险化学品生产、经营、储存、使用、运输和处置等环节的相关信息实时录入本部门的监管信息系统。

本市依托政务数据资源管理平台建立危险化学品监管信息交互平台，实现各部门监管信息系统的互联互通。市安全生产监管部门应当加强对危险化学品监管信息交互平台建设的综合协调。市经济信息化部门应当加强对危险化学品监管信息交互平台建设的信息化技术支持。

第五十五条（监督检查）

危险化学品安全监管部门、对行业、系统负有管理职责的部门和乡镇人民政府、街道办事处、产业园区管理机构应当按照分级分类、突出重点的原则，制订危险化学品年度监督检查计划，并按照计划确定的监督检查对象、范围和方法进行监督检查。

对生产、储存危险化学品的企业和使用危险化学品从事生产的企业按照本办法第十六条的规定报送备案的安全评价报告以及整改情况，安全生产监管、交通部门应当每年按照不低于年度备案量30%的比例，对备案单位进行抽查。

第五十六条（专业技术服务机构）

危险化学品安全监管部门和乡镇人民政府、街道办事处、产业园区管理机构可以聘请具有相应资质、能力的专业技术服务机构对专业技术问题和日常监测数据进行分析、判断，并基于专业技术服务机构出具的专业报告依法履行监督管理职责。专业技术服务机构应当对其出具的专业报告依法承担法律责任。

聘请、委托专业技术服务机构出具专业报告、进行鉴定的，所需费用列入财政预算。

第五十七条（信息公开和联动惩戒）

危险化学品安全监管部门应当对危险化学品单位及相关责任人员受到行政处罚、发生责任事故被处理等信息依法公开，并将相关信息纳入本市公共信用信息平台。

危险化学品单位发生严重违法行为或者有多次违法记录的，危险化学品安全监管部门应当增加监督检查频次；有关行政管理部门依法在政府采购、工程招投标、授予荣誉等方面予以限制。

第五十八条（工伤保险费率挂钩制度）

本市建立健全危险化学品单位工伤保险费率与企业生产安全事故发生情况及安全生产标准化达标情况挂钩制度，具体办法由市人力资源社会保障部门会同市安全生产监管等部门制定。

第七章 法律责任

第五十九条（行政责任）

有关行政管理部门及其工作人员在履行危险化学品安全监督管理职责过程中有下列行为之一的，对直接负责的主管人员和其他直接责任人员给予警告或者记过处分；情节较重的，给予记大过或者降级处分；情节严重的，给予撤职处分：

（一）未按照年度监督检查计划开展监督检查的；

（二）超越、滥用法定职权的；

（三）对危险化学品事故隐瞒不报、谎报或者拖延报告的。

因前款规定行为直接导致危险化学品事故的，对直接负责的主管人员和其他直接责任人员给予记过、记大过处分；情节较重的，给予降级或者撤职处分；情节严重的，给予开除处分。

第六十条（违反建设规定的处罚）

建设单位违反本办法第十二条第三款规定，未委托具备相应资质、能力的机构对配套建设危险化学品生产装置和储存设施的建设项目进行安全评价和安全设施设计，或者未依法组织竣工验收的，由安全生产监管部门责令改正，可处以5000元以上3万元以下的罚款。

第六十一条（违法生产、储存、使用的处罚）

生产、储存危险化学品的企业和使用危险化学品的单位违反本办法第十四条、第二十条规定，有下列情形之一的，由安全生产监管部门和交通部门按照职责分工，责令改正，处以1万元以上5万元以下的罚款：

（一）未按规定在作业场所设置标牌和图示的；

（二）在受限空间或者可能产生有毒有害物质的场所内从事危险化学品作业，未按规定采取安全管理措施的。

生产、储存危险化学品的企业和使用危险化学品从事生产的企业未按照本办法第十三条规定在生产车间、储存库区、作业班组配备安全生产管理人员的，由安全生产监管部门和交通部门按照职责分工，责令改正，处以5000元以上2万元以下的罚款。

第六十二条（违反出入库信息化规定的处罚）

生产、储存危险化学品的企业、取得危险化学品安全许可的使用企业以及其他存放剧毒化学品、易制爆危险化学品的单位，未按照本办法第十九条规定采用电子标签等自动识别技术手段的，由安全生产监管、公安和交通部门按照职责分工，责令改正，可处以1万元以上5万元以下的罚款。

第六十三条（未按照规定进行危险化学品使用信息申报的处罚）

使用危险化学品的单位违反本办法第二十一条规定，未及时报送危险化学品有关信息的，由相关主管部门按照职责分工，责令改正，可处以1万元以上5万元以下的罚款。

第六十四条（违反确定产品方案规定的处罚）

生产危险化学品的企业和使用危险化学品从事生产的企业违反本办法第二十二条规定，在确定或者改变产品配方、生产工艺时，未进行安全论证，或者未制定安全操作规程和应急预案的，由安全生产监管部门责令改正，可处以1万元以上5万元以下的罚款。

第六十五条（违法经营的处罚）

运输工具的加油站、加气站未按照本办法第二十八条规定设置紧急切断和防静电接地装置，或者未按规定采用阻隔防爆、油气回收技术的，由安全生产监管部门和燃气管理部门按照职责分工，责令改正，处以2万元以上10万元以下的罚款。

危险化学品经营企业和购买单位违反本办法第二十九条第三款规定，未将销售、购买剧毒化学品、易制爆、易制毒危险化学品的信息实时录入公安部门的监管信息系统的，由公安部门责令改正，处以1万元以上5万元以下的罚款。

第六十六条（违反从业变更登记和运输监控规定的处罚）

危险化学品道路、水路运输企业违反本办法第三十三条第二款规定，未按规定为更换从业单位的运输专业人员办理变更手续的，由交通、海事部门按照职责分工，责令改正，处以1000元以上5000元以下的罚款。

危险化学品道路、水路运输企业违反本办法第三十四条规定，未配置卫星定位系统、船舶自动识别系统，对危险化学品运输车辆或者船舶进行运输全程监控的，由交通、海事部门按照职责分工，责令改正，处以2万元以上20万元以下的罚款。

第六十七条（违反托运、承运、发送、接收规定的处罚）

危险化学品单位违反本办法第三十五条、第三十八条规定，有下列情形之一的，由交通、海事、邮政、检验检疫部门按照职责分工，责令改正，可处以1万元以上5万元以下的罚款：

（一）托运人未按规定查验承运人的危险化学品运输资质或者备案证明，复印后与货运单证一并留存的；

（二）危险化学品单位发送和接收危险化学品时，未查验运输车辆、船舶的营运证件或者运输专业人员的资格证书，复印后与货运单证一并留存的；

（三）危险化学品接收单位接收外省市道路运输来沪的危险化学品，未按规定查验其经指定道口检查的记录，复印后与货运单证一并留存的；

（四）危险化学品单位发送和接收危险化学品时，发现违法行为未立即采取妥善处置措施或者向有关部门报告的。

危险化学品单位向外省市购买或者销售危险化学品，未按照本办法第三十九条第一款的规定书面告知本市危险化学品运输的有关规定，并保存告知记录的，由交通、海事部门按照职责分工，责令改正，可处以1000元以上5000元以下的罚款。

危险化学品单位向外省市购买或者销售易燃易爆、强腐蚀性化学品，未按照本办法第三十九条第二款的规定提前申报相关运输安排情况的，由公安部门或者海事部门按照职责分工，责令改正，处以5000元以上3万元以下的罚款。

承运人违反本办法第三十六条第（五）项的规定，将承运的危险化学品转交其他无相应资质的单位或者个人运输的，由交通、海事部门按照职责分工，责令改正，处以2万元以上10万元以下的罚款。

第六十八条（违反道路禁运和指定道口通行规定的处罚）

危险化学品道路运输企业违反本办法第四十一条、第四十三条规定，有下列情形之一的，由公安部门责令改正，处以2万元以上10万元以下的罚款：

（一）违反特殊情况道路禁运规定的；

（二）车辆未经指定道口进出本市的。

第六十九条（违反水路运输规定的处罚）

危险化学品水路运输企业违反本办法第四十四条、第四十五条规定，有下列情形之一的，由海事部门责令改正，处以2万元以上10万元以下的罚款：

（一）载运易燃易爆和毒害化学品的散装液态化学品船舶在黄浦江水域航行，不符合国家规定的Ⅱ型船舶要求或者未采取等效的安全防护措施的；

（二）油轮和载运易燃易爆、毒害化学品的散装船舶违反灾害性天气等禁止或者限制运输规定的；

（三）违反海事部门关于危险化学品船舶夜间在黄浦江杨浦大桥上游的规定水域内航行的限制措施的；

（四）未按照危险化学品运输船舶总量控制要求运输危险化学品的。

第七十条（违反禁止、限制、控制措施的处罚）

危险化学品单位违反本办法第五十三条第三款规定，开展生产经营活动时未遵守本市危险化学品禁止、限制、控制措施目录的，由危险化学品安全监管部门按照职责分工，责令改正，可处以1万元以上10万元以下的罚款。

第八章 附则

第七十一条（风险抵押金）

本市按照国家有关规定，对危险化学品单位实行风险抵押金制度。危险化学品单位投保商业性安全责任险的，可以不再缴纳风险抵押金。

风险抵押金的具体实施办法，由市安全生产监管部门会同有关部门按照国家有关规定另行制定。

第七十二条（名词解释）

本办法下列用语的含义是：

（一）危险化学品建设项目，是指危险化学品生产、储存的建设项目以及伴有危险化学品产生的化工建设项目（包括危险化学品长输管道建设项目，配套建设危险化学品生产装置和储存设施的建设项目除外），并且应当进行投资审批、核准、备案的固定资产投资项目。

（二）配套建设危险化学品生产装置和储存设施的建设项目，是指冶金、有色、建材、机械、轻工、纺织、烟草、商贸企业建设的产生、储存危险化学品，并将其用于主业生产经营的固定资产投资项目。

（三）使用危险化学品从事生产的企业，是指使用危险化学品作为原料生产化学品（危险化学品除外）的企业。

（四）危险化学品电子交易平台是指基于现代信息技术（互联网、物联网、电子商务等）促成危险化学品交易的平台。

（五）受限空间是指各类塔、釜、槽、罐、炉膛、锅筒、管道、容器以及地下室、窨井、坑（池）、下水道或者其他封闭半封闭场所。

第七十三条（施行日期和废止事项）

本办法自2017年1月1日起施行。2006年2月16日上海市人民政府令第56号发布，根据2010年12月20日上海市人民政府令第52号公布的《上海市人民政府关于修改〈上海市农机事故处理暂行规定〉等148件市政府规章的决定》修正的《上海市危险化学品安全管理办法》同时废止。

附件：上海市危险化学品安全管理相关部门职责分工

根据《中华人民共和国安全生产法》《危险化学品安全管理条例》《安全生产许可证条例》和《上海市危险化学品安全管理办法》等法律、法规和规章，对相关行政管理部门负责危险化学品安全管理的主要职责分工如下：

一、上海市安全生产监督管理局

（一）负责危险化学品安全监督管理综合工作，指导、协调、监督同级人民政府有关部门和下级人民政府履行危险化学品安全监督管理职责。

（二）负责危险化学品生产、使用、经营的行政许可工作。

审查、核发危险化学品安全生产许可证；审查、核发危险化学品安全使用许可证；审查、核发危险化学品经营许可证；对危险化学品生产、储存建设项目进行安全审查。对上述行政许可事项进行监督管理。

（三）负责危险化学品生产、使用、经营活动的监督管理。

组织制定危险化学品生产、使用、经营企业的安全管理规范；对剧毒化学品和构成重大危险源的其他危险化学品的生产、储存安全进行监督管理；对危险化学品生产、使用、经营企业生产装置、储存设施的安全评价和整改情况进行监督检查；对危险化学品生产、使用、经营单位的防爆设施、设备检测和整改情况进行监督检查；对危险化学品生产、使用、经营企业的安全生产进行检查；组织实施危险化学品安全专项整治；对危险化学品生产、使用、经营的重大事故隐患整改情况进行监督检查。

（四）会同有关部门确定危险化学品运输车辆进出本市的指定道口。

（五）会同有关部门发布危险化学品安全管理的相关信息；宣传危险化学品安全防护的相关知识；对举报危险化学品安全管理违法行为属实的单位和个人实施奖励。

（六）负责危险化学品事故应急救援和事故调查处理的相关工作。

组织制订危险化学品事故应急预案，报市人民政府批准后实施；对危险化学品单位的事故应急预案的制订和演练进行指导和监督；为危险化学品事故应急救援提供有关专业辅助队伍、专家信息和技术支持；对危险化学品生产安全事故进行调查处理。

二、上海市公安局

（一）负责危险化学品公共安全管理的行政许可工作。

审查、核发剧毒化学品购买凭证；审查、核发剧毒化学品道路运输通行证；对易燃易爆等危险化学品单位新建、改建、扩建工程的消防设施进行设计审查和验收。对上述行政许可事项进行监督管理。

（二）负责危险化学品公共安全的监督管理。

对剧毒化学品和构成重大危险源的其他危险化学品的生产、储存安全进行监督管理；会同有关部门确定危险化学品运输车辆禁止通行的区域、道路和时间；会同有关部门发布易燃易爆等危险化学品在灾害性天气等条件下的道路临时禁运公告；对危险化学品运输车辆的装载、行驶情况进行检查，并会同有关部门对违反规定的车辆依法处理。

（三）负责危险化学品道路运输事故应急救援和事故调查处理的相关工作。

制订和实施危险化学品道路运输事故应急预案；承担危险化学品事故的现场救援工作；对危险化学品道路运输事故和危害公共安全的危险化学品爆炸、火灾等事故进行调查处理。

三、上海市交通委员会

（一）负责危险化学品道路运输的行政许可工作。

对危险化学品道路运输企业进行资质认

定；对危险化学品道路运输专业人员进行考核和资格认定；审查、核发道路运输经营许可证、道路危险货物运输许可证和道路运输证。对上述行政许可事项进行监督管理。

（二）负责危险化学品道路运输活动的监督管理。

组织制定危险化学品道路运输企业的安全管理规范；制定和实施危险化学品道路运输企业和车辆安全防护设备的相关技术规范；对危险化学品运输车辆及其车载卫星定位系统和安全防护设备进行定期审验；对危险化学品道路运输企业通过卫星定位系统实施运输全程监控的情况进行监督检查；负责在高速公路的收费、检查站设置危险化学品运输车辆的专用或者指定通道，并在指定道口对危险化学品运输车辆和运输专业人员的相关证件进行查验，并会同有关部门对违反规定的车辆依法处理；对危险化学品道路运输企业的重大事故隐患整改情况进行监督检查；为外省市驻沪、来沪从事危险化学品运输的企业办理备案、车辆查验等手续。

（三）参与危险化学品道路运输事故应急救援和事故调查处理工作。

（四）负责危险化学品港口作业的行政许可工作。

对港区内危险化学品建设项目进行安全审查；对危险化学品港口作业企业进行资质认定；对危险化学品港口作业报告进行审批；对危险化学品港口从业人员进行考核和资格认定。对上述行政许可事项进行监督管理。

（五）负责危险化学品水路运输的相关行政许可工作。

对危险化学品水路运输企业进行资质认定；审查、核发危险化学品运输船舶营运证；对危险化学品水路运输专业人员进行考核和资格认定；对危险化学品运输船舶进行检验。对上述行政许可事项进行监督管理。

（六）负责危险化学品港口作业的监督管理。

负责港区范围内危险化学品安全的监督管理；组织制定危险化学品港口作业的安全管理规范；对港口危险化学品作业场所的安全评价和整改情况进行监督检查；对危险化学品港口作业企业重大危险源的安全进行监督管理；对危险化学品港口作业企业的重大事故隐患整改情况进行监督检查。

（七）负责所辖水域危险化学品运输活动的监督管理。

对危险化学品运输船舶实行总量控制；对危险化学品水路运输企业通过卫星定位系统实施运输全程监控的情况进行监督检查；对油轮等载运危险化学品的船舶实施导航或者护航；发布油轮和载运易燃易爆化学品的散装货轮在灾害性天气等条件下禁止或者限制航行的公告；对危险化学品水路运输企业的重大事故隐患整改情况进行监督检查。

（八）制订和实施危险化学品港口作业事故应急预案；制订和实施所辖水域危险化学品运输事故应急预案；负责危险化学品港口作业事故调查处理的相关工作；负责所辖水域危险化学品运输事故的调查处理。

四、上海海事局

（一）负责危险化学品水路运输的相关行政许可工作。

对危险化学品运输船舶进出上海港进行审批；审查、核发危险化学品运输船舶的注册登记证书；对危险化学品水路运输专业人员进行考核和资格认定。对上述行政许可事项进行监督管理。

（二）负责所辖水域危险化学品运输活动的监督管理。

对危险化学品运输船舶实行总量控制；对危险化学品运输船舶进行监控和检查；对油轮等载运危险化学品的船舶实施导航或者护航；发布油轮和载运易燃易爆化学品的散装货轮在灾害性天气等条件下禁止或者限制航行的公告；对危险化学品运输船舶的重大事故隐患整改情况进行监督检查。对危险化学品水路运输企业配置卫星定位系统、船舶自动识别系统，并实施运输全程监控的情况进行监督检查。

（三）制订和实施所辖水域危险化学品运输事故应急预案；负责所辖水域危险化学品运输事故的调查处理。

五、上海市质量技术监督局

（一）对危险化学品及其包装物、容器（包括运输工具的槽罐）的产品质量进行监督检查。

（二）组织制定危险化学品及其包装物、容器（包括运输工具的槽罐）的相关地方标准。

（三）制订和实施危险化学品包装物、容器（包括运输工具的槽罐）事故应急预案；负责危险化学品包装物、容器（包括运输工具的槽罐）安全事故调查处理的相关工作。

六、上海市环境保护局

（一）对废弃危险化学品及其包装物、容器的处置单位进行资质认定；对危险化学品生产、储存建设项目的环境影响评价进行审批；对危险化学品生产、储存建设项目的环境保护设施进行设计审查和验收。对上述行政许可事项进行监督管理。

（二）对废弃危险化学品及其包装物、容器的处置进行监督管理。

（三）制订和实施危险化学品事故造成环境污染的应急处置预案；对有毒化学品事故现场进行应急监测；负责重大危险化学品污染事故和生态破坏事件的调查处理。

七、上海市工商行政管理局

（一）核发危险化学品生产、经营、使用、储存、运输企业（含分支机构）的营业执照。

（二）对危险化学品市场经营活动进行监督管理。

（三）会同有关部门查处无证无照、超越经营范围从事危险化学品生产、经营、使用、运输的违法行为。

八、上海市卫生和计划生育委员会

（一）对危险化学品单位职业病防治工作进行监督管理；负责危险化学品的毒性鉴定。

（二）对医疗机构生产、储存、使用危险化学品和处置废弃危险化学品及其包装物、容器进行安全管理。

（三）制订和实施危险化学品事故医疗救护应急预案。

九、上海铁路监督管理局

（一）负责铁路车站范围内危险化学品安全的监督管理；对危险化学品铁路运输工具进行监督检查；对铁路车站范围内重大危险源的安全进行监督检查；对铁路运输危险化学品的重大事故隐患整改情况进行监督检查。

（二）制订和实施危险化学品铁路运输事故应急预案；负责危险化学品铁路交通事故的调查处理。

十、上海市邮政管理局

（一）对邮寄危险化学品进行监督检查。

（二）制订和实施危险化学品邮寄事故的应急预案。

十一、民用航空华东地区管理局

（一）负责机场范围内危险化学品安全的监督管理；对危险化学品航空运输单位及其航空器的安全进行监督检查；对机场范围内重大危险源的安全进行监督管理；对危险化学品航空运输的重大事故隐患整改情况进行监督检查。

（二）制订和实施危险化学品航空运输事故的应急预案。

十二、上海市经济和信息化委员会

（一）会同有关部门制订危险化学品生产、储存的行业规划。

（二）对危险化学品监管信息交互平台建设提供信息化技术支持。

十三、上海市规划和国土资源管理局

（一）负责危险化学品生产、储存建设项目和危险化学品专用停车场地的选址、用地规划和工程规划的行政许可，并进行监督管理。

（二）负责在进行城乡规划时，加强对已有危险化学品管道的保护。

十四、上海市住房和城乡建设管理委员会

负责在进行建设管理时，加强对已有危险化学品管道的保护。

十五、上海市气象局

负责危险化学品生产、储存建设项目防雷设施的设计审查和验收，并进行监督管理。

十六、上海市民防办公室

承担危险化学品事故应急救援的相关工作，参与危险化学品事故的调查处理。

十七、上海市教育委员会

对学校储存、使用危险化学品和处置废弃危险化学品及其包装物、容器进行安全管理。

十八、上海市科学技术委员会

对科研院所储存、使用危险化学品和处置废弃危险化学品及其包装物、容器进行安全管理。

十九、上海出入境检验检疫局

负责对本市进出口危险化学品及其包装物、容器实施检验。

上海市推进智慧城市建设“十三五”规划

沪府发〔2016〕80号（2016年9月19日）

创建面向未来的智慧城市，是上海建设“四个中心”和具有全球影响力的科技创新中心的有效支撑，是落实网络强国、制造强国战略的重要保障。为加快推进上海智慧城市建设，让互联网更好地服务经济社会发展，依据《2006—2020年国家信息化发展战略》和《上海市国民经济和社会发展第十三个五年规划纲要》，编制本规划。

一、充分认识智慧城市发展的基础和环境

（一）发展基础

2010年以来，本市全面推进面向未来的智慧城市建设，城市数字化、网络化、智能化水平显著提升。信息化应用全面渗透民生保障、城市管理、政府服务等领域，数字惠民效果逐步显现，数字城市管理能级明显提升，电子政务效率持续改善；信息化与工业化深度融合推动产业加快向高端发展，信息技术自主创新和产业化能力进一步增强，电子商务蓬勃发展；信息安全技术支撑和保障机制不断完善，可信、可靠的区域信息安全保障体系基本形成；通信质量、网络带宽、综合服务能力显著提高，基本构建起宽带、泛在、融合、安全的信息基础设施体系。

1. 民生服务信息化应用全覆盖，成为改善城市生活品质的重要支撑，惠民效果显现。以电子健康档案为基础、以市区两级卫生综合管理平台为主干的卫生信息化应用框架基本建立，实现3000多万份市民电子健康档案的动态采集和联网共享；以教育信息资源共享、电子书包、网上教学等应用为重点的教育信息化成果显著，上海学习网注册用户达到184万，在线课程达到1.5万门；电子账单公共服务平台、为老综合服务信息平台、数字博物馆、图书借阅“一卡通”等一批重大公共服务信息化项目得到广泛应用；54个市级部门、单位和各区县政府网站开展了全网或网站首页的无障碍建设；基本建成以道路交通综合信息服务平台、公共交通综合信息服务平台、公共停车信息平台为主干的交通信息化应用框架，实现900多条公交线路、200多个中心城区停车场状态信息在线实时查询。

2. 城市管理与政务信息化向纵深发展，

运行效率明显提升。城市网格化管理模式持续向郊区以及地下空间、水务、绿化、民防等专业领域渗透拓展，有效促进大联动、大联勤等基层社会治理模式的创新发展；城市水务、电力、环保、安全监管等领域的智能应用体系初步形成，城市精细化管理水平进一步提升；推动城市安防视频资源共享、智能化消防、安全生产综合管理、多灾种早期预警等应用，城市应急处置机制逐步完善；政务信息资源开发利用实现突破，完成政府数据资源服务平台建设，汇聚和发布数据资源目录1.03万条、数据项13.38万个；政务服务渠道整合取得新进展，推动网上行政大厅、并联审批系统、法人“一证通”“12345”市民服务热线等协同化政务应用；居（村）委会电子台账广泛应用；建成开通公共信用信息服务平台，归集法人、自然人相关信用信息3444项。

3. 信息技术与产业融合创新不断加深，推动产业向高端发展。信息化与工业化深度融合，“两化”融合指数从2010年的75.5提高到2015年的85，启动“两化”融合管理体系贯标，45家骨干企业通过认定，推动首席信息官（CIO）制度建设；工业云、智能制造等在汽车、装备、航空等行业得到部署应用，建设了金融云、中小企业服务云等示范项目；互联网金融企业数量占全国1/2，电子商务交易额达到1.64万亿元；信息技术产业创新发展能力不断加强，集成电路、新型显示等产业研发能力大幅提升，完成28nm芯片技术研发，主动矩阵有机发光二极体（AM-OLED）面板在全国率先实现量产，高端软件在操作系统、数据库、中间件等方面形成完整产业链；在旅游、餐饮、娱乐等领域集聚了一批具有全国影响力的信息服务企业。信息技术产业总规模达到1.2万亿元，其中，软件和信息服务业收入达到6010.86亿元，信息服务业增加值占全市GDP比重达到7%。

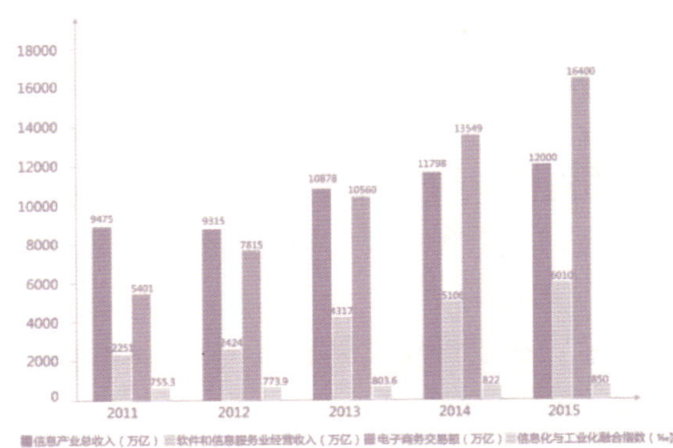

图1 “十二五”智慧经济发展情况

4. 信息基础设施能级不断提升，服务能力显著增强。宽带城市和无线城市建设取得显著成效，光纤到户基本实现全市域覆盖，家庭宽带用户平均互联网接入带宽达35Mbps，平均下载速率11~31Mbps，实际光纤入户率54%；3G/4G网络基本实现全市域覆盖，用户普及率超过98%；WLAN接入点（AP）超过18万个，906处公共场所开通iShanghai公益WLAN服务。三网融合加快发展，完成720万户有线电视用户NGB网络改造，基本覆盖中心城区和郊区城镇化地区，IPTV用户达177万户，高清数字电视和高清IPTV用户共计327万户。功能性基础设施建设持续推进，高精度位置服务平台基本完成建设，互联网数据中心（IDC）实现规模化发展，基础电信运营商IDC机架总量达4万个。信息基础设施建设集约化水平不断增强，第三方维护机制逐步健全。

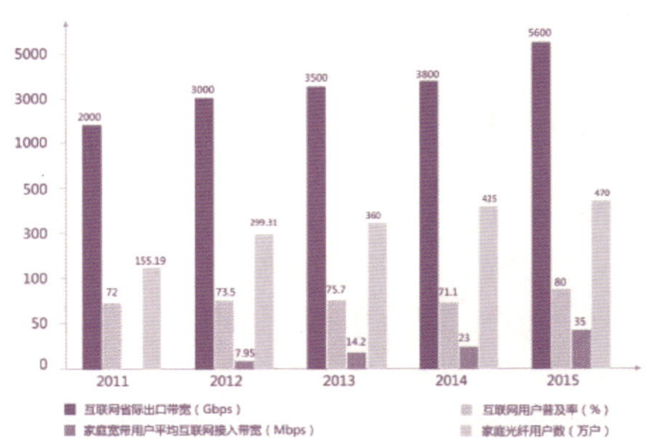

图2 “十二五”信息基础设施发展情况

5. 网络安全实现总体可控，保障能力持续提升。围绕建立可信、可靠的区域信息安全保障体系，城市信息安全保障工作有序推进，安全防护水平与综合保障能力显著提升，全民信息安全意识普遍提高，基本形成基础网络、重要网站和信息系统、城市生命线系统、重要工控系统的安全管理体系，城市信息安全态势总体可控。在国内率先组建区域网络与信息安全应急管理机构，建成电子政务灾备中心。安全测评、应急响应、电子认证等领域的技术实力和安全保障能力得到进一步提升。加强多层次人才体系建设，初步形成一支信息安全高技能人才队伍。

（二）发展环境

当今世界，互联网成为驱动产业创新变革的先导力量，围绕数字竞争力的全球战略布局全面升级，打造网络强国成为全球主要大国的共识。上海作为全国改革开放排头兵和创新发展先行者，亟须以智慧城市建设为抓手，服从服务国家战略，补齐短板，破解瓶颈，推动信息化与经济社会发展深度创新融合，促进产业转型升级，提升民生服务水平，增强社会治理能力，在践行新发展理念上先行一步。

1. 全球信息化的战略重心向重塑核心竞争力转移。发达国家将信息技术内化为经济发展的核心竞争力，促进信息化与产业经济和科技创新融合发展，带动新一轮产业升级和科技革命。网络空间的战略价值日益突显，网络安全成为国家安全的重要领域，并成为国与国之间竞争的焦点，发达国家在布局网络空间安全方面的投入不断加大。

2. 国内智慧城市建设广泛开展并呈现集群效应。各地大力推动智慧城市建设，全国已有 300 余个不同规模的城市明确将建设智慧城市作为城市发展的重要战略，长三角、珠三角、京津冀等主要城市群在加强区域经济一体化的同时，更加关注智慧城市建设领域的有机协同与合作互动。

3. 上海智慧城市建设逐步进入融合发展的高级阶段。目前，本市经济社会发展一方面面临着土地、能源、人口、环境等约束性条件的限制，粗放式的发展模式难以为继；另一方面“四个中心”和具有全球影响力的科技创新中心建设任务紧迫，创新发展要素亟须聚集，需要将智慧城市建设作为引领和带动新一轮发展的重要战略举措。

4. 智慧城市逐步向全面泛在化、融合化、智敏化方向演进。“万物互联”使得网络接入、计算资源和应用服务变得随处可得。软件和硬件融合推动了 XaaS 云服务模型在网络、平台、软件等层面的快速应用和部署，促进了服务模式的变革和创新。跨部门、跨领域的应用协同使得信息交互和辅助决策更加快捷，信息技术加快了模块化服务模式的发展，高弹性、广适应、柔性化的信息系统应用成为发展趋势。

与此同时，上海建设智慧城市依然面临着一系列挑战和瓶颈问题。一是随着信息资源的不断丰富，进一步激发了应用协同的须求，但也使跨领域、跨部门的协调难度更大，在强调行业信息化顶层设计的同时，亟需在全局上做好数据共享和业务协同的机制安排，避免产生新的“信息孤岛”。二是政府监管模式与信息化融合创新不相适应，依托互联网平台开展的创新服务大多处于法规和政策的“灰色地带”，不监管或过度监管都会造成矛盾，亟须形成多元共治、各方参与的市场机制。三是智慧城市的应用感受度有待提高，政府各部门主导推进的信息化应用已无法满足快速增长的公众信息化服务需求，沉淀在政府层面的数据资源价值尚未充分挖掘，亟须形成有效的政企合作机制，并注重消除“数字差距”。四是全社会对网络安全的认识亟待进一步提高，网络空间的信息保护、技术保障、制度安排都面临新的挑战，复杂性较高。

二、以新理念引领智慧城市创新发展

（一）指导思想

全面贯彻党的十八大和十八届三中、四中、五中全会精神，以邓小平理论、“三个代表”重要思想、科学发展观为指导，深入贯彻习近平总书记系列重要讲话精神，坚持“四个全面”战略布局，树立创新、协调、绿色、开放、共享的发展理念，按照2020年基本建成“四个中心”和社会主义现代化国际大都市、形成具有全球影响力的科技创新中心基本框架的要求，把握中国（上海）自由贸易试验区（以下简称“自贸试验区”）建设契机，将智慧城市建设作为推进上海改革开放和创新发展的重要举措，实施信息化领先发展和融合带动战略，确立大数据作为城市创新发展要素的地位，实施互联网与经济社会融合发展的“互联网+”战略，拓展网络经济空间，释放信息生产力，使智慧城市成为上海建设综合性全球城市的重要标志。

（二）推进原则

——需求牵引、应用为先。坚持以需求为导向，立足于市民生活、企业生产经营、政府服务管理的实际需求，鼓励各类内容创新、技术创新、模式创新，以创新促应用，不断拓展各领域信息技术应用的广度和深度，切实增强信息化对城市生产生活的支撑、引领、带动效用。

——激活市场、鼓励众创。以建立高效、自由、开放、富有活力的市场环境为指引，以激发市场主体积极性、提升创业孵化质量为目标，强化行政资源对市场资源的撬动效应，加强政策和制度创新、管理和服务模式创新，完善创新创业基地和功能平台建设，全面形成推动大众创业、万众创新发展的动力机制。

——点面结合、广泛惠民。以普遍受益为信息化推进宗旨，将先进示范与基础普及相结合，发挥信息化应用标杆的引领作用，加强重点领域和重要区域的试点示范，推进基础智能应用的广泛覆盖，切实缩小城乡各领域间的“数字差距”，形成全民共享智慧城市建设成果的良好格局。

——夯实基础、保障安全。以保障智慧城市建设平稳有序推进为原则，以信息基础设施升级、应用规范与技术标准建设、高端人才培育、公共信息资源开发开放为重点，进一步优化综合发展环境；准确把握网络安全保障和信息化发展之间的辩证关系，形成与信息化发展水平相适应的网络安全综合保障体系。

（三）主要目标

到2020年，上海信息化整体水平继续保持国内领先，部分领域达到国际先进水平，以便捷化的智慧生活、高端化的智慧经济、精细化的智慧治理、协同化的智慧政务为重点，以新一代信息基础设施、信息资源开发利用、信息技术产业、网络安全保障为支撑的智慧城市体系框架进一步完善，初步建成以泛在化、融合化、智敏化为特征的智慧城市。

——基本形成具有“上海特色、国内领先、国际先进”的普惠化应用格局。智慧生活形态丰富，基于网络的智能化医疗、教育、交通、养老等公共服务基本涵盖全体市民。智慧经济蓬勃发展，信息化与工业化融合指数达到105，企业信息化投入占主营业务收入比重达到0.5%，电子商务交易额达到3.5万亿元。智慧治理不断深化，基于网格化的城市综合管理平台基本覆盖全市域。智慧政务取得突破，政务数据资源内部共享和对外开放机制进一步完善。

——基本形成高速、移动、安全、泛在的新一代信息基础设施体系。落实网络强国战略，使上海成为全国带宽最宽、网速最快、网络服务最具竞争力的地区之一。实际光纤入户率达到70%，家庭光纤用户平均互联网接入带宽达到100Mbps，固网宽带用户平均下载速率超过25MB/s，全市iShanghai公益

WLAN接入场所达到4000个，全面完成网络设施的IPv6改造。

——基本形成广泛汇聚、共享开放、深度应用的数据资源利用体系。政府数据公开网站开放数据集超过5000项，数据产品和数据服务交易额国内领先。引进和培育50家以上大数据龙头企业，建成3~5个大数据产业基地。上海大数据发展水平率先迈入国际先进行列，成为国家战略数据储备中心、亚太地区重要的数据交易市场和全球“数据经济”枢纽城市。

——基本形成创新驱动、结构优化、绿色发展的信息技术产业体系。培育形成一批在全国引领技术创新的龙头企业，集成电路、新型显示、信息服务等领域的技术水平和产业规模居于国际前列。建设若干个开放式的技术创新、产业发展公共服务平台。新一代信息技术产业占整个信息技术产业的比重超过80%；信息服务业经营收入超过10000亿元，增加值占全市国内生产总值的比重力争达到7.5%左右。

——基本形成可信、可靠、可控的信息安全保障体系。按照国家关于网络安全的战略部署，结合智慧城市建设实际，显著提升城市应对“信息灾害”的能力、网络空间安全监管治理能力、信息基础设施和重要信息系统安全保障能力、信息安全基础支撑能力。

图3 “十三五”智慧城市建设总体框架

三、构建普惠化的智慧城市应用格局

围绕打造“活力上海”，着眼城市宜居，营造便捷化的智慧生活；着眼产业创新，发展高端化的智慧经济；着眼运行可靠，完善精细化的智慧治理；着眼透明高效，建设协同化的智慧政务；着眼区域示范，建设智慧化的社区、村庄、商圈、园区和新城。

（一）营造智慧生活，构筑宜居之城

按照“便民、利民、惠民”的原则，围绕市民对生活品质、全面发展、文化休闲、交通出行等方面的需求，利用新一代信息技术和先进理念，创新服务模式、丰富服务内容、整合服务渠道，打造普惠宜居、以人为本的智慧生活环境。

1. 提升市民生活品质

——深化健康领域信息化。推进健康信息共享，建设以结构化电子病历为基础的市级医院临床数据中心，推动健康大数据采集和应用。建设服务于家庭医生签约管理、全面预算管理、医疗质量监控、卫生计生行政决策等的综合管理平台。建设信息便民服务平台，完善咨询预约、就诊转诊、诊间支付、远程医疗、自助监护等全流程服务。加强院内急救和院前急救的信息共享，推进市级医院急诊室和EICU一体化建设，实现院内急救资源实时调配和突发性急救事件预警提醒，构建高效的院前急救指挥调度和全程监控管理体系。加强传染病防控、慢性病管理、妇幼保健、职业卫生、精神卫生等公共卫生领域的信息化建设。完善上海体育公共服务体系，加强体育管理和服务信息整合共享和开放，建设体育公共服务平台，鼓励市场提供面向各类人群需求的公共服务。

——推进养老服务信息化。建立全市统一的综合为老服务平台，形成全人群覆盖、全方位服务、全过程管理、全天候响应的智慧养老体系。统筹各类养老服务数据，提升养老公共服务管理水平和市民办事便捷性。建立养老服务组织机构和人员队伍管理信息系统，实现居家养老、机构养老、医疗护理的梯度衔接和相互转介功能。推进物联网、

移动互联网等在养老服务领域的融合渗透，促进远程健康监护、居家安防、定位援助等养老服务新模式应用。

——完善信息无障碍服务。推进残疾人社会保障、康复、教育、就业等数据的汇聚，建设全市统一的残疾人数据资源中心。建设集残疾人业务管理与服务于一体的智能门户网站，探索残疾人网上办事。推动智能化残疾人证件的应用，实现在金融、医疗、教育、交通等领域的一证通用。完善残疾人无障碍数字地图，推进无障碍设施的位置信息服务。推动政府网站全网无障碍改造，引导新闻、金融服务等社会化网站的无障碍改造。推动智能终端在残疾人康复、监护、生活服务中的应用。

2. 满足市民个体发展需求

——提升教育信息化水平。集聚优质教育数字化资源，构建面向全体市民，集学习工具、微课堂、学习资源于一体的大规模智慧学习平台。建设市场主导、多元共建、开放共享的上海教育资源中心。建设上海教育数据中心，汇聚整合各级各类教育数据，构建教育综合管理决策平台。建设上海教育认证中心，实现教育对象全周期一体化认证信息管理。推动“智慧校园”建设，鼓励企业和社会机构面向不同人群提供丰富的个性化互联网教育产品。

——完善就业服务信息化。整合职业培训、技能鉴定、居住证积分管理、海内外人才引进等服务内容，提供面向法人的“一站式”在线自助服务。创新就业监管和服务模式，建立汇集劳动监察与仲裁、社保缴费等信息的就业诚信档案，完善就业诚信体系。开放人力资源社会保障等就业相关信息，实现社会就业服务机构与政府部门间的信息共享和双向认证，鼓励社会就业服务机构充分利用信息技术提供就业供需精准对接。

3. 优化城市人文环境

——推进文化领域信息化。完善数字公共文化服务体系，进一步汇聚文化展示、文化演出、文化培训等信息，建立“文化上海云”，为市民提供触手可及的公共文化服务。推进博物馆、图书馆、美术馆、文化馆等场馆信息化建设，改善访客的现场体验。提高各类馆藏文化资源、非物质文化遗产的数字化水平，深化“数字博物馆群”建设。鼓励企业开发推广各类适应市民需求的数字文化产品和服务，培育互联网文化服务领域的龙头企业。强化虚拟现实、人工智能等技术在创意研发、工艺设计等领域的应用。

——拓展旅游服务信息化。建设上海旅游信息管理和发布平台，整合景区、设施、产品、服务、监管等信息，提升旅游行业管理和服务能力。建立旅游舒适度指标体系，提升旅游公共突发事件预防预警、快速响应和及时处置的能力。依托迪士尼、佘山等特色旅游度假区建设，开展智慧旅游创新示范。鼓励和引导旅游电子商务平台建设，逐步整合商、旅、文信息，为游客提供全要素、全过程的旅游信息服务。建设以气象公共数据社会服务云平台为依托的“问诊式”气象台，以及面向交通、农业、卫生、环境、旅游等重点行业的专业气象服务平台，提升气象信息服务水平。

4. 改善便捷交通出行

——提升便捷化出行水平。整合实时路况、公交动态、停车动态、水上客运、航班和铁路动态等各类信息，提供一体化出行信息服务。完善道路信息采集网络，深化高速公路、快速路和地面道路交通信息采集与处理。建设公共停车信息平台，推进道路停车场收费、公共停车综合信息服务等系统建设。完善公路客运行业联网售票系统，推动第三方票务和票款清分平台建设。完善营业性小客车信息服务平台，实现对出租车、约租车、租赁车等各类车辆的动态跟踪、监管和服务。在交通枢纽、商务园区等区域，探索开展车路协同、车联网等试点。

——完善交通智能化管理。建立公交综合一体化管理平台，实现车辆到站动态信息全覆盖和公交企业智能集群调度常态化管理。完善营运车船动态监管平台，实现省际客运班线车、包车和危险货物运输车信息与全国道路运输车辆动态信息平台对接，以及重型载货汽车、半挂牵引车信息与全国道路货运车辆公共监管服务平台对接。拓展长三角高速公路不停车收费系统。推进轨道交通线网检测和管理系统建设。推动交通大数据共享开放和应用，为城市路网及公交优化、综合运输协调、交通安全应急等提供智能决策支持。

专栏一 智慧生活

卫生服务综合管理平台。建设覆盖医疗、医保、医药、公共卫生领域的综合管理平台，实现政府的政策与资源联动；建立卫生计生行政决策综合管理平台，推进市级平台与区级平台、业务系统的深度融合和无缝对接。

智慧交通出行信息发布体系。建设交通综合信息服务平台，面向公众出行信息需求，通过移动终端等多种载体，提供涵盖公共交通、对外交通和道路交通的交互式综合性信息服务。

气象公共数据社会服务云平台。构建稳定、开放、安全的气象大数据平台，面向公众提供统一的气象基础资料与产品，实现公众全方位无缝隙获取气象信息。

智能化残疾人证工程。完成智能化残疾人证发放，以残疾人事业数据资源中心为依托，完善社会保障、康复、教育、就业服务等应用功能，拓展在金融、交通、旅游、公共文化等领域的服务功能。

（二）发展智慧经济，构筑创新之城

围绕信息化助推“四个中心”和具有全球影响力的科技创新中心建设，加快信息化和工业化深度融合，聚焦产业转型升级和培育发展“四新”经济，发展分享经济，促进信息消费，推动智能制造，全面提升本市经济发展活力和产业核心竞争力。

1. 培育分享服务新经济

——搭建分享经济跨界融合平台。利用云计算、移动互联网等信息技术，推进具有通用性、行业性、市场化特征的分享经济跨界融合平台建设，促进技术、实物、服务等社会资源的优化配置，提升社会协同合作效率。鼓励国有资源型企业、信息技术企业、网络通信服务企业和社会机构参与行业性、区域性平台建设，丰富平台服务内容，完善涵盖研发、生产、检测、交易等环节以及技术、资金、人才、信息等要素资源的综合服务体系。促进高技术产业、现代服务业等新兴产业集群发展，促进平台服务与产业引擎之间的供需对接。

——推动融合创新经济门类发展。依托互联网技术和服务资源优势，围绕城市运行、企业经营、市民生活三个层面的资源服务需求，推动互联网与金融服务、物流运输、交通出行、房屋租赁、就业等融合创新，重点培育基于有偿分享、对等分享、劳务分享、众筹分享等模式的经济门类发展。发挥自贸试验区开放优势，鼓励互联网企业与银行、保险等金融业企业开展跨界融合。构建快递业服务监管综合信息平台，促进快递业与电子商务平台对接，支持物流企业推动社会化共同配送、智能快件箱等新型物流模式的应用。引导汽车后市场服务创新，推动汽车分时租赁等新模式发展。

2. 促进信息消费新业态

——鼓励电子商务创新。深入推进外贸和跨境电子商务试点，支持围绕中小企业实际需求的电商服务平台发展，大力培育平台经济。鼓励骨干制造行业借力电子商务，提升供应链协同效率，创新产品供给和客服交互模式。推动传统商贸服务业、实体企业与电商企业的融合发展，推动线上线下（O2O）互动的电商模式。深化电子商务产业园区和示范基地建设。优化电子支付、信用服务、安全认证等支撑环境，促进电子发票、电子合同应用推广。

——推进数字内容产业发展。加强数字内容产品和服务开发，建立跨终端、跨系统的数字内容生产、转换、加工、投送平台，创新数字内容营销模式，拓展渠道建设。推进网络视听、数字出版、虚拟现实应用等发展，丰富动漫游戏、数字音乐、网络艺术品等数字内容产品供给，促进信息消费。

——拓展各领域移动应用。加快移动互联网与智能手机、平板电脑、数字电视、智能穿戴设备等技术和产品的融合创新。以公众日常需求为导向，深化支付、出行、娱乐、社交等领域的移动应用服务，推进家庭机器人、智能家居等移动智能产品与服务一体化。提升行业应用水平，推进移动互联网与传统商业形态和服务模式融合，加快移动商务、移动办公、移动医疗、移动教育等创新模式发展。

3. 发展智能制造新模式

——推动工业互联网融合创新。聚焦重点产业、服务平台、应用标准和示范基地，构建工业互联网发展生态体系，创建国家级工业互联网示范区。鼓励企业实现生产装备、产品的联网监控和在线服务，提升生产效率和售后服务水平。鼓励航空、汽车、钢铁、石化、装备等行业的骨干企业构建企业间网络化协同制造平台，形成网络化企业集群。发展基于互联网的用户到工厂（C2M）个性化定制，发展众包、众创、众筹、线上线下（O2O）融合营销等新模式。开展工业云、工业大数据试点，推进全产业链数据共享。

——提升传统企业信息化水平。大力推广“两化”融合管理体系贯标试点，建立和完善本市贯标服务认证体系。推广数字化技术、系统集成技术、关键技术装备、智能制造成套装备，建设智能工厂、数字化车间。鼓励骨干企业推动产品全生命周期管理、供应链管理、集团智能管控等系统的深入应用。引导产业链协同生产平台建设，深化研发、制造和服务等环节的协同应用。面向中小企业推广行业信息化公共服务平台应用，降低信息化建设成本。

——促进绿色安全生产信息化。鼓励企业充分利用物联网实现能源消耗数据的自动采集，开展能效综合评估、节能潜力分析、能源综合管理、能源集成优化等应用，探索建设覆盖各领域的能耗在线监测系统。鼓励重点行业企业建立事故监测、应急处置、流程追溯、质量控制等系统，完善工控系统安全管理的信息化支撑体系。

专栏二 智慧经济

“两化”融合管理体系贯标推广工程。开展“两化”融合评估诊断和对标引导工作，充实贯标试点企业和服务机构，完善和规范贯标推进和评定服务体系；加强对贯标试点工作的政策支持，引导“两化”融合管理体系与智慧园区、工业互联网等相关标准的融合发展。

工业互联网示范城市创建工程。以航天航空、汽车、装备制造等行业为重点，打造一批工业互联网标杆工厂，培育推广新型生产方式；开展工业云、工业电子商务试点，推动工业大数据、工业互联网试验验证平台等一批功能性服务平台建设，实现全产业链数据共享、全产业生命周期管理和全价值链提升。

互联网金融创新发展工程。推动互联网企业与银行、保险等金融行业开展跨界融合，加快第三方支付在移动支付、跨境支付等领域的应用创新；发展与国际接轨的财经、证券、保险等大型信息资讯平台；推进各类智能IC卡在便民支付领域的多卡集成应用。

（三）深化智慧治理，构筑和谐之城

按照城市管理精细化、可视化和社会治理协同化、透明化发展需求，聚焦城市综合治理，深化网格化与联勤联动的治理模式；聚焦环保、建筑、水务、燃气、管廊等重点领域，加强互联感知、数据分析、智能决策技术的应用；聚焦城市安全与应急处置，完善和提升信息化支撑城市平稳运行和突发事件处置的机制和能力。

1. 提升城市综合治理能力

——增强城市综合管理能力。建设基于统一坐标系，涵盖空间地理数据、属性数据、业务数据的行业数据资源中心和共享交换平台。加强物联网、北斗导航、移动互联等技术在城市管理中的应用。拓展专业领域和郊区城镇化地区网格化应用，逐步整合各专业网格，形成市、区、街镇三级联动的统一城市综合管理平台。加强与“12345”市民服务热线平台的互联互通，实现与联动联勤工作机制的有效对接，拓展社会公众参与城市管理的方式和技术途径，推动形成城市管理社会化模式。

——提升市场综合监管水平。推动商事制度改革和市场监管综合执法信息化建设，强化事中、事后监管，完善新型市场监管机制。巩固和扩大“三证合一、一照一码”改革成果，深化“先照后证”改革，强化信用监管。利用大数据、基于位置的服务（LBS）等技术，建立统一的市场协同监管信息化系统，整合工商、税务、质量技监、食品药品监管、住房城乡建设管理、公安等部门资源，汇聚各市场主体的工商登记、行政许可、执法、信用等信息，实现联动监管。按照市场监督体制改革的部署和要求，进一步完善与各市级部门和区县政府热线的衔接，深化公众诉求综合处置平台的应用，延伸推进综合监管、综合执法等的属地化应用。

——加强基层治理信息化支撑。推进服务模式从“一门式”向“一口式”转变，实现社区事务一口受理、办理结果一口反馈。加快建立社区综合管理平台，在试点社区建设统一的人口、法人、房屋、事件等基础信息资源库，实现“一表式”基层信息采集与动态更新，更好地为群众提供精准、有效的服务。推动以区为单位的大联动、大联勤，建设平战结合的城市运行管理中心，实现城市应急管理与网格化管理和社区综合管理的深度融合。

2. 提升重点领域管理能力

——实施环境治理信息化。完善环境监测网络，建设水环境预警监测体系、推进实施《水污染防治行动计划》调度和评估平台、长三角区域空气质量预测预报系统，深化污染源综合监管系统建设。进一步完善环保数据中心建设，推进环保数据资源整合以及跨部门、跨区域共享，提高污染源精准监管和综合治理决策能力。加强长三角区域大气、水污染的联防联控。利用移动互联、实时定位、三维 GIS 等技术提高对景观灯光、店招店牌等户外设施的动态监察能力。完善对绿化、植被、野生动物、湿地、气候等生态资源信息的动态采集，提高实时信息感应及处理能力。

——促进城市建筑管理智能化。构建全市统一、动态更新的房屋数据库，为房屋修缮、物业管理、住房安全管理提供全面支撑。推进建筑信息模型（BIM）技术应用，建立相关配套政策、标准规范和应用环境，基于建筑信息模型（BIM）技术，构建建筑全生命周期的监管模式。加快推进智慧物业管理体系建设，探索创新物业管理服务模式和体系。

——深化水务管理信息化。完善供水感知监测网，实现全市域从取水源头到用户端的智能调度。完善洪涝积水、雨污水输送与溢流等精细化感知监测，实现灾害风险智能分析预警及排水管泵智能调度。整合市、区两级水资源监控管理平台，加强水资源数据分析、挖掘，支撑水资源智能调度和应急管理。加快推进“数字海洋”工程建设，加强海洋智能观测监测，实现对海洋资源、防灾减灾、生态环境、海洋经济运行的动态监管与评价。

——深化口岸信息化。全面优化上海国际贸易单一窗口建设，推动单一窗口平台与现有各类信息通道的对接，贯通通关监管信息链，实现企业单一窗口办理口岸通关申报、查验、支付、提离以及相关贸易许可、外汇、退税等功能。探索建立长三角区域国际贸易单一窗口。推进亚太示范电子口岸建设。完善国际航运中心综合信息平台建设，推进多种运输方式协同运作。

——推进燃气服务运营管理信息化。深化燃气服务智能化，拓展基于移动互联网和物联网的燃气智能服务，挖掘用户端大数据资源，持续改进用户体验；优化燃气智能调度，整合气源、管网、客户端等供应链数据，完善燃气智能预测、管网预警、区域燃气供求实时分析等，实现燃气全网智能监测和平衡。

——加快推进城市管廊信息化。依托北斗高精度定位、管网地理信息、信息感知等平台，加强给排水、电力、燃气、广电、通信等市政管线信息的采集和动态更新，全面实现管网可视化管理。推进智能感知技术在管网运维中的应用，实现管网流量精准、实时监测，提升管网综合利用效率和安全保障水平。推动管线信息在政府部门、权属单位和施工单位之间的共享利用，提高城市地下管线的建设维护管理水平。重点推进智能电网建设，新建一批智能变电站，推进智能楼宇、智能用电小区建设以及智能家居控制系统研发和示范应用。

3. 提升城市安全与应急处置能力

——深化食品安全管理信息化。建设食品安全监管和信息服务平台，推进食品安全许可凭证、监管和处罚记录、检验检测结果等信息的共享和跨部门监管协同。加强信息化在食品安全风险监测、投诉举报和信用评价等环节的支撑作用，提高食品安全事件的应急响应、分析处置、科学决策水平。深化食品信息全程追溯，实现粮食、畜产品、禽类、蔬菜、水果、水产品、豆制品、乳品、食用油、酒类十大类食品的信息溯源。促进食品安全监管和预警信息向社会公开，鼓励社会力量参与食品安全管理和服务信息化体系建设。

——夯实公共安全信息化。多渠道采集并整合客流、交通、通信网络、环境要素、质量标准和水、电、燃气等涉及公共安全的城市运行数据资源，构建公共安全大数据资源服务体系；实现公共安全领域的数据深度共享和业务高效协同，满足全局性、跨部门、跨层级数据共享的需要。推动公共安全视频监控联网整合，创新科技防控手段，着力构建覆盖全时空、智能化的科技防控网络，提升治安防控、侦查破案、社会管理、服务群众等能力。进一步完善应急指挥体系，深化应急管理领域业务协同，切实提升突发事件监测、预警和应急处置能力，提高社会综合治理水平。

专栏三 智慧治理

长三角区域空气质量预报预警系统。成立长三角区域空气质量预测预报中心，建立涵盖可视化业务会商、监测数据共享与综合观测应用、排放清单加工和区域预报信息服务等功能的预测预报系统，提升长三角区域空气质量预测预报水平。

公共安全信息综合研判指挥平台。推进新一代公共安全信息中心建设，提升公共安全的网络通信、数据中心、图像监控等信息基础设施能级；深入推进公安大数据实战应用平台建设，实施应急联动接处警系统改造，实现实战指挥系统功能升级，提升公共安全突发事件监测、预警和应急处置能力。

智慧照明综合管理信息平台。推进以安全、高效、绿色为内涵的智慧照明工程，建设道路照明综合管理信息平台；推广节能环保的新光源、新技术及先进灯控模式等在道路照明管理中的应用，加强遥感等智能感知技术的应用，提升对景观灯光、商业广告显示屏等光电设施的动态监察能力。

特种设备公共服务信息系统。实现电梯维保信息报送及查询、特种设备变更信息报备、特种设备违法行为投诉、重点监控特种设备安全状况发布，实现对特种设备的管理和提供公共信息服务。

基于燃气智能管网的输配应急管理平台。以燃气管网地理信息系统为基础，整合燃气工程管理、压力监测、输配维护、应急抢修等相关数据，依托北斗高精度定位系统完善管网及附属设施的位置数据，形成支撑燃气日常输配和事故应急工作的智能辅助决策平台。

（四）建设智慧政务，构筑高效之城

按照建设“责任政府、服务政府、法治政府、廉洁政府”的总体要求，围绕加快政府职能转变，充分利用云计算、大数据、移动互联网等新兴技术，重点推进涵盖网络、资源、平台等内容的政务一体化，实现政府资源整合、流程优化和业务协同，促进行政审批制度改革和简政放权，提升政府管理和公共服务的水平和效率。

1. 推动一体化政务平台发展

——推进电子政务云建设。构建统一高效、弹性扩展、安全可靠、按需服务的电子政务云平台建设，推动政府业务应用系统向云平台迁移，实现硬件基础设施建设和服务、重要公共信息资源交换共享、应用系统支撑服务提供、机关公共服务应用开发、网络信息安全防范体系建设的统一，搭建覆盖市级各部门统一的信息交换平台，形成完善的机房和硬件资源服务体系，提供统一的软件支撑、公共服务、安全保障。

——提升政务网络服务能级。完善公务网市级网络中心建设，实现与中央网络中心连接。完善党委和政府管理业务信息和电子文件交换系统，构建规范统一、管理边界清晰、互联互通、信息共享、安全可靠的公务网网络平台。提高政务外网网络保障能力，扩大区级政务外网覆盖面，扩充移动互联网与政务外网的接口，满足移动办公、移动执法应用需求。推动政务数据灾备建设，实现重要信息和处理系统的灾难备份，提高政务信息系统的风险抵御能力，确保数据安全和可续性运行。

——创新电子政务建设和管理模式。充分利用云计算、大数据等新一代信息技术，转变电子政务建设模式，实现规划架构、建设运维、资金安全的统筹统一，推进一体化集约建设和运维模式。依据国家相关规范标准，加强政务数据采集、使用、交易等规范标准的研究、制定和完善，搭建覆盖市级各部门的统一信息交换平台，实现数据管理、规范标准、绩效评估的统筹统一，创新电子政务管理模式。

2. 深化跨部门政务协同应用

——提升政务办事效率。继续拓展网上政务大厅服务功能，实现市级网上政务大厅、市政府各部门网上办事平台、区级网上政务大厅间的统一申请、身份认证、数据对接，全力推进单部门审批事项统一上网，建设单一窗口综合管理平台，构建网上政务大厅单一窗口体系构架。探索建立网上支付系统，支持网上办事在线支付。建设智能终端应用管理平台，拓展手机、电脑、数字电视、多媒体自助终端等模式的网上政务大厅。

——优化公共服务渠道。继续深化和丰富社区公共事务受理中心、行政审批服务中心等的服务内容，提升服务能级。合理分配渠道资源，提升渠道运作的规范性，深化政府门户网站的网上办事功能，依托“12345”市民服务热线推进各部门政务服务热线的整合归并，拓展法人“一证通”使用范围，提升政府整体公共服务能力。深化“市民云”建设，实现与网上政务大厅相衔接，构建新一代面向民生的智能化一体化信息服务平台。充分利用手机 app、网络电视、政务微博、微信公众号、WAP 网站等新媒体，拓展服务渠道。

3. 拓展公共信用信息应用

——深化公共信用信息服务平台建设。实施市信用平台升级工程，全面提升市信用平台公共信用信息统一归集和综合服务功能，构建平台、子平台、服务窗口体系架构。健全企业信息公示系统建设，推进信息公示规范化、常态化。依托国家重大信息化工程，建立覆盖市场主体成立、存续、消亡全过程及重点领域企业和从业人员的信用记录，广泛推动信用信息跨领域、跨部门共享。

——拓展公共信用信息应用领域。以“互联网+”和大数据发展为契机，推动政府部门信用应用从简单的信用信息查询向大数据信用评估分类、信用风险预警以及建立全过程信用管理模式转变，加快构建以信用为核心的新型市场监管机制。加大政府信息公开力度，建立完善有利于信用服务机构采集信用信息的机制，优化行业发展环境，鼓励大数据信用产品、服务和模式创新，加强信用服务骨干企业培育。

专栏四 智慧政务

电子政务一体化工程。开展电子政务云平台研究，形成电子政务云平台总体建设框架；开展电子政务云服务试点，形成整体建设方案，完善电子政务云服务政府采购流程和运营管理模式，开展本市电子政务云平台建设。

网上政务大厅。推动全市政务数据资源的汇聚、共享和交互，简化优化公共服务流程，完成所有部门审批事项接入，加强线上线下联动，打造政府服务单一窗口，实现全市全网通办功能。

（五）推进区域示范，打造智慧地标

遵循“标杆示范、逐步推广、全面覆盖”的原则，结合城市功能布局特点，深入推动中心城区、重点区域以及郊区的智慧社区、村镇、商圈、园区和新城建设，形成布局合理、协调有序、特色鲜明的智慧城市示范地标。

1. 建设智慧社区，促进市民服务便捷化

围绕生活更便捷、更安全、更和谐，推进智慧社区建设，促进社区服务集成化、社区治理人性化、家居生活智能化。建设实名制的“市民云”平台，逐步汇聚公共服务和市场资源，通过手机、电脑、数字电视等渠道，为市民提供个性化服务。推动各部门的公共服务通过信息化方式向社区延伸，鼓励各类生活服务的模式创新和应用集成，加快面向社区服务的线上线下（O2O）互动应用推广。推动智慧小区建设，鼓励小区物业通过信息化手段，加强管理和服务能力，逐步推动小区智能安防、流动人员管理、停车服务等领域的智慧化应用，并与社区管理、基层治理相关平台实现对接和互动。大力发展智慧家居，推动智能家居相关软硬件技术标准的研发和制定，鼓励面向家居生活的智能化服务模式创新。深化智慧社区示范，鼓励成熟的智慧社区应用模式向全市推广。

2. 建设智慧村庄，缩小城乡数字差距

着眼于缩小农村地区与中心城区的数字差距，推动郊区村镇智慧化。按照“美丽乡村”建设的总体要求，以信息基础设施高速化泛在化、农村公共服务便利化、村镇治理信息化为重点，深化智慧村庄试点示范建设。围绕农村居民生产、生活的实际需求，推动农产品电商、乡村旅游和农家乐互动等平台建设。完善新型农村合作医疗信息系统，支撑新农合市级统筹工作的开展。加快村委会电子台账建设，减轻基层工作负担。完善行政村网页建设，加强村务公开工作。深化农村集体“三资”监管、土地承包经营权流转等平台应用。根据信息进村入户要求，分类建设简易型、标准型、专业型村级信息服务站，推进为农综合信息服务站功能拓展和服务延伸。

3. 建设智慧商圈，推动商业模式创新

聚焦传统商圈转型升级和模式创新，以商业企业为主体，以商业集聚区为载体，加强互联网和各类信息技术与线下商业的融合，不断提升商圈服务和管理水平。加快商圈信息基础设施升级，推动重点商圈的宽带无线网络覆盖，鼓励商圈和商业企业整合各方面资源，提供免费无线网络接入服务。推动停车诱导、室内定位、移动支付、虚拟现实和增强现实等技术在商圈中的应用，提升商圈信息化管理能力，改善用户体验。鼓励传统商业企业和连锁商户通过信息化手段，提升进销存管理、会员服务、支付和台账管理等能力，打造示范性智慧商圈。推进电子商务和互联网企业与实体商圈互动，推动商圈与周边社区的信息共享，鼓励有条件的商圈搭建信息综合服务平台。推进基于商圈各类信息的大数据采集、分析和应用，支撑商业企业营销模式创新和商圈布局优化完善。

4. 建设智慧园区，助力产业转型升级

聚焦各类产业园区和基地，按照标准引导、示范引领、基础先行、应用覆盖的思路，持续推进智慧园区建设。推动园区信息基础设施与园区开发同步规划、统筹建设，鼓励有条件的园区成立智慧园区建设运营主体，推动园区信息化的统筹协调和集约建设，并面向社会提供智慧园区整体解决方案。推动园区运营管理信息系统建设优化，加快园区内各类信息互联互通、数据共享交换、流程并联协同，提升园区管理和服务水平。推进基于园区的云平台建设，加快园区各类管理和服务系统向云平台汇集，鼓励园区面向入驻企业提供各类云服务。推进各类园区通过工业互联网、大数据等技术的应用部署，增强园区内外企业的联动发展，提高园区在招商服务、产业布局、企业孵化等方面的能力。

5. 建设智慧新城，提升城镇化发展水平

着眼于基础设施智能化、城市管理精细化、公共服务便捷化、生活环境宜居化，依托郊区新城和虹桥商务区、临港地区、国际旅游度假区等重点开发区域，建设宜居宜业、特色鲜明的智慧新城。推动信息化与新城开发同步规划建设，结合新城发展的战略定位和目标，高起点编制智慧新城的建设规划，鼓励智慧城市相关建设标准和导则在新城中先行先试。加强新城建设与各领域智慧应用的协调推进，加快智慧交通、健康、教育等民生服务系统，以及网格化管理、联勤联动平台等城市综合管理系统在新城中的衔接部署。推动新城相关系统平台与所处区的政务管理服务系统，以及区域内相关功能性机构的信息系统对接，推进信息资源的跨部门、跨领域共享和对外开放，鼓励在新城开展社会化数据的流通交易试点。鼓励新城发展智慧经济新模式、新业态，加快新城范围内产业智能化转型升级。推动智慧新城综合试点，加快新城内布局智慧社区、智慧村庄、智慧商圈和智慧园区试点示范。

四、完善一体化的智慧城市支撑体系

围绕智慧城市应用深化的需求，加快信息化相关技术和服务能力提升，着力建设高速、移动、安全的信息基础设施，推动数据资源的广泛共享、开放和利用，加快新一代信息技术的研发和产业化，增强网络和信息安全保障能力，为智慧城市建设提供涵盖技术、产业、平台、服务的一体化支撑体系。

（一）建设新一代信息基础设施，强化智慧城市的网络和平台承载能力

按照“统一规划、集约建设、资源共享、规范管理”的原则，结合“云、管、端”联动发展的要求，以新技术和新模式为引领，提升信息基础设施能级和服务水平，推进面向行业的平台服务和应用，不断增强信息基础设施的资源汇集、网络服务能力，优化用户体验。

1. 深入提升信息基础设施能级

——打造宽带城市升级版。实施传输网络超高速宽带技术改造，实现千兆到户规模部署；建设下一代互联网示范城市，完成运营企业网络和节点设施的 IPv6 改造，推动政府网站及商业影响力较大的网络应用服务商的 IPv6 升级改造；推动内容分发网络（CDN）、

软件定义网络(SDN)、网络功能虚拟化(NFV)等技术改造，提升本地网络灵活调度和按需配置能力，提高用户感受度；创新推进三网融合，推动网络集约建设、业务跨界融合。

——深化无线城市建设。推动街道基站、小微基站建设，探索综合利用智能照明装置等市政设施的基站设置新模式，构建多层次、立体化的移动通信网络；实现4G网络深度覆盖，根据国家部署，推进5G网络规模试验及试商用，建立公益WLAN可持续的市场化运营模式，提高全市公共活动区域公益WLAN覆盖率。

——强化通信枢纽地位。持续扩容、优化城域骨干网络，提升网络流量承载能力。协调推进亚太直达国际海光缆（APG）、新跨太平洋国际海光缆（NCP）两条新的国际海光缆建设和已建海光缆扩容，提高国际信息通信能力。

2. 着力推进设施平台化建设和服务模式转型

——构筑新型服务平台。加快信息基础设施向以互联网服务为主的平台化功能输出转型，依托电信运营企业全面覆盖的网络设施资源以及互联接入、业务支撑、云计算、大数据、用户渠道方面的能力，建立“互联网+”综合服务平台，率先在医疗、教育、交通、智能制造等领域形成示范；统筹空间、规模、用能，优化IDC布局，聚焦绿色环保和高端服务，增强对金融、航运等重点领域数据的承载能力。

——推进物联专网建设。布局全市域的物联专网，探索形成技术多样、主体多元、应用多层的物联网生态格局，提供充分面向终端用户的异构、泛在、灵活的网络接入，基本形成较完善的骨干物联专网基础设施。

——探索发展频谱经济。加强频谱资源综合利用，推动广播电视频谱资源的释放和再利用，建设覆盖全市的下一代地面无线广播电视网（NGBW），打造具有文化属性的新型公共服务平台；推动电信运营商对第二代移动通信（2G）频率资源进行调整和再利用。

专栏五 新一代信息基础设施

用户感知提升工程。完善宽带网络结构，优化网间互联，扩容城域网络，规模部署千兆接入到户，进一步提升网速。提高无线网络覆盖，实现4G网络热点区域深度覆盖，不断增加公益WLAN热点覆盖量。

新型服务平台构筑工程。依托电信运营企业自身的网络和设施资源，整合其互联接入、业务支撑、云计算及大数据、用户渠道等能力，加强与社会第三方合作，建立开放式“互联网+”综合服务平台，在医疗服务、交通出行、智能制造等领域开展应用示范。

骨干物联专网建设工程。在临港、杨浦、迪士尼等部分重点区域先期开展技术试验和网络部署，提供面向不同类型用户，异构、泛在、灵活的网络接入，推动在城市管理、智能制造等方面的应用，初步建成面向物物互联的全市域物联专网并实现规模应用。

（二）深化数据资源共享开放，提升智慧城市的信息资源采集和利用能力

按照“统筹规划、资源整合、营造环境、市场主导、政府带头、示范引领”的原则，以提升治理能力、改善民生、经济转型和创新创业为导向，推动数据资源共享开放，促进大数据应用，加快大数据产业发展，提升大数据发展水平和能级。

1. 推动数据资源共享开放和流通

——加强政务数据资源共享。加强顶层设计，推进政务数据统一共享交换平台及数据中心建设，以市人口、法人、空间地理三大数据库为基础，加快各类政务数据资源的汇聚整合和共享。深化政务数据资源目录体系建设，实现全市政务数据资源目录的集中存储和统一管理，形成跨领域、跨部门、跨层级的政务数据资源池，为辅助决策、统计分析、业务管理等提供大数据支撑。制定有

关技术规范和管理标准，建立质量控制、数据交换、开放共享等方面的监督评估机制。

——加快公共数据资源开放。在依法加强安全保障和隐私保护的前提下，稳步推动公共数据资源开放。加快建设政府数据统一开放平台，提升政府数据开放共享的标准化程度，建立政府和社会互动的大数据采集形成机制。重点推进经济、环境、教育、就业、交通、安全、文化、卫生、市场监管等领域的公共数据资源开放，鼓励社会各方开发数据访问工具，对公共数据资源进行深度加工和增值利用。

——推动社会数据资源流通。支持公益性数据服务机构发展，鼓励社会组织、企业、个人参与公益性数据资源开放项目。建立数据资产登记、估值和交易规则，支持设立数据交易机构，推动资源、产品、服务等的交易。大力发展权属确认、价值评估、质量管理、责任保险、数据金融等数据贸易服务业，推动形成繁荣有序的数据交易市场。

2. 深化数据资源广泛利用

——推动政府治理精准化。在企业监管、质量安全、节能降耗、环境保护、食品药品监管、安全生产、信用体系建设、旅游服务等领域，推动政府部门和企事业单位相关数据的汇聚整合和关联分析，提升政府决策和风险防范能力。推动改进政府管理和公共治理方式，借助大数据实现“三个清单”（政府行为负面清单、权力清单和责任清单）的透明化管理，完善大数据监督和技术反腐体系，促进政府简政放权、依法行政。

——推进商事服务便捷化。深化政务并联审批平台建设，形成网上审批大数据资源库，积极运用大数据手段，实现跨部门跨层级审批、核准、备案的统一受理及相关信息的共享公开。鼓励政府部门高效采集、有效整合、充分运用政府数据和社会数据，掌握企业需求，推动行政管理流程优化再造，在注册登记、市场准入等商事环节提供更加便捷有效、更有针对性的服务。利用大数据等技术，密切跟踪中小微企业特别是新设小微企业的运行情况，为完善相关政策提供依据。

——加快民生服务普惠化。以优化提升民生服务、激发社会活力、促进大数据应用市场化服务为重点，引导鼓励企业和社会机构开展创新应用研究。在健康医疗、社会救助、养老服务、劳动就业、社会保障、质量安全、文化教育、交通旅游、消费维权、城乡服务等领域开展大数据应用示范，推动传统公共服务数据与互联网、移动互联网、智能穿戴设备等数据的汇聚整合，开发各类便民应用，优化公共资源配置，提升公共服务水平。

3. 加快关键技术开发和产业发展

——强化关键技术研发。采取“政、产、学、研、用”相结合的协同创新和基于开源社区的开放创新模式，加强海量数据存储、数据清洗、数据分析发掘、数据可视化、信息安全与隐私保护等领域的关键技术攻关，形成自主知识产权。鼓励成立专业研究机构，围绕数据科学理论体系，开展数据测度、数据相似、数据计算和数据实验等基础研究。支持自然语言理解、机器学习、深度学习等人工智能技术创新，提升数据分析处理能力、知识发现能力和辅助决策能力。

——发展大数据产业。加强核心芯片、高性能计算机、传感器、存储设备、网络设备、数据仓库、智能分析系统、数据可视化产品等软硬件的研发与产业化。推动电子商务、在线教育、市场营销等领域以及电信、金融、医药、法律等行业的大数据平台发展。支持中小企业大数据服务平台建设，支持软件和互联网企业围绕细分服务市场，形成一批行业大数据应用解决方案。积极推动围绕数据采集、整理、分析、发掘、展现、应用等环节的大数据产业基地建设。

——促进模式业态创新。设立大数据发展基金和联盟，完善大数据发展环境，推动产业链上下游企业以及不同行业间的数据交换和共享。鼓励企业运用大数据思维，开发新的产品和服务，优化生产组织和运营管理，创新商业模式。推动大数据与智能硬件、物联网、移动互联网等的融合应用，支持众包、众筹、众创等新型数据服务模式发展。鼓励大数据企业和传统行业企业的跨界合作与投资并购，实现混业经营和业态创新。

专栏六 数据资源开放利用

政务数据资源共享和开放。制定共享技术规范和管理标准，完善共享评估监督机制，打造全市统一的政务数据资源共享管理平台，实现数据资源目录的集中存储和统一管理及政务数据资源的全面共享。

建立健全本市数据交易流通市场。依托上海数据交易中心，探索开展面向应用场景的商业数据衍生产品交易，完善数据交易和隐私保护等方面的相关法律制度、规则标准、技术保障和认证体系，规范数据资源共享流通行为，逐步建立国内领先的数据交易市场体系、标准化体系和监管体系。

（三）发展新一代信息技术产业，增强智慧城市的技术供给和产业化能力

以培育“四新”经济和扶持龙头企业为主要抓手，推动技术和产业健康有序发展，使本市成为国内新一代信息技术创新引领区和产业聚集区。

1. 发挥核心基础产业的支撑作用

——集成电路。推动集成电路设计技术水平和产能规模水平双提升，基本建成技术先进、安全可靠的集成电路产业体系。在高性能处理器、移动智能终端、网络通信等重点领域，集成电路设计技术达到国际领先水平，先进设计能力达到16/14nm及以下，量产工艺达到16/14nm；特色工艺进入世界先进行列，部分领域达到国际领先水平。推动装备、材料业取得突破，关键装备和材料进入国际采购体系。

——高端软件。加大面向云计算、大数据、移动互联网等的新一代基础软件的研发及产业化；支持形成基于安全可控基础软件、面向行业应用需求的软硬件一体化解决方案，建立相关行业应用推广安全可控基础软件的标准与规范，打造安全可控基础软件产业链生态系统。在行业应用软件中充分融入云计算、大数据、物联网等新一代信息技术；培育一批市场占有率高、拥有国内领先技术的行业应用解决方案提供商；加快行业应用软件向服务化、平台化转型。

——新型显示。提升主动矩阵有机发光二极体（AM-OLED）产业规模，加强材料、装备等配套建设，形成AM-OLED领域的核心竞争力，研究布局高世代线建设。推动发光二极管（LED）产业集聚发展，聚焦LED设计、研发、关键制造、服务，支持智能照明、紫外照明、植物照明等LED新兴应用。推动激光显示核心器件研发与生产。推动新型显示技术在智能终端、智能穿戴设备、集成电路、汽车电子等领域的应用，创新产品应用和服务模式，加快产业发展。

2. 加快信息技术创新发展

——云计算。支持分布式数据存储、虚拟化、海量数据处理等关键技术研发，形成自主、可靠、完整的云计算软硬件产品链。全面推进云计算示范应用，打造覆盖重点领域的综合性城市云计算服务平台。完善云计算信息安全标准规范，探索公共云计算服务评价标准和安全审查机制。构建云计算安全检测认证体系，为云计算服务环境中的数据安全、隐私保护提供支撑。

——物联网。突破一批物联网关键技术，聚焦支持微型和智能传感器、短距离通信、智能系统等领域的关键技术研发和产业化。围绕健康服务、养老照护、药械管理等重点领域，引导健康物联网加快发展；在工业物联网、智能交通和车联网等领域，组织实施应用示范工程，在部分领域初步实现物联网应用进入国际先进行列。

——智能装备。推进机器人、高端数控机床、3D 打印设备、智能专用加工装备等智能装备的研发与产业化，加强新型传感器、工业软件、智能控制、工业互联网等在智能装备中的集成应用。加快智能装备中的高性能关键智能部件，如高端嵌入式可编程控制系统（PLC）、精密减速器、伺服电机、控制器、变频器、精密测试仪器等的研发，实现工程化与产业化应用。

（四）加强网络和信息安全保障，夯实智慧城市的安全发展基础

完善以安全监管、网络治理、功能支撑、环境营造为主要内容的城市信息安全保障体系，强化关键基础设施监管，保障与社会稳定、城市运行和民生服务相关的重要信息系统的安全。积极营造城市信息安全保障生态环境，形成全社会共同参与的信息安全协同机制。

1. 保障关键基础设施和重点领域信息安全

——建立关键基础设施目录体系。建立智慧城市信息安全动态风险评估机制，围绕国家安全、城市运行、企业经营、市民生活四个层面的信息安全保障需求，形成影响城市运行的关键基础设施和涉及国计民生的重要信息系统的目录体系，落实信息安全责任制，确保城市关键基础设施和重点领域信息安全。

——优化各项管理制度。深入落实等级保护、分级保护、安全测评、应急管理、电子认证、无线电管理等制度，形成全生命周期的网络安全监管机制，构建网络空间综合监管体系。强化重点新闻网站监管，规范商业网站运作，形成健康有序的网络传播秩序，完善与新技术、新业务发展相适应的信息内容安全监管格局。

——推动落实安全审查制。按照国家的部署，推动在金融、电子政务、能源、化工、交通、通信、电力等重要领域建立信息技术产品和服务准入制度。率先在云计算服务、工业控制等领域推行网络安全审查制度，加快培育权威的第三方认可认证机构、测评机构、公证机构、测试实验室，提升网络安全审查能力，支撑审查制度的落实。

2. 强化网络安全依法监管

——加强城市信息安全保障法制建设。把握网络空间安全运行规律，结合智慧城市建设实际，探索建立信息安全依法监管体系。加快推进网络安全管理、城市关键基础设施保护、公共信息系统个人信息保护等立法，配套出台实施细则、行业规范、技术标准，确保法律法规的有效落实。

——加强网络空间综合治理。创新互联网治理模式，严格落实手机实名制，探索推进网络实名制；建立健全垃圾短信与网络欺诈监测、假冒网站发现与阻断等治理机制，重点开展与市民日常生活相关领域的欺诈和虚假信息整治；加强无线电领域安全执法，清理整顿“伪基站”“黑电台”；推进网络社会征信网、“12321”、上海市互联网违法与不良信息举报中心等网络治理投诉举报平台建设，形成网络空间综合治理合力。

——推进网络安全社会管理。充分发挥行业协会、功能性机构、联盟等第三方作用，加强网络空间诚信环境建设，倡导网络空间建设和运行主体共同参与，促进互联网行业自律。同时积极培育网络可信服务、互联网金融安全、安全检测等社会化公共服务平台，建立社会化的第三方评价评估机制。

3. 提升网络安全基础支撑能力

——完善网络安全综合监控和应急响应体系。建立融合各专业部门监控系统资源的纵深化的全网安全态势感知系统，实现城域网络安全态势感知、监测预警、应急处置、灾难恢复的一体化。推动能源、通信、交通、金融、广播电视新闻出版、食品、卫生、工业制造、科研、教育、水利等领域深化网络安全应急管理，严格执行预案编制、应急演

练、监测预警、事件报告、调查处理等制度，切实提高重要基础网络和重要信息系统应对信息灾害的能力。

——强化大数据应用安全保障。针对经济、民生、城市管理、电子政务以及重要工业企业生产领域沉淀的大量数据，完善大数据安全风险评估机制，防止通过互联网窃取数据和内部非授权获取数据。建立面向不同领域的具备多层次备份机制和内生性安全机制的云计算中心和灾难备份系统，为电子政务、时政社交、医疗等领域的大数据安全示范应用提供基础支撑。组织开展云计算和大数据安全技术研发及产业化，建设大数据应用安全研究机构，实施面向网络空间的大数据安全示范工程。

——推进信息安全测评认证服务能力建设。推动本市网络安全测评认证机构进一步加强网络安全检测评估技术能力建设。适应云计算、移动互联网、物联网、大数据等新技术、新应用的快速发展，在场地环境、检测平台和测试工具等方面，提升云计算及云服务、移动应用、大数据、智能卡、工业控制等领域的安全检测评估水平。

——探索建立网络空间可信身份生态体系。针对智慧城市建设带来的大规模可信身份认证需求，建立商业化运行的网络空间可信身份和信用管理系统，实现“身份即服务”，面向泛在网络提供普适性的统一身份认证，推动电子政务、电子商务、社会管理、公共服务、在线社交等网络空间活动安全、便捷、高效开展。

专栏七 网络和信息安全

网络空间综合监测预警和应急处置平台。对全市重点保障目标的关键网络设备运行状况、城域网中的网络行为以及用户行为进行监测，并与国家平台对接；开展互联网联网单位综合管理平台建设，通过系统和实名认证联系方式推送相结合，加大对本市网络空间整治的力度。

大数据应用安全公共服务平台。建设大数据应用安全公共服务平台，推动全市涉密网络全面达到分级保护要求；推进电子政务一体化云计算安全示范应用，实现硬件资源、数据交换、应用支撑、资源管理的安全统筹。

信息安全测评认证服务平台。建设信息安全测评认证服务平台，构建面向智能卡芯片、云计算、物联网和移动互联网等应用形态的安全检测认证系统，加快重要信息基础设施、工业控制系统网络安全仿真测试平台和专项实验室建设。

五、营造全方位的智慧城市发展环境

（一）创新工作协同机制

加强智慧城市发展顶层设计，制订具有前瞻性、全局性、可操作性的智慧城市战略规划和协同推进工作计划，强化市、区两级信息化管理联动机制，明确政府与市场在不同领域、不同阶段的主体责任。综合运用绩效评估、动态监管等措施，及时追踪智慧城市建设效果。完善信息化专业服务体系，充分激发行业协会、中介机构的活力，形成全社会建设智慧城市的合力。

（二）完善标准规范政策

重点围绕物联网、大数据、云计算、移动互联网等新一代信息技术在社会民生、经济发展、城市管理中的应用，推进相关技术标准和管理规范的制定，积极参与国际、国家标准和规则的制修订，推动以标准化为导向的技术联盟建设；以大型公共信息服务平台建设为契机，推进智慧城市标准化协调工作，充分发挥标准化在促进智慧城市各领域资源的整合和集成应用中的作用。研究制定促进智慧城市健康发展的配套政策，加强智慧城市建设项目立项、招投标、运维管理、资金运作等方面的法制保障，做好与其他政策的协调衔接。

（三）拓展投资融资渠道

充分利用政府相关专项资金，推进智慧城市相关应用项目建设和技术研发产业化；

发挥财税政策的杠杆作用，完善贷款贴息、服务外包补贴、融资担保等政府资金支持方式。挖掘智慧城市建设项目中蕴含的经济价值和特殊经济属性，促进金融机构信贷投放向智慧城市基础平台建设领域倾斜。推进PPP（政府与社会资本合作）和政府购买服务等模式的应用，鼓励社会资本和专业机构探索市场化经营，提升智慧城市投资、建设和运营效能。发挥政府产业引导基金的先导作用，有效衔接多层次资本市场及其相关配套服务体系，促进面向智慧城市及相关产业建设的一体化金融服务链的形成。

（四）打造创新创业环境

针对新技术、新模式、新业态发展，加大产业政策和资源的倾斜力度，提高政策支持的精准度，大力推动关键技术的研发创新和应用；持续推动公共技术平台、产业组织平台建设，探索建立集专利、商标、版权等于一体的公共服务平台，降低创新创业综合成本；深度挖掘高校技术创新的存量资源，切实完善技术转化服务体系；积极承担国家科技攻关任务，充分利用大型科研项目的衍生带动效用，促进相关技术生态建设；推动国产芯片、软件、整机及相关解决方案在国家机关和国有企事业单位率先使用。

（五）加强复合型人才培养

根据智慧城市人才需求现状，建立高端技术人才、管理人才队伍和跨学科、跨领域的复合型人才队伍。鼓励规模以上企业建立首席信息官（CIO）制度，充分发挥首席信息官在企业“互联网+”建设中的引领作用；在涉及国计民生的重要信息系统的运维和管理人员中，推行相关专业资格认证和职业培训；由企业和高校联合建成一批信息技术人才实训基地，鼓励高校加强智慧城市相关领域的学科建设；改革国外技术人才入境许可制度，完善国内外高端技术人才合作交流机制。

（六）促进国内外合作交流

持续推进区域战略合作，重点推进长三角区域在智能交通、电子口岸、环境监测预警、社会保障信息交互、无线电监管等领域的合作以及相关基础信息平台建设；推动以技术标准为驱动的新一代信息技术产业同盟建设，不断完善区域内产业生产环境。建立多层次、多领域的国际合作机制，打造国际化交流平台，加强在智慧城市建设、工业互联网、信息安全、新一代信息技术等领域的交流与合作。

上海市行政规范性文件制定和备案规定

上海市人民政府令第46号（2016年10月9日）

第一章　总则

第一条（目的和依据）

为了规范本市行政规范性文件的制定、备案和清理，加强对行政规范性文件的监督管理，维护法制统一，促进依法行政，根据《中华人民共和国地方各级人民代表大会和地方各级人民政府组织法》《规章制定程序条例》《法规规章备案条例》和《党政机关公文处理工作条例》等法律、法规规定，结合本市实际，制定本规定。

第二条（定义）

本规定所称的行政规范性文件（以下简称“规范性文件”），是指除政府规章外，行政机关依据法定职权或者依据法律、法规、规章制定的涉及公民、法人或者其他组织权利、义务，具有普遍约束力且可以反复适用的文件。

第三条（适用范围）

本市规范性文件的制定、备案、清理及其监督管理，适用本规定。

第四条（原则）

规范性文件的制定、备案和清理，应当遵循合法、合理、必要、可行的原则，并保障公众有序参与。

规范性文件的备案审查，应当做到有件必备、有备必审、有错必纠。

第五条（工作部门）

市、区人民政府办公厅（室）根据国家和本市有关公文处理的相关规定，指导市、区范围内的规范性文件制定、报送备案和清理工作。市、区人民政府工作部门承担文秘职责的机构负责本部门规范性文件制定、报送备案和清理的协调工作。

市、区人民政府法制办公室负责本级人民政府规范性文件的合法性审查与清理的组织协调和监督，以及报送本级人民政府备案的规范性文件的审查工作。市、区人民政府工作部门承担法制工作的机构负责本部门规范性文件起草、制定、清理的合法性审查。

镇（乡）人民政府、街道办事处负责本机关规范性文件的制定、报送备案和清理工作。

第二章 规范性文件的制定

第六条（制定主体）

下列行政机关根据履行职责需要，有权制定规范性文件：

（一）市、区和镇（乡）人民政府；

（二）市和区人民政府工作部门；

（三）依据法律、法规、规章的授权实施行政管理的市人民政府派出机构；

（四）街道办事处。

第七条（控制文件数量）

行政机关应当通过编制规范性文件年度制定计划、开展必要性论证等方式，对需要制定的规范性文件加强统筹、综合。内容相近的行政管理事项，应当归并后制定规范性文件。

规范性文件应当具有明确的制度、措施和程序等实质内容，不得制定没有实质内容的规范性文件。

法律、法规、规章、国家或者本市政策已经做出明确规定且仍然适用的，不得制定内容重复的规范性文件。

第八条（名称和文风）

规范性文件的名称，一般称“规定”“办法”“决定”“通告”“意见”“通知”等。凡内容为实施法律、法规、规章和上级行政机关规范性文件的，其名称前一般冠以“实施”两字。规范性文件应当做到逻辑结构严密，语言文字规范，表述简洁准确。

第九条（不得设定的内容）

规范性文件不得设定下列内容：

（一）行政许可事项；

（二）行政处罚事项；

（三）行政收费事项；

（四）行政强制事项；

（五）排除或者限制公平竞争的事项；

（六）制约创新的事项；

（七）减损公民、法人和其他组织合法权益或者增加其义务的事项；

（八）增加或者调整本机关职权的事项；

（九）法律、法规、规章规定规范性文件不得设定的其他事项。

第十条（建议和启动）

有规范性文件制定权的行政机关（以下统称“制定机关”）可以根据下列机构的建议，决定制定相关规范性文件：

（一）本机关的工作部门或者下一级人民政府；

（二）本机关负责法制工作的机构或者其他工作机构；

（三）属于本机关主管的法律、法规、规章授权实施行政管理的组织。

制定机关也可以根据公民、法人或者其他组织的意见，对制定相关规范性文件进行立项调研。

法律、法规、规章规定制定规范性文件的，制定机关应当根据制定期限的规定，及时制定规范性文件。没有规定制定期限的，制定机关原则上应当在法律、法规、规章施行之日起一年内，完成规范性文件制定工作。

第十一条（组织起草）

规范性文件应当由制定机关组织起草。制定机关组织起草规范性文件时，可以确定由其一个或者几个工作机构具体负责起草，也可以确定由其负责法制工作的机构具体负责起草。其中，专业性、技术性较强的规范性文件，制定机关可以吸收相关领域的专家参与起草工作，也可以委托相关领域专家、研究机构、其他社会组织起草。

两个或者两个以上的制定机关，根据履行职责的需要，可以联合起草规范性文件；联合起草时，应当由一个制定机关主办，其他制定机关配合。

第十二条（调研）

起草规范性文件，应当对制定规范性文件的必要性和可行性进行研究，并对规范性文件涉及的管理领域现状、所要解决的问题、拟设定的主要政策、措施或者制度的合法性和合理性等内容进行调研论证。

第十三条（听取意见）

除本规定第二十二条另有规定外，制定机关组织起草规范性文件的，应当听取有关组织和行政管理相对人或者专家的意见。区人民政府及其工作部门起草规范性文件，一般应当听取市有关主管部门的意见；市人民政府工作部门起草规范性文件，可以根据需要，听取有关区人民政府的意见。

起草部门应当根据制定规范性文件的需要，专项听取人大代表、政协委员等的意见和建议。

起草部门听取意见，可以采取书面征求相关单位意见，召开座谈会、论证会、听证会和公开征询社会公众意见等方式。

第十四条（论证会）

有下列情形之一的，起草规范性文件时可以组织有关专家或者社会团体召开论证会：

（一）制定规范性文件的合法性、必要性需要进一步论证的；

（二）涉及内容专业性、技术性较强的；

（三）拟设定政策、措施或者制度的科学性、可操作性需要进一步论证的；

（四）可能导致较大财政投入或者社会成本增加，需要进行成本效益分析的；

（五）其他起草部门认为确有必要的情形。

第十五条（听证会）

有下列情形之一的，起草规范性文件时可以组织召开听证会：

（一）直接涉及公民、法人或者其他组织切身利益，各利益相关方存在重大分歧意见的；

（二）涉及重大公共利益，存在重大分歧意见的；

（三）其他起草部门认为确有必要的情形。

起草部门组织召开听证会，应当提前公布听证会的时间、地点、议题，并按照公开、公平、公正的原则，确定听证参加人。听证会由起草部门负责法制工作的机构或者指定的机构主持。

第十六条（公开征询社会公众意见）

起草规范性文件涉及重大公共利益，或者直接涉及管辖区域内大多数公民、法人或者其他组织切身利益的，规范性文件草案可以向社会公示，并征询公众意见。

规范性文件草案公开征询社会公众意见的，起草部门应当通过本机关的政府网站，或者其他有利于公众知晓的方式公布规范性文件草案。征询意见的期限自公告之日起一般不少于 30 日；确有特殊情况的，征询意见的期限可以缩短，但最短不少于 7 日。

第十七条（意见的处理和协调）

公民、法人或者其他组织对规范性文件草案内容提出意见和建议的，起草部门应当予以研究处理，并在起草说明中载明。

有关机关对规范性文件草案内容提出重大分歧意见的，起草部门应当进行协调；协调不成的，报请上级行政机关协调或者决定。对重大分歧意见的协调和处理情况，应当在起草说明中载明。

第十八条（报请制定的材料）

报请市或者区人民政府制定规范性文件，起草部门应当提供下列材料：

（一）报请制定的请示；

（二）规范性文件草案；

（三）规范性文件的起草说明；

（四）起草规范性文件所依据的法律、法规、规章和国家政策以及上级行政机关的命令、决定（以下统称“制定依据”）；

（五）征求意见的有关材料；

（六）其他有关资料。

报请制定的材料不符合前款规定的，市或者区人民政府办公厅（室）应当通知起草部门补正材料。

其他制定机关制定规范性文件需要起草部门提供有关材料的，参照前款规定执行。

第十九条（合法性审查）

除由制定机关负责法制工作的机构具体起草规范性文件外，制定机关的办公厅（室）应当将报请制定的材料在审议前，交由制定机关负责法制工作的机构进行合法性审查。合法性审查期限一般不得少于5个工作日，适用本规定第二十二条简化制定程序的规范性文件除外。

合法性审查主要包括下列内容：

（一）是否属于规范性文件；

（二）是否超越制定机关法定职权或者法律、法规、规章的授权范围；

（三）是否与法律、法规、规章以及国家和本市政策相抵触；

（四）是否违反本规定第九条的禁止性规定；

（五）是否按照本规定第十三条的规定经过听取意见的程序；

（六）是否与相关的规范性文件存在冲突；

（七）其他需要审核的内容。

负责法制工作的机构的审查意见，应当以书面形式做出。对于合法性审查意见，起草部门应当予以认真研究；不予采纳的，应当向制定机关做出专门说明。

未经合法性审查的规范性文件草案，不得签署公布。

第二十条（审核处理）

规范性文件草案有下列情形之一的，制定机关可以将其退回起草部门，或者要求起草部门修改、补充材料后再报请制定：

（一）制定的基本条件尚不成熟的；

（二）合法性审查中发现存在违法或者明显不合理问题的；

（三）未按本规定第十八条规定提供相关材料的；

（四）有关机关对草案的内容有重大分歧意见且理由较为充分的。

第二十一条（有关会议审议决定）

除本规定第二十二条另有规定外，规范性文件草案按照下列规定，报经制定机关有关会议审议决定：

（一）市人民政府的规范性文件涉及重大事项的，按照有关程序提交市政府常务会议审议；

（二）区人民政府的规范性文件，提交区人民政府常务会议审议；

（三）其他规范性文件，提交制定机关办公会议审议。

起草部门应当向制定机关有关会议提交规范性文件草案、起草说明、合法性审查意见。起草说明应当载明制定的必要性、可行性，制定过程中听取意见的情况、重大分歧意见协调结果等内容。

第二十二条（简化制定程序）

有下列情形之一的，经制定机关负责人批准，可以简化本规定第十三条、第二十一条规定的制定程序：

（一）为预防、应对和处置自然灾害、事故灾难、公共卫生事件和社会安全事件等突发事件，保障国家安全、经济安全、社会稳定和其他重大公共利益，需要立即制定和施行规范性文件的；

（二）执行上级行政机关的紧急命令和决定，需要立即制定和施行规范性文件的；

（三）需要立即施行的临时性措施；

（四）依据法律、法规、规章授权，例行调整和发布标准的；

（五）需要简化制定程序的其他情形。

第二十三条（签署）

规范性文件应当由制定机关主要负责人或者经授权的负责人签署。

第二十四条（统一编号登记公布）

制定机关应当明确专门机构对规范性文件进行统一编号、统一登记。规范性文件编号应当具有识别性，不得与行政机关内部文件相混淆。

制定机关应当及时将规范性文件，通过政府公报、本机关门户网站、新闻发布会或者报刊、广播、电视等便于公众知晓的方式公布。公布时间以首次向社会公布的时间为准。未向社会公布的，不得作为实施行政管理的依据。

市人民政府、市人民政府工作部门、市人民政府派出机构制定的规范性文件，还应当在市人民政府门户网站向社会公开；区人民政府及其工作部门、镇（乡）人民政府、街道办事处制定的规范性文件，还应当在区人民政府门户网站向社会公开。

市和区人民政府的规范性文件应当在同级政府公报上公布；有条件的，其他制定机关的规范性文件也可以在政府公报上公布。

第二十五条（标准文本）

政府公报登载的规范性文件文本为标准文本；未在政府公报上登载的规范性文件，制定机关向市或者区国家档案馆、公共图书馆提供的正式纸质文本为标准文本。

在制定机关的门户网站、市或者区人民政府门户网站登载的规范性文件文本为标准电子文本。

第二十六条（施行时间）

制定机关应当规定规范性文件的施行日期。

规范性文件自公布之日起30日以后施行，但有本规定第二十二条第（一）项、第（二）项、第（三）项所列情形，或者公布后不立即施行将有碍法律、法规、规章和国家政策执行的除外。

规范性文件不溯及既往，但为了更好地保护公民、法人和其他组织的权利和利益而做的特别规定除外。

第二十七条（解释权）

规范性文件的解释权，由制定机关行使。

第二十八条（解读）

起草部门应当按照本市有关规定，做好规范性文件解读工作。

第二十九条（有效期制度）

制定机关应当规定规范性文件的有效期；有效期届满未明确延续的，规范性文件自动失效。

规范性文件的有效期自施行之日起一般不超过5年。本市为实施法律、法规、规章或者国家政策制定的规范性文件，有效期需要超过5年的，制定机关应当在起草说明中载明理由，但有效期最长不得超过10年。未明确有效期的，其有效期为5年。

专用于废止原有的规范性文件或者停止某项制度实施等的规范性文件，不适用本条第一款、第二款的规定。

规范性文件的名称冠以“暂行”“试行”的，有效期自施行之日起不超过2年。未明确有效期的，其有效期为2年。

第三十条（有效期届满前评估）

有效期届满前6个月，制定机关应当对规范性文件有效期是否延续进行评估。

第三十一条（评估后处理）

规范性文件经评估，拟在有效期届满后继续实施的，其起草部门或者实施机关应当在该文件有效期届满的1个月前向制定机关提出，由制定机关延续有效期后重新公布。规范性文件一般只延续一次有效期。

规范性文件经评估，因管理部门名称变化或者职责调整，拟做不涉及实体内容的简易修改后继续实施的，其起草部门或者实施机关应当在有效期届满的1个月前向制定机关提出，由制定机关审核后公布。

规范性文件经评估，拟做实体内容修改后继续实施的，其起草部门或者实施机关应当在有效期届满的2个月前向制定机关提出，由制定机关按照本规定的相关程序，重新制定后公布。

第三十二条（制定机关对有关建议的处理）

制定机关收到公民、法人或者其他组织对规范性文件提出的书面建议，应当予以研究。经研究，认为规范性文件确有问题的，制定机关应当自行改正或者撤销。

第三章 规范性文件的备案

第三十三条（报备时限和途径）

制定机关应当自规范性文件公布之日起15个工作日内，按照下列规定将规范性文件报送备案：

（一）区人民政府、市人民政府工作部门、市人民政府派出机构制定的规范性文件报市人民政府备案；

（二）镇（乡）人民政府、街道办事处、区人民政府工作部门制定的规范性文件报区人民政府备案。

两个或者两个以上行政机关联合制定的规范性文件，由主办的行政机关按照前款规定报送备案。

本市逐步建立电子备案系统，提高规范性文件备案工作的效率。

第三十四条（报备的材料）

报送市或者区人民政府备案的规范性文件，直接送市或者区人民政府的法制办公室（以下统称法制办）。

规范性文件报送备案时，应当提交下列材料：

（一）规范性文件备案报告1份；

（二）规范性文件正式文本5份（附电子文本1份）；

（三）规范性文件起草说明1份；

（四）规范性文件制定依据目录1份；

（五）按照本规定第十九条规定出具的合法性审查意见1份。

规范性文件备案报告应当载明规范性文件经有关会议审议的情况、公布情况等内容。规范性文件的制定，按照本规定第二十二条规定简化程序，自公布之日起未满30日即施行或者按照本规定第二十六条第三款规定溯及既往的，还应当在备案报告中注明理由。

第三十五条（登记）

报送备案的规范性文件符合本规定第二条、第三十三条和第三十四条规定的，法制办予以登记。

报送备案的材料不属于本规定第二条所称的规范性文件，或者不符合本规定第三十三条规定的备案途径的，法制办不予登记，将材料退回，并说明理由。

报送备案的材料不符合本规定第三十四条规定的，法制办应当通知制定机关在5个工作日内补正材料；补正后符合规定的，予以登记。

第三十六条（审查内容）

法制办应当对报送备案的规范性文件的下列事项进行审查：

（一）本规定第十九条规定的合法性审查的内容；

（二）是否符合本规定第十九条、第二十一条、第二十三条规定的程序；

（三）是否按照本规定第二十四条规定予以公布；

（四）适用简化制定程序的，是否符合本规定的相关规定；

（五）自公布之日起未满30日即施行，或者规范性文件溯及既往的，是否符合本规定的相关规定。

第三十七条（征求意见和补充说明）

法制办审查规范性文件时，认为需要有关政府部门协助审查、提出意见的，有关政府部门应当在规定期限内回复；需要制定机关补充说明情况的，制定机关应当在规定期限内予以说明。

第三十八条（专家咨询）

报送备案的规范性文件内容技术性、专业性较强的，法制办可以通过召开论证会、书面征求意见等方式，向相关领域的专家、专业组织进行咨询。

第三十九条（中止审查）

规范性文件审查过程中，有下列情形之一的，法制办可以中止审查，并书面通知制定机关：

（一）作为规范性文件制定依据的法律、法规、规章或者国家、本市现行政策正在制定、修改、废止过程中，并可能于近期发布的；

（二）相关规范性文件之间存在矛盾，正在协调过程中的；

（三）制定机关决定自行对规范性文件进行修改的；

（四）其他需要中止审查的情形。

中止审查的原因消除后，应当恢复审查。因前款第（三）项所列情形中止审查的，中止审查期限一般不超过60日。中止审查的时间不计入规范性文件审查期限。

第四十条（终止审查）

规范性文件审查过程中，有下列情形之一的，法制办应当终止审查，并书面通知制定机关：

（一）规范性文件被制定机关废止或者宣布失效的；

（二）规范性文件被其他有权机关改变或者撤销的；

（三）其他需要终止审查的情形。

第四十一条（审查处理结果）

法制办对规范性文件审查后，按照下列规定做出处理：

（一）未发现规范性文件存在违法和明显不合理情形的，准予备案。

（二）未发现规范性文件存在违法情形，但合理性或者文字表述存在瑕疵，对公民、法人或者其他组织合法权益不产生重大影响的，准予备案并附相关法制建议。

（三）规范性文件存在下列情形之一的，不予备案，并提出要求制定机关限期改正、废止，或者停止执行该规范性文件部分、全部内容的审查意见：

1. 规范性文件制定主体不适格的；

2. 超越制定机关法定职权或者法律、法规、规章授权范围的；

3. 与法律、法规、规章、国家或者本市政策相抵触的；

4. 违反本规定第九条禁止性规定的；

5. 施行日期或者有效期不符合本规定要求，可能对公民、法人或者其他组织合法权益产生重大影响的；

6. 明显不合理的。

（四）规范性文件制定程序不符合本规定的相关规定的，可以提出限期补正程序的审查意见；逾期未补正程序的，不予备案。

第四十二条（备案审查时限）

法制办应当自登记之日起30个工作日内，将对规范性文件审查的意见书面通知制定机关。对需要征求意见、补充说明、专家咨询或者有其他特殊情况的，经法制办负责人同意，可以延长审查期限；延长的期限最长不超过30个工作日。延长审查期限的，应当通知制定机关。

第四十三条（对审查意见或者决定的执行）

有本规定第四十一条第（三）项、第（四）

项所列情形的，制定机关应当自收到法制办的审查意见之日起，在规定期限内补正程序、停止执行、自行改正或者废止规范性文件，并将办理结果书面报告法制办。

制定机关拒绝按照前款规定执行或者逾期不执行审查意见的，法制办可以报请市或者区人民政府做出改变或者撤销该规范性文件的决定。

制定机关收到市或者区人民政府改变或者撤销规范性文件决定的，应当立即执行，并将执行情况书面报告同级政府法制办。

第四十四条（对公众建议的处理）

法制办接到公民、法人或者其他组织对规范性文件提出的书面建议，应当予以核实，发现规范性文件未报备或者确有问题的，应当按照本规定的有关规定做出处理。

第四十五条（备案结果的公告）

法制办应当通过政府门户网站，定期向社会公开规范性文件备案审查意见。

第四章 规范性文件的清理

第四十六条（即时清理制度）

本市实行规范性文件即时清理制度，根据法律、法规、规章制定、修改、废止情况，或者对规范性文件施行效果进行的评估情况，及时开展清理工作。

第四十七条（职责分工）

市或者区人民政府规范性文件的具体清理，由起草部门负责；市人民政府工作部门、派出机构负责本部门、本机构制定的规范性文件的清理；其他规范性文件，由制定机关负责清理。

市人民政府法制办公室负责规范性文件即时清理的组织协调和监督，并承担市人民政府规范性文件即时清理的合法性审查。区人民政府法制办公室负责区人民政府规范性文件即时清理的组织协调、合法性审查和监督。

第四十八条（清理的情形）

规范性文件有下列情形之一的，应当开展即时清理：

（一）规范性文件涉及的领域已制定新的法律、法规、规章或者国家和本市政策的；

（二）规范性文件涉及的法律、法规、规章或者国家和本市政策被修改、废止或者宣布失效的；

（三）国家或者本市要求进行即时清理的其他情形。

规范性文件施行后，其起草部门或者实施机关应当对规范性文件的施行效果、存在的问题进行调查研究和综合评估，并可以根据评估结果开展即时清理。

第四十九条（清理的启动）

市和区人民政府规范性文件的即时清理，由起草部门自行组织。其他规范性文件的即时清理，由制定机关自行组织，制定机关可以明确具体实施清理的部门。

市人民政府法制办公室可以根据工作需要，自行或者会同市相关主管部门统一组织开展即时清理。区人民政府法制办公室可以根据工作需要，自行或者会同区相关主管部门组织开展本区规范性文件即时清理。

本市国家机关、人民团体、公民、法人或者其他组织可以书面向制定机关、起草部门提出规范性文件需要进行即时清理的建议。

第五十条（清理的实施）

自行组织清理的，负责清理的部门应当制做工作方案，明确清理的范围、标准、时限要求等内容，并在方案制做后5个工作日内，报送同级人民政府法制办公室。

统一组织清理的，由市人民政府法制办公室自行或者会同相关主管部门发出清理通知，也可以提请市人民政府办公厅下发清理通知。清理通知应当明确清理的范围、标准、清理建议和清理结果报告以及时间节点要求等内容。

第五十一条（清理时限）

规范性文件的即时清理，原则上应当

在相关上位法颁布、修改、废止、宣布失效或者国家和本市新的重大政策发布后3个月内，报送清理决定草案。

本市对规范性文件即时清理有统一部署的，应当按照统一部署的时间要求，报送清理决定草案。

第五十二条（动态管理）

制定机关对规范性文件实施动态管理，应当根据清理情况，对规范性文件目录和文本及时做出调整并向社会公布。

第五章 监督检查和责任追究

第五十三条（督促检查）

制定机关应当于每年1月20日之前，将本机关上一年度制定的规范性文件目录报送法制办备查。

市和区人民政府办公厅（室）和法制办对规范性文件制定、备案和清理情况进行监督检查，督促制定机关及时执行市、区人民政府的有关决定、工作部署以及法制办的法制建议、审查意见。

对应当报备而未报备或者不按时报备规范性文件的，由法制办通知制定机关限期报备；逾期仍不报备的，给予通报，并责令限期改正。

第五十四条（年度报告和通报制度）

法制办应当于每年1月，对上一年度规范性文件的备案审查情况向本级政府做出年度报告，同时抄报上一级政府法制办。

法制办应当对规范性文件备案审查情况进行定期通报。

第五十五条（责任追究）

违反本规定，有下列情形之一的，由市、区人民政府或者法制办给予通报；情节严重、造成不良后果的，由有权机关对制定机关负有直接责任的主管人员和其他直接责任人员依法给予行政处分：

（一）不报送或者不按时报送规范性文件备案或者目录备查，经督促仍不补报的；

（二）拖延执行或者拒不执行市、区人民政府的有关决定或者法制办的法制建议、审查意见的。

法制办收到规范性文件不予审查或者对审查发现的问题不予纠正的，由同级人民政府责令限期改正或者通报；情节严重、造成不良后果的，由有权机关对负有直接责任的主管人员和其他直接责任人员依法给予行政处分。

第六章 附则

第五十六条（参照执行）

依据法律、法规、规章的授权制定规范性文件的其他组织，其规范性文件的制定和备案，参照本规定执行。

第五十七条（施行日期）

本规定自2017年1月1日起施行。2010年1月19日上海市人民政府令第26号公布的《上海市行政规范性文件制定和备案规定》同时废止。

上海市重大行政决策程序暂行规定

上海市人民政府令第47号（2016年10月31日）

第一条（目的和依据）

为了规范重大行政决策行为，保障重大行政决策的科学、民主、合法，提高行政决策质量，根据相关法律法规规定，结合本市实际，制定本规定。

第二条（主体适用范围）

本市市、区人民政府（以下统称决策机关）的重大行政决策，适用本规定。

市、区人民政府部门及乡镇人民政府、街道办事处的重大行政决策，参照本规定执行。

第三条（事项适用范围）

本规定所称重大行政决策，包括下列事项：

（一）经济和社会发展等方面的重要规划、计划；

（二）公共服务、市场监管、社会管理、环境保护等方面的重大公共政策和措施；

（三）重大公共建设项目；

（四）法律、法规、规章规定或者决策机关认为应当纳入重大行政决策事项范围的其他事项。

决策机关可以根据本条第一款规定，结合本地实际，确定重大行政决策事项目录、具体标准，向社会公布，并根据实际情况进行动态调整。

第四条（基本原则和要求）

重大行政决策应当坚持科学、民主、合法的原则。

重大行政决策应当尊重客观规律，深入开展调研，充分研究论证，加强协商协调，依法保障公民、法人或者其他组织的知情权、参与权、表达权和监督权。

重大行政决策应当严格遵守法定权限，履行法定程序，保证决策符合法律、法规、规章和国家的有关规定。

第五条（程序适用的基本规则）

决策事项涉及较大群体切身利益的，除依法需要保密或者为了保障国家安全、公共安全、经济安全以及情况紧急需要立即做出决定的情形外，应当组织公众参与。

决策事项涉及专业性、技术性较强的问题需要依靠专业人员、专业机构做出判断的，除情况紧急需要立即做出决定的情形外，应当组织专家论证。

决策事项涉及社会稳定等方面较大风险的，除情况紧急需要立即做出决定的情形外，应当组织风险评估；法律、法规、规章对开展专项风险评估有特别规定的，从其规定。

重大行政决策应当进行合法性审查，并由决策机关集体讨论决定。

第六条（决策启动）

决策机关决定启动决策程序的，应当明确决策承办单位，负责决策草案的起草和公众参与、专家论证、风险评估的组织开展等具体工作。

第七条（公众参与）

承办单位应当根据决策事项的具体情况，通过座谈会、听证会、问卷调查或者实地走访等方式听取公众意见。决策草案形成后，可以公布草案征求公众意见，并可以通过媒体访谈、专家解读等方式对社会公众普遍关心的问题做出解释说明。

法律、法规、规章规定应当举行听证或者决策草案中有关问题存在重大意见分歧的，应当举行听证。

对教育、医疗、社会保障、环境保护、公用事业等重大民生决策，可以委托专业调查机构进行民意调查，了解决策草案的社会认同度和承受度。

对社会公众提出的主要意见及其研究处理情况，承办单位应当通过便于公众知晓的方式公开反馈。

第八条（专项听取意见）

承办单位应当根据决策事项内容和需要，听取人大代表、政协委员、人民团体、基层组织、社会组织的意见和建议。

第九条（专家论证）

承办单位组织专家论证，应当通过召开专家论证会、书面征询专家意见或者委托专业机构等方式，对决策草案进行专业技术论证。

选择专家和专业机构应当注重专业性、代表性、均衡性和公信力，支持其独立开展工作，并逐步实行专家、专业机构信息和论证意见的公开。

第十条（风险评估）

承办单位组织风险评估，应当对决策事项的主要风险源、风险点进行排查，判断决策条件的成熟程度和总体风险，并提出预防、控制和应对风险的具体措施。

风险评估可以由承办单位自行开展，也

可以由承办单位委托第三方机构开展。

第十一条（决策草案完善）

组织公众参与、专家论证、风险评估的，承办单位应当充分研究公众意见、专家论证意见、风险评估的结果，对决策草案进行修改完善。

第十二条（决策草案报送）

决策草案应当经承办单位合法性初审和集体讨论决定后，报送决策机关。

报送材料应当包括：决策草案及其起草说明、合法性初审意见，以及决策机关要求报送的其他材料。决策草案经过公众参与、专家论证或者风险评估程序的，还应当包括公众参与、专家论证或者风险评估的情况说明。

决策草案的起草说明应当包括决策的法律依据和政策依据、决策的主要内容、各方面对草案的主要不同意见等。

第十三条（特定情形下决策程序的终止）

有下列情形之一的，决策机关的主要负责人可以直接终止决策程序：

（一）经调查显示公众对决策草案的接受程度较低，可能严重影响决策有效执行的；

（二）经专家论证认为决策在专业上、技术上不可行的；

（三）经风险评估认为决策存在重大风险且无有效应对措施的。

第十四条（合法性审查）

决策机关应当将决策草案及相关材料交本机关的法制机构进行合法性审查。

法制机构的合法性审查应当包括下列内容：

（一）决策事项是否符合决策机关的法定权限；

（二）决策内容是否符合有关法律、法规、规章；

（三）决策方案制订过程是否符合法定程序；

（四）其他需要审查的内容。

未经合法性审查或者经审查不合法的，不得提交集体讨论决定。

第十五条（政府法律顾问）

决策机关应当建立相应的工作机制，发挥政府法律顾问在重大行政决策中的作用，并保障政府法律顾问独立发表法律意见。

第十六条（相关部门审核）

决策草案涉及体制改革、编制保障、财政资金安排、土地利用、规划调整等方面重要内容的，决策机关可以根据实际需要，要求同级发展改革、编制、财政、土地规划等相关部门提出审核意见。

第十七条（集体讨论决定）

重大行政决策应当按照政府工作规则，经决策机关常务会议或者全体会议讨论决定。

第十八条（决策公布和解读）

决策做出后，决策机关应当按照政务公开的有关规定，向社会公布载明重大行政决策结果的相关文件、决定或者命令等。

对社会关注度高的重大行政决策，还应当通过政府网站、新闻发布会或者报刊、广播、电视等便于社会公众知晓的方式，对决策内容进行解读。

第十九条（决策后评估）

决策所依据的法律、法规、规章、政策以及其他客观情况发生重大变化，或者公民、法人、其他组织对决策实施情况提出较多意见的，决策机关应当指定或者委托有关单位开展决策后评估，并将决策后评估结果作为决策继续实施、调整、中止或者终止执行的重要依据。

第二十条（决策的调整、中止和终止）

对依法做出的重大行政决策进行调整、中止或者终止执行的，应当经决策机关常务会议或者全体会议讨论决定。

对涉及较大群体切身利益的重大行政决策进行重大调整的，应当按照本规定重新履行相关程序。

第二十一条（法律责任）

对重大行政决策实行终身责任追究制度和责任倒查机制。

承办单位、决策机关违反本规定，未履行规定程序的，责令改正；造成重大损失、恶劣影响的，对主要负责人、负有责任的其他领导人员和相关责任人员依法给予行政处分；构成犯罪的，依法追究刑事责任。

第二十二条（施行日期）

本规定自2017年1月1日起施行。

上海市城乡建设和管理“十三五”规划

沪府发〔2016〕92号（2016年10月17日）

“十三五”时期（2016—2020年），是我国全面建成小康社会的关键阶段。到2020年，上海要基本建成国际经济、金融、贸易、航运中心和社会主义现代化国际大都市，形成具有全球影响力的科技创新中心基本框架。对照上述目标，为进一步提升上海城乡建设和管理水平，完善城市功能，促进经济社会发展，增进市民福祉，根据《上海市国民经济和社会发展第十三个五年规划纲要》，制订本规划。

一、回顾“十二五”发展，认清面临的新形势

（一）“十二五”发展情况

“十二五”时期，上海坚持创新驱动发展、经济转型升级，充分发挥世博会后续效应，加快推进现代化基础设施建设，全面加大城市管理力度，努力改善生态环境，城市面貌和形象显著改善，城乡建设和城市管理水平迈上新台阶。

1. 现代化基础设施体系日趋完善

枢纽型、功能性、网络化城市基础设施体系基本形成，为“四个中心”和现代化国际大都市建设奠定了坚实基础。重大基础设施建设投资超过5860亿元，开工建设123项重大工程，基本建成91项。浦东国际机场货邮吞吐量保持世界第三、国际旅客吞吐量占全国机场三分之一以上。京沪高速铁路上海段建成通车。轨道交通运营线路达到15条，总长达到617公里（含磁悬浮），轨道交通运营线路长度跃居世界第一。高速公路通车里程达到826公里。青草沙和东风西沙水源地建成使用，两江并举、多源互补的原水供应格局进一步完善。全面落实“一主多点”规划布局，老港固废综合利用基地建成再生能源一期、综合填埋一期等。郊区重点新城基础设施加快建设，美丽乡村建设力度不断加大，城乡发展一体化水平显著提高。

2. 城市精细化管理水平显著提升

大力推进依法治理，加强基层基础建设，城市管理向精细化、综合化、社会化迈出新步伐。上海世博会后市容环境治理成果得到巩固，一批城市管理制度规定得到固化。全市所有街镇设立城市网格化综合管理中心，近半居村委探索建立工作站，全市“一张网”和市、区县、街镇三级管理格局初步形成。推动网格化管理向城市住宅小区和农村地区拓展，推进网格化管理与大联动、大联勤、“12345”市民服务热线等融合互动。加强住宅小区综合治理，健全物业服务市场机制，着力解决住宅小区难题顽症。群租、黑车、乱设摊、违法建筑等突出顽症整治取得明显成效。全面开展建筑市场集中整治，系统开展城乡建设交通领域运行安全和生产安全梳理和研究，建设工程生产安全事故死亡事故起数及死亡人数较“十一五”下降41%，实现安全生产形势持续稳定好转。

强化高层建筑、玻璃幕墙、地下空间、老旧公房、危险品运输、燃气管道以及大型交通枢纽等重点危险源安全运行管理，完善应急预案体系，制定了一批安全法规规章和规范性文件。市、区县两级城市维护公共财

政保障机制基本建立，投入资金稳步增加，城市维护水平逐步提高。

3. 城乡建设管理体制机制不断完善

聚焦城乡建设管理领域突出问题，以体制机制改革为抓手，不断提升城乡建设和管理水平。深化政府管理体制改革，市城乡建设管理委和市交通委完成分设，强化了城市综合管理和综合交通管理职能；市住房保障房屋管理局与市城乡建设管理委合并为市住房城乡建设管理委，进一步强化了城市综合管理职能；理顺城管执法体制机制，单独设立市城管执法局，做实市和区县城管执法机构，健全公安对城管执法保障机制，推进城管执法重心下移、力量下沉，基层一线执法管理效能进一步提升。深化建设工程行政审批制度改革，市住房城乡建设管理委行政审批事项精简幅度近 70%。深化行业市场化改革，道路设施、绿化市容、排水与河道等养护作业市场化改革取得阶段性成效。修订《上海市建筑市场管理条例》，进一步释放建筑市场活力，建设统一开放、竞争有序、诚信守法、监管适度的建筑市场体系。出台《关于进一步加强本市重大工程建设管理的实施意见》，进一步完善市重大工程协调推进机制，提升市重大工程建设管理水平。

4. 科技创新和建设行业转型发展步伐加快

出台《上海市绿色建筑发展三年行动计划》，明确新建绿色建筑、既有建筑节能改造和装配式建筑发展路径，绿色建筑发展规模和质量均位居全国前列。建立“上海市国家机关办公建筑和大型公共建筑能耗监测系统”，在全国率先完成 400 万平方米的节能改造重点示范任务。全市累计建设装配式建筑超过 1000 万平方米，预制构件产能达到 500 万平方米，建筑工业化产业链初具雏形。出台《关于推进建筑信息模型技术应用的指导意见》，明确了三年内上海推进建筑信息模型技术（BIM）应用的时间表和路线图，完善政府监管模式。在上海中心、迪士尼等大型项目中积极推进 BIM 技术应用，提高了建设管理效率。

5. 市民生活品质显著提升

加大住房保障、旧区改造、交通出行、生态环保等领域工作力度，取得显著成效。形成了廉租住房、公共租赁住房、共有产权保障住房、征收安置住房“四位一体”、购租并举的住房保障体系，五年共新建筹措各类保障性住房 87.8 万套，完成中心城区二级旧里以下房屋改造 320 万平方米，受益居民约 12.6 万户，积极推进“城中村”改造。加快推进“公交优先”发展战略，轨道交通网络化运营效率不断提高，新开通一批“最后一公里”公交线路，公共交通服务水平显著提升，全市公共交通日均客运量达 1820 万乘次。生态环境质量逐步改善，建成区绿化覆盖率达到 38.5%，森林覆盖率达到 15%。持续推进环保三年行动计划，城乡水环境面貌明显改善，城镇污水处理率达到 91%，完成 23.5 万农户生活污水处理设施改造，约 680 个行政村实施了村庄改造工程。除横沙岛外，全市郊区集约化供水目标全面完成，城乡供水服务均衡化基本实现。

在取得成绩的同时，也要清醒地认识到，上海城乡建设和管理工作还存在不少问题，主要表现在：一是城市综合管理水平有待进一步提升，城市综合管理信息化水平有待进一步提高，各类信息资源之间互联互通、信息共享、协同运作有待加强，城市管理现状与国际化大都市的要求和市民群众期望还有一定差距。二是基础设施一体化效应有待进一步增强，运行效率有待提高，地下空间统筹开发亟待加强，城市安全运行体系有待进一步完善，应急处置能力有待提高。三是城市更新和房屋维护水平有待进一步提升，旧区改造方式须进一步创新，“城中村”改造难度大，老旧住房改造和历史建筑保护任务艰巨。四是建设行业转型发展步伐有待进一步加快，建筑市场无序竞争现象仍然存在，建筑工业化处于起步阶段，装配式建筑产业链尚未成熟。

（二）面临的新形势

“十三五”期间，上海城乡建设和管理面临着新形势，全面加强城市综合管理，已成为上海城乡建设和管理工作的重中之重。

1. 城乡建设和管理面临新约束

上海城市发展面临人口、土地、环境、安全四条底线，要严格控制全市人口规模，规划建设用地规模负增长，建设用地只减不增、生态用地只增不减，锚固城市生态基底，确保城市安全运行。面对约束趋紧的发展形势，城乡建设和管理要系统谋划，科学发展，为破解城市发展矛盾提供有力支撑。

2. 城乡建设和管理进入新阶段

上海持续大规模、高强度城市建设阶段已过去，城乡建设和管理要以增量建设向存量优化和有机更新转变，行业发展要从规模扩张型向质量效益型转变。要充分体现全生命周期、低影响开发、绿色化等理念，进一步完善城市综合管理体制机制，加快构建与超大城市相匹配的城市综合管理体系。

3. 城乡建设和管理面临新要求

上海城乡建设和管理正从传统建设管理和设施运行管理向城市综合管理方向转变，制度创新和科技创新已成为提高上海城乡建设和管理水平的两大引擎。要注重改革和法治相衔接，充分应用科技手段，显著提高城市管理效率，不断提升城乡建设和管理现代化水平。

4. 城乡建设和管理肩负新使命

以人为本，建设更加生态宜居城市已成为上海城乡建设和管理的新使命。要推进政府、社会、市民协同治理，进一步加大民生改善力度，推进住房保障、旧区改造、环境建设和管理等，推进公共服务均等化，让市民群众分享城市发展成果，在城市发展中拥有更多获得感。

二、明确“十三五”发展总体思路

（一）指导思想

全面贯彻党的十八大，十八届三中、四中、五中全会，中央城镇化工作会议，中央城市工作会议精神和习近平总书记系列重要讲话精神，贯彻“五位一体”总体布局和“四个全面”战略布局，落实创新、协调、绿色、开放、共享的发展理念，坚持“五大统筹”，按照当好全国改革开放排头兵、创新发展先行者的要求，认识、尊重、顺应国际大都市发展规律，依法规划建设管理城市，更加注重以人为本、安全为先、管建并举、管理为重，着力转变城市发展方式，着力塑造城市特色风貌，着力提升城市生活品质，着力改善城市管理服务，努力建设和谐宜居、富有活力、更具魅力的现代化国际大都市。

（二）基本原则

1. 坚持民生优先。始终把保障和改善民生作为工作的出发点和落脚点，顺应市民群众新期待，大力推进城市共建共享，努力增进民生福祉，让市民群众在城市生活得更方便、更舒心、更美好。

2. 坚持依法管理。始终把依法治市与文明共建相结合，加强法治规范和德治相结合，提升城市文明程度和市民文明素质。强化底线思维，坚持集约高效与安全便利相结合，着力守住底线，努力补齐短板。

3. 坚持改革创新。以体制机制改革为核心，最大限度地激发市场和社会活力。加大科技创新力度，提高城市运行智能化水平。坚持改革创新与传承保护相结合，在创新转型中延续历史文脉，增强城市魅力，激发城市活力。

4. 坚持统筹协调。对接国家“一带一路”、长江经济带等国家战略，加强长三角城市群合作，推进区域重大基础设施互联互通。坚持完善功能与宜居宜业相结合，推进城市更新和产城融合，统筹规划、建设、管理，推进城乡发展一体化。

5. 坚持绿色发展。把生态文明理念全面融入城乡建设和管理中，树立全生命周期管理理念，推行低影响开发模式。推进绿色发展，保护生态环境，注重城市修复，努力形成绿色低碳的城市发展模式，营造宜居城市环境。

（三）发展目标

对标世界一流城市，以提升超大城市管理水平为主线，围绕城市综合管理、城乡一体建设、城市运行安全、生态环境改善、城乡住房发展等事关城市发展、民生改善的重点领域，以体制机制改革和科技创新为动力，城乡建设和管理绿色化、精细化、智能化、法治化水平显著提高，城市综合管理体系和城乡基础设施体系进一步完善，城市综合竞争力进一步增强，努力建设安全、整洁、有序、高效、法治的现代化国际大都市，让全市人民生活更美好。

1. 形成依法管理、精细科学的城市综合管理格局。建立健全"一条热线、一个平台（网格化管理平台）、一支队伍（城管综合执法队伍）、一个综合兜底协调部门与若干行政管理部门"组成的"1+1+1+1+X"城市综合管理格局。构建资源整合、职责清晰、权责一致、权威高效的城管执法体制机制。构建系统化、全覆盖的城市综合管理法规标准体系。城市维护投入不断增长。

2. 建成运行高效、一体衔接的现代化基础设施体系。建设适应超大城市特点的高效基础设施系统，各类基础设施布局合理、衔接紧密，网络效应和整体运营效率不断提高。统筹推进城乡基础设施建设，不断提升城乡基础设施水平和服务质量，不断完善城乡一体化的基础设施体系。

3. 形成应防有力、系统严密的城市安全防御能力。加强城市运行安全体制机制建设，注重从应急管理向风险管理转变，建立与城市运行风险相匹配、覆盖应急管理全过程和全社会共同参与的突发事件应急体系。到2020年，实现建设工程安全事故起数及死亡人数较"十二五"进一步下降10%以上。

4. 建成绿色低碳、循环发展的城乡生态环境。以制度建设为抓手，着力推进绿色发展、低碳发展和循环发展，探索高密度条件下建设生态宜居城市的新路径，提高生态文明建设水平。创新环境治理理念和方式，形成政府、企业、公众共治的环境治理体系，实现环境质量总体改善。

5. 形成住有所居、有机更新的民生保障体系。坚持以居住为主、以市民为主、以普通商品住房为主，进一步深化住房制度改革，构建购租并举的住房供应市场体系，保持房地产市场健康发展。更加注重成片、成街坊历史风貌和乡村风貌整体性、普遍性保护，推进城市改造向城市有机更新转变。

6. 形成创新引领、规范有序的行业发展趋势。推动上海城市管理综合信息共享交换平台建设，构建城乡建设和管理数据资源中心，探索构建城市信息模型（CIM）框架，创建国内领先的BIM综合运用示范城市，建筑行业信息化和工业化水平显著提升。建筑市场公平竞争规范有序，政府监管方式进一步转变，建设行业转型升级步伐加快。

三、加强城市综合管理

坚持以人为本，加强制度建设，城市治理水平不断提升，城市综合管理效能大幅提高，市民群众满意度显著提升。

（一）建立健全城市综合管理标准体系

围绕到2020年建立"法制健全、体制协调、机制顺畅、科学合理、运转高效、市民参与"的城市综合管理体系和建设更干净、更有序、更安全的现代化国际大都市的目标，聚焦基础设施运行安全、公用事业服务、市容环境改善、各类行政执法、住宅小区物业管理等重点领域，编制上海城市管理标准体系，构建系统化、全覆盖的城市管理标准体系。按照中心城区、城乡接合部、郊区的不同特点，建立针对性的城市管理标准。中心城区重在提升功能和品质，城乡接合部重在消除差距和短板，新城重在建设相对独立的综合性、现代化新城，新市镇突出特色和注重人居环境。完善城市管理标准执行评价机制。

（二）完善城市综合管理体制机制

坚持系统集中性的原则，积极推进城市管理从部门分割向综合协调、跨部门管理模式转变，提升城市综合管理能级。深化完善城市管理大部门制，进一步强化市级层面城市管理协同工作机制，发挥组织指导、综合协调、监督考核作用，并对管理边界模糊、管理空白等兜底协调。按照“上下对接、相对一致”的原则，结合实际，完善区城市综合管理体制机制，探索形成属地管理、事权明晰、权责一致、分工合理、条块联动、监督有力、执法相对集中的区城市综合管理格局。强化街镇城市综合管理体制，进一步落实市委、市政府《关于进一步创新社会治理加强基层建设的意见》，健全街镇综合管理、联动执法体制机制加强基层管理执法力量，增强工作合力。

（三）拓展城市网格化管理

完善市、区、街镇城市网格化管理体系，打造基层社会治理基础性平台，做实街镇城市网格化综合管理中心，推进居村工作站建设，强化街镇及社区在基层城市综合管理上的发现、处置职能。推动城市网格化管理范围向住宅小区、农村地区延伸，管理内容向社会管理、公共服务等领域拓展，逐步实现对市域范围和城市综合管理领域的全覆盖。强化网格化管理与“12345”热线等协同联动，拓展网格化管理社会化参与平台，构建多渠道、全方位的发现机制，进一步提升城市网格化管理效能。

（四）深化城市管理执法体制改革

健全市、区、街镇三级城管执法工作体系，落实街镇对城管执法队伍人财物的实际管理，加快构建资源整合、职责清晰、权责一致、权威高效的城管执法体制机制。合理界定管理与执法边界，防止以执法代替管理。加强城管执法部门与规划国土资源、市场监管等部门联动，健全跨部门信息共享、案件移送和执法协作机制。积极推进城市管理、市场监管、社会管理等领域分类综合执法改革。强化城市管理执法队伍建设，推进城管执法人员分类管理改革试点。完善城管执法人员行为规范、素质培训、激励保障、监督约束等制度，加强城管执法机构队伍下沉街镇后的指导、监督和考评。强化城管执法基层基础建设，深入推进城管执法机构标准化、规范化建设。完善城管执法人员分类培训体系，健全执法人员工伤保险制度。按照“谁使用、谁管理、谁负责”的原则，建立城市执法协管人员的招聘、管理、奖惩、退出等制度。提高城市管理执法水平，依法界定各级城管执法机构职责范围，制定公布市、区、街镇三级城管执法机构权力清单和责任清单。建立健全执法规范，努力提升城市管理法治化水平。增加对城管执法部门装备、技术等方面的投入，提升城管执法装备现代化水平。全面落实严格规范公正文明执法要求，改进执法工作方式。完善执法监督机制，全面落实行政执法责任制。

（五）建立城市顽症治理长效机制

健全全方位问题发现机制，充分发挥网格化监督员和“12345”“12319”热线等作用，鼓励市民积极主动发现问题，运用大数据等分析技术，及时锁定各类城市管理顽症。加强市区协同综合整治，深化部门联手、条块联动的工作格局，加强绩效考核、责任追究和社会监督。因势利导，充分发挥社会自治作用，不断提高顽症治理整体水平。完善常态长效管理机制，统筹城市规划、建设、管理，避免源头上产生城市管理顽症。建立滚动推进机制，开展综合整治，对实践中行之有效的综合治理措施以法规形式加以固化。强化街镇对基层一线执法队伍的统筹，维护城市运行和管理秩序。

四、推进城乡建设协调发展

对接“一带一路”、长江经济带、长三角地区协同发展要求，把低影响开发建设（LID）模式贯穿于规划、建设、管理全生命周期，加强各类设施建设紧密衔接，发挥网络效应和协同效应，推进区域和城乡建设协调发展。

（一）构建区域一体化基础设施体系

加快区域交通基础设施互联互通建设，以共建长三角世界级城市群为目标，加快推进交通基础设施共建共享、协同发展，统筹水路、铁路、公路、航空建设，打造综合立体交通走廊。共建跨区域生态网络，加强长江流域水环境综合治理，构建沿江绿色生态廊道，重点是共同维护长三角近沪地区河口海岸滩涂湿地及自然保护区和杭州湾及长江、黄浦江等区域性生态保护地区，加强区域生态廊道对接，维护区域生态安全。围绕加强与江苏、浙江在长江和太湖流域水资源供给方面的战略合作，探索建立长三角区域内水源地联动及水资源应急机制。主动参与国家气源引进和通道工程建设，加强与长三角天然气管网互联互通，形成管网反输能力，增强调度灵活性，实现区域应急救助。

（二）推进城乡一体化建设

坚持“网络化、多中心、组团式、集约型”的城市空间发展格局，构建“主城区—新城—新市镇—乡村”多层次城乡体系，注重交通引导发展，实现集约紧凑、功能复合，促进城乡发展一体化。提升主城区设施能级水平。坚持公交优先，构建一网多模式的轨道交通体系，推进公交线网与轨道交通网络融合，提高地面公交服务水平和吸引力，到2020年，中心城区公交出行分担率达到55%。优化路网结构，提升路网整体通行效率和服务能力。按照“适度供给、调控需求、动态平衡、集约共享”的原则，完善差别化停车管理政策。优化城乡生态绿化布局，推进各类无障碍设施建设，不断提升城市品质和宜居水平。大力推进新城和镇的建设。加大郊区特别是工业区、非建制镇等污水管网改造力度，全面提升郊区污水处理水平，城镇污水处理率达到95%。强化郊区新城、新市镇和集镇基础设施建设和公共设施配套。推进美丽乡村建设，以村庄改造为载体，大力推进美丽乡村建设工作，对规划保留村庄，开展村内基础设施建设、村庄环境整治和公共服务设施建设三大工程，不断推进农村人居环境持续改善。到2020年，全面完成基本农田保护区内规划保留地区村庄改造工作，累计创建评定100个左右美丽乡村示范村。

（三）推进重大工程建设

继续加大重大工程推进力度，充分发挥重大工程对城市功能提升和经济社会发展的带动作用。完善重大工程组织管理机制，进一步创新重大工程前期工作机制，优化重点区域、重要项目的规划和环评工作，提高审批效率，加快征收腾地进度，为项目推进创造条件。强化组织推进机制，加强市区之间、部门之间的统筹联动。健全完善重大项目储备机制，加强对后续储备项目前期研究和方案设计，为项目顺利启动奠定基础。

（四）推进地下空间和综合管廊建设

顺应城市立体化发展要求，统筹协调地下空间、地下管线建设管理，最大限度预防和减少安全风险，保障城市安全有序运行。开展地下空间竖向分层规划，拓展城市空间资源，分层、分类、分期开发利用地下空间资源，形成功能适宜、布局合理、竖向协调一体、横向互联互通的地下空间系统，优先确保城市公共安全保障的地下空间使用，重点建设地下公共交通和市政基础设施空间，预留地下物流、水资源调蓄、能源输送等功能通道，打造“立体城市”。加强地下管线综合管理，到2020年，构建较为完善的城市地下管线规划、建设、运行、维护监管体系，建成完善的全市性地下管线综合管理信息平台，基本完成全市老旧管网改造工作，建成较为完善的地下管线应急防灾体系，地下管线综合管理处于全国领先水平。开展地下综合管廊规划，加快推进地下综合管廊建设，结合道路新建改建、轨道交通建设和城市更新等，因地制宜推进综合管廊建设，“十三五”时期，建成地下综合管廊100公里。积极探索地下综合管廊有偿使用机制。

（五）推进海绵城市建设

把海绵城市理念体现到城市规划、建设、管理的全过程，综合采取“渗、蓄、滞、净、用、排”等措施，充分利用自然空间，实现雨水综合管理，恢复水生态，改善水环境，提高水安全。到2020年，基本形成生态保护和低影响开发雨水技术与设施体系，基本形成完善的排水防涝体系，基本形成初期雨水污染治理体系，到2020年，海绵城市建设面积达到200平方公里。建立符合上海特点的海绵城市建设标准和管控体系，建成区结合城市更新、旧区改造、道路和排水系统改造等有序推进海绵城市建设，郊区新城、重点功能区域、重点转型区域、成片开发区域和郊野公园建设中全面落实海绵城市建设要求。坚持集中与分散相结合，建设若干大型深层雨水调蓄工程。推广海绵型建筑与小区，采取屋顶绿化、雨水调蓄与收集利用等措施，提高建筑与小区的雨水积存和蓄滞能力。提高城镇排水系统建设标准，中心城及郊区新城城镇排水建设标准不低于5年一遇，其他地区城镇排水建设标准不低于3年一遇。加大城市排水防涝设施建设力度，用5年时间消除中心城建成区排水系统空白，同步开展并支持郊区排水系统新建和完善。

五、保障城市安全运行

强化风险意识和底线思维，从应急管理向风险管理转变，提升预防和处置突发事件的能力，确保城市运行安全。

（一）完善城市设施维护管理体系

建立健全城市设施数据库，摸清全市基础设施底数，加强动态维护和更新。加大城市设施全生命周期维护管理力度，大力推广预防性养护和综合性养护。完善城市维护体制机制，进一步明确市、区城市维护事权分工，落实城市维护主体责任；加大城市维护资金投入，健全与设施规模、管理标准等相适应的维护投入机制，确保各类设施得到及时有效维护。健全养护行业一线职工收入正常增长机制，维护职工合法权益和队伍稳定。深化城市养护作业领域市场化改革，鼓励养护企业走规模化、专业化发展道路，不断提升城市基础设施的养护效率和服务水平。

（二）强化设施运行安全管理

强化风险隐患排查整治，重点做好轨道交通、道路交通、高架桥隧、高层建筑、消防设施、地下空间、地下管网、老旧房屋、玻璃幕墙、排涝设施等领域的安全管理。加强房屋全生命周期管理，健全覆盖住宅、非居住房屋的安全排查和处置机制，建立全市房屋建筑信息数据库，通过地方立法明确房屋业主和使用人主体责任，建立本市房屋周期性强制检测、强制维修、限制使用等制度。强化源头到龙头全过程管理，进一步优化“两江并举，多源互补”的原水供水格局，加强水源地保护力度，提高供水安全保障能力。加强地下空间使用安全管理，落实地下空间权属、使用和管理单位主体责任。强化轨道交通、危化品储运等安全管理，加强供水、燃气、供电、供油等各类“生命线工程”的保护，加强管线占压的排查整治。

（三）加强建设工程质量安全管理

持续加大工程质量安全管理力度，实现建设工程安全生产形势持续稳定好转，建设工程质量整体水平稳中有升，重大工程质量达到国际先进水平，建筑工程安全性、耐久性明显增强。理顺管理机制，落实管理责任，严格落实质量安全管理“五方主体责任”，健全以施工总承包单位为中心，建设、监理、勘察、设计及其他有关单位各负其责的责任体系。推进落实注册执业人员质量责任，强化工程质量终身责任制。完善管理制度，构建管理体系，研究建立建设工程质量和安全风险评估制度、施工过程中的设计签认制度、工期及进度审核制度、工程质量保险制度等，健全工程质量安全监管和技术管理法规制度体系。创新监管执法机制，推进施工现场质量标准化管理，推进建设工程在线监管，加强检测检验，推行质量安全巡查制度，建立市场与现场联动的监管机制。集中整治非法违法生产行为，坚决遏制重特大事故发生。

（四）完善城乡建设防灾减灾体系

编制实施城乡建设防灾规划，加快城市绿地系统防灾避险规划落地，分类推进社区防灾实施规划，研究制定大型商业区、经济开发区、重要商务区、居住区等不同类型社区防灾技术要求，推进新建社区防灾设施、避难场所与房屋建筑同步规划设计。强化城乡建设防灾规划落实。提高城市综合防灾和安全设施建设配置标准，优化完善城市防汛、排涝、消防、抗震、应对地质灾害、地下空间安全使用、重大市政工程设施沿线地面沉降等预警预报机制，全面提高灾害防治水平，有效提升应急管理能力。加强应急避难场所规划建设，加强政府飞行队（警用、消防）直升机临时起降点、应急着陆点、取水点规划建设，加强无人机使用监控。深化城市应急联动体系建设，加强高层建筑、轨道交通、化工等消防专业应急救援队伍建设，落实各类专项应急预案，明确部门联动职责和响应程序。完善街镇、居村应急管理组织体系和应急设施，发挥街镇城市网格化综合管理中心在应急联动中的作用，构建全天候、系统性、现代化的城市运行安全保障体系。

六、推进城乡绿色发展

着力推进绿色发展、低碳发展和循环发展，努力形成有利于保护环境的生产生活方式，提高生态文明建设水平。

（一）构建城乡绿色生态网络

划定城市开发边界、永久基本农田、生态保护控制线，增加生态空间，推进绿地林地湿地融合发展。构建“双环、九廊、十区”“多层次、成网络、功能复合”的市域生态空间体系。加快建设郊野公园，完善地区公园、社区公园、街心公园等各类城市公园，人均公园绿地面积达到8.5平方米。打造城市绿道系统，大力发展屋顶绿化和立体绿化，全面提升市民生态文明感受度和获得感。加强绿色基础设施骨架构建，大力建设生态廊道、防护林带和生态公益林，显著增加农田林网覆盖率，完善生态补偿制度，实施绿地、林地占补平衡，到2020年，森林覆盖率达到18%。加强生态资源保护管理，全面落实全市生态保护红线划示，确保生态保护红线内的各类资源得到有效保护。完善生态补偿制度，加强湿地自然保护区建设和管理，加快推进陆域及海域生态修复。加强河道蓝线管理，到2020年，河湖水面率达到10.1%。大力推行生态绿化方式，倡导节约、自然理念，推进生物多样性保护。

（二）推进生态环境综合治理

持续加大环境治理力度，强化重点区域生态环境综合整治。继续保持违法建筑治理力度，聚焦违法用地、违法建筑、违法经营、违法排污、违法居住“五违”问题，结合产业结构调整、“城中村”改造和水环境治理，滚动实施重点区域生态环境综合整治，到2017年，重点整治区域生态环境面貌得到明显改善。制订实施土壤污染防治行动工作方案，开展土壤环境质量调查，加强建设资源整合、权责明确的土壤环境管理体系。以确保人居健康为核心，实施建设用地准入管理，推进土壤污染预防与修复。完善生态综合治理体制机制。加强全市指导协调、督促推进，健全区推进体制机制，统一部署落实辖区生态环境综合治理，并逐级落实属地管理责任，加强街镇日常管理，形成条块结合、协同治理、联动执法的生态环境综合治理体系。

（三）大力发展绿色节能建筑

推动绿色生态城区建设。大力推进绿色建筑规模化发展，推行绿色施工、绿色运营，鼓励创建绿色生态示范城区。通过地方立法建立强制推行制度，全市新建民用建筑全部执行绿色建筑标准，低碳发展实践区、重点功能区域内新建公共建筑按照二星级及以上标准建设的不得低于70%。倡导可再生能源与建筑一体化应用，积极推广太阳能光伏发电技术应用、稳步推进太阳能热水建筑一体化技术，鼓励适宜可行的地方推广浅层地能利用技术，建设绿色宜居城市。建立各类公共建筑能耗定额标准和用能约束机制，“十三五”时期，完成1000万平方米既有公共建筑节能改造。在老旧小区改造中，推广实施绿色化改造，增强宜居性。倡导建材工业绿色制造，全面推行清洁生产，发展智能制造，引导建材生产企业提高信息化、自动化水平。开展绿色建材评价标识工作，搭建绿色建材数据库。扩大绿色建材应用范围，重点开展通用建筑材料、节能节水节材与建筑室内外环境保护等方面材料和产品的绿色评价工作。

（四）加强垃圾综合治理

坚持源头分类、再生资源回收利用和提升处置设施能力并重，推进再生资源回收与生活垃圾清运体系“两网协同”，以完善无害化处理体系、提高资源化和减量化水平为目标，推进生活垃圾、建筑垃圾、工业垃圾等综合治理，显著减少固体废弃物排放。全面形成以“绿色账户”为特征、激励约束并重、城乡一体的生活垃圾分类减量模式，逐步实现分类减量居住区全覆盖。完善生活垃圾分类收集、运输、处置体系，坚持“大分流、小分类”基本路径，按照中心城区市域统筹消纳、郊区属地自行处理的原则，落实区的主体责任，着力增强餐厨垃圾、厨余果皮垃圾处置能力，“十三五”时期，基本实现原生生活垃圾零填埋。加快建立建筑垃圾中转消纳处置体系，落实中转利用场所，推进拆房垃圾、装修垃圾资源化利用设施建设，鼓励工程渣土区域内就地利用，推进工程泥浆预处理和工程垃圾资源化利用，推动建筑工地垃圾“零排放”。完善工业固废等回收和利用体系，实现各类工业废弃物的高效资源化利用。落实循环经济要求，推进老港等静脉产业园区建设。推进包装减量工作，推进净菜入城、净菜销售等措施，推广使用可降解、易回收、低成本包装材料，从源头上减少垃圾产生。

七、改善市民居住水平

坚持民生为先、规划引领、有序推进，注重品质、多元参与、利益共享，推进城乡住房发展和城市更新，营造宜居环境。

（一）完善城镇住房保障体系

着力深化完善廉租住房、公共租赁住房、共有产权保障住房、征收安置住房“四位一体”、购租并举的住房保障体系，“十三五”时期，各类保障性住房新增供应约30万套（户）。健全住房保障准入标准动态调整机制，加强共有产权保障住房和公共租赁住房等供后管理，完善住房保障退出机制，实施廉租住房和公共租赁住房管理并轨。推进保障性住房建设，支持与具有全球影响力的科技创新中心建设相适应的人才公寓等建设，以商品房配建和代理经租社会闲置房源等多种渠道，解决青年人才阶段性住房困难。加大旧区改造力度，重点推进中心城区集中成片二级旧里以下房屋改造，“十三五”时期，中心城区完成成片二级旧里以下房屋改造240万平方米。积极推进中心城区零星二级旧里以下房屋改造。全面启动郊区城镇旧区改造。重点推进已批方案的“城中村”改造，同时，按照“成熟一个、改造一个”原则，再启动部分居住条件困难、安全隐患突出、群众要求强烈的“城中村”改造。推进城市有机更新模式，注重增加公共开放空间和公共服务功能，不断完善城市更新办法。通过旧住房综合改造、旧住房拆除重建、旧小区综合治理、居住类优秀历史建筑修缮等方式，多途径、多渠道地改善市民居住条件。“十三五”时期，实施各类旧住房修缮改造5000万平方米。

（二）促进房地产市场平稳健康发展

完善以居住为主、以市民为主、以普通商品住房为主的住房市场体系，优化土地供应结构，提高商品住房用地的中小套型比例和保障性住房（含人才公寓）配建的比例，以及房地产开发企业自持住房的比例。支持居民合理住房需求，贯彻落实差别化住房信贷政策和税收政策，严格执行限购、限贷等房地产市场调控政策，抑制投机投资性需求。培育发展住房租赁市场，优化购租结构，引导市民通过租赁方式解决住房问题。加强房地产市场监管，进一步规范交易行为，加强交易服务管理，完善商品住房网上备案管理，实行存量住房交易资金监管制度，加快建立健全房地产行业和从业人员诚信体系。严厉查处房地产市场违法违规行为。进一步扩大住房公积金制度受益范围。研究拓展住房公积金提取使用途径，更好地满足缴存职工的住房消费需求。加强商办用房市场调控，适度优化地区供应结构，有序调控土地供应节奏，进一步加强商业办公用房供需对接。加强对房地产市场的监测、分析和研判，定期发布统一、规范的房地产市场信息。

（三）加强住宅小区综合治理

统筹政府、居民、社会等多方面力量，滚动实施住宅小区综合治理三年行动计划，着力解决住宅小区中的突出问题。细化完善市相关部门和专业单位的责任清单，落实区、街镇的相关管理职责，督促居民区党组织、居委会依法加强对业委会的指导和监督。落实业主自我管理主体责任和义务，推动符合条件的住宅小区业主大会应组建尽组建，不断提高业委会规范运作能力。加强物业服务行业市场监管，探索多模式的物业服务方式，不断提升物业服务水平。持续推进二次供水、供电设施、电梯、消防设施、积水点等老旧设施设备改造，着力解决市民最关心、最直接、最现实的民生问题。

（四）加强历史风貌和乡村风貌保护

以历史文化风貌区、风貌保护道路、优秀历史建筑和文物保护单位共同构建上海点、线、面相结合的上海历史文化风貌和乡村风貌保护管理体系。加强历史风貌保护区和优秀历史建筑保护，更加注重成片、成街坊历史风貌的整体性和普遍性保护，传承城市文脉。实施上海成片历史风貌保护三年行动计划，进一步扩大历史风貌保护范围，加大历史街区保护力度。开展全市历史街区和包括近现代优秀建筑在内的各类历史建筑普查。通过先予甄别和确认机制，抢救性保护一批历史街区和历史建筑。加强区历史风貌保护体制优化和队伍建设，健全市、区两级风貌保护管理统筹协调机制。推进成片历史风貌区和优秀历史建筑修缮，提升使用功能。加强优秀历史建筑的修缮、改造和使用监管，建立工匠名录，培育掌握传统修缮工艺的工匠队伍。探索风貌保护激励机制，加大政府对风貌保护的投入，制定引导社会资本参与的政策措施。建立健全历史文化名镇名村保护管理体制机制，出台政策，形成市、区、镇协同工作机制，加强历史文化名镇名村、传统村落和乡村风貌保护。

（五）提升郊区农民居住水平

加强农村居民集中点规划，引导农民到新城、新市镇居住，重点聚焦实际居住在“三高”沿线、生态敏感地区、环境整治地区以及纯农地区范围内的农村居民。到2020年，力争使全市重点区域农民进城进镇集中居住规模有明显提高，农村分散居住情况有明显改善。加快村镇规划编制，合理确定保护村庄、保留村庄、撤并村庄的范围和村民建房布点、范围和用地规模，科学引导农村住房建设。加强村民住房建设技术指导和服务，落实“工匠制”，加强建房工程质量和安全管理，提高农民建房质量水平。推进农村低收入户危旧房改造，完善农村住房救助方式，建立救助标准动态调整机制，适时调整农村住房救助标准，提升农村村民住房托底保障水平。

八、推动建设行业转型发展

聚焦城乡建设和管理领域突出问题，以自贸区建筑业改革试点为突破口，加大体制机制改革力度，建立开放型、联动型、参与型体制机制，形成系统完备、科学规范、运行有效的制度体系。

（一）深化建设管理体制机制改革

全面清理行政审批事项，推行行政审批标准化建设，实施权力清单、责任清单和负面清单制度。研究建立基于 BIM 的建设管理并联审批平台，建立建设管理行政审批事项的网上虚拟办事大厅。完善建筑市场管理法规体系，以《上海市建筑市场管理条例》为引领，制定一批涵盖市场准入、承包发包、招标投标、信用管理等建筑市场全过程的法规规章，逐步建立起符合国际规范和现代市场经济要求的上海建筑市场管理法规体系。转变政府监管方式，加强市场和现场质量安全行为的事中事后监管。建立市场运行管理的大数据库，建立基于大数据分析为基础的执法监管体系。探索推行政府购买服务和专业人士认可制等，引入社会化工程监管方式。

（二）创新建筑市场监管方式

深化建设工程招投标监管改革，按项目资金来源实行分类监管，调整非政府投资工程强制进场招投标的监管要求，落实招标人主体责任，赋予招标人资格预审权和定标权；区分项目规模大小和技术难易程度，采用不同评标办法，避免恶意低价投标，实现合理低价中标；优化招投标监管流程，同类小型项目可实行批量和预选招标；探索实行大型公共建筑设计方案招标。全面推行工程设计、施工和竣工图数字化交付，加快推进数字化审图和建筑档案资料的电子化，实行全过程、全覆盖的工程建设电子化审查审批，提高审批效率。进一步加强事中事后监管，健全建筑市场诚信体系建设，加强信用评价在工程招标、市场准入、日常监管中的应用。到 2020 年，实现建设工程全过程电子化招投标，建立完善的市场化竞争和价格形成机制，实现市场信息公开透明，形成统一开放、公平竞争的承发包市场。加强企业资质和个人注册执业资格管理，推进市场化改革，探索由“资质资格管理”向“资质资格管理和信用管理并重”转变，引入工程担保、保险等多元化市场管理机制。加快推进建设工程质量缺陷保险和施工责任险制度，建立健全市场化、社会化的工程风险防控机制。

（三）推进建筑业转型升级

加快建筑业向信息化和工业化转型升级，促进建筑行业持续健康发展。全面推广装配式建筑，创建国家住宅产业现代化示范城市，符合条件的新建建筑必须采用装配式技术，到 2020 年，装配式建筑单体预制率达到 40% 以上。推广钢结构、钢混组合结构体系应用，新建改建高架、桥梁等市政工程优先采用预制拼装技术。推进内装工业化发展，推广轻质内隔墙、整体厨卫等部品部件应用，外环内的商品住宅原则上应实施全装修，逐年提高外环外商品住宅项目全装修比例。推动全产业链协同融合发展，打造具有国家影响力的建筑工业化产业联盟，加强建筑性能、建筑节能、抗震防灾、新材料应用等方面研发，加快科技成果的转化和应用。加快培育国家级建筑产业化示范基地。促进预制构件市场有序发展。

（四）优化调整建筑业产业结构和生产组织方式

优化建筑产业组织结构，充分激发市场主体创新活力，健全创新创业政策和服务体系。支持国有企业股份制和混合所有制改革，鼓励和引导民营企业通过参股、控股、资产收购等多种形式参与国有企业改制重组，拓宽非公经济发展的市场空间。优化市场环境，实现市场优胜劣汰，鼓励企业通过企业转型、重组、并购等方式，通过项目设计施工组织方式的转变，优化产业组织结构。调整完善项目组织方式，完善与工程总承包和项目管理方式相适应的招标投标、施工许可、现场监管和结算审计等政府监管方式，加大在政府投资工程中的推行力度，鼓励和支持设计施工总承包、项目管理等模式，实现项目组织方式向专业化、执业化、国际化转变。结合上海自贸区和浦东建筑业改革示范区建设，开展建筑师负责制等建筑业改革创新试点，充分发挥建筑师及其团队在前期咨询、设计服务、专业协同、工程造价和质量控制等方面的作用。

九、提升建设管理智能化水平

顺应信息化飞速发展趋势，推动信息化在上海城乡建设和管理领域的深度应用，不断提升城乡建设管理的智能化水平。

（一）大力推进智能管理平台建设

构建城乡建设和管理综合信息共享交换平台。整合工程建设、城市运行、城市综合管理和生态环境建设等领域信息平台建设。完善房屋管理、城管执法、燃气监管、道路照明管理等信息系统和服务平台。在现有城市综合管理网格化平台、综合交通管理信息平台、建设市场管理信息平台、地下空间信息基础平台的基础上，基于物联网、大数据技术和电子政务、政务外网基础设施资源，推动本市城市管理综合信息共享交换平台建设，汇聚城乡建设和管理行业以及公安、工商等其他相关部门的基础数据，构建城乡建设和管理数据资源中心，实现各行业信息共享交换。

（二）推进建设管理智能化

发挥信息化在城市综合管理中的支撑和引领作用，促进大数据、云计算、物联网等新一代信息技术与城市管理服务的融合。探索构建城市信息模型（CIM）框架。按照城市管理精细化、可视化和社会治理协同化、透明化发展需求，加强互联感知、数据分析和智能决策技术的应用。以人口、法人、空间地理三大数据平台为基础，以城乡建设和管理领域共享平台为切入点，推进城市综合管理相关数据资源的内部共享和对外开放，建立基于数据共享的协同化决策和管理机制，提升市场化的数据开发利用水平。探索多样化互动技术应用，创新公众参与载体。

（三）推广 BIM 等技术应用

推进“互联网 +”、BIM 技术、大数据和云计算在建设行业的广泛应用。打造“互联网 +”、“BIM+ 工程”建设和城市管理的发展新模式，建立健全 BIM 技术应用相配套的政策标准体系和推进考核机制，创建国内领先的 BIM 技术综合应用示范城市，加快推进 BIM 技术广泛应用。

（四）加强城市综合管理信息化基础设施建设

推进信息化技术与城市综合管理融合应用，聚焦监测预警、城市防涝、水环境和燃气安全、工程抗震等，以地下管线和市政设施等的监测预警和应急处置管理为切入点，探索信息技术与地上地下城市基础设施安全预警及运行保障的融合运用，不断完善基础设施监测预警信息化水平。积极推进智慧照明，探索道路照明灯杆综合利用，为新能源汽车充电、移动通信、公共安全等提供空间载体，建设以智慧照明为核心功能，融合绿色能源、智慧安防、应急指挥、无线城市、智能感知和信息交互等功能的智慧照明网络。

十、落实保障措施

（一）发挥规划引领作用

尊重城市发展规律，坚持先规划、后建设，充分发挥规划的战略引领作用，强化规划对各类城乡建设行为的指导，提高规划编制科学水平。加大规划执法力度，全过程监管规划实施，依法严厉处罚各类违法违规行为。

（二）优化行政决策机制

规范行政决策程序，凡是有关经济社会发展和市民群众切身利益的重大政策、重大项目等事项，建立完善部门论证、专家咨询、公众参与、专业机构测评相结合的风险评估工作机制。充分发挥高校和研究机构在政策前期研究中的作用，加快城乡建设管理领域新型智库建设，实施重大行政决策后评估制度。

（三）完善地方性法规标准体系

立足超大城市综合管理要求，加强城市安全运行、既有建筑使用管理、城市风貌和历史建筑保护、生态环境保护、水资源管理、交通管理、绿色建筑、房屋租赁、物业管理、废弃物处置等重点领域地方性法规和政策的立改废释，完善城乡建设和管理领域的地方性法规和政策体系。建立完善城乡建设和管理的标准规范定额，构建与超大城市特点相适应的城市综合管理标准体系。

（四）推进社会多元共治

强化市民、企事业单位与社会组织参与城市管理的自觉意识，尊重市民对城市发展的知情权、参与权、监督权，推动企事业单位、人民团体、社会组织、志愿者队伍和市民等多元主体参与城市治理。建立市民行为规范，增强市民法治意识，推进城市文明建设。

（五）加强人才队伍建设

加强高层次和高技能人才队伍建设，加快培养高水平、专业化、复合型城乡建设管理人才，做好各类专业人才重点帮促、分类指导和专项服务。加强行业从业人员队伍建设，进一步加强职业教育培训和考核评价，提高职业素质，提升业务能力。

（六）推进行业文化建设

以社会主义核心价值观建设为引领，不断深化行业文化建设。依托世界城市日、世界人居日、世界环境日、世界水日、世界海洋日、航海日、土地日等平台，拓展市民论坛，构建更加开放的公众参与格局。深入开展富有窗口性、服务性、群众性特色的精神文明创建活动，大力倡导奉献、友爱、互助、进步的志愿服务精神，实现城市共治共管、共建共享。

附件：上海市“十三五”城乡建设和管理主要指标

上海市“十三五”城乡建设和管理主要指标

序号	指标名称	单位	属性	2020年
1	中心城公共交通出行分担率	%	预期性	55
2	城镇污水处理率	%	约束性	95以上
3	全市公共供水管网漏损率	%	预期性	10
4	人均公园绿地面积	平方米	约束性	8.5
5	森林覆盖率	%	预期性	18
6	天然气占一次能源消费比重	%	预期性	12
7	建成地下综合管廊	公里	预期性	五年累计100
8	海绵城市建设面积	平方公里	预期性	五年累计200
9	河湖水面率	%	预期性	10.1
10	新增供应保障性住房	万套(户)	预期性	五年累计30
11	中心城区成片二级旧里以下房屋改造面积	万平方米	约束性	五年累计240
12	各类旧住房修缮改造	万平方米	预期性	五年累计5000

上海市城乡建设和管理“十三五”规划

沪府发〔2016〕93号（2016年10月28日）

“十三五”时期，是上海基本建成“四个中心”和社会主义现代化国际大都市的冲刺阶段，也是上海在更高水平上全面建成小康社会奋斗目标的关键阶段。为贯彻落实《中共中央关于全面深化改革若干重大问题的决定》中关于“形成以工促农、以城带乡、工农互惠、城乡一体的新型工农城乡关系”的精神和“三倾斜一深化”的要求，根据《中共上海市委、上海市人民政府关于推动新型城镇化建设促进本市城乡发展一体化的若干意见》和《上海市国民经济和社会发展第十三个五年规划纲要》，制订本规划。

一、发展回顾与展望

（一）城镇化水平持续提升

2015年底，本市常住人口城镇化率和户籍城镇化率均达到90%左右，全市农业户籍人口从2010年的157万人下降到2015年的136万人。受人口自然变动（出生、死亡）和非自然变动（动拆迁、就业、就学）两类因素影响，未来本市农业户籍人口仍将持续减少，但下降趋势放缓。

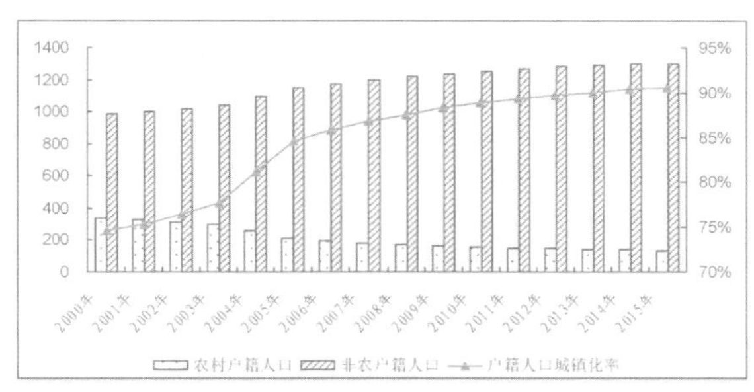

图1:2000年以来本市农业户籍人口和户籍城镇化率变化情况（单位：万人）

（二）都市现代农业框架逐步形成

都市现代农业加快发展，农产品供应保障能力不断增强，全市粮食种植面积保持在150万亩左右，菜田面积稳定在50万亩。农业生产的机械化、组织化和规模化水平不断提升，到“十二五”末，主要农作物生产综合机械化水平达到83%，农业劳动生产率达到8.5万元/人，居于国内领先水平。全市共发展家庭农场3829户，具有一定经营能力的农民合作社3192户，农业产业化龙头企业387家，各类新型农业经营主体不断涌现。

（三）郊区农村基础设施建设加快推进

本市大力推进城乡基础设施建设，城乡一体的交通网络格局基本形成，城乡水环境不断改善。至2015年底，全市高速公路通车里程达到826公里。轨道交通服务进一步向郊区城镇延伸，运营里程达到617公里（含磁悬浮）。镇村公交基本实现全覆盖。完成12万户农村生活污水改造，农村生活垃圾末端处理设施基本建成。实施500公里骨干河道综合整治工程，完成5000公里中小河道轮

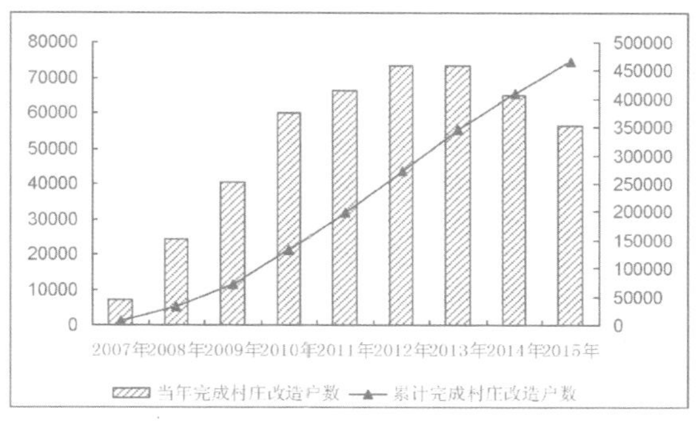

图2:近年来本市村庄改造实施情况

疏。

（四）城乡社会保障和就业政策体系基本确立

城乡统一的居民养老保险制度和统一的灵活就业人员参保办法建立，2015年，全市城乡低保标准实现一体化，水平统一提高到790元，与2010年相比，分别提高了76%和163%。实施统一的鼓励创业带动就业、扶持就业困难人员就业和职业技能培训补贴等政策，出台面向农村富余劳动力的跨区就业补贴和低收入农户就业补贴政策。“十二五”时期，全市农村居民家庭人均可支配收入年均增速达到11%，剔除物价因素，实际增长达到7.8%，较城镇居民收入增速高出0.8个百分点。2015年，全市农村居民家庭人均可支配收入达到23205元，城乡居民收入比下降至2.28 : 1。

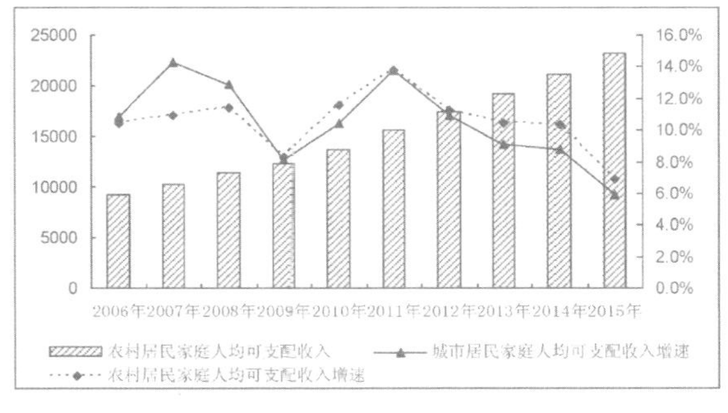

图3:2005—2015年本市城乡居民家庭可支配收入（剔除物价因素）（单位：元）

（五）城乡基本公共服务均等化水平不断提高

本市不断加大城乡基本公共服务财政投

入力度，基本形成覆盖城乡的基本公共服务体系，城乡差距逐年缩小。坚持实施义务教育“三个统筹”，完善教育经费投入保障机制，郊区与市区生均财政性教育经费差距逐年减小，在全国率先整体通过国家区域内义务教育均衡发展督导验收。全面建立村委会事务公开制度。郊区公共卫生设施和服务能力得到普遍改善，标准化的基层卫生服务网络覆盖城乡。农村文化、体育设施和内涵建设均有明显进展。

（六）农村改革取得积极成效

按照“坚持集体所有、坚持因地制宜、坚持以农龄为主要依据、坚持公开公平公正、坚持效益决定分配”的原则，持续推进农村集体经济组织产权制度改革。到2015年底，全市1458个村完成了集体经济组织产权制度改革，完成率达到86.9%。104个镇完成了镇级集体资产产权界定工作，占122个有集体资产镇总数的85.2%，15个镇完成镇级改革，8个镇启动改革。截至2016年2月底，全市262个村集体经济组织实行了2015年度分红，惠及成员人数66.8万人。大力推动农村承包地流转，98.6%的村完成了土地承包经营权确权登记工作，承包地流转比例达到73.7%。稳妥推进松江区农村集体经营性建设用地入市试点工作，按照国家总体部署，制定了农村集体经营性建设用地入市试点的“1+5”政策体系，完成了首幅试点地块的出让工作。

同时，当前本市城乡发展一体化仍然存在不少短板问题。主要包括：城镇发展不平衡、不协调，镇村规划尚未全覆盖，镇村基础设施和生态环境建设投入相对不足，农村生产和居住分散现象突出；都市现代农业发展水平参差不齐，农业生产经营水平、生产集中度有待提高，养殖业中小而散的传统畜禽养殖方式仍有一定比例；农村水环境欠账问题突出，镇村级河道劣Ⅴ类水体比重较高，农村面源污染面广点散；郊区局部交通网络有待加强，市域轨道交通线与郊区地域广、布局相对分散的特点不相适应，部分镇村道路投入和管养不到位；城乡基本公共服务均等化面临制约，城乡基本公共服务在财政投入上仍有差距，农村地区教育和卫生专业人才较为缺乏，养老服务问题较为突出。这些问题都需要在推进城乡发展一体化的过程中逐步解决。

“十三五”期间，上海推进城乡发展一体化要牢牢把握有利机遇，争取将城乡发展一体化水平推上新高度。一是把握国家新型城镇化战略机遇，以新型城镇化推动城乡发展一体化。国家“十三五”规划明确要求，促进城乡区域协调发展，通过城乡发展一体化，推动城镇公共服务向农村延伸，提高社会主义新农村建设水平。上海作为超大城市，新型城镇化建设的重点在于提高城镇化的质量，加快城乡基础设施互联互通，健全覆盖城乡的基本公共服务体系，与城乡发展一体化协同推进，不断缩小城乡发展差距。二是落实本市城乡一体化整体设计和配套政策，扎实推进各项工作措施取得实效。2015年，本市出台了《关于推动新型城镇化建设促进本市城乡发展一体化的若干意见》，作为指导本市“十三五”乃至更长时期城乡发展一体化工作的总体性文件。“十三五”时期，本市相关部门和各地区要按照该意见提出的10个方面、36项具体工作以及明确的责任分工，有序推进城乡一体化各项工作。三是依托城乡一体化工作推进机制，以条块协同形成工作合力。当前，城乡发展一体化工作已被纳入政府系统运行目标管理，建立了市政府常务会议定期审议、分管市领导牵头召开工作例会的协调推进机制，有关地区和市相关部门按照目标管理要求，采取项目化的管理方式，实现工作进程可跟踪、工作成效可检查，条块联动、统筹协同的城乡发展一体化工作合力已逐步形成。

二、指导思想、基本原则和总体目标

（一）指导思想

高举中国特色社会主义伟大旗帜，以邓小平理论、“三个代表”重要思想、科学发展观为指导，全面贯彻党的十八大和十八届三中、四中、五中全会精神，深入贯彻习近平总书记系列重要讲话精神，认真落实中央对推进新型城镇化、城乡发展一体化和长三角城市群发展的各项要求，主动适应经济发展新常态，按照创新、协调、绿色、开放、共享五大发展理念，紧紧围绕上海基本建成“四个中心”和社会主义现代化国际大都市的发展目标，以缩小城乡差距为主攻方向，以加快转变农业农村发展方式为主线，以改革创新为动力，建立健全符合新型工农城乡关系、体现“三倾斜一深化”要求的体制机制，力争率先走出一条以人为本、四化同步、生态文明、文化传承的新型城镇化道路，以高质量的新型城镇化推动高水平的城乡发展一体化。

（二）基本原则

1. 坚持以人为核心，让农民共享改革发展成果。按照富裕农民、提高农民、扶持农民的要求，始终把坚持农民主体地位、增进农民福祉作为推进城乡发展一体化的出发点和落脚点。既要从制度上破除二元结构，维护好实现好农民各项权益，也要针对离土农民、务农农民、老年农民等不同群体的实际诉求分类施策，让广大农民共同分享现代化成果。

2. 加快转变农业农村发展方式，推动大都市郊区转型升级。以转变农业生产方式为牵引，引导农民生活方式转变，引导现代生产要素向农业农村流动，促进农村富余劳动力和农村人口向城镇转移。推进农业供给侧结构性改革，构建现代农业产业体系、生产体系和经营体系。调整淘汰落后产能和提升产业能级并举，生态环境综合治理与复垦减量协同推进，促进郊区产业结构优化和转型升级。

3. 立足长三角统筹城镇发展，发挥新城和各类镇在促进城乡发展一体化中的作用。牢牢守住土地、人口、环境、安全等底线，指导和约束人口、产业、基础设施和公共服务的合理配置，加快转变城镇发展方式。按照长三角城市群协同发展战略要求，统筹新城和镇的发展，构建开放协调的发展格局，发挥新城、新市镇吸纳人口和带动地区发展的作用。

4. 全面落实“三倾斜一深化”要求，建立健全城乡发展一体化的体制机制。坚持问题导向，针对目前城市化地区和农村地区、新城和镇之间反差明显的差距，着力在解决薄弱环节和突出问题上下功夫，着力破解城乡发展一体化的体制机制障碍，围绕公共服务资源配置向郊区人口集聚地倾斜、基础设施建设投入向郊区倾斜、执法管理力量向城乡结合部倾斜、深化农村土地制度改革，加快形成符合新型城乡工农关系的一体化发展体制机制。

（三）总体目标

按照当好全国改革开放排头兵、创新发展先行者的总体要求，到“十三五”期末，上海城乡差距明显缩小，城乡间不平衡不协调不可持续问题得到有效解决，镇村规划实现全覆盖，郊区农村地区基础设施水平全面提升，农村生态环境面貌显著改善，城乡基本社会保障制度统一全面实现，城乡公共服务人均支出比不断缩小，国家现代农业示范区建设目标基本达标，农村家庭人均可支配收入增速继续高于城镇居民收入增速并实现比2010年翻一番的目标，重要领域和关键环节的改革基本完成，努力使城乡发展一体化各项工作继续走在全国前列，城乡发展一体化水平与全国全面建成小康社会的目标和上海基本建成社会主义现代化国际大都市的地位相得益彰。

表 1　上海市城乡发展一体化“十三五”主要指标

序号	指　标	单位	“十二五”现状值	“十三五”目标值
1	镇村规划覆盖率*	%	—	100
2	水功能区达标率	%	53	在全面消除河道黑臭的基础上，达到78%
3	低效现状工业用地减量面积	平方公里	—	累计完成40
4	城乡基本社会保障制度统一	/	—	全面实现
5	有就业意愿的离土农民就业服务覆盖率**	%	—	95以上
6	城乡义务教育五项标准统一	/	—	基本实现
7	区域卫生中心覆盖率***	%	—	95
8	郊区人均文化配送额度比中心城区提高比例	%	5	10
9	村标准化老年活动室覆盖率	%	85	100
10	国家现代农业示范区建设目标达标率	/	—	基本达标
11	农村居民家庭人均可支配收入	/	23000元	增速高于城镇居民

★镇村规划包括镇总体规划和郊野单元规划、保留村村庄规划、保护村村庄规划。

★★指有就业意愿的本市未就业离土农民中，年度内接受过至少一次公共就业服务（包括政策宣传、职业指导、创业指导、职业介绍、职业培训等）的人数占比（根据当年度调查摸底结果计算）。

★★★指居民至区域卫生中心的距离在一小时公共交通车程以内。

三、主要任务

（一）优化城镇乡村发展布局，推动市域空间发展一体化

以人为核心，着力提高城镇化的质量，转变城镇发展方式，注重新城与镇的协调发展，夯实镇、村发展基础。

1. 加快完善镇村规划体系。适应新型城镇化发展要求，加快编制新市镇总体规划暨土地利用总体规划、郊野单元规划、控制性详细规划及村庄规划，以多层次的城乡规划体系引领城乡发展一体化。促进以一个或多个城市（新城或新市镇）为核心的城镇圈发展，制定不同城镇在交通设施、基本公共服务、生态环境整治等方面的配置标准，引导公共服务资源有效配置。统筹新城周边的新市镇和乡村地区的公共服务设施配置，促进新城及周边镇产城融合、职住平衡、资源互补、服务共享。抓紧做好历史文化名镇名村保护相关规划的编制工作，积极推进名镇名村的保护利用工作。

2. 大力推进新城功能建设。发挥新城优化空间、集聚人口、带动发展的重要作用，按照“控制规模、把握节奏、提升品质”的原则，分类推进新城建设。将松江新城、嘉定新城、青浦新城、南桥新城、南汇新城打造成为长三角城市群综合性节点城市，强化枢纽和交通支撑能力，完善公共服务配套，加快人口和产业集聚，加强与周边地区联动发展，成为相对独立、产城融合、集约紧凑、功能混合、生态良好的城市。改善人居环境，保持城市个性和特色风貌。提高新城人口密度，提升基础设施建设标准。加强新城与周边工业园区、大型居住区的联系，提升服务业发展水平。

3. 分类推进镇的发展。按照人口规模和区域位置，针对不同类型、层次和规模的镇分类施策，着力发挥镇在城乡一体化发展过程中的枢纽和载体作用，通过稳定镇、依托镇、建设镇、管好镇，走出一条带动面广、综合效益高、全市农业转移人口受益多的新型城镇化道路。对中心城周边镇，严格控制建设用地扩张，重点加强基础设施和公共服务资源配置。对新城范围内的镇，重点强化与新城的协同发展，组团式配置公共设施和交通基础设施。对中心镇，注重培育相对独立的服务功能，按照培育中小城市的目标要求，根据相关标准进行设施建设和服务配置，以提升质量、增加数量为方向，强化对区域辐射能力和综合服务、特色产业功能，引导产业项目布局，完善市政基础设施和公共服务设施，推动优质教育、医疗等公共服务资源向中心镇配置，强化土地节约集约利用和紧凑布局，适当提高人口密度。探索赋予其同人口和经济规模相适应的管理权，增强经济社会发展的自主性和积极性。对一般镇，按照服务地区的小城市标准配置服务功能，突出现代农业、生态保护等功能，发挥引导农村居民就近集中居住、带动邻近农村地区发展、提高城镇化水平的作用。同时，加强

规划、政策引导和聚焦，充分发挥市场作用，因地制宜、突出特色，培育一批产业特色鲜明、文化内涵丰富、绿色生态宜居的特色小镇，使之成为上海城乡发展一体化的重要载体。

专栏 1 城乡体系规划框架

主城区：包括中心城及中心城周边片区，强化其全球城市功能；

新城：充分发挥其在优化空间、集聚人口、带动发展中的作用，承载部分全球城市职能，培育区域辐射、服务功能；

新市镇（中心镇、一般镇）：突出其在支撑新城、带动农村地区发展中的作用，进一步强化特色功能、公共服务、环境品质和吸引力，强化分类分区指导；

乡村（保护村、保留村、撤并村）：未来大都市空间和国际化大都市功能体系的重要组成部分，通过生产方式转变带动农民生活方式的转变，改善村庄人居环境、保护传统风貌和自然环境。加强分类引导，近期重点聚焦保护村、保留村的布局和建设，撤并村有序安排农民进城入镇。

4. 加快建设美丽宜居乡村。加强村庄分类引导，改善乡村人居环境，保护传统风貌和自然环境。保留现状规模、区位、产业、历史文化资源等综合评价较高的村庄，以集约节约用地为导向，推进基本公共服务和市政设施建设，加强农村环境治理。对列入中国传统村落、历史文化名村和本市保护村名单的村庄，进一步加强村庄特色风貌保护，合理布局公共服务设施。到 2020 年，全面完成基本农田保护区内规划保留地区村庄改造工作，累计创建评定 100 个左右市级美丽乡村示范村。逐步撤并受环境影响严重、居民点规模小、分布散，以及位于集建区内的村庄，引导农民进城进镇集中居住。

（二）加快转变农业发展方式，提高都市现代农业发展水平

满足城乡居民对农产品品质不断提升的要求，大力推进农业供给侧结构性改革，提高农业供给体系质量和效率，推动一二三产业融合发展。

1. 加快推动农业结构调整。以农业资源环境承载力为基准，宜粮则粮，宜经则经，优化农业产业布局和结构。完善主要农产品最低保有量制度，确保粮食、蔬菜等农产品有效供应和质量安全。持续开展畜禽养殖业减量提质行动，到 2020 年，本市域内畜禽养殖总量控制在 200 万头标准猪（出栏）以内。优化粮食种植业结构，逐步调整稻麦两熟的播种方式，引导实施麦子、绿肥和休耕“三三制”轮作。加快设施粮田和菜田建设，加强灌溉、大棚、育苗等设施建设，提高蔬菜生产机械化水平。加快蔬菜品种结构调整和组织方式完善，加大对蔬菜标准园建设的扶持力度，促进蔬菜标准化生产和集约经营。

2. 大力发展都市现代农业。以整建制推进上海市国家农业示范区建设为抓手，着力构建都市现代农业产业体系、生产体系、经营体系，建立粮菜经统筹、农牧渔结合、种养加一体、一二三产业融合的现代农业产业结构。大力培育以家庭农场、农民合作社、农业龙头企业为主体的新型农业经营主体，积极推进多种形式适度规模经营，进一步减少农业发展对低端农业劳动人口的依赖。构建农业社会化服务体系，促进公益性服务和经营性服务相结合、专项服务和综合服务相协调。强化农业科技创新和推广体系，实施“互联网 +”现代农业行动。大力培育新型职业农民，以培养造就现代农业生产经营者队伍为目标，以服务现代农业产业发展和促进农民职业化为导向，构建教育培训、认定管理和政策扶持“三位一体”的培育制度，制定农业生产经营的准入退出机制或扶持门槛，着力培养一批有文化、懂技术、善经营、会管理、能担当的新型职业农民队伍。进一步提升农业生产效率，农业劳动生产率达到 12 万元 / 人、农业科技进步贡献率达到

80%。拓展农业多种功能，结合美丽乡村和郊野公园建设，推进农业与旅游休闲、教育文化、健康养生等深度融合，发展观光农业、体验农业、创意农业、休闲农业与乡村旅游等新业态。

专栏 2 多功能都市现代农业

都市农业不仅具有生产农副产品的经济功能，而且具有涵养水源、净化空气、保持水土、绿化以及为城市居民旅游休闲提供基地的功能。上海市郊土地资源稀缺，不适合进行大规模、粗放式的农业开发，应在保障城市生鲜食品供给的经济功能基础上，努力培育都市农业的生态、文化、旅游、教育等功能，满足大都市市民亲近自然、体验农耕、休闲旅游等多样化需求，不断提高农业附加值，提升农业经济效益和社会效益。

3. 进一步支持纯农地区发展。通过资金扶持、制度改革、机制创新等途径，切实增强纯农地区的内生发展动力，把纯农地区建成生态优美、生活安康的繁华大都市后花园。做好农村人口的管理和服务，加强对本地农民特别是新型职业农民和离土农民的支持。同时，将外来人员生产经营活动纳入全市规范化管理。保障纯农地区村级组织正常运转，支持纯农地区的农村基层组织增强公共服务能力。鼓励纯农地区的集体经济组织以联营、入股、租赁等方式与专业化企业合作发展农业旅游，支持合理调整土地利用规划，完善用地和建房手续，并建立差别化的土地供应政策，优先保障休闲农业和乡村旅游重点项目用地供给，引导休闲农业和乡村旅游景点扩大投资和提档升级。深化农村综合帮扶，优化完善帮扶措施，提升帮扶的质量、水平和效益。全面推广“区区合作、品牌联动”模式，鼓励引入专业化团队参与农村综合帮扶项目的规划、开发和经营，优化完善运行管理和监督机制。支持纯农地区建设农产品工厂、物流配送中心、农贸批发市场、农超对接基地等都市现代农业类型的帮扶项目，带动当地农民就业增收。

专栏 3 纯农地区的范围

纯农地区是指结合全市永久性基本农田划定工作，本区域内拥有大量永久基本农田且面积达到区域总面积一定比例的镇、村。在乡镇层面，以永久基本农田面积在行政区划面积中的占比超过 20% 为标准，加上部分历史文化名镇，有 49 个乡镇属于纯农地区。在村的层面，以永久基本农田面积在行政区划面积中的占比超过 25% 为标准，加上部分保护型村庄，共有 629 个行政村属于纯农地区。这些纯农地区以农业种植业为主要产业，承担了全市 80% 以上农产品最低保有量生产任务，人均可支配收入低于全市平均水平，纯农地区乡镇平均镇级财政总收入仅为全市平均水平的 43%（其中约 70% 的纯农镇财政收入不足全市平均水平的一半）。

（三）推进农村生态环境综合整治，建设生态宜人新农村

大力推进郊区农村生态环境治理，以水环境整治为重点，统筹推进污染源治理、农村村容村貌环境、林地和自然生态保护等工作，全面改善农村生态环境。

1. 以水环境为重点加强农村环境治理。大力开展农村水污染防治，分年度对镇村级河道开展轮疏工作，力争对镇村级河道轮疏一遍，并同步实施村沟宅河治理与村庄改造。结合美丽乡村和郊野公园建设，推进“三水”（洁水、畅水、活水）专项行动，实施 1000 公里河道整治，提高河道沿线环境质量和农村水系沟通水平。划定农用地土壤环境质量类别，实施分类管理，加强郊区农村土壤污染预防和安全利用，优先实施耕地和水源保护区土壤保护。

专栏 4 “三水”专项行动

为进一步改善水环境，本市出台了“三水（洁水、畅水、活水）行动”计划。根据计划，到 2020 年，全市重要水功能区水质达标率要从 53% 上升至 78%，实现“水清、岸绿、河

畅、景美、生态”的河道水环境治理目标。

洁水行动既包括清理河岸、清理河面、清理河道障碍物等为河流健康“洗脸梳妆”的举措，也包括消除黑臭、改善水质，治理30万亩设施菜田及黄浦江上游、青草沙、陈行、东风西沙和金泽等饮用水水源保护区范围的周边河道，进一步改善区域内河道水质，确保饮用水水源地和蔬菜灌溉的用水安全。

畅水行动旨在打通“断头浜”河道，让其与周边水系沟通，为河道“活血化淤”。根据计划，本市将按照每年疏浚2400公里镇村河道、完成2500万立方米土方疏浚任务的推进力度，力争到2020年底前，对全市镇村级河道轮流疏浚一遍。

活水行动将进一步推动“引江济太”，从外省市调水，持续改善黄浦江等河道水质。

2. 强化农村污染源头控制和治理。控制农业面源污染，大力发展生态友好型农业，按照“源头防控、过程拦截、末端处理”的原则，实施化肥农药使用量负增长行动，全面推广测土配方施肥、农药精准高效施用，亩均化肥农药使用分别降至全国平均水平以下。以规模化畜禽养殖场为重点，推动种养业废弃物资源化利用、无害化处理。到2020年，全市畜禽养殖总量控制在200万头标准猪（出栏）以内，规模化养殖场总数控制在300家以内。提高秸秆综合利用率，继续实施秸秆还田和综合利用支持政策。到2020年，主要农作物秸秆综合利用率争取达到95%以上，除还田外的综合利用率从“十二五”末的10%提高到“十三五”末的20%。建立长效机制，巩固经营性小炉灶整治成果。加强老镇区、城郊接合部等人口集中地区以及“城中村”、195区域等薄弱区域的污水管网建设。配合郊区新城、大型居住社区、重点地区开发和城市更新改造，继续完善污水处理厂一二级配套管网，加强截污纳管力度，基本实现郊区城镇化地区、104区块及195区域污水全部纳管。加快制订并实施农村生活污水处理设施建设规划和年度计划。“十三五”期间，完成30余万户农户的生活污水处理工程，全市农村生活污水处理率达到75%以上。

专栏5 上海市农村生活污水处理建设规划

为实现本市美丽乡村建设规划提出的“先地下、后地上，路桥先行、污水先行”的建设要求，《上海市农村生活污水处理建设规划》以2015—2020年全市村庄改造拟实施的村庄和农户为重点，兼顾相关地区的实际需求，拟对30余万户农户实施农村生活污水处理。至2020年，全市农村生活污水处理率达到75%以上。

农村生活污水处理主要有两种模式：一是纳入城镇污水处理系统，适用于靠近城镇污水管网的村庄；二是就地处理，适用于农村生活污水无法接入城镇污水管网，需要自行建设污水处理设施的村庄。同时，“十三五”期间本市农村生活污水处理设施出水水质标准按照上海市农村生活污水处理工程出水水质暂行规定的要求，水源保护区执行“一级标准”，其他地区执行“二级标准”。

3. 开展重点区域生态环境综合治理。针对群众反映强烈、污染严重、安全隐患大、社会矛盾突出的区域，确定市、区两级目标地块，滚动实施重点区域生态环境综合治理。综合运用多种手段，依法整治，形成合力，坚决消除违法用地、违法建筑、违法经营、违法排污、违法居住“五违”问题。力争到2017年，整治区域环境面貌得到明显好转；到2020年，重点区域环境面貌有较大改善。对清拆后区块，按照“生态优先、因地制宜”的原则，结合其土地属性、区域定位等实际情况，分类制订发展规划。

4. 推进郊区农村生态环境建设。划定生态保护红线区域，实施分级分类管控，配套实施生态补偿等相关制度，提升区域生态服务功能，逐步推进“水、林、田、滩”复合生态空间格局优化，初步建成“多层次、成网络、功能复合”的生态网络框架体系。大力推进林地建设，新增林地30万亩以上，推进实施沿江、沿海、沿路、沿河生态廊道建设，推动农田林网建设。结合198区域减量化工作，逐步推进小型生态林地（绿地）建设，为农村提供更多绿色生态空间。加强自然生态系统保护，湿地保有量维持在37.7万公顷左右，湿地保护率达到35%左右。

（四）提高郊区农村基础设施建设管理水平，改善农村生产生活条件

发挥基础设施对城镇发展和人口集聚的支撑作用，针对郊区局部交通网络功能不完善、部分地区市政设施薄弱等突出问题，切实提高郊区农村基础设施建设管理水平。

1. 加大交通基础设施建设力度。发挥交通引导城乡空间布局、支撑新型城镇化建设的作用，持续推进郊区农村基础设施建设。构建新城与中心城、新城之间、新城与近沪地区多层次交通联系通道，研究利用既有铁路资源开行市域列车，建设市域快速轨道交通骨干线路，完善射线高速公路和国省干线建设。同时，进一步突出镇在城乡发展中的重要地位，分类推进镇村交通体系的发展，完善镇内外交通联系，缩小城乡公交服务和管理差距。完善农村交通设施长效管理养护制度，落实管护资金安排，培育社会化的管理养护队伍。

专栏6 完善市域公路网络

完善港口、机场集疏运高速公路和市域对外联系高速公路，基本建成高速公路网，实施总长约90公里（S16公路、S3公路、S7公路等）。加快建设国省干线公路，实施总长约400公里（芦恒路—银都路—昆阳路—浦卫公路、金海公路、G320车亭、亭枫段改建、嘉松公路、叶新公路—大叶公路、G228公路、G346公路等）。优化普通国省干线公路布局，提高公路建设等级；形成新城与中心城、新城之间的多通道布局。

2. 加强供水、能源、信息等基础设施建设。进一步加强饮用水水源地风险源管控，新建及改扩建一批中心水厂，进一步提高城乡供水安全度和水质。启动实施郊区建成区排水系统提标改造，新城和新市镇范围内新建项目分别按照5年一遇和3年一遇标准设计建设。着力完善能源、信息等基础设施。加快农村电网升级改造，基本实现城乡供电服务均等化，农村电网供电可靠性达到99.915%。“十三五”期间，天然气管网延伸到有条件的非建制镇镇区、新建的大型居住社区和部分保留型、保护型村庄。基本建成覆盖城乡的通信网络基础设施，光网全面覆盖城乡，郊区城镇化地区规模化接入能力达到1Gbps，郊区主要公共场所实现无线网络全覆盖。在部分农村地区、镇区和新城推进智慧试点示范建设，不断提高郊区农村信息化水平。

（五）完善城乡社会保障体系，加大非农就业支持力度

以完善农村社会保障制度为基础，以提高离土农民非农就业能力为支撑，以健全社会救助体系为补充，多管齐下促进农民收入水平持续增长。

1. 健全覆盖城乡的社会保障体系。坚持广覆盖、保基本、多层次、可持续的方针，进一步健全覆盖城乡居民的社会保障体系。根据国家要求，调整本市镇保和征地养老制度，将其纳入相应的基本社会保险制度体系，根据“老人老办法、新人新办法”的政策思路，区分不同人群，实行分类纳保，在提高补偿标准的基础上，将更多的土地收益用于提高被征地人员的基本养老、医疗待遇水平。合并城镇居民医疗保险和新型农村合作医疗，建立统一的城乡居民基本医疗保险制度。完善城乡居民大病保险，调整本市被征地人员参加基本医疗保险政策，将小城镇医疗保险制度纳入相应的基本医疗保险制度。

2. 加大促进离土农民就业工作力度。完善城乡劳动者平等就业制度，保障城乡劳动

者平等就业权利。加强覆盖城乡的公共就业创业服务体系建设，完善城乡统一的就业失业登记管理制度。鼓励各地区因地制宜开发一批岗位容量大的市场化就业项目，拓宽离土农民的就业渠道，促进农村富余劳动力有序转移。进一步加大就业服务指导力度，有针对性地强化对离土农民的职业技能培训。加大对农村就业困难人员的扶持力度，通过完善失业保险参保及待遇享受制度、出台实施针对性的政策措施，努力探索形成促进离土农民就业的多层次、全方位的政策服务体系，使离土农民就业环境明显改善，保障水平大幅提高，有就业意愿的离土农民能实现就业或参加到就业准备活动中。

专栏7 “离土农民”的界定

离土农民主要指16周岁以上，拥有土地承包经营权，以家庭为单位将土地经营权流转给集体经济组织，并纳入市农村土地承包经营信息管理系统，流转期在5年以上的本市户籍人员。

3. 构建城乡一体的社会救助体系。构建以最低生活保障、特困人员供养为基础，支出型贫困家庭生活救助、受灾人员救助和临时救助为补充，医疗救助、教育救助、住房救助、就业救助等专项救助相配套，社会力量充分参与的城乡一体社会救助体系。逐步扩大社会救助对象覆盖范围，统一城乡粮油帮困制度，完善城乡居民申请社会救助经济状况认定标准，提高精准救助成效，切实保障城乡困难群众基本生活。构建与全面建成小康社会相适应的社会福利体系和慈善事业。推进城乡无障碍环境建设，进一步加强残疾人就业服务。

专栏8 城乡救助对象的范围

特困供养人员：指国家对无劳动能力、无生活来源又无法定赡养、抚养、扶养义务人，或者其法定赡养、抚养、扶养义务人无赡养、抚养、扶养能力的老年人、残疾人或者未满16周岁的未成年人，给予特困供养。

城乡低保人员：指符合本市城乡居民最低生活保障申请家庭经济状况认定标准的人员。

（六）统筹城乡社会事业发展，促进基本公共服务均等化

加大统筹力度，优化基本公共服务事权和支出责任，完善公共服务设施布局，引导公共服务领域的优秀人才到郊区工作。

1. 推进城乡基础教育均衡发展。以义务教育资源配置标准化、均等化为目标，实施全市基本统一的义务教育五项标准：围绕满足教育教学的新需求，制定校舍建设标准，全面提升学校功能用房配置，推进学生剧场、室内体育用房建设和改造，统筹规划建设室内游泳池。适应学生培养的新需求，优化设施设备标准，加强学校图书馆、中小学创新实验室和学生公共安全设施设备配置。以互联互通、增进应用为终点，建设信息化环境，提升普通教室信息化配置，建设多功能数字学习中心，配置信息化移动终端。统一城乡教师基本配置标准，完善教师配置制度，均衡配置优质教师，保证教师工资逐步增长。在市级统一制定建设和管理标准的基础上，建立全市统一的教育经费保障最低标准，形成义务教育生均拨款基本标准动态调整机制，健全以区级为主体、市级统筹与区级投入相结合的义务教育投入机制。以“优质导向、专业引领、主体激发、创新驱动”为指导思想，全面推进学区化、集团化办学，推进全市基本形成学区化、集团化办学新格局。按照“办好每一所家门口的学校”要求，实施新优质学校集群发展计划，引领每一所学校在创新发展中走向新优质，创造上海“新优质教育”品牌。改革人才培育模式，实施个性化学程和学分管理，强化高中学生综合素养培育，推进高中特色多样发展。

专栏9 统一城乡义务教育“五项标准”

统一城乡义务教育五项标准是指：统一学校建设标准，统一学校教育装备配置，统

一学校信息化环境建设标准，统一教师队伍配置、资质、培训和收入等标准，统一义务教育生均拨款基本标准。

2. 优化城乡医疗卫生资源合理布局。以服务半径和服务人口为依据，完善基层基础医疗服务网络，郊区人口导入区每新增 5 万 ~10 万人增设一所社区卫生服务中心或分中心，每新增 30 万 ~50 万人增设一所区域医疗中心。建立市区、郊区统一调度的 120 急救指挥体系，实现院前急救平均反应时间不超过 12 分钟。加大郊区和农村卫生人才队伍建设力度，由上海健康医学院定向培养郊区和农村全科方向医学生，通过提高远郊和农村地区医务人员收入分配统筹层次、设立岗位津贴等形式，提高相关医务人员收入待遇和职业吸引力。发挥市级医学中心学科引领和技术辐射作用，与郊区区域医疗中心建立有效的合作机制，带动提升郊区医疗服务水平。健全完善财政投入保障、卫生人力保障、规划建设保障等政策保障体系。

3. 提高郊区农村养老服务水平。到 2020 年，在农村地区初步形成涵盖养老服务供给体系、保障体系、政策支撑体系、需求评估体系、行业监管体系“五位一体”的社会养老服务体系，农村居民基本养老公共服务和社会保障水平明显提高，多层次、多样化的养老服务需求进一步得到满足。对中心城周边或新城范围内的镇以及中心镇、一般镇等镇政府所在镇区，参照中心城区的要求发展养老服务，拓展服务项目，创新服务模式，全面提升养老服务能力。对农村地区，加快现有养老机构达标改造，大力兴办日间照护机构、长者照护之家等社区托养设施和延伸服务点，加强农村地区老年活动室建设。到 2020 年，每个建制村一般至少集中设置 1 处具有生活照料、精神慰藉等功能的社区居家养老服务设施和标准化老年活动室。以推进老年宜居社区建设为抓手，加强社区综合为老服务平台建设，提高农村地区综合为老服务水平。探索制定有农村特色、价格合理的服务清单和目录，提高专业化服务和项目化运作的能力，增强农村地区养老服务供给能力。推进农村地区医养结合工作，推广农村地区老年人睦邻点建设，培育农村地区为老服务队伍，加强农村养老从业人员队伍建设，建立跨区协作支援机制。

4. 构建城乡一体的现代公共文化体育服务体系。坚持公益性、基本型、均等性、便利性的原则，加快推进区级图书馆、文化馆总分馆体系建设，兼顾服务人口和辐射半径，完善标准化的“15 分钟公共文化服务圈”。依托有线、无线广播电视覆盖、东方社区信息苑、公共图书馆电子阅览室，实现城乡公益性文化信息服务全面有效均等覆盖。鼓励社会力量参与城乡公共文化产品生产和服务供给。打造“文化上海云”——数字公共文化服务体系，逐步建立覆盖全市公共文化服务机构、文化非营利组织、群众文化的信息化管理系统。推进美丽乡村文化建设，加强农村非物质文化遗产的挖掘、保护、传承和利用。加强历史文化名镇名村和传统村落保护与利用工作，建立市、区、乡镇三级联动的保护与管理机制，鼓励社会资金积极参与保护与利用，在保护中实现名镇名村持续发展和农民增收。加快农村体育设施建设，加强开展农民体育活动，向农民普及健身知识，指导农民科学健身，提升农民健康素养。

专栏 10　文化上海云

“文化上海云”是本市数字公共文化服务体系的重要内容，集合了全市每年 23.6 万场公共文化活动信息，连通 780 多家市级、区级、街道乡镇三级的文化馆、图书馆、展览馆、美术馆、文化服务中心。市民只需要通过手机 app、网站、微信公众号等渠道，以热点推荐、兴趣分类、附近搜索等项目形式，快速查询并预约感兴趣的公共文化活动，然后通过发送到手机上的短信或二维码，便可完成预约。而且，市民自己成立的文化团体的活动，只要通过“文化上海云”网上登记审核，也可以免费预订、使用全市公共文化场馆的场地设施。

（七）推动郊区产业结构转型升级，增强农村地区发展能力

着眼于增强农村地区发展活力，推动开发区转型、促进产城融合、淘汰落后产能，不断提升郊区产业能级。

1. 推动郊区城镇产业和各类园区创新升级。按照建设具有全球影响力的科技创新中心的战略布局，推进郊区以科技创新为引领的全面创新，吸引集聚创新要素和人才，重点发展先进制造业。构筑智能制造与高端装备制造高地，突破一批高端智能装备和产品关键技术，推动制造业与互联网技术融合发展。鼓励乡镇工业区通过“区区合作、品牌联动”等方式，提升能级和档次。完善支持市郊产业园区二次开发的政策，试点推进195区域现状工业用地转型发展生产性服务业。

2. 加强新城和镇域空间内的产城融合。推进“多规合一”，加快形成城乡互动、产城融合的发展格局。促进具备条件的开发区向产城融合、集约紧凑、功能完善、生态良好、管理高效的现代化城市综合功能区转型。加快新城、镇区与产业区块间的公共交通系统建设，促进人员要素在产业空间和居住空间之间流动。提升大型居住社区和产业区的社区服务功能，加强商业餐饮、娱乐休闲、健康养老等配套设施建设，促进生活性服务业发展。加强市区联手，引导优质产业项目、品牌企业和功能性载体平台落户郊区新城和大镇，支持新城和有条件的镇依托优势资源，集聚产业链上下游企业和配套生产性服务业，发展特色产业。

3. 加快淘汰郊区落后产能。建立产业结构调整的长效机制，聚焦调整后土地等要素盘活和利用，腾出转型发展的资源和空间，加快新型产业的导入和集聚，促进产业结构优化和升级。梳理郊区新城和镇的产业发展现状，制订产业结构调整年度计划和实施方案，聚焦重点区域、重点行业和重点企业，“十三五”期间，推进实施近50个郊区产业结构调整重点专项。加强规划国土、环保、工商、安全监管等执法力量，形成加快淘汰落后产能的合力。建立淘汰落后产能的引逼机制，加强相关地区对乡镇工业区的统筹管理，建立责任考核机制和利益共享机制，增强基层政府加快淘汰落后产能的责任意识和积极性。

（八）深化农村改革，维护和保障农民合法权益

以处理好农民与土地的关系为主线，扎扎实实把农村改革推向前进，为农村发展提供新的动力，让广大农民有更多获得感。

1. 推进集体经济组织产权制度改革。逐步建立归属清晰、权责明确、保护严格、流转规范的农村集体经济组织产权制度，稳步推进村级集体经济产权制度改革，有序开展镇级集体资产产权界定，积极推进镇级集体产权制度改革试点。把握好集体经济组织的发展定位，坚持由集体经济组织掌握集体土地和不动产项目，实现农村集体资产保值增值。进一步完善农村集体经济组织机构和资产经营管理等配套政策。切实加强农村“三资”监管，强化乡镇集体资产监督管理委员会的监督职能，探索将镇、村、组三级管理的集体资产委托集中到镇一级管理，加强对全镇资源的统筹运用，整体增加农民财产性收入。理顺村经关系，做到村委会与村集体经济组织分账管理，完善集体经济组织的治理结构，建立行之有效的运营机制和监管模式。

2. 推进土地承包经营权规范有序流转及农村土地制度改革工作。切实做好农村土地承包经营权确权登记颁证工作，为推进土地承包经营权规范有序流转打好基础。引导承包农户委托村集体经济组织统一流转，完善

承包农户与村集体经济组织、村集体经济组织与受让方的委托流转方式，规范流转行为，严禁借土地流转之名搞非农建设和破坏、圈占耕地。进一步发挥乡镇土地承包经营权流转管理服务中心的作用，建立土地流转监测制度，加强以镇为主的土地流转平台建设，探索建立农村土地流转公开市场。在市场定价的基础上，发挥政府流转补贴的引导调节作用，形成合理定价机制，使承包经营权流转价格既体现土地承包权人的权益，又保护农业生产经营者利益。加快建立城乡统一的建设用地市场，在符合规划、用途管制和依法取得前提下，推进农村集体经营性建设用地与国有建设用地同等入市、同权同价。健全集体土地征收制度，缩小征地范围，规范征收程序，完善被征地农民权益保障机制。

3. 积极稳妥地推进农民集中居住工作。顺应本市农民特别是远郊纯农地区农民进城进镇居住的愿望，鼓励引导农民向城镇集中居住，让农民共享城镇化建设成果。在城镇化地区优化选址，建设节地型农民集中居住社区，并给予政策支持，整体提高农民生活质量和获得感。探索对农民集中居住实施差别化的安置和补偿方式，为农民提供商品住宅、经营性物业、货币补偿、股权等多种置换方式。发挥集体经济组织民主自治管理作用。

（九）加强郊区农村社会治理，提高现代化管理服务水平

以基本管理单元和做实街镇网格化综合管理中心为突破口，提高农村基层治理水平，提升综合服务管理效能。

1. 推进网格化综合管理全覆盖。加快实现管理网格在城乡各类区域的全覆盖，因地制宜地设置管理网络。实施网格化、大联动、大联勤工作界面融合，做实街镇城市网格化综合管理中心，从单一的市容管理向综合治理、综合服务拓展，逐步把物件与事件、综合治理与城市管理全面整合起来，更加注重从“物”的管理向与“人”的服务相结合转变，深入推进农村社区建设。建立居村工作站机制，推进网格化综合管理与居村民自治的衔接与互动，建立农村居民自我巡查、自我管理、自我监督的小联勤机制，运用信息化手段，拓展管理新方式，加强村居管理。严格落实居住登记和居住证制度，采取措施有效规范农村外来人员生产经营活动和居住行为。

2. 做实基本管理单元。创新镇域社会治理模式，在郊区城市化地区推行分类差别化管理，按照基层政区适度规模要求，分批推进做实基本管理单元。在基本管理单元设立“三个中心”的分中心或服务点，完善社区事务受理、医疗卫生、文化活动、助老助残等服务机构，重点充实城市管理、市场监管及物业管理力量，加强社区一线警务力量配备，增强基本公共服务的便捷性和执法管理的有效性。

3. 加强非建制镇服务管理。推进非建制镇分类试点工作，对与主镇区融合发展的非建制镇，纳入主镇区或大型居住区统筹规划。对交通区位条件好、本地人口集聚度高、具有独立发展潜力的非建制镇，纳入城镇规划体系，探索参照本市“城中村”改造政策进行改造，推动老厂房、镇村级园区转型升级。深化完善“镇管社区”模式，探索在非建制镇建立社区党委和社区工作站，作为主镇区的管理和服务分中心，加强执法力量配置，承担起非建制镇区和周边村庄的管理服务职能。

四、保障措施

（一）组织保障

依托推进城乡一体化的市级协调推进机制，明确市、区分工，协同推进城乡发展一体化工作。调动社会各方力量共同参与规划实施，促进本规划落地。市有关部门要立足城乡一体、打破条块分割、统筹整合资源，在规划标准制定、重要改革措施推进、项目

政策协调、资金资源配置和监督执法检查等方面，形成工作合力，指导和统筹城乡发展各项工作。各地区要切实履行职责，根据规划提出的各项任务和政策措施，因地制宜研究制定具体措施，缩小本区域城乡差距。将城乡发展一体化工作纳入市政府系统运行目标管理，科学设定年度工作计划，细化分解目标任务，建立健全目标执行、监督、评估等各环节的运行机制，全链条加强过程管理和组织领导。同时，将城乡发展一体化目标管理纳入政府督查工作体系，加强日常跟踪、专项检查、重点抽查、年终考核，发现问题及时协调解决，定期报告目标执行情况。

（二）人才保障

主动适应城乡一体化发展的新要求，聚焦经济结构转型升级、都市现代农业发展、集体经济产权制度改革、社会管理方式转变等重点领域，通过培养、引进、交流等多种方式，统筹推进城乡党政人才、企业经营管理人才、高科技人才、社会工作人才和农村实用人才队伍建设。在人力资源配置、收入和福利激励政策、职业发展通道等方面，进一步向郊区农村倾斜，加快城乡人才要素自由有序流动。

（三）政策保障

积极落实已经出台的城乡发展一体化各项政策，加强政策实施过程中的协调配合，及时发现政策实施过程中碰到的问题和形成的经验，加强政策跟踪和实施效果评估，切实推动各方面政策和改革举措协同推进、发挥实效。进一步发挥市场在土地等资源配置中的决定性作用。

（四）资金保障

优化城乡统筹的资金投入机制，坚持政府主导、市场运作，通过统筹财政性资金和社会资金，增加对基础设施和社会事业建设项目的资金投入。进一步加大财政对农村基础设施建设和“三农”的倾斜力度，加大各类资金的整合力度，最大限度发挥资金的使用效率。进一步理顺乡镇事权与财权的关系，为乡镇社会事业发展和公共服务能力提升提供资金保障。

关于进一步贯彻实施《上海市住宅物业管理规定》的若干意见

沪府发〔2016〕94号（2016年11月8日）

为贯彻实施市人大常委会修订的《上海市住宅物业管理规定》（以下简称《规定》），进一步做好本市住宅物业管理工作，结合《上海市加强住宅小区综合治理三年行动计划（2015—2017）》，现提出如下若干意见：

一、部门、单位的职责分工

各区、县政府负责落实房屋管理、城管执法、工商、绿化市容、规划国土资源、民政、消防、环保等部门以及供水、供电、供气等专业单位在住宅小区综合管理中的职责，组织召开住宅物业管理联席会议，协调解决住宅小区管理的综合性问题，并对乡、镇政府和街道办事处的住宅小区综合管理工作进行考核。

各乡、镇政府和街道办事处负责落实本辖区住宅小区综合管理工作制度，协调落实部门和人员解决住宅小区综合管理中的疑难问题，指导监督业主大会、业主委员会组建、换届改选和日常运作，办理业主委员会的备案手续。

区房屋管理部门负责对业主大会、业主委员会组建、换届改选和日常运作中相关程序的业务指导和监督管理。

区民政部门负责对居民委员会、村民委员会履行其对业主大会、业主委员会组建、换届改选和日常运作中相关工作职责的指导监督。

居民委员会、村民委员会应当做好对业主大会、业主委员会组建、换届改选和日常运作的指导，指导业主选举具有模范履行业主义务、热心公益事业、责任心强且有一定组织能力的业主担任业主代表、筹备组成员、业主委员会委员、换届改选小组成员；负责对业主委员会的日常指导，帮助业主自行管理业主委员会的规范运作，并通过人民调解委员会调解物业管理纠纷。

二、物业管理区域的核定

对有市政道路或自然河道穿越的建设用地，在住宅建设工程设计时，原则上建设单位应当分别配置配套设施设备。

区规划管理部门在审查住宅建设工程设计方案时，应当征求区房屋管理部门对物业管理区域的预划意见。区房屋管理部门应当根据物业管理区域划分的原则，审查建设单位住宅建设工程设计方案中标明的物业管理区域划分情况及物业管理用房配置情况，并出具物业管理区域预划意见书，复告区规划管理部门。

建设单位在申请办理建设工程规划许可证时，应当向物业所在地的区房屋管理部门提出划分物业管理区域的申请，并提交下列资料：

（一）建设项目用地批准文件；

（二）建筑总平面图；

（三）建设项目停车位、绿化等共用设施设备配置情况说明；

（四）其他应当提交的资料。

物业所在地的区房屋管理部门应当在受理申请之日起5个工作日内，向建设单位出具《物业管理区域核定单》。

需要调整物业管理区域的，由业主委员会提交业主大会会议讨论通过后，向物业所在地的区房屋管理部门提出申请。区房屋管理部门应当会同乡、镇政府或街道办事处按照《规定》第七条的规定，结合当地居民委员会、村民委员会的布局，出具调整物业管理区域划分的意见，并在相关物业管理区域内予以公告。

三、分期开发项目的物业管理

划定为一个物业管理区域的建设项目分期开发的，其前期物业管理招投标以该物业管理区域为范围。

先期开发区域内销售并交付使用的物业符合《规定》条件的，应当成立业主大会。业主大会可就整个物业管理区域的物业管理事项做出决定，但对后期业主可能产生不利影响的除外。业主大会决定聘用物业服务企业的，物业服务合同期限不得超过2年。业主大会成立后接受交付使用物业的业主，成为该业主大会的成员，依法行使权利、履行义务。通过的《业主大会议事规则》中，应当按照分期开发建设的物业建筑面积比例，约定业主委员会组成人数。业主委员会应当按照《业主大会议事规则》，召开业主大会会议，增补业主委员会委员。

业主大会成立后，业主委员会应当将业主大会决定的事项告知建设单位；建设单位销售该物业管理区域内物业的，应当在房屋销售合同中注明业主大会的决定事项。

四、建设项目资料的备案

建设单位应当按照《规定》第十条规定，向物业所在地的房管办事处提交相关资料。其中“物业管理所必需的其他资料”，包括营业执照、项目批准文件、用地批准文件、施工许可证、房屋土地权属调查报告、业主清册和联系方式等资料。

建设单位提交房管办事处出具的资料齐备证明后，区房屋管理部门方可向其核发房屋交付使用许可证。

五、业主大会筹备组、换届改选小组中业主代表的产生

筹备组、换届改选小组中的业主代表人数，由乡、镇政府或者街道办事处根据物业管理规模和社区建设情况确定，一般为5~10人，其所占比例应当不低于筹备组或者换届改选小组总人数的二分之一。

业主代表可通过业主推荐、自荐、召开

座谈会听取意见等方式产生，具体方式由居民委员会、村民委员会确定，并在物业管理区域内予以公告。

业主代表不依法履行职责，且经乡、镇政府或者街道办事处责令限期改正后仍未履行职责的，居民委员会、村民委员会可组织业主重新推荐产生业主代表。

六、业主投票权的计算

业主投票权数，由业主大会根据专有部分面积、建筑物总面积和业主人数、总人数确定。

专有部分面积、建筑物总面积按照下列方法认定：

（一）专有部分面积，按照不动产登记簿记载的面积计算；尚未进行登记的，暂按照测绘机构的实测面积计算；尚未进行实测的，暂按照房屋买卖合同记载的面积计算。其中，建设单位“专有部分的面积”是指为未销售的物业建筑面积，不包括以下物业的建筑面积：停车库，依法归全体或者部分业主共有的物业，配电房、避难层、储藏室，不能单独办理产证的其他物业。

（二）建筑物总面积，按照前项专有部分面积的总和计算。

业主人数和总人数按照下列方法认定：

（一）业主人数，按照房地产权证数确定，一个产权证计为一个业主人数；房屋已出售并交付使用但尚未领取房地产权证的，按照房屋销（预）售合同数确定，一份合同计为一个业主人数。

（二）总人数，按照前项业主人数的总和计算。

七、业主委员会成员全体辞职的处理

业主委员会成员全体辞职的，乡、镇政府或者街道办事处应当会同区房屋管理部门组建业主委员会换届改选小组。业主委员会换届改选小组由业主代表，乡、镇政府或者街道办事处代表，房管办事处代表，物业所在地居民委员会或村民委员会代表组成。其中，业主代表由居民委员会、村民委员会组织业主推荐产生。业主委员会换届改选小组应当自成立起90日为召开业主大会，选举产生新一届业主委员会。

在新一届业主委员会选举产生前，原业主委员会应当继续履行职责。因不履行职责造成损失的，由相关责任人承担。

八、业主委员会主任、副主任不召集业主委员会会议的处理

业主委员会主任、副主任在符合召集业主委员会会议的条件下和规定限期内，无正当理由不召集会议的，居民委员会、村民委员会可指定业主委员会其他成员召集业主委员会会议，并在物业管理区域内予以公告。

九、物业矛盾纠纷的调处

乡、镇政府或街道办事处、居民委员会、村民委员会应当充分发挥人民调解委员会在物业管理纠纷调解中的作用，充实专业人员，提高物业管理矛盾纠纷居间调解的效能。

乡、镇政府或街道办事处可通过设立住宅小区综合管理法律服务咨询站及聘请行业专家、律师等专业人员，为住宅小区综合管理提供法律咨询服务，解决疑难问题，调解矛盾纠纷，提高社区物业综合管理的整体水平。

居民委员会、村民委员会设立的人民调解委员会，受理和调解下列物业管理纠纷：

（一）业主委员会的组建、运作和自我管理中发生的业主与业主委员会之间的纠纷；

（二）业主、业主委员会、物业服务企业之间因维修资金使用、房屋及配套设施、设备及相关场地维修、养护、管理和环境秩序管理等引发的纠纷；

（三）邻里间因安装防盗门、防盗窗、空调、晒衣架、鸽棚等附着物引发的物业使用纠纷；

（四）因业主或者使用人违反《临时管理规约》《管理规约》引发的物业矛盾纠纷；

（五）其他属于人民调解组织调解范围内的物业管理纠纷。

业主委员会可对本条第三款第（三）、（四）、（五）项规定的物业管理纠纷进行调解，居民委员会、村民委员会对业主委员会的调解活动给予协助和指导。

业主委员会应当建立物业管理矛盾协调工作会议制度，协调处理业主之间、业主与物业服务企业之间的矛盾和纠纷。会议由业主委员会主任主持召开。

十、物业服务项目经理的管理

物业服务企业应当向受托管理服务的住宅小区委派一名项目经理，作为该住宅小区物业管理服务的负责人。在同一区行政区域范围内地理位置上相毗邻的小区，一名项目经理可管理的住宅小区数不得超过3个，且总建筑面积不得超过10万平方米。区房屋管理部门要及时采集辖区内住宅小区物业服务项目经理从事物业管理的信息，加强对项目经理从业过程的事中、事后监管。

物业服务企业未按规定委派物业服务项目经理的，或者物业服务项目经理未按照规定从事物业管理工作的，记入物业服务企业信用档案。

十一、物业管理用房的确认

建设单位在办理建设工程规划许可证时，应当将物业管理用房的坐落、面积等在审照附图中予以注明，并加盖建设单位公章；对分期开发的物业管理区域，建设单位应当按照整个物业管理区域的配置要求，在先期开发的区域内一次性配置或者提供临时物业管理用房。建设单位在未按照规划配置物业管理用房前，不得擅自变更、分割、转让、抵押临时物业管理用房。

建设单位提交的资料符合物业管理区域预划意见书和物业管理用房配置要求的，区规划管理部门方可向其核发建设工程规划许可证。

房屋土地调查机构应当在房屋土地权属调查报告书中注明物业管理用房的坐落、面积、室号；区房屋管理部门在核发房屋预售许可证和办理房屋所有权初始登记时，应当注明物业管理用房室号。

1997年7月1日至2003年8月31日间竣工的居住物业管理区域，其物业管理用房应当按照规划中配置的标准提供；规划中未配置的，按照物业管理区域实际使用状况予以提供。

十二、物业服务收费

住宅物业管理区域已组建业主大会的，由业主大会与物业服务企业按照“质价相符”的原则，协商确定物业服务内容、物业服务收费标准和收费方式，并在物业服务合同中予以约定。

十三、物业的自行管理

规模较小且具备自行管理条件的住宅小区，经业主大会会议讨论通过，可在居民委员会、村民委员会的监督指导下，由业主自行管理。业主自行管理的，应当设定执行机构及其负责人，负责自行管理的组织实施并承担由此产生的相关责任。

业主大会聘请专业保洁、保安、绿化养护、设施设备保养维修单位的，应当与其签订专业服务合同。

业主大会采用民事雇佣方式聘请自然人进行公共区域清洁卫生、秩序维护、绿化养护，以及共用部位、共用设施设备的日常运行、保养及维修服务的，应当为其支付意外伤害等保险费用，由被聘用人员自行购买后报业主委员会备案。

业主大会决定开具自行管理发票的，业主委员会可持区房屋管理部门的证明材料，到物业所在地的区税务部门代为开具。

十四、物业的装饰装修

业主、使用人装饰装修房屋的，应当会同装饰装修单位与物业服务企业签订住宅装饰装修管理协议，明确装饰装修工程的实施内容、实施期限、允许施工时间、现场巡查、废弃物清运与处置以及装饰装修工程的禁止行为和注意事项等。

十五、物业使用性质的变更

由区规划管理部门会同区房屋管理部门提出允许改变物业使用性质的区域范围和方案，经区政府同意后，区规划管理部门应当予以公告并抄送区房屋管理部门。具体范围和方案，应当包括可改变的部位和经营项目等内容。

在允许改变物业使用性质的区域范围内，具体房屋单元的业主需要改变使用性质的，应当符合下列条件：

（一）符合房屋使用安全要求；

（二）符合《临时管理规约》；

（三）经有利害关系的业主同意；

（四）符合相关法律、法规的规定。

符合前款规定的住宅，其房屋所有权人可向物业所在地的区房屋管理部门申请变更住宅使用性质，区房屋管理部门应当自受理申请之日起20日内做出决定。对符合条件的，准予其变更住宅物业使用性质，并告知其依法向工商管理等部门办理有关手续的义务。

业主大会应当在《管理规约》中，对本住宅物业管理区域内住宅变更使用性质后的物业服务费标准做出约定。物业服务企业应当按照约定，对准予变更住宅物业使用性质的房屋收取相应的物业服务费。改变使用性质的房屋，经政府决定征收的，按照居住房屋用途和建筑面积予以补偿安置。

十六、管线的维修养护责任

住宅小区内水、电、气分户计量表和表前的相关管线和设施设备维修、养护责任，由供水、供电、供气服务单位分别承担；分户计量表后的相关管线和设施设备维修、养护责任，由房屋所有人承担。

十七、维修资金的补建和再次筹集

未建立首期专项维修资金或者专项维修资金余额不足首期筹集金额的30%的，小区业主委员会、物业服务企业应及时按规定启动维修资金续筹程序。业主应当按照每月每平方米建筑面积成本价的0.2%的标准补建或再次筹集，《专项维修资金管理规约》约定或者业主大会会议决定高于上述标准筹集或者一次性筹集的除外。业主应当按照《专项维修资金管理规约》约定或者业主大会的决定，采取一次性足额筹集，也可按照24个月逐月筹集达到首期维修资金筹集金额。

物业服务企业应当每月对业主专项维修资金账户进行核对，对按照规定达到补建或再次筹集标准的，应当在15日内书面告知业主委员会。业主委员会应当告知相关业主并在物业管理区域内予以公告。采取分期筹集的，由物业服务企业于次月起在收取物业服务费时予以代收，并出具专项维修资金票据，按月纳入专项维修资金账户，并将补建或再次筹集的情况在物业管理区域内予以公告。

配备电梯的物业，补建或再次筹集的维修资金余额不得少于每平方米建筑面积成本价的7%；不配备电梯的物业，补建或再次筹集的维修资金余额不得少于每平方米建筑面积成本价的5%。

业主转移或者抵押房地产的，可到物业所在地的物业服务企业查询房屋维修资金余额。已足额交纳的，业主可持物业服务企业出具的维修资金余额查询单，到物业所在地房屋管理部门开具商品住宅维修资金足额交纳凭证；维修资金余额少于前款规定的，业主可在持物业服务企业出具的维修资金交款单至维修资金账户开户银行补足后，持维修资金余额查询单及银行交款凭据，到物业所在地房屋管理部门开具商品住宅维修资金足额交纳凭证。

公有住宅售后房屋转让或抵押的，由市公积金管理中心按照前款规定开具维修资金足额缴纳凭证。

业主办理房地产转移或抵押登记时，应当提交维修资金足额缴纳凭证。

十八、物业的检测和鉴定

业主应当按照《房屋修缮工程技术规程》中规定的物业常规检查内容和检查周期，承担物业维修养护责任。

业主应当在物业服务合同中，委托物业服务企业按照《房屋完损状况检查周期表》和《房屋结构完好性检查周期表》的规定，对物业定期进行维修养护和检查。

市住房城乡建设管理部门负责房屋质量检测单位的监督管理，并定期公布符合条件的房屋质量检测单位名单。

物业出现结构安全隐患或异常状况时，相关责任人可根据《房屋质量检测规程》中规定的流程，委托房屋质量检测单位进行检测、鉴定。

检测结论为整体危险或局部危险的房屋，应当由市房屋检测中心出具危险房屋审定书。

十九、房屋外墙的维护

住宅物业管理区域内房屋外墙的维护，由业主负责。业主应当按照有关规定和标准，根据房屋外墙的材质进行清洗或粉刷，确保房屋外墙整洁。房屋外墙存在严重褪色、明显污迹的，业主应当及时予以清洗、粉刷。

二十、示范文本的应用

建设单位、物业服务企业、业主大会、业主委员会按照市住房城乡建设管理部门印发的示范文本，制定和签署临时管理规约、管理规约、专项维修资金管理规约、首次业主大会会议表决规则、业主大会议事规则、业主委员会成员候选人产生办法、业主委员会选举办法、物业服务合同、住宅装饰装修管理协议等文件。

本意见自印发之日起施行，有效期至2021年9月30日。

上海市环境保护和生态建设“十三五”规划

沪府发〔2016〕91号 （2016年10月19日）

为推进本市环境保护和生态建设，根据《上海市国民经济和社会发展第十三个五年规划纲要》，制订本规划。

一、深刻把握本市生态环境保护现状和发展形势

（一）过去五年的成就

在市委、市政府领导下，“十二五”期间，本市坚持创新驱动发展、经济转型升级，依托环保协调推进机制和环保三年行动计划、清洁空气行动计划、污染减排等工作平台，按照率先引领和底线思维的要求，以大气、水污染治理为重点，系统推进环境保护和生态建设，生态环境保护取得明显成效。

1. 重大环境基础设施逐渐完善。青草沙、东风西沙水源地相继建成运行，两江并举水源地格局初步形成。污水厂网建设和提标改造有序推进，完成白龙港二期等14座城镇污水处理厂的新改扩建，城镇污水处理率提高10.9个百分点，达到92.8%。全市16家燃煤电厂脱硫、脱硝和高效除尘实现全覆盖。“一主多点”的生活垃圾无害化处置体系基本形成，运行、在建生活垃圾（含餐厨垃圾）末端处理能力达到27000吨/天，危险废物、医疗废物基本得到安全处置。大力推进郊区林地和中心城区公共绿地建设，全市绿林地面积不断增加，人均公园绿地面积达到7.6平方米，森林覆盖率达到15.03%。

2. 环境治理和污染减排取得积极进展。基本完成建成区直排污染源截污纳管，持续推进河道综合整治，主要河道环境面貌持续改善。全面完成中小燃煤锅炉清洁能源替代、黄标车淘汰等治理工作，扬尘、挥发性有机

物（VOCs）污染控制等取得重大进展。完成产业结构调整重点项目4200余项，吴泾、南大、桃浦等工业区转型升级取得重大进展，金山、合庆、青东农场等重点区域生态环境综合治理全面启动并取得阶段成效，区域环境矛盾得到有效缓解。农村环境整治由点及面逐步推进，启动实施国家现代农业示范区建设，完成规模化畜禽养殖场污染减排88家，累计500多个行政村开展村庄改造，受益农户近33万户。桃浦、南大等地区土壤调查评估和修复治理试点顺利启动。

3. 环境法规政策体系进一步完善。出台《上海市大气污染防治条例》等2项地方性法规和10余项配套文件，制定《锅炉大气污染物排放标准》等12项地方标准规范，落实生态补偿、环保电价、超量减排奖励等一系列政策，区域大气污染协作机制、环境污染第三方治理、综合执法、行政执法和刑事司法相衔接等治理机制逐步完善，环境监测、监管和执法体系逐步加强。

4. 城市环境质量总体稳步改善。“十二五”期间，在人口、经济、能源消耗持续增加的同时，主要污染物削减明显，生态环境质量总体持续改善。2015年，全市化学需氧量、氨氮、二氧化硫、氮氧化物4个主要污染物排放量较2010年分别削减25.1%、18.4%、33.1%和32.1%，超额完成“十二五”国家减排目标。地表水主要水体水质稳步改善。2015年，全市饮用水水源地水质达标率较2010年提高10.0%，水环境考核断面化学需氧量、氨氮浓度比2010年分别下降9%、19%，劣V类水体比例减少7.8%。大气环境主要指标呈改善趋势。2015年，二氧化硫、二氧化氮、可吸入颗粒物浓度分别比2010年下降41.4%、8.0%和12.7%，PM2.5浓度较2013年下降14.5%。

专栏1 上海“十二五”主要环境保护指标完成情况

序号	指标	单位	“十二五”目标	2015年完成情况	属性
1	环境空气质量优良率（以API表征）[1]	%	90左右	94.8	预期性
2	集中式饮用水水源地水质达标率[2]	%	90以上	93.4	预期性
3	地表水环境功能区达标率[3]	%	80以上	100	预期性
4	化学需氧量排放总量削减率[4]	%	10.0	25.1	约束性
5	氨氮排放总量削减率	%	12.9	18.4	约束性
6	二氧化硫排放总量削减率	%	13.7	33.1	约束性
7	氮氧化物排放总量削减率	%	17.5	32.1	约束性
8	城镇污水处理率	%	85以上	92.8	约束性
9	生活垃圾无害化处理率	%	95以上	100	约束性
10	危险废物无害化处理率	%	100	100	预期性
11	森林覆盖率	%	15	15.03	约束性
12	建成区绿化覆盖率	%	38.5	38.5	预期性
13	环保投入相当于全市生产总值	%	3左右	2.8	预期性

备注：1. 自2013年起，本市环境空气质量评价由空气污染指数（API）改为空气质量指数（AQI），2015年，本市AQI优良率为70.7%。2. 按照饮用水水源地原水供水的水量计。3. 指“十二五”期间的2个国控断面，扣除上游来水影响。4. 化学需氧量、氨氮、二氧化硫、氮氧化物等4项主要污染物排放总量削减率为环保部核定数据。

（二）“十三五”时期面临的形势

“十三五”时期是我国全面建成小康社会的攻坚阶段，是我市基本建成“四个中心”和社会主义现代化国际大都市的冲刺阶段，也是打好污染治理持久战和攻坚战的关键时期。这一时期，环境保护既面临着严峻挑战，同时也迎来了难得的发展机遇。在国际层面上，绿色低碳发展成为全球共识，生态宜居已成为全球城市软实力和竞争力的重要体现。在国家层面上，生态文明建设和体制改革加速推进，绿色发展成为五大发展理念之一。生态环境质量总体改善被列入主要目标，新环保法和大气、水、土壤专项行动计划相继出台。党政同责、终身追究、环保督查等要求更加明确，污染治理标准更加严化，环境保护的认识高度、推进力度、实践深度前所未有。在本市层面上，市委、市政府高度重视环境保护，把生态文明建设放在城市经济社会发展全局的突出战略位置，把环境保护作为本市全局和长远发展的“三个导向”和“四个底线”，协同推进产业结构调整、建设用地减量化、重点区域综合整治等重大举措。此外，社会公众环境意识不断提高，对环境保护和生态建设的要求不断提高。这些，都为上海环境保护和生态建设工作提供了新的历史机遇。

与此同时，本市环保工作依然存在诸多瓶颈制约和短板。一是环境质量总体与国家标准和市民需求仍有较大差距。以细颗粒物（PM2.5）、臭氧为代表的复合型大气污染问题突出，主要水体氮、磷普遍超标，部分郊区中小河道污染严重，城乡环境差异明显，城市生态功能不足，与现代化国际大都市的定位和市民日益提高的环境要求存在较大差距。二是污染物排放总量大、强度高，污染预防和治理能力仍显不足。2015年，本市常住人口为2415万人，能源消费总量达1.14亿吨标准煤，煤炭消费约4850万吨，污染物排放总量仍处于较高水平。尽管通过五轮环保三年行动计划的大规模投入，本市环境治理能力和水平已上了很大台阶，但仍不足以完全消化人口经济快速发展带来的增量。三是环境质量持续改善的难度增大，更加取决于转方式、调结构。“十三五”期间，本市通过末端治理的难度越来越大，减排空间也更加有限。同时，能源结构以煤为主、产业结构较重、养殖总量和种植强度较大、建设用地比例过高等结构性问题短期内难以根本解决，除继续加大污染治理力度外，必须在调结构、转方式等源头防控上下大决心、花大力气、下狠功夫，加快产业升级和发展动力转换。四是环境保护体制机制瓶颈约束亟待破解，生态文明体制改革还须加快推进。新形势下，环保要求不断提高与环境治理能力相对不足之间的矛盾愈加凸现，重点要进一步提升环境监测、监管和执法能力，完善基层环保责任体系、环保考核奖惩机制、生态损害追究赔偿制度、市场化的环境治理机制，加快推进环境治理体系和治理能力现代化。

专栏2 PM2.5来源和监测评价

PM2.5是指大气中空气动力学直径小于或等于2.5微米的颗粒物，也称为细颗粒物。PM2.5主要来自于人为排放，包括一次排放和二次转化生成。一次排放主要来自燃烧过程及粉尘、扬尘。二次转化是指由二氧化硫、氨、氮氧化物和挥发性有机物等气态前体物在大气中通过化学反应而生成。人为来源主要包括机动车（船）排放，电厂锅炉、工业炉窑、道路与建筑扬尘、民用分散燃烧等。自然过程也会产生少量PM2.5，如沙尘暴、火山灰、森林火灾、花粉、海盐等。PM2.5也是导致大气能见度下降和导致霾产生的主要因素之一。

目前，上海发布的PM2.5指标的监测数据采集，来自本市10个国控空气质量自动监测点位：普陀监测站、卢湾师专附小、虹口凉城、杨浦四漂、静安监测站、徐汇上师大、浦东川沙、浦东张江、浦东监测站、青浦淀山湖。其中，青浦淀山湖为对照点，不参与全市整体空气质量水平的评价。

二、确立以生态环境质量改善为核心的奋斗目标

（一）指导思想

高举中国特色社会主义伟大旗帜，以马克思列宁主义、毛泽东思想、邓小平理论、“三个代表”重要思想和科学发展观为指导，全面贯彻党的十八大和十八届三中、四中、五中全会精神，深入贯彻习近平总书记系列重要讲话精神，坚持“四个全面”战略布局，牢固树立创新、协调、绿色、开放、共享的发展理念，按照“当好全国改革开放排头兵、创新发展先行者”的要求，围绕基本建成“四个中心”、具有全球影响力的科技创新中心基本框架和社会主义现代化国际大都市的总体目标，以改善生态环境质量为核心，进一步强化源头防控和全过程监管，实行最严格的环境保护制度，把生态环境作为城市发展不可逾越的底线和红线，加快形成有利于节约资源和保护环境的空间格局、产业结构、生产生活方式和制度体系，推进环境治理体系和治理能力现代化，加快建设资源节约型、环境友好型城市，切实改善生态环境质量，为市民提供更多优良的生态环境产品。

（二）基本原则

按照生态文明建设总体要求，以“改善生态环境质量、促进绿色转型发展”为主线，突出目标导向和问题导向，进一步加大源头防控和综合治理力度，坚持“四个更加注重”。

——更加注重“绿色发展”和“底线思维”。在转型发展中坚持保护和改善生态环境的导向，把绿色发展作为增强可持续发展能力的必要条件，把环境保护作为保障全局和长远发展的主要底线，以环保倒逼引导发展动力转换，加快推动发展模式和生产生活方式绿色转变。

——更加注重“接轨国际”和“率先引领”。在环境质量上，瞄准现代化国际大都市生态宜居标准，逐步提高要求，水、大气等主要指标在达到国家阶段性要求的基础上，要力争取得更大改善；在环保标准上，按照国内最严、接轨国际的标准推进污染治理，体现率先引领；在环保措施上，借鉴国际先进经验和做法，加快推进实施。

——更加注重“深化改革”和“依法严管”。坚持依法治理和改革创新并举，深化生态文明体制改革，完善环保责任和法制体系，强化执法监管机制，健全市场化治污机制，加大环境执法力度，为深入推进环境保护提供强大动力和制度保障。

——更加注重“科学治理”和“创新驱动”。加强环境保护科技支撑力度，进一步提升科学治污和精准施策水平，强化环境保护制度创新、政策创新和技术创新，积极培育绿色环保产业形成产业新高地，成为经济转型升级新增长点。

（三）规划目标

1. 总体目标

到2020年，本市主要污染物排放总量继续下降，生态环境质量、生态空间规模、资源利用效率显著提升，环境风险得到有效管控，绿色生产和绿色生活水平明显提升，生态环境治理体系和治理能力现代化取得重大进展，公众对环境满意度进一步提升，为全面建成高质量的小康社会、基本建成“四个中心”、具有全球影响力的科技创新中心基本框架和社会主义现代化国际大都市奠定良好环境基础。

2. 主要指标

——环境质量方面。到2020年，全市主要环境质量指标保持稳步改善趋势。PM2.5年均浓度达到42微克/立方米左右，臭氧污染恶化趋势得到遏制，重污染天气明显下降，环境空气质量优良率（以AQI表征）达到75.1%以上，力争达到80%左右。全市集中式饮用水水源地供水水质优良率（按水量计）高于90%，全市力争全面消除黑臭水体，基本消除丧失使用功能（劣于Ⅴ类）水体，完成20个地表水国家考核断面水质达标或提升要求。

专栏3　上海市“十三五”环境保护主要指标

类别	序号	指标名称	单位	2020年目标	属性
环境质量	1	$PM_{2.5}$年均浓度	微克/立方米	42左右	约束性
	2	环境空气质量优良率（以AQI表征）[1]	%	>75.1	约束性
	3	全市集中式饮用水水源地供水水质优良率（按水量计）	%	>90	约束性
	4	地表水国考断面水质改善[2]	—	完成国家要求	约束性
环境治理	5	城镇污水处理率	%	≥95	约束性
	6	农村生活污水处理率	%	≥75	预期性
	7	污水厂污泥有效处理率	%	≥90	约束性
	8	生活垃圾无害化处理率	%	100	约束性
	9	工业固体废物综合利用率	%	≥97	预期性
	10	危险废物无害化处理率	%	100	预期性
	11	主要农作物秸秆综合化利用率	%	≥95	预期性
生态空间	12	全市生态用地面积	平方公里	3500	预期性
	13	森林覆盖率	%	18	约束性
	14	人均公园绿地面积	平方米/人	8.5	约束性
	15	河湖水面率	%	10.1	预期性
	16	湿地保有量	万公顷	37.7	预期性
	17	低效建设用地减量化	平方公里	50	约束性
总量控制	18	主要污染物减排[3]	—	完成国家要求	约束性
	19	用水总量	亿立方米	≤129.35	约束性
	20	能源消费总量	亿吨标煤	≤1.25	约束性
	21	环保投入相当于全市生产总值比例	%	3左右	预期性

备注：1. 以国家最终考核要求为准；2. 指20个地表水水质国家考核断面完成水质达标或改善要求，其中，13个断面保持水质现状，3个断面水质须提升一个等级，4个断面水质须消除劣五类；3. 根据国家要求，在继续实施二氧化硫、氮氧化物、化学需氧量、氨氮

4个主要污染物总量控制的基础上，“十三五”时期增加挥发性有机物和总氮两个污染物。

——环境治理方面。到2020年，全市城镇污水处理率达到95%以上，农村生活污水处理率达到75%以上，污水厂污泥有效处理率达到90%以上，生活垃圾无害化处理率保持100%，工业固废综合利用率达到97%以上，主要农作物秸秆综合利用率达到95%以上，继续加大绿色建筑和装配式建筑推广力度。

——生态空间方面，到2020年，全市生态用地面积达到3500平方公里，森林覆盖率达到18%，人均公园绿地面积达到8.5平方米/人，湿地保有量37.7万公顷，河湖水面率不低于10.1%，集中建设区外现状低效建设用地减量50平方公里。

——总量控制方面，全市主要污染物减排完成国家相关要求，用水总量控制在129.35亿立方米，能源消费总量控制在1.25亿吨标煤以内，煤炭消费总量持续下降，化肥农药亩均施用量在2015年基础上削减20%左右，环保投入相当于全市生产总值的比例保持在3%左右。

三、加大环境治理力度，提升生态环境质量

（一）水环境保护

全面落实《上海市水污染防治行动计划实施方案》，围绕饮用水安全保障、环境基础设施建设以及黑臭水体综合治理等重点领域，加大水污染防治力度，全面提升水环境质量。

1. 强化饮用水水源安全保障

完善水源地布局建设。进一步优化“两江并举，多源互补”的原水供水格局，着力解决黄浦江上游水源地开放性问题，2017年，建成黄浦江上游金泽水库及相关配套工程。积极开展流域联防联控，加快推进太浦河清水走廊建设。深化研究长江口水源地联通体系，完善多源联动的原水系统布局。全面实现郊区供水集约化。到2020年，全市集中式饮用水水源地水质达到或优于Ⅲ类的数量比例高于75%，原水供水总量的90%以上达到优良水平。

加强水源地环境监管。落实国家有关水源地规定和《上海市饮用水水源保护条例》相关规定，完成新建水源地保护区划分、警示标志设立和围栏建设等保护工作，落实污染源关停、整治措施。完成饮用水水源一级保护区内与供水设施和保护水源无关项目的清拆整治，2017年底前，实现全市在用集中式水源地一级水源保护区封闭式管理，率先完成二级水源保护区内“198”区域建设用地减量化并转化为生态用地。按照要求完成全市二级水源保护区内排污口的关闭调整或截污纳管。

严格控制水源地环境风险。加强对饮用水水源保护区内运输船舶等流动风险源和周边风险企业的监管。在全市饮用水水源保护区内禁止高污染风险货物或剧毒品的船舶航行、停泊、作业，严格监管各类装卸码头。全面落实太浦河危险品船舶禁运，并持续减少太浦河的船舶航运量。完善并严格实施上海市主要水源地应急处置、保障和监督管理制度。完善多部门联动的饮用水水源污染事故应急预案和跨界水污染事故处置应急联防联动机制，提高应急响应的技术能力和水平。

全面提升饮用水供水水质。从水源到水龙头全过程保障饮用水安全。启动以长江原水为水源的中心城区水厂深度处理，2020年底前，完成建设杨树浦、月浦等水厂深度处理工程，提升饮用水质量。深入推进小口径供水管网改造工程，全市改造管网2050公里。市、区两级政府及供水单位定期监测、检测和评估本行政区域内饮用水水源、供水厂出水和用户水龙头水质等饮水安全状况。

2. 完善水环境基础设施建设

继续提高城镇污水处理能力和水平。全面实施污水处理厂提标改造，按不同功能区域的水环境水质要求达到一级A及以上标准。加快推进中心城区石洞口、竹园、白龙港、虹桥、泰和及郊区南翔、松东、奉贤西部等30余座城镇污水处理厂提标改造和新建、扩建工程，到2020年，新增污水处理能力约60万立方米/日。

加快建设污水收集管网。加强老镇区、城郊结合部等人口集中地区，以及“城中村”“195”区域等薄弱区域的污水管网建设。配合郊区新城、大型居住社区、重点地区开发和城市更新改造，继续完善污水处理厂一、二级配套管网，加强截污纳管力度，进一步提高污水处理厂运行负荷率。积极推进非建成区直排污染源纳管，基本实现城镇化地区、“195”区域开发地区污水全部纳管，其他直排污染源实施更严格的排放标准。到2020年底，全市城镇污水处理率达到95%以上。

全面加强污泥处理处置和臭气治理。以中心城三大污水片区为重点，加快污水厂污泥处理设施建设，确保污水处理厂污泥安全处置，同步开展污水厂臭气治理。新建石洞口、竹园以及白龙港等污泥处理处置设施；郊区新建松江、嘉定、奉贤、浦东、金山、青浦、崇明等区污泥处理工程；新增闵行、杨浦、浦东等区通沟污泥处理设施。到2020年，全市污水厂污泥处理处置逐步形成以焚烧为主的格局，污水厂污泥有效处理率达到90%。

3. 加大城市面源污染治理力度

着力推进市政设施污染控制。全面启动城市地表径流和市政排水设施污染控制。开展中心城初期雨水治理，深化苏州河段深层排水调蓄系统工程前期研究并加快建设试验段工程。实施市政泵站污水截流设施建设与改造工程，重点完成中心城区21座雨水泵站的旱流截污改造；制定并完善市政泵站调度运行制度，控制泵站放江污染。新建或完善中心城排水系统，全面消除中心城建成区排水系统空白区，新建泵站同步设置旱流截污设施。开展全市建成区排水管道大排查，因地制宜开展老旧小区雨污混接改造，到2020年，基本解决市政管道雨污管网混接问题。

有序推进海绵城市建设。建立符合上海特点的海绵城市建设技术标准和管控体系，稳步推进海绵城市建设。郊区新城、重点功能区域、重点转型区域、成片开发区域和郊野公园建设中全面落实海绵城市建设要求，注重水田保护修复；建成区结合城市更新、旧区改造、道路和排水系统改造等因地制宜推进海绵城市建设。到2020年，基本形成生态保护和低影响开发雨水技术与设施体系，本市海绵城市建设面积达200平方公里以上。各区和有关管委会积极开展试点工作，加快推进临港地区、普陀桃浦地区、松江南部新城、徐汇滨江等海绵城市试点地区建设。

专栏4　海绵城市

2015年10月，国务院办公厅印发《关于推进海绵城市建设的指导意见》（国办发〔2015〕75号），部署推进我国海绵城市建设工作。该指导意见指出，海绵城市是指通过加强城市规划建设管理，充分发挥建筑、道路和绿地、水系等生态系统对雨水的吸纳、蓄渗和缓释作用，有效控制雨水径流，实现自然积存、自然渗透、自然净化的城市发展方法。该指导意见明确，通过海绵城市建设，综合采取“渗、滞、蓄、净、用、排”等措施，最大限度地减少城市开发建设对生态环境的影响，将70%的降雨就地消纳和利用。到2020年，城市建成区20%以上的面积达到目标要求；到2030年，城市建成区80%以上的面积达到目标要求。

4. 加强水环境综合治理和生态修复

不断深化河道综合整治。以重污染河道和中小河道为重点，坚持治本为先，加快推进截污纳管，关停拆除不符合规划要求和排放要求的违法企业和违章建筑，采取岸边整治、轮疏、生态治理等综合措施开展河道整治，加强断头河打通和水系沟通，增加水动力。加快推进56条段以上黑臭河道综合整治，开展200公里重污染河道治理。以国考断面和市考断面为重点，编制实施不达标水体达标方案，将水质达标治理与重点区域生态综合治理、“198”区域建设用地减量化、名镇名村保护和改造等工作相结合，合力推进水质改善，按期完成断面水质达标任务，达标断面力争提升水质类别。对超标控制单元实行严于排放标准的差异化要求，必要时采取限批等措施。到2020年，全市力争全面消除黑臭河道，完成1000公里中小河道生态治理，继续推进镇村级河道疏浚，实现全市镇村级河道轮疏一遍。

持续推进河湖水生态保护。继续落实《上海市太湖流域水环境综合治理实施方案（修编）》相关任务，推进青西三镇的污染防治和生态修复计划，完成淀山湖、汪洋湖及周边水系生态修复等重点工程。深化研究淀山湖、滴水湖等主要湖库的富营养化问题，加强主要水体水葫芦、浮萍等污染防治。严格控制环境激素类化学品污染，2017年底前，完成生产使用情况调查。重点监控评估水源地、水产品集中养殖区等重点区域风险，实施相关控制措施。持续实施河湖水生态监测，推进河湖生态健康状况的跟踪评估。

加强近岸海域污染防治。坚持陆海统筹，以实施污染源防控为重点，实施陆源污染物达标排海和排污总量控制制度，持续削减本市陆源入海及海上污染负荷。研究实施长江口、杭州湾等重点河口海湾污染综合整治。强化对海洋工程、海岸工程环境监管。

加强海上溢油、危化品泄漏等应急处理能力建设。划定并实施海洋生态红线制度，确保重要海洋生态系统和功能区面积不减少，自然岸线保有率不降低。推进海洋生态文明示范区建设，积极开展海岸、海域生态修复，实施浦东、奉贤、金山等海岸生态修复工程和金山三岛物种多样性保护及整治修复工程等项目，逐步修复本市近岸海域典型受损的生态系统。研究设立国家级海洋特别保护区，全面推进海洋生态文明建设。

（二）大气环境保护

全面落实清洁空气行动计划要求，围绕能源、产业、交通、建设等重点领域，进一步深化强化防控措施，继续加大治理力度，加快改善环境空气质量。

1. 深化燃煤污染控制

强化能源消耗总量控制和结构优化。严格控制能源总量，实施全市能源消耗和煤炭消耗双总量控制，进一步压减钢铁和化工等行业用煤总量，合理控制发电用煤总量。到2020年，全市能源消费总量控制在1.25亿吨标准煤以内，确保煤炭消费总量明显下降。增加天然气使用，天然气占一次能源的比重提高到12%。

加大非化石能源发展力度，到2020年，力争使非化石能源占一次能源比例达到13%左右。安全合理有序利用外来电，“十三五”期间，市外来电占全社会用电量的比重保持在40%左右。

继续深化燃煤污染防治。2017年底前，完成漕泾电厂1#机组等全市所有30万千瓦以上公用燃煤机组超低排放改造，推动30万千瓦及以下燃煤机组上大压小，鼓励污染物超量削减。推进上海石化、高桥石化、宝钢自备电厂燃煤机组清洁化改造，所有燃煤机组实现地方标准排放要求。2017年底前，完成剩余集中供热和热电联产燃煤锅炉清洁能源替代，全面取消分散燃煤。

2. 加强工业污染综合治理

推进重点行业企业挥发性有机物治理。全面推进石化、化工、涂料、涂装、印刷等重点行业、重点企业挥发性有机物（VOCs）综合治理，实现重点行业、重点企业VOCs污染治理全覆盖。上海石化、高桥石化、上海化工区、华谊集团、金山二工区、宝钢集团等重点企业实施VOCs综合治理；有机化工原料制造、合成材料、化学药品原药制造、初级形态的塑料及合成树脂制造、合成橡胶制造、合成纤维单（聚合体）制造6个行业按照规程实施LDAR（泄漏检测与修复）和开停工维检修期间的VOCs控制措施；汽车涂装、船舶涂装、涂料和油墨生产、印刷等行业按要求推进废气达标排放治理。实施重点行业VOCs排污收费试点。

到2016年底，完成全市VOCs重点排放企业综合治理。

深化大气污染物协同控制。继续深化重点行业大气污染综合治理，实施污染物排放总量和排放浓度控制相结合管理制度。推进燃气（油）锅炉低氮改造。到2020年，钢铁、石化化工、船舶制造、汽车制造、涂料生产等重点行业主要大气污染物（包括二氧化硫、氮氧化物、烟粉尘、挥发性有机物）排放总量削减30%以上。

3. 加强流动源污染治理

推进绿色交通体系建设。坚持公交优先发展战略，扩能、增效、加强管理。继续推广使用清洁能源和新能源汽车，推进集装箱运输车辆清洁能源替代，加快充电桩和加气站等配套设施建设，鼓励新能源汽车推广和分时租赁发展。到2020年，全市新能源公交车比例达到50%以上，公共充电桩超过2.8万个。适度发展新型无轨电车，鼓励自行车等绿色出行，优化慢行交通环境。

加强机动车污染防治。坚持小客车总量控制，优化完善不同号牌车辆的差别化管理政策。适时提前实施新车国六排放标准，推进车用油品升级和监管。加强在用车检测和监管，完善机动车环保检验机制和检测标准，推广简易工况法环保检测全覆盖。推进国三排放公交、货运车等老旧车辆加装或更换尾气后处理装置。持续推进高污染车辆的限行措施，鼓励提前淘汰高污染车辆。

实施普通柴油用品升级。加强长三角区域在用车公安、交通、环保信息共享，实现在用车异地协同监管。到2020年，在用机动车主要污染物排放量在2015年基础上削减20%左右。

强化港口船舶大气污染防治。严格落实《上海港船舶污染防治办法》，形成海事、环保、质量技监等部门联合执法机制，加强对船用油品质量的监督检查。加快推进上海港实施船舶排放控制区，船舶在靠岸停泊期间率先实施使用低硫燃油，推进船舶进入排放控制区使用低硫油措施。内河船舶使用符合国家标准油品。开展船舶加装尾气处理装置试点研究。强化船舶大气污染防治区域联动。在完成吴淞国际邮轮码头、洋山冠东集装箱码头等岸基供电试点的基础上，全面推动船舶靠港使用“岸电”，完成内河码头岸基供电标准化改造。推进港口作业船舶统一使用低硫油，全面完成港口轮胎式集装箱龙门吊等装卸设备“油改电”“油改气”工作，加快黄浦江、苏州河公务、游览船新能源试点应用，扩大LNG动力船舶试点范围。

加强非道路移动机械污染控制。建立非道路移动机械分类登记管理制度，全面启动非道路移动机械污染治理和淘汰更新工作，加强非道路移动机械油品质量管理。

专栏5　船舶排放控制区

船舶对大气的污染问题日益受到人们关注。为解决船舶对环境的污染问题，国际海事组织（IMO）提出建立排放控制区（Emission Control Area）的建议。

1997年的空气污染防止国际会议通过了MARPOL公约（防止船舶造成污染国际公约）1997年议定书，规定了排放控制区。在排放控制区中，船舶排放受到较严格的控制，船舶被要求使用清洁燃料（如低硫油）或达到先进的排放控制水平。

目前，全球已经有波罗的海、北海、北美和美国加勒比海排放控制区。

为了推进绿色航运和节能减排，减少船舶在我国重点区域的硫氧化物、氮氧化物和颗粒物排放，应控制我国沿海沿河地区特别是港口城市的船舶大气污染。

2015 年 11 月，交通运输部印发了《珠三角、长三角、环渤海(京津冀)水域船舶排放控制区实施方案》。根据方案要求，自 2016 年 1 月 1 日起，有条件的港口可以实施高于现行排放控制要求的措施；自 2019 年 1 月 1 日起，船舶进入排放控制区后，必须使用硫含量≤ 0.5%m/m 的燃油。

4. 深化扬尘污染防治

全面加强工地、道路、码头和工业企业等扬尘污染防治，强化监测监管，确保 2020 年全市扬尘污染水平下降 20% 以上。

大力推进装配式建筑。继续加大装配式建筑推广力度，到 2020 年，符合条件的新建民用建筑原则上 100% 采用装配式建筑。

全面推广绿色建筑。

推进绿色工地和扬尘污染控制区创建。加强建设工地扬尘污染监管，大力推进建筑、市政、拆房等工地以及混凝土搅拌站等安装扬尘污染在线监测系统，强化建筑和市政工地防尘控尘措施的落实保障机制。加强文明施工管理，到 2020 年，全市建筑工地文明施工达标率达到 98% 以上。继续加强拆房工地扬尘污染控制，全市拆房工地须按要求采取降尘措施。继续推进扬尘污染控制区的创建和复验工作。

强化码头堆场环境整治。大力推进码头堆场安装扬尘污染在线监测系统。推进码头、堆场的料仓与传送装置密闭化改造和场地整治。开展建筑建材行业码头堆场扬尘污染治理，全部落实降尘措施。制订并实施内港、外港散货(煤炭、灰渣、砂石料等)码头堆场的扬尘污染整治方案，到 2017 年，内港、外港散货堆场全部落实降尘措施。

加强道路扬尘污染控制。制订本市建筑垃圾和工程渣土消纳设施专项规划。推进渣土运输车辆密闭防漏改造，依法严惩违法违规企业，有效遏制渣土、砂石料、混凝土运输滴漏洒落现象。

加强道路清扫，继续提高道路保洁率和保洁质量。

加强工业扬尘污染控制。工业企业内部煤堆、料堆全面实施封闭储存、建设防风抑制墙、喷洒抑尘剂等措施，完成电力、钢铁、水泥等行业重点企业散装原燃料及废料堆场的整治和改造，强化规范运行。

5. 推进社会生活源整治

规范汽车维修行业管理，强化喷涂和干燥作业规范，禁止露天喷涂和露天干燥，严格执法监管。加强餐饮油烟污染控制管理，全面推广餐饮油烟气高效治理技术，推进饮食服务业在线监控设施的安装使用，强化治理设施运行监管。鼓励建筑、家具、汽车等行业推广使用低挥发性有机物含量原料和产品。完成原油和成品油码头油气回收，建立长效管理机制。

(三)土壤环境保护

以保障农产品质量和人居环境安全为出发点，编制实施本市土壤污染防治行动计划实施方案，坚持预防为主、保护优先、风险管控，加快建立资源整合、权责明确的土壤环境管理体系，土壤环境质量总体保持稳定，土壤环境风险得到基本管控。到 2020 年，受污染耕地安全利用率达到 90% 以上，污染地块安全利用率达到 90% 以上。

1. 加强土壤环境质量监测评估

开展土壤环境状况调查评估。以农用地和重点行业企业用地为重点，开展土壤环境状况详查，制订详查方案和技术规定，按照要求公布土壤环境质量状况。开展重点行业领域(化工石化、医药制造、橡胶塑料制品、纺织印染、金属表面处理、金属冶炼及压延、非金属矿物制品、皮革鞣制、金属铸锻加工、危险化学品生产储存及使用、农药生产、危险废物收集利用及处置 12 类工业领域)，以及加油站、生活垃圾收集处置设施、污水处理厂、污水泵站等市政行业、规模化畜禽养殖场、生态环境整治重点区域和持久性有机物等特殊污染物质的潜在污染场地调查，摸清潜在污染场地基本情况。

构建土壤环境质量监测网络。整合环保、规划国土资源、农业、绿化市容等部门监测资源，结合土壤环境质量监测国控点设置，建立完善本市土壤环境质量监测网络，制定定期调查制度。建设土壤环境信息化管理平台。整合环保、规划国土资源、农业、绿化市容等部门相关数据，建立土壤环境基础数据库，构建全市土壤环境信息化管理平台，实现对污染地块的跟踪管理、动态更新和信息共享。

2. 加强农用地土壤污染预防与安全利用

划定农用地土壤环境质量类别。按照国家要求，根据污染程度，将农用地划为优先保护类、安全利用类和严格管控类 3 个类别，建立分类清单。研究不同类别农用地土壤环境保护管理要求，实施分类管控。

优先实施耕地和水源保护区土壤保护。对符合条件的优先保护类耕地划为永久基本农田，实行严格保护，确保土壤环境质量不下降。对基本农田保护区内的耕地和集中式饮用水水源保护区内的土壤实施重点保护，逐步淘汰区域内的有色金属、石油加工、化工医药、皮革制品、铅蓄电池制造、电镀等项目，严格控制在优先保护区域周边新建可能影响土壤环境质量的项目。

强化污染预防和风险管控。逐步建立肥料、农药、饲料使用等档案制度，合理使用化肥农药，严格执行畜禽养殖饲料添加剂有关标准。加强废弃农膜回收利用，全面推进农药包装废弃物回收处理。强化农产品质量检测，根据土壤污染现状动态调整种植作物品种，实现耕地安全利用。加强对严格管控类土壤的用途管理，制订环境风险管控方案，落实管控措施。研究交通干线两侧、骨干河道两侧、工业地块及环境基础设施周边耕地使用调整计划，防范耕地土壤环境风险。研究制定“198”区域地块土地复垦调查评估技术规程和农业安全利用技术要求，加强土地复垦风险评估管理。加强林地园地农用化学品投入控制和土壤环境管理，对绿地土壤质量加强监管和检测，控制林地、园地土壤的有机物、重金属等污染风险，防止外进客土和改良材料使用产生的二次污染。

3. 推进场地污染防控和治理

实施建设用地准入管理。完善建设用地土壤（地下水）环境调查评估制度。根据调查评估结果，逐步建立污染地块名录及其开发利用的负面清单，合理确定土地用途。将建设用地土壤环境管理要求纳入城市规划土地管理，建立健全经营性用地、工业用地全生命周期土壤环境管理制度，逐步完善场地环境管理相关制度、规范和标准体系。

防范新增土壤和地下水污染。严格环境准入，强化新建项目土壤（地下水）环境影响评价，防止新建项目对场地土壤和地下水环境造成新的污染。严格控制向土壤和地下水环境排放重金属、挥发性有机物以及半挥发性有机污染物等的建设项目。

加强工业企业和工业园区土壤（地下水）污染防控。确定土壤环境重点监管企业和园区名单，实行动态更新，加强日常环境监测监管，明确相关措施、责任和监管机制，并向社会公开。有色金属冶炼、石油化工、焦化、电镀、制革等重点行业企业在拆除生产设施设备、构筑物和污染治理设施时，严格按照有关规定实施安全处理处置，防范拆除活动污染土壤。推进加油站地下油罐更新为双层罐或完成防渗池设置。

有序开展污染土壤治理和修复。按照“谁污染、谁治理”的原则，明确土壤治理修复主体责任。制订土壤污染治理与修复规划。以工业遗留场地为重点，有序开展土壤污染治理与修复工作，加快推进南大、桃浦等地区土壤（地下水）污染治理修复试点，开展吴淞、高化、金山卫土壤（地下水）环境调查。强化治理与修复工程监管，实行土壤污染治理与修复终身责任制。

建立完善场地土壤（地下水）环境监管体系。加强场地土壤（地下水）环境监测和监管能力建设，建立场地土壤（地下水）污染应急机制，逐步完善土壤（地下水）环境保护地方法律法规和标准规范，建立土壤（地下水）污染防治责任体系，加强土壤（地下水）污染防治执法监管。

加强土壤污染防治和技术支撑。开展土壤环境污染过程及危害研究，推进土壤污染防治和治理共性关键技术开发；建立系统实用技术体系；培育一批相关企业，推动产业化示范基地建设。

（四）重点区域生态环境综合治理

针对群众反映强烈、污染严重、安全隐患大、社会矛盾突出的区域，滚动实施重点区域生态环境综合治理，综合运用各种手段，依法整治，形成合力，坚决消除违法用地、违法建筑、违法经营、违法排污、违法居住“五违”问题。力争到2017年，重点整治区域环境面貌得到明显好转。

加强全市指导协调，建立属地为主的职责体系，健全区级推进机制，分级负责，形成条块结合、协同推进、综合执法、长效管理的生态环境治理新机制。对清拆后区块，按照生态优先、因地制宜的原则，结合其土地属性、区域定位等实际情况，分类制订发展规划。

四、强化产业污染防治，推动绿色转型发展

（一）工业污染防治与转型发展

按照强化源头控制、促进转型升级的要求，加强产业环保准入，着力推进工业污染防治和结构调整，加强工业企业事中事后监管，深化工业园区环境设施建设和清洁生产改造。

1. 严格产业环境准入

提高产业准入门槛。按照本市发展定位和更高的节能环保要求，制定实施严于国家要求的产业准入标准和名录，动态更新本市产业结构调整负面清单和能效指南，进一步提高钢铁、石化化工等高耗能、高碳行业的准入门槛和技术要求。

严格项目环评审批。继续发挥环评“控制阀”作用，104个工业区块外原则上不得新建工业项目（都市型产业项目除外），对符合产业导向及环保要求、发展潜力大且确有改造需求的技改项目，按照不得增加污染排放量和环境风险的要求进行审批。进一步明确104个工业区块产业定位，高标准引进新项目，提高产业集聚度。禁止新建钢铁、建材、焦化、有色等行业的高污染项目，禁止建设新增长江水污染物排放的项目，严格控制石化化工和劳动密集型一般制造业新增产能项目。进一步加大建设项目主要污染物总量控制力度，坚持“批项目，核总量”制度，全面实施主要污染物倍量削减方案。加强常态管理和监督检查，全面清理整顿违反环评制度和“三同时”制度的建设项目。

2. 加快产业结构调整和区域转型

推进重点行业结构调整。坚定不移加大劣势产业和落后产能淘汰力度，完成水泥、有色金属冶炼、再生铅、再生铝等11个行业整体调整，全面取缔不符合国家产业政策的造纸、制革、印染、染料、电镀等严重污染环境的“十小”工业企业，关停调整小型危废焚烧装置和落后焚烧产能。到2020年，工业园区外四大工艺等7个行业生产点总量减半。落实钢铁调整计划，控制调整全市钢铁产能。持续推进现有工业企业向规划留工业区集中，加快推进104个工业区块外化工企业的调整，优先淘汰饮用水水源地保护区和准保护区内的污染企业，完成工业区外危险化学品企业调整。到2020年，力争完成3000项产业结构调整重点项目。

加快重点地区发展转型。加快推进桃浦、南大、吴淞等地区产业转型，加快推进高桥、吴泾等地区产业结构调整和转型升级，研究推动杭州湾北岸地区制造业升级，分类推动普陀桃浦科技智慧城等50个重点区域结构调整。结合“198”区域减量化和“195”区域转型，率先推进外环线以内、郊区新城、大型居住区周边、虹桥商务区及其拓展区、饮用水水源保护区、崇明生态岛（本岛）6个重点区域内“三高一低”企业关停调整。

3. 加强工业企业事中事后监管

建立健全企业排污许可证制度。制定《上海市排污许可证管理办法》，加强排污许可证制度相关技术规范建设，建立完善以排污许可证为核心的污染防治管理体系。依法核发排污许可证，2017年，完成对重点企业排污许可证的核发，逐步建立覆盖所有固定污染源的企业排放许可制。加强许可证管理，建成排污许可证证后监管系统，全面推行持证单位“三监联动”管理。

制订实施工业污染源全面达标计划。制订实施工业污染源全面达标计划，对不能达标排放的企业一律停产整顿，限期治理后仍不能达到要求的依法关闭。督促企业履行自行监测、自证守法的基本责任，建立环境管理台账制度，开展自行监测或委托第三方监测，如实向环保部门申报并向社会公开。排查并公布未达标工业污染源名单，设立企业环保违法曝光台。

加快推进企业环境信息公开。落实企业环境保护主体责任，推进企业公开基础信息、排污信息、防治污染设施的建设运行情况、环评及其他环保行政许可情况、突发环境事件应急预案以及其他应当公开的环境信息，完善建设项目事前、事中、事后环境影响评价信息公开机制，接受社会公众监督。

继续推进清洁生产审核和技术改造。以“聚焦行业、突出重点”为主线，围绕清洁空气行动计划、水污染防治行动计划和重点区域生态环境综合整治等工作，积极推进钢铁、水泥、化工、石化等重点行业开展清洁生产审核，加大清洁生产技术改造的财政支持力度，引导和激励企业采用先进适用的技术、工艺和装备实施清洁生产技术改造，不断提升行业清洁生产整体水平。到2020年，推进2000家企业开展清洁生产审核，完成150家重点企业的清洁生产审核以及节能环保改造项目，清洁生产审核覆盖率达到70%，国家级循环经济改造园区清洁生产实现全覆盖。

4. 完善园区环境基础设施和监管体系

完善工业园区环境基础设施。加快推进工业集聚区污水管网建设和截污纳管，限制含重金属等污染物的工业废水进入市政生活污水集中处理设施，实现104个工业区块和“195”区域已开发地区污水全收集、全处理。严格实施雨污分流，建立完善雨污水管网维护管理制度，定期排损，防范风险。推进工业园区内部公共绿地、防护绿地建设，完善工业园区配套绿地建设，加快推进金山、合庆、老港等重点环境整治区域防护隔离林建设。鼓励有条件的工业区实施集中供热。

强化工业园区环境监管。全面完成重点产业园区特征污染因子监控网建设，试点推进重点工业企业污染源特征因子在线监测，提升工业园区环境质量监控预警和应急响应能力。全面完成104个工业区块规划环评，完善工业区环境管理体制机制，有效落实规划环评意见和措施要求。全部国家级和30%市级产业园区实施循环化改造。

5. 大力发展环保产业

鼓励支持重点领域产业发展。围绕“创新融合、智慧节能、绿色环保”的发展方针，大力发展环保产业，基本形成健康发展、协调推进的环保产业基本格局。大力推进大气污染防治、水污染防治、土壤污染防治、垃圾处理、挥发性有机物治理、环境监测系统等领域环保技术和设备；大力发展汽车尾气净化器、空气净化器、油烟净化器等环保产品；持续提升环保服务，重点推进环境污染第三方治理，做强环境工程承包服务，做实环境信息服务，逐步推动环境监测服务规范化、市场化。积极培育资源节约、循环利用等一体化服务的专业公司，重点培育再制造专业技术服务公司，鼓励发展循环经济咨询服务业。

加大环保产业支持力度。结合本市营业税改增值税试点，落实环保服务企业纳入改革试点范围。修订节能产品和环境标志产品政府采购清单，加大政府采购力度。研究出台合同环境服务项目扶持办法，鼓励信用担保机构加大对节能环保企业的支持力度，完善环保产业投融资体系。着力环保产业增强创新能力，搭建创新服务平台，促进创新成果的产业化和商业化。

（二）农业农村污染防治与绿色发展

以创建国家现代农业示范区为契机，加快农业发展方式转变，控制农业面源污染，促进绿色农业发展，建设美丽乡村。

1. 严控畜禽养殖业污染

大幅削减畜禽养殖总量。贯彻落实《畜禽规模养殖污染防治条例》，组织实施本市畜禽养殖业布局规划和畜禽养殖业污染防治规划，削减养殖总量，优化养殖布局。到2020年，全市畜禽养殖总量在2014年的基础上削减180万头标准猪，控制在200万头标准猪（出栏）以内，规模化养殖场总数控制在300家以内，同比例削减养殖污染排放总量。

加快畜禽养殖户关停整治。按照“减量提质”的原则，对布局不合理、防疫不达标、环保不配套的不规范中小畜禽养殖场（户）加大整治淘汰力度。到2016年，全面完成2720家不规范中小畜禽养殖场（户）关停调整。

加强畜禽养殖场污染综合治理。开展畜禽养殖场标准化建设，以生态还田、沼气工程为重点，实施规模化畜禽养殖场雨污分流、干粪收集处理、污水发酵处理等污染治理和资源化利用工程，试点推广规模化畜禽养殖场排污申报和排污许可证管理制度。到2020年，所有规划保留的规模化畜禽养殖场实现粪尿资源化利用和达标排放。

2. 加强种植业面源污染防治

按照“源头防控、过程拦截、末端处理”的原则，推进化肥农药减量、节水节肥等种植业农业面源污染防治工作。优化调整茬口布局，减少夏熟大小麦种植面积，推进大小麦、绿肥、深耕晒垡“三三制”茬口模式，从结构上减少化肥农药用量。鼓励使用商品有机肥，农作物配方肥料和缓释肥料，优化肥料结构，减少化肥使用比例。大力推广应用高效低毒安全农药替代，推广应用防虫网、杀虫灯等绿色防控技术，全面实施“双绿”工程。推广以大型喷杆式喷雾机为代表的新型植保机械，发展水肥一体化装备，提升农业设施装备水平。继续开展化肥农药流失定位监测。

到2019年，测土配方施肥技术推广覆盖率达到90%以上，化肥利用率提高到40%以上，农作物病虫害统防统治覆盖率达到40%以上。到2020年，累计推广商品有机肥100万吨、推广缓释肥16.5万亩次、推广测土配方施肥330万亩次和水肥一体化技术27万亩次；全市大小麦种植面积控制在60万亩以下，全面建立农田休耕提质机制；推广绿色防控技术110万亩次，化肥亩均施用量控制在24公斤，农药亩均使用量控制在1公斤以下。

3. 促进生态循环农业发展

结合国家现代农业示范区创建，开展生态循环农业示范建设，推广种养结合、平衡施肥、农作物病虫绿色防控、农业废弃物循环利用等农业面源污染控制治理技术。到2020年，建立15个生态循环农业示范点，完成50个蔬菜基地的农业废弃物资源利用设备配套。进一步推进秸秆禁烧与多元综合利用，完善市—区—镇—村四级秸秆禁烧工作责任体系，形成常态化的“天地一体”秸秆禁烧巡查机制。到2020年，主要农作物秸秆综合利用率达到95%以上。建立健全农药包装废弃物回收、转运和处置体系。

4. 推进美丽乡村建设

优化村庄规划布局，推进郊区村庄布点规划编制。逐步撤并受环境影响严重以及规模小、分布散的村庄点，加快拆除农村非集建区内的工业点。聚焦规划保留的农村居民点，加强农村基础设施建设和村容环境整治，巩固农村地区生活垃圾综合整治成果，保障“村收集、镇收运、区处理”的农村生活垃圾管理系统有效运行，配套完善公共服务设施，切实改善农民生产生活条件，优化农村人居环境。因地制宜开展农村生活污水治理，完善农村生活污水处理长效管护机制，改善农村人居水环境。到2020年，完成30余万户农户的生活污水处理，农村生活污水处理率达到75%以上。到2020年，全面完成基本农田保护区内规划保留地区村庄改造工作，累计创建评定100个美丽乡村示范村。

（三）固体废物污染防治和综合利用

以“减量化、无害化、资源化”为核心，加快推进生活垃圾分类和资源综合利用，强化一般工业固废综合利用，提升再生资源回收利用水平，实现各类资源高效循环利用。

1. 提高生活垃圾减量化、资源化、无害化水平

继续推进生活垃圾分类减量。完善“全程分类体系”，在干垃圾全面无害化处理和能源回收利用的基础上，扩大生活垃圾分类收集、运输、处理的覆盖区域，不断提高城市生活垃圾可再生资源回收利用效率和湿垃圾资源化利用的标准化、规范化管理水平。制定和完善垃圾分类收运和处理的标准与规范，探索分类后可回收物、湿垃圾处理技术并研究配套政策。到2020年，全市生活垃圾分类建立工作基本实现全覆盖，绿色账户激励机制覆盖到500万户以上，实现生活垃圾回收利用率达到38%。

完善生活垃圾末端处置体系。推进老港再生能源利用中心二期和郊区末端处置设施建设，完成“一主多点”末端处置设施建设并全量运行，积极推进湿垃圾处理处置及资源化利用设施建设，优化生活垃圾处理方式。到2020年，基本实现原生垃圾零填埋，全市生活垃圾处理能力维持在2.7万吨/日。

建立有序的建筑垃圾中转消纳处置体系。建立建筑垃圾源头分类减量管理体系，落实源头申报制度，鼓励建筑工地建筑垃圾区域内排放自平衡，推进建筑工地垃圾“零排放”。完善转运网络，提升转运能力，强化建筑垃圾流量流向管理。推进消纳场所及资源化设施建设，研究跨区处置补偿机制，推进建筑垃圾消纳设施布局规划方案落地，形成建筑垃圾产生消纳总体平衡的新格局。

2. 完善工业固废综合利用与处置体系

完善工业固废管理制度。规范工业企业工业固体废物源头分类收集、贮存和处理处置活动。建立一般工业固废管理的“负面清单”，实现工业固体废物源头分类与环卫、环保等末端处理处置设施的无缝对接。启动工业固体废物申报信息平台建设，优化整合工业固体废物基础数据信息，探索建立全市统一的工业固体废物申报登记制度，实现工业固体废物全过程动态管理。

加快工业固废综合利用与处置体系建设。按照处置利用的合理半径，统一规划建设若干综合利用和循环经济产业园区，推进现有企业的调整提升和聚集。依托本市工业基础设施和循环经济示范基地建设，完成宝钢钢渣返生产加工等项目建设，大力提升工业固废资源化利月水平。加快推进老港一般工业固体废物填埋场二期工程。

3. 完善废弃电器电子产品回收处置体系

加快完善多元化回收网络体系。根据国家《废弃电器电子产品处理目录》动态更新要求，结合本市废弃电器电子产品产生处置现状，继续依托有关企业和市场化机制，完

善多元化回收渠道，建立社区回收网络、区域回收中心、交易市场等，加快形成多元化废弃电器电子产品回收网络体系。

推进废弃电器电子产品深度处理项目建设。针对废弃电器电子产品等拆解过程中产生的固体废物，积极开展深度处理、再制造和再生加工，实现废物资源化和再循环。整合和充分利用现有的再生资源综合利用加工企业，控制废弃电器电子产品简单拆解的新建项目建设，鼓励废物拆解综合化、规模化、专业化的深度加工利用的新改扩建项目。

4. 提升再生资源回收利用水平

探索再生资源回收与生活垃圾清运体系的“两网协同”，逐步推进再生资源回收设施与市容环卫设施的规划与建设衔接。优化固废综合利用和循环经济产业园区布局，推进现有企业产业聚集和能级提升。加大建筑废弃物、餐厨废弃物以及农作物秸秆等各类废弃物的资源化利用力度，加快推进资源化利用设施和改造提升。培育再生资源回收主体企业，拓展多元化回收渠道，推进实施再生资源回收示范工程。

五、实施生态空间管控，增加绿色生态空间

（一）生态空间分区管控

落实主体功能区规划，优化生态空间格局，推进生态保护红线划定、环境功能区划与主体功能区建设相融合，加强环境分区管治，充分发挥环境保护政策的导向作用。

1. 划定生态保护红线

以保障城市生态空间底线为目标，按照“性质不改变、面积不减少、功能不降低、职责不改变”的管控要求，划定生态保护红线区域，实施分级分类管控，配套实施生态补偿等相关制度，提升区域生态服务功能。严格控制城市建设用地比例，有效保障城市生态空间，构建城市生态安全格局。

2. 优化生态空间格局

基于城市生态安全格局的构建目标，逐步推进“水、林、田、滩”复合生态空间格局优化，初步建成“多层次、成网络、功能复合”的以城市森林为显著特征的生态网络框架体系，提升综合生态服务功能与效益。重点实施生态廊道和城市绿道“两道”建设，构建健康、多元、互通、易达的都市绿色休闲网络，加快实施城市立体绿网和郊区农田林网建设，以系统均衡布局为目标，按照服务半径要求，继续完善“口袋公园—社区公园—地区公园”三级公园绿地建设，完善城市公园体系和郊野公园体系。

3. 实施分类环境管治

按照本市主体功能区规划的要求，结合城市开发边界划分，研究完善本市饮用水水源地保护等环境功能区划。立足各类主体功能定位，把握不同区域生态环境的特征、承载力及突出问题，实施分区管理、分类指导。进一步削减都市功能优化区和都市发展新区污染物排放总量，加快产业结构调整和转型升级，全面淘汰“三高一低”工业企业，加快推进“195”区域转型和“198”区域复垦，着力推进以集约高效、功能完善、环境友好、社会和谐、城乡一体为特点的新型城市化。全面推进综合生态发展区生态建设和环境保护，引导人口合理分布，切实增强可持续发展能力，提升崇明生态岛建设品质。以“区域环境质量等级不降低、生态服务功能不下降”为原则，构建差异化的考核评价体系，完善分区考核评价制度。

（二）生态环境建设和保护

加快基本生态网络规划落地，千方百计增加绿色休憩空间，系统推进绿地林地建设，加快建设崇明世界级生态岛，全面推动自然生态保护，促进人与自然和谐共处。

1. 大力推进绿地林地建设

全市新建绿地6000公顷（其中，公园绿地2500公顷以上），新增林地30万亩以上。推进实施沿江、沿海、沿路、沿河生态廊道建设，实施城市绿道体系，形成本市生态系统安全格局的基本骨架。推进实施立体绿化网络空间200万平方米，推动农田林网建设，农田林网化率达到6%以上，构建城乡立体绿网。推进各类公园绿地建设，重点实施3000平方米以上公园绿地500米服务半径扫盲工程。推进郊野公园及郊区休闲林地建设和改造开放，构建城市公园体系和郊野公园体系。依托城市郊野公园建设项目，建设大型生态斑块，并通过生态廊道建设，使斑块之间相互联通；结合“198”区域复垦工作，逐步推进小型生态斑块建设。

积极推进交通干道两侧生态建设，两侧50~100米内加强通道防护林建设。推进工业园区、大型环境基础设施和生态环境综合整治区域及周边的防护林建设，有效控制区域生态环境风险。

2. 加强自然生态系统保护

加大对全球生态保护具有重要意义的沿江沿海滩涂湿地生态系统的保护力度，提升城市的全球责任感。研究提出滩涂生态系统分区动态保护要求，确保滩涂生态系统自然发育充分和演替过程完整，使湿地保有量维持在37.7万公顷，湿地保护率达到35%。以自然保护区为重点，提升管理水平，有效保护生物栖息地，修复、恢复受损湿地。按照生态保护红线的要求，强化长江口水源地、自然保护区、野生动植物重要栖息地、野生动物禁猎区、湿地公园、重要海岛及其他生态红线区域的保护和管理，拓展生物多样性保护基础空间。

3. 深化崇明世界级生态岛建设

围绕世界级生态岛建设总目标，以建设国家生态文明先行示范区为契机，创新机制体制，深化崇明生态岛建设。创新生态文明制度，试点建立自然资源资产产权和用途管理制度、生态环境损害责任终身追究制度；完善生态环境预警监控体系，全面监控岛域生态环境质量，增强预警预报功能；继续推进环境综合整治，加强中小河道水环境治理，深化农业面源污染控制；加强土壤和地下水环境保护，重点关注农产品基地农田土壤质量，实施工业用地全生命周期管理；继续推进环境基础设施建设，完成固废处置和利用设施建设，推进污水纳管；重点推进农村地区生活污染治理设施，并健全长效管理机制。加强环境管理能力建设，提高监测能力、监管能力、应急处理能力。

4. 提升生态示范建设水平

按照国家生态文明建设示范区的要求，全面提升本市各级生态示范建设水平，引领生态文明建设新方向。积极推进闵行、崇明、青浦等国家生态文明先行示范区、国家生态区等创建工作。

根据村镇环境保护的难点和重点，结合美丽乡村、历史文化名镇名村建设等工作，推进村镇环境保护工作，进一步改善村镇环境质量。

六、强化环境风险防范，确保城市环境安全

（一）加强辐射环境安全管理

以确保辐射环境安全为核心，全面提升辐射环境监测、预警和应急能力，健全完善市区两级辐射安全监管体系，进一步降低辐射环境风险。

继续完善辐射安全监管体系。落实环保机构体制改革，合理配置监管力量和资源，调整优化市区两级辐射安全监管体系，提升全市辐射监管整体能力。继续开展辐射建设项目审批简政放权，优化项目审批程序。进一步规范辐射风险防范工作要求，持续推进以企业为责任主体的核安全文化制度和安全防范措施的落实。引入核技术利用风险评估机制，提高核技术利用重点风险行业准入机制，合理调整辐照中心、移动探伤作业等重点风险企业的产业布局。合理配置社会公共源库，增强城市放射性废物库防风险能力，着力解决一批历史遗留辐射安全问题。强化公共基站等电磁辐射设施监督监管，完善电磁辐射宣教科普基地建设。

不断提升辐射监测能力。全面提升电离辐射、电磁辐射监测能力，实现环境质量监测全介质和全方位覆盖，达到全国环保系统领先水平。加强辐射环境质量监测体系建设，新增浦东、松江、闵行等9个郊区监测点，完善预警在线监测体系，增加青浦、浦东等4个预警监测点。完善水源地在线监测系统，推广重点敏感源的在线监测。构建上海电磁环境信息管理平台。

强化辐射应急能力建设。加强辐射应急和预警体系建设，完善应急监测仪器设备和车辆配置，建立第二支辐射应急队伍，提高辐射应急处置能力。完善辐射事故应急预案，建立长三角地区应急协作机制。加强队伍建设，重点提升应急监测和处置能力。

（二）确保危险废物安全处置

以优化布局、提升能力和确保安全为重点，强化危险废物源头管控和全过程监管，进一步完善危险废物收运和处置体系，提升资源化利用水平。

加强危险废物的源头管理。进一步完善建设项目危废管理要求，落实新建项目的危废处置去向。危废年产生量大于5000吨的新改扩建项目应配套建设危废利用处置设施。持续推进危险废物产生单位规范化管理制度，重点加强危险废物源头分类收集和临时贮存污染控制。推进科研院校等实验室日常产生的化学废液收集和规范处置。探索将危险废物管理要求纳入排污许可证进行管理。强化市、区两级监管的联动机制。

完善危险废物收运体系。加强对危险废物专业运输企业的年度专项评估考核，并建立名单动态调整制度。积极推进工业园区小微企业危废收集服务平台建设，开展青浦、嘉定、金山等工业园区的工业固体废物收集与贮存平台的试点示范工作，完善实验室废物源头分类收集及末端分流处置能力。

大力推进危险废物处置设施建设。以最严格的环境标准，大力推进危险废物处置设施建设。研究本市危险废物处理处置应急保障机制。进一步优化危险废物处理处置设施布局，调整淘汰技术水平落后的危险废物处理处置企业。完成上海化工区、奉贤、金山、上海石化等区域集中危废处置项目建设，研究嘉定、宝山等地区集中危废处置设施建设方案。鼓励各区和工业园区结合自身危废处置需求，配套建设危险废物处理处置设施。加快推进医疗废物第四条无害化处置设施建设，启动医疗废物管理综合信息平台建设，确保医疗废物全部安全无害化处置。启动嘉定危险废物安全填埋场分期建设和合并改建方案研究。

提升危险废物资源化利用水平。依托宝钢现有的炼钢及处理设施，开展废油漆桶综合利用及危废处理示范建设。建立废催化剂集中综合利用能力。鼓励企业利用危险废物作为原材料安全利用。进一步完善和提升含重金属污泥处理技术与能力。研究建立废酸降级使用和综合利用交换平台建设，拓展废酸综合利用途径。鼓励大型工业基地开展危险废物焚烧与资源化集成处理设施建设。

加强对危险废物处置单位行业监管。建立危废处置企业的环境准入门槛、运营标准，规范危废处置企业的服务行为，并加强监管。鼓励危险废物处理第三方服务。将危废焚烧设施的在线监测数据及设施运行纳入日常环境监管范围。结合资质审批制度改革，探索开展危废处置企业经营情况的第三方环境审计工作。

（三）完善风险防控与应急管理体系

强化企业环境风险防控。落实企业环境安全主体责任，全面实施企业环境应急预案备案管理，加强企业环境安全隐患排查治理监督管理，推动重点企业环境风险评估和应急响应能力建设，落实企业风险防控措施，保障城市环境安全。

完善城市环境应急防控体系建设。进一

步优化市区两级环境应急管理体系，提升整体应对能力和合作。继续完善重点工业区环境监测预警体系建设。加快提升环境应急管理决策水平，实现环境应急管理过程信息化。

加强突发环境事件应急处置。完善跨区域、跨部门的突发环境事件应急协调机制，健全综合应急救援体系。实施环境应急分级响应，健全突发环境事件现场指挥和指挥协调机制，完善突发环境事件信息报告和公开机制。

（四）强化其他环境风险防控

1. 噪声污染防治

修订完善上海市声环境功能区划，完善噪声污染防治制度体系。加强声环境质量监测，绘制中心城区噪声污染分布地图，加强噪声达标区管理。加强交通噪声污染防治，新建、改扩建交通建设项目严格执行环境影响评价制度，对噪声污染严重、群众投诉多的铁路、轨道交通、主要道路沿线区域，加大噪声治理力度。

严格新项目审批和执法监管，强化工业噪声污染源头控制，严格落实声环境功能区划要求。加强对建筑施工噪声执法监管，强化夜间施工环保管理，完善执法手段，倡导文明施工。继续推进安静居住小区和环境噪声达标区创建和复验巩固工作。强化社会生活噪声管控，研究制定公共场所噪声控制规约，引导市民“广场舞”文明活动不扰民。继续实施绿色护考行动。

2. 有毒有害污染物排放控制

继续推进持久性有机污染物（POPs）统计调查和开展环境激素本底调查。做好全氟辛烷磺酰基化合物（PFOS）、六溴环十二烷（HBCD）、汞、壬基酚聚氧乙烯醚等有毒有害化学物质限制和淘汰工作。强化钢铁行业烧结、炼钢、废弃物焚烧、再生金属等重点行业监管，推进 POPs 污染场地风险管理与修复。开展氢氯氟碳化物（HCFC）生产、使用、销售配额或备案管理，做好新化学物质、有毒化学品等企业环境管理登记或备案，加快涉有毒有害物质落后工艺、产品产业结构调整。加强特征污染物排放监测与能力建设，落实企业环境安全主体责任。

3. 重金属污染防治

以铬、汞、镉、铅、砷等为重点，开展涉重企业重金属污染物产生和排放状况调查，建立涉重企业全口径环境信息清单。优化涉重行业产业结构，逐步建立重金属总量控制制度，将重金属污染物指标纳入许可证管理范围。到 2020 年，重金属环境风险监测预警水平明显提升，重金属突发环境污染事件得到有效控制，主要重金属污染物排放总量控制在 2015 年的水平。

七、深化环保体制改革，完善环境治理体系

（一）强化环境保护责任体系

严格落实环境保护党政同责、一岗双责。地方各级党委、政府要对本地区生态环境保护负总责，建立健全职责清晰、分工合理的环境保护责任体系。制定明确责任清单，各相关工作部门要在各自职责范围内实施监督管理，管发展必须管环保，管行业必须管环保。探索建立环境保护重点领域分级责任机制，分解落实重点领域、重点行业和各区污染减排指标任务，完善体现生态文明要求的目标、评价、考核机制，建立环保责任离任审计、环境保护督察和履职约谈等制度，实施生态环境损害责任终身追究制度，加快推动环境保护责任的全面落实。

（二）完善环境治理体制机制

按照“统一、权威、高效”的原则，推进实施环保机构监测监察执法管理体制改革，健全市—区—街镇三级环保监管体系。

探索建立跨区域监测执法机制，上收生态环境质量监测事权。

强化战略环评和规划环评。以简政放权、加强事中事后监管为原则，深化环评等环保审批分类改革，建立健全以排污许可证管理为核心的总量控制和污染源全过程管理体系。完善环境保护投融资机制，加大财政资金投入力度，深化推进资源环境价格改革和环境税费制度改革，综合运用土地、规划、金融多种政策引导社会资本投入，确保环保投入相当于全市生产总值的比例保持在3%左右。充分发挥市场机制作用，鼓励支持污染第三方治理，探索排污权交易、绿色信贷、绿色债券等机制，在高风险行业推行环境污染责任保险。完善生态补偿制度，扩大生态补偿范围，加大对重点区域生态补偿转移支付力度。

（三）加强环境法规标准建设

加强环境法治建设。按照法定程序，完成《上海市环境保护条例》修订，开展土壤污染防治相关立法研究，研究修订《上海市实施〈环境影响评价法〉办法》，研究制定本市排污许可证管理规定，推动辐射、危险废物等领域相关立法工作。完善地方环境标准体系。参照国际先进水平，以污染物排放控制为重点制定更严格的环境标准。制定出台燃煤电厂超低排放、城镇污水处理厂大气排放、建筑扬尘排放、非道路移动机械大气排放、恶臭污染物排放、畜禽养殖业污染物排放、电镀废水排放等一批地方标准，修订《上海市污水综合排放标准》和燃气锅炉排放标准，继续完善VOCs排放重点行业排放标准研究制定。探索废水中重金属、微量有机物等新型污染物标准规范研究。持续提高在用车污染排放标准，内河船舶、非移动机械油品标准实施柴油车同等标准。

研究制定污染场地风险评估、场地调查、修复治理、验收、监测等技术规范，开展VOCs控制运行管理、畜禽固体粪和污水还田、关停企业突发性危险废物处理处置等方面技术规范研究。加强与标准衔接的环境分析方法研究制定，完善特征因子在线监测方法和技术规范。完善电磁辐射环境标准体系。

（四）实施最严格的环境执法

全面落实新《环境保护法》等法律法规，加强环境监察执法队伍建设，推进环境监察标准化建设和环境监督网格化建设，构建市、区、乡镇的三级环境监督网络，切实提升环境监察执法能力。围绕提升环境质量、保障环境安全等目标，加大区域环境综合整治、挥发性有机物排放治理、河道黑臭等重点领域监督执法力度，专项执法与“双随机”执法检查并举，强化联合联动综合执法，继续推进行政执法和刑事司法相衔接。落实环境生态损害赔偿制度，通过诉讼等方式对造成环境污染或生态损害的单位追究环境生态损害赔偿责任。

（五）加快生态环境监测网络建设

逐步构建市区之间、部门之间，资源互补、共建共享的生态环境监测网络体系。建立以PM2.5、臭氧为重点的监测网络，完成长三角区域空气质量预测预报系统建设，基本形成功能完备的复合型大气污染监测预警体系；构建以省界来水、水源地和区级断面为主的上海市地表水环境预警监测与评估体系，完善自动监测站点布设，实现水质、水文数据实时共享；整合完善土壤（地下水）环境监测网络；建成覆盖全市各类功能区的声环境自动监测网络；完善辐射应急及在线监测网络，提升辐射预警监测和应急能力；完善污染源监测体系建设，提高污染源现场和周边环境监测能力；大幅提高污染源在线监测覆盖范围，污染源在线监测体系全面覆盖国家、市、区三级重点监管企业，与环保部门联网并向社会公开；逐步建立天地一体化的生态遥感监测系统，加强卫星、航空、无人机遥感监测和地面生态监测，实现对区域重要生态功能区、自然保护区生态保护红线区的跟踪监测；全面完成重点产业园区特征污染因子监控网建设；加强环境应急监测能力建设，提升现场快速应急监测水平；填补现有标准的环境分析能力空白，优化水质分析能力，扩展化工特征因子环境监测能力，开发金属形态分析能力，完善环境监测质量监管体系；制定环境监测社会化服务机构备案管理办法和质量管理方案，开发社会化服务监管考核信息平台。

（六）全面提升环境信息化水平

完善环保数据中心，构建“环保云”平台，建立污染源统一编码体系，加快推进智慧监测、智慧监管、智慧门户建设以及环保信息资源的整合共享，提升环境管理与决策支撑能力。组织推进污染源一证式管理、长三角空气质量预警预报、水环境监测预警、环境应急、移动执法、辐射管理、固废管理等应用系统建设和完善，构建全市环保管理“一张图”，实现环境质量评价、污染源监管等信息的可视化。推进环保大数据建设和应用，通过环境质量、污染源、风险源、环保舆情等数据融合和外部关联分析，促进环境综合决策的科学化；通过监测、执法、信用评价、信访投诉等信息的综合分析，促进污染源监管的精准化；创新“互联网＋环保政务”服务模式，进一步完善“一站式”网上办事平台，促进环境公共服务的便民化。

（七）加大科技创新支撑力度

以推进大气、水、土壤等污染防治和破解环境热点、难点和前沿问题为重点，加大环保科技研发支持力度，支持环保产业发展。继续推进环境保护部复合型大气污染研究重点实验室和城市土壤污染防治工程技术中心建设，加快长三角大气污染预警预报中心二期建设，建设上海城市环境噪声控制工程技术中心。推动上海市环境标准科创中心建设。加强区域和流域环境科技协作。

（八）积极推进社会共治共享

加强环境宣传教育，积极弘扬生态文明主流价值观，发布公众环境友好行动指南，鼓励公众自觉践行绿色生活、绿色消费，形成低碳节约、保护环境的社会风尚，提高全社会生态文明意识。

整合各类社会资源，建设完善一批环境宣传和科普教育基地。全面推进环境信息公开，充分发挥广播、电视、报纸和各类新媒体宣传作用和舆论监督，推动全社会共抓环境保护。完善企业环保诚信体系，建立企业环境信用评价制度，扩大企业环境责任报告发布范围，推进绿色供应链管理体系试点。探索建立环保志愿者制度，积极推动环保志愿者参与环境保护行动。完善有奖举报制度，搭建环境保护网络举报平台。探索环境公益诉讼制度，支持和鼓励社会组织提起环境公益诉讼，维护环境公共利益。

（九）加强环境合作协作交流

积极实施长江经济带生态环境大治理、大保护，强化立法、规划、标准、政策、执法等领域协同与对接。深化长三角大气污染联防联控机制，积极推动机动车异地同管、船舶排放控制区建设、高污染天气协同应急等重点工作。建立长三角区域水污染防治协作机制，持续推进太湖流域水环境综合治理。配合完成长三角地区战略环评，完善区域环评会商机制。健全区域环境应急联动机制，提高突发环境事件应急协作水平。继续深化国际环境合作与交流，加强环境科技、人才多边或双边交流，积极履行国际环境公约。

专栏6　“十三五”环境保护重点工程

1. 饮用水环境安全保障工程。主要包括建成黄浦江上游金泽水库及相关配套工程，完成郊区供水集约化，推进太浦河清水走廊建设，完善多元联动原水布局等工程；全面关停二级水源保护区内排污口，强化船舶污染监管等。

2. 污水处理设施建设完善工程。主要包括石洞口、竹园、白龙港、虹桥、泰和及郊区南翔、松东、朱家角、崇明城桥等30余座城镇污水处理厂提标改造和新建、扩建工程，石洞口、竹园、白龙港、松江、嘉定、奉贤、浦东、金山、青浦、崇明等区污泥处理处置工程，闵行、杨浦、浦东、嘉定、松江、青浦和金山等区通沟污泥处理设施建设等工程。

3. 城市面源污染治理工程。主要包括苏州河段深层排水调蓄系统建设，中心城区21座雨水泵站的旱流截污改造以及老旧小区雨污混接改造等工程；推进浦东临港、徐汇滨江等海绵城市试点。

4. 河道湖泊综合整治工程。主要包括56条段以上黑臭河道综合整治，200公里重污染河道治理，259个国考断面和市考断面水质达标综合整治，1000公里中小河道生态治理，1.2万公里镇村级河道疏浚，淀山湖、汪洋湖及周边水系生态修复等重点工程。

5. 燃煤大气污染治理工程。主要包括燃煤电厂超低排放改造，自备电厂燃煤机组清洁化改造，集中供热和热电联产燃煤锅炉清洁能源替代，全面取消分散燃煤等工程。

6. 挥发性有机物综合治理工程。主要包括针对有机化工原料制造、合成材料、化学药品原药制造、初级形态的塑料及合成树脂制造、合成橡胶制造、合成纤维单（聚合体）制造6个行业实施LDAR，上海石化、高桥石化、上海化工区、华谊集团、金山二工区、宝钢集团等重点企业实施VOCs综合治理等。

7. 土壤污染治理修复工程。主要包括南大、桃浦等地区土壤（地下水）污染治理修复试点以及吴淞、高化、金山卫土壤（地下水）环境调查等工程。

8. 工业污染防治与转型升级工程。主要包括全市3000项产业结构调整重点项目，高桥、吴泾地区适时启动功能转型，杭州湾北岸地区制造业转型升级，桃浦、南大、吴淞等地区产业转型，外环线以内、郊区新城、大型居住区、虹桥商务区及其拓展区、饮用水水源保护区、崇明生态岛（本岛）6个重点区域内污染企业关停调整等重点工程。

9. 重点区域生态环境综合治理工程。分批明确区域清单和整治计划，滚动实施重点区域生态环境综合治理。

10. 畜禽养殖业污染治理工程。主要包括养殖总量控制在200万头标准猪（出栏）以内、规模化养殖场总数控制在300家以内，完成保留规模化畜禽养殖场污染减排以及2720家不规范中小畜禽养殖场（户）关停调整等。

11. 美丽乡村建设工程。主要包括农村生活污水治理工程以及完成基本农田保护区内规划保留地区村庄改造等工程。

12. 固体废物处理处置和综合利用工程。主要包括老港再生能源利用中心二期和奉贤、松江、嘉定郊区生活垃圾末端处置设施建设，区级中转站和环卫综合基地新建改造工程，老港一般工业固体废物填埋场二期工程，废弃电器电子产品深度处理项目以及再生资源回收示范、医疗废物第四条无害化处置设施建设等工程。

13. 绿地林地建设工程。主要包括新建绿地6000公顷（其中，公园绿地2500公顷以上），新增林地30万亩以上。重点推进沿江、沿海、沿路、沿河生态廊道建设，3000平方米以上公园绿地500米服务半径扫盲工程，郊野公园及郊区休闲林地建设，隔离林带、防护林带等公益林和绿地建设工程。

14. 环境监管能力提升工程。主要包括按照法定程序，完成《上海市环境保护条例》修订，制定本市排污许可证管理规定以及制定一批地方标准和技术规范等；完成长三角区域空气质量预测预报系统建设，完善水质自动监测站点、土壤（地下水）环境、声环境污染源监测网络建设，全面完成重点产业园区特征污染因子监控网建设，完善辐射预警在线监测体系和重要饮用水水源地在线监测系统；推进智慧监测、智慧监管、智慧门户三大应用平台建设等工程。

黄浦江两岸地区发展“十三五”规划

沪府发〔2016〕99号（2016年11月30日）

为推进“十三五”期间黄浦江两岸地区发展，根据《上海市国民经济和社会发展第十三个五年规划纲要》，制订本规划。

一、开发现状与发展展望

黄浦江两岸地区规划范围为吴淞口至闵浦二桥之间的黄浦江两岸流域，长约61公里，规划控制面积约144平方公里，包括浦东新区、宝山区、杨浦区、虹口区、黄浦区、徐汇区、闵行区、奉贤区8个行政区的滨江区域。规划研究范围至黄浦江全线，即从吴淞口到淀山湖，全长约113.4公里。黄浦江两岸是上海城市的“主动脉”，也是上海未来发展的重点和亮点。近年来，黄浦江两岸地区始终坚持高起点规划、高水平开发、高质量建设，全力打造世界著名滨江发展带，成效初显。“十三五”时期，黄浦江两岸地区将牢牢把握发展新机遇，应对新挑战，实现新突破。

（一）开发现状

“十二五”期间，在市委、市政府的正确领导和黄浦江两岸开发工作领导小组的大力推动下，按照“百年大计、世纪精品”的总体要求，黄浦江两岸地区综合开发有序推进，滨江绿地和公共开放空间品质进一步提升，市政和交通基础设施进一步完善，产业结构和空间格局进一步优化，新的城市功能逐步显现。

一是综合战略地位更加突出。作为增强城市功能和发展能级的重要空间载体，黄浦江两岸地区成为串联外滩—陆家嘴地区、世博园区、前滩地区、徐汇滨江等重点区域的发展轴线，对全市创新驱动发展、经济转型升级的带动引领作用进一步凸显。

二是空间发展格局更加优化。景观生态轴加快建设，高端服务和旅游休闲功能进一步集聚，中部现代服务集聚区、南部战略功能拓展区和北部转型升级主导区同步推进，初步形成“一轴两带三区”的空间格局。

三是产业结构升级逐渐加快。到“十二五”期末，黄浦江两岸地区累计动迁企业约3400户，中心段货运码头已全部退出，产业结构由生产功能为主向现代服务业转变，金融、航运、旅游、文化、商务商贸等业态加快向沿江集聚，渐成规模。

四是基础设施建设成效显著。轨道交通11号线、12号线和军工路越江隧道等一批交通设施为两岸地区提供了便捷服务；虹口港翻水泵闸、杨树浦港泵闸等项目提升了城市安全保障，并不断探索创新与城市公共空间的相互融合；丹东路等多处轮渡站、旅游码头完成改扩建，服务功能和品质进一步完善提升。

五是环境景观品质明显提升。到“十二五”期末，完成滨江绿地和公共空间建设约670公顷，形成连续的滨江绿带约26公里，陆家嘴地区滨江绿地、徐汇滨江北段、虹口北外滩公共绿地、宝山滨江大道等重大公共空间基本完成并向公众开放，黄浦江两岸地区向绿地公园、亲水岸线和高品质的公共活动空间转换。

六是历史文脉得到保护传承。重现风貌，重塑功能，对沿江历史街区、历史建筑进行保护性更新改造的力度进一步加大，浦东上海船厂、民生文化城，浦西徐汇西岸文化走廊、黄浦老码头、杨浦上海国棉十七厂等重点项目有序推进，传承了上海的城市历史文脉，提升了滨江地区的文化魅力。

七是规划体系逐步健全。到“十二五”期末，杨浦大桥至徐浦大桥段实现了控详规划全覆盖，南、北延伸段开展了总体规划研究，沿江岸线码头利用、综合交通、重点区域空间景观等专项规划研究取得进展。

八是体制机制进一步理顺。自2002年以来，市政府颁布并修订完善了《上海市黄浦江两岸开发建设管理办法》等多部规章和规范性文件。2013年，市级两岸开发体制机制进行了调整和优化，沿江各区开发体制机制逐步完善，政府统筹协调和规范引导力度不断加大。

（二）发展展望

“十三五”期间，作为示范引领城市发展的核心区域，黄浦江两岸发展面临新的形势和挑战。

一是面临中央全力推进生态文明建设带来的新机遇。党中央、国务院高度重视生态文明建设，先后出台了一系列重大决策部署，明确要求加快形成人与自然和谐发展的现代化建设新格局，开创社会主义生态文明新时代。黄浦江两岸地区作为上海重要的生态廊道，要充分认识区域生态文明建设的重要性和紧迫性，牢固树立尊重自然、顺应自然、保护自然的开发理念，以更开阔的视野、更加积极的姿态和更高水平的开发，谋划绿色发展的新棋局。

二是面临全球城市目标背景下城市功能布局调整的新要求。新一轮上海城市总体规划中明确指出，到2040年，上海要建设成为卓越的全球城市，国际经济、金融、贸易、航运、科技创新中心和文化大都市。上海必须在更大范围、更高层次布局和提升城市功能，更多体现创新、生态和人文特色。作为城市的核心区域，黄浦江两岸地区要充分发挥优势，在整体定位、产业发展、空间布局、配套服务等各方面全面升级，成为上海市功能提升的核心支撑空间。

三是面临提升城市品质打造世界一流滨水区域的新阶段。黄浦江两岸地区日益成为上海未来发展的重点和亮点，提升区域空间品质、打造世界一流滨水区域成为两岸开发工作的阶段要求。要向世界一流的滨水区域看齐，紧跟全球最新发展潮流，示范整个城市的发展方向；推进“四新”经济发展，成为最具活力、最有实力的区域；要聚焦市场体系建设、功能性机构集聚，成为“四个中心”和具有全球影响力的科技创新中心功能的主要载体；有效保护和挖掘浦江两岸现有文化内涵，不断汲取国内外先进文化的新元素，巩固和发展中西合璧的人文底蕴；坚持“以人为本，造福于民”的根本宗旨，实现公共环境空间还江于民，更多体现惠民理念；坚持“城市，让生活更美好”，把绿色、循环、低碳等最新理念作为两岸开发的基本要求，覆盖到每个区域，贯穿于每个环节。

同时，也要清醒地认识到，在新的发展形势下，黄浦江两岸地区未来发展仍面临不少挑战。如功能定位同质化，区域分工统筹力度有待加强；公众对城市公共活动空间的需求日益增强，公共空间品质有待提升；上游部分区域及支流水系的生态建设仍存在不足，黄浦江生态走廊的整体效应有待发挥；资源环境紧约束下开发难度增大，不确定性增加；城市功能更新对历史文脉保护和利用提出更高要求等。

二、指导思想、基本原则和发展目标

（一）指导思想

高举中国特色社会主义伟大旗帜，全面贯彻党的十八大和十八届三中、四中、五中、六中全会精神，以马克思列宁主义、毛泽东思想、邓小平理论、“三个代表”重要思想、科学发展观为指导，深入贯彻习近平总书记系列重要讲话精神，以改革创新为动力，立足于全国改革开放排头兵和创新发展先行者的要求，立足于上海经济社会发展规划和战略布局，立足于“百年大计、世纪精品”“以人为本、造福于民”的宗旨，牢固树立和贯彻落实创新、协调、绿色、开放、共享的发展理念，以全局眼光、国际视野、精品意识谋划黄浦江两岸开发的发展蓝图和目标方向。

（二）基本原则

一是强化精品意识、示范引领。结合新一轮城市规划修编，进一步突出滨江地区的稀缺性，强化精品意识，将黄浦江两岸地区打造成功能现代化、产业高端化、形象国际化的世界级滨江地区，引领整个城市发展方向。

二是坚持以人为本、造福于民。以满足广大人民群众需求为根本出发点和落脚点，还滨江公共环境空间于民，增强大众休闲活动和公共活动参与性，建设成为大众亲近自然、休闲娱乐、享受生活的高品质场所。

三是注重功能优先、加强统筹。立足于全球视野，适应世界经济格局的新变化和产业变革的新趋势，积极培育新业态、新产业，注重统筹，大力引进总部型、功能性机构，进一步加强金融、贸易、航运、商务、商业等核心功能建设，在更高的起点上推动黄浦江两岸地区的开发建设。

四是坚持因地制宜、分类推进。结合黄浦江两岸地区开发现状，进一步加强与生态红线的衔接，构建黄浦江两岸生态框架体系。结合不同地区实际情况，分类推进，带动黄浦江两岸地区的整体开发，实现“以点带面、点面结合”的开发格局。

五是坚持安全为重，风险防控。在黄浦江两岸地区建设中，坚守城市安全的底线，提高公共活动、防涝灾害和突发性事件的风险防范能力和应急处置能力，构筑国内领先的城市安全综合保障体系。

（三）发展目标

继续坚持“百年大计、世纪精品”的宗旨，努力将黄浦江两岸地区建设成为上海创新驱动发展、经济转型升级的先行区、“四个中心”建设功能的集聚区、优秀文化的荟萃区和生态文明的示范区，全面构筑以功能提升为引领、创新突破为动力、统筹协调为保障、民生共享为宗旨、低碳绿色为理念的现代服务业发展轴和世界级滨水文化功能带。成为示范引领整个城市发展，实现生活、生产、生态空间高度统一的世界一流滨水区域。

“十三五”期间，黄浦江两岸地区发展的具体目标是：

到2020年，实现中心区段（杨浦大桥至徐浦大桥两侧约45公里岸线）滨江公共空间全面贯通，上游区段生态环境构筑框架，下游区段产业转型再上台阶，形成空间连续、环境优美、品质高端、凝聚人气的公共活动新地标；实现中心区段沿江地区以地铁为主干、中运量公交和常规公交为主线的公共交通网络全覆盖，滨江地区与城市腹地无缝衔接；继续稳步推进重点区域的功能开发和建设，规划期末出形象、出功能，初步形成宜居、宜业、宜游的世界一流滨水区域新面貌。

——公共空间品质显著提升。到2020年，黄浦江两岸地区预计新增滨江绿地和公共空间约350公顷。其中，中心区段（杨浦大桥至徐浦大桥）两侧约45公里岸线全面贯通，新增滨江绿地及公共空间面积约210公顷、亲水岸线约20公里，初步形成类型丰富、舒适宜人、功能完善、和谐共享的滨江公共开放空间体系。

——基础设施保障逐步完善。形成“层次清晰、功能互补、集约低碳、畅达便捷”的一体化滨江交通系统，加强多种交通方式的网络联动，新建和改造一批公交枢纽、码头、泵闸、防汛墙、环卫等市政基础设施。

——重点区域展现功能形象。聚焦黄浦南外滩地区、徐汇滨江—浦东前滩地区、世博园区、浦东新（华）民（生）洋（泾）—杨浦滨江南段等重点发展区域，大力完善基础性开发，稳步推进功能性建设，力争在“十三五”期末，将这些区域打造成为黄浦江两岸特色鲜明的城市亮点。

三、主要任务

有序推进开发建设，重点聚焦贯通公共空间、完善基础设施、提升区域功能、荟萃优秀文化、加强规划引领等主要方面。

（一）推进有序开发，突出错位发展

“十三五”期间，黄浦江两岸地区发展将站在全市发展的高度通盘考虑，根据各区域不同的发展条件和基础，进行错位发展和差异化竞争。根据不同区域的开发时序及建设重点，将沿江8个区的滨江地区大致分为基础开发为主、兼顾功能提升，功能提升为主，规划研究为主、兼顾基础开发三类区域，明确分阶段工作任务，把握建设时序及工作重点。

1. 基础开发为主兼顾功能提升区域

浦东滨江、宝山滨江、杨浦滨江、徐汇滨江结合各自区段不同区域内的开发条件和建设时序，加大基础开发建设力度，注重功能提升。

——浦东滨江。到“十三五”期末，基本完成陆家嘴金融城及其拓展空间建设，金融功能进一步提升；世博地区和前滩地区区域功能基本建成，趋于完善；依托老白渡地区煤仓及船坞、上海船厂、民生码头等一系列城市更新改造及工业遗存保护性开发文化项目，推进国际文化集聚带建设，文化功能不断增强；杨浦大桥到徐浦大桥之间地区的滨江公共开放空间实现全面贯通，服务配套不断完善；杨浦大桥以北地区的城市更新工作有序推进，区域转型开发进入新阶段。

——宝山滨江。以打造世界一流国际邮轮母港为契机，以培育邮轮产业链为重心，形成现代服务业新格局。打造融合公共服务、商业办公、文化娱乐、旅游休闲、生态居住等多种功能于一体的绿色滨江新区和邮轮新城，成为宝山产业转型与功能提升的核心区和示范区。

——杨浦滨江。传承和发扬中国近代工业摇篮的历史文脉，将杨浦滨江建设成为杨浦区创新驱动发展、经济转型升级的动力引擎，打造成示范引领杨浦创新创业平台服务、产业与城市融合发展、历史与现代互补共生、科技与生态高度集约的国际化滨水区域。

——徐汇滨江。坚持规划引领、文化先导、产业主导的基本思路，加快形成独具魅力的文化传媒区、国际一流的商务商贸区、充满活力的滨水新城区。

2. 功能提升为主区域

黄浦滨江、虹口滨江着重强化区域特色、提升产业能级、完善配套服务、优化形态建设。

——黄浦滨江。以打造“世界级滨水公共开放空间的核心区”为目标，保留更为丰富的历史文化韵味，营造更具活力的休闲氛围，建设更为引领时代的景观环境，提供更为舒适宜人的空间感受。

——虹口滨江。进一步展现财富与文化价值，聚焦航运、金融“双核”功能，推动单一的产业集聚区向功能综合的城市核心商务区转型。

3. 规划研究为主兼顾基础开发区域

闵行滨江、奉贤滨江通过加强规划研究，明确功能定位，加大产业结构调整及区域环境综合整治力度，开展土地减量化工作，启动生态建设项目，做好开发建设的准备工作。

——闵行滨江。充分依托丰富的岸线及建设用地资源，高校科研、高新区产业、老工业基地转型等创新力量，建设成为上海南部的公共中心，其核心功能为具有全球影响力的科技创新区、上海未来的时尚创意展示区、黄浦江上游的生态休闲宜居区。

——奉贤滨江。立足两区三江交界，在保护上游生态水环境基础上，探索建设低碳绿色、多元功能的自然景观丰富、产业专项鲜明、空间品质别具一格的滨江功能型生态走廊。

4. 重点开发区域

黄浦江两岸地区开发将聚焦黄浦南外滩、徐汇滨江—前滩、世博园区、浦东新华—民生—洋泾—杨浦滨江等作为重点发展区域，基础性开发与功能性建设并重，早出形态、早出功能、早出效益，力争在“十三五”期末，将这些区域打造成为黄浦江两岸新的城市亮点。

——黄浦南外滩

规划范围：由新开河—人民路—中华路—跨龙路—陆家浜路—黄浦江所围合的区域，总用地面积约160公顷，沿黄浦江的岸线长度约3.3公里（包括十六铺1.1公里及南外滩2.2公里）。其中，重点地区东至黄浦江、南至南浦大桥、西至中山南路、北至东门路，并包含董家渡13号、15号地块，总用地面积约80公顷，沿黄浦江的岸线长度约2.6公里。

主要任务：做好与外滩金融集聚的延展，结合公共空间项目建设，推进南外滩金融服务功能完善。完成南外滩滨水岸线综合改造工程，推进南外滩滨水区公共空间建设，做好沿江重点功能性开发项目建设与滨江公共空间品质提升的统筹协调。

——徐汇滨江

规划范围：徐汇滨江地区北起日晖港，南至徐浦大桥，由黄浦江两岸综合开发规划控制范围内的南延伸段B、C、D三个单元组成，土地面积共7.4平方公里，沿江岸线长度约8.4公里。

主要任务：深化优化WS3、WS5、WS7等片区规划，重点推进WS5单元若干功能组团的建设，加快启动WS3单元的功能开发；进一步拓展西岸文化走廊品牌内涵，扎实做好“美术馆大道”设施建设、更高水平举办各类活动。

——前滩

规划范围：前滩地区（ES4地块）位于黄浦江两岸地区南延伸段的中南部，北起川杨河，南至中环线华夏路段，东起济阳路，西至黄浦江，总面积约2.83平方公里。

主要任务：完成区域内市政交通、景观绿化和配套服务设施建设，完善园区管理和服务，强化品牌宣传力度和招商效率，在“十三五”期末，实现成为“生态型、综合性的城市社区”的开发目标。

——世博园区

规划范围：位于卢浦大桥和南浦大桥之间，规划范围为5.28平方公里。其中，浦东部分为3.93平方公里，浦西部分1.35平方公里。

主要任务：继续推动总部、金融、文化功能集聚。浦东A片区加快形成国际企业总部集聚区形象，推动“绿谷”、金砖银行总部大楼等项目建设；浦东B片区形成央企总部集聚区功能，实现企业入驻；浦东C片区启动建设重点功能性项目。浦西区域进一步完善区域文化功能，推进最佳实践区南北楼项目，实现世博会博物馆项目正式对外开放。

——新（华）民（生）洋（泾）

规划范围：新华—民生—洋泾地块对应黄浦江东岸E8和E10单元。规划范围东至居家桥路，南至浦东大道，西至东方路，北至黄浦江。规划总用地面积约为193.66公顷，沿黄浦江岸线长度约为4.44公里，规划总建筑面积约297万平方米。

主要任务：推动地块开发建设以及民生码头工业遗存保护性开发，到“十三五”期末，初步建成兼具商业金融服务、现代商务办公、文化交流展示以及滨江休闲娱乐功能的公共活动区域初具形象。

——杨浦滨江

规划范围：杨浦滨江为秦皇岛路—大连路—平凉路—军工路—黄浦江，拥有15.5公里的岸线、12.93平方公里的开发范围。

主要任务：南段滨江全面完成土地岸线码头收储，贯通公共空间，提升综合环境，推进近代工业遗存的保护性开发利用；中段滨江重点推进城市更新，利用上海起重机械厂、上海理工大学周边的存量用地空置厂房等载体，建设一批核心业态聚集的特色众创空间；北段滨江在鼓励、扶持产业能级提升和技术改造的同时，探索工业用地存量转移、政策扶持、公共岸线退让等开发机制。

（二）贯通公共空间，提升综合品质

“十三五”期间，黄浦江两岸地区将打造世界级的滨水公共开放空间，创造良好的生态效应和丰富多样的空间环境。

1. 着力推进滨江公共空间贯通

推进公共空间贯通，形成较为完整的滨江公共空间体系。推进沿江地区绿地及公共开放空间建设，新增滨江绿地及公共空间面积约 350 公顷，新增亲水岸线约 20 公里，基本实现从杨浦大桥至徐浦大桥之间公共空间贯通，形成较为完整的滨江公共空间体系，创造舒适宜人、彰显文化、注重生态的高品质空间环境，逐步将黄浦江两岸打造成面向国际、富有特色的世界一流滨水区域。

强化公共活动载体建设，提升滨江公共空间活力。着力推进成片滨江绿地、广场建设，为市民提供运动、休闲、观景、亲水等活动场所。对一些暂无条件建设成片绿地、广场的区段，在满足防汛安全要求的基础上，通过水上平台、栈道、桥梁等方式，实现公共空间的有效贯通，提升滨江公共空间的效率和活力，更人性化地服务公众。加强区域内保留建（构）筑物的改造和利用，使之成为公共活动的重要载体。

重点项目：浦东新区徐浦大桥至杨浦大桥约 22 公里公共岸线贯通，杨浦滨江公共空间（一至五期），黄浦滨江南外滩滨水区综合改造，黄浦区浦西世博区域滨江公共空间优化，黄浦滨江卢浦大桥两侧公共空间贯通，徐汇滨江公共空间南拓工程等。

2. 加快提升慢行空间品质

一是依托城市道路网络，结合腹地功能、设施布局、景点分布和交通站点的设置，逐步完善区域内的人行道、自行车道等设施，构建安全、连续、便捷、舒适的慢行交通网络系统。二是依托滨江绿地和公共空间，形成具有休闲、观光、健身等复合功能的“绿道”体系，提升滨江慢行空间的品质。

重点项目：浦东新区徐浦大桥至杨浦大桥约 22 公里滨江慢行道贯通，杨浦区滨江公共空间一至五期慢行道贯通，徐汇区东安路、黄石路等慢行空间优化工程。

3. 优化完善公共空间服务设施

合理布局配置公共服务设施量。进一步完善黄浦江两岸地区公共空间建设标准，优化公共服务设施布点，合理配置公共服务设施总量，提高滨江公共空间的活力。“十三五”期间，预计滨江绿地及公共空间内新建公共服务配套设施面积约 34 万平方米。

精细精致建设环境景观设施。重视公共空间尺度等人性化设计，形成环境舒适、利于交往的城市空间；通过控制景观界面，策划景观主题，引导城市色彩，使建筑风格、广告标识、绿化景观设计相互融合协调；提升景观环境设施的品质，增强城市景观细腻度与品质感。

（三）加强生态文明建设，构建黄浦江生态走廊

重点加强生态水系和生态绿化的建设，重塑黄浦江生态功能，中心城区域全面构建层级丰富的生态绿地公园体系，其他区域结合支流水系共同构建黄浦江两岸生态框架体系。

1. 中心城全面构建层级丰富的生态绿地公园体系

黄浦江是上海中心城最重要的南—北“纵向”生态廊道，继续推进生产型岸线向生活型、生态型岸线转变的功能调整，力争在“十三五”期间，形成功能层级丰富的绿地公园体系，创造贴近市民、活动丰富的滨水开放空间。

重点项目：浦东新区杨浦大桥区域、洋泾港滨江、新华地区滨江、E18-E20-E22 单元滨江等新增公共绿地公园约 22 公顷，浦东新区上海船厂滨江公共绿地、耀华绿地景观提升改造，虹口区滨江国客段和置阳段绿地景观提升改造，徐汇区结合“三路三带”（龙腾大道南段与开放空间南段及油罐艺术公园、云锦路与跑道公园、龙恒路与龙华港一河两岸景观工程及龙华塔前广场）新增绿

地公园约30公顷。

2. 加强规划管控，积极保护黄浦江市域生态走廊

进一步加强黄浦江上游和主要支流水系与生态红线的规划衔接，重点引导生态保育、森林湿地、休闲游憩等生态保护功能。加强环境综合整治力度，推进“集建区”外的土地减量化工作，推进生态涵养林建设，确保黄浦江上游水源保护地安全，恢复和培育滨江生态环境，构建以水生态为特色的综合性市域生态框架体系。

重点项目：浦东滨江森林公园二期，浦东三林楔形绿地（南片），闵行滨江公园及吴泾地区生态修复绿地，闵行（浦江镇）郊野公园一期、奉贤滨江生态林地等。

（四）推进基础开发，保障城市安全

1. 强化资源集约利用

加强黄浦江两岸地区土地开发利用的统筹规划，积极引导合理控制沿江土地供应总量。创新土地收储机制，有序推进土地收储工作。科学规划、集约整合公共岸线码头的布局使用，加强岸线资源整理和储备，探索建立集约高效的公共岸线码头管理机制。

针对滨江地区可开发土地资源稀缺，岸线、公共设施、产业载体等资源的管理主体分散，统筹难度大的特点，研究探索城市更新开发模式。推动宝山上港九区、十区，闵行吴泾地区等转型发展，积极研究探索渐进式、精细化、智慧化的城市更新模式。

重点项目：浦东滨江杨浦大桥区域周边、杨浦大桥以东等区域土地收储，杨浦滨江南段公共空间土地及码头岸线收储，徐汇滨江南段区域土地收储等。

2. 完善基础设施建设

加快交通基础设施建设。进一步提升沿江地区交通出行的通达性、便捷性、人性化水平，消除近江交通的“断点”和“盲点”。加快推进规划滨江区域支路系统建设，提高沿江区域路网密度。完善沿江轮渡码头系统布局和功能改造，提高沿江区域水陆联运的基础设施配套水平。继续推动黄浦江越江工程建设，提高越江交通服务水平。进一步完善沿江区域水、陆公交枢纽建设和线网布设，大力推进沿江中运量公交体系规划建设。

重点项目：沿江区域公交枢纽（首末站），董家渡、歇浦路等轮渡站改造，江浦路越江隧道、龙水南路越江隧道建设，中山南路地下通道、龙腾大道南延伸等。

加快沿江排水防涝设施建设。积极推广“低影响开发”理念和技术，在沿江地区绿地、排水、建筑与小区、道路与广场等系统建设中严格落实“海绵城市”规划建设相关指标。

继续推进沿江地区雨污分流管网改造，加快沿江排水系统改造，结合滨江公共空间建设实施沿江防汛墙改造，逐步提高防水排涝标准，提升城市安全防护水平。

重点项目：黄浦江防汛墙改造工程（结合滨江公共空间建设同步实施），汉阳排水系统二期、民星南排水系统、龙水南雨水泵站迁建工程等。

注重地下空间综合利用。高效集约节约利用土地，开展地下空间竖向分层规划，形成功能适宜、协调一体、互联互通的地下空间系统，着重考虑保障城市公共安全、地下公共交通、市政基础设施空间功能。结合滨江区域建设实际，因地制宜布局综合管廊。

重点项目：新建徐汇滨江核心商务区、世博会地区、前滩等重点地区骨干性地下空间工程；试点徐汇滨江等地区地下综合管廊建设。

（五）促进转型升级，提升区域功能

1. 全面提升金融服务功能的国际竞争力。继续完善商务环境和配套服务，加快吸引集聚高能级的国际性金融机构，进一步扩大金融合作，推进金融制度、产品和业务创新，全面提升金融服务功能的国际竞争力。

2. 促进航运服务功能的集群化。大力发展航运交易、航运金融、航运信息、航运咨

询及航运人才教育交流等现代航运服务业，构建“游轮、游艇、游船”为主题的现代服务业产业集群。

3. 推进以科技创新为引领的产业转型发展。一是发挥环境优势，吸引一批重点领域的研发企业总部或地区总部落户，加速形成研发类企业集群。二是适应产业发展新趋势，加强科技创新服务，推动科技研发与科技服务要素集聚，加强信息技术应用，加快产业及相关配套服务功能的全面互联。三是鼓励支持驻地企业技术改造和转型升级。

4. 进一步提升高端商务商业发展能级。一是优化商务环境、完善配套服务，打造高层次的商务发展空间，吸引跨国公司总部、国内大型企业集团总部。二是积极引进国际知名的会计、法律、咨询、评估等中介企业，形成立足上海、辐射全国的商务服务体系。三是推进商业精品化、品牌化、多元化建设，打造上海高端时尚品牌集聚地。

（六）重视传承创新，荟萃优秀文化

1. 保护和合理利用历史文化遗存

丰富历史文化保护内涵，确定历史文化保护底线。建立滨江历史建筑、工业建（构）筑信息库和价值评判体系，对体现城市发展历程和地域特色的历史建筑和工业遗存分级分类，明确保护管控要求。促进浦江两岸历史建筑资源的“合理保护，积极利用”，研究制定滨江历史建筑资源保护和利用导则。

加强对历史文化遗存的修缮利用和功能再植。通过功能延续、升级或置换，实现历史遗存综合价值的提升，增强历史遗存的生命力和与时俱进的表现力，探索多样化的利用方式。

重点项目：浦东新区 E20 单元船坞综合改造、E18 单元老白渡煤仓综合改造、上海船厂地区公共空间改造、民生码头工业遗存保护性开发利用等，杨浦南段滨江近代工业遗存保护性开发利用，徐汇滨江南段特色建（构）筑物保留利用。

2. 塑造城市特色，优化文化软环境

丰富公共空间的文化艺术内涵。注重城市发展与历史文化的衔接，整体策划公共环境设计，加强文化艺术内涵的注入，提升城市家具、标识等设施的艺术设计，形成具有人文关怀的环境氛围。

积极开展国内外文化交流活动。结合世博场馆的后续利用，整合地区文化资源，新建、改建一批大型公共文化设施，大力发展国际文化交流、会展博览、时尚演艺等。依托黄浦江作为上海文脉传承的优势，积极开展形象推介和国际国内文化交流活动，塑造浦江文化品牌，将黄浦江打造成上海文化交流的重要标的。

重点项目：浦东上海陆家嘴金融城二期及都市文化体验中心区、上海大歌剧院、国际乒联博物馆、世博会博物馆，徐汇滨江西岸文化走廊等。

3. 做大文化创意旅游功能的产业化

打造世界级旅游精品。充分利用沿江滨水历史建筑、工业遗存、生态景观的强大吸引力，加强旅游与风貌、文化的联动发展，加强与沿长江、滨海、苏州河等区域的水上旅游资源整合。对标世界一流水上旅游区域，推动浦江游览集约化发展，提升浦江游览服务质量，将黄浦江游览打造成世界级旅游精品。

积极开展“水上”特色运动。依托滨水沿河资源，推动体育设施、特色体育项目和赛事活动的集聚，打造以“水上”运动为特色的黄浦江体育产业发展轴。

推动文化创意产业发展。结合传统产业遗址遗存的改造和再利用，聚焦媒体、艺术、工业设计、时尚、休闲娱乐等领域的文化创意产业。

（七）强化精品意识，彰显示范引领

1. 加强规划引领

统筹功能布局，完善规划体系。优化完善中心城区黄浦江两岸城市规划、专项规划；

加快推进闵行、奉贤滨江地区以及杨浦大桥以北地区的发展战略、城市规划等研究和编制工作。

编制建设规划，有序推进开发。依据法定规划和国民经济社会发展规划，编制黄浦江两岸地区开发的建设规划和实施计划，有序推进项目建设。

2. 完善标准体系

完善规范标准，突出示范引领。适时评估、修订《上海市黄浦江两岸开发建设管理办法》《黄浦江两岸滨江公共环境建设标准》，制定黄浦江两岸开发建设导则等规范性或指导性文件，为高品质开发提供保障。

3. 科技引领发展

因地制宜推进海绵城市建设。在杨浦、徐汇、浦东等滨江公共空间及重点成片开发区域，积极探索海绵城市建设试点工作，采取“渗、蓄、滞、净、用、排”等综合措施，合理利用自然空间，实现雨水综合管理，恢复水生态，改善水环境，保障水安全。

规模化推进绿色生态城区建设。黄浦江两岸地区率先执行绿色生态城区相关标准，落实土地、建筑、交通、能源、水资源等绿色生态指标和技术措施。积极推广BIM技术在重大基础设施（如轨道交通、越江通道）、大型标志性建筑等的应用。

在浦东前滩、徐汇滨江等成片开发建设区域积极推进绿色生态城区建设试点工作，其他城市更新区域重点推动以公共开放空间增加、配套设施完善、环境改善、慢行系统优化等为导向的绿色更新实践。

加强防灾预警机制的信息化建设。加强信息化技术应用，推进“智慧滨江建设”。注重突发事件信息系统建设，整合实时监控系统资源，实现区域应急管理信息系统的互联互通，进一步提高黄浦江两岸地区应对突发事件的预警响应和救援保障能力。

四、保障措施

（一）加强统筹协调

一是充分发挥黄浦江两岸开发工作领导小组统筹、协调、决策、指导等作用；二是完善“市区联手，以区为主”的开发机制，形成合力，共同推进；三是建立黄浦江两岸开发专家咨询委员会，做好重大规划、项目的决策咨询及技术保障，着力提升品质。

（二）强化监督考核

建立重点项目计划管理和考核机制，对重点项目制订推进计划，按照时间节点监督考核。建立重要审批事项催办督办机制，提高审批效率，推进重点项目实施。

（三）拓宽融资渠道

一是积极探索政府与社会资本合作模式，鼓励区域内各开发主体及金融机构、民营企业等社会力量积极参与，创新融资方式，提高融资能力。二是探索建立土地出让收入与公益项目建设的平衡机制，沿江各区平衡经营性项目与公益性项目的资金使用，确保土地出让收入的部分资金专项用于浦江沿岸的公共设施建设。三是积极吸引市场主体通过土地、资金、人才等多种合作方式，共同参与滨江开发。

黄浦江两岸地区“十三五”发展规划范围

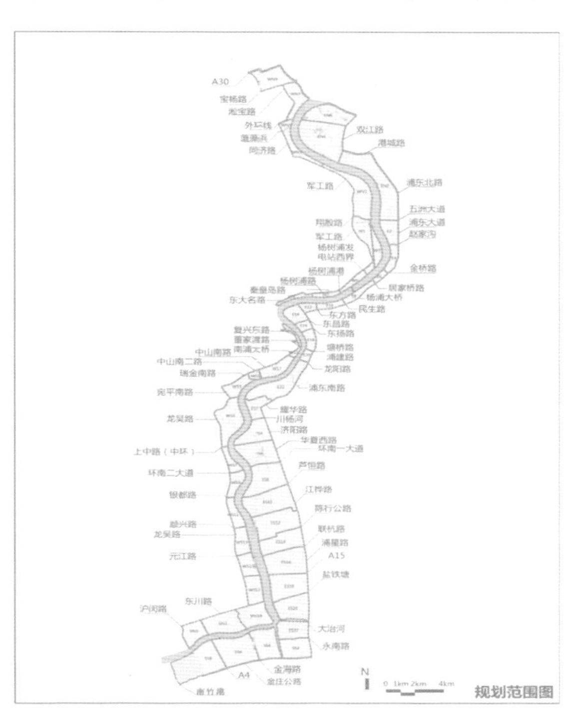

关于取消和调整一批行政审批等事项的决定

沪府发〔2016〕100号（2016年12月5日）

各区、县人民政府，市政府各委、办、局：

按照《国务院关于第二批取消152项中央指定地方实施行政审批事项的决定》（国发〔2016〕9号）、《国务院关于取消13项国务院部门行政许可事项的决定》（国发〔2016〕10号）和《国务院关于第二批清理规范192项国务院部门行政审批中介服务事项的决定》（国发〔2016〕11号）等精神，市行政审批制度改革工作领导小组对本市行政审批等事项进行了新一轮集中清理。经过严格审核和论证，市政府决定，取消和调整一批行政审批等事项，共计189项。其中，取消141项，调整48项。在取消的行政审批等事项中，有8项属于涉密事项，按照规定另行通知。现将上述取消和调整的181项行政审批等事项目录予以公布，自公布之日起实施。

各地区、各有关部门和单位要抓紧做好取消和调整行政审批等事项的落实和衔接工作，切实加强后续监管。要围绕“高度透明、高效服务，少审批、少收费，尊重市场规律、尊重群众创造”，进一步深化简政放权、放管结合、优化服务改革，加快转变政府职能、提高政府效能，着力打造公平竞争的市场环境和法治化便利化营商环境，降低制度性交易成本，促进经济提质增效升级。

附件：1. 市政府决定取消的行政审批等事项目录（共133项）

2. 市政府决定调整的行政审批等事项目录（共48项）

上海市人民政府

2016年12月5日

附件1

市政府决定取消的行政审批等事项目录（共133项）

一、市发展改革委（11项）

（一）对价格评估机构资质的认定（含初审）

（二）对上报国家发展改革委的价格鉴证师注册初审

（三）对上报国家发展改革委的企业、事业单位、社会团体等投资建设固定资产投资项目初审

（四）工程咨询单位的资格初审转报

（五）对中央投资项目招标代理机构资格认定的初审转报

（六）对上报国家发展改革委的外商投资项目核准初审

（七）对上报国家发展改革委的境外投资项目核准初审

（八）对上报国家发展改革委的境外投资项目备案初审

（九）对上报国家发展改革委的招标师职业资格认定初审

（十）对上报国家发展改革委的地方企业发行企业债券预审

（十一）对上报国家发展改革委的农产品（棉、粮）进口关税配额初审

二、市经济信息化委（1项）

专用汽车项目核准

三、市商务委（6项）

（一）鲜茧收购资格认定

（二）设立二手车鉴定评估机构的核准

（三）直销企业产品说明重大变更审批

（四）国际展览项目审查

（五）纺织品临时出口许可证核发

（六）输港澳劳务合作项目立项审核

四、市教委（3项）

（一）高等教育自学考试专科专业审批

（二）教育网站和网校审批

（三）对教育部实施的高等学校设置尚

未列入《普通高等学校本科专业目录》的新专业审批的初审

五、区县教育部门（1 项）

教育网站和网校审批

六、市科委（2 项）

（一）实验动物出口审批

（二）实验动物工作单位从国外进口实验动物原种登记单位指定

七、市公安局（2 项）

（一）核发《上海市印铸刻字准许证》（特种印件）

（二）核发《安全技术防范产品生产登记批准书》

八、区县公安部门（2 项）

（一）核发《上海市印铸刻字准许证》（特种印件）

（二）核发《安全技术防范产品生产登记批准书》（初审）

九、市人力资源社会保障局（1 项）

中等以上教育机构聘请外国专家单位资质认可（初审）及中等以下教育机构聘请外国专家单位资质认可

十、市住房城乡建设管理委（10 项）

（一）对住房城乡建设部负责的一级注册结构工程师和其他专业勘察设计工程师注册的初审

（二）对住房城乡建设部负责的一级注册建造师执业资格审批的初审

（三）对住房城乡建设部负责的造价工程师执业资格审批的初审

（四）对住房城乡建设部负责的监理工程师执业资格审批的初审

（五）对住房城乡建设部负责的房地产估价师执业资格审批的初审

（六）对住房城乡建设部负责的工程造价咨询单位甲级资质审批的初审

（七）对住房城乡建设部负责的甲级工程建设项目招标代理机构资格审批的初审

（八）对住房城乡建设部负责的建筑业企业承包特级、一级，部分专业承包一级资质审批的初审

（九）对住房城乡建设部负责的甲级工程监理企业资质许可的初审

（十）对住房城乡建设部负责的甲级、部分乙级建设工程勘察设计企业资质核准的初审

十一、市交通委（4 项）

（一）国内航行船舶进出港签证

（二）机动车维修技术人员从业资格证件颁发

（三）占用城市道路作为集贸市场审批

（四）引航员任职资格审批

十二、区县交通部门（1 项）

占用城市道路作为集贸市场审批

十三、市农委（11 项）

（一）渔业船员二级、三级培训机构资格认定

（二）从国外引进和向国外提供菌（毒）种或者样本初审

（三）兽药（生物制品除外）产品批准文号初审

（四）农业转基因生物安全评价初审

（五）对农业部负责的农药分装登记初审

（六）对农业部负责的农药田间试验审批初审

（七）农药续展登记初审

（八）农作物种子检验员证核发

（九）食用菌菌种检验员资格认定

（十）草种检验员资格认定

（十一）大中型水利工程移民安置规划大纲审批

十四、市环保局（5 项）

（一）加工利用国家限制进口、可用作原料的废五金电器、废电线电缆、废电机等企业认定

（二）危险化学品生产使用环境管理登记证核发

（三）放射性药品使用证核发

（四）污染场地环境恢复方案审批

（五）对环境保护部负责的有毒化学品进出口环境管理登记预审

十五、区县环保部门（2项）

（一）危险化学品生产使用环境管理登记证核发

（二）污染场地环境恢复方案审批

十六、市规划国土资源局（4项）

（一）地质资料保护登记

（二）测绘计量检定人员资格认定

（三）在国家地质公园地质遗迹保护区外的园区进行矿产资源勘查、开发和工程建设活动审批

（四）城市规划师执业资格注册的初审

十七、市水务局（市海洋局）（3项）

（一）铺设海底电缆、管道路由调查、勘测审批

（二）海底电缆、管道的铺设施工审批

（三）境外组织或者个人申请进入金山三岛海洋生态自然保护区非核心区独立从事、与境内组织或者个人合作从事科学研究活动的审批

十八、市文广影视局（市文物局）（5项）

（一）拍摄市级以上文物保护单位（含市级）的审批

（二）制作考古发掘现场专题类、直播类节目的审批

（三）电影制片单位以外的单位独立从事电影摄制业务审批

（四）地市级、县级广播电台、电视台变更台标审批

（五）电影院加入院线审批

十九、区县文广影视（文物）部门（3项）

（一）改建、拆除电影院和放映设施审批

（二）电影放映单位变更业务范围或者兼并、合并、分立审批

（三）文物保护单位拍摄许可

二十、市卫生计生委（1项）

在碘盐中同时添加其他营养强化剂或者药物审批

二十一、市国税局（市地税局）（6项）

（一）印花税票代售许可

（二）安置残疾人员和国家鼓励安置的其他就业人员所支付工资的加计扣除的核准

（三）印制有本单位名称发票的审批

（四）创业投资企业享受创业投资所得税优惠核准

（五）企业购置用于环境保护、节能节水、安全生产的专用设备的投资额享受所得税优惠的备案核准

（六）营业税差额纳税试点物流企业确认

二十二、区县国税（地税）部门（6项）

（一）印花税票代售许可

（二）安置残疾人员和国家鼓励安置的其他就业人员所支付工资的加计扣除的核准

（三）印制有本单位名称发票的审批

（四）创业投资企业享受创业投资所得税优惠核准

（五）企业购置用于环境保护、节能节水、安全生产的专用设备的投资额享受所得税优惠的备案核准

（六）营业税差额纳税试点物流企业确认

二十三、市工商局（3项）

（一）户外广告登记

（二）固定形式印刷品广告登记

（三）烟草广告审批

二十四、区县工商部门（1项）

户外广告登记

二十五、市质量技监局（4项）

（一）设备监理单位甲级资格证书核发

（二）设备监理单位乙级资格证书核发

（三）建立社会公正计量行（站）的许可

（四）棉花质量检验师执业资格注册

二十六、市食品药品监管局（7项）

（一）从事第三方药品物流

（二）开展麻醉药品和精神药品实验研究活动初审

（三）国产保健食品注册（初审）

（四）对国家食品药品监督管理总局负责的特殊用途化妆品审批的初审

（五）处方药与非处方药转换评价（初审）

（六）对国家食品药品监督管理总局负责的药品注册补充申请的初审

（七）直接接触药品的包装材料和容器生产申请（初审）

二十七、市统计局（1项）

统计从业资格认定

二十八、市新闻出版局（5项）

（一）电子出版物出版单位出版境外著作权人授权的电子出版物的升级版本、电子游戏测试盘及境外互联网游戏作品客户端程序光盘审批

（二）电子出版物出版单位与境外机构合作出版电子出版物初审

（三）审批可录类光盘生产设备引进、增加、更新

（四）核发复制经营许可证（可录类审批）

（五）被关闭光盘厂生产线处理审批

二十九、市知识产权局（1项）

专利代理机构申报审查

三十、市绿化市容局（市林业局）（7项）

（一）外国人对国家重点保护野生植物进行野外考察审批

（二）对〔外国人（境外组织或个人）〕进入林业系统自然保护区（包括国家级、地方级）的许可

（三）林木种子（苗木）进口初审

（四）省、市、县级森林公园设立、撤销、合并、改变经营范围或者变更隶属关系审批

（五）对国家林业局负责的引进陆生野生动物外来物种种类及数量审批初审

（六）对国家林业局负责的出售、收购、利用国家一级保护陆生野生动物或其产品审批初审

（七）对国家林业局负责的向境外提供或从境外引进林木种质资源审批初审

三十一、区县绿化市容（林业）部门（2项）

（一）市区饲养家畜家禽审批

（二）县级森林公园设立、撤销、合并、改变经营范围或者变更隶属关系审批

三十二、市安全监管局（3项）

（一）职业卫生技术服务机构甲级资质初审

（二）安全评价机构甲级资质审批初审

（三）安全生产检测检验机构甲级资质初审

三十三、市民防办（2项）

（一）中型及以下单建人防工程、防空地下室施工图设计文件审批

（二）对国家人防办负责的人民防空信息系统综合集成资格的初审

三十四、市金融办（1项）

融资性担保机构的董事、监事和高级管理人员任职资格核准

三十五、市粮食局（1项）

中央储备粮代储资格许可（初审）

三十六、市无线电管理局（1项）

“三高”地点接纳设置无线寻呼发射基站的“三高”产权单位备案核准

三十七、市密码管理局（1项）

电子政务电子认证服务机构跨区域建设注册审核系统审批

三十八、市气象局（1项）

外国组织和个人在华从事气象活动初审

三十九、市地震局（2项）

（一）上海市地震安全性评价单位丙级资质认定

（二）甲级、乙级地震安全性评价资质

认定初审

附件 2

市政府决定调整的行政审批等事项目录（共 48 项）

一、市发展改革委（3 项）

（一）企业投资项目项目申请报告的核准或初审转报（审批事项名称更改为“企业投资项目项目申请报告的核准”）

（二）外商投资项目核准及初审转报（审批事项名称更改为“外商投资项目核准”）

（三）对境外投资项目的初审转报及备案（审批事项名称更改为“对境外投资项目的备案”）

二、市经济信息化委（3 项）

（一）对民用爆炸物品生产企业设立、改扩建的许可（初审）（1. 取消申请材料“民用爆炸物品生产企业主要负责人、安全生产管理人员任职安全资格证书”，不再要求申请人提供主要负责人、安全生产管理人员任职安全资格证书；对其安全生产知识和管理能力的考核依法由民爆行业主管部门开展；2. 取消申请材料“项目环境影响评价报告”，不再要求申请人提供项目环境影响评价报告；环境影响评价审批依法由环保部门开展）

（二）对成品油批发经营的许可（初审）（1. 取消申请材料“石油成品油供应方年经营量、进口量证明”，不再要求申请人提供中介机构出具的石油成品油供应方年经营量、进口量证明；审批部门通过审查申请人提交的海关、税务等证明文件获取相关信息；2. 取消申请材料“石油成品油批发经营申请人油库转让、买卖证明”，不再要求申请人提供中介机构出具的油库转让、买卖证明；审批部门通过审查申请人提交的转让、买卖合同等其他证明文件获取相关信息）

（三）对成品油仓储经营的许可（初审）（1. 取消申请材料“石油成品油仓储经营注册资本证明”，不再要求申请人提供注册资本证明；2. 取消申请材料“石油成品油仓储经营申请人油库转让、买卖证明”，不再要求申请人提供中介机构出具的油库转让、买卖证明；审批部门通过审查申请人提交的转让、买卖合同等其他证明文件获取相关信息）

三、市商务委（3 项）

（一）对外援助成套项目施工任务实施企业资格初审及转报商务部（取消申请材料“经审计的援外项目实施企业会计报表”，不再要求申请人提供经审计的企业会计报表）

（二）对外援助物资项目实施企业资格初审及转报商务部（取消申请材料“经审计的援外项目实施企业会计报表”，不再要求申请人提供经审计的企业会计报表）

（三）进出口货物许可证（1. 不再要求申请人委托有关机构办理进出口许可证电子认证机构（CA）证书，改由审批部门委托有关机构制作后向申请人发放；2. 不再要求申请人委托有关机构办理进出口许可证电子钥匙，改由审批部门委托有关机构制作后向申请人发放；3. 不再要求申请人委托有关机构办理大宗农产品进口报告系统电子认证机构（CA）证书，改由审批部门委托有关机构制作后向申请人发放；4. 不再要求申请人委托有关机构办理大宗农产品进口报告系统电子钥匙，改由审批部门委托有关机构制作后向申请人发放）

四、市交通委（1 项）

国道收费权转让审批（1. 取消申请材料“收费公路权益转让所需的会计报告”，不再要求申请人提供会计报告；审批部门严格审核收费公路权益转让资产评估报告；2. 取消申请材料“收费公路权益首次转让所需的公路竣工财务决算”，不再要求申请人提供公路竣工财务决算；审批部门严格审核收费公路权益转让资产评估报告；3. 取消申请材料“收费公路权益首次转让所需的公路竣工审计报告”，不再要求申请人提供公路竣工审计报告；审批部门严格审核收费公路权益

转让资产评估报告）

五、市农委（3项）

（一）进出口农业主管部门管理的国家重点保护或者国际公约限制进出口的野生植物审批（初审）（申请人可按要求自行编制产品成分检验报告，也可委托有关机构编制，审批部门不得以任何形式要求申请人必须委托特定中介机构提供服务；保留审批部门现有的产品成分检验报告技术评估、评审）

（二）肥料登记审批（1.不再要求申请人进行肥料安全性评价试验，改由审批部门委托有关机构开展肥料安全性评价试验；2.不再要求申请人进行肥料产品检测，改由审批部门委托有关机构开展肥料产品检测）

（三）高致病性动物病原微生物实验室资格审批（初审）（取消申请材料“高致病性病原微生物实验室建筑工程质量检验报告”，不再要求申请人提供实验室建筑工程质量检验报告；实验室建筑工程质量检验依法由住房城乡建设部门开展）

六、市规划国土资源局（1项）

采矿许可证审批（1.不再要求申请人委托矿业权交易机构进行鉴证和公示，改由省级国土资源主管部门负责发布矿业权转让公示信息并出具公示无异议的意见；2.申请人可按要求自行编制矿产资源开采地质报告，也可委托有关机构编制，审批部门不得以任何形式要求申请人必须委托特定中介机构提供服务；保留审批部门现有的地质报告技术评估、评审和备案）

七、区县规划国土资源部门（1项）

采矿权许可的审批（初审）（1.不再要求申请人委托矿业权交易机构进行鉴证和公示，改由省级国土资源主管部门负责发布矿业权转让公示信息并出具公示无异议的意见；2.申请人可按要求自行编制矿产资源开采地质报告，也可委托有关机构编制，审批部门不得以任何形式要求申请人必须委托特定中介机构提供服务；保留审批部门现有的地质报告技术评估、评审和备案）

八、市水务局（市海洋局）（3项）

（一）《长江河道采砂许可证》的审批（申请人可按要求自行编制长江河道采砂可行性论证报告，也可委托有关机构编制，审批部门不得以任何形式要求申请人必须委托特定中介机构提供服务；保留审批部门现有的长江河道采砂可行性论证报告技术评估、评审）

（二）填海项目竣工验收（申请人可按要求自行编制填海项目竣工验收测量报告，也可委托有关机构编制，审批部门不得以任何形式要求申请人必须委托特定中介机构提供服务；保留审批部门现有的填海项目竣工验收测量报告技术评估、评审）

（三）海域使用权的审核（申请人可按要求自行编制海域使用论证报告，也可委托有关机构编制，审批部门不得以任何形式要求申请人必须委托特定中介机构提供服务；保留审批部门现有的海域使用论证报告技术评估、评审）

九、区县水务（海洋）部门（1项）

《长江河道采砂许可证》的审批（初审）（申请人可按要求自行编制长江河道采砂可行性论证报告，也可委托有关机构编制，审批部门不得以任何形式要求申请人必须委托特定中介机构提供服务；保留审批部门现有的长江河道采砂可行性论证报告技术评估、评审）

十、市文广影视局（市文物局）（6项）

（一）广播电视设备器材入网认定（1.取消申请材料“广播电视设备器材生产企业质量管理体系认证证书”，不再要求申请人提供质量管理体系认证证书；审批部门完善标准，按要求开展现场核查或质量管理体系材料审查；2.取消申请材料“广播电视设备器材入网检测报告”，不再要求申请人提供广播电视设备器材入网检测报告，改由审批部门委托有关机构开展广播电视设备器材入网检测）

（二）广播电视节目传送业务的许可（申请人可按要求自行编制广播电视节目传送业务技术评估报告，也可委托有关机构编制，审批部门不得以任何形式要求申请人必须委托特定中介机构提供服务；保留审批部门现有的评估报告技术评估、评审）

（三）市级文物保护单位保护工程（保养维护工程、抢险加固工程、修缮工程、保护性设施建设工程）的审批（申请人可按要求自行编制市级文物保护单位修缮方案，也可委托有关机构编制，审批部门不得以任何形式要求申请人必须委托特定中介机构提供服务；保留审批部门现有的修缮方案技术评估、评审）

（四）区（县）级文物保护单位的保护范围进行其他建设工程或者爆破、钻探、挖掘等作业的审核（不再要求申请人委托有关机构开展考古勘探发掘，改由审批部门委托有关机构开展考古勘探发掘）

（五）市级文物保护单位建设控制地带内建设工程设计方案的审核（不再要求申请人委托有关机构开展考古勘探发掘，改由审批部门委托有关机构开展考古勘探发掘）

（六）美术品进出口经营活动审批（审批事项名称调整为“艺术品进出口经营活动审批”）

十一、区县文广影视（文物）部门（3项）

（一）区县文物保护单位及未核定为文物保护单位的不可移动文物保护工程（保养维护工程、抢险加固工程、修缮工程、保护性设施建设工程）的审批（申请人可按要求自行编制文物保护单位修缮方案，也可委托有关机构编制，审批部门不得以任何形式要求申请人必须委托特定中介机构提供服务；保留审批部门现有的修缮方案技术评估、评审）

（二）区县级文物保护单位的保护范围内进行其他建设工程或者爆破、钻探、挖掘等作业的审批（不再要求申请人委托有关机构开展考古勘探发掘，改由审批部门委托有关机构开展考古勘探发掘）

（三）区县级文物保护单位建设控制地带内建设工程设计方案的审核（不再要求申请人委托有关机构开展考古勘探发掘，改由审批部门委托有关机构开展考古勘探发掘）

十二、市工商局（1项）

广告经营资格许可（审批事项名称调整为“广告发布登记”）

十三、市新闻出版局（1项）

进口用于出版的音像制品审批（不再要求申请人向中国版权保护中心申请著作权合同登记，改由审批部门委托该中心开展合同登记工作）

十四、市旅游局（1项）

导游人员资格证书的核发（申请人可按要求出具导游人员从业健康证明材料，审批部门不得以任何形式要求申请人必须委托县级以上医院提供服务）

十五、市绿化市容局（市林业局）（3项）

（一）对在林业系统自然保护区实验区开展生产经营活动的许可（申请人可按要求自行编制拟建机构或设施对自然保护区自然资源、自然生态系统和主要保护对象影响评价报告，也可委托有关机构编制，审批部门不得以任何形式要求申请人必须委托特定中介机构提供服务；保留审批部门现有的影响评价报告技术评估、评审）

（二）对建设工程征占用林地审核（申请人可按要求自行编制建设项目使用林地可行性报告，也可委托有关机构编制，审批部门不得以任何形式要求申请人必须委托特定中介机构提供服务；保留审批部门现有的建设项目使用林地可行性报告技术评估、评审）

（三）开展林木转基因工程活动审批（取消申请材料“转基因林木植株检测报告”，不再要求申请人提供转基因林木植株检测报告，改由审批部门委托有关机构开展转基因林木植株检测）

十六、市保密局（2项）

（一）制作、复制国家秘密载体定点单位乙级资质认定（1.取消申请材料“制作、复制国家秘密载体定点单位质量管理体系认证材料”，不再要求申请人提供质量管理体系认证材料；审批部门完善标准，严格年审制度，开展经常性保密检查，督促资质单位执行保密规定；2.取消申请材料“制作、复制国家秘密载体定点单位环境管理体系认证材料”，不再要求申请人提供环境管理体系认证材料；审批部门完善标准，严格年审制度，开展经常性保密检查，督促资质单位执行保密规定；3.取消申请材料“制作、复制国家秘密载体定点单位职业健康安全管理体系认证材料”，不再要求申请人提供职业健康安全管理体系认证材料；审批部门完善标准，严格年审制度，开展经常性保密检查，督促资质单位执行保密规定；4.取消申请材料“制作、复制国家秘密载体定点单位信息安全管理体系认证材料”，不再要求申请人提供信息安全管理体系认证材料；审批部门完善标准，严格年审制度，开展经常性保密检查，督促资质单位执行保密规定）

（二）涉密信息系统集成单位乙级资质认定（1.取消申请材料“计算机信息系统集成企业资质认定材料”，不再要求申请人提供计算机信息系统集成企业资质认定材料；审批部门完善标准，按要求开展现场审查；2.不再要求申请人开展软件企业认定和软件产品登记；审批部门完善标准，按要求开展现场审查；3.取消申请材料“信息技术服务标准认证材料”，不再要求申请人提供信息技术服务标准认证材料；审批部门完善标准，按要求开展现场审查；4.取消申请材料“安全技术防范资质认定材料”，不再要求申请人提供安全技术防范资质认定材料；审批部门完善标准，按要求开展现场审查；5.取消申请材料“安防工程企业资质认定材料”，不再要求申请人提供安防工程企业资质认定材料；审批部门完善标准，按要求开展现场审查；6.取消申请材料“信息系统工程监理单位资质认定材料”，不再要求申请人提供信息系统工程监理单位资质认定材料；审批部门完善标准，按要求开展现场审查）

十七、市密码管理局（4项）

（一）商用密码产品生产单位申请审核（取消申请材料“商用密码产品生产单位财务审计报告”，不再要求申请人提供财务审计报告）

（二）商用密码产品品种和型号申请审核（1.申请人可按要求自行编制商用密码产品例行试验和环境适应性报告，也可委托有关机构编制，审批部门不得以任何形式要求申请人必须委托特定中介机构提供服务；审批部门完善标准，按要求加强核查；2.取消申请材料“商用密码产品检测报告”，不再要求申请人提供商用密码产品检测报告，改由审批部门委托有关机构开展商用密码产品检测）

（三）密码产品和含有密码技术的设备进出口许可证申请审核（取消申请材料“商用密码出口型产品检测报告”，不再要求申请人提供商用密码出口型产品检测报告，改由审批部门委托有关机构开展商用密码出口型产品检测）

（四）电子认证服务使用密码许可证申请审核（1.取消申请材料“电子认证服务系统互联互通测试报告”，不再要求申请人提供电子认证服务系统互联互通测试报告，改由审批部门委托有关机构开展电子认证服务系统互联互通测试；2.取消申请材料“机房屏蔽效能检测报告”，不再要求申请人提供机房屏蔽效能检测报告，改由审批部门委托有关机构开展机房屏蔽效能检测）

十八、市无线电管理局（2项）

（一）无线电台（站）设置审批（申请人可按要求自行编制电磁环境测试报告，也可委托有关机构编制，审批部门不得以任何

形式要求申请人必须委托特定中介机构提供服务；保留审批部门现有的可行性研究报告技术评估、评审）

（二）建立卫星通信网和设置卫星地球站审批（申请人可按要求自行编制电磁环境测试报告，也可委托有关机构编制，审批部门不得以任何形式要求申请人必须委托特定中介机构提供服务；保留审批部门现有的可行性研究报告技术评估、评审）

十九、市气象局（4项）

（一）气象台站（除国家基准气候站、基本气象站）迁移审批（1.取消申请材料“新迁建气象站现址现状图、新址规划图”，不再要求申请人提供新迁建气象站现址现状图、新址规划图；审批部门完善标准，按要求开展现场核查；2.取消申请材料“气象台站迁建电磁环境测试报告”，不再要求申请人提供气象台站迁建电磁环境测试报告，改由审批部门委托有关机构开展气象台站拟迁新址电磁环境测试；3.取消申请材料“气象台站迁建地理位置测绘报告”，不再要求申请人提供气象台站迁建地理位置测绘报告，改由审批部门委托有关机构开展气象台站拟迁新址地理位置测绘）

（二）新建、扩建、改建建设工程避免危害气象探测环境审批（取消申请材料“新建、扩建、改建建设工程电磁环境测试报告”，不再要求申请人提供新建、扩建、改建建设工程电磁环境测试报告，改由审批部门委托有关机构开展新建、扩建、改建建设工程电磁环境测试）

（三）防雷装置设计审核（取消申请材料“新建、改建、扩建建（构）筑物防雷装置检测报告”，不再要求申请人提供新建、改建、扩建建（构）筑物防雷装置检测报告，改由审批部门委托有关机构开展新建、改建、扩建建（构）筑物防雷装置检测）

（四）防雷装置竣工验收（取消申请材料“新建、改建、扩建建（构）筑物防雷装置检测报告”，不再要求申请人提供新建、改建、扩建建（构）筑物防雷装置检测报告，改由审批部门委托有关机构开展新建、改建、扩建建（构）筑物防雷装置检测）

二十、市邮政管理局（1项）

仿印邮票图案及其制品审批（取消申请材料“仿印邮票图案及其制品的材质鉴定报告”，不再要求申请人提供仿印邮票图案及其制品的材质鉴定报告）

二十一、上海海事局（1项）

航运公司安全营运与防污染能力符合证明核发（取消申请材料“航运公司安全管理体系审核报告”，不再要求申请人提供安全管理体系审核报告；由海事管理机构直接承担审核工作）

崇明世界级生态岛发展“十三五”规划

沪府发〔2016〕102号（2016年12月16日）

崇明位于长江入海口，是世界上最大的河口冲积岛和中国第三大岛，占上海陆域面积近五分之一，是上海重要的生态屏障，对长三角、长江流域乃至全国的生态环境和生态安全具有重要的意义。2005年发布的《崇明三岛总体规划（崇明县区域总体规划）2005—2020年》，明确了崇明现代化综合生态岛的总体定位；2010年发布的《崇明生态岛建设纲要（2010—2020年）》，至今已完成两轮三年行动计划。2016年，经国务院批准，崇明撤县设区。在新的历史起点，为贯彻落实国家和上海“十三五”规划，以更高标准、更开阔视野、更高水平和质量推进崇明生态岛建设，特制订本规划。

一、“十三五”时期崇明世界级生态岛发展的基础和趋势

（一）发展基础

新世纪以来，市委、市政府坚持从全市大局出发，以战略眼光推进崇明生态岛建设，坚持三岛联动，积极探索生态发展新模式，生态立岛理念深入人心，生态岛的基础和轮廓基本形成，经济社会发展取得长足进步，国内外影响力不断上升，为未来发展奠定了坚实基础。

一是在全市生态格局中的重要性日益突出。在采取严格保护的背景下，崇明建设用地迄今占比仅为17.4%，本岛湿地与农田生态系统占比均超30%，为全市提供了约40%的生态资源和50%的生态服务功能。崇明环境质量明显优于全市平均水平，地表水主要水体水质稳定改善，青草沙水库成为全市最重要的饮用水水源地，全市达到功能区目标的河道80%在崇明。2015年空气质量（AQI）优良率达到75%左右，森林覆盖率达22.53%，稀有型滩涂和湿地得到有效保护，成为全市空气质量最优、绿地面积最广、生物多样性最为丰富的区域，获得联合国环境规划署高度评价。

二是生态基础设施框架初步形成。市、区两级政府持续加大生态型基础设施投入力度，“一库四厂”等城乡供水和污水处理设施、天然气管网、固体废弃物处置综合利用中心和危险废弃物焚烧处置系统等一批功能性项目基本建成。长兴岛启动开发以来，累计完成固定资产投资约600亿元，动迁安置房、国家一级渔港、郊野公园等项目逐步建成。长江隧桥顺利开通，崇启大桥建成通行，岛内道路网不断完善，出行条件得到显著改善。城乡发展格局不断优化，城桥、陈家镇、长兴三大重点城镇建设形态初显，乡镇空间形态和农村环境不断优化，传统农村风貌得到有效保护。

三是经济社会发展呈现新亮点。高效生态农业持续发展，占全市农业产值的比重接近20%，成为全市重要的“菜篮子”和绿色农副产品的主要供应基地。产业结构调整深入推进，“三高一低”企业关停并转持续深入，落后产能逐步淘汰，长兴岛海洋装备产业初具规模。生态旅游加速与农业、体育、文化等融合发展，2015年，全年接待游客480万人次。运动休闲、健康养老、文化创意、研发商务等新经济正在兴起。社会民生持续改善，教育、卫生、体育、文化等社会事业水平逐步提升，市级三甲医院与崇明中心医院、第二、第三医院合作全面展开，农村综合帮扶深入实施，社会保障水平明显提升。

（二）机遇与挑战

崇明生态岛发展的历史欠账正加速偿还，正逐步从生态保育修复阶段向生态文明阶段过渡。在世界绿色低碳发展大潮流下，崇明作为上海建设全球城市的重要组成部分，战略地位日益突出，发展路径日渐清晰。

一是生态文明建设成为国家战略，崇明战略地位更加突出。中央提出创新、协调、绿色、开放、共享五大发展理念，绿色、低碳、可持续发展成为时代主题。崇明地处长江生态廊道与沿海大通道交汇的重要节点，对长三角、长江流域乃至全国沿海地区的绿色发展都具有示范引领作用。崇明生态岛已具备生态文明建设的先发优势，进一步坚定生态岛道路自信、走生态立岛的道路更加明确。

二是上海全球城市建设加快推进，撤县设区提升发展质量和水平。上海全球城市能级持续提升，新的发展动能不断塑造，城乡一体化进程加速，撤县设区正式实施，将有利于崇明进一步融入全市发展大格局，理顺体制机制，推动资源整合，推动城乡公共服务均等化，提升基础设施建设和公共服务配套标准，更具条件建设世界级生态岛。

三是供给侧结构性改革需要更多优质供给，绿色经济成为崇明新的机遇。低碳生活成为市民新的追求，为崇明推进以生态为基础的绿色经济带来广阔空间，依靠现代科学技术和管理手段的进步，崇明具有更好的条件落实生态保护要求、优化绿色资源配置、促进自然资产稳步增值，使生态岛建设提能级、上水平，在更高的起点上提供更为优质的生态产品和服务。

但是，对照建设生态岛的要求，崇明发展也面临一些瓶颈和挑战：一是自然生态仍不够稳固，生态环境本底条件比较脆弱，环境质量容易受到气候变化等各种因素影响，特色和优势不够突出，相对于不断升级的生态需求，优质有效供给仍显不足。二是与生态岛相配套的软硬件支撑体系需要全面构筑。内外交通模式尚不清晰，综合交通等基础设施体系尚未建立；土地集约化程度不高，城镇规划建设水平相对滞后，村庄布局分散；公共服务和社会事业等方面还存在诸多短板。三是生态岛建设的思想认识仍须进一步深化提高，与生态岛建设相关的体制机制需要加快理顺，人才、管理等软环境水平亟待提高。四是促进生态优势向发展优势转化的路径需要加快探索，经济社会发展的内生动力和活力需要进一步增强，生态惠民的力度需要进一步加大。

二、“十三五”时期崇明世界级生态岛发展的指导思想、功能定位和主要指标

（一）指导思想

高举中国特色社会主义伟大旗帜，全面贯彻党的十八大和十八届三中、四中、五中、六中全会精神，以马克思列宁主义、毛泽东思想、邓小平理论、“三个代表”重要思想和科学发展观为指导，深入贯彻习近平总书记系列重要讲话精神，按照“四个全面”战略布局，践行创新、协调、绿色、开放、共享的发展理念，牢固坚持和落实“生态立岛”的原则，坚决不搞大开发，坚持“绿水青山就是金山银山”和“一张蓝图干到底”，保持战略定力、长远眼光、底线思维，坚持环境保护优先、厚植生态优势，以更高标准、更开阔眼界、更高质量建设生态岛，积极实施“生态 +”发展战略，增加生态资产，减少生态负债，发展生态经济，运用“中国智慧”促进生态自然优势与生态发展优势共同发展，走出一条生态文明发展的新路，为上海生态文明建设和迈向卓越的全球城市做出重要贡献。

（二）功能定位

崇明作为最为珍贵、不可替代、面向未来的生态战略空间，是上海重要的生态屏障和 21 世纪实现更高水平、更高质量绿色发展的重要示范基地，是长三角城市群和长江经济带生态环境大保护的标杆和典范，未来要努力建成具有国内外引领示范效应、社会力量多方位共同参与等开放性特征，具备生态环境和谐优美、资源集约节约利用、经济社会协调可持续发展等综合性特点的世界级生态岛。

（三）主要指标

到 2020 年，形成现代化生态岛基本框架。生态环境建设取得显著成效，水体、植被、土壤、大气等生态环境要素品质不断提升，森林覆盖率达到 30%，自然湿地保有率达到 43%，地表水环境功能区达标率力争达到 95% 左右，城镇污水处理率达到 95%，农村生活污水处理率达到 100%。生态人居更加和谐，常住人口规模控制在 70 万人左右，建设用地总量负增长，基础设施更加完善，

主要指标

序号	指标名称	单位	属性	2015 年现状	2020 年
1	森林覆盖率	%	约束性	22.53	30
2	自然湿地保有率	%	约束性	38.07	43
3	占全球种群数量 1%以上的水鸟物种数	种	预期性	7	10
4	地表水环境功能区达标率	%	约束性	78	95 左右
5	城镇污水处理率	%	约束性	85	95
6	农村生活污水处理率	%	预期性	16	100
7	生活垃圾资源回收利用率	%	预期性	28.8	80
8	环境空气质量优良率(以 AQI 表征)	%	约束性	74.8	78
9	常住人口规模	万人	约束性	69.6	70 左右
10	建设用地总量	平方公里	约束性	262	265（比原 268 的规划建设用地目标减少 3）
11	能源消耗总量年均增速	%	约束性	/	不高于 2
12	单位生产总值能源消耗降低率	%	约束性	/	17
13	可再生能源装机量	万千瓦	预期性	29	50
14	千兆网络覆盖率(城镇化地区)	%	预期性	/	100
15	绿色交通出行比重	%	预期性	76	80 以上
16	绿色食品认证率	%	预期性	27.5	90
17	居民人均可支配收入增长	%	预期性	/	比 2010 年翻一番以上

注：部分指标解释详见附录。

基本公共服务水平明显提高。生态发展水平明显提升，生态环境与农业、旅游、商贸、体育、文化、健康等产业融合发展，绿色食品认证率达到90%，居民人均可支配收入比2010年翻一番以上。

三、“十三五”时期崇明世界级生态岛发展的任务与举措

（一）优化生态功能空间布局

坚持“多规合一”理念，强化生态空间底线约束，统筹人口、土地、空间等资源要素，把生态理念与新型城镇化、城乡一体化发展要求相结合，促进生态空间水清地绿、生产空间集约高效、生活空间宜居适度，推动生态、生产和生活空间“三生”共赢融合发展。

1. 统筹三岛发展

崇明本岛是世界级生态岛建设的核心载体，要全面提高标准、水平和质量。长兴岛是上海建设高端绿色制造和具有全球影响力科技创新中心的重要基地，要贯彻生态要求，提高绿色发展能级，打造世界先进的海洋装备岛、生态水源岛和独具特色的景观旅游岛。横沙岛要加大保护力度，发展生态农业，引领绿色发展，成为崇明世界级生态岛的先行示范区。

2. 严格控制常住人口总量

按照全市对人口发展的要求，坚持控规模、优结构、调布局，提高人口管理和服务水平。严格控制人口规模，加强实有人口管理，完善以积分制为核心的公共服务政策，到2020年常住人口保持现有规模。优化人口结构，结合生态岛功能大力引进国内外高层次人才。有序调整人口布局，按照城乡规划布局，在充分尊重农民意愿的基础上，在城镇化地区优化选址，加大政策支持力度，鼓励引导农民集中居住。

3. 严格控制建设用地规模

严格控制建设用地规模，创新优化城乡建设用地增减挂钩制度。到2020年，全区规划建设用地总量实现负增长，建设用地总量控制在265平方公里以内。提高建设用地利用效率，创新出让方式，推进二次开发，完善全生命周期管理，探索实施复合利用。严守耕地保护红线，完善永久性基本农田保护机制。推进农村土地综合整治，提高非耕地类农用地利用效率。盘活农村土地资源，以镇村规划为依据，加强规划引导和规模管控，在保证原宅基地权利人不变的条件下，利用骨干路网节点周边的农村建设用地打造配套完善的生态社区。继续开展农村宅基地确权登记工作。争取在全市率先探索建立农村宅基地退出机制。

4. 强化生态底线管控

坚守生态红线，划定并分级管控生态红线，不断强化生态网络，优化生态空间格局。东滩鸟类国家级自然保护区的核心范围作为一类生态空间范围，禁止一切开发活动。东滩鸟类国家级自然保护区的非核心范围、长江口中华鲟自然保护区、东风西沙水库饮水水源一级保护区、青草沙水库饮水水源一级保护区、东平国家森林公园和国家级地质公园的核心范围、重要湿地等作为二类生态空间范围。一类和二类生态空间共252平方公里作为市级生态保护红线范围，实行最严格的管控措施。以崇明本岛水资源、森林资源密集区、自然保护区等生态区域为基础，建立复合型生态廊道，加强纵向联系。加强滩涂湿地保护，推进崇明东滩鸟类国家公园、长江口中华鲟自然保护区建设，打造鸟类天然博物馆和候鸟天堂，有力保障生态安全和生物多样性。有序推进横沙促淤围垦，加大对长江口无人居住岛的管理。

5. 促进城镇集约紧凑发展

完善崇明三岛总体规划，加快推进新市镇总体规划暨土地利用总体规划，引导生态城镇建设。优化崇明本岛的空间布局，加快形成“一环两心多组团”的格局，将陈家镇和东滩地区打造成与世界级生态岛相匹配的生态城镇建设标杆，坚持国际化、高端化，

体现绿色、节能、环保建设标准，成为以生态居住、休闲运动、智慧创新为主导的海岛花园城镇；城桥核心镇形成相对独立的门户型节点城市功能，按照不低于中等城市标准，进行设施建设和服务配置，成为三岛的政治、经济、文化中心和水上门户，以及生态宜居的现代化田园滨水生态城区；建设若干具有风貌和产业特色，交通便捷、公共服务齐全、空间尺度宜人的特色小镇。长兴镇全面提升城镇化质量，突出特色产业功能，发展海洋、海洋装备及配套、智能制造等产业，强化对区域的带动能力。

6. 引导乡村和农场特色发展

综合考虑区位条件和资源禀赋，引导乡村和国有农场进行差异化、特色化发展。转换优化城乡用地，逐步转化城镇周边地区以及郊野地区日趋消亡的自然村，推动人口及用地逐步向城镇集中。选择有发展动力的地区或有资源本底条件、相对集中分布地区的村庄或农场，引导培育成为具有文化内涵的特色乡村。选择若干自然村有效整合农宅、农地、农业资源，保留传统乡村原汁原味，促进更新发展，逐渐引导建设成为美丽乡村。放大区企合作优势，打造产业先进、环境优美、生活优越的生态殷实农场和生态农业公园。运用国际先进理念，建设若干小尺度、紧凑型、功能复合、配套完善的新型生态社区。

（二）提升生态环境品质

进一步厚植生态优势，促进水、林、土、气等环境综合整治，以更高标准持续推进环境保护和生态建设，打造更具竞争力的高品质生态环境。

1. 有效提升水环境质量

以源头截污为根本，末端治理和过程管控相结合，持续推进全域水质净化，到2020年基本实现全域达到水环境功能区的水质控制标准，实现出水断面水质不劣于进水断面。严格青草沙等饮用水水源保护，完成饮用水水源二级保护区内产业结构调整。加快污水收集管网、处理厂及污泥处理设施建设，全面完成城镇化地区直排污染源截污纳管。加强面源污染防治，全面推进农村生活污水治理，农村生活污水做到100%全处理、全覆盖。加快河道综合整治，重点推进镇村级和国有农场的河道轮疏、生态治理、岸边整治。加强水系沟通和水岸改造，打通断头河，增加滨水公共活动空间，提高水系的动力和活力。研究利用青草沙换排水改善长兴岛水环境，进一步加强长兴岛截污纳管，提升改善横沙岛供排水和水利设施。强化区域生态环境共建共享，着力加强长江口水体水质监测评价和协同治理，突出海洋生态环境保护。

2. 持续推进绿化林地建设

围绕塑景成带、廊道串景，建设全域风景，更好发挥崇明生态空间的功能和价值。优化公共绿地布局体系，合理规划建设公园、公共绿地和绿色休闲空间。推进环岛生态景观大堤、长兴岛及本岛郊野公园建设，有序增加绿地林地总量，提高建设标准和质量，完善长效管理机制。加快对适应海岛地理环境的树种研究，丰富生态岛树种，维护植物多样性。结合河道、公路、村庄、特色小镇及农场的要素分布，持续推进生态廊道建设，发挥放大东平森林公园等核心景区对风貌带的带动作用。结合生态要求和产业发展，打造“海上花岛”，建设花田、花溪、景观廊道，塑造点线面相结合的花岛大地景观。

3. 大力加强环境综合整治

坚持以人为本、防治结合、标本兼治、综合施策，建立以改善环境质量为目标，以防控生态风险为底线的环境管理体系，大力推进环境综合整治。深入推进大气污染防治和节能减排，巩固分散燃煤、集中供热锅炉清洁能源替代成果，推进燃气和燃油锅炉低氮改造，禁止新建燃煤设施。加大挥发性有机物污染治理力度，持续深化扬尘、餐饮、汽修、农业等面源污染治理。按照绿色农业要求，加大耕地保护和土壤污染治理力度，实施土壤生态修复示范工程，有序推进生态复垦。加强耕地环境质量监测和风险评估。大力降低化肥和农药使用量，提高耕地土壤质量，农用地土壤全部实现安全利用。按照养殖业布局规划严格控制畜禽养殖总量，全面实现规范养殖，全面实现规模化畜禽牧场粪尿资源化利用和达标排放。大力加强长兴岛环境监管执法力度，强化船舶污染防治和排放管控，研究推进危险废弃物收集转运和减量化处置。

4. 积极发展循环经济

按照“减量化、再利用、资源化”的原则，加强生活垃圾分类收集、运输、处置，加快建立循环经济体系，实现各类资源高效循环利用。持续推进集中城市化地区的生活垃圾减量化、资源化和无害化处置，基本实现分散地区生活垃圾全部分类和分布式处理。加大建筑混凝土、废弃食用油脂等废弃物的资源化利用和处置监管力度，启用固体废弃物和危险废弃物两大焚烧处置系统。加强农业废弃物综合处理，建立秸秆收集系统，推进综合利用模式。开展循环经济示范性工程建设，推广循环经济典型模式，促进生产和生活系统的循环链接，构建覆盖全社会的资源循环利用体系。大力发展循环农业。

（三）提高生态人居水平

按照生态理念，超前谋划、管理引领、弹性适应覆盖农场等全域范围的基础设施和基本公共服务体系，提高建设标准和服务能力，提升社会事业发展水平，构建绿色生产生活方式，打造更具魅力的生态人居环境。

1. 加强风貌管控

按照充分体现中国元素、江南韵味、海岛特色的要求，调整完善控制性详细规划，加强城市设计，全域严格控制高层建筑，崇明岛新建建筑高度原则控制在18米以下，注重建筑空间的梯度和层次，促进建筑高度、密度、形态、色彩等形成和谐多元的整体风貌。提高规划的科学性和执行规划的严肃性，完善更加详细的规划导则，建立严格有效的管控体系。建立规划建设专家委员会，研究设立总规划师、总建筑师、总工程师、总景观师等，形成权责对等的负责制。

2. 打造绿色建筑

按照国际生态建设最新理念，结合江南海岛特色，加强适用技术、工艺、材料等应用集聚。制定生态绿色建筑导则，加强对既有建筑的绿色节能改造，提高建筑节能水平。大力发展绿色建筑，新建民用建筑全部按照绿色建筑一星级及以上标准建设。符合条件的新建建筑100%采用预制装配式技术，推广全装修住宅。支持海绵城市建设和低影响开发应用，推进绿色基础设施建设和低影响开发技术使用。

3. 发展绿色交通

按照生态交通、外畅内优的导向，结合绿色交通要求全面提升综合交通体系整体功能。

改善对外交道条件。建设轨道交通崇明线，增添具有鲜明特点的旅游景观元素，实现通勤和景观体验相结合的复合功能。深入开展沪崇西复合通道前期研究，加强与市区及江苏南通等地的交通联系。

优化提升内部交通组织能力。结合全岛路网规划，加快北沿公路、建设公路、港东公路等骨干道路建设与改造，推进崇明生态大道（含地下综合管廊）等新建和改造，提升岛内重点片区之间的系统连通度，优化崇明本岛南部城镇的交通联系，消除东西向道路瓶颈，提升农村公路等级。在道路规划、建设、养护全寿命各环节，进一步强化道路与生态的功能整合。优先发展公共交通，研究推进连接重点城镇的中运量公交系统，依托陈家镇、城桥等市、区级交通枢纽，优化调整区内公交线网，形成城乡一体化公交网络，提升公共交通出行比例。优化三岛水上交通格局，提升水上客运交通功能，优化南部滨江码头功能，研究优化长兴—横沙交通条件，发挥好水上客运交通缓解节假日交通拥堵的作用。适时优化长江隧桥收费政策，鼓励公共交通和新能源车辆出行。研究推进城市公共服务和应急保障类通用航空设施建设，预留发展空间。

大力发展低碳交通。加快新能源汽车推广应用，推进充电站点和充电桩建设，力争新能源公交车比重达到100%，实现横沙岛全绿色交通出行。倡导慢行交通和低碳出行，积极发展电动汽车分时租赁，推行多元化公共自行车租赁服务，逐步形成功能清晰的非机动车通道网络。建设500公里生态绿道、自行车绿道，探索设立低碳出行引导区。推动智能网联汽车、无人驾驶汽车等新技术在崇明率先应用。

4. 完善绿色能源

大力发展天然气、风电、光伏等清洁能源，可再生能源装机量达到50万千瓦，构建绿色、低碳的能源开发利用体系。加快崇明天然气输配管网建设，结合重点区域和工程开发，开展分布式供能项目布局，不断扩大天然气使用覆盖率。实施新一轮农村电网改造，提高全区电网可靠性和对新能源的消纳能力。通过技术、模式和体制机制创新，打造新能源综合示范基地。稳步推进崇明陆上风电开发，开展横沙“风电田”试点，推广屋顶分布式光伏项目，积极探索风光储一体、农光互补、智能微网和能源互联网的集成示范。结合大气污染防治和有机固废综合处理，积极探索生物质能利用。支持探索建设横沙零碳岛。

5. 建设智慧崇明

发挥国际海底光缆登陆点优势，建设高速移动安全的新一代信息基础设施。到2020年，城镇化地区实现千兆网络全覆盖，崇明全区实现光网全覆盖。发展物联网技术和应用。加强崇明各类基础设施的智能化改造，推进健康、教育、文化、出行、政务、农业、体育、旅游等领域的智慧应用，开发数字内容产品服务，建设智慧社区、智慧生态圈。推进数据资源开放共享和社会化开发应用。

6. 提高社会事业发展水平

构建基本公共服务设施体系。依据服务人口数量和结构，构建城镇生活圈，做实基本管理单元，分级分类动态配置公共文化、教育、医疗、体育、养老等公共服务设施。在城镇集聚区打造集就业、生活、服务于一体的高能级公共服务全覆盖生活圈，规划依托城桥地区和陈家镇镇区，设置一级服务中心。依托其余新市镇镇区配置二级服务中心。在中小集镇打造社区级基本公共服务全覆盖生活圈，依托集镇配置三级服务中心，同时兼顾对村庄的服务延伸。

提供优质普惠的公共服务。推进城乡基本公共服务均等化，建立城乡统一的基本公共服务清单，加大财政保障支持力度。全面提升三岛医疗卫生服务水平，推进医疗机构集团化发展，共享市级优质医疗资源，整合区内医疗卫生资源，推进基层医疗机构补点、改造和功能建设，加快本土化订单定向免费培养乡村社区医生。加大对崇明义务教育转移支付力度，通过设立分校、合作办学、委托管理等方式，推进优质教育资源辐射崇明，引进国内外高水平大学，支持本市高等教育布局结构调整。应对人口老龄化趋势，加快构建多元化的养老服务体系。提升公共文化体育活动的内涵品质，发挥现有公共设施功能作用，加快高品质项目建设。加快建立城乡统筹的社会保障体系和城乡一体的就业促进机制，多渠道增加就业，统筹做好社会保障、社会救助、残疾人服务等工作。

（四）提升生态发展能级

以“创造需求、引领消费、提升服务”为导向，重点聚焦生态农业、海洋经济、旅游健康、科技创新等领域，实施“生态+”发展战略，加快构建更具活力的生态发展格局。

1. 打造生态农业高地

注重农业标准化、产业化、组织化、品牌化、科技化发展，提升生态农业现代化发展水平，农业资源利用率达到世界领先水平。优化农业产业结构，实现低碳农业可持续发展和绿色食品全域覆盖，加快形成以粮食作物和经济作物为主、特色禽畜和水产养殖兼顾的农产品体系，完善以育种研发、作物生产、加工销售、体验休闲为核心的全系列农业产业链，打造国内外知名的绿色优质特色农副产品生产和供应基地。发挥崇明生态农业科技创新中心作用，大力发展农业科创产业，加快发展科技育种，建设有全国影响力的农业科技创新示范基地，打造生态农业科技的制高点。深化农业经营体制改革，引进和培育新型农业经营主体，着力构建现代生态农业产业体系、生产体系和经营体系。促进崇明绿色消费与绿色农产品市场培育，完善绿色农产品流通与销售环节。打造前哨等若干具有国际先进水平的农业基地，培育现代农业的新型产业形态和消费业态，积极开发农、林、牧、渔等多领域功能，促进三次产业融合发展。引入国际花卉博览会与全球花卉交易中心，结合农业产业结构调整建立花卉研发和产业基地，丰富花展、花市、花村、花艺等花卉相关产业载体。以横沙国际渔港口岸和码头建设为依托，大力发展农副产品和海产品保税加工、保税物流、保税交易等功能。发挥光明集团、上实集团等龙头企业带动作用，重点培育一批具有全国影响力的农业生产基地和农产品品牌，提升农业附加价值。

2. 推动高端绿色制造升级

紧紧围绕“中国制造 2025”战略，融入海洋经济发展大局，依托长兴海洋科技港，引导船海产业高端制造、研发设计及生产性服务类企业集聚发展，成为上海建设我国海工装备制造业创新中心的重要载体。推动长兴海洋装备基地由制造向智造转型，推广智能化生产线和绿色造船技术，提高全员劳动生产率，提高土地利用效率，改善船海企业用工结构，降低污染排放，推进工业化、城市化、生态化与海洋文化融合发展。推进海洋装备产业升级发展，拓展和延伸海洋装备产业链，打造世界先进的集总装集成、系统模块、核心配套、生产服务等于一体的全要素产业基地。树立全市最高的绿色发展门槛，优化产业准入负面清单，进一步引导崇明本岛产业向产业园区集中，发展符合生态环保要求的生产性服务业，成为绿色经济的示范区域。

3. 提升现代服务业功能品质

按照建设国家5A级景区的理念及标准，加快推进全域景区、景观建设，推动旅游供给从风景和产品向环境与服务全链条拓展，加强会商旅文体联动，打造“多旅融合”的大旅游格局。优化生态休闲旅游区域布局，培育静谧西沙、活力东平、闲趣北湖、雅致东滩、风情前哨、多彩长兴、原味横沙等若干特色旅游空间，打造上海主要生态休闲地、国家全域旅游示范区和国家长江口生态旅游基地。全面提升旅游发展要素质量，进一步优化三岛旅游服务功能，不断完善体验式旅游综合服务与配套，提高旅游全过程的质量感受度和满意度。优化整合体育产业资源布局，大力发展自行车、路跑、足球、水上运动、房车露营等户外健身休闲项目，建设崇明足球区，提升崇明自行车等赛事的国际影响力和效益，打造国内外知名的崇明户外运动休闲品牌。优化健康服务业发展布局，积极开发多层次、多样化的健康服务产品。

4. 繁荣发展创新经济

着力构建文化创意为先导、数据网络为核心、未来产业为方向的创新产业体系，努力成为上海具有全球影响力的科技创新中心建设的重要组成部分、国际环境科学交流基地和世界生态研究的重要载体。注重与崇明乡土文化、农垦文化结合，以乡村、民宿和农场等为载体，积极发展艺术创作、文化创意、影视传媒等产业。培育数据产业，结合国际海底光缆登陆站，优先发展数据处理、软件研发等创客经济，加快数据产业园建设和创客小镇建设。面向智慧经济，发展研发设计、信息技术、知识产权、供应链管理、服务外包等生产性服务业，实施“互联网+”计划，培育融合绿色、环保于一体的分享经济业态。预留金融基金、移动办公、基因工程、离岛自贸等新型创新业态的发展空间。

四、“十三五”时期崇明世界级生态岛发展的保障措施

主动转变传统定式思维和习惯性做法，强化规划的战略引领作用，针对崇明特点加快调整和创新财政、投资、环保、统计、监督和考核等各项政策，加强体制机制和法治保障，鼓励各方力量参与，形成全市上下推动崇明世界级生态岛建设的强大合力。

（一）强化推进落实

深化完善实施机制。举全市之力推进崇明生态岛建设。强化崇明生态岛建设推进工作领导小组的领导功能。加快制订并滚动实施崇明生态岛建设三年行动计划，加大各项政策支持力度。分解落实年度工作任务，并将其纳入市政府年度重点工作和目标管理。充分发挥高能级生态保护和建设主体作用，提升生态岛建设水平。

加强监测评估和修编。率先研究建立绿色经济的统计、监测和考核制度，动态完善崇明生态岛经济社会发展指标体系。开展规划目标和重点任务的跟踪监测、中期评估和五年滚动修编。结合年度计划和政府目标管理，优化调整指标考核和重点任务。创新规划监测评估方法，鼓励公众参与规划效果评估，利用信息化手段跟踪分析规划实施情况。

（二）加强资金保障

强化市区财政和投资支撑。加大市对崇明的财政支持力度，加强市对区均衡性转移支付，创新生态补偿转移支付办法，加强转移支付资金的使用管理，提高转移支付资金的使用效益。优化对惠及全市乃至长三角的重大生态项目、重大基础设施建设等的资金支持政策，改革完善崇明生态岛重大项目投资建设机制。崇明区进一步优化财政支出结构，加大对生态岛建设和社会事业发展的投入力度，加强对镇村等基层的财力保障。

创新投融资方式。开拓多元化投融资渠道，引入政策性金融机构。对符合条件的项目，推广使用政府与社会资本合作的PPP模式。加强与国际金融组织合作，推进金融支持节能减排和绿色贷款的示范项目。

（三）率先制度创新

率先完善生态环境治理机制。建立生态信用体系，推进生态文明建设与“三农”信用体系相结合，围绕绿色信贷联盟企业、涉农经营单位、农业人口三个系统，构建生态信用体系。优化生态环保类信息收集和评价标准，研究制定与信用体系建设相配套的财政支持政策，建立“守信激励、失信惩戒”的支农惠农机制。完善生态环境预警监测评估机制，系统监测水、大气、噪声、土壤和生态环境，提高监测能力和数据分析能力，及时评估发布环境监测信息，接受社会监督。加快推行节能领域市场化，鼓励参与碳汇市场交易，发展排污权交易市场，促进形成政府引导、市场运作、社会参与的市场化机制。推进环境污染第三方治理，形成统一开放、竞争有序、诚信规范的第三方治理市场机制。

率先推进生态文明体制改革。以产权制度为核心，强化用途管控，加强使用监督和责任追究。探索自然资源资产产权制度，以编制和实施自然资源资产负债表制度为抓手，对水、耕地、森林、滩涂、湿地、海域等自然生态空间进行统一确权登记，建立归属清晰、权责明确、监管有效的自然资源资产产权制度。加强对自然资源的空间开发管控，明确各类土地利用空间的开发、利用、保护边界，建立自然资源资产用途管制制度。

探索生态环境损害责任终身追究制，优化完善区域内各级党政领导班子生态文明考核评价内容和体系。探索领导干部自然资源资产离任审计制度，定期评估自然资源的实物量及其变化情况，对任期内环境质量明显恶化、造成重大生态环境事故的领导干部实施终身追责。研究崇明以主体功能区规划为基础，统筹各类空间性规划，探索开展“多规合一”试点。

率先加强生态文明法治建设。坚持以更完善的法规制度、更高的标准体系推进生态文明建设。加强世界级生态岛环境保护和生态建设的立法工作，完善相关地方性法规和规章，适时研究制定保障生态岛建设的规章。参照国际先进水平，完善地方环境标准体系，在崇明实行更高的环境保护和生态建设标准，完善提升能耗、水耗、地耗、污染物排放、环境质量等方面的标准，实施能效和排污强度“领跑者”制度。实施最严格的环境执法，做到违法必究，强化联合联动综合执法，探索环境监测监察执法垂直管理，推进行政执法和刑事司法相衔接。

（四）健全人才支撑

创新人才引进政策。实施更开放的人才政策和更灵活的管理制度，打造更优越的人才发展环境。聚焦农业、旅游、科技创新、教育、体育、文化创意、医疗卫生等生态建设重点产业和重点领域，引进世界生态岛建设所需的各类优秀人才。支持以战略科学家、卓越工程师、能工巧匠为代表的科技高层次人才和高校、科研院所科研人员到崇明创新创业，促进科研项目和成果转化，提高科研实力和就业水平。逐步提升人才国际化水平。

完善人才开发培养机制。坚持服务发展的人才开发培养导向，加快经济社会发展重点领域紧缺急需专门人才培养。建立健全人才源头培养工作机制，重点在教育、卫生、农业、旅游、体育等行业加大定向招生、定向培养力度。支持崇明与国内外高校合作办学，建立企业与高校、科研机构合作培养机制，加快发展职业技术教育。推进城乡人才一体化发展，研究制定城区与郊区人才交流政策，通过带教培训、挂职锻炼等形式促进崇明人才素质能力提升，形成城乡人才融合发展的良好局面。

优化人才综合发展环境。以生活居住、创新创业为重点，为各类人才打造宜居宜业的发展环境。完善人才住房保障，鼓励人才集聚的大型企事业单位和产业园区利用自用存量建设用地建设单位租赁房，鼓励用人单位实施人才住房资助计划。鼓励具备条件的医院改善就医环境，提高人才医疗服务的能级和水平。创造条件为优秀人才子女就读提供便利。加大文化开放力度，改进人才文化生活环境，提升包容性，吸引高水平的文化组织入驻崇明，打造具有品牌影响力的文化节庆活动。

（五）促进共同参与

提升三岛联动水平。着力推进三岛在公共设施、居民就业、休闲服务、文化交流、产业、人才等领域优化资源配置，实现资源共享和联动发展。围绕生态岛建设，发挥好中央和本市在崇明各类企事业单位、机构组织等的主体作用，落实生态保护和建设责任，鼓励上实、光明等大企业、大集团积极发挥作用，构建深度融合的合作体系，实现互利共赢、协同发展。

促进区域一体化发展。提升与北部江苏南通的协调联动水平，加强与海门海永镇、启东启隆镇的生态岛建设协同，共同构建长江口战略协同区。提升与南部浦东、宝山的区区合作层次，推进交通基础设施互联互通，开展产业和园区合作，探索合建产业园、股权投资、品牌输出等园区合作新模式。加强与自由贸易试验区的功能对接，复制推广制度创新成果。

吸引各方力量参与。以全球视野加快推进生态岛建设，做好崇明世界级生态岛形象的整体推介，提高国内外影响力。充分发挥联合国环境规划署等各类国际组织的平台作用，建设联合国环境规划署绿色城市南南技术中心，深化与联合国人居署交流合作。建成国家生态文明先行示范区，积极参与、主动服务国家战略，争取国家生态文明相关重大政策、重大项目落户崇明。吸引国内外相关科研机构、院校、企业、智库和非政府组织（NGO）的积极参与和落户，扩大国内外合作网络。加强舆论宣传，增强市民认同感和感受度，鼓励和引导市场主体和社会公众积极参与，凝聚全社会力量建设崇明世界级生态岛。

附录

部分指标解释

1. 自然湿地保有率

指 -5 米等深线以上的滩涂湿地面积。自然湿地保有率是指自然湿地（特指河口滩涂湿地）占岛域面积的百分比，岛域面积为崇明岛陆域面积与周缘湿地之和。

2. 占全球种群数量 1% 以上的水鸟物种数

指栖息在崇明生态岛的水禽物种或亚种的某一种群占全球种群达到1%的物种数量，以生态岛各相关观察点年内实际观测到有一次的水鸟类种群数作为数据。

3. 地表水环境功能区达标率

指岛域内地表水水质达到《地表水环境质量标准》（GB3838-2002）中相应标准的百分比。地表水监测断面包括《崇明区水污染防治目标责任书》中列出的 26 个考核断面以及 6 个村镇级河道监测断面。计算方法：年均值达到相应标准的监测断面数（个）/ 所有监测断面数（个）×100%。

4. 城镇污水处理率

指城镇建成区内经过污水处理厂（站）处理且达到排放标准的污水量与污水排放总量的百分比。城镇污水处理率 = 城镇污水处理量 / 城镇污水排放量 ×100%。

5. 农村生活污水处理率

农村生活污水处理包括纳管进城镇污水处理厂处理、组团式集中生化处理和就地分散经标准化粪池处理等多种处理方式。

6. 生活垃圾资源回收利用率

指生活垃圾再生资源回收和资源化利用量占产生总量的百分比。包括有机垃圾资源化利用、焚烧再利用、资源回收利用。

7. 环境空气质量优良率（以 AQI 表征）

指 AQI 小于等于 100 的天数占全年天数的比例。

8. 可再生能源装机量

可再生能源是指从自然界获取的、可以再生的能源，主要包括风能、太阳能、水能、生物质能、地热能和海洋能等非化石能源。

上海市应急抢险救灾工程建设管理办法

沪府办发〔2016〕56 号（2016 年 12 月 14 日）

第一条（目的）

为进一步完善本市抢险救灾机制，规范本市抢险救灾工程项目建设管理程序，根据《中华人民共和国突发事件应对法》《中华人民共和国招标投标法》《中华人民共和国招标投标法实施条例》《上海市实施〈中华人民共和国突发事件应对法〉办法》等法律法规，制定本办法。

第二条（适用范围）

本市应急抢险救灾工程的认定、建设及其监督管理活动，适用本办法。

第三条（定义）

本办法所称的应急抢险救灾工程，是指本市行政区域内因突发事件引发，存在重大安全隐患，可能造成或者已经造成严重危害，必须立即采取紧急措施的建设工程。

第四条（工程范围）

本办法所称的应急抢险救灾工程，主要包括以下建设工程：

（一）自然灾害和其他不可抗力因素引起的水土保持、环境保护及绿化、火灾等的抢险修复工程；

（二）防汛、排涝等水务设施的抢险加固工程；

（三）崩塌、地面塌陷、地面沉降等地质灾害抢险治理工程；

（四）道路、桥梁、轨道交通等交通设施抢通、保通、修复、临时处置及技术评估等工程；

（五）房屋建筑和市政、环卫等公共设施的抢险修复工程；

（六）应对易燃易爆等危化类物品而必须采取的工程类措施项目；

（七）由市、区行业主管部门提出，报经同级政府决定的其他应急抢险救灾工程。

第五条（认定条件）

应急抢险救灾工程必须满足以下条件之一：

（一）因自然灾害、事故灾难、公共卫生事件和社会安全事件等突发事件引起；

（二）需立即采取措施，不采取紧急措施排除险（灾）情可能给社会公共利益或者人民生命财产造成较大损失或者巨大社会影响的。

第六条（管理原则）

应急抢险救灾工程管理，遵循“分类管理、分级负责、规范有序、注重效率、公开透明”的原则。

第七条（管理职责）

本市发展改革、住房城乡建设管理、交通、水务、海洋、绿化、民防、安全监管、应急等部门根据各自职责，负责对应急抢险救灾工程的监管，搞好工程合同管理、工程进度、安全质量等方面的监督检查。

财政部门负责应急抢险救灾工程资金使用情况的日常监管，审计部门负责应急抢险救灾工程资金管理使用情况的审计监督，监察部门负责对与应急抢险救灾工程管理有关监察对象的监察。

各区政府应当加强对区域内应急抢险救灾工程管理工作的领导，完善审批程序，细化认定标准，依法组织实施。

第八条（认定分工）

应急抢险救灾工程按照以下分工认定：

（一）根据应急抢险救灾工作需要，按照市级专项应急预案，设立应急抢险指挥机构的，由该应急抢险指挥机构认定；

（二）使用市级财政性资金或者跨区的应急抢险救灾工程，未设立应急抢险指挥机构的，由相关市级行业主管部门组织认定；

（三）除上述情形外，在本行政区域内发生的应急抢险救灾工程，由工程所在区政府认定。

第九条（专家评审委员会和联席会议制度）

负责认定应急抢险救灾工程的应急抢险指挥机构、市级行业主管部门和区政府（以下统称“项目主管部门”）应当根据本行业、本区域实际情况，牵头建立应急抢险救灾工程专家评审委员会和联席会议制度。

应急抢险救灾工程专家评审委员会（以下简称“专家评审委员会”）由项目主管部门牵头组建，聘请本行业具有较高理论水平、技术能力、丰富实践经验的资深专业人士担任评审专家，负责开展应急抢险救灾工程的论证、评估工作。项目主管部门也可委托有资质的第三方专业机构，承担专家评审委员会的相关职责。

应急抢险救灾工程联席会议由项目主管部门牵头组织召集，发展改革、财政、住房城乡建设管理、安全监管、应急等综合管理部门以及其他相关职能部门为成员单位，协调解决应急抢险救灾工程推进过程中相关的问题。

第十条（认定程序）

项目主管部门按照应急抢险救灾工程的不同类型，根据以下程序进行认定：

（一）对已经造成严重危害，必须立即采取紧急措施的建设工程，由项目主管部门牵头召开紧急联席会议，经会议审议通过后认定。项目主管部门可根据需要，组织专家评审委员会对项目推进实施情况开展后评估；

（二）对可能造成严重危害，如不采取紧急措施可能会存在重大风险隐患的建设工程，由专家评审委员会对于工程的风险隐患紧急程度进行评估，评估报告提交联席会议审议通过后认定。

前款第（二）项所称的可能造成严重危害，必须立即采取紧急措施的建设工程，不包括具有可预见性、符合招投标条件且在可预见严重危害发生前，能够按照正常程序完成招投标的建设工程。

经专家评审委员会和联席会议认定为抢险救灾工程的，项目主管部门应当将认定结果及说明报送市应急办备案。

第十一条（简化审批流程）

依照本办法认定的应急抢险救灾工程，依法须办理的各项审批手续，本市各有关管理部门应当在职权范围内，对项目的立项、规划、用地、施工许可等相关行政审批程序予以简化。如不采取措施将发生严重危害，需要立即开工的应急抢险救灾工程建设项目，可以在开工后完善相关手续。

第十二条（直接发包）

应急抢险救灾工程符合招投标有关法律法规的，可不进行招投标，直接确定承包单位。依法不进行招标的，负责认定应急抢险救灾工程的应急抢险指挥机构或者市级行业主管部门应当将认定意见书面报送同级建设行政主管部门，并抄送同级财政、审计、监察等部门备案。

第十三条（建立队伍储备库）

项目主管部门应当建立相应的应急抢险救灾工程队伍储备库（以下简称“储备库”）。储备库包括应急抢险救灾工程的检测鉴定、勘察、设计、监理、施工等单位。储备库中每种类型的队伍数量一般不少于3家，通过预选招标方式确定。储备库名单应当向社会公开，实行动态管理。

第十四条（确定应急抢险队伍）

政府投资的应急抢险救灾工程根据分类、分级管理的原则，由项目主管部门从储备库中通过比选或者随机抽选，确定具备相应资质和能力的承包单位。因工程特殊，在储备库中无适合资质和能力要求的，可从储备库以外通过比选确定承包单位。

社会资金投资的应急抢险救灾工程，由项目建设单位从储备库中或者储备库外自行选取具备相应资质和能力的承包单位。

第十五条（合同管理）

应急抢险救灾工程实施前，应当先签订合同，确因情况紧急未签订合同的，应当自工程实施之日起10个工作日内补签合同，明确承包单位、工程费用或者计价方式、验收标准、工期、质量安全保证责任等内容。

市级行业主管部门应当根据工程类别，编制相应的咨询服务合同或者承包合同的示范文本。

第十六条（严格认定管理）

各区、各有关部门和单位要严格应急抢险救灾工程的认定管理，不得擅自扩大认定范围和条件。对违规认定应急抢险救灾工程和险（灾）情发生后不及时组织实施的责任单位和责任人，按照相关规定追究责任。

第十七条（资金管理）

应急抢险救灾工程所需财政承担的经费，按照现行事权、财权划分的原则，分级负担。

应急抢险救灾工程实行项目审价审计制度。行业主管部门应当按照政府采购的规定，确定项目审价审计单位；社会投资的应急抢险救灾工程，建设单位自行确定审价审计单位。

政府投资的应急抢险救灾工程，实行国库集中支付。工程款支付超过估算价的，财政部门根据审价部门出具的结算报告，予以支付超额部分。

第十八条（参建各方责任）

应急抢险救灾工程的建设单位应当做好工程建设的日常管理，确保工程质量。

应急抢险救灾工程的参建各方应当按照建设工程法律法规规章的要求，做好工程建设的各项组织实施工作，确保应急抢险工程的安全和质量。

第十九条（依法追责）

有关部门、单位的工作人员在应急抢险工程实施过程中有滥用职权、徇私舞弊、玩忽职守行为的，依法进行问责；构成犯罪的，移送司法机关依法追究刑事责任。

第二十条（实施日期）

本办法自2017年1月1日起实施，有效期至2021年12月31日。

关于本市进一步加强对涉烟非法经营行为综合治理的实施意见

沪府办发〔2016〕57号（2016年12月13日）

为了维护国家利益和消费者合法权益，依法严厉打击涉烟非法经营行为，根据《中华人民共和国烟草专卖法》等法律法规，结合实际，现就进一步加强本市涉烟非法经营行为综合治理（以下简称“综合治理”）提出如下实施意见：

一、明确目标和要求

（一）目标。依法坚决制止非法生产、销售卷烟的行为，依法严厉打击制售假冒商标卷烟的活动，落实国家烟草专卖制度，维护上海卷烟市场的正常秩序。

（二）要求。采取“条块结合、以块为主”的方法，由各区、县政府对辖区的综合治理工作负责，组织开展打击涉烟非法经营行为专项行动，积极推行长效监管措施，确保综合治理取得实效。落实综合治理责任制，由各区、县政府明确一名负责人，负责综合治理的组织协调。

二、明确各有关部门责任分工

（一）对无烟草专卖品准运证运输烟草专卖品，无烟草专卖批发许可证批发烟草专卖品，销售非法生产的烟草专卖品，取得烟草专卖零售许可证未在当地烟草专卖批发企业进货等违反《中华人民共和国烟草专卖法》及其他相关法律法规的，由烟草专卖部门依法查处。

（二）对涉烟非法经营行为人涉嫌犯罪的，由公安部门及时移送相关司法机关依法追究刑事责任。

（三）对侵犯注册商标专用权，非法印制和销售烟草制品商标标识，在卷烟、雪茄烟、有包装烟丝商品上使用未注册商标，在固定场所内无烟草专卖零售许可证经营烟草制品零售业务的，由工商部门依法查处。

（四）对本市卷烟生产企业伪造卷烟产地，伪造或者冒用他人厂名厂址，在生产过程中掺杂、掺假、以假充真、以次充好的，由质量技监部门依法查处。

（五）对在本市陆上道口、公路、机场、

延长《关于推进本市房屋土地征收中企事业单位房屋补偿工作的若干意见》有效期的通知

沪府办发〔2016〕61号（2016年12月27日）

各区、县人民政府，市政府各委、办、局：

2014年2月市政府办公厅转发的《关于推进本市房屋土地征收中企事业单位房屋补偿工作的若干意见》（沪府办发〔2014〕13号），经评估需继续实施，有效期延长至2021年12月31日。

特此通知。

码头、汽车货运站、停车场等处和物流运输环节发现挟运假冒卷烟的，由交通部门及时移送烟草专卖部门依法查处。

（六）对擅自占用道路非法经营卷烟的，由城管执法部门及乡、镇人民政府依法进行行政处罚，并依法将扣押的非法卷烟移送烟草专卖部门处理。

（七）对查获的假冒卷烟商标和假冒商标卷烟，送交烟草专卖部门统一处理。

各有关部门要坚持依法行政，各司其职，加强配合，对涉烟制假窝点、售假团伙实施重点打击。

对以暴力、威胁方法阻碍执法人员依法执行公务或者煽动群众暴力抗拒执法的，依法追究其责任。

三、加强经费保障、管理和舆论宣传

（一）财政部门要配合搞好烟草领域打假的相关经费保障，确保财政资金及时拨付，并加强对财政资金使用的监督管理。

（二）涉烟主管部门要做好新闻发布工作，各相关部门要主动向新闻媒体提供涉烟重大案件查处情况；新闻部门要协调指导媒体报道，营造良好的舆论环境。

四、鼓励社会力量参与

对举报、协助查处制售假冒商标卷烟等涉烟非法经营行为有功的单位或个人，按照有关规定酌情给予奖励。

市烟草专卖局举报电话为“12313”。

本实施意见自2017年1月1日起施行，有效期为5年。

PART SIXTEEN XVII

附　录

APPENDIX

大事记

1月

1月4日，蒋卓庆副市长赴市住房城乡建设管理委调研城市综合管理工作，黄融副秘书长陪同。委领导顾金山主任、金晨秘书长、巡视员王以中及市城管执法局局长徐志虎出席会议。在听取了关于本市城市综合管理工作的汇报后，蒋卓庆同志指出：2014年市城市综合管理推进领导小组办公室（市综管办）成立以来，积极发挥组织领导、综合协调、监督考核的作用，全市网格化管理深化拓展，区县城管执法体制改革有效推进，各类城市难题顽症遏制明显。蒋卓庆同志要求：下一步要参照市重大办的模式，完善市综管办的体制机制，进一步明确工作职责，健全工作制度，落实责任分工，充分发挥市综管办在督促检查区县落实情况、研究协调城市综合管理难题顽症方面的作用，使全市城市综合管理水平迈上一个新台阶。

1月5日，顾金山主任带队专题调研在建装配式保障房项目，提出“三个注重”。裴晓副主任、金晨秘书长参加了活动。本次调研的佘山农民动迁安置房项目是目前在建装配式建筑中预制率最高的保障房项目，在更加便捷施工，彻底解决传统现浇结构渗漏、空鼓等质量通病的同时，可实现建筑大开间、后期空间自由分割等优势。调研组在参观项目现场后，与开发企业进行了座谈交流。顾金山主任指出：目前上海市推进装配式建筑的力度空前，已到了时不待我之时，建造方式的转变催生了一场建筑业革命。顾主任要求在今后装配式建筑发展过程中，应更注重以下三点：一是始终把生态文明建设放在首位。加快建筑绿色化、工业化发展，减少资源能源消耗、提高生产效率、提升建筑品质。二是以技术为核心加大科研力度。加大科研投入，加快成果转化，不断创新装配式建筑发展的新模式、新技术、新工艺。三是提升企业能力优化产业布局。要以市场为导向，打造“技术能力强、管理水平高、产品质量好”的优秀企业，加快相关产业链的培育，为建筑业转型升级夯实基础。

1月13日，2015年度上海市重点工程实事立功竞赛表彰大会顺利召开，副市长蒋卓庆主持大会。会前，市委书记韩正，市委副书记、市长杨雄，市人大常委会主任殷一璀，市政协主席吴志明和市警备区政委马家利等市领导参观了立功竞赛30周年图片展览，并会见了先进集体和先进个人代表。韩正书记说：今年是“十三五”开局之年，希望先进集体和先进个人更好发挥带头模范作用，始终坚持安全第一、质量为本，始终坚持创新引领，始终坚持为民惠民，勇于负责、敢于担当，艰苦奋斗、攻坚克难，推动上海重点工程建设再上新台阶。在随后举行的表彰大会中，与会人员观看了立功竞赛30周年专题片《竞赛铸就辉煌》。最后，杨雄市长强调：重点工程和实事项目建设要更加注重统筹协调，统筹好规划、建设、管理三大环节，要坚决贯彻落实好新时期“适用、经济、绿色、美观”的方针，进一步提升建设水平；要确保安全质量，强化科技创新，更好地服务民生，要让市民群众以各种方式参与重点工程和实事项目建设，在共建共享中有更多成就感。

1月14日，市住房城乡建设管理委召开本市建设行业安全生产大会。裴晓副主任主持会议并通报本市建设工程2015年安全生产工作情况，部署2016年工作。邓建平副主任通报2015年本市燃气安全和地下空间安全管理工作情况，部署2016年工作。于福林副主任通报2015年本市房屋修缮和拆房工程安全生产工作情况，部署2016年工作。顾金山主任对做好春节及全市、全国“两会”期间的安全生产工作做了部署：要求各区县、各行业管理部门党政主要领导要亲自带队深入开展安全生产大检查，全面排查整治各类安全隐患，切实强化对建筑施工、燃气安全和地下空间人员密集场所等重点领域的安全管理，抓好农民工薪资清欠工作，维护社会稳定，强化应急值守，严防各类重特大安全事故发生，确保实现“十三五”安全生产良好开局。顾金山主任强调：安全生产最大的问题是看不到存在的问题，安全生产最大的危险是对存在的问题视而不见。抓日常安全工作的关键是及时看到问题、发现隐患，深入排查危险区域、危险源、危险点，要把排查出的隐患当作事故来处置、来问责，切实做到举一反三、以点带面，防患于未然。要按照“安全生产工作不怕‘兴师动众’，不怕‘劳民伤财’，不怕‘十防九空’，更要不怕得罪人”要求来开展工作。要强化依法治理，推进管理创新，进一步夯实安全生产管理基础。更多地运用法治手段，实现政府和企业在安全管理上各归其位，各担其责。要及时适应行业发展的趋势，特别是新技术的推广运用给监管带来的难题，创新管理模式，充分发挥行业协会、专家库的作用，引入第三方机构参与管理，参与检查，进一步提高管理工作和安全检查的专业性、科学性。

1月，市公积金中心在银行间市场成功发行首单个人住房贷款资产支持证券。全场超额认购倍数达1.94倍。此次发行标志着中国首单银行间市场公开发行住房公积金资产支持证券的创新成功。

1月，市燃气管理处正式发文实施《上海市燃气行业从业人员不良诚信记录监管暂行规定》，明确了燃气行业从业人员不良诚信记录的适用范围、对象、主管部门、内容、来源、认定依据，以及上报、审核、录入与公开的流程，同时对不良诚信记录的限制期限、保留期限也做出相应规定。

2月

受寒潮影响，各区县共有6330个小区发生供水设施、消防设施故障，其中1261个小区发生消防水管爆裂，5843个小区发生供水设施故障，断水居民666577户；13165个水箱冻裂，涉及二次供水改造后的水箱2962个；4935个小区供水管道冰冻，涉及二次供水改造后的小区1604个；4054个小区供水管道爆裂，涉及二次改造后的小区1084个。市住房城乡建设管理委已督促要求加紧处理，尽早解决居民用水问题。截至2月2日傍晚，已无整个小区和整幢楼断水情况，共计6083个小区、662045户居民恢复供水，各区县恢复率99.32%。

2月5日，蒋卓庆副市长主持召开“世界城市日”专题工作会议，研究部署2016年“世界城市日”相关工作，黄融副秘书长参加。在听取了市住房城乡建设管理委关于2016年“世界城市日”有关工作设想的汇报后，蒋卓庆副市长指出：党中央国务院对城市发展高度重视，中央城市工作会议指明了未来城市发展的方向，提出了城市规划建设管理的新要求，这有利于“世界城市日”工作的进一步开展。今年“世界城市日”工作主要是“两个关键”：一是要办好第三次联合国住房和城市可持续发展大会（“人居三”）上的城市日专题论坛等活动；二是要通过联大评估，编好《上海手册》；三是做好各项重点工作，如举办国内外纪念活动、筹办城市与建筑博览会、宣传推广、知识分享等，须及早筹划，有序推进，争取在上半年推动各项工作有效落实；四是要积极做好准备，迎接第71届联合国大会对“世界城市日”三年来工作的评估，务必做到内容翔实、重点突出，进一步提升“世界城市日”的国际影响力。市外办、市新闻办、市文明办、市规土局、市财政局、市教委、市商务委、市贸促会等单位的负责同志参加了此次会议。

2月17日，杨雄市长带队来市建设交通工作党委和市住房城乡建设管理委调研，提出进一步工作要求。顾金山主任代表市住房城乡建设管理委汇报了委机构改革后职能调整概况、2015年主要工作和2016年重点工作考虑。崔明华书记代表市建设交通工作党委汇报了2016年工作考虑及如何发挥大口党委作用推动市委、市政府重点工作。在认真听取汇报后，杨雄市长在讲话中指出：要珍惜当前城市综合管理齐抓共管的大好局面，乘势而上，攻坚克难。一是要认真贯彻十八届五中全会和中央城市工作会议精神，深入贯彻落实“创新、协调、绿色、开放、共享”五大发展理念。要大力发展装配式建筑、绿色建筑等，推动循环经济发展。二是要不断探索符合上海特大型城市的综合管理模式，对标世界一流城市，寻找差距不足，综合运用新技术和新手段，持续改进城市管理工作。三是要眼睛朝下，解决城市管理问题，深入调研谋良策，以更大的决心和担当解决基层、市民反映的突出问题。对渣土管理、物业管理等老大难问题，要想深想透，找准症结，在总结基层实践经验的基础上，努力破题，推动上海城市管理不断取得新成效。蒋卓庆副市长陪同参加了调研。市建设交通工作党委、市住房城乡建设管理委领导，机关处室负责同志出席了会议。

2月26日上午，市政府召开2016年本市防汛指挥部扩大会议，分析研判今年防汛工作形势，部署当前防汛重点工作。会议通报了2014—2016年超强厄尔尼诺事件及影响分析情况，并做了2016年防汛形势研判和重点工作安排。蒋卓庆副市长进行重要讲话，强调三方面工作：一是要立足防大汛、抗大灾、防大险，严格落实工作责任；二是要认真落实“三预”要求，努力提升防汛工作水平；三是要对照清单抓紧整改，全面确保今年安全度汛。下阶段，市住房城乡建设管理委将按照会议要求，高度重视，积极响应，做好相关责任分解落实工作。

3月

3月1日，本市收看贯彻落实《中共中央、国务院关于深入推进城市执法体制改革改进城市管理工作的指导意见》精神电视电话会议。会议由住建部、中央编办、国务院法制办组织召开，住建部部长陈政高出席并做重要讲话。市住房城乡建设管理委主任顾金山、副主任邓建平及其他相关部门负责人出席了会议。陈政高部长在会议中强调：一要深刻认识《关于深入推进城市执法体制改革改进城市管理工作的指导意见》的重要意义。二要准确把握其精神实质。要树立为人民管理城市的理念；构建权责明晰、安全有序的管理体系；创新城市管理方法，推进智慧城市建设；完善法制、经费保障；打造政治坚定的执法队伍，正确认识协管队伍的作用，并建立相应的管理机制。三要抓好近期的6项任务，包括4月底前制定完成各省市、地方的实施意见；推进大部制改革，建立综合执法机构；启动立法工作；建立市政府主要领导牵头的城市管理联席会议制度；加强执法队伍规范化建设；推进数字化城市管理平台建设。四是各单位要坚定信心，敢于担当，形成合力，提高效率。住建部将于下半年进行专项督导，并向全国通报督导情况。下阶段，市住房城乡建设管理委将根据市委、市政府的指示，结合实际情况，持续推进本市城管综合执法体制改革：一是将全面贯彻落实本次电视电话会议精神，按照党中央、国务院的指示精神，紧扣工作要求，认真抓好近期主要工作；二是切实解决2015年工作推进中体制建设、工作运行和保障机制、行业管理、综合执法及基层城管执法力量五方面存在的问题，进一步提高改革实效。

3月2日下午，蒋卓庆副市长召开市政府专题会议，研究建筑废弃物处置和建筑废弃混凝土资源化利用等工作。黄融副秘书长参加。会议听取了相关企业对本市建筑废弃混凝土资源化利用的情况介绍，以及市住房城乡建设管理委、市发展改革委、市交通委、市容绿化局、城投公司对下一步如何做好相关工作提出的意见和建议。蒋卓庆副市长最后指出：上海作为国际大都市，人多地少，应高度重视建筑废弃物的处置和循环利用。一是建筑废弃物混凝土方面，要以区为主，严格落实《上海市建筑废弃物混凝土资源利用管理暂行规定》；要抓紧培育一批具有较高技术装备水平和较强产业竞争力的回收利用企业，推进其规模化发展，减少对环境的破坏；同时，要从源头减量，从设计抓起，控制建筑废弃物的排放总量。此项工作6月底之前应初有成效。二是市政府各职能部门要齐心协力，共同支持这项“有利于改善城市环境，保障城市发展”的工作，对工地“零排放、少排放”的项目应探索实施奖励措施。三是在其他建筑渣土等废弃物、装修垃圾、拆房垃圾综合利用方面，要加大科研力度，积极进行攻关，力争在短期内有所突破。

3月4日下午，市建设交通工会召开了“奋战十三五，巾帼共筑梦”——上海市建设交通行业纪念三八国际劳动妇女节106周年大会。纪念三八国际劳动妇女节106周年，展现新时代女职工风采，表彰我市建设交通行业女职工先进典型，宣传女职工的先进事迹和精神。市建设交通工作党委副书记田赛男、市总工会副主席姜海涛、市妇联组织部部长竺倩伟、市总工会女职工委员会副主任、隧道股份公司党委副书记陆雅娟，以及建设交通行业各单位工会女职工组织负责人、女职工先进代表和女职工代表约200人出席了本次大会。市建设交通工作党委副书记田赛男在大会上致辞，她代表上海市建设交通工作党委，向与会的各位代表以及奋战在建设交通行业各条战线上的广大女职工和女职工干部致以节日的问候，向关心支持工会女职工工作的各级党政领导表示诚挚的感谢，并号召系统广大女职工向先进学习，用实际行动诠释“自尊、自信、自立、自强”的职业女性精神，立足岗位建功立业，为“十三五”良好开局、为上海加快建设“四个中心”和具有全球影响力的科技创新中心、实现中华民族伟大复兴的中国梦做出新的贡献。会上表彰了建设交通行业荣获上海市巾帼创新奖（新秀奖）、上海市巾帼文明岗、上海市巾帼建功标兵等先进女职工个人和集体代表；上海市三八红旗手市水务局谭琼、上海市三八红旗集体上海铁路局客运段高铁一队等7个先进个人和集体进行了事迹演讲，生动展现了市建设交通行业先进女职工和集体在创新转型、城市建设与管理中建功立业的巾帼英姿。

3月14日上午，2016年上海市住房城乡建设管理工作会议顺利召开。会上，市住房城乡建设管理委主任顾金山对2015年本市住房城乡建设管理领域的工作进行回顾总结，并研究谋划2016年工作思路。蒋卓庆副市长充分肯定了2015年本市在住房城乡建设管理方面工作所取得的成绩，要求在新的一年深入贯彻中央城市工作会议精神，确保2016年住房城乡建设管理各项工作的圆满完成。蒋卓庆同志强调：一要以补短板作为工作方法，着力发现城乡建设、城市管理、住房保障、房屋管理以及城市运行安全中存在的突出问题；二要始终以深化改革为抓手，全面破除思想观念中的障碍，努力解决实际工作中的难题；三要加强工作协调配合，努力发挥好兜底作用，力争在城市综合管理中开创新局面；四要以改善民生为重点，加强住房保障工作，保持好房地产市场的稳定，解决市民群众关注的问题。会议最后，蒋卓庆同志对住房城乡建设领域干部队伍建设提出了希望，希望同志们为完成2016年的各项工作任务提供坚强的组织保证。

3月16日，蒋卓庆副市长、黄融副秘书长专题调研黄浦江两岸开发工作，并召开年度工作会议。蒋卓庆同志一行首先深入黄浦南外滩滨水改造项目、徐汇南拓工程改造项目等现场，了解两区滨江公共空间整体推进情况。在随后召开的座谈会上，顾金山主任汇报了黄浦江两岸开发2016年工作总体安排，沿江8个区和申江等市级开发主体、各成员单位进行了交流发言。蒋卓庆副市长在肯定近阶段成绩的基础上，明确了2016年两岸开发“公共空间贯通十公里”和“三年的项目都要开工”的工作目标，要求市、区两级政府部门要按照市重大工程的管理模式推进两岸公共空间和环境建设项目。蒋卓庆同志同时对2016年两岸开发工作提出明确要求：一是围绕“高品质”，抓住“生态文明建设”“五违治理”“城市总规修编”的三大机遇，切实把握好“百年大计，世纪精品”的开发要求。二是围绕“补短板”，通过“补政策短板、补机制短板、补管理短板”，着力破解两岸开发建设中的难点问题。三是围绕“抓落实”，要求浦江办加强协调督促，各开发主体落实工作责任，各成员单位增强责任意识，形成合力，扎实推进年度两岸开发工作目标任务。

3月21日至22日，住房和城乡建设部副部长易军等一行8人来沪，就深化建筑业改革发展主要情况进行了实地调研。蒋卓庆副市长会见。市政府副秘书长、浦东新区区长孙继伟，市住房城乡建设管理委主任顾金山、秘书长金晨陪同了调研。其间，易军副部长听取了关于上海工程质量及建筑市场监管工作的汇报，围绕工程质量监管、监理公司的定位等问题组织召开座谈会，并赴上海自贸区专题调研了建筑师负责制试点工作情况。在听取上海自贸区试点单位的汇报后，易军副部长特别要求浦东新区政府结合自贸区建设，大胆引入国际上成熟的管理经验，先行先试建筑师负责制工作，通过渐进式改革，逐步让行业适应；同时要在试点过程中及时发现问题，及时修正，探索出一套可复制、可推广的经验。顾金山主任表示将按照住建部要求，全力以赴支持浦东新区试点工作，为推动建筑业改革发展创造良好环境。

3月22日，市建设交通工作党委召开市、区（县）建设交通（房管）系统党委书记座谈会，聚焦2016年市委、市政府重大任务和重点工作，围绕抓开局、补短板、抓落实，加强市、区联动，落实管党治党责任，形成工作合力。会议由市建设交通工作党委书记崔明华同志主持，市建设交通工作党委领导、机关各处室处长，各区（县）建设交通党工委（建管委党委）书记、交通委党委书记、住房保障房屋管理局党委书记出席会议。会上，市建设交通工作党委副书记田赛男同志、朱铁民同志通报了有关工作，闵行区等7个区县建设交通党工委、房管局党委书记进行了发言交流，崔明华同志发表了讲话。崔明华同志首先通报了三方面情况：一是本市住房和城乡建设管理机构调整的情况；二是市建设交通工作党委今年重点推动的工作；三是关于进一步发挥好大口党委作用的考虑。最后，崔明华同志围绕“坚持上下呼应，加强市、区联动，在全市重大任务和重点工作推进中形成合力”主题向与会同志提出了四点要求。一要在推进区域环境综合整治中加强联动、形成合力。二要在推进小区综合治理工作中加强联动、形成合力。三要在推进改革创新重点任务中加强联动、形成合力。四要在推进党的建设各项工作中加强联动、形成合力。

3月下旬，市建设交通工作党委召开本市建设交通系统信访综治工作会议。市建设交通工作党委书记崔明华出席会议并讲话。市建设交通工作党委副书记、市住房城乡建设管理委主任顾金山主持会议。市建设交通工作党委副书记田赛男总结2015年度信访综治工作，部署2016年工作。市建设交通工作党委委员、市住房城乡建设管理委秘书长金晨传达国家和本市信访、政法工作会议精神。10家信访综治工作先进集体、100家市“平安示范单位”、23家市建设交通系统“平安单位”和17名个人受到表彰。系统各单位签订了新一轮信访、综治工作目标责任书。会上，崔明华同志对做好2016年本市建设交通系统信访综治工作提出三点要求：一是正视成绩，认清形势，时刻牢记保障群众利益、维护系统稳定的重要使命。二是直面问题，夯实责任，做好系统信访稳定工作重任在肩，须臾不得放松。三是紧扣重点，示范带动，系统信访稳定工作要体现水平、更上一层楼。

3月30日，本市住宅小区综合治理工作推进会顺利召开。市委副书记应勇出席，他指出：市委、市政府高度重视住宅小区综合治理工作，要充分认识到加强这项工作的重要意义，把市委、市政府的要求落到实处。同时，住宅小区综合治理是创新社会治理、加强基层建设的一项基础性工作，是提升群众感受度和获得感的必然要求。做好这项系统工作，对全面推进基层建设具有重要意义。应勇同志强调：要群策群力，全力以赴，全面提高住宅小区综合治理水平。一是着力完善治理架构，推动自治共治。建立健全以居民区党组织为领导核心，居委会为主导，居民为主体，业委会、物业服务企业、驻区单位等共同参与的居民区治理架构。二是着力解决突出问题，推进实事工程落实落地，不折不扣地把年度重点任务落实到位。要始终把查找问题、解决问题作为基本工作方法，在化解问题中提高工作水平，赢得群众满意。三是着力健全条块协作、综合施策、督查考评等工作机制，注重发挥工作实效。副市长蒋卓庆总结了近期全市住宅小区综合治理工作，并要求确保完成年度重点任务。会上，静安区政府、浦东新区塘桥街道、徐汇区枫林街道宛南五村居委会、杨浦区五角场街道三湘世纪花城业委会四家单位做了交流发言，市政府与16个区县政府签订了2016年住宅小区综合治理目标责任书。

3月30日下午，市政府召开专题会议，正式启动房地产市场监管工作联席会议机制，部署房地产市场专项整治工作。市住房城乡建设管理委、市发展改革委、市财政局、市规土局、市工商局、市金融办等部门参加会议。副市长蒋卓庆参加会议并做重要讲话。会议要求：各相关部门要各司其职，协同联动，进一步贯彻落实好《关于进一步完善本市住房市场体系和保障体系促进房地产市场平稳健康发展的若干意见》。在为期半年的房地产市场整治行动中，要重点查处虚假房源、虚假广告、炒作房价、诱骗消费者交易等违法违规行为。市相关部门将定期召开房地产市场分析会议，发布房地产市场信息。

3月31日，市建设交通工作党委书记崔明华主持召开“三委三局”机关党建工作会议，要求突出“引领、服务、凝聚”，紧扣思想建设和作风建设，找准用好党建工作抓手，扎实做好新形势下机关党的工作。市水务局、市交通委、市绿化市容局、市城管执法局机关党委和市建设交通直属机关党委负责人在会上做了交流发言。崔明华充分肯定各单位机关党组织过去一年发挥的积极作用和取得的工作实效。他指出，做好机关党建工作，对推动领导班子建设、带动面上党建工作具有重要意义，必须用力、用心、主动抓好。要坚持围绕大局、服务中心工作，落实全面从严治党主体责任、监督责任和第一责任“三个责任”，完善支部基础工作制度、处室重点工作推进制度、支部基层联系点制度“三项制度”，把好补齐短板、守住底线、强化兜底“三个关键”，推动机关党建和业务工作深度融合；坚持思想领衔、思想建设为先，抓好“两学一做”学习教育，持之以恒推进作风建设，加强干部教育管理，打造忠诚干净担当的机关干部队伍；坚持开拓创新、夯实基层基础，深入推进创先争优活动，深化“三型”党组织创建，加强机关文化建设和群团工作，不断激发组织活力。他强调，机关党建工作在功能上要突出“引领、服务、凝聚”，使各项工作在系统党建工作中走在前头、做出表率，推动党建工作与中心工作相互融合、相互促进，增强干部队伍凝聚力战斗力；在内容上要紧扣思想建设和作风建设，坚持理想信念宗旨“高线”、守住党的纪律“底线”两条线，在补齐短板、服务基层等方面提质增效；在方法上，要抓重点、抓特色、抓总结，不断提升机关党建工作科学化水平。

3 月，上海 BIM 技术创新联盟成立。为进一步加强 BIM 技术研发，满足本市建设领域 BIM 技术应用和信息安全需要，由隧道股份、建工集团、现代集团、延华智能、鲁班软件、广联达、上海软协、上海交大、上海大学等 50 余家单位共同发起成立了上海 BIM 技术创新联盟，并于近期召开了联盟筹备大会暨第一届理事会。上海 BIM 技术创新联盟将鼓励大型建筑设计、施工企业的 BIM 技术中心和 BIM 软件企业协作，研发具有我国自主知识产权且符合建设工程实际需求的各类 BIM 技术应用软件。

4 月

4 月 14 日，国务院在北京召开全国互联网金融风险专项整治工作部署动员电视电话会议，贯彻落实党中央、国务院关于开展互联网金融风险专项整治工作决策部署，推动建立互联网金融监管长效机制，促进互联网金融规范有序发展。央行、银监会、证监会、保监会、公安部、工商总局、住建部等部门发言。其中，住建部副部长陆克华要求房地产主管部门要全力配合金融管理部门：一是开展调查摸底；二做好房地产领域金融产品的认定；三是加强房地产领域的金融产品治理；四是加强房地产市场的监测和监管工作，全面落实新建商品房和存量房交易网签、交易资金监管和房地产中介机构备案制度，近期将组织开展房地产中介专项治理行动。屠光绍副市长、俞北华副秘书长，本市相关部门负责同志、各区县政府分管负责人、中央在沪有关单位负责人等参加了上海分会场会议。

4 月 14 日，杨雄市长赴奉贤区视察了海湾区块的生态环境综合治理工作现场，并主持召开了现场会议。蒋卓庆副市长、蒋忠良副司令员、肖贵玉秘书长参加。会议由奉贤区、市公安局和东部战区空军参谋部汇报了工作进展情况，与会部门进行了交流发言。杨市长提出要求：一是要高度重视这项工作。市委、市政府将生态环境综合治理作为上海的补短板，与中央的五大发展理念、城市工作会议精神、经济工作会议精神完全吻合。这项工作已经形成了广泛的共识，我们要认认真真在各自领域内承担起责任。二是要设定目标、旗帜鲜明、态度坚决。要守住底线，坚决消除“五违”现象，做到“四必”毫不动摇。三是明确责任，形成合力，多策并举。“谁家孩子谁家抱”的大原则不能变，但遇到困难，各部门都要伸出援手。要齐心协力把工作干细、把情况摸清，深入了解、快速有序、平稳安全地推进工作。

4月22日，市建设交通工作党委召开系统“两学一做”学习教育工作座谈会，深入贯彻习近平总书记重要指示精神和中央、市委部署要求，对系统“两学一做”学习教育工作进行部署。市建设交通工作党委书记崔明华出席座谈会并强调，开展“两学一做”学习教育是贯彻全面从严治党要求的重要部署，是推进思想政治建设常态化制度化的重要举措，是建设交通系统履行好城市管理综合兜底职能、提升城市管理水平的现实需要。要深入学习党章党规和习近平总书记系列重要讲话，明确基本标准、树立行为规范，加强理论武装、统一思想行动，增强“四个意识”，做到“四讲四有”。要坚持问题导向，以解决问题为牵引，并同抓好群众路线教育实践活动和“三严三实”专题教育的问题整改、巡视和审计发现问题的整改结合起来，加快补齐短板。要突出经常性教育，发挥党支部应有作用，严肃党内政治生活，严格党员教育管理。要抓住领导带头、以上率下，带头“学”和“做”，带头推动学习教育相关工作。要围绕学以致用、服务中心，立足全面提升城市综合管理水平这个大局，把学习教育同做好建设交通各项工作结合起来，同深入推进系统党建“六个联动”，深化完善党支部基础工作制度、重点工作推进制度、基层联系点制度，巩固住宅小区、建设工地、城管执法、公园绿化等行业党建联建成果结合起来，抓住关键环节，列出工作课题，突破解决问题，推动学习教育、党建和业务工作深度融合，加快行业创新转型。要通过深入开展“建设先锋”创建“公共服务进社区”“讲述身边党员的故事”等活动，组织开展基层党组织书记、组织委员等党务骨干培训，深入推进“双报到”“双报告”等工作，发挥党员干部先锋模范作用。要把开展学习教育作为一项重大政治任务，层层落实责任，注重分类指导，加强督促检查，强化组织保障，把全面从严治党落实到每个党支部、每名党员。市建设交通工作党委副书记田赛男、市建设交通工作党委秘书长袁筱英出席会议，市建设交通工作党委巡视员朱铁民主持会议。市建设交通直属机关党委、市公积金管理中心党委、上海铁路局党委负责同志在会上做了交流发言。市建设交通系统各委、局、中央在沪单位党委（党组）分管领导、组织部门负责人，委直属单位党组织书记、组织部门负责人，“两委”机关处室党支部书记参加会议。

4月25日，本市召开上海市建筑信息模型技术应用推广联席会议扩大会议，蒋卓庆副市长主持，市住房城乡建设管理委裴晓副主任通报了2015年本市建筑信息模型技术应用推广情况及2016年工作打算。蒋卓庆副市长要求，建筑信息模型是推进绿色建筑、智慧城市的重要抓手，是科创中心建设的重要载体和结合点，是管理技术的革命。新的一年里，本市要重点加强以下工作：一是加大技术应用推进力度。要采取各方面有利于发展的政策措施，扩大应用范围，政府投资项目、公共建筑、重大工程项目、PPP项目、工程量大的领域、重点开发区域等领域应强有力地推动，尤其是浦东新区作为建筑业综合改革示范区，在建设项目中应明确BIM技术应用项目比重，其他建设量大的行政区也要择取一二明确比重。二是制定促进政策。如研究在土地出让环节明确BIM技术应用要求，落实BIM技术应用项目资金安排，将

BIM技术应用作为招标合同示范文本中的加分项，将BIM技术应用与鲁班奖、白玉兰奖等奖项评审相结合的政策措施。三是完善行政审批，研究建立基于应用BIM技术的联审平台。四是国企带头示范。要对具有创新型资质的企业进行推动，各行政主管部门、行业协会、企业联盟要加大对人才的培养力度。要通过今年的努力，使上海的BIM技术应用项目形成一定规模，面上、量上、深度上有所突破，在BIM技术应用领域实现弯道超车。

4月26日，市政府召开会议，专题研究上海成片风貌保护三年行动计划及抢救性保护有关工作。蒋卓庆副市长，黄融副秘书长参加。会议听取了《上海成片风貌保护三年行动计划（2016—2018）》和《关于进一步加强本市历史文化风貌抢救性保护管理工作的通知》的相关汇报，与会各部门就报告内容、存在问题、完善建议、后续工作方向等方面进行了交流发言。黄融副秘书长建议，在成片风貌保护三年行动计划的头两年，采集本市风貌区的影像资料，形成系列纳入信息平台。蒋卓庆副市长进行总结：当前城市建设相对稳定，城市历史风貌和历史建筑的价值得到社会广泛认可和重视，在此背景下开展风貌保护三年行动计划、加强抢救性保护有充分的必要性。下一步工作，一是要对两份文件中的相关概念进行梳理，明确职责，分头落实。二是可边实施相关制度措施边积累经验，最终形成具有操作性的成熟政策；三年行动计划的任务应再具体点，考虑安排一些试点项目；涉及财政投入等目前可采取一事一议模式。三是明确成片风貌保护工作推进的重点；充分调动区县政府，社会包括开发企业和产权人的积极性。

4月27日，蒋卓庆副市长赴市城管执法局调研。黄融副秘书长，市建设交通工作党委、市住房城乡建设管理委、市编办、市公安局、市财政局、市绿化市容局、市政府法制办、市公务员局等部门领导陪同。会议听取了市城管执法局关于全系统基本情况、今年以来主要工作、2016年重点工作安排和工作建议等方面的汇报。黄融副秘书长从加强队伍建设、加强标准化建设、加强信息化建设和加强正面宣传四方面提出了工作要求。蒋卓庆副市长肯定了市城管执法局单独设置以来的工作，并就下阶段工作提出三点要求：一是提高站位，加强对城市管理重大问题研究。要充分发挥单独设置后的市城管执法局作用，不断提升研究能力，针对重大问题提出可行性方案，为市委、市政府决策提供依据。二是创新方法，有效破解难题顽症。加强对区县、街镇一线执法经验的调研和提炼，探索破解难题顽症的规律、办法和模式，形成可复制、可推广的经验方法。三是加强管理，提升队伍整体素质能力。总结优秀典型工作精神、工作理念和先进事迹，塑造城管执法核心价值观，推动全体队员学习先进、赶超先进，有效带动队伍整体素质和能力的提高。

4月28日，市建设交通发展研究院组织召开本市地下管线普查工作总结会，宣告历时两年的中心城区地下管线普查暨数据建设工作顺利完成。本市自2014年4月启动该项工作，至2016年4月底，包括徐汇、普陀、黄浦、静安、虹口、（原）闸北、杨浦等10个区的地下管线数据库建设已全部完成，普查的管线包括市政道路下的给水、排水、燃气、电力、通信、工业、热力管线和综合管廊等，普查总面积达381.9平方公里，普查管线总长达13125.9公里，为全面梳理本市地下管线现状，准确掌握中心城区管线基础信息，统筹市区两级管理资源提供了助力，有利于切实提高本市地下管线设施运行安全能力。下一步工作，是按照住建部、工信部、广电总局、安监总局、能源局五部委要求，组织开展外环以外建成区范围地下管线数据建设工作，力争用两年左右时间完成普查，为本市实现综合地下管线数据全覆盖做进一步努力。

4月29日，周波副市长一行实地踏勘了南大一期绿地、申新仓库和六联制革厂，并在南大地区生态环境综合治理指挥部召开了相关会议。会议听取了宝山区关于围绕补短板开展的“三治两去”工作、“1+1+45”生态环境综合治理三年行动计划和整治进展情况的汇报。南大指挥部补充了南大区块生态环境综合治理工作推进情况，市相关部门进行了交流。周波副市长肯定了宝山区生态环境综合治理工作取得的成绩，要求在开展治理的同时形成长效机制，并做好以下工作：一是咬紧牙关、后墙不倒、倒排时间节点，按照目标管理的要求，确保任务推进；区里工作有困难要提出来，市相关部门要加强支持、指导和监督。二是加强后续管理，复垦和植绿工作要及时跟上。三是综合治理要同城市更新、后续发展结合起来，做到规划先行。四是扎实推进生态环境综合治理工作，处理好长期任务同阶段性成果间的关系。市住房城乡建设管理委将根据会议要求，做好下一步工作：一是会同市交通委协调铁路桃浦站积极配合整治工作；二是加强汇总生态环境综合治理工作进展情况，做好信息报送工作。

4月29日，本市顺利召开实施建筑业营改增调整本市建设工程计价依据宣贯会。为推进5月1日本市建筑业营改增的全面实施，本市建设工程计价依据按照建设部“价税分离”的原则进行了调整。由市住房城乡建设管理委标定处、市建筑建材业市场管理总站、市建设工程咨询行业协会联合召开了上海市实施建筑业营改增调整建设工程计价依据宣贯会，市发展改革委、市财政局、市审计局、市交通委、市绿化市容局等各行业主管部门及本市所有工程造价咨询企业参加了会议。会议对本市建筑业全面实施营改增工作进行了动员，一是要求做好营改增改革试点后建设工程投资控制以及造价管理工作，确保造价管理的各个环节与营改增实现无缝对接；二是对本市建设工程计价依据调整进行了专业解读，要求造价咨询企业深入学习相关文件精神，尽快掌握计价依据调整的核心内容，确保营改增工作平稳推进。

5月

5月3日，应勇副书记视察松江九亭生态环境综合治理工作。继1月暗访松江区九亭镇的突出环境问题后，应勇副书记再次赴九亭“回头看”，带队视察了列入2016年市级重点推进区块的九亭镇治理区域，并在九亭镇镇政府与松江区委、区政府及九亭镇、九里亭街道的相关同志进行了座谈交流。应勇副书记指出：上次看到的脏乱差现象这次已经有了很大的改观，松江区“依法、铁腕、稳妥”的工作原则很好，依法是前提、铁腕是态度、稳妥是保障，“1+25+225”全面治理的目标非常必要，推进效果也不错。同时，应勇副书记对下一步工作提出了四点要求：一是进一步增强对做好环境综合整治重要性的认识；二是继续发扬敢担当、敢负责、敢啃硬骨头的精神，持续推进工作；三是进一步加强上下协同、条块结合、比邻对接，形成工作合力；四是坚持相信群众、依靠群众。

5月5日，市人民政府召开2016年二次供水设施与电力表前设施改造及地下空间管理联席会议。黄融副秘书长出席并发表讲话。市住房城乡建设管理委、市水务局和市电力公司分别就地下空间管理、二次供水设施改造及电力表前设施改造，通报了2015年度工作总结及2016年度工作计划。浦东新区、嘉定区和长宁区代表区、县做交流发言。黄融副秘书长代表市政府与各区、县政府代表签订地下空间属地管理责任书和电力表前设施改造任务书，并重点提出三点意见：一是充分肯定去年本市二次供水设施改造、表前设施改造及地下空间管理工作所取得的成绩，对市、区各部门单位的通力合作和共同努力表示感谢。二是二次供水设施改造、表前设施改造和地下空间管理都关系民生福祉，也关系到人民群众的生命、财产安全，是城市安全稳定运行安全的重要组成部分，各部门、单位要充分认识这三项工作的必要性、紧迫性和艰巨性，积极开展有关工作。三是各部门、单位要按照市委、市政府要求，形成工作合力，狠抓落实，确保今年任务圆满完成，向全市人民交出一份满意的答卷。市政府有关委、办、局分管负责人，各区、县分管领导，地下空间管理联席会议办公室，二次供水设施改造办公室及电力表前设施改造工作推进小组办公室负责人等出席了会议。

5月6日，本市召开旧住房综合改造推进大会，黄融副秘书长主持。会上，市住房城乡建设管理委就本市旧住房修缮改造工作推进情况进行通报及部署，黄浦区、静安区、市通管局分别进行了交流发言。蒋卓庆副市长指出：一是旧住房综合改造是对广大市民居住条件的直接改善，是消除城市安全隐患的重要方式，也是本市房地产市场健康发展保障体系的重要组成部分，各级政府部门要充分认识这项工作的重要性。二是今年的旧住房综合改造已列入市政府实事，既是对广大市民的承诺，也是国家考核的要求，各级政府部门要加强领导、落实责任、强化协调，确保完成目标任务。三是要开拓创新，不断深化旧住房综合改造的内涵。要多渠道、多途径地改善居民群众居住条件，积极开展管线入地、拆除重建改造、加装电梯及成片风貌保护修缮等试点，把旧住房综合改造与各项特色工程结合一并实施推进。

5月9日，市建设交通工作党委书记崔明华、市交通委副主任刘军、市住建委秘书长金晨等一行，赴上海市对口支援新疆工作前方指挥部，出席上海市援建新疆喀什四县“沪疆杯”立功竞赛2015年表彰暨2016年动员大会。会上，市交通委副主任刘军、市住建委秘书长金晨分别宣读了上海市立功竞赛表彰决定、援疆赛区立功竞赛表彰决定，上海市对口支援新疆工作前方指挥部、市总工会、团市委、市妇联领导也分别宣读了有关表彰决定并为获奖代表颁奖和争创活动授旗。市建设交通工作党委书记崔明华做了讲话。崔明华同志指出，两年多来，广大援疆建设者奋战在援建第一线，发扬艰苦奋斗、无私奉献、团结拼搏、勇于争先精神，积极投身“沪疆杯”立功竞赛活动，齐心协力完成好上海的援建任务，取得了令人欣慰的成果，也得到了当地政府和老百姓的一致好评。2016年，是第八批援疆工作的收官之年，任务更加艰巨，希望广大援疆建设者要大力弘扬“爱国爱疆、拼搏奉献、共创辉煌”的援疆精神，出色完成各项援建任务，为第九批援疆工作开展打好坚实基础。一要充分发挥好“沪疆杯”立功竞赛平台的作用，有力推进重大援疆项目建设。二要以奋发有为，求真务实的精神确保三年援建任务圆满完成。三要注重积累，做好总结，为后续的援疆工作提供经验和借鉴。

5月10日，本市举办2016年“军地联动”防汛综合应急演练。作为本市防灾减灾日系列宣传活动之一，由市防汛指挥部主办的2016年上海市“军地联动”防汛综合应急演练于下午在徐汇滨江地区举行。蒋卓庆副市长、黄融副秘书长出席。市住房城乡建设管理委巡视员王以中和应急保障处相关同志观摩了演习。此次演练本市首次以上海警备区、武警上海市总队、武警水电第二总队、民兵预备役等部队为主要参演对象，联合地方防汛抢险力量的形式开展，主要涉及队伍集结、人员转移、临时活动房加固、积水抢排、堤防溃堤抢险、管涌封堵、装备展示7个科目，与往年相比，规模更大、规格更高、内容更丰富。蒋卓庆副市长在最后的点评中对演练给予充分肯定，并要求各部门、各单位以此次演练为契机，进一步落实责任、完善预案、强化措施，扎实做好各项防汛准备工作，严阵以待迎接今年汛期的考验，全力以赴确保城市安全度汛。

5月11日，市政府召开专题会议，研究本市中心城区液化气规范统一配送有关工作，蒋卓庆副市长、黄融副秘书长出席。市住房城乡建设管理委巡视员王以中就相关情况做专题汇报。黄融副秘书长指出，市住房城乡建设管理委应会同有关部门抓紧做好中心城区液化气配送站点的布局规划工作。蒋卓庆副市长对做好相关工作提出三点要求：一是要依法做好液化气日常配送工作。二是液化气钢瓶使用、运输所在区要承担属地监管责任，各区政府要履行安全监管职责；现有液化气配送方案在黄浦区先行先试，区政府要落实补贴，采取过渡性措施建立配送构架，管控好气源。三是市住房城乡建设管理委会同有关部门在年内要着重：尽快研究制定液化气统一配送制度和规范；组织建立全市统一的液化气配送信息服务平台；会同质监、安监部门提出液化气配送企业入门的标准和要求，并加强管理；待黄浦区配送试点取得成熟经验后，开会部署推广全市液化气配送工作，争取在两年内完成。

5月11日，市住房城乡建设管理委召开2016上半年建设行业安全生产大会。裴晓副主任主持会议并通报今年以来本市建设行业安全生产形势，并就事故发生原因进行总结分析。顾金山主任强调：各区县、各部门、各单位必须切实提高政治意识、大局意识、责任意识，清醒认识当前面临的严峻形势，增强紧迫感，确保本市安全生产形势稳定。要坚持以问题为导向，突出重点领域和环节，深入开展安全生产大检查，化解各类安全生产风险。顾金山主任指出：7月将在上海召开G20贸易部长会议，9月将在杭州召开G20峰会，从现在起要做好G20峰会保障和汛期安全生产工作。一是各区县、各行业管理部门党政主要领导要切实强化对建筑施工的安全管理，要亲自带队开展安全生产大检查，全面排查各类安全隐患，并加大对极端天气灾害引发事故灾难隐患的排查治理力度；二是要明确汛期安全生产重点防范领域和对象，加强对高处坠落，基坑、围堰坍塌，起重机、脚手架倒塌，物体打击，中暑及中毒窒息等事故的防范；三是要强化应急值守工作，严防各类重特大安全事故发生。

5月16日，市建设交通工作党委、市住房城乡建设管理委（市违法建筑治理工作协调推进办公室）、新民晚报社、市城管执法局、“12319”热线共同举办的“拆违办主任接热线”活动正式启动。市住房城乡建设管理委主任顾金山、市城管执法局局长徐志虎、新民晚报社总编辑陈启伟等领导出席了开线活动。顾金山主任在“12319”热线话务区亲自接听了市民来电。5月17日至26日，各区、县拆违部门领导将陆续走进“12319”热线，接听市民来电，解决市民诉求。本次活动将以“补短板”为核心，聚焦生态环境综合治理、违法建筑拆除等群众反映强烈的急难愁问题，推动相关部门主动作为，促进问题解决。

5月17日，蒋卓庆副市长、黄融副秘书长在市政府第三会议室召开专题会议，研究本市城市垃圾处理体制机制有关工作。市住房城乡建设管理委巡视员王以中出席。会议听取了市绿化市容局局长陆月星关于本市垃圾管理主要问题及对策建议的汇报，提出：一是成立制订本市垃圾管理综合性解决方案专项工作组；二是抓紧明确并落实本市建筑垃圾和湿垃圾专项规划。蒋卓庆副市长指出：一是关于城市垃圾处理体制问题要把现状情况分析清楚，确定整体目标、明确责任主体、建立工作小组。二是由市绿化市容局、市商务委、市发展改革委牵头，相关部门配合，充分借鉴国内外特大型城市的成熟经验，按照生活垃圾4个类别分别研究确定处理模式，并研究建立环境补偿机制等促进建筑垃圾规划布点的落地。下一步，市住房城乡建设管理委将按照会议要求，做好以下工作：一是督促物业管理单位做好住宅小区生活垃圾分类投放管理，依法履行生活垃圾分类投放管理责任人职责；二是继续完善促进建筑垃圾资源化利用产业发展的相关机制，加大再生建材的推广应用；三是继续发挥我委有关建筑垃圾的综合协调平台作用，推进建筑垃圾全过程管理。

5月19日，本市召开部分大型国有企业建筑信息模型技术应用培训会议。会议在上海中心大厦举行，市人大内务司法委员会主任委员沈志先、市住房城乡建设管理委主任顾金山出席，近300位来自本市建设、设计、施工、工程监理、咨询服务等大型国有企业的分管领导和部门负责人参加。本次会议邀请了同济大学经济与管理学院副院长王广斌教授、上海中心大厦建设发展有限公司副总经理葛清、上海市隧道工程轨道交通设计研究院副总工陈鸿、上海申迪项目管理有限公司副总经理庞学雷行业专家和应用企业为代表组成的报告团进行现场授课，展示了BIM技术在超高层建筑、轨道交通、区域建设等项目建设中的成功应用经验，引起了与会者们的广泛共鸣。本次会议同时拉开了2016年全市BIM技术宣传培训的序幕。顾金山主任指出：在BIM技术应用上，国有企业和大型建设项目应起到引领示范作用，主动在建设项目中实践BIM技术的全过程应用。同时，加快对BIM技术的研究实践，积极参与相关标准的编制，深度挖掘BIM技术应用价值，促进BIM技术的应用推广和良性发展，使上海的BIM技术应用水平走在全国前列。下阶段，市住房城乡建设管理委将继续根据市场发展需求，制定相应的政策，进一步推进本市BIM技术的发展。

5月26日，本市召开地下综合管廊建设管理专题会议，部署下阶段工作。蒋卓庆副市长对本市下阶段推进地下综合管廊建设管理主要任务提出要求：一是明确各试点区目标任务，试点项目按照属地化原则由区负责前期审批及具体推进。二是市规土局负责制定将地下综合管廊建设纳入相关地块的土地成本认定、出资操作办法，解决综合管廊建设资金渠道问题；指导各试点区的规划土地管理部门做好规划审批工作；结合地下综合管廊布局专项规划的编制，明确结合高压电缆架空线入地建设综合管廊的项目。三是市发展改革委负责出台有偿使用收费标准，明确入廊费和日常维护费的测算依据。四是由市住房城乡建设管理委负责协调消防审批及验收事宜，牵头相关部门协调管线入廊事宜，牵头制定地下综合管廊管理导则，以指导试点区域地下综合管廊规划建设运营管理。五是进一步加大推进力度，成立指导工作组，建立月报、例会制度，试点项目纳入重大工程。六是年内总结经验，做好五年项目滚动规划完善，分解确定2020年100公里建设目标和项目准备。

5月27日，2016年上海市防汛工作会议（电视电话会议）召开。黄融副秘书长主持会议，蒋卓庆副市长出席并讲话。受超强厄尔尼诺事件影响，本市今年防汛形势十分严峻，蒋卓庆副市长强调各级领导干部要充分认清做好防汛工作的艰巨性和重要性，坚决克服麻痹思想和侥幸心理，切实做好“防大汛、抗大灾、抢大险”的各项准备工作，全力确保城市汛期安全运行和群众生命财产安全。在今年的非常时期，要用非常态的措施、非常态的力度，严防死守、严加管控、绝不松劲，确保实现“不死人、少伤人、少损失”的工作目标。会议要求，一是要严格落实防汛责任；二是要加强隐患整改；三是要全力加快设施建设；四是要切实夯实防汛基础；五是要强化部门协调，特别是军地合作；六是要加强宣传，做好信息告知，各区、县要建立健全防汛社会动员机制。市防汛指挥部副总指挥、市住房城乡建设管理委秘书长金晨宣读了《市防汛指挥部、市水务局、市人社局关于表彰2013—2015年度上海市防汛工作先进集体和先进个人的决定》，并颁奖。市水务局做工作报告，市气象局对今年汛期气象形势做分析和预测。

5月30日，市政府召开本市海绵城市建设工作推进会。会上，市住房城乡建设管理委总工程师刘千伟汇报了本市海绵城市建设工作相关情况，临港管委会对临港地区海绵城市试点工作推进情况做介绍。最后，蒋卓庆副市长做重要讲话，指出：上海市被列入国家第二批海绵城市建设试点城市，要按照国家、本市相关要求，做好各项工作。一是完善本市海绵城市建设联席会议工作机制，搭建平台，加强各专业部门对接，统筹协调水务、绿化、交通、建筑与小区等海绵建设内容。二是深化本市海绵城市建设专项规划编制工作。三是完善标准规范，建立本市海绵城市建设项目认定、绩效评价和考评体系。四是明确今明两年重点实施项目，并细化项目实施计划、实施内容、实施主体等。五是推进临港地区试点工作，市有关部门、浦东新区、临港管委会建立试点推进工作机制，落实专人，明确责任。六是建立本市海绵城市专家库。七是多渠道筹措资金，加强政策聚焦和资金统筹，将建设项目纳入部门预算、专项资金等范围。

6月

6月7日，本市召开2016上海绿色建筑国际论坛。市政府副秘书长黄融、市建设交通工作党委书记崔明华出席论坛并致辞。此次论坛主题为“绿色建筑区域化发展”，市住房城乡建设管理委副主任裴晓和来自德国、天津等地专家，围绕绿色生态城区的发展方向、国内外绿色区域化发展经验等方面做了交流。黄融副秘书长对此次论坛的召开予以肯定，并要求相关管理部门因地制宜，强化政策引导、健全标准体系、加强能力建设，加快推进绿色生态城区建设。崔明华书记指出：“十二五”期间上海大力推进绿色建筑和建筑节能，在数量和质量上都取得突破。截至2016年5月底，全市累计落实绿色建筑总面积已近6500万平方米，其中有367个项目获得绿色建筑星级标识，建筑面积达3188万平方米。“十三五”阶段，本市人口总量、土地资源、生态环境约束趋紧，建设绿色生态城区将有利于提升上海绿色生态品质，促进资源集约节约利用，推动城市智慧高效运营，重塑区域发展格局。

6月8日，本市成功举办了“2016年上海市建设工程安全生产月综合创优观摩活动”。活动主会场设在中国建筑第八工程局有限公司承建的周家渡01~07地块，分会场设在南通四建集团有限公司承建的颛桥镇878街坊1/2丘商业项目现场，两会场同时召开了观摩现场会。裴晓副主任要求：要充分认识当前我们安全生产所面临的严峻形势，通过现场观摩使整个行业的从业者能够认清行业改革发展的方向，推动“强化安全发展观念，提升全民安全素质”主题的全面贯彻，并借此推进上海市建设工程在工程安全、质量和文明施工等综合能力方面的显著提升。本次活动同时还在主会场开展了现场安全咨询，针对建设工程安全管理和文明施工等方面问题，向前来观摩的人员进行解答，相关管理机构及建设、监理、施工、设计和咨询等单位共计4500余人参加了观摩活动，取得较好的社会反响。

6月12日，市政府召开专题会议，研究加强本市房地产市场监管工作。会议听取了市住房城乡建设管理委关于“沪九条”实施以来全市房地产市场运行情况的汇报，与会单位进行了交流发言。蒋副市长做重要讲话：一是本市房地产市场调控成效初步显现。表现在价格指数环比逐步收窄，供求关系逐步平稳，中介违规得到遏制。下一步是要对土地交易情况进行研究，合理计算楼面地价，引导正确舆论，相关部门要会央行上海总部、银监部门试行房地产金融审慎监管办法，完善土地出让。二是要对存量房地产交易资金实施监管。先提炼松江试点经验，据此逐步推广。三是继续开展房地产中介和互联网金融的专项整治，整治完成后，要形成法律性的文件。四是要强化金融监管措施。五是要加强部门信息沟通和共享，完善机制。六是对统计区域价格波动大的，进行审批权上收。七是按照国家文件规定会同区县政府，对商办楼改性进行研究，同时相关部门要对代理经租企业的税收优惠问题进行研究。八是研究规范“类住宅”问题。

6月16日，蒋卓庆副市长赴黄浦调研住宅小区综合治理推进情况。蒋卓庆副市长实地踏勘了老西门街道景德里小区卫生设施改造、蒙西小区综合治理推进情况，并召开了专题座谈会。会上，市住房城乡建设管理委通报了全市住宅小区综合治理推进情况，黄浦区对该区治理工作情况和下一步工作考虑进行汇报，半淞园街道、五里桥街道紫荆居委、耀江花园业委会进行了交流发言。最后，蒋卓庆副市长提出要求：一是要善于总结已有经验，形成工作案例积极予以推广。黄浦可以在卫生设施改造、电动车充电安全管理、应急保障机制建设、完善物业收费调价制度形成工作案例，着力长效，形成具有方向性、指导性的操作办法。二是要着力推动小区综合治理的机制建设。要在现有工作基础上，在业主委员会组建换届与成员素质的整体提升、物业收费酬金制的实施、物业管理费的调价机制、用好住宅维修资金、疑似危房的处置上积极探索、有所作为，并不断完善相应工作机制。

6月15日，市政协李逸平副主席、人资环建委孙建平主任等政协委员一行专题调研上海市装配式建筑发展情况，裴晓副主任陪同。调研组在参观了万科翡翠滨江项目现场后组织召开座谈会，裴晓副主任就目前上海市装配式建筑推进机制、政策、技术路径、产业培育及取得的成效做了详细介绍。各市政协委员积极提问，并建言献策。李逸平副主席最后指出：一是装配式建筑不仅提高建筑的质量与效率，更重要的是其对环境保护、节能减排、转型升级都起到积极作用，推进装配式建筑是加快生态文明建设的必由之路。二是近两年市住房城乡建设管理委通过加强顶层设计、市场导向、政策引逼等综合措施，大力推进装配式建筑发展，在全国取得领先，成效显著。希望下一步不断总结经验，更好地推进装配式建筑发展。三是今后市政协将高度关注和支持本市装配式建筑推进工作，各部门要积极配合、齐心协力，以装配式建筑发展加速建筑行业转型升级。

6月20日，市住房城乡建设管理委举行

2016年本市物业管理行业防汛应急演练。邓建平副主任、金晨秘书长出席。此次演练在千阳南路99弄馨越公寓举行，由金晨秘书长任总指挥，演练内容包括队伍集结、地下车库受淹、外墙附属物脱落、屋顶漏水4项防汛应急演练科目。同时，为进一步提升市民安全防范意识，活动通过展板、小区电子公告栏等形式，对防汛避险救灾知识和社区减灾、自救互救技能等方面进行了宣传。最后，邓建平副主任发表讲话，对此次演练活动给予充分肯定，认为达到了检验预案、磨合机制、锻炼队伍以及宣传教育的目的，并提出四点要求：一是要提高认识、加强领导、明确责任；二是要建章立制、完善预案、强化落实；三是要集中指挥、信息联动、快速反应；四是要未雨绸缪、查摆问题、落实整改，全力确保今年本市物业行业安全度汛。市应急办、市防汛办，委物业处、应急保障处，市物业中心、市物业管理行业协会、各区县房管局、房地集团、市物业管理行业会员单位等单位和部门代表100多人参加了观摩。

6月23日至26日，住房城乡建设部稽查办副主任韩煜率2016年全国工程质量治理两年行动监督执法检查第七检查组，就本市工程质量治理两年行动工作开展情况进行了为期4天的督导检查。裴晓副主任陪同检查。检查组一行通过实地查看、检查资料、现场问答的方式随机对张江中区C-2-4地块新建项目、2大型居住社区浦江基地六期C块经济适用房项目等6个住房及公共建筑项目进行了抽查。本次督查涉及浦东、闵行、金山、崇明4个区县，重点检查在建项目在贯彻落实工程质量安全、市场经营行为管理法律法规和标准规范等情况。最后，检查组肯定了上海在落实全国工程质量治理两年行动、质量安全监管、市场行为治理及加强社会舆论宣传、促进建筑业转型升级等方面取得的明显成效，并对下阶段工作提出三点要求：一是建设管理部门在面对建筑市场存在的问题，要严抓不懈，持之以恒；二是要继续深入排查工程安全质量隐患，更好地发挥质量安全监管部门的作用；三是对检查中发现的问题及提出的整改意见，相关单位要能够举一反三，按时、不折不扣地完成。

6月29日，市住房城乡建设管理委修订发布《上海市建筑节能和绿色建筑示范项目专项扶持办法》(沪建建材联〔2016〕432号)，进一步培育和发挥示范项目引领作用，着力提升本市绿色建筑和装配式建筑发展能级。绿色建筑方面，针对高星级运营标识项目予以补贴，鼓励绿色建筑运营标识发展。装配式建筑方面，补贴范围由住宅项目拓展到公共建筑；在全国率先开展先行先试，适度提高示范项目预制率、装配率标准，提出创新技术应用要求。建筑节能方面，对既有建筑节能改造能效提出要求；鼓励建筑外窗和外遮阳节能改造；推动可再生能源与建筑一体化、立体绿化、建筑节能管理服务等绿色建筑和节能产业发展。

市住房城乡建设管理委发布《上海市绿色建筑发展报告(2015)》(以下简称《报告》)，本市绿色建筑指数排名居全国首位。《报告》在综述国内外发展形势及上海发展现状的基础上，介绍了新建绿色建筑、既有建筑节能改造、装配式建筑和建筑信息化方面的政策法规和工程应用，系统客观地展现了2015年上海地区绿色建筑行业发展全貌。《报告》将为致力于绿色建筑发展的企事业单位和从业人员提供全面参考，进一步促进管理、研发、规划、设计、产业、教育等全行业互动，在更大范围内推动本市绿色建筑的实践与发展。另据中国建筑节能网统计，2015年上海共获得38项绿色建筑三星级设计标识、64项绿色建筑二星级设计标识和18项绿色建筑一星级设计标识，以43.8的绿色指数荣登标准排名2016年中国十大绿色建筑城市排行榜首位，北京、深圳以18.3和17.6的绿色指数分列二、三位。

7月

7月6日晚8点，国家防总召开防御1号“尼伯特”台风异地视频会议，蒋卓庆副市长在分会场出席。会议听取了关于今年1号台风预测和发展影响情况的汇报，福建、浙江、江苏、江西、安徽、上海防汛指挥部领导随后汇报发言。蒋卓庆副市长对本市全面落实防汛防台责任制、全面应对流域性大洪水、全面落实检查防台风工作、努力减轻台风暴雨带来城市积水影响和切实保障城市正常运行五方面工作进行了介绍。会议最后，国家防总副总指挥、水利部部长陈雷强调了“尼伯特”台风的发展态势和所带来的灾害分析，同时宣布6日22时启动防台风2级响应，派6个工作组赴五省一市指导应对台风工作，并要求做好八方面工作：一是加强组织、落细落实防汛责任；二是强化监测预报，及时发布预警信息；三是坚持以人为本，做好转移避险工作；四是开展全面排查，坚决消除安全隐患；五是强化工作举措，全力抵御太湖洪水；六是强化调度管理，确保水库调度安全；七是严防山洪灾害，强化防止地质灾害；八是密切协调配合，发挥防灾合力。按照国家防总视频会议精神和会后蒋卓庆副市长讲话要求，市住房城乡建设管理委高度重视1号台风“尼伯特”应对工作，并切实部署今年防汛防台各项工作，重点做好建筑工地塔吊锁定、脚手架加固、停工和人员转移，居民小区积水抢排、房屋筑漏，玻璃幕墙安全检查，燃气正常供应，防汛值守和汛情通报等，以全力确保本市安全度汛。目前，各项工作已按《市住房城乡建设管理委防汛防台应急预案》要求有序展开。

7月10日，市住房城乡建设管理委检查防汛防台工作落实情况。为进一步贯彻习近平总书记、李克强总理关于防汛工作的重要批示，切实落实杨雄市长在7月9日市防汛指挥部视频会议上提出的工作要求，由顾金山主任、金晨秘书长带队，聚焦住宅小区、在建工地等防汛防台重点，对防御台风“尼伯特”的情况进行了再检查、再布置。检查过程中，顾金山主任针对物业小区地下车库排水和挡水功能提升等情况提出了整改要求，并和静安、黄浦等区领导及相关部门负责同志对防汛防台工作进行了交流。同时，顾主任对进一步做好居住小区、旧改征收基地、建设工地等防汛防台排水工作做了具体指导。

7月11日，市政府召开本市城市综合管理推进领导小组工作会议。会上，市住房城乡建设管理委汇报了2016年上半年拆违和生态环境综合治理工作情况及下半年工作打算，市绿化市容局汇报了关于进一步补齐本市市政市容管理短板、全面提升市容市貌环境整体水平三年行动计划和关于进一步加强本市建筑垃圾全程管理工作意见，市规划国土资源局汇报了关于加强土地执法监管和长效机制建设的若干意见。蒋卓庆副市长做重要讲话：一是对于生态环境综合治理工作，要求充分利用现有的大好形势，确保完成今年初确定的整治任务和总量要求，研究、排摸、梳理出下一步的工作对象，重点是解决城郊接合部的“老大难”问题和高压线、轨交、高速公路沿线、河道两侧的突出问题。二是对于违法用地整治后的规划编制工作，原则上采取区自己优化规划，在过程中，及时与市相关部门做好沟通。三是对于建筑垃圾管理工作，各区县应尽快核查去向问题，特别是跨省市的处置情况；要落实拆房垃圾和装修垃圾的全量、全覆盖申报，尽快建立中转分拣体系；有转运码头的区、县要守土有责、加强监管，拆房垃圾和装修垃圾原则上只能属地消纳，无法自行消纳的，要实行付费补偿；要尽快研究渣土运输的卸点付费机制。

7月19日，市住房城乡建设管理委组织召开《2016上海市建筑信息模型技术应用与发展报告》发布会，这是上海第一本由政府部门权威发布的关于BIM技术应用与发展的报告，本市相关管理部门、协会、咨询单位、设计院、建设单位、施工企业近20家单位参与了编写工作。该报告着重对本市BIM技术应用推广组织体系、政策环境、试点培育、能力建设和宣传培训等情况进行了梳理，旨在总结本市BIM技术应用成熟经验，提出未来BIM技术应用推广的机遇、挑战，并给出对策建议。

7月19日，由上海市建设交通工会、上海市物业管理行业协会共同主办、上海徐房集团协办的2016年度上海市物业管理行业岗位练兵比武大赛物业管理员演讲决赛暨颁奖大会成功举行。市建设交通工作党委副书记田赛男、市住房城乡建设管理委副主任邓建平、市总工会基层工作部及市住房城乡建设管理委有关部门、建设交通工会、物业管理协会等有关领导出席大会并为获奖者进行颁奖。2016年度上海市物业管理行业岗位练兵比武大赛得到了会员单位的广泛响应，活动历时2个月，先后举办了9场预赛和水电工、维修电工的决赛。市建设交通工作党委、市总工会及市住房城乡建设管理委领导对本次大赛高度重视，上海徐房集团、上海徐汇区房地产职业技术培训学校、上海西南工程学校也给予了大力支持。市建设交通工作党委副书记田赛男在会上发表重要讲话，对物业管理行业比武大赛进行了充分肯定，并希望行业协会把岗位练兵比武大赛作为提高物业管理行业职工素质的长效机制坚持下去，每年有重点有内容有创新，提升重点岗位技能，建立人才培养长效机制，在传承劳模精神的同时，紧跟时代主旋律，传递物业行业的正能量，推进物业行业的发展。

7月20日上午，《上海手册》国际修编委员会会议在上海顺利举行，会议宣布《上海手册》2016版正式定稿。该手册由联合国、国际展览局、中国住房和城乡建设部、上海市人民政府四方共同主编，从社会融合与包容性城市、经济发展与创新城市、绿色低碳与弹性城市、文化传承与创意城市、公共服务与宜居城市5个领域出发，对全球城市化进程中的可持续发展优秀案例予以提炼和总结，旨在为不同类型城市发展提供借鉴和具体建议。2016年10月，每20年举办一次的联合国住房和可持续城市发展会议（“人居三”大会），将在厄瓜多尔首都基多召开，《上海手册》2015版作为会议文件亦将在大会上正式发布，并向全球推广。《上海手册》2016版同2011版一样，是联大对“世界城市日”工作进行评估的重要附件，上海愿以《上海手册》修编和世界城市日为平台，与联合国人居署、国展局等机构进一步深化合作，为推动全球城市化进程做出积极贡献。联合国副秘书长、人居署执行主任华安·克劳斯，上海市副市长蒋卓庆，住建部财务外事司副司长李礼平，上海市住房和城乡建设管理委主任顾金山，同济大学副校长伍江及《上海手册》修编团队领衔专家等出席了此次会议。

7月下旬，市建设交通工作党委领导慰问高温一线职工。出梅以来，本市连续拉响高温预警，气温高达39摄氏度以上。带着对冒着高温酷暑始终坚守在建设交通行业一线岗位上的广大职工的关心和牵挂，市建设交通工作党委领导深入基层，给一线职工送去了“清凉”和慰问。7月27日上午，崔明华书记赴中建东孚公司投资建设、中建八局上海公司总承包施工的中建广场项目，看望并慰问工地一线的八局员工。崔书记先后与总承包单位的工友、管理人员代表和建设单位的管理人员代表一一握手，叮嘱大家避开高温施工操作，注意劳逸结合，确保安全生产和身体健康。崔书记同时要求各级党组织、工会组织采取切实措施，关心关爱员工，保证一线员工的身体健康。7月26日上午，顾金山主任赴“12319”上海城建热线服务中心，慰问热线一线话务员、夏令热线记者及志愿者，并送上慰问品，感谢他们热情耐心接听市民来电，受理并督促解决百姓生活当中的“急、难、愁”事。市建设交通工作党委秘书长袁筱英、党办主任黄熊、建设交通工会主任刘选游、市住房城乡建设管理委质量安全监管处处长朱建纲等参加慰问活动。

7月27日，市政府召开贯彻《关于本市贯彻落实生态文明建设责任制的实施意见》、加快推进实施河道水环境治理责任制会议，总结2016年上半年本市水环境治理工作进展，全面部署下阶段水环境治理重点工作。会议由市政府副秘书长孙继伟主持，蒋卓庆副市长和陈寅副市长出席会议并讲话。会议听取了关于《上海市水污染防治行动计划实施方案》进展情况，河道治理责任制、建成区黑臭水体治理和污水治理工作进展情况的汇报。青浦区政府、闵行区政府、虹口区建管委和嘉定区江桥镇政府分别进行了交流发言。会上，陈寅副市长指出：一是要充分认识新形势，加强工作的紧迫感。二是要压实责任，狠抓落实，着力构建各方参与的治理格局。三是要坚持党政同责，一岗双责，全面落实水环境治理责任制；要学习兄弟省市实行“河长制”的经验，进一步扩大青浦、闵行的试点效应。蒋卓庆副市长肯定了今年以来全市各区、各部门治水工作取得的积极成效，并对下阶段工作提出了三点意见：一是坚持水岸联动，区域联动，加快推进河道整治。重点是推进黑臭河道整治工作，深入推进“五违四必”区域的治水工作。二是坚持厂网同步，泥水同步，加快推进城镇污水处理厂改造。三是坚持远近结合，统筹兼顾，加快推进治水工作。要加快建设苏州河雨水调蓄池和太湖流域吴淞江工程等。市住房城乡建设管理委、市发展改革委、市经济信息化委、市农委、市交通委、市规划国土资源局分管负责人，各区、县政府分管负责人等参加了此次会议。

8月

8月8日，2016年“夏令热线”正式闭线。截至上午，“12319”热线共接到市民来电9.99万个，较去年同期上升12%，市民关注热点依旧集中在违法建筑、无序设摊等城市“顽症”和“短板”上。当日，市建设交通工作党委书记崔明华赴“12319”热线现场，接听了市民有关工地扬尘、装修破坏承重墙等问题的来电，接受媒体专访并做闭线点评。崔明华书记表示：今年“夏令热线”总体呈现了“来电稳中略升、热点问题不变、公众参与踊跃”三个特点，给本市城市管理工作带来了很多新启示。下一步，将继续聚焦民生需求，大力推进重点区域环境综合整治、住宅小区综合治理、道路“缓拥堵”、公交“优品质”等城市管理“补短板”工作，切实为市民群众解决与其利益相关的“急难愁”问题。

8月15日，市住房城乡建设管理委组织召开2016年上半年建设工程质量安全巡查工作会议。会议要求：我们必须认清形势，加强政府监管，全面履行质量安全责任，进一步落实好质量安全防范措施。一是要以深入推进工程质量治理两年行动为契机，有效地组织开展好市、区巡查执法工作，全面落实工程建设五方主体及项目负责人质量安全责任，加大对违法违规行为处罚力度，加大舆论宣传和曝光力度。二是各单位要统筹谋划，总体布局，推动建筑施工质量安全专项整治工作与打非治违，继续推进实施住宅工程质量常见问题专项治理，开展专项治理示范工程创建活动。三是要大力推行工程质量管理标准化，推进质量行为管理标准化和工程实体质量控制标准化。四是积极推进建筑施工安全监管规范化建设，重点强化建筑起重机械、高支模、深基坑等风险隐患突出的重点领域，深入开展施工安全检查和专项整治。

8 月 16 日，市委、市政府召开市住宅小区综合治理年中工作推进会。市委副书记应勇、副市长蒋卓庆、市委副秘书长诸葛宇杰出席。会议听取了市住房城乡建设管理委主任顾金山关于今年以来相关工作推进情况的通报，并布置下半年任务。浦东新区、闵行区江川路街道、黄浦区半淞园街道耀江居委会等做了交流发言。蒋卓庆副市长回顾了近期工作取得的成效，要求在下阶段工作中加快解决民生问题，积极优化小区环境，切实消除安全隐患，着力改善物业服务，加快推广成功经验。应勇副书记传达了韩正书记在十届市委十二次全会上对本市住宅小区综合治理工作的指示：“基层社会治理创新的成效，最终要落到切实解决老百姓关心的急难愁问题。今年要重点抓好住宅小区综合治理，这是群众反映最突出、感受最直接的难题。现在目标任务责任都已明确，要扎实工作，在老旧电梯安全评估、违法建筑和群租整治、老旧住房综合改造等方面协同用力，抓出成效，让老百姓‘眼睛一亮、为之一振’”。应勇副书记提出两点要求：一是再接再厉，全面完成今年住宅小区综合治理各项任务。要进一步落实责任，抓住突出问题，增强合力，确保各项任务如期完成。二是建立健全长效机制，进一步创新社会治理、加强基层建设。要进一步完善居民区治理架构，重视做好业委会组建、业委会的规范运作和业委会与物业公司的党建工作。进一步发挥业委会组织业主自我管理的重要作用，推动和帮助物业公司不断提高物业管理和服务水平。进一步健全共治自治机制，切实提高综合治理能力水平。进一步完善街道机构改革后的运行机制和工作秩序，健全住宅小区综合执法模式，推进房管等相关职能部门管理力量下沉。

8 月 18 日，本市召开 2016 年度市政市容管理工作年中推进会，总结上半年工作，部署下半年重点任务。会议由市市政市容管理联席会议办公室副主任邓建平主持，市市政市容管理联席会议办公室主任顾金山、常务副主任陆月星出席会议并发表讲话。顾主任对相关工作提出三个要求：一是提升认识，开拓市政市容管理工作新局面；二是条块联动，充分发挥联席会议平台新动能；三是创新工作方式方法，营造补短板、惠民生的良好氛围。会议同时强调了三方面重点工作：一是做好以 G20 峰会为主的重大活动保障工作，重点是治理扬尘和垃圾问题；二是以市政市容“五乱”问题治理为重点开展“补短板”，主要是加强对乱设摊和乱设广告的治理工作；三是进一步巩固市容环境责任区和网格化管理等长效机制的建设。各区市政市容管理联席会议办公室负责人及市级相关单位部门负责人出席了此次会议。

8 月 19 日，市住房城乡建设管理委召开 2016 年度住宅建设实事立功竞赛工作会议，部署分赛区调整和先进集体、个人创建工作。2016 年度住宅建设立功竞赛设置了 16 个区级分赛区、绿色建筑和装配式建筑分赛区、住房保障分赛区、房屋运营管理分赛区，旨在鼓励企事业单位和职工坚持创新引领，推动建筑行业转型发展；坚持为民惠民，提高住房民生保障水平；坚持补齐短板，打造安全宜居的生活环境。裴晓副主任出席了会议并指出：住宅建设立功竞赛一是要牢牢把握时代精神，确保活动主题契合行业发展的新形势、新要求。二是要加强部门间联动，形成工作合力，筑牢房屋安全底线。三是要聚焦重点，确保市政府实事项目等年度目标顺利完成；突出竞赛亮点，不断提升绿色建筑和装配式建筑发展能级，积极推广新技术、新材料、新工艺应用，促进建筑垃圾减量化、无害化、资源化。

8月19日，市住房城乡建设管理委召开反恐工作专题会议。会议传达了国家反恐办视频会议精神，并介绍了《宣传教育月活动方案》。王以中巡视员传达8月16日上海市反恐办会议精神，并就开展好宣传月活动和做好G20峰会期间委系统的相关保障工作做具体部署。委相关处室和事业单位分别汇报了本部门、本单位近期就G20峰会保障工作开展的相关检查活动和下一步工作具体措施。最后，金晨秘书长强调：一是各部门、各单位对反恐工作要高度重视，扎实推进本行业、本单位的反恐防范宣传教育活动；二是结合行业管理特点，要依托日常工作渠道，加强隐患排查整治，进一步做好重点领域的安全防范。

8月24日，韩正、应勇、尹弘、蒋卓庆等市领导赴市建设交通工作党委、市住房城乡建设管理委调研住房保障工作。顾金山同志汇报了“十二五”期间本市住房保障体系运行基本情况、当前面临的形势、进一步深化完善本市住房保障体系的初步设想和有关建议。韩正同志在讲话中充分肯定了前期住房保障工作取得的成绩，针对下一步工作，他要求：继续坚持“两个体系”“三个为主”“四位一体”，综合施策，多措并举，加强房地产市场宏观政策研判，深化房源建设和供应政策机制，健全实物和货币补偿相结合的保障方式，着力提高资源利用效率，让更多市民和保障对象能够享受到住房发展带来的成果。

8月30日，本市召开2016年道路照明管理行业工作会议。邓建平副主任、王以中巡视员出席。会上，市综管中心通报了本市道路照明管理工作情况，并布置了2016年工作任务；路灯综合利用小组介绍了本市道路照明灯杆综合利用情况；浦东新区、静安区等各区建设管理委分别做了交流发言。会议最后，邓建平副主任提出了加强本市照明管理工作的三点意见：一是立足当前、着眼长远。充分认识做好道路照明管理工作的重要性、紧迫性和艰巨性。各道路照明管理部门和有关单位要围绕年初确定的工作要点，以确保道路照明安全运行为目标，全面推进各项工作任务，为进一步推进道路照明体制改革奠定基础。二是以体制改革为契机，推进道路照明管理工作上新的台阶。要围绕新一轮城市总体规划编制，统筹本市道路和公共区域照明的特点和需求，完善法规和标准、依托信息化手段，建立长效机制，推进本市道路照明协调、有序发展。三是分工协作、增强合力，做好道路照明下一阶段工作。在取得现有成效的基础上，进一步统一思想、提高认识、密切协作，继续做好区属设施量移交、照明灯杆综合利用、照明投诉等工作。委设施管理处、综合计划处，市城市综合管理事务中心、市路政局、各区建设管理委（浦东新区环保市容局）、市电力公司、路灯管理中心、灯杆综合利用小组的负责人出席了本次会议。

9月

9月，蒋卓庆副市长主持召开黄浦江两岸公共空间贯通工作推进会议。黄融副秘书长，市住房城乡建设管理委、市发展改革委、市规土局、市交通委等部门负责人参加。会议研究并讨论了当前黄浦江两岸公共空间建设的难点及下阶段工作任务。黄融副秘书长针对各部门讨论和发言指出：年底要实现两岸贯通总体规划方案的“公布”，同时要结合贯通工作的推进研究落实开放区域的属地化管理。蒋卓庆副市长要求：在推进完成今年10公里贯通工作的基础上，各部门要全面完成各项前期准备工作，在年底实现“市委动员会的顺利召开”和“统一规划方案的发布”。同时，蒋卓庆副市长对近阶段工作进行具体部署：一是要在四季度公布两岸贯通总体规划方案；二是对越江隧道建设、慢性交通完善、公交导入等工作提出明确要求并协调推进；三是加强对动迁工作及项目审批的协调；四是对贯通工作的瓶颈和障碍进一步梳理并形成细化工作方案，做好年底市委动员会的各项准备工作。

9月，市住建委召开2016年度住宅建设实事立功竞赛工作会议，部署分赛区调整和先进集体、个人创建工作。2016年度住宅建设立功竞赛设置了16个区级分赛区、绿色建筑和装配式建筑分赛区、住房保障分赛区、房屋运营管理分赛区，旨在鼓励企事业单位和职工坚持创新引领，推动建筑行业转型发展，提高住房民生保障水平，打造安全宜居的生活环境。

9月，市建设交通工作党委制定印发《关于建立党委巡察工作制度的意见（试行）》，结合建设交通系统工作实际，细化落实中央巡视工作条例和市委实施办法，加强与市委巡视工作联动，强化党内监督，进一步落实好市委关于大口党委“把好方向、建好机制、管好队伍、担起责任”的工作要求，推动全面从严治党向基层延伸。《意见》明确巡察工作的指导思想、基本原则和5年内确保对每家委属事业单位至少巡察一次的工作目标。加强组织领导，健全党委、党委巡察工作领导小组及办公室、党委巡察组的组织架构和工作职责，明确党委研究决定巡察工作整体安排、阶段任务、巡察成果运用和其他重要事项；党委巡察工作领导小组负责组织实施巡察工作，组长由党委分管巡察工作的领导担任；党委巡察工作领导小组办公室为日常办事机构，设在组织处；党委巡察组，承担具体巡察任务。明确巡察重点、巡察方式和巡察组职责权限，要求巡察组以适当方式到被巡察单位的下属单位、管理服务对象、业务合作部门等了解情况，对副局级单位的巡察时间不少于20个工作日，对处级单位的巡察时间不少于15个工作日。规范巡察工作程序，对巡察前期准备、进驻巡察、意见反馈、督促整改等工作流程和时限做出具体规定，对问题线索移交、巡察成果运用、巡察工作纪律等提出明确要求。近日，市建设交通工作党委召开巡察工作动员培训会，正式启动巡察工作试点，目前已组建2个巡察组，对2家委属事业单位开展巡察。

9月，由市绿化市容局组织，市园林科学规划研究院、崇明东滩鸟类国家级自然保护区管理处主要参与规划编制的“崇明东滩鸟类国家公园”完成向国家林业局的申报工作。本次国家公园规划主要范围涵盖现有东滩鸟类国家级自然保护区与东滩湿地公园。规划结合保护区、湿地公园及周边环境现状，合理规划功能分区，制订保护、科研、教育、游憩等系列实施方案，以期在有效保护区域生态环境的基础上，合理处理生态环境保护与资源开发利用关系，实现生态资源的优化利用与生态效益的最大化。

10月

10月8日，市住房城乡建设管理委召开专题会议，研究落实本市新建全装修住宅建设管理相关工作。会议明确：本市从2017年

1月1日起，外环线以内城区新建商品住宅（三层及以下的低层住宅除外）实施全装修比例达到100%，除奉贤、金山、崇明外其他地区达50%；公租房、廉租房实施全装修比例应达到100%；动迁安置房、共有产权房率先推行“大开间”可变户型建造体系。顾金山主任在会议中指出：推进全装修住房建设，是深化装配建筑发展、促进建筑行业转型升级的重要途径，是从源头减少垃圾排放、降低扰民的有效措施，更是提升住宅使用性能和品质的必然选择。顾金山主任强调：加大全装修住宅推进步伐是大势所趋。下一步工作，一是根据职能分工梳理流程，建立从土地出让、建设管理、竣工验收到交付使用的闭环监管机制；二是强化建设单位、设计、施工、监理、材料供应等各方主体责任，要实行“差别化管理”、严惩违规单位，并培育提升社会“第三方机构”的监管力量和能力；三是抓紧修订并完善全装修和“大开间”住房的各项技术规范和标准，促进建筑、装修一体化设计及相关产业链的形成；四是各相关部门要分解目标，年底前做好各项准备工作，确保明年全装修住宅建设管理目标任务全面落实。裴晓、于福林副主任，各相关处室和事业单位负责人参加了此次会议。

《上海市燃气发展“十三五”规划》正式出台。《规划》包括“‘十二五’期间本市燃气发展的基本情况”“‘十三五’期间燃气行业面临的形势”“本市燃气行业发展思路”“‘十三五’燃气行业发展目标”“主要任务”“重点工程建设”和“保障措施”7个部分，提出了10个主要任务，即提高供应保障能力、优化管网运行能力、形成多种储备格局、开拓下游市场、推进液化气行业转型、完善城乡供应体系、推进智能气网建设、提升产业科技水平、完善行业体制机制和形成多方位政府监管系统。此外，《规划》还立足“改革、安全、创新、绿色、城乡、区域”六大发展战略，提出了7个行业发展目标，旨在确保燃气安全服务和供应，促进本市燃气行业安全、清洁、高效、可持续发展。

第十五届中国国际住宅产业暨建筑工业化产品与设备博览会（简称中国住博会）于10月中旬在北京成功举办，其间住建部组织召开全国装配式建筑推进工作座谈会，上海市作为优秀试点城市代表做交流发言。10月13日上午，裴晓副主任在展会开幕见面会上介绍了上海市近年来装配式建筑发展情况和经验。本次住博会上海展区，采用了“政府搭台、企业唱戏”组织模式，以“创新引领产业升级，绿色协调智慧发展”为主题，包含政府发展历程推进机制展示、优秀企业展示、装配式建筑项目展示及互动体验等内容，充分展现了上海市推进装配式建筑发展优秀成果及发展能级。住建部总工陈宜明、节能科技司司长苏蕴山、部科技产业发展中心主任冯忠华、副主任文林峰作为特邀嘉宾出席了上海展区《上海市装配式建筑2016—2020年发展规划》现场发布会，《规划》及展示内容获得了住建部领导、参会各方的高度关注和充分肯定。

10月17日，市住房城乡建设管理委召开本市老旧住房修缮改造暨老旧住房安全隐患处置四季度工作推进会。会议听取了近期年度工作进展情况的汇报，部署2016年四季度收尾工作和2017年计划上报，相关区房管局汇报年度任务目标收尾计划。最后，裴晓副主任强调：一是要把旧住房修缮改造工作的实事干好，让老百姓有获得感。要结合各区典型案例不断完善标准，在实施过程中充分尊重居民意见，提高群众工作水平。二是要高度重视老旧住房安全隐患处置工作。安全是必须牢牢守住的四条底线之一，要科学界定老旧住房安全性，确保人民群众生命和财产安全；各区要细化任务、分解责任，确保完成今年市、区签约责任目标，在工作中要对特别危险房屋和特别困难群体采取特别措施。三是要科学制定计划目标。要严格计划管理，把计划分解到街镇，并明确相应的时间节点计划，细化工作措施，争取圆满完成年度工作任务。

10月18日，市政协召开“健全住宅物业管理法规和规章”专题协商会，副市长蒋卓庆、市政协副主席李逸平出席。会议由李逸平副主席主持。会议中，蒋卓庆副市长充分肯定了《上海市住宅物业管理规定》修订实施五年来所取得的积极成效，表示本市住宅小区综合治理工作取得了阶段性成果，并对修订完善住宅物业管理法规规章工作提出六方面考虑：一是进一步完善住宅小区综合管理的体制机制；二是进一步完善业主自我管理的相关规则；三是进一步加强对违规使用物业行为的惩戒；四是进一步加强对住宅小区乱停车行为的处置；五是进一步解决物业服务价格和建设单位产权车位停车收费矛盾；六是进一步明确小区内水电气设施产权归属和管养责任。市政协常委孙建平等11位委员就下阶段健全住宅物业管理法规规章的问题积极建言献策，主要针对赋予业委会法律主体资格、培育和发展社会中介组织参与物业管理事务等物业管理领域当前焦点问题提出了相关观点。蒋卓庆副市长对市政协委员的建言做回应性讲话，表示将在修订完善《规定》、进一步加强住宅小区综合治理和改进物业管理的工作中对市政协、政协委员的意见建议予以借鉴落实，并将在积极推动修订完善立法的同时，着力思考并做好加快解决民生突出问题、加快优化小区环境、切实消除安全隐患、着力创新改善服务机制、促进形成社会共治合力5个方面的工作。

10月25日，住房城乡建设部、市住房城乡建设管理委组织专家对崇明“国家可再生能源建筑应用示范县”工作进行验收。专家组一致认为崇明的示范工作取得了良好的社会效益，示范任务圆满完成。经过近几年的推进落实，目前，崇明区已完成可再生能源建筑应用示范项目19个，总应用面积53.36万平方米（超额40%完成了示范任务），其中：太阳能光热示范项目11个，应用面积36.42万平方米；地缘热泵示范项目8个，应用面积16.94万平方米。

11月

住房城乡建设部组织专家对本市“虹桥商务区核心区”和“南桥新城”2个国家绿色生态示范城区（全国共13个）进行考核评估。专家组在听取汇报并实地考察了2个示范城区的整体开发、实施进程、设施运营、管理组织、政策措施以及社会、经济、生态效益等情况后，对本市的国家绿色生态示范城区建设工作给予了充分肯定。专家组认为，本市的国家绿色生态城区“因地制宜、各具特色、进展顺利、印象深刻，推进工作非常出色，很有成效，为上海乃至全国的绿色生态城区建设和绿色建筑发展做出了贡献”；不断总结和提炼已有的成功经验，在国家绿色生态示范城区建设以及城市更新等方面得到进一步推进及完善，提升了示范城区建设和管理水平，加快了建设生态城市、宜居城市，引领全国。

12月

12月15日，市建设交通工作党委、市住房城乡建设管理委组织召开2017年两委机关务虚会。会议由崔明华书记主持，顾金山主任总结本市2016年住房和城乡建设管理领域工作，并提出2017年工作思路。顾主任强调做好明年工作要牢牢抓住“一个”着力点（以加强城市综合管理为着力点），突出强化安全稳定和政府职能转变“两方面”意识，全力以赴打好保障和改善民生、城乡建设协调发展和行业改革创新转型“三场”攻坚战；同时指出必须坚持稳中求进、坚持以人民为中心，抓早、抓实、抓长效，确保明年工作优质高效完成。崔明华书记充分肯定2016年两委各部门取得的工作成效，并对2017年工作提出了要求：一是要突出抓重点、抓关键，下功夫全面提高城市建设管理现代化水平；二是要全力补短板、破难题，切实解决好影响改革创新、协调发展的问题瓶颈；三是要扎实抓服务、惠民生，努力把增强群众获得感贯穿于各项工作始终。两委领导、机关处室负责人和直属单位党政领导参加了会议。会上，两委领导分别对分管工作做了汇报，部分处室负责人和直属单位领导进行了交流发言。

上海市住房和城乡建设管理文件选编目录

一、综合管理

1. 住房城乡建设部印发《住房城乡建设部关于在住房城乡建设系统开展法治宣传教育的第七个五年规划（2016—2020年）》的通知

2. 国家发展和改革委员会印发《关于加快推进国家“十三五”规划〈纲要〉重大工程项目实施工作的意见》的通知

3. 关于融资担保机构支持重大工程建设的指导意见

4. 国家发展改革委办公厅、工业和信息化部办公厅、住房城乡建设部办公厅、交通运输部办公厅、水利部办公厅、商务部办公厅关于深入开展2016年国家电子招标投标试点工作的通知

5. 最高人民法院、国家发展改革委员会、工业和信息化部、住房和城乡建设部、交通运输部、水利部、商务部、国家铁路局、中国民用航空局关于在招标投标活动中对失信被执行人实施联合惩戒的通知

6. 上海市住房和城乡建设管理委员会关于印发《上海城乡建设和管理“十三五”信息化发展规划纲要》的通知

二、城乡规划和土地管理

1. 国家发展改革委等关于公布第三批国家新型城镇化综合试点地区名单的通知

2. 国务院关于深入推进新型城镇化建设的若干意见

3. 国家发展改革委办公厅、中央网信办秘书局、国家标准委办公室关于组织开展新型智慧城市评价工作务实推动新型智慧城市健康快速发展的通知

4. 住房城乡建设部关于印发全国风景名胜区事业发展“十三五”规划的通知

5. 中国传统村落警示和退出暂行规定（试行）

6. 住房城乡建设部办公厅关于印发《历史文化街区划定和历史建筑确定工作方案》的通知

7. 住房城乡建设部关于废止注册城市规划师注册登记办法的通知

8. 住房城乡建设部关于修改《城乡规划编制单位资质管理观定》的决定(2016)

9. 住房城乡建设部关于印发海绵城市专项规划编制暂行规定的通知

10. 国土资源部关于发布《石油天然气工程项目用地控制指标》的通知

11. 上海市规划和国土资源管理局关于印发《上海市控制性详细规划技术准则（2016年修订版）》的通知

12. 上海市人民政府关于印发《上海市推进智慧城市建设“十三五”规划》的通知

13. 上海市管线工程规划管理办法

三、房屋管理

（一）物业管理

1. 上海市住房和城乡建设管理委员会关于发布《上海市住宅小区电动自行车停车充电场所建设导则（试行）》的通知

2. 上海市住房和城乡建设管理委员会关于加强本市住宅专项维修资金续筹工作的通知

3. 上海市住房和城乡建设管理委员会房屋修缮改造和安全监督处关于进一步加强本市旧住房综合改造切实改善市民群众居住条件的通知

4. 上海市人民政府办公厅转发市住房城乡建设管理委关于加强本市大型居住社区配

套建设管理实施意见的通知

5. 上海市人民政府批转市住房城乡建设管理委关于进一步贯彻实施《上海市住宅物业管理规定》若干意见的通知

（二）房地产登记和交易

1. 司法部关于废止《司法部　建设部关于房产登记管理中加强公证的联合通知》的通知

2. 财政部、国家税务总局、住房城乡建设部关于调整房地产交易环节契税营业税优惠政策的通知

3. 住房城乡建设部、国家发展改革委、人力资源社会保障部关于修改《房地产经纪管理办法》的决定 (2016)

4. 住房城乡建设部等部门关于加强房地产中介管理促进行业健康发展的意见

5. 住房城乡建设部关于进一步规范房地产开发企业经营行为维护房地产市场秩序的通知

6. 国家发展改革委办公厅、住房城乡建设部办公厅关于开展商品房销售明码标价专项检查的通知

7. 住房城乡建设部关于贯彻落实《资产评估法》规范房地产估价行业管理有关问题的通知

8. 上海市住房城乡建设管理委、市规划国土资源局关于进一步加强本市房地产市场监管促进房地产市场平稳健康发展的意见

9. 上海市住房和城乡建设管理委员会关于印发《上海市房屋权属调查成果管理规定》的通知

（三）住房贷款和保障

1. 上海市公积金管理中心关于中心政策文件中“房地产权证”统一变更为“不动产权证（含原房地产权证）”的通知

2. 关于促进本市房地产市场平稳健康有序发展进一步完善差别化住房信贷政策的通知

3. 上海市共有产权保障住房价格管理办法

4. 上海市政府办公厅关于转发市住房城乡建设管理委等五部门制定的《上海市共有产权保障住房供后管理实施细则》的通知

5. 上海市住房和城乡建设管理委员会关于本市保障性住房项目实施建筑信息模型技术应用的通知

6. 上海市住房和城乡建设管理委员会关于进一步加强本市共有产权保障住房违规违约使用专项整治工作的通知

7. 上海市住房和城乡建设管理委员会关于商品住房项目中配建共有产权保障住房（经济适用住房）预（销）售有关事项的通知

8. 上海市人民政府办公厅转发市住房城乡建设管理委等四部门关于进一步完善本市住房市场体系和保障体系促进房地产市场平稳健康发展若干意见的通知

（四）住宅管理

上海市民政局、中共上海市委组织部、上海市住房和城乡建设管理委员会、上海市公安局、上海市社会建设委员会办公室关于推进居民区联席会议制度规范化建设的指导意见

四、燃气管理

1. 住房城乡建设部关于燃气经营许可证格式有关事项的补充通知

2. 上海市燃气管理条例

3. 上海市人民代表大会常务委员会关于修改《上海市燃气管理条例》的决定

4. 上海市住房和城乡建设管理委员会关于本市各区燃气行政管理部门开展有关燃气行政许可审批事项工作的通知

5. 上海市住房和城乡建设管理委员会关于发布《上海市燃气配套管线工程管理实施细则》的通知

6. 上海市住房和城乡建设管理委员会关于开展本市燃气经营许可延续申报工作的通

知

7. 上海市住房和城乡建设管理委员会关于下达本市2016年度天然气分月计划的通知

8. 上海市住房和城乡建设管理委员会关于印发《关于进一步健全完善区（县）燃气管理体制的工作意见》的通知

五、园林绿化市容环卫管理

1. 住房城乡建设部关于印发国家园林城市系列标准及申报评审管理办法的通知

2. 住房城乡建设部关于印发《城市公园配套服务项目经营管理暂行办法》的通知

3. 住房城乡建设部关于城市园林绿化企业资质标准和燃气燃烧器具安装、维修企业资质管理有关事项的补充通知

4. 上海市人民政府办公厅关于转发市绿化市容局、市发展改革委制订的《上海市绿化市容"十三五"规划》的通知

5. 上海市人民政府办公厅转发市绿化市容局制订的《关于进一步加强本市垃圾综合治理的实施方案》的通知

6. 上海市人民政府办公厅转发市绿化市容局等七部门关于开展本市违法户外广告设施专项整治工作实施意见的通知

7. 上海市环境保护局、上海市绿化和市容管理局关于进一步加强本市生活垃圾焚烧飞灰环境管理的通知

8. 上海市绿化和市容管理局关于深化推进市容环境卫生责任区管理工作的通知

六、环境保护管理

1. 住房城乡建设部等部门关于进一步加强城市生活垃圾焚烧处理工作的意见

2. 国家发展改革委办公厅、财政部办公厅、环境保护部办公厅、住房城乡建设部办公厅关于印发《环境污染第三方治理合同（示范文本）》的通知

3. 中华人民共和国环境保护税法

4. 环境保护部办公厅关于印发水泥制造等七个行业建设项目环境影响评价文件审批原则的通知

5. 国家发展改革委等关于印发《绿色发展指标体系》《生态文明建设考核目标体系》的通知

6. 环境保护部关于发布《企业突发环境事件隐患排查和治理工作指南（试行）》的公告

7. 住房城乡建设部、环境保护部关于印发全国城市生态保护与建设规划（2015—2020年）的通知

8. 财政部、国家税务总局、国家发展改革委关于垃圾填埋沼气发电列入《环境保护、节能节水项目企业所得税优惠目录（试行）》的通知

9. 环境保护部关于公布现行有效的国家环保部门规范性文件目录的公告

10. 环境保护部、科技部关于印发《国家环境保护"十三五"科技发展规划纲要》的通知

11. 环境保护部、住房城乡建设部关于印发《水专项管理暂行办法》的通知

12. 环境保护部关于逃避监管违法排污情形认定有关问题的复函

13. 环境保护部办公厅关于废止《关于进一步推进建设项目环境监理试点工作的通知》的通知

14. 环境保护部关于发布国家环境保护标准《建设项目竣工环境保护验收技术规范 医疗机构》的公告

15. 环境保护部关于发布《建设项目竣工环境保护验收技术规范 涤纶》等三项国家环境保护标准的公告

16. 上海市人民政府关于印发《上海市土壤污染防治行动计划实施方案》的通知

17. 上海市人民政府关于印发《上海市环境保护和生态建设"十三五"规划》的通知

18. 上海市人民政府办公厅转发市绿化

市容局等六部门关于加强本市道路扬尘污染防治实施意见的通知

七、勘察设计管理

（一）建筑设计标准定额

1. 住房城乡建设部关于印发全国建筑设计周期定额（2016 版）的通知

2. 住房城乡建设部关于批准《彩色涂层钢板门窗》等 8 项国家建筑标准设计的通知

3. 住房城乡建设部关于印发 2016 年国家建筑标准设计编制工作计划的通知

4. 住房城乡建设部关于批准《全国民用建筑工程设计技术措施建筑产业现代化专篇——装配式混凝土剪力墙结构住宅设计》等 4 项国家建筑标准设计的通知

5. 上海市住房和城乡建设管理委员会关于批准《城市道路人行道设施设置及铺装通用图集》为上海市建筑标准设计的通知

6. 上海市住房和城乡建设管理委员会关于批准《道路交通标志牌与支撑结构标准图集》为上海市建筑标准设计的通知

7. 上海市住房和城乡建设管理委员会关于批准《排水管道图集》为上海市建筑标准设计的通知

8. 上海市住房和城乡建设管理委员会关于批准《砌体填充墙防裂构造》为上海市建筑标准设计的通知

9. 上海市住房和城乡建设管理委员会关于批准《太阳能热水系统应用图集》为上海市建筑标准设计的通知

10. 上海市住房和城乡建设管理委员会关于批准《装配整体式混凝土构件图集》为上海市建筑标准设计的通知

11. 上海市住房和城乡建设管理委员会关于印发《2017 年上海市建筑标准设计编制计划》的通知

（二）勘察设计其他规范

1. 国土资源部关于地质灾害危险性评估和地质灾害治理工程勘查设计施工监理甲级资质有关事项的公告

2. 住房城乡建设部关于印发装配式混凝土结构建筑工程施工图设计文件技术审查要点的通知

3. 住房城乡建设部关于促进建筑工程设计事务所发展有关事项的通知

4. 住房城乡建设部关于印发《建筑工程设计文件编制深度规定（2016 版）》的通知

5. 住房城乡建设部关于印发绿道规划设计导则的通知

6. 住房城乡建设部关于修改《勘察设计注册工程师管理规定》等 11 个部门规章的决定

7. 住房城乡建设部、工商总局关于印发建设工程勘察合同示范文本的通知

8. 上海市住房和城乡建设管理委员会关于完善本市建设工程总体设计文件征询和施工图设计文件审查工作的通知

八、建筑建材业管理

（一）上海市工程建设规范

1. 上海市住房和城乡建设管理委员会关于批准《彩浆封层铺面应用技术规程》为上海市工程建设规范的通知

2. 上海市住房和城乡建设管理委员会关于批准《超大型钢筋混凝土顶管管节制作、施工及验收规程》为上海市工程建设规范的通知

3. 上海市住房和城乡建设管理委员会关于批准《城市供水管网泵站远程监控系统技术规程》为上海市工程建设规范的通知

4. 上海市住房和城乡建设管理委员会关于批准《城市轨道交通信息模型技术标准》为上海市工程建设规范的通知

5. 上海市住房和城乡建设管理委员会关于批准《城市轨道交通信息模型交付标准》为上海市工程建设规范的通知

6. 上海市住房和城乡建设管理委员会关于批准《城市轨道交通自动售检票系统（AFC）

检测规程》为上海市工程建设规范的通知

7. 上海市住房和城乡建设管理委员会关于批准《城镇污水处理厂污泥厌氧消化技术规程》为上海市工程建设规范的通知

8. 上海市住房和城乡建设管理委员会关于批准《村庄道路建设技术规范》为上海市工程建设规范的通知

9. 上海市住房和城乡建设管理委员会关于批准《道路、排水管道成品与半成品施工及验收规程》为上海市工程建设规范的通知

10. 上海市住房和城乡建设管理委员会关于批准《道路排水性沥青路面技术规程》为上海市工程建设规范的通知

11. 上海市住房和城乡建设管理委员会关于批准《道路隧道机电设备安装工程施工质量验收规范》为上海市工程建设规范的通知

12. 上海市住房和城乡建设管理委员会关于批准《道路照明工程建设技术规程》为上海市工程建设规范的通知

13. 上海市住房和城乡建设管理委员会关于批准《迪士尼度假区场地形成工程技术规范》为上海市工程建设规范的通知

14. 上海市住房和城乡建设管理委员会关于批准《地下连续墙施工规程》为上海市工程建设规范的通知

15. 上海市住房和城乡建设管理委员会关于批准《地质灾害危险性评估技术规程》为上海市工程建设规范的通知

16. 上海市住房和城乡建设管理委员会关于批准《电力黄线规划编制技术规范》为上海市工程建设规范的通知

17. 上海市住房和城乡建设管理委员会关于批准《顶管工程施工规程》为上海市工程建设规范的通知

18. 上海市住房和城乡建设管理委员会关于批准《钢结构制作与安装规程》为上海市工程建设规范的通知

19. 上海市住房和城乡建设管理委员会关于批准《高等学校节能监管系统应用技术规范》为上海市工程建设规范的通知

20. 上海市住房和城乡建设管理委员会关于批准《工程木结构设计规范》为上海市工程建设规范的通知

21. 上海市住房和城乡建设管理委员会关于批准《工业化住宅建筑评价标准》为上海市工程建设规范的通知

22. 上海市住房和城乡建设管理委员会关于批准《公共厕所规划和设计标准》为上海市工程建设规范的通知

23. 上海市住房和城乡建设管理委员会关于批准《公路附属设施养护规程》为上海市工程建设规范的通知

24. 上海市住房和城乡建设管理委员会关于批准《行道树栽植技术规程》为上海市工程建设规范的通知

25. 上海市住房和城乡建设管理委员会关于批准《花坛、花境技术规程》为上海市工程建设规范的通知

26. 上海市住房和城乡建设管理委员会关于批准《基坑工程施工监测规程》为上海市工程建设规范的通知

27. 上海市住房和城乡建设管理委员会关于批准《既有工业建筑民用化改造绿色技术规程》为上海市工程建设规范的通知

28. 上海市住房和城乡建设管理委员会关于批准《建设工程招标代理规范》为上海市工程建设规范的通知

29. 上海市住房和城乡建设管理委员会关于批准《建筑反射隔热涂料应用技术规程》为上海市工程建设规范的通知

30. 上海市住房和城乡建设管理委员会关于批准《建筑施工现场应急预案编制规程》为上海市工程建设规范的通知

31. 上海市住房和城乡建设管理委员会关于批准《建筑信息模型应用标准》为上海市工程建设规范的通知

32. 上海市住房和城乡建设管理委员会

关于批准《建筑遮阳工程施工质量验收规程》为上海市工程建设规范的通知

33. 上海市住房和城乡建设管理委员会关于批准《空间格构结构工程质量检验及评定标准》为上海市工程建设规范的通知

34. 上海市住房和城乡建设管理委员会关于批准《粒化高炉矿渣粉在水泥混凝土中应用技术规程》为上海市工程建设规范的通知

35. 上海市住房和城乡建设管理委员会关于批准《林荫道设计规程》为上海市工程建设规范的通知

36. 上海市住房和城乡建设管理委员会关于批准《临时性建(构)筑物应用技术规程》为上海市工程建设规范的通知

37. 上海市住房和城乡建设管理委员会关于批准《民用建筑电气防火设计规程》为上海市工程建设规范的通知

38. 上海市住房和城乡建设管理委员会关于批准《旁通道冻结法技术规程》为上海市工程建设规范的通知

39. 上海市住房和城乡建设管理委员会关于批准《泡沫玻璃板保温系统应用技术规程》为上海市工程建设规范的通知

40. 上海市住房和城乡建设管理委员会关于批准《桥梁结构监测系统技术规程》为上海市工程建设规范的通知

41. 上海市住房和城乡建设管理委员会关于批准《桥梁水平转体法施工技术规程》为上海市工程建设规范的通知

42. 上海市住房和城乡建设管理委员会关于批准《燃气分布式供能系统工程技术规程》为上海市工程建设规范的通知

43. 上海市住房和城乡建设管理委员会关于批准《热固改性聚苯板保温系统应用技术规程》为上海市工程建设规范的通知

44. 上海市住房和城乡建设管理委员会关于批准《人防工程设计信息模型交付标准》为上海市工程建设规范的通知

45. 上海市住房和城乡建设管理委员会关于批准《市政道路桥梁信息模型应用标准》为上海市工程建设规范的通知

46. 上海市住房和城乡建设管理委员会关于批准《市政给排水信息模型应用标准》为上海市工程建设规范的通知

47. 上海市住房和城乡建设管理委员会关于批准《用户高压电气装置规范》为上海市工程建设规范的通知

48. 上海市住房和城乡建设管理委员会关于批准《有轨电车工程设计规范》为上海市工程建设规范的通知

49. 上海市住房和城乡建设管理委员会关于批准《有线网络建设技术规范》为上海市工程建设规范的通知

50. 上海市住房和城乡建设管理委员会关于批准《预应力混凝土结构设计规程》为上海市工程建设规范的通知

51. 上海市住房和城乡建设管理委员会关于批准《展览建筑及布展设计防火规程》为上海市工程建设规范的通知

52. 上海市住房和城乡建设管理委员会关于批准《住宅建筑电能计量技术规范》为上海市工程建设规范的通知

53. 上海市住房和城乡建设管理委员会关于批准《装配整体式混凝土结构预制构件制作与质量检验规程》为上海市工程建设规范的通知

54. 上海市住房和城乡建设管理委员会关于批准《装配整体式混凝土居住建筑设计规程》为上海市工程建设规范的通知

55. 上海市住房和城乡建设管理委员会关于印发《2016 年上海市工程建设规范编制计划(第二批)》的通知

56. 上海市住房和城乡建设管理委员会关于印发《2017 年上海市工程建设规范编制计划》的通知

(二)建筑市场管理

1. 住房城乡建设部办公厅关于简化工程

监理企业资质申报材料有关事项的通知

2. 住房城乡建设部办公厅关于培育和发展工程建设团体标准的意见

3. 住房城乡建设部关于简化建筑业企业资质标准部分指标的通知

4. 传统基础设施领域实施政府和社会资本合作项目工作导则

5. 国家发展和改革委员会、住房城乡建设部关于开展重大市政工程领域政府和社会资本合作（PPP）创新工作的通知

6. 国务院办公厅关于大力发展装配式建筑的指导意见

7. 国家税务总局关于印发《国家税务局系统基本建设项目竣工财务决算管理暂行办法》的通知

8. 人力资源社会保障部办公厅、住房城乡建设部办公厅关于注册建筑师执业资格有关问题的通知

9. 住房城乡建设部办公厅关于建筑业企业资质和工程招标代理机构资格实行网上申报和审批的通知

10. 住房城乡建设部、财政部关于切实做好清理规范工程建设领域保证金有关工作的通知

11. 国务院办公厅关于清理规范工程建设领域保证金的通知

12. 住房城乡建设部办公厅关于工程造价咨询企业晋升甲级资质审核工作的补充通知

13. 住房城乡建设部办公厅关于规范使用建筑业企业资质证书的通知

14. 住房城乡建设部关于重新发布有关专业技术人员资格考试项目收费标准的通知

15. 住房城乡建设部办公厅关于做好取消甲级造价咨询企业资质和注册造价工程师执业资格初审事项的后续衔接工作的通知

16. 住房城乡建设部办公厅关于做好取消建设工程企业资质和个人执业资格初审事项后续衔接工作的通知

17. 住房城乡建设部人事司关于调整住房城乡建设行业技能人员职业培训合格证职业、工种代码的通知

18. 国家发展改革委办公厅关于 2016 年工程咨询单位资格申报有关事项的通知

19. 住房和城乡建设部建筑市场监管司关于印发住房城乡建设部建筑市场监管司 2016 年工作要点的通知

20. 住房城乡建设部办公厅关于进一步做好建筑市场监管与诚信信息平台建设工作的通知

21. 住房城乡建设部办公厅关于旧版建筑劳务资质证书继续有效的通知

22. 住房城乡建设部办公厅关于做好建筑业营改增建设工程计价依据调整准备工作的通知

23. 住房城乡建设部关于建设工程企业资质管理资产考核有关问题的通知

24. 住房城乡建设部关于进一步推进工程总承包发展的若干意见

25. 上海市市级建设财力项目部分专业服务费用支出标准管理规定

26. 上海市国家税务局关于本市建筑业营改增试点若干事项的公告

27. 上海市建筑建材业市场管理总站关于实施建筑业营业税改增值税调整本市建设工程计价依据的通知

28. 上海市住房和城乡建设管理委员会关于上海市建筑市场注册执业人员实行信用管理的通知

29. 上海市住房和城乡建设管理委员会关于印发《本市保障性住房项目应用建筑信息模型技术实施要点》的通知

30. 上海市住房和城乡建设管理委员会关于印发《上海市建设工程企业资质动态监督管理办法》的通知

31. 上海市住房和城乡建设管理委员会关于印发《上海市建筑施工企业“三类人员”安全生产知识考试、特种作业人员考核资金

使用管理办法》的通知

32. 上海市住房和城乡建设管理委员会关于印发《上海市建筑信息模型技术应用推广“十三五”发展规划纲要》的通知

33. 上海市住房和城乡建设管理委员会关于做好2016年防汛、防台、高温期间本市建筑玻璃幕墙安全防范工作的通知

34. 上海市住房和城乡建设管理委员会关于做好在沪建设工程监理企业信用评价及应用工作的通知

35. 上海市住房和城乡建设管理委员会关于本市开展新增玻璃幕墙专项应急维修资金收缴工作的通知

（三）建筑节能和建筑材料

1. 工业和信息化部关于印发建材工业发展规划（2016—2020年）的通知

2. 基本建设项目建设成本管理规定

3. 省级公共建筑能耗监测平台验收和运行管理暂行办法

4. 国务院办公厅关于促进建材工业稳增长调结构增效益的指导意见

5. 关于印发绿色建材评价标识工作会议纪要的通知

6. 住房和城乡建设部建筑节能与科技司、工业和信息化部原材料工业司关于印发绿色建材评价标识工作会议纪要的通知

7. 住房和城乡建设部建筑节能与科技司、工业和信息化部原材料工业司关于加快开展绿色建材评价有关工作的通知

8. 预拌混凝土绿色生产评价标识管理办法（试行）

9. 上海市住房和城乡建设管理委员会关于发布《上海绿色建筑发展报告（2015）》的通知

10. 上海市住房和城乡建设管理委员会关于本市装配式建筑单体预制率和装配率计算细则（试行）的通知

11. 上海市住房和城乡建设管理委员会关于加快推进建筑废弃混凝土资源化利用的通知

12. 上海市住房和城乡建设管理委员会关于进一步加强本市新建全装修住宅建设管理的通知

（四）工程施工及质量安全监管

1. 建设工程质量保证金管理办法

2. 国务院办公厅关于清理规范工程建设领域保证金的通知

3. 震后房屋建筑安全应急评估管理暂行办法

4. 住房和城乡建设部工程质量安全监管司关于印发震后房屋建筑安全应急评估技术指南的通知

5. 住房城乡建设部关于切实加强农房建设质量安全管理的通知

6. 住房城乡建设部办公厅关于开展全国城市老旧建筑安全排查整治工作的通知

7. 工业和信息化部信息通信发展司关于对《通信工程建设项目施工招标文件范本（2016版）》等文件公开征求意见的函

8. 住房城乡建设部关于印发城市轨道交通工程质量安全检查指南的通知

9. 基本建设项目竣工财务决算管理暂行办法

10. 国务院关于优化建设工程防雷许可的决定

11. 上海市建设工程质量监督管理办法

12. 上海市建设工程承发包管理办法

13. 上海市住房和城乡建设管理委员会关于发布《上海市工程总承包试点项目管理办法》的通知

14. 上海市住房和城乡建设管理委员会关于规范本市混凝土搅拌车车容车貌的通知

15. 上海市住房和城乡建设管理委员会关于加快保障性住房施工图设计文件审查相关工作的通知

16. 上海市住房和城乡建设管理委员会关于进一步加强商品混凝土搅拌企业管理的通知

17. 上海市住房和城乡建设管理委员会关于印发《2016 年建筑施工安全专项整治工作实施方案》的通知

18. 上海市住房和城乡建设管理委员会关于印发《建筑施工现场钢管扣件安全管理规定》的通知

19. 上海市住房和城乡建设管理委员会关于印发《上海市工程建设工法管理办法》的通知

20. 上海市住房和城乡建设管理委员会关于印发《上海市建设工程施工质量标准化管理办法》的通知

21. 上海市住房和城乡建设管理委员会关于印发《上海市建设工程质量安全巡查工作手册》（2017 版）的通知

22. 上海市住房和城乡建设管理委员会关于印发《上海市深基坑工程评审费用使用和支付管理办法》的通知

23. 上海市住房和城乡建设管理委员会关于印发《上海市重大基础设施建设管理“十三五”专项规划》的通知

24. 上海市住房和城乡建设管理委员会关于印发上海市建设工程质量安全“十三五”规划的通知

25. 上海市住房和城乡建设管理委员会关于做好《工程项目施工人员安全指导手册》宣传发放工作的通知

26. 上海市住房和城乡建设管理委员会关于进一步规范本市房屋建筑工程施工招标标段划分的通知

27. 上海市住房和城乡建设管理委员会关于本市市政基础设施类交通工程施工许可管理工作划转的通知

（五）建筑建材标准定额

1. 住房城乡建设部关于印发《装配式建筑工程消耗量定额》的通知

2. 住房城乡建设部关于印发 2017 年工程建设标准规范制修订及相关工作计划的通知

3. 住房城乡建设部关于发布国家标准《城市古树名木养护和复壮工程技术规范》的公告

4. 住房城乡建设部关于印发深化工程建设标准化工作改革意见的通知

5. 住房城乡建设部关于发布行业产品标准《铜管对流散热器》的公告

6. 住房城乡建设部关于发布行业产品标准《建筑用网格式金属电缆桥架》的公告

7. 住房城乡建设部关于发布行业产品标准《建筑及市政工程用净化海砂》的公告

8. 住房城乡建设部关于发布行业产品标准《钢门窗粉末静电喷涂涂层技术条件》的公告

9. 住房城乡建设部关于发布行业产品标准《铝合金门窗型材粉末静电喷涂涂层技术条件》的公告

10. 住房城乡建设部、国家发展和改革委员会关于批准发布《粮食仓库建设标准》的通知

11. 住房和城乡建设部标准定额司关于造价工程师注册审核有关事项的通知

12. 住房城乡建设部标准定额司关于印发 2016 年工程建设标准实施指导监督重点研究工作计划的通知

13. 上海市住房和城乡建设管理委员会关于印发《上海市建设工程定额管理实施细则》的通知

14. 上海市住房和城乡建设管理委员会关于发布本市工程建设强制性地方标准整合精简结论的通知

15. 上海市住房和城乡建设管理委员会关于批准《住宅设计标准》局部修订的通知

16. 上海市住房和城乡建设管理委员会关于批准发布《上海市建筑和装饰工程预算定额（SH01-31-2016）》等 7 本工程预算定额及《上海市建设工程施工费用计算规则（SHT0-33-2016）》的通知

17. 上海市住房和城乡建设管理委员会

关于印发《2017 年度上海市建设工程及城市基础设施养护维修定额编制计划》的通知

18. 上海市住房和城乡建设管理委员会关于印发《上海市工程建设标准（2016—2020）行业发展规划》的通知

19. 上海市住房和城乡建设管理委员会关于印发《上海市工程建设地方标准管理办法》的通知

20. 上海市住房和城乡建设管理委员会关于做好本市建筑业营改增建设工程计价依据调整工作的通知

九、水务管理

1. 环境保护部、国家发展和改革委员会、住房和城乡建设部、水利部关于落实《水污染防治行动计划》实施区域差别化环境准入的指导意见

2. 中共中央办公厅、国务院办公厅关于全面推行河长制的意见

3. 水污染防治行动计划实施情况考核规定（试行）

4. 国家发展和改革委员会关于调整水电建设管理主要河流划分的通知

5. 水利部办公厅关于印发《水利工程营业税改征增值税计价依据调整办法》的通知

6. 国家发展和改革委员会、水利部关于下达 2016 年水文基础设施中央预算内投资计划的通知

7. 国家发展改革委办公厅、水利部办公厅关于申报农村小水电扶贫工程试点项目投资计划的通知

8. 节水供水重大水利工程建设质量监督巡查实施细则

9. 国土资源部、国家发展改革委、水利部、国家能源局关于加大用地政策支持力度促进大中型水利水电工程建设的意见

10. 上海市水务、海洋工程建设管理考评工作整合意见（试行）

11. 上海市住房城乡建设管理委、市水务局、市二次供水联席办关于印发《上海市居民住宅二次供水设施改造项目建设管理办法》的通知

十、民防管理

1. 上海市应急抢险救灾工程建设管理办法

十一、行政审批改革

1. 住房城乡建设部关于废止部分部门规章的决定

2. 上海市住房和城乡建设管理委员会关于取消部分行政事业性收费项目的通知

十二、城乡综合管理

（一）城市行政执法

1. 住房城乡建设部城市管理监督局关于推行城市管理执法全过程记录工作的通知

2. 上海市住房和城乡建设管理委员会关于印发《上海市住房保障和房屋管理行政处罚的裁量基准（二）》的通知

3. 上海市住房和城乡建设管理委员会关于印发《上海市住房和城乡建设管理委员会行政处罚案件信息网上公开管理办法》的通知

（二）城市地下管理

1. 住房城乡建设部关于提高城市排水防涝能力推进城市地下综合管廊建设的通知

2. 住房城乡建设部关于印发城市地下空间开发利用“十三五”规划的通知

3. 住房城乡建设部、国家能源局关于推进电力管线纳入城市地下综合管廊的意见

4. 上海市发展和改革委员会、上海市住房和城乡建设管理委员会关于上海市地下综合管廊实行有偿使用的通知

5. 上海市住房和城乡建设管理委员会关于转发《住房城乡建设部、国家能源局关于推进电力管线纳入城市地下综合管廊的意见》的通知

6. 上海市地下空间安全使用管理办法

（三）城乡建设

1. 住房城乡建设部、财政部、国务院扶贫办关于加强建档立卡贫困户等重点对象危房改造工作的指导意见

2. 国家发展和改革委员会、住房城乡建设部关于开展重大市政工程领域政府和社会资本合作（PPP）创新工作的通知

3. 国家发展改革委、住房城乡建设部关于印发城市适应气候变化行动方案的通知

4. 住房和城乡建设部等关于进一步鼓励和引导民间资本进入城市供水、燃气、供热、污水和垃圾处理行业的意见

5. 住房城乡建设部、中国农业发展银行关于推进政策性金融支持小城镇建设的通知

6. 住房城乡建设部、国土资源部关于进一步完善城市停车场规划建设及用地政策的通知

7. 国家发展和改革委员会关于切实做好传统基础设施领域政府和社会资本合作有关工作的通知

8. 财政部、住房城乡建设部关于申报市政公用领域 PPP 推介项目的通知

9. 国家发展改革委关于印发《加快城市停车场建设近期工作要点与任务分工》的通知

10. 财政部、住房城乡建设部关于申报市政公用领域 PPP 推介项目的通知

11. 民用机场建设管理规定

12. 上海市人民政府办公厅转发市住房城乡建设管理委等三部门《关于在本市开展政府购买旧区改造服务试点的意见》的通知

13. 上海市住房和城乡建设管理委员会关于下达 2016 年本市农村低收入户危旧房改造计划的通知

14. 上海市人民政府关于印发《上海市城乡建设和管理“十三五”规划》的通知

15. 上海市住房和城乡建设管理委员会关于印发《市级城市维护工程类和整治类项目实施程序操作指南》的通知

（四）市政服务

1. 国家发展和改革委员会、国家能源局、工业和信息化部、住房城乡建设部关于加快居民区电动汽车充电基础设施建设的通知

2. 上海市交通委等关于进一步加强本市电动汽车充电基础设施规划建设运营管理的通知

（五）道路交通照明

1. 公路工程造价管理暂行办法

2. 交通运输部办公厅关于切实做好清理规范公路水运工程建设领域保证金有关工作的通知

3. 交通运输部关于推进公路钢结构桥梁建设的指导意见

4. 上海市住房和城乡建设管理委员会关于做好本市道路照明工程建设与移交接管工作的通知

十三、公积金管理

1. 住房城乡建设部关于加快建设住房公积金综合服务平台的通知

2. 中央国家机关住房资金管理中心关于进一步改进住房公积金个人贷款管理服务工作的通知

3. 住房城乡建设部关于印发住房公积金信息化建设导则的通知

4. 中央国家机关住房资金管理中心关于取消住房公积金个人贷款担保收费优化贷款业务流程的通知

5. 上海市公积金管理中心关于落实《关于调整本市住房公积金个人贷款政策的通知》相关提取政策的通知

6. 上海市公积金管理中心关于印发《上海市降低住房公积金缴存比例或缓缴住房公积金操作细则》的通知

7. 上海市公积金管理中心关于印发《关于本市提取住房公积金支付房租申请办理场所的通知》的通知

8. 上海市公积金管理中心关于公积金贷款购买第二套改善型住房人均住房建筑面积调整的通知

9. 上海市公积金管理中心关于调整本市职工住房公积金账户存款利率的通知

10. 上海市住房公积金管理委员会关于调整本市住房公积金个人贷款政策的通知

11. 上海市住房公积金管理委员会关于延长《上海市住房公积金行政执法管理办法》有效期的通知

12. 上海市住房公积金管理委员会关于延长《关于印发〈上海市住房公积金信息公开办法（试行）〉的通知》有效期的通知

13. 上海市家庭生活困难职工提取住房公积金实施办法

14. 上海市城镇个体工商户及其雇用人员、自由职业者缴存、提取和使用住房公积金实施办法

15. 上海市住房公积金个人购买共有产权保障住房贷款实施细则

16. 上海市住房公积金支持保障性住房建设项目贷款管理办法

17. 上海市个人建造、翻建、大修自住住房公积金贷款实施细则

18. 上海市住房公积金管理委员会关于印发《上海市降低住房公积金缴存比例或缓缴住房公积金管理办法》的通知

十四、其他管理

1. 中国银行间市场交易商协会关于发布《城市基础设施建设类企业信息披露表》的公告

2. 住房城乡建设部关于印发《全国住房城乡建设系统公职律师试点工作方案》的通知

3. 国家税务总局关于发布《纳税人转让不动产增值税征收管理暂行办法》的公告

4. 国家税务总局关于发布《纳税人提供不动产经营租赁服务增值税征收管理暂行办法》的公告

5. 国家税务总局关于发布《房地产开发企业销售自行开发的房地产项目增值税征收管理暂行办法》的公告

6. 国家税务总局关于发布《纳税人跨县（市、区）提供建筑服务增值税征收管理暂行办法》的公告

7. 上海市国家税务局关于发布《纳税人跨区（县）提供建筑服务增值税征收管理操作办法（试行）》的公告

8. 上海市人力资源和社会保障局等部门发布关于鼓励本市“特定就业困难人员”在特定行业就业的通知

9. 上海市住房和城乡建设管理委员会关于同意《上海市住房和城乡建设管理委员会科学技术委员会专家工作室管理办法（试行稿）》的批复

10. 上海市住房和城乡建设管理委员会关于印发《上海市住房和城乡建设管理委员会关于推进本市住房和城乡建设管理领域科技创新的若干意见》的通知

2016年上海市城市建设、交通运输相关数据统计

一、全社会固定资产投资

表 1–1　主要年份全社会固定资产投资与其他社会经济主要指标

指 标	2005年	2010年	2015年	2016年
年末常住人口（万人）	1 778.00	2 302.66	2 415.27	
上海市生产总值（亿元）	9 154.18	17 165.98	25 123.45	
第一产业	80.34	114.15	109.82	
第二产业	4 452.92	7 218.32	7 991.00	
第三产业	4 620.92	9 833.51	17 022.63	
人均生产总值（元）	67 492	76 074	103 795	
全社会固定资产本年完成投资（亿元）	3 542.55	5 317.67	6 352.70	6 755.88
第一产业	5.57	16.40	3.95	4.09
第二产业	1 082.11	1 435.37	958.84	982.69
第三产业	2 454.87	3 864.90	5 389.91	5 769.11
全社会固定资产本年完成投资相当于地区生产总值的百分比（%）	38.7	31.0	25.3	
三大领域固定资产投资				
工 业（亿元）	1 074.76	1 422.08	957.17	979.56
城市基础设施（亿元）	885.74	1 497.46	1 425.08	1 551.87
房地产开发（亿元）	1 246.86	1 980.68	3 468.94	3 709.03
一般公共预算收入（亿元）	1 433.90	2 873.58	5 519.50	
上海市出口总额（亿美元）	907.42	1 807.84	1 969.69	
社会消费品零售总额（亿元）	2 972.97	6 070.50	10 131.50	
外商直接投资				
合同项目（个）	4 091	3 906	6 007	
合同金额（亿美元）	138.33	153.07	589.43	
实际到位资金（亿美元）	68.50	111.21	184.59	

注：自2011年始，固定资产投资统计起点为500万元以上（含500万元）项目。

表 1-2　全社会固定资产投资主要指标及构成情况（2016）

指 标	合 计	建设项目	房地产开发	农户投资
计划总投资	**39 038.18**	**13 389.01**	**25 644.95**	**4.21**
本年完成投资（亿元）	**6 755.88**	**3 042.65**	**3 709.03**	**4.21**
按隶属关系分				
中央项目	685.18	550.61	134.57	–
地方项目	6 070.70	2 492.03	3 574.46	4.21
按构成分				
建筑工程	3 470.71	1 454.27	2 012.24	4.21
安装工程	398.41	189.76	208.65	–
设备工器具购置	823.89	801.95	21.94	–
其他费用	2 062.87	596.67	1 466.20	–
按建设性质分				
#新 建	1 980.30	1 980.30	–	–
扩 建	311.49	311.49	–	–
改建和技术改造	277.67	277.67	–	–
单纯购置	447.97	447.97	–	–
按三次产业分				
第一产业	4.09	3.97	–	0.12
第二产业	982.69	982.69	–	–
第三产业	5 769.11	2 055.99	3 709.03	4.09
本年新增固定资产（亿元）	**2 958.65**	**1 396.50**	**1 558.72**	**3.43**
固定资产交付使用率（%）	**43.8**	**45.9**	**42.0**	**81.5**
房屋建筑面积（万平方米）				
施工面积	17 733.25	2 587.01	15 111.24	35.00
#住 宅	8 157.21	49.66	8 073.94	33.60
竣工面积	2 840.03	263.69	2 550.64	25.70
#住 宅	1 557.98	–	1 532.88	25.10

注：按建设性质分组中不包括房地产开发和农户投资，下同。

表 1–3　地方全社会固定资产投资主要指标及构成（2016）

指 标	合 计	建设项目	房地产开发	农户投资
计划总投资	**36 823.47**	**11 986.99**	**24 832.28**	**4.21**
本年完成投资(亿元)	**6 070.70**	**2 492.03**	**3 574.46**	**4.21**
按构成分				
建筑工程	3 302.96	1 343.69	1 955.06	4.21
安装工程	326.67	124.30	202.37	–
设备工器具购置	481.85	461.45	20.39	–
其他费用	1 959.23	562.59	1 396.64	–
按建设性质分				
#新 建	1 831.96	1 831.96	–	–
扩 建	225.13	225.13	–	–
改建和技术改造	227.90	227.90	–	–
单纯购置	181.96	181.96	–	–
按三次产业分				
第一产业	3.96	3.85	–	0.12
第二产业	831.00	831.00	–	–
第三产业	5 235.74	1 657.19	3 574.46	4.09
本年新增固定资产(亿元)	**2 548.55**	**1 010.87**	**1 534.25**	**3.43**
固定资产交付使用率（%)	**42.0**	**40.6**	**42.9**	**81.5**
房屋建筑面积（万平方米）				
施工面积	17 085.53	2 393.68	14 656.84	35.00
#住 宅	7 861.34	40.37	7 787.37	33.60
竣工面积	2 794.70	239.40	2 529.60	25.70
#住 宅	1 553.85	–	1 528.75	25.10

表 1-4 全社会固定资产投资（按经济类型分）（2016）

单位：亿元

类 别	本年完成投资合 计	建设项目	房地产开发	农户投资
总 计	**6 755.88**	**3 042.65**	**3 709.03**	**4.21**
国有经济	1 844.66	1 547.53	297.13	–
非国有经济	4 911.22	1 495.11	3 411.90	4.21
集体经济	33.85	14.19	19.67	–
私营经济	1 074.30	266.49	807.81	–
联营经济	1.03	1.03	–	–
股份制经济	2 611.71	715.49	1 896.22	–
港澳台经济	663.10	132.27	530.83	–
外商经济	490.38	359.90	130.48	–
其他经济	36.85	5.76	26.89	4.21
#地方项目	**6 070.70**	**2 492.03**	**3 574.46**	**4.21**
国有经济	1 318.11	1 082.41	235.70	–
非国有经济	4 752.59	1 409.62	3 338.76	4.21
集体经济	33.85	14.19	19.67	–
私营经济	1 074.30	266.49	807.81	–
联营经济	1.03	1.03	–	–
股份制经济	2 457.49	630.38	1 827.11	–
港澳台经济	658.83	132.02	526.81	–
外商经济	490.24	359.76	130.48	–
其他经济	36.85	5.76	26.89	4.21

表 1–5　主要年份城市基础设施投资

单位：亿元

类 别	2005年	2010年	2015年	2016年
计划总投资	**4 218.94**	**7 465.33**	**7 070.25**	**6 849.77**
本年完成投资总计	**885.74**	**1 497.46**	**1 425.08**	**1 551.87**
电力建设	124.22	148.50	129.36	145.04
交通运输、邮电通信	443.91	866.20	854.89	990.18
交通运输	385.58	754.66	759.23	883.81
#城市公共交通	124.50	282.47	320.81	315.24
邮电通信	58.32	111.54	95.67	106.37
邮 政	1.89	1.71	5.93	15.14
通 信	56.43	109.83	89.74	91.23
公用设施	317.62	482.76	440.83	416.66
公用事业	41.33	86.58	66.73	70.90
自来水	29.66	61.63	58.63	58.76
燃 气	11.67	24.95	8.10	12.14
市政建设	276.28	396.18	374.10	345.75
园林绿化	13.88	35.87	34.84	29.50
环境卫生	15.36	10.80	18.49	16.37
市政设施	246.59	349.27	320.77	299.88
其 他	0.46	0.25	–	–

二、固定资产投资效果和资金来源

表 2-1　主要年份建设项目固定资产投资效果主要指标

指 标	2005年	2010年	2015年	2016年
建设周期（年）	4.5	4.3	4.5	4.4
计划总投资（亿元）	10287.31	14178.46	13048.95	13389.01
本年完成投资（亿元）	2288.62	3334.95	2880.45	3042.65
建设项目投产率（%）	54.5	25.4	33.3	29.7
施工项目个数（个）	5716	10122	3314	3112
#新开工	3718	4950	1404	1527
全部建成投产项目个数（个）	3118	2573	1104	924
本年新增固定资产（亿元）	1485.93	2213.09	1388.10	1396.50
固定资产交付使用率（%）	64.9	66.4	48.2	45.9
房屋施工面积（万平方米）	3962.30	3708.19	2773.21	2587.01
#住 宅	122.23	12.68	54.79	49.66
房屋竣工面积（万平方米）	1724.93	817.42	260.84	263.69
房屋面积竣工率（%）	43.5	22.0	9.4	10.2

表 2-2　建设项目固定资产投资效果主要指标（2016）

指 标	合 计	国有经济	非国有经济
建设周期（年）	4.4	4.8	4.0
计划总投资（亿元）	13 389.01	7 475.51	5 913.50
本年完成投资（亿元）	3 042.65	1 547.53	1 495.11
建设项目投产率（%）	29.7	34.8	25.2
施工项目个数（个）	3 112	1 450	1 662
#新开工	1 527	741	786
全部建成投产项目个数（个）	924	505	419
本年新增固定资产（亿元）	1 396.50	755.11	641.39
固定资产交付使用率（%）	45.9	48.8	42.9
房屋施工面积（万平方米）	2 587.01	692.83	1 894.18
#住 宅	49.66	13.36	36.30
房屋竣工面积（万平方米）	263.69	68.18	195.51
房屋面积竣工率（%）	10.2	9.8	10.3
#地方项目			
建设周期（年）	4.8	5.9	4.0
计划总投资（亿元）	11 986.99	6 343.08	5 643.91
本年完成投资（亿元）	2 492.03	1 082.41	1 409.62
建设项目投产率（%）	29.2	33.7	25.9
施工项目个数（个）	2 572	1 089	1 483
#新开工	1 226	553	673
全部建成投产项目个数（个）	751	367	384
本年新增固定资产（亿元）	1 010.87	417.41	593.46
固定资产交付使用率（%）	40.6	38.6	42.1
房屋施工面积（万平方米）	2 393.68	518.39	1 875.29
#住 宅	40.37	4.06	36.30
房屋竣工面积（万平方米）	239.40	50.05	189.36
房屋面积竣工率（%）	10.0	9.7	10.1

表 2–3 建设项目固定资产投资施工和建成投产各行业情况（2016）

行 业	施工项目（个）	#本年新开工	本年全部建成投产（个）	投产率（%）
总 计	**3 112**	**1 527**	**924**	**29.7**
农、林、牧、渔业	26	26	19	73.1
工 业	1 536	743	479	31.2
采 矿 业	1	–	–	–
制 造 业	1 085	501	291	26.8
电力、燃气及水的生产和供应业	450	242	188	41.8
建 筑 业	2	–	1	50.0
批发和零售业	30	16	11	36.7
交通运输、仓储和邮政业	179	52	45	25.1
住宿和餐饮业	15	2	1	6.7
信息传输、软件和信息技术服务业	52	23	9	17.3
金 融 业	7	1	–	–
房地产业	2	–	–	–
租赁和商务服务业	74	17	11	14.9
科学研究和技术服务业	57	26	9	15.8
水利、环境和公共设施管理业	842	486	271	32.2
居民服务、修理和其他服务业	5	2	3	60.0
教 育	139	64	38	27.3
卫生和社会工作	60	21	9	15.0
文化、体育和娱乐业	34	14	5	14.7
公共管理、社会保障和社会组织	52	34	13	25.0

表 2-4 地方建设项目固定资产投资施工和建成投产各行业情况（2016）

行业	施工项目（个）	#本年新开工	本年全部建成投产（个）	投产率（%）
总 计	**2 572**	**1 226**	**751**	**29.2**
农、林、牧、渔业	25	25	18	72.0
工 业	1 080	467	327	30.3
采矿业	1	–	–	–
制造业	914	389	258	28.2
电力、燃气及水的生产和供应业	165	78	69	41.8
建筑业	2	–	1	50.0
批发和零售业	29	15	11	37.9
交通运输、仓储和邮政业	162	44	38	23.5
住宿和餐饮业	15	2	1	6.7
信息传输、软件和信息技术服务业	46	19	9	19.6
金融业	4	1	–	–
房地产业	2	–	–	–
租赁和商务服务业	65	17	10	15.4
科学研究和技术服务业	49	24	7	14.3
水利、环境和公共设施管理业	838	485	268	32.0
居民服务、修理和其他服务业	5	2	3	60.0
教 育	115	57	35	30.4
卫生和社会工作	55	20	9	16.4
文化、体育和娱乐业	33	14	5	15.2
公共管理、社会保障和社会组织	47	34	9	19.1

表 2-5　全社会固定资产投资资金来源（2016）

单位：亿元

指　标	合　计	建设项目	房地产开发	农户投资
本年实际到位资金合计	**11 400.24**	**3 141.00**	**8 255.04**	**4.21**
上年末结余资金	2 201.33	355.08	1 846.25	–
本年实际到位资金小计	9 198.91	2 785.92	6 408.78	4.21
国家预算资金	564.74	564.74	–	–
#中央预算资金	21.36	21.36	–	–
中央各部门自筹	11.05	11.05	–	–
市 自 筹	315.95	315.95	–	–
区县自筹	214.65	214.65	–	–
国内贷款	2 104.13	657.95	1 446.18	–
债 券	–	–	–	–
利用外资	18.67	16.36	2.31	–
#外商直接投资	12.53	10.22	2.31	–
自筹资金	2 993.26	1 498.28	1 490.78	4.21
#企、事业单位自有资金	1 722.42	793.73	924.48	4.21
#股东投入资金	482.74	182.52	300.22	–
#借入资金	325.17	69.75	255.43	–
其他资金来源	3 518.11	48.60	3 469.51	–
本年各项应付款合计	**1 713.58**	**499.17**	**1 214.41**	**–**
#工 程 款	846.10	223.66	622.44	–

表 2–6　地方全社会固定资产投资资金来源（2016）

单位：亿元

指 标	合 计	建设项目	房地产开发	农户投资
本年实际到位资金合计	**10 630.60**	**2 585.56**	**8 040.83**	**4.21**
上年末结余资金	2 100.09	313.04	1 787.05	–
本年实际到位资金小计	8 530.51	2 272.52	6 253.78	4.21
国家预算资金	545.00	545.00	–	–
#中央预算资金	12.26	12.26	–	–
中央各部门自筹	11.05	11.05	–	–
市 自 筹	312.66	312.66	–	–
区县自筹	207.30	207.30	–	–
国内贷款	1 785.42	380.17	1 405.25	–
债 券	–	–	–	–
利用外资	18.67	16.36	2.31	–
#外商直接投资	12.53	10.22	2.31	–
自筹资金	2 727.24	1 287.12	1 435.91	4.21
#企、事业单位自有资金	1 564.55	652.12	908.22	4.21
#股东投入资金	435.77	170.37	265.41	–
#借入资金	318.95	67.22	251.74	–
其他资金来源	3 454.18	43.86	3 410.32	–
本年各项应付款合计	**1 621.51**	**444.52**	**1 176.99**	**–**
#工 程 款	796.78	186.62	610.16	–

表 2-7　全社会固定资产投资资金来源（按经济类型分）（2016）

指　标	合　计	国有经济	非国有经济	集体经济
本年实际到位资金合计	**11 400.24**	**2 007.98**	**9 392.26**	**60.42**
上年末结余资金	2 201.33	266.34	1 934.99	7.20
本年实际到位资金小计	9 198.91	1 741.64	7 457.27	53.22
国家预算资金	564.74	429.52	135.22	3.58
#中央预算资金	21.36	19.29	2.08	–
中央各部门自筹	11.05	11.05	–	–
市自筹	315.95	220.17	95.78	0.56
区县自筹	214.65	177.54	37.11	3.02
国内贷款	2 104.13	538.42	1 565.71	9.02
债券	–	–	–	–
利用外资	18.67	0.58	18.09	–
#外商直接投资	12.53	–	12.53	–
自筹资金	2 993.26	666.36	2 326.91	17.20
#企、事业单位自有资金	1 722.42	298.05	1 424.37	13.23
#股东投入资金	482.74	141.50	341.24	–
#借入资金	325.17	68.45	256.72	0.06
其他资金来源	3 518.11	106.77	3 411.34	23.41
本年各项应付款合计	**1 713.58**	**419.81**	**1 293.77**	**6.57**
#工程款	846.10	154.44	691.66	4.61

单位：亿元

私营经济	联营经济	股份制经济	港澳台商投资	外商投资	其他经济
2 079.93	**3.24**	**4 886.62**	**1 502.60**	**820.63**	**38.83**
394.97	1.95	1 085.99	302.43	134.17	8.29
1 684.96	1.29	3 800.62	1 200.17	686.46	30.54
2.20	–	124.96	3.38	0.07	1.03
0.50	–	0.64	0.93	–	–
–	–	–	–	–	–
0.27	–	93.94	0.37	0.07	0.58
1.44	–	30.13	2.08	–	0.45
304.02	–	790.43	279.64	180.15	2.45
–	–	–	–	–	–
–	–	0.89	4.42	12.77	–
–	–	–	4.42	8.11	–
508.67	0.58	1 248.91	310.37	214.11	27.07
273.63	–	795.40	190.42	129.68	22.02
75.77	0.58	172.87	77.57	13.30	1.15
94.71	–	122.37	33.96	5.62	–
870.08	0.71	1 635.43	602.35	279.36	–
357.34	**0.14**	**603.83**	**199.09**	**121.32**	**5.48**
187.28	–	315.76	93.65	87.50	2.72

表 2–8　城市基础设施固定资产投资资金来源（2016）

指 标	合 计	电力建设	交通运输邮电通信	交通运输	#城市公共交通	邮电通信	邮 政
本年实际到位资金合计	**1 469.53**	**116.23**	**956.46**	**821.14**	**230.03**	**135.32**	**15.76**
上年末结余资金	128.21	1.00	90.80	76.79	45.92	14.00	0.02
本年实际到位资金小计	1 341.33	115.23	865.66	744.35	184.11	121.31	15.74
国家预算资金	350.35	0.47	127.88	127.85	2.55	0.03	–
#中央预算资金	5.82	0.02	0.41	0.41	–	–	–
中央各部门自筹	10.09	–	10.09	10.09	–	–	–
市 自 筹	183.50	0.44	57.26	57.26	2.00	–	–
区县自筹	150.71	–	60.12	60.09	0.55	0.03	–
国内贷款	450.66	1.53	407.09	407.09	100.95	–	–
债 券	–	–	–	–	–	–	–
利用外资	1.97	–	0.50	0.50	–	–	–
#外商直接投资	0.50	–	0.50	0.50	–	–	–
自筹资金	511.92	113.22	312.46	195.08	70.11	117.39	11.85
#企、事业单位自有资金	267.85	50.09	177.51	69.32	4.35	108.19	3.07
#股东投入资金	21.14	2.82	13.69	11.69	9.94	2.00	2.00
#借入资金	21.44	11.91	0.49	0.40	0.40	0.09	–
其他资金	26.43	0.02	17.72	13.83	10.50	3.89	3.89
本年各项应付投资款	**294.30**	**43.49**	**169.01**	**168.48**	**136.00**	**0.53**	**0.14**
#工 程 款	112.64	22.06	60.49	60.16	31.64	0.33	0.14

单位：亿元

通 信	公用设施	公用事业	自来水	燃 气	市政建设	园林绿化	环境卫生	市政设施	其 他
119.55	**396.85**	**65.30**	**53.09**	**12.21**	**331.55**	**35.99**	**15.47**	**280.09**	**–**
13.98	36.41	2.11	2.11	–	34.30	8.61	1.83	23.86	–
105.57	360.43	63.19	50.97	12.21	297.25	27.38	13.64	256.23	–
0.03	222.00	30.80	29.83	0.97	191.20	17.71	4.70	168.79	–
–	5.39	2.40	2.40	–	2.99	–	–	2.99	–
–	–	–	–	–	–	–	–	–	–
–	125.79	22.30	21.33	0.97	103.49	2.84	4.46	96.19	–
0.03	90.59	6.10	6.10	–	84.49	14.87	0.24	69.38	–
–	42.04	15.14	13.14	2.01	26.90	0.68	4.82	21.39	–
–	–	–	–	–	–	–	–	–	–
–	1.47	1.14	1.14	–	0.33	–	0.33	–	–
–	–	–	–	–	–	–	–	–	–
105.54	86.23	15.05	6.66	8.39	71.18	3.91	3.64	63.63	–
105.12	40.25	3.50	1.59	1.91	36.75	2.12	0.01	34.62	–
–	4.63	–	–	–	4.63	–	–	4.63	–
0.09	9.04	0.82	0.82	–	8.22	–	2.45	5.77	–
–	8.69	1.05	0.20	0.85	7.64	5.07	0.15	2.42	–
0.39	**81.80**	**9.50**	**8.94**	**0.56**	**72.30**	**4.10**	**3.97**	**64.23**	**–**
0.19	30.09	0.81	0.81	0.00	29.28	2.75	3.59	22.94	–

表 2-9　建筑业固定资产投资资金来源（2016）

单位：亿元

指　标	合 计	国有经济	非国有经济
本年实际到位资金合计	**3.88**	**1.62**	**2.26**
上年末结余资金	1.04	0.74	0.30
本年实际到位资金小计	2.84	0.88	1.96
国家预算资金	–	–	–
#中央预算资金	–	–	–
中央各部门自筹	–	–	–
市 自 筹	–	–	–
区县自筹	–	–	–
国内贷款	–	–	–
债 券	–	–	–
利用外资	–	–	–
#外商直接投资	–	–	–
自筹资金	2.84	0.88	1.96
#企、事业单位自有资金	0.76	–	0.76
#股东投入资金	–	–	–
#借入资金	–	–	–
其他资金来源	–	–	–
本年各项应付款合计	–	–	–
#工 程 款	–	–	–

三、区固定资产

表 3–1　全社会固定资产投资（按地区分）（2016）

单位：亿元

地　区	本年完成投资合计	#建设项目	#房地产开发
总　计	**6 755.88**	**3 042.65**	**3 709.03**
# 浦东新区	1 654.35	678.24	976.11
黄 浦 区	54.60	3.34	51.26
徐 汇 区	146.26	22.16	124.10
长 宁 区	109.71	45.95	63.77
静 安 区	315.17	39.38	275.78
普 陀 区	150.86	26.81	124.05
虹 口 区	145.35	18.03	127.32
杨 浦 区	173.25	26.43	146.82
闵 行 区	495.06	148.69	346.37
宝 山 区	377.12	107.70	269.41
嘉 定 区	424.13	124.39	299.74
金 山 区	210.80	116.04	94.76
松 江 区	398.83	79.87	318.97
青 浦 区	388.57	116.08	272.49
奉 贤 区	294.79	140.69	154.10
崇 明 区	97.96	33.98	63.98

注：各区投资项目按项目建设地址代码分组汇总，不包括市属和跨地区项目，下同。

表 3-2　浦东新区全社会固定资产投资主要指标（2016）

指 标	总 计	#建设项目	房地产开发
本年完成投资(亿元)	**1 654.35**	**678.24**	**976.11**
#住 宅	510.86	8.71	502.15
按构成分			
建筑工程	838.77	337.04	501.73
安装工程	87.55	38.86	48.69
设备工具器具购置	188.95	184.83	4.12
其他费用	539.08	117.50	421.57
按建设性质分			
# 新 建	483.86	483.86	–
扩 建	30.91	30.91	–
改建和技改	79.42	79.42	–
单纯购置	74.16	74.16	–
按三次产业分			
第一产业	0.83	0.83	–
第二产业	274.15	274.15	–
第三产业	1 379.37	403.26	976.11
按经济类型分			
国有经济	251.27	178.06	73.21
非国有经济	1 403.08	500.18	902.90
集体经济	12.03	1.70	10.33
私营经济	263.70	64.58	199.13
联营经济	0.71	0.71	–
股份制经济	741.48	173.86	567.62
港澳台经济	143.30	29.78	113.52
外商经济	241.55	229.25	12.30
其他经济	0.30	0.30	–
本年新增固定资产（亿元）	**697.52**	**254.96**	**442.56**
房屋建筑面积（万平方米）			
施工面积	4 580.16	687.56	3 892.60
竣工面积	780.19	71.40	708.79

表 3–3　黄浦区全社会固定资产投资主要指标（2016）

指 标	总 计	#建设项目	房地产开发
本年完成投资(亿元)	**54.60**	**3.34**	**51.26**
#住 宅	35.52	–	35.52
按构成分			
建筑工程	34.01	0.93	33.08
安装工程	4.17	0.07	4.10
设备工具器具购置	2.88	2.32	0.56
其他费用	13.54	0.01	13.53
按建设性质分			
# 新 建	3.34	3.34	–
扩 建	–	–	–
改建和技改	–	–	–
单纯购置	–	–	–
按三次产业分			
第一产业	–	–	–
第二产业	–	–	–
第三产业	54.60	3.34	51.26
按经济类型分			
国有经济	4.32	3.34	0.98
非国有经济	50.28	–	50.28
集体经济	–	–	–
私营经济	11.56	–	11.56
联营经济	–	–	–
股份制经济	16.90	–	16.90
港澳台经济	21.82	–	21.82
外商经济	–	–	–
其他经济	–	–	–
本年新增固定资产（亿元）	**21.34**	**2.24**	**79.66**
房屋建筑面积（万平方米）			
施工面积	214.73	–	238.83
竣工面积	19.31	–	28.16

表 3–4　徐汇区全社会固定资产投资主要指标（2016）

指 标	总 计	#建设项目	房地产开发
本年完成投资(亿元)	**146.26**	**22.16**	**124.10**
#住 宅	51.07	–	51.07
按构成分			
建筑工程	86.53	19.34	67.19
安装工程	8.62	0.39	8.23
设备工具器具购置	2.38	1.64	0.74
其他费用	48.73	0.79	47.93
按建设性质分			
# 新 建	15.89	15.89	–
扩 建	4.71	4.71	–
改建和技改	0.60	0.60	–
单纯购置	0.96	0.96	–
按三次产业分			
第一产业	–	–	–
第二产业	1.33	1.33	–
第三产业	144.93	20.83	124.10
按经济类型分			
国有经济	28.23	12.16	16.07
非国有经济	118.03	10.00	108.03
集体经济	0.46	0.46	–
私营经济	16.05	0.10	15.95
联营经济	–	–	–
股份制经济	81.64	8.82	72.82
港澳台经济	19.25	–	19.25
外商经济	0.63	0.63	–
其他经济	–	–	–
本年新增固定资产（亿元）	**8.72**	**7.10**	**68.97**
房屋建筑面积（万平方米）			
施工面积	471.06	82.41	471.37
竣工面积	6.65	3.19	64.73

表 3–5　长宁区全社会固定资产投资主要指标（2016）

指 标	总 计	#建设项目	房地产开发
本年完成投资(亿元)	**109.71**	**45.95**	**63.77**
#住 宅	9.45	–	9.45
按构成分			
建筑工程	53.46	15.32	38.14
安装工程	2.52	2.15	0.37
设备工具器具购置	27.63	27.60	0.03
其他费用	26.10	0.88	25.22
按建设性质分			
# 新 建	17.16	17.16	–
扩 建	0.66	0.66	–
改建和技改	1.12	1.12	–
单纯购置	27.00	27.00	–
按三次产业分			
第一产业	–	–	–
第二产业	0.76	0.76	–
第三产业	108.96	45.19	63.77
按经济类型分			
国有经济	12.57	12.57	–
非国有经济	97.15	33.38	63.77
集体经济	0.55	0.55	–
私营经济	42.98	29.01	13.97
联营经济	–	–	–
股份制经济	30.56	2.70	27.86
港澳台经济	20.30	1.12	19.18
外商经济	2.76	–	2.76
其他经济	–	–	–
本年新增固定资产（亿元）	**180.74**	**42.52**	**138.22**
房屋建筑面积（万平方米）			
施工面积	327.26	27.74	299.52
竣工面积	116.99	13.24	103.75

表 3-6　静安区全社会固定资产投资主要指标（2016）

指 标	总 计	#建设项目	房地产开发
本年完成投资(亿元)	**315.17**	**39.38**	**275.78**
#住 宅	122.62	–	122.62
按构成分			
建筑工程	133.59	14.73	118.87
安装工程	13.18	1.15	12.03
设备工具器具购置	11.28	7.48	3.80
其他费用	157.11	16.02	141.09
按建设性质分			
# 新 建	15.19	15.19	–
扩 建	18.14	18.14	–
改建和技改	1.82	1.82	–
单纯购置	4.24	4.24	–
按三次产业分			
第一产业	–	–	–
第二产业	3.86	3.86	–
第三产业	311.31	35.52	275.78
按经济类型分			
国有经济	36.40	25.39	11.01
非国有经济	278.76	13.99	264.77
集体经济	–	–	–
私营经济	27.93	–	27.93
联营经济	–	–	–
股份制经济	86.90	13.99	72.91
港澳台经济	142.71	–	142.71
外商经济	21.22	–	21.22
其他经济	–	–	–
本年新增固定资产（亿元）	**41.14**	**10.18**	**30.96**
房屋建筑面积（万平方米）			
施工面积	671.12	21.84	649.28
竣工面积	21.00	2.47	18.53

表 3–7　普陀区全社会固定资产投资主要指标（2016）

指标	总计	#建设项目	房地产开发
本年完成投资(亿元)	**150.86**	**26.81**	**124.05**
#住 宅	54.86	–	54.86
按构成分			
建筑工程	73.42	11.38	62.04
安装工程	6.45	0.18	6.27
设备工具器具购置	10.33	9.81	0.52
其他费用	60.66	5.44	55.22
按建设性质分			
# 新 建	11.86	11.86	–
扩 建	4.34	4.34	–
改建和技改	1.21	1.21	–
单纯购置	9.40	9.40	–
按三次产业分			
第一产业	–	–	–
第二产业	1.73	1.73	–
第三产业	149.13	25.08	124.05
按经济类型分			
国有经济	22.29	13.62	8.68
非国有经济	128.57	13.19	115.38
集体经济	–	–	–
私营经济	16.61	0.56	16.05
联营经济	–	–	–
股份制经济	46.08	0.54	45.54
港澳台经济	57.09	10.25	46.84
外商经济	8.78	1.84	6.94
其他经济	–	–	–
本年新增固定资产（亿元）	**130.08**	**20.66**	**109.42**
房屋建筑面积（万平方米）			
施工面积	575.77	24.69	551.08
竣工面积	125.37	7.96	117.41

表 3-8　虹口区全社会固定资产投资主要指标（2016）

指 标	总 计	#建设项目	房地产开发
本年完成投资(亿元)	**145.35**	**18.03**	**127.32**
#住 宅	27.07	–	27.07
按构成分			
建筑工程	86.59	13.11	73.48
安装工程	6.15	1.12	5.04
设备工具器具购置	2.35	2.35	–
其他费用	50.26	1.45	48.81
按建设性质分			
#新 建	11.12	11.12	–
扩 建	4.94	4.94	–
改建和技改	1.79	1.79	–
单纯购置	0.08	0.08	–
按三次产业分			
第一产业	–	–	–
第二产业	0.08	0.08	–
第三产业	145.27	17.95	127.32
按经济类型分			
国有经济	28.88	10.08	18.80
非国有经济	116.47	7.95	108.52
集体经济	–	–	–
私营经济	–	–	–
联营经济	–	–	–
股份制经济	42.87	2.22	40.65
港澳台经济	27.92	–	27.92
外商经济	44.66	4.70	39.96
其他经济	1.03	1.03	–
本年新增固定资产（亿元）	**56.65**	**5.11**	**51.54**
房屋建筑面积（万平方米）			
施工面积	429.32	67.26	362.05
竣工面积	55.81	16.11	39.70

表 3–9　杨浦区全社会固定资产投资主要指标（2016）

指　标	总　计	#建设项目	房地产开发
本年完成投资(亿元)	**173.25**	**26.43**	**146.82**
#住　宅	67.05	–	67.05
按构成分			
建筑工程	39.33	15.09	24.24
安装工程	6.95	0.67	6.29
设备工具器具购置	7.42	7.20	0.22
其他费用	119.55	3.48	116.07
按建设性质分			
# 新　建	2.33	2.33	–
扩　建	10.63	10.63	–
改建和技改	7.28	7.28	–
单纯购置	6.05	6.05	–
按三次产业分			
第一产业	–	–	–
第二产业	8.07	8.07	–
第三产业	165.18	18.37	146.82
按经济类型分			
国有经济	49.97	18.10	31.86
非国有经济	123.28	8.33	114.95
集体经济	–	–	–
私营经济	47.28	–	47.28
联营经济	–	–	–
股份制经济	54.80	8.26	46.54
港澳台经济	–	–	–
外商经济	7.70	0.07	7.63
其他经济	13.50	–	13.50
本年新增固定资产（亿元）	**19.10**	**18.10**	**1.00**
房屋建筑面积（万平方米）			
施工面积	301.26	30.38	270.88
竣工面积	8.61	5.31	3.30

表 3–10 闵行区全社会固定资产投资主要指标（2016）

指 标	总 计	#建设项目	房地产开发
本年完成投资(亿元)	**495.06**	**148.69**	**346.37**
#住 宅	119.36	–	119.36
按构成分			
建筑工程	299.41	104.21	195.20
安装工程	31.74	4.43	27.32
设备工具器具购置	35.68	30.98	4.71
其他费用	128.22	9.08	119.14
按建设性质分			
# 新 建	111.98	111.98	–
扩 建	6.74	6.74	–
改建和技改	9.58	9.58	–
单纯购置	20.38	20.38	–
按三次产业分			
第一产业	–	–	–
第二产业	46.66	46.66	–
第三产业	448.40	102.03	346.37
按经济类型分			
国有经济	49.11	39.60	9.51
非国有经济	445.95	109.09	336.86
集体经济	2.39	2.39	–
私营经济	83.76	17.46	66.29
联营经济	–	–	–
股份制经济	230.31	52.27	178.04
港澳台经济	96.95	16.62	80.32
外商经济	32.54	20.34	12.20
其他经济	–	–	–
本年新增固定资产（亿元）	**180.68**	**86.56**	**94.12**
房屋建筑面积（万平方米）			
施工面积	1 852.55	339.42	1 513.13
竣工面积	209.14	27.30	181.84

表 3–11　宝山区全社会固定资产投资主要指标（2016）

指 标	总 计	#建设项目	房地产开发
本年完成投资(亿元)	**377.12**	**107.70**	**269.41**
#住 宅	184.18	–	184.18
按构成分			
建筑工程	160.53	51.10	109.43
安装工程	21.70	5.83	15.87
设备工具器具购置	37.26	34.97	2.29
其他费用	157.62	15.79	141.83
按建设性质分			
# 新 建	46.77	46.77	–
扩 建	47.57	47.57	–
改建和技改	7.63	7.63	–
单纯购置	5.40	5.40	–
按三次产业分			
第一产业	0.11	0.11	–
第二产业	53.87	53.87	–
第三产业	323.14	53.72	269.41
按经济类型分			
国有经济	73.67	35.98	37.70
非国有经济	303.44	71.73	231.72
集体经济	6.77	2.09	4.68
私营经济	44.05	13.80	30.25
联营经济	0.14	0.14	–
股份制经济	232.45	50.51	181.94
港澳台经济	7.56	2.72	4.85
外商经济	11.82	1.82	10.00
其他经济	0.64	0.64	–
本年新增固定资产（亿元）	**135.02**	**33.50**	**101.53**
房屋建筑面积（万平方米）			
施工面积	1 241.77	103.25	1 138.52
竣工面积	242.53	4.50	238.03

表 3–12　嘉定区全社会固定资产投资主要指标（2016）

指 标	总 计	#建设项目	房地产开发
本年完成投资(亿元)	**424.13**	**124.39**	**299.74**
#住 宅	174.81	0.55	174.26
按构成分			
建筑工程	268.62	66.15	202.47
安装工程	28.16	2.33	25.83
设备工具器具购置	44.39	41.75	2.64
其他费用	82.97	14.16	68.81
按建设性质分			
# 新 建	62.06	62.06	–
扩 建	16.74	16.74	–
改建和技改	25.33	25.33	–
单纯购置	17.46	17.46	–
按三次产业分			
第一产业	–	–	–
第二产业	82.70	82.70	–
第三产业	341.43	41.69	299.74
按经济类型分			
国有经济	46.60	35.38	11.22
非国有经济	377.53	89.01	288.52
集体经济	0.76	0.76	–
私营经济	109.99	14.34	95.65
联营经济	0.17	0.17	–
股份制经济	208.55	34.76	173.79
港澳台经济	14.88	4.00	10.88
外商经济	42.81	34.60	8.21
其他经济	0.36	0.36	–
本年新增固定资产（亿元）	**260.20**	**25.28**	**234.92**
房屋建筑面积（万平方米）			
施工面积	1 760.24	159.78	1 600.46
竣工面积	560.54	4.92	555.62

表 3–13　金山区全社会固定资产投资主要指标（2016）

指 标	总 计	#建设项目	房地产开发
本年完成投资(亿元)	**210.80**	**116.04**	**94.76**
#住 宅	56.12	–	56.12
按构成分			
建筑工程	136.74	62.86	73.89
安装工程	8.88	5.28	3.60
设备工具器具购置	35.67	35.44	0.23
其他费用	29.50	12.46	17.04
按建设性质分			
# 新 建	83.10	83.10	–
扩 建	11.33	11.33	–
改建和技改	17.74	17.74	–
单纯购置	0.61	0.61	–
按三次产业分			
第一产业	0.76	0.76	–
第二产业	96.29	96.29	–
第三产业	113.74	18.99	94.76
按经济类型分			
国有经济	44.01	35.36	8.65
非国有经济	166.78	80.68	86.11
集体经济	2.80	1.44	1.36
私营经济	85.81	27.68	58.12
联营经济	–	–	–
股份制经济	51.29	24.77	26.52
港澳台经济	12.40	12.30	0.10
外商经济	13.13	13.13	–
其他经济	1.36	1.36	–
本年新增固定资产（亿元）	**89.54**	**33.41**	**56.13**
房屋建筑面积（万平方米）			
施工面积	619.60	170.04	449.57
竣工面积	89.04	3.55	85.49

表 3–14　松江区全社会固定资产投资主要指标（2016）

指 标	总 计	#建设项目	房地产开发
本年完成投资(亿元)	**398.83**	**79.87**	**318.97**
#住 宅	253.70	–	253.70
按构成分			
建筑工程	284.78	57.01	227.77
安装工程	20.63	2.56	18.08
设备工具器具购置	15.59	14.33	1.26
其他费用	77.83	5.96	71.87
按建设性质分			
# 新 建	52.48	52.48	–
扩 建	16.06	16.06	–
改建和技改	5.34	5.34	–
单纯购置	5.99	5.99	–
按三次产业分			
第一产业	–	–	–
第二产业	46.34	46.34	–
第三产业	352.50	33.53	318.97
按经济类型分			
国有经济	48.19	22.87	25.32
非国有经济	350.64	56.99	293.65
集体经济	0.57	0.57	–
私营经济	135.33	21.67	113.66
联营经济	–	–	–
股份制经济	191.03	23.99	167.04
港澳台经济	13.19	4.72	8.46
外商经济	10.53	6.04	4.48
其他经济	–	–	–
本年新增固定资产（亿元）	**101.61**	**39.73**	**61.88**
房屋建筑面积（万平方米）			
施工面积	1 492.75	172.74	1 320.02
竣工面积	179.86	27.13	152.74

表 3–15　青浦区全社会固定资产投资主要指标（2016）

指 标	总 计	#建设项目	房地产开发
本年完成投资(亿元)	**388.57**	**116.08**	**272.49**
#住 宅	163.86	–	163.86
按构成分			
建筑工程	254.88	86.89	167.99
安装工程	20.07	5.87	14.21
设备工具器具购置	11.89	11.21	0.68
其他费用	101.73	12.12	89.61
按建设性质分			
# 新 建	77.12	77.12	–
扩 建	22.68	22.68	–
改建和技改	6.90	6.90	–
单纯购置	3.52	3.52	–
按三次产业分			
第一产业	0.49	0.49	–
第二产业	38.90	38.90	–
第三产业	349.19	76.69	272.49
按经济类型分			
国有经济	41.11	28.97	12.14
非国有经济	347.46	87.11	260.35
集体经济	6.06	2.76	3.30
私营经济	111.90	37.25	74.66
联营经济	–	–	–
股份制经济	193.71	34.09	159.61
港澳台经济	22.31	4.31	18.00
外商经济	13.47	8.69	4.78
其他经济	–	–	–
本年新增固定资产（亿元）	**186.87**	**46.08**	**140.78**
房屋建筑面积（万平方米）			
施工面积	1 394.66	282.46	1 112.20
竣工面积	220.45	30.33	190.12

表 3–16　奉贤区全社会固定资产投资主要指标（2016）

指 标	总 计	#建设项目	房地产开发
本年完成投资(亿元)	**294.79**	**140.69**	**154.10**
#住 宅	91.46	–	91.46
按构成分			
建筑工程	175.85	98.20	77.65
安装工程	12.29	5.48	6.81
设备工具器具购置	18.93	18.78	0.15
其他费用	87.72	18.23	69.49
按建设性质分			
# 新 建	98.42	98.42	–
扩 建	16.37	16.37	–
改建和技改	19.28	19.28	–
单纯购置	4.56	4.56	–
按三次产业分			
第一产业	0.29	0.29	–
第二产业	82.60	82.60	–
第三产业	211.90	57.79	154.10
按经济类型分			
国有经济	65.77	45.04	20.73
非国有经济	229.02	95.65	133.37
集体经济	1.46	1.46	–
私营经济	67.60	35.93	31.67
联营经济	–	–	–
股份制经济	111.92	29.68	82.25
港澳台经济	16.50	10.43	6.07
外商经济	18.08	18.08	–
其他经济	13.46	0.08	13.39
本年新增固定资产（亿元）	**91.65**	**66.10**	**25.55**
房屋建筑面积（万平方米）			
施工面积	1 267.27	318.64	948.63
竣工面积	72.33	44.40	27.93

表 3–17　崇明区全社会固定资产投资主要指标（2016）

指 标	总 计	#建设项目	房地产开发
本年完成投资(亿元)	**97.96**	**33.98**	**63.98**
#住 宅	53.79	1.06	52.72
按构成分			
建筑工程	65.54	26.46	39.08
安装工程	6.89	0.96	5.93
设备工具器具购置	3.76	3.76	–
其他费用	21.76	2.79	18.97
按建设性质分			
# 新 建	27.60	27.60	–
扩 建	1.38	1.38	–
改建和技改	4.28	4.28	–
单纯购置	–	–	–
按三次产业分			
第一产业	0.34	0.34	–
第二产业	9.84	9.84	–
第三产业	87.77	23.79	63.98
按经济类型分			
国有经济	25.76	14.51	11.25
非国有经济	72.20	19.47	52.73
集体经济	–	–	–
私营经济	9.12	3.47	5.64
联营经济	–	–	–
股份制经济	50.19	14.01	36.18
港澳台经济	10.91	–	10.91
外商经济	–	–	–
其他经济	1.98	1.98	–
本年新增固定资产（亿元）	**74.36**	**24.98**	**49.37**
房屋建筑面积（万平方米）			
施工面积	435.08	35.15	399.93
竣工面积	104.82	0.21	104.61

四、房地产开发建设

表 4-1 主要年份房地产开发投资

单位：亿元

类 别	2005年	2010年	2015年	2016年
计划总投资	**6 615.35**	**12 818.48**	**23 212.56**	**25 644.95**
#本年计划投资	1 827.42	2 903.54	4 788.30	5 406.97
本年完成投资	**1 246.86**	**1 980.68**	**3 468.94**	**3 709.03**
按隶属关系分				
中 央	8.86	42.83	83.29	134.57
市 属	118.35	287.28	199.74	231.09
区 属	246.09	270.28	415.21	413.41
县 属	2.17	3.20	52.52	108.51
乡镇街道属	137.17	101.42	191.70	216.78
村委居委属	0.01	2.68	0.08	0.09
其 他	734.22	1 272.99	2 526.40	2 604.58
按经济类型分				
国有经济	117.38	314.62	255.94	297.13
集体经济	62.92	106.82	14.91	19.67
联营经济	9.53	5.83	–	–
股份制经济	479.78	647.40	1 809.65	1 896.22
私营经济	401.98	605.05	715.02	807.81
其他经济	6.11	4.85	–	26.89
港澳台经济	77.26	179.64	540.53	530.83
外商经济	91.91	116.47	132.89	130.48
按资质等级分				
一 级	87.77	33.85	81.35	84.19
二 级	78.60	230.72	306.88	249.62
三 级	199.15	168.85	154.35	129.03
其 他 级	881.34	1 547.26	2 926.37	3 246.19
本年新增固定资产	**1 054.02**	**964.27**	**1 890.67**	**1 558.72**

表 4-2　房地产开发投资规模及构成（2016）

单位：亿元

类 别	计划总投资	自开始建设累计完成投资	#本年完成投资	本年新增固定资产
总 计	**25 644.95**	**18 429.60**	**3 709.03**	**1 558.72**
按隶属关系分				
中 央	812.68	502.39	134.57	24.47
市 属	2 067.81	1 348.99	231.09	89.75
区 属	2 865.29	2 087.69	413.41	155.41
县 属	455.55	323.19	108.51	19.82
乡镇街道属	1 009.56	761.52	216.78	80.15
村委居委属	2.50	2.68	0.09	1.82
其 他	18 431.57	13 403.13	2 604.58	1 187.31
按经济类型分				
国有经济	1 686.82	1 176.07	297.13	103.58
集体经济	124.02	92.12	19.67	31.82
联营经济	–	–	–	–
股份制经济	13 482.74	9 384.28	1 896.22	707.39
私营经济	5 423.60	4 027.42	807.81	486.32
其他经济	78.50	26.89	26.89	–
港澳台经济	3 697.02	2 739.82	530.83	173.45
外商经济	1 152.25	983.00	130.48	56.17
按资质等级分				
一 级	553.32	386.12	84.19	0.29
二 级	1 929.91	1 475.85	249.62	164.33
三 级	1 351.85	1 125.51	129.03	48.67
其他级	21 809.87	15 442.11	3 246.19	1 345.43

表 4–3　房地产开发投资分类情况（2016）

类别	本年完成投资	#住宅	#90平方米及以下
总　计	**3 709.03**	**1 965.43**	**775.33**
按隶属关系分			
中　央	134.57	75.62	39.89
市　属	231.09	166.72	74.74
区　属	413.41	239.06	114.27
县　属	108.51	62.76	42.24
乡镇街道属	216.78	140.88	77.36
村委居委属	0.09	0.09	–
其　他	2 604.58	1 280.29	426.82
按经济类型分			
国有经济	297.13	175.62	96.74
集体经济	19.67	10.81	4.00
联营经济	–	–	–
股份制经济	1 896.22	1 052.32	473.69
私营经济	807.81	450.81	164.45
其他经济	26.89	11.73	5.35
港澳台经济	530.83	208.61	22.97
外商经济	130.48	55.52	8.15
按资质等级分			
一　级	84.19	34.18	19.51
二　级	249.62	170.98	48.27
三　级	129.03	70.08	33.21
其他级	3 246.19	1 690.19	674.35

单位：亿元

#144平方米以上	#别 墅	#高档公寓	办公楼	商业营业用房
496.88	**89.26**	**327.23**	**695.95**	**519.41**
20.89	–	23.11	35.43	13.63
64.38	11.59	22.21	13.35	26.08
25.35	2.56	17.29	62.96	51.73
2.75	0.97	–	10.30	8.91
9.85	3.74	2.34	19.33	20.03
0.09	–	–	–	–
373.57	70.40	262.29	554.58	399.03
19.72	1.09	15.03	66.38	15.46
3.19	0.15	0.18	0.15	3.74
–	–	–	–	–
242.24	39.36	152.02	275.15	275.42
95.00	22.82	92.06	129.13	123.84
1.43	–	–	–	3.88
101.38	25.81	51.28	191.44	78.72
33.93	0.04	16.66	33.72	18.35
2.38	–	1.87	29.22	6.85
67.48	9.81	17.08	9.11	21.59
19.22	1.59	15.88	12.03	15.21
407.81	77.86	292.41	645.59	475.76

表 4–4　商品房屋建筑面积及造价（2016）

类 别	施工面积（万平方米）	#新开工	竣工面积（万平方米）	竣工房屋造价（元／平方米）
各类房屋总计	**15 111.24**	**2 840.95**	**2 550.64**	**5 772**
住 宅	8 073.94	1 436.13	1 532.88	5 475
按户型结构分				
#90平方米及以下	3 640.05	637.45	687.43	4 303
144平方米以上	1 681.74	156.65	206.35	10 147
按类型分				
别 墅	352.78	46.50	62.53	13 390
高档公寓	1 280.15	276.29	133.29	6 927
其他住宅	6 441.02	1 113.34	1 337.06	4 960
办 公 楼	2 180.50	384.49	279.31	8 278
商业营业用房	1 990.81	401.78	266.06	6 795
其他用房	2 865.98	618.56	472.40	4 680

表 4–5　商品房销售和出租情况（2016）

指 标	销售面积(万平方米)		销 售 额(亿元)		住宅销售套数(万套)		期末面积(万平方米)	
	现 房	期 房	现 房	期 房	现 房	期 房	出 租	待 售
各类房屋总计	**1 162.71**	**1 542.98**	**1 692.69**	**5 003.16**	**7.88**	**11.63**	**1 322.51**	**1 901.21**
住 宅	809.79	1 210.01	1 190.94	4 042.36	7.88	11.63	83.41	675.13
按户型结构分								
#90平方米及以下	338.31	439.70	272.50	828.54	4.49	5.87	18.95	157.53
144平方米以上	182.00	298.37	628.15	1 669.97	0.77	1.53	46.40	301.50
按类型分								
别 墅	72.19	60.78	239.64	194.87	0.27	0.36	12.32	97.66
高档公寓	67.39	245.05	273.99	1 194.98	0.37	1.87	49.75	167.70
其他住宅	670.20	904.18	677.31	2 652.50	7.24	9.40	21.33	409.77
办 公 楼	95.96	210.44	258.91	644.26	–	–	578.44	326.13
商业营业用房	107.86	98.01	172.34	298.15	–	–	415.25	374.57
其他用房	149.10	24.53	70.50	18.39	–	–	245.41	525.38

表 4-6　房地产开发投资资金来源（2016）

指 标	合 计	按隶属关系分			
		中 央	市 属	区 属	其 他
本年资金来源合计	**8 255.04**	**214.21**	**432.09**	**1 003.14**	**6 605.61**
上年末结余资金	1 846.25	59.21	52.63	222.67	1 511.75
本年资金来源小计	6 408.78	155.00	379.46	780.47	5 093.86
国内贷款	1 446.18	40.94	91.57	219.55	1 094.13
银行贷款	1 293.51	24.22	91.57	208.30	969.43
非银行金融机构贷款	152.68	16.72	–	11.26	124.70
利用外资	2.31	–	–	–	2.31
#外商直接投资	2.31	–	–	–	2.31
自筹资金	1 490.78	54.87	103.91	280.49	1 051.51
#自有资金	924.48	16.27	73.57	199.08	635.57
其他资金	3 469.51	59.19	183.98	280.43	2 945.91
#定金及预收款	2 563.88	39.12	140.59	235.23	2 148.94
个人按揭贷款	663.71	7.42	39.22	20.24	596.84
本年各项应付款合计	**1 214.41**	**37.42**	**55.43**	**105.13**	**1 016.42**
#工 程 款	622.44	12.27	46.64	48.89	514.63

单位：亿元

按经济类型分				按企业资质等级分		
#国有经济	集体经济	股份制经济	外商港澳台经济	#一 级	二 级	三 级
535.06	**43.62**	**4 034.02**	**1 824.51**	**162.28**	**664.39**	**396.02**
92.67	5.42	987.87	389.89	27.05	129.13	74.02
442.38	38.20	3 046.14	1 434.62	135.23	535.26	322.00
138.24	6.29	684.13	342.88	22.96	73.00	48.43
131.73	6.29	638.30	296.10	16.50	73.00	44.13
6.52	–	45.84	46.78	6.46	–	4.30
–	–	–	2.31	–	–	–
–	–	–	2.31	–	–	–
214.17	8.70	738.45	218.46	51.28	88.54	73.71
114.33	8.64	518.30	120.20	47.23	57.91	57.03
89.97	23.21	1 623.56	870.97	60.99	373.72	199.86
71.44	14.49	1 182.91	703.94	48.96	221.57	169.06
16.16	0.40	296.98	146.73	12.03	119.64	17.13
80.38	**4.70**	**554.81**	**238.36**	**29.70**	**70.99**	**45.87**
41.66	3.76	285.13	113.69	18.71	43.67	22.17

表 4-7 各区房地产开发建设及销售情况（2016）

单位：万平方米

地区	施工面积	竣工面积	#住宅	销售面积	#住宅
总计	**15 111.24**	**2 550.64**	**1 532.88**	**2 705.69**	**2 019.80**
浦东新区	3 892.60	708.79	439.94	600.92	454.65
黄浦区	214.73	19.31	10.13	27.42	24.21
徐汇区	388.65	3.46	–	68.92	53.59
长宁区	299.52	103.75	10.71	24.28	17.47
静安区	649.29	18.53	15.37	51.56	34.32
普陀区	551.08	117.41	35.51	68.15	36.85
虹口区	362.05	39.70	11.64	45.39	35.09
杨浦区	270.88	3.30	–	43.80	23.60
闵行区	1 513.13	181.84	103.12	268.98	168.62
宝山区	1 138.52	238.03	165.38	196.76	151.12
嘉定区	1 600.46	555.62	320.05	383.88	253.31
金山区	449.57	85.49	64.16	124.97	90.52
松江区	1 320.02	152.74	104.76	351.08	304.23
青浦区	1 112.20	190.12	144.41	229.45	187.72
奉贤区	948.63	27.93	18.68	93.73	71.44
崇明区	399.93	104.61	89.02	126.39	113.07

五、建筑业

表 5-1 主要年份总承包和专业承包建筑企业主要指标

指 标	2005年	2010年	2015年	2016年
签订的合同额（亿元）	3 635.34	8 791.73	15 938.38	17 225.06
上年结转合同额	1 334.42	3 564.10	8 135.22	8 538.23
本年新签合同额	2 300.92	5 227.63	7 803.17	8 686.82
直接从建设单位承揽工程完成产值（亿元）	1 956.81	4 360.10	5 849.45	6 187.34
自行完成产值	1 669.77	3 858.60	5 031.19	5 357.62
分包出去工程产值	287.04	501.51	818.26	829.72
从建设单位以外承揽工程完成产值（亿元）	219.47	441.59	621.28	688.57
建筑业总产值（亿元）	1 889.25	4 300.19	5 652.47	6 046.19
#在外省完成产值	390.97	1 619.14	2 703.16	2 944.10
#装饰装修产值	196.13	410.22	608.96	687.07
竣工产值（亿元）	1 364.22	2 672.73	3 121.47	3 310.39
房屋施工面积（万平方米）	14 138.05	22 996.81	36 659.77	36 019.72
房屋竣工面积（万平方米）	5 648.85	6 217.15	7 258.69	7 481.15
从业人员年末人数（万人）	72.23	96.09	69.19	65.45
#工程技术人员	13.70	15.38	14.71	14.24
按建筑业总产值计算的劳动生产率（万元/人）	18.23	34.47	44.58	47.80
房屋建筑面积竣工率（%）	40.0	27.0	19.8	20.8

表 5-2　总承包和专业承包建筑企业签订合同情况（2016）

单位：亿元

类　别	直接同建设单位签订的合同额	上年结转合同额	本年新签合同额
总　计	**17 225.06**	**8 538.23**	**8 686.82**
按经济类型分			
#国有经济	2 551.00	1 379.30	1 171.70
集体经济	37.54	15.84	21.70
股份制经济	11 498.20	5 632.59	5 865.61
私营经济	2 807.03	1 325.75	1 481.28
外商投资经济	196.75	108.41	88.34
港澳台投资经济	134.48	76.34	58.14
按隶属关系分			
#中 央 属	7 209.97	3 350.88	3 859.10
市(局)属	4 138.42	2 256.02	1 882.40
区、县属	742.79	345.78	397.01
按资质等级分			
#特 级	8 373.66	4 272.15	4 101.52
一 级	6 383.13	3 308.73	3 074.41
二 级	1 571.50	667.50	904.01
三 级	869.53	273.47	596.05
按行业类别分			
房屋建筑业	10 790.58	5 524.15	5 266.42
土木工程建筑业	4 525.34	2 287.43	2 237.92
建筑安装业	1 024.24	402.75	621.49
建筑装饰和其他建筑业	884.90	323.91	561.00
按资质标准分			
施工总承包	15 844.53	8 074.98	7 769.54
专业承包	1 380.53	463.25	917.28

表 5–3　总承包和专业承包建筑企业承包工程完成情况（2016）

单位：亿元

类　别	直接从建设单位承揽工程完成的产值			从建设单位以外承揽工程完成的产值
		自行完成施工产值	分包出去工程的产值	
总　计	**6 187.34**	**5 357.62**	**829.72**	**688.57**
按经济类型分				
#国有经济	916.68	881.32	35.36	17.38
集体经济	25.48	24.81	0.67	1.57
股份制经济	3 588.90	2 878.07	710.83	454.72
私营经济	1 499.84	1 446.64	53.20	178.85
外商投资经济	99.22	76.16	23.05	16.59
港澳台投资经济	57.14	50.54	6.59	19.46
按隶属关系分				
#中 央 属	2 087.25	2 039.54	47.71	52.45
市(局)属	1 404.79	808.10	596.70	184.92
区、县属	370.20	314.40	55.80	29.22
按资质等级分				
#特　级	2 247.97	1 731.80	516.18	145.44
一　级	2 500.31	2 282.88	217.43	384.89
二　级	948.76	896.33	52.43	89.21
三　级	480.92	438.05	42.86	68.30
按行业类别分				
房屋建筑业	3 541.18	2 923.80	617.37	406.88
土木工程建筑业	1 631.70	1 465.68	166.02	109.39
建筑安装业	528.68	495.25	33.43	63.19
建筑装饰和其他建筑业	485.78	472.88	12.90	109.12
按资质标准分				
施工总承包	5 373.13	4 570.24	802.89	496.81
专业承包	814.21	787.38	26.83	191.77

表 5-4　总承包和专业承包建筑企业产值、人员情况（2016）

类 别	企业个数(个)	建筑业总产值(亿元)	建筑工程	安装工程	其 他
总　计	**2 942**	**6 046.19**	**5 080.29**	**848.38**	**117.52**
按经济类型分					
#国有经济	81	898.70	773.08	116.65	8.97
集体经济	42	26.38	19.77	6.34	0.28
股份制经济	583	3 332.78	2 847.10	430.79	54.89
私营经济	2 114	1 625.49	1 329.79	249.85	45.86
外商投资经济	57	92.76	69.15	16.42	7.19
港澳台投资经济	63	70.00	41.39	28.28	0.33
按隶属关系分					
#中 央 属	49	2 092.00	1 849.50	212.94	29.55
市(局)属	70	993.02	803.00	184.01	6.01
区、县属	164	343.62	311.32	20.25	12.05
按资质等级分					
#特 级	15	1 877.23	1 702.07	152.07	23.10
一 级	398	2 667.78	2 230.99	412.71	24.08
二 级	901	985.54	790.57	152.38	42.59
三 级	1 593	506.35	353.61	125.49	27.25
按行业类别分					
房屋建筑业	895	3 330.68	3 038.03	232.68	59.97
土木工程建筑业	585	1 575.07	1 382.98	166.73	25.36
建筑安装业	701	558.45	124.69	412.64	21.12
建筑装饰和其他建筑业	761	582.00	534.60	36.33	11.07
按资质标准分					
施工总承包	1 394	5 067.05	4 408.71	561.74	96.60
专业承包	1 548	979.15	671.59	286.64	20.92

竣工产值(亿元)	从业人员年末人数(万人)	#工程技术人员	计算劳动生产率的平均人数(万人)	按建筑业总产值计算的劳动生产率(万元/人)
3 310.39	**65.45**	**14.24**	**126.49**	**47.80**
331.38	3.39	1.76	8.23	109.21
19.00	1.14	0.13	1.36	19.43
1 939.08	22.43	6.21	62.44	53.37
957.44	37.12	5.69	51.09	31.82
42.13	0.68	0.24	1.73	53.60
21.27	0.69	0.21	1.64	42.71
770.30	6.49	3.54	21.81	95.92
899.63	4.13	1.55	20.17	49.23
181.59	3.80	0.99	6.55	52.45
1 106.19	6.16	3.07	24.65	76.17
1 301.25	27.61	5.55	59.14	45.11
555.88	20.24	3.74	27.59	35.72
337.33	11.26	1.80	14.94	33.89
2 136.16	40.51	7.60	79.73	41.77
596.90	9.91	3.62	20.70	76.09
301.90	7.64	1.81	11.41	48.93
275.43	7.40	1.21	14.65	39.74
2 807.23	51.24	11.64	102.98	49.20
503.16	14.22	2.59	23.51	41.65

表 5-5 总承包和专业承包建筑企业施工工程情况（2016）

类 别	单位工程施工个数(万个)	#本年新开工	竣工个数(万个)
总 计	**10.21**	**6.10**	**5.59**
按经济类型分			
#国有经济	0.44	0.23	0.19
集体经济	0.07	0.05	0.04
股份制经济	5.33	2.81	2.67
私营经济	3.99	2.91	2.57
外商投资经济	0.17	0.06	0.05
港澳台投资经济	0.21	0.04	0.08
按隶属关系分			
#中 央 属	0.80	0.27	0.27
市(局)属	1.76	0.81	0.90
区、县属	1.31	0.75	0.70
按资质等级分			
#特 级	0.90	0.30	0.24
一 级	3.83	2.15	2.00
二 级	2.00	1.24	1.05
三 级	3.42	2.38	2.27
按行业类别分			
房屋建筑业	3.06	1.38	1.23
土木工程建筑业	2.91	1.98	1.77
建筑安装业	3.41	2.10	2.03
建筑装饰和其他建筑业	0.83	0.64	0.56
按资质标准分			
施工总承包	6.52	3.45	3.23
专业承包	3.69	2.65	2.36

房屋施工面积(万平方米)	#本年新开工	#投标承包	房屋竣工面积(万平方米)	房屋竣工价值(亿元)
36 019.72	**9 581.29**	**31 503.23**	**7 481.15**	**1 716.99**
1 158.92	285.10	942.55	351.45	79.27
84.79	28.24	53.78	39.55	7.20
27 229.44	6 537.71	25 130.56	4 915.15	1 186.53
7 355.42	2 669.41	5 198.84	2 140.79	433.81
114.68	60.83	101.03	34.21	10.17
76.46	–	76.46	–	–
13 297.10	3 172.52	13 052.59	1 898.13	425.60
8 704.92	2 312.80	7 426.64	2 353.24	625.60
633.73	167.44	417.33	118.00	25.34
17 537.19	4 287.46	17 225.05	3 153.01	846.99
14 276.26	3 745.58	11 646.11	2 927.67	601.11
3 535.00	1 239.81	2 326.01	1 056.24	217.04
658.61	307.78	306.06	344.24	51.85
35 227.69	9 269.41	31 033.53	7 256.70	1 674.73
689.84	270.25	415.41	175.45	32.00
91.54	32.72	52.29	42.65	9.73
10.64	8.91	2.00	6.35	0.52
35 683.42	9 392.06	31 334.30	7 367.60	1 708.14
336.30	189.23	168.92	113.55	8.85

表 5–6　总承包和专业承包建筑企业基本情况（按地区分）（2016）

地 区	企业个数（个）	建筑业总产值（亿元）	竣工产值（亿元）	房屋施工面积（万平方米）	#本年新开工
总　计	**2 942**	**6 046.19**	**3 310.39**	**36 019.72**	**9 581.29**
浦东新区	541	1 546.87	864.45	12 566.29	2 849.70
黄浦区	148	207.09	61.51	371.57	57.15
徐汇区	217	551.92	146.95	682.92	126.95
长宁区	142	203.66	204.85	2 282.86	693.29
静安区	74	61.01	28.56	117.00	10.00
普陀区	206	374.65	283.95	2 576.81	811.20
闸北区	118	568.21	249.01	1 261.27	618.17
虹口区	146	449.14	358.19	3 079.92	686.20
杨浦区	225	341.71	123.01	801.68	251.01
闵行区	163	416.85	182.38	5 239.25	1 019.71
宝山区	229	616.55	321.45	3 322.96	1 170.07
嘉定区	166	141.28	108.17	954.15	311.03
金山区	127	112.88	81.96	193.86	109.42
松江区	134	176.10	140.13	1 036.05	396.51
青浦区	74	89.74	61.16	525.65	173.26
奉贤区	174	148.30	68.98	947.07	264.99
崇明区	58	40.23	25.67	60.41	32.63

房屋竣工面积(万平方米)	#住 宅	从业人员年末人数(万人)	计算劳动生产率的平均人数(万人)	按建筑业总产值计算的劳动生产率(万元/人)
7 481.15	**4 068.83**	**65.45**	**126.49**	**47.80**
2 148.27	922.22	11.62	33.94	45.58
103.53	69.67	2.34	2.97	69.71
269.20	234.26	4.71	9.15	60.31
521.50	269.56	3.32	5.55	36.66
–	–	1.56	1.73	35.28
685.62	572.05	4.89	8.63	43.40
322.51	176.77	4.27	6.24	91.04
759.86	549.87	3.74	12.43	36.13
149.16	109.51	4.81	6.13	55.73
655.43	337.47	5.21	14.01	29.75
673.42	213.53	5.83	9.07	67.95
352.96	277.92	2.41	3.14	45.01
45.79	11.92	2.20	2.65	42.61
423.75	148.27	2.78	3.73	47.20
136.52	91.63	1.59	2.70	33.27
191.31	69.79	3.38	3.44	43.09
42.33	14.36	0.79	0.97	41.39

六、城市建设

表 6-1　主要年份城市建设综合指标

指　标	2005年	2010年	2015年	2016年
实有各类房屋建筑面积（万平方米）	64 198	93 591	120 390	127 724
高层建筑（幢）	10 045	20 579	40 822	44 395
高层建筑（万平方米）	13 100	21 911	39 652	43 648
建成区绿化覆盖率（%）	37.0	38.2	38.5	38.8
自来水供水能力（万立方米/日）	1 096	1 131	1 137	1 152
污水厂污水处理能力（万吨/日）	471	684	785	807
家庭液化石油气用户数（万户）	253.89	316.37	335.47	332.80
家庭天然气用户数（万户）	186.37	405.89	651.32	675.84
城市桥梁（座）	8 070	11 849	13 677	13 862
#黄浦江大桥	6	10	10	10
长江大桥	–	1	1	1
黄浦江隧道（条）	6	12	13	13
长江隧道（条）	–	1	1	1
城市快速路（公里）	77	196	197	200
高速公路长度（公里）	560	775	825	825
人均道路面积（平方米）	11.08	11.12	11.83	12.09
轨道交通运营线路长度（公里）	147.78	452.57	617.53	617.53
公共汽电车运营车辆（辆）	17 985	17 455	16 531	16 693
出租汽车运营车辆（辆）	47 794	50 007	49 586	47 271

注：
1. 人均公园绿地面积：2014 年前按全市非农户籍人口口径计算；2015 年起按住建部城建年报统计口径（全市常住人口）计算。
2. 人工煤气 2015 年底已全部转换天然气，故煤气生产能力、家庭用户数均无。
3.2016 年起城镇居民人均居住面积改为城镇居民人均住房建筑面积，城镇居民人均住房建筑面积从 2007 年开始统计。
4. "全市桥梁"指本市所有公路桥梁和城市道路桥梁，不包括：郊区机耕桥、村内道路等不符合公路设施量标准农村桥梁，水利桥梁、闸桥合一桥梁等。
5. "黄浦江大桥"指本市所有跨越黄浦江的大桥；"黄浦江隧道"指本市所有穿越黄浦江的隧道，包括外滩隧道。
6. "长江大桥" 2013 年数据有调整，原因是：崇启大桥不再列为长江大桥。
7. "人均道路面积"统一调整为按常住人口计算。

表 6-2 主要年份市区居住水平情况

指 标	2005年	2010年	2015年	2016年
住宅建筑面积（万平方米）	37 624	52 640	63 007	65 210
城镇居民人均住房建筑面积（平方米）		32.6	35.5	36.1
居民住宅成套率（%）	93.0	95.8	96.8	97.0

注：2016年起城镇居民人均居住面积改为城镇居民人均住房建筑面积，城镇居民人均住房建筑面积从2007年开始统计。

表 6-3 保障性住房建设情况（2013—2016）

单位：万平方米

指 标	2013年	2014年	2015年	2016年
保障性住房新开工建设和筹措面积	**785.17**	**391.88**	**478.78**	**755.20**
#动迁安置房	485.31	202.65	283.42	652.66
经济适用房	–	–	–	73.25
公租房	137.62	50.65	22.20	29.32
保障性住房建成面积	**796.54**	**817.90**	**779.29**	**1 024.00**
#动迁安置房	533.63	490.49	422.72	788.16
经济适用房	146.64	97.73	135.93	169.34
公租房	116.27	95.68	54.14	66.48

表 6-4 全市八层（含八层）以上房屋各区分布及用途（2016）

地 区	总 计		住宅		办公		宾馆	
	幢	面 积	幢	面 积	幢	面 积	幢	面 积
总 计	**44 395**	**43 648**	**37 307**	**31 085**	**2 660**	**6 117**	**355**	**1 028**
浦东新区	10 354	10 264	9 128	7 350	398	1 398	78	279
黄浦区	1 291	2 346	767	1 160	247	623	39	134
徐汇区	2 147	2 992	1 577	1 843	242	564	20	66
长宁区	1 578	2 097	1 187	1 311	167	487	23	72
静安区	2 257	2 935	1 577	1 691	265	634	49	149
普陀区	2 499	2 889	2 006	2 117	209	415	24	57
虹口区	1 425	1 756	1 043	1 135	165	357	28	53
杨浦区	2 104	2 213	1 655	1 526	196	388	9	24
闵行区	5 971	4 720	5 376	3 761	144	281	14	31
宝山区	3 699	2 827	3 388	2 417	100	182	9	22
嘉定区	3 341	2 836	2 848	2 233	230	333	19	47
金山区	1 086	755	989	638	30	47	9	14
松江区	3 304	2 398	2 870	1 890	118	164	8	27
青浦区	1 695	1 306	1 491	1 043	53	84	13	28
奉贤区	1 361	1 147	1 152	839	79	138	10	18
崇明区	283	166	253	132	17	20	3	8

单位：万平方米

综合		医院		商场		厂房		其他	
幢	面 积	幢	面 积	幢	面 积	幢	面 积	幢	面 积
235	**603**	**123**	**290**	**2 162**	**1 961**	**991**	**1 698**	**562**	**866**
35	150	11	40	361	419	233	442	110	185
34	151	16	37	141	181	6	10	41	50
46	70	24	74	108	141	72	127	58	108
21	28	8	13	118	107	26	35	28	44
71	150	15	26	197	175	55	82	28	27
3	4	4	12	192	183	27	50	34	50
13	30	13	15	121	118	16	18	26	31
6	14	11	28	146	99	34	63	47	72
2	3	5	15	193	152	185	356	52	122
–	–	5	7	115	83	48	65	34	51
–	–	4	9	176	121	27	47	37	47
1	1	2	7	32	19	15	23	8	7
–	–	4	7	131	67	143	195	30	47
1	1	–	–	78	53	46	91	13	7
–	–	–	–	48	42	56	90	16	20
2	1	1	1	5	2	2	3	–	–

表 6–5　全市八层（含八层）以上房屋各区按楼层分布情况（2016）

地　区	合　计		8~10层		11~15层
	幢	面 积	幢	面 积	幢
总　计	**44 395**	**43 648**	**6 234**	**4 479**	**19 471**
浦东新区	10 354	10 264	1 235	961	5 289
黄浦区	1 291	2 346	155	158	170
徐汇区	2 147	2 992	295	257	595
长宁区	1 578	2 097	344	258	439
静安区	2 257	2 935	314	209	651
普陀区	2 499	2 889	252	158	778
虹口区	1 425	1 756	212	126	352
杨浦区	2 104	2 213	298	249	832
闵行区	5 971	4 720	995	835	3 643
宝山区	3 699	2 827	535	291	1 875
嘉定区	3 341	2 836	377	259	1 175
金山区	1 086	755	181	105	598
松江区	3 304	2 398	546	322	1 704
青浦区	1 695	1 306	266	161	665
奉贤区	1 361	1 147	127	88	538
崇明区	283	166	102	41	167

单位：万平方米

11~ 15层	16~19层		20~29层		30层以上	
面 积	幢	面 积	幢	面 积	幢	面 积
13 752	**11 324**	**10 944**	**5 723**	**9 670**	**1 643**	**4 803**
3 780	2 516	2 447	1 011	1 815	303	1 261
183	251	338	469	940	246	728
548	521	638	550	1 070	186	479
378	282	308	382	706	131	448
500	427	436	616	1 109	249	681
581	583	628	687	1 033	199	490
254	358	383	359	644	144	349
670	570	591	352	596	52	107
2 420	1 087	1 062	222	329	24	75
1 204	1 061	995	190	276	38	61
805	1 244	1 117	508	607	37	49
365	265	221	33	49	9	15
1 120	882	695	164	241	8	19
457	677	586	86	101	1	1
378	587	490	93	152	16	40
111	13	11	1	2	–	–

表 6-6 全市居住房屋各区分布情况（2016）

地 区	各类房屋面积总计	#居住房屋合计	花园住宅	联列住宅
总 计	**127 724.33**	**65 493.01**	**1 814.96**	**1 507.89**
浦东新区	29 197.20	15 183.81	368.75	260.98
黄浦区	3 756.57	1 721.47	8.42	0.35
徐汇区	6 208.41	3 453.67	52.13	9.78
长宁区	4 147.76	2 423.53	57.33	1.45
静安区	5 691.97	3 047.50	20.99	4.14
普陀区	6 004.89	3 674.33	13.12	22.97
虹口区	3 639.68	2 229.50	7.15	0.27
杨浦区	5 944.62	3 412.24	3.46	17.74
闵行区	14 295.34	7 881.38	310.88	182.22
宝山区	10 098.31	5 871.40	29.74	130.45
嘉定区	8 879.16	4 043.37	92.13	158.28
金山区	4 806.11	1 725.02	18.39	41.62
松江区	10 127.01	4 388.68	380.82	362.30
青浦区	6 372.09	2 592.03	315.58	201.01
奉贤区	6 114.44	2 437.75	98.85	88.55
崇明区	2 440.76	1 407.32	37.24	25.80

注:公寓中包含:公寓、新工房、住宅、职工（集体）宿舍、集宿等。

单位：万平方米

公寓	新式里弄	旧式里弄	简屋
60 801.75	**296.25**	**1 061.38**	**10.76**
14 450.55	2.62	100.18	0.74
1 365.30	85.63	260.45	1.33
3 322.84	51.78	14.90	2.25
2 346.53	17.59	0.56	0.07
2 886.75	71.96	63.52	0.14
3 612.98	4.12	21.13	0.01
2 007.72	56.11	155.86	2.39
3 247.72	4.62	137.55	1.16
7 338.94	0.78	48.42	0.13
5 661.69	0.01	49.37	0.15
3 768.72	–	24.18	0.06
1 628.64	0.05	36.23	0.09
3 606.84	0.10	38.50	0.12
2 039.29	–	36.14	0.01
2 215.74	0.87	33.59	0.15
1 301.51	–	40.81	1.97

表 6–7　全市非居住房屋各区分布情况（2016）

地　区	各类房屋面积总 计	#非居住房屋合计	工 厂	学 校	仓库堆栈
总　计	**127 724.33**	**62 231.32**	**26 490.87**	**3 548.21**	**1 915.05**
浦东新区	29 197.20	14 013.38	5 430.56	694.37	549.08
黄 浦 区	3 756.57	2 035.10	130.04	108.55	17.64
徐 汇 区	6 208.41	2 754.75	511.72	330.92	63.14
长 宁 区	4 147.76	1 724.24	207.72	121.89	31.48
静 安 区	5 691.97	2 644.47	463.13	154.62	51.49
普 陀 区	6 004.89	2 330.56	408.37	190.81	179.09
虹 口 区	3 639.68	1 410.18	163.47	117.75	26.35
杨 浦 区	5 944.62	2 532.37	751.04	385.09	77.11
闵 行 区	14 295.34	6 413.96	3 093.44	387.53	238.57
宝 山 区	10 098.31	4 226.91	1 759.25	206.73	307.48
嘉 定 区	8 879.16	4 835.79	2 300.42	212.55	134.79
金 山 区	4 806.11	3 081.09	2 073.79	105.40	50.13
松 江 区	10 127.01	5 738.33	3 887.34	210.13	45.17
青 浦 区	6 372.09	3 780.06	2 436.73	87.59	51.17
奉 贤 区	6 114.44	3 676.69	2 424.75	150.14	47.82
崇 明 区	2 440.76	1 033.45	449.10	84.11	44.55

单位：万平方米

办公建筑	商场店铺	医 院	旅 馆	影剧院	其 他
8 149.50	**7 471.71**	**699.01**	**1 371.69**	**66.28**	**12 519.00**
1 776.99	1 584.26	104.02	345.26	5.17	3 523.66
757.65	365.37	63.77	146.51	13.79	431.79
773.34	291.67	121.35	95.06	3.01	564.55
585.11	224.28	35.00	102.65	2.45	413.66
724.41	377.16	59.40	164.24	6.54	643.47
518.67	418.79	25.54	70.61	2.64	516.04
447.81	237.58	28.94	71.73	5.81	310.75
484.26	273.88	45.66	35.53	2.81	476.98
500.77	766.27	52.26	44.62	5.11	1 325.40
290.29	530.36	30.50	37.81	1.79	1 062.70
451.25	622.14	27.99	69.65	7.41	1 009.60
158.88	386.81	29.16	23.29	1.12	252.50
229.91	529.64	24.12	50.99	1.35	759.68
163.84	410.87	20.52	46.76	2.73	559.85
207.52	356.17	10.11	31.40	2.25	446.53
78.82	96.45	20.66	35.60	2.31	221.85

表 6-8　全市房屋征收各区分布情况（2016）

地 区	合 计		居 民		非居住房屋	
	户 数（户）	面 积（平方米）	户 数（户）	面 积（平方米）	个 数（个）	面 积（平方米）
总　计	**28 426**	**1 364 675**	**27 063**	**859 976**	**1 363**	**504 699**
浦东新区	553	22 462	547	21 497	6	965
黄浦区	6 675	205 297	6 437	196 337	238	8 961
徐汇区	154	12 299	147	8 095	7	4 204
长宁区	498	22 094	495	21 968	3	126
普陀区	1 316	42 252	1 310	42 047	6	205
静安区	7 912	357 590	7 484	235 249	428	122 341
虹口区	6 504	213 074	6 206	195 681	298	17 393
杨浦区	4 796	227 433	4 434	139 015	362	88 418
闵行区	1	500	–	–	1	500
宝山区	–	–	–	–	–	–
嘉定区	3	88	3	88	–	–
金山区	–	–	–	–	–	–
松江区	–	–	–	–	–	–
青浦区	14	261 587	–	–	14	261 587
奉贤区	–	–	–	–	–	–
崇明区	–	–	–	–	–	–

表 6–9 主要年份城市绿化情况

指　　标	2005年	2010年	2015年	2016年
绿地面积（公顷）	28 865	120 148	127 332	131 681
#公园绿地	12 038	16 053	18 395	18 957
#公园面积	1 521	1 915	2 407	2 655
附属绿地	11 591	18 589	23 711	24 337
生产绿地	335	230	417	417
公园数（个）	144	148	165	217
公园游园人数（万人次）	13 656	21 794	22 208	21 797
全年植树数（万株）	2 117	2 758	1 368	3 032
人均公园绿地面积（平方米）	11.01	13.00	7.60	7.80
建成区绿化覆盖率（%）	37.0	38.2	38.5	38.8
行道树实有数（万株）	83	81	110	113
当年造林面积（公顷）	3 827	1 349	3 241	3 941

注：
1. 绿地面积由公园绿地、生产绿地、防护绿地、附属绿地和其他绿地五大类构成。
2. 人均公园绿地面积：2014 年前按全市非农户籍人口口径计算；2015 年起按报住建部的城建年报统计口径（全市常住人口）计算。

表 6–10　主要年份城市环境卫生情况

指　　标	2005年	2010年	2015年	2016年
卫生设施				
公共厕所（座）	3 640	6 026	6 197	6 220
生活垃圾收集点（处）	28 388	30 645	32 209	32 247
废物箱（只）	39 539	74 658	94 310	81 246
倒粪站（座）	1 689	1 900	1 729	1 832
化粪池（只）	47 424	43 170	43 582	43 983
焚烧厂（座）	2	2	5	7
焚烧厂设计规模（吨/日）	2 500	2 500	8 300	11 300
填埋场（座）	3	5	5	4
填埋场设计规模（吨/日）	6 400	6 750	11 230	10 350
综合处理厂（座）	2	4	2	2
综合处理厂设计规模（吨/日）	1 500	2 200	1 000	1 000
清运情况				
清扫道路面积（万平方米/日）	10 414	15 879	17 366	18 253
清运垃圾（万吨）	777	5 717	10 755	7 796
生活垃圾清运量	622	732	790	880
建筑垃圾和工程渣土清运量	155	4 985	9 965	6 916
清运粪便（万吨）	254	201	173	160
环卫机械				
扫路车（辆）	406	510	608	567
清洗洒水车（辆）	248	285	344	485
垃圾车（辆）	3 297	3 607	3 672	3 761
吸粪车（辆）	492	456	440	487

注：2010年起建筑垃圾和工程渣土清运量包括工程渣土、装修垃圾和泥浆产生量。

表 6-11　主要年份环境保护情况

指　　标	2005年	2010年	2015年	2016年
废水排放总量（万吨）	199 660	248 250	224 147	220 759
#工业废水	51 047	36 896	46 939	36 599
工业废气排放总量（亿标立方米）	9 103	12 969	12 802	12 669
工业废气中:二氧化硫（万吨）	37.52	26.32	10.49	6.74
工业烟粉尘排放量（万吨）	6.02	5.15	11.14	7.28
工业固体废物产生量（万吨）	1 963.62	2 448.36	1 868.07	1 680.10
工业固体废物处置量（万吨）	64.66	93.86	72.23	73.44
工业固体废物综合利用量（万吨）	1 891.62	2 366.92	1 796.18	1 607.51
工业固体废物综合利用率（%）	96.3	96.2	96.2	95.7
突发环境事件（次）	50	131	10	2
道路交通噪声平均等效声级（dB(A)）				
昼间时段	72.0	69.8	69.8	69.5
夜间时段	65.8	64.3	65.5	65.0

注：2014年始工业烟粉尘排放量统计口径增加了无组织排放量。

表 6–12　主要年份各类市政、公用设施完成投资情况

单位：万元

分 类	2005年	2010年	2015年	2016年
合　计	**4 046 006**	**4 769 428**	**6 583 404**	**5 512 673**
供 水	182 803	397 909	455 936	338 037
燃 气	110 260	187 926	144 078	152 172
轨道交通		2 296 190	2 959 246	2 872 092
道路桥梁	1 417 786	1 022 470	1 731 030	1 438 768
排 水	203 839	342 661	84 236	219 363
防 洪	32 700	93 117	–	–
园林绿化	151 199	282 119	574 111	144 300
市容环境卫生	38 457	58 236	285 577	65 828
其 他	649 759	88 800	349 190	282 113

注：1. 数据摘自住房城乡建设部《城市（县城）建设统计报表》，并参照报表分类排列。
2. 轨道交通：2008年前（含）统计指标为公共交通（含轨道交通），2009年政府机构改革后仅统计轨道交通。
3. 2013年起住房城乡建设部报表不再统计防洪投资。

表 6–13　主要年份市政、公用设施完成投资资金来源

单位：万元

分 类	2005年	2010年	2015年	2016年
合　计	**3 629 669**	**4 004 431**	**4 856 595**	**4 958 596**
国家预算资金	393 112	198 391	2 406 624	1 557 671
国内贷款	915 890	1 285 906	767 898	140 255
债 券	30	–	–	–
利用外资	27 680	35 747	29 084	8 932
自筹资金	2 202 566	2 098 575	1 072 486	3 235 524
其他资金	90 391	385 812	580 503	16 214

注：1. 数据摘自住房城乡建设部《城市（县城）建设统计报表》
2. 2013年起住房城乡建设部报表：不再统计防洪投资，中央财政拨款、地方财政拨款改为国家预算资金。